中华人民共和国地方志·福建省

泉州市洛江区志

中共泉州市洛江区委党史和地方志研究室 编

方志出版社
Publishing House of Local Records

图书在版编目（CIP）数据

泉州市洛江区志 / 中共洛江区委党史和地方志研究室编. -- 北京：方志出版社，2020.11
ISBN 978-7-5144-4584-8

Ⅰ. ①泉… Ⅱ. ①中… Ⅲ. ①区(城市)—地方志—泉州 Ⅳ. ①K295.74

中国版本图书馆CIP数据核字(2020)第217771号

泉州市洛江区志

编　　者：中共洛江区委党史和地方志研究室
责任编辑：王　娜

出 版 者：方志出版社
地　址　北京市朝阳区潘家园东里9号（国家方志馆4层）
邮　编　100021
网　址　http://www.zgfzcb.cn
发　　行：方志出版社图书经销中心
电话（010）67110500
经　　销：各地新华书店
印　　刷：福州远榕印刷有限公司

开　　本：889×1194　1/16
印　　张：56.5
字　　数：1596千字
版　　次：2020年11月第1版　2020年11月第1次印刷
印　　数：0001～2000册

ISBN 978-7-5144-4584-8　定价：580.00元

编制单位：福建省地图出版社　审图号：泉S〔2021〕3号　资料截至：2020年6月

洛江区地图

比例尺 1：110 000

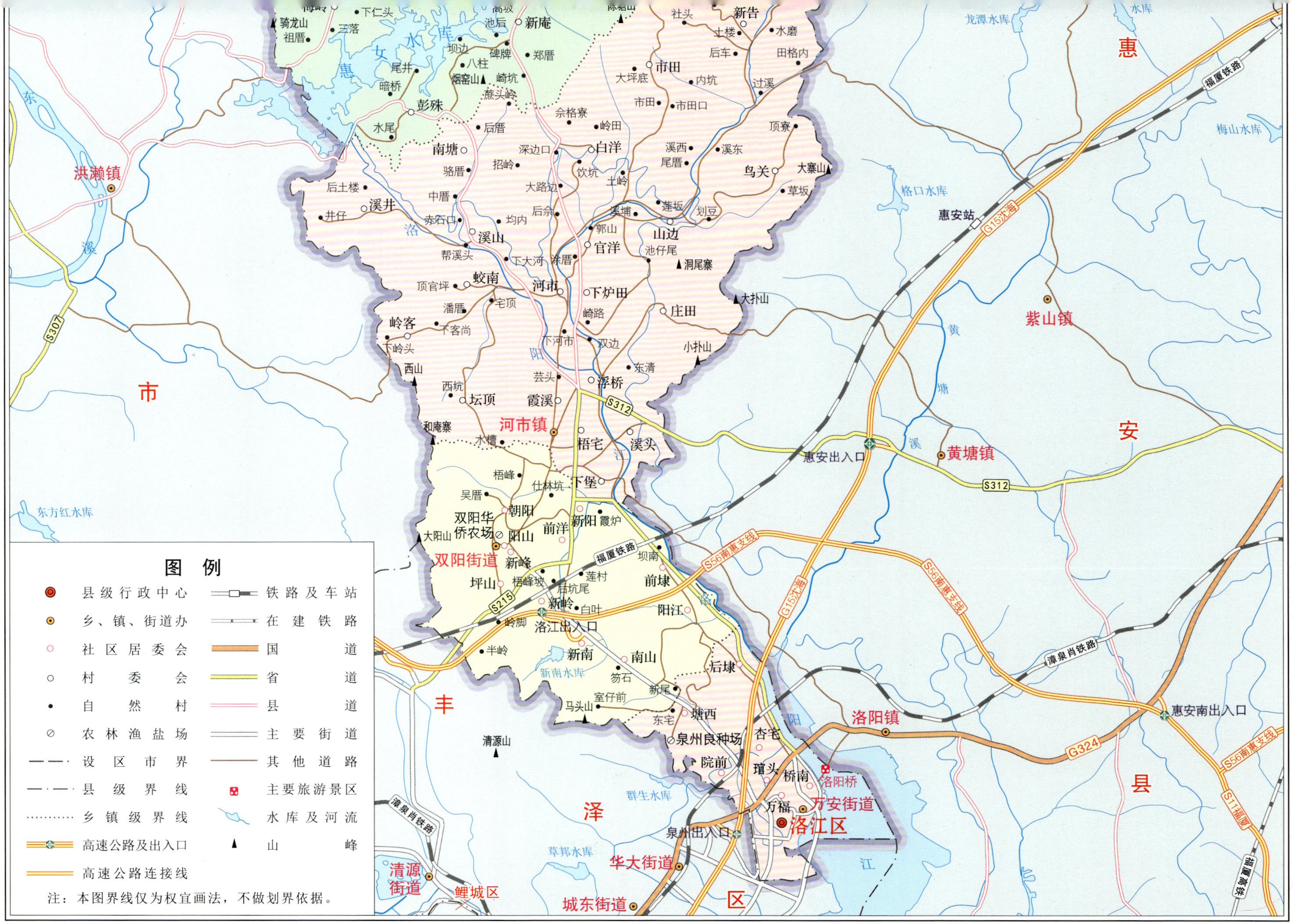

编制单位：福建省地图出版社　审图号：泉S〔2021〕3号　资料截止：2020年12月

洛江区城区图

往双阳街道
万安古庙
方正工程技术
祥乐卫生用品
金威假日酒店
金威颐园
金鹰大道
丰海路
G15沈海高速
杏宅
福建泉州外国语学校（洛江校区）
吉爱斯鞋服
杏园小区
万安中心幼儿园
洛江区第三实验小学
鹭燕医药
江滨花园
美亚芳邻
利嘉手袋
佳洁公司
324
鹏飞箱包厂
泉州南少林武术学校
市秉兴工艺厂
洛江经济开发区
院前老人活动中心
院前
红星美凯龙全球家居生活广场
沃尔顿国际
伟宝时装
晟棋服装
安吉路
万虹路
漳泉肖铁路
联强大厦
四王府宫
三鸿雕刻艺术
埔头
嘉琳广场
洛阳大桥
洛阳江
洛阳桥
国道
双阳街道
大唐阳光城
阳光北路
双阳环卫站
新阳
万滨街
双阳华侨经济开发区
长江工程机械
正龙实业
阳光御景
艺龙美术工艺
双阳中学
双阳中心小学
融景湾
力标新时代
阳新花园城
闽南师大洛江区附属小学
中宁金属
泉州华侨职业中专学校（洛江校区）
前洋
双阳街道社区服务中心
新街
宝德商厦
万达文化广场
鑫祺轻工
双阳派出所
阳新街
阳山
侨福花苑
区青少年校外体育活动中心
新峰
印尼街
金田电子
弘盛大厦
明路
虹路
富华服饰
阳山路
阔步大厦
红盛石材
金多利卫生用品
海都轻工
环路
建胜家具用品
侨福街
阳光医院
阳光法治广场
德琿工艺美术
阳光花园城
泉州国际商务城
福厦铁路
建文艺品
欧文体育用品
泉台文化艺术交流园
坪山
鹏山工业园
阳明南路
新岭
洛江出入口
S56南惠支线高速

编制单位：福建省地图出版社　审图号：泉S（2021）3号　资料截止：2020年12月

2018 年洛江城区

1998 年洛江城区

领导关怀

2001 年 8 月，南京军区政委雷鸣球中将（右一）、省军区政委吴青田少将（左一）到洛江区人武部检查工作

2005 年 7 月 8 日，福建省委书记卢展工（左一）到洛江调研

2007 年 3 月 13 日，福建省委常委、组织部部长于伟国（前排右一）到洛江调研

2007 年 11 月，省委常委、省纪委书记陈文清（左二），省人大常委会副主任刘德章（右一），副省长王美香（右三）到洛江调研

2007 年 12 月，福建省人大常委会副主任刘德章（前排左二）到洛江调研

2004 年 6 月，科技部副部长李学伟（中）到洛江泉美园艺调研

2006 年 2 月，泉州市委书记郑道溪（右三）到洛江调研

2006 年 3 月，泉州市市长朱明（右一）到洛江调研

2006 年 12 月，泉州市人大常委会主任傅圆圆（前排右三）到洛江调研

2011 年 11 月，泉州市委书记黄少萍（中）到洛江调研

党政活动

1997 年 9 月 29 日，洛江区举行五套班子授牌和授印仪式

2017 年 6 月 2 日，区委书记洪飞跃（中）调研教育项目建设

2017 年 9 月 26 日，区长苏汉庭（中）调研河市西片区建设

2006年7月22—24日，中共泉州市洛江区第三次代表大会召开

2006年12月6—8日，洛江区第三届人民代表大会第一次会议召开

2006年12月5—7日，政协泉州市洛江区委员会三届一次会议召开

2016 年 8 月，中共泉州市洛江区第五届委员会第一次全体会议领导班子合影

2016 年 12 月，泉州市洛江区人大常委会领导班子合影

2016 年 12 月，泉州市洛江区第五届人民代表大会第一次会议人民政府领导班子合影

2016 年 12 月，政协泉州市洛江区委员会领导班子合影

基础设施

★市政★

洛江区行政中心

泉州市公安局洛江分局

洛江区人民检察院

洛江区人民法院

洛江区国税局

洛江区工商局

洛江区交通局

洛江消防大队

洛江区行政服务中心

洛江区劳动力市场

泉州市公交公司第三分公司

1	2
3	4

1. 洛江科技大厦
2. 妇幼保健大楼
3. 万安自来水厂
4. 垃圾综合处理厂

城区安吉路

★交通★

2000 年 7 月，朋山岭隧道及其接线道路建成通车

2005 年 10 月，福厦高速铁路（全长约 274.9 公里，洛江段起点双阳新岭，终点双阳后埭，全长 4.1 公里）动工建设，2009 年建成

2007 年 10 月 1 日，泉州金光隧道竣工通车

滨江路

2007 年 12 月，万虹公路改建工程二期竣工通车

★广电通信★

泉州市邮政局洛江分局

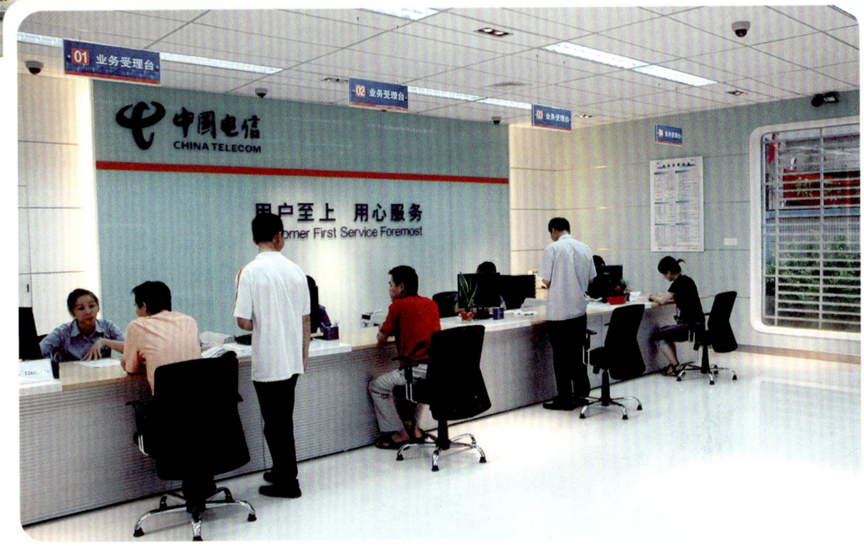

中国电信洛江服务大厅

中国移动洛江服务大厅

★水利电力★

惠女水库

河市大河水闸

马甲后坂水源保护区

22 万伏杏宅变电站

改建后的河市溪

城乡建设

洛江城区一隅

洛江城区夜景

冠亚东方星城

阳光国际

吉源小区

嘉琳广场

双阳民居

马甲洋坑新村

马甲小城镇建设

罗溪后溪村

虹山乡村

工业

1995 年，万安开发区 3000 亩工业园区

2001 年，万安高科技工业园区

2007 年，洛江经济开发区一隅

1	2
3	4

1. 泉州琪祥电子科技有限公司
2. 大华集团
3. 泉州南洋艺品有限公司
4. 泉州市华邦电子有限公司

泉州市信和涂料有限公司

福建培新机械制造实业有限公司

旗牌王（中国）纺织服饰有限公司

福建和诚鞋业有限公司

凹凸精密机械

铁拓机械

华邦电子生产车间

大兴电缆生产车间

和诚鞋服生产车间

建峰纸制品生产车间

树脂工艺品展示

箱包展示

农业

无公害蔬菜基地

反季节蔬菜基地

河市槟榔芋

山麦冬种源苗圃

虹山生态茶园

温室花卉

龙眼林

虹山红心甘薯

粮食生产基地

泉美园艺有限公司

淡水养殖

华丰畜牧基地

玉丰蛋禽基地

丽佳鸭加工车间

荣祺食品加工车间

商贸

2004 年 9 月 28 日，首届海峡两岸五金机电商品交易会

2003 年 9 月 2 日，福建省华侨经济开发区招商会在洛江举行

2006 年 6 月 18 日，洛江项目在福建项目成果交易会签约

2006 年，金威酒店开业庆典

万安农贸市场

首富商业城

双阳农贸市场

洛江友谊超市

恒盛汽车城

洛江五金机电城

金融

中国工商银行洛江支行

中国农业银行洛江支行

中国建设银行洛江支行

乡梓情怀

2004 年 4 月，黄奕聪（中）携家人回奕聪中学

2007 年 9 月 30 日，黄志源（右五）夫妇出席奕聪中学落成典礼

2002 年 9 月 22 日，黄和平（左三）夫妇参加敬德职业学校奠基仪式

2004 年 11 月 8 日，副市长洪泽生（左一）为黄和平夫妇授匾

2004 年 3 月 31 日，刘与良（前排左一）女士参加河市山边希望小学奠基仪式

2006 年 3 月 19 日，香港泉州罗溪同乡会成立两周年庆典

2005 年 4 月，印尼锡江永和慈善基金会彭福明（左四）一行返乡省亲并捐助虹山入口路拓改建设

教育

2003 年，泉州市政府对洛江区“两基”督导检查反馈会

仰恩大学

泉州医学高等专科学校

泉州市第十一中学

泉州市奕聪中学

泉州南少林武术学校

泉州市双阳中学

泉州市河市中学

洛江区实验小学

文化

省级非物质文化遗产保护名录——十音铜锣锻制技艺

泉州非物质文化遗产——“妆糕人”彩塑艺术

泉州市首批非物质文化遗产保护项目——洛江大鼓吹

泉州市洛江区第四届南音大会

印尼风情舞蹈

2003 年 11 月，纪念民族英雄俞大猷诞辰 500 周年系列活动

2004 年 10 月 1 日，洛江区与福建电视台联办的“绝活大比拼”活动现场

卫生

洛江区医院

万鸿医院

双阳街道社区卫生服务中心

河市卫生院

体育

2001 年，洛江区南少林武术队参加在人民大会堂举办的庆“六一”活动表演

2006 年，“金威颐园杯”海峡两岸龙舟邀请赛比赛

2008 年 9 月，郑宝珠参加北京残奥会获铅球比赛金牌

郑宝珠展示奖牌

旅游名胜

中国现存最早的跨海石桥——洛阳桥

蔡襄祠

洛阳桥中亭碑廊

闽侨航空旅游城

洛阳江湿地

双阳山

俞大猷公园

仰恩湖

风景名胜区——仙公山

马甲康济庙

马甲亚热带动植物观赏园

罗溪森林公园

建于宋淳熙八年的罗溪龙潭拱桥

罗溪龟峰岩

虹山水尾树碑
（清道光甲辰年立）

虹山瀑布

《洛江区志》总编室成员合影

编纂机构及人员名单

2016 年 9 月调整后洛江区地方志编纂委员会

顾　问　洪飞跃

主　任　苏汉庭

副主任　金玲珊　陈　倩　彭朝顺　刘鹏志　陈永泽

委　员　林少白　李　骏　谢家祥　彭元成　王春霖　林康前　张俊峰
郑伟宏　朱德华　曾志宏　谢剑锋　吴文安　吴志伟　苏志成
吴建雄　杜德森　苏永川　潘凯锋　黄绍文　陈小红　黄文坤
林忠阳　王永泰　刘玉兴　林伯强　刘延宁　杜荣文　黄思伦
卢恩水　蔡　涛　杜灿辉　黄杜英　林顺健　刘永水　吴建聪
黄连生　郭俊明　陈瑶辉　吴水挺　杜丽卿　林丽珠　纪华在
陈旅毅　杨文谦　史萃婷　洪仰行　孔志强　许剑文　谢陆山
吴继志　叶生化　叶永萍　王鸿章　柯文清　吴欲曙　黄　擎
刘志滨

2012年9月调整后洛江区地方志编纂委员会

顾　问　郑　灵

主　任　洪飞跃

副主任　王伊景　陈国钦　陈剑锋　彭朝顺　黄重庆

委　员　王国兴　郑　怡　杨文谦　吴公亮　王春霖　潘金福　周　璇
黄弈瑞　李进阳　吴向群　陈永泽　郑新文　李海明　施东龙
叶显超　谭毓雄　杨金灿　杨福安　尤泽坤　曾志宏　林坤聚
陈旅毅　王永泰　刘玉兴　卢恩水　张荣伟　孔志强　杨汉民
黄思伦　林切成　蔡　涛　黄绍文　叶芊芊　林丽珠　纪华在
林金荣　吴建聪　许美琼　章青松　苏庆辉　陈瑶辉　刘永水
林志钊　杜丽卿　苏子平　王信龙　郭宏戎　苏世仿　张劲松
林艺洪　卢建雄　叶生化　杜仁义　黄跃群　林志斌　赖永绥
林忠阳　杜荣文

2007 年 12 月成立的洛江区地方志编纂委员会

顾　问　吕　竞

主　任　朱团能

副主任　吴新文　杨青青　谢丽华　王明元　黄重庆

委　员　王国兴　郑　怡　杨文谦　陈剑锋　吴公亮　黄思伦　巫远玉
孙国群　王春霖　黄跃群　陈少卿　郑新文　李进阳　杨福安
朱仁雄　苏清良　杨再聪　陈巧生　黄绍文　杨琦伟　吴向群
谢清平　刘永水　黄奕瑞　吴伟明　卢恩水　杜灿辉　赖必尽
林坤聚　黄志强　许振兴　庄镇安　连黎明　谢　滢　林丽珠
傅蓉峰　叶芊芊　郑秀正　彭金亮　许文权　方贞群　苏勇清
叶显超　郭宏戎　李承荣　龚志阳　苏子平　王信龙　陈旅毅
许　鹏　郑惠泉　李幼农　许美琼　章青松　杨金灿　金玲珊
郭沧奖　张荣伟　叶俊海　杜荣文

历任洛江区地方志编纂委员会办公室成员名单

主　　任　黄重庆（2011年6月至2016年9月）　陈永泽（2016年9月至2018年12月）

工作人员　吴文守　刘志家　曾焕呈　赖云鹏　陈小吟　郑达娜

注：黄重庆2007年7月至2011年6月为副主任（主持）

2019年1月成立的洛江区委党史和地方志研究室成员名单

主　　　任　陈永泽

正科长级干部　黄重庆

工 作 人 员　吴文守　曾焕呈　赖云鹏　陈小吟　郑达娜

《泉州市洛江区志》总编室成员名单

主　　编　陈永泽

副 主 编　黄重庆

主编助理　吴文守　曾焕呈

总　　纂　陈永泽

编　　辑　吴文守　曾焕呈　刘志强　赖云鹏

编　　务　陈小吟　郑达娜

照片拍摄　叶金玉　游清华　黄速明　吴继凡　黄志强　吴清廉

中共泉州市洛江区委 泉州市洛江区人民政府
《泉州市洛江区志》审查验收组

名誉主审 洪飞跃

主　　审 颜丽明

副 主 审 廖晓凌　陈　倩

委　　员 彭朝顺　刘鹏志　林少白　李　骏　陈永泽　余信梅　陈雄钦
黄奕瑞　杜德森　苏永川　黄绍文　刘永水　林忠阳　黄杜英
黄权兴

泉州市地方志编纂委员会
《泉州市洛江区志》审查验收组

组　长 张惠评

副组长 林龙海

成　员 陈雪娥　郭延杰　周益民

序

“郡县之有志，犹国之有史”。洛江首部志书——《泉州市洛江区志》即将付梓，可喜可贺！

盛世修志，志载盛世。洛江区系1997年8月从泉州市原鲤城区析出双阳、河市等6个乡镇（农场）设立。建区以来，历届区委、区政府带领广大干部群众，不忘初心、牢记使命，团结拼搏、艰苦创业，谱写了改革发展、赶超跨越的壮丽篇章，全区经济快速增长、社会和谐美好、政治安定稳定、人民安居乐业。以史为鉴，方能继往开来，《泉州市洛江区志》犹如一部了解洛江、走进洛江的“百科全书”，融思想性、科学性、史料性为一体，彰显出鲜明的时代特征，体现出浓郁的地方特色。

《泉州市洛江区志》编纂工作启动于2007年12月，共设32篇，以通志的形式，翔实记述洛江1997年至2007年间的发展变化情况。志书编纂工程浩繁，过程艰辛，广大修志工作者辛勤耕耘、默默奉献，付出了辛劳，倾注了心血。在此，谨向所有关心、支持地方志事业的各界人士表示衷心感谢！向参与本书编纂的专家、学者和同志们致以崇高的敬意！

洛阳江畔日落潮生，千秋翰墨教泽绵长。修志之意，旨在告慰前人、激励当代、启迪后世、造福桑梓。《泉州市洛江区志》内容丰富，体例规范，文风平实，布局严谨。以翔实的史料，客观的笔调，备载方物，著录政绩。既有宏观鸟瞰，一区概况，尽收眼底；又有微观透视，沧桑历变，了然志中。一卷在手，犹如全区在胸，主政者，可以之为镜， 知古鉴今，以史资政；为民者，可以之为师，观览全貌，汲取营养，是一部前有所稽、后有所鉴、彰往昭来的工具书，功在当代，利在千秋。

抚今追昔，意在登高望远；知往鉴今，志在开拓未来。步入新时代，洛江发展正当其时。希望全区上下承先辈之壮志，尚拼搏之精神，穷集体之智慧，尽民众之力量，以永不懈怠的精神状态和一往无前的奋斗姿态，奋力谱写新时代智造生态新城区建设的崭新篇章！

中共泉州市洛江区委书记：

泉州市洛江区人民政府区长：

2020年7月

凡 例

一、本志以马克思列宁主义、毛泽东思想、邓小平理论、“三个代表”重要思想、科学发展观、习近平新时代中国特色社会主义思想为指导，坚持辩证唯物主义和历史唯物主义的立场、观点和方法，全面系统记述断限内洛江区自然、政治、经济、文化和社会的历史与现状，突出时代特征和地方特色，力求融思想性、科学性、资料性于一体。

二、本志为洛江区首部志书，记述尽量上溯事物发端，下限断至2007年。为记述事物的完整性，部分时间适当下延。

三、记述内容范围以2007年洛江区行政区域为限，但重要史实、事件及人物作必要的背景交代，经济部类须与区外作必要的横向对比、联系时有所跨越。

四、本志采用述、记、志、传、图、表、录等体裁，以志为主，兼用各体。物以类分、事以类从，因时系事。全志设序、总述、专记、大事记、篇、附录、编后记，篇下设章、节、目。

五、本志采用现代语体文、记述体。除总述和各篇的无题小序采用述体外，其余据事直书，述而不论。文风力求严谨、朴实、简洁、流畅。

六、清代以前纪年采用朝代加帝王年号括注公元年份，同一年号在同一目中括注首次出现的公元年份，民国纪年括注公元年份，同一节中括注首次出现的公元年份。人物先后在国内外活动的，其在国外活动时间一律采用公元纪年括注中国当时纪年以便对比。中华人民共和国成立后一律采用公元纪年。

七、本行政区除正文首次出现时使用洛江区全称外，其后行文中凡出现的“区”均为承前省略词，均指“洛江区”。“省”指“福建省”，“市”指泉州市。

八、凡1985年12月31日之前的县级政区泉州市，均表述为“泉州市（县级）”，“泉州市（县级）人民政府”均指“县级泉州市人民政府”。1985年12月31日之后的地级政区泉州市均表述为“泉州市”，“泉州市人民政府”指地级泉州市人民政府。本志“建区时”指1997年8月11日洛江区各班子成员和机关干部到新区报到时间。洛江区人民政府成立时间为1997年9月29日。“解放”时间节点指晋江县城泉州城解放的时间1949年8月31日。中华人民共和国成立时间指1949年10月1日。“文化大革命”期间指1966年5月至1976年10月。“改革开放”的时间节点指1978年12月。

九、其他政区皆以当时名称为准，地名采用2007年通用地名。古今地名不同者，书当时地名并括注2007年地名。

十、本志数字、文字、计量单位等用法执行国家统一规定。为照顾使用习惯，个别地方计量单位仍保留“亩”“吨”。全文数据以统计部门公布的为准，统计部门缺者，采用相关部门核实后的数据。

十一、本志人物篇采用传、表体裁，根据“生不立传”原则，收入断限内已逝的对国家或地方有较大贡献、对社会发展具有较大影响的洛江籍人物及洛江区客寓人物。其他各卷出现人物遵循以事系人、人随事出原则。

十二、本志资料来自部门、档案、媒体及调查访问，所用资料经鉴别、考证后入志，力求真实可靠。

目 录

第四篇 城乡规划建设

第五篇 交通运输与邮政通信

第六篇 经济总情

第七篇 工业

第八篇 农业

第九篇 水利 电力

第十篇 国内商贸服务业

第十一篇 对外经贸

第十二篇 金融

第十三篇 财政 税务

第十四篇 经济综合管理

第十五篇　中国共产党洛江地方组织

第十六篇　地方人民代表大会

第十七篇　地方人民政府

第十八篇 人民政协地方组织

第十九篇 民主党派与社会团体

第二十篇 民政 军事

第二十一篇　编制 人事 劳动和社会保障

第二十二篇　外事侨务 港澳台事务

第二十三篇　政法

第二十四篇　教育

第二十五篇　科学技术

第二十六篇　文化 旅游 体育

第二十七篇　医疗卫生

第二十八篇　文物

第二十九篇　风俗 宗教

第三十篇 方言

第三十一篇 乡镇、街道概况

第三十二篇 人物 先进集体

附 录

索 引

总述

（一）

洛江区介于北纬 24 °50′—25 °18′，东经 118 °29′—118 °42′之间，位于福建省东南沿海闽南金三角地带，泉州中心市区东北部，地处洛阳江畔，东北毗邻惠安、莆田市仙游两县，西连南安市，南接丰泽区。辖区面积 381.74 平方千米，占市区 2/3 的土地，是泉州中心市区的重要组成部分，为闽东南新兴起的城区。

洛江区境内山峦起伏，丘陵河谷、盆地错落其间，地形构造复杂。地势西北高东南低。最高山峰大磨山，海拔高度 799.6 米，山地丘陵占土地面积的 67.5%。土壤矿物质淋溶强烈，地带性土壤、砖红壤性红壤遍及全区。全区发现各类矿产 15 种，矿种数占全市的 32.6%，包括钨、钼、金、银、硫铁矿、叶蜡石、高岭土、陶瓷土（瓷石）、耐火用黏土、砖瓦用黏土、建筑用花岗岩（凝灰岩）、饰面用及雕刻用辉长岩、冶金用脉石英、建筑用砂、矿泉水等。境内流域面积较大的溪流有 3 条。其中，洛阳江是全区第一大河流，泉州市第二大河流，河流长 40.8 千米，境内流域面积 249.2 平方千米；辖区内第二大河流是南安江东溪支流的罗溪，长 19.3 千米，流域面积 85 平方千米；第三大河流是木兰溪系的龙潭溪，长 10.7 千米，流域面积 32.88 平方千米。

洛江区属南亚热带海洋性季风气候，年平均气温 20—21℃，终年温暖湿润，夏长无酷热，冬短无严寒，全年平均降雨量 1200—1500 毫米，年雨量分布西北向东南逐步减少，多年平均径流深 600—820 毫米。洛江区属南亚热带雨林地带—闽粤沿海丘陵平原亚热带雨林区、闽东南戴云山东部温暖、南亚热带雨林小区。森林覆盖率 62.6%，林业用地面积 252 平方千米。虹山乡的苏山、水尾等保留有成片原始森林。野生动物 88 种，隶属 14 目 38 科。

（二）

自唐代起，洛江地域（下简称“今域”）的建置隶属迭经变换。唐久视元年（700 年），第三次设置武荣州，州治所设从南安丰州迁到今泉州城区。唐景云二年（711 年）武荣州改称泉州。唐开元六年（718 年），析泉州南安县东南地置晋江县。此后，历经五代、两宋、元、明、清、民国等朝代更迭，今域分属泉州、晋江县管辖。

1949 年 8 月 31 日，泉州城解放。今域属福建省第五行政督察区晋江县。1971 年，析晋江县罗溪、马甲、河市 3 个公社和双阳华侨农场归泉州市（县级）管辖。1985 年 5 月 14 日，国务院批准撤销晋江地区行政公署，设立泉州市（省辖地级市），实行市带县体制，原泉州市的建制改为区的建制。1996 年 1 月，泉州市（县级）撤市设区，今域全部属泉州市（地级）鲤城区。1997 年 6 月 3 日，国务院批复同意调整泉州市鲤城区行政区域调整为 3 个市辖区（鲤城、丰泽、洛江）。同年 9 月，洛江区政府成立，在今域内首次设立县级行政区。2007 年，全区辖 2 个街道（万安、双阳）、3 个镇（罗溪、马甲、河市）、1 个乡（虹山），18 个社区、67 个行政村。全区常住人口 17.99 万人，人口密度 473 人 / 平方千米。居住在城镇的人口为

48468 人，占 26.9%；居住在乡村的人口为 131140 人，占 73.1%。

洛江区自然人文景观丰富。洛阳江贯穿境内，洛阳古桥、仙公山、仰恩湖、蔡襄祠、俞大猷公园、施琅将军陵、罗溪省级森林公园、虹山瀑布、龟峰岩等自然景观和历史名人遗迹闻名遐迩。国务院公布为全国重点文物保护单位的洛阳桥，以其“筏形基础”“种蛎固基”“激浪以涨舟，悬机以弦纤”等造桥技术上的重大发明而驰名海内外。洛阳桥的附属文物蔡襄祠，著名的《万安桥记》碑刻立于祠内，被世人称为文、书、刻“三绝”碑。泉州十八景之一的仙公山，儒教朝天阁庙、道教丰山仙洞观、佛教白水岩寺三座分别坐落于仙公山顶峰上；飞来石、仙脚迹、双龟听法、禅鸡唱晓、出米石等形状各异的奇石，演绎出一个个神奇动人的传说。现存泉州最早的水库堤坝留公陂，俗称“陈三坝”，至 2007 年有近 800 年历史。位于虹山乡的虹山瀑布，从断崖飞泻而下，水雾在阳光照射下形成美丽彩虹，明代史学家何乔远游历至此感而诗曰“红日照天地，飞雪白纷纷”。

洛江历代人才辈出。明代抗倭名将俞大猷，在安定边疆抵抗倭寇的斗争中建立丰功伟绩，威名远震，与戚继光并称“俞龙戚虎”，其带领的军队号称“俞家军”，著有《兵法发微》《剑经》等兵书，并辑编他的老师赵本学《韬钤内外篇》为《续武经总要》；万安桥南人刘宏宝累官中宪大夫，是位“宁可丢官，不可丢民”的清官；兵部尚书兼东阁大学士刘鳞长，为官清正、刚直不阿；祖籍马甲镇坑头的蓝飞鹤，参与领导闻名的“惠安暴动”（1930 年 9 月 15 日）；华侨黄奕聪，热心社会事业，造福桑梓；华侨吴庆星兴建仰恩大学，在海内外赢得良好声誉。辖区内还有为数众多的中央、省、市驻区单位及区属单位各行各业的先模人物和高级知识分子，他们出类拔萃、各有建树。

（三）

洛江区是传统农业区，自唐代起，“耕破云山万千重”，极高的土地利用率是其标志之一。农田水利建设自宋代就有，留公陂等仍遗惠今世。区域内主要种植水稻、甘薯、水果、蔬菜，栽培历史悠久。

中华人民共和国成立后，党和政府始终将农业摆在国民经济基础地位，推进生产关系变革，先后进行土地改革、互助合作、初级社、高级社、人民公社和家庭联产承包责任制改革，同时，重视农田水利设施建设，兴建一批水库及引水、提水设施，建立起御灾体系。1958 年，位于马甲镇彭殊村的惠女水库动工建设，总库容 1.23 亿立方米，它对洛江区的马甲、河市两镇的工农业生产用水发挥重要作用。逐步推广科学种田和半机械作业，改变靠天吃饭的面貌。至 1978 年，农副产品产量比中华人民共和国成立前大大增加，粮食作物亩产 690 千克，提高 1.84 倍，花生、甘蔗等主要经济作物单产提高 2 倍以上。但由于交通不便，山多耕地少，产业单一，人民生活仍然艰难，是泉州市重点贫困片区。

1979 年 9 月，中共十一届四中全会通过《关于加快农业发展若干问题的决定》，农村逐步推行小段包工、专业承包或包工到组、联产计酬及包产到户、包干到户等责任制。1981 年起，洛江今域农村实行以家庭联产承包为主的农业生产责任制。1984 年后，进一步稳定和完善联产承包责任制、合同制，发展村级合作经济，完善双层经营体制，建立村级合作经济组织—经济联社。联产承包责任制的实行，促进农村商品经济发展，今域水果、甘蔗、蔬菜、畜禽种养业迅速发展，改变农业内部结构，龙眼、甘蔗、河市槟榔芋、虹山甘薯等农产品颇负盛名。1986 年起，贯彻中共中央、国务院关于扶贫工作的一系列政策，打响扶贫攻坚战，各级加大投入，精心组织，并下派扶贫工作队，确定一批又一批扶贫项目，因地制宜，扶持发展种养业，帮助发展集体经济，提高贫困家庭的经济收入。1987 年，华侨吴庆星投资创办马甲高科技农业大观园，建成仰恩大学、丽佳良畜有限公司、协昌发展有限公司及龙眼生产基地，形成集教育、科研、生产为一体的农业综合开发系列工程。

1997 年建区后，洛江区以调整农业产业结构和优化农业结构为主线，发展城郊型农业，先后建立畜禽、花卉、水果、蔬菜、水产五大特色基地。1998 年，全区开展第二轮农村土地延包工作，全面完成签定土地延包合同（30 年），使农业产业化获得发展空间。建立和完善耕地保护制度，推进农业综合开发，实施中低产田改造。全区扶贫开发和小康建设向深层次拓展。2001—2002年，全区实施农电“两改一同价”（即改革农村电力管理体制，改造农村电网，实现城乡用电同网同价）工程，减轻农民负担。2003年，全面推行农村税费改革，延续2600年的“皇粮国税”成为历史。2004年后，引导和规范农户进行承包地使用权流转。至2004年，创建1个宽裕型小康镇、24个宽裕型小康村、11个宽裕型文明村。至2007年，辖区形成一批特色农业基地、无公害农产品生产基地，拥有各类农业经营组织99个，其中“农字号”龙头企业20多家。全区农业总产值5.74亿元，农民人均纯收入6316元，分别是1997年的2倍、2.1倍。

（四）

改革开放前，洛江今域仅有一些社队企业。改革开放后，乡镇企业、“三资”（中外合资经营、中外合作经营、外资独资经营）企业较大发展。1992年中共十四大召开后，万安工业区动工建设，河市、马甲等乡镇规划建设镇级工业区。至1997年，辖区有工业企业271个，其中乡镇及乡以上工业企业56个，当年全区工业总产值13.3亿元，规模以上工业企业产值5.92亿元。

建区后，洛江区实施“工业立区”发展策略，加大招商引资工作，先后出台《关于加强洛江区城乡企业的若干意见》《关于加大招商引资工作力度、增强经济发展后劲的工作意见》《关于扶持高新技术及其产业发展的若干规定》。坚持“走出去，引进来”，先后到深圳、香港举办招商会，每年组织辖区企业参加华交会、广交会、“9·8”贸洽会等展会和经贸活动，对投资项目设立“绿色通道”，优化投资环境。推进工业园区建设，2002年，开发建设双阳华侨经济开发区，至2005年，完成万安工业区配套建设，建成万安科技园区、塘西工业园区（一、二期）。2006年4月，万安工业区和双阳经济开发区整合成立洛江经济开发区，总规划面积13.33平方千米，至2007年开发面积占总规划面积的61.3%。

洛江区工业结构以轻工业为主，工业门类较多，经济外向度较高。1997—2007年，全区审批设立外资投资项目199个，合同引进外资3.17亿美元，实际利用外资2.14亿美元；出口贸易发展迅速，年均增长22.4%，出口贸易60多个品种，以鞋服箱包、陶瓷树脂工艺、五金机电三大行业为主，出口市场不断拓展，遍及30多个国家和地区，85%产品销往北美、欧洲。1978年后，洛江今域商业以国营、集体（供销社）为主导，多种经济并存，商业网点遍布镇村各角落。建区后，洛江区推进国有、集体商业企业改革，深化粮食流通体制改革，出台扶持商贸业发展政策，市场日益繁荣。1999年6月，洛江航空旅游城开业。2004年底，辖区最具规模的泉州五金机电城（首期占地6.67公顷，建筑面积9.5万平方米）建成投入使用。至2007年，全区工业企业629家，其中，规模以上工业企业148家，产值超亿元企业21家，工业总产值从1997年的13.30亿元增加到2007年的96.01亿元，是1997年的7.2倍；全区出口总值2.5亿美元，是1997年的6.2倍，出口依存度43.2%；全区社会消费品零售总额9.76亿元，是1998年的4倍。洛江区全年实现生产总值达到48.16亿元，是1997年建区时8.91亿元的5.4倍，年均增长17.7%。三次产业结构由1997年的19.6∶43.1∶37.3调整为2007年的14.6∶62.4∶23。财政总收入从1997年的0.29亿元增加到2007年的4.68亿元，是建区时的16.1倍，年均增长31.9%，在全省县（区、市）级财政单位排名中跃居第39位。

（五）

建区之前，今域为鲤城（县级）远郊农村。建区后，根据全区不同时期经济发展目标和城区规模、发展方向，多次组织进行中心城区总体规划编制和控规及城市设计编制，开展镇村规划编制和全区土地利用总体规划修编，促进土地资源集约利用和优化配置。推进万安中心城区“退二进三”（工业退出，服务业发展），加快城市街道、照明、供水、排水、供气、公共交通、城市绿化、环境卫生等市政设施建设，提升城市功能。先后完成城区安吉路、万荣街、万福街、吉源街、吉源东路、安达路、凤冠街、安顺路、万兴街等市政道路及滨江路一、二期等主次干道建设；完成市政道路的路灯里程45千米建设。2005年，万虹公路两侧，双阳、河市片区供水管网并入泉州市供水管网建设，城市供水普及率达到99%；完成全区污水管网67千米建设；完成1.7千米管径300毫米主输气管道、900米管径200毫米支输气管道埋设，覆盖万安中心区新建、在建小区范围；完成城区绿化覆盖面积136.7万平方米，每年清理生活垃圾、工业垃圾及建筑垃圾1000万千克，垃圾处理率到达99%。万安中心区先后建成一批文卫教育等公建项目、商住小区（84万平方米）和五金机电城、恒盛汽车城、万安农贸市场等商贸场所。双阳镇按城市道路Ⅱ标准建设3.1千米阳光路、1.3千米阳新街和朋虹街（朋山岭隧道延伸线）等市政主干道及路灯等配套设施，建成“四横”（朋虹街、侨福街、印尼街、阳新街）、“五纵”（万虹路、恒泰路、阳光路、阳山路、阳朋路）的城市道路网络。建成阳光楼、祥光楼、侨居花苑等商住楼2.2万平方米。同时建成侨居楼14幢460套4.3万平方米。2005年，双阳“镇改街道、村改社居”并命名第一批街路。至2007年，基本形成中心城区、镇区、中心村3个层次总体规划和专项规划相应配套的体系，中心城区由建区初期的3平方千米向33平方千米规划区迈进，镇区面积从2004年的4.52平方千米扩大到2007年的10.42平方千米。2007年，《泉州市城市总体规划》把万安、双阳、河市、马甲镇南部共50平方千米列入城市规划区，城区发展空间进一步扩大。

建区后，洛江区按照“五横一纵一沿江”的公路网络格局，分期分段改造拓宽万虹公路和县道310线河市段等交通干线，新建朋山岭隧道及其接线道路工程和金光隧道，新建、改建和扩建普通公路达70千米。2003年末，全区基本实现通行政村道路水泥砼路面的硬化改造，硬化通村道路约350千米。至2007年末，洛江区共有公路总里程571.278千米，全区达到等级的可通车公路里程155.14千米，等级公路密度为0.41千米／平方千米。洛江区域邮电设施与设备不断完善，新开通GSM基站17个，移动基站总数101个，总载频数1004块，全区信号覆盖率迅速提升，主要商业区、办公区、住宅区、交通干线、旅游景点、电梯等基本做到无缝覆盖，邮政通信能力显著增强，较好地满足洛江经济社会发展的需求。

（六）

1997—2007年，洛江区实施科教兴区战略，以增强自主创新能力为主线，以推进科技兴农、高新技术产业化和科技服务体系为重点，实施泉州市重大科技项目，培育高新技术企业，促进五金机电、特色农业等支柱产业发展。1997年12月，区委、区政府出台《关于加强泉州市洛江区人才引进工作的暂行规定》，引进科技人才，推进科技研究、科技交流、成果转化。至2007年12月，洛江区专业技术人员1879人，洛江区省级高新技术企业14家，市级技术创新示范企业12家，高新技术产业开发区——万安园成为洛江经济发展的“动力源”，规模以上五金机电企业16家，产值13.5亿元，占全区工业总产值14%。2003年2月，区政府印发《洛江区科学技术奖励暂行规定》的通知；2007年，洛江区评出首届（1997—2007年）科技成果奖。2001—2007年，洛江区获全国科技进步先进区“三连冠”。以推进“教育强区”为抓手，加大教育投入力度，加强师资队伍建设，改善办学条件。2001年1月，区政府出台《关于依法开展集资办学工作的意见》，鼓励社会力量办学，形成以政府办学为主体、公办学校与民办学校共同发展的新格局，先后完成虹山、罗溪、河市、双阳4个乡镇、街道的小学“十配套”建设，完成泉州第十一中学、奕聪中学和敬德职业学校教学楼建设并对外招生，新建洛江进修学校并投入使用。洛江区德、智、体、美、劳教育方针得到全面贯彻。至2007年底，全区省、市、区级文明学校46所，占全区学校总数的83.2%，罗溪中学、马甲中学、奕聪中学被评为省级绿色花园式学校。

洛江位于历史文化名城泉州的东北部，历史文化积淀深厚。建区以后，洛江区贯彻“百花齐放，百家争鸣”的方针，推进先进文化建设，文艺创作活跃，文化活动丰富多彩。文艺创作如小说、散文、诗歌、音乐、摄影和书法得到较快发展，一批作品在国内和国际上斩获大奖。至2007年，洛江区有戏剧团5家，民间技艺妆糕人和十音铜锣被列入省级非物质文化遗产保护名录。大力加强精神文明建设，推进文明城区创建、文明村镇创建、文明行业创建、基层文明创建以及军警民共建等工作。2006年11月，洛江区获省级“创建文明城区工作先进区”称号，马甲镇和罗溪镇前溪村分别获省委、省政府授予“福建省第九届（2003—2005年度）文明乡镇”和“文明村”称号，泉美生物科技有限公司和区人武部被评为省级军民共建精神文明先进单位。2007年，先后有3个单位被评为省级文明单位，有 10个单位被授予泉州市第十届（2004—2005年度）文明单位称号。全区城乡体育设施不断充实、完善，城乡体育也随之快速发展，传统体育、群众体育、学校体育竞相发展。传统武术俞家棍200多人次在国际、全国、省、市武术比赛中获得奖牌。其中，著名残疾运动员郑宝珠，曾在雅典奥运会和北京奥运会中共计获得三金一铜的优秀战绩。旅游业呈现渐序发展态势，洛阳桥、仙公山等名胜古迹得到保护与开发，动植物观赏园、丰山生态旅游区、田格里拉生态园等生态旅游项目加快发展；文史档案机构相继成立，做好记载、收集和整理相关工作，为洛江历史积淀添砖加瓦。文博事业有序发展，至2007年，全区范围内共有文物保护单位21处，其中国家级1处，省级4处，市级16处。

建区前，洛江区的医疗卫生事业发展相对落后，全区医疗机构有5家乡镇卫生院，卫生技术人员匮乏，群众医疗卫生事务大部分由所在卫生院和乡村医生承担。建区后，全区医疗卫生事业得到新的发展，医疗卫生设施不断更新完善，技术明显进步，急性传染病防治工作达到新水平，卫生防疫、卫生保健和机构建设等方面取得长足进步。完善社会保障体系建设，城乡居民社会养老保险参保续缴率达96%以上，新农合参合率达99.9%。至2007年，全区公立卫生机构8家、村卫生所98所（其中甲级卫生所55所，占56.12%），农村医疗网点覆盖率100%。其中，双阳社区卫生服务中心、马甲中心卫生院分别被评为国家级示范社区卫生服务中心，洛江区获评国家计划生育优质服务先进区。

洛江区籍海外华侨华人有16.14万人，港澳同胞2万人，归侨侨眷8.6万人。华侨、华人主要分布在印度尼西亚、马来西亚、菲律宾和新加坡等地，他们身在海外，心系故土，或捐资，或投资，为祖国家乡建设发展倾注心血。建区后，随着改革开放和经济社会迅速发展，洛江进一步推动外国友人、华侨和中国港澳台同胞友好往来，密切经贸、文化交流，促进经济社会发展。同时，加强与第二、三代华侨和中国港澳台同胞的联系，为到洛江区投资发展的返乡侨亲和中国港澳台同胞牵线搭桥，跟踪服务。广大华侨和港澳台同胞在事业有成后，纷纷回乡投资兴业，捐资公益事业，为家乡的经济社会事业发展做出贡献。

抚今追昔，意在登高望远；知往鉴今，重在开辟未来。洛江发展已进入新阶段、步入新征程。洛江人将不辱使命，主动对接自贸区建设和“21世纪海上丝绸之路先行区”建设，积极融入泉州环湾区域发展格局，以科学发展跨越发展、转型升级为主线，提升区域经济综合实力，全面推进各项事业协调发展，谱写“美丽洛江”建设新篇章。

专 记

洛江建区

1996年11月29日，泉州市鲤城区人民政府向鲤城区人大常委会提交《关于将现鲤城区划分为三个区的议案》，拟将鲤城区划分为鲤城、丰泽、万安3个区，其中从鲤城区划出双阳华侨农场和河市、马甲、罗溪镇、虹山乡及拟设的江滨街道（拟将城东镇的桥南、后埭、杏宅、琯头村，华大街道的塘西、院前村及万安经济开发区改建为江滨街道），设立万安区。区政府办公地点设在河市镇辖区内。

同年12月2日，泉州市鲤城区政府向泉州市政府提交《关于拟将现鲤城区划分为鲤城、丰泽、万安三个区的请示》，其中从鲤城区划出河市、马甲、罗溪镇及虹山乡，设立万安区，区政府办公地点设在河市镇辖区内。

同年12月6日，泉州市政府向福建省政府提交《关于调整鲤城区行政区划的请示》，拟将鲤城区行政区划调整为鲤城区、丰泽区和万安区，其中万安区辖河市、马甲、罗溪3个镇和虹山乡，区政府驻河市镇。

同年12月9日，泉州市十二届人大常委会会议第五次会议召开。听取和审议副市长李天乙所作《关于调整鲤城区行政区划的议案的报告》。

1997年6月18日，经国务院批准，福建省人民政府作出《关于同意泉州市调整市辖区行政区划的批复》，同意调整泉州市鲤城区的行政区划，增设泉州市丰泽区和洛江区，其中洛江区辖河市、马甲、罗溪3个镇和虹山乡，区政府驻河市镇。

同年6月22日，泉州市委、市政府成立由市委书记丘广钟任组长的泉州市鲤城区行政区划调整领导组。同年6月24日，鲤城区委、区政府区行政区划调整领导组成立，区委书记陈敬聪担任组长。同年7月28日，陈敬聪主持召开区委常委（扩大）会议，研究资产调配方案、事（企）业单位设置及归属问题。7月30日，中共泉州市洛江区委员会成立。同年8月3日，中共泉州市洛江区纪律检查委员会成立。8月4日，市十二届人大常委会第十次会议通过《关于成立丰泽区、洛江区第一届人民代表大会筹备组的决定》，陈敬聪任洛江区人代会筹备组组长。同日，成立洛江区经济社会发展领导小组，组长陈家富，副组长朱启平，成员谢工农、庄赞才。同日，政协洛江区第一届委员会筹备工作领导小组成立，蒋夏雨担任组长，宋爱华担任副组长。同日，市长何立峰主持召开专题会议，研究鲤城区行政区划调整企事业单位机构归属和人员调配有关问题。8月6日，泉州市委、市政府召开原鲤城区机关干部大会，宣布行政机关、事（企业）单位人员分流方案，机关人员分配到洛江区的有143人。8月11日，市区行政区划调整后，洛江区各班子成员迅速到位，高效有序地开展工作。8月14日，洛江区委召开第一次干部职工大会，宣布区委和区经济社会发展领导组成员分工，任命区委中层班子和区经济社会发展领导各小组负责人。8月20日，成立洛江区国民经济与社会发展规划工作领导小组，陈敬聪任组长，陈家富任副组长。同年9月23—25日，泉州市洛江区第一届人民代表大会第一次会议召开。大会选举产生首届人大、政府、法院、检察院领导成员。选举卢希德为区人大常务委员会主任，陈家富为区人民政府区长。9月29日，洛江区举行区委、区人大、区政府、区政协、区纪委授牌授印仪式和升旗仪式，市委、市人大、市政府、市政协、市纪委主要领导为洛江区五套班子授牌授印。同年10月16日，洛江区政府向泉州市政府请示，拟在双阳华侨农场设立镇建制。同年11月11—13日，中国共产党泉州市洛江区第一次代表大会召开。大会选举23名中共泉州市洛江区委员会委员和12名中共泉州市洛江区纪律检查委员会委员，选举陈敬聪为区委书记，陈家富、卢希德、谢定昌为区委副书记，黄志捷、朱启平、朱清辉、尤祖举为区委常委，黄志捷为区纪委书记。同年12月25日，区人大常务委员会召开首次颁发任命书大会，向被任命的“一府两院”工作人员颁发任命书，标志着行政区划调整完成。

1998年1月4日下午，省长贺国强主持召开省长办公会，原则同意洛江区实行城市的财政体制。

大事记

三国

吴永安三年（260 年）

置建安郡的东安县，今洛江境域地属之。治所设在今南安丰州镇。

东晋

大兴四年（321 年）

孙恩、卢循起义，带部分疍民走海道，占领福建、广东，有部分先民徙居洛阳江两岸。

唐

贞观二年(628 年）

泉州蝗灾，涉及今洛江境域。

久视元年（700 年）

武荣州州治由南安丰州迁至今鲤城区东街泉州军分区、公安局办公所在地。景云二年（711 年），改武荣州为泉州，今洛江境域属之。

开元六年（718 年）

泉州刺史冯仁智因州郭无县，请析南安县东南地置晋江县。自起至五代、宋、元、明、清，泉州州治与晋江县同治地，今洛江境域属晋江县。

天宝元年（742 年）

泉州改为清源郡，今洛江境域属之。因军县同名，原清源县改称仙游县。

乾元元年（758 年）

清源郡复为泉州，今洛江境域隶属仍旧。

贞元十三年（797 年）

柳冕任福建观察使，在闽 12 年任内，奏准在东越设万安监，又置五区泉州，悉索部内马、驴、牛、羊合万余游畜之，今洛江境域隶万安监五区泉州。

元和元年（806 年）

泉州升为上州，今洛江隶属仍旧。

光启元年（885 年）

八月，淮南光州人王潮应泉州人张延鲁之请，率领部属 5000 多人费岁余攻占泉州城擒杀刺史廖彦若。福建观察使陈岩任王潮为泉州刺史。

天祐元年（904年）

泉州刺史王审邽卒，其子王延彬继任泉州刺史，因重视发展海外贸易，时人谓之“招宝侍郎”。

五代

后晋天福九年（944年）

三月，部将朱文进弑王延曦，自立闽王，以其党黄绍颇为泉州刺史。

后晋开运元年（944年）

十一月，泉州散员指挥使永春人留从效策杀泉州刺史黄绍颇，立王延政从子王继勋为刺史。十二月，朱文进发兵2万人攻泉州，被留从效歼灭于城北双阳瞻迹岩。

后晋开运二年〔南唐保大三年（945年）〕

九月，泉州刺史王继勋降于南唐。

后晋开运三年〔南唐保大四年（946年）〕

五月，留从效废黜王继勋，自领泉漳二州留后。

后汉乾祐二年〔南唐保大七年（949年）〕

南唐升泉州为清源军，今洛江境域隶之。

后周显德四年（957年）

泉州留从效贡于后周，归附吴越。

后周显德五年（958年）

闰七月，清源军节度使留从效遣使称藩于周。

北宋

建隆元年（960年）

十二月，清源军节度使留从效向宋朝进贡称藩。

建隆三年（962年）

三月，留从效病逝后，泉州内乱，嗣子绍镃典留务者月余，即被衙将陈洪进诬陷其将召越人以叛，执送南唐处治，推年迈的统军副使张汉思为留后。

建隆四年（963年）

四月，张汉思忧患陈洪进实揽专权，设宴策杀，因席间地震，同谋者惧而未遂。未及3日，陈洪进即逼张汉思交印，自称清源节度副使，权知泉漳等州。

十月，陈洪进夺取兵权，自称留后，独据泉漳二州。牙将魏仁济赴京向宋太祖奉表称臣。

乾德二年（964年）

正月，制改清源军为平海军，今洛江境域隶之。

太平兴国三年（978年）

四月，陈洪进上《纳地表》，献所辖漳、泉2州14县，151978户，兵18727员。今洛江境域亦归宋朝。

大中祥符五年（1012年）

占城（今越南中南部）耐旱早熟的早稻品种传入泉州，今洛江境域亦有种植。

皇祐五年（1053年）

四月，郡人在万安渡倡筑石桥，采用“垒址于渊”“种蛎固基”“植松庇路”方法，历时6年8个月，于嘉祐四年十二月（1060年2月）告竣。古称万安桥，今称洛阳桥。知州蔡襄自撰书记文镌石，今尚存，有文、书、刻“三绝”之誉。

治平三年（1066年）

六月，大雨，泉州毁坏民房数千家，今洛江境内民房亦受毁。

崇宁元年（1102年）

泉州大旱，水泉涸，山中乡民汲水至20里余，民多渴死，今洛江境内亦受灾。

南宋

建炎三年（1129年）

十二月，南外宗正司由江苏镇江迁至泉州，随迁宗子349人及妇女340余人。部分住在洛阳江。

绍兴六年（1136年）

八月，泉州市舶司奏请朝廷给招引番商有功之大食商人蒲罗辛、泉州纲首蔡景芳补为承信郎。

嘉定十年（1217年）

郡守真德秀与提举市舶赵崇度整顿市舶司，革除弊政，振兴外海贸易。其后，每年到泉贸易的船只从3-4艘增至36艘。

绍定元年至六年（1228—1233年）

南外宗正司宗室男丁人口由初迁泉州（包括今洛江境域）时349人增至在院1427人，外居887人。

宝祐元年（1253年）

洛阳江中乌屿与江南岸之间建盘光桥，俗称乌屿桥。

景炎元年（1276年）

二月，元廷遣使诏抚蒲寿庚。

十二月，蒲寿庚与泉州司马田真子献城降元，元廷授闽广都督兵马招讨使。

景炎二年（1277年）

七月，宋将张世杰由漳州回师围攻泉州城近90日不下。九月，元将索多（唆都）率兵来援，张退往潮州。

元

元世祖至元十四年（1277年）

三月，元廷设立行宣慰司于泉州，兼领行征南元帅府事，今洛江境域隶之。

元世祖至元十五年（1278年）

八月，泉州升为泉州路总管府，领一录事司及晋江等七县，洛江今域属晋江县。同年，改行宣慰司为泉州行中书省。

元世祖至元十七年（1280年）

正月，敕泉州行省令，包括今洛江境域内山寨未即归附者率兵拔之，已拔又复叛者屠之。

五月，移福建行省署于泉州。

七月，徙泉州行省于隆兴（今南昌）。

元世祖至元二十七年（1290年）

五月，南安人陈七师攻入泉州，后被讨平。

大德元年（1297年）

改福建行省为福建平海行中书省，徙治泉州。

大德二年（1298年）

二月，改泉州路总管府为泉宁府，洛江今域隶之。翌年，复为泉州路。

至治三年（1323 年）

泉州州民留应总起义，被江浙行省遣兵镇压。

至正十三年（1353 年）

泉州大饥荒，死者相枕藉，今洛江境域亦然。其能行者，皆老幼扶携，就食永春。

至正十七年 (1357 年)

三月，泉州亦思巴奚军万户赛甫丁和阿迷里丁互相勾结割据泉州。

至正十八年（1358 年）

复立泉州行省，洛江今域属之。

至正二十二年（1362 年）

二月，元朝总诸蕃互市的那兀纳起兵杀阿迷里丁。五月十五日，泉州赛甫丁据福州路被福建行省平章事燕只不花击败，余众航海还泉州。那兀纳乘机占据泉州，洛江今域亦被占据。

至正二十六年（1366 年）

五月，福建行省左丞陈友定会合兴化城守将柳伯顺率水陆两路兵破泉州，入城擒那兀纳，发掘蒲氏冢，进而兼并泉州周围地区，洛江今域亦被兼并，元廷长达 10 年之久的地方豪强割据之乱结束。

明

洪武元年（1368 年）

二月，泉州路降明，洛江今域隶明朝。

洪武二年（1369 年）

改泉州路为府，泉州设府自此始，同时撤录事司，府下属县依旧，洛江今域仍隶晋江县。

洪武三年（1370 年）

二月，明廷在泉州设立福建市舶司，管理对琉球（今冲绳）的贸易。

夏，倭寇侵扰泉州，为明代泉州倭患之始，部分住洛阳江下游先民受害。

洪武四年（1371 年）

朝廷因倭寇屡犯实行海禁政策。

洪武七年（1374 年）

正月，关闭福建（泉州）市舶司，严海禁以防倭寇。

洪武二十年至二十一年（1387—1388 年）

江夏侯周德兴在泉州建海防一卫五所十六司。

宣德六年（1431 年）

泉州知府冯祯命晋江巨商李俊育（李英）独捐巨资重修洛阳桥，增桥高 3 尺。

弘治六年（1493 年）

七月初三日，境内大风雨，扬沙走石，田禾淹没。大风雨过后，民众重新播种，秋竟获大丰收。

正德十一年（1516 年）

佛郎机人在泉州设立“公行”，建立贸易据点，对泉州人民巧取豪夺，肆意盘剥。嘉靖二十八年（1549 年）被泉州人民驱逐出境。

正德十二年（1517 年）

泉州城发生鼠疫，波及今洛江境内。

嘉靖二十一年 (1542 年)

泉州沿海居民冒海禁与番船夷商贸易日盛，出海商舶往来络绎于海上。

嘉靖二十六年（1547年）

六月，明廷命副都御史朱纨为浙江巡抚，兼提督泉州等地海防军务，禁止海外贸易，波及今洛江境内。

嘉靖三十年（1551年）

倭寇侵扰，客兵万余卫戍包括今洛江境内的泉州沿海地区。

嘉靖三十五年（1556年）

倭寇从泉州沿海登陆攻泉州，泉州卫指挥使童乾震率兵迎战，因援兵不继而战死。

嘉靖四十年（1561年）

三月，俞大猷奉命南征途经嵩山少林寺，收寺僧宗擎、普从为徒随军学习少林武术真诀，学成后回传嵩山少林寺。

嘉靖四十一年（1562年）

泉州府城大疫，洛江今域亦然，人死十之七，市肆寺观尸相枕藉，有阖户无一人存者。熏蒿凄怆，不可忍闻，市门俱闭，至无敢出。

嘉靖四十四年（1565年）

十二月初六日，泉州大雪，洛江今域亦然，山村雪厚至三四尺，四五日方消，人以为异。

嘉靖四十五年（1566年）

泉州重刊《荔镜记》（与潮州《荔枝记》合并刊行）。

万历八年（1580年）

抗倭民族英雄俞大猷卒于泉州。遗作有《正气堂集》《洗海近事》《剑经》等。

万历十二年（1584年）

泉州海舶从南澳岛带回南洋甘薯种苗，在境内种植成功。

万历三十一年（1603年）

八月十五日，东南风大作，海水暴涨，今洛江境内水淹六七尺，高过桥面四五尺，船逾桥横入埭，漂没人家，各港澳停船破坏殆尽，淹溺不可胜数。

万历三十二年（1604年）

十一月，自初二初震，至初九夜戌（20时）大震，是夜连震十多次，地裂数处，清源山等地裂处涌出含硫黄味的沙水，持续半年方息。城内外庐舍倾圮，此次地震为泉州有史载以来最大一次（泉州湾外海震中8级），洛江今域震感强烈。

万历三十五年（1607年）

八月廿八日，飓风大作，洛阳桥梁折。

天启二年（1622年）

荷兰人侵据澎湖诸岛。翌年，骚扰泉州沿海，波及洛江今域先民。

清

顺治三年（1646年）

九月，清平南大将军多罗贝勒博洛统兵占领泉州，泉州的清政权建立，仍称泉州府，洛江今域隶属之。

顺治四年（1647年）

四月，罗溪人吴觐率数千众起义反清。

顺治十三年（1656年）

正月，境内大雪，平地积厚五尺许。

顺治十八年（1661年）

清廷颁布沿海居民迁界令，有崇武所部分卢氏（军籍）迁入境内（今双阳街道），雍正元年（1723年），复界时这批卢氏回迁崇武。

康熙二年（1663 年）

六月，郑成功族弟郑鸣骏及子率部下从金门入泉州港降清。

康熙十七年（1678 年）

六月，郑军部分兵屯泉州桃花山，连营东岳庙，直逼清源山，并攻夺洛阳桥。

七月，清都统雅大里弃同安城退入泉州。国轩遂围泉州城，攻南门，城坠 40 余丈。清兵筑短墙以守达二月久，境内遭受战火蹂躏，直至八月，清军水陆四路援之，泉州解围，境内渐平静。

康熙二十三年（1684 年）

九月，康熙皇帝下令解除海禁。

康熙四十九年（1710 年）

漳泉二府旱，诏水运江浙漕粮 30 万石赈之，并免该年未完额赋，洛江今域未完额赋亦免。

康熙五十五年（1716 年）

清廷“禁民众私自出洋”，境内出洋先民受阻。

雍正元年（1723 年）

清廷允许泉州沿海复界。

雍正五年（1727 年）

清廷废除往南洋贸易禁令，泉州始复开禁放洋，但仍禁止留居外洋之人回籍。

乾隆三十年（1765 年）

清廷下令关闭泉州、宁波等对外通商口岸，只准广东继续对外贸易。

乾隆四十一年（1776 年）

四月初十日，境内白日顿昏黑胜夜，狂风大雨，龙卷风疾扫。府学明伦堂全塌。

道光元年（1821 年）

洛江境域当时有些乡里制订严禁乡民贩卖鸦片的乡规民约。

道光九年（1829 年）

六月二十三日未时，境内下大冰雹。

道光十二年（1832 年）

解除华侨海禁。

道光二十年（1840 年）

泉州开展禁鸦片烟及抗英斗争。

道光二十三年（1843 年）

英国军舰进犯泉州湾，至洛阳桥下，泉州民众英勇抗击，境内民众积极参与，将英舰轰出。

道光二十七年（1847 年）

外国轮船始从厦门运载晋江等地“华工”5 万多人，前往南洋等地。

咸丰五年（1855 年）

六月十四日，响应太平天国起义的农民军首领境内先民邱二娘在泉州南校场被清政府凌迟处死，时年 22 岁。

光绪十五年（1889 年）

泉州城内鼠疫流行，波及境内。

光绪二十年（1894 年）

苦寒三日后于十一月初八夜，境内降尺许大雪。

光绪二十一年（1895 年）

世界性鼠疫从香港经厦门传入泉州（包括洛江今域），当年染疫 985 人，病死 847 人。其后持续蔓延53年之久，流行97个村（街），发病12516人，病死10093人。

光绪三十一年(1905年)

七月初三日，境内大水，石砻水文站洪峰流量9000立方米/秒。又逢地震及海潮顶托，泉州城内一片汪洋，为百年所未遇。

光绪三十四年(1908年)

进士黄抟扶、举人洪里仁等人发起组织农务会，并于释仔山创办农事试验场，附设气象站，研究改进农业技术。

宣统三年(1911年)

九月二十八日（11月18日），泉州同盟会在府衙、县衙、协台衙门举行典礼，泉州摆脱清政府统治，洛江今域亦如此。

中华民国

民国2年(1913年)

3月，废府存县，晋江县公署仍驻泉州（今鲤城区），洛江今域仍隶晋江县公署。

民国3年(1914年)

6月，福建省设置四道，晋江属厦门道，洛江今域隶厦门道晋江县。民国17年（1928年）道废。

同年，境内肺鼠疫流行。

民国8年(1919年)

5月21日，泉州私立中学等校，发动各中、小学校及职业学校师生2000多人举行集会游行，响应北京学生反帝反封建的“五四”爱国运动，

5月，成立泉州学生联合会，领导学生深入商店、乡村，开展“提倡国货、抵制日货”和反封建、破除迷信等宣传活动，洛江境域私立学校学生亦参加。

6月，各界人士联合召开国民大会，成立义勇队，声援北京、上海学生罢课、工人罢市、商店罢市的爱国运动，洛江境域部分爱国人士亦参加。

民国10年(1921年)

泉州城内鼠疫流行，死亡达2357人（包括时洛江境内人）。

民国12年(1923年)

北伐军进驻晋江。《广州日报》《向导》《共产党宣言》《辩证唯物论入门》《资本论》等书刊随之传入，新思想、新文化在晋江广泛传播。

民国14年(1925年)

4月18日，孔昭同部勒税，与乡团冲突而洗劫包括洛江境域内数十乡，屠戮百余人。

6月11日，“五卅”惨案后，泉州学生、店员、工人等各界人士为声援上海工人的斗争，举行声势浩大的反帝示威大游行。

6月19日，泉州成立国民外交后援会。旋即泉州教育界、学生界发起组织“反帝大同盟”，以学生、店员、工人为主组成“十人团”，开展抵制英、日货斗争，洛江境域部分爱国人士亦参加。

民国15年(1926年)

11月，晋江县署改称晋江县政府，洛江今域隶之。

同年，匪首高为国入双阳福山腰老巢，窜扰晋江、南安、惠安三县，派兵、派饷、派枪，匪部扩充到1000余人。

年底，北伐军第十一军张世德师路经泉州，偕同许卓然等，摧毁在泉州无恶不作的高为国等组建的“市卫队”，枪毙首恶14人。

民国 16 年（1927 年）

1 月，泉州组织工会、妇协会、学生联合会及反帝大同盟等群众团体，支持国民革命和北伐战争，境内工人、妇女、学生积极参与。

6 月间，省党部委派武装土匪头子高为国（时属新编军）任晋江县临时党部特派员，并成立“清党委员会”。调新编军第二军师郭凤鸣驻晋江，协助“重新清党”。

同年，高为国勒派境内大河内乡乌单（苛捐杂税）3000 元，乡民抗交，高为国焚毁民房大厝 30 多座，乡民外逃泉厦，遂成废村。

民国 18 年（1929 年）

8 月，洛江人高为国部抢劫泉州西门车站，杀害工人 9 名，导致泉州汽车工人罢工，迫使泉永汽车公司抚恤死者家属。

民国 19 年（1930 年）

元旦前后，高为国在泉州城乡摊派军饷和苛捐杂税，引起店员、工人和商户举行全城罢工、罢市，并联合境域内农民群众和民团共同起来进行斗争。但有 20 多乡被高为国率部掠劫 5 天，打死 60 多人，捉走 150 多人。

7 月 10 日晚 11 点，树兜等乡民团 600 多人为抗缴荔枝树捐苛税，突袭驻各城门的高为国部驻军营寨。民团得胜后，仍旧撤回新门外驻守。11 日，高为国再率部进入泉州，劫杀无辜市民以泄恨。同年冬，地方军阀陈国辉进剿高为国老巢福山腰，高逃至闽北，后被解省处决于福州。

民国 21 年（1932 年）

6 月 8 日，十九路军先头部队六十一师进驻泉州，境内群众沿路夹道欢迎。

10 月 6 日，泉州各界 2 万多人举行抗日救国大会，决议进行罢市、罢工、罢课，并通电全国，强烈要求政府对日宣战，境内民众积极响应。

同年，十九路军军长蔡廷锴倡议重修洛阳桥，改石梁为钢筋混凝土建筑，经一年余完工。

民国 23 年（1934 年）

1 月 3 日，中华共和国兴泉省人民政府在泉州成立，省会设泉州，洛江今域属之。

1 月 15 日，十九路军由福州退集泉州，境内有十九路军官兵驻扎。

1 月 22 日，国民党军第十师与十九路军在洛阳桥一带激战，十九路军受挫向泉州撤退，最后以十九路军将领向国民党军投降告终。

7 月 22—23 日，境域内洪水成灾，水位比常年高出 2 米多，农作物遭受严重破坏。

民国 24 年（1935 年）

7 月 26 日至 8 月 4 日，连日暴雨，山洪暴发，酿成泉州有史记载以来的最大水灾，洛江今域受灾严重。泉州各界组织救灾会。

同年，泉州霍乱流行，死亡人数在 1500 人以上，绝户或死亡半户的颇多，洛江今域亦有人染疫亡故。

民国 26 年（1937 年）

8 月间，海面因受日舰封锁，泉州防灾委员会将无业渔民数千人移往罗溪、马甲、河市一带垦荒。

民国 27 年（1938 年）

日本飞机时来泉州城区骚扰轰炸，各中学校相继内迁洛江今域等泉州山区。

民国 28 年（1939 年）

3 月 3 日，日本飞机轰炸泉州东海一带乡村及市区，至 6 月中旬多达 10 多次，每次出动三四架，共投弹近 200 枚，炸毁商店民房数百间、渔船 10 余艘、汽车 4 辆，百姓死伤 150 多人，开元寺、承天寺、孔庙、中和宫等古迹及新桥、浮桥、洛阳桥、汽车站多次受轰炸。

民国 30 年（1941 年）

12 月，太平洋战争爆发后，泉州侨汇断绝，洛江今域的侨汇亦然。

民国 31 年（1942 年）

1 月，无法出洋滞居厦门鼓浪屿的侨胞 3000 人（包括洛江今域侨胞），因交通断绝，返抵泉州。

3 月，境内发生天花病。

同年，境内发生鼠疫。

民国 32 年（1943 年）

3 月，发生鼠疫，7 月鼠疫继续扩大，波及洛江今域，晋江县死亡 1130 人。

春，久旱不雨，境内受旱面积达千公顷，占耕地面积的 60% 多。

民国 33 年（1944 年）

由于通货膨胀，货币贬值，物价不稳定，人民的生活日益困难，境内华侨筹集万元汇给境内侨属作平粜粮食之用。

民国 34 年（1945 年）

8 月 10 日晚 8 时半，日本无条件投降消息传来，报社竞出号外，机关民众出动游行，全城彻夜沸腾。11 日下午在公共体育场召开庆祝大会。火炬游行三夜，境内民众积极参加庆祝活动。

民国 36 年（1947 年）

8 月，中共泉州中心县委在河市等地组建游击队。12 月，又建立中共洪（濑）河（市）区工委，在晋江及洛江今域等地开展游击斗争。

12 月，福泉厦公路经修复（包括洛江境内路段），全线通车。

同年，泉州物价继续暴涨，法币暴贬，50 千克稻谷由年初 4.6 万元上涨到年末 80 万元。

民国 38 年（1949 年 9 月 30 日止）

6 月 29 日，因法币、金圆券、银圆券严重贬值，银行及地方当局将 1000 余亿元金圆券装进 195 麻袋“海葬”销毁，洛江今域市面通行银圆及美钞交易。市场出现以大米为基价的以物易物现象，商店及单位发代价券。

8 月 16 日，中共泉州工委发布《关于迎接解放军南下的紧急通知》，境内党组织和广大民众积极响应。

8 月 31 日（农历闰七月初八）晨，国民党交通警察部队遁离泉州。上午 10 时，闽浙赣省委所属游击纵队闽中支队泉州团队独立大队进入泉州城。下午 4 时左右，中国人民解放军二十九军八十七师先遣部队进城，与泉州团队独立大队会师，泉州城宣告解放，洛江境域亦获解放。

9 月 3 日，由长江支队第一大队组建的中共福建省第五地委干部率南下干部抵达泉州。

9 月 9 日，中共晋江县委、晋江县人民政府成立，洛江今域隶之。晋江县归属福建省第五行政督察专员公署。

中华人民共和国

1949 年

10 月 1 日，境内民众与泉州各界人民举行庆祝大会与游行，热烈庆祝中华人民共和国诞生。

10 月 22 日，海水暴涨，海埭均被冲毁，为 50 年来所未有。洛江境内的海堤多处溃塌，良田遭损。

同月，晋江县将 24 个乡镇划分为 11 个区（包括城关区）成立区公所，接管国民党政府的乡镇政权，废除保甲制度，建立乡一级人民政权。原罗溪乡和山顶乡合并，设立第一区公所。区公所设在大罗溪。原锦丰乡和大猷乡合并，设立第二区公所，区公所设在何市街。

11 月 12 日，境内公立学校由地方人民政府接管。

同月，晋江县首届第一次各界人民代表会议在泉州培元中学开幕，代表 300 多人，洛江今域亦有代表参加。

1950 年

1 月 2 日，泉州各界近 2000 人举行新年劳军大会，并向部队赠送慰问品。

同月，市区划为 21 条街，成立街政府，农村成立乡政府。

6 月 12 日，晋江县人民政府颁发布告，将所辖 24 个乡镇改组为 13 个区，2 个镇。

同月，水灾，晋江县农作物被淹 3 万多亩。

8 月，晋江县公安机关贯彻中共中央《关于严厉镇压反革命活动指示》，境内开展群众性的镇压反革命运动（简称“镇反”）。

11 月下旬，开始实行土地改革，全县分 4 批进行，至 1952 年 6 月结束。

同年，广泛开展民众教育活动，相继创办职工业余学校和农民业余学校。

1951 年

1 月 1 日，划晋江县城区及近郊 8 个乡设立泉州市（县级），成立中共泉州市委员会、泉州市人民政府。

3 月 29 日，召开市各界人民抗美援朝代表会议，成立泉州市抗美援朝分会。6.95 万人签名反对美国重新武装日本，要求缔结和平公约，境内各界人士积极参与签名活动。（注：1950 年，朝鲜内战爆发。美国随即进行武装干涉，并派遣海军第七舰队侵入中国台湾海峡。同时，美国飞机多次侵入中国领空，轰炸丹东地区，战火即将烧到鸭绿江边。中国政府发表声明，对美国侵略行径进行严厉谴责和抗议。中共中央作出抗美援朝、保家卫国的战略决策。）

4 月，晋江县城关从今域鲤城区迁至青阳。

5 月 1 日，泉州市组织大规模的抗美援朝示威游行，各界人民捐献可购 3 架战斗机的资金，境内各界人士积极参与捐款活动。

7 月，境内各乡建立治安保卫委员会（简称“治保会”），各村设治保小组。

9 月 4 日，金门南海总队派遣泉州、永安二纵队，从惠安沿海登陆，潜入马甲、河市一带。

11 月 8 日，泉州市成立贯彻婚姻法检查委员会，随后通过对贯彻《中华人民共和国婚姻法》情况的检查，调解婚姻纠纷，处理虐待婢女、童养媳事件，全市童养媳 746 人、婢女 1227 人愿意摆脱封建婚姻及雇佣关系，境内亦有一些童养媳、婢女自愿解除封建包办婚姻和主仆雇佣关系。

12 月，境内各机关、经济、生产部门进行反贪污、反浪费、反官僚主义的“三反”运动，翌年 6 月下旬运动结束。

1952 年

2 月起，境内工商界开展反行贿、反偷税漏税、反盗骗国家财产、反偷工减料、反盗窃国家经济情报的“五反”运动，至 6 月结束。

2 月，成立查定委员会，开展评地定等工作。

10 月，泉州市识字运动委员会成立，组织各界 11339 人入学，学习后脱盲 1810 人，高小毕业 254 人。

同年，境内水灾频繁，为历年罕见。

1953 年

6 月 30 日，境内进行全国第一次人口普查。

同月，经中央人民政府政务院批复，泉州市升为省辖市，洛江今域仍隶属晋江县。

夏，市场上某些农副产品供应困难，花生、生油、大豆等商品凭购买证供应。

夏，夏收后 42 天未雨，水田龟裂，作物枯萎，受旱农田近 2000 公顷。

11 月 27 日，实行粮食统购统销制度。

同月，推销国家经济建设公债，泉州市 5431 人认购，总数 25252 元。

同月，全市第一次群众性镇反运动结束，共打击各类反革命分子 746 名。

1954 年

3 月 15—19 日，泉州市召开首届手工业代表会议，部署贯彻市委对手工业进行社会主义改造的初步计划。

8月，棉布实行计划供应。

12月，进行粮食“三定”（定产、定购、定销）。

同年，完成对批发商的社会主义改造。

1955年

1月，泉州市人民政府改称泉州市人民委员会，洛江今域仍隶属晋江县。

4月，境内开展节约粮食运动，压缩粮食定量，实行粮食定量供应。

8月下旬，泉州市开展第二次镇压反革命运动。

8月，贯彻省移民会议精神，动员闲散劳力支援山区生产建设，全市共有3批369名居民迁移德化安置。

9月中旬，贯彻中共中央主席毛泽东关于合作化问题的指示，制定市、区、乡三级农村合作化三年规划，12月成立市委生产合作部。

1956年

1月，境内已基本完成资本主义工商业社会主义改造任务。

同月，泉州市1800多户手工业全部合作化。

上半年，泉州市郊区实现“乡乡通电话”。

9月10日，境内遭受20年来最大的台风、洪水灾害。

9月，创办晋江县侨星中学（1957年易名晋江县第四中学，1969年易名晋江县马甲中学）。

同月，废除旧的工资制度，境内实行工资改革。

同年，境内农村大办夜校。

1957年

6月下旬，开展反右派斗争，但是反右派斗争被严重地扩大化了一批干部和知识分子、民主人士被错划为“右派分子”。

12月1日，开展第三次镇反运动，全市统一行动。

同年，泉州市全面进行工商企业登记。

同年，境内农村建立高级农业生产合作社。

同年，创办罗溪华侨中级文化学校（后易名罗溪华侨中学、晋江县第二十九中学）。

1958年

3月21日，撤区并乡，晋江县划设为28个乡、3个镇。洛江今域有罗溪、马甲、河市3个乡隶属晋江县，今域万安街道隶属泉州市东海乡。

同月，召开全市侨眷归侨代表会议，号召归侨、侨眷积极参加工农业建设。

6月，各部门掀起“大跃进”高潮，出现高指标、瞎指挥、浮夸风和“共产风”等现象。

7月16日至9月4日，先后受台风、暴雨、海潮袭击，3次水灾境内低洼地受淹达69小时之久。

同月，全县掀起“大炼钢铁”运动。

8月22日，晋江县第一个人民公社即跃进人民公社在河市乡（今属洛江区）诞生。

11月1日，包括境内的郊区农村实行半供给半工资制。

同年，晋江县创办双阳华侨工商农场。

1959年

2月，制止农村劳动力盲目外流和私招乱雇工人的事态。至4月，全县动员5457人回乡参加农业生产。

3月23日，泉州市召开五级干部会议，将全市公社化后的28个大队划为45个大队，202个小队划为319个生产队，人民公社实行“三级核算，三级管理，队为基础”体制。

6月下旬至8月，境内大旱。

1960 年

2 月 11—28 日，中共晋江县委召开市、社、队三级干部会议，为迅速把“三年规划、八年纲要、十三年主义”变为群众实际行动，发出“高举总路线、夺取六〇年伟大胜利”的号召，境内民众积极响应。

3 月 1 日至 4 月 3 日，开展全民办科学“双革”（技术革命、技术革新）运动。

3 月 12 日，因受印尼政府排华影响回国的首批 600 多名归侨抵达泉州。

同月，创办双阳华侨农场由福建省侨务委员会主管。至 1962 年安置印尼归侨 3213 人；1980 年前后安置越南归侨 300 多人。

6 月 14 日，中共晋江县委“三反”运动领导小组成立，领导反贪污、反浪费、反官僚主义运动，境内各界积极响应。

9 月 1 日，每人每月压缩粮食定量 0.5—1 千克，缓解粮食供应紧张状况。1963 年 2 月，恢复原有粮食定量。

10 月 8—16 日，中共泉州市委召开 2000 人的四级干部会议，“大鸣大放”，发动全市 20 万人民投入整风整社运动。

10 月 15 日，地市领导和全体四级会议干部参加万人誓师游行大会，欢送首批走上农业第一线的干部、职工 4704 人。

11 月，根据中央“活而不乱，管而不死”的方针，市人委决定恢复与发展农村集市贸易，活跃城乡物资交流。

下半年，成立退赔委员会，彻底清理“一平二调”的“共产风”，退还平调的房屋、家具、农具、家禽、农产品和建筑材料等财物。

同年，春旱达 160 天，夏旱 50 多天。

1961 年

1 月，中共晋江县委整风整社领导小组贯彻“调整、巩固、充实、提高”八字方针，全面开展整风整社，纠正“大跃进”以来工作中的失误。

9 月 5—28 日，中共晋江县委召开三级干部会议，贯彻“以农业为基础，工业为主导，工农业并举”的总方针，号召大办粮食，支援农村，艰苦奋斗，渡过灾荒，境内各界积极贯彻执行。

9 月 8—10 日，连降大雨，境内受灾。

10 月 3 日，台风，正值晚稻扬花长穗，损失严重。

12 月 13 日，开始执行统购粮食奖售工业品的政策。

同月至翌年 6 月，境内旱情严重。

1962 年

1 月，开始精兵简政，压缩城镇人口，精简职工。

3 月，泉州市开展内部肃反（清理）工作，119 个单位、13601 人参加，有 12 种类型、972 人成为“肃反对象”。

1963 年

1 月 10 日，中共泉州市第二次代表大会召开，通过《把全市建设成为现代工业、现代农业、现代科学文化的社会主义城市而奋斗》的决议。

同月，中共泉州市委及各级党委对干部、中小学教职员和医护、编导人员开展“反对现代修正主义”教育。

上半年，境内旱灾严重。

8 月，在马甲建成库容 1.26 亿立方米的大型水库——乌潭水库（惠女水库）。水库干渠 82.83 千米，流经河市后，进入惠安境内。灌溉千亩以上的支渠 11 条，总长 91.36 千米。设计灌溉面积 5387 公顷，实际灌溉面积 4200 公顷。

11 月，泉州市开展工商业企业全面登记注册。

同年，全市支援农业生产各种小农具 52 万件，商业部门送货下乡 5000 人次。

同年，全市开展社会主义教育运动。

1964 年

2 月 1 日，境内各粮站（店）执行粮食统销价格，取消定量、定销两种价格。

6 月 11—22 日，暴雨，总雨量 447 毫米，境内受灾严重。

6 月 30 日 24 时，境内参加第二次全国人口普查。

9 月后，境内出现麻疹疫性。

冬季，2 个多月未雨，农作物受害，部分枯死绝收。

同年，白喉流行，全市发病 91 例，死亡 5 人。

1965 年

3 月 1 日，泉州市首届贫下中农代表大会召开。

7 月 22 日至 8 月 15 日，发生乙型脑炎流行，泉州市发病 31 例，死亡 4 人。

同年，泉州市创办工读、耕读学校。

1966 年

5 月下旬，传达中共中央《五·一六通知》文件。

6 月 4—5 日，掀起所谓破“四旧”（旧思想、旧文化、旧风俗、旧习惯）运动。

8 月 8 日，中共中央作出《关于无产阶级文化大革命的决定》，随后晋江县 “文化大革命”的目标转向领导机关。

9 月，境内大小寺庙一律收归国有。

1967 年

2 月，中国人民解放军陆军第二十八军奉命到泉州执行三支两军（支左、支工、支农、军管、军训）任务。

2 月，泉州市人民武装部成立革命生产领导小组，负责原泉州市党政日常工作。

6 月，晋江专区军事管制委员会成立，对泉州市及各县实行军事管制。

1968 年

9 月 5 日，境内各级革命委员会成立。

9 月 27 日，受台风正面袭击，沿海风力达 12 级，又遇天文大潮，境内灾重。

同年，流脑暴发流行，死 124 人，波及境内。

1969 年

1 月 28 日，泉州市两万多人在体育场欢送首批 1296 名到德化插队落户的知识青年。至年底，有 5 批知识青年分赴德化、大田、清流、宁化上山下乡，总人数达六七千人。

9 月 25—29 日，泉州市革命委员会主持召开泉州市“三代会”（工人代表会、贫下中农代表会、红卫兵代表会）。

9 月 27 日，受台风正面袭击，沿海风力达 12 级，又遇天文大潮，境内灾情严重。

同月，全市受防空教育 53 万人次。

11 月 28 日，撤销市所属剧团，组建小型毛泽东思想宣传队。

同年，境内各中小学全面复课，高中、初中学制各改为二年制，小学改为五年制，采用省编教材。

同年，境内开展“斗、批、改”和“清理阶级队伍”。

1971 年

1 月 15 日，晋江县罗溪、马甲、河市 3 个公社及双阳华侨农场划归泉州市（县级）管辖。

5月，在洛阳桥以北兴建钢筋混凝土公路桥闸，减轻古桥负载，蓄水232万立方米。

夏季，干旱40余天，境内受旱农田达万亩。

1972年

12月1日，泉州市恢复成立商业局、粮食局、工商行政管理局等10个机构。

1973年

5月，包括部分洛江今域的城东海堤动工，翌年11月堤坝合拢，围垦土地面积333.33公顷。

同年，境内中小学进行整顿，恢复考试及升留级制度，加强基础知识教学。

1974年

1月29日至2月3日，泉州市1973年工业学大庆、农业学大寨先进集体、积极分子代表会议召开。

3月4日，中共泉州市委批林批孔办公室成立，在全市开展所谓“批林批孔”运动。

同月，市郊河市、城东、东海、北峰4个公社首批接受安置市区知识青年上山下乡，全市从1969年开始至1978年底上山下乡累计14431人。

是年，虹山籍旅居印度尼西亚侨胞彭建闩、彭乃剂、彭明昆、彭丁丑等人捐资33.5万港元建设虹山附中。

1975年

8月28日，中共泉州市委知识青年上山下乡领导小组成立。

10月，撤销市革命委员会组织组、宣教组、外事组，恢复中共泉州市委组织部、宣传部、统战部，建立中共泉州市直机关党委会。

同年，省委工作队进驻泉州，开展“无产阶级专政理论”学习、整顿社会秩序运动。

1976年

1月3日，全市开展反对封建包办买卖婚姻运动，破“三封四旧”（封建迷信、封建婚姻、封建械斗，旧思想、旧文化、旧风俗、旧习惯），大立社会主义新风尚。

1月8日，国务院总理周恩来逝世的噩耗传来，全市人民无限悲痛，境内民众开展各种悼念活动。

9月9日，境内民众沉痛哀悼中共中央主席毛泽东逝世。

10月24日，境内民众参加泉州集会，庆祝中共中央粉碎江青反革命集团篡党夺权阴谋的伟大胜利。

11月1日，市委召开万人大会，传达全国农业学大寨会议的精神，抽调干部下乡，大搞农田基本建设。

1977年

9月，境内开展农田基本建设运动，以改土治水为中心，建设旱涝保收、高产稳产田。今域兴建罗溪车戽、马甲割仔湾水库等水利设施。

1978年

5月23日，被越南当局驱赶回国的第一批546名难侨安置在泉州华侨塑料厂。

8月，第二批500名难侨安置在泉州双阳华侨农场。

同年，中共福建省委授予泉州市罗溪粮站1978年度财贸系统“大庆大寨式企业”称号。

1979年

2月29日，泉州市邮电局开始受理发往台湾的电报业务，对台湾来的电报也照常递送。其后又受理往台的电话和邮件。

6月中旬，境内旱情日趋严重，大水库蓄水量减少，小水库、山围塘等干涸，夏种作物受旱面积千公顷。

同月，台风、暴雨、洪水交相袭击，境内农作物受淹受冲，冲毁水库、桥梁，房屋倒塌。

1980年

4月，由市委副书记齐世和、常委任文清、庄丽水带领计生工作队408人，分别进驻罗溪、马甲、河市蹲点，协助五六月计生工作。

4月24日，经国务院批准，泉州、福州、厦门、漳州等四市对外开放。

7月24日，市区撤销人民公社，成立街道办事处，同时撤销各街道委员会，成立居民委员会。

同年，中共泉州市委组织贯彻“绝不放松粮食生产，积极发展多种经营”的方针，大力发展乡镇企业，全面推行家庭联产承包责任制。

9月15日，中共中央发表《关于控制我国人口增长问题致全体共产党员、共青团员的公开信》（下称“公开信”）。市计生办及时将刊载公开信的报纸分发公社、单位，供基层计生干部学习宣传。

1981年

1月，落实宗教政策，退、清、还宗教团体的房屋产权、租金、存款、物件、生产基地。

同月，泉州市第八届人民代表大会召开，取消泉州市革命委员会名称，恢复泉州市人民政府名称。

3月14日下午，洛江今域部分地区遭受罕见的龙卷风袭击。

1982年

5月25日，市政府转发中共晋江地委、晋江地区行政公署《关于认真贯彻（中共中央、国务院关于进一步做好计划生育工作的指示）的意见》的通知。

1983年

1月至4月20日，连续阴雨，总雨量达1000毫米，为平常年份雨量的85%，境内农作物受灾。

4月15日，河市乡亭竹村受冰雹袭击，秧苗和大田作物受一定损失。

10月至年底，境内百日无雨。

1984年

4月23日，泉州市落实华侨私房政策领导小组成立，境内开展落实华侨私房工作。

8月，全市清理、退还“文化大革命”中查抄的各种书籍、字画、契证、铜、锡、银、瓷器以及其他物品共25715件。

12月，郊区各人民公社改为乡建制，所有生产大队及生产队相应改作村民委员会、村民小组。

同年，旅居印尼侨胞捐资37.1万港元建设虹山医院竣工。

1985年

1月1日，境内各乡（镇）成立财政所，建立乡（镇）一级财政。

2月，境内开始全面进行第一次全国城镇房屋普查工作，翌年结束。

5月14日，国务院批准撤销晋江地区，泉州市升格为地级市，原泉州市建制改设鲤城区，今洛江区境域仍隶鲤城区。

11月12日，位于境内的蔡襄祠纪念馆开馆。

12月28日，鲤城区第一届人民代表大会第一次会议召开，同时召开中国人民政治协商会议鲤城区第一届委员会第一次会议。

12月31日，鲤城区人民政府成立，首任区长曾华彬。

同年，泉州市被列为全国52个综合改革试点城市之一。

1986年

1月，原中共泉州市委改称中共泉州市鲤城区委员会，区委书记郑玉约。

4月1日，境内粮店实行“国家所有，集体经营，照章纳税，自负盈亏”改革。

5月24日，区委、区政府在工人文化宫影剧院召开传达省委四届三次全委扩大会议精神并举行欢送区首批脱贫致富工作队下乡大会。

7月18日，市委书记张明俊、常委傅圆圆、副市长林大穆、区委书记郑玉钧、区人大主任黄伙木、区长曾华彬等带领40多名市区各有关部门负责人到贫困乡罗溪乡访贫问苦、研究脱贫措施、解决实际问题。

9月，香港和昌集团董事长吴庆星投资4000多万元创办仰恩学院，后又创办泉州市马甲综合开发区，逐渐形成教育、科研、生产一体化的系列工程。

同月，鲤城区人大常委会审议通过的《鲤城区实施九年制义务教育规划》在境内实施。

同年，鲤城区委组织扶贫工作队进驻罗溪、马甲等贫困乡村开展扶贫工作。

同年，全区乡乡办起敬老院，境内有3个敬老院。

同年，大旱，洛江今域受旱农田面积达千公顷，为民国25年（1936年）以来降雨量最少的年盼。

1987年

1月11日，市委书记张明俊带领区委、区政府主要领导和市、区两级各有关部门负责人，到罗溪乡检查扶贫工作。

4月20日，区直机关举行表彰暨欢送扶贫工作队大会，表彰第一批工作队15名成绩突出者，欢送第二批36名工作队员。

5月8日，市政府批复区政府，同意鲤城区罗溪乡管辖的前溪、柏山、翁山3个村民委员会析分为6个村民委员会建制。

5月21日，市委、市政府、区委、区政府在罗溪乡召开扶贫工作现场会。

7月31日，双阳、万安受特大暴雨袭击。

9月9日，受台风暴雨袭击，农作物、屋舍、防洪堤等受损。

10月，区政府决定以"仰恩工程"为依托，建立马甲科技示范乡。

同月，罗溪乡析出虹山、苏山、白凤、松角山4个村建立虹山乡。

同年，境内完成身份证发放工作。

1988年

1月13日，位于境内的洛阳桥被国务院确定为第三批全国重点文物保护单位。

3月10日，区委书记郑玉钧、区长曾华彬、区委副书记孙庆实带领有关部门负责人深入鲤北贫困乡村了解情况，现场办公。

5月13—14日，区委、区政府领导孙庆实、刘西水、洪诗韵带领区脱贫领导组和区有关部门负责人，深入境内贫困乡、村实地察看，了解贫困情况，并在马甲乡召开扶贫工作现场办公会。

7月6日，中共福建省委书记陈光毅到马甲乡考察仰恩工程建设情况。

7月，遭受3次热浪袭击，境内最高气温达38℃，农田受旱面积达千公顷。

8月22—24日，受台风和暴雨影响，洛江今域普遍受灾，经济损失达百万元，为多年来损失最大的灾害。台风登陆后又回到海上然后再登陆，其台风运行路线之怪异，也是罕见的。

9月2日，境内成立村级合作经济组织工作领导小组，以稳定家庭联产承包责任制，深化农村改革，发展农村商品经济。

12月13—14日，鲤城区委、区政府在马甲乡召开扶贫工作现场办公室。

12月14日，中共鲤城区委组织区、乡（街道）两级机关干部700名，深入基层开展以学习宣传贯彻党的中共十三届五中全会精神为主要内容的社会主义教育活动。

1989年

3月3日，虹山和罗溪7个村受冰雹袭击。

4月3日14时左右，虹山乡受罕见的冰雹、龙卷风的袭击。

4月15日，境内人民深切悼念原中共中央总书记胡耀邦逝世。

1990年

1月5日，区委副书记庄泉宝带领区直11个部门和乡领导在马甲乡接待来访群众43人，受理问题39件。

3月，罗溪籍台胞黄和平夫妇独资兴建罗溪敬德学校和马甲文华学校，为台胞在鲤城捐资办学之首次。

4月11日，虹山、罗溪受旋风暴雨袭击。

4月22日，双阳华侨农场1/4地区受大雨雹袭击。

4月13日，区政府向市政府呈送《关于鲤城区马甲双髻山风景区列入省级风景区的报告》。

4月22日，双阳华侨农场受冰雹袭击，房舍及农作物受损。

4月23日，区委、区政府在马甲乡政府召开扶贫工作现场办公会。会议就扶贫经费、项目等作出研究决定。

6 月 1 日，区政府下达首批粮食耕地保护区 3333 公顷，洛江今域列入保护区耕地 2333 公顷 .

6 月 20 日，市、区领导张明俊、林大穆、薛祖亮、郑玉约、曾华彬、庄泉宝、洪诗韵等带领有关部门负责人到虹山、罗溪两乡召开扶贫现场办公会议，确定了一批扶贫项目。

7 月 5 日，区委常委、纪委书记刘聚钗和副区长洪诗韵带领区纪委、检察院、公安、信访、农委、财政等十几个单位负责人前往河市乡，与乡领导联合接待群众 52 人，受理问题 77 件。

7 月 17 日，区委、区政府召开联席会议，着重研究创办马甲高科技农业开发事宜。

7 月 25 日，区政府批准罗溪乡政府，把该乡的 17 个村委会改制为 17 个村公所。

9 月 12 日下午 4 时，马甲乡大寨山山体发生严重滑坡，全村倒塌房屋 2 座，区、乡政府采取紧急抢救措施。

同月，省政府决定将马甲农业大观园内的 9 个村开辟为引进优良畜牧品种试验区。

11 月 8 日，区政府确认江南龙岭、河市下客尚、马甲坑头、尾井、杏仁川 5 个村为革命根据地基点村。

12 月 16 日，商业部部长胡平由省商业厅厅长王渠、省经委副主任陈光普以及副市长高厚生陪同到马甲仰恩系列工程考察。

同年，由省、市、区共同投资兴建的境内数字程序控制自动电话系统工程动工兴建。

1991 年

4 月 27 日，区委副书记庄泉宝、副区长蔡才厚，带领区农委、水电局、农业局等部门领导，深入境内乡村，实地了解旱情及抗旱情况，进行现场办公，当场解决抗灾资金等问题。

4 月，河市禾洋排灌工程通过省农业厅验收投入使用，该工程总造价 43 万元，具备完成排涝面积 1400 亩，增加自流灌溉面积 700 亩能力。

5 月 31 日，鲤城区委副书记庄泉宝带领有关部门及乡领导在马甲乡接待来访群众 52 人，受理问题 47 件。

6 月 4 日，各乡镇计生服务所、流动人口计生管理站成立。

6 月 8 日、12 日，区委、区政府分别在马甲乡、罗溪乡政府召开扶贫项目现场办公会，与会人员深入罗溪、虹山、马甲、河市 4 个现场检查考察扶贫项目，明确当年的扶贫重点，并作出相应的决定。

上半年，境内旱情严重，水库干涸，农作物受旱达千公顷。

6—7 月，中共福建省委书记陈光毅、省长贾庆林、省人大常委会副主任、市委书记张明俊到马甲乡考察仰恩学院和马甲引进良畜试验区。

8 月 15 日，区委、区政府在河市乡召开鲤城区廉政制度建设工作现场会。

9 月 26 日，区政府向市政府提出《关于转报鲤城区马甲乡科技农业开发区水果生产基地项目建议书》。该《报告》要求，区政府决定开发一马甲乌潭水库为中心的山地，北面延伸至罗溪，南面延伸至城东乡福厦路，开垦建设以龙眼为主的水果生产基地 5000 亩。

11 月 9 日，河市乡、马甲乡、罗溪乡改为镇建制，实行镇管村体制。

1992 年

2 月 21 日，区委领导陪同部分全国人大代表视察马甲仰恩系列工程。

4 月 9 日，印度尼西亚金光集团董事长、实业家黄奕聪回到出生地罗溪镇考察。

4 月 28 日，马甲至罗溪柏油路面改造工程开工，全线长 14.5 千米，投资 180 万元。

5 月 8 日，经国家教委批准，仰恩学院升格为仰恩大学。

同月，经过半年施工建设，河市钟洋排灌工程投入使用，各级投资 34 万元，受益面积近 133.3 公顷。

7 月 4 日，国务院副总理朱镕基到泉州马甲开发区考察仰恩工程。

同月，境内 4 个乡（镇）相继成立畜牧兽医站、经营管理站，与农业技术推广站并称为农业“三站”。

8 月 18 日，罗溪镇洪四村通往过灵角落的乡村公路发生一起货车搭乘村民翻入 5.2 米深山沟的特大交通事故，造成死亡 11 人、伤 5 人，车辆严重损坏。

9 月，河市“标会”相继倒会，震动全区。区政府积极开展调解工作，稳定社会秩序。

10 月，旅（印尼）锡虹山堂获省政府颁发“兴医利民”荣誉奖状和证书。

同年，区政府投资 2 亿元开发万安开发区。

同年，完成马甲卫生院门诊大楼建设，河市卫生院改建。

是年，旅居印尼侨胞再次捐资 37.7 万港元建设虹山中学。

是年，旅居菲律宾侨胞赖来金捐资 30 万元，赖春豪捐资 40 万元建设罗溪中学。

1993 年

2 月 8 日，洛阳桥维修工程开工。国家文物局下拨 500 万元支持维修。1996 年 10 月 8 日，该桥修葺工程竣工，恢复原貌。

5 月 7 日，河市镇遭受暴雨、冰雹袭击，不少民房瓦片被冰雹炸坏，受害农作物面积达 200 多公顷。

6 月 7 日，建立区农村合作基金会。境内 4 个乡镇相应成立农村合作基金会。

5 月 25 日，琯头至河市公路建设工程一期（琯头至河市乌峰山）开工，11 月竣工；二期（河市乌峰山至白洋）进入施工。一期拓宽改造 10 千米（15 米宽全覆沥青路面），投资 1200 万元；二期新建 6.3 千米，投资 1400 万元，翌年 5 月全线贯通。

7 月 11 日，泉州翡翠山庄奠基仪式在万安开发区举行，由菲律宾隆泰国际集团有限公司所属隆泰（泉州）房地产有限公司独资兴建，开发面积 3.2 公顷，投资 1650 万美元。

8 月，根据市区两级政府决定，河市镇着手蔬菜基地建设，首期规划 1000 亩，计划三年时间建立蔬菜常年基地 2000 亩。

9 月下旬，中共中央政治局候补委员、全国人大常委会副委员长王汉斌到马甲考察仰恩工程，为马甲开发区题词“马上甲天下”。

10 月 17 日，区“清会”领导小组和政法部门决定悬赏捉拿携巨款潜逃的 37 名标会头。

同年，马甲仙公山游览区加快开发步伐，建设项目包括总投资 700 万元索道（全长 721 米）缆车工程和马甲镇区至仙公山 6.8 千米公路拓宽改造等。

同年，福建省三大农业大观园之一的马甲农业大观园经省、市正式批准筹建后，工程进展顺利，该大观园涉及马甲、河市、罗溪和加锥农场等 10 多个行政村（管区），总范围 1000 公顷，共有万亩龙眼林、名优特水果观赏园、植物品种观赏园、观赏鲤鱼溪、旅游码头、游乐园、度假山庄等 12 个项目，总投资 2700 万元。

同年，泉州市发展农村合作基金会，今域洛江乡镇普遍成立农村合作基金会。

1994 年

3 月 6 日，全市电话号码升为 7 位，形成全省最大的第一个完整以地区电话网为中心的 C3 网，电话号码资源可增加 10 倍，洛江今域内电话号码亦同时升位。

4 月 15 日，市长林大穆，副市长高厚生，市人大常委会副主任、鲤城区委书记林荣取等市区领导到位于城东塘西的鲤城食品良种场和河市镇检查“菜篮子”基地建设。

6 月 1 日，国道 324 线拓改泉州路段（途径洛江今域）开工，全线 20 千米，按 23 米宽路基，15 米宽主车道和 7 米慢车道标准施工，总投资折算近 4 亿元，翌年 1 月 21 日竣工通车。

7 月，仰恩学院作为国家教育改革试点，改制办成私立仰恩大学，成为全国第一所具有颁发本科学历文凭和授予学术学位资格的民办大学。

9 月 7 日，鲤城区推行住房公积金制度。

9 月 9 日，河市山边村人郑宝珠在第六届远南残疾人运动会铁饼比赛中以 25.80 米的成绩打破世界纪录，并获金牌。同月 17 日，市妇联决定授予连获金、银、铜 3 枚金牌的郑宝珠市“三八红旗手”称号，团市委决定授予郑宝珠“新长征突击手”称号。

同年，旅居印度尼西亚侨胞黄振兴捐赠200万元兴建泉州市前溪小学并更名为世壁小学。

1995年

5月10日，市委副书记、代市长何立峰一行到河市镇调研考察“菜篮子”基地建设。

7月31日12时，受“盖瑞”强热带风暴外围影响，沿海风力达11级，从7月29日至8月2日，过程降雨量100—230毫米，境内山洪暴发，河水猛涨。

8月9日，国务院台湾事务办公室常务副主任陈云林到鲤城区万安开发区调研考察。

9月，泉州南少林武术学校举行开学典礼，首批学生120多名。

秋季，举行琯马公路河市段改造、泰源桥、大猷桥、河市果蔬批发市场等项目竣工（落成）剪彩活动。

12月9日，市委书记丘广钟到河市镇溪头村研究后进村转化发展规划。

同年，区政府集资千万元建设商品粮、水果、蔬菜、肉蛋奶、水产养殖、花卉、旅游基地，其中包括加快双髻山风景区和马甲农业大观园项目建设。

同年，双髻山旅游缆车建成运行。

1996年

3月3日，境内参加开展庆祝泉州“地改市”（暨鲤城建区）十周年活动。

4月20日，市区开通“110”报警服务台。

10月1日，琯马公路马甲路段拓改工程竣工通车。

10月12日，印度尼西亚金光集团董事长、实业家黄奕聪到罗溪考察，市长何立峰、副市长曾华彬陪同参观考察。

11月25—26日，泉州市区举行民族俞大猷490周年诞辰纪念活动，活动包括在河市镇举行俞大猷纪念馆和塑像揭幕典礼，以及在鲤城宾馆举行全国性学术研讨会。

同年，境内实施农业综合开发，加快农业向高产优质高效方向转化。

1997年

3月15日，洛阳江大桥拓宽工程建成通车，拓宽后的洛阳江大桥全长222.3米，宽29米。

5月5—7日，泉州市普降特大暴雨，过程雨量达100—365毫米，造成境内民房倒塌，农田被淹。

6月3日，国务院批复同意调整泉州市辖区行政区划，原鲤城区划为鲤城区、丰泽区、洛江区。

8月初，市委决定成立中共丰泽区委员会和洛江区委员会，任命陈敬聪为洛江区委书记。

8月6日，市委、市政府召开原鲤城区机关干部大会，宣布行政机关、事（企）业单位人员的分流方案。机关人员分流到洛江区143人。

8月11日，洛江区各班子成员及机关干部到新区报到。

8月14日，洛江区委召开第一次干部职工大会，宣布区委和区经济社会发展领导组成员分工，任命区委中层班子和区经济社会发展领导组各小组负责人。会议宣布江滨街道办事处筹备组成立。

8月20日，洛江区国民经济与社会发展规划工作领导小组成立。组长陈敬聪，副组长陈家富。

9月18日，中共泉州市洛江区江滨街道工作委员会成立。下辖桥南、杏宅、琯头、后埭、塘西、院前6个村党支部。

同日，选举产生132名区第一届人民代表大会代表。其中，中共党员代表占69.2%，妇女代表占19.7%。

9月23日，政协泉州市洛江区第一届委员会第一次会议召开。大会选举产生首届委员会常务委员，蒋夏雨当选为主席。

9月23—25日，泉州市洛江区第一届人民代表大会第一次会议召开。大会选举产生首届人大、政府、法院、检察院领导成员。选举卢希德为区人大常务委员会主任，陈家富为区人民政府区长。

9月29日，洛江区举行区委、区人大、区政府、区政协、区纪委授牌授印仪式和升旗仪式，市委、市人大、市政府、市政协、市纪委主要领导为洛江区五套班子授牌授印。

同日，由洛江区牵头组织的福建省第三届龙舟赛在马甲仰恩湖举办。

10 月 7 日，泉州人民教育基金会吕志明奖教奖学基金会委员会第六届（1997 年度）颁奖大会在河市学区举行。

10 月 10 日，江滨街道党工委更名为万安街道党工委，江滨街道办事处筹备组更名为万安街道办事处筹备组。

10 月 24 日，洛江区一届人大常委会第一次会议召开。会议审议和通过增设万安街道建制、设立双阳镇建制和设置区人大常委会工作机构的决定。

11 月 11—13 日，中国共产党泉州市洛江区第一次代表大会召开。大会选举产生中共泉州市洛江区委员会委员 23 名和中共泉州市洛区江区纪律检查委员会委员 12 名，选举产生出席中共泉州市第八次代表大会代表 8 名。选举陈敬聪为区委书记，陈家富、卢希德、谢定昌为区委副书记。

11 月 20 日，省军区司令员陈明端少将到洛江区调查人民武装部建设情况。

11 月 27 日，洛江区委工作会议召开，传达《泉州市政府关于赋予洛江区若干优惠政策》文件精神。

12 月 1 日，市公交公司开通 13 路、19 路两条直通洛江区的公交线路，共 24 部公交车辆，全日运行。

12 月 15 日，洛江区科学技术协会和区残疾人联合会成立。

12 月 29 日，万安街道党工委、办事处授牌授印仪式举行，万安街道办事处成立。

同月，泉州电视台《海外风情》专题片在双阳华侨农场封镜，该片是一部反映印度尼西亚民俗民风的专题片。

年底，开展房改售房工作。至 2007 年底，全区 41 个单位的干部职工计 334 人参加房改，出售公房面积 4.49 万平方米，回收售房款 557 万元

1998 年

1 月 7 日，泉州市洛江区工商业联合会设立。

1 月 8 日，泉州市洛江区第一次妇女联合会代表大会召开。大会选举产生妇女联合会第一届执行委员会委员 17 名，选举主席 1 名、副主席 1 名。

1 月 26 日，泉州市工商行政管理局洛江分局成立。

同月，经全区侨情普查，全区共有华侨华人 14.3 万人，归侨侨眷 8.6 万人，华侨“大户”43 户（人），华侨华人创办社团 5 个，参加各类海外社团 3200 人，另有归侨侨眷贫困户 52 户。

2 月 23 日，共青团泉州市洛江区委员会第一次代表大会召开。选举产生共青团洛江区委员会委员 17 名，选举书记 1 名、副书记 1 名。

同日，泉州市洛江区审计局挂牌成立，泉联审计师事务所洛江业务部正式营业。

2 月 24 日，中国人民解放军泉州市洛江区人民武装部成立。

2 月 26 日，泉州市洛江区总工会第一次代表大会召开。大会选举产生第一届委员会委员，选举主席 1 名、副主席 1 名。

3 月 23 日，泉州市城乡规划局洛江分局成立。

3 月 27 日，洛江区政府批复万安街道办事处设立万盛、万福居委会。

3 月 29 日，由市第十二届人民代表、区委书记陈敬聪领衔提出的建设朋山岭隧道的议案，获十二届市人大四次会议通过。

4 月 23 日，市委书记何立峰到洛江区调研。

5 月 4 日，洛江区委批准成立泉州市双阳华侨经济开发区管委会。

5 月 6 日，朋山岭隧道建设捐资仪式举行，收到捐款 168.8 万元。

同日，洛江区老区建设促进会成立。

5 月 8 日，洛江区双阳镇四套班子授牌授印仪式举行，双阳镇成立。

5 月 21 日，泉州市洛江区归侨侨眷第一次代表大会暨归国华侨联合会成立大会召开，选举主席 1 名、副主席 2 名。

5 月 26 日，对外贸易合作部赋予洛江区对外贸易有限公司进出口经营权。

6 月 8 日，副省长汪毅夫到洛江区双阳镇调研双阳华侨农场体制改革情况。

同日，泉州市万安开发区管委会成立。

同日，由劳动部等部委组成的“三合一”厂房专项整治工作联合检查组，到洛江区检查“三合一”厂房专项整治工作情况。

6 月 15 日，省军区政委陆凤彬少将到洛江区检查人武部建设情况。

6 月 28 日，由中共中央统战部组织的中西部地区非公有制经济代表人士赴闽学习考察团到洛江区南少林武术学校参观考察，对该校的办学模式及成功经验给予高度评价和赞赏。

6 月 30 日，洛江区消防大队成立。

同月，洛江区全面完成公费移动电话、摩托车清理工作。清理移动电话 89 部、摩托车 174 辆，收回违控罚款和拍卖款 54 万多元。

7 月，市长施永康考察洛江区的旅游建设和仰恩系列工程。

7 月 24 日，万安街道琯头街改造设计方案通过市、区两级城建部门会审。

8 月 12 日，洛江区有线电视联网工程正式动工建设。

9 月 3 日，省委副书记习近平、副省长丘广钟到洛江区考察。

9 月 14 日，全国政协副主席卢嘉锡考察位于洛江区民办学校泉州南少林武术学校。

9 月 25 日，泉州市地方税务局洛江分局成立。

9 月 28 日，洛江区举行庆祝中华人民共和国成立 49 周年和洛江建区 1 周年系列活动。副省长丘广钟到洛江祝贺。

同日，中国工商银行洛江支行成立。

同月，洛江区在第二届“9·8”中国投资贸易洽谈会和第三届泉州“9·9”商交会上签约项目共 14 项，投资总额 3288 万美元。其中合同项目 4 个，投资额 1312 万美元，利用外资 1192 万美元。

同月，洛江区——丰泽区——南安市边界线三交点勘定。

10 月 24 日，洛江区残疾人联合会第一次代表大会召开。

11 月 12 日，洛江区有线电视网络工程如期竣工并网使用，总投资 220 万元。

11 月 16 日，中国建设银行洛江支行挂牌成立。

11 月 18 日，洛江区 1996—2010 年土地利用总体规划通过省级评审。

11 月 19 日，洛江区委一届三次全体(扩大)会议召开，确定 1999 年为“特色农业年”，实施“绿色工程”“白色工程”“旅游工程”等三大工程，出台《关于进一步加强农业和农村工作的决定》。

12 月 2—3 日，全省农税工作暨先进表彰大会在洛江区举行，罗溪镇财政所荣获殊荣。

2 月 7 日，泉州市洛江区工商业联合会第一次会员代表大会召开，选举产生工商联第一届执委会委员，选举主席 1 名、副主席 9 名。

12 月 16 日，洛江区——惠安县——肖厝管委会边界线三交点勘定。

12 月 17 日，洛江区有线电视传输网开通。该工程杆路总长 64 千米，总投资 212 万元，选用美国 an-tec1550 毫米光端设备。

12 月 29 日，中国少年先锋队泉州市洛江区第一次代表大会召开。

12 月 31 日，市重点项目朋山岭隧道工程动工，该隧道工程计划为 A、B 隧道。A 隧道长 1320 米，宽 10.5 米，净高 5.0 米，该工程总投资 7600 万元，翌年 11 月 23 日，工程提前 28 天贯通，翌年 7 月 17 日，隧道及其接线工程正式建成通车。

1999 年

1 月 8 日，市委书记何立峰到万安开发区考察。

1 月 18 日，泉州市蔬菜科技试验站暨洛江区农业科学研究所在河市镇蛟南村挂牌成立。

1月30日，团区委、妇联等6个部门在河市镇青年宫举行洛江区青年文明集体婚礼。洛江区委书记陈敬聪为20对新婚夫妇主婚。

同月，洛江区人民法院举行公判大会，对双阳“9·6”事件的7名主要涉案人员作出一审判决。

同月，位于双阳镇朝阳村的泉美园艺有限公司投资500万美元的农业综合开发项目，被确定为省级耕地开发项目。

3月9日，副省长曹德淦考察万安开发区。

4月5日，全国人大教科文卫委员会主任朱开轩一行，到泉州南少林武术学校作民办学校立法调研。

5月13日，洛江区委、区政府召开旧村改造、新村建设工作现场会。万安街道办事处作旧村改造典型经验介绍。

5月21日，省政府批准泉州市万安开发区为省级开发区。其范围：东至洛阳江，西至福厦高速公路西福出入口处，南至丰泽区，北至双阳镇，总面积7.8平方千米。

6月11—15日，马甲镇举行仙公山“九仙重光”庆典活动。

6月14日，中共泉州市洛江区委党史研究室设立。

7月1日，选址万安开发区安吉路东南段的泉州十一中学开工暨“逸夫教学楼”奠基典礼举行。

8月2日，市委书记何立峰到河市华邦电子厂、洲克服装有限公司、赛特电池有限公司、维珑轻工有限公司、南塘大棚蔬菜基地和双阳朋山岭隧道、白洋村旧村改造新村建设、市第十一中学建设现场等地考察调研。

8月19日，全区殡葬改革工作动员大会召开，区领导与各乡镇（街道）签订殡葬改革责任状。

9月4日，洛江区委书记陈敬聪率区五套班子领导和有关部门负责人拜访来自中国台湾地区、香港地区、菲律宾和罗马尼亚的返乡参加第三届世界福建同乡恳亲大会的海外恳亲团和侨界知名人士。

9月5日，第三届世界福建同乡恳亲大会洛江区恳亲联谊会在洛江区召开。

9月14—18日，受“约克”强热带风暴外围影响，降雨量50—286毫米。

9月26日，洛江区委一届四次全体（扩大）会议召开，印发《关于加快实施科教兴区战略的决定》。

同月，洛江区的“异国风情舞”和“南少林雄风”在第三届世界福建同乡恳亲大会广场大型文艺表演暨民俗文艺踩街活动中获一等奖。

同月，泉州建文工艺美术有限公司和泉州荣祺食品有限公司被评为1998年度全国“双优”外商投资企业。

10月8—10日，“丹恩”台风登陆，登陆前后泉州市沿海风力11级，24小时降雨量在200—450毫米之间。

10月21日，洛江区基本农田保护区核查工作通过省政府基本农田保护区核查领导小组的全面验收。全区共有457片基本农田保护区，面积4451.23公顷，保护率86.73%。

11月10日，市长施永康带领市直有关部门领导及部分离退休人员一行20多人，到河市镇厝斗村调研扶贫工作。

11月11—13日，洛江区首届中小学生田径运动会暨第一届中学生消防运动会在就南中学举行。

11月12日，泉州市洛江区青年联合会成立。

11月24日，洛江区委一届五次全体（扩大）会议召开。会议审议通过《中共洛江区委关贯彻落实十五届四中全会精神，加快国有企业改革和发展的决议》。

同月，洛江区实现村村通广播电视。

12月7日，中国侨联党组书记、主席林兆枢一行6人到仰恩大学调研。

12月23日，全区经济工作会议召开。会议确定2000年度实施“城镇建设年”“企业发展年”“特色农业年”三大活动。

12月27日，洛江区在深圳景轩大酒店举行招商引资暨环境说明会。香港泉州同乡会理事长徐伟福先生率香港泉州同乡会庆贺团、泉州驻深办主任吕少俞、深圳南安企业家协会会长李建超、深圳永春企业家协会、惠安驻深办、在深泉籍企业家等 30 多个单位、团体 100 多人参加会议，共签订项目 13 项，总投资 1.86 亿元。

同日，河市镇通过省级科技示范乡镇考核验收。

12 月 29 日，洛江区公安分局破获双阳特大雷管被盗案，723 枚被盗雷管全部被追回，2 名犯罪嫌疑人落入法网。

同月，省卫生厅确认洛江区为消灭丝虫病标准区。

同月，洛江区参演“泉州市庆祝建国50周年电视文艺晚会”的文艺节目“南少林雄风”和“异国风情舞”，分获一等奖和优秀表演奖。

同月，洛江区红十字会第一届会员代表大会召开。

2000 年

1 月 8 日，泉州市“山海情”电视艺术团到虹山乡慰问演出。

2 月 19 日，来自中国香港地区、菲律宾等地的 100 多名乡亲和嘉宾莅临洛江区恳亲联谊，与洛江区领导及有关部门负责人共庆元宵佳节。

1 月 25 日，泉州市邮政局洛江分局挂牌成立并营业。洛江邮政分局辖华大、双阳、河市、马甲和罗溪 5 个支局。

1 月 26 日，全区“三讲”（讲学习、讲政治、讲正气）教育动员大会举行。

同月，民政部、全国双拥工作领导小组办公室组织召开的“爱心献功臣”电话表彰会议上，洛江区作为先进单位受到表彰。

同月，河市镇团委在被授予全省“五四”红旗团委，被团省委推荐为全国小城镇共青团工作试点单位。

3 月 3 日，洛江区委、区政府作出《关于进一步改进机关作风、提高工作效率的决定》。

3 月 8 日，省委常委、组织部部长、省委“三讲”教育领导小组副组长、“三讲”办主任陈营官到洛江区调研“三讲”教育工作情况。

同日，副省长潘心城带领出席全省社会事业发展座谈会的省直有关厅局、各地市分管领导和争创省级以上文化、体育先进县、经济十强县（市、区）领导一行 60 多人到南少林武术学校考察、指导。

3 月 10 日，土耳其国梅尔辛市市长泽科尔里亚·奥兹古率团到洛江区民营企业南方集团参观、座谈。

3 月 28 日，洛江企业信息网站开通试运行。

同月，万安开发区开发建设环境影响评价大纲通过省级审查。

4 月 24 日，洛江区“十五”发展战略研讨会召开。邀请中国城郊经济研究会会长包永江教授作洛江区“十五”发展战略研究报告。

同月，应省长习近平的邀请，斯里兰卡佛教部副部长艾德维拉·普列马拉特尼一行 3 人到马甲、万安蔡襄祠寻访锡兰王子后裔遗迹。

5 月 8 日，洛江区委宣传部、团区委、区文体局、经贸局、科协、司法局等在万安开发区联合举办洛江区首届“社区青年文化节”。

5 月 15 日，市长施永康率领市直有关部门负责人到河市镇厝斗村调研，实地检查上年扶贫现场办公会确定的 6 个帮扶项目的落实情况，与区、镇、村干部座谈。

5 月 18 日，洛江区旅游推介会在武夷山市举行。武夷山市主要领导、40 多家旅行社及多家新闻单位代表 100 多人应邀出席会议。

5 月 21 日，洛江区歌《洛江之歌》、罗溪中学少年合唱团、洛江区委宣传部在市第四届合唱节分别获得创作一等奖、二等奖、组织奖。

同月，马甲镇万亩土地整理项目被列入 2000 年首批省级项目计划。

同月，泉州市洛江区私营企业协会成立。

6 月 13 日，市委书记刘德章，率市委组织部、市农办、计委、交通局、教委、外经贸委、民政局等部门负责人到洛江区调研。

同月，云南省政协副主席张学文带领部分市（州）政协领导和企业家，到洛江区就社会力量办学和民营企业的经营发展进行专题考察。

同月，洛江区总投资183万元的1999年度粮食自给工程通过省财政厅、农业厅、水利厅、农机局联合的检查验收。

同日，洛江区质量技术监督局管理体制改革暨机构、人员、资产交接仪式举行。

7月22日，由泉州市人民政府和中国城郊经济研究会共同主办的洛江区经济发展战略评审会在北京召开。市政府巡视员林文麟及洛江区主要领导参加，副市长黄维礼主持会议。

7月25日，仰恩大学、马甲仰恩村、双阳镇阳山居委会在全省城乡绿化一体化现场会上，分别获得“省级绿化红旗单位”“全国造林绿化千佳村”“福建省园林式村庄”称号。

同月，泉州闽侨航空旅游城首期工程开业。

8月5日，市委书记刘德章到河市镇蛟南村调研。

8月23日，“碧利斯”台风在泉州市晋江围头湾附近登陆。受其影响，境内过程雨量200—600毫米，平均降雨量331毫米。

8月25日，因受持续特大暴雨袭击，河市镇河市村土楼下自然村发生山体滑坡、山体间隙裂缝总长200多米；乌潭水库通向惠安的河市水渠因山体滑坡被堵塞，共发生3处滑坡，塌方约2000立方米，堵塞水渠900米。

8月28日，中央电视台南音摄制组到奕聪中学拍摄南音教学专题片。

8月30日，上海泉州侨乡开发协会会长、复旦大学首席教授、博士生导师苏东水等14位专家学者就洛江区旅游资源、企业状况及经济发展情况等方面进行考察。

同月，塘西至琯头排洪渠道改造工程通过验收。该工程包括400米长、8米宽砌石渠道及水闸1座、公路桥3座，总投资150万元。

9月4日，洛江区委、区政府印发《关于全面推行公开办事制度的决定》。

9月5日，南京军区纪检部部长汪爱平在省军区政治部副主任王吉福，市军分区司令员宋长青，政委文可芝，区委书记、区人武部党委第一书记陈敬聪的陪同下，抵达区人武部现场听取落实“部务公开”情况汇报。

9月15日，洛江区农业综合开发项目正式获国家批准立项，经批准的项目区包括土地治理、多种经营、农业高科技项目，其中土地治理主项目计划投资1940.6万元（其中中央补助资金717万元，省、市级分别配套56万元和216万元）。

9月16日，泉州市第十一中学举行揭牌仪式。

9月27—29日，中央电视台到区人武部拍摄《部务公开》专题片，向省军区系统以及南京军区宣传、推广“洛江经验”。

同月，洛江区人民法院审判庭项目列入中央预算内基建投资计划，该项目建筑面积5000平方米，总投资800万元。

10月29日，国家创建中国优秀旅游城市验收组对洛江区争创中国优秀旅游城市名胜风景区仙公山进行检查验收。省旅游局局长明敏考察仙公山风景区。

同月，旅菲律宾侨胞杜德笺捐资100万元支持马甲中学、马甲意缓幼儿园建设。

11月1日，全国第五次人口普查开始，洛江区组织进行为期十天的入户登记。普查结果：截止2000年11月1日零时，洛江区常住户42336户，常住人口160071人，包括离开户籍所在乡镇满半年的外来人口30043人，但不包括外出满半年的人口35339人。

11月15日，全国人大常委会副委员长成思危，民建中央副主席、中华职业教育社副理事长黄孟复，省人大常委会副主任林强，市委书记刘德章，人大常委会主任薛祖亮，政协主席傅圆圆等省、市领导和区五套班子领导及各界嘉宾和学生家长1000多人出席泉州南少林武术学校建校5周年庆祝大会。

11月28日，市长施永康到虹山乡调研“山上泉州”工作。

12月13日，省人大代表一行25人，参观泉州南少林武术学校、东艺雕刻有限公司、吉源居住小区、洛阳古桥和蔡襄祠等企业和旅游景点。

同年，市委、市政府把华侨农场侨居造福工程列入为民办实事项目，市财政连续共拨出213万元专款，所在县（市、区）也相应拨款支持，在洛江双阳、永春北硿、南安雪峰3个华侨农场兴建侨居楼。

2001年

1月9日，洛江区初级卫生保健达标工作通过省初级卫生保健达标审评组复核验收。

1月28日，泉州市洛江籍在外企业家联谊会成立，选举泰和大酒店董事长林克想为联谊会理事长，泉州力标房地产有限公司董事长杜胜利为联谊会常务副理事长。

2月21日，洛江区委召开全区农村“三个代表”重要思想学习教育活动动员大会。

3月8日，副省长丘广钟带领省水土保持委员会成员，到马甲双髻山、崎坑山综合治理示范点和双阳镇万亩“龙眼洋”基地调研。

3月27—29日，洛江区直机关110名科级干部分赴各自挂钩联系的86个村（居）开展驻村活动，宣传“三个代表”重要思想。

4月9日，解放军总政治部纪检部副部长谢厚铨、南京军区纪检部部长汪爱平到洛江区人武部检查指导部务公开及“四公开、三监督”（即党务、军务、政务、财务公开，接受上级、同级和群众监督）经验推广情况。

4月23日，洛江区委、区政府召开全区科学技术大会。会议表彰8个先进单位和11名先进个人，确认10家企业为区级技术创新示范企业。

4月30日，洛江区委下发《关于加大招商引资工作力度，增强经济发展后劲的工作意见》。

5月25日，洛江区2001年重点建设项目万安开发区塘西工业园举行动工仪式。

5月31日，泉州市洛江区农业水务局授牌仪式举行。

同月，泉州南少林武术学校送审的旨在反映南少林武术特色的节目《南拳北腿》被中央电视台筛选确定为2001年“六一”国际儿童节大型晚会的献演节目。

6月7日，市长施永康率市直有关部门负责人，到罗溪镇洪四村实地检查2000年10月27日扶贫现场办公会确定的6个帮扶项目的进展情况。

6月8日，省交通厅厅长洪长平、副厅长祝君强考察市重点建设项目万虹公路万安至河市段拓改工程。

6月9日，全国侨联副主席李祖沛到仰恩大学调研。

同日，泉州万安高新技术产业开发区被省科学技术厅、省经济体制改革与对外开放委员会办公室、省国土资源厅、省建设厅联合确认更名为泉州高新技术产业开发区（万安园）。

6月20日，泉州市“120”急救中心洛江分中心开通。该中心依托马甲中心卫生院，与泉州市“120”急救中心形成联动，为洛江区域“120”紧急呼救的服务接转站。

6月26日，市中级人民法院、洛江区政法机关在双阳镇联合举行逮捕宣判大会。

6月28日，洛江区工商局检查大队成立，同时设立区“12315”消费者投诉服务台。

同月，洛江区抗日战争阵亡将士纪念碑等11处新增为市级文物保护单位。

7月12—25日，安达艺品有限公司3家树脂工艺品企业和2户无照个体加工点，由于生产经营困难和用工管理不规范等原因引发5起罢工、集体上访等突发事件。

7月17日，全省花卉工作现场会在洛江区召开，泉美园艺有限公司被省林业厅、省花卉协会授予“福建省花卉生产示范基地”称号。

8月2日，泉州市宽裕型农村新村建设现场会在万安街道吉源小区召开。

8月7日，洛江区委召开全区领导干部大会，市委书记刘德章，市委副书记、组织部部长周振华，市政协副主席、区委书记陈敬聪，区委副书记、区长陈家富及全区正科级以上领导干部参加会议。市委副书记、组织部部长周振华宣布省委关于陈家富任洛江区委书记、常委、委员职务的决定。市委书记刘德章，市政协副主席陈敬聪，区委书记、区长陈家富先后作重要讲话。

同日，南京军区政治委员雷鸣球、解放军总政治部纪检部部长段达球、省军区政治委员吴青田到区人武部检查指导部务公开及“四公开、三监督”经验推广情况。

8月24日，参加全省林业外经贸工作会议的各地市、县（区、市）林业局局长到泉美园艺有限公司参观。

同月，仰恩大学在全国侨联、省政府和厦门市政府共同召开的“缅怀嘉庚先生业绩、弘扬爱国爱乡精神”大会上，被确定为中国侨联爱国主义教育基地。

同月，由洛江区建友新型墙材有限公司承担的“利用石粉泡沫塑料废物生产轻质混凝土砌块”科技项目，被列为福建省重大科技项目，是泉州市2个省级重大科技项目之一。

9月5日，全国侨联主席林兆枢带领参加全国华侨农场科技进步经验交流会的国务院侨办等有关部委领导、华侨农场所在地的7个省（区）侨办主任、省侨联主席、全国84个华侨农场场长，参观考察双阳侨居造福工程、泉美园艺有限公司花卉组培楼。

9月11日，泉州市“120”急救中心洛江分中心开通。该中心依托马甲中心卫生院，与泉州市“120”急救中心形成联动。

9月12日，洛江区一届人大常委会第三十一次会议召开，会议任命吕竞为泉州市洛江区人民政府副区长，接受陈家富辞去洛江区人民政府区长的职务，通过吕竞为洛江区人民政府代理区长的决定。

9月29日，泉州第十一中学“慈恩图书馆”及“海贤楼”两幢建筑举行落成典礼。

9月30日，洛江区国家税务局成立。

10月27日，洛江区农村电网建设与改造一期工程通过省电力公司预验收，至此，泉州直供区农村电网建设与改造一期工程全部通过省电力公司预验收。

同月，印度尼西亚金光集团总裁、华裔实业家黄奕聪偕夫人返乡省亲，实地考察由他捐建的泉州市奕聪中学。

同月，洛江区文体局创作的话剧小品《公鸡下蛋》荣获福建省第六届“水仙花”戏曲比赛剧本一等奖、演出二等奖。12月21日，该剧在第十一届“群星奖”决赛中荣获“群星奖”。

同月，洛阳江江堤加固及新建见边海堤工程列为中央预算内基本建设投资海建项目补助计划，工程总投资490万元，其中中央财政预算内专项资金60万元，加固江堤3.2千米，新建见边海堤1千米。

同月，洛江区首家集团公司—福建省泉州市大华集团有限公司成立，核心企业为泉州市大华蓄电池有限公司，控股公司包括华邦电子、大华电器厂等企业。

11月15日，政协泉州市洛江区第一届委员会第七次会议召开。大会选举谢定昌为区政协第一届委员会主席。

11月20日，洛江区委召开全区村（居）和乡镇（街道）站所农村“三个代表”重要思想学习教育活动动员大会。

同月，双阳金刚石有限公司被确认为省级高新技术企业。

同月，举行市场服务中心移交仪式，洛江区工商局把属于市场服务中心的罗溪、马甲、河市三个市场的人、财、物移交给区经贸局管理。

12月31日，举行万虹公路万安至河市段拓改工程竣工通车典礼。万虹公路万安至河市段拓改工程全长11.27千米，总投入6000万元。

同日，进行基本单位普查。全区行政、事业单位、企业、乡镇、街道办事处、村居、社团组织等基本单位共762个。

同月，洛江区通过省卫生厅基本控制地氟病防治效果验收。

是年，旅澳侨胞杨添丁捐资320万元重建河市中心小学。

2002 年

1 月 5 日，省政协副主席、省工商联主席李祖可到洛江区走访慰问泉州南少林武术学校董事长陈忠文、海滨服装皮件厂总经理柯贤道等人士。

1 月 15—17 日，泉州市洛江区第一届人民代表大会第六次会议召开。会议选举吕竞为泉州市洛江区人民政府区长。

1 月 28 日，泉州局洛江供电公司成立。

1 月 29 日，国务院侨办副主任刘泽彭一行，到泉美花卉组培基地进行参观调研。

2 月 25 日，香港泉州慈善促进总会主席陈守仁博士为泉州第十一中学捐资 50 万元，为陈守仁教学楼揭牌。

4 月 11 日，在泉州召开的全省九市政协主席工作座谈会第三次会议的与会人员视察泉美园艺有限公司、华邦电子有限公司。

4 月 12 日，洛江区委召开全区党政机关机构改革动员大会。

同日，台湾财团法人农村发展基金会董事长王友钊、执行长涂勋在农业部、省、市、区有关领导的陪同下到洛江区参观考察，先后参观荣祺食品有限公司、泉美园艺有限公司、仙公山风景区。

5 月 3—4 日，洛江区首次大型人才交流会在泉州历史博物馆举行。

5 月 9 日，洛江区成立全市农业行业首家同业公会—蔬菜同业公会。

5 月 31 日，俄罗斯国家杜马主席教育和科学顾问舒克·舒诺夫博士及其夫人，在全国人大常委会教科文卫委主任朱开轩陪同下，到仰恩大学参观考察。

同月，世界彭氏宗亲联谊大会创会会长彭云钊一行 6 人到虹山乡考察寻根。

6 月 7 日，旅居印度尼西亚爱国华侨、金光集团董事长黄奕聪与市政府、区政府、罗溪镇政府签署 250 万元认捐书，该笔捐款用于改善奕聪中学、奕聪小学的办学条件和支持罗溪镇新建成一所幼儿园。

6 月 26 日，市委书记施永康到洛江区调研。

7 月 9 日，市委副书记、代市长何团经率市政府秘书长骆国清及市直有关部门领导，到洛江区调研。

同月，全省首家五金专业批发商城——泉州五金机电商城落户洛江区，该商城总投资 19980 万元，用地面积 10 公顷，总建筑面积 18 万平方米。

同月，国务院侨办副主任李海峰到洛江区考察双阳华侨经济开发区建设及侨居造福工程进展情况。

8 月 19 日，马甲仙公山风景区通过省政府审定，成为省政府发布的第五批省级风景名胜区之一。

8 月 24 日，三峡库区重庆市奉节县永安镇 8 户 32 人移民迁居双阳镇朝阳村下坝子自然村。

同月，罗虹公路临近虹山段发生山体滑坡而引起交通事故。事故死亡 2 人，受伤 4 人。

9 月 2 日，双阳华侨经济开发区（省级开发区之一）首期 100 公顷动工建设。

9 月 8—11 日，洛江区在第六届中国投资贸易洽谈会上共推出 20 个招商项目，在泉州分团的签约仪式上签约 3 个项目，总投资额 737 万美元。

9 月 11 日，洛江区科普教育基地在马甲镇动植物观赏园成立。

9 月 19 日，国家林业局副局长祝列克考察泉美园艺有限公司。

9 月 25 日，洛江区政府召开全区深化殡葬改革动员大会。会议决定从 2002 年 12 月 1 日零时起，全区境内殡葬全面实行火葬制度。

9 月 26 日，洛江区政府在河市镇举行洛江区第一所职业学校—泉州敬德职业学校奠基仪式。

9 月 29 日，洛江区委、区政府举行庆祝建区 5 周年剪彩庆典活动，分别为泉州五金机电国际商城、区法院审判综合大楼、区公安局技侦大楼、塘西工业园一期基础工程、双阳华侨经济开发区、首富工业大楼、万源花苑 a、b 幢、建行洛江支行办公大楼等 8 个项目奠基、开工、竣工或揭牌剪彩。

10 月 2 日，国际古遗址理事会原总协调员亨利博士等一行，对洛阳古桥进行考察。

10 月 31 日，全省外经贸工作研讨会在洛江区召开。

11 月 26—28 日，中共泉州市洛江区第二次代表大会召开。选举产生 24 名中共泉州市洛江区第二届委员会委员、5 名候补委员和 15 名中共泉州市洛江区纪律检查委员会委员。选举陈家富为区委书记，吕竞、陈灿辉、尤祖举、朱清辉为区委副书记，朱清辉为区纪委书记。

11 月 27 日，省委副书记、纪委书记梁绮萍率省、市有关部门负责人到洛江区双阳泉美花卉基地调研。

同月，马甲中学通过“福建省三级达标完中”市级验收，成为洛江区第一所达标中学。

12 月 11—13 日，政协泉州市洛江区第二届委员会第一次会议召开。选举产生第二届委员会常务委员会，选举谢定昌为政协主席。

12 月 12—14 日，泉州市洛江区第二届人民代表大会第一次会议召开。选举产生区第二届人大、政府、法院、检察院领导成员。选举卢希德为区人大常委会主任，吕竞为区人民政府区长。

12 月 23 日，全省最大的足球人才培训基地在万安开发区建成并交付使用，该基地占地面积 5 万多平方米，拥有 7 个标准训练场地。

12 月 26 日，省政协副主席陈增光率省综治检查组莅临洛江区检查指导工作。

12 月 27 日，经省政府批准，洛江区调整基本农田保护区面积 359.04 公顷，计划面积 362.52 公顷。

2003 年

1 月 3 日，市委书记施永康率市直有关部门负责人到洛江区调研。

1 月 13 日，省创建文明城区工作先进区考评组到洛江区实地考评。

1 月 25 日，副省长汪毅夫率省政府有关部门负责人深入马甲镇调研计生“五访五问”（五访：访只生育一个孩子后不要求再生育的夫妇，访计划生育战线上的先进人物和积极分子，访做了节育手术的群众，访因种种原因而受处罚的群众，访新婚夫妇；五问：问寒，问暖，问子女健康，问家庭困难，问对工作的意见）活动开展情况。

1 月，以杨青青副区长为团长的洛江区侨务经贸考察团赴菲律宾、马来西亚考察，详细了解洛江区海外乡亲发展情况，充实海外侨亲资料库。

2 月 12 日，全国侨联主席林兆枢、全国侨联副主席、省侨联主席李欲晞、致公党中央委员会联络部副部长王翔等到双阳华侨农场考察、指导工作，关心慰问贫困归侨。

2 月 15 日，河市中心小学重建工程奠基典礼举行。该工程由河市镇知名企业家杨添丁捐资 360 万元建设。

3 月 24 日，万安街道万福社区党支部、居民委员会揭牌仪式举行。

同日，洛江区国土资源局举行首宗国有土地使用权挂牌出让交易活动。

4 月 2 日，县道 310 线（蜩洪公路）河市段拓改工程竣工。该工程 2.281 千米，路基宽度 9 米，水泥混凝土路面宽度 7.4 米，总投资 950 万元。

4 月 7 日，洛江区启动世行贷款 / 英国赠款中国结核病控制项目。

4 月 8—10 日，市城乡规划局组织召开洛江区城市概念性规划竞标方案评审会，主要对万安街道办事处、双阳镇、河市镇 40 平方公里区域的城市化发展方向进行论证，最终确定台湾境群国际规划设计顾问股份有限公司将洛江区定位为“绿色生活中心”“第二经济中心”方案设计为最佳方案。

4 月 10 日，洛江区举行教育捐资仪式。此次捐资仪式共收到捐款 1200 多万元。同时，洛江区委、区政府决定在全区开展常规性捐资助学活动。

同月，洛江区妇幼保健所通过一级甲等妇幼保健所的考核评审，成为福建省首家一级甲等妇幼保健所。

5 月 13 日，副省长王美香到双阳华侨农场调研。

5 月 21 日，仙公山风景区总体规划讨论会召开。

5 月 22 日，全市外经贸工作会议在洛江区召开。

6 月 14 日，河市镇发生一起因煤气泄漏爆炸引发的房屋倒塌事件，1 名 4 岁小孩当场死亡。16 日，马甲镇发生一起地下排污管道施工塌方事故，造成 1 名工人死亡。17 日，洛江区委、区政府召开安全生产工作紧急会议，对全区安全生产工作进行再强调、再部署。

6 月 26 日，市委书记施永康到洛江区调研。

7 月 25 日，洛江区委、区政府印发《洛江区 2003 年机关事业单位股级（含）以下工作人员交流轮岗的实施意见》。

8 月，全区 74 个村委会、10 个居委会、1 个社区居委会全部依法完成换届选举或选举工作，选举产生 349 名新一届村（居、社区）委员会成员。

同月，洛江区在全省精神文明建设工作会议暨先进命名表彰大会上，被命名为“福建省第八届创建文明城区工作先进区”。

9 月 2 日，福建省华侨经济开发区第二届招商会在双阳镇举行，副省长王美香、国务院侨办国内司副司长宁活义、省侨办副主任卢圣鑫、副市长曾华彬等省、市、区领导及全省 17 个华侨经济开发区的代表和海内外企业界人士 300 多人参加招商会。

同月，全区 85 个村（居、社区）党组织全部按规定完成换届选举或选举工作，选举产生 271 名新一届村（居、社区）党组织成员。

10 月 16—17 日，洛江区第二次归侨侨眷代表大会召开，选举产生第二届侨联委员会，聘请洛江区侨联名誉主席和顾问。

10 月 17 日，日本浦添市市长仪间光男、议长川上宰夫带领代表团参观考察泉州南少林武术学校。

10 月 21 日，洛江区举行敬德职业学校“文华楼”“洪德楼”教学楼落成剪彩仪式。

10 月 21—24 日，全国十城区（市）政协第五次工作研讨会在洛江区召开。

同月，洛江区艺术团成立，设演唱组、舞蹈组、乐器组、话剧组 4 个专业组，有正式团员 88 名。

11 月 3 日，洛江区会计核算中心揭牌仪式举行。

11 月 11—13 日，民族英雄俞大猷诞辰 500 周年纪念活动举行，来自 10 多个国家、地区的武术代表团和国内俞大猷研究专家学者、俞氏宗亲代表、泉州各地代表、嘉宾共 1500 多人参加纪念活动。

同月，全区完成 79 个村面积 2.96 万公顷的集体土地使用权登记发证工作，提前一年实现省、市、区政府确定的集体土地所有权登记发证工作目标。

12 月 25 日，洛江区委、区政府印发《关于全面开展农村税费改革试点工作的通知》。2004 年，完成 2003 年度收取的“三提五统”清退任务，当年农民农业税负担减轻 1510 万元。

同月，洛江区被省委、省政府授予“创建省级文明区先进区”荣誉称号。

2004 年

1 月 9—10 日，国务院侨办主任陈玉杰、副省长王美香、国务院侨办国内司司长周中栋和省侨办主任黄少萍、副主任卢圣鑫一行，到仰恩大学进行调研，会见仰恩大学董事长吴庆星。

1 月，洛江区荣获“2001—2002 年度全国科技进步先进区”称号。

2 月 27 日，省劳动和社会保障厅厅长王克益在省委政研室王跃明及市、区劳动保障部门领导的陪同下，到洛江区为新成立的“洛江区劳务派遣有限公司”揭牌，针对劳务派遣工作进行专题调研。

3 月 8 日，中央电视台《今日说法》“两会”系列报道专题报道洛江区法律援助工作。

3 月 20 日，香港泉州罗溪同乡会在香港成立。

3 月 22 日，洛江区委成立非公有制企业工作委员会。

3 月 31 日，由香港福建希望工程基金会刘与良、刘与量分别出资援建、洛江区各级政府筹资兴建的山边刘与良希望小学、新告刘与量希望小学举行落成剪彩仪式。

5 月 27—30 日，洛江籍旅居印度尼西亚爱国华侨黄奕聪伉俪偕长子印度尼西亚金光集团董事长、总裁黄志源一行实地察看奕聪中学、奕聪小学和奕聪幼儿园。

6 月 1 日，全国政协常委视察团莅临洛江区。视察凹凸精密机械、和诚鞋业、泉美园艺有限公司和仰恩大学。

6月7日，科技部副部长李学勇率省政府有关部门领导一行4人，到洛江区开展国家级“星火”产业带专题调研，深入泉美园艺有限公司考察。

6月10日，由建文艺品有限公司总经理王小阳捐资兴建的双阳中心幼儿园新校舍举行落成典礼仪式。

6月17日，洛江区举行香港泉州慈善促进总会、泉州市慈善总会助学金发放仪式。陈守仁、陈金榜等香港泉州慈善促进总会、泉州市慈善总会访问团成员向洛江区30名贫困、残疾学生和贫困残疾人子女发放助学金。

7月5日，洛江区委、区政府给予侦破双阳“6·12”纵火案的洛江区公安分局通报表彰。

7月9日，洛江区委、区政府印发《关于建设“平安洛江”的实施意见》。

7月15日，联合国教科文组织尤嘎博士莅临洛江区考察洛阳桥南海丝景点。

同月，洛江区地震遥测台网联网工程与震情会商室启用。

8月7—12日，惠女水库放水78万立方米，支持河市镇灌区400公顷受旱农田抗旱用水。

同月，洛江区滨江大道建设获市计委立项批复。

9月1日，洛江区委印发《关于派驻区直机关纪检组有关问题的通知》，决定在区政府工作部门派驻纪检组。

9月25—26日，马来西亚麻坡杜氏公会一行20多人回家乡马甲镇省亲谒祖。

9月27日，2004年首届海峡两岸五金机电交易会组委会在泉州刺桐饭店召开新闻发布会。会后，市委副书记、市长郑道溪会见与会嘉宾。

9月28日，首届海峡五金机电商品交易会在洛江举办。

9月28—30日，首届海峡五金机电商品交易会在洛江举办。省人大常委会副主任黄贤模，省政协副主席李祖可，全国工商联五金会会长吴石川，市领导施永康、郑道溪、薛祖亮、傅圆圆、周真平、黄维礼、刘佳景，商务部驻福州特派员方蔚，来自台湾、香港地区和全国15个省、市的嘉宾客商以及五套班子领导1000多人参加交易会开幕式。

同月，郑宝珠参加雅典残奥会获得铅球、铁饼两枚金牌。

10月20—24日，香港泉州罗溪同乡会回乡考察团一行返乡参观考察，参加洛江区委、区政府举办的座谈会。

同月，洛江区首次挂牌出让两宗农村（马甲镇区）国有土地使用权，挂牌出让价增幅分别为23.52%和20%。

11月2日，区委书记陈家富，区委副书记、区长吕竞参加市党政代表团赴福州考察。

11月9日，洛江区举行“洛江碑林”落成暨教师进修学校剪彩仪式。

11月10日，市委副书记、市长郑道溪莅临洛江区调研。

11月16日，辽宁省考察团到洛江区参观考察。

11月17—21日，印度尼西亚锡江永和慈善基金会一行38人在武夷山市参加世界彭氏联谊会，回家乡虹山乡观光、寻根谒祖。

同年，区侨务考察团组团前往印度尼西亚进行侨务考察活动。

2005年

1月17—18日，洛江区领导率领洛江区直有关部门负责人到6个乡镇（街道）27个村（社区）开展住村活动。

1月24日，洛江区委、区政府印发《关于加快中心城区建设推进产业集聚升级的意见》。

2月1日，洛江区委印发《关于开展保持共产党员先进性教育活动的实施意见》。

2月19日，由洛江区河市镇在外企业家杨添丁捐资重建的河市中心小学举行落成剪彩仪式。

2月，国家发展改革委员会下达福建省2004年中央预算内投资计划，洛江区马甲镇到罗溪镇公路拓改项目以“东南沿海战备公路”列入计划，获得1300万元中央预算内资金扶持。

3月7日，市委书记施永康到洛江区检查指导先进性教育活动。

3月30日，洛江区二届人大常委会召开第十六次会议，会议听取和审议洛江区人民政府提请的关于撤销双阳镇建制设立双阳街道办事处的议案，通过《泉州市洛江区人大常委会关于撤销双阳镇建制设立双阳街道办事处的决定》。

4月15日，洛江区科协第二次代表大会召开。

4月21日，全国政协副主席张思卿莅临洛江区考察。

4月，大华蓄电池有限公司、建文艺品有限公司被确定为泉州市2005—2006年度百家工业重点企业。

同月，旅居印度尼西亚侨胞捐资27万元资助罗虹公路二期拓改工程建设。

5月16日，省文明委组织的创建文明城市工作先进城市考评团到洛江检查工作。

同日，洛江区新一轮土地级别和基准地价修订成果通过市级验收。

同日，洛江区出台《关于鼓励引进优秀中学教师的意见》。

5月30日，洛江区委印发《关于实行领导干部任职试用期制度的通知》。

5月，河市镇通过"省级卫生镇"考核验收。

6月7日，省政协副主席金能筹率队到洛江区调研洛台农业合作发展情况。

6月19日，旅印度尼西亚华侨一行68人返乡参加泉州市世壁小学建校10周年庆典活动。

6月21日，省委驻泉州督导组组长江祥钦一行到洛江区指导先进性教育活动。

6月26日，总投资93万元的侨捐学校——虹山成功侨心小学举行剪彩仪式。全国侨联副主席林淑娘出席剪彩仪式。

同月，泉州市华丰果牧开发有限公司的"优质商品猪规模化生产生态技术示范工程"、泉州泉美园艺有限公司的"尖尾芋种苗脱霉及产业化生产"等2个科技项目被列入2005年国家星火计划。

7月8日，省委书记卢展工率调研组到洛江区开展省委"四个专题"调研检查。省领导何立峰、陈少勇、唐国忠、张家坤、叶双瑜、陈家骅及省直有关部门负责人参加调研检查。

7月26日，市委书记、市保持共产党员先进性教育活动领导小组组长郑道溪，深入洛江区检查指导第二批先进性教育活动的开展情况。

7月29日，洛江区被省委、省政府、省军分区命名为省双拥模范城。

8月1—8日，洛江区委书记陈家富率洛江区代表团赴港参加2005年泉州·香港投资项目推介洽谈会。

8月23—24日，市委常委、宣传部部长宋长青率市"四五"普法依法治理检查组到洛江区检查验收"四五"普法依法治理工作。

9月7日，省工商联、福安市商会牵头组织福安市50多家机电商品生产、经营企业到洛江区考察机电行业生产、经营投资环境。

9月15日，代市长朱明率市政府秘书长李冀平及市府办、计委领导到洛江区调研。

9月17日，双阳街道办事处举行授牌、授印仪式，双阳由镇改为街道办事处。

9月20日，黑龙江省七台河市桃山区区长王义光率区财政、经贸、招商等部门负责人及当地企业家一行9人到洛江区考察。

10月4日，市委书记郑道溪，市委副书记、代市长朱明到洛江区检查指导灾后重建工作。

10月12日，洛江区贸促会、国际商会成立暨第一届会员代表大会召开。

10月28日，洛江区文学艺术届联合会成立暨第一次文代会召开。

11月4日，泉州市中级人民法院、洛江区执法机关在河市镇举行公开宣判大会，依法对一批违法犯罪人员进行公开宣判。

11月8日，市委书记郑道溪到洛江区调研经济工作，强调要想方设法破解难题确保完成年度任务。

同月，洛江区三项科技项目荣获2005年度市科学技术进步奖。

12月22日，福建省五金机电行业发展研讨会暨闽东（福安）机电"一条街"开业典礼在洛江举行。

同日，洛江区委、区政府印发《关于泉州市洛江区人民政府机构改革的实施意见》。

12 月 27 日，洛江区委印发《关于成立中共泉州市洛江区委教育工作委员会和中共泉州市洛江区纪委教育工作委员会的通知》，决定成立中共泉州市洛江区委教育工作委员会（与区教育局合署办公）和中共泉州市洛江区纪委教育工作委员会（与区纪委派驻教育局纪检组合署办公）。

12 月 31 日，洛江区举行马甲至罗溪道路拓改工程奠基仪式和黄奕聪塑像揭彩暨奕聪中学高中部奠基仪式。省侨办主任黄少萍在仪式上宣读福建省人民政府对黄奕聪的表彰决定。

同月，洛江区两个市级技术研发中心成立，即泉州市铅酸蓄电池行业技术开发中心、泉州市商品猪生产行业技术开发中心。

2006 年

1 月 23 日，洛江区委、区政府成立突发公共事件应急委员会，主任吕竞。

2 月 14 日 ，省委巡视检查组组长曾金宇到洛江区检查第三批先进性教育活动情况。

2 月 16—18 日，洛江区二届人大五次会议召开，审查和批准泉州市洛江区国民经济和社会发展“十一五”规划，通过《关于加强农村卫生环境整治的决议》等。

2 月 17 日，市委书记郑道溪、市委常委、秘书长吴汉民、市政协副主席郑增辉到洛江区调研。

2 月 22 日，洛江区成立首个乡镇级商会——万安街道商会。

同月，经国家发改委批准，洛江区原有的省级开发区——万安开发区、双阳华侨经济开发区整合成一个新的省级开发区，重新命名为福建洛江经济开发区。

同月，洛江区第一次全国经济普查主要数据公报发布（该次普查的标准时间为 2004 年 12 月 31 日）。

3 月 20 日，洛江区委、区政府成立区建设社会主义新农村工作领导小组，组长陈家富、第一副组长吕竞、常务副组长颜元培。

3 月 21 日，洛江区委副书记、区长吕竞主持召开奕聪中学高中部等筹建工作领导小组会议，会议就奕聪中学高中部建设有关问题进行研究，作出相应决定。

3 月 22 日，洛江区反腐倡廉警示教育基地成立。

3 月 29 日，全国人大常委会委员、科教文卫委员会副主任委员蒋祝平与全国人大常委会委员、科教文卫委员会委员陈建生、高运甲、科教文卫委员会教育室主任侯小娟等组成的全国人大常委会义务教育法修订调研组，到就南中学就义务教育法的修订进行调研。

4 月 3—12 日，省委巡视组到洛江区开展巡视工作。

4 月 27 日，全区社会主义新农村建设工作会议召开。

5 月 22 日，国务院副总理回良玉由省领导卢展工、黄小晶、梁绮萍、刘德章、陈芸和市领导郑道溪、朱明等陪同考察洛江区阳光国际集团有限公司、和昌集团农业产业化经营情况。

6 月 18—20 日，在第四届中国. 福建项目成果交易会上，洛江区成功对接项目 31 项，总投资超 8.2 亿元。

6 月 28 日，广东省佛山市委书记卢汉超、副市长冼瑞伦带领佛山市考察团一行 23 人到洛江区考察海峡两岸农业合作实验区建设工作情况，实地参观荣祺食品、泉美园艺有限公司。

7 月 12 日，台南县中国国民党党部主委苏国明带领参访团，到洛江区和诚鞋业、大兴电缆等 2 家台资企业参观考察。

7 月 22—24 日，中共洛江区第三次代表大会召开，会议选举产生区委常委 11 名，陈家富为书记，吕竞、陈灿辉、朱清辉、尤祖举为副书记。

8 月 3 日，境内发生强对流天气，强雷暴过程中夹杂着冰雹，未造成严重灾害。

9 月 6 日，洛江区委、区政府建立乡镇（街道）党政主要领导干部抓教育工作督导考核制度。

9 月 12 日，省科普创先检查组一行到洛江区检查验收科普创先工作，实地考察万福科普示范社区、泉美花卉科普教育基地、河市镇科普示范镇等。

9 月中旬至 11 月 21 日，境内连续 2 个月基本无降雨，气温持续偏高，蒸发量偏大，空气干燥。

10月，双阳华侨农场被列为闽南民俗风情游线路，为中国（泉州）乡村旅游五大精品线路之一。

同月，泉州凹凸精密机械有限公司的“单面白色自动变动电脑提花机”和双阳金刚石工具有限公司的“金刚石绳锯”被列入科技部2006年国家重点新产品计划项目。

11月27日，三明市党政代表团到洛江区参观考察。

同月，洛江区被省委、省政府授予“第九届创建文明区工作先进区”称号。

同月，双阳金刚石工具有限公司的高效耐用金刚石排锯刀头被列入科技部2006年度第二批国家级科技型中小企业技术创新基金项目。信和涂料有限公司的“信和 hxo-xh6，21—181系列”获得2006年国家免检产品称号。

12月5—7日，洛江区政府第三届委员会一次会议召开。选举产生第三届委员会常务委员会，选举朱清辉为政协主席。

12月6—8日，洛江区第三届人民代表大会第一次会议召开。选举产生第二届人大、政府、法院、检察院领导成员。选举卢希德为区人大常委会主任，吕竞为区人民政府区长。

12月13日，省综治考评组一行到洛江区实地考评综治、平安工作情况。

12月14日，由省政府发展研究中心社会发展处、市科技局等单位组成的洛江区可持续发展实验区规划论证会专家组，经过实地考察和讨论评审，一致通过《洛江区可持续发展实验区规划》论证。

同月，洛江区公布首批非物质文化遗产7类12项。

2007年

1月8日，副省长王美香率省人大华侨工委和省直相关单位负责人到泉州市双阳华侨农场开展调研工作。

1月11日23时29分，惠安海域发生3.1级地震，境内有明显震感。

3月13日，省委常委、组织部部长于伟国到洛江区调研非公党建工作。

3月27日，泉州市洛江区第三届人大常委会第二次会议决定：接受吕竞辞辞去泉州市洛江区人民政府区长的职务，朱团能为泉州市洛江区人民政府代理区长。同年2月，市委任命吕竞为中共泉州市洛江区委书记。

4月30日，洛江区举行区行政服务中心揭牌仪式。该中心位于科技大厦，进驻部门25个，设立专门窗口14个。

同月，双阳金刚石工具有限公司、凹凸精密机械有限公司2家企业被确定为首批省级创新型试点企业。

5月16日，洛江区电信分局举行揭牌仪式。

5月，省政协副主席苍震华，省总工会党组书记、常务副书记路平等，到洛江区大华蓄电池有限公司参观视察。

同月，洛江区被国家体育总局武术运动管理中心、中国武术协会授予“全国武术之乡建设工作先进单位”称号。

同月，信和涂料有限公司被省委文明办、省企联命名表彰为第二届福建省最佳信用企业。

6月5日下午，市委书记郑道溪、市委副书记、秘书长吴汉民率市直有关部门主要负责人到洛江区开展专题调研。

6月28日，市委常委、常务副市长廖小军带领市政府副秘书长余惠西和市有关部门领导到洛江区调研。

7月，洛江区万虹公路马甲义山至罗溪段拓改工程水泥路面铺设完成，完成工程建设投资5000万元。

同月，省委、省政府授予洛江区“平安福建”建设“平安县（市、区）”称号。

8月17日，“圣帕”超强台风登陆惠安，沿海出现8—9级大风，阵风10—11级，洛江部分乡镇暴雨成灾害，惠女水库开闸泄洪。

同月，洛江区南方建材机械有限公司的泉州市建材机械工程技术研究中心、双阳金刚石工具有限公司的泉州市金刚石工具工程技术研究中心、凹凸精密机械有限公司的泉州市针织机械工程技术研究中心3家研发机构被确认为首批泉州市工程技术研究中心。

9月6日，代区长朱团能主持召开泉州泉美植物园（暂定名）项目建设领导小组成员会，研究泉州泉美植物园项目建设工作，并作出相应决定。

9月30日上午，洛江区举行建区10周年庆典大会，省人大常委会原副主任张明俊，省政协原副主席陈荣春，省政协常委刘贤儒，市领导傅圆圆、邹卫国、陈家富、陈敬聪，金光集团总裁黄志源及夫人，总裁特别助理黄杰胜及夫人，资本市场部总经理郑斯佳，香港泉州同乡会、香港罗溪同乡会、香港泉州慈善促进会、菲华泉州工会以及兄弟县区领导、洛江籍在外任职领导、在洛江任（挂）过职领导、有关高校代表、新闻单位代表、洛江区各界代表等应邀出席大会。

同日，豪生酒店、洛江经济开发区三期举行奠基仪式及金光大道、奕聪中学高中部举行剪彩仪式。

同日，洛江区慈善会挂牌成立，募集创始资金4150万元，其中已到位2400万元。

10月23日，市长朱明、副市长洪泽生、潘燕燕带领市直有关部门领导到洛江区开展调研。

10月27日，罗溪中学建校五十周年庆典活动。

同月，在省政府公布的第二批省级非物质文化遗产名录中，洛江区陈三五娘传说、泉州妆糕人、泉州十音铜锣锻制技艺共三项非物质文化遗产入选。

11月9日，洛江区行政执法局成立。

11月29日，市委书记郑道溪、市委副书记、秘书长吴汉民、市委常委邹卫国率市直有关部门负责人到洛江区宣讲中共十七大精神和开展调研工作。

同月，省政府授予洛江区俞大猷纪念馆“福建省国防教育基地”牌匾。

12月，洛江区被省委政法委确定为全省第二批社区矫正试点单位，是全省20个县（市、区）试点单位之一。

同月，全市首批“农家书屋”揭牌仪式在河市镇南塘村举行，市领导宋长青、陈元殿参加揭牌仪式。

同月，区红十字会召开第二次会员代表大会，选举产生红十字会第二届理事会，并召开第一次理事会会议选举新一届常务理事会常务理事、会长、常务副会长、副会长、秘书长。

是年，旅澳侨胞黄通成捐资200万元完善罗溪卫生院设施。

是年，嘉琳广场动工建设，占地面积20多公顷。

是年，《泉州市城市总体规划》把万安、双阳、河市、马甲镇南部共50平方千米列入城市规划。

是年，实行义务教育免收学杂费和“两免一补”制度。

是年，洛江区评出首届（1997—2007年）科技成果奖。其中，一等奖2项、二等奖2项、三等奖5项。

第一篇 境域 建置

从上古时期到封建社会前期，洛江境域与中原地区的联系较少，开发程度较低，在相当长时间内没有独立的行政区设置。两晋时期，北方士民大规模南迁，带来中原文明，促进本区域经济的发展。唐久视元年（700 年），武荣州治由丰州迁至今鲤城区。景云二年（711 年），武荣州改名泉州，并于开元年间（713—741 年）开始修筑泉州城，洛江今域隶属之。1950 年 11 月 1 日，政务院批准设立泉州市（县级），隶属晋江区专员公署。1951 年 1 月，泉州市人民政府成立，以晋江县城区及城郊 8 个乡为行政区域。1971 年 1 月，晋江县北部的河市、马甲、罗溪 3 个公社及国营双阳华侨农场划归泉州市管辖。1985 年 5 月 14 日，国务院批准撤销晋江地区行政公署，设立泉州市（省辖地级市），实行市带县体制，原泉州市的建制改设为区的建制。1985 年 12 月 31 日，鲤城区人民政府成立，归属泉州市，为泉州市政府驻地，洛江今域隶鲤城区。1997 年 6 月 3 日，国务院批复福建省调整泉州市鲤城区行政区划，增设丰泽区和洛江区。1997 年 9 月 29 日，泉州市洛江区人民政府挂牌办公。

第一章 境域 隶属

第一节 境域

1951 年 1 月，泉州市人民政府成立，以晋江县城区及城郊 8 个乡为行政区域，总面积 28 平方千米，不包括洛江区境域。至 1971 年 1 月，晋江县的罗溪、马甲、河市 3 个公社和双阳华侨农场析出，归泉州市管辖，总面积 539.2 平方千米。西至对山、西北至大阳山与南安市接壤，南与晋江市池店镇接壤；东至海，北与莆田市仙游县、惠安县接壤。1985 年 5 月 14 日，国务院批准撤销晋江地区行政公署，设立泉州市（省辖地级市），实行市带区体制，原泉州市的建制改设为区的建制。1985 年 12 月 31 日，鲤城区人民政府成立，归属泉州市，行政区划含今洛江区境域，总面积及东西四至不变。1997 年 6 月 3 日，原泉州市鲤城区行政区域调整为三个市辖区（鲤城、丰泽、洛江）。至 2007 年 12 月，洛江区辖区面积 381.74 平方千米，介于北纬 24 °50′—25 °18′，东经 118 °29′—118 °42′之间；位于福建省东南沿海闽南金三角地带，泉州中心市区东北部，地处洛阳江畔，东北毗邻惠安、莆田市仙游两县，西连南安市，南接丰泽区。辖万安、双阳 2 个街道，河市、马甲、罗溪 3 个镇，虹山 1 个乡，共 18 个社区居委会，67 个村委会。

第二节 隶属

一、民国以前隶属

西周，属七闽地。

春秋末期至战国初期，属越国地。

周显王四十六年（前 323 年）越灭，其族人迁徙流落于今闽省各地，或为君，或为王，称为“百粤”，并服于楚，晋地属之，洛江今域隶晋地。

秦，闽中郡（即今闽省），洛江地属之。

西汉，初属闽越王国。秦末，勾践的后裔无诸因助汉先后灭秦与楚有功，汉高祖封他为闽越王，领闽中郡故地，洛江地隶属仍旧。

东汉，属南部都尉的侯官县。汉献帝建安初期，以南部都尉置侯官等五县。侯官县兼领福、兴、泉、漳等地，洛江地属侯官泉地。

三国，属吴建安郡的东安县。建安年间（196—220 年），东吴孙策攻占南部都尉。蜀汉后主景耀三年（260 年），吴析侯官，置建安郡，领东安等九县。东安县治在今南安丰州镇，晋江地属之，洛江地随晋江隶东安县。

晋，属晋安郡晋安县。晋太康三年（282 年），析建安郡置晋安郡，改东安县为晋安县。晋安郡领晋安县等 8 县，洛江地隶晋安县。

南朝宋泰始四年（468 年），改晋安县为晋平县，洛江地隶晋平县。

齐，复晋平郡为晋安郡，仍属之。

梁，天监中年间（502—519 年），改晋安县为梁安县，升梁安县为南安郡，治设今南安县丰州，洛江今域隶南安郡。

陈，属南安郡。永定初期，升；晋安郡为闽州，领建安、南安两郡。光大元年（567 年），改闽州为丰州，治设闽县（今福州），南安郡属之，洛江今域隶属仍旧。

隋，属南安县。开皇九年（589 年），改丰州为泉州（治设福州），降南安郡为南安县。大业初，改泉州为闽州。大业三年（607 年），改闽州为建安郡，领南安等四县。晋江地属建安郡南安县，洛江地随晋江地隶之。

唐初，属南安县。武德元年（618 年），改建安郡为建州。晋江地属建州之南安县。武德六年（624 年）复于闽县置泉州。贞观九年（635 年），南安、莆田两县属泉州（今福州）。嗣圣间（684 年），析泉州之南安、莆田、龙溪，置武荣州。景云二年（711 年），改泉州（福州）为闽州，以武荣州为泉州，属都督府，为今泉州之始。晋江地属泉州之南安县。唐开元六年（718 年），析南安东南地安海乡（今石狮市、晋江市、鲤城区和丰泽区大部分）、东乡（今泉港区、惠安县、台投区）、玉泉乡（本域）和琉球列岛、台湾省置晋江县，属泉州管辖，州、县同治。天宝元年（742 年），改泉州为清源郡。乾元元年（758 年），清源郡复改为泉州。乾宁三年（896 年），福州升为威武军，泉州属之。

五代，属清源军。后汉乾祐二年（949 年），南唐升泉州为清源军，领晋江等县。

宋初，晋江属平海军，后属泉州。乾德二年（964 年），改清源军为平海军。太平兴国二年（977 年），升平海军为泉州，领晋江等九县。

元，属泉州路。世祖至元十五年（1278 年），升泉州为泉州路总管府，领录事司二和晋江等七县。世祖至元十六年（1279 年），南北二录事司合而为一。大德二年（1298 年），改泉州为泉宁府。不久泉宁府复为泉州路。

明，属泉州府。洪武元年（1368 年），始定为泉州府，取消录事司，属福建布政司，领晋江等 7 县。

清，属泉州府。

二、民国期间隶属

民国元年（1912 年），实行省、道、县三级地方建制。泉州府所领晋江等县属南路道，洛江地隶南路道晋江县。

民国 3 年（1914 年），属厦门道（南路道改称厦门道），洛江地隶厦门道晋江县。

民国16年（1927年），废道，实行省、县二级地方建制，晋江县直属福建省，洛江地隶福建省晋江县。

民国22年（1933年）11月20日，“福建事变”，成立中华民国人民革命政府（即福建人民政府）。12月11日，分福建为泉海等四省和两个特别市，13日，改泉海省为兴泉省，辖晋江等12县，治设泉州，洛江地隶兴泉省晋江县。民国23年（1934年）元月，福建人民政府失败，所设四省随之取消。

民国23年（1934年）2月，晋江属福建省。7月，改属第五行政督察区，区署驻同安，洛江地隶福建省第五行政督察区晋江县。

民国24年（1935年）10月起，晋江改属第四行政督察区。民国27年5月，区署由同安移驻永春，民国35年9月，迁驻晋江县城（今鲤城区），洛江地隶福建省第四行政督察区晋江县。

三、解放后隶属

1949年9月9日，晋江县人民政府成立（治设今鲤城区，1951年4月迁至青阳），归属福建省人民政府第五行政督察专员公署，洛江地隶属之。

1971年1月，晋江县的罗溪、马甲、河市3个公社和双阳华侨农场析出，归泉州市（县级市）管辖。

1985年5月14日，国务院撤销晋江地区，设立泉州市（省辖地级市），实行市带县体制，原泉州市的建制改设为区的建制。因泉州古城状若鲤鱼，故取名为鲤城区，洛江地隶属鲤城区。

1985年12月31日，鲤城区人民政府成立，归属泉州市。

1997年6月3日，根据“大泉州”发展规划的需要，国务院批准原泉州市鲤城区行政区域调整为三个市辖区（鲤城、丰泽、洛江）。9月29日，泉州市洛江区人民政府挂牌办公。

第二章 行政区划

第一节 建区前

一、民国以前

据清道光《晋江县志》记载，晋江之名“以晋南渡时，衣冠避此者多沿江而居，故名”。西晋末年，北方士族为避兵燹，纷纷南迁，部分在今晋江两岸定居，劳动生息。晋江之名，即始于此。建县时遂以江名命县。

唐初，晋江一带属南安县地。景云二年（711年），改武荣州为泉州（即今泉州），属闽州都督府。州治无县，刺史冯仁知以此为由，呈请置县。唐开元六年（718年），析南安县东南部设置新县，即为晋江县之始建。县治在今鲤城区内，州县同城而治。县以下行政区划，唐代实行乡、里、保、邻的地方制度。

宋代，仍实行乡里制度，城内设厢坊。晋江县设5个乡、23个里。今域为晋江县晋江乡鸾歌里（在万安一带）和晋江县玉泉乡爰育、善政、仙溪、常建4个里（在罗溪、马甲、河市一带）。

元代改乡、里为隅、都，城内分东、西、南三隅，城外称都，实行隅、都、制度。

元代桥南、杏宅、下窗、东园、红山、过坑、田尾、院前、塘西、村院、后院、后埭、杏内、王东宅、嵩美、洋埔、官园头、虎砂桥等村（属万安铺领）属三十八都（宋代是晋江县晋江乡的鸾歌里，今分属万安街道）。

元代吴宅、山垵、石厝、下堡、中堡、顶堡、大路墘、坑下、东垵、下庄、东清、西园边、新寮、溪头、坝头、鹅罩、小田、后洋、鸟关、埭北、田寮、大石后、水路、石仔路、赤崎、水漕、吴峰、过桥、上寮、下林桥、陈竹、墓庵边、亭内、南山、新田、龙降、白叶、小潘山、苦店、吕埔、后蔡、岭脚、花园、小岭、未厝、坛口、洪后、清内、深边、下寮、南垵、后坑尾、莲村、辜厝、花埭、詹厝、仕林坑、东坑内、下卢、福山腰、洋山兜、、瓦后、陈三坝、五方埔、前洋、田中央、埔边、曾仔、了观、崎路、西埭、沙垵、后寮、龙山兜、山墓香、苦塘等村分别属四十和四十一都（宋代为玉泉乡爱育里，今属河市镇、双阳街道）。

元代坛顶、潘厝、曾坑、客相、杨厝、后井垅、宅上、深后、寨顶、樜头、大园、深底、水田、宅头、员内、后井、墩顶、蔡宅、塘边、丰坪、溪口、湖岭、溪内、井仔、曾林、五堡、郭坑、潭腰、大陇、暗桥、军元、尾井、曾后、沙母岭、新庵、池头、岭头、南塘、樜顶、下井、眉田、垅头、外梗、内苋、顶筒、下筒、园内、内角、中土楼、坂尾、市头、塔后、卓厝、下段翁、大埔尾、外苋、圳头、高台寨、洋坑、南康圳、康潭、南坝、河坝、卢田、社头、七丘、顺正、厝斗、石佛、北溪、缺坑、坑仔、张田、内坑、过溪、乌获尾、后车、后园、尾埔、尾楼、丰垅、北墘、陈塘、寨仔后、宅坂、曾垵、桥下、马甲桥、洋头、蔡坂、墩仔寨、杏林村、卓坝、虎榜、垵仔、霞内、赤涂、霞旦、溪园、浮桥、田中央、埔边、下倪、中观、下河市、土桥下、街顶、坛头、岩口、大路边、椒岭、官坑、垅坑仔、井头、深坑口、松脚、卢田、崎路、溪内、郭山、童厝、留厝、寨仔内、市田、小溪、涂岭、连坂、草山、古院、岭田、饮坑、泔坑、樜头岭、顶涂楼、石桥、均内、河坝头、尾寨、山上畲、客寮、隔仔、竹脚、菜埔、另石弄、内湖、埔园、崎巷、潭墘、岭兜、西厝、岭顶、腰仔、内岩、白水、东深、坑口等四十二、四十三、四十四都（宋代为玉泉乡善政里，今分属河市镇、马甲镇）。

元代前垵、社头岭、井后、楼下、章尾、军村、垅坑边、南头、大埔、西垅、雷坑、床边、宫边、旧厝、前厝、墩上、岭后、桥尾、崎路、前山兜、崎头、塔埔、南塘、乌坑、倒桥、西埕、蔡内、店仔、后寮、后湖、坑边、七林、社坝、后塘、中房、九垵、茅坂、下西山、尾寮、下新厝、莲田、樟芹、垅头、正垵、南坂、洋宫后、坂边、宫迹、草寮、花垅、姑岩院、尾狎、隔棋、鲁寨、芦岭、桥仔、后曾、李仔、山仔、浯洋、塔边、路坑、井头、东墘、公庙、埔边、下坑、上坑、洋尾、暗林、坑头、下山、狮公埔、大墘、潘内、南埕、加坝、山边、五斗、沟头、寮园、照垵、后厝、垅堵、影后、院林、摺库、宫前、尾厝、苦癖、芹山、白莱、象连、杉畲、官田、北坝、水磨、鼎虚、田中、厝仔、大岭、垅仔边等村属四十五、四十六都（宋代为玉泉乡的仙溪里，今分属马甲镇、罗溪镇）。

元代彭厝寨、杨厝、东坂、仕田、下坪岭、东崎、埔尾、山头、际头、前坂、丁房、塘头、广桥、刻石桥、内塔、外塔、仓前洋、吴新厝、田中、高岩、白路兜、宫边、后坪、岭头、杜塘、东庵、垵内、尾村刘、忏堂、洋清、后坂、店后、赖厝街、叶洪、圆觉、翁后、厝斗、山边、隔溪园、张山、岭兜、连田、水月堂、官路、洪岩、前洋、白叶、西岭、隔歧、柏巷、小岭、山仔坑、觉兴、陈坂、吴崎垅、溪内、尾埔、山兜、龟峰岩、彭仓宫等村属于四十七都，（宋代为玉泉乡常建里，今分属罗溪镇、虹山乡）。

明代，沿袭元朝的地方行政制度（明代虽恢复乡里建置，但辖区居民习惯将乡里和都乡混叫至今）。

清代，仍沿袭元朝的地方行政制度，城厢增设北隅，计 4 个隅，城外设都。

二、民国时期

民国初期，县以下的基层组织沿用清代制度。民国 17 年（1928 年），取消县佐制度，实施《县组织法》。县以下分为县、区、村里、闾邻四级。5 户为邻，25 户为闾，百户以上的市镇为里，百户以上的乡为村，20 村为区。洛江今域为晋江县第六区，区公所设在河市。

民国 23 年（1934 年），公布《县自治法》，规定县、乡镇、闾邻三级地方制度。同年 5 月，全县实行保甲制度，区以下设联保，以 10 户为甲，10 甲为保，10 个保为镇，亦可设区（与乡镇同级）。

民国 24 年（1935 年）6 月，晋江县划为 6 个区，设区公所：一区在城关，二区在安海，三区在青阳，四区在石狮，五区在金井，六区在河市。同年 8 月，根据福建省政府关于分区设署办法施行细则的规定，将6个区并为4个区，设立区署。把第一个区和第三个区合并为第一区，区署设在县城；第二区不变；第四区和第五区合并为第三区，区署设在石狮；设在河市的第六区改成第四区。第四区辖有双河乡、锦凤乡、丰山乡、罗溪乡、山顶乡5个乡；今域万安街道的桥南、杏宅村一带，属第一区的东洛乡。

民国29年（1940年）6月，全县设四个区，撤销联保，区以下设乡镇，全县46个乡镇。

晋江县第一区（驻县城）属今域辖区的乡镇有：东洛乡（今万安街道隶属之）。辖南院保、杏宅保、桥南保等。

晋江县第四区（驻河市）属今域辖区的乡镇有：

双河乡 辖奎峰保、奎楼保、浮桥保、溪园保、文坛保、梧宅保、联山保、官洋保、弼佐保、蛟龙保、大南保、福山保、新叶保、埭北保、前洋保、仕林保，共16个保（今分属河市镇、双阳农场）。

锦凤乡 辖马夹保、杏村保、前安保、义方保、竹园保、蕉林保、风山保、梅溪保、雷峰保、鹏山保、龙梓保、云山保，共12保（今分属马甲镇、河市镇）。

丰山乡 辖暨峰保、南厅保、板香保、岱山保、双洋保、梧峰保、峰山保，共7个保（今分属马甲镇、河市镇）。

颍川乡 辖陈林保、岭头保、东方保、垵内保、岭脚保、赖厝保、大厝保，共7个保（今属罗溪镇）。

金溪乡 辖中溪保、前溪保、后溪保、双溪保、隔歧保、四冷保、洪岩保，共7个保（今属罗溪镇）。

山顶乡 辖涂楼保、凤吟保、塘头保、厝斗保、前坂保、四亭保，共6个保（今分属虹山乡、罗溪镇）。

民国31年（1942年），晋江县设安海、石狮、河市3个区，46个乡、538个保。

民国32年（1943年），河市区辖5个乡：大猷乡、丰山乡、锦丰乡、罗溪乡、山顶乡。今域桥南、杏宅、琯头、过坑、院前、塘西、后埭等村落归晋江县直辖的东洛乡管辖。

民国33年（1944年），撤销区建制，压缩整编乡镇，全县设25个乡镇。

原来的东洛乡与西北乡合并，改名为东北乡（今域万安街道隶属之）。

原来的河市区，划分为大猷、锦丰、罗溪、山顶4个乡：

大猷乡 辖11个保81个村，驻河市街。联山保辖泽头、大炉田、下庄、崎路、小田、池仔尾（今属河市镇），梧宅保辖坑下、溪头、顶堡、中堡、西埭、下堡（今属河市镇），霞溪保辖西园、埔边、田边、浮桥、下倪、双边、河市（南端）（今属河市镇），蛟坛保辖岭头、客相、顶宫坪、潘厝、墩顶、杏墩、坛顶（今属河市镇），奎峰保辖土楼、道岸后、刘厝、河市（中街）（今属河市镇），弼佐保辖岭脚、深边、莲坂、坑仔、白灶、岭田、市田、古院、坂头、涂岭（今属河市镇），官洋保辖溪埔、山边、官洋、涂厝、大石后、后洋、土丘、鸟关、亭竹（今属河市镇），大南保辖井仔、溪口、河坝头、南塘、下官坪、尾寮、军内、山边、河格头（今属河市镇），前叶保辖前洋、莲村、白叶、五方埔、后坑尾、南山、新田、洪厝（今属双阳街道），福岭保辖田中央、前山尾、福山腰、古镇、岭脚、吕埔、仕林坑、高厝、梧峰（今属双阳街道），埭北保辖室仔前、笏石、官园头、坝南、卢厝、埭北（今属双阳街道）。

锦丰乡 辖15个保219个村，驻马甲街。鹏峰保辖暗桥、溪尾、墓边、五堡、彭殊、坝边、狮头、碑牌、新庵（今属马甲镇），梅山保辖洋坑、圳头、山边、顶尾楼、后观房、下尾楼、山溪底、破仁、墓边、后城、后山、高坂、宜仁、桥仔头（今属马甲镇），云龙保辖市头、卓厝、新涂楼、翁前、岭顶、下段、仁头、厝田、树梅、岭脚、冬尾、沙武岭、大仁（今属马甲镇），凤林保辖对面园、岭兜、大坪、古井铺、迎后、大埔、土堡、后厝、乌压厝、尾墘、桥尾、下新厝、三落、章尾、良记、尾寮、尾亭、尾厝、庄厝、为仔、钱厝埔（今属马甲镇），岱山保辖高梁山、草埔尾、行同、义道、高坝边、高港、崎脚、祖厝、大墘（今属马甲镇），南厅保辖三房、下申厝、格棋、举头街、油园、龙宫前、后龙、对面举、鲁寮、土楼、塔埔（今属马甲镇），大同保辖后龙、产丘、西垄、虎橱、蔡内、圳后、南埔、南行、社头、圳复、九斗丘、草竹、倒桥、道坝、岳厝、内龙、旧厝、塔浔、三落、社岭、茵（菌）顶、虎榜、北墘（今属马甲镇），德义保辖虎橱、象埔头、后梧、路岭、四甲、坂边、坑边、七林、胡厝、杏村、东头、蔡官边、墩仔寨、仁泉、獭尾（今属马甲镇），梧峰保辖塔边、好仁、土楼、旧厝厅、邱厝、来仔洋、上寮、北溪、许坂、下坑、内寮（今属马甲镇），莲田保辖崎仔尾、涂楼、七兜、蔡坑内、道墩、下新厝、顶柱、大埕、二房、后洋、加欺园（今属马甲镇），板香保辖后园、过溪、暗林、西康堡、池仔头、下山、潘内、义路、宅后、陷头、山仔尾（今属马甲镇），鹫峰保辖茶埔、上莲、宫迹、水云坑、桥仔头、苦僻、后曾、李厝、池仔边、南坂洋、挖岗仔、宫后、长邱、新坝仔、门井、埔厝园、石蛇、乌石、田头、正安、交头（今属马甲镇），龙尾保辖坂尾、沈坑、奄内、九垵、蔡山、内龙、顶新厝、竹科园、棋杆脚、旧厝、东境、井后、后厝、崎路、桥仔头、军村、前山兜（今属马甲镇），永安保辖赤涂、下沟、路沟、中路、洋尾、土楼、陈塘、坡仔、尾埔、书房、后宫、桥下、马甲街（今属马甲镇），双髻保辖五洋、湾丘后、东寮、坑内、后厝、大溪内、坑头、新寮、楼内、后园、水磨、涂楼、白洋、仙牌格、张田、社头、后车、内坑、小溪西、小溪头（今属河市镇）。

罗溪乡 辖 8 个保 125 个村，驻大罗溪。后溪保辖溪东、岭兜、后门、石壁、溪仔、溪坂、坂上洋、坂上、潭边、宫边、崎脚、乌石、跳港、墓林（今属罗溪镇），翁山保辖坝中洋、下厝、新虾、后落、尾厝、中厝、棋盘、外厝、曾厝、涂炉后、楼仔、楼仔头、红庄厝、科脚、关坑头、下后坂、大园村、乌岸、洋厝（今属罗溪镇），垵内保辖下寮、送人、内新厝、坡底、五奇人、岭尾、肚肠、油园、洋顶、大丘田、大厝、铁头崎、忆母朝（今属罗溪镇），东方保辖社公尾、磨内村、三斗埔、石西脚、园仔村、云角、外坂、外寮、郭溪、大片、过龙、下寮、大派、花溪、草寮、白叶坑、树林洋、园埔、大路田、大墓（今属罗溪镇），前溪保辖谢厝林、东庵、洗仔园、陈坑、赤埔、神林赤、新宫、中路、西头洋、后场、官路、寮内、顶翼、下翼、土楼、内厝、田头畔、九坑垄、塔边山、观音村、彭坪村、清坝口（今属罗溪镇），岭头保辖巷仔头、下圳、山尾、郭堆、田中、岭脚、岭头、庵内、下山、格外、倭垄（今属罗溪镇），中溪保辖洋尾、铜寮、废丰、黉头、烧尾、西头埔、头巷、池亭、乌窗、海头、尾园、崎头、东崎头、白艮脚、坝仔内、洋顶村、新土楼（今属罗溪镇），柏山保辖顶新园、赤土、亭桥、后坪、后厝、下厝、厝斗、虹山兜、大墓园（今属罗溪镇）。

山顶乡 辖 8 个保 79 个村，驻山顶彭。涂楼保辖官坝、堂口、尾直头、田后、三占丘、小宗边、下坪岭、福山隔、乞食桥、下尾滥（今属虹山乡），凤吟保辖罗目脚、凤吟、山头、水边、顶埕、后厝、东人墘、宫口、四吉、大水路、尾园（今属虹山乡），塘头保辖大潮、晏山脚、塘头厝、草埔脚、羊厝、猪仔人、新圳口、三元坑、埔尾（今属虹山乡），前坂保辖山仔、对面埔、石头岭、塔头、宅内、大厝、棕叶林、徐田、东岐（今属虹山乡），四亭保辖张山、古坂、岭兜、山后、涂楼、村田、石烈（今属罗溪镇），洪岩保辖洪岩、下厝、宅尾、旧厝、社仔厝、樟坑、前洋、杜生仑（今属罗溪镇），厝斗保辖外塔、黄坑口、外洋、山尾宫、厝斗、寨顶、新书房、祠堂边、亭仔岭、壁边园（今属虹山乡），钟山保辖柏巷、晏田、大路脚、陈庄、溪尾、广桥、岱坑、仙洞、高婆、尾店、外则、大棋、下田、西岑、白叶（今属罗溪镇）。

三、中华人民共和国成立后

1949 年 8 月 31 日，晋江解放。9 月 9 日，晋江县人民政府成立，10 月，将原有的 24 个乡镇划分设为 11 个区（包括城关区），成立区公所，接管国民党政府的乡镇政权，废除保甲制度，建立乡一级人民政权。原罗溪乡和山顶乡合并，设立第一区公所，区公所设在大罗溪。原锦丰乡和大猷乡合并，设立第二区公所，区公所设在河市街。法石乡和东北乡（含今域万安街道等）合并为第三区，区公所驻新前。

1951 年 7 月，全县划分设为 14 个区，共辖 200 个乡、7 个镇、7 个街。一区辖虹山、钟山、苏山、洪四、柏山、翁山、三合、建兴、前溪、双溪 10 个乡，区公所驻罗溪。二区辖梅山、永安、双髻、新民、河市、蛟南、胜利、鹫南、弼洋、和平、团结、梧峰、鹏云、前埭 14 个乡，区公所驻河市。

1952 年 7 月，实行小区小乡制，全县划为 20 个区，区以下共有 216 个乡、7 个镇（乡级镇）和 7 个街道。原第二区拆成两个区，新设第二区辖今马甲这一片，区公所设在马甲街；第三区辖今河市和双阳这一片，区公所设在河市街；原第三区其顺序改称第四区。具体是：一区，驻柏山乡，辖虹山、苏山、钟山、双合、白凤、洪四、柏山、翁山、兰合、建兴、前溪和双溪12个乡。二区，驻永安乡，辖鹫南、义山、莲田、梧峰、杏川、四方、祈山、鹏云、梅山、永安、新民和新建12个乡。三区，驻河市乡，辖官洋、弼洋、新髻、蛟南、炉田、河市、梧宅、前埭、溪山、前洋和双洋11个乡。

1955年9月，精简机构，全县设16个区、2个镇。一区改称大罗溪区，区公所设在罗溪，辖12个乡；二区改称马甲区，区公所设在马甲街，辖14个乡；三区改成河市区，区公所设在河市街，辖13个乡。

1958年3月，晋江县撤区并乡，全县划为31个乡镇，晋北（洛江今域）有虹山乡、钟山乡、罗溪乡、鹫南乡、马甲乡、河市乡、双阳乡等。同年8月，全县有改为21个乡。晋北（洛江今域）设罗溪乡、马甲乡和河市乡。

1958年9月，晋江县拆临海、东星二乡及石霞乡部分归泉州市管辖，重新组成泉州市东海乡（今万安街道境域隶属之）。

1958年10月，乡改为人民公社，下设生产大队。

1959年上半年，晋江县辖13个人民公社，202个生产大队，2173个生产队，10个居委会。晋北成立罗溪人民公社，辖12个生产大队；马甲人民公社，辖10个生产大队；河市人民公社，辖13个生产大队。

1959年晋北人民公社一览表

表1–2–1 单位：个

公社	管委会驻地	生产大队	生产大队名称
罗溪	罗溪	12	罗溪、前溪、柏山、三合、建兴、翁山、虹山、苏山、白凤、钟山、洪四、双合
马甲	马甲	10	梧峰、后坂、鹫南、莲田、新民、祈山、梅山、马甲、新建、永安
河市	河市	13	新髻、霞溪、前埭、新南、双洋、梧宅、前洋、蛟南、溪山、炉田、河市、白洋、官洋

说明：1959年，今万安街道境域属泉州市行政区域内的东海公社

1959年11月，在今域双阳街道新增国营华侨农场——双阳华侨农场，安置印尼归侨。

1961年6月，晋江县划分为20个人民公社，洛江今域有罗溪、马甲、河市3个公社和双阳华侨农场。

1961年1月，泉州市（县级）析东海公社桥南、新生等14个大队，成立城东公社。

1970年6月，城东公社新生大队拆为杏宅、院前、琯头、塘西4个大队。

1971年1月，晋江县析罗溪、马甲、河市三个公社和双阳华侨农场归泉州市管辖。

1971年泉州市行政区划（洛江区境域）一览表

表1–2–2 单位：个

区域名称	驻 地	大队、管区数	下辖大队（居委会）名称	生产队数	自然村数
河市公社	河市街	21	河市、厝斗、新告、市田、南塘、鸟关、白洋、溪井、山边、溪山、官洋、蛟南、下炉田、岭客、庄田、坛顶、溪头、下堡、梧宅、霞溪	164	142
马甲公社	马甲村	22	马甲、二甲、后坂、就南、蔡内、义山、新建、新民、前安、蓬田、梧峰、炉田、新生、潘内、杏川、永安、祈山、洋坑、梅岭、新庵、彭殊、佳锥农场	206	263
罗溪公社	西头埔村	18	双溪、双合、松角山、白凤、虹山、苏山、钟山、洪四、三村、后溪、柏山、前溪、三合、东方、翁山、垵内、建兴、罗溪林场	270	288
双阳华侨农场	吕埔村	6	阳山、朝阳、前洋、坪山、阳江、南山	57	34
城东公社①（含万安街道境域）	前林村	6	后埭 、琯头、杏宅、院前、桥南、塘西		

①：1971年，今万安街道境域属泉州市行政区域的城东公社

1974 年，双阳华侨农场复称国营福建省泉州双阳华侨农场。

1977 年，罗溪公社钟山大队拆为大路脚、钟山、广桥 3 个大队。

1984 年 7 月，实行政、社分开的行政区划体制改革，撤销公社、实行乡建制，大队改称为村民委员会，简称“村委会”。

1985 年 12 月泉州市行政区划（洛江境域）一览表

表 1-2-3　　单位：个

区域名称	驻 地	村、街、管区数	下辖村（居委会）名称	自然村数
河市乡	河市街	21	河市、厝斗、新告、市田、南塘、鸟关、白洋、溪井、山边、溪山、官洋、蛟南、下炉田、岭客、庄田、浮桥、坛顶、溪头、下堡、梧宅、霞溪	142
马甲乡	马甲村	24	马甲、二甲、后坂、就南、蔡内、义山、新建、新民、前垵、梧峰、炉田、新生、潘内、杏川、永安、祈山、洋坑、梅岭、新庵、彭殊、溪林、溪北、西头、佳锥农场	263
罗溪乡	西头埔村	20	双溪、双合、广桥、松角山、白凤、虹山、苏山、钟山、大路脚、洪四、三村、后溪、柏山、前溪、三合、东方、翁山、垵内、建兴、罗溪林场	288
双阳华侨农场	吕埔村	6	阳山、朝阳、前洋、坪山、阳江、南山	34
城东乡（万安境域）	前林村	6	后埭 、琯头、杏宅、院前、桥南、塘西	

1985 年 5 月 14 日，国务院批准撤销晋江地区，泉州市升格为地级市，原泉州市建制改设鲤城区，辖区范围不变。同年 9 月，缅甸归侨、香港和昌集团董事长吴庆星投资 4000 多万元在其家乡——马甲霞井创办仰恩学院（后改为大学），后又创办泉州市马甲综合开发区，逐渐形成教育、科研、生产一体化的系列工程。同年 10 月，鲤城区政府决定以“仰恩工程”为依托，建立马甲科技示范乡。

1986 年 1 月 1 日，鲤城区人民政府成立，今洛江境域隶属之。

1987 年 5 月，析罗溪乡前溪、翁山两个村委会为前溪、新东、翁山、永生 4 个村委会。同年 10 月，析罗溪乡松角山、白凤、苏山、虹山 4 个村，成立虹山乡，乡政府设在虹山村。

1991 年 5 月，城东、马甲、河市、罗溪等建制改乡为镇。

1995 年，城东镇拆分为城东镇和华大街道（今域桥南等 4 社区归城东镇，塘西、院前 2 个社区归华大街道）。

1996 年末，鲤城区行政区划有临江等 8 个街道，浮桥等 8 个镇，虹山乡和清源农场、双阳农场华侨。

第二节 建区后

1997 年 12 月 8 日，经福建省民政厅批准，泉州市人民政府同意洛江区设立万安街道办事处，作为区人民政府的派出机构。万安街道办事处辖琯头、杏宅、塘西、院前、后埭、桥南 6 个村委会和万福、万盛 2 个居委会。同月 12 日，经福建省民政厅批准，泉州市人民政府同意洛江区增设双阳镇，以双阳华侨农场区域为双阳镇的行政区域；双阳镇辖阳山、坪山、南山、阳江 4 个居委会和新峰、新岭、新南、前埭、前洋、朝阳、新阳 7 个村委会，镇人民政府驻阳山。2003 年 3 月 24 日，万安街道原万福、万盛两个居委会合并成立万福社区居民委员会。

2005 年 6 月 10 日，福建省人民政府《关于泉州市洛江区撤销双阳镇设立双阳街道办事处的批复》：同意洛江区撤销双阳镇，设立双阳街道办事处，以原双阳镇的行政区域为双阳街道办事处的行政区域，双阳街道办事处驻吕埔（原双阳镇政府所在地）。同年 7 月 11 日，洛江区人民政府批复，同意撤销双阳镇，设立双阳街道办事处。双阳街道办事处的行政区域及驻地与原双阳镇的行政区域及驻地相同。

2007 年，全区辖 2 个街道（万安、双阳）、3 个镇（罗溪、马甲、河市）、1 个乡（虹山），共有 18 个社区、67 个行政村。

2007 年洛江区乡（镇、街道）行政区划表

表 1-2-4 单位：个

区域名称	村委会（居委会）名称	下辖自然村（居民区）名称
万安街道	万福社区	翡翠山庄、吉源小区、首富商城、汉唐商城、万源花苑、华盛嘉园、万荣公寓、美尔奇花苑、万祥公寓、华景仁居、景明花园、金色丽景
	桥南社区	桥南社区第一组、桥南社区第二组、桥南社区第三组、桥南社区第四组、桥南社区第五组、桥南社区第六组、桥南社区第八组、桥南社区第十组、桥南社区第十一组、桥南社区第十二组、桥南社区第十三组、桥南社区第十四组、桥南社区第十五组、桥南社区第十六组、桥南社区第十七组
	后埭社区	后埭
	杏宅社区	杏宅一组、杏宅二组、杏宅三组、杏宅四组、杏宅五组、杏宅六组、杏宅七组
	琯头社区	琯头、东园、下窗
	塘西社区	塘西、东宅、村院、杏内
	院前社区	院前
双阳街道	前洋社区	董一小组、董二小组、董三小组、顶董小组、张厝小组、叶厝小组、莲村小组
	新阳社区	高厝一组、高厝二组、高厝三组、高厝四组、仕林一组、仕林二组、仕林三组、仕林四组、占厝小组、下炉小组
	朝阳社区	梧峰小组、田中央小组、前山尾小组、宅仔坑小组、下坝仔小组、顶塘小组、田洋一组、田洋二组
	新峰社区	新村小组、梧峰坡小组
	坪山社区	第一小组、第二小组、第三小组
	阳山社区	第一小组、第二小组、第三小组、第四小组、第五小组、第六小组
	新岭社区	洪厝小组、后坑尾小组、下辽小组、岭脚小组
	新南社区	新尾小组、昔仔前小组、笏石小组、新田小组、白叶小组
	南山社区	南山小组、归侨小组
	阳江社区	第一小组、第二小组、第三小组
	前埭社区	坝南小组、卢厝小组、第三小组、第四小组、第五小组
河市镇	厝斗村	小梧洋、坑内、东寮、弯埖后、新寮
	新告村	小溪、内坑、荷秋尾、墓柄、后车、张田、土楼、社头、楼内、水磨一、水磨二、后园、田格内、腰仔、后厝、大溪内、根上
	鸟关村	鸟关、草坂、顶辽、后洋
	市田村	市田、顶古院、下古院
	白洋村	白灶、下叶、后佘、坑仔、大路边、史厝、招岭、深边口、土楼脚、佘格辽、岭田、饮坑、坂头、土岭、三峡库区移民组、寨脚、新厅、枫脚、井东、新业
	官洋村	后园、郭山、吴厝、官洋头、涂厝
	山边村	山边、大石后、溪埔、莲坂、亭竹
	炉田村	炉田、火烧、太源、崎路、留厝、曾何、田中央、下大厝
	庄田村	下庄、小田、池仔尾、芽豆
	河市村	河市街、土楼下、下河市、双边、禾格头

续表 1-2-4

区域名称	村委会（居委会）名称	下辖自然村（居民区）名称
河市镇	南塘村	下谢、下魏、石桥、骆厝、中厝、梁厝、青后、后厝、蔗头岭
	溪井村	溪口、后园、后土楼、尾新厝、井仔、陈西、下埯
	溪山村	帮溪头、尾寮、山边、下大河、均内、顶大河、赤石口、下官坪、杏墩、后厝
	蛟南村	寨顶、顶官坪、墩顶、潘厝、水田、后井垄、宅顶
	岭客村	顶客尚、顶岭头、下岭头、下客尚
	坛顶村	宫后、西坑、田墘、大厝、顶厝
	浮桥村	浮桥
	霞溪村	田当、下倪、宫口运头、埔边、小下倪、墓顶
	梧宅村	后埕、中堡、田墘、下大厝、顶新厝
	下堡村	下堡
	溪头村	溪头、坑下、西埭
马甲镇	炉田村	北溪、上辽、后角、旧厝、口厝、大厝
	梧峰村	内辽、下坑、许坂、新听、东行、新厝、顶厝、顶丘、什丘、圭兴、招坑、清水
	二甲村	埔厝园、交头、新坝仔、长丘、宫后、正安、乌石
	后坂村	内曾、坂边、外曾、内李、外李、四甲、宫迹、后坑仔、水云坑
	就南村	下申厝、其独、西角、土炉、尾新厝、后书房、祖厝、塔埔、中兴、油坊、顶厝、后新厝
	溪北村	辽项、仁堵、大墩、樟勤、七斗、莲田、土炉、后仁、其美、苍前
	溪林村	高港、过溪、祖厝、中厝、济内、红厝、暗林、后园、后路
	潘内村	西辽、坑头、下山、义路、池仔头、下厝、顶道坝、岳厝、山仔尾、陷头、宅后、义新、厝仔、新厝、三落、内厝、下勤、勤前、祖厝、中新厝、尾新厝
	马甲村	楼仔、刺脚、溪东一、溪东二、溪东三、獭尾、大厝、池仔头、顶尾楼、尾岭、
	杏川村	土炉、下新厝、中新厝、桥头、马甲、布房、三落、桥下
	永安村	胡厝、洋尾、旧厝、新厝、坑边、白洋、七林、寨内、祖厝、下厝、冬头
	仰恩村	大新厝组、土炉组
	洋坑村	后城、赤土园、新厝、曾池一组、圳头、曾池二组
	新庵村	后山、崎坑、伍房、郑厝、碑牌、池后、龙溪、高坂、梧埔、梧坂、奄后、桥仔头
	彭殊村	暗桥二组、尾井、暗桥一组、过桥、埔顶、仙尤池、大路尾、八柱、坝边、水尾、西头、坟边
	梅岭村	祖厝、土炉、三落、下仁头、新厝、顶仁头、半埕、岭脚
	祈山村	园内村、大垄、四落、下厝、岭后、厝地、翁前、卓厝、破土楼、新土楼、塔后、大埔尾、新厝、市头、坂尾、下简、土炉边、内栋
	新生村	完内、庄厝、围仔、尾厝、军村、尾辽、尾亭、三落、四落、章尾、完埔
	新建村	后申厝、庵内、深边、沈坑、祖厝、大埔、外厝、岭后、大坪、岭兜、内坂、外坂、园埔、下厝
	新民村	竹园、内脚、宫边、楼下、尾埔头、中厝、后厝、祖厝、旧厝、东墘、井后、后亭、崎路、前山兜、蔡山、塔埔、九安
	前垵村	九斗、西墘、古桥、草厝、圳后、社头、后垄、因顶、南埔、四新
	蔡内村	产丘、池头、西仁、新联、团结、后梧

续表 1-2-4

区域名称	村委会（居委会）名称	下辖自然村（居民区）名称
马甲镇	义山村	草美、石桥、山仔、古井头、乌仁山、义道、行塘、大墘、马疗、马岬
	西头村	六埕、新田、下西、池后、下厝、四柱、山脚、帮池
罗溪镇	双溪村	东头崎、白银脚、西头埔、后头、池亭、乌窗、黄井后、新建、洋尾、庆丰、下洋、中洋、顶洋、草埔、顶辽、下辽、三落、顶厝、来树埔、塔岭兜
	后溪村	宫边、西垵、樟仔脚、崎脚、顶九曲、尾洋、下九曲、坂上、西坑内、杏田、溪仔、竹洋、庭埔洋、墓林、田边、井脚、岭兜、新厝
	三村村	顶厝、土炉、小岭、乌石、西蜂
	前溪村	西埔、彭坂、清坝口、内厝、外新厝、九坑垄、四斗畔、下石、官路、顶厝、顶辽、下辽、四胜、西头洋
	新东村	新宫、东兴、路厝墘、寺埔、洗仔园、溪东、溪西、山兜、白灰厝、东奄、大埔
	柏山村	虹山墘、社仔埔、土炉、内厝、外厝、四落、尾厝、顶尾园、下尾园、新厝、旧厝、陈桥、海头、尾埔、后坪、中厝、溪内、下厝、溪西埕、大厝、赤土池、拾占崎
	三合村	山美、下训、下厝、杜塘、岭尾、油园、下街、中街、顶街、田中、新厝、旧厝
	建兴村	沈宅、岭头、新厝、松脚、格外、旧厝、下山、倭人、宫边、顶庵、格人、五其垄、中池脚
	垵内村	洋头、陈坂、铁头乾、大论埔、楼仔、安底、岭仔、内新厝、尾新厝、下辽、上安、益母朝、肖厝、后坪头
	翁山村	顶厝、园埔、科脚、高林、楼仔脚、外厝、过溪、尾厝、尾路湾、土炉后、典当、下后坂、大园、顶后坂、草埔头、楼仔、山边、陈林、关坑、乌岸
	永生村	磨内、三斗埔、上石狮脚、下石狮脚、白路兜、玉叶
	东方村	芸角、外坂、大片、格溪园、大墓、鼎底、社口
	大路脚村	晏田、柏巷、赤土岭、大路脚、楼仔厝、寨仔坪
	钟山村	四角坵、厅口、楼仔、洋墘、新厝、高婆、宫边、外训、杜脚、坪面、顶厝、仙洞、块坑、西乡
	广桥村	高仑、溪尾、下厝、五斗、寺埔、广桥、长坵尾、塘口、百二亩
	双合村	岭边、尾厝、颈尾、大岐、宫后、中厝、顶厝、郑厝、林厝
	洪四村	杜生仑、樟坑、社仔园、宫尾、旧厝、对面园、下厝、鲁寮、过溪、洋当、新楼、宫山、内洋、张山、土楼、后寮、山后、高坂、花溪、过龙、大沛
虹山乡	白凤村	洋厝、壁边园、西庵、塘头、宫垵、新书房、小宗口、草埔脚、北山口、埔尾、大墘、旧厝圪
	苏山村	外塔、山尾宫、厝斗、寨顶、下尾、许坝、春前洋、大湾头
	虹山村	官坝、马直头、美园、宫口、山占区、小宗边、山头、下坪岭、东过岭、克食桥、锁口、罗目脚、凤吟、下专、锁专
	松角山村	松山角、东墘、后厝、顶埕、豕仔人、后人、申圳口、福山格、新厝、水办、中墘、杉垵、洋埔
	前坂村	市田、宅内、棕叶琳、对面铺、山仔、石路岭、塔头

第二篇 自然环境与保护

洛江区依山傍海，境内山峦起伏，丘陵河谷、盆地错落其间，地形构造复杂。地势西北高东南低。山地丘陵占土地面积的67.5%，林地面积232.33平方千米，耕地面积3733.33公顷，交通水利占地面积6.8平方千米，水域面积4.5平方千米。洛江区属南亚热带海洋性季风气候，年平均气温20—21℃，终年温暖湿润，夏长无酷热，冬短无严寒，全年平均降雨量1200—1500毫米，年雨量分布西北向东南逐步减少，多年平均径流深600—820毫米。境内流域面积较大的溪流有3条。其中，洛阳江是全区第一大河流，泉州市第二大河流。洛江区的自然灾害有干旱、洪涝、风灾、地震、海潮、冰雹、寒害等，经常发生、危害的是台风和洪涝灾害；地质灾害主要是滑坡、崩塌。

1997年建区后，洛江区严格实行土地用途管制制度，科学规划，合理动态调整土地利用结构与布局，控制建设用地规模，加强耕地保护，实行占用耕地补偿制度和基本农田保护制度，保障经济社会发展对土地的需求。洛江区先后编制《洛江区环境保护规划》《洛江区生态区建设规划》，加强大气、水环境和噪声、固体废物整治，开展清理整顿违法排污企业保障群众健康环保行动，提高水土保持综合防御功能；举办形式多样的环保宣传活动，提高全民环境保护意识，加强环境保护力度，持续推进全区生态区建设，为生态文明建设作出不懈努力。

第一章 地质 地貌

第一节 地质

一、地层

洛江区境内出露地层主要有中生界侏罗系和第四系。

（一）侏罗系上统南园组

广泛出露于双阳—河市一线以北，为一套陆相中酸性、酸性火山岩系，是晚侏罗纪大规模强烈火山喷发活动的产物，厚度达2000米以上。自上而下可分为4个岩性段，洛江区境内仅有第二、三、四段。

第二段，广泛分布在双阳—河市一线以北地区。岩性下部为流纹质凝灰岩、晶屑凝灰岩、玻屑凝灰岩和含角砾熔凝灰岩；中部为沉凝灰岩、玻屑沉凝灰岩；上部为流纹质凝灰岩；顶部常见火山角砾岩或流纹岩。厚度大于964米。

第三段，多出露于较平缓的山坡或较低的山岳及附近，广泛分布于双阳、河市、马甲、罗溪和虹山等低山丘陵地区。岩性下部以英安质熔结凝灰岩、英安流纹质熔结凝灰岩为主；中部以安山岩、安山玢岩、英安岩、英安玢岩为主；上部由英安质凝灰岩、英安流纹质晶屑凝灰岩、含角砾凝灰岩、英安流纹质含集块角砾熔结凝灰岩组成。厚度208—634.8米。

第四段，分布于境内地质较高的山区、山脊顶部及其附近，如虹山大磨山、白石格、河市厝斗、马甲和罗溪交界处的建兴山等地。岩性下部由角砾流纹岩、含集块角砾流纹岩、斜长（珍珠）流纹岩等组成；中部以流纹质含角砾（晶屑）凝灰岩、火山角砾岩为主；上部为流纹质含角砾（晶屑）凝灰岩。厚度61.7米—292米。

（二）第四系

第四系上更新统冲、洪积层　仅零星出露在罗溪，一般沿河流两岸狭长分布、高出河床10米左右，常组成Ⅱ级阶地或基地阶地，由粉砂质黏土或黏土质粉砂组成，厚度7.73米。罗溪一带下部为沙砾卵石层，上部为砂、砂层黏土，厚度4.0—7.37米。第四系较完整，沉积类型较多，至下而上分更新统、全新统、第四系残坡积层。

全新统冲洪积层　广泛分布于洛阳江沿岸。构成海积Ⅰ级阶地，海拔高程2—7米，厚5.23米至大于30米。沉积物为灰、黑灰色淤泥、沙质淤泥，灰黄、灰、灰黑色黏土、淤泥质黏土及灰色泥质砂、中细砂、沙砾石等。属海湾相沉积。

中——上全新统长乐——江田组冲积层　沉积物为黄色黏质砂、细粉沙和灰色黏土。属平原河流相沉积。

中——上全新统长乐——江田组冲洪积层　主要分布于山区洛阳江两侧。河市沿洛阳江及支流附近，以及山间小盆地中，呈河流Ⅰ级阶地及现代河床、河漫滩，厚小于10米。沉积物多具二元结构，下部为黄褐色砂砾卵石、砂砾石；上部为细砂、黏质砂土、砂质黏土、黏土，部分地区有湖沼相形成的泥煤产出。

二、侵入岩

侵入岩分布广泛，以酸性花岗岩类为主，中—酸性的闪长岩、石英闪长岩和花岗闪长岩次之，基性岩类、中性岩类及偏碱性岩类甚少。境内侵入岩分为印支期及燕山期，其中燕山早、晚期又可细分为若干阶段和侵入次。境内岩浆侵入活动频繁，形成遍布全区的多期次岩体，主要分布在河市以南。岩石类型以中酸性至酸性的花岗岩为主，其次是中性岩和基性岩类。

（一）燕山早期侵入岩

第一次侵入岩——黑云母二长花岗岩　黑云母二长花岗岩在洛江区分布于河市一带，岩体呈岩基状产出，岩体一般呈岩基或岩株产出。岩性主要为灰白—浅肉红色黑云母二长花岗岩。围岩主要为麻源群、翠屏山组和南园组，岩体与围岩接触多为突变关系，局部呈渐变过渡。一般有两个岩性相：中心相为灰白色，以中细粒—中粒花岗结构为主，局部为中粗粒花岗结构或似斑状结构；边缘相为浅肉红色，花岗结构，块状构造；接触面较平整，沿走向及倾向均有起伏，以处倾为主，倾角中等，局部甚陡；岩体中有白钨、铜、钼、稀土和石材等矿产，花岗岩为广泛开采的石材。

第二次侵入岩——闪长岩、石英闪长岩、花岗闪长岩　由于岩浆的分异和对围岩的同化混染以及受后期岩浆的影响，单个岩体内有的岩性有辉石闪长岩、闪长岩、石英闪长岩、花岗闪长岩、花岗岩、二长花岗岩、石英二长岩和石英正长岩等。有辉长结构、半自形粒状结构及花岗结构，多数岩体有两个岩相。岩体多处见侵入南园组，同时被第三次侵入岩侵入，如招坑岩体被龙涓岩体侵入，因此，时代就归于燕山早期第二次。石英闪长岩分布于河市和马甲彭殊、溪北，围岩以南园组为主，岩体呈小岩株状产出，灰—深灰色，花岗结构，块状构造；边界一般圆滑、平直或略有弯曲，接触面微呈波状，以外倾为主，倾角陡缓不一；岩体中有钨、钼、铁、铅、锌、稀土和石材等矿产，石材可开采。

（二）喜马拉雅期侵入岩

辉绿岩仅分布在虹山松角山，岩体受北东东向断裂带控制，呈宽脉沿北东东向展布；岩石呈灰绿色，风化后呈黄色，嵌晶含长结构，块状构造。

三、地质构造

断裂以北东—北北东向和北西—北北西向为主，其次有近南北向和近东向断裂构造分布。境内褶皱构造不发育，仅在侏罗系上流长林组火山沉积岩与南园组沉凝灰岩，夹层中见少量的小褶皱，以韧性变形为主。

（一）北东向断裂

后曾断裂，位于马甲东北 6 千米的后曾附近，断裂挤压破碎带宽 5—15 米，局部达 50 米；裂面呈舒缓波状，挤压强烈，具片理化构造，岩石破碎，硅化强烈；沿断裂带有团状或有规则脉状石英脉贯入。

（二）北北东向断裂

该断裂带属于闽东沿海重力梯度级带的西界，对晚古生代及中生代沉积建造类型和燕山早期岩浆活动、金属矿产等有明显控制作用。沿断裂带有少量基性岩体侵入，部分地区有航磁异常带出现。该带推测形成于加里东期，华力西—印支期有明显发展，燕山期活动强烈。新生代以来，从温泉的出露及微地震的发生表明仍有活动，强度较弱。

马甲断裂　位于马甲南东侧，在宽约 1000 米内斜列展布三条断裂，长 10—17 千米；挤压破碎带或硅化破碎带宽 3—10 米；局部达 15—20 米；断面呈舒缓波状，见构造角砾岩，部分挤压强烈具片理化构造；常有石英细脉贯入和伴有强烈硅化及叶蜡石化。

前垵断裂　位于马甲北西约 2 千米，长 3 千米，宽 7.5 米；岩石挤压破碎强烈，断面呈舒缓波状，具硅化、叶蜡石化；有铁锰质充填和基性岩脉贯入。

广桥断裂　位于罗溪广桥至仙游县坑内，长 4 千米；岩石破碎带宽 2—10 米，破劈理，片理化发育，硅化强烈。

大罗溪林场断裂　位于大罗溪林场，经寺埔入南安市加萍，全长 12 千米；岩石破碎带宽 20—40 米，节理、破劈理发育，硅化、叶蜡石化、片理化、绢英岩化、绿岩石化强烈；见有构造角砾岩，沿断层有细晶岩脉、花岗斑岩脉和石英斑岩脉充填。

寺埔断裂　位于柏巷、罗溪林场经寺埔入南安市山溪一带，长约 10 千米，断面呈舒缓波状；沿断层有细晶岩脉、花岗斑岩脉和石英斑岩脉充填。

花溪山断裂　位于花溪山至后曾一带，长 11 千米，断面呈舒缓波状，挤压破碎，带内片理发育，硅化、叶蜡石化强烈；沿断层有花岗斑岩脉等充填。

（三）北西向断裂

钟山断层　位于罗溪钟山至新厝一带，长约 8 千米；断面呈舒缓波状，破碎带宽 0.3—50 米；硅化、叶蜡石化、片理化强烈，节理、劈理发育。

格溪园断层　位于洋蹄一格溪园一带，长约 4.5 千米；断面粗糙，破碎带宽约 3 米；带内见有构造角砾岩，沿断层有花岗斑岩、流纹斑岩脉充填。

四甲断层　位于四甲一带，长约 2 千米；破碎带宽约 50 米；硅化强烈，片理密集成带；有细石英岩脉和辉绿岩脉充填。

（四）南北向断裂

大寨断层　位于虹山、大寨至罗溪一带，长约 4 千米；断面平直，破碎带宽约 20 米，硅化、叶蜡石化、片理化强烈，片理密集成带。

白石格断层　位于罗溪西头埔北约 6 千米的白石格附近，长约 7 千米；破碎带宽 20 米—30 米，硅化、石英岩脉发育，蚀变强烈。

河市断层　位于河市西侧，长约 6 千米；破碎带宽 5 米—20 米，局部达 50 米；硅化强烈，部分呈破碎角砾状，断面有擦痕。

（五）东西向断裂

境内有显露，规模较小，特征不明显。

（六）北西向活动断裂

洛阳江活动断裂带位于洛阳江，长 10 千米以上。1985 年发生轻微地震 2 次，震级为 1.3 级和 0.9 级，震源深度 13 米—16 千米。

第二节 地貌

一、特征

洛江区地势北高南低、东南面临海，整体呈狭长状分布。地貌类型有低山、丘陵、台地、平原，主要以丘陵为主。由于长期流水对地面的切割，在马甲、河市、罗溪形成部分河谷盆地。洛江地貌格局和展布形态是地球内外营力联合作用的综合结果，基本轮廓是地球内营力作用定型于中生代晚期，新生代以来，经外营力为主的改造而形成。北部分布为中低山、低山，中部、西南部为丘陵山地，南部为洛阳江河口平原。从南到北，地形呈滩涂、平原、台地、浅丘、低丘、高丘、低山的梯层地势。东西两面为高、低丘，中间为河谷小盆地。由于地处南亚热带，地表的风化较快，而降水强度大又加强流水对地表的切割，所以地貌比较破碎。长期的流水冲积和洪积，形成罗溪、马甲、河市三个河谷盆地。分布在低山、丘陵、台地的酸性火成岩，也普遍发育成深厚的山地土壤。平原土地肥沃，灌溉便利，土壤以潮土、盐土、水稻土为主。

海拔在 500 米以上的低山，占全区面积的 12.69%。最高峰大磨山海拔 799.6 米，其他主要山峰有双髻山、钟石山、大迭山、白石格、后埔山、大阳山、小阳山等。低山主要分布在北部的罗溪、马甲等街镇，属闽中戴云山向东南延伸的余脉，大部分为中生代侏罗纪火山喷出岩构成，坡度在 25—30 度之间。土壤多系红壤，土层较厚，是发展林、牧、茶生产的基地。

海拔在 50—500 米之间的丘陵，占全区总面积的 65.34%，呈带状分布向东南蜿蜒没入泉州湾。高丘陵多分布在低山边缘，内陆盆地周围和河谷两侧，海拔 250—500 米，多系火山岩喷出岩构成，基岩裸露少，石蛋不多，风化层深厚，多发育成红壤，植被覆盖和水湿条件好，宜发展茶果业。中南部低丘主要由花岗岩构成，处于海拔 50—250 米之间，经过长期水流和滨海强盛风力侵蚀，植被破坏，物理风化激烈，花岗岩节理发育，崩裂现象显著，多呈石蛋形。

海拔 10—50 米之间的台地，占全区总面积的 3.18%。主要分布在双阳、河市等地，坡度在 10 度左右，顶部平缓，红土层厚，多数为二长花岗岩残积物，发育成砖红壤性红壤，多垦为农田，灌溉条件差，旱情较重，适宜种植花生、大豆、甘薯等旱作物。

平原主要分布在洛江区南部，占全区总面积的 6.84%。

二、山脉

区内山峰海拔一般为 400—700 米，最高峰九楼山，海拔 885 米，其次为大磨山（海拔 799.6 米）、双髻山（又名仙公山，海拔 758.5 米）。

大磨山—大雾山山脉 自五台山在南安西北隅向东延伸经南天寨，达罗溪西北部大磨山，南东延经小架山、大迭山，入惠安西北部大雾山至鹅头角。山脉呈南东向，延伸约 28 千米，北高南低，其余山脉向东、东南延伸构成惠安丘陵地貌的内架。大磨山南侧分支南北向晋泉寨至清源山山脉。在大迭山一带分支福寿山至双髻山、鸡笼山至大朴山、涂寨山至古院山 3 条小山脉。

大磨山—大雾山山脉及其在洛江区域分支山脉主要山峰一览表

表 2-1-1　　**单位：米**

山脉	山　峰	海　拔	所在乡村
大磨山—大雾山山脉	大磨山	800	虹山乡白凤村
	石鼓尖	644	虹山乡虹山村
	大岭头	601	虹山乡苏山村
	玉叶山	671	罗溪镇翁山村
	小架山	738	马甲镇梧峰村
	大迭山	755	马甲镇炉田村
福寿山—双髻山山脉	福寿山	638	河市镇厝斗村
	双髻山	739	马甲镇潘内村

三、类型

（一）侵蚀剥蚀构造低山

主要分布在北部，海拔 500—800 米，大部分为火山岩构成，不易风化，峰谷相对高差大，坡差大，地表径流丰富，流水切割强烈。境内有低山 51 座。

洛江区低山分布表

表 2-1-2　　**单位：米**

山名	位置	海拔高度	山名	位置	海拔高度
大磨山	虹山白凤	799.6	花溪山	罗溪洪四	576.3
蔗头尖	虹山松角山	551.3	八尖山	罗溪柏山	603.7
石鼓尖	虹山乡虹山村	643.6	八峰山	罗溪柏山	554.6
大道山尖	虹山乡虹山村	717.4	大坪山	罗溪柏山	600.6
苏山	虹山苏山	646.0	玉叶山	罗溪翁山	670.6
徐田寨	虹山苏山	642.2	建兴山	罗溪建兴	569.1
大岭头	虹山苏山	601.1	大佳锥山	马甲后坂	636.5
外人寨	虹山苏山	548.6	小佳锥山	马甲后坂	634.7
高旧岭	虹山苏山	660.9	尖峰山	马甲二甲	661.3
针蜂山	虹山苏山	638.0	西坂山	马甲梧峰	548.7
漈仔头	虹山苏山	569.5	小架山	马甲梧峰	738.2
老鹰山	罗溪双合	592.5	太平山	马甲梧峰	583.6
凤新山	罗溪双合	560.8	大迭山	马甲炉田	755.0
白叶尖	罗溪双合	661.1	国胜寨	马甲炉田	718.5
针石山	罗溪广桥	721.4	东庵山	马甲炉田	529.3
大寨山	罗溪大路脚	576.2	目泪山	马甲潘内	640.6
石鸡山	罗溪洪四	643.2	双髻山	马甲潘内	738.5
九楼尾	罗溪洪四	626.7	大山前	马甲潘内	513.3
宁埠山	罗溪洪四	626.3	福寿山	河市厝斗	638.4

续表 2-1-2

山名	位置	海拔高度	山名	位置	海拔高度
长坪埔	罗溪洪四	669.4	寨仔门	河市厝斗	554.4
九楼山	罗溪洪四	835.6	陈塘山	河市市田	672.1
大湖尾	罗溪洪四	665.5	大山	河市市田	565.1
朴鼎山	罗溪洪四	753.5	大寨山	河市鸟关	504.6
大公山	罗溪洪四	646.8	大阳山	双阳朝阳	615.3
东山寨	罗溪洪四	623.1	小阳山	双阳坪山	531.6
金高椅	罗溪洪四	666.7			

（二）侵蚀剥蚀丘陵

易风化，海拔在 500 米以下，无险峰峻峦。全区海拔 300—500 米的丘陵有 25 座。分布最广，主要在北部和中部的低山群中，南部也有带状分布，大部分由花岗岩构成。

洛江区丘陵分布表

表 2-1-3　　单位：米

名称	位置	海拔高度	名称	位置	海拔高度
火焰山	虹山苏山	497.0	龙云山	马甲祈山	450.7
胡尖山	罗溪后溪	402.3	玉锦寨	河市溪井	387.6
尖山寨	罗溪后溪	320.6	嗅尖尾	河市岭客	416.8
小坪山	罗溪柏山	401.1	大帽山	河市蛟南	394.0
永泉寨	罗溪前溪	465.1	大扑山	河市庄田	491.8
土寨	罗溪翁山	452.3	小扑山	河甫庄田	423.2
香炉寨	罗溪垵内	331.7	西山	河市坛顶	332.6
火围山	马甲新建	382.5	和庵寨	河市坛顶	407.4
火烧骑	马甲梧峰	472.8	仙牌隔	河市厝斗	457.6
龙会山	马甲莲田	350.8	石椅头	河市新告	313.4
骑龙山	马甲祈山	356.9	石牌山	河市鸟关	345.4

（三）侵蚀剥蚀台地

嵌于丘陵和滨海地区，主要分布在双阳、万安、河市等地；海拔 10—50 米，坡度 10 度左右，顶部平缓，有明显台次；在湿热的气候条件强烈侵蚀剥蚀作用下。岩石风化显著，淋滤旺盛。

（四）海积平原

分布在万安、双阳的滨海港湾。由于河流冲积和海潮淤积，滩涂不断扩展，向海域延伸，形成近代海积平原，海拔在 10 米以下，地势平坦，土层深厚。

（五）冲积、洪积河谷平原

主要分布在罗溪、马甲、河市和双阳等地的沿溪两岸狭长的河谷阶地，由冲积、洪积物或坡积物组成，冲积层理明显。

（六）海岸地貌

位于泉州湾内侧，海岸线长 2.62 千米，为构造断层上升海岸，属泥岸和泥沙质海岸，有广阔的海滩，海底地势平坦，倾斜度小。洛阳江畔有一段红树林海岸。

第二章 气候

第一节 气候特征

洛江区地处南亚热带海洋性季风气候区，日照充足，雨量充沛，常年气候温和，温热湿润，冬无严寒，夏少酷暑，干湿分明，但降水分布不均，易遭旱涝灾害，季风气候明显，夏季盛行东南风，多热带台风，冬季以东北风居多，海风大。

以大气环流的季节转换为依据，结合农事活动特点，用气象要素和天气现象相似性划分四季，3—6月为春季，7—9月为夏季，10—11为秋季，12—2月为冬季。春季暖和湿润多雨，夏季炎热，多热带气旋（以下通称为台风）影响，秋冬季干燥少雨，沿海风大。洛江区以平原、丘陵、低山地、中山地4种为主要地形，海拔高度自东南向西北递增，形成气候的垂直差异大于水平差异。以热量为一级指标，水分为二级指标，结合地形和海拔高度，洛江区属南亚热带农业气候区，罗溪、虹山具有降水充沛，不易受旱，作物一年两熟，而境内大部分地区常年无霜，作物一年三熟。

第二节 气候要素

一、气温

境内多年平均气温18.9℃，1月平均气温一般在10.2℃，7月平均气温一般在26.8℃。由于地形不同，气温略有差异，南部气温高于北部，北部山区通常比南部平原低2℃—4℃。气温的年变化，2—7月气温逐渐回升，8月开始逐渐下降。年平均气温的年际间变化幅度小，历年平均为0.2℃，最大达0.7℃。

极端最高气温一般出现在7—8月，通常在35℃—38℃，极端最低气温一般出现在1—2月，一般在2℃—3℃。高海拔虹山乡及罗溪个别村组气温在-2℃—3℃。1997年建区后，城区历年气温极高值出现在2002年7月4日和2003年7月26日，均为38.9℃，极低值出现在1999年12月23日，为2.2℃。

二、日照

年日照时数为4422.0小时，由于云雾等影响，年实际日照时数为2000.5小时，日照率45%左右。一年中，夏季最长，冬季最短。7—9月各月在200小时以上，其中7月最多，可达261.8小时，日照率63%；2—5月在95—137小时之间，日照率29%—33%。

三、云雾

平均总云量为6.6成（云量占天空成数），月平均最多是6月8.1成，最少是12月5.1成。一年中，1—6月总云量逐渐递增，在6.0—8.1成；7—12月，逐渐递减，在5.1—6.3成之间。按总云量≥8成为阴天划分，全年晴天52.5天，仅占15%；阴天160.1天，约占44%。若以低云量划分，则晴天115.3天，阴天78.9天。雾日不多，年平均9.1天，1—5月雾日较多，月平均0.9—2.3天，其中4月雾日最多，6—12月雾日较少，月平均仅0.1—0.6天。北部高海拔山区如虹山比南部平原雾日多。

四、风

受季风影响显著，各季风向受地形影响甚少，其中6—8月以西南风为主，气温高，湿润多雨，其他各月尤其冬季以东北风居多，气温低，干燥少雨。洛江区域濒临海洋，台风影响较为频繁，每年5—10月为台风季节，尤以7—9月出现次数较多，受台风影响平均每年5—6次，最多达11次，最少2—3次。台风对农业生产危害极大，并且自台风所引起的连续暴雨或大暴雨造成的洪涝灾害，是水土流失的主导作用力。

由于海陆风与季风的共同影响，风向在一日中也随季节更替，春季午前多东北风，下午多偏南风；秋季午前偏北风，午后转东北风为主。

历年平均风速3.2米/秒，平原地区的风速大于丘陵地区。一年中10月至翌年3月风速较大，平均为3.5—4.0米/秒，最大风速出现在10—11月，达4.0米/秒；5—8月风速较小，为2—62.8米/秒；4月和9月平均风速分别为3.1米/秒和3.2米/秒。一年中除6月外，各月最大风速皆在8级以上，为18—24米/秒，以东北大风为主，其中9—10月最大风速达24米/秒，瞬间风速最大达12级以上；历年≥8级大风年平均日数为56.8天，10月至翌年4月较多，在5.1—8.3天之间，12月大风日数达8.3天，为全年之最，5—9月较少，仅为1.0—3.4天；平常的日风速变化，午后及傍晚较大，夜间至翌日早晨较小。

五、湿度

多年平均相对湿度为76%，年际变化不大，最大80%，最小73%。一年中以4—7月湿度最大，在80%以上，6月达84%，10—12月较小，在68%—69%之间，其余月份在70%—80%之间。

六、气压

多年平均气压为1012.1百帕，年际变化不大，一般在1011百帕—1013百帕。一年中1月气压最高，平均1019.6百帕；7月气压最低，平均1003.9百帕。

七、霜降

境内大部分地区常年无霜，农作物1年3熟；罗溪镇和虹山乡年无霜期285天，农作物亦可1年2熟。

第三章 水文

第一节 水文要素

一、陆域水文

（一）水系

南安江东溪 罗溪，又名潭溪，发源于洛江区罗溪镇朴鼎山（海拔753.5米），自东向西流入南安市罗东镇，至土宅村纳飞云诸涧水，向西南流经罗东、梅山两镇，在梅山园尾村注入南安江东溪，河流长度42千米，流域面积262平方千米，河道平均比降4.59%，多年平均年降水量1570.3毫米，多年平均年径流深 781.5 毫米。罗溪上游主要支流为华溪，发源于南安市向阳乡向阳村，河长 15 千米，流域面积 49.6 平方千米，建有南安笋塔水库，集雨面积 48 平方千米，总库容 1540 万立方米。

洛阳江　主干流发源于洛江区罗溪镇朴鼎山南麓，流经罗溪镇鼎底、马甲镇后坂村、山边村注入惠女水库后再流经河市镇，沿着洛江区与惠安县交界线继续流向东南方向，在桥南社区注入洛阳江内海，最后在东海后渚港秀涂附近注入泉州湾。河流长度 54 千米，流域面积 556 平方千米，河道比降 1.91%，多年平均年降水量为 1285.4 毫米，多年平均年径流深为 554.1 毫米。洛阳江沿途主要支流有河市溪、黄塘溪和百崎河。河市溪发源于洛江区马甲镇炉田村，经河市镇于浮桥村汇入洛阳江，河长 19 千米，流域面积 64.2 平方千米。洛阳江上游建有泉州第二大水库惠女水库，集雨面积 106 平方千米，总库容 1.23 亿立方米。

木兰溪水系　河流分布在洛江区虹山乡北部一隅，主要河流为龙华溪，其支流称为龙潭溪。龙潭溪发源于虹山乡白凤村，流经林田至仙洞于寺埔纳左右支流向北流入仙游县龙华乡后注入仙游木兰溪。龙华溪河流长度 27 千米，流域面积 117 平方千米，河道比降 9.32%，多年平均年降水量为 1659.0 毫米，多年平均年径流深为 844.8 毫米。主流在泉州境内河流长仅 2.5 千米。

（二）地表水

洛江区境内主要的水资源是地表水，主要来源于大气降雨形成的地表径流，多年平均为2.23亿立方米，P=10% 的丰水年为 4.91 亿立方米，P=50% 的平水年为 2.97 亿立方米，P=75% 的偏枯水年 2.13 亿立方米，P=90% 的枯水年仅为 1.53 亿立方米。地表水年用水总量为 4718.3 万立方米。通过全年水质监测评价分析，惠女水库水质介于Ⅲ—Ⅴ类之间，除 2008 年达Ⅲ类水质，符合水域功能标准外，其余年度均未能达到水域功能标准。

二、地下水

境内地下水属浅层地表水，主要来源于降雨补给，河湖和水库等地表水也是补给来源。山区多属基岩裂隙水，一般以河谷为其排泄通道；沿洛阳江则多为冲积、洪冲积及海积层，地下水多为孔隙水，主要为潜水，局部有承压水，水量不丰富，洛阳江口海积层中则多有咸水或半咸水。这些地下水资源主要来自天然降水的补给，河川径流、塘库等地表水也是补给来源。农业灌溉基本不用地下水，地下水资源开发较少；沿洛阳江地区则普遍开采利用地下水，以补充地表水的不足，尤其农村饮水和城镇工业自备的水资源，多采自地下水。地下水源矿化度由沿海平原向北部低山丘陵逐渐减少，除南部平原冲积、洪冲积及海积层分布区的局部地区地下水矿化度大于 1 克 / 升，属微咸、半咸水外，其余地区地下水矿化度均小于 1 克 / 升。全区地下水化学成分阳离子（钠离子、钙离子）与阴离子均占大多数，虽有少量硫酸根离子和镁离子存在，矿化度小于 1 克 / 升，属于淡水、好水。境内北部河市和马甲部分乡村，地下水含氟量高达 7．8 毫克 / 升。全区地下水资源多年平均为 400 万立方米，其中允许开采量为 300 万立方米，实际开采量为 187 万立方米，其中生活用水量为 50.4 万立方米。P=10% 的丰水年为 0.070 亿立方米，P=75% 的偏枯水年为 0.040 亿立方米，P=90% 的枯水年为 0.033 亿立方米。

三、海洋水文

（一）潮流

洛江区海域包括洛阳江内湾和泉州湾。泉州湾为晋江和洛阳江汇合入海的半封闭性海湾。潮汐为正规半日潮为主，潮流亦为正规半日潮流，平均潮差 4.27 米。泉州湾潮流运动形式为比较稳定的往复型潮流，涨潮时流向湾内，落潮时流向湾外，潮波进入港湾后，由于受地理环境和水道的制约，主流流向在深槽水道进退，涨落潮流流向基本与岸线走向一致，流速为表层大于底层，最大流速出现时间分别在高潮前后 2—3 时，即半潮面前后流速最大。泉州湾落潮历时长，涨潮历时短，转流一般为底层先转，表层后转的湾口区常见的“逆向”流现象。

（二）波浪

泉州湾内没有永久性波浪观测站，参考有关波浪资料，泉州湾常年波浪以 NNE—NE 向、SSW 向的风浪和 SE 向的风浪所形成的混合浪为主，平均波高在 1.6—1.8 米之间，洛阳湾平均波高在 0.7—1.1 米之间；泉州湾每年厦秋两季台风屡犯，且常伴有台风潮产生。

第二节 水文监测

一、降水

全区雨季集中，一般春夏多雨，秋冬缺水。多年平均降水量为 1200—1549 毫米，由南向北随地势的增高逐渐增加。年降水时间分布不均，一年中降水变化规律为 1—6 月递增，7 月减少，8 月再增，9—12 月递减。一年中 5—6 月雨日最多，平均 14 天左右；11—12 月最少，平均为 4.1—5.1 天。全年以小雨为主，占雨日的 72%，大雨以上占 12%，暴雨以上仅占 4%。全年降雨日数（日雨量≥ 0.1 毫米）的平均值为 120.5 天。

雨量分布以锋面雨季（2—6 月）和台风雨季（7—9 月）降雨量最多，锋面雨季降雨量占全年一半以上，台风雨季雨量占全年 30% 以上。降水的年际变化明显。中华人民共和国成立以来降水量最大年是 1983 年，降水量 1810.1 毫米；最少的 1976 年仅 744.6 毫米，最大年降水量是最小年降水量 2.4 倍。1997 年后，降水量最多出现在 2000 年，为 1905.3 毫米；最少出现在 2003 年，为 1141 毫米。

洛江区境内市级测站降水量统计表

表 2-3-1　　**单位：毫米**

西头补测站	实测年份	年数	1月	2月	3月	4月	5月	6月	7月	8月	9月	10月	11月	12月
多年平均月降水量	1956-2007	40	29.1	72.2	123.7	185.1	185.1	233.1	207.0	246.3	143.1	31.9	33.8	21.4
历年逐月最大降水量	7月最大月降水 804.9		155.6	283.5	404.9	349.3	336.2	558.2	804.9	481.3	553.2	146.6	139.1	111.7
历年逐月最小降水量	1月最小月降水 0		0	0	0	8.0	27.1	13.0	4.3	79.0	7.6	0	0	0

	1天					3天					7天				
	站名	雨量	出现日期			站名	雨量	出现日期			站名	雨量	出现日期		
实测最大暴雨量	西头埔	314.9	1973年	7月	3日	马甲	443.7	1956年	9月	17日	马甲	522.1	1956年	9月	17日

西头埔测站	参数				频率 P%						
	年数	均值	CV	Cs/Cv	0.1	0.2	0.5	1	2	5	10
最大三天暴雨量成果	37	198.1	0.41	3.20	604.5	559.2	504.8	460.9	414.5	355.2	307.2
最大 24 小时暴雨量	37	141.0	0.40	4.60	458.6	426.0	374.0	374.0	337.5	302.6	251.8 214.5

洛江区各雨量站历年最大雨量情况表

表 2–3–2　　单位：毫米

站名	年最大雨量		月最大雨量		日最大雨量	
	雨量	年份	雨量	日期	雨量	日期
虹　山	3342.1	1990 年	1074.2	1990 年 9 月	342.5	1990 年 8 月 8 日
罗　溪	2362.1	1990 年	563.1	1990 年 9 月	348.3	1997 年 5 月 6 日
马　甲	2156.3	1990 年	546.2	1990 年 9 月	207.2	1996 年 8 月 2 日
河　市	2073.4	1990 年	535.1	1990 年 9 月	234.6	1997 年 5 月 7 日
双　阳	1906.5	1990 年	442.3	1983 年 3 月	183.8	1997 年 5 月 6 日
万　安	2187.2	1983 年	488.5	1983 年 3 月	204.8	1962 年 7 月 24 日

二、水面蒸发

1991—2007 年，洛江区水面蒸发量为 800 毫米—1300 毫米，其分布特点均为山区小，沿海大。水面蒸发量随着高程降低而增大，位于虹山溪流蒸发量最小，而沿江海片区的蒸发量则较大。一年中以 7—8 月蒸发量最大，月平均 208 毫米以上。7 月最大，为 213.4 毫米；2—3 月较小，月平均 76.9 毫米—97.1 毫米；2 月最小，为 76.9 毫米。蒸发量的年际变化相对于降雨量来说则较小。

三、洪水

1997—2007 年，发生的较大洪水为：1999 年 10 月 9 日、2000 年 6 月 18 日。

1999 年 10 月 9 日受 14 号台风影响，全区普降大到暴雨，局部大暴雨，最大 24 小时降雨量达 308.4 毫米、427.3 毫米。2000 年 6 月 18 日，受西南暖湿气流和弱冷空气共同影响，全流域普降暴雨。洛阳江洪峰流量 6180 立方米 / 秒。

四、悬浮泥沙

泉州湾悬浮泥沙含量实测最高值：涨潮 1.936 千克 / 立方米，落潮为 1.205 千克 / 立方米，各站平均含量一般为 0.04—0.70 千克 / 立方米之间，平面上分布显示自西向东、由南往北降低趋势，浅滩区含沙量明显高于深槽区或航道区，底层明显高于表层。泉州湾海底冲淤变化主要是由于晋江和洛阳江河流输沙增大、港湾内大面积围垦等因素而使纳潮量骤然减少。

五、潮汐

根据多年实测潮位资料统计分析，泉州湾最高潮位在基准面上 3.47 米；最低潮位在基准面下 3.13 米；平均高潮位 2.58 米；平均低潮位 -1.8 米；平均海平面 0.31 米；最大潮差 6.1 米；最小潮差 2.6 米；平均潮差 4.36 米；平均涨潮历时 6 时 14 分；平均落潮 6 时 11 分。

第四章 土壤 植被

第一节 土壤

一、土壤分类

洛江区地处南亚热带季雨林区，土壤矿物质淋溶强烈，地带性土壤砖红壤性红壤遍及全区。从水平分布看，中、南部多为砖红壤性红壤，北部除少数低丘有砖红壤性红壤外，大多为红壤。从垂直分布看，随着海拔的降低，依次是红壤—砖红壤性红壤—潮土—盐土。从地域分布看，红壤大部分分布在虹山、罗溪、马甲和河市等乡镇的东北部；砖红壤性红壤分布在马甲低海拔村落和河市镇西南部；水稻土则广泛分布在境内的冲积平原、滨江平原、丘陵梯田以及山垄谷地。全区土壤有 5 个土类，8 个亚类，17 个土属，38 个土种。

二、砖红壤性红壤

又称赤红壤，主要分布在马甲低海拔村落，河市镇溪山、溪井、白洋等村，广泛分布在全区的中部、南部海拔 300 米以下的丘陵台地。成土母岩有花岗岩、黑云母花岗岩、石英闪长岩、流纹岩、凝灰熔岩、安山岩、角闪辉长岩等。主要有酸性岩赤红壤、中性岩赤红壤和赤沙土 3 个土属。酸性岩赤红壤主要分布在中、南部的丘陵台地。中性岩赤红壤主要分布在河市西南部的低山地带。赤砂土主要分布在万安、双阳和河市等地的部分丘陵台地。

三、红壤

在境内分布最广，主要分布在虹山及罗溪和马甲炉田、梧峰等海拔 300 米以上的丘陵地带。土色橙红，土层厚，土体较疏松、湿润，养分较丰富。部分土壤植被破坏较大，水土流失严重。

四、盐土

主要分布在境内洛阳江平原，由海积物受海水直接浸渍或溯河倒灌积盐发育的土壤，含盐量一般在 0.6% 以上，大多数为均质盐土，土层厚，发生层次组合为 Asa（表土层）——Csa（底土层）型。海泥土为盐土中最普遍的属种，约占盐土土类面积的 97.8%，主要分布在洛阳桥闸附近区域的滨海潮间带，成土母质为海潮淤泥质沉积物，发生层次组合为 Asa（表土层）——Csa（底土层）型，或 ASa（表土层）[Bsa（心土层）]——Csa（底土层）型。

五、水稻土

境内主要耕作土壤，主要分布在河市溪等溪流两岸的河谷平原，小部分分布在山丘谷地和坡地。黄泥田主要分布在虹山、罗溪、马甲、河市、双阳等乡镇（农场）和低山丘陵、台地的坡地梯田，土质因成土母质而异，由第四纪红土、基性岩的风化物发育的黏粒含量较高，质地较黏重，由酸性岩风化物发育的粘粒含量低，砂粒较多，多属轻壤或砂壤；灰泥田是主要耕地土壤，广泛分布于境内各地，较集中分布于冲积平原、冲田、坑田和垅口田，土壤质地为黏土或重壤土，养分含量中上，水耕熟化度不及乌泥田，可划分为灰泥田、青底灰泥田、黄底灰泥田和沙底灰泥田 4 个土种；乌泥田主要分布在冲积平原的洋面田和村庄的门口田。

第二节 植被

一、常绿阔叶林

洛江区有常绿阔叶林的栲树、米槠群落分布于虹山乡苏山村口山坡地，属残存次生林；建楠、木荷群落分布于虹山乡水尾，属照叶林残迹；台湾相思树群落广泛分布于河市镇以南的近郊山地，多属萌芽次生林；木荷群落主要分布于罗溪林场和河市新庵岭，大部分为人工林；木麻黄群落分布在海拔 50 米以下的洛阳江的海滩、江岸和堤边，属人工防护林。

二、暖性常绿针叶林

洛江区暖性常绿针叶林主要群丛有四种，以马尾松林为主。马尾松林几乎遍布全区各地，面积达 142.07 余平方千米，绝大部分为天然次生林；杉木林主要分布在马甲芦田深溪、罗溪林场和虹山白凤等立地条件较好的山地；建柏林仅分布在罗溪林场广桥场部和西岭；湿地松林分布较广。

三、混交林

洛江区混交林多数系原生植被受破坏后阳性树种入侵生长形成的，主要群落有六种：杉木、马尾松混交林，分布于罗溪林场的樜溪、广桥和虹山的白凤、王坑后一带，系天然更新马尾松幼林；建柏、杉木混交林，仅小面积分布在罗溪林场场部、西岭；马尾松、油杉混交林，零星分布在河市、马甲一带，属天然次生林；马尾松、木荷混交林，分布在河市镇新庵岭、新告，为天然次生林；台湾相思树、马尾松混交林，主要分布在河市以南的近郊一带，多为天然次生林；麻栎、马尾松混交林，仅分布在河市镇新告一带，属天然次生林。

四、竹林

洛江区竹林主要群落有毛竹林，主要分布在罗溪林场广桥和马甲镇芦田、新庵一带。

五、灌草丛

洛江区灌草丛主要分布在水土流失严重、土壤瘦薄的山地，全区有 13 余公顷，主要群丛有四种：芒萁骨灌丛，分布在洛江区虹山、罗溪、马甲、河市等乡镇荒山坡上；眉画草灌丛，分布在双阳、万安等山地立地条件差、土壤瘦薄、多碎石的地段上；桃金娘、小叶赤楠群丛，分布在双阳、万安等山地，属南亚热带中生性旱生性常绿灌丛。

六、海岸植被

洛江区海岸植被有红树林的秋茄冬、大米草和互花大米草三种群丛，分布在洛阳江泉州湾岸段。

七、沼生、湿生植被

洛江区沼生、湿生植被主要有三种群落：湿生草本植被，分布在狭小山沟和水沟两侧、池塘边缘、水田畦畔以及流水流经的地面；淡水湿生草本群落，分布在河流或淡水池沼中；半咸水湿生草本群落，分布在沿海与海洋港浦、沟渠两岸经潮水浸湿或咸淡水交替浸湿的半咸地带。

1999年6月，洛江区政府出台《关于建立洛江区自然保护区、保护点的通知》，至2007年底，洛江区有自然保护小区4处，保护面积（含保护小区）2.1平方千米，名木古树保护点174个，一个省级森林公园，景区面积13平方千米，一个市级森林公园。现有森林公园、风景名胜和自然保护小区面积共34.52平方千米，占国土面积的9.3%。

第五章 动植物

第一节 植物

福建省植被区划中，洛江区属南亚热带雨林地带—闽粤沿海丘陵平原亚热带雨林区、闽东南戴云山东部温暖、南亚热带雨林小区。洛江区地带性原生植被是南亚热带雨林。虹山乡的苏山、水尾等保留有成片原始森林，优势树种主要由壳斗科和樟科喜暖的地带性属种组成。地带性的次生林以马尾松最为普遍，分布最广。主要有五茄科、壳斗科、紫金牛科、樟科、桑科、豆科、茜草科、芸香科等与亚热带季雨林相近的热带、亚热带科属，此外还有落叶的重阳木、野漆树等树种。灌木以福建胡颓子、天仙果、胡枝子及飞龙掌血较多，在人为影响较多的地段，只有零星小片分布。草本层主要有千里光、铁蕨、淡竹叶、沙草、苔草和龙舌兰。藤本植物只有一些菝葜和金樱子。人工植被种类繁多，粮食作物有水稻、甘薯、大小麦等；油料作物有花生、芝麻、油茶、油菜；经济作物有甘蔗、黄麻、龙舌兰、烟叶、席草、茶叶、药材、蔬菜等；果树有龙眼、荔枝、香蕉、杧果、柑橘、凤梨、番石榴、枇杷、桃、李、柿、杨梅等；林木有杉、松、丛生竹等。公路行道树有刺桐、榕树、合欢和木麻黄等，为典型的南亚热带植被类型。洛江区位于泉州湾海岸港湾淤泥处，分布有热带红树林，品种为秋茄、桐花树。

洛江区植物种类多，有3门176科650属920种。其中蕨类植物21种科23属41种，裸子植物6科16属25种，被子植物149科601属854种。

一、蕨类植物

石松科 垂穗石松。
卷柏科 卷柏、兖州卷柏。
木贼科 笔管草。
莲座蕨科 福建莲座蕨。
海金沙科 狭叶海金沙。
里白科 芒萁、里白。
蚌壳蕨科 金毛狗。
鳞始蕨科 团叶鳞始蕨、乌蕨。
骨碎补科 圆盖阴石蕨。
肾蕨科 肾蕨。

凤尾蕨科 蜈蚣草、井栏边草、凤尾蕨、剑叶凤尾蕨、半边旗。
中国蕨科 野雉尾、隐囊蕨。
铁绒蕨科 掌叶铁线蕨、扇叶铁线蕨。
水蕨科 水蕨。
蹄盖蕨科 假蹄盖蕨、单叶双盖蕨。
金星蕨科 渐尖毛蕨。
乌毛蕨科 乌毛蕨、苏铁蕨、单芽狗脊蕨、胎生狗脊蕨。
鳞毛蕨科 长尾复时耳蕨、刺头复叶耳蕨。
水龙骨科 金鸡脚、伏石蕨、石韦、瓦韦、宽羽线蕨、江南星蕨。
槲蕨科 槲蕨。
苹科 苹。
槐叶苹科 槐叶苹。
满江红科 满江红。

二、裸子植物

苏铁科 苏铁、台湾苏铁。
银杏科 银杏。
南洋杉科 毕氏南洋杉、南洋杉、异叶南洋杉、贝壳杉。
松科 油松、雪松、马尾松、日本五针松、黑松、湿地松、火炬松。
柏科 侧柏、千头柏、柏木、福建柏、铺地柏、圆柏、龙柏、塔柏、瑛珞柏、金星桧 柏。
罗汉松科 罗汉松、竹柏。

三、被子植物

木麻黄科 木麻黄、细枝木麻黄、粗枝木麻黄。
三自草科 鱼腥草、三白草。
胡椒科 海南山药。
金粟兰科 丝穗金粟兰、东南金粟兰。
杨柳科 垂柳、旱柳、龙爪柳。
杨梅科 杨梅。
胡桃科 化香树、小叶黄杞、枫杨、核桃。
壳斗科 板栗、米槠、栲树、青冈栎、麻栎。
榆科 榔榆、糙叶树、山黄麻、狭叶山黄麻、朴树、樟叶朴、紫檀树、异叶紫檀树。
桑科 葎草、桑、构树、木波罗、柘树、榕树、小叶榕、山榕、水同木、薜荔、天仙果、变叶榕、竹叶榕、异叶榕、菩提树、印度胶树、无花果、构棘。
荨麻科 矮冷水花、赤车、苎麻、糯米团、紫麻。
山龙眼科 银桦、红叶树。
桑寄生科 桑寄生。
马兜铃科 柔叶马兜铃。
蓼科 竹节蓼、萹蓄、水蓼、毛蓼、火炭母、杠板归、二岐蓼、箭叶蓼、羊蹄。
藜科 著莛菜、土荆芥、灰绿藜。

苋科 青葙、鸡冠花、刺苋、皱果苋、土牛膝、血苋、空心莲子草、刺花莲子草、千日红、锦绣苋、红绿草。

紫茉科 光叶子花、叶子花、胭脂花。

商陆科 商陆。

番杏科 番杏、龙须海棠。

马齿苋科 马齿苋、大花马齿苋、土人参。

落葵科 心叶落葵薯。

石竹科 繁缕、雀舌草、牛繁缕、女娄菜、簇生卷耳、漆姑草、石竹。

睡莲花 莲花、睡莲。

金鱼藻科 金鱼藻。

毛茛科 石龙芮、扬子毛茛、柱果铁线莲、威灵仙。

小檗科 南天竹、阔叶十大功劳、十大功劳。

防已科 千金藤、粪箕笃、木防已。

木兰科 辛夷、荷花玉兰、夜含花、白兰花、黄兰、含笑花、火力楠。

蜡梅科 蜡梅。

番荔枝科 鹰爪花、依兰香、番荔枝。

樟科 樟树、天竹桂、建润楠、绒楠、红楠、锷梨、山苍子、豺皮樟、潺槁树、香叶树、乌药、山胡椒、无根藤。

罂粟科 虞美人、小花黄堇。

山柑科 广州山柑、白菜花、醉蝶花、黄花菜。

十字花科 大白菜、小白菜、芥菜、油菜、擘蓝、菜花、羽衣甘蓝（卷心菜）、芥蓝、碎米荠、弹裂碎米荠、紫罗兰、荠、臭荠、萝卜、独行菜、印度萍菜、板蓝根、福建大蒜荠。

辣木科 辣木。

茅膏菜科 茅膏菜。

景天科 落地生根、洋吊钟、瓦松、石莲、匙状伽兰菜、佛甲草、垂盆草、凹叶景天、大叶火焰草。

虎耳草科 虎耳草、绣球花。

海桐花科 海桐。

金缕梅科 枫香树、口木、杨梅叶蚊母树。

悬铃术科 法国梧桐。

蔷薇科 桃、梅、大叶桂樱、李、碧桃、郁李、龙芽草、金樱子、硕苞蔷薇、小果蔷薇、月季花、玫瑰、七姐妹、软条蔷薇、蓬藁、木莓、山莓、芳莓、蛇莓、枇杷、蛇含委陵菜、桃叶石楠、石斑木、豆梨、沙梨、麻叶绣线菊、贴梗海棠、红叶李、梅叶梅。

酢浆草科 阳桃、红花酢浆草、酢浆草。

栽牛儿苗科 天竺葵。

旱金莲科 旱金莲。

芸香科 勒榄花椒、两面针、单面针、楝时吴茱萸、飞龙掌血、山小桔、黄皮、九里香、枳壳、金豆、山柑、四季橘、金枣橘、香橼、佛手柑、柚、橙、橘、代代。

苦木科 臭椿、鸦胆子。

橄榄科 橄榄。

楝科 苦楝、川楝、麻楝、树兰、小叶树兰、大叶桃花心木、非洲桃花心木。

金尾虎科 风车藤。

豆科 亮叶猴耳环、刺藤、南洋楹、山合欢、台湾相思树、黑荆、金合欢、含羞草、银合欢、紫荆、羊蹄甲、白花洋紫荆、龙须藤、黄花槐、短叶决明、云实、凤凰木、花榈木、隗树、响铃豆、长萼野百合、猪屎豆、草木樨、黄花草木樨、大豆、木豆、鹿藿、刺桐、龙茅花、野葛、绿豆、菜豆、豇豆、赤小豆、豆薯、蚕豆、豌豆、紫穗槐、紫藤、昆明鸡血藤、田菁、紫云英、南岑黄檀、黄檀、藤黄檀、落花生、丁葵草、排钱草、小叶三点金草、胡枝子、美丽胡枝子、截叶铁扫帚、鸡眼草、木蓝、链荚豆。

远志科 瓜子金。

大戟科 余甘子、叶下珠、青灰叶下珠、叶底珠、油桐、千年桐、石栗、木薯、变叶木、洒金变叶木、琵琶变叶木、巴豆、蓖麻、铁苋菜、红 桑、银边红桑、白背叶、粗糠柴、石岩枫、红背桂、乌桕、铁海棠、霸王鞭、火殃勒、一品红、猩猩草、青珊瑚、飞扬草、千根草。

水马齿科 水马齿。

黄杨科 雀舌黄杨、瓜子黄杨。

漆树科 杧果、黄连木、盐肤木、野漆。

冬青科 铁冬青、梅叶冬青、亮叶冬青、枸骨冬青、冬青、毛冬青。

卫矛科 清江藤、南蛇藤、刺苞南蛇藤、变叶裸实。

槭树科 五裂槭。

无患子科 倒地铃、无患子、龙眼、荔枝、车桑子、栾树。

清风藤科 笔罗子。

凤仙花科 凤仙花。

鼠李科 铁包金、雀梅藤、马甲子、小冻绿树、枣。

葡萄科 葡萄、蘡薁、爬山虎、异叶爬山虎、蛇葡萄、乌蔹莓。

杜英科 山杜英。

椴树科 刺蒴麻、黄麻、田麻、扁担杆、破布叶、长钩刺蒴麻。

锦葵科 赛葵、白背黄花稔、肖梵天花、梵天花、黄槿、朱槿、木槿、玫瑰茄、木芙蓉、吊灯花、蜀葵、黄蜀葵。

木棉科 拉巴粟、木棉。

梧桐科 梧桐、山芝麻、牛时花、蛇婆子、苹婆。

猕猴桃科 东哥。

山茶科 茶、花、梨茶、油茶、木荷、柃叶莲蕊茶、黄瑞木、细齿叶柃木。

藤黄科 地耳草、金丝梅。

沟繁缕科 三蕊沟繁缕。

堇菜科 蔓茎堇菜、长萼堇菜、堇菜、三色堇、紫花地丁。

大风子科 广东刺才冬、柞木、嘉赐树、红花天科木。

西番莲科 西番莲、鸡蛋果。

番木瓜科 番木瓜。

秋海棠科 竹节秋海棠、四季秋海棠、芋叶秋海棠。

仙人掌科 棱剑、仙人掌、少刺仙人掌、昙花、蟹爪兰、木麒麟。

瑞香科 南荛花、白瑞香。

胡颓子科 福建胡颓子、蔓胡颓子。

千屈菜科 紫薇、指甲花、圆叶节节菜、福建紫薇。

海桑科 八宝树。

安石榴科 安石榴。

红树科 秋茄苳。

蓝果树科 喜树。

使君子科 使君子。

金娘科 岗松、柠檬桉、大叶桉、窿缘桉、红千层、白千层、桃金支艮、红呆于、浦桃、洋蒲桃、山乌珠、番石榴、细叶桉。

野牡丹科 地稔、野牡丹。

菱科 菱角。

柳叶菜科 丁香蓼、柳叶菜、倒挂金钟。

五加科 长刺橡木、鹅掌柴、白簕。

伞形科 天胡荽、积雪草、胡萝卜、芫荽、芹菜、细叶芹、水芹、白花前胡、海滨前胡、破铜钱、窃衣。

杜鹃科 亨利杜鹃、映山红、紫花杜鹃、南烛、乌饭。

紫金牛科 杜茎山、桐花树、东南紫金牛、朱砂根、红凉伞、酸藤果。

报春花科 仙客果、琉璃繁缕、星宿草。

蓝雪科 白花丹。

柿树科 柿、老鸦柿、瓶兰。

山矾科 白檀、华山矾。

安息香科 野茉莉。

木樨科 桂花、女贞、小蜡、卵叶小蜡、茉莉花、素馨花、华清香藤、青素馨、油榔榄、小叶黄馨香。

马钱科 醉鱼草。

夹竹桃科 黄花夹竹桃、鸡蛋花、夹竹桃、长春花、羊角拗、络石、山马茶、盆架树。

萝摩科 莲生桂子花、夜来香、匙羹藤、球兰。

旋花科 日本菟丝子、马蹄金、土丁桂、心萼薯、牵牛花、番薯、五爪金龙、蕹菜、茑 萝。

紫草科 破布木、福建茶、粗糠柴、柔弱斑种草、附地菜、盾果草。

马鞭草科 海榄雌、马鞭草、马缨丹、假连翘、杜虹花、枇杷叶紫珠、薄姜木、黄荆牡 荆、龙吐珠、大青、苦蓝盘、臭牡丹、兰香草、过江藤。

唇形科 薄荷、猫须草、韩信草、半枝草、紫苏、益母草、小野芝麻、活血丹、血见愁、金疮小草、夏至草、剪刀草、小鱼仙草、石荠苎、华荠苎、一串红。

茄科 枸杞、苦枳、辣椒、刺天茄、少花龙葵、马铃薯、颠茄、茄、野茄树、番茄、白花曼陀罗、烟草、红丝线、非洲越橘、鸳鸯茉莉。

玄参科 吉祥草、白桐、泡桐、大叶石龙尾、长果母草、金鱼草、野甘草、蚊母草、婆婆纳、北水苦荬、独脚金、阴行草。紫葳科 凌霄花、木蝴蝶、兰花楹。

胡藻科 芝麻。狸藻科黄花狸藻、挖耳草。

爵床科 大花老鸦嘴、狗肝菜、爵床。

车前科 车前。

茜草科 水杨梅、玉叶金花、粗叶耳草、长节耳草、伞房花耳草、白花蛇舌草、鸡， 勒、黄栀子、羊角藤、九节、穿根藤、虎刺、白马骨、鸡矢藤、四叶律、猪殃殃。

忍冬科 金银花、南方荚蒾、接骨草。

败酱科 白花败酱。

川续断科 川续断。

葫芦科 棱角丝瓜、梢瓜、金瓜、葫芦、蛇瓜、栝楼、佛手瓜、老鼠拉冬瓜。

桔梗科 半边莲、兰花参。

草海桐科 离根草。

菊科 夜香牛、斑鸠菊、下田菊、胜红蓟、自鼓丁、一枝黄花、马兰、臭灵菊、鹅不食草、鼠曲草、天名精、苍耳、豨莶、鳢肠、蟛蜞菊、向日葵、肿柄菊、鬼针草、 三叶鬼针 草、野菊、裸柱菊、石胡荽、茵陈蒿、黄花蒿、青蒿、艾蒿、野茼蒿、一点红、千里光、大蓟、杏香兔儿风、蒲公英、苦苣菜、黄鹌菜、细叶苦荬、苦荬菜、金盏菊、 大丽花、 瓜叶 菊。

眼子草科 小叶眼子草、小眼子草、眼子草。泽泻科 矮慈姑。

水鳖科 水车前、黑藻。

禾本科 箸竹、苦竹、佛肚竹、藤枝竹、绿竹、毛竹、观音竹、黄金碧玉竹、刺竹、假淡竹叶、淡竹叶、稻、茭白、早熟禾、小麦、大麦、鹧鸪草、看麦娘、知风草、大画眉草、画眉草、牛筋草、龙爪茅、狗牙根、鼠尾粟、稗荩、野古草、铺地黍、糠稷、光头稗子、雀稗、圆叶雀稗、狗尾草、皱叶狗尾草、狼尾草、芒、白茅、甘蔗、金丝草、纤毛鸭嘴草、筒轴茅、光高粱、竹叶茅、桔草、玉蜀黍、求米草、管茅草、芦苇、山荽芦。

莎草科 猪毛草、碱草、球柱草、水虱草、香附子、碎米莎草、扁穗莎草、异型莎草、密穗砖子苗、水蜈蚣、黑鳞珍珠茅、浆果苔草、弯喙苔草、荸荠。

棕榈科 蒲葵、棕竹、棕榈、鱼尾葵、短穗鱼尾葵、金山葵、假槟榔、散尾葵、糖树、 海枣、美丽刺葵、袖珍椰子。

天南星科 石菖蒲、龟背竹、马蹄莲、芋头、野芋、半夏、海芋、蛇头草、犁头尖、水浮莲。

浮萍科 浮萍、紫萍。

黄眼蕈科 黄眼草。

谷精草科 长苞谷精草、谷精草。

凤梨科 凤梨。

鸭跖草科 聚花草、鸭跖草、饭包草、露水草。

雨久花科 鸭舌草、凤眼莲。

田葱科 田葱。

灯心草科 灯心草。

百合科 山营、吊兰、黄花菜、芦荟、玉簪、百合、薤自、万年青、天门冬、石刁柏、 麦门冬、禾叶山麦冬、菝葜、土茯苓、丝兰、朱蕉、细叶千年木、虎尾兰、文竹、铃兰、金 边虎尾兰、蓬莱松。

石蒜科 君子兰、朱顶兰、文珠兰、石蒜、龙舌兰、狭叶龙舌兰、网球石蒜。

薯蓣科 福州薯蓣、薯蓣、黄独、大薯。鸢尾科 射干、香雪兰、唐菖蒲。

芭蕉科 香蕉。

姜科 姜花、姜、郁金、砂仁、艳山姜。

美人蕉科 美人蕉。竹芋科竹芋、花叶竹芋。兰科 绶草、建兰、冬风兰、墨兰、白芨、小舌唇兰、细叶石仙桃、葱兰、素心兰。

至 2007 年末洛江区主要名木古树一览表

表 2-5-1 **单位：株**

编号	树种名称	数量
02900020004	榕树	121
04500040007	浙江润楠	9
02900020007	小叶榕（雅榕、红榕）	8
03600020002	马尾松	8
00900030001	少叶黄杞	7
01300020001	枫香（枫树）	7
01400060012	米槠	5
03600040002	油杉（杜松）	5

续表 2-5-1

编号	树种名称	数量
00600010001	山杜英	4
04500060004	樟树（香樟）	4
00300070001	秋枫（茄冬）	3
01400060007	栲树（丝栗栲）	3
03800020006	卫矛叶蒲桃	3
03900020001	龙眼（桂圆）	1
03000020001	木荷	1
03400010001	柿	1
02900020005	山榕（笔管榕）	1
01700010003	竹柏	1
02200020001	桂花（木樨）	1
02500010001	黄连木	1
02800030003	桃叶石楠	1
04800010001	杨梅	1

说明：按树种分类

第二节 动物

洛江区有野生动物88种，隶属14目38科。其中通过调查到的鸟类81种，隶属9目26种。属于国家重点保护的有黄嘴白鹭、鸢、白尾鹞、松雀鹰、普通鵟、小隼、红隼、小鸦鹃、褐翅鸦鹃；属于省级重点保护的有小䴙䴘、白额山鹧鸪、家燕、全腰燕、黑枕黄鹂等。另在1997年冬季在洛阳江中发现有小凤头燕鸥（本省原未分布），为偶见种（在莆田沿海也见到）。兽类：苏门羚（属国家二级重点保护）、黄腹鼬（黄鼠狼）、豹猫（属省重点保护），果子狸（白鼻香）、小麂（属省级一般保护）、化南兔、野猪等。蛇类主要有眼镜蛇、金环蛇等。

一、脊椎动物

（一）鱼纲

海水类 鳗鲡、鳗鲶（沙鳗）、中华须鳗（软骨鳝、蛏鳗）、鲨、鲂、尖吻蛇鳗（硬骨鳝）、长 蛇鲻（狗母鱼）、石斑鱼、黄鳍鲷（黄翅）、三线舌鳎（淡水贴沙）、弹涂鱼（跳鱼）、丁香（吻仔鱼）、日本鳗、赤鼻棱鳗（赤鼻）、康氏小康鱼（江鱼）、黄鲫（蒲鲫）、七丝鲚（凤尾）、梭鲻（只鱼）、英氏鲻（加章）、鲻鱼（乌仔鱼）、鲈鱼、斑鱾（油鱼）、中华青鳞鱼 （青鳞）、多鳞鱚（沙梭）、尖头银鱼（银鱼）、中华海鲶（成鱼）、舌鳎、鮟鱇、白姑鱼、小带鱼（带鱼丝）、 条纹斑竹鲨（狗鲨）、条纹东方鲀（归鱼）、四指马鲅、[*段] 虎鱼、 海马、 尖海龙。

淡水类 青鱼、草鱼、鲢鱼、鳙鱼、鲤鱼、鲫鱼、异育银鲫、大阪鲫、罗非鱼、团头舫、胡子鲶（土杀）、革胡子鲶、黄鳝、泥鳅、斑鳢、月鳢、鳌条、斗鱼、露斯塔野鲮、淡水白鲳、鲈、翘嘴舶、鳡鱼、沙鳢、鳗鲡、花鳗。

（二）两栖纲

黑眶蟾蜍（章茹）、中国雨蛙（长脚仙）、沼蛙（蝇蝶）、泽蛙（蝇蝶）、虎纹蛙（水鸡）、牛蛙、棘胸蛙（坑降）。

（三）爬行纲

平胸龟（大头龟）、海龟、鹰头龟、鳖（甲鱼）、兰尾石龙子（黄头蛇）、滑鼠蛇（山蛇）、银环蛇（簸箕甲）、金环蛇 （金甲）、眼镜蛇 （饭匙枪）、竹叶青（青竹丝）、龟壳花蛇 （古钱窗）。

（四）鸟 纲

琵嘴鸟、鸢 （老鹰）、白头鹞（虎头鹞）、蛇鵰、红隼、鹧鸪、鹌鹑、竹鸡、环颈雉 （雉鸡）、田鸡、董鸡、红骨顶、白骨顶（乌鸡）、白腰杓鹬、珠颈斑鸠 （家隹）、家鸽 （鸽）、杜鹃、祸翅鸦鹃、草鸮（猴面鹰）、小白腰雨燕、翠鸟（钓鱼翁）、啄木鸟（啄树鸟）、家燕（燕子）、金腰燕（燕子）、白鹡鸰、白头鹎（白头翁）、白喉红臀鹎（红脚村）、棕背伯劳 （伯劳）、八哥（乌肉）、红嘴蓝鹊 （长尾山娘）、喜鹊（客鸟）、乌鸦、鹊鸲 （信鸟、战钱）、 画眉、暗绿绣眼鸟（金钱子）、麻雀（鹧仔）、白腰文鸟（十姐妹）。

北方越冬候鸟 小鸊鷉、凤头鸊鷉、海鸬鹚、草鹭、池鹭（田奴）、大白鹭、白鹭（鹭鹚）、黄斑苇鸻、大麻鸻、豆雁（雁）、小天鹅（天鹅）、绿翅鸭（小鸭）、罗纹鸭（野鸭）、赤颈鸭（野鸭）、自胸苦鸡、环颈鸻、红嘴鸥（海鸥）、斑鱼狗、白胸翡翠。

（五）哺乳纲

蝙蝠、穿山甲（鲮鲤）、华南兔（野兔），田鼠（老鼠）、豪猪、竹鼠、青鼬、黄鼬（黄鼠狼）、水獭、大灵猫（九节狸）、小灵猫香狭、果子狸（白鼻狸）、豹猫（笔猫）、云豹（龟纹豹）、野猪（山猪）、鹿（山獐）、江豚（海猪）。

二、节肢动物

（一）昆虫纲

洛江区常见昆虫有 24 目 105 科 324 种。

弹尾目 绿圆跳虫、紫圆跳虫。

缨尾目 毛衣鱼（栉衣鱼）。

蜚蠊目 姬蠊、鳖蠊、角腹蠊、蜚蠊。等

翅 目 白蚁（螱）、家白蚁、黑翅土白蚁。

蛸 目 竹节虫。

直翅目 青螽斯、长剑草螽、绿螽斯、纺织娘、小菱蝗、花生大蟋、双斑蟋（蔗黑蟋蟀）、中华蟋、台湾油葫芦、油葫芦、叶蟋、非洲蝼蛄、日本蚤蝼、中华蚱蜢、黄脊竹蝗、棉蝗、东亚飞蝗、中华稻蝗、小稻蝗、日本黄脊蝗。

革翅目 红褐蠼螋。

啮虫目 粉啮、及书啮、云翅啮。

食毛目 鸭巨虱、鸡毛虱、鸽长虱、犬虱、羊虱、马虱。

虱目 头虱、体虱、牛虱、猪虱、水牛虱。

蜉蝣目 短丝蜉、扁蜉、泥蜉。

蜻蜓目 箭蜓、箭尾蜓、蜻蜓、青衣。

缨翅目 温室蓟马、枇杷带蓟马、稻蓟马、蔗叶蓟马（甘蔗蓟马）、稻管蓟马、枯管蓟马。

半翅目 印度田鳖（桂花蝉）、香蕉冠蝽、黑纹花蝽；黑肩绿盲蝽、黑红猎蝽、姬蝽、长蝽、稻大蜘缘蝽、荔枝蝽、菜蝽、圆蝽、长角蝽、稻绿蝽、瓜蝽、稻黑蝽。

同翅目 蝉（知了）、蟪蛄、稻沫蝉（雷火虫）、桃沫蝉、网室叶蝉、电光叶蝉、稻叶蝉、二点叶蝉、二点黑尾叶蝉、小绿叶蝉、白翅叶蝉、蜡蝉（荔枝鸡）、褐飞虱、白背飞虱、稻灰飞虱、长绿飞虱、柑桔木虱、梧桐木虱、柑橘黑刺粉虱、黑刺粉虱、黄刺粉虱、圆轮黑粉虱、长粉虱、萵苣叶蚜、豆蚜、甘蓝蚜、竹坚蚜、甘蔗棉蚜、菜缢管蚜（二萝卜蚜）、麦长管蚜、桃蚜、禾（黍）缢管蚜、绵蚜、吹棉蚧、稻粉蚧、大尾粉蚧、柑栖粉蚧、角蜡蚧、龟蜡蚧、红蜡蚧、白蜡蚧、白毛蚧、恶性蚧、红圆蚧、黄圆蚧、褐圆蚧、橙圆蚧、单蜕蚧、矢尖盾蚧、荔枝安盾蚧、盾蚧。

脉翅目 大草蛉、丽草蛉。

毛翅目 长角石蛾。

鳞翅目 白背蠹蛾、咖啡豹蠹蛾、梨豹蠹蛾、茶谷蛾、桔潜蛾、豆潜蛾、甘薯麦蛾、梨瘤蛾、菜蛾、小蓑蛾、大蓑蛾、茶褐蓑蛾、蓑蛾、黄刺蛾、大豆刺蛾、褐边青刺蛾、龙眼棠卷蛾、甘蔗黄螟（甘蔗条小卷蛾）、梨小食心虫、马尾松小卷蛾、菜白小卷蛾、桃小食心虫、米黑虫、稻褐边螟、二化螟、稻纵卷叶螟、桃蠹螟、黄条谷螟、甜菜螟、豆卷叶螟、梨大食心虫、稻筒卷叶螟、菜螟、甘薯茎螟、三化螟、大造桥虫、油菜尺蛾、油桐尺蛾、小白尺蛾、松毛虫、油茶枯叶蛾、枯叶夜蛾、小地老虎、稻条纹螟蛉、甜菜夜蛾、劳氏黏虫、黏虫、自脉黏虫、稻螟蛉、银纹夜蛾、斜纹夜蛾、大螟、茶白毒蛾（白毒蛾）、黄毒蛾、木毒蛾、红缘灯蛾、尘白灯蛾、红腹白灯蛾、甘薯天蛾、兰目天蛾、雀纹天蛾、茶蚕、桑蚕、家蚕、蓖麻蚕、柞蚕、燕尾水青蛾（稻苞虫）、黄斑弄蝶、香蕉弄蝶、中华谷弄蝶、凤蝶（茴香凤蝶）、玉带凤蝶、兰凤蝶、柑橘凤蝶（花椒凤蝶）、多点粉蝶、菜粉蝶、宁麻黄蛱蝶、全球赤蛱蝶、稻褐眼蝶（稻明蝶）、金斑蝶、荔枝灰蝶、枇杷花蝶。

鞘翅目 中华虎甲、黄缘龙虱、长须水龟虫、青翅蚁形隐翅虫、红胸萤、窗胸萤、细胸叩头虫、柑橘爆皮虫、铜棱吉丁虫、桃紫吉丁虫、红圆皮蠹、拟白腹皮蠹、谷斑皮蠹、花斑皮蠹、米扁虫、锯谷盗、大谷盗、谷蠹、粉蠹、大豆瓢虫、酸浆瓢虫、马铃薯瓢虫、稻红瓢虫、七星瓢虫、澳洲瓢虫、蜣螂、斑喙丽金龟、光背蔗龟、铜绿丽金龟、皱纹丽金龟、东方丽金龟、暗黑金龟、鳃金龟、橘金龟、黑绒金龟、锹甲、星天牛、楝星天牛、桑天牛、桃红颈天牛、梨眼天牛、兰跳甲、黄足黑守瓜、恶性叶甲、乌壳虫、水稻铁甲虫、水叶甲、甘薯台龟甲、水稻负泥虫、橘潜叶甲（橘潜蜂）、橘星潜叶甲、绿豆象、橘长足象甲、小黑象甲、香蕉象甲、甘薯小象甲、稻象甲、大灰象甲、桃小蠹、中国坐小蠹。

膜翅目 萝卜叶蜂、三化螟沟姬蜂、麦蚜茧蜂、棉蚜茧蜂、稻螟小腹茧蜂、食心虫白茧蜂、潜蝇茧蜂、蝶肾金小蜂、黄金蚜小蜂，棉蚜蚜小蜂（目光蜂）、螟卵啮蜂、潜温姬小蜂、稻螟赤眼蜂、松毛虫赤眼蜂、板栗瘿蜂、黄室蚁、褐蚁（黑蚁）、黄掠蚁、中国胡蜂、长脚胡蜂（露蜂房）、中国蜜蜂、意大利蜜蜂。

双翅目 按蚊，库蚊、伊蚊、稻瘿蚊、库蠓、蚋、牛虻、中华盗虻、盾盗虻、大蜂虻、大足蚤蝇、食蚜蝇、柑橘大实蝇、瓜实蝇、枇杷实蝇、豌豆潜叶蝇、果蝇、家蝇、地老虎寄蝇、粪蝇。

蚤 目 猫蚤、狗蚤、鼠疫蚤。

（二）甲壳纲

虾类 长毛对虾、东方对虾、日本对虾（沙虾）、斑节对虾（草虾）、红虾、毛虾、糠虾、葱头虾、蛄龙虾、脊尾白虾、锯齿长臂虾、近缘新对虾（土虾）、日本沼虾（青虾）、罗氏沼虾（马来西亚大虾）。

蟹类 三疣梭子蟹蠘、锯缘青蟹（蟳）、虾蛄、乳斑虎头蟹（虎狮）、小蟹（花仔）、中华绒螯蟹（河蟹）、藤壶。

（三）肢口纲

中国鲎。

(四)蛛形纲

红蜘蛛

三、软休动物

海水类 褶牡蛎（蚝）、长牡蛎、近江牡蛎、缢蛏、大竹蛏、长竹蛏、文蛤、花蛤、泥蚶、毛蚶、翡翠贻贝、寻氏短齿蛤、鸭嘴蛤、栉江瑶、泥螺、黄螺、棒锥螺、斑玉螺、大马蹄螺、福氏玉螺、三角荔枝螺、兰蛤、小管枪乌贼（墨斗）、真蛸（章鱼）、石枝。

淡水类 背角无齿蚌、褶纹冠蚌、三角帆蚌、黄蚬、田螺、螺蛳。

四、腔肠动物

海蜇（水母）、海葵。

五、棘皮动物

海星（五星）。

六、腕足动物

海豆芽。

1998 年洛江区冬季野生动物调查情况表

表 2-5-2　　单位：只

目	科	种	数量
一、䴙䴘目	䴙䴘科	小䴙䴘	13
二、隼形目	鹰科	1. 鸢	4
		2. 白尾鹞	1
		3. 松雀鹰	7
		4. 普通鵟	1
	隼科	1. 小隼	2
		2. 红隼	2
三、鸡形目	雉科	1. 白额山鹧鸪	1
		2. 雉鸡	4
四、鹤形目	秧鸡科	1. 普通秧鸡	3
		2. 红脚苦恶鸟	2
		3. 白胸苦恶鸟	1
		4. 黑水鸡	4
五、鸻形目	鸻形科	环颈鸻	1
	鹬科	矶鹬	175
六、鸥形目	鸥科	红咀鸥	27
	小凤头燕鸥	须浮鸥	10
七、鸽形目	鸠鸽科	1. 山斑鸠	6
		2. 珠颈斑鸠	18
	杜鹃科	小鸦鹃	1
		褐翅鸦鹃	2

续表 2-5-2

目	科	种	数量
八、佛法僧目	翠鸟科	1. 斑鱼狗	8
		2. 白胸翡翠	3
		3. 兰翡翠	1
		4. 普通翠鸟	2
九、雀形目	百灵科	1. 云雀	1
		2. 小云雀	5
	燕科	1. 家燕	30
		2. 全腰燕	129
	鹡鸰科	1. 树鹨	79
		2. 田鹨	334
		3. 白鹡鸰	41
		4. 灰鹡鸰	9
	鹎科	1. 绿翅短脚鹎	12
		2. 栗背短脚鹎	1
		3. 黑鹎	2
		4. 黄殿鹎	2
		5. 白头鹎	231
		6. 白喉红殿鹎	33
		7. 绿鹦咀鹎	6
	和平鸟科	橙腹叶鹎	1
	伯劳科	1. 契尾伯劳	2
		2. 牛头伯劳	1
		3. 棕背伯劳	22
	黄鹂科	黑枕黄鹂	1
	椋鸟科	1. 黑领椋鸟	81
		2. 八哥	110
	鸦科	1. 红咀兰鹊	51
		2. 大咀乌鸦	2
	鸫科	1. 红肋兰尾鸲	11
		2. 鹊鸲	26
		3. 北红尾鸲	24
		4. 黑背燕尾	3
		5. 斑背燕尾	1
		6. 紫啸鸫	4
		7. 乌鸫	5
		8. 红尾水鸲	5
		9. 黑喉石即	7
	画眉科	1. 黑脸噪鹛	12
		2. 黑颈噪鹛	1

续表 2-5-2

目	科	种	数量
九、雀形目	画眉科	3. 小黑颈噪鹛	17
		4. 画眉	6
		5. 白颊噪鹛	13
		6. 灰眶雀鹛	19
	莺亚科	1. 褐柳莺	15
		2. 褐山鹪莺	6
		3. 褐头鹪莺	1
		4. 灰脸鹟莺	3
	山雀科	大山雀	55
	䴓科	普通䴓	5
	琢花鸟科	纯色琢花鸟	1
	绣眼鸟科	暗绿绣眼鸟	123
	文鸟科	1. 麻雀	20
		2. 白腰文鸟	41
		3. 斑文鸟	14
	雀科	1. 金翅	3
		2. 黑头蜡咀雀	4
	鹀科	1. 黑头鹀	1
		2. 灰头鹀	12
		3. 小鹀	3
		4. 黄眉鹀	3
		5. 白眉鹀	34
		6. 苇鹀	4
		7. 兰鹀	1

第六章　自然灾害

第一节　天气灾害

一、干旱

洛江区降水量由于季节变化和年际变化较大，地区分布不均，且年实际日照时达 2000 小时以上，蒸发量大，除 6 月降水量大于蒸发量外，其他月份蒸发量均大于降水量，干旱每年均有不同程度发生，夏秋为甚。一般干旱年份都造成作物歉收，干旱之年更是江河断流，泉水枯竭，水库见底，田园龟裂，禾苗枯死，严重地区连日常生活用水都很困难，庄稼绝收。

北宋崇宁元年（1102 年），大旱，水泉涸，民多隅死，山中民汲水至 20 余里。

南宋隆兴二年（1164 年），大旱，苗不入土。自春至八月，饥。

南宋淳熙十一年（1184 年）四至八月，不雨，无禾。

元至正十四年（1354年），大旱，种不入土，人相食。
明成化十二年（1476年），大旱，饥，民多流移。
明成化二十三年（1487年），春旱无麦，秋大旱无禾。
明弘治十二年（1499年），自夏至冬大旱，甘蔗生花结实如黍，是年饥。
明正德八年（1513年），旱饥，民采草木实以食，有饿死者。
明嘉靖十四年（1535年），大旱无穗。翌年丙申春无麦，民大饥。
明嘉靖十六年（1537年），旱，民多饿死，流殍，至丁酉三年连旱，民多流移。
明嘉靖二十三年（1544年）、二十四年（1545年）相继大旱、大饥，斗米百二十文，民饿死者载道。
明万历七年（1579年）正月，不雨，大旱，民饥馑，六月乃雨。
清康熙四十八年（1709年），大旱，饥疫。
清乾隆十年（1745年）七月，天亢旱。
清乾隆五十年（1785年），大旱。
清嘉庆二十年（1815年）夏，大旱三个月。
清道光十五年（1835年）夏，大旱，禾麦无收，三年井涸无泉，至道光十七年春始大雨。
清同治八年（1869年），旱。
清光绪十四年（1888年），旱，两季无收。
清光绪十九年（1893年），大旱，五谷不登。
清光绪二十年（1894年），旱，早晚两季均失收。
清光绪二十八年（1902年），旱，田土龟裂，松柏枯黄。
清宣统元年至三年（1909—1911年），旱灾严重。
民国2年（1913年），旱灾。
民国12年（1923年）7—11月，不见点雨。
民国14—15年（1525—1526年），苦旱。
民国20—25年（1931—1936年）。连年苦旱。
民国26年（1937年），大旱，灾情严重，晋江县农会利用抽水机吸引溪水灌旱田。
民国28年（1939年），春至夏赤日当空，雨量绝少，稻田及地瓜有的缺水而枯萎。
民国31年（1942年），秋至越年无雨，池潭见底，田土龟裂。
民国32年（1943年），春耕时4个月不雨，田园龟裂，农作物枯萎。
民国35年（1946年），入春以来天旱不雨，田园龟裂，水稻无法播种。
民国37年（1948年），春初亢旱，下种失时，破50年来纪录。
1950年9月初至11月中旬，70余天未雨，晚稻减产二成，晚薯减产三成，个别地区绝收。
1953年，夏收后久晴未雨达42天，水田龟裂，作物枯萎。
1954年，春旱后，6—9月又旱。
1959年，冬季至翌年3月计160天无雨，6月下旬至8月20日又出现50多天夏旱。
1961年6—7月，30多天未雨。
1964年6月23日至8月2日，40天未雨，冬种后又2个多月未雨，严重影响冬作生长，甚至枯死绝收。
1971年，春季持续2个月不雨，部分不能插秧，夏旱40余天。
1972年，去冬今春干旱。
1978年，立夏后久晴无雨。
1979年，夏、秋持续酷暑、干热。
1983年6月下旬至8月下旬，持续无雨，10月至年底百日无雨。
1984年，春播期间春旱，5月、7月又相继干旱。

1986 年 7 月 13 日至 10 月 27 日，降雨 50 毫米，为民国 25 年（1936 年）以来降雨量最少年份，作物普遍受旱。

1987 年 8 月 1 日至 9 月 8 日，连续无雨酷热，受旱 1466.7 公顷，其中水稻 46.7 公顷。

1988 年 6 月，晴热；7 月，遭受 3 次热浪袭击，最高气温达 38℃。

1989 年 6 月，雨量比常年减少 6 成，持续高温。

1998 年 8 月初至 10 月中旬，持续高温少雨。

1999 年 1—3 月，降雨量比常年偏少 26%—50%，水库蓄水量锐减。

2002 年 2—4 月，气温明显偏高，蒸发量偏大。

2003 年 6 月 28 日以后，持续 28 天无降雨，处于晴热高温天气，日蒸发量达 5 毫米。

2004 年，春夏连旱，8 月 7—12 日，惠女水库放水 78 万立方米，支持河市镇灌区 400 公顷受旱农田抗旱用水。

2006 年 9 月中旬至 11 月 21 日，连续 2 个月基本无降雨，气温持续偏高，蒸发量偏大，空气干燥。

2007 年 6 月 18 日，雨季结束后，泉州市受副热带高压控制，高温日数偏多，雨量较同期偏少。

二、洪涝

洛江区地处东南沿海，受南亚热带海洋性季风气候影响，经常发生台风暴雨洪水。南部平原地势低洼，大部分在海拔 10 米以下；年雨量约 1300 毫米，集中在 5—9 月，约占全年雨量的 65%，尤其是 7—9 月台风季节，常常出现暴雨，沿江两岸及临溪地区洪涝灾害频繁发生，如遇天文大潮顶托，洪涝灾害更为严重。贞观二十一年（647 年）至民国 38 年（1949 年 9 月 30 日止）的 1302 年间，发生洪涝灾害 64 次（不完全统计）。明万历二十八年、二十九年、三十一年（即 1600 年、1601 年、1603 年）连续发生大灾。民国 28—38 年（1939 年至 1949 年 9 月 30 日止），连续 11 年发一洪涝灾害。中华人民共和国成立后至 1990 年，40 年间发生洪涝的年份共达 34 年，其间 1951 年、1966 年、1967 年、1976 年、1982 年 5 个年份无发生较大洪涝灾害。

南宋嘉定九年（1216 年），大水流田、庐，害稼。

明嘉定十六年（1223 年）秋，大水，坏田稼。

明洪武三十一年（1398 年），大水坏民庐舍，禾稼尽坏。

明弘治十六年（1503 年）七月初九，大水，漂没民居。

明嘉靖二十六年（1547 年）八月，大雨，各乡俱水灾。

明嘉靖四十三年（1564 年）五月，淫雨不止，乡村皆浸，人畜多死。

清顺治十三年（1656 年）正月，大雨雪，平地五尺许（一说三尺许）。

清康熙十五年（1676 年）四月十六日，大水，民畜溺死甚多。

清康熙四十九年（1710 年）夏，大水，米贵。

清乾隆五十二年（1787 年）二月初六至初八，大雪三日，众山满白。是岁大饥。

清乾隆六十年（1795 年），大水，自春至夏大饥，民多流殍，升米百钱。

清光绪二十年（1894 年）五月初，连日大雨，四处墙壁倒坏。冬降雪。

民国元年（1912 年），大雨，山洪暴发，堤防溃决，田禾庐舍多被冲没。

民国 32 年（1943 年）7 月 17 日，大雨绵延不息；18 日堤岸溃崩数百丈，洪水入厝，颓坏不计其数。

民国 37 年（1948 年）6 月 8—12 日，狂风暴雨致成灾害，禾稼歉收约八成。

1952 年，水灾繁多，为历年罕见。

1953 年 2—3 月，阴雨连绵，气候寒冷，烂秧烂种。

1956 年，受第 5 号强台风袭击，3 个昼夜暴雨 330 毫米，遭受 20 年来最大水灾。

1957 年，立春后春寒多阴雨，春收春播受严重影响，烂秧为历史罕见。

1958 年 7 月 16 日至 9 月 4 日，先后受软台风、暴雨混合袭击。

1960 年 5 月，连续阴雨，雨量达 300 毫米，溪洪猛涨，溪岸、海堤缺口达多处。

1961 年 5 月 19—20 日，暴雨，总雨量 200 余毫米，洪泛成灾。

1964 年 6 月 11—22 日，暴雨，总雨量 44 毫米。

1971 年 10 月 9 日，受强冷空气袭击，晚稻受害 153.3 公顷，其中 120 公顷减产一成以上，33.3 公顷几乎绝收。

1974 年 2 月上、中旬，受强冷空气影响，气温比 1973 年同期下降 3℃—5℃，越冬薯苗冻害 30%。

1976 年，倒春寒、五月寒及寒露风都较突出，对作物危害甚大。

1980 年 5 月 24 日，受第 4 号台风影响出现暴雨，平均达 145 毫米，暴雨中心马甲乡 25 小时暴雨量高达 15 毫米，罗溪乡前洋库区 3 小时雨量 127 毫米。

1983 年元月至 4 月 20 日，110 天中连续阴雨 91 天，总雨量 997—1148 毫米，占平常年雨量的 85% 以上。

1987 年 3 月中旬，山顶片霜冻，造成烂种烂秧；3 月 15 日，马甲、河市局部地区遭受冰雹袭击；4 月 22 日，罗溪大路脚遭受龙卷风挟冰雹袭击；9 月 10 日，受第 12 号台风正面袭击。

1987 年 7 月 31 日，双阳、万安受特大暴雨袭击。

1988 年 9 月 21—25 日，先后受第 17 号、18 号强台风袭击，全区普降暴雨，平均 314 毫米，最大河市 5 天 380 毫米，马甲出现日雨量 154 毫米。

1994 年 6 月 13—22 日，受北方冷空气影响，普降大到暴雨，局部地区出现大暴雨，造成山洪暴发、民房倒塌。

1995 年 7 月 31 日 12 时，受“盖瑞”强热带风暴外围影响，沿海风力达 11 级，从 7 月 29 日至 8 月 2 日，过程降雨量 100—230 毫米，山洪暴发，河水猛涨。。

1997 年 5 月 5—7 日，泉州市普降特大暴雨，过程雨量达 100—365 毫米，造成民房倒塌，农田被淹。

1999 年 9 月 14—18 日，受“约克”强热带风暴外围影响，降雨量 50—286 毫米。

1999 年 10 月 8—10 日，“丹恩”强台风和农历九月初一天文大潮相遇，台风登陆前后泉州市沿海风力 11 级，出现 5—7.5 米巨浪到狂浪，潮位普遍超警戒水位 50—60 厘米，泉州市 24 小时降雨量在 200—450 毫米之间。

2000 年 6 月 18 日，受北方冷空气南下与南方暖湿气流遭遇影响，过程雨量 250—460 毫米。

2000 年 8 月 23 日 11 时，“碧利斯”台风在泉州市晋江围头湾附近登陆。受其影响，过程雨量 200—600 毫米，平均降雨量 331 毫米。

2006 年 7 月 14 日，强热带风暴在霞浦登陆，受其后续云团影响，7 月 13 日起，普降暴雨到大暴雨，局部特大暴雨。

2007 年 8 月，“圣帕”超强台风登陆惠安，17 日起，沿海出现 8—9 级大风，阵风 10—11 级，惠安斗尾最大瞬时风力 13 级。惠女水库开闸泄洪。

三、风灾

洛江区造成风灾的主要有台风、大风和龙卷风。台风主要发生在 5—10 月，7—9 月最多，平均每年 5—6 次，多则 10 余次，少则 2—3 次；大风（风力大于 6 级）多出现在 9 月至翌年 5 月，以东北风为主，平均日数 68 天；龙卷风时间短、范围小，多在 3—4 月发生。从贞观二十一年（647 年）至民国 37 年（1948 年）的 1301 年间，共发生 33 次较大的风灾，其间的崇祯十一至十三年（1638—1640 年）连续三年发生大风灾。民国 32—37 年（1943—1948 年），连续 5 年发生大风灾，狂风大作，飞沙走石，交通梗阻，作物歉收八成。1955—1990 年，36 年间共发生风灾 27 次。

唐贞观二十一年（647年）八月，大台风。

北宋太平兴国八年（983年）八月，大风为灾。

元至正九年（1349年）七月，大风雨。

明万历三十五年（1607年）八月二十八日，飓风大作，洛阳桥梁折。

清顺治十六年（1659年）秋，飓风大作，尽暝。

清康熙十九年（1680年）八月初八，大风拔木。

清咸丰三年（1853年）六月，狂风。

民国24年（1935年）8月，飓风为灾，损失甚巨。

民国34年（1945年）9月30日，狂风大作，飞沙走石，损失惨重。

1955年3月，连刮6—9级大风六次计16天；4月，又连刮6级以上大风7次计19天。

1961年5月20日，8月8日、25日，9月8日、12日、25日，先后受第3号、15号、20号、21号、22号、25号6次台风袭击，为历史少见，第3号、22号、25号台风破坏最严重。

1962年10月3日，第17号台风袭击时，晚稻正扬花长穗，损失严重。

1965年7月26日，第10号台风在崇武至泉州之间登陆，风力9—11级，阵风达12级。

1969年7月28日、8月11日、9月27日，分别受第3号、6号、11号台风影响。第11号台风正面袭击，沿海风力达12级，又遇天文大潮，受灾最为严重。

1980年5月24日、7月20日、9月22日，先后3次受台风影响，5月24日受正面袭击，损失严重。

1981年3月14日下午，洛江境域局部地区受历史罕见的龙卷风袭击。

1987年9月10日，受第12号台风正面袭击。

1989年9月18日、20日第23号、24号台风后，从9月21—25日下午自北而南普降暴雨。

1990年4月11日，虹山、罗溪受旋风暴雨袭击；4月22日，双阳华侨农场1/4地区受大雨雹袭击。6月21日、27日，7月30日，8月19日、24日及9月3日，先后受第5号、6号、9号、12号、15号、18号6次台风暴雨袭击，灾害严重。

2002年4月6日，飑线过境，泉州市全境风速每秒20多米（9级），风灾大。

四、冰雹

清康熙二年（1663年）春，雨雹。

清康熙九年（1670年）九月朔，大雨雹。

清乾隆五十三年（1788年）二月，雨雪如珠跳。

清道光九年（1829年）六月二十三日未时，大雨雹。

1976年4月18日，罗溪乡降雹，有的如花生。

1981年3月14日，局部地区受冰雹袭击。

1983年4月15日，河市乡亭竹村受冰雹袭击，秧苗和大田作物受一定损失。

1985年9月21日，万安局部地区降雹。

1987年3月中旬，山顶地区出现冰雹；3月15日，马甲和河市局部村落受冰雹袭击；4月22日17时，罗溪乡大路脚村受冰雹袭击。

1989年3月3日13时45分至14时25分，虹山和罗溪7个村受冰雹袭击，冰雹直径5—10毫米，最大重达1.5千克，受灾1282户6732人，损失120万元。

1990年4月22日18时30分，双阳华侨农场约1/4地区受冰雹袭击，最大冰雹直径达10厘米，近百亩耕地受严重破坏，受损民房200平方米、工厂和学校430平方米。

2006年8月3日，泉州市区发生强对流天气，强雷暴过程中夹杂着冰雹。有的像碎冰、珠子，有的比花生米略大，未造成严重灾害。

第二节 地质灾害

一、地震

（一）宋建隆四年（963年）至1998年6月

根据《福建省志·地震志》等相关史料记载，收录闽南及附近地区发生的对洛江区有影响的中强震以上地震共11次。

北宋建隆四年四月（963年5月），泉州海外发生4.75级地震，震中位置北纬24° 54′、东经118° 30′；地忽大作，栋宇将倾，坐立者不自持。

明嘉靖十七年九月（1538年10月），晋江安海发生4.75级地震，震中位置北纬24° 42′、东经118° 30′；自辰时至夜半余，墙屋有震倒者。

明隆庆元年正月二十九日（1567年3月9日），泉州东南海中发生5.5级地震，震中位置北纬24° 42′、东经119°。

明万历二十四年九月（1596年10月），惠安西南发生4.75级地震，震中位置北纬25°、东经118° 42′；洛阳桥扶栏多坠于海。

明万历三十二年十一月初九日（1604年12月29日），泉州海外发生7.5级地震，震中位置北纬24° 42′、东经119° 30′；闽中地大震，复连震者数夜，兴化尤甚，坏城舍，数夕而止，晋江（泉州府）初八地震，初九夜大震，自东北向西南，是夜连震十余次，山石海水皆动，地裂数处，城内外庐舍圮，覆舟甚多。

明万历三十五年秋（1607年8月），泉州海外发生5.75级地震，震中位置北纬24° 48′、东经118° 48′；城堞城恒东岳行宫帝像坏。

明万历三十六年五月初六（1608年6月7日），泉州海外发生5.75级地震，震中位置北纬24° 48′、东经118° 48′；泉州府、惠安、南安、晋江门户屋瓦俱摇颇有声。

清康熙三十年四月（1691年5月），晋江发生4.75级地震，震中位置北纬24° 36′东经118° 30′；十都（安海附近）地裂百余丈，越日复平。

清光绪三十二年三月初四（1906年3月28日），金门海外发生6.2级地震，震中位置北纬24° 18′、东经118° 36′；厦门28日大地震，墙壁皆动，死伤甚多，市街惨淡，泉州民屋倒坏，清源书院石坊崩倒，东岳一座小山多处开裂，坟墓劈开，棺材粉碎。

清光绪三十三年九月初九（1907年10月15日），泉州发生5.0级地震，震中位置北纬24° 48′、东经118° 42；东城角屋宇倾颓，墙垣倒坏。

民国7年正月初三日（1918年2月13日）14时07分，南澳—诏安海外发生7.3级地震，震中位置北纬23° 36′、东经117° 18′；全省均受到影响。

（二）1998年7月至2007年12月31日

根据福建省数字遥测地震台网与中国地震台网地震目录整理收录：台湾及以东海域6.0级以上地震；台湾海峡及福建省5.0级以上地震；闽南地区及附近海域3.0以上地震共8次。

1999年8月5日20时07分，泉州惠安东南海域发生4.8级地震，震源深度11千米，震中位置北纬24° 49′、东经119° 18′，并伴随多次2.0级以上余震。

2001年12月1日08时28分，晋江海外发生3.4级地震，震中位置北纬24° 17′、东经118° 55′。

2002年3月12日08时28分，晋江海域发生3.8级地震，震中位置北纬24° 31′、东经118° 42′。

2005年8月9日05时44分，晋江海域发生3.6级地震，震源深度10千米，震中位置北纬24° 26′、东经118° 41′。

2007年1月11日23时29分，福建惠安海域发生3.1级地震，震源深度9千米，震中位置北纬

24° 51′、东经 118° 58′。

2007 年 6 月 04 日 12 时 02 分，福建晋江海域发生 3.4 级地震，震中位置北纬 24° 31′、东经 118° 54′。

2007 年 6 月 12 日 05 时 06 分，福建华安发生 4.0 级地震，震源深度 21 千米，震中位置北纬 24° 56′、东经 117° 37′。

2007 年 9 月 07 日 01 时 51 分，台湾宜兰海域发生 6.0 级地震，震中位置北纬 24° 23′、东经 122° 02′。

（三）地震测报

洛江区（北纬 24° 56′、东经 118° 40′）地处东南沿海地震带，毗邻台湾地震带，长乐—诏安地震活动断裂带与多条由北至西断层交汇于泉州湾。洛江区在 2006 年确定的全国地震重点监视防御区内，地震地震背景复杂，地震活动较活跃。2006 年，建成宏观观测点 3 个，主要从事动物前兆观测。2007 年，在双阳中学建立洛江区防震减灾教育基地。多年来，洛江区加强地震监测系统的正常运行，注意遥测台网的监控；建立全区地震宏观观测点每日一报制度；对《洛江区破坏性地震应急预案》进行修订、补充、完善；各个乡（镇）、街道办事处和相关单位又根据应急职责制定和进一步完善相应的“应急预案”；建立“三网一员”队伍；组织全区各中小学校到双阳中学的洛江区防震减灾教育基地参观。

（四）管理机构

2003 年 9 月，洛江区地震办公室成立，依托在区科技局，为副科级事业单位，人员编制 2 名，经费纳入区财政预算。

二、山体崩塌与滑坡

（一）地质灾害点的分布及特点

2002 年，开展地质灾害的调查与区划工作。2007 年，全区地质灾害点 51 处，地质安全隐患点 44 处。地质灾害主要分布于中、北部低山丘陵区，主要的地质灾害类型为滑坡和崩塌，所发生的地质灾害具有规模小、稳定性差、突发性强、易受人类工程活动影响的特点。地质灾害发生主要区段从洛江区地质灾害发生发育的特点看，洛江区的地质灾害可能的高发地区是山间盆地的边缘地带和交通干线的两侧。地区地貌类型主要为中山、低山，河流切割较深、相对高程大，坡降大，自然斜坡陡峭；地质环境及地质构造复杂，岩石较破碎，局部基岩顺坡裂隙发育。原本就具备发育地质灾害的自然条件，在人类工程活动和降雨（尤其是持续性降雨和暴雨等极端的气候条件下）的诱发下，已发现的灾害点仍有可能成灾，高发地区是马甲以北的中低山山间盆地的边缘地带，发生地质灾害的类型主要为滑坡、崩塌。其中河市及马甲的低山丘陵区是工程引发滑坡、崩塌地质灾害的地段。河市镇、虹山乡、罗溪镇以及马甲镇的山区自然村，区内人类工程活动主要为垦殖、道路和水利水电建设，山区农村削坡建房的现象普遍。坡前的居民住房和居住人员以及公路沿线交通车辆和人员、矿山开采区内的人员是主要的受威胁对象。

主要的地质灾害活动时段一般在 5—10 月间，与汛期大致相当，尤其是 6—9 月台风集中期。降雨量大于 50 毫米时，部分不稳定房后斜坡就会初现变形迹象；当累积降雨量达到 100 毫米，地质灾害（主要是滑坡、崩塌）开始产生；当累积降雨量达到 200 毫米，地质灾害（主要是滑坡、崩塌）较多发生。

（二）地质灾害防治

2001 年，制定《洛江区 2001 年地质灾害防灾预案》，举办全区各乡镇分管领导、各村主干及区有部部门参加的“地质灾害防治工作培训班”，实行汛期值班制度。

2007 年，全区 20 个主要的地质灾害点设立警示牌，虹山、罗溪、河市、马甲 4 个地质灾害重点乡镇成立 22 地质灾害防治监测组，聘请 82 名监测员，全年提供监测数据 66 组，在汛期组织巡查组 78 个，巡查人员达 210 人次，组织转移可能受威胁群众 89 人次。确保人民群众的生命财产安全。根据《洛江区 2007—2009 年地质灾害点搬迁治理实施方案》，地质灾害点的治理搬迁涉及地灾户 11 户，43 人。

第七章 国土资源与管理

第一节 国土资源

一、土地资源

洛江区地处泉州中心城区东北部，面积381.74平方千米，占市区2/3的土地。森林覆盖率62.2%。其中，万安街道土地面积14.82平方千米，全区土地面积最小。双阳街道、虹山乡土地面积24平方千米。马甲镇、罗溪镇土地面积均在100平方千米以上，其中马甲镇土地面积118.51平方千米，全区土地面积最大。

1997年末，全区耕地面积3576.73公顷，占区土地总面积9.37%；林业用地面积216平方千米，占全区土地总面积57.95%，是区内最大的用地类型。建设用地面积占土地总面积的8.15%，未利用地面积占7.02%。

2007年，全区耕地面积3366.93公顷，占区土地总面积9.78%；林业用地面积251.93平方千米，占区土地总面积65.49%；建设用地48.64平方千米，占土地总面积的12.74%；未利用地14.68平方千米，未利用地面积占3.85%。

二、矿产资源

1997—2007年，全区发现各类矿产15种。包括钨、钼、金、银、硫铁矿、叶蜡石、高岭土、陶瓷土（瓷石）、耐火用黏土、砖瓦用黏土、建筑用花岗岩（凝灰岩）、饰面用及雕刻用辉长岩、冶金用脉石英、建筑用砂、矿泉水等。全区已发现矿种数占全市的32.6%，发现矿点50余处，通过地质普查的矿区有8处，其规模均为小型。

金属矿产在境内出露有铁、金、钼、钴等金属矿化点，均无工业开采价值。梅海园金矿化点位于罗溪镇东方村，已发现金矿体、矿化体各1处，金矿化带2处，呈带状存于花岗斑岩和南园组第二段酸性火山碎屑岩中。

非金属矿产以花岗岩基性岩石材矿产为主，其次是黏土矿、石英砂矿和泥煤。石材矿产类型、品种齐全，规模较大。大磨山高铝耐火材料矿点位于虹山白凤村北西大磨山顶；矿物以刚玉、水铝石和红柱石为主，含少量金红石、叶蜡石、绢云母、石英和高岭土等；估计储量约17万吨，可供工业开采。石英砂矿分布在海岸和河流两岸，以河砂为主。洛阳江的下游冲积石英砂分布广泛，具有一定规模，早被开采为建筑用砂。

第二节 管理

一、土地使用管理

（一）土地使用制度

民国17—25年（1926—1936年），国民政府陆续公布《中华民国土地征收法》和《中华民国土地法》，对国家、地方团体和个人投资建设需要用地规定具体管理办法。

中华人民共和国成立后的相当一个时期，国家建设用地数量少，大都从荒山、空地拨用，征地审批，主要是办理申请，拨用手续和土地产权的转移，由财政部门负责。国民经济第一个五年计划时，土地征用由民政部门负责。根据政务院公布的国家建设征用土地办法，制定出泉州市征用土地办法。1956年，确定集体土地所有制之前，农民可在自己土地上建房，不必审批。1962年后，村民动用集体土地建房的现象日益严重，中央和各级地方政府以法律形式规定，农民建房必须由社队规划，统筹安排，利用原有宅基地、山坡地和开荒地，不准占用耕地，由市人民委员会批准。1969 年，省、地革命委员会重申农村建房用地审批制度，但收效不大。1979 年后，农村兴起建房热，有些村民以为承包田属个人所有，未经审批就随意占地建房，甚至调换、转让、买卖。1981 年 3 月，执行省政府《关于坚决制止侵占耕地建房和买卖土地的通知》，对社队企业和生产队建设用地，由公社审查后，报市政府批准。公社、大队企业占用生产队耕地 6666.7 平方米或山地、荒地 3.33 公顷以上的，按照国家基建征地规定办理。同年 7 月，市政府规定：公社、大队企业占用生产队耕地，生产队集体基建用地 666.67 平方米以上者，必须按《国家建设征用土地办法》和地方各级政府有关规定办理手续，由用地单位申请，经公社管委会审查后，报市人民政府批准。1982 年 3 月，国务院发布《村镇建房用地管理条例》。4 月，省政府制定相应暂行规定。同年，市政府规定住房面积按近郊每人 20—25 平方米，远郊每人不超过 30 平方米。1987 年 1 月，实施《中华人民共和国土地管理法》，各乡（镇）土地所对村民建房用地审批手续实行管理。

1997 年建区后，泉州市政府赋予洛江区县一级土地管理权限。洛江区土地使用实行划拨使用与有偿使用双轨制，逐步扩大有偿使用土地的范围；随着国家土地使用制度的改革完善，土地有偿使用由单一的协议出让方式逐步形成协议、招标、拍卖、挂牌等多种有偿出让方式；2003 年 3 月 25 日，洛江中心城区 T0302 号地块国有建设用地使用权公开挂牌出让，标志着洛江区经营性建设用地使用权出让开始全面推向市场化。2007 年 6 月 29 日起，工业用地开始实行招标、拍卖、挂牌出让制度，使得洛江区土地资源的配置更加合理、公开透明和公平公正。

（二）保护与利用

1997 年起，执行“十分珍惜、合理利用土地和切实保护耕地”的基本国策，优化土地利用结构和布局，挖掘土地资源潜力，提高土地生产力，实现土地资源的可持续利用。控制建设用地总量，严格实行土地用途管制制度，加强耕地保护。严格控制耕地转为非耕地，实行占用耕地补偿制度和基本农田保护制度，采用购买指标、委托管理、代保等措施努力保持耕地总量平衡。科学开展土地整理和复垦，储备土地后备资源，保持耕地占补动态平衡。完善基本农田保护工作责任制、基本农田认定制度、非农业建设占用基本农田许可制度、高额补偿和占补平衡制度，将基本农田保护纳入政府工作目标责任制。确因经济和社会发展需要对基本农田保护区进行局部调整，应报省、市人民政府批准，并严格按照调补平衡原则，划定等质量的耕地作为基本农田保护区进行补充。改造中低产田，建设高标准农田，实施沃土工程，科学耕作管理，提高土壤质量；推广农业立体种植和栽培，提高土地利用率；推进生态肥的生产、施用，有效控制与减少农田化肥的使用量，推广有害生物综合防治技术，推广使用低毒、高效、低残留的生态农药；引进和开发各种生态工程技术，加速改良不良土壤及低产田；保障农民利益的前提下，规范土地流转制度，推进农业种植的规模化进程。实施生态退耕还林，防治水土流失；洛江区根据国务院《基本农田保护条例》，把高产、稳产耕地、粮油和农产品生产基础，蔬菜生产基地等划入基本农田保护区。建区初，划定基本农田保护区 457 片，面积 4446.67 公顷，把全区 86.63% 的耕地划入基本农田保护区，设立保护牌 37 块，界桩 120 枚，建立图、表、卡、册配套资料。2001 年 12 月，洛江区政府印发《关于洛江区基本农田保护各项制度》的通知，把基本农田保护作为政府领导任期目标责任制的重要内容。同时，实施土地储备制度，控制建设用地规模，科学规划，合理动态调整土地利用结构与布局，保障经济社会发展对土地的需求量。加强土地批后跟踪管理，盘活存量土地，建立土地集约利用的评价指标体系，合理确定工业项目的用地标准，推进集约合理用地。加快城镇化和工业化进程，促进人口集聚，提高园区土地投入产出效率，提高土地利用集约化水平。利用滩涂围垦的潜在优势，在严格执行科学论证的前提下，积极稳妥地推进滩涂围垦，加强对围垦工程的环境影响评价。对江河溪流坡度大于 25 度以上山坡地，不予以审批土地整理项目，以防治新的水土流失。有计划实施生态退耕还林工作，对坡度在 25 度以上浇灌物保证、土质低劣水土流失严重的耕坡地优先实行退耕还林，有计划抓好沿江河两侧地势低洼、耕作条件差、收成没保证的劣质耕地逐步退耕还林工作。

（三）土地执法与宣传

土地执法监察　1997 年起，贯彻“预防为主，事前防备与事后查处相结合”的方针，推广动态巡查制度，及时处理来信来访制止违法案件，把违法行为扼制在萌芽状态，减少和杜绝违法占地用地行为的发生。2002—2003年，根据国土资源部和省政府的工作部署，开展土地市场秩序治理整顿工作，在全区范围内开展土地市场秩序治理整顿，查清违法圈占集体用地并进行处理。2004年，根据监察部、国土资源部《关于继续开展经营性土地使用权招标拍卖挂牌出让情况执法监察工作的通知》和省国土资源厅《关于正确适应政策法规处理经营性房地产项目用地历史遗留问题的通知》精神，开展全区经营性用地的清理工作，并开展清理补办经营性用地手续；同年，根据监察部、国土资源部及省政府办公厅《关于对征地农民集体所有土地补偿费管理使用情况开展专项检查的通知》精神，全区计清理拖欠补偿款2651万元。2006年，根据省、市《关于开展查处土地违法违规案件专项行动的通知》精神，在全区开展整治行动，占地建房、违法建房的势头有所遏制。

法律法规宣传 1998年起，开展多种形式的普法教育，利用地球日、土地日、法制日等集体宣传活动进行普法教育，动用报刊、广播、电视等新闻媒体扩大行业法律法规的宣传教育，做到报上有文、电台有声、电视有影。重视利用"6·25"全国土地日的宣传氛围，开展土地法规宣传咨询活动，散发资料，举行法律知识竞赛，举办送法工程，即送法到矿山、送法到企业、送法到农村、送法到群众，通过宣传教育，提高全民依法用地、依法办矿，机关依法行政的法律意识。

二、矿产开发与管理

（一）主要矿产资源开发

至2007年，全区开发利用的矿产资源有3种，包括建筑用花岗岩（凝灰岩）、饰面用及雕刻用辉长岩、冶金用脉石英。冶金用脉石英矿山企业1个，以招标拍卖挂牌取得采矿权，私营企业开采，产品主要销往晋江，供陶瓷企业使用。由于其高硅、低铝、铁、钛，产品可用于耐火制品、铁合金及工业硅用。饰面用及雕刻用辉长岩矿山1个，年产矿石量0.4万立方米，矿业产值40万元，所产石材荒料，大部分提供给本地及惠安等地的石材加工企业生产板材、石雕。经加工的部分石材产品远销全国、日本、美国及东南亚国家。由于地质环境的需要，矿山于2008年底采矿证期满后闭坑。建筑用花岗岩（凝灰岩）矿山6个，均为私营企业。其中，年产矿石5万—10万立方米的矿山1个，年产矿石小于5万立方米为5个，全年开采矿石15.48万立方米，产值约401万元。建筑石料基本满足洛江区现有工程建设和民用建筑的需求。

（二）矿产管理

1997年建区后，对全区各乡镇实行"依法办矿、依法治矿"。划分禁采及限采矿种和矿区，分类管理，采取不同的保护和开发策略。对石灰石矿、白云石矿和方解石矿开采项目严格执行环境影响评价制度。要求矿山企业制定边开采边恢复计划，逐步实现边开采边治理，边开采边恢复，提倡绿色生产，倡导绿色矿区建设。1999年，在排土场及边坡种草6000平方米，植树1500株，筑挡土石坝1个。2001年，首次编制《泉州市洛江区矿产资源开发利用与保护规划》。实行"三区"规划，使本区矿产资源开发与保护有据可循，遏制乱采探等无序开采。2007年，下发《关于加强矿山开采管理工作的通知》，确定市区和有关乡镇的周边地区、清源山风景区、马甲仙公山风景区、洛阳江、洛江重要交通要道两侧、旅游线路两侧可视范围、国防设施要地、供电通信设施保护区等地为禁采区。依法控制资源开发，引进绿色开采技术，如对露天采矿场在其结束开采前就对外围矿体进行开采，然后转入深部开采，以提高矿区矿石储量回收利用率。合理利用金属矿产、白云岩、石灰岩资、膨润土、泥岩、页岩、沉凝灰岩等资源，促进矿业可持续发展。同年，全区矿山总数53个，当年减至8个，其中瓷石、黏土、高岭土矿山全部关闭。矿山由过去的小、散、乱的状况，逐步转变为相对集中的矿山。矿种资源开发总量得到有效控制，矿产品价趋向稳定。矿产开发技术水平有较大提高，矿山机械化作业水平显著提高，矿山开采回采率和矿石综合利用率有明显提高，固体废弃物排放量有一定减少。建筑石料、冶金用脉石英等采矿权采用"招、拍、挂"方式出让。至2007年底，全区持证矿山企业8个，均为私营企业。以矿山实际产量统计，中型矿山1个，小型矿山7个。全区矿业采选从业人员约125人，矿业采选人工业产值441万元。

（三）矿业执法

1998年，采取行政执法手段封禁万安后埭材和马甲等3处采石场在高压电塔边禁采范围内采矿行为。区国土局与区劳动局、公安分局联合组成矿山安全生产检查小组，对各乡镇、街道办事处重点矿山采矿安全措施及火药材料库存安检查。对符合办矿条件的企业，发放采矿许可证73本。1999年，封禁高压电线下及风景区内等禁采区采石场5个，责令停产整顿矿山10家。办理1999年度各类矿山采矿许可证32家，取缔无证采矿7家。2001年，召开矿山会议4次，责令停采、整顿矿点及存在严重安全隐患矿山11个，换发采矿许可证50家。

2002年，建立健全矿山动态巡查、有奖举报、案件查处、定期汇报等工作制度，把矿山监管工作制度化。采取“区政府组织、国土资源部门牵头、公安、安监、工商、环保和水土保持部门配合、乡镇政府（街道办事处）具体实施、市国土资源部门派员支援”的办法开展专项整顿，坚决封严取缔无证采矿企业，对无证采矿的矿山企业采取停止供电等迫使违法矿山停产的措施。至2007年，查处采矿场13家，其中取缔存在安全隐患采矿场3家，封禁停产9家，关闭停产机砖厂14家；在开展治理工作中做到有堵有疏，对符合条件的准予办理延续采矿许可证。同时，开展矿业权招标拍卖挂牌出让工作，规范矿业经营秩序。

三、管理机构

1997年8月，泉州市政府召开鲤城区行政区划调整资产调配交接有关问题专题会议，同意原鲤城区土地管理局成建制划归洛江区。10月，洛江区土地管理局成立；11月，泉州市洛江区地产开发有限公司、泉州市洛江区土地交易所相继成立，标志着洛江区土地管理机构初步建立。

2002年4月，组建泉州市洛江区国土资源局；泉洛委办对洛江区国土资源局职能配置、内设机构和人员编制进行规定：区国土资源局规格为正科级，行政编制暂定4名，机关工勤人员事业编制另定；内设办公室、用地管理股（加挂土地法规监察股）、地籍管理股、综合管理股；原计划与统计局下属全民所有制事业单位地质矿产管理办公室成建制划归区国土资源局，地质矿产行政管理职能划入，设立地质矿产管理办公室。

2002年4月，洛江区土地储备中心成立。2004年6月，泉洛委编文件批准撤销“泉州市洛江区地产开发公司”，保留“泉州市洛江区土地储备中心”，作为区土地局管理的股级事业单位，职能不变，人员编制由原区地产开发公司成建制转移，经费由财政核拨。

2005年12月，根据泉州市政府关于国土资源管理体制改革的实施意见，设立泉州市国土资源局洛江分局，作为泉州市国土资源局的派出机构，依照法律规定授予洛江分局县一级国土资源管理权限，规格为正科级。市辖区乡镇国土资源所作为泉州市国土资源局的派出机构，由区国土资源分局管理。根据泉委编文件，原洛江区国土资源局机构编制人员等成建制划归市国土资源局，重新核定洛江分局行政编制2名，机关事业编制3名，科级领导职数2名。2006年4月，泉州市国土资源局洛江分局设立。

第八章　环境保护

第一节　环境质量

一、大气环境和酸雨

（一）大气环境状况

1997—2007年，常规监测结果和各区域的监测结果表明，洛江区的大气环境质量总体较好，均能达到GB 3095—1996《环境空气质量标准》二级标准，主要污染物为总悬浮颗粒。2002年，泉州市环境监测站在洛江区建立空气质量自动监测系统，实行洛江空气质量日报。

2004—2007 年洛江区大气环境质量达标情况表

表 2-8-1

年份	2004 年	2005 年	2006 年	2007 年
空气质量优良率	99.2%	94.8%	99.45%	99.7%
API 指数	56.6	58.8	58.74	58.8
首要污染物	PM10	PM10	PM10	PM10

说明：API 为空气污染指数。API 指数划分为 0—50、51—100、101—150、151—200、201—300 和大于 300 六档，对应于空气质量的六个级别，指数越大，级别越高，说明污染越严重，对人体健康的影响也越明显。

PM10 是环境空气中空气动力学当量直径小于等于 10 微米的颗粒物，也称可吸入颗粒物。

（二）酸雨

洛江区域处在国家规定的酸雨控制区范围内，根据《泉州市环境状况公报（2002 年）》，洛江区降水 pH 值平均值为 5.44，酸雨发生频率为 27.5%，比 2000 年下降 6.8 个百分点。根据《泉州市环境状况公报（2007 年度）》，泉州市酸雨频率为 46.2%，同比上年上升 13.2 个百分点；降水 pH 值年均值为 4.99，同比上年上升 0.5 个单位；降水 pH 最低值为 4.43，出现在泉州市区。酸雨出现的原因众多，主要是人为排放的二氧化硫、二氧化氮进入大气造成。洛江区环境空气污染主要因素有工业用煤产生的烟尘、废气，机动车排放的尾气等。

二、水环境

（一）地表水环境

洛阳江高速公路桥以上执行 GB 3838—2002《地表水环境质量标准》Ⅲ类水质标准；洛阳江桥闸以上高速公路桥以下执行 GB 3838—2002《地表水环境质量标准》Ⅱ类水质标准，惠女水库执行 GB 3838—2002《地表水环境质量标准》Ⅲ类水质标准。综合历年洛阳江水系各断面水质综合评价结果，洛阳江水质基本符合 GB 3838—2002《地表水环境质量标准》Ⅱ、Ⅲ类水质标准；惠女水库氮、磷超标。

根据《2004 年泉州市环境状况公报》，洛阳江水质达标率为 16.7%，超标因子为氨氮、BOD5、CODMn、溶解氧；惠女水库总氮、高锰酸盐指数和生化需氧量超标。

根据《泉州市环境状况公报 2007 年度》，洛阳江水质状况良好，同比上年未出现明显变化；惠女水库总磷超标，未能达功能区标准，营养状态等级属轻度富营养。

（二）海水环境质量

洛阳湾水质执行 GB 3097—1997《海水水质标准》二类标准，洛江区海域主要污染源有工业污染源、农业污染源、生活污染源。监测资料表明：万安开发区周边的洛阳桥南和乌屿一带海域超标，特别是无机氮浓度增加较为明显，水质有所下降。

三、声环境

2003 年底，洛江区创建 2 类环境噪声达标区 3.27 平方千米，达标区范围内环境噪声达到二类标准。

2005—2007 年，洛江区环境噪声昼、夜间等效声级平均值分别为 54.1 分贝和 45.1 分贝，等效声级现状值均能满足二类标准要求，区域内交通干线噪声昼、夜间的平均等效声级分别为 67.0 分贝和 54.3 分贝，昼间和夜间交通噪声平均值满足标准要求。

四、固体废物

1997年起，全区工业以树脂工艺为多，规模也较大，石材业和制鞋制衣业点多分布面广，大小规模都有，全区固体废弃物主要来源于这些产业，全年约产生4000千克，处置量约3550千克，综合利用量约50千克。另一方面，洛江区城镇生活垃圾产生量约为11680千克（按城镇常住人口计算），处置量约为11600千克，垃圾清运率95%。

第二节 环境治理

一、大气环境治理

2002年，区政府制定《洛江区创建烟尘控制区管理实施意见》，将万安和双阳街道办事处行政区域组成的38.84平方千米，划定为烟尘控制区。加强控制区内监督和管理，控制区内严禁新批燃煤锅炉，烟尘控制区内清洁能源使用率70%以上，烟尘浓度和烟气黑度达标排放率为100%，确保烟尘控制区稳定达标。

二、水环境综合整治

1997年起，对水源保护区范围外的但对饮用水源安全影响较大、污染严重、治理有难度的企业实施“关、停、禁、改、转、迁”。加强污染源管理，巩固工业企业污染达标排放成果。强化工业点源污染防治，以清洁生产为手段，减少水污染物产生量。特别要加快五金机械、鞋服纺织、树脂陶瓷等行业的产业升级，降低单位工业产值的耗水量和产污量。在线监测重点企业水污染物排放，对污染源废水治理设施运转和污染物排放总量控制。整合流域内工业园区，调整对水源保护有影响的工业园区；建设完善工业区通往城东污水处理厂的管道，削减水污染物排放量。各村镇应集中收集处置农村及城镇生活垃圾，禁止倒入溪流等水域。每年实施晋江、洛阳江流域水环境保护与污染控制计划，完成上级下达治理任务，提高辖区水环境质量。加强饮用水源保护，开展饮用水源执法专项检查。在重要水源保护区内，禁止开垦坡地，减少土壤侵蚀及其营养盐流失。对洛江入海口环境质量监测，控制陆源污染物排海对近岸海域生态环境的负面影响。充分利用湿地、植被防护净化功能将陆地各种无组织排放源截留降解，维持海洋生态平衡。治理风景旅游区的旅游服务业污染，降低旅游业对洛江区环境的胁迫。2003年，“非典”疫情期间，对区属7家医疗机构废水和废物排放情况的督查工作，督促各医疗机构按规范处置医疗废水和废物。2004—2005年，开展洛阳江流域工业污染源综合治理“零点计划”行动方案，对12家重点排污单位进行重点监管，督促其污水处理设施保持正常有效运行，确保排污达标，对4家没有完善治理设施的单位进行限期治理。

三、噪声治理

2003年底，创建二类环境噪声达标区3.27平方千米，达标区范围内环境噪声达到2类标准。

2005—2007年洛江区区域环境噪声平均值满足GB 3096—1993《城市区域环境噪声》二类标准要求，区域内交通干线噪平均值满足标准要求。

四、固体废物治理

1997—2007年，全区禁止乱焚烧和乱排放工业固废的行为；对危险化学品污染隐患进行全面排查，落实危险化学品废弃物的安全处置方案。区环保部门联合工商、卫生、经贸发等单位开展“白色污染”整治和“禁磷”检查。成立区、乡镇（街道）环卫所，统一负责区域内全部生活垃圾、建筑垃圾和工业垃圾的清运和消纳，城区垃圾清运率达到100%。全区垃圾由密闭式农用车运至室仔前垃圾填埋场。全区医疗垃圾全部集中送到医疗废物焚烧中心集中焚烧处置。开展重点污染企业厂址的土壤和地下水污染现状调查及风险评估，提出污染控制对策，对土地二次开发和再利用提出建议。针对典型污染区域，开展土壤修复示范工作。定期对重点危险废物产生单位进行土壤监测，发现污染及时消除。

第三节 水土保持

一、水土流失状况

1997年，洛江区土地总面积372.06平方千米，水土流失面积80.46平方千米，占全区土地总面积21.6%，其中轻度流失（50万—250万千克／平方千米·年）50.67平方千米，中度流失（250万—500万千克／平方千米·年）18.93平方千米，强度流失（500万—800万千克／平方千米·年）6.81平方千米，极强度流失（800万—1500万千克／平方千米· 年）3.27平方千米，剧烈流失（≧1500万千克／平方千米·年）0.77平方千米，平均侵蚀数64.95万千克／平方千米·年，流失区侵蚀数275.54万千克／平方千米·年。

2000年，全区水土流失面积55.1平方千米，占全区14.81%，比1996年减少25.36平方千米，占全区水土面积流量下降6.79个百分点，其中轻度流失40.99平方千米，中度流失8.17平方千米，强度流3.30平方千米，极强度流失2.013.27平方千米，剧烈流失0.62平方千米，平均侵蚀数41.96万千克／平方千米，流失区侵蚀数236.89万千克／平方千米。

2005年，全区水土流失面积41.77平方千米，比2000年减少13.33平方千米，减少31.91%；比1996年减少38.69平方千米，减少48.08%；比1986年减少57.23平方千米，减少59.61%。与1996年相比流失率下降10%以上。

二、水土流失调查

1997年后，全区水土流失轻度及强度以上的流失面积呈下降趋势。1999年，对全区工程侵蚀作全面调查，调查分为工矿、交通、城建和其他4个类型，建设状态分为在建、闲置和竣工3个类别，治理情况分为已治、在治、待治。调查采用手持GPS（全球定位仪）实地测出地情坐标（经纬度）和面积，并在1:20地表图上标记其位置和编号。

1999年洛江区工程侵蚀及治理情况表

表2-8-2 单位：平方千米

类型	已治	在治	待治	小计
工矿	0.379	—	0.2410	0.620
交通	0.249	—	0.4410	0.691
城建	0.520	2.20	0.0033	2.753
其他	0.333	—	0.0370	0.371
侵蚀面积合计	1.481	2.2	0.7223	4.435

2002年6—12月，利用手持GPS（全球定位仪），实地采集工程侵蚀斑的地理位置（坐标）、面积、侵蚀特征、用地类型、建设状态、动工时间、灾殃主单位、治理情况及有无编制水土保持方案等信息，

按规范编号登记，并附其现状照片。全区工程侵蚀调查个数 34 个，方案编制数 28 个，编制率 82.35%。根据调查统计，全区地类面积 73.74 平方千米，水土流失面积 21.23 平方千米，占地类面积 28.79%，其中轻度流失 9.88 平方千米，中度流失 10 平方千米，强度流失 1.35 平方千米。果园地类面积 64.92 平方千米，流失面积 20.42 平方千米；茶园地类面积 2.17 平方千米，流失面积 0.82 平方千米。

2002 年洛江区工程侵蚀及治理情况表

表 2-8-3

	不同工程类型侵蚀				不同建设状态侵蚀			治理状况		
	城建	工矿	交通	其他	竣工	闲置	在建	已治	在治	待治
处数（处）	10	—	—	0.24	—	5	29	—	31	3
侵蚀面积（平方千米）	1.642	—	—	0.63	—	0.27	2	—	2.22	0.47

三、水土流失防治

1965 年，惠女水库管理局会同相关社、村，对水库坝区范围集体所有林地实行 3 年封山，禁止打枝、割草、放牧和开荒。3 年后，经水库管委会批准后方可在坝区范围内进行林木打枝和山草采割。1991 年始，把主要公路河流两傮一重山的残次生林作为封育林的重点区域，采取在每个封山育林区竖立界牌，标明封育边界、面积、封育类型、年限、责任单位和责任人、护林人等内容及封育禁令，制定乡规民约，按规划要求配备专（兼）职护林员，采取措施打击破坏山体、植被活动，营造生物防火林带，及时防治森林病虫害，做好火烧迹地的更新造林，建立自然保护区和保护点，加强对森林的生物物种多样性、生态环境及名大古树的保护。

1992 年，对杏宅一带开山采石统一规划，严格审批，实行“上堵下截中绿化”的治理措施及边开采边防护措施，每处开山采石窑有水土保持防治措施。369 处采石窟防治水土流失面积 2 平方千米，砌筑挡土墙 253 条，长度 1115 米，12697 立方米，可拦蓄弃渣 2.18 万立方米，使水土流失下降 85.3%。中央电视台《经济信息》栏目作专题报道，1995 年作为首批全国试点在全国（西安）水土保持会上作典型经验介绍。

2001—2007 年，规划治理面积指标 1.36 平方千米，其中坡改梯 0.4 平方千米，茶果园水保工程 0.5 平方千米，水保林 0.2 平方千米，种植经济林果 0.2 平方千米，种草 0.06 平方千米，总投资 1138.73 万元。2002 年开始，把茶果园水土流失治理作为水土流失治理“五大”工程之一。2002—2007 年，全区治理果园水土流失面积 2.84 平方千米。其中，2003 年治理面积 1.33 平方千米，占比 46.83%。

2003 年，马甲小流域通过水利部太湖流域管理局、福建省水土保持委员会达标验收，被水利部、财政部联合命名为全国水土保持生态环境建设示范小流域。“十一五”期间（2006—2010 年），全区规划治理水土流失面积 6.67 平方千米，采用植物措施 6 平方千米，其中封禁 4.66 平方千米，水土保持 0.93 平方千米，种植经济林 0.13 平方千米，种草 0.27 平方千米。建设谷坊 10 座，拦沙坝 1 座，截、排水沟 2 千米，跌水 10 处，挡土墙 2 千米，护坡 4 千米，道路 2 千米，蓄水池 10 口。以洛阳江流域水土流失作为重点，狠抓“五个工程”（崩岗侵蚀综合治理工程、重要水源水土保持生态建设工程、茶果园水土流失治理工程、迹地植被恢复工程、生态修复工程）建设，提高水土保持综合防御功能。重点建设惠女水库库区水土保持生态建设工程。2004—2008 年，规划建设面积 80.57 平方千米，治理水土流失 31.75 平方千米，总投资 1363.79 万元，其中水土保持部门规划防治面积 33.333 平方千米，营造水源涵养林 0.33 平方千米，建设生态果茶园 0.67 平方千米，封禁治理 2.33 平方千米。2007 年，人为水土流失基本得到有效控制，所有开发建设项目均按编制水土保持方案，严格落实“三同时”（水土保持措施与主体工程同时设计、同时施工、同时验收投入使用）制度，无出现乱开垦、乱砍滥伐等破坏林草植被现象。虹山乡通过泉州水土保持委员会办公室的“泉州市水土保持示范乡”验收并命名。

第四节 环境管理

一、宣传教育

2002—2007年，每年6月5日“世界环境日”举办形式多样的环保宣传活动，提高全民环境保护意识。自2002年起，开展“绿色学校”“绿色社区”创建工作，至2007年，全区共有省级绿色学校2所，市级绿色学校10所，区级绿色学校12所，市级绿色小区1个，区级绿色小区2个。

二、环境规划编制

2002年，编制《洛江区环境保护（2003—2007）年五年规划》。2003年，完成洛江区生态功能区划。2007年6月，编制《洛江区生态区建设规划（2006—2020年）》，并经区政府常务会讨论通过印发。

三、监督执法

2002—2007年，按照《建设项目环境保护分类管理名录》进行审批管理，对重污染、工艺落后和不符合环境规划的项目予以否定。实施排污许可证制度根据《泉州市“十五”期间主要污染物排放总量控制计划》，运用泉州市水环境容量核算研究成果，对影响水质的COD等主要污染物执行总量控制。对照省、市总量控制标准，对符合排放要求的排污单位发放排污许可证，把污染物排放总量削减指标落实到每一个污染源，逐步完善排污许可证管理方式，规范企业排污行为。每年开展清理整顿不法排污企业、保障群众健康环保行动，制定《洛江区整治违法排污企业保障群众健康环保行动实施方案》。

第五节 机构

一、行政机构

1997年10月，组建洛江区环境保护办公室，隶属区建设局，没有独立编制。2002年12月，撤销洛江区环境保护办公室，成立洛江区环境保护局，科级建制，行政编制3人，内设办公室、法规宣教股、污染监督管理股3个股室。2003年，区环境保护局搬迁办公场所，由原来的万安自来水厂搬迁至洛江建设银行五楼。

二、事业机构

洛江区环境监察大队　2003年6月，成立区环境监理所，编制3名。2004年6月，区环境监理所更名为区环境监察大队，重新核定编制4名。2007年3月，编制增加至5名。

洛江区环境监测站　2003年6月，成立区环境监测站，编制5名。2007年3月，区环境监测站事业编制增加至7名。同年12月，区环境监测站通过省技术监督局计量认证资质认定。

第三篇 人口与计划生育

秦汉开始，汉族人移居泉州，特别是两晋之交中原大批士族、军人、民众迁入，土著居民与之融合同化，汉族成人口主体。明初，从泉州城隅、安溪、莆田等周边县迁入洛江今域。从唐代中叶起，历宋、元、明、清、民国，一些洛江人漂洋出海，穿州过府，移居海外，成为早期华侨。外来人口迁入和当地居民流向海外，是洛江今域人口变化的典型特征。中华人民共和国成立后，人口急剧增长。1962年，提倡计划生育。1972年后，推行计划生育，人口增长过快、过多的势头得到控制。1980年人口自然增长率下降到7.39‰。20世纪90年代起，加强对人口控制，完善计划生育政策，制定人口计划指标，层层推行工作责任制，提倡晚婚晚育，少生优生，严格控制二胎，人口出生率和自然增长率迅速下降，人口增长过快、过多的势头得到遏制。1997年，洛江区总人口16万人，建区后，围绕稳定低生育水平目标，严格落实计划生育政策，建立健全人口计生工作新机制，人口控制目标有效实现。至2007年，全区总人口17.99万人。

第一章 人口规模

第一节 人口总量

随着社会稳定，经济发展，人民生活水平提高，医疗卫生保障条件改善，人口死亡率下降，生育率和自然增长率提高，人口规模扩大。1951年，析晋江县城关和近郊8个乡约9.3万人成立泉州市（县级），晋江县的人口为59.72万人。1971年1月，晋江县析罗溪、马甲、河市3个公社和双阳华侨农场计人口9万多人归泉州市。20世纪80年代后，各级加强计划生育工作，人口自然增长过快、过多的势头得到控制。随着改革开放深入，非定居的外来人口不断增加。1992年，鲤城区（含洛江区）人口有50.87万人。至1997年，洛江区总人口160012人，其中，男82987人，女77025人。2007年末，全区总人口179908人，比1997年末增加18727人，增长11.62%。其中，男92990人，女86918人。1997—2007年，年均人口增长1.18%。

1997—2007年洛江区人口情况表

表3-1-1　　单位：人

年份	总人口数	年份	总人口数	年份	总人口数
1997年	160012	2001年	167899	2005年	176584
1998年	161601	2002年	168810	2006年	179959
1999年	163819	2003年	170940	2007年	179908
2000年	165550	2004年	173582		

第二节 人口分布与密度

一、建区前人口分布与密度

洛江区人口分布，城区与乡镇、镇区与乡村不平衡。城区、乡镇所在地分布较密，乡村分布较疏。民国25年（1936年），晋江县第四区（今河市、马甲、罗溪、虹山、双阳华侨农场）52051人，人口密度142人/平方千米。1992年，鲤城区（含今洛江区域）人口密度在430人/平方千米左右，河市镇、马甲镇、罗溪镇、虹山乡和双阳华侨农场人口密度170人/平方千米。

若干年份洛江区域乡镇（公社）人口密度比较表

表3-1-2

地区	1971年		1982年		1990年	
	总人口（万人）	人口密度（人/平方千米）	总人口（万人）	人口密度（人/平方千米）	总人口（万人）	人口密度（人/平方千米）
河市	2.20	216	2.75	326	2.98	353
马甲	2.98	262	4.04	351	4.71	427
罗溪	3.17（含虹山）	248（含虹山）	3.29	284	3.76	325
虹山	—	—	0.88	365	1.02	423
双阳	0.97	349	1.17	422	1.26	454

二、建区后人口分布与密度

（一）人口分布

1997年，全区常住人口中，居住在城镇的人口8501人，占5.31%；居住在乡村的人口为151511人，占94.69%。1997—2007年，全区城镇人口（非农业人口）比重逐年增加，乡村人口比重逐年减少，城镇化水平提高。2007年，全区常住人口中，居住在城镇的人口为48468人，占26.94%；居住在乡村的人口为131140人，占83.1%。与1997年相比，城镇人口增加39967人，年均增长率15.42%。

1997—2007年洛江区城镇人口占总人口比例表

表3-1-3

年份	总人口（人）	城镇人口（人）	占总人口比例（%）
1997年	160012	8501	5.31
1998年	161601	9693	6.00
1999年	163819	11049	6.74
2000年	165550	11664	7.05
2001年	167899	13405	7.98
2002年	168810	29776	17.64
2003年	170940	31129	18.21
2004年	173582	33174	19.11
2005年	176584	47470	26.88

续表 3-1-3

年份	总人口（人）	城镇人口（人）	占总人口比例（%）
2006 年	179959	49912	27.74
2007 年	179908	48468	26.94

（二）人口密度

1997 年，全区人口密度每平方千米 419 人。至 2007 年，全区人口密度每平方千米 477 人，比 1997 年每平方千米增加 58 人。万安街道人口密度每平方千米 778 人，居全区最高；双阳街道每平方千米 625 人，居全区第二；马甲镇每平方千米 401 人，居全区第三；罗溪镇每平方千米 370 人，为全区最低。

1997 年和 2007 年洛江区各乡（镇）、街道人口密度情况表

表 3-1-4

乡镇（办事处）	土地面积（平方千米）	1997 年		2007 年	
		总人口（人）	人口密度（人 / 平方千米）	总人口（人）	人口密度（人 / 平方千米）
万安街道	14.82	7703	520	11527	778
双阳街道	24.02	13386	557	15027	625
河市镇	84.40	32458	385	33923	401
马甲镇	118.51	53486	451	64118	541
罗溪镇	115.88	41749	360	43149	401
虹山乡	24.11	11230	466	12164	505

第二章　人口变动

第一节　自然变动

中华人民共和国成立前，境内社会动荡不安，环境卫生差并自然灾害多，人口增长缓慢。中华人民共和国成立后，境内社会安定，人民生活水平不断提高，特别是消灭鼠疫、霍乱和天花等瘟疫，建成防洪堤，消除为患千年的水害，人口死亡率下降，生育率和自然增长率提高。1949—1963 年，人口出生率平均在 29.68‰—36.47‰之间，人口变动呈高出生率、低死亡率、高自然增长态势。

1962 年，开始提倡计划生育，但成效不大。1972 年以后，大力推行计划生育，人口增长过快、过多的势头得到控制，1980 年人口自然增长率下降到 7.39‰。20 世纪 80 年代初，由于生育二胎的生育政策有所松动，自然增长率出现反弹；此后，随着加强计划生育又逐年下降。1992 年，人口自然增长率为 5.56‰，低于全国平均水平。

1997 年，洛江区户籍总人口 36807 户、160012 人，出生人数 2238 人，出生率 14.06‰；死亡 821 人，死亡率 5.16‰；自然增长人口 1417 人，自然增长率 8.90‰。2000 年，全区户籍总人口 39247 户、165550 人。2007 年，全区户籍总人口 43572 户、179908 人，出生人数 2022 人，出生率 11.24‰，死亡 850 人，死亡率 4.72‰；自然增加人口 1172 人，人口自然增长率 6.52‰。

1997—2007 年，人口出生率最低年份为 2003 年，为 10.74‰。人口死亡率最高年份为 1998 年，为 5.22‰；最低为 2005 年，为 2.63‰。人口自然增长率呈下降趋势，其中，人口自然增长率最高年份为

2005年，达9.92‰。人口自然增长率呈稳定态势，保持在10‰以下，其中，最低年份为2003年，为6.03‰，人口自然增长率变化情况与人口出生率大致相同。

1997—2007年洛江区户籍人口自然变动情况表

表3-2-1

年份	总户数（户）	总人数（人）	出生		死亡		自然增长	
			人数（人）	出生率（‰）	人数（人）	死亡率（‰）	人数（人）	自然增长率（‰）
1997年	36807	160012	2238	14.06	821	5.16	1417	8.90
1998年	37675	161601	1974	12.28	839	5.22	1135	7.06
1999年	38150	163819	2222	13.66	824	5.06	1398	8.60
2000年	39247	165550	2016	12.24	845	5.13	1171	7.11
2001年	39688	167899	2191	13.14	829	4.97	1362	8.17
2002年	40234	168810	1849	10.98	656	3.89	1193	7.09
2003年	41432	170940	1824	10.74	800	4.71	1024	6.03
2004年	41865	173582	2038	11.83	843	4.89	1195	6.94
2005年	42522	176584	2197	12.55	460	2.63	1737	9.92
2006年	42957	179959	2064	11.58	900	5.05	1164	6.53
2007年	43572	179908	2022	11.24	850	4.72	1172	6.52

第二节 机械变动

一、迁徙

（一）迁入

自秦汉始，历代均有北方士庶和周边地区民众迁到境内定居，尤其是两晋时期、唐末和南宋后期，由于战乱，中原迁入境内人口尤多。中华人民共和国成立后，社会安定，人民安居乐业，除经商务工、婚姻嫁娶、工作调动、分配录用、退休退职、投亲靠友等原因迁入外，较成规模的外来人口迁入较少。1951—1955年，泉州籍华侨在一些国家、地区被迫回国共有1041人，均安置在泉州市。1960—1963年，接受印度尼西亚难侨4812人，安置在双阳华侨农场及其他单位。其中，双阳华侨农场安置了5批3212人。1979年9—12月，双阳华侨农场还安置2批从越南回归难侨400人。20世纪60年代初，国民经济调整时期，动员部分从工业部门精简的人员回乡参加农业生产。1969年后，组织知识青年上山下乡，先后几批市区知青到马甲、河市等地插队落户。改革开放后，安徽、四川、江西等地民工前来务工。1995年11月1日至2000年10月31日，跨乡镇、街道迁移的人口占总人口的5.6%，其中省际迁移的占迁移人口占49.4%，迁移的原因由之前婚姻迁移转为务工经商迁移，因务工经商而迁移的占迁移人口的68%，其中，来自江西省的占16%、湖北省的占7.4%、湖南省和四川省的各占6.2%，年龄15—34岁的占60.9%。2004年，迁入洛江区人数5061人，其中省际迁入693人，占13.17%。2007年，迁入洛江区人数2669人，其中省际迁入946人占35.44%，迁入的人口为洛江区提供大量的劳动力，促进洛江区经济的发展。

（二）迁出

唐代中叶起，境内就有居民往东南亚经商、打工，宋代，泉州港成为“海上丝绸之路”的起点，境内有居民往东南亚一带定居谋生，明代境内有人随郑和下西洋，民国时期由于战乱，境内出国人数日益增多。中华人民共和国成立后，社会秩序安定和实施不鼓励海外移民的政策，在相当长一段时间内向海外移民人数甚少。1956年后，号召社会闲散劳力上“三场”（国营林场、农场、渔场）参加社会主义建设。

1964—1966年，原属晋北的罗溪、河市、马甲等地少人多的地方，政府组织部分贫困农民移民到清流、龙岩、连城、漳平、宁化、三明、大田永春等县，有的单独建立生产队，有的安排在社办集体农场、国营农林场。20世纪70年代后期，大批泉州籍上山下乡知识青年返城，均得到妥善安置。改革开放后，洛江区对外经济交往日益频繁，居民因私外出务工经商、婚姻嫁娶、就学深造的逐步增加。

1997—2007年，户籍人口呈净迁入态势，1997年户籍人口迁出5340人，其中迁省外191人；办理户口迁入5538人，其中省外迁入158人，净迁入198人。2000年、2002年、2007年3个年份呈净迁出状态。其中2007年，迁出3872人，迁入2669人，净迁出1203人，是11年来净迁出人数最多。

1997—2007年洛江区户籍人口迁移统计表

表3-2-2　　**单位：人**

年份	迁出		迁入		出入相抵	
	总数	迁往外省	总数	外省迁入	净迁入	净迁出
1997年	5340	191	5538	158	198	—
1998年	1400	146	9867	293	8467	—
1999年	1860	131	2500	337	640	—
2000年	2670	633	2113	380	—	557
2001年	1368	180	2413	279	1045	—
2002年	2393	260	2066	361	—	327
2003年	1936	287	5061	693	3125	—
2004年	1938	298	3792	612	1854	—
2005年	2150	299	3966	238	1816	—
2006年	2057	360	4462	796	2405	—
2007年	3872	551	2669	946	—	1203

二、库区移民

1958年7月8日，惠女水库原名“乌潭水库”动工兴建，库区实际搬迁马甲乡彭殊、新庵、梅岭、洋坑、祈山、永安、杏川、马甲8个大队，31个村组（自然村组），迁移603户3805人，渠道建设搬迁河市山边村莲坂自然村12户76人，合计迁移615户3881人，其中包括侨居户36户909人，长期外居户50户229人。外迁至双阳华侨农场、河市埔边、南安坝田184户1084人，外迁清流县安置18户102人，迁出28户190人。1966年，罗溪前洋水库建设，洪四大队迁移60多户300多人，主要迁往西滨农场，少数迁移清流县。2002年8月27日和2004年8月17日，接收安置2批三峡库区移民16户63人分别安置于双阳镇朝阳村和河市镇白洋村。

第三章　人口构成

第一节　性别构成

唐至清代，洛江今域人口性别构成无考。民国时期，境内的人口的性别比例与晋江县的人口统计情况一致，基本上是男性多于女性，性别比为110.29（女性为100，下同），是现有资料中人口性别比最高年份。抗战时期大量抽调壮丁，青壮年男子相继逃亡或隐匿户口，出现女性多于男性的情况。民国31年（1942年）女性别比为90.9，是现存资料中性别比最低年份。其余年份的性别比基本在103—108之间波动，高出正常值（95—102）上限1—6个百分点。

民国时期不同年龄段的性别比差异较大，幼儿和青少年（6—28岁）组性别比偏高，成年组（29—54岁）下降幅度较大，老年组（55岁以上）偏低，反映当时社会重男轻女的生育观念、局势动荡青壮年男性人口大量外出谋生的情况。

中华人民共和国成立后，妇女社会地位普遍提高，群众生育观念有较大改变，人口性别构成趋于正常，人口性别比在正常值范围内波动。1949—1978年基本保持女性多于男性的性别结构，但1954—1957年连续几年出现男性多于女性的情况，1979—1992年又出现相同情况。部分受传统“养儿防老”“传宗接代”观念影响较深的群众弃女胎保男胎，溺弃女婴，生女婴不报户口，同时外省民工大量涌入，迁移人口以男性劳动力为主，这些因素直接影响境内性别比例。

中华人民共和国成立后，不同年龄段的性别比也出现不同的变化。低年龄组性别比居高不下，即男多于女。婚龄组20世纪60年代中期40岁以下男多于女，40岁以上女多于男；20世纪90年代以后则到60岁以上才出现女多于男的情况。老年组的性别比随年龄递增呈直线下降趋势。

1997年，洛江区常住人口中，男82987人，占51.86%；女77025，占48.14%。全区总人口男女性别比（指男性对女性的比率，通常是以每100位女性所对应的男性数目为计算标准）107.74。

2000年，第五次全国人口普查数据显示，全区常住人口中，男81407人，占50.8%；女78664人，占49.1%；男女性别比为103.49。乡镇人口家庭户中，男66567人，女68136，男女性别比97.7。乡镇人口集体户中，男14840人，女10528人，性别比140.96。1—4岁，男3285人，女2517人，性别比130.51。

2004年，全区常住人口173582人，男90520人，女83062人，性别比108.98，是建区后性别比最高一年。为遏制出生人口性别比攀升势头，保护妇女儿童合法权益，洛江区开展综合治理出生人口性别比偏高问题专项活动，强化宣传发动、奖励扶助、服务管理等措施，加大打击力度，特别是严查“两非”（非医学需要的胎儿性别鉴定和选择性别的人工终止妊娠）行为，综合治理、集中整治，推动出生人口性别比综合治理工作取得实效。2007年，全区常住人口中，男92990人，占51.69%；女92990人，占48.3%1；男女性别比为106.98。

1997—2007年洛江区人口男女性别比例表

表3-3-1　　　　单位：人

年份	总人口	男	女	性别比 女=100
1997年	160012	82987	77025	107.74
1998年	161601	83917	77684	108.02
1999年	163819	85180	78639	108.31
2000年	165550	86039	79511	108.16
2001年	167899	87348	80551	108.44
2002年	168810	87885	80925	108.6
2003年	170940	88713	82227	107.89
2004年	173582	90520	83062	108.98
2005年	176584	91559	85025	107.68
2006年	179959	93034	86925	107.03
2007年	179908	92990	86918	106.98

第二节 年龄构成

2000 年第五次全国人口普查数据显示，全区人口中，0—14 岁人口为 3.85 万人，占总人口的 24.08%；15—64 岁的人口为 11.24 万人，占总人口的 70.29%；65 岁及以上的人口为 0.90 万人，占总人口的 5.63%。

2000 年洛江区第五次全国人口普查年龄构成比较表

表 3-3-2

年龄组（岁）	人口数（人）			性别比 女=100	年龄组（岁）	人口数（人）			性别比 女=100
	合计	男	女			合计	男	女	
0—4	7821	4366	3455	126.37	50—54	5522	2786	2736	101.83
5—9	10542	6197	4345	142.62	55—59	4036	2074	1962	105.71
10—14	20098	10686	9412	113.54	60—64	3900	1988	1912	103.97
15—19	20117	9722	10395	93.53	65—69	3472	1654	1818	90.98
20—24	20874	10862	10048	107.74	70—74	2841	1218	1623	75.05
25—29	16903	8633	8270	104.39	75—79	1686	609	1077	56.55
30—34	14135	6900	7235	95.37	80—84	817	213	604	35.26
35—39	10163	4967	5196	95.59	85—89	310	57	253	22.53
40—44	8260	4194	4066	103.15	90—94	74	13	61	21.31
45—49	8485	4301	4184	102.8	95—99	12	3	9	33.33

第三节 民族构成

一、民族结构

至 2007 年，洛江区有 25 个民族，其中汉族 155128 人，占总人口 96.91%；回族 2608 人，占总人口 16.29%；畲族 865 人，占总人口数 0.54%；苗族 570 人，占 0.36；壮族 319 人，占总人口数 0.2%；土家族 318 人，占总人口数 0.2%；侗族 87 人、瑶族 41 人、布依族 29 人、满族 19 人、蒙古族 19 人、藏族 17 人、彝族 12 人、黎族 6 人、土族 5 人、毛南族 5 人、仡佬族 5 人、维吾尔族 2 人、朝鲜族 2 人、白族 2 人、傈僳族 2 人、高山族 1 人、拉祜族 1 人、纳西族 1 人、仫佬族 1 人，合计 257 人，占总人口数 0.16%。全区少数民族人口合计 4943 人。少数民族人数最多是回族，占全区少数民族总人口的 57.6%，主要居住在万安街道（2203 人）、河市镇（145 人）、双阳镇（237 人）。畲族占全区少数民族 17.5%，主要居住在河市镇（648 人）、马甲镇（177 人）。单一民族户数 36868 户（以汉族为主），占 96.04%；二个民族户 1518 户，占 2.95%；三个民族户 3 户。

二、主要少数民族

回族　中华人民共和国成立初，洛江的回民主要居住在万安街道杏宅，在人民政府民族政策的帮助扶持下，回族得到较快发展。洛江杏宅郭氏始祖郭文宪是阿拉伯人，系伊斯兰教信徒。宋元之际，因慕中夏繁华，人文鼎盛，遂安家于浙江杭州富阳，务农营商，生息繁衍，聚族定居后袭汉为郭姓，其子郭章。

郭章生二子，长子郭德广，次子郭德昭。长子生于元季末、明洪武初，分居法石、白崎，次子分居东街、大坪、杏宅。2005年，洛江区郭姓人口计有2850人。

畲族 中华人民共和国成立后，洛江区畲族的族称根据民族识别的结果而确定。1953年，国家民委派出一个调查组到福建、浙江等地一些畲族区进行民族识别，马甲镇坑头畲族就是在此次被识别的（参加者有晋江县民政局干部、厦门大学历史系教授），根据调查研究，确认畲族是一个具有自己特点的、单一的少数民族，并征得广大干部群众的意愿，报请国家民委于1956年由国务院公布确认畲族为中国单一的少数民族。据2005年底统计，洛江区蓝姓在册人口数为832人，蓝姓人口聚居在马甲镇潘内村、河市镇厝斗村。

附：

万安街道杏宅回族 杏宅位于洛阳江西南畔，毗邻万安开发区、洛江高科技园区。历史上这里隶属晋江县三十八都万安铺，民国时，隶属晋江县东北乡杏屿保。1958年，划归泉州市，为东海公社管辖，1961年，从东海公社析出属城东公社管辖，称城东公社杏宅大队，1985年，改称为城东乡杏宅村。1992年，又改称城东镇杏宅村。2003年，更名为万安街道杏宅社区。杏宅回族村面积8平方千米，有耕地6.66公顷，人口2124人，其中郭氏回民2124人。杏宅郭氏先祖郭文宪巡抚杭州，遂居于杭之富阳县。元末其子郭章来泉授宣慰使之职，是时干戈抢剧，弗克还朝，迺纳室于泉而家焉。郭章生有二子：长子郭德广分流石头（法石）、百奇，次子郭德昭分流东街、大坪、杏宅。郭德昭长子郭仝（字孟良，号乐樵）择郡东居之，籍筑云谷书舍，教授生徒，号称云谷主人，尊为郡东郭氏一世祖。其四世孙郭源于宣德年间由郡东徙居万安王宅肇基，人丁繁衍，异姓益退，即改杏宅。杏宅郭氏家庙始建于明朝中期，历代都有重修，现基本保留清代风格，坐南朝北，三进五开间硬山式建筑，面积746平方米。杏宅郭氏家庙（祠堂）、田螺公墓（杏宅郭氏五世祖墓）、老爹公墓（郭承汾墓）申报市级文物保护单位。

历史上有名人郭承汾，明崇祯十六年（1643年）进士，官至太仆兼佥部御史。清顺治七年（1650年），郭承汾被张献忠起义军大将孙可望所俘，挺然不屈，受饿而死，埋于贵州。清康熙九年（1670年），移其骸归葬舍公山。郭承汾墓前竖有一无字墓碑，两侧一对六角形石望柱，阴刻挽联“捷第起宗特简中丞开宪府，捐躯殉国长晋青史照忠魂”。

洛江畲族 明天启六年（1626年），蓝氏十八世熙一郎、熙二郎、熙三郎在漳浦修祖祠“种玉堂”，匀（辈）序重新排列之后，次年与雷姓率其子孙迁至今洛江河市厝斗新僚落基。蓝熙二郎为河市、马甲畲族蓝姓始祖，在新僚繁衍生二子，长子蓝明德，居新界；次子早夭，其妻携幼子流乞他乡，寰居德化县葛坑。二世蓝明德生六子，长子蓝春光迁移马甲坑头、西辽，次子蓝春荣迁移新告腰仔，三子蓝春畅迁移仙游剑山，四子蓝春茂迁移湾丘后，五子蓝春秀迁移坑内，六子因家被火烧尽，与其媳妇迁移惠安土寨新亭，传至2007年已有十七世。畲族为辨别是否本族或本姓人辈分以及血统的亲疏，因此，各祠堂每若干年（约二十年）要排行一次。排行时，先将本祠堂若干年内出生的男女的年、月、日进行登记，由族长和族中长辈数人，将登记的人按辈分和出生前后进行的排行，并于死后写入族谱。排行辈分的区别，是以大、小、百、千、万、念六个字为行次。以周而复始的方法来区别，但雷姓按大、小、百、千、万，钟姓按大、小、百、万、念排行的，只有蓝姓是按六个字排列的，故有畲族一首：“排行算来你细听，雷姓无念钟无千，男人无一女无二，蓝姓五六两样生”的歌诀。

第四节 姓氏构成

全区有姓氏276个，其中，单姓275个，复姓2个（欧阳、上官）。5000人以上有10个姓，人口数在2万人以上有黄、杜；人口数1万—2万以上有赖、林、彭；5000—10000有吴、陈、王、刘、谢。

2004 年洛江区各姓氏人数统计表

表 3-3-3　　　　**单位：人**

姓氏	人数	姓氏	人数	姓氏	人数	姓氏	人数	姓氏	人数	姓氏	人数	姓氏	人数	姓氏	人数	姓氏	人数
黄	24614	蓝	832	任	26	甘	10	凌	5	麦	2	瞿	1	承	1	常	1
杜	22561	魏	776	饶	25	石	9	聂	5	焦	2	郎	1	时	1	裴	1
赖	15358	肖	751	邹	25	于	9	尚	5	吉	2	卿	1	米	1	左	1
林	14511	方	721	康	24	潭	9	包	5	泰	2	布	1	敖	1	古	1
彭	10501	朱	542	阮	23	崔	9	关	4	盖	2	奉	1	洗	1	鞠	1
吴	9473	卢	430	温	23	文	9	宁	4	邬	2	匡	1	习	1	艾	1
陈	9153	赵	404	连	22	殷	8	贺	4	应	2	凡	1	席	1	白	15
王	6022	雷	372	马	21	伍	8	冉	4	寇	2	商	1	牟	1		
刘	5558	涂	371	谭	21	易	8	柏	4	楼	2	齐	1	毕	1		
谢	5350	施	329	洛	20	郑	8	绍	4	茅	2	解	1	刑	1		
杨	3693	廖	307	詹	19	覃	7	巫	4	赴	2	漆	1	冠	1		
郭	2850	韦	300	游	19	阙	7	车	4	成	2	丰	1	衷	1		
郑	2591	高	299	田	19	缪	7	郝	4	路	2	资	1	麻	1		
尤	1978	陶	266	毛	18	庞	7	喻	4	简	2	明	1	娄	1		
苏	1973	宋	256	欧阳	18	季	7	管	4	舒	2	练	1	松	1		
曾	1962	梁	254	韩	18	占	7	封	4	淡	2	辜	1	闫	1		
倪	1927	周	222	龚	16	腾	7	虞	4	耿	2	谷	1	隆	1		
张	1877	佘	217	官	16	项	7	苓	4	蒲	2	教	1	苗	1		
李	1785	顾	198	白	15	葛	6	岑	3	景	2	冷	1	乔	1		
许	1780	丁	163	邵	15	鄢	6	公	3	庹	2	龙	1	仍	1		
潘	1712	江	156	夏	14	辛	6	乐	3	暨	2	孟	1	申	1		
何	1543	徐	150	黎	14	上官	6	全	3	武	2	妮	1	满	1		
洪	1538	罗	130	侯	13	柳	6	符	3	尹	2	尼	1	鲜	1		
邱	1247	富	123	代	12	段	5	费	3	岱	1	出	1	阳	1		
蔡	1121	戴	114	钱	12	蒙	5	修	3	房	1	糠	1	原	1		
叶	1104	骆	110	沈	11	华	5	谷	3	盛	1	荷	1	冼	1		
庄	1101	柯	108	向	11	芦	5	牛	3	来	1	炉	1	杞	1		
纪	1085	童	99	莫	11	丘	5	祝	3	彦	1	卞	1	念	1		
胡	964	余	96	农	10	和	5	梅	3	狄	1	裘	1	粘	1		
董	932	颜	81	池	10	贾	5	霍	2	班	1	揭	1	平	1		

2004 年洛江区主要姓氏分布一览表

表 3-3-4　　　　**单位：人**

序号	姓氏	合计	万安街道	双阳镇	河市镇	马甲镇	罗溪镇	虹山乡
001	黄	24614	117	301	613	2204	19920	1459
002	杜	22561	22	71	783	21013	662	10

续表 3-3-4

序号	姓氏	合计	万安街道	双阳镇	河市镇	马甲镇	罗溪镇	虹山乡
003	赖	15358	27	21	60	1066	14135	49
004	林	14511	445	966	1785	10373	561	381
005	彭	10501	30	15	16	64	1560	8816
006	吴	9473	113	682	890	7653	100	35
007	陈	9153	337	1625	4564	1310	978	339
008	王	6022	268	310	3848	1467	97	32
009	刘	5558	2396	233	2593	216	96	24
010	谢	5350	411	73	292	4440	107	27

第五节 职业构成

改革开放前，洛江境域基本是农业区，人口职业以农业为主。改革开放后，随着农业结构调整和工业化、城镇化，农业人口比重逐年下降，人口职业构成呈现多样化发展趋势。

1997 年，洛江区总人口 16 万人（户籍户口，下同），人口职业以农业为主，农业人口 15.15 万人，占总人口 94.7%；城镇人口 0.85 万人，占总人口 5.3%。当年，全区农村实有劳动力 7.93 万人，其中从事农牧渔业 4.51 万人，占 56.9%；从事工业和建筑业 2.0 万人，占 25.2%；从事交通、仓储和邮电通信业 0.24 万人，占 0.3%；从事零售贸易、餐饮业 0.36 万人，占 4.5%；其他劳动力 0.81 万人，占 10.2%。

2004 年，全区总人口 17.36 万人，农业人口 14.05 万人，占总人口 81%；城镇人口 3.31 万人，占总人口 19%。全区乡村实有从业 8.48 万人，其中从事农牧渔业 3.98 万人，占 46.9%；从事工业和建筑业 2.92 万人，占 34.4%；从事交通、仓储和邮电通信业 0.29 万人，占 0.34%；从事零售贸易、餐饮业 0.82 万人，占 9.7%；其他劳动力 0.47 万人，占 5.5%。当年年末，全区从业（职工）人员 3.2 万人，其中国有经济从业人员 3597 人，城镇集体经济从业人员 226 人，其他经济行业从业人员 2.78 万人（其中从事制造业 2.45 万人，从事建筑业 1953 人）。

2007 年，全区总人口 17.99 万人，农业人口 13.14 万人，占总人口 73.04%；城镇人口 4.85 万人，占总人口 26.96%，全区乡村从业人员 8.4 万人，其中从事农牧渔业 2.89 万人，占 34.4%；从事工业和建筑业 3.6 万人，占 42.8%；从事交通、仓储和邮电通信业 0.32 万人，占 0.38%；从事零售贸易、餐饮业 0.62 万人，占 7.4%；其他劳动力 0.97 万人，占 11.5%。当年年末，全区在岗职工人数 3.86 万人，其中国有经济职工员 3515 人，城镇集体经济职工 186 人，其他经济职工 3.49 万人（其中从事制造业 3.15 万人，从事建筑业 1919 人）。

1997—2007 年洛江区从业人员情况表

表 3-3-5 单位：人

年份	从业人员年末人数				从业人员平均人数		
	总计	其中：女性	在岗职工	其他从业人员	全区	在岗职工	其他从业人员
1997 年	15383	8100	15324	59	14740	14692	48
1998 年	16184	—	16148	36	15274	15220	54
1999 年	14300	7064	14095	205	13665	13455	210
2000 年	19056	10254	18988	68	17398	17333	65

续表 3-3-5

年份	从业人员年末人数				从业人员平均人数		
	总计	其中：女性	在岗职工	其他从业人员	全区	在岗职工	其他从业人员
2001 年	23660	12544	23588	72	23102	23024	78
2002 年	29656	15676	29307	349	26764	26408	356
2003 年	31516	14661	31341	175	28487	28309	178
2004 年	31990	14380	31599	391	28881	28497	384
2005 年	36489	19361	36059	430	33330	32905	425
2006 年	37878	20020	37459	419	36355	35951	404
2007 年	39062	21028	38645	417	37747	37340	407

说明：表中数据包括洛江区国有单位及城镇单位集体和其他经济类型从业人员

第四章　人口素质

第一节　身体素质

建区前，特别是中华人民共和国成立前，洛江今域地少人口多，生活环境差，身体素质差，平均寿命低于泉州市平均水平。1997 年，全区 60—79 岁人口为 11120 人，占总人口 6.91%；80 岁以上人口 765 人，占总人口 0.48%。2000 年，第五次全国人口普查显示，全区 65—79 岁人口为 12700 人，比 1997 年增加 1580 人，增长 14.2%；80 岁以上人口 1286 人，比 1997 年增加 521 人，增长 68.1%，增速比同期 65 岁以上人口高出 53.9 个百分点；2007 年，全区健在百岁老人 2 人。

若干年份洛江区 60 岁以上年龄组占总人口的比重一览表

表 3-4-1

年龄组	1997 年		2000 年		2007 年	
	人口数（人）	占总人口（%）	人口数（人）	占总人口（%）	人口数（人）	占总人口（%）
合计	11885	7.39	13986	8.30	17102	9.09
60—64	4233	2.63	4177	2.48	4560	2.42
65—69	3347	2.08	3799	2.25	4072	2.16
70—74	2274	1.41	2952	1.75	3647	1.94
75—79	1266	0.79	1772	1.05	2570	1.3
80—84	532	0.33	846	0.50	1444	0.77
85—89	189	0.12	342	0.2.	604	0.32
90—94	41	0.03	85	0.05	169	0.09
95—99	3	—	13	—	34	0.02
100 以上	0	—	0	—	2	—

第二节 文化素质

在封建社会，劳动人民尤其是妇女难得有受教育的机会。民国时期，推行新的学校教育制度，人口文化教育普及率逐步提高。中华人民共和国成立后，人民政府重视文化教育事业，提高全民文化素质，人口文化程度构成发生较大变化。改革开放后，高等教育发展较迅速，但各层次文化程度的人口发展不平衡，特别是初中以上文化程度人口的发展落后于全省水平。据1990年第四次人口普查统计，鲤城区（含洛江区今域）总体文化教育水平的综合均值为7.22，接近初中毕业水平。

2000年，第五次全国人口普查数据显示，洛江区6岁及以上常住人口150598人中，未上过学的8390人，占5.57%，其中男1416人，女6974人；小学文化程度67364人，占44.73%，其中男29431人，女37933人；初中文化程度53317人，占35.4%，其中男32775人，女20542人；高中文化程度7737人，占5.14%，其中男6032人，女1705人；中专文化程度的人口为3575人，占2.37%，其中男2188人，女1387人；大专文化程度1229人，占0.82%，其中男904人，女325人；本科文化程度4738人，占3.14%，其中男2962人，女1776人；研究生文化程度9人，其中男7人，女2人。每万人中具有大学文化程度374人。全区15岁及以上人口常住文盲人口7838人，文盲率5.2%。当年人均家庭教育文化娱乐支出228元，占人均家庭总支出的10.75%。

2007年，全区常住人口中，具有大学（指大专以上）文化程度的人口为13005人，具有高中（含中专）文化程度的人口为9120人，具有初中文化程度的人口为62965人，具有小学文化程度的人口为48091人（以上各种受教育程度的人包括各类学校的毕业生、肄业生和在校生）。与2000年第五次全国人口普查相比，每10万人中具有大学文化程度的由3733人上升为7217人，具有高中文化程度的由7067人上升为8329人，具有初中文化程度的由33308人下降为27285人，具有小学文化程度的由42084人下降为38981人。全区常住人口中，文盲人口（15岁及以上不识字的人）为7570人，与2000年第五次全国人口普查相比，文盲人口减少820人。

第五章 婚姻与家庭

第一节 婚姻

在封建社会，洛江今域普遍实行包办婚姻，高官和富裕人家常有一夫多妻，社会上有童养媳、养女等婚姻习俗。中华人民共和国成立后，废除一夫多妻、童养媳、养女等不良婚姻习俗，倡导男女平等，从根本上改变婚姻状况不合理的现象。洛江境域的居民一般在当地乡镇范围内互相嫁娶，多数不远娶远嫁。改革开放后，人口流动加剧，嫁娶区位扩大，不少男子尤其边远山区乡村的男子，远娶四川、云南、贵州、安徽等外地女子为妻。

20世纪80—90年代，随着经济社会的发展，婚姻状况随之发生一定变化，未婚率下降，已婚率上升，未婚男性多于女性，市区多于农村；已婚人口有配偶者比重上升，有配偶人口的性别年龄差异大，女性有配偶率随年龄增大逐步减少；早婚现象有所回潮，1982年早婚率为2.66%，1990提高到9.43%；总人口丧偶比重下降，女性丧偶率高于男性；离婚率略有增加，1990年离婚率为0.37%，比1982年上升0.07个百分点。婚姻制度杜绝童养媳，明令禁止童婚，规定初婚年龄男20周岁，女18周岁。20世纪50年代，一般初婚年龄女子在18—22岁，男子在20—24岁；20世纪60年代，女子20—24岁，男子22—26岁；20世纪70年代女子22—26岁，男子24—28岁。1980年9月，重新修订《中华人民共和国婚姻法》，提高初婚年龄，规定男22周岁、女20周岁为法定婚龄，同时鼓励晚婚。20世纪80年代以后，女子初婚年龄在23—27岁，男子在25—29岁。由于旧的习惯势力影响，早婚现象时有发生，1990年，鲤城区（含洛江区今域）15—19岁未达法定婚龄结婚的有5253人，占已婚人数1.96%，其中15—17岁结婚的有660人。

随着人们生活水平和文化教育水平的不断提高，人们的婚姻观念随之发生变化。当代青年交友方式大多为自由恋爱、亲友介绍，择偶自己做主，但大多数青年将父母的意见作为重要参考。择偶标准依然把人品、容貌、经济条件、能力、性格放在重要位置。其中，男性大多把容貌排在择偶的第一位，且希望女方经济条件好；女性则更看重人品、性格和能力。在当代生活压力越来越大的情况下，男性在择偶方面更加希望女方有一定的经济能力，而不是传统意义上的会操持家务。少数青年将“是否孝顺对方父母”“是否有不良习性”也作为考虑择偶的重要因素。1997年末，洛江区初婚人数1383人。2000年，在全区15岁及15岁以上的人口中，未婚的占30.3%、初婚有配偶的占62.8%、再婚有配偶的占1.3%、离婚的占0.4%、丧偶的占5.2%（其中女性为男性的3.42倍）。男性人口平均初婚年龄为21.85岁，女性为19.40岁，男性初婚年龄在25岁及以上的比重为20.9%，不满20岁的为13.7%；女性初婚年龄在23岁及以上的比重为12.8%，不满18岁的为13.9%。居民的结婚年龄总体呈逐年提高的态势。实行的婚姻制度是婚姻自由、一夫一妻、男女平等，但妇女社会地位较低，经济不能自立，家庭生活中要从属依附男子，习惯女到男家，重男轻女思想较为普遍。2007年末，洛江区初婚人数1427人。女性社会地位不断提高，多数女性参与劳动与工作，有独立的经济收入，人们提倡夫妻互相忠实、互相尊重、互相帮助，维护平等、和睦、文明的婚姻家庭关系，婚姻质量比10年前有较大改善。

1997—2007年，洛江区符合晚婚人数分别从383人增加到701人；晚婚率由27.69%上升到49.12%。25—34岁结婚者占35.52%，35岁结婚者占13.38%，许多大龄青年因找不到合适对象或经济压力及其他原因而未婚；也有部分青年因“买不起房子、车子”或“先等自己事业有成后”再考虑婚姻的。11年间，洛江区协议离婚从67对增加到140对，离婚案件在民事案件中占最大比例，呈逐年上升趋势；在所受理的离婚案件中，能判（调）和好的概率较小，离婚的占过半以上比例。

第二节 家庭

中华人民共和国成立前，人民生活水平低，社会保障不完善，明代就有以户头抽税，人口家庭结构比现今人口多，一户人口都在10人以上。中华人民共和国成立后，人民生活水平不断提高，建立和完善社会保障体系，人口家庭结构逐步小型化，20世纪50—70年代，泉州市户均人口保持在5人左右。20世纪80年代开始，家庭小型化加快，1982—1990年家庭户均人口由4.59人下降到4.24人，家庭规模越来越向3—5人户集中（占比从53.77%提高到65.96%），洛江今域家庭结构以5人户为主；6人以上户（包括6人）急剧下降（占比从30.21%下降到19.18%）。家庭户类型以2代户为主，3代户次。

1997年，洛江区年末总户数36807户，户均人口4.35人。根据2000年第五次全国人口普查数据显示，全区常住家庭42336户，户均人口3.78人，3—4人户家庭户型19856户，占51.72%，是主要家庭户型；其次为2人户6743户，占17.56%；7—10人以上的家庭户型1350户，占3.52%。有0—4岁人口的户数7365户，有5—9岁人口户数9102户，有10—14岁人口户数12716户，有15—19岁人口户数9476户，有60及60岁以上老年人的家庭户户数9704户，有65及65岁以上老年人家庭户户数7298户。家庭规模呈现缩小趋势，小型化、结构简单的家庭日益成为洛江区家庭户的主要形式。此后，洛江区人口大批适龄青年结婚，成家立户，三代同堂的“上有老下有小”家庭单元渐少，以夫妻及子女（部分独生子女）为核心组成的家庭逐年增多。家庭的功能也从传统侧重于改善生活水平为主的生活方式，向提高生活水平和质量、丰富文化生活、提高精神文明等方面转化。乡镇（街道）、村（社区）妇女组织也积极倡导“五好家庭”“文明家庭”等建设活动，促进家庭生活方式趋于开放、文明、健康。2000年，全区共有家庭户38389户，家庭户人口数为134703人，家庭户平均每户人数3.51人，在家庭户中，一代户占23.4%、二代户占57.9%、三代及三代以上的家庭户占18.7%。2007年，全区年末总户数43572户，人口户均4.13人，比2000年增加0.62人。

附：农村家庭分工情况

在农村家庭中，家庭成员各有分工。1998年，丈夫主要负责家里的重体力劳动，如耕种、挑水、修缮住宅、出外打工、做买卖以及社交活动等，其劳动成为家庭收入的主要来源，妻子则操持家务、照看孩子、下地帮工等。2007年，妻子除做好以上几项工作外，还有部分人外出打工贴补家用。家庭中的成年子女都有共同赡养老人的义务。若多子女，老人的费用由几个子女共同承担。一般长子夫妻与父母同住，且有承担养育弟妹的责任。父母有抚养未成年子女的责任，培养子女学习文化知识及各种技能等。

第六章 人口调查

第一节 常规普查

至明代，户口统计有较为完整的调查项目、严格的制度和统一的时间。古代的户口统计是和赋税制度紧密结合的产物，有很大的漏洞。清康熙年间（1662—1722年），户口登记与赋税制度脱钩，逐步向人口普查过渡。民国初期，户口统计主要靠私人估计或邮政、海关报告，准确性很差。民国23年（1934年）后，为实行保甲制度，户口登记渐入正常轨道，户口统计渐趋准确。

1949年12月，境内由晋江县政府进行第一次户口调查。1951年1月起，境内人口统计纳入晋江县的人口统计。

1963年前，境内的户籍登记与户口管理由晋江县公安局户籍科负责。1963年，晋江县成立计划生育机构，介入人口统计，指定专门人口统计员记录每年人口出生、死亡数据，计算每年人口数量与构成，分析人口变动。每年公安部门、计划生育委员会（以下简称“计生委”）按月、季、半年、年度，根据各自对口业务，分别统计人口的各种数字，汇总上报统计局。

第二节 抽样调查

一、人口抽样

每十年在年号逢“0”的年份进行人口普查和逢“5”的年份进行1%人口抽样调查。1983年起，国务院决定每年由统计部门主持，开展一次人口变动的抽样调查，调查规模小于1%人口抽样调查。1985年，抽中泉州市统计局，负责调查下属基层单位的人口变动情况。1987年，全国1%人口抽样调查，抽中鲤城区统计局，对马甲乡23个居民小组抽中作为调查对象。1990年，罗溪乡的前溪09调查小区、钟山01调查小区抽中作为调查对象。1992年，马甲镇的溪北、新民、新庵3村调查小区作为个国家调查点，罗溪镇的三村、翁山、大路脚3村作为调查小区。2005年11月1日零时，为全国1%人口抽样调查的标准时点。全区85个村（社居）共抽取29个样本村（社居），58个调查小区，其中，万福社区等8个村（社居）为人口抽样调查国家点，后溪村等21个村（社居）为人口抽样省扩大点。调查对象为小区全部人口，调查主要包括住户基本情况和个人年龄、性别、受教育程度、职业、迁移流动、生育、社会保障、住房情况等指标。11月15日，通过市质量检查验收。

二、计划生育抽样

1981 年 7—8 月，参加全国 1% 人口计划生育抽样调查。1983 年 8 月，参加全国 5% 人口生育率抽样调查，历时一个半月，分 12 个抽查点，调查 15—49 岁育龄妇女 6008 人。经省、地、市三级复查和汇总，认定调查质量较好，符合规定标准。1988 年 7 月 1—15 日，参加全国 2% 生育、节育抽样调查，抽中罗溪、马甲，调查对象全部接受调查。

第三节 人口普查

1997 年建区前，洛江境域经历 4 次全国人口普查，普查标准时点分别是：1953 年 6 月 30 日 24 时、1964 年 6 月 30 日 24 时、1982 年 7 月 1 日零时、1990 年 7 月 1 日零时。

第五次全国人口普查是洛江区建区后的第一次重大的区情区力调查，普查标准时点：2000 年 11 月 1 日零时。普查登记的对象是具有中华人民共和国国籍并在洛江区区域内常住的人，普查采用由普查员逐户逐人直接询问调查的方法。普查工作从 1999 年开始，历经前期准备、普查登记、数据处理、资料整理开发四个阶段，时间达 4 年。普查涵盖全区人口的出生、死亡、婚姻状况、妇女生育、人口迁移和流动、家庭住房、劳动就业等人口基本状况。

2000 年 8 月，区委宣传部与区人普办联合下发《关于印发洛江区第五次全国人口普查宣传工作安排的通知》，区人普领导小组和区教育局联合下发《关于选调中小学教师担任长表普查员的通知》，指定中小学教师担任长表普查员。区委办、区政府办联合下发《关于选调部分区直机关人员担任普查员的通知》，从区直各部门抽调人员担任普查员，由企业派出陪调员协助普查。虹山乡采取与普查员逐一见面的方式；罗溪镇机关干部全部下村充当普查指导员；马甲镇直接选派机关工作人员担任仰恩大学的普查员工作。全区选调普查员 671 名，普查指导员 240 名。

2000 年 11 月 1 日开始，进行为期 10 天的入户调查登记。

2000 年 12 月 21 日，洛江区人口普查工作通过市级验收。2001 年 1—4 月，完成编码工作。2001 年 8 月，进行光电录入和数据审核。2001 年 9 月至 2002 年年底，完成资料整理和分析研究工作。2003 年 3 月，编印《泉州市洛江区第五次全国人口普查资料》。

2000 年，经洛江区第五次全国人口普查工作，截至 2000 年 11 月 1 日零时，洛江区常住户 42336 户，常住人口 160071 人，包括离开户籍所在乡镇满半年的外来人口 30043 人，但不包括外出满半年的人口 35339 人。

2000 年洛江区总人口及分布情况

表 3-6-1 单位：人

镇（乡、街道）	普查登记人数	其中：外来人数	户籍人数	其中：外出满半年人数
总 计	160071	30043	165367	35339
万安街道	26100	18341	8338	579
双 阳 镇	15009	2890	13563	1444
河 市 镇	32617	4102	32799	4284
马 甲 镇	49771	3204	56711	10144
罗 溪 镇	28450	1169	42225	14944
虹 山 乡	8124	337	11731	3944

第七章 人口控制

第一节 宣传教育

中华人民共和国成立后，全国人口只有4亿人。20世纪60年代，鼓励多生孩子，多生孩子可表扬为“父母英雄”。20世纪80年代，提倡计划生育，一对夫妇建议生2胎。1985年，实行计划生育，一对夫妇（农村户口的生1.5胎，城市户口的生1胎）。1997年建区后，区委、区政府把宣传教育摆在计生工作的首位，树立“首位工程”意识，以“婚育新风进万家”活动为载体，以“关爱女孩行动”为抓手，开展多种形式、凸显地方特色的宣传教育活动，做到把计划生育宣传教育工作深入到各村（居）、各角落，落实到家、到户、到人。从满足育龄群众对优生优育、避孕节育、生殖保健等知识的需求入手，坚持“实际、实用、实效”的原则和“大宣传、大联合、出效益、出精品”的指导思想，宣传晚婚晚育、少生优生的好处和“生男生女都一样”“女儿也是传后人”等婚育新风，帮助群众树立文明、科学、进步的婚育观念，达到计生宣传教育“贴近社会、贴近家庭、贴近群众实际需要”的目的。2007年，万安街道拓宽计生国策宣传渠道，针对街道多数居民和流动人口往返泉州市区习惯乘坐19路公交车的实际情况，与市公交公司联系、协调，联合制作计生公益广告在12部公交车上循环播放。每部车每日播放次数达30次，每年受教育人数60万人次左右。

第二节 晚婚节育

一、政策措施

1997年10月，行政区划调整时，《福建省计划生育条例》进行第二次修改，洛江区的计生政策执行省市及原鲤城区的有关规定，规定女青年25周岁、男青年28周岁结婚为晚婚，结婚2年以后才生孩子者为晚育。1999年8月，为维护计生政策的严肃性和连续性，洛江区对全区机关、企事业单位工作人员及农村村民开展计生（“五清理”）活动，出台《关于机关、企事业单位人员违反计生的处理规定》和《关于规范农村村民违反计生处理意见的通知》。2000年3月，中共中央、国务院作出《关于加强人口与计划生育工作稳定低生育水平的决定》。同年11月，《福建省计划生育条例》进行第三次修改。2001年12月，《中华人民共和国人口与计划生育法》颁布，2002年9月1日施行，赋予计生部门新的职责，计划外生育费改称为社会抚养费。

2001年12月开始，洛江区针对出生人口性别比异常的问题，在全区范围内开展治理活动，抽调纪委、公安、法院、检察、计生、卫生、教育、农水、妇联等部门有关领导和区管后备干部组成计生专项治理工作专案组，以非法进行胎儿性别鉴定、非法销售人流引产药物、非法施行人流引产手术为整治重点进行专项治理工作。2002年，查处1名退休医生非法进行胎儿性别鉴定，1名乡村医生非法销售人流引产药物，3名在职医生非法销售药物并施行人流引产手术的违法行为。区委、区政府对辖区内的3名违法医务人员作出开除公职、开除党籍、吊销医师执业证书的决定，涉案的周边县区的医务人员移交到上级部门进行查处。洛江区把打击“两非”（非医学需要的胎儿性别鉴定、非医学需要的人工终止妊娠）工作作为常规性工作，实行定点分娩、出生性别认定、持证人流引产血液抽样检查等制度，推行“双查”（查环、查孕）指纹识别系统，落实持生育服务证对象孕情全程跟踪监控制度。

2006年10月，洛江区出台《关于进一步加强社会抚养费征收工作的意见》《关于社会抚养费征收工作奖励办法》，要求各乡镇（街道）对政策外生育对象按实际收入征收其社会抚养费。制定“一揽子”

挂钩村（居）制度，对计生后进村（居）帮促，确保各项措施落到实处。实行村（居）民自治、村组计生网络建设和创建计生合格村（居），落实奖励村（居）制度、预警告制度和“一票否决”制。

二、技术服务

1998—2007 年，洛江区依托区计划生育服务站及所辖 6 个乡镇（街道）计生服务所、85 个村（社区）服务室落实各项节育措施。节育措施包括放置宫内节育器、皮下埋植术和查环查孕、近期引产史排查等技术性项目。各项目施术人员按要求持证上岗、依法执业，避免出现差错或意外事故。

第三节 优生优育

“优生优育”就是生育有质量的孩子，按《中华人民共和国婚姻法》规定，禁止三代以内近亲结婚，禁止有不宜结婚疾病者结婚，大力提倡一对夫妇只生一个孩子，严格限制 2 胎，杜绝 3 胎。

1997—2007 年，开展妇女常见病普查、优生检测筛查、优生优育咨询及“出生缺陷一级预防”等技术服务、科学知识教育。11 年间，妇女常见病普查 16379 例、优生检测筛查 18300 例、优生优育咨询服务 15211 人次，开展“关爱女性生殖健康万家行”这类义诊、宣传教育、技术服务 6 次。对于每次普查、检测、义诊中发现疾病患者，给予卫生保健知识及方法的指导，及时予以治疗、免费供药，且建议治愈后方可生育。

第四节 流动人口计生服务

1997 年 11 月，区流动人口计生管理站成立，负责辖区流动人口的计划生育工作。随着洛江区经济的发展，流动人口数量不断地增长，（详见第二章人口变动第二节机械变动）。至 2007 年 12 月 31 日，流入人口数 42327 人，是 1998 年 8.51 倍，流入育妇数 20838 人，已婚育妇数 12734 人。

1997 年起，根据流动人口分布情况，全区乡（镇、街道）按照“五个统一”（填一张《流动人口婚育证明申请表；登一次流动人口计划生育信息；办一个《流动人口婚育证明》；签一份重点对象计划生育管理合同；办一个《流动一人婚育证明》；建一套档案）要求，参照行政服务中心服务模式，先后投入 70 多万元在各乡（镇、街道）建设流动人口管理服务所。实行“一站式”窗口办证服务，设置计生查验、暂住证办理、物业中介和综合服务 4 个窗口。

1998—2007 年洛江区流动人口情况表

表 3–7–1　　单位：人

年份	流入人口数			流出人口数		
	总数	其中流入育妇数	已婚育妇数	总数	其中流出育妇数	已婚育妇数
1998 年	4968	2513	359	2280	956	689
1999 年	7998	3498	868	6691	2980	1689
2000 年	11217	5790	1910	9130	4566	2510
2001 年	19610	8757	3519	18305	9157	5742
2002 年	24895	7847	3072	24235	11005	7291
2003 年	25500	10423	5030	25024	12032	8853
2004 年	25855	9918	5116	24870	14047	10470
2005 年	33449	12243	6898	22806	12370	9430

续表 3-7-1

年份	流入人口数			流出人口数		
	总数	其中流入育妇数	已婚育妇数	总数	其中流出育妇数	已婚育妇数
2006 年	35068	14555	8846	24220	13972	10703
2007 年	42327	20838	12734	24388	14561	11797

第五节 机构

一、区级机构

（一）行政机构

区计生领导小组　1997 年 10 月，成立洛江区计划生育领导小组，区委、区政府、人大、政协领导担任组长、副组长，有关工作机构、职能部门的负责人为成员。后因人事变动，洛江区计生领导小组 5 次调整充实。2006 年 7 月，洛江区计生领导小组改为洛江区人口和计划生育领导小组。

区计生局　1997 年建区后，洛江区计划生育局成立，行政编制 6 名。2005 年，区计划生育局更名为人口和计划生育局，内设办公室、规划和信息股、政策法规股、宣教股、技术股，至 2007 年行政编制不变；下辖区计划生育服务站、区流动人口计划生育管理站 2 个事业单位。

（二）事业机构

区计划生育服务站　1997 年 11 月，洛江区计划生育服务站成立，编制 8 名。2007 年，编制增至 15 名，设有站长 1 名，副站长 2 名，其中高级职称 1 名，中级职称 5 名，初级职称 9 名。

区流动人口计划生育管理站　1997 年 11 月，洛江区流动人口和计划生育管理站成立，编制 5 名。

二、基层机构

乡（镇、街道）计生领导小组　1997 年 10 月，洛江区所辖乡、镇、街道、双阳农场均成立计生领导小组，由基层党委或行政主要负责人担任组长。

基层乡（镇、街道）计生服务所　全区基层乡（镇、街道）计生服务所技术人员 17 名：双阳街道 3 名、河市镇 4 名、马甲镇 3 名、罗溪镇 5 名、虹山乡 2 名，其中，中级职称 2 名，初级职称 5 名。

第四篇 城乡规划建设

洛江今域自秦汉就有先民居住，直至中华人民共和国成立前，没有城区建设，城乡建设缓慢，河市、马甲、罗溪只有简陋街道和店铺。中华人民共和国成立后，境内各乡镇驻地建有道路、房舍、商铺和邮电、影剧院、学校、卫生院等。改革开放后，重视集镇和农村规划建设（详见第三十三篇乡镇、街道概况），乡镇面貌展露新姿。

洛江建区后，根据全区不同时期经济发展目标和城区规模、发展方向，多次组织进行中心城区总体规划编制和控规及城市设计编制，开展镇村规划编制和全区土地利用总体规划修编，至2007年，基本形成中心城区、镇区、中心村3个层次总体规划和专项规划相应配套的体系，中心城区由建区初期的3平方千米向33平方千米规划区推进，镇区面积从2004年的4.52平方千米扩大到2007年的10.42平方千米。同年，《泉州市城市总体规划》把万安、双阳、河市、马甲镇南部共50平方千米列入城市规划区。

在城乡建设方面，万安开发区实施“退二进三”（工业退出，服务业发展）战略，城区面积不断扩大，各项配套设施不断建设完善，先后建成安吉街、万荣街、吉源街安达路、阳新街、朋虹街等街道，建成吉源花苑、首富商城、万源花苑、万荣公寓、美尔奇花苑等商住区，新城区雏形初现。同时，加强镇村规划建设，把城镇和乡村建设融为一体，推进旧村改造、新村建设，特别是2006年起，全面实施社会主义新农村建设，通过示范村建设，推进全区新农村建设进程。

第一章 规 划

第一节 建设规划

一、总体规划编制

1995年，《泉州市城市总体规划》450千米的城市规划区范围划到双阳辖区。

1997—2007年，洛江区开展万安中心区32平方千米、阳江新城7.8平方千米及洛江中部功能区2.5平方千米的控规及城市设计的编制工作。2000年，全区土地利用总体规划、乡级土地利用总体规划和64个中心村规划调整，初步形成中心城区、镇区、中心村3个层次总体规划和专项规划相应配套的体系。2004年，完成华侨经济开发区（三期）控制性详规，规划面积3.9平方千米，规划以电子、食品等工业为主的工业园区。2005年，对接城东片区规划，编制覆盖万安、双阳、河市部分共33平方千米的城东——双阳组团洛江新城分区规划。2007年，修编的《泉州市城市总体规划》把万安、双阳、河市、马甲镇南部共50平方千米列入城市规划区。

1997—2007 年洛江规划编制情况表

表 4-1-1　　单位：平方千米

编制年度	项目名称	规划面积
1997 年	《洛江中心区控制性详细规划》	9.92
1999 年	《双阳片区控制性详细规划》	6.00
2002 年	《双阳—河市片区总体规划》	22.00
2003 年	《双阳市政专项规划》	7.00
2004 年	《阳江生态新城经济专项论证规划》	7.80
2005 年	《城东—双阳组团洛江新城分区规划》 《洛江区城市概念性规划方案》	35.00
2006 年	《城东—双阳组团洛江新城市政规划》 《阳江新城控规》 《桥南古村保护性开发与再生项目规划设计》 《双阳街道片区控规》	35.00 7.80 1.00 0.93
2007 年	《万安中心区城市设计》	2.00

二、城区规划

1997 年 9 月，洛江区人大通过区政府《洛江区城乡发展规划纲要》。根据环湾城市规划会议要求，聘请天津市城市规划设计院、中国市政工程西北设计研究院、厦门城市规划设计研究院、美国艾斯弧、美国易道、台湾景群等规划设计单位，主要编制 3 个规划，分别是洛江区空间发展规划、万安——双阳片区控规、洛阳江两岸景观规划设计。1998 年，基本完成区位规划、总平面规划、道路横竖向规划、工业区规划、生活居住区规划、仓储库规划、给排水规划、电力电讯规划、经贸场所规划、园林规划、文化教育场所规划、绿化规划。

2001 年，编制万安开发区塘西工业园控制性详细规划方案及市政设施专项规划方案设计；编修双阳工业区市政专项规划。

2002 年，评审河市双阳片区总体规划方案，双阳华侨经济开发区 6 平方千米控制性详细规划设计并通过初步方案论证，开发区 6 平方千米地形图续测及数字化工作；深化中心城区北片村庄城市化建设规划，推进城市化进程，委托设计并提交初步汇报方案，评审桥南新区规划方案并原则性通过，通过改造及周边土地整理可提供 1.13 平方千米土地作为城市发展用地，为中心城区提供新的发展空间。

2003 年，以洛江区新城概念性规划方案竞选为契机，编制城乡规划。竞选洛江区城市概念性规划方案，邀请有关专家，配合设计院做大量工作。举行洛江新城分区规划方案会审，规划总用地 26.7 平方千米。配合安吉路延伸段施工准备工作，审核朋山隧道连线工程扩建初期方案。并划定红线图，审批双阳中路方案，结合该道路拓改抓紧做好两侧改造建设的规划。编修沿洛阳江新建江滨大道（即滨江路）的规划方案。

2004 年，编制及评审城东—双阳组团洛江新城分区规划及市政规划、双阳镇总体规划、洛江新城开发策划；审批双阳中路、双阳新街规划方案；规划设计审批江滨路洛阳桥至河市段 7.7 千米的道路，以及江滨路洛阳桥至后渚大桥 10 千米长的道路选线初步设计方案，配合朋山岭第二隧道东西连接线延伸段；规划区内已批用地拼图工作完成；审查双阳华侨经济开发区首期 1 平方千米市政规划设计方案。

2005 年，加快各项专业规划和控制性详细规划和村镇规划编制进度，完善城乡规划体系，推进城乡一体化进程。按照建设新兴工贸旅游生态城区的要求，根据各地要素、区位条件和环境承载能力，着重考虑产业空间布局优化、资源开发利用和生态环境保护，把经济发展空间布局规划为工贸经济区、都市生活区、特色农业与生态旅游区三大功能区，形成各具特色、优势互补、联动发展的区域发展格局。

2006 年，根据泉州市城市发展总体规划，加快万安中心区总体修编和城市设计，做好洛江中心城区与城东、洛秀等片区的规划衔接；结合万虹公路万安至合适段拓改，控制和整治城区主干道两侧景观，提升城市品位和档次。

2007年，实施洛江新城分区规划，编制塘西十八坎山约1.67平方千米的高端电子技术产业集中区项目的详细规划。

三、科教文卫建设规划

1999年，按照经济社会协调发展要求，在规划编制中预留科教文卫事业发展用地，在全区规划中进行专项规划和用地控制。规划建设中小学校舍14.61万平方米，改善九年制义务教育的硬件设施，规划建设教师进修学校、敬德职业技术学校、泉州第十一中学、泉州市交通职业学校、区妇幼保健防疫大楼、“120”急救分中心、马甲地段医院、双阳社区卫生服务中心综合楼。规划建设马甲医院医技综合楼和罗溪、虹山卫生院综合楼。编制全区旅游总体发展规划，保护和合理开发利用生态景观和人文资源，促进生态城区建设，编制仙公山风景区建设规划和“海丝”桥南整体规划，为桥南片区整治规划、“海丝”文化保护提供规划依据。

四、镇村规划编制

（一）镇区规划

1997年起，编制河市镇镇区控制性详细规划、河市旧镇区局部改造规划及河市溪堤及钟洋坝建设规划。2000年，在洛江新城分区规划的基础上推进河市镇中片区控制性详细规划、河市镇新镇区修建性详细规划、河市镇西片区总体规划的编制工作，为河市镇区的改旧建新和融入中心城区提供规划保障；修编马甲镇新一轮总体规划和编制中心镇区控制性详细规划，确定以旅游、科教为基础，特色山水宜居城镇为目标的规划定位；编制罗溪镇总体规划和东南片区控制性详细规划，推进镇区整治和东南片区以发展加工业为主的综合开发建设；修编虹山乡总体规划。2002年，编制洛江区河市镇工业区控制性详细规划、编制河市镇镇区改造规划。2003年，编制泉州马甲仙公山省级风景名胜区总体规划、洛江区河市镇霞溪工业区控制性详细规划编制。2004年，编制洛江区河市镇镇区及工业区控制性详细规划。2005年，完成洛江区河市镇消防专项规划编制、河市镇西片区规划编制。2006年，投入100多万元，编制河市镇区和华侨经济开发三期工业区控制性详细规划、河市西片区总体规划，河市镇新镇区修建性详细规划及罗溪镇总体规划修编。2007年，完成洛江区罗溪东南片区控制性详细规划编制、马甲镇总体规划编制及河市镇霞溪工业小区控制性规划编制。

（二）中心村规划

2002—2007年，完成33个中心村规划，其中河市镇15个中心村完成“六图一书”（用地现状图、区域位置图、用地规划图、道路竖向规划图、给排水规划图、电力电信规划图和规划文本说明书）规划，马甲镇9个中心村完成“六图一书”规划，罗溪镇6个中心村完成“六图一书”规划，虹山乡3个中心村完成“六图一书”规划。修编马甲镇农民居住小区规划方案和梧宅村、前溪村、新民村等新农村试点村的村庄规划。完善村镇基础设施规划，完善镇基础设施配套规划编制和地质灾害点搬迁、农村环境整治等专项规划。推进乡村道路、农村电力设施、环卫设施、标准公厕、路灯工程等设施建设规划。

五、规划选介

（一）洛江新城分区规划

2005年，洛江区新城分区规划用地并入泉州市中心区八大组团的城东组团，成为泉州市中心区的组成部分。规划范围由万安街道、双阳街道和河市镇（绝大部分）组成，规划总用地面积为35.02平方千米，城市建设用地面积32.99平方千米。2020年，规划人口规模达到30万人。

洛江新城形成“两心两轴四片区”的空间布局。“两心”：依托万安中心区既已形成的行政中心，发挥政治、经济、文化的带动作用；随着洛江区经济的纵深发展，在双阳片区规划一处面积约80公顷的中心商务区，满足工业化发展的需要。“两轴”：滨江大道和万虹公路，两条大道贯穿规划用地，联结规划片区和泉州城区中心，是洛江区发展主轴，也是洛江区主要景观轴线。“四片区”：万安片区、双阳片区、阳江片区、河市片区，其中万安片区是洛江新城政治、经济、文化中心，将建成洛江区城市不断向北拓展的龙头区域；双阳片区以工业发展物流产业为基础，结合规划发展的中心商务区，形成洛江经济发展的产业区；阳江片区开发滨江公园、绿色生态社区等，为市民提供高尚生态居住区；河市片区定位为推动洛江区向更高层次发展的高教科研产业区。2005年，作为两轴之一的滨江大道动工建设。滨江大道与万虹公路撑起洛江新城城市发展的道路骨架，推动洛江区城市化进程。

（二）洛江区经济开发区规划

2006年4月，经国家发改委批准，洛江区将原省级开发区万安开发区、双阳华侨经济开发区整合设立洛江经济开发区。开发区总体规划面积15.73平方千米，区域经济总量占全区80%以上，是洛江经济发展的主要增长点、生财点和支撑点。开发区分别建设万安科技园区、塘西工业区、双阳华侨经济开发区，逐步形成沿万虹公路两侧的工业走廊。在开发区规划建设五金机电产业园，产业园总体规划面积1.25平方千米，以承接技术含量高的五金机电及电子信息产业为主，打造成泉州市五金机电产业基地；在开发区规划位于双阳万虹公路旁建设洛江双阳现代物流中心，规划用地43.33公顷，其地理位置优越，交通便捷，外部环境的水陆空立体交通网络已形成。

第二节 土地利用规划

1997年9月起，在全区范围内开展土地利用总体规划修编工作，按照严格保护基本农田，控制非农建设占用农用地，提高土地利用率，统筹安排各类、各区域用地，保护生态环境，保障土地的可持续利用，占用耕地与开发复垦耕地相挂钩及确保耕地总量动态平衡的原则，以1996年为规划基期，2010年为目标年，对全区土地划分土地利用区，提出各利用分区的土地利用管理规划，从而有效促进土地资源集约利用和优化配置。区级规划主要成果：《洛江区土地利用总体规划》《洛江区土地利用总体规划说明》《洛江区土地利用现状与潜力分析》《洛江区土地供需趋势预测》《洛江区土地利用战略研究》《洛江区土地利用总体规划图》（1 ∶ 2.5万）。

根据《泉州市洛江区土地利用总体规划》（1997—2010）分别对各类用地进行规划。1. 耕地：1997—2010年耕地面积由2050.2公顷增加至5131.78公顷，非农业建设占用耕地控制在466.67公顷以内，划定基本农田面积3946.67公顷。2. 园地：1997—2010年园地面积3660.96公顷，2001—2010年园地面积3877.54公顷。3. 林地：1997—2000年林地面积22217.63公顷，2001—2010年园地面积22440.8公顷。4. 牧地：1997—2010年牧草地面积不变，为2.61公顷。5. 城镇村及工矿用地：1997—2000年城镇用地751.91公顷，其中新增用地235.71公顷；2001—2010年城镇用地1320.64公顷，其中新增用地568.73公顷。1997—2000年农村居民点用地1168.51公顷，2001—2010年农村居民点用地1078.35公顷；1997—2000年独立工矿用地925.18公顷，其中新增用地110.38公顷；2001—2010年独立工矿用地786.09公顷。6. 交通用地；1997—2000年交通用地441.89公顷；2001—2010年交通用地579.76公顷。7. 水域：1997—2000年水域面积不变；2001—2010年水域面积为1376.01公顷。8. 未利用土地面积：1997—2000年未利用土地面积2225.06公顷；2001—2010年，未利用土地1300.44公顷。

第三节 规划审批管理

1997年建区前，洛江区域交通不便，工业一片空白，民房建设无整体性、规划性，土地资源浪费，影响建筑物的外观。

1998年3月，区政府对规划建设管理规定，在城区规划区范围内需要新建、扩建、改建的各种建筑工程，获土地批审手续外，经城建部门划定建筑红线进行方案设计（即扩初设计），方案设计送城建部门审核同意后再进行施工图设计。施工前，聘请城建部门人员到现场放样或验收，发给施工许可证方可施工。按照建设生态型城区的要求，实施洛江新城分区规划，规划工业园区和基础设施，保护和利用洛江青山碧水自然景观，加强城区重要街景、重要节点和重点片区的规划管理。在审批中把好建筑造型、色彩、空间退让。执行城乡规划法律法规，执行强制性规范和《泉州市城市规划技术管理暂行规定》，依据经批准的城乡规划进行建设和管理。制止和纠正规划实施中的随意性。以控制性详细规划为主要依据，实施土地出让中的建设用地规划许可制度，实行以“一书一证”（《村镇规划选址意见书》和村镇建设许可证）为核心的管理制度，强化村镇规划执法监察力度。完善城市管理执法机制，加大城乡制违执法力度。

2001年，办结用地选址定点文件和红线图各40份，核查发放建设用地规划许可证32件，核查发放建设工程规划许可证33件。其中，包括配合交通部门办理万虹公路万安至河市段拓改工程，用地规划手续，解决有关拆迁安置、排水、排污管道，供电线路定线问题；办理双阳工业园区内15家企业用地红线图，用地规划许可证等规划手续。办理汉唐广场、首富商城二期、万源花苑、美尔奇等房地产项目的规划方案审查，并办理红线图、许可证；办理泉州医专首期用地定点、红线图、用地许可证，调整福新光导用地、塘西杏内新村用地红线范围；协助报批省级高科技园区工作任务；协助做好安吉大道行政中心南侧成片商住小区规划设计方案以及中心区东部海岸线整理规划设计工作。

2002年，审批塘西工业区市政污水总管设计方案及双阳华侨经济开发区起步区市政道路方案；审批闽侨航空旅游城用地功能转变手续，审批总体方案会审及别墅单体方案；组织医高专学校设计方案竞选，审批及办理总平方案近期建设单体方案及用地规划手续。协助解决学校土方平整排水排污问题；对重点引进企业进行跟踪，对旗牌王制衣、五金机电商城等重大项目给予办理前期规划手续。审批五金机电商城方案竞选及用地规划手续。给予办理洛江中心区房地产开发用地招标规划手续，对首富商城、万荣公寓、汉唐房地产、美尔奇房地产、隆泰房地产、万祥商厦、双阳侨福改造工程等多家房地产办理用地规划、建筑方案审批。办理规划区内多个建设项目的规划管理审批手续，选址定点、设计条件、红线图48个用地项目，核发建设用地规划许可证35件，核发建设工程规划许可证31件。

2003年，核发建设用地规划许可证77本，用地面积1723987平方米，选址77个项目用地，建设工程规划许可证33本，建筑面积229000平方米。在重点建设项目中，审批双阳镇仕林坑片区、吕埔片区工业用地及双阳工业二期用地选址定点及规划蓝线图等规划手续。塘西工业区二期及三期扩大用地选址定点及规划蓝线图。审批过坑自然村改造拆迁及安置地定点、设计条件及红线图等规划手续。在为民办实事项目中，选址定点民政社区服务中心大楼。选址定点双阳侨居第四期造福工程。选址定点洛江医院，塘西垃圾转运站及万安骨灰堂选址等公建项目。审批旗牌王制衣、金山扣具五金市场等多家企业方案，验收多家企业厂房竣工规划。

2007年，优化土地资源配置，推进城市化进程，实施“退二进三”政策，配合中心区试行土地收储的规划管理工作。审批朝阳工业区，按照控规要求指导工业区内各个项目的规划管理，推进工业区建设；完善各工业园基础设施配套建设的规划管理。推进洛南小学、江滨路3.33公顷安置小区、杏园小区1.33公顷、阳江片区12公顷经济适用房和廉价房小区等项目规划管理建设工作。

2002—2007年，办理359宗地的选址意见书，总用地面积702.23万平方米，建筑面积363.54万平方米。办理25个建设项目建设用地规划许可证及划定红线图，总用地面积20.42万平方米。办理87份村镇建设许可证，总建筑面积 90.84 万平方米。

第二章 城镇建设

第一节 城区建设

一、城区街道

1992 年 5 月，万安工业开发区动工建设，规划园区、建设基础设施（“五通一平”等）、完善园区配套。1994—1996 年，建成万福街、万荣街、万盛街、安达路等道路。2002 年，中心城区面积 3.3 平方千米，主要街道有安吉路、万荣街、万福街、吉源街、吉源东路、安达路、凤冠街等。2003 年，建成中心区安吉大道二期 700 米及两条市政道路 500 米。2004 年，建成阳新街、朋虹街。按市政道路城市Ⅱ级标准投资 4100 多万元，建设朋山岭隧道连接线延伸工程、双阳中路拓改工程、安吉大道三期建设；投资 3500 万元建设双阳华侨经济开发区市政配套设施。2005 年，命名双阳“镇改街道、村改社居”及第一批街路。2007 年，建成安顺路及万兴街等市政道路及滨江路一、二期等主次干道。同年，全区市政道路建设总里程近 55 千米。

附：

安吉路 起点为南起大坪山隧道出口，北至城东 39 号路，长度 5007 米。道路宽度 50 米，其中：3 米中央绿化带，两侧各 11.5 米车行道，各 2 米绿化隔离带，各 4.5 米非机动车道、4 米人行道。水泥砼路面，软基段为沥青路面。工程总投资 9626 万元。铁道第四勘察设计院设计，建设单位为泉州市城建国有资产开发建设有限公司，施工单位分别为深圳市政工程总公司、蚌埠市市政工程公司、中铁十七局集团远通工程有限公司，监理单位分别为泉州市工程建设监理事务所、福建泉州工程咨询监理有限公司。2002 年 12 月 15 日开工，2004 年 1 月 20 日竣工。

二、照明

1997 年，对万兴街、科技园内的路灯进行重新改造，此后安装瑄头至双阳连接线、万虹公路路灯以及新建双阳中等路灯。至 2007 年，市政道路的路灯里程 45 千米。

三、供水

1996 年 6 月，建成万安水厂，日供水 3000 吨。万安中心城区由万安水厂供水。2005 年 7 月，万虹公路两侧，双阳、河市片区供水管网并入泉州市供水管网，由泉州市自来水公司供水，城区供水普及率达到 99%。

四、排水

至 2007 年，全区建成污水管网 67 千米，其中万安片区 23 千米，双阳片区 16 千米，塘西工业区 6 千米，滨江大道一、二、三期 7 千米，洛江经济开发区 10 千米和河市镇 5 千米。万安片区污水进入城东污水处理厂集中处理。

五、供气

1997年，进行天然气推广使用前期准备。至2007年，埋设1.7千米管径300毫米主输气管道、900米管径200毫米支输气管道埋设，覆盖嘉琳广场、吉源小区、翡翠山庄、冠亚东方星城、万祥假日公寓、武夷花苑、大江盛世、阳光美尔奇等新建、在建小区。

六、公共交通

建区前，公交线路有10路、11路、13路。1999年10月，增加19路（鲤城金山小区至洛江桥南）。2005年4月，增加36路（泉州清蒙工业区至洛江经济开发区）。2007年7月，增加26路（丰泽西湖公园经洛江至丰泽金屿社区）。

七、城区绿化

1997—2007年，建成城区绿化覆盖面积136.7万平方米，其中单位庭院绿地31.1万平方米，住宅小区绿地10.5万平方米，公共绿地3.8万平方米，城市道路绿地18.6万平方米，防护绿地19.0万平方米，生产绿地52.2万平方米，其他绿地1.5万平方米，绿化覆盖率达到34.18%，人均公共绿地达到8.43平方米。

八、环境卫生

1997—2006年，每年清理生活垃圾、工业垃圾及建筑垃圾1万吨。2007年，清理生活垃圾工业垃圾及建筑垃圾约3万吨，垃圾处理率到达99%。建成垃圾转运站5座，投入资金1350万元；设置垃圾屋45座、果皮箱3500个，购置人力三轮车165部，农用车12部，中心城区建设二类、三类公厕各2座。洛江区粪便处理由泉州市环卫处集中统一处理。

第二节 村镇建设

洛江今域的河市、马甲、罗溪和虹山，中华人民共和国成立前民国政府几乎没有投入建设。中华人民共和国成立后至改革开放前，在各乡镇建造简易的政府办公场所，修建乡镇间简易土路、桥梁、中小学和卫生所。改革开放后至建区前，洛江今域的经济建设全面提速，提出“要致富，先修路”，期间，洛江今域乡（镇）的道路已达到“三级公路”标准，各乡（镇）到达临近村庄的道路也几乎用水泥硬化。1997年，规划管理双阳华侨经济开发区、河市片区；办理洛江双阳华侨经济开发区（二期）的用地手续，其中，标准厂房用地面积5.18万平方米，建筑面积10.94万平方米；配合测量河市、马甲、罗溪等镇村300多户农民申报宅基地私房建设的测量制图工作；

2000年，作为泉州市小城镇建设试点的马甲镇，新建6幢商住楼，面积7700平方米，铺设街道3条总长410米。推进旧村改造、新村建设，建成琯头村、仰恩村等精品工程。建成马甲供水Ⅰ期工程并投入使用，投建万安引水工程及双阳供水工程，实施农村电网改造和供电体制改革。

2001年，马甲镇区新建商住楼2幢4000多平方米，双阳镇“侨居工程”建设商品楼2幢5000多平方米。完成仰恩湖水环境综合治理工程。旧村改造、新村建设投入资金2023万元，拆旧1.44万平方米，建新2.89万平方米。制定出台《办理洛江区常住户口暂行规定》，放宽城镇入户条件。

2002年，双阳镇建设侨居工程楼房1幢5000多平方米，农贸市场主体封顶。河市镇完成镇区控制性详细规划及泰源溪堤100米改造，新建商住楼5幢1万平方米。马甲镇以仰恩大学扩建为带动，新建商住楼6幢1.7万平方米。罗溪镇完成镇区总体规划及农民街两侧环境改造，着手规划白银新街。旧村改造、新村建设投入资金1700多万元，拆旧2.32万平方米，建新1.82万平方米。6个宽裕型文明村通过市级验收。

2003年，完成马甲自来水厂扩建工程、仰恩大学供水专线建设。马甲、罗溪两座3.5万伏变电站建成，投资580多万元。双阳镇建成农贸市场及侨居造福工程（第四期）2幢5500平方米，新建商品房4000平方米，河市镇建成中心镇区总体规划调整及对河市镇区段河床清障并改造500米溪堤。马甲镇建成安置房、商住楼16.1万平方米、顺安车站和凤栖酒楼。罗溪镇启动白银新街建设。旧村改造、新村建设投入资金近9000万元，拆旧10万平方米，建新16万平方米。创建21个宽裕型小康村居，其中5个宽裕型文明村受到市委、市政府命名表彰。

2004年，双阳镇建设侨居造福工程6800平方米，商住房3.5万平方米；河市镇完成溪堤改造800米；马甲镇完成商住房9000平方米及仰恩大学附中安置房1.8万平方米建设；罗溪镇完成商住楼1万平方米建设；虹山乡完成申北公路拓宽硬化。全区“旧村改造、新村建设”共投入4600万元，拆旧3.66万平方米，建新5.29万平方米，创建1个宽裕型小康镇、24个宽裕型小康村、11个宽裕型文明村。

2005年，河市镇庄田泰源路动工建设，拓改硬化虹山三元坑至罗溪广桥道路。新建镇区商住楼2.5万平方米。“旧村改造、新村建设”投入2700万元，拆旧3.77万平方米，建新4.14万平方米，创建3个宽裕型小康镇、30个宽裕型小康村、7个宽裕型文明村，实现宽裕型小康区目标。创建福建省宽裕型小康（县）区，除虹山乡外，所有镇、街道达到泉州市宽裕型小康镇标准要求，全区85个村（居）中，泉州市宽裕型文明村（居）占72%，泉州市宽裕型小康村标准占93%。

2007年，全区建成镇区商住楼1万平方米、安置房1.2万平方米。完成河市溪堤整治、马甲自来水厂扩建、罗溪白银新街建设、虹山入口路段拓改等项目建设。

至2007年底，全区乡镇均完成规划编制工作，57个村庄完成“六图一书”规划编制；全区67个村庄，进行新村建设和旧村改造24个，占总数35%。

第三节 区容管理

乡镇企业建设用地审批方面，中华人民共和国成立初期至1980年，凡使用3亩以下，其他土地10亩以下的，由县级人民政府批准。1981年3月，执行省政府《关于坚决制止侵占耕地建房和买卖土地的通知》，对社队企业和生产队建设用地，由公社审查后，报泉州市政府批准。公社、大队企业占用生产队耕地10亩或山地、荒地50亩以上的，按照国家基建征地规定办理。同年7月，市政府规定“公社、大队企业占用生产队耕地，生产队集体基建用地1亩以上者，必须按《国家建设征用土地办法》和地方各级政府有关规定办理手续，由用地单位申请，经公社管委会审查后，报市人民政府批准”。1982年，市政府根据国务院《村镇建房用地管理条例》和省人民政府《关于农村建房用地管理的暂行规定》，制订乡（镇）村企事业建设用地的审批程序，其权限为：占用耕地1亩以下的，由人民公社审查，报县级土地管理部门批准；1—2亩的，由县级政府批准；2—3亩的，由地区行署批准；3亩以上，由省政府批准。占用林地、草地10亩以下的，其他土地20亩以下，由县级政府批准。1987年，审批权限放宽，占用耕地3亩以下，其他地10亩以下的，由区政府批准，报省、市土地局备案；占用耕地10亩以下，其他土地50亩以下的，由市政府批准，报省土地局备案；占用耕地1000亩以下，其他土地2000亩以下的，由省政府批准。

农村居民建房用地审批方面，1982年3月，国务院发布《村镇建房用地管理条例》。4月，省政府制定相应暂行规定。同年，市政府规定住房面积接近郊每人20—25平方米，远郊每人不超过30平方米。

1986年1月，鲤城区重新规定农村居民建房。1987年1月实施《中华人民共和国土地管理法》后，各乡（镇）土地所对民建房用地审批手续实行管理。即按乡（镇）村建设规划，由本人提出申请，村委会同意，经乡（镇）土地管理员审核，报乡（镇）政府批准；动用耕地的，由乡（镇）政府审核报县级政府批准。

1998年起，之前的乡（镇）村已逐步变为城区，在执行国家相关法律法规过程中，制止、拆除“两违”违法占地违章建设建筑面积13万平方米。

2007年，在区容区貌管理方面，区行政执法局对辖区内流动摊点重点区域进行摸底排查，对万荣街、万福街、安泰路等主要街道店外店、乱摆摊设点进行专项整治。联合交警大队在中心城区人流密集的地段进行车辆乱停放整治，联合工商、卫生等部门对城区流动摊点集中整治。同年5月17日至12月31日，纠正非机动车道乱停放车辆2900辆次，纠正占道经营行为13380起和乱挂衣物5085起，乱堆放978处，清理广告布条、横幅1922条，清理占道广告灯箱296个，清理建筑垃圾72车，查处乱张贴广告行为83起，查处车辆“滴、洒、漏”行为238起，责令清洗路面31000多平方米，取缔流动摊点242处。

第三章　房屋建筑

第一节　住宅建筑

洛江区的私人房产，主要以住宅为主体，有的也建有工房或店铺从事生产与经营。西晋永嘉年间（307—322年），衣冠士族南下，带来中原文化，住宅建设有厅堂、大小卧房和杂物间。唐久视元年（700年），迁州治于城区后，官宅府第和民宅民居，建筑上差异很大，府第于宅后构筑花苑，有的于宅外建山庄。五代王审知治闽，泉州政治稳定，经济发展，人口增加，境内私宅建设迅速发展。北宋崇宁二年（1103年），朝廷颁发《营造法式》，规定民宅建筑不得使用斗拱、藻井、门屋，不得彩画梁枋。此后，民宅建设对中央厅堂立柱加高，左右配间立柱渐次减低，形成规整对称院落。明朝境内民宅一般为三开间、五开间带护厝形式，屋面作双坡顶带脊，脊端作燕尾吻，被称为“官式”大厝。清末民初，境内小部分私房建筑吸收西式建筑形式，建别墅楼，楼外砌矮墙并立铁栅栏。大部分仍为“三开间”“五开间”“手巾寮”及四房看厅、三合院、单房独院等。民国时期，时行2—3层洋楼。1980年后，根据中央提出“充分调动国家、地方、集体、私人四方面的积极性，走多渠道集资建房的道路”，以砖混结构、钢筋混凝土结构为主，内外装修向中高档发展。1997年，许多农村居民搬进自建新居，农村居民人均居住面积21平方米。随着农民收入水平的提高和富裕型小康建设进程的推进，改旧建新和新村建设。2007年，农村居民平均每户拥有住宅面积158.18平方米，99.6%的住户拥有自己的住宅，农村居民人均住房面积49平方米，全区农村50%以上的居民告别抗震性能较差的石头房，住上砖木结构或钢筋混凝土结构房，一些农村在镇政府驻地或城区购买商品房。

1997年后，随着新城区开发发展，境内居民以及外县区居民到洛江购买商品住房，一些富裕家庭拥有两套甚至更多的房产。至2007年，城镇居民人均住房建筑面积35平方米，多数城区居民居住在环境幽雅、交通便利的新建住宅小区里。

1997—2007年，洛江区先后建设吉源花苑、首富商城、万源花苑、万荣公寓、美尔奇花苑、汉唐商城等，累计建成小区住宅建筑面积84.01万平方米。

1999—2007 年洛江区住宅建筑面积统计表

表 4-3-1　　　　单位：万平方米

项目名称	建设年份	建筑面积
吉源花苑 3 号、4 号、6 号	1999 年	2.02
吉源花苑	2000 年	7.45
首富商城	2001 年	3.35
河市土楼下	2001 年	0.57
双阳室仔前移民安置集资楼	2001 年	0.27
首富商城	2002 年	0.91
万源花苑	2002 年	2.37
祥光花苑	2002 年	0.55
仔前改造房	2002 年	0.27
杏宅福利楼	2002 年	0.79
万源花苑	2003 年	1.06
吉源花苑	2003 年	3.11
万荣公寓	2003 年	1.83
美尔奇花苑	2003 年	2.48
汉唐商城	2003 年	1.90
首富商城	2004 年	0.54
万祥商厦	2004 年	1.75
后成安置房	2004 年	9.90
武夷花苑	2005 年	1.07
祥光花苑	2005 年	3.20
双阳侨居工程	2005 年	0.68
双阳下炉拆迁安置房	2005 年	1.04
武夷花苑	2006 年	1.53
华盛嘉园	2006 年	1.63
景明花苑	2007 年	4.09
华景仁居	2007 年	2.92
冠亚东方星城	2007 年	7.04
信亿花园	2007 年	1.76

第二节　公共建筑

一、办公用房建筑

1997—2007 年，全区建成办公建筑面积 5.29 万平方米。其中包括洛江区工商局办公综合楼、洛江区人民检察院办公综合楼、洛江区法院、洛江公安技侦综合大楼等。

2001—2007 年洛江区部分办公用房建筑面积统计表

表 4-3-2　　单位：万平方米

项目名称	建设年份	建筑面积
洛江区工商局办公综合楼、洛江区人民检察院办公综合楼、洛江区法院等	2001 年	2.95
洛江公安技侦综合大楼	2002 年	0.62
马甲工商分局、洛江土地局等	2004 年	1.07
河市地税综合楼	2006 年	0.13
公安交警支队洛江大队附属楼	2007 年	0.42

二、工交商业用房建筑

1997—2007 年，全区建成工交商业建筑面积 142.3 万平方米。其中包括金刚石厂房及华大汽车配件厂、光大食品厂、美亚艺品厂、万安农贸市场、五金机电城等。

1999—2007 年洛江区部分工交商业用房建筑面积统计表

表 4-3-3　　单位：万平方米

小区名称	类别	建设年份	建筑面积
金刚石厂房及华大汽车配件厂	工业	1999 年	0.83
光大食品厂、美亚艺品厂等	工业	2000 年	5.19
洛江粮食仓库	商业	2000 年	0.08
南洋一、二期厂房宿舍	工业	2001 年	1.49
公交洛江站机修综合楼	交通	2001 年	0.34
洛江区粮食仓库	商业	2001 年	0.16
大兴电缆、鹏峰玩具厂、雅兴家庭用品厂、首富实业等	工业	2002 年	10.44
万安农贸市场	商业	2002 年	1.09
洛江建设银行综合楼	商业	2002 年	0.42
富邦食品厂	工业	2003 年	0.97
和汉纽扣塑胶厂	工业	2003 年	0.69
建文艺品厂	工业	2003 年	3.01
双阳农贸市场	商业	2003 年	0.77
泰华厂	工业	2004 年	1.74
五金机电城	商业	2001 年	5.59
新维电子厂、世为鞋业厂、余氏织造厂等	工业	2005 年	17.85
五金机电城	商业	2005 年	5.46
鸿伟鞋业厂、益成制衣厂、兴泉工艺厂、大兴电缆、信高电子等	工业	2006 年	22.76
生产力促进中心	商业	2006 年	1.04
子燕轻工厂	工业	2007 年	6.42
标准厂房	工业	2007 年	9.80

三、文教卫生宗教用房建筑

1997—2007 年，全区建成文教卫建筑 23.14 万平方米。其中包括罗溪中学综合楼、泉州第十一中学、区计生局综合楼、泉州医学高等专科学校等。其中，1997 年 8 月至 2007 年底，在校舍建设方面投入建设资金 44255 万元。新建泉州第十一中学，总投资约 6000 万元。新建、扩建其他校舍近 3.2 万平方米、新建教师宿舍 200 套 8751 平方米、改造中小学危房 18000 多平方米、新建校舍 11.268 万平方米。

1999—2007 年洛江区部分文教卫生宗教用房建筑面积统计表

表 4-3-4　　单位：万平方米

小区名称	类别	建设年份	建筑面积
罗溪中学综合楼、前洋小学教学楼等	教育	1999 年	0.54
洛江环卫所办公楼	卫生	1999 年	0.10
泉州第十一中学	教育	2000 年	0.63
交通科教培训中心	教育	2000 年	0.38
马甲教堂	文化	2001 年	0.12
泉州第十一中学	教育	2001 年	0.69
马甲卫生院、洛江区防疫妇幼保健大楼	卫生	2001 年	0.63
官头基督教堂	文化	2002 年	0.12
泉州第十一中学、敬德中心小学、马甲中学、就南中学等	教育	2002 年	1.09
河市中学宿舍楼、奕聪幼儿园等	教育	2003 年	0.52
区计生委综合楼	卫生	2003 年	0.28
泉州医学高等专科学校	教育	2004 年	2.39
泉州第十一中学学生宿舍、万安小学、洛江教师进修学校等	教育	2004 年	3.93
泉州医学高等专科学校等	教育	2005 年	2.08
室仔前填埋场办公宿舍	卫生	2005 年	0.17
泉州医学高等专科学校	教育	2006 年	2.26
泉州医学高等专科学校	教育	2007 年	2.50
交通技术学校	教育	2007 年	0.61

第四章 房地产业

第一节 房产普查

1998 年之前，曾经开展产权登记。民国 32 年（1943 年）、民国 33 年（1944 年）、1952 年、1953 年及 1957 年的房屋产权登记，主要是在城区开展。“文化大革命”期间，产权转移，变更的登记制度中断。1981 年，恢复产权登记工作。1982 年，组建泉州市（县级）房地产普查测量队，开展全市房产普查。1987 年，鲤城区土地局成立。1989 年，房产普查在全市展开。1998 年 1 月始，对全区职工家庭住房状况进行调查摸底，发放住房普查表 1000 多份，对回收的数据进行分析汇总。2006—2007 年，两次对最低收入、低收入家庭住房状况进行调查摸底。经调查核实，确定属于廉租住房保障对象，即户均建筑面积 45 平方米以下且人均建筑面积 10 平方米以下的最低收入家庭有 39 户，按规定的面积控制标准与原有住房面积之差给予租金补贴，年发放金额 1.76 万元。

第二节 房地产开发

一、房地产企业

（一）企业单位数

2004 年，全区房地产企业 36 个。其中，房地产开发企业 20 个，物业管理 7 个，中介服务 1 个，其他房地产 8 个。2007 年，全区房地产企业 44 个，比 2004 年末增加 8 个。其中房地产开发企业 20 个，物业管理企业 9 个，其他房地产 15 个。房地产开发企业三级资质 3 个，四级资质 2 个，暂定四级资质 9 个。

2007 年洛江区房地产企业地区分布表

表 4-4-1　　单位：个

乡（镇、街道）	房地产企业个数		
	房地产开发	物业管理	其他房地产
万安街道	15	9	7
双阳街道	4	—	6
河市镇	—	—	1
马甲镇	1	—	—
罗溪镇	—	—	1
虹山乡	—	—	—

（二）从业人员

2004 年，全区房地产业企业的从业人员 404 人。其中，从事房地产开发 263 人，物业管理 90 人，中介服务 5 人，其他房地产业 46 人。2007 年，全区房地产业企业的从业人员 880 人，比 2004 年增加 476 人。其中房产开发业 653 人，物业管理企业 105 人，其他房地产 122 人，分别比 2004 年增加 432 人、26 人、76 人。

2007 年洛江区房地产业企业单位从业人员分布表

表 4-4-2　　单位：个

乡（镇、街道）	房地产业年末从业人员数		
	房地产开发	物业管理	其他房地产
双阳街道	169	1	29
河市镇	6	—	6
马甲镇	11	1	—
罗溪镇	1	—	1
虹山乡	—	—	—

三、房产开发

1997—2007年，洛江区房地产开发从早期中小项目开发阶段进入大盘项目、高层住宅项目开发阶段，全区房地产投资14.46亿元，商品房施工面积为85.7万平方米。1998年，由泉州洛江城市建设开发有限公司投资兴建的吉源花苑（一期）动工建设，成为洛江房地产开发的样板工程，带动一批房地产开发企业如“隆泰”“益添”“百希达”“汉唐”“美尔奇”“万祥”等有实力的房地产开发公司的进驻。1999—2007年，先后开发吉源小区、琯头商住楼、首富商城、侨福四季花苑、万荣公寓、万源花苑、万祥商厦、翡翠山庄、美尔奇花苑、汉唐商城、五金商城、金威颐园、祥光花苑、武夷花苑、景明花园、华景仁居、东方星城（一期）、华盛嘉园、东辰大厦、信亿花园、东明商厦、阳光美尔奇马甲鸿盛楼等楼盘，但这些楼盘的建筑面积均在10万平方米以下，最小的建筑面积只有1.01万平方米。随着城市东扩、大坪山隧道贯通、城东片区开发、“一场一馆”建设、泉州市第一医院迁建机遇，洛江区房地产开发价值得到提升。2007年，全区房地产企业的主营业务收入21866万元，比2004年增加2817万元。其中，房地产开发、代理、中介服务和其他房地产业10059万元，居民自有住房服务11807万元。

附：部分住宅小区和商住楼简介

嘉琳广场 位于324国道接近洛阳桥旁，项目占地24.9公顷，规划有74栋2—3层的别墅、18栋31—33层的高层住宅以及一栋4层大型商场，建筑面积67万平方米。

阳光国际广场 位于安吉路和万荣街交叉口，该项目占地2.27公顷，规划有5栋30多层的高层住宅并将引进大型商场。广场占地2.3公顷，由一座商业裙楼及5栋住宅塔楼组成，商业与住宅之间由架空层分隔，塔楼最高达120米，为洛江区第一高楼；商业经营面积1.8万平方米，室外广场近0.8万平方米。

汇龙·大江盛世 位于洛江中心区风景秀丽的洛江边，北至万福街以北，南至万兴街以南，东临洛阳江边，总用地13多公顷，由六个地块组成，总建设规模约55万平方米。第一期即将开发的由4个地块组成，占地约8.67公顷，分为A、B、C、D区4个组团，D区包括1幢通廊式高层住宅建筑；C区包括10幢板式高层住宅建筑，2层商业建筑；B区包括7幢板式高层住宅建筑，2层商业建筑；A区包括4幢高层住宅建筑，1层商业配套（含小区配套），建设总户数2383户，开发面积约为38万平方米，由26栋12—26层的小高层及高层建筑组成。

第三节 房产管理

历代官府对房地产交易均以课税形式给予合法化，东晋有“值税”，北宋有“印契”，明清以“契税”，民国时期以“验契发证”等。中华人民共和国成立初，洛江区境域地面主要是农田菜地、龙眼树地或杂荒地，房屋建设错落不整，建筑质量低。20世纪50年代始，由政府投资和国营企业投资进行公有房屋建设，首先投建国营工商贸用房和文化教育、医疗卫生等社会服务用房。集体经济组织的公房建设也随之发展，还有旅外华侨也参与捐建医院、学校用房。期间有建设职工宿舍。1951年，进行房地验契，即对“白契”按值补纳9%的契税，发给“公定买契纸”；对“红契”验讫加盖、估值，核定税额以备开征。此后，贯彻政务院颁布的《契税暂行条例》，对房产产权转移前的买卖、典当、赠予、交换、审批办理，契税率定为：买卖征6%，典当征30%，赠予现值征6%，交换按不等价差征6%。中共十一届三中全会后，随着经济体制改革，城乡经济迅速发展，城市建设步伐加快。1979年，开始逐步有计划进行公房建设。1987年，市房管局按折旧费、修缮费、管理费、租金、保险费5项因素，拟将住房租金调整为每平方米1.05元，呈市政府审批。同年11月7日，市建委、物委和建行联合发出通知，规定商品房的价格标准，包括成本费、经营管理费、利润部分。1997年底，开展房改售房工作。至2007年底，全区41个单位的干部职工计334人参加房改，出售公房面积4.49万平方米，回收售房款557万元；支付27个单位的干部职工计132人购买经济适用房申请的住房补贴 174 万元，补充财政住房公积金支出 150 万元。

第四节 物业管理

2003 年 9 月 1 日，国务院《物业管理条例》颁布实施后，境内全面贯彻落实《物业管理条例》，作为物业管理工作的重点。凡在洛江辖区范围内从事物业管理业务的单位，取得资质证书，方能从事物业管理。对物业管理企业的资质等级进行审定，区别物业管理公司的等级，使之与竞争能力和经济效益直接挂钩。同年，汉唐商城业主委员会成立。2004 年，美尔奇花苑业主委员会、万荣公寓业主委员会成立。2005 年，吉源小区业主委员会、五金商城业主委员会成立。2006 年，万源花苑业主委员会成立。至 2007 年底，全区建成入住的小区 9 个，共有物业管理企业 7 个，物业管理人员 105 人。其中，成立业主大会并选举产生业主委员会的小区有 6 个。

第五章 建筑业

第一节 建筑队伍

民国前，境内建筑行业没有统一的组织，各类房屋建筑由建筑工匠承揽，一般以师带徒，建房盖楼都是临时邀集，工兴则聚，工竣则散。有技术的建筑工匠，其业多传授子孙。民国期间，仍由私人承包商或拼凑私营建筑公司召集建筑工匠，进行施工建筑。由于爆发战争，建设停滞，建筑业发展缓慢。

中华人民共和国成立后，乡镇建筑施工企业始于 20 世纪 50 年代末期，规模较小，技术力量和设备比较薄弱，不能独立承担较大的建筑工程。乡镇企业前身是建筑生产合作社，20 世纪 60—70 年代，为公社下属的建筑队。1978 年后，发展成为建筑工程公司后，企业素质不断提高，承建低层小型建筑工程外，承担中型、大型建筑施工。至 1992 年，乡镇施工企业，主要有河市、马甲、罗溪、虹山建筑工程公司。

1997 年后，洛江区有建筑公司 30 家，其中一级 4 家，二级 16 家，三级 9 家，在册职工 17537 人，其中工人 11481 人，管理人员 2316 人，各类专业技术人员 3740 人，拥有固定资产原值 24975 万元，年产值达 36709 万元。

1992 年洛江区乡镇集体施工企业情况表

表 4–5–1

企业名称	组建时间	经济性质	资质等级	职工人数（人）	固定资金（万元）	流动资金（万元）
马甲建筑工程公司	1957 年 2 月	集体	3	520	143.70	50
河市建筑工程公司	1958 年 8 月	集体	4	210	44.18	30.32
罗溪建筑工程公司	1965 年 6 月	集体	3	473	191.46	46.50

1958—2006 年洛江区乡镇（公社）建筑企业一览表

表 4-5-2 单位：人

企业	建立时间	技术等级	其中		
			工人	管理	技术人员
福建广润建筑工程有限公司	1958 年 5 月	二级	458	165	325
福建省亿方建筑工程有限公司	1965 年 6 月	一级	1850	342	147
福建新宝龙建设发展有限公司	1984 年 3 月	三级	1985	50	213
泉州吉辉装潢有限公司	1993 年 7 月	二级	72	18	27
泉州鑫源机电有限公司	1993 年 12 月	二级	105	60	91
泉州中亚幕墙装潢工程有限公司	1995 年 6 月	二级	18	6	15
泉州景帝装饰有限公司	1995 年 11 月	二级	131	38	27
福建省双阳建筑工程有限公司	1996 年 12 月	一级	1200	334	321
泉州市洛江万盛建筑有限公司	1997 年 12 月	三级	522	21	110
泉州市华泰装饰工程有限公司	1998 年 3 月	二级	150	35	28
福建联胜装潢有限公司	2000 年 3 月	三级	89	73	60
福建祥盛建设有限公司	2000 年 8 月	二级	510	10	170
泉州刺桐古建筑工程有限公司	2001 年 11 月	二级	75	10	32
泉州华林建工劳务服务有限公司	2002 年 1 月	一级	232	11	229
福建华城水利水电工程有限公司	2003 年 1 月	三级	253	48	83
福建省恒远市政发展有限公司	2003 年 4 月	二级	35	6	149
福建省隆恩建设集团有限公司	2003 年 6 月	二级	1217	163	225
福建省联盛建筑工程有限公司	2003 年 7 月	三级	166	166	145
福建力天建设发展有限公司	2004 年 1 月	二级	480	180	208
福建省阳江机械化施工有限公司	2004 年 4 月	三级	43	8	77
福建方正工程材料检测有限公司	2004 年 5 月	二级	26	5	8
福建省泉州市洛江土木建筑工程有限公司	2004 年 6 月	三级	239	173	149
福建省富林建设工程有限公司	2004 年 7 月	二级	445	220	146
福建省华远发展有限公司	2004 年 10 月	二级	256	13	164
福建博源建设工程有限公司	2004 年 10 月	三级	199	63	134
泉州益峰劳务有限公司	2005 年 3 月	二级	131	10	120
福建省兴盛建设工程有限公司	2005 年 3 月	二级	386	39	235
泉州诚毅工程建造有限公司	2005 年 5 月	三级	150	32	80
泉州市磊鑫建设工程有限公司	2006 年 7 月	三级	28	13	11

附：境内一、二级建筑企业简介

福建广润建筑工程有限公司 1958 年 5 月组建，二级施工企业。有职工 458 人，企业注册资金超过 2000 万元。多次被省市授予“重合同、守信用”“纳税大户”“优秀协作单位”等荣誉称号。

福建省亿方建筑工程有限公司 1965 年 6 月组建，从一家三级集体施工企业发展到一级施工企业，有职工 2339 名，其中有高级工程师 25 名、工程师 53 名、助理工程师、技术员 69 名。企业注册资本金超过 5000 万元。1997—2007 年，先后承建 DFAC 商品车区广场、大自然花园 F3—F12 住宅楼、西宁市西人街百货大楼扩建、风神汽车有限公司高档车间等工程。工程竣工后均被评审为全优工程或优良工程。2003

年，被福建省建设厅授予“先进建筑业企业”，泉州市建设局授予“2003年度安全生产先进集体”，泉州市人民政府授予“2005-2006年度守合同、重信用企业”，福建省建设厅建筑协会授予2007年度“福建AAA级信用企业”称号。

福建省双阳建筑工程有限公司　1996年12月组建，一级施工企业，有职工1855名，其中工程技术人员321名，其中高级工程师20名，工程师67名，助理工程师、技术员234名。1997—2007年，施工双阳华侨农场阳山一区、泉州圣湖小区二期经济适用房、泉州城南片区保护整治、泉州市城西环路拓改等工程，工程竣工后均被评审为全优工程或优良工程，其中泉州圣湖小区二期经济适用房还获得中国建筑工程鲁班奖的建筑领域最高奖项。

第二节 建筑技术

宋代，洛阳石桥种蛎固基，基上以花岗岩条石纵横砌叠筑成石墩，再架上花岗岩石板构成桥面，完全是手工操作，保留泉州古代建筑的特有风格。装饰从简单的油漆到房屋构件作木刻、石雕和彩绘，技术精湛，自然优美。清末民初，开始应用钢筋混凝土浇灌技术。中华人民共和国成立后，随着建筑业的发展，建筑施工技术不断提高和发展，逐渐以机械取代笨重的人工劳动。20世纪60—70年代，房屋装饰讲究通风、采光。20世纪80年代始，采用抗震加固技术。房屋装饰更追求实用、美观、豪华。

20世纪90年代后，施工技术从简易的砖石结构过渡到混合结构、混凝土框架、框剪结构等施工技术。建筑高度从单层砖石屋发展到38层的高层商住楼，阳光国际广场1号楼就是一幢38层框——剪结构的洛江标志性建筑物。基础构成不断进步，建筑物基础基本采用钢筋混凝土独立基础、钢筋混凝土条形基础、钢筋混凝土片筏基础、预制PHC管桩、冲钻孔灌注桩。1998年，洛江建区后第一个经济适用房小区“洛江吉源小区”，该项目采用预应力无梁板结构、隔震垫、大跨度钢结构屋面板、大跨度无梁柱帽地下室顶板等。

一、基础工程技术

（一）桩基技术

木桩与睡木桩基　古代建房遇烂泥或松土层，应用木桩与睡木桩作基，桩长一般4—6米，于打桩处搭三脚木架，桩木立于桩位，以200—500千克铁锤系于滑轮，人工拉索，以铁锤自重击落锤打，把木桩打入地下成基。

条石基　唐宋泉州建城时，就以条石为基，此后建房应用条石为基，砌式是一层纵一层横叠垒，下宽上窄逐级收分，基深及面宽据房屋承载及土质情况而定，平屋一般0.5左右，2—3层楼房深达米余。

预制混凝土桩基础　在基建地基处，将土壤夯实后，打桩加固，在桩基上再浇灌基础，提高地基的承载力。20世纪80年代后，高层建筑多建在原农田荒地松软地层上，基础稳定性差，便在基础工程的施工中，广泛采用预制混凝土桩基础。

（二）固基技术

夯实加固法　泉州闽越族先民建房采用此法。西晋起，作石基前，基脚先夯实加固，而后以石砌基，此法一直沿用至中华人民共和国成立后。20世纪60年代，起改用蛙式打夯机击实，由机械取代人工。

生物固基法　北宋皇祐五年至嘉祐四年（1053—1059年），建洛阳桥时，因桥处江海交汇处，江阔水急，难以施工，为垒基采用抛石于江中，但小石块常被海潮冲走，大石块叠压性差，缝隙不一，在狂风恶水中摇撼漂动，为此泉州太守蔡襄采用“植蛎固基法”，利用牡蛎繁殖迅速，附着力强的特性，把桥基和桥墩胶合凝固成整体。此法历经900多年，桥墩固如磐石，开创生物固基先例。

二、结构工程技术

木结构　古代房屋建筑多采用木结构。根据垂直承重和纵横水平承重的需要，首先按预定设计尺寸预制柱、梁、檩、椽、枋等主构件及附属配件，各主配件具作榫头或榫孔（或称卯），组装时于节点处以榫卯互相楔入，形成垂直与纵横水平相互绞结的承重构架。木结构一般有抬梁式和穿斗式。

土木结构　系沿房子间隔垒土墙为垂直承载，木构架架于两山土墙上作水平承载。土墙施工选定墙基上以砖（或石）砌一段墙脚防水，而后以墙模夯土墙，一般有红壤土墙、三合土墙、土坯墙。土墙隔热性好，具有一定承载力，就地取材，古代建房中常被采用。中华人民共和国成立后，在农村普遍应用。20 世纪 70 年代末，土木结构逐渐淘汰。

砖、石结构　以砖、石为材砌筑。唐、宋时，已应用于架桥、造塔、建寺。如洛阳桥建筑，即石、砖石结构。中华人民共和国成立后，境内广泛开发石材多用于建房，沿海地区更为普遍。

混合结构　包括砖石木结构和砖石混结构。砖（石）木结构是由砖（或石）砌柱上架木构屋架，由它承受水平荷载并传递于砖（或石）柱，构成共同承力。明清即采用，民国间普遍应用。中华人民共和国成立后，跨度大的建筑物，木屋架采用以三角形为单元组成的桁架，其上下弦杆及斜杆、正中竖杆由方木或原木制成，边位竖杆一般采用圆钢，节点双面由钢板、螺丝锁紧绞连。

钢筋混凝土结构　筑法是于基础柱位上先扎钢筋为骨，柱周钉木模板，而后浇注混凝土，以钢条逐层捣实直至柱高成砼柱，于柱上钉梁模板、楼模板并扎钢筋网，再浇注混凝土成梁、板，并逐层浇筑至封顶。

三、层面技术

民国以前的民用建筑，屋面工程一般以坡顶为主。寺庙有双坡、4 坡顶，亭阁有 6 角、8 角坡顶。民居多为双坡顶，偶见单坡顶，坡度一般在 1 ∶ 2.5—1 ∶ 4。民国时期，建有钢筋混凝土结构的平顶屋面。中华人民共和国成立后，发展有圆顶、折板顶和锯齿屋面形式。

四、现代建筑技术

1998 年，洛江区内施工单位普遍使用自落式混凝土搅拌机、砂浆机、井字架升降机、推土机、铲车、装载机等机械设备。土方工程、基槽、基坑等使用挖掘机、装载机等机械。模板安装、砌体粉刷、装饰以手工操作为主。各建筑工程公司基本能设计施工完成 7—16 层大楼建筑。建筑地基工程、主体工程、墙面工程、装饰装潢等施工技术不断更新、进步。楼房趋向高层化，城区最高层为 20 层，高度 73.6 米。主体工程采用钢筋砼框架或剪墙结构。基础工程采用钢筋砼预制桩、人工挖孔桩、冲孔灌注桩、水泥粉煤炭灰碎石桩。定型胶合板替代传统的木板定型模板，推广钢模板及滑模施工技术。钢筋气压焊接、直螺纹机械联结、钢筋套筒机械联结逐步替代传统的钢筋绑扎、电弧焊接。高层建筑应用新三级钢筋，提高工程质量，小截面静压预测桩应用于多层及小高层建筑工程，比大开挖的工程基础设计的建筑造价节约 15%—20%。

2002—2007 年，在工业民用建筑工程方面大量采用蜂巢芯、型钢混凝土、铝模板、新型二合一屋面保温砖、陶粒保温多孔砖等新技术及新材料。采用蜂巢芯现浇空心楼板技术，解决建筑物大跨度、大开间技术难题，且使建筑物具有自重轻、隔热、保温、隔音、空间可灵活间隔、双向受力传力相同、挠度变形小、抗剪抗扭性能好、抗震性好的优良性能。且管线布设方便，无须抗浮加固措施，工效比之前提高 30%，工程造价降低 3%—8%，水泥、砼高能耗材料减少 40%—60%。

附：重点建筑工程简介

仰恩大学 位于马甲镇双髻山麓，占地 13.33 公顷。1987 年兴建，包括教学楼、办公楼、图书馆、宿舍楼和生活用房，建筑群总面积 6 万多平方米，楼房依山坡而筑，形成不同台高。楼体为钢筋混凝土框架结构，外饰红白等色瓷砖，其中面对大门主楼于女儿墙至檐口作假坡面，形成仿古檐沿。

俞大猷纪念馆 全称为“民族英雄俞大猷纪念馆”，位于河市镇白洋村埔尾山下的河市溪和土岭溪交汇处，泉州市俞大猷研究会、河市镇政府遂于 2003 年俞大猷诞辰 500 周年之际，动工兴建“民族英雄俞大猷纪念馆”，同年底完工。

纪念馆整体属一正殿两配殿，占地面积达 6000 多平方米，建筑面积 900 多平方米。该馆以仿古宫殿制式，屋顶以重檐神龙翘脊风格，主体结构以钢筋混凝土材料浇铸成仿古构件。主建筑正面，以花岗岩石材为基础筑至仿古木质花窗格下，用传统的红砖浆砌至屋檐下。中殿原木大门漆成深红色，大门廊 6 根红色大柱排列雄壮，门前广场占地面积 3000 平方米，广场左右两侧各立 2 座仿古石塔。

纪念馆山门处建 1 座古城门楼式的建筑．城门楼上竖立俞大猷头戴盔甲、右手握剑、神情沉着而警惕的威武塑像。入门路径笔直通向门庭广场，排列矗立 4 座仿古制工牌坊。广场门路四周种植榕树、塔柏，形成绿树掩映、景观优雅的游玩去处。纪念馆正殿为“正气堂”，殿中央是俞大猷一身戎装、英姿勃发、正气凛然的端坐塑像，上方有中国佛教协会原会长赵朴初手书“正气堂”等 3 个遒劲端庄字体的匾额。塑像左边是少林武僧宗擎塑像，右边立着弟子陈弟塑像。正殿左边依次有俞大猷恩师赵本学、好友王慎中、黄克晦 3 人端坐塑像；右边依次有俞大猷武术恩师李良钦、学友邓城、欧阳琛（邓、欧后来成为俞之部将）3 人端坐塑像。左右配殿用于会议、接待会客之用。

从左配殿右外角楼梯拾阶而上是阁楼回廊式的展览馆，从东至西蜿蜒陈列俞大猷生平事迹及相关文物。展出内容共分八大部分：其一，家族世系渊源，青少年习文练武，拜师学艺情况；其二，实物陈列，有大刀、枪、棍、叉、锤、矛、斧、锏、狼牙棒等练武时用的仿制兵器；其三，介绍俞大猷成人后在沿海各地任职，驰骋海疆抗倭平寇及训练水师情况；其四，展示俞大猷亲手设计海战御倭专用兵器和改装俞家军舰、车轮式火炮之模型；其五，俞大猷在各地各处题写的碑刻，及镇海等地俞大猷生祠碑文照片及拓本等；其六，剑法和棍术回传嵩山少林寺过程；其七，在各省沿海各地遗留诗文墨宝，以及各地纪念馆所提供资料情况；其八，陈列近现代研究俞大猷的论著和成果。展馆布局合理有序，图片配以文字资料说明，实物模型附有示意图和文字注明。

第三节 建筑材料

改革开放前，洛江今域的建筑材料有草、石头、木头、瓷砖、土坏等。1979 年起，基础设施建设和房地产开发升温，建筑材料销量逐年增长。境内主要建筑材料（石头、木材、钢材）基本由个体户、集体或施工单位通过各种渠道从省内外调进；其他建筑材料如内外墙、地板瓷砖、钢化瓷砖、花岗岩、大理石板、涂料、油漆、铝型材、铜、铝、不锈钢板、管以及玻璃幕墙等新型建筑装饰材料也大量进入境内市场。

1998 年，下水道用 PVC 塑料管取代镀锌铸管。外墙装饰逐步由涂料、花岗岩、微精晶石板材等新型材料替代粗灰面层、洗砂、马赛克、瓷砖等，有的高层建筑使用玻璃墙。

2000 年，根据《财政部国家经贸委关于印发〈新型墙体材料专项基金征收和使用管理办法〉的通知》《福建省财政厅、福建省经贸委关于印发〈福建省新型墙体材料专项基金征收和使用管理实施细则〉的通知》和《福建省发展应用新型墙体材料管理办法》，推广应用新型建筑材料，此后，墙体建筑材料多采用多孔空心砖、混合砖。

2006 年，城市建筑禁止使用实心黏土砖，推广使用空心水泥砖和复合砖等新型墙体材料；推行屋面板使用环保节能型材料、使用聚苯烯挤塑板，外墙推行保暖隔热的聚乙烯颗粒砂浆，控制玻璃幕墙的尺幅；

厂房尽可能采用轻钢结构、钢结构厂房；推行节能型的建筑设备；推行建筑智能化工作；推行节能型城市照明，推行可控硅的灯源和环境智能型的管理。2007 年 11 月 1 日起，《福建省发展应用新型墙体材料管理办法》施行，洛江区鼓励生产、使用新型墙体材料，限制生产、使用空心黏土制品，逐步禁止生产、使用实心黏土砖（瓦）。但由于价格因素和“小机台”生产劣质空心砖影响，人们对空心砖等新型材料信心不足。

第四节 建筑工程管理

中华人民共和国成立前，对建筑施工企业的工程质量就有监管。中华人民共和国成立后，贯彻国务院关于改进建筑企业施工管理的规定，强调工程按期优质完成，宣传贯彻“百年大计，质量第一”方针。1958 年，在“大跃进”冲击下，片面追求施工速度，工程质量下降，不断发生事故。1958—1979 年，安全监察起起落落，事故频繁。1979 年后，建筑业呈现新局面，安全生产成为企业优质标准之一。1986 年起，境内的建筑工程由原鲤城区城建部门管理。当年，原鲤城区城建部门贯彻福建省建工局《关于 1983 年全优工程的若干规定》和《福建省全优工程验收评定试行办法》，对全优工程检查验收实行百分制计算办法。鲤城区建筑工程质量监督站成立后，定期检查工程质量，把企业自检和政府部门监督结合起来，负责对乡镇质量监督分站的业务指导。鲤城监督站发现工程违反基建程序，不按质量标准操作规程施工等而造成工程质量低劣或质量事故，分别给予黄牌警告、罚款、停工整顿、通报、缴施工员证、停止投标、企业降低，直至建议有关部门吊销施工执照和设计证书等处理。监督站实行站长负责制、监督员责任制。

1997 年，洛江区建设工程质量安全监督站成立，采用巡检和抽检的方式检查工程施工质量安全情况，并把企业自检和政府部门监督结合起来。在检查过程中发现工程违反基建程序，不按质量安全标准操作规程施工等而造成工程质量低劣或质量安全事故，分别给予警告、罚款、停工整顿、通报、停止投标、企业降级，记入不良记录，直至建议有关部门吊销施工执照和设计证书等处理。

2003 年 4 月 1 日起，贯彻福建省建设厅《施工现场井架物料提升机使用安全管理规定》。加强建筑施工现场井字架使用安全监管，确保施工安全生产。此后，高层建筑运输应用塔吊、人货升降机，井字架升降机为双吊篮式升降所代替。

2006 年 7 月，贯彻福建省建设厅《关于深化建筑安全生产专项整治淘汰限制使用竹脚手架、井字架、人工挖孔桩等落后施工设备和工艺的实施意见》，在全区范围内淘汰限制使用竹脚手架、井字架、人工挖孔桩，推广使用钢管脚手架。

2007 年，加强建筑起重机械的安全监督管理，对施工现场建筑起重机械租赁、安装、拆卸、使用、维护和保养的全过程管理做出具体规定，确保建筑施工各环节管理到位、责任明晰，防止生产安全事故发生。

第五节 建筑市场管理

中华人民共和国成立前，没有建筑工程招标投标活动。20 世纪 50 年代初，建筑市场大多为私人经营。1956 年，社会主义改造后，组建劳力调配处和建筑生产合作社，实行工程任务统一分配制度。至 20 世纪 70 年代末期，建筑业的管理基本上由国家和集体建筑部门施行，建筑市场较稳定。

1978 年，建筑市场开放，部分建筑工程始由私人包揽，部分建筑单位私招乱顾，造成无证设计、无证施工等现象比较严重。1984 年，根据《福建省建筑企业安装工程招标暂行办法》，泉州市工程招标投标领导小组成立，开始执行工程招标投标承包制。当时鲤城区建委负责全区招标投标管理，鲤城区招标办负责省、市局单位在区境域内的建设及小型工业交通项目。对建筑面积 1000 平方米以下，或投资 20 万元以下的工程项目，建委采用招标投标或议标。

1986 年，鲤城区成立整顿建筑市场领导小组及办公室，制订《鲤城区建筑市场管理的暂行规定》。鲤城区建委对全区在建工程逐个进行项目计划、工程审批手续等方面的检查，整顿和纠正建筑行业不正之风，采取两级管理、区域管理、按级承包、代理招标等管理措施，引进建筑管理体制改革的新机制，境内的建筑市场亦由鲤城区负责。

1997 年后，洛江区对凡列入国家和省、市及有关主管部门计划的新建、扩建和技改大修工程项目，应当实行招标发包，通过平等竞争，择优选定承包单位。禁止各级领导干部和政府工作人员利用职权，干预工程项目的承发包工作；禁止任何单位垄断设计、施工任务；各建设单位不得擅自组织招标、议标或以其他方式向外发包；不得肢解发包，不得指定分包队伍，不得指定使用不符合标准的建筑材料、建筑构配件，不得要求施工单位垫资承包。2007 年 8 月 22 日，洛江区工程建设交易中心成立，有效节约政府投资支出和防控腐败滋生。

第六节 机构

一、行政机构

（一）洛江区建设局

1997 年前，境内的建设由鲤城区建设局负责。1997 年建区后，洛江区建设局成立，含环境保护职能。1998 年 7 月，区编委“三定”区建设局内设秘书科、建筑业管理科、城市建设管理科、村镇规划建设管理科、环境保护办公室、计划与财务科，行政编制为 11 名，其中局长 1 名、副局长 3 名、股级 6 名，机关工勤人员事业编制 1 名。2002 年，党政机构改革后，区建设局不含环境保护职能。2005 年，区建设局加挂人民防空办公室设牌子。2007 年末，内设办公室、建工股、公用事业管理股、村镇规划管理股、房地产管理股、审批股，行政编制为 5 名，其中：局长 1 名、副局长 3 名。加挂人民防空办公室，主任由区建设局领导兼任，编制 2 名。同年，洛江村镇规划建设管理站成立，系区建设局所辖事业单位编制 3 名。各乡镇根据市、区意见成立乡镇规划所，配置工作人员，形成市、区、镇三级管理体制。

（二）洛江规划分局

1998 年 3 月，洛江区城乡规划分局（正科级）成立，下设办公室、规划股、工程股、财务股等股室，行政编制 5 名，工勤事业编制 2 名。

（三）洛江区行政执法局

2007 年 11 月 9 日，洛江区行政执法局成立，内设办公室、政策法规股、区城市管理委员会办公室（挂执法综合股牌子）3 个职能股室，行政编制 6 人；下设直属（万安）、双阳、河市、马甲、罗溪中队 5 个直属执法中队，均为正股级机构，执法专项编制 45 人。

二、事业机构

1997 年，洛江区建设局下辖泉州市洛江区房地产管理处（编制 4 名）、区建设工程造价管理站（编制 3 名）、区建设工程质量安全监督站（编制 12 名）、区环境卫生管理所（编制 5 名）4 个事业单位。

2000 年 12 月，泉州市洛江区房地产交易管理所成立，隶属区建设局全民所有制事业单位，实行企业管理，独立核算，自负盈亏，编制暂定 2 名。

2003 年 6 月，增设泉州市洛江区市政公用事业管理中心，隶属区建设局股级事业单位，编制 8 名，同时撤销泉州市洛江区城建管理监察队、泉州市洛江区园林绿化办公室、泉州市洛江区市政工程管理处，其编制由区委编委收回，人员成建制转入区市政公用事业管理中心。

2005 年 2 月，增设泉州市洛江区城市管理委员会办公室，归区建设局管理，编制 3 名，股级职数 2 名，经费由区财政核拨。

2007年3月，增设泉州市洛江区村镇规划建设管理站，为区建设局管理的股级事业单位，编制3名，经费由区财政核拨。

三、企业机构

1998年4月，泉州市洛江区房地产管理处测绘队成立，为全民所有制企业，编制数3名，隶属房管处管理。

2007年9月，泉州洛江城建测绘队成立，为全民所有制企业，公司的法定代表人和业务骨干由区建设局内部工程技术人员担任，其他工作人员由区建设局按国有企业用人条件向社会招聘。

第五篇 交通运输与邮政通信

元、明、清和民国时期及中华人民共和国成立前，各乡村只有简易的乡间道路和桥梁的修造，通往省城的古道经仙游的古驿道抵福州。中华人民共和国成立后，1950年6月，境内琯头至双阳路段修复；1958年发动沿线民工全线修通泉州至罗溪公路以及河市至南安洪濑公路，1962年开通马甲至南安梅山公路，1968年建成梅山—罗溪—仙游公路，1971年在万安桥下游新建洛阳桥闸公路桥。1976年开通罗溪后溪至虹山公路。改革开放后，洛江今域的经济建设全面提速，提出“要致富，先修路”，洛江今域主干道达到“三级公路”标准，各乡镇（农场）、村多方筹集资金掀起乡村道路建设热潮，通往行政村道路80%改造硬化并实现村村通公路。1997年建区后，洛江区按照“五横一纵一沿江”（“五横”：324国道，清源山隧道—双阳一乌峰山，洪濑—河市—乌峰山—洛阳，洪濑、洪梅—马甲—枫亭，梅山、罗东—罗溪—三郊线；“一纵”：万安一虹山的洛江大道；“一沿江”：洛阳江南岸的阳江大道）的公路网络格局，分期分段改造拓宽万虹公路和县道310线河市段等交通干线，新建、改建和扩建普通公路约70千米；基本实现通行政村道路水泥砼路面的硬化改造。2007年，洛江区有公路总里程571.28千米，全区达到等级的可通车公路里程155.14千米，等级公路密度为0.41千米/平方千米。

中华人民共和国成立时，河市、罗溪仅有简陋的邮政代办所，1952年新增马甲邮政代办所。1955年后农村邮件投递数日投递一次。1956—1962年，罗溪、河市、马甲设立农村电话交换点，开办电报业务。随着业务发展，三个邮政所先后改为邮电支局。至1965年，境内实现社社有总机，队队通电话通邮路。改革开放后，境内邮电业务迅速发展，1992年12月，境内光缆程控电话扩容改制工程割接开通并网运行，实现电话程控化、传输数字化，固定电话安装超过3000多门。1993—1995年，各乡镇（农场）驻地新建邮电综合大楼，以满足业务迅速发展的需要。1995年，境内设立GSM基站8个，中国移动通信信号覆盖境内乡镇（农场）驻地，移动通信业务开始发展。1997年建区后，洛江区域邮电设施与设备不断完善，邮政通信能力显著增强，邮电部门创新服务项目，较好地满足洛江经济社会发展的需求。

第一章 交通运输

第一节 陆路

一、古驿道

唐代，万安桥（洛阳桥）未建造前，泉州至京城长安的驿道，是出城北朝天门（今泉州市区北门），经七里亭（今泉州丰泽新埔）进虹山左面至仙游、福州，转古田、建州（今建瓯）、浦城，越过仙霞岭，经浙江江山、睦州、杭州、扬州、汴州（今河南省开封市）至京城长安。北宋皇祐五年（1053年）万安桥建成后，至南宋京城临安（杭州）的驿道，改从仁风门（今泉州市区东门）过万安桥，经惠安锦田驿（今惠安城关驿口顶），仙游枫亭驿、莆田、福州、建州，越过仙霞岭入浙江，经江山、睦州至临安。河市、马甲、罗溪、虹山各乡村通往省城的古道，经仙游的古驿道抵福州。

二、普通公路

（一）国道

324线：洛江段起点万安桥南，终点万安杏宅，全长1.934千米，宽38米，二级公路。

（二）省道

307线：洛江段起点万安琯头，终点双阳新岭，全长10.143千米，宽15米～30米，二级公路。

（三）县道

琯头至罗溪　琯（头）罗（溪）线起自万安琯头，经河市、马甲至罗溪，全长37.99千米。民国17年（1928年），琯头至河市段由民军团长高为国征派民众建成。1950年6月，修复琯头至双阳路段，作为福厦线洛阳桥遇毁迂回路线。双阳至罗溪段27.3千米，1958年由沿线民工修通。全线三级路24千米，等外路13.99千米，已铺沥青路面24千米；桥梁13座335.9米，均为永久式结构，1992—1995年，琯头至马甲段先后全面拓宽改造。

双阳至洛阳　原是洛阳至琯头的一段，系民国27年洛阳桥被日机炸断后新开的迂回路线，后琯头至双阳列入琯罗线；长9.9千米，洛江辖段2.2千米，拱桥1座7.2米。

河市至洪濑　起自河市，经惠女水库坝区至南安洪濑，全长15.5千米，洛江辖段10.7千米。民国20—22年（1931—1933年）年开筑，未曾通车。1958年，修复通车，三级路面，桥梁1座10.5米。

梅（山）仙（游）　起自南安梅山新雨亭，经罗溪至仙游，全长46千米，洛江辖段自罗溪至广桥17千米。1968年修通，四级路，沙石路面，桥梁2座81.5米，永久式结构。

洛阳复线　系原福厦路洛阳桥闸至琯头旧线，长1千米，沥青路面，桥1座17米，为永久式结构。

洛虹线　洛江区县道洛虹线起点双阳、终点为虹山，编号X304线，全长34.194千米，是洛江区沿海连接山区的一条主要的公路交通要道。1958年1月兴建，2000年改建，改建后路基宽度7.5—30米、路面宽度6—27米。

305线　洛江段起点罗溪新东，终点罗溪垵内，全长1.7千米，宽5—7米，等外至二级公路。

306线　洛江段起点河市下堡，终点双阳新岭，全长7.728千米，宽9—30米，二级公路。

310线　洛江段起点河市施琅陵园，终点马甲彭殊，全长16.342千米，宽9米，等外至二级公路。

313线　洛江段起点马甲炉田，终点马甲梅岭，全长23.371千米，宽5—7米，等外至二级公路。

332线　洛江段起点罗溪新东，终点罗溪广桥，全长16.708千米，宽7.5米，三、四级公路。

（四）乡道

双阳道　民国19年（1930年）修建，路线起点琯头，终点河市，途经双阳。全长6.5千米。

洛梧路　民国27年（1938年）修建，路线起点洛阳，终点双阳。全长11.7千米。途经洛阳、梧宅、双阳。

（五）村道

1997—2000年，铺设乡村水泥路270.79千米，虹山乡、罗溪镇、双阳镇实现村村通水泥路。2001—2003年，硬化改造乡镇道路499.6千米，全区行政村之间道路硬化率100%。2005年，河市镇庄田泰源路动工建设，拓宽硬化虹山三元坑至罗溪广桥道路。至2007年底，全区农村公路硬化总里程达350千米。

三、普通公路拓改

1997—2000年，道路建设投入资金1.32亿元，配合市政府建设朋山岭隧道及其接线工程，拓改万虹公路马甲至义山路段、中心区安吉大道、万虹公路马甲新庵岭复线建设；建设万虹公路万安至马甲段拓改工程和安吉路延伸工程及路网配套。

2001 年，拓改泉州市重点建设项目万虹公路万安至河市段，投入资金 6000 万元；拓改万虹公路河市至马甲段、罗溪至虹山段部分路段及河洪公路河市部分路段，投入资金 1100 万元.

2002 年，投入资金 1000 多万元，拓改县道 310 线河市南塘路段、建设万虹公路至施琅陵园段工程。绿化万虹公路万安至马甲及社仔山至曾池公路。

2003 年，拓改县道 310 线河市路段。投资 1600 多万元建设朋山岭隧道连接线延伸工程。投资 280 万元，建成万虹公路 6 千米路灯。双阳中路完成各项前期工作并动工建设。

2004—2007 年，配合福厦铁路泉州段、朋山岭第二隧道及接线工程建设，建成朋山岭第二隧洞及接线工程。建设滨江大道二期 3.6 千米。投资 7100 多万元拓改万虹公路马甲至罗溪段。

四、高速公路

沈海高速公路洛江段　起点万安前埭，终点万安杏宅，长 3.2 千米，区域内未设立互通出口。

沈海高速公路仙游至金淘段　起点于泉南高速金淘枢纽互通，途经南安市梅山、乐峰、洛江区域罗溪，终点位于洛江区与仙游交界处，全长约 37 千米，采用高速公路双向四车道标准、路基宽度 26 米，设计行车速度 100 千米／时。

泉三高速公路南惠支线　即环城高速公路一期，洛江段起点双阳新岭，终点双阳后埭，全长 5.6 千米，路基宽 33.5 米，双向六车道，在双阳设互通出口，2007 年开始前期工作。

1998—2007 年洛江区重要交通工程建设项目一览表

表 5-1-1

项　目	奠基时间	开工时间	竣工时间
万虹公路马甲至义山路段拓改工程	1998 年 4 月	1998 年 4 月	1998 年 9 月
河市交管站站房及其附属工程	1998 年 5 月	1998 年 5 月	1998 年 9 月
洛江区交通局办公大楼	1999 年 4 月	1999 年 4 月	2000 年 7 月
罗溪客运站	2000 年 8 月	2000 年 8 月	2000 年 12 月
万虹公路万安至河市段拓改工程、河市至马甲拓宽工程	2001 年 2 月	2001 年 2 月	2001 年 12 月
万虹公路虹山段改建工程一期	2001 年 1 月	2001 年 1 月	2001 年 9 月
县道 313 线马甲室仔山至曾池道路拓改工程	2001 年 11 月	2001 年 11 月	2002 年 3 月
县道 310 线（辋川至洪濑公路）河市路段拓改工程	2002 年 9 月	2002 年 9 月	2003 年 4 月
省道 307 线朋山岭隧道连接线延伸工程	2003 年 10 月	2003 年 10 月	2004 年 10 月
万虹公路马甲至罗溪道路改建工程（含金光隧道）	2005 年 12 月	2006 年 2 月	2007 年 10 月
万虹公路虹山段改建工程二期	2005 年 9 月	2005 年 9 月	2007 年 12 月

附：主要公路简介

万虹公路　起点双阳、终点为虹山，编号 X304 线，全长 34.194 千米，是洛江区沿海连接山区的一条主要的公路交通要道。从双阳至罗溪路段为二级公路，罗溪至虹山路段为三、四级公路；罗溪至虹山路口为沥青路面，其余路段均为水泥路面。马甲路岭段为印尼金集团投资建设，包括长 769 米长的金光隧道，该路段命名为金光大道；其余路段为以国家为主投资方式。穿越仰恩大学园区和新庵岭农业大观园。新庵岭 2.3 千米山岭路段结合地形实际、根据两座山山势分两条线路进行下下行通行，减少大挖大填，最大限度减少对自然环境破坏，在路两侧因地制宜进行绿化，其余视野比较开阔、线形比较顺畅路段采用单线路中间设置绿化带隔离上下通行方式，利用自然地理环境、节约用地、确保安全。

五、公路桥梁

（一）隧道

朋山岭隧道及其接线道路工程　朋山隧道位于省道东石线（S307）洛江区境内。该隧道工程计划为A、B隧道。1998年年12月31日，市重点建设项目朋山岭隧道工程动工，该工程总投资7600万元。2000年7月17日，朋山岭A隧道及其接线工程正式建成通车。A隧道长1320米，宽10.5米，净高5.0米，洞内配备排气、消防、供电、照明设施。两端接线公路按交通部部颁二级公路平原微丘标准设计，里程2.86千米，路基宽18米，水泥路面15米。

金光隧道　位于县道304线马甲与罗溪交界处，全长769米，宽11米，高5米，2006年1月开工兴建，2007年10月1日竣工。全长769米，总投资8000万元。

（二）桥梁

1997年后，洛江区境内所建公路桥梁、涵洞全部为石台墩钢筋水泥混凝土永久性桥梁。至2007年底，全区桥梁119座。

至2000年洛江区部分桥梁一览表

表5-1-2　　单位：千米

桥梁名称	路线名称	所在地	桥梁全长	桥跨组合	最大跨径	桥面净宽	桥梁类型
新庵大桥	万虹公路	马甲·新奄	102.0	3—25	25.0	12.0	水泥混凝土拱桥
惠女水库溢洪道桥	县道310	马甲·彭殊	65.0	5—10	10.0	6.2	石拱桥
道坝桥	潘内—蔡内	马甲·潘内	42.0	3—10	10.0	4.0	石拱桥
新告桥	官洋—厝斗	河市·新告	40.0	7—4	4.0	5.8	钢筋混凝土梁桥
溪头桥	县道310	河市·溪头	66.0	6—10	10.0	5.0	钢筋混凝土梁桥
河市泰源桥	輞洪线	河市·下炉田	70.0	4—16	16.0	7.0	钢筋混凝土梁桥
仰恩桥	马甲—梅岭	马甲·仰恩村	135.0	3—31	31.0	7.5	石拱桥
马甲桥	涂洪线	马甲·马甲村	45.0	3—10	10.0	5.7	石拱桥
仰恩石拱桥	马甲—洋坑	马甲·仰恩	64.7	3—16	16.0	4.5	石拱桥
溪西拱桥	万虹线—前垵	马甲·杏川	47.0	2—15	15.0	3.5	石拱桥
海堤桥	324线—洛阳桥	万安·桥南	39.0	2—16	16.0	9.0	钢筋混凝土梁桥
白凤水尾桥	白凤—埔尾	虹山·白凤	12.2	1—6.2	6.2	7.0	石拱桥

附：洛江区主要桥梁简介

洛阳桥闸公路桥　位于万安桥（洛阳桥）西洛阳江上游500米处，即国道福昆公路（324线）184千米10米路段。系32孔石拱桥，长211.6延米，桥面宽9.6米（包括人行道各宽0.6米），高8.7米，净跨径5米，设计荷载为汽—1.3万千克，挂—6万千克。1971年7月动工建造，1974年10月1日建成通车，总投资240万元。

河市桥　位于洛江区河市镇河市村，又名濠市桥、濠溪桥、观音亭桥。北宋大观年间（1107—1110年），由和尚宗爽主持建造，系石趾木梁桥，后因失火被烧毁。明隆庆三年（1569年），俞大猷重建（木桥）。明万历二十七年（1599年），被水冲毁，知县顾士琦派童豪主持募捐，改建成石梁桥，后毁坏。清康熙三十九年（1700年），施文起重建，后又毁坏。清乾隆七年（1742年），知县江夏胡重修。清道光十二年（1832年）和十三年，遭水毁，道光十四年，倪明声、倪清光重建，清道光二十四年竣工。清光绪六年（1880年）重修。民国27年（1938年），修建泉（州）河（市）公路时，石桥面用混凝土灌缝，铺沙土，限单车道行车。1985 年 9 月，改建成钢筋混凝土桥，长 76 米，可双车道行车。

龙光溪桥 位于洛江区马甲镇，马(甲)梅(岭)线公路。系重力式石台墩桥，长 58.6，宽 6 米，高 16.5 米，孔数 1 孔，净跨径 40 米，荷载汽 -10 履带 -50，1978 年 10 月竣工。

仰恩第一桥 位于洛江区马甲镇，马（甲）梅（岭）线公路中段，乌潭水库北岸，横跨山边村溪，距离仰恩第二桥 200 米处。系 3 孔石拱桥，长 64.7 米，宽 4.5 米，高 7.27 米，净跨径 16 米，荷载汽 -10 履带 -50，1987 年 10 月竣工。

仰恩第二桥 位于洛江区马甲镇，马（甲）梅（岭）线公路中段，乌潭水库北岸，横跨山边村溪，距离仰恩第一桥 200 米处。系 3 孔石拱桥，长 135.5 延米，净跨径 31 米，1988 年 3 月竣工。

广桥 位于广桥村，原晋（罗溪）仙（仙游）交界主要交通桥梁，又名拱桥、龙潭桥。建筑形式独特，其拱度 2.3 米，有“站在桥头看不到桥尾”之称。1985 年 10 月 1 日，由市文物管理委员会立碑保护，2003 年 4 月，由市人民政府立碑保护。

六、客运

洛江建区前，洛江今域客运情况统计资料缺乏。1984 年，泉州市（县级）交通部门开始经营客运，当年客运量 2.9 万人次，周转量 594.9 万人次千米。1992 年，客运量 398 万人次，周转量 26940.9 万人千米。1997 年，全区客运班车 44 辆，总载客位 643 人，客运量 40 万人次，周转量 1510 万人千米。1999 年，客运班车 103 辆，是建区初的 2.34 倍。2000 年，客运量 144. 82 万人次，客运周转量 6603 万人千米。2001—2003 年，全区客运量 372.52 万人次，客运周转量 15745.6 万人千米。2004 年，全区客运企业由量的扩展转向质的提高，先后购置大、中、小型普通客车、空调客车、豪华舒适客车，开设直达班车、快速班车、区间班车、支线班车及客运包车等，从“等客上门”到想方设法“引客上门”，增设售票窗口和网点，优惠票价，尽量满足群众商旅需求，提高运输市场竞争能力。随着私家车拥有量增多，可选择的出行交通工具增多。2007 年，全区有大、中、小型普通客车、空调客车、豪华舒适客车 71 辆，客运车辆比 1999 年减少 32 辆，客运量 167 万人次，周转量 6420 万人千米。

1997—2007 年洛江区客运情况统计表

表 5-1-3

年份	客运班车（辆）	总载客位（个）	客运量（万人次）	周转量（万人千米）
1997 年	44	643	40.0	1510.0
1998 年	92	1145	88.5	1960.0
1999 年	103	1373	141.5	6512.5
2000 年	97	1223	121.7	5434.0
2001 年	58	974	137.8	5995.0
2002 年	58	730	114.3	4594.7
2003 年	74	924	120.4	5156.0
2004 年	92	1260	251.0	10515.0
2005 年	79	884	142.0	5604.0
2006 年	82	967	150.0	6000.0
2007 年	71	937	167.0	6420.0

七、货运

洛江建区前，洛江今域货运情况统计资料缺乏。民国时期，货运量均由各民营汽车公司自行统计。1957年，泉州市（县级）就开始办货运，1983年，全市货运量15.6万吨，周转量1852.7万吨千米。1992年，全市货运量147.26万吨，周转量18830.92万吨千米。1997年，全区有各种货运汽车480辆，总载吨位669.5吨，货运15.32万吨，周转量1420万吨千米。2000—2003年，货运量309.1万吨，货运周转量26090万吨千米。货运市场竞争激烈，货运企业不断改进经营方式，开拓发展空间，更新运输工具，逐步发展高效低耗的重型货运汽车、拖挂车、集装箱车、危货和保鲜冷藏专用车等车辆。至2007年，全区货运105万吨，周转量8237万吨千米，分别是1997年的6.85倍、5.8倍。

1997—2007年洛江区货运情况统计表

表5-1-4

年份	货运汽车（辆）	其他（辆）	总载吨位	货运量（万吨）	周转量（万吨千米）
1997年	234	246	670	15.3	1420
1998年	275	261	747	59.4	8910
1999年	344	274	684	64.2	9520
2000年	440	288	847	57.2	8343
2001年	467	302	1642	84.2	9352
2002年	618	285	1339	82.6	8269
2003年	884	274	1529	85.5	8124
2004年	836	216	1536	168.0	7965
2005年	769	165	1443	82.0	7500
2006年	855	224	1934	89.0	7400
2007年	1122	224	4897	105.0	8237

八、运输工具与场站

古代洛江今域的交通工具就有扁担、轿舆、牛马车、人独轮车、人力车、手推车等。当代洛江区陆路运输有人力、畜力，人力车、机动车。人力车客运有手拉人力车（黄包车）、自行车、三轮脚踏车。人力货运有肩挑，人力车货运有独轮车、手推（拉）车、自行车、三轮脚踏车。机动车运输有机动板车、拖拉机、摩托车和汽车。公路机动车运输以汽车为主，其他机动车为辅。2000年，全区营运车辆822部，新增运力9.95万千克。同年，兴建罗溪客运站（三级站），更新提高全区客运车辆档次。至2003年，全区有营运货车884辆，实现市区至马甲、罗溪客运主干线4家运输公司松散联合经营。

九、公路运输企业

1997年，区内二类维修企业4家、货运企业2家。1998年，洛江区对原个体客运经营者进行整合，洛江顺安运输有限公司和洛江区交通运输有限公司成立，主要经营罗溪、马甲至市中心的短途客运。1999年，洛江出租汽车有限公司成立，投放运力30部。2003年，经营罗溪、马甲往市区方向的4家客运公司共44部客车实行松散联合经营，统一管理和配客。2005年，洛江区首家汽车驾驶员培训机构泉州鸿铭汽车驾驶员教练有限公司成立，此后陆续成立4家驾培机构。2006年，洛江区政府出台扶持物流货运行业发展的优惠政策，当年货运企业增长迅速，新增货运企业6家。2007年，洛江区有客运企业2家，出租车企业1家，货运企业11家，驾培机构4家，客运站1座，二类汽车维修企业5家。

1997—2007年洛江区运输企业情况表

表5-1-5　　**单位：万元**

单位名称	成立时间	注册资本	所在地
泉州市洛江区交通运输有限公司	1998年2月10日	210	马甲
泉州市洛江顺安运输有限公司	1998年3月11日	200	马甲
泉州市汽车运输总公司罗溪汽车站	2000年4月12日	50	罗溪
泉州市清源汽车租赁有限公司	2001年4月23日	100	万安
泉州市洛江顺风运输有限公司	2006年11月1日	80	马甲
泉州市闽源旅游运输有限公司	2007年1月28日	100	马甲

第二节 水路

泉州湾在古刺桐港北部，自北而南有洛阳、后渚、法石、蚶江4个支港。洛阳港是袋状的海湾，位于泉州湾北部，洛阳江下游，是泉州湾中的内海。港区距离后渚港3.1海里，经后渚港、晋江下游的蟳埔可至泉州内港，往南转东可至泉州湾口的大、小坠门（岛）。过去内海极深，有“洛阳小海”之称。上有洛阳江，发源于玉州山（699米）的马甲溪，流入泉州湾。唐朝欧阳詹北上时，曾经过洛阳（见《欧阳行周文集》中的洛阳送别序）。宋《九域志》作“乐洋”。可见洛阳之称，由来久矣。洛阳江入海时，波涛汹涌，行人须绕道而行，甚为不便。北宋蔡襄，倡建一座石桥（即洛阳古桥），有46个桥墩，47个桥孔，全部用花岗岩筑成，是中国古代桥梁建筑的杰作。

洛阳港位于洛阳江中上游，是古洛阳小海的主要港口，港道深邃。宋、元时洛阳小海海域为50平方千米。乌屿东北角建有1座石塔，作为海舶通往洛阳港的航标，海商曾云集此港。洛阳小海因上游泥沙冲积和泉州湾海潮的回淤，形成许多泥质海滩，海域逐渐变小，面积27平方千米。深水航道也逐渐向南转移，港区逐渐淤积。1957年后，曾进行改造与扩建，尚有小型船舶抵港，为境内货物中转站之一；港区设置3个简陋码头。20世纪60年代以来因洛阳江上游建水库蓄水，截断江流，港道逐年淤塞。1970年，进行“五一”围垦后，船舶更难进港，现已无船舶抵港。

吴宅港（今称梧宅）位于洛阳江下游，宋元时期，海舶可通至吴宅港。该乡人元时出国，由吴宅港启航可至古里地闷（印尼东爪哇、帝汶岛）贸易。元《岛夷志略》古里地闷（今印尼帝汶岛）条云：“昔泉之吴宅，发舶稍众，百有余人到彼贸易。既毕，死者十八九，间存一二，尔多羸弱乏力，驾舟随风回舶。”近代，洛阳桥填实259.9米，惠女水库和洛阳桥闸建成，控制大量径流量，梧宅港已变成陆地。后下游今丰泽区城东街道金凤屿社区、惠安白沙、白崎围垦农田，洛阳江纳潮量剧减，航道急剧淤积，只有秀涂至洛阳12.8千米航道仍可通航。

附：吴宅商人运航纪事

吴宅商人远航“古里地闷”　汪大渊《岛夷志略·古里地闷》载，泉州吴宅商人远航“古里地闷”的事件。元代的“古里地闷”，即今印尼帝汶岛，是宋代商人不曾去过的地方。吴宅港，即今惠安洛阳港的内港。这是泉州商人从泉州扬帆出海，到东南亚经商，首航帝汶岛，开创中国与帝汶友好往来的先例。吴宅是泉州港的1个支港，一次去印度尼西亚等地贸易就有百人之众，可见当时泉州人到海外经商的人不少。汪大渊《岛夷志略·古里地闷》载：“昔泉之吴宅，发舶稍众百有余人，至彼贸易。既毕，死者十八九，间存一二，而多赢弱，乏力驾舟回舶。”吴宅商人“高帆健舻，疾榜击汰，出没于雾涛风浪中，习而安，不惧也。趋利之多，自昔为然”。吴宅商人到帝汶，一路上历尽艰险。每当“风恬浪息，黄昏之际，则狂魂荡唱，歌舞不已”；夜幕降临后，“添炬辉耀，使人魂逝而胆寒。”吴宅商人到帝汶，带去的货物主要是色缎、青缎、瓷器等，在当地很受欢迎，各项交易也很顺利。但是，由于“古里地闷风俗淫滥”，部落首领又“纵食贪酒色”，睡觉时多不盖被子，一旦受了风寒，染疾者颇多。因此，当地流行一种怪病，人称“阴阳交”，一旦发作必死无疑。到此地贸易的吴宅商人中有许多人也不幸染上“阴阳交”，致“死者十八九，间存一二，而多羸弱”。不久后，幸存的吴宅商人挑选了一个顺风的日子，驾舟返回泉州。吴宅商人远航，尝尽艰辛，汪大渊感慨地说：“吁！良可畏！然则其地虽有万倍之利何益！昔柳子厚谓海贾以生易利，观此有甚者乎！”

第三节 铁路

一、漳泉肖铁路洛江段

1958年，漳泉肖铁路始建，至1997年底全线建成。漳泉肖铁路西起鹰厦线漳平以南20千米的梅水坑车站，向东经漳平市芦芝乡大深村，从安溪县福田乡后坪山处进入泉州市境，经安溪县福德、感德、剑斗、湖头、金谷、凤城、南安市仑苍、美林、石砻，丰泽区北峰、城东，洛江区双阳，惠安县洛阳、螺阳、辋川，至泉港区山腰、前黄、南埔，全长239.194千米。其中洛江段起点双阳院前，终点万安杏宅，全长约2千米，区内未设立停靠站点。

漳泉肖铁路全线有桥梁136座。其中，洛阳江特大桥全长1308.3米，中心里程170.095千米，地处洛江区和惠安县洛阳镇的洛阳江上，是全线最长的桥梁，为1孔16米先张预应力钢筋混凝土梁和39孔米预应力钢筋混凝土T形梁的特大桥。

二、福厦高速铁路洛江段

2007年，动工建设福厦高速铁路。福厦高速铁路从福州火车站引出，经莆田、泉州到厦门站，全长约274.9千米。铁路等级为国家Ⅰ级，双线电气化铁路，设计时速200千米/时，预留进一步提速条件，普通货物列车120千米/时。设车站17个（含福州、厦门），其中洛江段起点双阳新岭，终点双阳后埭，全长4.1千米，洛江区内未设立停靠站点。

第四节 管理

一、管理

（一）运政管理

民国9年（1920年），国民政府规定用红绿灯指挥交通，泉州尚无汽车运输，以后各线公路营运，行车安全由民营汽车公司自行管理。中华人民共和国成立后，长期贯彻“安全第一、预防为主”的方针，利用标语、图片、幻灯、电影、广播、电视、报刊等进行教育；组织人员上路检查，纠正违章，清除路障，维护交通秩序；1974年3月起，拥有机动车单位实行安全行驶里程记录和考核制度，定期公布。1983年起，开始对福厦公路进行治理，泉州至洛阳路段建成文明示范路。1984年7月，建立泉州东门交通运输联合检查。1987—1992年，泉州市（县级）交警直属大队雇聘60多名退休工人协助交通执勤。1997—2007年，开展大规模安全生产检查238次，查处违章案件5864件，总处罚金额348万元，审批新增营运车辆893部，其中货车 888 部、总载 422.75 万千克，客车 27 部、总载客位 294 位，其他车辆减少 24 部。开展机动车维修市场专项整治，规范机动车维修市场，机动车维修和驾驶员培训行业发展安全有序。2007 年，全区拥有二类机动车维修企业 5 家，三类机动车维修企业 36 家，从业人员 198 人，维修行业年产值达 358 万元；驾驶员培训机构 2 家，驾练车 31 辆，年培训驾驶员 1500 人。

（二）路政管理

洛江今域建区前，洛江今域的公路均为土路，路面铺撒一层细砂，平时由泉州市（县级）公路局养路班进行路面管理，路边排水沟清除养护。建区初期，着重做好万虹公路的路政建设和路政管理，严格控制和取缔公路两侧的违章建筑，查处违章搭盖 9 处、106 平方米；占道作业 16 处、201 平方米；清理堆积物 55 处、1263 平方米；摆摊设点 12 处，75 平方米，杜绝“三乱”行为；收缴不规范线路牌 245 块，处理群众举报 25 起。

2000 年后，以专项整治和“反超限”为重点，开展路政法规宣传工作，加大整治力度，推进路政管理规范化，出动宣传车 41 车次，散发宣传资料 4450 份，上路巡查约 2329 人次，查处各类路政案件 785 起，超限超载现象得到有效遏制，路产路权得到切实保护。开展打击车辆外挂专项整治，不定期组织执法资人员上路巡查，对查扣到的外挂欠费车辆，移交公路稽征部门处理，建立联合打击的长效机制，成效较显著。2007 年，组织执法人员连续上路巡查 12 天，出动 95 人次，查扣违法车辆（证）12 部，补交公路规费 2.4 万元，罚款 1.2 万元。

（三）交通规费征收

民国 16 年（1927 年），路权专营的以自修自养为主；路租经营的得缴纳养路费。民国 29 年（1940 年）1 月起，养路费率定为货车吨千米 0.12 元（法币），客车座千米 0.016 元，小客车座千米 0.08 元，1950 年 7 月，按大米折价计征，大型车每月 60—200 千克，小型车 30—100 千克。1985 年 4 月起，按核定载重计征，每月吨 115 元（人民币），党政机关、团体、学校、卫生、城建车辆减半。1990 年 1 月，调整为月客车吨 160 元，货车吨 140 元

建区后，为整顿运输市场、加强交通规费征管工作，筹集公路建设和交通事业发展资金，根据省市有关规定，结合洛江区实际情况，制定一系列优惠政策：凡属本区管辖范围内的客、货运输车辆一次性交清全年交通规费者，按 8 个月计征；一次性交清半年规费者，按 4 个月计征；农用车及轮式拖拉机一次性交清三个月规费者，按 2.5 个月计征；手持拖拉机及后三轮摩托车一次性交清全年规费者，按 6 个月计征；以上车辆逐月缴费者按正常标准计征。1997—2007 年，洛江区交通局组织人员到乡镇设点征收交通规费，加强路检路查，确保交通规费及有关税费应征不漏，完成征收交通规费和协征各种税费约 5416.62 万元。其中，养路费 843.52 万元，运管费 768.9 万元，货运附加费 126.62 万元，代征税收 3093.94 万元，其他税费 583.64 万元。

2001—2007 年洛江区交通规费征收情况表

表 5-1-6　　单位：万元

年份	养路费	公路运管费	货运附加费	代征税费	总费用
1997 年	47.82	54.70	—	275.00	472.80
1998 年	116.58	120.73	—	202.01	568.92
1999 年	88.00	99.60	—	238.30	531.00
2000 年	84.62	63.87	14.22	262.63	502.00
2001 年	85.00	46.00	12.40	244.00	387.40
2002 年	65.50	43.00	54.00	275.00	437.50
2003 年	70.00	40.00	10.00	270.00	390.00

续表 5-1-6

年份	养路费	公路运管费	货运附加费	代征税费	总费用
2004 年	138.00	116.00	15.00	540.00	844.00
2005 年	67.00	44.00	5.00	250.00	375.00
2006 年	81.00	57.00	6.00	265.00	418.00
2007 年	124.00	84.00	10.00	272.00	490.00
合计	967.52	768.90	126.62	3093.94	5416.62

说明："合计"项除养路费、公路运管费、货运附加费及代征税费外，还包括山区还贷基金、公路基金、代征农村教育附加税及其他。

（四）稽查

建区前，稽查工作由鲤城区交通局稽征所负责稽查工作。建区初期，洛江无牌无证车辆较多，交通税费漏交情况严重。交通主管部门健全车辆档案，组织执法人员上路检查，查处非法营运及客运过程中"宰、甩、卖"等不法行为，通过打击货车非正常外挂、治理货车超限运输、查处无证经营等行动规范客货运市场，1997—2007 年，稽查出巡 16780 人次，查出违章车辆 4230 部，二轮摩托车 14320 部。

1997—2007 年，洛江区春运均保持着 2 万多名民工流、1 万多名学生流、7 万—8 万名的游客流的客流量。区交通局作为春运牵头单位，与发改局、工商局、行政执法局、农水局及交警大队等部门协同合作，把好运输市场准入关、车辆技术关、从业人员资质关，加强客动站场监督，严厉打击非法售票点和非法营运行为，维护运输市场秩序，保持春运安全平稳态势。

二、管理机构

1997 年 10 月，洛江区交通局成立。1998 年 1 月，洛江区交通建设开发有限公司成立，挂靠区交通局。同年 9 月，区编委会核定区交通局内设秘书科、计划财务科、工程建设科、公路路政管理科，行政编制 8 名，其中科级职数 3 名，股级职数 4 名，机关工勤事业编制 1 名。2002 年 8 月，下属事业单位区交通运输管理所机构正式获区编委会批准，编制 13 名。同年，区党政机构改革，洛江区国防动员委员会交通战备办公室挂靠区交通局，洛江区交通运输管理所更名为洛江区运输管理所，加挂洛江区地方海事处牌子。2007 年，区交通局内设办公室、工程建设股、公路路政管理股，编制 10 名；下辖事业单位洛江区运输管理所，内设综合股、运政股、安全维修股、稽查股（与局公路路政管理股合署）、征收股、河市运输管理站，罗溪运输管理站，编制 15 名。

第二章 邮 政

第一节 邮路

一、建区前邮路

民国 38 年（1949 年 9 月 31 日止）秋，泉州通往洛江今域的邮线有泉州—河市，邮程 23 千米，逐日班，脚夫挑运；中华人民共和国成立后，仍沿用旧邮路。后逐渐形成省地（市）间干线邮路、地县间干线邮路、县内干线邮路、农村投递路线和市区投递路线，构成完整的邮路网。1971 年 1 月，罗溪、马甲、河市、双阳 4 个农村支局（所）划归泉州市（县级）邮电局，设立 6 条自行车邮线，单程 182 千米；4 条步班邮路，单程 78 千米。另外还有亦工亦农邮路 3 条，单程 95.4 千米。

河市—新吉，单程 49 千米，自行车邮运线，沿途 9 个村；

河市—阳江，单程 30 千米，自行车邮运线，沿途 6 个村；

河市—庄田，单程 5 千米，自行车邮运线，沿途 3 个村；

马甲—新南，单程 41 千米，自行车邮运线，沿途 7 个村；

马甲—新生，单程 22 千米，步班，沿途 8 个村；

双阳—南山，单程 47 千米，步班，沿途 2 个村；

双阳—朝阳，单程 2 千米，步班，沿途 2 个村；

罗溪—双合，单程 47 千米，自行车邮运线，沿途 7 个村；

罗溪—虹山，单程 10 千米，自行车邮运线，沿途 8 个村；

罗溪—建兴，单程 7 千米，步班，沿途 2 个村。

至 1992 年，罗溪、虹山、马甲、河市、双阳、城东等乡镇共 14 条投递路线，乡村邮递员 13 名，单程为 708.5 千米，逐日班投递到户。

二、建区后邮路

洛江邮运主要以汽车运输邮件至泉州邮区中心局经转各地，邮线有：

泉州—万安—双阳—河市—马甲—罗溪—泉州，邮程 126 千米，逐日班早班；

泉州—万安—泉港—泉州，邮程 174 千米，逐日班午班；

泉州—惠安—双阳—河市—马甲—罗溪—泉州，邮程 185 千米，逐日班午班；

泉州—万安—双阳—河市—马甲—罗溪—南安码头，邮程 156 千米，逐日班晚班。

第二节 投递线

一、汽车邮运线

万安—医高专，路程 8 千米，汽车邮运线，沿途 8 个大户；

马甲—仰恩大学，路程 6 千米，汽车邮运线，沿途 3 个大户。

二、摩托车邮运线

万安—桥南社区，路程 10 千米，摩托车邮运线，沿途 3 个社区；

万安—塘西社区，路程 16 千米，摩托车邮运线，沿途 5 个社区；

万安—景明花园，路程 14 千米，摩托车邮运线，沿途 3 个小区；

双阳—阳江，路程 26 千米，摩托车邮运线，沿途 4 个社区；

双阳—朝阳，路程 21 千米，摩托车邮运线，沿途 4 个社区；

河市—南塘，路程 36 千米，摩托车邮运线，沿途 15 个村；

河市—霞溪，路程 18 千米，摩托车邮运线，沿途 7 个村；

马甲—四甲，路程 45 千米，摩托车邮运线，沿途 6 个村；

马甲—新建，路程 41 千米，摩托车邮运线，沿途 7 个村；

马甲—祈山，路程 32 千米，摩托车邮运线，沿途 5 个村；
马甲—彭殊，路程 37 千米，摩托车邮运线，沿途 5 个村；
罗溪—镇政府，路程 12 千米，摩托车邮运线，沿途 2 个村；
罗溪—洪泗，路程 51 千米，摩托车邮运线，沿途 9 个村；
罗溪—虹山，路程 79 千米，摩托车邮运线，沿途 11 个村。

三、自行车邮运线

万安—洛江区政府，路程 3 千米，自行车邮运线，沿途 3 条路。

第三节 业务

洛江邮政分局是泉州市洛江区唯一承担邮政社会普遍服务、党政机要通信、应急邮政通信、农村邮政通信等重要任务的公众通信企业。除经营函件、包裹、汇兑等传统业务外，主要经营范围还包括：邮政储蓄、特快专递、集邮、商函广告、报刊图书、邮购，此外还大力发展中间业务，积极介入代理电信、代理保险、代理证券等新领域。2007 年洛江邮政总收入达到 1508.53 万元。

一、函件

（一）内地函件

内地有信函、明信片、印刷品、挂号邮件、商函信函、邮资企业明信片、邮送广告、邮政代投广告。寄递方式有陆运、水运、航空。洛江年均交寄 50 多万件。1999 年 3 月 1 日、2006 年 11 月 15 日，国家物价局、邮电部联合通知，为改变邮政资费长期偏低，邮政企业缺乏自我发展能力的状况，决定调整邮政资费。1996 年，信函每重 20 克或其零数，不分本埠外埠均为 0.50 元；明信片 0.40 元，印刷品每重 100 克或其零数 0.30 元，盲人读物按水陆路平常邮件寄递免费。1999 年，信函首重 100 克内每重 20 克，本埠 0.60 元，外埠 0.80 元；明信片 0.60 元，印刷品首重 100 克本埠 0.30 元，外埠 0.60 元。2006 年，信函首重 100 克以内每重 20 克，本埠 0.80 元，外埠 1.20 元；明信片 0.80 元，印刷品首重 100 克本埠 0.40 元，外埠 0.70 元。2007 年，继续执行 2006 年资费标准。

2007 年洛江区邮政函件资费情况表

表 5-2-1 **单位：元**

业务类型	计费单位	本埠	外埠
信函	首重 100 克内每重 20 克（不足 20 克按 20 克计算）	0.8	1.2
	续重 101—2000 克每重 100 克（不足 100 克按 100 克计算）	1.2	2
明信片	每件	0.8	
印刷品	首重 100 克（不足 100 克按 100 克算）	0.4	0.7
	续重 101—5000 克每克重 100 克（不足 100 克按 100 克算）	0.2	0.4
邮简	每件	0.8	1.2
回音卡	每件	0.8	
挂号费	每件	3	
回执	每件	3	
盲人读物	按水陆平常邮件寄递	免费	

（二）国际及港澳台地区函件

1991年后，国际、中国港澳台地区函件主要业务种类有信函、明信片、印刷品、小包、盲人读物、邮简等。是年7月，寄往中国台湾省函件开办收寄大陆的航空挂号函件业务，寄来的函件，一律按港澳地区发来的同类函件投递。1997年，信函每重20克或其零数，国际2.20元，其中，亚太地区1.90元，明信片1.30元，印刷品1.50元；中国港澳台地区0.60元。2007年，信函每重20克或其零数，国际5.00元，其中，亚太地区3，50元，明信片4.50元，印刷品4.00元；港澳台地区1.50元。

二、包件

（一）内地包件

分为民用普通包裹、快递包裹、保价包裹、航空包裹、商品包裹。月交寄量5多万件。1999年3月，包裹资费调整，每500克为一计费单位，按寄递里程分区核定，每件加收挂号费2元，保价费1%。2007年9月，包裹资费又作调整，每500克为一计费单位，按寄递里程分区核定，每件加收挂号费3元，保价费1%。

（二）国际及港澳台地区包件

1999年3月，小包100克及其以下，国际7.80元，中国港澳台地区4.40元。2001年11月，国际、中国港澳台地区包件资费调整，改为一国（或地区）资费由起重1000克和每续重1000克两部分构成，收寄时须按起重资费＋续重资费 × 包裹续重重量计算收取。

三、汇兑

1996年12月，修订的汇费每汇1元（不足1元按1元计算）汇费0.01元，每笔汇款汇费最低1元。1999年3月，调整后的汇费为每汇1元收0.01元，每笔汇款汇费最低2元，最高50元，附言费每个汉字1.10元。退款、改汇、挂失每笔2元。

四、集邮

邮票是由国家邮政主管部门发行的邮资凭证，是一种具有宣传、传播和收藏功能的特殊商品。构成邮票的三个基本要素是邮票铭记、邮票面值、邮票图案。集邮商品包括邮票、集邮品、集邮用品和集邮工具。洛江集邮业务年均收入50多万元。

五、报刊发行

洛江区邮政发行业务的范围包括报刊发行、图书音像制品批发零售等，具有全国规模的业务主要集中在报刊发行业务，形成比较规范的业务处理流程。洛江报刊收订流转额年均达300多万元。

六、快递

（一）国内业务

EMS是万国邮政联盟开办的一项特殊的邮政服务业务，受各国法律保护，享有航运和海关验关优先权，其宗旨是在极短的时间内完成信函、文件资料和物品的收寄、运输和投递工作，是最迅速、最安全的邮政特种业务，服务宗旨是：迅速、准确、安全、方便，主要体现在“特”—专人收寄、专门机构处理、

11185 电话上门服务等；“快”—运用最快的运输工具、最优先的邮运路线、进行邮件传递；“专”—专人收寄、专门机构处理、专车投递、直接运送到收件人手中。洛江年均交寄量为 15 万多件。

（二）民营快递

1998 年，洛江区境内民营快递企业从诞生之日起，采取与传统邮政业完全不同的运作模式，它以工商、金融、贸易、海运业为主要服务对象，以商务文件、小包裹为传递内容，每件价格 10—25 元，小件包裹的起步价格是 15 元。各快递企业采取“门到门”的服务方式，承诺在规定的时间内完成寄递任务。2000 年后，境内快递业快速发展，出现许多“加盟”“连锁”企业。绝大部分民营企业的业务集中在本省福厦漳泉沿海地区。业务量大幅上升，但价格利润从以往的 1 千克货 1 元降至 2006 年的 0.7—0.8 元。一些无照公司用低价承揽快件，低价竞争使快递企业利润下降；同时，快件迟送而引发的消费者投诉案件也不断增加。至 2007 年，圆通速递、申通快递、顺丰速运均网点多、价格相对便宜、运输速度快，宅急送快递偏重于大件货物、但网点少。

第四节 机构

一、罗溪邮政分局

清光绪三十年（1904 年），里人开办邮票代售处。光绪三十一年八月，在赖厝街开办邮政代办所。1955 年 2 月，改为邮电所，1958 年改为晋江县罗溪邮电支局。1971 年 1 月，划归泉州市（县级）邮电局。除国际包裹外，办理全套邮电业务。

二、河市邮电支局

光绪三十三年（1907 年）十月，开办河市邮政代办所，属厦门总局管辖。1954 年改为邮政营业处，1962 年 12 月改为晋江河市邮电支局。1971 年 1 月，划归泉州市（县级）邮电局。1983 年，降格为邮电所。1992 年 2 月，又改称邮电支局，除国际包裹外，办理全套邮电业务。1993 年后，在炉田村新建邮电大楼 1 幢，占地 1300 平方米，建筑面积 5780 平方米。

三、马甲邮电支局

1952 年，开设马甲邮政代办所，隶属河市代办所。1953 年改为邮政所。1956 年改为邮电所。1971 年 1 月，划归泉州市（县级）邮电局。1992 年 2 月，改设邮电支局，除特快专递、国际包裹外，办理其余邮电业务。

四、洛江邮电支局

2000 年 3 月，洛江邮政分局成立。至 2007 年底，员工 92 人。全区拥有 5 个邮政支局所（万安、双阳、河市、马甲、罗溪）、2 个邮政速递分部（万安、双阳）、12 个代办网点（虹山、大深埔、双溪口、仰大旧区、仰大新区、霞溪、塘西、吉源、杏宅、海都、洋坑、白洋）、65 个邮政便民服务站（罗溪 11 个、马甲 15 个、河市 8 个、双阳 9 个、万安 22 个）、拥有城乡投递路段 17 条（万安 5 条、双阳 2 条、河市 2 条、马甲 5 条、罗溪 3 条）、67 个接转点（罗溪 22 个、马甲 23 个、河市 22 个）、48 个信箱信筒、15 个海西报刊亭，服务范围遍及洛江区各乡镇（街道）。

第三章 通 信

第一节 业务

一、固定电话

1956 年，罗溪、河市设立农村电话交换点，1958 年马甲安装农话交换点。至 1965 年，境内实现社社有总机，队队通电话。1971 年 1 月，罗溪、马甲、河市、双阳 4 个邮电支局（所）划归泉州市（县级）邮电局时有农话交换点 4 个，交换机 4 部，总容量 130 门，用户 48 户。1986 年，程控电话开通，1992 年 12 月，境内程控电话扩容改制工程割接开通并网运行，电话号码由 5 位升为 6 位，全境实现电话交换程控化、传输数字化。

1994 年 3 月 6 日，境内固定电话交换程控化、传输数字化、电话本地网化后，电话号码统一升为 7 位。

1997 年后，市内电话业务增加无条件转移呼叫、遇忙记存、无应答转移、遇忙转移、来电显示 5 个服务项目。

2000 年 1 月，中国联通开通 IP 电话（又名宽带电话或网络电话）。它是在因特网上采用数字压缩和包交换技术传输语音，联通 IP 电话网提供国内、国际长途 IP 电话及 IP 传真业务，可通达全国 172 个大中城市和 160 多个国家和地区。同年 3 月 21 日，根据福建省通信管理局、省物价局《关于调整固定本地电话资费标准的通知》精神，固定电话按国家新资费标准和改革后计费执行。8 月 18 日，中国电信洛江分公司推出的“泉灵通”公众无线环路无绳电话，“泉灵通”以话费低廉、绿色环保在辖区迅速走俏，同时，利用与“泉灵通”的网络互补优势，开发经营“泉灵宝”多功能信息寻呼业务。同年“泉灵通”用户 5000 多户，同时，全区实现村村通电话、镇（街道）通数据通信。

2002 年，在“5•17”世界电信日，中国电信洛江分公司开办“家家 E”固定电话短信业务，推出“一号通”、移机不必改号、听广告免费打电话等新业务。此后，又陆续推出 8163、8169、N—ISDN 等包装型业务。开发“泉灵通”电话、“泉灵通”充值卡业务和“泉灵通”月月抽奖等促销活动，激活通信市场。

2004 年 5 月 23 日，全区固定电话号码进入 7 至 8 位并存期。同年 8 月 8 日，本地网电话号码升为 8 位。同年 9 月 27 日，“泉灵通”短信实现全国互发，“泉灵通”短信业务进入快速发展时期。

2005 年 1 月，“泉灵通”短信实现与中国移动、中国联通全国互通；6 月 15 日，泉州市分公司推出“泉灵通”机卡分离业务。是年，实施 SHLR（智能用户数据库）固定电话网智能化改造。

2007 年，市区固定电话户及辖区农村部分固定电话户均普及率再创新高。

二、移动电话

1995 年，在洛江始建 GSM 基站 8 个，覆盖万安街道主城区及双阳、河市、马甲、罗溪、虹山 5 个乡镇的镇区所在地的覆盖。

2000 年，将重点放在农村行政村的信号覆盖提升上，新建 GSM 基站 6 个，直放站 2 个，洛江区移动基站总数 40 个，形成覆盖全区 76% 行政村的移动通信网络。

2001 年，新建 GSM 基站 8 个，直放站 3 个，形成覆盖全区 80% 行政村的移动通信网络。

2002 年，新建 GSM 基站 6 个，直放站 2 个，开通技术领先的 2.5 代移动通信系统 --GPRS 系统，移动通信网络覆盖 85% 以上的行政村 ，为客户提供无线宽带上网，移动通信多媒体服务。

2003—2004 年，新建 GSM 基站 14 个，边际网基站 3 个，室内覆盖系统 2 个，搬迁基站 1 个，完成直放站建设4个，完成洛江主城区100%覆盖，95%行政村覆盖。

2005—2006年，新建GSM基站16个，边际网基站3个，室内覆盖系统2个，搬迁基站2个，完成直放站建设5个，完成洛江主城区100%覆盖，行政村100%覆盖。

2007年，新开通GSM基站17个，其中新建站15个，搬迁站2个，直放站5个，洛江区移动基站总数101个，总载频数1004块。

同年，中国移动通信、中国联通2家运营商在辖区的信号覆盖率迅速提升，主要商业区、办公区、住宅区、交通干线、旅游景点、电梯等基本做到无缝覆盖。

三、无线寻呼

1999年7月，原泉州市电信局的寻呼业务并入中国联通泉州分公司。

2000年9月，中国联通泉州分公司拥有联通寻呼和联通国信寻呼两个寻呼网。有无线寻呼发射基站70个、频点13个，拥有国内领先、性能优良的120万门全自动全省联网寻呼系统和280M全国联网寻呼系统，服务功能涉及人工与自动、中文与数字、多种速率兼容等多种通信手段。服务种类包括“126/127、128/129”省网寻呼，“198/199”全国网寻呼和可提供实时股票行情、综合新闻、生活百科等20多类信息的信息通，还有可提供荟萃电子邮件、股票资讯、电子杂志、个人商务处理、中文寻呼五大功能的个性化信息终端产品——信息宝典。同年12月20日，泉州电信多功能寻呼系统开通。该寻呼系统采用深圳云海计算机通讯有限公司的产品，初期容量20万门，单频点25个基站，具有除传统寻呼功能外的网上寻呼、股标点播、话费通知、查询等新业务功能。是年，辖区联通寻呼用户满意度高。

2001年，联通寻呼业务利用综合业务优势，推出如意呼、泉州呼等新业务，使其成为业务收入新的增长点。

2002年，随着移动电话的进一步发展，辖区无线寻呼用户快速下降。2004年后，辖区无线寻呼业务退出市场。

四、互联网接入及应用

1997年建区后，辖区拨号“163”进入互联网用户迅猛增长。

1999年7月，泉州市电信局与华侨大学签订《泉州电信公用信息服务网与华侨大学校园网络实现互联协议》，推动境内互联网建设。同年9月，泉州本地网宽带多媒体通信工程建成。该网络包括Ascend ATM交换机、Alcatel ADSL接入、SGI服务器等三部分，支持视频点播、网上广告等业务的服务器6台。同年，辖区电信网上用户发展迅速。同年，中国联通泉州分公司在辖区开通数据通信和互联网业务。

2000年10月，泉州联通开通165公众数据网（DNUNINET）业务。它是中国联通数据网平台上组建的综合业务网，采用IP+ATM组网模式，具有高带宽、大容量、全业务、全互联的特点，在北京、上海、广州设有国际出口，可提供电信级的语音、数据、图像等多种服务项目，实现全国漫游业务，具有拨号上网和专线接入上网功能，为辖区中小企业提供虚拟主机业务、主机托管业务。同年，电信部门开通“8163”“8169”上网直通车业务。该业务无须申请账号、无须密码，很快成为辖区市民上网的主要方式。是年底，电信宽带开始接入居民小区。同年，辖区的IP网（包括“163”“169”“8163”3种）用户数较大。许多用户通过电信“8169”网上炒股直通车进行网上股票实时交易。

2002年12月，电信部门开展“数字化社区”建设，部分新建、在建小区均与房地产开发商达成宽带建设合作协议，通过电信ADSL、LAN等不同方式实现宽带接入。

2003年5月，电信部门推进“校校通”工程建设，开发学校宽带市场。

2007年，电信部门推出“我的E家”品牌。

第二节 机构

一、洛江区电信局

2006 年 12 月正式成立福建省电信有限公司泉州分公司洛江区电信局，2007 年 1 月更名为中国电信股份有限公司泉州分公司洛江区电信局，内设市场部、综合部（财务、工会、网络）2 个职能部室，下设城东、万安、河市、马甲 4 个电信分局。

二、中国移动经营机构

2007 年前，丰泽移动通信公司在洛江万安开发区设一个营业部。

第六篇 经济总情

洛江今域自唐建置后，社会经济形式是自给自足的自然经济，属于传统的农业社会 。中华人民共和国成立后，实行计划经济体制，经济活动直接或间接地按照国家宏观经济管理调控运行，经济发展相对落后。改革开放后，今域农村商品经济蓬勃发展，特别是1992年中共十四大召开后，经济社会转型加快，呈现良好发展势头。洛江建区后，全区国民经济发展驶入快车道，市场化、工业化、城镇化迅速发展。1997年全区生产总值仅占泉州的1.3%，财政总收入在全省县（区、市）级财政单位排名倒数第二。至2007年，全区生产总值达到48.16亿元，同比增长16.7%，增速位居全市第二位，是1997年建区时8.91亿元的5.4倍，年均增长17.7%；三次产业结构由1997年的19.6 ∶ 43.1 ∶ 37.3调整为2007年的14.6 ∶ 62.4 ∶ 23；财政总收入从1997年的0.29亿元增加到2007年的4.68亿元，是建区时的15.9倍，年均增长31.9%，在全省县（区、市）级财政收入排名中跃居第39位。1997—2007年，洛江区累计完成全社会固定资产投资78.22亿元，投资规模由1997年的1.43亿元增加到2007年的16.26亿元，年均增长28.2%。2007年，城镇居民人均可支配收入20876元，是1997年的2.78倍；农民人均纯收入6316元，是1997年的2.1倍，年均增长7.7%，城乡居民人均储蓄存款余额9303元，比2003年增加4600元。

第一章 经济发展

第一节 发展速度

一、综合指标

（一）1997—2000年

“九五”计划后三年，是洛江建区后起步期。至2000年末，全区国内生产总值14.5亿元比建区初1997年增长81%，年均递增21.9%。三次产业结构从1997年的18.5 ∶ 49.3 ∶ 32.2调整为14.6 ∶ 62.4 ∶ 23，工业化程度提高，第三产业步伐加快，经济结构得到调整和优化。财政总收入7981万元，比1997年增长171.8%，年均递增39.6%，其中地方财政收入从1997年的1767万元增加到4855万元，年均递增40%，实现两年翻番。

（二）2001—2005年

2005年，全区生产总值完成34.31亿元，比2000年增长124%，年均增长17.5%，人均GDP达到19598元；财政总收入3亿元，比2000年增长2.76倍，年均增长30.3%，其中地方级财政收入1.48亿元，比2000年增长2倍，年均增长24.6%。

（三）2006—2007年

2007年，全区生产总值完成48.16亿元，比2005年增长49.1%，年均增长18.5%，人均GDP达到

26766 元；财政总收入 4.68 亿元，比 2005 年增长 1.56 倍，年均增长 24.85%，其中地方财政收入 2.47 亿元，比 2005 年增长 1.67 倍，年均增长 29.23%。

二、经济指标完成概要

2007 年，全区生产总值达到 48.16 亿元，同比增长 16.7%，增速位居全市第二位，是 1997 年建区时 8.91 亿元的 5.4 倍，年均增长 17.7%。三次产业结构由 1997 年的 19.6 ∶ 43.1 ∶ 37.3 调整为 2007 年的 6.3 ∶ 66 ∶ 27.7。财政总收入从 1997 年的 0.29 亿元增加到 2007 年的 4.68 亿元，是建区时的 15.9 倍，年均增长 31.9%，在全省县（区、市）级财政单位排名中跃居第 39 位；其中，地方财政收入由 1997 年的 0.18 亿元增加到 2007 年的 2.43 亿元，是建区时的 13.5 倍，年均增长 33.6%。

1997—2007 年洛江区国民经济主要指标一览表

表 6-1-1

年份	区内生产总值（万元）	其中			工农业总产值（万元）	其　中		财政总收入（万元）	其中	全社会固定资产投资（万元）	社会消费品零售总额（万元）	居民人均可支配收入（元）	农民人均纯收入（元）
		第一产业（万元）	第二产业（万元）	第三产业（万元）		农林牧渔业总产值（万元）	工业总产值（万元）		地方财政收入（万元）				
1997 年	89101	17476	38432	33193	161884	28855	133029	2936	1797	14329	23023	7502	3006
1998 年	108663	18349	52075	38239	200151	30676	169475	3922	2750	31207	27650	8444	3236
1999 年	127281	20148	64000	43133	228052	33600	194452	5158	3537	29800	32399	9478	3486
2000 年	153893	21155	83264	49474	265565	35347	230218	7981	4855	36872	37904	9668	3573
2001 年	179673	22287	100423	56963	301684	36733	264951	10718	6561	41948	41302	11026	3750
2002 年	210080	22984	122089	65007	349008	38253	310755	13240	6624	56445	46275	11364	3880
2003 年	245784	24248	148395	73141	417419	40867	376552	17195	8018	76270	51084	12691	4080
2004 年	288200	24800	183000	80400	550992	45918	505074	23063	11225	92448	61703	14454	4645
2005 年	343125	25875	222711	94539	681934	47600	634334	30030	14790	109954	74044	16315	5352
2006 年	397336	26407	263248	107681	829335	48746	780589	36158	18535	130359	84852	18536	5809
2007 年	481615	30278	317847	133490	1017473	57385	960088	46752	24677	162551	94636	20876	6316

三、人均指标

1997—2007 年，洛江区主要经济指标人均值大幅增长。2007 年，全区人均地区生产总值 26766 元；人均财政收入 2598 元，比 1997 年增加 2415 元；人均工农业总产值 56555 元，比 1997 年增加 46438 元；人均全社会固定资产投资 9035 元，比 1997 年增加 8140 元；职工平均工资 15868 元，比 1997 年增加 8237 元；人均社会消费品零售总额 5427 元，比 1997 年增加 3988 元；城乡居民人均储蓄存款余额 9303 元，比 2003 年增加 4600 元。

1997—2007 年洛江区主要经济指标人均值情况表

表 6-1-2 单位：元

项目	1997 年	1998 年	1999 年	2000 年	2001 年	2002 年	2003 年	2004 年	2005 年	2006 年	2007 年
区内生产总值	5597	6757	7823	9345	10777	12478	14469	16730	19598	22288	26766
工农业总产值	10117	12386	13920	16041	17968	20674	24419	31742	38618	46084	56555
工业总产值	8314	10487	11870	13906	15780	18408	22028	29097	35923	43376	53365
农林牧渔业总产值	1803	1898	2051	2135	2188	8062	2354	2645	2695	2708	3189
财政总收入	183	243	315	482	638	784	1006	1329	1701	2009	2598
全社会固定资产投资额	895	1931	1819	2227	2498	3343	4462	5325	6227	7244	9035
社会消费品零售总额	1439	1711	1978	2290	2460	2741	2988	3555	4193	4715	5427
城乡居民储蓄余额	—	—	—	—	—	—	4703	4980	7927	8533	9303

第二节 经济结构

一、产业结构

（一）三次产业结构

在全区生产总值中，三次产业的比例，由 1997 年的 19.6:43.1:37.3 调整为 2007 年的 6.3:66.0:27.7。结构调整凸现成效，与 1997 年相比，第一产业比重下降 13.3 个百分点，第二产业比重上升 22.9 个百分点，第三产业比重下降 9.6 个百分点。此外，为适应不断变化的市场，三次产业的内部结构也发生较大变化调整。

（二）工农业结构

洛江区农业总产值从 1997 年的 2.89 亿元增加到 2007 年的 5.74 亿元，年均增长 4.85%；农村居民人均纯收入从 1997 年的 3006 元上升到 2007 年的 6316 元，年均增长 7.7%。花卉、蔬菜、水果、禽畜、林业、中药材等特色基地规模不断扩大，档次不断提升。和昌集团、泉美园艺等龙头企业开发集旅游、观光、度假相结合的都市休闲型农业。

第二产业中工业比重逐年增大。洛江区工业生产以五金机电、鞋服包袋、树脂陶瓷工艺为支柱的产业体系基本形成，工业增加值从 1997 年的 3.60 亿元增加到 2007 年的 28.59 亿元，工业经济占 GDP 的比重从 1997 年的 40.4% 增加到 2007 年的 59.4%。至 2007 年底，洛江区工业企业 629 个。其中，规模以上工业企业 148 个，产值超亿元企业 21 个，工业总产值从 1997 年的 13.30 亿元增加到 2007 年的 96.01 亿元，年均增长 22.4%，是 1997 年的 7.2 倍。

（三）第三产业结构

第三产业交通运输、邮电、金融、批零贸易、房地产等产业也蓬勃发展。第三产业增加值从 1997 年的 3.32 亿元增加到 2007 年的 13.35 亿元，年均增长 13.5%，是 1997 年的 4 倍。其中：消费品市场逐渐繁荣，社会消费品零售总额 11 年来年均增长 15.5%；房地产快速发展，房地产投资 11 年来年均增长 35.2%。

1997—2007 年洛江区三次产业构成

表 6-1-3

		地区生产总值					比上年同期增长（%）	人均 GDP（元/人）
		合计	第一产业	第二产业	其中工业	第三产业		
1997 年	总量（万元）	89101	17476	38432	35972	33193	—	5597
	比重（%）	100	19.61	43.13	40.37	37.26	—	—

续表 6-1-3

		地区生产总值					比上年同期增长（%）	人均 GDP（元/人）
		合计	第一产业	第二产业	其中工业	第三产业		
1998 年	总量（万元）	108663	18349	52075	48117	38239	22.0	6757
	比重（%）	100	16.89	47.92	44.28	35.19	—	—
1999 年	总量（万元）	127281	20148	64000	59712	43133	17.1	7823
	比重（%）	100	15.83	50.28	46.91	33.89	—	—
2000 年	总量（万元）	153893	21155	83264	78018	49474	20.9	9345
	比重（%）	100	13.75	54.10	50.70	32.15	—	—
2001 年	总量（万元）	179673	22287	100423	92066	56963	16.6	10777
	比重（%）	100	12.40	55.89	51.24	31.71	—	—
2002 年	总量（万元）	210080	22984	122089	108688	65007	16.8	12478
	比重（%）	100	10.94	58.12	51.74	30.94	—	—
2003 年	总量（万元）	245784	24248	148395	130864	73141	17.0	14469
	比重（%）	100	9.87	60.23	53.24	29.75	—	—
2004 年	总量（万元）	288200	24800	183000	159300	80400	17.1	16730
	比重（%）	100	8.60	63.50	55.27	27.90	—	—
2005 年	总量（万元）	343125	25875	222711	193719	94539	17.0	19598
	比重（%）	100	7.54	64.91	56.46	27.55	—	—
2006 年	总量（万元）	397336	26407	263248	234655	107681	15.8	22288
	比重（%）	100	6.65	66.25	59.06	27.10	—	—
2007 年	总量（万元）	481615	30278	317847	285911	133490	16.7	26766
	比重（%）	100	6.28	66.0	59.37	27.72	—	—

第三节 固定资产投资

1997 年之前，洛江今域作为鲤城区的山区，经济滞后，固定资产投入少。20 世纪 90 年代，固定资产投资主要为道路和万安开发区、河市、马甲工业园区建设和农村住房建设。1997—2007 年，洛江区累计完成全社会固定资产投资 78.22 亿元，年投资规模由 1997 年的 1.43 亿增加到 2007 年的 16.26 亿元，年均增长 28.2%。建成塘西工业园区、高科技工业园区等一批重点工业园区；建成鹏山岭隧道、安吉大道、万虹公路拓建等一批重点公路项目；建成五金机电商城、医学高等专科学校等一批重点城建项目。

1997—2007 年洛江区全社会固定资产投资额一览表

表 6-1-4　　单位：万元

年份	全社会固定资产投资额	其中				房地产投资	农村投资
		城镇固定资产投资	基本建设	更新改造	其他投资		
1997 年	14329	9480	6093	677	2710	—	4849
1998 年	31207	16519	14617	581	1321	3429	11259
1999 年	29800	17698	15567	—	2131	4260	7842
2000 年	36872	28068	25818	—	2250	3013	5791

续表 6-1-4

年份	全社会固定资产投资额	其中				房地产投资	农村投资
		城镇固定资产投资	基本建设	更新改造	其他投资		
2001 年	41948	34960	14408	—	20552	4182	2806
2002 年	56445	37031	19017	—	18014	8808	10606
2003 年	76270	54577	34707	1261	18069	10647	11046
2004 年	92448	65927	35285	654	29988	14823	11698
2005 年	109954	75033	—	—	—	22867	12054
2006 年	130359	90287	—	—	—	32387	*7685
2007 年	162551	10187	—	—	—	51659	*9021

第二章 人民生活

第一节 城镇居民生活

一、收入水平

1997 年，在职职工平均工资 7622 元，城镇居民人均可支配收入 7502 元。2001 年，在职职工平均工资 9800 元，比 1997 年增长 28.42%；城市居民人均可支配收入 11026 元，比 1997 年增长 46.97%。2002 年，职工平均工资为 10880 元，比上年增加 1154 元，增长 11.86%。2004 年以后，城镇居民人均可支配收入每年增加 1000 元以上，其中，2006 年城镇居民人均可支配收入为 14173 元，同比增长 9.7%。2007 年，在职职工平均工资 15868 元，同比增长 11.81%；城镇居民人均可支配收入 20876 元，是 1997 年的 2.78 倍；城镇居民储蓄存款余额 15.35 亿元，比 2003 年翻两番。

二、居住条件

1997 年，城镇职工开始推出福利分房。随着家庭收入的增加，城镇居民纷纷购买商住房，一些富裕家庭拥有两套甚至更多的房产。至 2007 年，城镇居民人均住房建筑面积 35 平方米，多数城区居民居住在环境幽雅、交通便利的新建住宅小区里。

三、消费水平

1997 年，城镇居民人均消费支出 5658 元，其中，食品消费占 46.5%，衣着支出占 11.02%，家庭设备用品及其服务消费占 8.37%，文化生活服务性消费占 7.26%，居住支出 9.8%。此后，消费结构逐渐由数量型向质量型转变，居民衣着消费从过去低档、耐用型向高档、时髦、成衣化转变，衣着消费“一季多衣”，崇尚自然、休闲、舒适、美观。以汽车、住房、通信、教育为主的享受型消费结构升级。2007 年，城镇居民人均支出 15799 元，其中，消费支出 12459 元、社会保障支出 1192 元，分别占 78.86% 和 7.54%。消费支出中排前五位的是：食品消费支出 4758 元，交通通信费支出 1989 元，文教娱乐服务消费支出 1535 元，衣着消费 1245 元，居住消费 1200 元，分别占消费支出的 38.19%、15.96%、12.32%、9.99% 和 9.63%。此外，当年家庭设备用品及服务支出 660 元，医疗保健费支出 544 元。

若干年份洛江区城镇居民家庭年人均支出结构表

表 6–2–1　　单位：元

项目	2004 年	2005 年	2006 年	2007 年
消费支出	9350.2	10002	10812	12459
购房与建房支出	416.9	275	573	473
转移性支出	1143.0	1067	1381	1609
财产性支出	18.2	34	37	66
社会保障支出	647.7	828	1022	1192

第二节 农村居民生活

一、收入水平

1997 年后，洛江区深化农村体制改革，改善农业生产条件，推进农业产业化，发展非农产业，采取一系列措施促进农民增收，洛江区农村居民人均纯收入稳步增长。2000 年，农民人纯收入 3573 元，比 1997 年 3006 元增长 18.9%。2007 年，农民人均纯收入 6316 元，是 1997 年的 2.1 倍，年均增长 7.7%，其中，工资性收入 3551 元，占 56.22%；家庭经营现金收入 2596 元，财产性收入 110 元，转移性收入 452 元。

二、就业

见第三篇第三章第五节职业构成。

三、居住条件

改革开放前，农村居民居住条件差，比较好的房屋是木头房，屋顶盖瓦片，墙壁用土坏累成，空间小，房屋低，光线不足。改革开放后，农村居民新建住宅多数是闽南特色石结构，抗震性差。1997 年，农村居民人均居住面积 21 平方米。随着农民收入水平的提高和富裕型小康建设的推进，各乡镇（街道）实施改旧建新和新村建设，拆除破旧古厝、猪舍牛厩、碉堡厕，铺设水泥路面，完成“改路、改厕、改圈、改水、改建旧房”和“通水、通电、通路、通电话、通广播电视”的“五改五通”，提高绿化率，使脏乱差村庄变成道路四通八达、环境优美整洁的新农村。农村花几十万元拆旧建新房者大有人在，许多农村居民新建混凝土结构的新房。这些新居占地一般是 80—100 平方米，房前铺地砖、植草坪，室内超薄高清彩电、整体橱柜、欧式抽油烟机、抽水马桶等各种家具、电器，设施一应俱全。2007 年，农村居民平均每户拥有住宅面积 158.18 平方米，99.6% 的住户拥有自己的住宅，农村居民人均住房面积 49 平方米，84.3% 的住户使用管道水，59.2% 住户炊事能源主要使用煤气或天然气，21.7% 的住户炊事能源以煤为主，57.6% 的住户使用水冲式厕所。全区农村 50% 以上的居民告别抗震性能较差的石头房，住上砖木结构或钢筋混凝土结构房，一些农村居民虽未建新居，但在镇政府驻地或城区购买商品房。

四、消费水平

普通消费支出　改革开放前洛农村居民普通消费支出少，并且自给自足占比较大；此后，普通消费逐步增加。1997 年，洛江农村居民人均生活费用支出 2156 元，其中食品消费 922 元，占农村居民消费支出的 42.8%；医疗保健消费支出 120.12 元，占 5.6%；交通和通信消费支出 155.65 元，占 7.2%。此后，农村居民整体生活水平由基本小康向小康型迈进，消费水平不断提升。农民基本生存类（吃、穿、住）消费比重下降，教育、保健、交通、通信等消费比重上升。2007 年，洛江农村居民人均生活费用支出 3932 元，其中食品消费 1799 元，占农村居民消费支出的 45.8%；文化教育娱乐支出 415 元，占 10.55%；交通和通信消费支出 478 元，占 12.16%。农民在吃饱的基础上向吃好转变，追求饮食多样化和营养价值。在农民食物结构中，主食份额下降，副食类份额上升并超过主食份额，农民消费营养价值高的食物明显增加。

耐用消费品支出 改革开放前农村居民耐用消费品有自行车、缝纫机、农具，改革开放后农村居民拥有电视机、摩托车、冰箱逐渐增多。1997 年，每百户农村居民家庭拥有彩色电视机 46 台、摩托车 54 辆、洗衣机 3 台、电冰箱 24 台。此后，随着农民收入增加，以及农村消费环境特别是供电、供水等基础设施的改善，农村居民家庭文化娱乐用品及耐用消费品的拥有量迅速增加，消费结构逐渐转变。2007 年，每百户农村居民家庭拥有彩色电视机 128 台、摩托车 115 辆、洗衣机 51 台、电冰箱 86 台、电脑 17 台。自行车在农村逐步减少，摩托车（助力车）成为日常交通工具。农村在操办红白喜事的费用逐年增多，普通人家出嫁女儿按本地传统习俗备办丰盛嫁妆，少则数万元，多则数十万元不等，嫁妆除日常生活用品、高档家用电器外，有的还有大额现金、黄金首饰等，农村居民在家用电器的拥有量方面与城镇居民不相上下。

1997—2007 年洛江区农村住户调查主要数据表

表 6-2-2

年份	人均总收入（元）	工资性收入（元）	家庭经营收入（元）	人均纯收入（元）	人均生活消费支出（元）	食品消费支出（元）	人均住房面积（平方米）	恩格尔系数
1997 年	—	—	—	3006	2156	922	—	42.8
1998 年	3824	1309	1827	3236	1947	982	24.6	50.4
1999 年	4214	1453	2049	3486	2091	1136	28.0	54.3
2000 年	4201	1870	1752	3573	2120	1054	29.0	49.7
2001 年	4170	2520	2345	4750	2134	1008	32.0	47.2
2002 年	4310	2192	1605	3880	2412	1089	40.0	45.1
2003 年	4383	2269	1654	4080	2587	1291	38.0	49.9
2004 年	4893	2439	2053	4645	2537	1204	44.0	47.5
2005 年	5885	2964	2450	5352	2978	1434	45.0	48.2
2006 年	6477	3291	2645	5809	3442	1582	47.0	46.0
2007 年	7112	3551	2988	6316	3932	1799	49.0	45.8

第七篇 工 业

中华人民共和国成立初，境内工业几乎空白。20 世纪 60 年代，各公社、大队创办一些社队企业，以手工业为主，如河市、马甲、罗溪有农械厂、木器厂、竹器社、砖瓦厂、粮油加工厂，罗溪有铜锣厂、铁木厂、粮食复制品厂等。双阳华侨农场企业规模较大，有农械厂、造纸厂、纸箱厂、塑料厂、石料厂、碾米厂。1986 年起，马甲在杏川引进创办新华针织厂（港资），河市创办饲料厂、宝成针织厂。1972 年双阳华侨农场创办华侨塑料厂。1992 年 5 月，洛江今域万安工业开发区动工建设，1993 年 11 月，洛江今域万安工业开发区管委会成立并规划园区、建设基础设施（“五通一平”等）、引进项目、促投促建、完善园区配套，先后引进生产性项目 68 个，其中外商投资企业 37 家，14 家企业投产。同期，马甲镇、河市镇分别建设大厅埔工业区、霞溪工业厂区，引进创办一批企业，双阳华侨农场也引进创办双阳金刚石、和诚鞋业、永祥机械等，各种经济成分的企业如雨后春笋迅速发展。

1997 年，境内工业企业 271 家，工业总产值 13.3 亿元，其中乡镇及乡以上工业企业 56 家，全年产值 6.92 亿元，占全部工业产值的 52.1%。2000 年后，洛江区引进企业日益增多，省、市级龙头工业企业、农业企业等进驻，各乡镇企业不断发展壮大；工业结构以轻工业为主，工业门类较多，经济外向度较高。工业产业结构中鞋服箱包、陶瓷树脂工艺、五金机电三大支柱产业基本形成。2002 年 3 月，洛江区大力推进工业园区建设，启动开发建设双阳华侨经济开发区。2005 年，建成万安科技园区、塘西工业园区（一、二期）。2006 年 4 月，万安开发区和双阳经济开发区整合成立洛江经济开发区，总规划面积 13.33 平方千米。至 2007 年，全区工业企业 629 家。其中，规模以上工业企业 148 家，产值超亿元企业 21 家，工业总产值从 1997 年的 13.30 亿元增加到 2007 年的 96.01 亿元，年均增长 22.4%，是 1997 年的 7.2 倍。

第一章 企 业

第一节 企业结构

1997 年建区前，洛江今域的企业分布在万安工业区、双阳农场、河市镇、马甲镇，主要生产树脂陶瓷工艺品、五金、机械、箱包、制鞋、针织、食品、纸品等。1997 年，洛江区全部工业企业 271 家。乡镇及乡以上工业企业 56 家，其中国有经济企业 5 家，集体经济企业 24 家，外商投资经济企业 14 家，港澳台投资经济企业 11 家，私营经济企业 1 家，联营经济企业 1 家；乡镇以下工业企业 215 家。2000 年，工业企业 361 家，是建区初的 1.33 倍。其中，规模以上 35 家，规模以下企业 326 家。

2004 年，全区工业企业 512 家，工业个体经营户 929 户。在工业企业中，国有企业 1 家，占 0.20%；集体企业 1 家，占 0.20%；私营企业 333 家，占 65.04%；港澳台商投资企业 90 家，占 17.58%；外商投资企业 39 个家，占 7.61%；其余类型企业 48 个，占 9.37%。在工业企业中，采矿业 2 家，制造业 504 个家，电力、燃气及水的生产和供应业 6 家，分别占 0.39%、98.44% 和 1.17%。在工业企业的就业人员中，采矿业占 0.03%，制造业占 99.78%，电力、燃气及水的生产和供应业占 0.19%。在工业行业大类中，工艺品及其他制造业，皮革、毛皮、羽毛（绒）及其制品业，纺织服装、鞋、帽制造业，就业人员数位居前三位，分别占 40.75%、23.77% 和 7.50%。

2007 年，全区工业企业 629 家，规模以上工业企业 148 家，规模以下工业企业 481 家。在规模以上工业企业中，内资企业 62 家，占 41.9%，其中国有企业 1 个家，股份制企业 2 家，有限责任公司 15 家，私营企业 42 家；港澳台商投资企业 61 家，占 41.22%；外商投资企业 25 家，占 16.89%；其他企业 2 家，占 1.35%。

1997—2007 年洛江区工业总产值统计表

表 7-1-1

年份	全部工业总产值（万元）	比上年增长（%）	其中规模以上工业总产值①（万元）	比上年增长（%）
1997 年	133029	—	69264	—
1998 年	169475	25.51	58080	—
1999 年	194452	20.34	59742	7.37
2000 年	230218	22.46	87774	19.30
2001 年	264951	19.31	106245	19.00
2002 年	310755	22.25	136098	26.20
2003 年	376552	22.55	217538	37.74
2004 年	505074	21.74	349106	32.92
2005 年	634334	23.40	463393	29.26
2006 年	780589	23.50	615507	30.35
2007 年	960088	23.10	814879	26.00

注：① 1997 年规模以上工业为乡镇及乡镇以上工业口径

1997—2007 年份乡镇（街道）工业总产值统计表

表 7-1-2 单位：万元

年份	虹山乡	罗溪镇	马甲镇	河市镇	双阳街道	万安街道	部分工业
1997 年	130	4802	14300	33000	1554	58562	20681
1998 年	154	5092	16806	38401	2296	83310	23416
1999 年	169	5130	19286	39748	3010	103304	23805
2000 年	189	5324	21992	44909	3885	130212	23707
2001 年	219	5933	27157	47319	17933	166390	
2002 年	246	6668	30724	55428	22559	195130	
2003 年	1622	7521	32589	68664	34322	231834	
2004 年	2033	11612	50362	94480	50639	295948	
2005 年	2350	14910	67161	122972	84211	342730	
2006 年	2723	16719	76402	152274	125616	406855	
2007 年	3957	20281	96564	193243	176377	469666	

第二节 产业结构

1997年，全区工业总产值13.3亿元，乡镇及乡镇以上工业企业产品销售收入6.41亿元，资产合计5.92亿元，企业工业增加值1.33亿元，工业总产值6.93亿元，利税总额2411万元，利润总额281万元。

建区后，洛江区实施“工业立区”战略。1998年4月，区委、区政府出台《关于加强洛江区城乡企业工作的若干意见》《关于扶持重点企业发展的暂行规定》，工业企业发展迅速。2000年，全区工业总产值23.02亿元，规模以上企业工业增加值2.39亿元，工业总产值8.78亿元，利税总额5830万元，利润总额2899万元，分别是1997年的2倍、1倍、2倍、10倍。工业总产值中，电气机械及器材制造业占21.44%、工艺品等制造业占16.55%，皮革、毛皮、羽绒及其制品业11.89%，电力供应业8.89%。工业总产值超千万元的行业还有食品制造业、服装及其他纤维制品制造业、非金属矿物制造业、金属制造业、电子及通信设备制造业。2001年4月30日，在加快工业园区的建设同时，为拓展招商空间领域，区委、区政府下发《关于加大招商引资工作力度，增强经济发展后劲的工作意见》，力促引进一批新企业、新项目入驻。

至2007年，洛江区工业形成以鞋服箱包、陶瓷树脂工艺、五金机电等三大支柱产业。全区工业总产值96亿元，规模以上的企业工业增加值25.56亿元，工业总产值81.49亿元，利税总额9.25亿元，利润总额6.71亿元，分别是1997年的19倍、12倍、38倍、239倍。工业总产值中，纺织、皮革、毛皮、羽绒及其制品业占21.26%，陶瓷、树脂工艺品等制造业占18.1%，电气机械及其制造业占10.5%，化学原料及化学制品制造业占9.34%。工业总产值超亿元工业制造还有食品制造业、纺织服装业、家具制造业、文教体育用品制造业、印刷业、纸类用品、塑料制品业、设备制造业。

1997—2007年洛江区主要工业行业发展情况表

表7-1-3

年份	纺织业		服装和鞋帽		电气机械及器材制造业		化学原料及化学制品制造业		塑料制品		金属制品		通用设备和专用设备		皮革、毛皮、羽绒及其制造业		工艺品及其他	
	企业单位数（个）	工业总产值（亿元）	企业单位数（个）	工业总产值（亿元）	企业单位数（个）	工业总产值（亿元）	企业单位数（个）	工业总产值（亿元）	企业单位数（个）	工业总产值（亿元）	企业单位数（个）	工业总产值（亿元）	企业单位数（个）	工业总产值（亿元）	企业单位数（个）	工业总产值（亿元）	企业单位数（个）	工业总产值（亿元）
1997年	5	0.22	5	1.79	2	1.3	—	—	3	0.15	2	0.04	1	0.02	—	—	12	0.17
1998年	1	0.12	3	0.15	2	0.93	—	—	1	0.07	—	—	1	0.09	3	1.12	8	1.91
1999年	—	—	3	0.33	2	0.97	—	—	1	0.04	—	—	2	0.19	3	0.72	14	2.77
2000年	—	—	2	0.37	3	1.88	—	—	—	—	1	0.22	3	0.36	3	1.04	16	3.81
2001年	—	—	2	0.34	3	2.3	1	1.07	1	1.16	3	0.65	3	0.41	4	1.33	16	3.79
2002年	1	0.05	5	0.51	3	2.31	2	1.15	1	0.1	5	0.59	2	0.49	6	1.5	17	4.14
2003年	6	0.56	5	0.52	4	3.62	3	1.3	4	0.74	4	0.8	4	1.34	16	2.58	22	6.3
2004年	8	0.78	12	2.46	5	5.34	3	2.74	6	1.13	5	1.6	2	0.25	20	4.58	28	10.59

续表 7-1-3

年份	纺织业		服装和鞋帽		电气机械及器材制造业		化学原料及化学制品制造业		塑料制品		金属制品		通用设备和专用设备		皮革、毛皮、羽绒及其制造业		工艺品及其他	
	企业单位数（个）	工业总产值（亿元）	企业单位数（个）	工业总产值（亿元）	企业单位数（个）	工业总产值（亿元）	企业单位数（个）	工业总产值（亿元）	企业单位数（个）	工业总产值（亿元）	企业单位数（个）	工业总产值（亿元）	企业单位数（个）	工业总产值（亿元）	企业单位数（个）	工业总产值（亿元）	企业单位数（个）	工业总产值（亿元）
2005年	8	2.89	11	4.65	5	5.85	4	7.61	9	3.36	5	5.72	10	3.91	26	10.13	31	14.75
2006年	8	1.73	9	3.79	5	7.6	3	4.57	9	2.81	5	3.65	8	3.03	27	13.5	31	13.03
2007年	8	2.89	11	4.65	5	8.95	4	7.61	9	3.36	5	5.72	3	1.38	33	17.32	31	14.75

说明：1998年，工业企业生产单位数及工业总产值（现行值）统计口径为“乡及乡以上工业企业生产单位数及工业总产值”。1999—2007年，工业企业生产单位数及工业总产值（现行值）统计口径为“年产品销售收入500万元及以上工业企业”。

第三节 企业技术改造

一、技术研发及引进

1998年4月，区政府成立城乡企业工作领导小组，各乡、镇、街道相应成立领导小组，各级加强洛江区城乡企业工作，按照生产规模大、纳税多、科技含量高、社会经济效益好的原则确定一批重点企业，促进城乡企业依靠科技进步加快发展，提高企业技术装备水平和产品质量，加强与大专院校、科研机构的横向联合，鼓励企业加强新产品开发，加快技术改造步伐。

1999年9月，区委、区政府实施“科教兴区”发展战略，鼓励和扶持企业创新，发展高科技，提高经济竞争力。2002年12月，区政府出台《关于扶持高新技术及其产业发展的若干规定》，推动建立以企业为主体的技术创新体系，强化乡镇企业的技术创新能力，建立健全企业技术创新机制，把提高技术创新能力和经营管理水平作为企业发展壮大，实现增长方式转变的关键措施。鼓励企业把新产品开发作为技术创新的重点，提高产品的技术含量和附加值，加快产品结构升级优化，促进企业成为技术创新的决策主体、开发主体、投入主体、承担风险主体和利益分配主体。通过技术创新，加快淘汰落后工艺技术和生产设备，开发和应用先进制造技术、新工艺、新装备。规定提出电子、机电一体化、蓄电池、石材磨具、陶瓷工艺和旅游等产业的技术创新要走在全区乃至全市前列；区级重点企业率先建设好行业科研所，开展技术攻关、科技成果转化，成为带动行业和中小企业技术创新的辐射源；一般企业、重点企业和高新技术企业研究开发经费应分别达到当年销售收入的1%、3%和5%以上，可计入成本。

2002年，引导企业进行技术改造，申报市级技改项目4项：大华蓄电池有限公司新增极板生产项目，总投资2700万元，新增全自动铸板机等设备123套；建峰纸品有限公司新增四色彩印生产项目，总投资200万元，新增彩印、瓦楞纸生产设备3台套；双阳金刚石具有限公司异齿硬质合金生产线项目，总投资5000万元，引进国外先进异齿型硬质合生产线，生产可替代进口的合金锯片；汇成针织整体技术改造项目，投资1550万元，配套经编机生产各种高档氨经针织面料。

2004年，完成7项技改项目，其中包括南方机械，FH-2100面料复合机生产车间技术改造；赛特电池，阀控式密封铅酸电池生产设备技术改造；建峰包装，柔性水墨彩印技术改造；新维电子，电话机、对讲机生产线技术改造；新华针织，引进德国STOLL和日本精岛（SHIMA、SEIKL）电脑横饥20台；鸿洋汽配，刹车片专业化生产线；双阳金刚石硬质合金全自动生产线。当年，技改资金总额为2.27亿元，6家企业完成技改资金2.9亿元；技改实施后产生的经济效益和社会效益显著，6家企业技改项目投产后创产值近5亿元。建友墙材的石粉废渣综合利用项目，添置4条石粉蒸压生产线及相关配套设施后，年产量达到15万立方米的生产规模；信和涂料的利用废塑料循环生产项目，用废PET回收料（矿泉水瓶、饮料瓶等）生产树脂，利用该树脂成功应用于该公司红丹漆中。

2005年，上报市级技改项目6项，列入市级重点技改项目4项，技改实施企业都是规模较大的骨干企业。市级重点技改企业是：旗牌王、子燕轻工、双阳金刚石、建峰包装；当年，4家企业完成固定资产投资2.2亿元。全年洛江区技改资金总额为1.013亿。9月，由凹凸公司承担的《单面六色自动变色电脑提花机》和腾达精铸承担的《dn8—dn100核电用直通式隔膜阀》2个项目被省科技厅确认为2005年度省重点新产品计划项目。

2006年，上报市级技改项目9项，列入市级重点技改5项，重点技改项目是子燕轻工服装包袋生产线技改、双阳金刚石排锯刀头生产线技改、建峰包装水墨柔性宽幅环保型彩印技、信和涂料10万吨新型涂料技改、德源轴承超级直线运动轴承生产线改造。5家实施重点技改的骨干企业全年完成固定资产投资19.5亿元，9家企业共完成技改投资额3.95亿元，同比增长17%，9家企业技改项目实施后可创产值近6亿元，利税3000万元，提供1000个就业机会。

2007年，5家企业实施技改投入资金2.81亿元，创建6家省级高新技术企业、2家省级创新示范企业。

二、节能减排技改

2006—2007年，洛江区贯彻落实省、市政府《关于加强节能工作的意见》，制定《洛江区发展循环经济专项规划》，成立节能减排工作领导小组，建立节能工作机制，制定《洛江区加强节能工作的意见》，摸清全区主要耗能企业，制定节能资金管理办法，促进产业集聚，尤其是在树脂工艺品、纺织鞋业服、五金机电、电子工业产业集聚过程中，高度重视资源的综合、循环利用以及污染物的集中处理、控制。加快推进LNG燃气电厂及LNG燃气管道项目建设，促进发展清洁能源和可再生能源，提高清洁能源比重。倡导工业水循环利用，推行工业企业节水减污，建设节水型企业。开展循环经济建设试点示范，推动企业加快节能降耗的技术改造，在树脂工艺品、鞋业纺织鞋服、五金机电、电子等重点行业以及产业园区开展循环经济试点，提倡企业循环式生产，促进产业循环式组合，推动区域循环式发展，减少能源资源消耗和污染物产生量。对污染物超标或超总量排放的企业以及对使用有毒、有害原料进行生产或者在生产中排放有毒、有害物质的企业，依法强制其实施清洁生产审核。2006年，铁拓机械、信和涂料2家省级循环经济示范项目和资源综合利用项目按照发展循环经济、节能环保、综合利用的要求，整合资源，开展节能降耗工作。铁拓机械的中小型沥青混合搅拌设备采用全自动点火燃烧炉，配备具有节能专利技术的装置，年新增产值2400万元。信和涂料利用废塑料循环生产树脂，该项目年回收利用废塑料30万千克，年产树脂150万千克，产值达2000万元，利税500万元。

第四节　质量认证与成果推荐

一、名牌产品创建

1998年，洛江区企业、科技管理部门和技术监督部门密切配合，引导区重点企业及技术创新示范企业把实施技术创新工程与实施质量振兴计划及名牌战略结合起来，指导和帮助企业采用国际标准和国外先进标准，加强企业标准化、计量等技术基础工作，建立健全质量管理和质量保证体系，提高技术、管理水平和产品质量，推动企业实施GB/T1　9000—ISO　9000族标准，部分企业开展质量体系认证或产品质量认证，创造一批拥有自主知识产权的技术和产品。

2000年，各企业把质量管理作为企业生产管理的中心环节，夯实内部质量、标准、计量等技术基础工作，加强生产过程各个环节的管理、建立健全全面质量管理机构，普遍设立质检组（科）或专职质检员。2002年，加大创建名牌产品力度，大华集团获省著名商标称号，赛特电源科技有限公司获“福建省乡镇品牌产品”称号。大华蓄电池等10家企业实施ISO 9000质量认证，其中，大华蓄电池、旭峰鞋业、丰勤电子、信和涂料等4家企业通过ISO 9000质量体系认证。

2004年，圣泉工艺、南方机械通过ISO 9001认证，信和涂料通过ISO 14000环境管理体系认证，宏恩食品通过国际食品安全管理体系认证（HACCP）。2005年，7家企业通过ISO 14000环境管理体系认证，分别是：信和涂料、丰源机械、建友墙材、汇成针织、新维电子、赛特电池、赛瑞特体育用品。同年3月，“旗牌王”服饰有限公司注册的第54798号“旗牌王”（文字和图形的组合）商标被国家工商总局认定为“中国驰名商标”，同时被国家质检总局认定为“国家免检产品”。2006年，4家企业通过ISO 9000质量管理体系认证，2家企业通过ISO 14001管理体系认证，1家企业通过OHSAS 18001职业健康管理体系认证。明益轻工的“金耐尔”获省商标；推荐瑞能电子、众志金刚石、明日艺品、贝哥鞋、金奇宝鞋业等5家企业的商标参加市知名商标认定。大华蓄电池有限公司获全国乡镇企业创名牌重点企业。2007年，8家企业通过贯标认证，1项产品获得“国家免检产品称号”，全区累计拥有中国驰名商标1件（国家工商总局认定），著名商标13件，知名商标18件。

二、项目成果推荐

2003年，组织企业参加福建省项目成果交易会，3家企业签订项目意向书，项目总投资4000万元。双阳金刚石的环保消毒耐高温圆锯片产业化项目被列入福建省2003年第一批安排促进项目成果扶持资金项目，往乌鲁木齐和上海市参加商品贸易展销会，扩大其市场知名度和占有率。组织帆胜椅业等6家企业、9个招商项目、3个科技项目参加福建省网上投资贸易洽谈会、中国企业网络营销合作洽谈会和第五届泉州名优特新产品网上一博览会。

2004年，区政府制定《“2004年中国·福建项目成果交易会”洛江区工作方案》，把工作任务分解到各镇、街道、开发区及各有关部门。洛江区5个项目参加签约，其中，泉美园艺有限公司与中国科学院植物基因组学国家重点实验室合作的抗细菌性病害转基因花卉植物研究参加省重点项目签约，总投资6000万元；华大环保工程有限公司的污水处理一体化（成套）设备、马甲动植物观赏园的生态农业综合开发、洛江建峰包装用品有限公司的水墨柔版印刷、洛江绿宝余甘果片技术研究参加泉州市专场项目签约，所有签约项目总投资金额近2亿元。同时，洛江区还推出项目成果对接6项、企业急需解决的技术难题9个，涉及电子信息、机械制造、生物医药、新型材料、现代农业等行业，体现科技含量高、实用价值好的特点。建友新型墙材、双阳金刚石、腾达精铸、马甲动植物、泉美园艺、河市电教、建峰包装7家企业参加展会。

2005年，组织对接“6·18”项目成果交易会，上报总投资4亿元的对接项目12个，签约项目2个，参展企业1家，搜集上报技术难题9个。

2006年，洛江区对接项目31项，总投资达8.2亿元，博扬、汇成、东南中药材种植等三家企业的项目总投资均超亿元，对接项目比2005年增加158%，投资额增加99%；上报技术需求14项；腾达精铸携样品参展；众志金刚石和博扬精细陶瓷在现场签约，总投资1.7亿元。组织企业参加“9·8”投资贸易洽谈会，签约对接项目3项，项目总投资2248美元。相比2005年，洛江区参展项目产业门类更齐全，涵括新型材料、电子信息、光电一体化、生物医药、环保和资源综合利用、机械制造、现代农业7个领域。

2007年，开展新项目考察、论证、储备和争引工作，多方收集信息，筛选资料，完善扩充工业项目库，储备一批三产项目，转变招商引资思路，加大对重点区域、重点项目、重点行业的招商力度，逐步走向以商招商和环境招商的有针对性主动招商，重点在双阳规划近133.3公顷商贸物流园区，开展项目宣传推介，储备了嘉太酒类饮料配送中心、东南医药物流等14个项目，完成6个项目招商引资。“6・18”项目成果推荐会对接项目32项，总投资超9亿元，其中合同为19项，项目总投资均超亿元的企业有3家；上报技术需要15项，完成市下达任务的150%；上报参展单位3家，由泉州市筹委会确定信和涂料与德源机械参加；上报参加市签约仪式的企业有4家，邀请1位专家、40家企业参会。

第二章 主要门类

第一节 皮革 毛皮 羽绒及其制品业

20世纪90年代初，洛江境内皮革、毛皮、羽绒及其制品业兴起，主要分布在马甲镇。1997年，洛江区有皮革、毛皮、羽绒及其制品业企业20家，从业人数3208人。2004年，有皮革、毛皮、羽绒及其制品业企业85家，从业人数10164人，主要分布在万安街道、双阳街道、河市镇、马甲镇。其中，马甲镇皮革、毛皮、羽绒及其制品业企业33家，从业人数1646人，分别占该行业38.82%、16.19%。规模以上企业20家，工业总产值4.58亿元，利润总额1758万元，利税总额2946.1万元。

2007年，洛江区有皮革、毛皮、羽绒及其制品企业117家，从业人数19283人。规模以上企业33家，工业总产值17.32亿元，利润总额9875万元，利税总额1.55亿元。

1997—2007年洛江区部分皮革 毛皮 羽绒及其制品企业名表

表7-2-1

企业名称	成立年份	注册资本	主要产品	所在乡镇（街道）
泉州市诚裕服装有限公司	1993年	340万元	皮革、毛皮、羽绒及其制品	万安
泉州亿升再生革有限公司	1994年	581万元	皮革再生皮及各种鞋材	河市
泉州市洋和轻工有限公司	1995年	500万元	手套、皮革材料	河市
泉州市海滨服装皮件厂	1999年	600万元	劳保、皮革系列	万安
泉州市洛江恒利手套有限公司	2001年	500万元	手套、皮革材料	河市
泉州佳骏时装有限公司	2002年	500万港元	皮革、毛皮、羽绒及其制品	万安
泉州海都轻工有限公司	2004年	700万美元	皮革、毛皮、羽绒及其制品	双阳

第二节 工艺品及其他制造业

以树脂制品、铁艺制品和陶瓷工艺制品为主的玩具、装饰、生活用品等制造业发韧于20世纪80年代末期，多数企业由原鲤城区搬迁至洛江今域。至1997年，全区乡镇及以上的工艺品及其他制造业企业12家，工业总产值1700万元。2004年，规模以上的工艺品及其他制造业企业28家。企业主要分布在万安街道、双阳街道、河市镇。2007年，规模以上的工艺品及其他制造业企业31家，比2004年增加3家；工业生产总值14.75亿元，利润总额1亿元，利税总额1.46亿元。

1997—2007 年洛江区部分工艺品及其他制造业企业名表

表 7-2-2

企业名称	成立年份	注册资本	主要产品	所在乡镇（街道）
泉州市庄任雕刻工艺有限公司	1985 年	520 万元	工艺品系列	万安
泉州泉港工艺有限公司	1993 年	400 万元	工艺品系列	万安
泉州明日艺品有限公司	1995 年	2602 万元	工艺品系列	万安
泉州建文艺品有限公司	1995 年	1000 万元	工艺品系列	双阳
泉州思滢工艺有限公司	1995 年	800 万元	工艺品系列	万安
泉州丰达工艺有限公司	1995 年	485 万元	工艺品系列	万安
泉州美尔奇工艺实业有限公司	1988 年	1200 万元	工艺品系列	双阳
泉州市德盛工艺礼品有限公司	2001 年	300 万元	工艺品系列	河市
泉州东艺雕刻有限公司	2003 年	212 万元	工艺品系列	万安
泉州远翔艺品有限公司	2007 年	98 万元	工艺品系列	万安

第三节　电气机械及器材制造业

洛江区电气机械及器材制造业涉及电机制造、输配电及控制设备制造、电线电缆制制造、电池制造等，建区前主要企业有大华蓄电池、双阳金刚石、凹凸精密机械等。1997 年，洛江区乡镇及乡镇以上企业 2 家，工业总产值 1.3 亿元，利润总额 338 万元，利税总额 668 万元。

建区后，洛江区电气机械行业迅速发展，如振丰模配、丰源机械、众志金刚石等企业入驻。2004 年，电气机械及器材制造企业 15 家，从业人数 2100 人。规模以上的企业 5 家，工业总产值 5.34 亿元，利润总额 147.5 万元，利税总额 1357.1 万元。

2005 年后，又引进一批企业如振威电器、维盾电器等。2007 年，电气机械及器材制造企业 27 家，主要分布在万安街道、双阳街道、河市镇，其中河市镇 11 家。规模以上的企业 9 家，工业总产值 8.95 亿元，利润总额 5189 万元，利税总额 9462 万元。

1997—2007 年洛江区部分电气机械及器材制造企业名表

表 7-2-3

企业名称	成立年份	注册资本	主要产品	所在乡镇（街道）
福建泉州大华蓄电池有限公司	1994 年	5000 万元	蓄电池系列	河市
泉州双阳金刚石工具有限公司	1994 年	1429 万元	金刚石工具	双阳
福建泉州凹凸精密机械有限公司	1995 年	510 万美元	数控机械 成套设备配	万安
福建泉州赛特电源科技有限公司	1997 年	3000 万元	蓄电池系列	万安
泉州洛江振丰模配制造有限公司	2002 年	1050 万元	机械设备及机械零部件五金模具及配件	万安
泉州丰源机械有限公司	2003 年	1500 万元	生产螺旋振动研磨机 数控车床 汽车配件	万安
泉州市华扬机械制造有限公司	2003 年	200 万元	机械制造	双阳
泉州市三通精密机械有限公司	2003 年	500 万元	精密机械（主要为印刷机械）制造	万安
泉州市利东机械有限公司	2003 年	300 万元	汽车传动轴 工程机械配件	万安
泉州众志金刚石工具有限公司	2003 年	5000 万元	金刚石工具 石材制品 机械设备	万安
泉州市富新机械配件有限公司	2004 年	500 万元	工程机械及装载机配件	双阳

续表 7-2-3

企业名称	成立年份	注册资本	主要产品	所在乡镇（街道）
福建梦之屋机电工业有限公司	2004 年	500 万元	生产工程机械及配件	河市
泉州市大华压缩机械有限公司	2004 年	300 万元	生产高低压空气罐压缩机　真空泵	河市
泉州市振威电器设备有限公司	2005 年	15000 万元	配电箱 高压计量箱	双阳
泉州维盾电气有限公司	2007 年	3000 万元	电力产品	万安

附：企业选介

1. 泉州市振威电器设备有限公司　1997 年，泉州市振威电器设备有限公司成立。2005 年，入驻双阳华侨经济开发区，注册资本 15000 万元，新厂房占地 2 公顷，建筑面积 1.5 万平方米，员工 200 人，企业引进国际先进生产设备弯扳机、折弯机、自动喷塑流水线等，主要经营制造销售箱式高低压成套开关设备、配电箱、变压器、箱式变电站、建筑电气设备、电缆桥架、母线槽、发电机组、水泵机组、电动工具、高低压电气元件、制冷设备。公司通过 ISO 9001 质量管理体系认证，3C 认证。始终为客户提供优质的产品和技术支持、健全的售后服务，成为房产、电力、建筑行业骨干企业的首选供应商。

2. 福建泉州凹凸精密机械有限公司　该公司创办于 1995 年，位于洛江区万安工业区安达北路，投资总额 960 万美元，注册资本 510 万美元，标准厂房 1.5 万平方米，有工程技术人员及熟练员工 200 余人。公司拥有日本、德国、中国台湾地区制造的 1.5—3 米立式电脑加工中心、卧式电脑加工中心、电脑龙门铣床、电脑立式车床、高速电脑雕刻机、滚齿机、洗槽机、数控磨床等一批十分先进的工作母机。公司有各类中高端的电脑圆纬机、电脑织袜机、有头三功位电脑无缝内衣机、横编机系列四大类数控机械产品，产品远销国内外。公司先后申请了 51 项专利，被评为“福建针织机械行业星火技术创新中心”“福建省技术创新引导工程创新型企业”“福建省科技小巨人”“福建省科技型企业”等荣誉称号。

第四节　化学原料及化学制品制造业

洛江区化学原料及化学制品制造起始 20 世纪 90 年代中期，主要企业有信和涂料、诺亚工贸。至 2001 年，洛江区化学原料及化学制品制造企业 6 家，从业人员 109 人。规模以上化学原料及化学制品制造企业 1 家，从业人员 66 人，工业总产值 1.17 亿元，利润总额 69.8 万元，利税总额 167 万元。

2004 年，洛江区化学原料及化学制品制造企业 3 家，从业人员 312 人。主要分布在万安街道、河市镇，其中万安街道企业从业人数 228 人，分别占 73.07%。规模以上企业 3 家，工业总产值 2.74 亿元，利润总额 409.4 万元，利税总额 889.8 万元。

2007 年，洛江区化学原料及化学制品制造企业 4 家，从业人员 432 人。规模以上企业 4 家，工业总产值 7.61 亿元，利润总额 8764 万元，利税总额 1.18 亿元。

1997—2007 年洛江区部分化学原料及化学制品制造企业名表

表 7-2-4　　单位：万元

企业名称	成立年份	注册资本	主要产品	所在乡镇（街道）
泉州桑立工贸有限公司	1995 年	118 万元	非食用食物油	河市
泉州诺亚工贸有限公司	1997 年	600 万元	化工原料	万安
泉州市信兴颜料加工有限公司	2001 年	325 万元	颜料调色 配色	万安
泉州洛江三星涂料树脂有限公司	2002 年	550 万元	不饱和聚酯树脂原子灰生产	万安
泉州市信和涂料有限公司	1995 年	—	化工产品	万安

附：企业选介

泉州市信和涂料有限公司 1995年，泉州市信和涂料有限公司成立，位于洛江塘西工业园，占地面积6.67公顷，是中国涂料工业协会副会长单位，旗下有“百高工业漆”和“田园风光家装漆”两大自主品牌。信和多条涂料生产线，为客户提供工业涂料、建筑涂料两大类别，工程机械涂料、重防腐涂料、工艺品涂料、防盗门涂料、建筑涂料、家装涂料、高温涂料、地坪涂料八大系列1000多个花色品种；产品服务范围涉及汽车、工程机械、船舶、工艺品、建筑、核电、军工等多个国民经济领域。引进、开发的系列工程机械涂料被国内著名工程机械品牌生产厂家广泛采用，成为中国工程机械企业的骨干涂料供应商。

第五节 金属制品业

洛江区乡镇及以上金属制品生产起始20世纪90年代中期，至1997年洛江区乡镇及以上金属制品企业2家，金属工艺品总产值383万元，利润总额－83万元，利税总额－67万元。

2004年，洛江区金属制品企业44家，从业人员1306人，营业收入2.24亿元，利润总额1774万元，利税总额5113万元。主要分布在万安街道、双阳街道、河市镇。规模以上企业5家，工业销售产值1.6亿元，利润总额362.4万元，利税总额951.9万元。

2007年，洛江区金属制品企业24家，从业人数1790人。规模以上企业5家，主营业务收入5.72亿元，利润总额6545万元，利税总额8015万元。

1997—2007年洛江区部分金属矿物制品业企业名表

表7-2-5

企业名称	成立年份	注册资本	主要产品	所在乡镇(街道)
泉州市明益五金电器有限公司	1992年	398万港元	五金制品	万安
泉州市长江工程机械有限公司	1993年	3168万元	机械配件 废旧金属回收加工	双阳
泉州鼎源工贸有限公司	2000年	700万元	金属结构加工	万安
泉州洛江梅峰金属制品有限公司	2003年	100万元	五金制品	万安
泉州市洛江区东大不锈钢制品有限公司	2004年	100万元	金属制品加工 不锈钢装饰型材加工	双阳
泉州市泉兴五金艺品有限公司	2004年	100万元	生产五金机电配件 金属制品	万安

第六节 服装鞋帽制造业

洛江区乡镇及以上纺织服装鞋帽制造起始20世纪90年代中期，主要是马甲镇本地能人创办的鞋厂，1995年引进台资和诚鞋业入驻双阳。至1997年，全区乡镇及以上纺织服装鞋帽制造企业5家，亏损企业2家，从业人数269人，工业总产值1.79亿元，产品销售收入1.83亿元，利润总额－89万元，利税总额114万元。当年，生产服装738万件，销售733万件；生产皮鞋696.6万双，销售686万双。

建区后，服装鞋帽企业入驻迅速增加，成为洛江工业支柱产业之一。2004年，洛江区服装鞋帽制造企业51家，从业人数3205人，占全区法人企业从业人数5.79%。企业主要分布在万安街道、双阳街道、马甲镇。其中，马甲镇企业数21家，从业人员981人，分别占30.6%、41.18%。规模以上的企业12家，工业总产值2.46亿元，利润总额991万元，利税总额1708.6万元，从业人数2404人，占该行业总从业人数75%。当年，生产梭织服装972.04万件，皮鞋604.25万双、布鞋121.1万双，帽子3.05万个。

2007年，全区服装鞋帽制造企业56家，双阳街道企业数18个，占30.51%。规模以上的企业11家，工业总产值4.65亿元，主营业收入4.57亿元，利润总额3809万元，利税总额5036万元，从业人数2602人，占全区企业从业人数 5.75%。

1997—2007 年洛江区部分服装鞋帽企业名表

表 7-2-6

企业名称	成立年份	注册资本	主要产品	所在乡镇（街道）
福建和诚鞋业有限公司	1995 年	2470 万美元	服装 鞋帽	双阳
瑞嘉投资（福建）有限公司	1996 年	1000 万元	洲克服饰	万安
泉州子燕轻工有限公司	1997 年	2000 万港元	鞋服 箱包	双阳
旗牌王（泉州）制衣实业有限公司	1997 年	2800 万元	服装 鞋帽	双阳
泉州市洛江衣恋制衣有限公司	1998 年	200 万元	各式服装	河市
福建泉州百利达鞋业有限公司	1999 年	300 万元	服装 鞋帽	河市
泉州市洛江超盛鞋业有限公司	1999 年	588 万元	皮塑鞋类	马甲
泉州市洛江超越鞋业有限公司	2000 年	102 万元	鞋用材料	万安
泉州市洛江区永盛鞋塑有限公司	2002 年	500 万元	鞋类产品	马甲
泉州市世为鞋业有限公司	2003 年	800 万美元	鞋 服装	万安
福建省泉州市煌华工贸有限公司	2003 年	660 万元	服装 鞋帽	河市
泉州洛江国丰服装织造有限公司	2004 年	300 万元	服装 鞋帽	万安
泉州市洛江福辉鞋服有限公司	2004 年	960 万元	服装 鞋帽	双阳
泉州市永高体育用品有限公司	2005 年	2000 万元	服装 鞋帽	河市
泉州世联五洲轻工制品有限公司	2007 年	500 万元	服装 鞋帽	万安
泉州市贝踏体育用品有限公司	2007 年	100 万元	服装 鞋帽	马甲
泉州市宏泰洋服装发展有限公司	2007 年	200 万元	服装 鞋帽	河市

附：企业选介

1. **旗牌王（中国）纺织服饰有限公司** 1989 年，旗牌王（中国）纺织服饰公司创立，位于洛江经济开发区，占地 10 公顷，员工人数 1000 余人，有日本、加拿大等国进口的专业生产设备千余台，3 条先进的服装后整理生产线，年产量达 570 万件（条）。产品主要有休闲服装、商务男装、牛仔服装、T 恤衫、针织服装、羽绒服等系列，是一家集自主设计研发、生产制造、市场营销为一体的纺织服饰的知名企业。公司获“福建省著名商标”“福建省名牌”“福建省用户满意产品”“中国纺织服装企业竞争力 500 强”“中国服装最具影响力品牌奖”“全国十大主导品牌”“全国最畅销商品”等 70 多项称号，参与中国牛仔服饰行业《FZ/T 81006-2007 牛仔服装》标准的制定。

2. **泉州世联五洲轻工制品有限公司** 2007 年，泉州世联五洲轻工制品有限公司成立，位于洛江万安塘西工业区。公司是一家开发设计、生产加工各种品牌包袋的工厂，是沃尔玛国际供应商及 DISNEY 和可口可乐授权生产商。承接国内外客户来样、来料加工订单及国内外的品牌授权加工，为客户量身定做、开发各类新款包袋，满足客户的不同需要。公司厂房 1 万多平方米，配备 8 条先进的生产线。公司以 ISO9002 质量认证体系为核心，先进技术及严格的品质检验体系为保证，从开发、设计、生产到出口提供服务。公司生产的 WORLDWIDE 牌和 SELECT 牌系列包袋远销至北美、欧洲、澳洲、东南亚、南美、中东、南非等国家和地区。

第七节 塑料制品业

洛江区塑料制品业主要包括塑料板管型材、泡沫塑料、人造革合成革、塑料包装容器、塑料日用品制造，以制造塑料日用品为主。1973 年，双阳华侨塑料制品厂是洛江区第一家塑料制品厂，注册资金 444 万元，主要生产各种塑料鞋。20 世纪 90 年代，河市五金塑料机械有限公司和泉州荣昌塑料有限公司主要生产日用塑料用品。1997 年，乡镇及以上塑料制品企业 3 家，工业总产值 1537 万元，利润总额 -4 万元，利税总额 80 万元。当年塑料制品产量 1959 吨。

2004 年，全区塑料制品企业 23 家，从业人员数 1546 人。以生产塑料日用品为主的企业 9 家。规模以上的企业 6 家，工业总产值 1. 11 亿元，利润总额 173. 7 万元，利税总额 442. 2 万元。

2007 年，全区塑料制品企业 34 家，从业人员数 2218 人。以生产塑料日用品为主企业 17 家。规模以上的企业 9 家，工业总产值 3. 36 亿元，利润总额 2676 万元，利税总额 3617 万元。

1997—2007 年洛江区部分塑料制品企业名表

表 7-2-7 **单位：万元**

企业名称	成立年份	注册资本	主要产品	所在乡镇（街道）
国营福建省泉州双阳华侨塑料厂	1973 年	444	各种塑料鞋	双阳
泉州市洛江五金塑料机械有限公司	1993 年	210	日用塑料制品	河市
泉州洛江百事特塑胶有限公司	1999 年	300	各种塑料制品	双阳
泉州市瑞英塑胶人造革有限公司	2001 年	150	塑料制品	双阳
泉州雅量礼品有限公司	2004 年	500	塑料制品	河市
泉州市国雅塑料制品有限公司	2007 年	300	塑料制品	双阳

第八节 农副食品加工业

洛江区农副食品加工包括饲料加工、植物油加工、屠宰及肉类加工、水产品加工、蔬菜水果坚果加工、豆制品制造、淀粉制品制造。1978—1991 年，洛江区域饲料加工和肉类加工企业 1 家，从业人数 66 人。1992—1995 年，洛江区域农副食品加工企业 4 家，从业人数 77 人。1997 年，全区乡镇及以上农副食品加工企业 1 家，工业总产值 4236 万元，利润总额－ 202 万元，利税总额－ 848 万元。

2004 年，洛江区农副食品加工企业 13 家，其中万安街道 5 家，河市镇 3 家，马甲镇 4 家；从业人数 464 人，其中马甲镇 172 人，占 37. 06%。规模以上企业 2 家，工业总产值 3. 1014 亿元，其中肉制品及副产品加工工业总产值 1. 25 亿元，占 40. 29%；主营业务收入 2. 70 亿元，利润总额 675 万元，利税总额 1302 万元。

2007 年，洛江区农副食品加工企业与 2004 年持平，从业人数 897 人，是 2004 年 1. 93 倍。规模以上企业比 2004 年增加 2 家，亏损企业 1 家；工业总产值 3. 1 亿元，其中饲料加工工业总产值 1. 98 亿元，占 64. 12%。主营业务收入 3. 1 亿元，利润总额 3318 万元，利税总额 3403 万元。

1997—2007 年洛江区部分农副食品加工企业名表

表 7-2-8

企业名称	成立年份	注册资本	主要产品	所在乡镇、街道
泉州荣祺食品有限公司	1991 年	5000 万元	农副产品	河市
泉州市玉丰畜牧有限公司	1995 年	98. 8 万元	饲料加工	马甲

续表 7-2-8

企业名称	成立年份	注册资本	主要产品	所在乡镇、街道
光大（福建）食品有限公司	1998 年	990 万美元	食品	万安
福建富邦食品有限公司	1998 年	600 万美元	食品	万安
泉州市农香田果蔬食品有限公司	2004 年	100 万元	农副产品	万安
福建省蓝天农场食品有限公司	2004 年	1000 万港元	食品	万安

第九节 纺织业

洛江区纺织业包括棉、化纤纺织及印染精加工，针织品、编织品制造及制品制造，纺织制成品制造等起始 20 世纪 90 年代中期，至 1997 年，全区乡镇及以上纺织业企业数 5 家，亏损企业 2 家，工业总产值 2204 万元，利润总额 37 万元，利税总额 428 万元。当年，生产针织手套 1302 万双。

2004 年，洛江区纺织业企业 33 家，企业主要分布在万安街道、双阳街道、河市镇；从业人数 1566 人，其中以河市镇最多，占 22.48%。当年，纺织业企业生产棉化纤针织手套 7754.02 万双，生产化学纤维针织衫坯布 53.5 万千克。规模以上纺织业企业 8 家，工业总产值 7827.3 万元，利润总额 358.2 万元，利税总额 645.3 万元。

2007 年，洛江区纺织业企业 28 家，比 2004 年减少 3 家，从业人数 1644 人，比 2004 年增加 78 人。规模以上的纺织业企业 8 家，工业总产值 2.89 亿元，利润总额 1774 万元，利税总额 2458 万元。

1997—2007 年洛江区部分纺织业企业名表

表 7-2-9　　单位：万元

企业名称	成立年份	注册资本	主要产品	所在乡镇（街道）
泉州市翔盛轻工制品有限公司	1995 年	120	纺织品	双阳
泉州市洛江区华大织带有限公司	1999 年	300	纺织品	万安
泉州汇成针织有限公司	2000 年	330	针纺织品	万安
泉州市三联纺织工贸有限公司	2003 年	1000	棉纱 棉布 线 手套	河市
泉州文华纺织有限公司	2003 年	1000	网布 化纤布 织带 针织布	万安
泉州禾鑫织造有限公司	2004 年	200	针纺织品	万安

第十节 纸品制造业

洛江区乡镇及以上纸制品制造起始 20 世纪 90 年代中期，1992 年，双阳纸箱综合厂生产的“瓦楞纸箱”产值 136 万元。至 1997 年，洛江区乡镇及以上纸制品业 4 家，工业总产值 815 万元，利润总额 -1 万元，利税总额 47 万元。当年，机制纸及纸板生产量 37.6 万千克。

建区后，纸制品制造业尤其纸卫生用品企业较快发展。2004 年，洛江区纸制品业 9 家，从业人数 1102 人，工业总产值 2.22 亿元，利润总额 2295 万元。当年，机制纸和纸板产品总量 714.1 万千克，纸卫生巾 108.7 万千克。规模以上的纸制品业企业 3 家，工业总产值 1.44 亿元，利润总额 1111.8 万元，利税总额 1567.6 万元。

2007 年，洛江区纸制品业 28 家，其中纸和纸板容器制造 11 家，占该行业 39.28%。主要分布在万安街道、罗溪镇、马甲镇，其中万安街道 9 家，占 27.27%；从业人数 1328 人。规模以上的纸制品业 5 家，工业总产值 2.75 亿元，利润总额 3839 万元，利税总额 4560 万元。

1997—2007 年洛江区部分纸品制造企业名表

表 7-2-10 单位：万元

企业名称	成立年份	注册资本	主要产品	所在乡镇（街道）
泉州洛江建峰包装用品有限公司	2000 年	5000	纸制品	万安
泉州建鸿纸品有限公司	2000 年	1000	瓦楞纸板、纸箱	万安
泉州市恒亿卫生用品有限公司	2002 年	150	纸卫生用品	河市
泉州市嘉华卫生用品有限公司	2003 年	500	纸卫生用品	河市
泉州蓝蜻蜓卫生用品有限公司	2003 年	1000	纸卫生用品	罗溪
泉州市爱丽诗卫生用品有限公司	2003 年	222	纸卫生用品	万安
泉州简洁纸业有限公司	2003 年	100	纸卫生用品	河市
泉州市洛江丰源纸品有限公司	2004 年	100	纸质用品	万安
泉州天骄妇幼卫生用品有限公司	2005 年	500	纸卫生用品	双阳
泉州长荣纸品有限公司	2005 年	200	膨化纸 吸水纸	万安
泉州市洛江区鑫源纸塑有限公司	2005 年	100	包装纸盒	河市

附：企业选介

泉州洛江建峰包装用品有限公司 1997 年，泉州洛江建峰包装用品有限公司成立。位于洛江区塘西工业区，占地面积约 5.33 公顷，建筑面积 3.5 万平方米，注册资本 5000 万元，总资产 3 亿元。主要产品有三层、五层、七层瓦楞纸板、纸箱及水墨彩印（环保型）外箱、内盒等，年生产能力可达 2 亿平方米瓦楞纸板。该公司通过 ISO 9001：2000 国际质量体系认证，ISO 9001：2008 国际质量体系认证，获“2003 年度中国包装技术协会印刷产品评比金奖”，获批泉州市环保瓦楞包装行业技术开发中心。

第十一节 专用设备制造业

洛江区专用设备制造业涉及建筑工程用机械制造、纺织服装皮革专用设备制造、农业专用设备制造、环保防治专用设备制造等。1997 年，全区乡镇及以上专用设备制造企业 2 家，工业总产值 1490 万元，利润总额 246 万元，利税总额 353 万元。当年生产服装机械 13 台、包装机械 54 台。

2004 年，全区专用设备制造企业 30 家，从业人数 708 人。规模以上的企业 4 家，工业销售产值 1.46 亿元，利润总额 997.3 万元，利税总额 1592.4 万元。

2007 年，全区专用设备制造企业 49 家，从业人数 1746 人。规模以上的企业 7 家，工业销售产值 2.53 亿元，利润总额 2999 万元，利税总额 3723 万元。

1997—2007 年洛江区部分专用设备制造业企业名表

表 7-2-11 单位：万元

企业名称	成立年份	注册资本	主要产品	所在乡镇（街道）
泉州市洛江宏硕机械有限公司	2002 年	728	纺织机械设备 水泥预制砖机 印刷机械 汽车配件	河市
泉州众志新材料科技有限公司	2003 年	5000	石材机械 陶瓷机械	万安
泉州市三通精密机械有限公司	2003 年	500	精密机械 （主要为印刷机械）制造	万安
泉州运祥机械有限公司	2004 年	200	建筑工程机械	双阳

续表 7-2-11

企业名称	成立年份	注册资本	主要产品	所在乡镇（街道）
泉州洛江友峰精密机械有限公司	2004 年	200	制造纺织机械设备 水泥预制砖机 印刷机械	河市
泉州长江机械工程有限公司	2005 年	3168	建筑工程机械	双阳
泉州市祥鑫机械有限公司	2005 年	300	矿山机械	万安
泉州努克机械有限公司	2006 年	800	纺织机械 搅拌设备	万安
泉州市新源工程机械有限公司	2006 年	602	工程机械制造	万安
泉州市劲力工程机械有限公司	2006 年	601	工程机械 农业机械制造	河市

附：企业选介

泉州市永祥机械有限公司 1993 年，泉州市永祥机械（长江工程机械）有限公司成立，隶属福建海雍集团。2005 年，入驻双阳华侨经济开发区，注册资本 3168 万元，有大中型生产设备 1000 多台（套），资产总额 4.5 亿多元。公司主要生产各种履带式挖掘机、推土机的底盘件总成——四轮一带系列产品，并销售至全国各地和北美、西欧、东南亚等国家。该公司通过 ISO 9001 质量管理体系认证，ISO 9002：94 标准质量体系认证，ISO 14001：2004 环境体系认证，主要产品获“中国著名品牌”“福建省著名商标”“福建省名牌产品”认定，是泉州市机械同业公会理事单位。同年，被授予“泉州市重质量守信誉星级企业”称号。同时，还获“国际名牌发展企业”称号。

第十二节 其他制造业

通用设备制造业 洛江区通用设备制造业涉及金属加工机械铸造、起重运输设备铸造、阀门制造、轴承齿轮制造、通用零部件制造等，起始 20 世纪 90 年代中期，至 1997 年，全区乡镇及以上通用设备制造企业 1 家，工业总产值 231 万元，利润总额负 46 万元，利税总额－ 46 万元。

2004 年，全区通用设备制造业规模以上企业 2 家，工业总产值 2453. 6 万元，利润总额－ 30 万元，利税总额 46. 2 万元。

2007 年，全区通用设备制造业规模以上企业 3 家，主要是运输设备制造、机电铸件、机械零配件制造等。企业主要分布在万安街道、双阳街道、河市镇，工业总产值 1. 38 亿元，利润总额 1325 万元，利税总额 2048 万元。

1997—2007 年洛江区部分通用设备制造企业名表

表 7-2-12　　单位：万元

企业名称	成立年份	注册资本	主要产品	所在乡镇（街道）
泉州洛江振丰模配制造有限公司	2002 年	1050	机械设备及机械零部件五金模具及配件	万安
泉州佶鑫机械有限公司	2002 年	1000	纺织机械及配件	双阳
泉州市利东机械有限公司	2003 年	300	汽车传动轴 工程机械配件	万安
泉州市大华压缩机械有限公司	2004 年	300	高低压空气罐压缩机过真空泵	河市
泉州市富新机械配件有限公司	2004 年	500	工程机械配件 装载机配件	双阳
福建梦之屋机电工业有限公司	2004 年	500	工程机械及配件	河市
泉州市华强机械设备有限公司	2005 年	100	机械设备	河市

附：企业选介

泉州信鑫机械有限公司 2002年，泉州信鑫机械有限公司成立，位于洛江经济开发区，占地面积1万多平方米，厂房及宿舍面积1.4万平方米，是一家为纺织面料生产提供专业针织圆机及其核心部件，并为针纺企业提供专业解决方案的企业。公司主要分为针织圆机和针织针筒两大产品事业部，是国内第一家圆机针筒生产厂家，开发并生产出高速小圆机、电脑提花圆机等不同尺寸不同类型的圆机，在全国范围内占有一定市场。至2007年，泉州信鑫机械有限公司在全国范围内设立17个办事处，以及多个代理服务点。

电子及通讯设备制造业 洛江区电子及通信设备制造业包括通信设备制造、电子元件制造、家用视听设备制造起始20世纪90年代中期，主要有河市电教设备有限公司。至1997年，洛江区乡镇及以上电子及通信设备制造业企业2家，工业总产值1700万元，利润总额65万元，利税总额126万元。

2004年，全区电子及通信设备制造业企业9家，从业人员440人，主要分布在万安街道、河市镇。规模以上企业3家，工业总产值3125万元，利润总额32.8万元，利税总额86.9万元。

2007年，全区电子及通信设备制造业企业28家，从业人员835人。规模以上企业4家，工业总产值1.33亿元，利润总额1907万元，利税总额2192万元。

1997—2007年洛江区部分电子及器材制造企业名表

表7-2-13 单位：万元

企业名称	成立年份	注册资本	主要产品	所在乡镇（街道）
泉州市河市电教设备有限公司	1994年	480	电子产品	河市
福建省泉州市华邦电子有限公司	1998年	2000	应急灯、电子产品	河市
泉州市飞达信电子有限公司	2002年	1000	无线对讲机及配件	万安
泉州信高电子有限公司	2003年	200	电话机、儿童电子器件	万安
泉州市洛江金田电子有限公司	2004年	50	生产电子线路板及配件	双阳
泉州三宝电子有限公司	2004年	3000	数字电视机顶盒、鞋灯	双阳
泉州华光电子有限公司	2005年	1000	电子产品	双阳
泉州宏益电子有限公司	2006年	12000	掌上DVD、MP4	万安
泉州九鑫电子有限公司	2006年	4000	电子产品	万安
泉州市华晟电子配件有限公司	2006年	200	生产电子配件	双阳
泉州市洛江成希电子厂	2006年	400	扬声器	双阳
泉州市洛江华峰电子有限公司	2007年	1000	应急灯	万安
泉州市盛源科技发展有限公司	2007年	300	电子产品	双阳
泉州大铭电器有限公司	2007年	100	电器产品及其配件	双阳
泉州市洛江华鑫电子有限公司	2007年	200	筹建电磁阀、自动化控制仪器及仪表	河市

非金属矿物制品业 洛江区非金属制品业包括水泥石膏制造、砖瓦石材及其他建筑材料制造、玻璃及玻璃制品制造、陶瓷制品制造、石墨及其他非金属矿物制品制造，以砖瓦石材及其他建筑材料制造的企业居多。1992年，洛江区域非金属矿物制品业企业1家，从业人数24人。1997年，洛江区乡镇及以上非金属制品工业企业8家，工业总产值5277万元，利润总额87万元，利税总额370万元。

2004年，洛江区非金属制品业企业20家，其中万安街道13个，占65%。从业人数858人，万安街道占90.32%。规模以上企业3家，工业总产值5499.7万元，利润总额310万元，利税总额582万元。

2007年，洛江区非金属制品业企业30家，比2004年增长50%。企业主要分布在万安街道和河市镇，分别占46.7%、30%；从业人数716人。规模以上企业5家，工业总产值1.07亿元，利润总额974万元，利税总额1209万元。

1997—2007年洛江区非金属矿物制品规模企业名表

表7-2-14　　**单位：万元**

企业名称	成立年份	注册资本	主要产品	所在乡镇（街道）
泉州市建友新型墙材有限公司	2000年	2010	水泥砖 水泥构件 花岗岩石子	万安
泉州市建联高新建材有限公司	2004年	700	水泥砖 水泥构件 花岗岩石子	河市

文教体育用品制造业　洛江区文教体育用品制造业包括文化用品、文具、体育用品、乐器、玩具制造等。1994年，泉州市河市电教设备有限公司成立，主要生产电化教学仪器设备，有、无线耳机，泉州市大部分中小学校采用该公司生产的电教设备。1997年，洛江区乡镇及以上文教体育用品制造企业1家，工业总产值192万元，利润总额3万元，利税总额7万元。

2004年，全区文教体育用品制造企业24家，从业人数500人，主要分布在万安街道、双阳街道、罗溪镇。规模以上企业2家，工业总产值2505.5万元，利润总额68.9万元，利税总额76.4万元。

2007年，全区文教体育用品制造企业12家，从业人数457人。规模以上3家，工业总产值5486万元，利润总额275万元，利税总额316万元。

1997—2007年洛江区部分文教体育用品制造企业名表

表7-2-15　　**单位：万元**

企业名称	成立年份	注册资本	主要产品	所在乡镇（街道）
泉州鹏峰玩具有限公司	2000年	1000	塑料学习玩具	万安
泉州市洛江双溪铜锣厂	2001年	50	铜锣 响铜乐器	罗溪
泉州市玉泉科技有限责任公司	2004年	100	电子文具 教学仪器及文化用品	河市
泉州市洛江协源铜锣厂	2003年	15	响铜乐器	罗溪
泉州洛江一扬文化用品有限公司	2006年	200	文具用品	万安

第十三节　管理机构

1997年建区后，洛江区成立城乡企业局，行政编制6名，内设秘书股、生产技术股、经管股，下辖区城乡企业综合管理站，编制4名。2002年4月机构改革，城乡企业局撤销，职能及人员并入新组建的洛江区经济贸易发展局。

第三章　开发区

第一节　万安工业开发区

1992年5月，万安工业开发区动工建设。1993年11月，原鲤城区政府决定成立万安工业开发区管委会。万安工业开发区管委会成立后，规划园区、建设基础设施（“五通一平”等）、引进项目、促投促建、完善园区配套。1994—1996 年，建成日产 3 万吨的万安自来水厂；建成万福街、万荣街、万盛街、安达路等道路。引进生产性项目 68 个，其中外商投资企业 37 家，14 家企业投产。1997 年 8 月，万安工业开发区移交洛江区政府。1998 年 6 月，洛江区委、区政府决定成立万安开发区管委会，管委会主任由区政府主要领导兼任，区直各部门为成员单位。至 2005 年，建成万安街道办事处区域内四通八达的路网及连通外区域的干道；引进建文工艺、信和涂料、凹凸机械、大兴电缆、维龙轻工、东华洋伞等骨干企业，建成万安科技园区、塘西工业园区（一、二期）。

2006 年 4 月，与双阳华侨经济开发区整合为福建省洛江经济开发区。

第二节 双阳华侨经济开发区

1997 年 7 月，双阳华侨农场改制，经福建省人民政府批准，设立双阳华侨经济开发区，总体规划面积 6.2 平方千米，享受省级开发区优惠政策。2002 年 3 月，洛江区委、区政府启动建设双阳华侨经济开发区。同年 5 月，泉州市双阳华侨经济开发区开发建设领导小组成立，组建泉州市洛江双阳华侨经济开发区开发建设有限公司（以下简称开发公司）。同年 8 月，一期园区签约引进 16 家规模企业。

至 2005 年，园区开发面积 1.9 平方千米，投资 2.5 亿元，市政道路 4.7 千米，给排水、电力、电讯等市政配套设施日臻完善。园区投产项目 3 个，实现产值 1.2 亿元，税收 600 万元。

2006 年 4 月，与万安工业开发区整合为福建省洛江经济开发区。

第三节 福建洛江经济开发区

一、园区规划

2006 年 4 月，经国家发改委批准，由原省级开发区万安工业开发区和双阳华侨经济开发区整合成立福建洛江经济开发区，成为全省第一批保留的 31 个省级开发区之一。福建洛江经济开发区（简称开发区），位于泉州市中心城区洛江区南部，地处清源山脉和洛阳江之间。开发区总规划面积为 13.37 平方千米，由塘西片区、双阳片区、河市片区、河市白洋片区和河市西片区五部分组成，塘西片区以基础设施和服务设施为主，位于万安街道办事处辖区内。双阳片区主要发展工业及房地产、物流等第三产业；河市片区是开发区的二、三期发展区域，以发展五金机电产业为主，是泉州五金机电城的生产配套基地。

二、园区建设

2006—2007 年，完善塘西片区、双阳片区、河市片区三大工业园区的配套基础设施。园区配套建设商贸、金融、邮政、学校和医疗保险等服务业，区间道路四通八达，供水、供电、电信、排洪等基础配套设施建设完整齐全。帮助企业协调解决通关、进出口检验检疫、港口运输等方面问题，加强电力调度，解决企业在供变电线路安装、增容扩容、迎峰度夏、用电安全等方面存在的需求；依托区行政服务中心推行的行政审批 “绿色通道”项目，开展全程式跟踪服务，实行“跟踪督办、限时快办、主动协办、预约办理、容缺预审”五项制度，做到“特事特办、急事快办、要事先办”，使项目审批服务时限在原有的基础上再压缩 50%。协助企业落实新《中华人民共和国劳动合同法》，做好招工用工宣传、劳务合作等工作以缓解企业招工难的问题；组织企业参加各种贸洽会，为企业提供对外交流平台，提高企业产品知名度和销量；通过引进担保机构、典当行，加快土地办证、厂房验收进度，创新开发区在建工程贷款担保模式等，为区内中小企业融资提供便利条件和拓宽融资渠道；宣传洛江区出台的《关于进一步鼓励工业项目加快投建的若干意见》和《关于进一步鼓励和扩大民间投资的若干意见（试行）》等优惠政策，向具备条件未按时投建的企业发放催建通知书，提醒企业及时制定投建计划。至2007年12月，开发面积占原总规划面积的61.3%，投入约10亿元，动工建设滨江路一至四期共10千米，企业新投建10万平方米。

三、入驻园区企业

至2007年底，新投建企业8家，规模以上工业企业76家。实现地区生产总值45.37亿元，增长15%；工业总产值77.87亿元，增长20%，占全区工业产值85%以上。固定资产投资15.04亿元，增长17%。实际利用外资（验资口径）1800万美元，增长24.95%。

第四节 管理机构

一、万安开发区管委会

1992年5月设立万安开发区筹建处，1993年11月更名为万安开发区管委会，下设办公室、土地开发部、规划工程部、项目引进部。1997年11月，因行政区划调整，设立泉州市洛江区万安开发区管理处，作为隶属区政府管理的科级事业单位。1998年4月，万安开发区管理体制改革，万安开发区管委会作为非常设机构，下设万安开发区管理处作为管委会的常设办事机构，同时也是隶属区政府管理的科级事业单位，编制5名，配主任1名。

二、双阳华侨经济开发区

1997年7月，双阳华侨农场改制，经福建省人民政府批准，设立双阳华侨经济开发区。2002年5月，双阳华侨经济开发区开发建设领导小组成立，组建泉州市洛江双阳华侨经济开发区开发建设有限公司，事业编制5名，配主任1名。

三、福建省洛江经济开发区管理处

2006年底由国家发改委批准，在原有万安开发区、双阳华侨经济开发区的基础上整合成立福建洛江经济开发区，属于省级经济开发区。2007年1月16日，撤销万安开发区管理处，设立福建洛江经济开发区管委会办公室，9月18日，更名为福建洛江经济开发区管理处，事业编制4名，配主任1名。

第八篇 农 业

洛江今域晚至周秦时期，生活在这里的闽越人已经过着以农耕为主的定居生活，当时已经种植水稻，使用的工具主要是石器。此后，中原民众不断迁入，带来先进的生产技术和工具，与当地劳动人民共同开发这个地区。唐、五代开始农田水利建设，宋代起，继续推进农业生产工具和技术革新及引进农作物优良品种。中华人民共和国成立后，党和政府始终将农业摆在国民经济基础地位，推进生产关系的变革，先后进行土地改革、互助合作、人民公社等经济体制改革。1979 年 9 月，中共十一届四中全会通过《关于加快农业发展若干问题的决定》，农村逐步推行小段包工、专业承包或包工到组、联产计酬及包产到户、包干到户等责任制，调动农民的生产积极性，促进农业结构调整，洛江今域甘蔗、蔬菜、水果、畜禽等种养业迅速发展。1987 年，吴庆星投资创办马甲高科技农业大观园，建成仰恩大学、丽佳良畜有限公司、协昌发展有限公司及龙眼生产基地，形成集教育、科研、生产为一体的农业综合开发系列工程。1997 年建区后，洛江区以调整农业产业结构和优化农业经济结构为主线，以实施“特色农业工程”为载体，以“农业增效、农民增收、农村稳定”为重点，发展城郊型农业，全区逐步形成禽畜、花卉、水果、蔬菜、水产产业五大基地群，特色农业生产基地 8 万多亩，规模“农字号”龙头企业 20 多家。2007 年，全区农林牧渔总产值 5.74 亿元，农民人均纯收入 6316 元，分别比 1997 年增长 2 倍、1.35 倍。

第一章 体 制

第一节 土地管理体制改革

在封建社会和民国时期，洛江境内土地属于私有制。1951 年 3 月，根据中央人民政府颁布的《中华人民共和国土地改革法》，晋江县组织开展土地改革，洛江境内至年底结束，农村土地属集体所有制。1958 年 10 月，根据中共中央《关于在农村建立人民公社问题的决议》和福建省委关于试办人民公社的指示精神，洛江境内共成立 3 个人民公社。1961 年，贯彻《农村人民公社工作条例（草案）》，实行“三级所有，队为基础”的管理体制。1963 年，根据中共中央提出的“调整、充实、巩固、提高”的八字方针，将土地、劳力、耕牛、农具长期下放归生产队所有，以生产队为单位实行分配大包干。

1979 年 9 月，中共十一届四中全会通过《关于加快农业发展若干问题的决定》，1980 年 9 月，中央发出《关于进一步加强和完善农业生产责任几个问题》文件，改变原来集体经济的经营方式、劳动组织形式和分配办法。农村逐步推行小段包工、专业承包或包工到组、联产计酬及包产到户、包干到户等责任制。1981—1983 年，境内农村基本实行以家庭联产承包为主的农业生产责任制。1984 年，着手解决承包过程中出现的土地过于分散，针对部分公共事业无人管理和承包双方职责权利不尽明确的问题，进一步稳定和完善联产承包责任制、合同制。同时，实行“以工补农”，发展村级合作经济，完善双层经营体制。1988 年，建立村级合作经济组织一经济联社，加强农业社会化服务。1992 年，建立区、乡、村三级农业承包合同管理机构。

1998年，按照中共中央关于农村土地“在原承包期到期后再延长30年不变”的精神，全区坚持在“大稳定、小调整”的前提下，开展第二轮农村土地延包工作，签订土地承包合同，颁发《土地经营权证书》，土地承包期统一为30年。至2000年，全区共有805个村民小组，50144亩耕地，33835户农户签订土地承包合同，鉴证合同33853份，分别占应签合同的村民小组数、耕地面积、农户和合同鉴证份数的100%、98.5%、99%和100%。2002年8月29日，第九届全国人民代表大会常务委员会第二十九次会议通过《中华人民共和国土地承包法》（2003年3月1日起正式施行），赋予农民长期而稳定的农村土地承包经营权。2003年4月，区政府下发《关于全面开展集体土地所有权登记发证工作的通知》。此外，2003—2004年，区委、区政府深入贯彻中共中央《关于做好农户承包地使用权流转工作的通知》，坚持“依法、自愿、有偿、规范”原则，进一步引导和规范农户进行承包地使用权流转。2005—2007年，农村有部分农民外出务工，承包的土地无法耕种，就将土地在当地农民之间无偿流转；城镇附近农村有部分农户的承包土地，主要是承包给外地人种植草莓、蔬菜、甘蔗、香蕉等。

第二节 农村税费改革

2003年起，全面推行农村税费改革。按照党中央和省、市农村税费改革文件精神，洛江区周密部署，制订改革方案，摸底测算，调查研究，落实“五个取消、一个稳定、一项改革”（取消乡统筹费，取消农村教育集资等专门面向农民征收的行政事业性收费和政府性基金、集资，取消除烟叶及原木收购环节特产税外的其他特产税，取消屠宰税，取消统一规定的劳动积累工和义务工；稳定农业税政策；改革村提留征收使用办法）。同年12月，区委、区政府下发《关于全面开展农村税费改革试点工作的通知》。2004年，完成2003年度收取的“三提五统”清退任务。税费改革后，农村税费制度逐步规范，农民负担明显减轻，乡村基层组织正常运转，农村义务教育经费得到保障。当年，农民农业税负担减少1510.94万元。2006年起，全区推行农村义务教育“一费制”的收费办法，对在农村接受义务教育阶段教育的学生一律免收学杂费。2007年，全面落实涉农收费公示制，切实减轻农民负担。实行义务教育免收学杂费和“两免一补”制度（接受义务教育阶段教育的学生一律免收学杂费，低保对象子女免费发放教科书，贫困住宿生补助生活费）。

第二章 生产条件

第一节 耕地

自8世纪起，洛江境域的先民就有开垦山区梯田，后海滩围垦造田，出现“洛阳江两岸趁春风，耕破云山千万重”的景象。1990年6月，鲤城区政府发出《关于下达鲤城区首批粮食耕地保护区任务的通知》，建立粮食耕地保护区5万亩。其中，罗溪乡0.9万亩、马甲乡1.2万亩、河市乡1万亩、双阳农场0.4万亩。区耕地保护领导小组制订“八五”期间全区各种非农业建设用地的控制计划。1991年，洛江境域耕地面积双阳华侨农场9084亩，河市镇14714亩，马甲镇16278亩，罗溪镇11177亩，虹山乡4136亩。

1997年，洛江区耕地面积5.73万亩，农作物播种面积16.93万亩，农业人口人均耕地面积0.36亩。1998年后，各乡（镇）加紧基础设施等建设，如公路、水利、住宅、城区等，致使耕地面积有小部分减少。2001年12月，洛江区政府印发《关于洛江区基本农田保护各项制度》的通知，把基本农田保护作为政府领导任期目标责任制的重要内容。2003年末，全区耕地面积50500亩，农作物播种面积14.08万亩，分别比 1997 年减少 0.37 万亩、2.85 万亩。2004 年，按照国务院部署，国土资源部和农业部联合组织开展全国基本农田保护检查工作，加强基本农田保护，对优质耕地实行特殊保护。2007 年，全区耕地面积 5.05 万亩，农作物播种面积 13.44 万亩，农业人口人均耕地面积 0.57 亩。

1997—2007 年洛江区耕地面积及农作物播种面积情况表

表 8-2-1　　单位：亩

年份	耕地面积	农作物总播种面积	其中	
			粮食作物面积	油料作物面积
1997 年	53651	169256	119557	10556
1998 年	52872	163263	117540	9856
1999 年	51367	162601	115968	10356
2000 年	51280	161130	114810	10445
2001 年	50650	155827	104870	9758
2002 年	50538	148757	96891	9640
2003 年	50504	140802	85431	7710
2004 年	50504	146106	90621	7700
2005 年	50504	149976	92191	7415
2006 年	—	148441	91068	7417
2007 年	—	148157	90730	7360

第二节 劳动力

古代，成年男子称“丁”，要纳赋税、服徭役，是农业劳动力的主体。妇女一般不从事田间劳动。中华人民共和国成立后，妇女劳动力得到解放，农村青壮年妇女大多参加田间劳动。“大跃进”时期，大量吸收农村劳动力，到工厂、企业工作引起劳动队伍结构的失调。1961 年以后，精简部分工业企业职工充实农村劳动力。20 世纪 80 年代，由于实行联产承包责任制，大量劳动力从农业生产中分离出来参加乡镇企业工作，劳动力结构发生较大变化。随着经济社会的发展，农村劳动力的素质有明显提高。1997 年，洛江区乡村户数 3.6 万户，乡村人口 15.34 万人，外出乡村人口 1.43 万人，占总数 9.3%；农村劳动力 8.14 万人，占人口总数 53%，其中农业劳动力 4.5 万人，占农村劳动力 55.28%。2001 年后，随着城镇化、工业化加快，以及劳动生产率提高，农村富余劳动力不断转移到城镇务工，外出务工人数逐年递增。至 2007 年，全区乡村户数 3.77 万户，乡村人口数 14.50 万人，农村劳动力 8.77 万人，其中农业从业人员 2.89 万人，占农村劳动力 32.950%，比 1997 年下降 22.33 个百分点。

1997—2007 年洛江区农村人口及劳动力情况表

表 8-2-2　　单位：万人

年份	全区总人口	乡村人口	农村劳动力
1997 年	16.00	15.34	8.14
1998 年	16.16	15.39	8.33
1999 年	16.38	15.51	8.11
2000 年	16.56	15.83	8.33
2001 年	16.79	16.45	9.26
2002 年	16.88	16.23	9.11

续表 8-2-2

年份	全区总人口	乡村人口	农村劳动力
2003 年	17.09	16.41	9.23
2004 年	17.36	15.47	8.85
2005 年	17.66	15.55	8.94
2006 年	17.99	—	—
2007 年	17.99	14.50	8.77

第三节 肥料 农膜

一、农家肥（有机肥）

农家肥是境内传统农业的肥料来源，有人粪尿、畜禽杂肥、土杂肥、火烧土（俗称土粪）和熏田土等，自古迄今农村普遍使用。1949 年后，开始有组织地推广、使用各种绿肥。1956 年，大面积推广蚕豆，引进苜蓿、猪屎豆、目豆种植。1957 年，发动群众开展千堆（土杂肥）、万盖（厕所坑加盖）、千间（草木灰间）、万担（野生绿肥）积肥运动。1962—1965 年，引进推广臭菊、田菁、红萍、紫云英、水浮莲种植。绿肥回田，即直接翻犁，埋入土壤中，作为作物基肥。1979 年，引进推广细绿萍种植，使用面积逐年扩大。20 世纪 90 年代，随着化学肥料大量使用，绿肥使用量逐渐减少。

1997 年，洛江区施用绿肥 1946 吨，其中蚕豌豆 790 吨、其他绿肥 1156 吨。2007 年，农民施用农家肥等作为肥料，花生藤、稻草等不再作为家庭烧火的主要燃料，收成后的粮食作物枝梗堆放烧成土粪，作为秧田田底肥。农家收集人粪尿，主要作为蔬菜种植的肥料。

二、化学肥料

境内化肥的使用起始于 20 世纪 50 年代中后期，20 世纪 70 年代中后期，随着化学肥料的大量应用，农家肥使用量逐渐减少。1991 年，洛江境域化肥用量（实物量）15455 吨，其中氮肥 7853 吨。1997 年，全区化肥施用量（实物量）17780 吨，其中，氮肥 7860 吨，磷肥 4727 吨，钾肥 2035 吨，复合肥 3158 吨。2007 年，全区化肥施用量（实物量）10652 吨，其中，氮肥 3168 吨，磷肥 3253 吨，钾肥 1662 吨，复合肥 2569 吨。

三、农膜

境内农村使用农膜起始于20世纪60年代。1997—2007年，随着地膜覆盖技术、反季节栽培技术的推广，农膜应用呈增长趋势。境内使用的农膜主要有透明农膜、黑膜和多功能农膜三类。透明膜透光、保温、保湿，能促进作物早熟和增产，是洛江农业生产上应用最广的农膜；黑膜不透光保温差些，主要用于防止田间土壤中的水分蒸发，抑制杂草生长。

第四节 农业机械

一、农业机械

1955 年，境内推广使用双轮双铧犁。1956 年后，施药工具最先采用圆筒式喷雾（粉）器。1956 年，泉州市建立农械厂，开始制造碾米机等农业机械。1958 年，推广深耕犁，农业运输机械手推胶轮车、人力打谷机在农村开始推广使用。20 世纪 60 年代，农村普遍使用碾米机，开始使用磨粉机、淀粉加工机、榨油机、饲料粉碎机、甘薯切片（丝）机。

1964 年，双阳华侨农场开始用拖拉机悬挂五铧犁、水田耙进行耕整作业。1968 年后，推广使用拖拉机犁田，机型逐年更新换代。

20 世纪 70 年代初，推广使用机动喷雾（粉）器。1970 年，开始使用机动脱粒机。70 年代中期，开始使用电动鼓风机。1978 年后，允许私人购买拖拉机和经营拖拉机业务，拖拉机运输成为农民劳动致富的一个门路，载重农用汽车增多。1979—1989 年，在马甲、双阳等乡、镇、场进行 5 次喂入式收割机、联合收割机、圆盘式收割机示范性推广表演。

至 1990 年，主要使用上海—50 型、东风 12 型、农友—5 型等手扶拖拉机和水田耕整机，与它们配套的耕作机械有 1LS525 悬挂水田五铧犁、1GL—175 和 1G—175 施耕机、东风—12 型施耕机及单铧犁、滚扎耙。多数水田，仍靠人力、畜力和传统农具耕作。

1997 年后，在农业生产中使用的植保机具有背负式手动喷雾器、踏板水平高压喷雾器、担架式或车载式机动喷雾机以及高压单管喷雾器等，农户仍以 16 型背负式手动喷雾器为主，规模农场为减轻劳动强度则以使用担架式或车载式机动喷雾机为主，但持有量较小。除拖拉机在耕地的同时兼作运输外，还有农用运输车、农用载重汽车。人力打谷机仍是主要收获机械，有农户把打谷机改装为电动打谷机，采用割草机改装成割稻机。各乡村仍有“米绞厂”，碾米机、磨粉机、淀粉机、榨油机是粮食主要加工机械。同时，为方便村民加工粮食，各村出现移动碾米坊，即用碾米机、磨粉机、淀粉机、榨油机装载在“三脚虎”，为村民提供粮食加工服务。

2006 年末，全区共有大中型拖拉机 8 台，小型拖拉机 75 台，大中型拖拉机配套农具 2 台，小型拖拉机配套农具 51 台，联合收割机 9 台。2006 年，机耕面积占耕地面积的比重 4.0%，机电灌溉面积占耕地面积的比重 7.0%，喷灌面积和滴灌渗灌面积占耕地面积的比重分别为 3.3% 和 0.6%。机播面积占播种面积的比重 1.5%，机收面积占播种面积的比重 0.6%。

至 2007 年，“双塔”牌、“濛花”牌等 16 型背负式手动（电动）喷雾器是农民生产中普遍使用的植保机具，每百亩耕地有手摇喷雾器 10 台，规模农场一般有装备 2—3 台（套）担架式（车载式）机动喷雾机。

二、农机推广

洛江境域农业生产工具不断在推广，从刀耕火种到应用锄头、犁、耙，提水施肥灌溉用戽斗、龙骨车、桔槔、漏桶、臭桶，收割用镰刀，脱粒用谷桶、谷梯、连枷，精选用箕筛、鼓风车，加工用土砻、石臼、石碓、簸箕、筛，水田播种和除草则徒手操作，运输靠手提肩挑。20 世纪 90 年代的插秧机、播种机、拖拉机（打田机）等新式农具和农业机械化耕作。2001 年，推广新型机动高压喷雾机 3 台套和耕作机 1 台套。2005 年，洛江区出台《关于加强农业和农村工作的意见》，对购置机具给予三分之一的财政补助。引进广东韶关生产的丹霞 4L-0.5 型联合收割机 2 台（适应洛江区耕作要求），在双阳举办机收现场会，试割面积 230 亩。2007 年 4 月，组织洛江区（“五新”）农业技术暨春耕全程机械化插秧演示现场会。全年审核各农户结算申请农业机具补贴专项资金 14 万元（其中中央资金 11.66 万元，省级资金 2.34 万元），用于补贴新购农业机具 146 台（农民 135 户）。至 12 月，全区有农机总动力 2.8 万千瓦，农用拖拉机 380 台（其中联合收割机达 5 台）。

三、农机务农

1955 年推广使用双轮双铧犁。1958 年推广深耕犁。1964 年，双阳华侨农场开始用拖拉机悬挂五铧犁、水田耙进行耕作作业。2000 年后，开展农机务农工作。2001 年，在春耕和夏收夏种期间，组织投入农业生产拖拉机 403 台次服务于农业生产，下田机车 209 台次，机耕面积 2.2 万亩，机收面积 800 亩，机灌面积 2.41 万亩。2004 年，组织各种农机服务队 291 队，投入农业生产总动力 3200 千瓦，投入生产拖拉机 454 台，下田机车 135 台，机灌植保机具 1120 台，机耕面积 2.11 万亩，植保作业面积 2.7 万亩，农业运输作业量 970 吨千米。跨区收割作业 1000 亩。2005 年，组织服务队 291 队，投入农业生产总动力 3200 千瓦，投入生产拖拉机 470 台，下田机车 180 台，机灌植保机具体 1120 台。机耕作业面积 1.5 万亩，机灌作业面积 2.1 万亩，植保作业面积 2.7 万亩，农业运输作业量 970 吨千米。跨区机收作业 2000 亩。2007 年，全年投入农机具主机及配套农具 1538 台（件），投入拖拉机 403 台次服务农业生产，下田机车 215 台次，机耕面积 1.5 万亩，机收面积 2500 亩，机灌面积 2.41 万亩。

第三章 种植业

第一节 粮食作物

一、水稻

水稻是洛江区最主要的粮食作物。北宋大中祥符五年（1012 年），从占城国（今越南）引入占城稻。之后，水稻优良品种不断引进和推广，1991 年，洛江区境域（不含今万安街道）水稻播种面积 63845 亩，平均亩产 385 千克，水稻早稻品种有“早杂优 016”“汕优 016”“汕 128”“78130”“47-104”；晚稻品种有“威优 63”“汕优 63”“特优 63”。1997 年，洛江区种植稻谷包括杂交稻、早稻、双季晚稻。全区稻谷播种面积 66841 亩，总产量 27366 吨，平均亩产 409 千克，其中马甲种植稻谷面积 19400 亩，占全区播种总面积 30%。2001 年，全区推广籼稻，穗长 20 厘米，每穗 120 粒左右，结实率 80% 以上，成穗率 80% 以上，平均千粒重 25.6 克，精米率 70% 左右，糙米率 80%，垩白粒率低于 30%。当年，全区种植面积 63080 亩，其中早稻播种 32660 亩，总产量 14070 吨，亩产 431 千克；双季晚稻播种面积 30420 亩，总产量 12288 吨，亩产 404 千克。由于农业劳动力投入减少，种植结构调整，以及洛江城镇基础设施建设需要，耕地面积减少，2007 年全区水稻播种面积 45456 亩，总产量 24729 吨，亩产 424 千克，全区播种比 1997 年减少 21385 亩，各乡镇（街道）稻谷播种面积均有不同程度下降，其中万安街道稻谷播种面积从 1997 年 1390 亩下降为 160 亩。

1997—2007 年洛江区乡镇水稻播种面积和产量统计表

表 8-3-1

年份	万安街道			双阳街道（农场）			河市镇			马甲镇			罗溪镇			虹山乡		
	面积（亩）	总产（吨）	亩产（千克）	面积（亩）	总产（吨）	亩产（千克）	面积（亩）	总产（吨）	亩产（千克）	面积（亩）	总产（吨）	亩产（千克）	面积（亩）	总产（吨）	亩产（千克）	面积（亩）	总产（吨）	亩产（千克）
1997 年	1390	564	406	9870	4039	409	14600	6210	425	19400	8020	413	16700	6921	414	4881	1612	330
1998 年	900	360	400	9870	4042	410	14400	6156	428	19400	8413	434	16740	7149	427	4750	1620	341
1999 年	662	263	397	9400	3925	418	14400	5904	410	19410	8400	433	16740	7037	420	4700	1606	342

续表 8-3-1

年份	万安街道			双阳街道（农场）			河市镇			马甲镇			罗溪镇			虹山乡		
	面积（亩）	总产（吨）	亩产（千克）	面积（亩）	总产（吨）	亩产（千克）	面积（亩）	总产（吨）	亩产（千克）	面积（亩）	总产（吨）	亩产（千克）	面积（亩）	总产（吨）	亩产（千克）	面积（亩）	总产（吨）	亩产（千克）
2000年	650	254	391	8800	3674	418	14400	5942	413	19500	8385	430	16740	6836	408	4540	1559	343
2001年	370	147	397	8320	3598	432	14400	5995	416	19500	8385	430	16090	6733	418	4400	1500	341
2002年	180	70	389	7310	3087	422	13700	5713	417	19500	8510	436	15521	8427	414	3040	1056	347
2003年	140	55	393	6300	2618	416	11000	4626	421	19200	8323	433	15521	6342	409	6300	2618	416
2004年	180	71	394	7050	2986	424	13500	5696	422	18750	8102	432	15521	6636	428	3200	1139	356
2005年	160	64	400	7050	2944	418	13500	5550	411	19500	8497	436	15600	6661	427	3300	1231	373
2006年	160	64	400	7050	2945	418	13000	5454	420	19409	8307	428	15600	6770	434	3100	1102	355
2007年	160	64	400	7100	2955	416	13000	5473	421	19406	8409	433	15600	6712	430	3100	1116	360

二、甘薯

1997 年，全区甘薯种植面积 17863 亩，总产量 31290 吨，亩产 352 千克。河市镇、马甲镇甘薯种植面积占全区 51.6%。随着甘薯良种和改土增肥栽培技术的推广，全区甘薯种植面积有所扩大，单产稳定增长。1999 年，河市镇亩产量最高，亩产 2075 千克。随着城镇化进程加快，洛江区甘薯种植面积逐年减少，2005 年，万安街道无甘薯种植，河市镇甘薯种植面积由 1997 年 4620 亩，减少至 2100 亩，减少 54.5%。至 2007 年，全区甘薯种植面积 13630 亩，总产量 5070 吨，亩产 372 千克。

1997—2007 年洛江区乡镇甘薯播种面积和产量统计表

表 8-3-2

年份	万安街道			双阳街道（农场）			河市镇			马甲镇			罗溪镇			虹山乡		
	面积（亩）	总产（吨）	亩产（千克）	面积（亩）	总产（吨）	亩产（千克）	面积（亩）	总产（吨）	亩产（千克）	面积（亩）	总产（吨）	亩产（千克）	面积（亩）	总产（吨）	亩产（千克）	面积（亩）	总产（吨）	亩产（千克）
1997年	920	275	299	2870	1057	368	4620	1590	344	4600	1667	362	2850	972	341	2003	724	361
1998年	220	63	286	2860	1053	368	5180	1716	331	4600	1679	365	2850	942	331	2300	864	376
1999年	285	90	316	2565	967	377	4680	1941	415	4685	1594	340	2850	943	331	2400	906	378
2000年	240	75	313	2600	975	375	4680	1686	360	4800	1680	350	2950	1113	377	2400	913	380
2001年	130	41	315	2650	994	375	4100	1610	393	4870	1802	370	2950	1118	379	2400	904	377
2002年	80	24	300	2100	788	375	3940	1535	390	4870	1826	375	2950	1109	376	2500	944	378
2003年	60	18	300	1550	558	360	2600	1012	389	4600	1710	372	4600	1710	372	2950	1094	371
2004年	20	6	300	1750	613	350	2100	814	388	4800	1800	375	2950	1099	373	2300	869	378
2005年	—	—	—	1650	550	333	2100	802	382	4600	1716	373	2600	988	380	2500	945	378

续表 8-3-2

年份	万安街道			双阳街道（农场）			河市镇			马甲镇			罗溪镇			虹山乡		
	面积（亩）	总产（吨）	亩产（千克）	面积（亩）	总产（吨）	亩产（千克）	面积（亩）	总产（吨）	亩产（千克）	面积（亩）	总产（吨）	亩产（千克）	面积（亩）	总产（吨）	亩产（千克）	面积（亩）	总产（吨）	亩产（千克）
2006 年	—	—	—	1650	560	339	2100	798	380	4600	1716	373	2800	1050	375	2500	1030	412
2007 年	—	—	—	1650	560	339	2100	756	360	4580	1740	380	2800	1064	380	2500	950	380

附：虹山“红心甘薯”简介

虹山乡位于洛江区北隅，气候特殊，全年平均气温 17.℃—518℃；雨量充沛，年均降雨量 2000 毫米；土壤主要以红、黄沙壤为主，土质疏松，透气性好，酸碱适中，有机质含量高，有利于甘薯生长。虹山地理气候条件决定该地产的红（紫）心薯特殊品质。每 500 克红心薯可产生热量 2654300 焦，含糖（贻糖）145 克，蛋白质 11.5 克，VB106 毫克，胡萝卜素 6.55 毫克，VC150 毫克，烟酸 2.5 毫克，磷 100 毫克，钙 90 毫克，铁 2 毫克等十几种微量元素，含有赖氨酸、色氨酸、苯丙氨酸等 17 种氨基酸。明清时代，虹山种植的甘薯以糖分高、淀粉丰富，甘甜细嫩而著称，故有“山顶甘薯胜柿饼”（虹山旧称“山顶”）美誉。据《晋江县志》（道光版）卷之七十三物产志载：“番薯，以得种番国故名，亦名地瓜。此物明季始入中国。”400 多年的红心甘薯种植历史是仅次于水稻的粮食作物。

三、马铃薯

1984 年，洛江今域作为鲤城区蔬菜扩大种植的远郊二线基地，开始发展种植马铃薯。1997—1999 年，马铃薯大部分作为蔬菜用途，食品加工业对其需求较少，面积相对稳定。2000 年后，随着食品加工业的发展其需求量增加，加上栽培新技术推广应用，种植面积迅速扩大。2005 年，全区推广脱毒马铃薯，种植面积 6270 亩，总产量 2221 吨，分别是 1997 年的 14 倍、13 倍，占粮食作物总产量 6%、播种面积 7%。2007 年，全区马铃薯种植面积 5660 亩，总产量 1992 吨。

四、大豆

大豆历来属低产作物。1950 年开始有计划的种植，主要品种有“花面豆”“湄洲大豆”“古田大豆”“穗稻黄”“大粒黄”“大青仁”。1992 年，当家品种春大豆“8008”“穗稻黄”，秋大豆“8008”“穗稻黄”。1997 年，全区大豆种植面积 3425 亩，总产量 499 吨，亩产 146 千克。其中春大豆种植面积 2040 亩，总产量 281 吨，亩产 138 千克；秋大豆种植面积 1385 亩，总产量 218 吨，亩产 157 千克，其余为杂豆类。1998 年后，种植业结构调整和大豆效益低等原因，大豆种植面积逐年减少。2007 年，全区大豆种植面积 1210 亩，总产量 213 吨，亩产 176 千克，分别是 1997 年的 35%、42%、120. 5%。

五、大小麦

明代以后，洛江今域已种植大小麦。民国时期，产量低。1976 年，亩产 102 千克，1992 年，亩产 133 千克。小麦主要品种有“白壳麦”“红壳麦”“和尚麦”“南大 2149”“晋麦 2148”“晋麦 30450”“泉麦 1 号”。大麦主要品种是“矮早三”“早熟 5 号”“莆麦 4 号”。1997 年，全区种植面积 19160 亩，总产量 3697 吨，亩产 201 千克。由于大小麦产量不高，种植效益低，农村机械普及率不高，需投入大量人力，因此，农民种植积极性下降，种植面积逐年减少。2003 年，全区种植面积 1200 亩，为 1997 年 6. 5%。至 2004 年后，全区无种植大小麦。

六、杂粮

建区前，洛江今域就有种植高粱、芋头、玉米、木薯等杂粮。1997 年，全区杂粮播种面积 12560 亩，总产量 3958 吨，亩产 315 千克。至 2000 年，马甲镇杂粮播植面积 5700 亩，占全区播种总面积 37%。2007 年，全区杂粮播种面积 11870 亩，总产量 3613 吨，亩产 304 千克

1997—2007 年洛江区粮食作物面积产量统计表

表 8-3-3

年份	稻谷			甘薯			马铃薯			大小麦			大豆			杂粮			合计		
	面积（亩）	总产（吨）	亩产（千克）	面积（亩）	总产（吨）	亩产（千克）	面积（亩）	总产（吨）	亩产（千克）	面积（亩）	总产（吨）	亩产（千克）	面积（亩）	总产（吨）	亩产（千克）	面积（亩）	总产（吨）	亩产（千克）	面积（亩）	总产（吨）	亩产（千克）
1997 年	66841	27366	409	17863	6285	352	453	171	377	18410	3697	201	3425	499	146	12560	3958	315	117540	42466	361
1998 年	66060	27740	420	18010	6317	351	510	181	355	13910	2424	174	2655	444	167	15425	4973	322	117540	42466	361
1999 年	65312	27135	415	17465	6441	369	830	253	305	12500	2539	203	2669	437	164	15401	4903	318	115968	42236	364
2000 年	64630	26650	412	17670	6442	365	1210	365	302	11000	2194	199	2400	374	156	15480	4870	315	114810	41651	363
2001 年	63080	26358	418	17100	6469	378	1904	598	314	4200	840	200	2280	355	156	15080	4621	306	104870	39625	378
2002 年	59251	24863	420	16440	6226	379	2160	693	321	2300	460	200	2530	379	150	14210	4117	290	96891	36738	379
2003 年	55161	23008	417	14260	5336	374	2350	805	343	1200	240	200	2080	317	152	10380	3012	290	85431	32718	383
2004 年	58201	24630	423	13920	5201	374	4420	1581	358	—	—	—	1550	240	155	12530	3834	306	90621	35486	392
2005 年	59110	24947	422	13450	5001	372	6270	2221	354	—	—	—	1361	226	166	12000	3677	306	92191	36072	391
2006 年	58319	24642	423	13650	5154	378	5762	2107	366	—	—	—	1332	225	169	12005	3669	306	91068	35797	393
2007 年	45456	24729	424	13630	5070	372	5660	1992	352	—	—	—	1210	213	176	11870	3613	304	90730	35617	393

第二节 经济作物

一、花生

花生种植历史悠久，明代万历年间（1573—1620 年）就有种植。1954 年，鲤城区（包括洛江今域）种植 34470 亩、总产量 183.8 万千克。品种有“黄油 17”“泉花 3121”“白沙 1 号”“汕油 71”花生为洛江区的主要油料作物，分为春花生和秋花生，并以春花生为主，秋花生较少。1997 年，全区花生种植面积 10556 亩，总产量（花生果）1635 吨，其中春花生种植面积 9506 亩，总产量（花生果）1494 吨，亩产 157 千克；秋花生种植面积 1050 亩，总产 141 吨，亩产 134 千克。随着作物种植结构调整，花生种

植面积逐年减少。2007 年，全区花生播种面积为 7360 亩，是 1997 年的 69.72%。

二、甘蔗

甘蔗在唐宋时期就传入泉州。明代，随着农业商品化进程的加快，境域的农民“往往有改稻种蔗者”。20 世纪 50 年代，引进台糖 134 品种，70 年代后，引进“闽选 703”“闽糖 61/20”“闽糖 69/314”“70/611”“77/208”。20 世纪 80 年代初，随着农村商品经济发展，泉州糖厂收购糖蔗，甘蔗（糖蔗、果蔗）种植成为主要经济作物，洛江区境域种植面积近万亩。1985 年后，糖蔗价格下降，糖蔗种植面积逐渐减少，1999 年后不再种植糖蔗，以果蔗为主。1997—2007 年，全区甘蔗种植面积保持在 420 亩左右，总产量 2050 吨。其中，河市镇白洋村种植面积近 400 亩，罗溪种植面积 20 多亩。

附：白洋甘蔗简介

白洋村位于洛江区河市镇驻地北向 2 千米，人口 3200 多人，是河市镇第二大行政村。村里 60% 以上农户种植甘蔗。甘蔗种植面积 350 多亩，按每亩产 3000 根甘蔗计算，每年产值近 2000 多万元。白洋村甘蔗属于黄皮蔗，皮薄、汁饱、香甜、清脆，其含糖量约为 18%—20%。该村围绕“稳田蔗，提单产，增总产，促效益”的发展思路，加强对村民甘蔗种植的引导，注重新品种和科技的推广，引进种植新台糖优良品种，占甘蔗种植面积的 90% 以上，提高种蔗效益。

三、西瓜

西瓜是 20 世纪 60 年代引进的亚热带果树之一。20 世纪 80 年代后，以河市种植面积最多，种植“新澄一号”“益农新红宝”等高产优质品种，之后因连作病害多，种植面积减少。1997 年，全区西瓜种植面积 2050 亩（以双阳种植为主），总产 4514 吨，亩产 2202 千克。2002 年，全区西瓜种植面积 2350 亩，总产 4197 吨。2003 年后，西瓜种植逐年减少。2006 年，全区西瓜种植面积仅为 401 亩。此后，各乡（镇）仅零星农户种植少量西瓜自用。

1997—2007 年洛江区经济作物面积产量统计表

表 8-3-4

年份	花生			甘蔗			木薯			西瓜		
	面积（亩）	总产（吨）	亩产（千克）	面积（亩）	总产（吨）	亩产（千克）	面积（亩）	总产（吨）	亩产（千克）	面积（亩）	总产（吨）	亩产（千克）
1997 年	10556	1635	155	420	2050	4881	450	400	889	2050	4514	2202
1998 年	9856	1612	164	130	560	4308	550	350	609	1800	3360	1867
1999 年	10356	1648	159	65	289	4446	570	526	923	1697	2629	1549
2000 年	10445	1677	161	50	250	5000	240	160	667	1950	2989	1533
2001 年	9758	1587	163	75	275	3667	—	—	—	2266	3260	1439
2002 年	9371	1593	165	75	378	5040	—	—	—	2350	4197	1786
2003 年	7710	1281	166	325	1577	4852	—	—	—	2000	3187	1594
2004 年	7700	1298	169	25	77	3080	—	—	—	1500	2444	1629
2005 年	7415	1242	167	—	—	—	—	—	—	500	1005	2010
2006 年	7418	1226	165	—	—	—	—	—	—	401	726	1810
2007 年	7360	1254	170	20	10	500	—	—	—	—	—	—

第三节 蔬菜

一、面积产量

境内蔬菜种植历史悠久，1960 年蔬菜生产较快发展。1985 年品种资源调查，鲤城区蔬菜品种有 11 类 130 个品种，其中地方品种 61 个，外地引入推广的 69 个，境内均有种植。

根菜类 萝卜、胡萝卜。

白菜类 大白菜、小白菜。

甘蓝类 甘蓝、花椰菜、球茎甘蓝、芥蓝。

芥菜类 叶用芥菜、竹子菜、竹子大芥、阔叶大芥、红叶大芥。

绿叶蔬菜 莴苣、芹菜、芫荽、菠菜、圆叶菠菜、空心菜、茼蒿、叶用甜菜。

葱蒜类 葱、洋葱、蒜、韭菜。

匣果类 番茄、茄子、甜椒、辣椒。

瓜类 黄瓜、越瓜、冬瓜、南瓜、瓠瓜、丝瓜、佛手瓜。

豆类 四季豆、豇豆、豌豆。

薯芋类 芋、大薯、豆薯、马铃薯、姜。

水生蔬菜 茭白、荸荠、莲藕。

1993 年，为保障城市“菜篮子”供应，鲤城区政府决定在河市镇开辟蔬菜新基地，河市蔬菜基地迅速发展。1997 年，全区蔬菜种植面积 33037 亩（复种面积），总产 53716 吨，亩产 1626 千克。其中，河市镇蔬菜种植面积 14000 亩，占全区 42.37%，总产量、亩产量分别为 27051 吨、1932 千克。2007 年，种植面积 45823 亩，占农作物总播种面积 31%，总产量 81463 吨，亩产 1778 千克。全区形成蔬菜常年基地 3500 亩，季节性基地 4000 亩，河市、马甲、罗溪三个镇种植面积占全区 86%，总产量占全区 85%，河市种植面积占全区 40%。河市、马甲种植的蔬菜除供应本镇区外，大部分销往泉州市区及周边县（市、区），销售蔬菜的菜农遍布泉州市区农贸市场。

1997—2007 年洛江区蔬菜种植面积产量统计表

表 8-3-5

年份	面积（亩）	总产（吨）	亩产（千克）
1997 年	33037	53716	1626
1998 年	31924	53647	1680
1999 年	32075	52937	1650
2000 年	32600	52867	1622
2001 年	34985	56091	1603
2002 年	36752	59793	1627
2003 年	43117	74085	1718
2004 年	45899	81868	1784
2005 年	46663	83646	1793
2006 年	46125	83354	1807
2007 年	45823	81463	1778

二、品种

境内蔬菜品种丰富。1997 年建区后，加快优良新品种引进推广，品种更新较快。洛江区蔬菜种植品种有 10 类 55 种 100 多个品种，其中地方品种 26 个，占 26%，

（一）根茎类

根茎类包括萝卜、胡萝卜、芋头、生姜、荸荠等。境内种植历史悠久。2007 年，根茎类播种面积 5709 亩，占全区蔬菜播种面积 12.5%，总产量 10063 吨。

1. 萝卜

境内自古迄今均有种植，俗称菜头，块根可鲜用，可切成丝晒干或腌制，叶梗作饲料或绿肥，各地普遍种植，夏秋冬皆有种植，利用秋花生、晚稻或晚甘薯收后的闲地或零星杂地种植。蔬菜区则有专门的种植地，主要品种有短叶火车头、马耳、南畔洲。2007 年，萝卜播种面积 2137 亩，播种面积占根茎类 37%，总产量 3670 吨。

2. 胡萝卜

俗称红菜、红萝卜，有地下“小人参”之称，各乡镇均有种植。以河市镇溪井村种植较多，形成其特色产品，主要品种有日本新黑田、益农、高农等外来品种。2007 年，全区胡萝卜播种面积 700 亩，占根茎类总播种面积 11.8%；总产量 1140 吨。

3. 芋头

宋时已有种植，栽培历史悠久，品种有槟榔芋、竹芋、绵芋，主要种于池岸边、淤水泽地、水田边等零星杂地。以槟榔芋品质为佳，酥松可口，菜农种植供应市场。2007 年，全区种植面积 947 亩，比 1997 年增加 300 亩。河市镇槟榔芋种植面积占全区 68.3%。

附：

河市槟榔芋　槟榔芋是河市镇的特产，俗称“过岭芋”，据泉州府志记载，河市芋在明朝时就颇负盛名。正宗河市槟榔芋株高约 1.3 米，开展度 0.7 米，分蘖性强，叶片心形；母芋呈圆柱形，长度 30—40 厘米.直径 12—15 厘米，由于独特的气候、土壤等自然条件以及栽培管理方法，肉质松酥，芋香浓馥风味独特，营养丰富，成为芋中佳品，深受消费者青睐，2001 年被评为泉州市名优蔬菜，“河市槟榔芋”获中国国家地理标志证明商标。

4. 生姜

生姜俗称黄姜，各乡镇零星种植，栽培历史悠久，主要品种有大肥姜、竹姜。2007 年，全区种植面积 581 亩，总产量 1279 吨。

（二）叶菜类

叶菜类主要包括小白菜、芥菜、菠菜、苋菜、茼蒿、莴苣、空心菜、大白菜等，境内明清时期就普遍种植。2007 年，叶菜类播种面积 17529 亩，占全区蔬菜播种总面积 38.2%；总产量 31121 吨，占全区蔬菜总产量 38%。

1. 芥菜

芥菜明清时期已有栽培，主要栽培农家品种阔叶大芥、竹仔芥，其生长期 90—120 天，可分次采摘，各地农户普遍种植，二十世纪六七十年代是种植面积最多的蔬菜，除鲜用外，主要用于腌制成酸菜。1997 年之后，引进推广外来品种竹叶小芥菜，生长期约 40 天，逐渐成为重要叶菜类品种之一。

2. 空心菜

俗称蕹菜，明清时已有种植，栽培品种主要有阔叶空心菜和剑叶空心菜两种。每年 3—5 月直播，大棚栽培在 11—12 月就可播种，早春上市时价格高，是大棚蔬菜主要栽培品种。2007 年，种植 4769 亩，

总产量 10155 吨。

3. 菠菜

俗称菠菱菜，原产伊朗，明清时已有种植。春秋冬季均可种植，以秋播为佳，采用直播。播种前先将种子去掉果皮，弄破种皮，促其发芽。2007 年，全区菠菜种植面积 168 亩，总产量 299 吨。

4. 大白菜

明清时已有种植，以种植本地品种泉州白为主，20 世纪 80 年代后期，不断引进国内外优良品种，主要品种有“台湾庆农”“超级台宝”“春大将”等。2007 年，全区大白菜种植面积 7133 亩，总产量 13826 吨，种植面积占全区蔬菜种植面积 16%，总产量占 17%。

（三）甘蓝类

甘蓝类包括包菜、花椰菜、菜球（球茎甘蓝）、芥蓝等，境内民国时期就有种植。2007 年种植面积 9162 亩，占全区蔬菜播种面积 20%，总产量 16033 吨。

1. 包菜

学名结球甘蓝，俗称高丽菜。1950 年后，各乡镇普遍种植，主要种植品种有大平头 120 天、小平头 90 天，成为秋冬春季主要蔬菜。20 世纪 80 年代后期，引进种植“京丰一号”“中甘 11 号”“中蔬 15 号”等高产优质品种，在冬闲田种植面积最多，亩产高者 4000 千克以上，单株重 2—3 千克。2007 年，全区包菜种植面积 6532 亩，总产量 12416 吨。

2. 花椰菜

花椰菜，又称花菜、菜花。1950 年后，各乡镇均有种植，秋、冬季种植为主，主要种植同安系列品种，育苗移栽，一般亩产 1000—1500 千克。1994 年后河市镇蛟南村、马甲镇彭殊村和双阳阳江等地发展规模化种植，并引进推广台湾青梗松花系列优质品种代替同安系列品种。2007 年，全区花椰菜种植面积 2630 亩，总产量 3617 吨。

（四）瓜类

瓜类包括黄瓜、丝瓜、越瓜（菜瓜）、葫瓜、冬瓜等。越瓜俗称菜瓜，栽培历史悠久，以农家品种为主，普遍种植，除作鲜菜外，大量用于腌制。黄瓜种植以本地品种黄皮黄瓜为主，20 世纪 90 年代后引进“津研 4 号”“中农 8 号”“广东青皮吊瓜”等新品种，栽培面积较大发展。丝瓜栽培以本地品种为主；葫瓜栽培有福州芋葫和本地大腿葫。2007 年，瓜类种植 4769 亩，占全区蔬菜种植面积 10.4%，在全区蔬菜种植比重第三，其中黄瓜占瓜类种植面积 18%。

（五）茄果类

茄果类种植主要有茄子、辣椒、番茄等。1950 年后零星种植，20 世纪 90 年代后，茄子、辣椒种植面积迅速扩大，以引进种植外来品种为主，茄子有“闽茄一号”“广东紫长茄”；辣椒有湘研辣椒系列等。2007 年，茄果类种植 3037 亩，占全区蔬菜种植 6%，总产量 5644 吨。

（六）葱蒜类

葱蒜类包括蒜、洋葱、韭菜、小葱等，境内种植历史悠久，以种植蒜头较为普遍，河市镇溪山村一带蔬菜区种植规模较大。2007 年，葱蒜类种植 1230 亩。

（七）其他类

菜用豆类有四季豆、虹豆、豌豆等。四季豆推广矮生品种“803”“618”，常与其他作物套种，在农区普遍栽培；豇豆可在春夏秋栽培，是蔬菜区重要栽培品种。其他蔬菜包括茭白、莲藕、荸荠、豆芽菜等。

第四节 花卉

明代，境内已有零星种植花卉。20 世纪 80 年代中后期，洛江区花卉产业兴起，种植范围主要分布在马甲镇永安、梅岭、杏川等地，主要培育茶花、松柏等绿化苗木。1998 年，引进台资花卉企业旭泰兰花公司，占地面积 50 亩，该公司主要采用无土栽培技术，专门从事“文心兰”“蝴蝶兰”“花惠兰”“拖鞋兰”“石斛兰”“跳舞兰”等 20 多种国内外名贵兰花培育生产；2001 年，美园艺有限公司成立，占地 1000 余亩，主要产品有种苗产业，成品花卉，水培花卉，盆景，趣味植物及其他名优花卉与观赏苗木。2001 年，花卉产业较快发展，种植面积 1432 亩，主要分布在罗溪、马甲、河市、双阳，其中双阳种植面积 850 亩，占当年洛江区花卉总种植面积 60%。2004 年，洛江区花卉种植主要包括水仙花、鲜切花、盆栽观赏植物。花卉总产量 283.2 万枝。2007 年，全区花卉种植 1172 亩，其中盆栽观赏植物种植面积 705 亩，产量 115.97 万盆；鲜切花种植面积 74 亩，产量 134 万株；其他花卉种植面积 393 亩，产量 1230 万株。双阳街道花卉种植面积占全区 59%。

第五节 茶叶

泉州市洛江境域住在山上的先民都有种茶。唐宋时期，泉州已种植茶树。宋蔡襄《茶录》载“泉南盛产茶叶，一片寺、清源山为佳”。明代，大罗溪、马甲茶叶生产有所发展。清末，地方绅士黄抟扶等人发起组织清源茶公司，从武夷山、建瓯引进良种，请安溪茶师指导种植，生长良好，清源茶叶远近驰名。

中华人民共和国国成立后，洛江境域茶叶生产得以恢复和发展。1960 年，晋江县创办加锥农场，着力发展种茶业，引进青茶（乌龙茶）良种，改革焙制方法；1963—1966 年，今域虹山创办白凤茶场（200 多亩）、苏山茶场（300 多亩）、虹山茶场（100 多亩），以后茶叶种植面积和产量逐年提高。1978 年后，建设大小天马茶叶基地，其中马甲洋坑、岐山、罗溪广桥茶场等有较大发展。1986 年后，由于市场竞争激烈，茶叶质量没有跟上，茶叶价格降低，大小天马茶叶基地部分荒废，种植面积逐年减少。2007 年，洛江区种茶面积 2016 亩，采摘面积 1646 亩，茶叶产量 11.1 万千克。洛江区茶叶主要品种有“本山”“黄旦”“铁观音”“梅占”“水仙”“佛手”。

1997—2007 年洛江区茶叶生产统计表

表 8-3-6

年份	总面积（亩）	采摘面积（亩）	产量（吨）	平均亩产（千克 / 亩）
1997 年	4254	2994	125	41.75
1998 年	4053	2948	160	54.27
1999 年	3488	2379	125	52.54
2000 年	3283	2349	114	48.53
2002 年	3258	2582	128	49.57
2003 年	3209	2400	121	50.41
2004 年	2294	1942	120	60.79
2005 年	2394	1742	121	69.46
2006 年	2444	2114	143	67.64
2007 年	2016	1646	111	67.13

附：丰山酸茶简介

丰山酸茶称“酸茶”“圣茶”“仙茶”“七叶茶”“消食茶”“长寿茶”。茶之色泽乌亮光泽，条索不肥不壮，卷曲紧结，黑棕明显，汤色深金黄色稍红，清澈见底，滋味醇厚甘鲜，素有“杨梅味”之称。饮之齿颊酸喤，喉底回甘、回甜，令人心旷神怡，雅兴悠远的境界。

始建于南北朝时的仙公山丰山仙洞，历史上以产茶闻名。《仙公山志》记载，仙公山的白水岩峭绝壁中，有一株天生茶树，高 1 米左右，靠天地雨露，滋润成长，枝繁叶茂，四季常青。传说采此茶一叶，冲泡热水数碗，饮之，可提神祛病，故名之“仙茶”。此株仙茶，数百年来被称为山中珍宝。酸茶传统制作技艺包括采摘、初制、精制三个部分。采摘工艺有采摘期、采摘标准和采摘技术。初制工艺有晒青—凉青—炒青—揉捻—炒青—揉捻—炒青—揉捻—炒青—揉捻—发酵—烘干 12 道工序。精制工艺有筛分—拣别—拼堆—包装 4 道工序。在整个制茶工艺中，要根据季节、气候、鲜叶等不同情况，灵活掌握“看天季节、气候做青”技术。主要制作方法是：茶青在人为控制和调节下，经晒青、凉青、炒青使茶青发生一系列物理、生物、化学变化，构成独特的色、香、味内质；以高温杀青，制止酶的活性，而后又进行反复揉捻、发酵、烘焙，形成带有天然的“苔味、岩味”和特殊的酸厚甘甜高雅品质。福建省农林大学运用现代技术对酸茶进行检验数据：含多酸类 46.238%、氨基酸 0.796%、咖啡因 0.135%、黄酮类 8.096%、儿茶素 11.380mg/g、茶多糖 2.169%、茶褐素 1.071%、茶红素 9.769%、茶黄素 0.855%、水浸出物 56.175%。

第六节 水果

民国以前，果树为家庭零星种植，没有形成规模。1950 年以后，水果生产有很大发展。60 年代开始，引进许多热带、亚热带果树。1983—1997 年，各级政府鼓励和扶持山地开发，倡导果树（龙眼）上山，龙眼种植迅速发展，至 1997 年，境内社对纷纷创办果林场。建区前境内种植面积 7.5 万亩，比 1990 年翻 1 倍，龙眼种植遍布丘陵山地，龙眼生产经营成为农村经济支柱之一。

河市、马甲建成果化绿化基地。洛江区较大宗栽培的有龙眼、荔枝、香蕉、柑橘、枇杷、橄榄、柿子、葡萄、柚、梨、桃、李、杨梅、油奈、青梅、西番莲。1997 年，全区果园种植面积 93495 亩，其中采摘面积 30900 亩，新植果树 9738 亩，总产量 5169 吨。以龙眼、柑橘、柿子、李为主，荔枝、香蕉、橄榄、青梅为辅。

龙眼 龙眼是洛江区传统名特产品，境内龙眼种植历史可追溯到宋代。民国时期，种植面积已有相当规模。中华人民共和国成立后，龙眼生产得到人民政府的重视支持。20 世纪 80 年代境内各地学（永春）天马建设茶果场，加大果树生产发展扶持，特别是 90 年代，倡导果树（龙眼）上山，龙眼种植遍布丘陵山地，龙眼生产成为农村经济支柱之一。品种有福眼、东壁、洲头本、西园。

1997 年，全区龙眼种植面积 76500 亩，新植 9036 亩，占当年水果种植总面积 81.77%，产量 1210 吨。主要品种福眼占龙眼种植面积 90% 以上。2001 年，龙眼种植面积达到历史最高的 79695 亩。2002—2004 年，由于“中国—东盟自由贸易区”的启动和零关税政策的实施，泰国、越南龙眼大量进入，广西、广东等新兴龙眼产区鲜、干果大量上市，龙眼价格不断下跌，龙眼产业效益下降，失管果园增多，加上公路、城区、开发区、新村建设等用地需要，龙眼砍掉不少，全区不再新植龙眼。2005 年，市、区两级政府出台相关措施，拯救龙眼产业。泉州市委、市政府实施“打品牌，拓市场，抓龙头，建基地，深加工，促销售”战略，出台《泉州市龙眼产业化发展规划（2005—2008 年）》和《泉州市龙眼产业化发展规划 2005 年实施意见》，同年，市政府下发《泉州市人民政府办公室关于成立泉州龙眼产业化发展领导小组的通知》，并成立泉州市龙眼产业化发展领导小组技术专家组。

1978 年，进行龙眼衰老树改造，1980—1983 年进行丰产稳产试验，1983—1985 年推广老树复壮、幼树速生快长栽培，丰产稳，疏花疏果，克服大小年现象以及保花保果等技术，不断提高龙眼栽培技术水平。2007 年，全区龙眼种植 70084 亩，产量 3666 吨，创历年产量最高。

1997—2007 年洛江区龙眼种植面积及产量

表 8-3-7

年份	年末实有面积（亩）	其中		产量（吨）
		采摘面积（亩）	当年新植（亩）	
1997 年	76497	18468	9036	1210

续表 8-3-7

年份	年末实有面积（亩）	其中		产量（吨）
		采摘面积（亩）	当年新植（亩）	
1998 年	71721	13134	749	798
1999 年	71148	18397	661	3359
2000 年	71064	18440	806	1102
2001 年	79681	30425	7080	2771
2002 年	77901	46358	—	2351
2003 年	77445	52442	—	2151
2004 年	76424	53495	—	3145
2005 年	69694	54785	—	2894
2006 年	70684	58905	—	3314
2007 年	70084	59220	—	3666

柑橘 明代，境内就有种植。民国以前，柑橘为家庭零星种植，没有形成规模。1950 年以后，柑橘生产有很大发展。1983 年，河市、马甲建成果化绿化基地。1997 年，全区柑橘种植面积 2701 亩，总产量 1188 吨，主要分布在罗溪、河市，马甲、双阳、虹山也有少量种植，主要种植品种为芦柑。是年后，大量劳动力转移务工经商，柑橘失管果园增多。2007 年，全区柑橘种植面积 1600 亩，总产量 1652 吨。

1997—2007 年洛江区柑橘种植面积及产量

表 8-3-8

年份	年末实有面积（亩）	其中		产量（吨）
		采摘面积（亩）	当年新植（亩）	
1997 年	2701	2159	10	1188
1998 年	1979	1799	—	907
1999 年	1887	1583	—	811
2000 年	1727	1554	—	1088
2001 年	1829	1498	17	1064
2002 年	1951	1596	50	1286
2003 年	1975	1655	22	1317
2004 年	1860	1602	5	1489
2005 年	1510	1493	—	1530
2006 年	1510	1505	—	1612
2007 年	1600	1580	20	1652

香蕉 境内明清时期就有种植，民国时期有零星种植，主要有台湾米蕉与天宝蕉， 1982 年，香蕉产区主要分布在罗溪、马甲、河市，种植供食用的有香蕉、龙牙蕉。1997 年，全区香蕉种植面积 713 亩，总产量 392 吨。1998 年，香蕉生产引进推广“天宝蕉”新品种，提高质量与效益。2007 年，全区香蕉种植面积 1087 亩，是建区时的 1.5 倍。主要种植地分布在罗溪（600 亩）、马甲（127 亩）、河市（360 亩），万安、双阳、虹山均无种植。

第七节 种植技术

一、耕作制度

洛江境域地理、气候条件优越，土地利用率较高，平原地区一年两熟或三熟；较高海拔地区一年一熟或两熟。1997年，洛江区耕地面积5.73万亩，农作物播种面积16.93万亩，农业人口人均耕地面积0.36亩，农作物复种指数295.5%。2007年，全区耕地面积5.05万亩，农作物播种面积13.44万亩，农业人口人均耕地面积0.57亩，复钟指数266.1%。

（一）一熟制

水田：以种植一季中稻为主，分布在虹山、罗溪、马甲等高海拔地区。

农地：以种植一季甘薯为主，分布在高山缺水、土壤瘦薄地区。

（二）二熟制

水田：稻—稻；早稻—晚薯（蔬菜）；蔬菜（芋、西瓜）—稻。

农地：大豆—甘薯；花生—蔬菜；早甘薯—蔬菜。

（三）三熟制

水田：稻—稻—蔬菜；稻—稻—马铃薯（蚕豆、豌豆）。

农地：蔬菜—甘薯—蔬菜；蔬菜—花生—蔬菜。

（四）多熟制

主要是蔬菜区的蔬菜种植，一年4—5茬。

（五）间套种

甘薯套种大豆、花生、蔬菜；甘薯套种玉米；花生套种玉米。

二、栽培技术

宋代，泉州的栽培技术就很发达。泉州的荔枝、龙眼柑橘闻名遐迩。这个时期，随着劳动力的增加，形成泉州平原与洛江今域共同发展的新局面。一方面，引进越南耐旱的水稻品种“占城稻”，另一方面，发展果、茶、菜作物。洛江今域内遍植荔枝、龙眼、柑橘。明代，甘薯的引种栽培是洛江今域对栽培技术的最大贡献。清代，洛江境内出现并推广寄种技术，解决早晚稻生长长期矛盾问题。1997年起，推行甘薯秋季薯块育苗技术，除种植大户或科技示范户采用该项技术外，农户多数采用薯苗假植越冬或利用过冬薯采用苗薯结合办法。龙眼产区进行龙眼嫁接换种技术推广，嫁接时期在“春分”至“立夏”期间的遇暖晴天，选择鲜食、制罐、焙干多用途及其丰产优质性、纯度一致的品种。茶树栽培管理得到重视，对新垦茶园，在大台面、挖好种植沟、施足基肥的基础上，于春季或秋季进行定植；每年或隔年茶季结束后，结合清园、深翻，重施以有机肥为主的基肥，并于各季萌芽前适时追肥。1998年后，水稻播种方面有些地方采取种子经浸种后直接播种。水稻插秧方式主要有两种，即人工插秧与机器插秧。1999年，区农技站在河市、马甲等地推广春花生地膜覆盖技术，花生覆膜后能抗旱保湿，防止土壤冲刷和养分淋溶，提前20—25天播种，达到省工、省本、增产、增效，使品质大幅度提高，并能延长后作甘薯的生育期，提高甘薯产量。2000年起，提倡绿色食品及减少环境污染，逐步推广有机肥料，推广比较多的是超大、宝大有机肥料及各种专用肥。2001年，推广配方施肥5万亩，专用肥5万亩，全层施肥17.5万亩，根外追肥5万亩。2004年10月2日，洛江区受到“23”型秋寒的影响，部分晚稻抽穗受到影响，农户喷“九二0”（赤霉素）和磷酸二氢钾，提高稻谷的饱满度，同年，推广专用肥5000亩，配方施肥5.5万亩，粮油作物全层施肥7万亩，甘薯包心肥1万亩，根外追肥8万亩。2007年3月，印发《洛江区农作物配方施肥技术方案》，根据洛江区施肥、产量水平制定早稻、晚稻、花生、早薯、晚薯配方施肥和施肥时期参考表，供农户参用。

三、品种引进与推广

（一）水稻

五代，泉州出现双季稻耕作，由占成国（今越南南方）引进福建的早熟品种——占城稻。宋元时期，随着人口增加，开始由人少地多逐渐变成土地不足，迫使人们深耕细作，提高产量。明代，洛江境内水稻品种和生产技术不断改进。在土肥方面，增加粪池、烧土、烧灰。在耕作制度方面，继续扩大稻谷两熟和水旱两熟制。1997 年，从省稻麦所引进常规水稻良种“世纪 137”进行试验示范。2001 年，在马甲镇试种红、黑、香稻 230 余亩，亩产 350—400 千克，推广两系稻“两优培九”3500 亩，亩产在 487 千克以上，亩增产 51 千克；全区推广杂交水稻 12325 亩（早季 2215 亩，亩产 461 千克；晚季 10110 亩，亩产 481 千克）平均亩产 479 千克，比常规品种增 48 千克，推广优质水稻 6000 亩，其中早季 5000 亩。2004 年，推广优质稻 2 万亩，主要品种为“两优倍九”“泉珍 10 号”“佳福早占”，平均亩产 440 千克。其中，推广“两优培九”1 万亩，亩产增 31 千克。

（二）小麦

宋代，随着商贸的发展，消费需求的多样化，促进种植业生产的初步分工。从淮北引入麦、粟、豆等加以推广。明代，在作物栽培技术方面，有三熟（早稻、晚稻及麦子）制的记载。清代及民国期间，主要积累病虫害防治技术。2001 年，引进黑小麦“泉黑麦 1 号”，示范种植 10 亩。

（三）甘薯

明代，从吕宋岛（今菲律宾）引进甘薯栽培技术，清代及民国期间，主要是积累对甘薯种植经验。2001 年，从省农科院引进甘薯优质品种金山 72.2 万亩，在河市镇试种，推广 150 亩，各乡镇建立一个 30—50 亩的示范片，全区甘薯丰产示范片 5 个，经各乡镇验收平均亩产鲜薯 3415 千克，比同类薯地增收鲜薯 500—1000 千克。全区共推广甘薯五改面积 8550 亩，亩产鲜薯在 3000 千克以上，亩增收鲜薯 167 千克以上。2003 年 12 月，引进 3 个优良甘薯品种“鄂薯 3 号”“惠薯 6 号”“岩薯 9 号”在罗溪、马甲试种，并在马甲潘内村进行品种比较试验；产量以惠薯 6 号最高，产量为 1608.5 千克。2004—2007 年，引进脱毒甘薯“新种花”“龙薯 3 号”“龙岩 7—3”等品种，并配套合理密植栽培技术进行示范，推广面积 1000 亩。

（四）花生

古代，洛江境内就有种植花生，品种由民间传播。2005—2007 年，主要推广品种有“汕油 71”。

（五）甘蔗

甘蔗在唐宋时传入泉州。1954 年，引进推广台糖 134，至 20 世纪 70 年代初，为当地主栽品种。20 世纪 70 年代后期，引进闽糖 70/611，成为 20 世纪 80 年代主栽品种。1986 年，引进推广闽糖 77/208、76/2 等品种。90 年代，引进粤糖 54/474。2005 年后，推广新台糖为主的优良品种，提高种蔗效益；2007 年，新台糖品种占甘蔗种植面积的 90% 以上。

（六）马铃薯

洛江境内马铃薯种植最迟起于民国。2001 年，引进脱毒马铃薯“克新 3 号”品种 5500 千克。

四、病虫害及其防治

（一）病虫害

1. 水稻病虫害：主要有稻瘟、细菌性条斑病、纹枯病、稻飞虱、二化螟、三化螟、稻丛卷叶螟等。
2. 甘薯病虫害：主要有甘薯瘟、蔓割病、疮痂病、小象鼻虫、甘薯麦蛾、斜纹夜蛾、小地老虎、蛴螬等。
3. 龙眼病虫害：主要有鬼帚病、霜霉病、荔枝蝽象、爻纹细蛾、青翅羽衣、角颊木虱、金龟子等。

4. 甘蔗病虫害：主要有凤梨病、黑穗病、梢腐病、蔗螟、白蚁、金龟子、棉蚜、粉蚧、蓟马等。

5. 花生病虫害：主要有青枯病、锈病、褐斑病、疮痂病、斜纹夜蛾、蛴螬、地老虎、蚜虫等。

6. 茶叶病虫害：主要有茶白星病、炭疽病、云纹叶枯病、小绿叶蝉、茶毛虫、介壳虫、蚜虫、螨类等。

7. 蔬菜主要病虫害：

瓜类病害：霜霉病、枯萎病、疫病、白粉病、炭疽病、细菌性角斑病。

茄果类病害：枯萎病、青枯病、病毒病、番茄早疫苗、晚疫病、茄子褐纹病、绵纹病、甜椒疫病。

豆类病害：枯萎病、锈病、白粉病、炭疽病、煤烟病。

十字花科蔬菜病害：霜霉病、软腐病、病毒病、黑斑病、黑腐病、白锈病。

葱蒜类病害：紫斑病、韭菜锈病。

芋类病害：芋疫病、软腐病。

姜类病害：姜瘟病。

蔬菜主要虫害：小菜蛾、斜纹夜蛾、甘蓝夜蛾、甜菜夜蛾、菜螟、黄条跳甲、黄守瓜、瓜实绳、蚜虫、棉铃虫、红蜘蛛、豆荚螟、蜗牛、小地老虎、蛴螬等。

（二）病虫测报

1955 年，农技站采用“点汽灯”诱测化螟，开展病虫害测报工作。1978 年以后，鲤城区在河市、马甲等设测报站，开展对粮、油、蔗、蔬菜等农作物病虫害测报工作。1997—2007 年，洛江区植保站设立罗溪、河市两个水稻测报点和双阳、河市鼠情监测点及河市蔬菜斜纹夜蛾监测点，做好观察记载和田间定点、定期系统调查，以及大面积系统调查工作，印发《病虫情报》《病虫快报》，指导水稻、花生、蔬菜、龙眼等病虫鼠害防治，有效控制农作物病虫害的危害。2005 年，河市水稻测报点迁到马甲。

2007 年，洛江区被列入“福建省农业有害生物预警监控区域站”建设项目，配备电脑、数码相机、数码摄像机、移动数据采集设备及 GPS 等相关高科技现代化设备，把现代媒体技术、信息技术引入病虫预测预报工作领域。利用《福建有害生物信息监测系统》提高测报水平。做好农作物病虫越冬前和越冬后的虫源基数调查并要求各测报点用统一调查内容、统一调查表格，统一定期报送灯下和田间数据；在三个测报点的汇总的基础上，开展田间调查，结合历年资料进行分析，对病虫害的发生趋势进行定性分析，对发生程度、可能发生面积及防治适期等进行量化，按时向省、市汇报，及时准确地发放《病虫情报》。

（三）病虫害防治

20 世纪 50 年代初，农作物病虫害防治，主要是发动群众冬季挖稻根，清除田埂杂草，提早做好种子消毒，精选耐虫抗病品种和点灯诱杀害虫防治病虫害。20 世纪 50 年代中后期，开始使用化学农药 666 粉、DDT、敌百虫、乐果、敌敌畏、1605、西力生等。20 世纪 70 年代，化学农药品种不断增加，用药量增大，化学农药防治成为防治病虫害主要措施。1985 年以后，推广 8010 等微生物农药防治蔬菜害虫。1990 年，试办庄稼医院，开展专业植保服务。2001 年 9 月 18 日，稻飞虱在晚季发生严重，田间平均虫口 3927 头 / 百丛，防治指标田占 82%，防治面积 5.4 万亩次，挽回损失 1258.7 吨。2004 年，稻飞虱发生期提早，发生量大，8 月下旬，平均虫口 1.05 万头 / 百丛，达防治指标 62.5%，部分田虫口达 5.3 万头 / 百丛，全年发生面积 1.7 万亩，防治面积 5.3 万亩次，挽回损失 331.5 吨。全区螟虫发生面积 3.4 万亩，防治面积 11.8 万亩次，挽回损失 730.4 吨。稻丛卷叶螟于 8 月 1—3 日、8 月 21—29 日，分别出现大量持续性的迁入，8 月 31 日，田间最高赶蛾量达 11030/ 亩，迁入量大、范围广，造成大范围的大面积发生。全区发生面积 3.4 万亩，防治面积 7.5 万亩，挽回损失 523.7 吨。全区杂交水稻发生细菌性条斑病面积 4000 亩，防治面积 6000 亩，挽回损失 1600 千克。2007 年，洛江区水稻播种面积 5.9 万亩，全区水稻病虫发生总面积 9.8 万亩，防治总面积 16.05 万亩次，挽回损失 5363.2 吨，仍然损失 107.43 吨，其中稻飞虱发生面积 3.6 万亩，防治面积 6 万亩，挽回损失 4422.6 吨。

2001—2007 年洛江区农作物病虫害防治情况

表 8-3-9

年份	病虫害发生面积（万亩次）	防治面积（万亩）	挽回损失（吨）	挽回损失率（%）
2001 年	10.2	21.5	1258.7	90.0
2002 年	9.6	23.4	1649.9	94.3
2003 年	13.7	23.8	3424.7	97.4
2004 年	26.4	108.5	1726.9	90.8
2005 年	28.4	52.8	6366.9	98.04
2006 年	19.5	36.4	4869.8	95.6
2007 年	15.9	19.45	5363.2	91.2

五、鼠害防治

上世纪末鼠害猖獗，1997 年洛江区鼠情监测平均夹鼠率达到 13.8%。同年起被定为省灭鼠示范区，每年开展以春季（3—4 月）为主、秋季（8—9 月）为次的农舍、农田的灭鼠，全区按照“五统一”（统一领导、统一时间、统一药物、统一行动、统一方法）和“四定”（定人员、定范围、定任务、定时间）原则，以镇村为单位统一配制毒饵，饵料为大米或稻谷，提高毒饵的适口性；采用有重点的封锁带式投饵方法，推广毒饵灭鼠，定期巡查添加毒饵，减少毒饵浪费。先后推广 7.5% 杀鼠迷、0.5% 溴敌隆和 85% 敌鼠钠盐等慢性抗凝血杀鼠剂，提高灭鼠安全性，取代毒鼠强等剧毒杀鼠剂使用。2007 年，全区鼠情监测平均夹鼠率 2.4%，最低为 0.7%。

第四章　养殖业

第一节　畜禽

一、品种

家畜以猪、牛、羊为主。境内猪品种主要有传统的莆田黑猪和本地杂种猪，明代就有饲养，莆田黑猪主要是作为繁殖后代的母猪，至中华人民共和国成立初期，这两个品种是境内的主要猪种。21 世纪 80 年代，引进瘦肉型丹麦猪和大、中约克猪；20 世纪 90 年代，引进瘦肉型长白猪和杜洛克猪，其中又以长白猪为最多；1997 年建区后，引进太湖母猪进行杂交配种改良。牛品种主要有闽南黄牛，用于农田使役。羊品种主要有戴云山羊（黑山羊）作为肉用。

家禽以鸡、鸭、鹅为主，明代已有饲养。鸡品种主要有本地鸡作为肉用，白绒鸡作为滋补品，饲养较少；蛋鸡品种海兰褐壳，系 20 世纪 80 年代从美国引进。鸭品种主要有番鸭，作肉用；莆田黑鸭又称菜鸭，属蛋用鸭。鹅品种主要有本地鹅和狮头鹅，作肉用。

二、饲养

古代，畜禽均由农民单家独户饲养，畜禽生产发展缓慢。中华人民共和国成立后，人民政府重视饲养业，鼓励支持农民饲养畜禽，畜禽生产发展较快，存栏数迅速增加。但是，在 1958 年人民公社化运动中，盲目强调集体饲养，畜禽存栏数大幅下降。“文化大革命”期间，将家庭饲养畜禽视为“走资本主义道路”受批判，畜禽生产受到制约、发展缓慢。1978 年后，进行农村经济体制改革，贯彻“公养私养并举，以私养为主”的方针，取消商品猪派购规定，采取扶持鼓励政策和推广良种、改革饲养技术，开展防疫灭病等“科技兴牧”措施，调动农民养禽畜的积极性，集约化经营得到发展。1990 年，马甲镇祈山养殖大户吴继忠年饲养番鸭 10 万只。1991 年后，落实发展畜牧业各项政策和措施，规模化养殖场和龙头企业逐步形成，境域内畜牧业稳步发展，畜产品产量持续增长，畜牧业在农业中的比重有较大提高。2003 年，泉州市政府出台《泉州市人民政府关于加快畜牧业发展的实施意见》，洛江区政府落实各项优惠政策和扶持措施，畜牧业加快发展。当年牛存栏 5840 头，出栏 3623 头；生猪存栏 6.84 万头，出栏 14.31 万头，肉产量 1.03 万吨。畜牧业总产值 1.82 亿元（按当年现行价计算），占农业总产值 40867 万元的 44.6%。2007 年，贯彻《泉州市人民政府关于加快推进我市畜牧业持续健康发展的意见》，加强扶持引导，推进全区畜牧业持续健康发展。是年，全区生猪存栏 7.64 万头，出栏 14.83 万头；牛存栏 5647 头，出栏 5651 头；羊存栏 6378 头，出栏 9183 头；家禽存栏 83.82 万只，出栏 17.84 万只；兔存栏 4570 只，出栏 4820 只。肉、蛋、奶总产量 1.88 万吨，其中肉类总产量 1.73 万吨。畜牧业总产值（按当年现行价计算）3.04 亿元，占农业总产值 5.78 亿元的 52.59%。随着经济发展和农村劳动力转移，农村散养畜禽逐年减少，转向规模化养殖发展。

奶牛、奶羊大部分舍饲，少数放牧。猪的饲养传统方式以舍饲为主，基本上是有啥喂啥，采用稀饲料饲养。20 世纪 90 年末起，群养育雏越来越多采用自动控温电热保姆伞、红外线灯、烟道管等保温方法，部分家禽的孵化已转为机器孵化。

牛、羊饲料以青草为主，冬、春季和泌乳期间，补饲农副产品饲料。猪饲料，农家个体少量喂养以泔水、粗粮、糠麦及青绿饲料为主。中华人民共和国成立初，曾推广以青粗饲料为主、适当搭配精饲料的饲养方法。20 世纪 80 年代后，规模养猪则以配（混）合饲料为主。家禽饲料，历来采用粮食、菜叶、细糠等。20 世纪 70 年代末，饲料工业开始发展。80 年代后，广泛使用蛋氨酸、赖氨酸、多种维生素、微量元素及保健助长等饲料添加剂配合饲料。1991 年，协昌饲料厂建成投产，日生产配合饲料 600 吨。此外，区域内还有多个小型饲料厂先后建成生产。

三、检疫防控措施

（一）主要疾病

猪传染病有猪瘟、猪丹毒、猪肺疫、猪副伤寒、传染性胃肠炎、链球菌病、仔猪白痢、黄痢等 17 种；普通病有营养性水肿、关节炎、中暑、感冒等 13 种；寄生虫病有弓形体、姜片虫、蛔虫、肾虫等 7 种；中毒病有亚硝酸盐中毒、霉菌中毒等 4 种。危害较大的有传染性胃肠炎、副伤寒、白痢、弓形体等疾病。

牛传染病有流感、结核病、流行腹泻等 5 种；普通病有胃肠疾病、劳役过度、风湿病、中暑等 10 种；寄生虫病有肝片吸虫、双口吸虫、锥虫、焦虫等 16 种；中毒病有农药中毒、毒菌中毒等 5 种。

家禽传染病有鸡新城疫、鸡白痢、禽霍乱、鸡马立克氏病、鸡法氏囊炎、鸭病毒性肝炎、鸭瘟、小鹅疸；普通病有感冒、营养缺乏症；中毒病有食盐中毒、肉毒梭菌中毒、霉曲菌中毒、农药中毒；寄生虫病有蛔虫、球虫、绦虫。危害较大的是鸡新城疫、鸭瘟、禽霍乱、鸡马立克氏病、鸡法氏囊炎。

（二）检疫防控

1964 年，泉州市（县级）成立畜禽检疫检验站，负责屠宰场、菜市场、牛墟场、仔猪交易所畜禽的检疫和肉产品的检验。乡（镇）的农贸市场由基层兽医站负责。每年对畜禽危害大的传染病进行防疫注射，逐渐形成制度，防疫密度逐年提高。1990 年，境内畜禽疫病由鲤城区负责实行常年防疫，猪瘟发病率、死亡率从 1986 年的 1.37% 下降到 0.4%，猪瘟、鸡新城疫和鸭瘟等病得到有效控制，猪肺疫基本消灭。2001 年，洛江区、乡镇签订动物防疫责任状，明确动物防疫管理工作目标。2002 年 1 月 24 日起，对高致病性禽流感实行日报告和零报告制度。2004—2006年，实行强制性免疫的动物疫病病种有高致性禽流感、牲畜口蹄疫2种。同期，区与各乡镇投入的动物防疫经费逐年增加，开展严厉打击销售死猪及其产品专项行动。2007年，实行强制性免疫的动物疫病病种有高致病性禽流感、牲畜口蹄疫、高致病性猪蓝耳病、猪瘟4种，畜禽疫病得到有效控制。

三、畜牧兽医与检疫机构

1997年建区后，设立洛江区畜牧兽医站，加挂洛江区动物防疫监督所，编制10名。2000年8月，设立区动物检疫站（编制6名）。2007年12月，整合洛江区畜牧兽医站、洛江区动物检疫站、洛江区农水渔业执法大队等事业单位承担的兽医行政执法职能，设立洛江区动物卫生监督所，作为兽医行政执法机构，核定事业编制4名；整合区畜牧兽医站、区动物检疫站的兽医技术资源，设立洛江区动物疾病预防控制中心，作为兽医技术推广机构，核定事业编制6名；同时设立洛江区畜牧站，作为畜牧技术推广机构，核定事业编制3名。2007年6月，全区设置6个乡镇、街道畜牧兽医站，作为区农业水务局派驻各乡镇、街道的事业单位，编制各1名，负责辖区内动物疫情调查、监测、动物强制免疫的监督实施，对辖区村级防疫员的管理和业务指导等。

第二节 水产

一、渔业生产

（一）海水养殖

洛江区的海水养殖位于万安街道办事处桥南社区泉州湾内侧，海岸线2.62千米，拥有浅海滩涂，成为海水养殖区，养殖品种主要是贝类牡蛎、缢蛏等。中华人民共和国成立后，养殖技术不断进步，品种不断增多，鱼、虾、贝、藻、蟹全面发展。桥南等新发展条石养殖牡蛎，利用垦区水域养殖鲻鱼、黄鳍鲷、鲈鱼。1997年，洛江区海水产品产量1120吨，产值339万元，其中鱼类77吨，虾蟹类3吨，贝类1040吨占海水产品产量82.85%。2005年，海水养殖面积1635亩，海水产品653吨，比2000年增长1.4%。2007年，海水养殖面积1590亩，海水产品923吨，产值685万元，其中贝类770吨，占海水产品产量83.42%，产值497万元。

（二）淡水养殖

淡水养殖主要是利用水库、山塘等水域，主要养殖传统品种罗非鱼、草鱼、鲢鱼、鲟鱼等。此外新品种不断引进，改善养殖品种结构，养殖技术逐步向科学化、多类型、高层次发展，1998年起，生态养鱼、网箱养鱼、大水域放鱼、放流增殖等养殖模式得到推广。1997年，洛江区淡水产品产量707吨，产值505万元，其中罗非鱼396吨，占淡水产品产量56%。2005年，淡水养殖面积6135亩，比2000年增长10%，淡水养殖产品1243吨，比2000年增长10.8%。2007年，洛江区淡水养殖面积4995亩，淡水产品产量1308吨，产值875万元，鱼类产品产量1294吨，占淡水产品产量98.92%，产值840万元。万欣水产发展有限公司淡水养殖主要发展中华鲟、史氏鲟、美国虹鳟等名优水产苗种繁殖、培育以及高、中档鱼类养殖为主。泉州市森鑫水产培殖有限公司淡水养殖主要有鲟鱼、鳗鱼、中华鱼等国内外名优鱼种的人工繁殖、鱼苗培育、成鱼养殖。

二、渔业养殖扶持

2006年，市海洋与渔业局下拨给洛江区支农专项资金15万元，虹山乡将该款项3万元用于购买优质淡水新品种鱼苗10多尾分别投放到该乡的长尾坑、陈厝等水库；马甲镇西头村将该款项4万元用于发展本村淡水养殖业；马甲淡水养殖实验场将该款项3万元用于该场淡水养殖实验推广；锦龙渔业有限公司库湾网箱养殖补贴1万元。

2007 年，省、市下达给洛江区海洋与渔业专项资金 9 万元扶持渔业养殖。当年，泉州淼鑫水产培殖有限公司一期投资 800 多万元，在河市镇一期征地 50 亩，建立以鳗鱼养殖为主的淡水养殖基地，一期投放鳗鱼 70 多万尾，产量 200 吨 。

三、渔业资源保护

1998—2007 年，洛江区发展天然围网养殖、增殖放流、稻田水产养殖，提高经济效益、生态效益、社会效益。推广人工配合饲料，规范养殖用药，减少海水养殖的自身污染。优化区内渔业养殖布局和控制养殖面积，合理配置养殖数量和渔业种类，发展有机鱼，杜绝投放人工饲料。根据浅海滩涂养殖容量调查成果，制定养殖规划，确定合理养殖规模。坚决打击电炸毒鱼行为，实施重点水域的生态环境修复计划，为动物创造良好的栖息生态环境。

第五章 林 业

第一节 森林资源

一、林地面积

1992 年，洛江今域林业用地面积 34.97 万亩（不包括茶果面积），占全区土地面积的 61.07%，森林覆盖率达 78.6%。林业用地集中在虹山、罗溪、马甲、河市、双阳等乡（镇）、场和罗溪林场，面积 37.24 万亩。有林地面积 36.43 万亩，占林业用地的 85.7%。其中用材林 6.06 万亩，占有林地面积的 16.6%；薪炭林 28.07 万亩，占 77.1%；防护林 1487 亩，占 0.4%；经济林 5366 亩，占 1.5%；竹林 598 亩，占 0.2%；薪炭林偏大。宜林地面积 6.06 万亩，占林业用地的 14.3%，主要分布在罗溪、马甲、河市、虹山、双阳等乡（镇）、场。

1997 年末，洛江区林业用地面积 32.4 万亩。2007 年末，林业用地面积 37.79 万亩，其中集体林地面积为 33.1 万亩。有林地面积 34.85 万亩，占林业用地面积的 92.2%；其中生态林 8.54 万亩（省级生态公益林 6.66 万亩、区级生态林 1.88 万亩），商品林 22.86 万亩，其他林 3.45 万亩，森林覆盖率和森林绿化率分别达到 62.6% 和 94.9%。疏林地面积 196 亩，占林业用地面积的 0.05%；灌木林地面积 80 亩，占林业用地面积的 0.02%；未成林造林地面积 1.7 万亩，占林业用地面积的 4.49%；无林地 1.22 万亩，占林业用地面积的 3.23%。全区林分总面积 26.35 万亩，其中用材林面积 4.41 万亩，防护林面积 8.88 万亩，薪炭林面积 4.95 万亩，特用林面积 6120 亩，其他面积 7.5 万亩。

二、林木蓄积量

2002 年，洛江区林木蓄积量 37.49 万立方米，其中林分蓄积量 36.87 万立方米，疏林 62 立方米，散生木 924 立方米，四旁树 5258 立方米。2004 年，洛江区林木蓄积量 45.13 万立方米，其中林分蓄积量 44.51 万立方米，疏林 6 立方米，散生木 915 立方米，四旁树 5258 立方米。2007 年，洛江区林木蓄积量 45.02 万立方米，其中林分蓄积量 44.30 万立方米，疏林 2574 立方米，散生木 3033 立方米，四旁树 1600 立方米。

2002—2007 年洛江区林木蓄积量与森林覆盖率情况表

表 8-5-1

年份	林木蓄积量（万立方米）	森林覆盖率（%）	年份	林木蓄积量(万立方米）	森林覆盖率（%）
2002 年	37.4938	62.6	2005 年	46.5163	62.6
2003 年	38.1313	62.6	2006 年	47.7426	64.4
2004 年	45.1291	63.4	2007 年	45.0257	63.5

三、林业种类及分布

洛江区森林覆盖率高，林分龄组结构基本合理；树种结构不合理，针叶林多，阔叶林少，人工林和次生林多，天然林少；林分质量低。林木树种以马尾松为主，占 78.1%（含湿地松），遍布各乡（镇）、场，阔叶树（含相思树）占 5.5%，2007 年，马尾松林面积 21.3 万亩，占林业用地面积的 56.4%。杉木种植范围较窄，分布于立地条件较好的虹山乡的白凤、苏山村的五坑仔山、马甲镇芦田村后深溪山及国有罗溪林场广桥工区的祭溪、洪田工区的花溪等地。台湾相思树、木荷等阔叶树分布在双阳、河市等镇（场）和罗溪林场。木麻黄分布在双阳等地。油茶分布在加锥农场、罗溪林场。

第二节 山林权属

1950 年以前，山林权属有私有林、寺庙林、族有林、村有林。私有林分量大，多数为地主、富农占有。山林可以自由买卖（卖断、典当、出卖木材）。1951 年，土地改革，没收地主的山林，征收富农的山林及族有林，分配给贫农、下中农经营。1957 年，农业合作化，社员的山林折价入社，归集体所有，泉州市（县级）入社山林 5 万多亩。1958 年，人民公社化运动中，实行“一大二公”“一平二调”，国家、集体、个人的山林权属被混淆，“大炼钢铁”中滥砍滥伐林木，带来灾难性后果。1962 年，划清国家、集体、个人三者的界限，确定林权，权属相对稳定。

1981 年起，泉州市（县级）抓林业“三定”（稳定山林权属、划定自留山、确定林业生产责任制）工作。至 1983 年 6 月，泉州市（县级）132 个单位的“三定”工作基本结束，确定国家、集体、个人的山权面积 40.89 万亩，占林业用地的 96.2%，其中国有 5.54 万亩，公社所有 2025 亩，大队所有 5.82 万亩，外县插花山林 3435 亩，未定权属 370 亩。确定林权面积 31.57 万亩，占林业用地的 78.2%；为 5531 户 34807 人划定自留山 5.77 万亩，占全区集体林业用地的 16.6%，户均 10.43 亩，人均 1.66 亩；发给国营、集体山林权证 2074 张，乙种山林权证 97 张，个人自留山权证 5314 张。

2003 年 4 月起，洛江区集体林权制度改革领导小组成立，制定林改方案，2003 年 8 月，洛江区政府下发《关于开展集体林权制度改革的实施意见》，在全区范围内全面开展集体林权制度改革工作。当年完成 21 个村（社区）的林改，面积 6.24 万亩。2004 年，完成 21 个村（社区）林改，面积 12.89 万亩；2005 年完成全部的林改。改革中严格程序，改革方案依法经本经济集体组织成员的 2/3 以上或者 2/3 以上的村民代表的同意，确保改革的合法性。全区集体林权改革主要采用 5 种模式：1. 自留山经营；2. 承包经营；3. 租赁经营；4. 股份合作经营；5. 乡村集体统一经营。2006 年 10 月，通过省级验收，获“省级林改先进单位”称号。2009 年 5 月，全区林权登记 32.47 万亩，登记发证 24.67 万亩。其中，商品林 22.74 万亩，生态公益林 4.79 万亩，发放新版林权证 725 本。通过林权改革，全区山林权属基本明晰，农民、社会力量主动参与林业管理，森林资源增加，林业生态建设水平提高。

第三节 造林育林

中华人民共和国成立前，处于只砍不造的状态，山林遭受破坏。中华人民共和国成立后，林木种苗的生产逐步纳入林业生产计划，采摘树种多为马尾松、台湾相思树、桉树、大叶桉、小叶桉、柠檬桉、苦楝等。种源缺乏时，须从闽北和省林木种苗站调剂。1952 年，洛江境域河市、双阳南山建有苗圃，苗地各 67.5 亩。20 世纪 60—70 年代，种子收购委托供销部门经营。1988 年后，改由林业站经营。1962 年，虹山、罗溪、马甲、河市人民公社成立造林扩林委员会或小组，大规模封山育林。1988 年，封山育林区实行工程管理，专人管护，区际、乡际、村际搞好联防，订立合同，明确奖惩。

1997—2007 年，洛江区造林更新面积 7.44 万亩，100% 采用阔叶树种造林；洛阳江流域治理 1.26 万亩，库区绿化 1250 亩，新增城区绿化 278 亩，公路绿化 58 千米。其中列入沿海防护林体系国债项目的 1.56 万亩。中幼林抚育 8.35 万亩。全民义务植树 280 万株，共投 73 万个工日。全民义务植树尽责率达到 100%，城乡绿化由建区时的 15% 提高到 31.8%，全区创建“园林式乡镇”1 个（马甲镇）、“园林式村庄”3 个（虹山乡虹山村、河市镇南塘村和下堡村）。封山育林 8.12 万亩，占计划的 100%，其中，新封山育林 1 万亩；完成幼林抚育 5.5 万亩，建成速生丰产林基地建设 8100 亩，育苗面积 76 亩，其中，容器育苗 24 万株。

1997—2007 年洛江区林业生产情况表

表 8-5-2

年份	人工造林（亩）	迹地更新（亩）	成林抚育（亩）	木材产量（立方米）	年份	人工造林（亩）	迹地更新（亩）	成林抚育（亩）	木材产量（立方米）
1997 年	8092	3021	—	2327	2003 年	578	5942	5177	1238
1998 年	5122	4333	4032	4226	2004 年	393	1721	5185	10580
1999 年	3141	1427	20615	1051	2005 年	—	3511	10634	8917
2000 年	939	4492	21038	636	2006 年	758	7339	1050	13663
2001 年	143	6104	21300	568	2007 年	1512	3736	—	6173
2002 年	731	7843	20100	1201					

附：泉州罗溪国有林场简介

1962 年 2 月，泉州罗溪国营林场成立，位于洛江区境域罗溪镇，场部距离泉州市中心 42 千米，地跨 2 个地区，毗邻仙游县 3 个乡镇 4 个村、洛江区 2 个乡镇 12 个村。2007 年，林场干部职工 46 人，其中，在职 26 人，退休 20 人；在职 26 人中在岗 20 人、转岗分流 6 人。经营总面积 4.71 万亩，森林覆盖率 97.96%，绿化率 99.01%，拥有森林总蓄积量 183226 立方米。经营区内省级以上生态公益林面积 3.27 万亩，占总面积 69.5%（其中国家级生态公益林 2.27 万亩）；商品林面积 1.43 万亩，占 30.5%。主要造林树种有杉木、马尾松、木荷、福建柏、相思类、桉树等，是一个以“生态保护、建设为主，资源培育、森林旅游、林木种苗兼顾”的典型生态公益型林场。林场林地绝大部分为四类地 4.05 万亩，占总面积 86%；三类地 5550 亩，占 11.8%；二类地 1057 亩，占 2.2%；没有一类地。山体整体坡度大、半风化结构居多，土质瘠薄。

第四节 森林资源保护

一、生态林保护建设

1997—2007 年，洛江区在林地建设过程中，注重树种的搭配，避免林地林木品种单一，重点优化森林结构，营造阔叶林和以阔叶林为主的针阔混交林，提高阔叶林和生态公益林的比例。开展物种保护性研究，及时发现和保护当地濒危物种，促进洛江森林资源的良性发展。配合泉州市规划，把泉州湾河口湿地省级自然保护区扩建升格为国家级自然保护区，逐步把现有自然保护小区扩建升格整合成县级以上自然保护区，使洛江区 90% 以上的典型生态系统类型得到有效保护与恢复。优先对省定的 13 个项目 34 个物种开展拯救工程建设，加强古树名木保护，对有重要经济、科学文化、历史价值的名木古树由政府进行公告，立碑保护，建立管理档案，落实保护管理措施。至 2007 年末，有名木古树保护点 174 个，1 个省级森林公园，景区面积 1.95 万亩，1 个市级森林公园，森林公园、风景名胜和自然保护小区面积共 5.18 万亩，占国土面积的 9.3%。

附：名木古树

洛江地处东南沿海，气候温和，雨量充沛，自然条件优越，森林物种资源丰富，奇树异木和古树名木繁多。1997 年，根据《中华人民共和国森林法》《城市园林绿化条例》及全国绿化委员会《关于加强保护古树名木的决定》等法律、法规和文件规定，对全区古树名木普查建档。普查数据显示，洛江有古树名木保护点 196 个，保护古树名木 196 株。

二、森林病虫害防治

经 2007 年林业有害生物普查，洛江区发现 102 种林业有害生物，发生总面积 15.66 万亩，分布于全区 7 个镇（乡、街道、场）。从来源看，外来有害生物 19 种，发生面积 10.71 亩，本土有害生物 83 种，发生面积 4.96 万亩。从有害生物类群看，虫害 52 种（其中半翅目 25 种、鳞翅目 14 种、鞘翅目 6 种、等翅目 1 种、双翅目 3 种、缨翅目 1 种、膜翅目 2 种）、病害 25 种、有害植物 25 种。

（一）发生情况

洛江区常发性的林业有害生物主要有马尾松毛虫、黑翅土白蚁、桉树枝瘿姬小蜂、湿地松枯梢病、松墨天牛、松突圆蚧等，2001 年 10 月以来发生较大面积有松突圆蚧，2007 年 10 月在双阳街道、虹山乡发现松材线虫病，2010 年在河市发现桉树枝瘿姬小蜂入侵。

（二）病虫防治

1. 马尾松毛虫防治

主要在每年 4—5 月梅雨季节施放白缰菌粉炮生物制剂进行预防性防治。

2. 松突圆蚧防治

主要采用林分间伐改造、花角蚜小蜂生物防治、修枝间伐的措施进行防治。

3. 湿地松枯梢病防治

主要采用抚育间伐、林分皆伐改造的措施进行防治。

4. 黑翅土白蚁防治情况

主要采用投放白蚁诱杀包、林分皆伐改造的措施进行防治。

5. 松墨天牛防治

主要采取松枯死木处理、林分皆伐改造、诱捕器诱杀、施放白僵菌、绿僵菌、肿腿蜂等生物措施进行防治。

6. 桉树枝瘿姬小蜂防治

主要采取林分皆伐改造的措施进行防治。

（三）森林植物检疫

1997—2007 年，洛江区重点加强危险性病虫害监测、检疫和防治，组建 1 支林业有害生物防治工程队，确保重大突发森林病虫害发生时能够积极应对，对主要林业有害生物年监测率 85% 以上，产地检疫率达 90% 以上，调运检疫率达 95% 以上。实现森林资源的稳定升值。

附：若干年份林木病虫害防治概况

2001年，洛江区严密监测松材线虫病，把森防检疫“十五”规划指标按省、市标准层层分解到各乡镇，落实到具体山头地块，并用油漆对样地进行标记。做好越冬代松毛虫等病虫害的自查与防治工作。春季调进白僵菌粉炮1.7万发，防治马尾松毛虫4955亩，防治率达100%，防治效果达86.4%。采取苗木产地检疫、林木采伐源头检疫、木材调运检疫以及配合林业检查站开展检疫验证等措施，杜绝漏检行为。同年，产地检疫苗木41亩，办理省内调运检疫证书334份，检疫源头木材1168立方米，调运检疫木材1454立方米。

2002年，检疫种苗产地52亩，种苗产地检疫率92.4%；办理省内调运检疫证书334份，检疫源头木材1168立方米，调运检疫木材1454立方米，调运检验率达96.6%；建立松突圆蚧综合治理示范片，试验总面积142亩；施放白僵菌生物防治粉炮1.1万发，防治松毛虫2895亩，木毒虫39亩；配合省市林业部门做好松突圆蚧天敌防治试验基地工作，发放日本花角蚜小蜂30多箱进行天敌防治，防治面积1830亩，防治率达100%，防治效果达87.3%。

2003年，突出抓好松突圆蚧等主要病虫害的防治工作。全区发生常规森林病虫害2.47万亩，发生率为6.8%，防治面积2.18万亩，防治率达到88.1%。监测覆盖率为99.6%，产地检疫率为100%，超过省下达的“四率”指标要求。全区松突圆蚧发生率34.5%，发生面积8.8万亩；监测率为100%，监测累计面积为51.06万亩，有效防治率2.2%，有效防治面积1905亩。

2006年，启动《洛江区林业有害生物监测预警管理制度》，全区14名兼职测报员，管理826个监测点，监测预警全区37万亩现有林。重点监控主要林业有害生物和危险性林业有害生物实施，确保监测调查到位，实现早期预警、准确预报，监测覆盖率达85%以上，准确率达81%以上、松材线虫病监测覆盖率达100%的测报指标。

2007年，调运生物制剂白僵菌粉炮5160发，防治马尾松毛虫、木毒蛾翅目林业有害生物5055亩，其中防治松毛虫发生面积2325亩，预防松毛虫2700亩，木毒蛾35亩。在重点监测区和枯死木频繁出现的地方悬挂松墨天牛诱捕器55盏。建立市区两级松突圆蚧生物防治中心，开展松突圆蚧生物防治研究。

三、森林防火

中华人民共和国成立前，群众上山割草烧粪积肥、烧山驱兽、烧山开垦，清明节祭墓烧毁不少山林。防火机构不健全，工具简陋，设施不配套，山林火灾时有发生。1988年后，各乡（镇）、场相继建立防火机构，森林防火基本走上轨道。在大小阳山设立防火隔离带，各乡、场建立护林防火瞭望台，配备对讲机，形成联防网络。

随着社会经济的发展，群众生活用火改为煤气后，基本不用柴草烧火做饭，山上杂草、枯枝、落叶等逐年增加，随着森林旅游逐渐兴起，森林防火形势日趋严峻。1997年洛江区建立专门的森林防火机构——洛江区森林防火指挥部，指挥部下设办公室，组建1支25人的专业森林消防队伍、92人的专职护林员队伍、2支区级半专业森林消防队伍、3支镇级半专业森林消防队伍和5支村级义务森林消防队伍，初步建立起全区森林防火预防、扑救体系。至2007年，全区营造防火林带532千米，并在林区主要路口、公路沿线设置森林防火警示牌50块。其间，全区发生森林火灾35起，受灾面积1500亩，同建区前10年比下降60%。

四、动物保护

1997—2007年，洛江区执行《中华人民共和国野生动物保护法》和国务院《自然保护区条例》等法规，划定禁捕禁伐时段和区域，严禁猎杀、捕食野生动物。定期组织生物多样性摸底调查，公布区域重点保护的动物、植物名录，开展生物多样性监测和信息系统建立等方面的研究工作。进行大面积人工放养，确保鱼类种群不断增殖。加强外来物种引进管理和防止物种外流，保证当地物种的生态安全，防止有害外来物种的入侵。

第六章 农业产业化

第一节 基地建设

1987 年，爱国华侨吴庆星投资创办马甲高科技农业大观园，建成仰恩大学、丽佳良畜有限公司、协昌发展有限公司及龙眼生产基地，形成集教育、科研、生产为一体的农业综合开发系列工程。该园以仰恩系列工程高新科技产业为基础，开发立体、生态、观赏的农业产业。1997 年建区后，洛江区立足发展城郊型农业，根据资源、技术、市场等方面优势，围绕禽畜、花卉、水果、蔬菜、水产五大优势产业，建设特色农业生产基地。全区逐步形成五大基地群，区域化的农产品生产基地初具规模。以河市华丰，双阳一春为龙头的集约化、规模化、工厂化禽畜业群，其中 2 万头以上的商品猪基地 2 个；以泉美园艺、旭泰兰花、河市花木等为主的洛江花卉走廊产业群；以双阳、河市、马甲等为主的水果产业群，其中龙眼是支柱产业；以河市、马甲、双阳阳江和罗溪超大等为主的蔬菜产业群，成为市区重要的“菜篮子”基地；以万欣水产、马甲骏马淡水养殖为龙头的水产养殖产业群，主要发展中华鲟、史氏鲟、美国虹鳟等名特优水产苗种繁育和中高档鱼类养殖；罗溪中药材基地，主要种植麦冬熟地中药材等。2003 年，玉丰畜牧有限公司投入 500 万元在马甲镇彭殊建设蛋鸡基地（面积 80 亩），一期建成标准鸡舍 4000 平方米，引进蛋鸡种 4 万多只。华丰畜牧基地扩大 30 亩，新建饲料厂、排污设施、有机肥厂投入使用。罗溪永成生猪基地恢复生产，年出栏生猪万头，马甲镇彭殊村、河市镇新告、山边蔬菜新基地形成。2004 年，引进泉州奇龙超市有限公司在河市建设净菜加工厂和农副产品配送中心。2006 年，新增河市镇官洋、白洋蔬菜种植基地 300 亩、马甲梧峰 200 亩、罗溪前溪村 100 亩；申报无公害蔬菜生产基地 300 亩；新增河市南塘为蔬菜新品种示范基地；马甲玉丰蛋禽基地新建鸡舍 2 座 1600 多平方米，年上市鲜蛋 500 吨。在河市山边、蛟南、南塘、溪井增设农残检测室 4 个。至 2007 年，洛江区建立加锥、华丰、南塘等 14 个无公害农产品生产基地及 4 个农产品生产示范基地。全区特色农业基地规模 8 万亩，带动农户 2.9 万多户，年产值达 3.12 亿元。

附：主要基地选介

泉州阳江蔬菜发展有限公司 1995 年，泉州阳江蔬菜发展有限公司创建，列为泉州市城市副食品直控基地。该基地位于双阳华侨农场阳江管区，土壤肥沃，水利、交通设施完善，面积近 200 亩，凭借环境、水源等无污染优势，并推广应用无公害生产技术，实施规模化科学管理，常年生产以叶菜类为主蔬菜，年上市 1000 吨以上。长期与中国农科院蔬菜花卉研究所、福州蔬菜研究所等科研部门保持技术合作，引进番木瓜、台湾庆农系列花菜、大白菜和番茄、辣椒等名优新品种栽培，为城市居民提供名特优无公害蔬菜。

万欣水产发展有限公司 2000 年 8 月 15 日成立，公司位于万安后埭村，注册资本为 5000 万人民币，公司主要经营特种淡水鱼类繁育、养殖，在职员工 8 人，与多家泉州零售商和代销商建立长期的合作关系。万欣水产发展有限公司系股份制农业综合开发企业，主要发展中华鲟、史氏鲟、美国虹鳟等名优水产苗种繁育，中高档鱼类养殖为主。建有工厂化室内育苗池 3000 平方米，其中大型催产池 3 个，孵化环道 6 个，幼苗培育池 30 个。室内、室外饵料池 5000 平方米，室外亲鱼养池 10 亩，育苗、养殖池塘 150 亩。公司同中国水科院长江研究所、省淡水研究所、泉州水技站等科研单位合作，被省海洋与渔业局确定为省区级水产良种繁育基地。公司配套建有钓鱼、钓虾、珍稀水生动物观赏休闲、餐饮等城郊型休闲渔业开发项目。

一春畜牧有限公司 一春畜牧有限公司位于双阳阳江，是山海合作的范例，由南平一春畜牧发展有限公司投资兴建，总投资1200万元，占地5.33万平方米，建筑面积2.2万平方米。饲养场内配套先进流水作业养猪生产线，年出栏父母代良种猪1000头，商品猪2万头。建有SBR生化污水处理设施2套，可日处理污水250吨，污水经处理后达到国家污水综合排放标准（GB 8978—96）。该场2001年建成并列为福建省副食品直控基地场。

泉州市玉丰畜牧有限公司 1995年10月1日成立，公司位于洛江区马甲镇祈山村，主要经营禽畜饲养、饲料加工，公司占地面积10.67万平方米，建筑面积3万平方米，集禽类饲养、饲料加工的大型农业企业。公司对禽类从原材料、生产、检验、包装、仓储、运输、销售等环节严格把关，实现安全生产、全程监控的管理体系。公司列为“福建省城市副食品直控基地”“泉州市城市副食品（蛋禽）直控基地”以及“福建无公害农产品禽蛋基地”。

第二节 龙头企业

1997—2005年，全区各类农业产业化经营组织99个。以金昌公司、泉美园艺公司、荣祺食品公司为代表的龙头企业28个；以洛江蔬菜同业公会为代表的中介组织25个；以河市蔬菜批发市场、双阳龙眼批发市场为代表的专业市场3个；以马甲吴继忠养殖场、双阳增加苗圃为代表的专业大户43个。在全区各类产业化经营组织与农民利益联结中，合同方式占8%，合作方式占25.3%，股份合作方式占12.1%，其他方式占54.6%。合同、合作、股份合作3种较为稳定的利益联结方式所占比例达到了45.4%。各类产业化经营组织直接或间接带动当地农户9900多户，占全区农户总数的25%，带动外地农户4000多户，成为推动农民增收的重要途径。和昌、荣祺、荣兴、长兴、金桥、绿宝、丰源和东南中药材8家较大规模的农产品加工企业，年加工农产品产值达1.9亿元。

至2007年，全区规模“农字号”龙头企业20多家，有和昌集团、泉美园艺公司、荣棋食品公司、洛江绿宝公司、福龙茶饮品公司等一批省、市级农业龙头企业，产值达2亿多元。其中，年产值1000万元以上有和昌集团、荣棋公司、泉美花卉、长兴食品公司4家。荣棋公司是“公司+农户+订单”的产业化龙头企业，其主要产品盐渍姜、脆梅等畅销日本、美国及东南亚等地，年创利税2000多万元；福龙公司开发利用仙公山地下水资源酿造瓶装“百仙公”牌矿泉水，以当地茶叶、小麦为加工原料研制瓶装可瑞尔麦仔茶、梅干茶等，产值400多万元；绿宝公司开发加工余柑系列产品，带动当地农户发展余柑生产，并进行龙眼酒、龙眼膨化食品等系列产品加工研制，提高龙眼附加值，产值700多万元。龙头加工企业在开发利用当地资源，带动农户发展生产，通过农产品系列加工提高附加值，促进农户增收等方面发挥积极的作用。

附：农业龙头企业选介

和昌集团 1987年，马甲爱国华侨吴庆星创建和昌集团，经过20多年经营，逐步发展成为一个以教学、养殖、食品加工、房地产为主的多行业的跨国企业集团。和昌集团总部位于中国香港，在中国香港、加拿大、新加坡、泰国、缅甸、东北三省、天津、成都、厦门、湖北等地设有子公司及生产基地。集团包括大学城（大学、附中、附小）；饲料生产与加工企业；良畜的孵、养企业；良畜的屠宰（目前每天屠宰2万只丹麦丽佳鸭，全自动荷兰设备）、加工（羽绒加工，德国全自动羽绒设备）、冷冻等企业。

泉美园艺有限公司 1998年，泉美园艺有限公司成立，位于双阳农场朝阳管区，占地1000余亩，主要产品有种苗产业，成品花卉，水培花卉，盆景，趣味植物及其他名优花卉与观赏苗木。公司拥有8600平方米的组培净化大楼、2.5万平方米的智能温室、1万平方米的无土栽培温室、10万平方米的薄膜大棚、

1.2万平方米的加工车间、300余亩的园林绿化苗圃。5000平方米的种质资源圃，收集了国内外种质资源达1500多种。公司组培一期年产组培种苗3500万株，盆花200万盆。主要产品有食虫植物系列，如猪笼草、瓶子草、捕蝇草、茅篙菜等；观叶植物竹芋类、龙血树类、丝兰类、澳洲朱蕉类等；红掌、蝴蝶兰、大花蕙兰、凤梨；蕨类、白掌、榕树、桉树、合果芋、蔓绿绒、多肉类、园林景观树种等300多类600多个品种。产品远销美国、欧洲、澳洲、日本及东南亚等国家 。公司在日本、美国、南美、欧洲、东南亚等地设有分公司或合作伙伴，引进世界各地的植物资源和优良品种并推广应用。2001年泉美园艺有限公司被定为福建省花卉生产示范基地，2002年成为首批荣获国家林业局颁发《林木种子经营许可证》的八家企业之一，2003—2006年被评为福建省高新技术企业，2004年3月被福建省科技厅列入“省级星火行业技术开发中心”，同年8月被科技部列入星火计划“龙头企业技术创新中心”。

泉州荣祺食品有限公司 1989年，泉州荣祺食品有限公司兴建，位于河市镇霞溪工业小区，占地4多公顷，总投资3000多万元。1991年2月，企业占地总面积9.53公顷；建有现代化的高标准加工车间15万平方米，办公室2800平方米，是集农副产品保鲜、加工、制造、出口贸易于一体的综合性企业。该公司是一家公司＋农户＋订单的农业产业化龙头企业，主要生产盐渍生姜、湿梅胚、浅渍竹姜、盐水梅、脆梅等产品，产品全部出口日本、美国等国家，年创税利2000多万元。公司与日本中田食品株式会社合作开发荣祺梅酒系列及调理食品系列。

泉州市华丰果牧开发有限公司 1997年，泉州市华丰果牧开发有限公司成立，位于河市镇原“五·七”农场。该公司创建种植、养殖、加工、物流、科研立体的农畜业模式，建立利用资源、变废为宝、化害为利的循环经济模式，形成养殖—废气物利用—加工—流通—养殖的循环产业链。公司年出栏优良种猪、商品猪近2万头，配套种植优质杧果、阳桃、枇杷、龙眼果林，带动万亩速生商品林的开发。建有稀贵淡水鱼养殖试验基地，年产3万吨饲料加工生产线和8000吨有机肥加工生产线，形成“双珠”牌肉品物流连锁专卖网络。

第三节　无公害农产品示范基地

2003年，建设无公害农产品示范基地，建立无公害蔬菜生产示范片1000亩，河市镇南塘等蔬菜基地通过省级无公害基地认证；华丰果牧公司获批省无公害食品生产基地；加锥农场获批省无公害龙眼生产基地，阳光集团被评为省高新技术企业；创办福建省第一家获得国家卫生注册认可的腌制类企业泉州荣兴食品有限公司。

2005年，建成常年连片无公害蔬菜基地2个、无公害畜禽基地1个。集种鸭饲养、孵化、饲料生产、肉鸭养殖、屠宰加工、羽绒加工于一体的大型现代化农业产业化企业和昌（福建）食品有限公司投产，实行“统一价格供苗、统一供应饲料、统一技术指导、统一防疫用药、统一保护价回收”的“五统一”经营模式。同年，阳光集团获批建设全省首个进境植物隔离检疫圃项目。

2006年，建设无公害蔬菜基地600亩、无公害畜禽基地2个，省级无公害蔬菜基地认证300亩。永成畜牧场获环保部门认证，玉丰禽蛋基地被省经贸委、华丰生猪基地场被商务部确认为副食品储备基地。建立集贸市场食品质量安全监测点4个、开展定点屠宰肉品品质检验及生猪“瘦肉精”检测。至2006年末，全区温室面积596亩，大棚面积730亩，中小棚面积2700亩，在温室和大中棚中，种植蔬菜1590亩，园艺苗木286亩。

第四节　中介组织

1997—2007年，洛江区培育发展各具特色的农副产品批发市场和专业市场，在洛江区蔬菜、龙眼等大宗农产品集散地建设河市蔬菜批发市场、双阳龙眼批发市场、万安农贸市场，年交易额1.9亿元。先后成立洛江蔬菜同业公会、花卉协会、龙眼学会等中介组织，带动农户发展生产，增加收入。完善“市场＋农户”“专业协会（专业合作社）＋农户”等联结方式，发展高层次的“公司＋中介＋基地＋农户”的经营模式，强化与农民利益的联结，按照自愿互利的原则，吸引农民通过资金、土地、劳力、技术、设施入股；积极探索利润返还，二次结算让利，托管或租赁经营、股份制、股份合作制等形式，使带动主体与农户形成紧密利益联系，实现“双赢”效果。

第七章 农场与农业开发

第一节 农场

一、加锥农场

1958年，晋江县马甲公社创建加锥油茶场。1962年1月，晋江县接办称国营加锥农场。1971年1月，划归泉州市（县级）管辖。1998年9月，加锥农场由洛江区政府管理变更为区农业水务局管理。1999年，进行国有企业体制改革对农场职工改制。2003年，加锥农场获福建省农业厅颁发的“福建无公害农产品龙眼基地”认证，同时获得农业部颁发的“无公害农产品”认证。2003—2004年，实施国家级农业综合开发项目，在龙眼和官溪蜜柚基地建设蓄水池和喷灌系统。2005年，产茶叶5吨，柑橘5吨，龙眼22吨，其他杂果5吨，产值21万元。2006年，实施泉州市“龙眼新品种示范推广”科技项目。是年，从福建省农科院引进推广龙眼“冬宝九号”60亩。2007年末，农场人口56人，在册职工人数3人。土地总面积10305亩，其中林地面积8295亩，茶果园面积1995亩，其他面积15亩。同年，产茶叶7.5吨，柑橘22吨，龙眼26吨，杂果7吨，产值19万元。

二、双阳华侨农场

1960年3月，创办双阳华侨农场，安置印度尼西亚归国华侨，由福建省侨务办公室主管，之前属晋江县管辖。该场由晋江县华侨工商农场、商业畜牧场和县林业苗圃（南山）3个单位和2个生产队组成。农场辖6个管区、34个自然村、50个居民小组。1970年2月，该农场下放为地方企业。1971年1月，归泉州市管辖。1978年5月，重新收归省侨办主管并进行扩建。此后，农村实行经济体制改革，农场向多种经营方向发展，除粮食生产外，着重发展建立龙眼生产基地，并发展其他企业如塑料厂、造纸厂、农械厂、碾米厂、糖厂等场办企业。

1990年，全场人口3355人，其中归侨2002人，占59.7%。茶园70亩，年产茶叶4.5吨，果树2595亩，年产水果100.5吨。工农业总产值1251.3万元，其中工业产值占96.7%，农业产值占3.3%，职工年平均工资1562元。

1998年4月，双阳华侨农场改制，建立镇一级人民政府，增挂华侨经济开发区牌子。改制后，双阳华侨农场实施国有企业改革，盘活国有资产，经济得到发展。2004年，完成工农业总产值5.52亿元。2005年，撤销双阳镇，设立双阳街道，办事处驻吕埔。当年工农业总产值7.3亿元。

第二节 农业开发

中华人民共和国成立后，对农业进行社会主义改造，有利调动集体力量，开荒造田，发展生产。

1955年合作化运动中，开垦稻田，发动群众挖塘泥改良水田。1958年，开垦荒地，大搞改良土壤的群众运动，兴修水利。1963年，双阳华侨农场在洛阳江围海造田。1963—1965年，平整土地、挖掉小田埂，大力推广绿肥，提高地力；同时注重山地发展茶果生产。1971年，城东海堤（含洛江今域）动工，翌年11月合拢，围垦土地5000亩。建区后，洛江区重视农业综合开发，2001年实施河市片中低产田改造，面积1.2万亩，总投资388.06万元，其中财政资金306.76万元，筹资筹劳81.3万元，修建排灌渠长20182.4米，埋设管道5200米，蓄水池3座，机耕路长7340米，改良土壤1200亩，示范推广500亩，技术培训1018人次，建设田间防护林网5千米。

2002年，洛江区实施马甲片中低产田改造，面积6000亩，总投资202.69万元，其中财政资金171.52万元，筹资筹劳31.17万元，新建拦河坝1座、整修3座，新建电灌站7座，新建及整修灌渠9395米，架设电线路1110米，埋设地下管道840米，改良土壤635亩，新建机耕道路3140米，营造水土保持林1023亩，科技示范推广1016亩，技术培训1680人次。实施河市片节水示范项目，面积7000亩，总投资400.93万元，其中财政资金264.5万元，筹资筹劳136.43万元，新建拦河坝1座，新建电灌站5座，蓄水池24座，架设电线路2595米，埋设地下管道19519米，改良土壤855亩，营造水土保持林1906亩，科技示范推广1612亩，技术培训1985人次。

2003年，实施罗溪片中低产田改造，面积7500亩，总投资322.6万元，其中财政资金258.6万元，筹资筹劳64万元，新建衬砌排灌渠12560米，新建电灌站2座，架设电线路570米，埋设地下管道15570米，改良土壤768亩，新建机耕道路2156米，营造水土保持林1600亩，科技示范推广1900亩，技术培训2035人次。实施马甲片节水示范项目，面积7000亩，总投资290万元，其中财政资金235万元，筹资筹劳55万元，新建拦河坝1座，新建电灌站5座，蓄水池24座，架设电线路1940米，埋设地下管道24210米，新建及整修灌渠7180米，改良土壤700亩，机耕路长970米，营造水源涵养林1995亩，科技示范推广1995亩，技术培训2054人次。

2004年，实施罗马片中低产田改造，面积8600亩，总投资506.3万元，其中财政资金391.5万元，筹资筹劳114.8万元，完成新建、整修拦河坝2座，新建电灌站2座，新建及整修灌渠11520米，蓄水池4座，架设电线路3710米，埋设地下管道15770米，改良土壤1500亩，新建机耕道路18130米，科技示范推广1900亩，技术培训3631人次。

2005年，实施马甲河市片中低产田改造，面积8500亩，总投资562.4万元，其中财政资金425.9万元，筹资筹劳136.5万元，新建拦河坝1座，新建电灌站3座，新建及整修灌渠21560米，蓄水池4座，埋设地下管道20600米，改良土壤3000亩，新建机耕道路7620米，技术培训1642人次。

2006年，实施虹山片中低产田改造，面积9000亩，总投资548.98万元，其中财政资金444.28万元，筹资筹劳104.7万元，新建拦河坝3座，整修加固拦河坝1座；新建衬砌引水排渠道18条，长12.88千米；埋设地下管道4条，长11.9千米；改良土壤3000亩；新建机耕路2条长4.42千米；完成沼气池工程200口；示范推广100公顷，技术培训3078人次。

2007年，实施马河片中低产田改造及罗虹片水毁修复项目，面积1.4万亩，总投资867.7万元，其中财政资金693万元，筹资筹劳174.7万元，新建拦河坝1座，整修加固拦河坝2座；新建、整修机电排灌站5座；新建机电井1眼，架设供电线路750米；新建衬砌引水渠道13条，长15.92千米；埋设地下管道1条，长2.35千米；整修小山池塘4座，新建小型蓄水池6座；改良土壤2000亩，新建机耕路8条长7.7千米；示范推广1000亩，技术培训1661人次。

第八章 机构与管理

第一节 机构

一、农业水利机构

（一）行政机构

1997年建区后，洛江区农业水利局成立。1998年8月，区编委会核定内设人事秘书科、政策法规科、生产技术科，行政编制8名，局长1名，副局长3名，股级4名；机关工勤事业编制1名。2001年4月，更名洛江区农业水务局。2002年12月核定行政编制（暂定）5名。

（二）事业单位

1998年成立事业单位有区农业科学研究所，编制3名；区动物检疫站，编制6名；区种子公司加挂种子管理站，编制4名；区畜牧兽医站加挂动物卫生监督所，编制3名；区防汛旱指挥部办公室，编制4名；区农业区划委员会办公室加挂农业综合开发委员会办公室，编制3名；区农业技术推广中心加挂农业机械管理站，编制12名；区农村合作经济经营管理站，编制6名；区经济作物站，编制6名；区水利水电管理中心，编制10名；区水产技术推广中心，编制2名；水政水资源管理站加挂水政执法监察大队，编制4名；区水土保持委员会办公室，编制5名。2003年11月，区农业区划委员会办公室和农村合作经济经营管理站各核减编制1名。2004年6月，撤销区种子公司，保留种子管理站，核定编制2名。2007年6月，设立区农业渔业执法大队，编制7名，区农业区划委员会办公室、水土保持委员会办公室、水政水资源管理站、农业技术推广中心、动物检疫站各核减编制1名。同年12月，调整畜牧医事业机构设置（见本篇第四章第一节畜禽），区农业渔业执法大队、农业技术推广中心各核减编制1名。

二、林业机构

（一）区森林防火指挥部

1997年，洛江区森林防火指挥部成立，总指挥由区政府分管林业副区长兼任，下设办公室（简称区森林防火办），办公地点设在区林业局，编制2 名。至2007年，机构编制没变。

（二）区林业局

1997年10月，洛江区林业局成立，内设办公室、计划财务与产业发展股、林政资源管理股、营林股，编制4名。区林业局下辖事业单位：洛江区林业规划队，编制2名；洛江区林业技术推广站，编制5名；洛江区林业基金管理站，编制2名；洛江区森林病虫害防治检疫站，编制3名；1998年河市镇、马甲镇、罗溪镇和虹山乡等乡（镇）林业工作站成立，编制11名；2005 年，洛江区林权交易管理中心成立，编制2名。

（三）区森林公安分局

1982年，泉州市（县级）林业公安科成立，洛江今域林政归其管辖。1997年12月10日，原市公安局鲤城分局林业公安科改设为“泉州市公安局洛江林业分局”，为副科级机构，是洛江区林业主管部门的直属行政机构，列入市公安局洛江分局序列。2005年，泉州市公安局洛江林业分局更名为泉州市公安局洛江森林分局，分局内设办公室、法制股、治安刑警队。

2005年3月18日，泉州市公安局罗溪森林公安派出所转制更名为泉州市公安局罗溪森林派出所，归区洛江森林公安分局管辖。该所森林公安专项编制5名，管辖范围罗溪林场、虹山乡、罗溪镇、马甲镇、河市镇。

第二节 管理

一、农业行政执法

1997—2007年，开展食品卫生检查，对主要食品蔬菜农残、加工食品检测，对牲畜定点屠宰执法管理，重点对猪肉、水产品等副食品批发市场、农贸市场、大型超市、城乡接合部和农村地区市场监管。根据农事季节，做好农药化肥市场的管理工作，确保农药化肥质量安全。每年春季于3月对全区农资市场进行抽查，夏季于7月对全区16家主要化肥销售网点进行全面检查。

2002年，建设“食品放心工程”，查处25起私宰生猪违法行为，检测蔬菜残留农药3000种次，农药残留超标检出率2%，对全区生产经营食品油企业和较大型服务企业的食用油包装桶进行检查，纠正制止部分旧包装桶使用。2004年，在虹山推行农村屠工管理制度，开展定点屠宰场专项整治，遏制马甲、万安白肉进屠宰场现象，查处违法案件21起，没收肉品350千克，罚款3800元，确保群众吃上“放心肉”。同年3月19—20日、3月29日，结合春耕对洛江区农资市场进行抽检，8月16日，配合泉州市农业执法支队对全区农资经销点进行检查，全年出动32人次，对全区6个乡镇11个经销点进行检查，防止伪劣农资进入农资市场，保障农民的合法利益。2006年，蔬菜检测2730批次，合格率95%；水产品甲醛检测1616批次，全部合格；生猪“瘦肉精”检测128例，合格率100%；定点屠宰生猪5.8万头，定点率100%。

2007年，全区有农业生产经营户25428户，其中，种植业户占88.9%；全区有农产品生产经营单位247个。区直有关部门与区内主要农贸市场、超市签订《共建规范市场责任书》，建立健全主要食品抽查检测、公示制度，对果蔬农残、水产品甲醛进行检测公示，超标产品按协议约定给予销毁，从源头杜绝假冒伪劣产品进入主要流通市场。在马甲镇开展牛、羊定点屠宰试点，并在全区主要镇区全面推行。

二、林政管理

中华人民共和国成立初期，林政管理机制未健全，境内盲目采伐造成林木资源损失情况时有发生。1977年后，泉州市贯彻执行山林保护管理法规，采取措施加强管理，洛江今域乱砍滥伐得到控制。1982年起，境内林政管理由泉州市林业公安科负责。1986年起，鲤城区林竹检查站成立，对境内实行全日检查制度，有效地制止境内木材无证运输和偷漏“两金两税”（育林基金和更新改造基金）违法行为。1990年，整顿木材市场，对合法经营的木材商贩逐家建档，掌握经营情况。

1997—2007年，林业公安机关组织林业“严打”专项斗争，严厉打击破坏森林资源和野生动植物资源的违法犯罪活动，保护林区社会治安秩序，有效的遏制林区内盗伐、滥伐林木资源。宣传《中华人民共和国森林法》《中华人民共和国野生动植物保护法》等林业行政法律、法规，使农民群众增强保护森林的法律意识。

2001年，查处盗伐滥伐林木、乱捕滥猎野生动物和森林火灾案件，查处各类刑事、治安、行政案件17起，其中刑事案件4起，治安案件1起，行政案件12起。2002年，查处违法运输木材案件42起，行政处罚45人次，收缴木材305立方米，挽回经济损失15万多元。查处林业行政案件12起，挽回经济损失3万多元。其中，盗、滥伐案件4起，非法收购木材5起，无证运输3起。

2003—2007年，查处林业刑事案件12起，林政案件48起，遏制违法行为，维护正常的木材流通秩序以及林区治安的稳定。

三、农机监管

2002年，区农机站与6个乡镇(街道)农业服务中心签订安全生产责任状，并以创“文明监理，优质服务”窗口的内容为要求，对拖拉机建立管理档案。

2004年，年检拖拉机41台，新报拖拉机变型运输机13台，过户3台；组织60多名农机手学习《中华人民共和国道路交通安全法》和《中华人民共和国农业机械化促进法》，并组织机手参加市交警支队和泉州晚报举办的《学习新交通法知识竞赛》活动。2005年，年检年审拖拉机72台套；拖拉机变型运输机注册登记19台套。

2007年，年检年审拖拉机103台，拖拉机变型运输机注册登记42台，转移登记8台，办理其他业务12台。区农机站会同乡镇农业服务中心人员3次上村道检查，全区检查多功能拖拉机52辆，其中逾期未检的9辆，无牌的3辆，擅自改变技术参数的29辆，外挂牌照的多功能拖拉机2辆，现场责令整改的20辆，发出限期整改通知书26份。签订农机安全生产责任状（书）123份，提高全区农业机械的安全性能和驾驶员的安全生产意识、技术水平。

第九篇 水利电力

洛江区境内溪流密布，流域面积较大的溪流有洛阳江、罗溪和龙潭溪 3 条。洛阳江是全区的第一大河流，洛江区域河流长 40.8 千米，流域面积 249.17 平方千米。辖区内第二河流是晋江东溪支流的罗溪，长 19.3 千米，流域面积 85 平方千米。第三大河流是木兰溪系的龙潭溪，长 10.7 千米，流域面积 32.88 平方千米。中华人民共和国成立后，各级政府重视兴修水利。1997 年洛江建区后，新建一大批水利工程。至 2007 年，洛江区境内小（一）型水库 5 座，总库容 767 万立方米；小（二）型水库 21 座，总库容 561.60 万立方米；全区修建小山塘 120 座，总库容 258.95 万立方米；电灌站 62 座 1192 千瓦，有效灌溉面积 3320 公顷，占耕地面积的 92.8%；保证灌溉面积 3026 公顷，占耕地面积的 84.6%。拦河闸主要有陈三坝拦河闸、钟洋闸，有保护千亩以上海堤 5.69 千米（桥闸内），外海堤线 2.63 千米，总长 8.3 千米，保护面积 280 公顷，保护人口 1.25 万人。惠女水库位于马甲镇境内，对惠安和洛江区马甲、河市两镇的工农业生产用水发挥重要作用。

改革开放前，洛江今域经济发展缓慢，山区乡村长期以来靠油灯照明，直至 20 世纪 60 年代，在民建公助的政策扶持下，各地积极利用当地水力资源建设一批小水电站，至 1985 年，境内山区水电站达到 52 座、装机 54 台，容量 2130 千瓦，年发电量 256 万千瓦时。1987 年 6 月，35 千伏马甲变电站投运，罗溪、马甲、河市相继成立供电所，从此乡镇山区用电统一纳入福建电网供应，境内居民用电户接近 100%。随着洛江今域经济建设快速发展，电力基础建设力度加大。2000 年，马甲供电公司体制改革与洛江区农网“两改一同价”同步推进。2002 年，农网改造通过省级验收，农村电网结构布局更趋合理。至 2007 年，洛江区有 6 座变电站，其中 220 千伏变电站 2 座，10 千伏配电线路条数 61 条，总长度 673.24 千米。

第一章 水 利

第一节 防洪治涝工程

1962 年，兴建阳江海堤，堤长 5.69 千米，保护村庄 2 个，受益面积 280 公顷，人口 3456 人，保护工农业产值 225.04 万元。1974 年，兴建洛阳桥闸。1995 年，阳江海堤列为省定千亩以上海堤达标加固项目，该堤分为阳江段和后埭、杏宅段。阳江段长 2.887 千米，堤顶高程 6.521—7.161 米（黄海高程下同）堤顶宽 2.0—2.6 米，历史最高水位 5.121—6.121 米（黄海）；后埭、杏宅段长 2.802 千米，堤顶高程 5.321 米（黄海），堤顶宽 3.0 米，历史最高水位 4.621 米（黄海）。洛阳桥闸正常运行时，关闸拦水，杏宅、后埭段江堤，长期处于高水位运行，砂堤段渗漏较大，给工程运行和安全带来隐患，垦区由于受排涝渠断面偏小及海潮顶托的影响，经常造成积水内涝。1996 年该海堤加固通过达标验收。

1998 年，中亭海堤和见边海堤连接成为万安海堤，位于万安街道办事处辖区内，北起国道 324 线，南至城东乌屿桥头，全长 2625 米，保护面积 3200 亩。万安海堤地处泉州湾内，历史最高潮位 4.94 米，多年平均潮位4.15米。2003年8月31日至12月22日，达标建设海堤864.73米，加固标准为20年一遇，设计堤顶高程5.80—6.30米，防浪墙顶高程6.60—7.10米。海堤结构为堤身迎水坡以干砌条石碎石垫层护坡和干砌条石陡墙，墙背铺设土工布护土堤，护坡型式坡脚在滩涂面以下，为砂垫层和干砌条石护坡脚，陡墙形式打松木桩，桩面以下砂垫层。护坡与陡墙以锥坡形式衔接，堤顶宽6.0—2.1米。

洛江千亩以上堤防基本情况表

表9-1-1

项目名称	所在乡镇	堤长（米）	堤顶高黄海程（米）	梁顶宽（米）	历史最高水位黄海（米）	水闸（孔/座）	保护区				投资	
							村庄（个）	面积（亩）	人口（人）	工农业产值（万元）	总投资（万元）	其中国家补贴（万元）
阳江海堤阳江段	双阳	2.887	6.521 7.161	2.0—2.6	5.121	2 / 2	1	3000	2056	215.64	36.709	17
阳江海堤杏宅、后埭段	万安	2.802	5.321	3	4.621	2 / 2	2	120	1400	91.4	51.44	31
万安海堤	万安	2.63	5.8		4.941			3200	4000			

第二节 灌溉工程

一、蓄水工程

（一）惠女水库

惠女水库坝址位于洛江区马甲镇彭殊村，是一座以灌溉为主结合防洪的大型水库，集雨面积105.8平方千米，原设计正常蓄水位81.00米高程（罗零高程，下同），死水位58.25米，有效库容8748万立方米，100年一遇洪水设计，500年一遇洪水校核，设计洪水位83.00米，校核洪水位84.23米，总库容1.26亿立方米，水库移民高程84.50米，赔偿高程83.00米。

1958年7月惠女水库工程动工建设，1960年3月建成。1977年6月，经省水电厅批准，大坝进行保坝加固，防洪标准改为3天降雨量1000毫米（约一万年一遇），原溢洪道堰顶高程由81.00米降至77.6米；保坝后，校核洪水位83.95米，百年一遇设计洪水位81.30米，正常蓄水位77.6米，总库容1.23亿立方米，兴利库容6484万立方米，死库容1216万立方米。惠女水库为惠安县惠女水库管理局管辖，

1. 枢纽建筑

枢纽建筑由主坝、副坝、溢洪道、输水涵洞4部分组成。

大坝：坝型为黏土心墙坝，最大坝高52.5米，坝顶长350米、坝顶宽9米。在坝顶砌防浪墙一道，墙顶高程86.5米。

溢洪道：位于右岸山坳处，开敞式，加固前堰顶高程81米，保坝加固时炸深3.4米，高程为77.6米，平顶段宽50米（有石拱桥1座，计5跨），陡坡段宽30米，设计最大泄洪流量为1150立方米每秒，末端为挑流消能。

输水涵洞：2条，其中一条为有压钢筋混凝土圆管，长度为145.6米，1981年6月，套钢管建坝后电站；另一条为无压石砌拱涵，设计通过流量各10立方米每秒，进口各设放水孔两排，上下共4个。

放水设备为双臂式铸铁转动门盖，采用2台各5吨手摇卷扬机进行启闭据观测，大坝累计沉陷472毫米，先后发生四次纵向裂缝，全长约173米，深3.5米，缝宽0.02米。大坝坝坡白蚂蚁危害严重，曾采用毒、杀、灌、诱等方法处理。

2. 建设过程

1958年，惠安县政府成立乌潭水库工程指挥部。1959年，组织灌区指挥部。在大坝劳动的1.5万名民工中，妇女占85%以上，约1.3万人。渠道开工以后，从大坝到渠道4万多名民工，仍然是以妇女为主，这大批的女民工中，年纪大的有五六十岁，年轻的十五六岁。中国人民解放军驻惠安部队两个团及汽车连官兵，在工地参加义务劳动，支援水库建设。

1959年2月，乌潭水库改名为“惠女水库”。1960年春节前夕（2月10日），大坝主体工程胜利建成。水库（含灌区）工程完成土石方1741.02万立方米，投工2626.93万工日，总投资3200万元（不包括群众投劳折价），其中坝区加固投资100万元。1971年，惠安县革委会根据群众意见，把“惠女”的“女”字改为“安”字。1973年，水库成立管理处后，又恢复“乌潭水库”的原名。

3. 除险加固工程

2002年7月，福建省水利厅批准对惠女水库进行除险加固。根据设计方案，惠女水库除险加固项目分为主坝防渗加固和输水涵洞改造工程、主副坝坝面及溢洪道加固工程、水库调度监测中心管理及围墙工程、坝上供电设施及配电系统改造工程、水情测报与大坝安全监测自动化系统工程、防汛仓库及附属设施工程6个单位工程。2003年10月，除险加固工程开工，概算总投资2935万元。2005年2月，除险加固工程基本完成。2007年底，通过省水利厅组织竣工验收，惠女水库病险问题基本解决。在工程建设中通过优化设计方案，累计投资2547.44万元，节约工程投资387.56万元。2006—2007年，惠女水库放水灌溉累计54天，放水1528万立方米，售电423万元。

4. 效益

水库建成后，根据1960—1990年统计，平均年来水量7107.13万立方米，平均年降雨量1359.9毫米，年来水总量超过1亿立方米的有1961年、1973年和1983年，年来水总量低于3000万立方米以下的有1967年、1971年、1977年和1978年。山美水库惠安灌区建成后，1988年，经省、市水利部门核实，划定乌潭水库灌溉面积为8.41万亩，山美惠安灌区为12万亩。受益前，灌区平均亩产281.5千克，1980年，灌区亩产达547千克。

附：惠女水渠

1959年11月动工，1962年夏季部分受益，1965年配套工程基本结束，全面发挥效益。建成干渠3条，82.83千米（其中砌石防渗29.45千米），灌溉千亩以上支渠11条91.36千米（其中砌石防渗16.66千米）。全灌区较大建筑物144座，总长度8099米，其中在洛江区域主要建筑物有：

南塘渡槽：为乌潭渠道全线的咽喉工程，1959年9月动工，1960年7月竣工。全长180米，渡槽净长108米，顶宽3.05米，分为5跨，每跨跨距20米，桥墩高35米，设计流量16立方米每秒。浆砌条石4800立方米，填土方3.90万立方米，投工26.60万工日。

小溪渡槽：长120米，设计流量16立方米每秒。

（二）小（一）、小（二）型水库

1965—2006年，洛江区建设小（一）型水库5座，总库容570.6万立方米，集雨面积39.59平方千米，灌溉面积8.73平方千米。建设小（二）型水库1座，总库容53.6万立方米，集雨面积29平方千米，灌溉面积700亩。从坝型看，1990年前，选用均质土坝；1990年后，新建的小（一）、小（二）型水库选用重力坝、双曲拱坝、单曲砌石拱坝。全区小（一）、小（二）型水库功能为农业灌溉。

洛江区小（一）和小（二）型水库基本情况表

表 9-1-2

工程名称	类别	所在河流	所在地点	集雨面积（平方千米）	总库容（万立方米）	灌溉面积（万亩）	竣工时间（年）
前洋水库	小（一）型	晋江东溪	罗溪洪四村	7.10	205.0	0.76	1966 年
后坂水库	小（一）型	洛阳江	马甲后坂村	9.90	212.0	0.40	1966 年
新南水库	小（一）型	洛阳江	双阳	3.20	143.0	0.30	1967 年
后深溪水库	小（一）型	洛阳江	河市	12.60	102.0	0.18	1997 年
宫迹水库	小（一）型	洛江江	马甲	5.95	104.6	—	2006 年
车厝水库	小（二）型	晋江东溪	罗溪洪四村	2.50	60.0	0.13	1978 年
虎垅蔗水库	小（二）型	龙潭溪	罗溪双合村	6.00	15.2	0.06	1985 年
翁山水库	小（二）型	晋江东溪	罗溪翁山村	4.60	40.2	0.12	1964 年
回石水库	小（二）型	晋江东溪	罗溪埯内村	3.80	20.7	0.07	1955 年
寺铺水库	小（二）型	晋江东溪	罗溪新东村	0.40	13.5	0.03	1983 年
碇口水库	小（二）型	晋江东溪	罗溪翁山村	0.63	10.9	0.03	1989 年
割仔湾水库	小（二）型	洛阳江	马甲二甲村	1.33	17.0	0.03	1977 年
青蛇水库	小（二）型	枫慈溪	马甲梧峰村	0.85	10.5	0.03	1964 年
内恬水库	小（二）型	洛阳江	马甲后坂村	0.75	13.0	0.02	1966 年
沈友水库	小（二）型	洛阳江	马甲潘内村	2.84	26.0	0.05	1967 年
七林水库	小（二）型	洛阳江	马甲前垵村	0.43	25.8	0.06	1965 年
蔡山水库	小（二）型	洛阳江	马甲新民村	0.23	13.6	0.02	1963 年
乌石水库	小（二）型	洛阳江	马甲马甲村	1.81	11.8	0.03	1964 年
观口水库	小（二）型	洛阳江	马甲新建村	2.30	48.2	0.10	1956 年
龙公溪水库	小（二）型	洛阳江	马甲洋坑村	11.0	34.0	0.03	1985 年
仰恩水库	小（二）型	洛阳江	马甲洋坑村	63.0	24.0	0.01	1995 年
过路坝水库	小（二）型	洛阳江	马甲彭殊村	1.55	28.9	0.20	1990 年
水槽水库	小（二）型	洛阳江	河市	0.50	30.4	0.07	1976 年
小岭水库	小（二）型	洛阳江	双阳新岭	0.84	44.6	0.09	1975 年
赤崎水库	小（二）型	洛阳江	双阳前埭	0.33	19.7	0.04	1967 年
合计				139.28	1173.0	2.54	

第三节 引水工程

一、洛阳桥闸

洛阳桥闸位于洛阳江下游、洛阳古桥上游 500 米处。桥闸为石砌结构，顺水流方向总长 72.9 米，其中闸室部分 18.4 米，水泥浆砌条石 4 层，厚 1.30 米；上游铺盖长 14 米，黏土铺盖厚 1 米，上部水泥沙浆砌石厚 25 厘米；下游消力池长 17 米，水泥砂浆砌条石 3 层厚 99 厘米；护坦浆砌条石长 3.5 米；干砌块石长 9.5 米；防冲槽抛石长 10.5 米。基础地质由北向南逐渐变化，北面桥闸台基为岩石，1—8 孔为风化土，9—18 孔为灰色海沙。南面闸台基是海泥土，采用换填沙基厚 2.0—3.5 米，上游铺盖端及闸踵、趾各设板椿一道长 4 米。闸后石拱桥 32 孔，每孔净宽 5 米，桥面宽 9 米，设计标准汽 -15、拖 -60，桥闸两端公路接线长 2 千米，其中填滩地 1.1 千米。桥闸根据地基地质变化情况，纵向闸孔中间设沉陷缝 8 条，横向设沉陷缝 2 条，缝间有止水措施。桥闸北岸渠道进口设 3 孔水闸 1 座，每孔净宽 2.2 米，下接惠东南干渠，通过流量 14.0 立方米每秒（其中北渠引水 12 立方米每秒，洛阳江引水 2 立方米每秒）。桥闸南岸公路端设 1 孔排涝闸 1 座，净宽 3 米，排泄闸内右岸堤内的涝水。

二、钟洋拦河闸

钟洋拦河闸位于河市镇，所在河流洛阳江支流东溪，2004 年 9 月建成投入使用。集雨面积 63 平方千米，重现期校核 10 年，坝顶长 60 米，闸底高程 9.5 米，工程规模中型，洪水流量设计 492 立方米每秒，水闸孔数 10 个，每孔净宽 4 米，闸门形式为平板门，启闭机台数 10 台。

三、陈三坝

旧名“丰谷陂”，位于洛江区双阳街道阳江坝南村与惠安县洛阳镇陈坝村之间，是连接两岸和利于两岸农田灌溉的水利工程，为泉州地区最早的水库堤坝。初建时，陂长 99.9 米，宽 42.29 米，深 4.33 米。陂内可防溪流横溢，外可抵御海潮涌入。该陂有陡门五坎，视水量大小而蓄泄。明嘉靖十二年（1533 年），土陂被溪洪冲垮，泉州郡守屠东崖采纳众议，在陂的左边筑一条 22 丈石堤作为护坡，阻挡汹涌的水势。从此，此陂改名为“屠公陂”（石碑仍在村中）。不久，陂前崩坏，民众流离不得返，后再组织修好陂堤，将改道的水流引循原道，恢复灌溉。坝南、北面各设置排水渠。坝南灌溉鲤城区的城东和双阳华侨农场，约 66.67 公顷；坝北灌溉洛阳镇陈坝、霞星等村农田 500 多亩。1963 年，乌潭水库建成后，陈坝等村农田直接引乌潭水灌溉，不再用陈三坝水。同年冬，该坝整修，建五坎石闸，每坎 1.8 米。整修工程的劳力和经费由双阳华侨农场负责。在民间流传的说法里面，又称该堤坝为陈三所建，是陈三和五娘从潮州回到梧宅村后，热衷善事的结果，因村中农田灌溉需要，陈三就在村中小溪建了陈三坝，造福周边几万亩田地。后文史界人士猜测，关于陈三坝的由来，陈三所为大概为重修，而非始建。

洛江区中型水闸情况表

表 9-1-3

水闸名称	所在河流	所在地点	积雨面积（平方千米）	重现期（年）		坝顶长（米）	闸底高程（米）	工程规模	洪水流量（平方千米）		引水流量（立方米/秒）	水闸孔数（孔）	每孔净宽（米）	闸门形式	启闭机台数（台）	建成时间	灌溉面积（亩）
				设计	校核				设计	校核							
钟洋坝拦河南	洛阳江支流河市东溪	河市镇	63.00	10	—	60	9.5	中型	492.0	—	—	10	4	平板闸	10	2004 年 9 月	300
陈三坝	洛阳江	双阳街道	119.50	—	—	137.7	2.89	中型	838.0	—	0.5	翻版闸 (19) / 平板闸 (5)	2.1/2.7	—	—	1965 年 3 月	100
后溪拦河闸	晋江东溪	罗溪镇	41.56	20		41.5	110.5	中型	288.3	—	—	—	4	平板闸	8	2008 年 10 月	600

第四节 饮用水工程

一、城镇供水工程

1997—2006年，洛江区乡镇企业发展及双阳万亩工业园区开发建设，外来人口剧增，供水能力严重不足成为制约洛江区经济发展的瓶颈。1993年，万安开发区自来水公司投建日产水量3万吨，供万安开发区企事业和中心城区群众生产、生活用水。1995年，对含氟量超标的河市中心供水工程重新改造扩建，取河市祭溪溪水净化作为饮用水水源，日产水量1000吨。1998年，建设10.3万立方米库容的罗溪路源水库，解决当地村民吃水和农业灌溉问题，总投资60万元。1999年，琯头、桥南、杏宅三个村实现通自来水，建立万安水厂一级水资源保护区；铺设日产水量0.5万吨马甲镇供水工程管道；引新南水库供水双阳镇区。2001年，马甲建成制水净水厂，由于仰恩大学规模不断扩大，需水量不断增加，翌年扩建二期供水工程日产水量1万吨。2002年，双阳镇中心供水工程建成，日产水量3000吨。2004年，新建马甲小（一）型宫迹水库作为供水厂后备水源，2005年6月竣工蓄水。至2007年底，洛江区兴建供水工程4处，每日供水规模1.89万吨，受益人口37120人，总投资1599万元。

1997—2002年洛江区乡镇供水统计表

表9-1-4

工程名称	供水规模（吨/日）	受益人口（人）	投资（万元）	竣工年份
虹山供水工程	100	1100	12	1995年
河市供水工程	1000	1500	88	1996年
马甲水厂	15000	25000	1160	1999年、2005年
双阳水厂	3000	9520	339	2002年

二、农村饮水工程

中华人民共和国成立前，洛江境域村民饮水用水来源主要靠河水、山涧泉水、山塘蓄水等，卫生条件差。中华人民共和国成立后，供水工程逐步引起重视。1978年，国务院确定把农村人畜饮水工作划归各级水利部门负责后，每年从农水经费中安排一定比例帮助人畜饮水困难的乡（镇）、村兴建人畜饮水工程。随着人们生产生活活动日趋频繁，水源水质受到不同程度污染，加上原有供水设施简陋老化，无直接过滤消毒直接引小溪水、山泉水或挖水井提水解决，严重影响群众饮用水安全。河市个别乡村地下水含氟量高达38毫米每升。

1997年建区后，各级政府把解决农村人饮困难和乡镇供水列入为民办实事项目，采取先用自筹款，后用补助款，按工程建设进度拨付，待验收合格后全部拨付的方式，促进饮水工程建设。

2000—2004年，洛江区政府研究制定《解决农村饮用水发展规划》。至2004年，全区农村总人口15.8万人，其中农村饮水安全和基本安全6.42万人，不安全9.4万人，农村饮水安全人口普及程度40.6%，自来水受益人口4.43万人，普及率29.54%。受益人口200人以上或日供水量20吨以上的集中式供水工程52处，有净化设施12处，无净化设施40处，用水人口5.49万人。正规自来水22处，受益2.05万人；简易自来水103处，受益2.63万人；集中供水点4处，受益0.14万人。采用分散式代水有11万人，其中利用手压井、简井、大口井的人口7.89万人，引山泉水2.83万人，无人利用采集雨水方式供水。直接取用江河水、溪水、山泉水的人口0.29万人。

2004年，省政府提出“六千”的水利工程建设项目，包括决定用5年时间建设千万农民饮水工程，主要解决行政村部所在自然村通简易自来水。2004—2007年，洛江区建设36个村级供水工程，受益人口42195人，每日供水规模5742.1吨，投入资金545.439万元。平均每村投入15.15万元，受益人均供水规模每日0.14吨。农村供水由村委会直接管理，水价在0.5—1.8元每吨。仅2007年，9个村、社区（双阳新南、南山，马甲永安、杏川、马甲，罗溪永生、后溪，虹山苏山、前坂）10800名群众实施通自来水工程，总投资210万元。

三、节约水资源

1997年建区后，洛江区推行节水器具和节水技术，合理制定城市工业、生活和农业用水定额，开展工农业和生活节水工作，降低工农业和生活耗水总量；开展城市中水回用示范工程，提高冷却水等的回用率。2007年，洛江工业用水重复使用率大于50%。推广应用节水型农业技术，减少水肥流失。合理利用水的生态旅游资源，达到经济和生态的双赢；合理利用水的养殖功能，提高单位水体的经济价值。按照“上蓄、中滞、下泄”的原则，进行水利工程建设，开展小流域综合治理和河道疏浚。合理分配“生活用水、生产用水和生态用水”，保持“三水”平衡。科学合理兴建水利设施，提高防洪抗旱能力。科学认证跨区域流域引水，保障本地区水生态安全。增加水资源输入及蓄存量，禁止盲目围垦，开展生态退耕，退地还江、退田还湖；25度以上的坡耕地和重要水源保护区范围内的坡耕地必须退耕还林。

第二章 电 力

第一节 输电线路

改革开放前，洛江境域经济发展缓慢，境内山区乡村长期以来靠油灯照明，直至1958年才由罗溪虹山村的彭革成、彭永洲、彭太平等联合当地华侨投资，创办虹山水力发电站，发电供应本村群众照明，并附设碾米加工。随后，在民建公助的政策扶持下，各地积极利用当地水力资源建设一批小水电站，至1970年罗溪、马甲、河市、双阳等三社一场，投产小水电站计7站7台，总装机112千瓦。双阳华侨农场自办发电厂。1974年，罗溪八峰水电站建成，装机125千瓦。1980年以后，罗溪广桥二级水电站总装机2台计800千瓦，一些骨干小水电站相继建成。至1985年，境内山区水电站达到52座、装机54台，容量2130千瓦，年发电量256万千瓦时。

1987年6月，35千伏马甲变电站投运，罗溪、马甲、河市相继成立供电所，从此乡镇山区用电统一纳入福建电网供应。山区的小水电站也从单机独立发、供电至联网运行。至此境内居民用电户接近100%。

随着洛江今域经济建设快速发展，供电负荷不断提升，电力基础建设力度加大。1990年底，为保障35千伏华大变电站供电质量和供电可靠性，架设35千伏院华线，线路从110千伏院前变电站起至35千伏华大变电站止，长5.71千米。全线共有杆塔31基，其中13—29号杆由35千伏东华线开断改接而成，1991年12月竣工投入运行。1993年，属鲤城区马甲供电所管辖的35千伏华马线移交泉州电业局管辖，成为省属线路，该线路从35千伏华大变电站起至35千伏马甲变电站止，长22.81千米。

1997年7月，为建设220千伏城东输变电工程配套项目，架设110千伏城凤Ⅰ、Ⅱ回，线路起自220千伏城东变电站，终至110千伏凤山变电站，为双回同塔架设线路，单回长5.99千米，同年10月竣工，12月投运，工程总投资（双回）473.76万元。1998年7月，220千伏城东变电站以双回110千伏线路与院前变电站连接，线路长8.95千米，工程10月竣工，11月投运，工程总投资491.65万元。2001年5月，110千伏城郊线投入运行，线路从220千伏城东变电站起至110千伏西郊变电站止，线路全长9.2千米，工程总投资242.8万元。至2007年，省属原35千伏后东线、后江线、后华线、东华线均先后停役，仅有35千伏华马线、院华线、新埯线、新平线4条线路还在运行，长37.08千米，由泉州供电局管理。洛江区省属35千伏华大等投运于80年代的变电站，其主变压器损耗大、线路老化等状况，影响变电站的安全经济运行，不适应电网发展的要求，2001年35千伏华大变电站退出运行。

2007年洛江区省属35千伏输电线路情况表

表9-2-1

线路名称	起点	终点	长度（千米）	导线型号	杆塔数			投运年月
					水泥杆	铁塔	合计	
华马线	华大变电站	马甲变电站	22.81	LGJ-95	80	—	80	1987年6月
院华线	院前变电站	华大变电站	5.71	LGJ-150	19	12	31	1991年12月

第二节 变电站

一、双阳变电站

110千伏双阳变电站，位于洛江区双阳镇高厝村北侧，占地面积4983平方米。2000年，为满足河市、双阳等乡镇用电负荷增长需求，省电力公司审批建设110千伏河市即双阳输变电工程项目，改善洛江区配网结构。2002年5月9日变电站一期工程开工，7月8日竣工。备供投入运行的35千伏马甲、罗溪变电站，全站运行模式采用无人值班，集中监控方式，总投资1788.86万元。

二、城东变电站

220千伏城东变电站，位于泉州洛江区院前村，占地3.02万平方米，为华能福州电厂二期配套送出工程项目之一。1996年，省电力局批准建设220万千伏城东输变电工程，一期工程1997年11月26日竣工，建筑面积1353平方米，主控楼面积440平方米，1997年12月并网，交付泉州局负责运行和管理。同时投入运行的有220千伏惠城线I回，电源从220千伏惠安变电站输入；110千伏6回，主要向泉州市区的凤山变、院前变、大淮变供电；10千伏13回，主要向洛江区供电。二期工程2001年5月19日竣工投入运行。变电站实际总投资11385.57万元，单位投资316.27元/千伏安。

三、其他变电站

2007年，500KV洛江河市大园变电站、220KV洛江田边变电站、万安、马甲110KV变电站动工建设。

第三节 配电网络

1997年12月29日，洛江配电网新建9回10千伏出线（琯头、昌林、西福、庄任、华大、东宅、后埭、双阳、城华线），合计全长50.48千米（电缆5.25千米，架空45.23千米），有效地解决城东片区的用电需求，减轻35千伏华大变电站的供电压力，缩短10千伏线路的供电半径。2001年，洛江区工业区形成，负荷发展迅速。5月19日，220千伏城东变扩建投运1台18万千伏安主变压器，并相继架设投运新田线、城华II回、草邦线、万安南线、万安西线、杏宅线、梧宅线、花美I回、花美II回共9回10千伏线路，合计全长51.37千米（电缆8.83千米，架空42.54千米），有效地解决洛江万安工业区和浔美工业开发区、南埔工业区等负荷问题。

第四节 电价

1999—2000年，为充分利用水力资源，省电网实施丰水期浮动电价，每年从4月1日起至7月31日结束，电价为每千瓦时0.28元。2000年，取消新、老电价，对省电网新、老电价实施并轨，实行统一销售电价。对实行统一销售电价后电费支出增加较多的部分用户，根据以产业结构调整相结合的原则给予优惠。销售电价（按各类用电最低电压等级标准）每千瓦时的居民生活用电按0.367元、非居民生活用电按0.408元、商业用电按0.728元、大工业用电按0.522元、非工业、普通工业用电按0.615元、农业用电按0.149元、趸售电价按0.403元计收电费。

2002—2007年，省电网直供营业区实行城乡各类用电同价（按各类用电最低电压等级标准），同价水平为每千瓦时城乡居民用电0.422元，非居民用电0.510元，非工业、普通工业用电0.617元，农业生产用电0.199元，商业用电0.78元，大工业用电0.484元，趸售电按0.403元计收电费。

2003—2005年，洛江供电公司推进邮储代收电费、规范电费收费模式，75个村电费取消现金坐收，开通邮政代收业务，完成率86%，电费金额占坐收金额的92%以上，降低电费现金收取安全隐患，方便用户电费的缴纳。严格执行国家发改委及省物价委电价政策，加强用户尖、峰、谷时间段电量的抄录及用户力率电费的考核，根据《福建省电力有限公司营业窗口环境标准设计（试行）》的要求，优化营业窗口的服务环境，规范营业窗口人员服务行为。2006—2007年，拓宽交费渠道，规范电费交付模式，洛江邮政局增设代收网点，实施 e 路通工程。

1998年，洛江区把整顿农村电价列为为民办实事的内容之一，加快输电线路整顿和变压器更换进度。至2000年，全区农村照明电价控制在0.8—0.9元／千瓦时，比最高电价下降一半多。2001年8月至2002年6月，全区实施农电“两改一同价”工程，改造后农村到户电价降幅为0.2—0.4元／千瓦，大大减轻农民负担。

2002年福建省电网销售电价表

表9-2-2

<table>
<tr><th rowspan="2">用电分类</th><th colspan="5">电度电价</th><th colspan="2">月基本电价</th></tr>
<tr><th>不满
1千伏</th><th>1—10
千伏</th><th>35—110
千伏以下</th><th>110
千伏</th><th>220千伏
及以上</th><th>最大需量
元／千瓦</th><th>变压器容量
元／千伏安</th></tr>
<tr><td>一、居民生活电价</td><td>0.422</td><td>0.417</td><td>—</td><td>—</td><td>—</td><td>—</td><td>—</td></tr>
<tr><td>二、非居民照明电价</td><td>0.510</td><td>0.503</td><td>—</td><td>—</td><td>—</td><td>—</td><td>—</td></tr>
<tr><td>三、商业用电</td><td>0.780</td><td>0.773</td><td>—</td><td>—</td><td>—</td><td>—</td><td>—</td></tr>
<tr><td>四、非工业、普通工业电价</td><td>0.617</td><td>0.592</td><td>0.572</td><td>—</td><td>—</td><td>—</td><td>—</td></tr>
<tr><td>五、大工业用电</td><td rowspan="7">—</td><td rowspan="7">0.484</td><td rowspan="7">0.477</td><td rowspan="7">0.472</td><td rowspan="7">0.467</td><td rowspan="7">22</td><td rowspan="7">16</td></tr>
<tr><td>其中：化肥、农药、煤炭生产用电</td></tr>
<tr><td>电石生产用电</td></tr>
<tr><td>氯碱生产用电</td></tr>
<tr><td>电解铝生产用电</td></tr>
<tr><td>六、农业生产用电</td></tr>
<tr><td>七、趸售电价</td></tr>
</table>

第五节 用电管理

20世纪90年代初，用电由泉州电业局进行直供和趸售两种方式，洛江属于直供区。洛江等区域线路由“开四停三”改为“开三停四”，电量也受到较大的影响。1994年，泉州电力工业发展步伐加快，220千伏变电站主变压器容量增至90万千伏安；110千伏变电站主变压器容量增至108万千伏安。

2001年，洛江区全社会用电量19197.65万千瓦时，比上年增长8.76%，其中（按行业分类）：农林牧渔水利业用电量201.58万千瓦时，占1.05%；工业用电量10625.90万千瓦时，占55.35%；商业物供仓储业用电量359万千瓦时，占1.87%；城乡居民用电6890.382万千瓦时，占35.89%。

2007年，洛江区全社会用电量48623.49万千瓦时，是2001年的2.5倍。其中（按行业分类）：农林牧渔水利业用电量213.5621万千瓦时，占0.44%；工业用电量29174.09万千瓦时，占60%；商业物供仓储业用电量442.47万千瓦时，占0.91%；城乡居民用电17990.69万千瓦时，占40%。

2001—2007年洛江区用电量情况表

表9-2-3　　单位：万千瓦时

年份	全社会用电量	其中			
		农林牧渔水利业用电量	工业用电量	商业物供仓储业用电量	城乡居民用电
2001年	19197.65	201.58	10625.90	359.00	6890.38
2002年	21330.73	202.56	12576.60	360.49	7941.43
2003年	23967.10	205.12	13661.25	373.89	9107.50
2004年	27760.56	207.17	15545.91	374.77	10826.62
2005年	391972.15	208.34	2155.68	403.68	15676.86
2006年	46412.56	211.78	26919.29	417.71	17636.77
2007年	48623.49	213.56	29174.09	442.47	17990.69

第六节 农电管理

1999年农网改造前，泉州局直供区农村电网包括洛江区，泉州局直供区供电的乡（镇）、村（居）隶属两家管电，即泉州局和各乡镇电管站（共12个），除专变用户外，基本上是泉州局售电给电管站，由电管站供电到农户。洛江区具备法人地位的泉州市马甲供电公司，由泉州局趸售供电后售电到村。农村配电管理和维护，由各村自行负责，管理处于无序状态，各种管理方式并存，农电职工队伍庞大，人员多、素质差，有的村委会聘请电工管理，有村干部自己管理，有农村电工承包。受资金投入不足的限制，农村电网建设水平低下，设备装备只求电灯亮，不考虑器材质量，大部分存在年久失修、陈旧等问题，安全隐患多、技术线损大、电压质量差、供电可靠性偏低。电价管理混乱，到户电价由各村或管理者自行制订，权力电、人情电、关系电的侵蚀，乱摊派、乱加价、乱收费现象严重。1999年，泉州市农电“两改一同价”工作全面展开，根据《国务院批转国家经贸委关于加快农村电力体制改革，加强农村电力管理意见》和福建省人民政府《关于福建省加快农村电力管理体制改革和加强农村电力管理实施意见的通知》精神及泉州市“两改一同价”领导小组的部署，各县（市、区）政府对农村电力体制进行改革，撤销辖区内乡镇电管站，成立供电所，由泉州局直接管理。2000年，马甲供电公司的体制改革与洛江区的农网改造同步推进，2001年8月3日，洛江区政府和泉州局共同签订《洛江区农电“两改”工作协议书》，马甲供电有限公司撤销，由泉州局组建马甲供电所，实行营配合一、直供到户，同年8月9日马甲供电所成立，8月10日马甲供电公司的电网部分资产进行移交洛江区政府，泉州局接管招聘马甲供电公司人员。是年底，市直供区内的12个乡镇电管站均全部撤销，乡镇供电所管理进行改革，规范农村用电秩序，做到“四到户”“五统一”“三公开”，降低电价，减轻农民负担。泉州局农村电工招聘委员会对农村电工统一考核，择优录用、竞聘上岗，服务质量提高。2002年1月28日，泉州供电局洛江电业公司成立。同年6月，泉州市洛江农村电网建设与改造一期工程（一期投资3762万元，二期投资1000万元2002年底完成）通过省政府验收，农村电价大幅度下调，全市直供区农村到户电价降幅为每千瓦时0.2元至0.4元，每年为农民减负金额500多万元。农电“两改一同价”工程降低农村电价，实现电力“三为”（为农业、为农村、为农民）服务，洛江农村电网结构布局更趋合理，农村供电的线路变压器损耗由改造前的平均25%—30%普遍降到12%以下，供电质量提升。

第七节 用电监察

2002年，洛江区农网“两改一同价”完成，洛江区客户全部纳入直供管理，洛江供电公司设置用电监察班负责各辖区域的用电检查工作，用电监察人员12人，开展用电普查、加大对窃电和违约用电的打击力度，共查处窃电违章用户238户，追补电量185.27万千瓦时，追补电费53.01万元，收取违约金67.16万元。发现计量异常11户，追补电量6.61万千瓦时，追补电费6.41万元。不少用户任意违约用电，其中以超合同约定容量用电、在电价低的线路上接用电价高的用电设备和私自迁移、更动计量装置三种情况最为普遍。为此先后对750个计量柜加固加封，对3000多个计量集装箱加装铁罩外壳，堵住窃漏电的缺陷。

2003—2004年，洛江供电公司挖掘潜力，降损堵漏，保持对窃电、违约用电造成持续的打击声势和强大的威慑力，同时结合普查，对电力用户宣传安全、用电意识和相关法律法规，摘录《中华人民共和国电力法》《供用电规则》相关条文印制成宣传单，提高居民、企业依法用电的意识和履行《供用电合同》自觉性。经用电普查，低压照明用户普查8000户以上，超过应普查总数46895户的17%；其他用电普查面按要求达到100%。查处窃电违章用户50户，追补电量24677千瓦时，追补电费1.51万元，收取违约金7.59万元；发现计量异常35户，追补电量14003千瓦时，追补电费8961元。

2005—2007年，洛江供电公司被泉州市委、市政府授予“文明行业示范窗口”。公司对新增大容量用户用电申请源头环节执行“承诺书”制度，对大容量客户进行用电容量的检查，规范农村低压用电行为，开展对部分执行电锅炉电价、冰蓄能电价、农业电价用户的专项检查和特殊电价用户的监督。2005年，查处窃电户8户，违约超容用户63户，追收电量107.23万千瓦时，挽回经济损失68.99万元。2006年，查处窃电户追收电量120.82万千瓦时，追补电费69.28万元，追收违约金23.45万元，共挽回经济损失92.73万元；2007年1—5月，发现窃电用户数4户，违约用电57户，计量误差72户，追补电量475059千瓦时，追补电费32.08万元，收取违约金18.36万元。

第十篇 国内商贸服务业

中华人民共和国成立后，人民政府没收官僚资本的商业企业，迅速发展壮大国营商业，之后对资本主义工商业进行改造，形成以国营商业为主导、集体商业为辅、个体商业集市贸易为补充的社会主义商业体制。1978年后，逐步恢复国营商业为主导，多种经济成分并存，多种流通渠道、多种经营方式的商业体制，商业网点遍布城乡各个角落，商品购销旺盛，市场日益繁荣。1997年建区后，洛江区深化国有商业企业改革，以市场为导向，建立商品流通体制。区粮食部门贯彻国务院及省、市政府粮食流通体制改革政策，实行“四分开、一完善”改革（注释见本篇第二章第一节体制）。推进粮食购销市场化，完善粮食储备制度。当年，洛江区批发和零售业企业44个、网点774个，就业人员1319人，全区社会消费品零售总额2.3亿元。同年10月，华荣宾馆开业。1999年6月18日，洛江航空旅游城开业。2000年11月起，基层供销社全面改制，着重抓好农资、烟花爆竹、图书发行等专（主）营商品的经营工作。2004年末，全区批发和零售业企业39个，就业人员406人。批发业个体经营户140户，就业人员290人；零售业个体经营户2767户，就业人员4242人。住宿和餐饮业企业4个，就业人员206人；住宿业个体经营户4户，就业人员7人，餐饮业个体经营户404户，就业人员1025人。通过深化改革和扶持政策，促进全区商贸业发展，城镇综合服务功能不断完善，先后建设万安和双阳农贸市场、首富和万荣商业街、恒盛汽车城和五金机电城等街市，市场逐步繁荣。2007年，全区实现社会消费品零售总额9.76亿元，是1997年的4.24倍。

第一章 商业体制

第一节 国有商业

1997年建区前，鲤城区国营商业有11个公司214家经营企业，基本集中于城区，仅有少数企业和网点分布在洛江今域。行政区划调整后，原鲤城区医药公司河市商店、原鲤城区食品公司良种场和罗溪、马甲、河市、双阳4个食品站以及罗溪、马甲、河市、粮站划归洛江区管理。全区国有商贸企业16家，从业人员282人，没有500平方米以上商业网点，国有批发贸易企业8家，网点17个，从业人员90人；国有零售企业8家，网点35个，从业人员192人。全区国有商业社会消费品零售额1619.1万元，占全社会消费品零售总额的7.9%。

1998年，洛江区成立国企改革领导小组，办公室设在区经贸局，对国有商贸业的具体情况实行“一企一策”的改革。至11月底，全区18个国企除双阳农场的5个国企因建镇改制外，13个国企完成改革。其中，对4个食品站和良种场进行改制，全部职工实行辞职、自谋职业、一次性买断身份，4个食品站采取国有控股及职工入股方式组建洛江区副食品有限公司。河市医药商店、马甲供电公司改制为万安医药有限责任公司和马甲供电有限公司（以上公司均为国有控股公司，2007年，万安医药公司改制由厦门鹭燕医药有限公司控股，成立泉州鹭燕医药有限公司）。对河市、马甲、罗溪粮站进行人员精简的改革，辞退部分富余人员，并组建洛江粮油有限公司。区文体中心实行对外租赁经营。区良种场实行内部风险租赁经营（2001年全部职工自谋职业，存栏生猪等资产拍卖处理）。此后，商业企业产权制度改革，区属国有独资企业大幅减少。2000年，全区国有批发贸易企业2家、网点7个、从业人员37人，零售贸易企业2家、网点3个、从业人员34人。当年，全区国有经济社会消费品零售额3640万元。

2005年，限额以上国有及国有控股批发零售企业2家，从业人员23人，销售总额2.8亿元，分别占全区限额以上批发企业数、从业人员、销售总额的66.67%、14.6%、78.73%。

2007年，限额以上国有及国有控股批发零售企业2家，从业人员23人，销售总额1.8亿元，分别占全区限额以上批发企业数、从业人员、销售总额的50%、12.63%、56.2%。

第二节 集体商业

1954年，组织小商小贩走合作化道路，按照“联购分销，联购联销，共负盈亏”的原则组成合作店（组）。1956—1957年，完成对小商小贩社会主义改造。1958—1960年“大跃进”时期，合作商店合并为统一核算的供销部，挫伤个体、合作劳动者的积极性。1961年，合作店（组）人员经批准允许恢复个体经营，恢复合作店（组）网点。1963年，合作店（组）改归工商局管理。1979年，合作店（组）复由泉州市商业局（县级）管理。1981年，下放合作店（组）经营自主权，各店独立核算、自负盈亏，调动企业经营积极性，集体商业逐步发展。

1997年，全区集体经济批发贸易企业3家、网点6个，分别占全区批发企业机构、网点27.27%、26%；集体经济零售贸易企业25家、网点235个、从业人员416人。全区集体经济社会消费品零售额5456.4万元，占全区社会消费品零售总额26.7%。2000年，全区集体经济批发贸易企业1个，集体经济零售贸易企业（含联营）12个、网点30个从业人员142人。当年全区集体经济社会消费品零售额12500万元，占全区社会消费品零售总额37.16%。2002年，根据国家有关政策，开始对包括商业企业在内的全市集体企业进行甄别，引导、督促集体商业企业按照《中华人民共和国公司法》理清产权关系并改制成有限责任公司。洛江区流通领域的集体企业或通过资产重置或通过甄别身份进行产权制度改革，至2007年，除供销系统外，内资登记集体批发零售与住宿餐饮企业5家，当年全区集体经济社会消费品零售额3320万元，占全区社会消费品零售总额3.4%。

第三节 私营商业

唐代，随着海上通商兴起，商业活动日益活跃。明初，实行“海禁”，商业急剧萎缩。清代，康熙平台后，泉台贸易迅速兴起，封建官僚、地主纷纷兼营商业，出现“双口黄”（两广总督黄宗汉家族）等官僚地主商业集团。1950年4月，晋江县人民政府开展工商登记，全县有工商业户1381家申请登记。1978年以后，实行商业体制改革，个体商业迅速发展。1985年，泉州市（县级）有证私营商业共3169户，人员3564人。

1997年，洛江区批发零售及餐饮业等商业流通领域基本没有经工商登记的私营企业，只有大量从事批发零售及餐饮业城乡个体工商业户，网点480个，从业人员600人，其中食品、饮料和烟草零售业网点193个、从业人员384人，日用百货零售业网点103个、从业人员103人；全年个体经济社会消费品零售额13354.5万元，占社会消费品零售总额的65.36%。2000年，境内1114个批发零售贸易网点中，私营、个体1072个网点，占96.23%，国有商业网点只有10个。

2001年后，随着商业体制改革的深入，新创办的个体和私营商业及服务业经济迅速发展，以个体或联户及内联商业成为商业主体。个体商业网点遍布城乡，各类消费品除国家专营及明令禁止出售外，其他商品应有尽有，品种繁多。2004年末，批发业个体经营户140户，就业人员290人，零售业个体经营户 2767 户，就业人员 4242 人。住宿业个体经营户 4 户，就业人员 7 人；餐饮业个体经营户 404 户，就业人员 1025 人。

2007 年，全区有限额以上批发私营企业 1 家，资产 4835 万元，主营业收入 9097 万元，利润 90 万元，从业人员 135 人；零售业私营 2 家，资产 4307 万元，主营业收入 48627 万元，利润 59 万元，从业人员 92 人。全区限额以上住宿餐饮私人企业 1 家，资产 809 万元，主营业收入 285 万元。私营经济消费品零售总额 10740 万元，个体经济社会消费品零售总额 81721 万元，分别占社会消费品零售总额 11%、83.7%。

第二章 供销合作

第一节 体制

一、管理机构沿革

1951 年 1 月 3 日，罗溪双溪乡农民集资创办晋江县第一家合作社，社员 603 人。1952 年 6 月晋江县合作总社成立，随后确定以区建社的原则。同年 8 月底，马甲、河市供销社成立，社员分别有 2124 人、4746 人。供销社遵循办社宗旨，把服务农村支援农业生产摆在各项工作的首位，根据农时季节，做好组织生产资料和生活资料供应。广大农民依靠供销社及分布各农村中的代销点进行供应，市场占有率 90% 以上。三个基层供销社还设货挑担 6 担，送货到偏僻山村。

1958 年 7 月，国营与合作商业合并，基层社改为商业局办事处，仍挂供销社牌子。在人民公社化运动中，基层供销社按公社设置，当时洛江今域河市、马甲、罗溪 3 个供销社。1971 年初，晋江县罗溪、马甲、河市公社划入泉州市，晋江县河市供销合作社、马甲供销合作社、罗溪供销合作社随之划入。1977 年 1 月，恢复泉州市供销合作社机构后，立即进行供销社组织整顿，重建规章制度，调整经营网点，扶持发展农村多种经营，供销合作事业又走上新的发展道路。

1983 年，进行体制改革，以全民改集体（所有制）为核心，恢复原来供销社群众性、民主性、灵活性的特点，逐步办成农村商品生产综合服务中心。各基层社通过清（增）股、分红、扩股，增加民办因素，召开市社和基层社两级社员代表大会，民主选举本级理事会、监事会（或社务委员会）。

1997 年，鲤城区行政区划调整，河市、马甲、罗溪 3 个基层供销社和城东供销社琯头网点划归洛江区，由区经贸局代管。

2000 年 11 月，供销社全面改革，企业与全部职工（共 129 人）解除劳动关系，一次性发给安置费，返聘 6 名管理人员，通过盘活现存资产，着重抓好农资、烟花爆竹、图书发行等专（主）营商品的经营工作，使供销社摆脱债务包袱和人员包袱。

二、经营体制改革

改革开放后，经济体制逐步从计划经济转向市场经济，鼓励个体、私营经济发展，原有全民、集体企业经营的领域引入竞争机制，甚至放开。1986 年，供销社系统打破“大锅饭”推行大包干经营体制，实行柜组核算、自负盈亏的承包经营责任制，先后经过 5 轮（1 承包轮期为 3 年）15 年的承包经营管理。

至 1992 年，原鲤城区河市供销合作社下设门市部 25 个，共有干部职工 75 人，资产总值 234.2 万元（其中固定资产原值 52.7 万元），当年购进总额 179.2 万元，销售总额 191.0 万元。原鲤城区马甲供销合作社下设批发部 1 个、门市部 20 个、购销站 2 个、茶果场 1 个，共有干部职工 68 人，资产总值 345.1 万元（其中固定资产原值66.6万元），当年购进总额192.5万元，销售总额246.5万元。原鲤城区罗溪供销合作社下设批发部1个、门市部31个、购销站1个、联营茶果场1个，共有干部职工75人，资产总值238.9万元（其中固定资产原值30.4万元），当年购进总额194万元，销售总额162.6万元。

20世纪90年代中后期，因供销社经营管理机制问题，职工存在“大锅饭”思想，包盈不包亏，企业部分费用无法分摊，以及历史遗留的问题，如在计划经济时期，政府对农村的一些低息贷款转嫁给供销社，造成供销社较大资金包袱。加上城镇改造拆迁，供销社原有的网点破旧，地段优势尽失，经营网点和经营项目逐步减少，供销社逐步走入困境和衰落，迫使企业需要转换机制。2000年11月，供销社改制，其业务从商品经营为主转为“资产经营与商品经营”并举，主要抓好供销社资产（门站、仓库等）的租赁承包经营，同时继续开展农资、烟花爆竹、图书发行等专（主）营商品的经营。

第二节 生活资料购销

改革开放前，今洛江区域是典型农业区，广大居民日常生活消费主要依靠供销合作社和分布在各镇乡的农村代销店进行供应；由于经济计划时代绝大部分商品需要凭票购买，商贸氛围差、流通效率低，经营无赢利可言。供销社经营网点对乡村广大农民的生活资料供应起到主渠道作用，市场占有率90%以上，供应的主要品种包括：纱布、绸缎、服装鞋帽、针织、日用百货、五金交电、炊事用具、瓷器、家用电器、钟表、自行车、副食品、课本、图书、文具用品，开设饮食、旅社、照相等服务行业。进货渠道便捷，较多的向县市二级批发部进货，这个时期为供销社最昌盛年段。随着改革开放，原有全民、集体企业经营的领域逐步引入竞争机制。1986年始，供销社打破大锅饭推行大包干经营体制，实行柜组核算、自负盈亏的承包经营责任制。20世纪90年代中后期后，百货日用市场以私营企业、个体户为主经营。随着市场经营结构的不断变化，城乡各大小商店经营者包括供销社门店改变过去单一向国有商业各专业公司批进商品，再行调拨给各经营门点和代销店的商品流通渠道，开始直购直销业务，采取向中间商进货与厂家进货相结合的商品流通经营形式，各经营者采购渠道遍及全国各地，减少中间环节，降低流通成本，提高经济效益。1999年，罗溪、马甲、河市等3个基层社共同组建洛江区农业生产资料有限公司，独家获准烟花爆竹等批发许可证，从事烟花爆竹调入、储存、批发经营，年销售额近200万元。2000年供销社改制，生活资料经营门店一律向原职工或对外承包或租赁，由其自主经营自负盈亏。2002年，区农资公司在万安塘西投资120多万元，建设烟花爆竹仓库（农资仓库），建筑面积1100多平方米。

第三节 农业生产资料购销

20世纪60—90年代，农业生产资料是供销社经营服务的首位，主要经营供应化肥、农药、农膜、小农机具、种子、煤柴油等；改革开放后，供销社农业生产资料供应主要在化肥和农药方面，经营体制经过专营、主营、经营三个阶段。

一、专营阶段

1990年之前，农业生产资料供应只有供销社可以经营。在那个时期，除了小化肥（碳酸氮铵、过磷酸钙）省地有化肥厂生产，能自给自销，尿素这种高氮肥国内省内产量少，需要大量进口，不能满足供应，每年必须按计划分配，供销社业务组按季节和指标印发化肥供应凭证，农民只能凭票购买。年销售量每个基层社有30万—35万千克，碳铵40万—45万千克，过钙50万—52万千克，购销总额150万元左右。

二、主营阶段

1991—2001 年，各级政府扶持“三农”，提高农民的生产积极性，农村多种经营迅速发展，农业生产的农作物用肥、果树用肥、林木用肥逐年增加，化肥生产企业也提高生产技术和产量。由于市场需求和变化，各乡镇农技站准许经营化肥、农药、种子，乡村代销店也允许办证经营，供销社化肥供应变专营为主营。

供销部门依托网点优势、业务优势主导着化肥供应市场。每个供销社销售总额 350 万—380 万元，销售尿素 700—750 吨，复合肥 120—150 吨，碳铵 800—1000 吨，过磷酸钙 1000—1200 吨，其他专用肥 80—100 吨，各种农药 20—25 吨，农膜 2—3 吨，供销社部门在化肥供应执行低费率政策，即把费率控制 6% 左右。

三、经营阶段

为方便农民购买，包括化肥、农药在内的农业生产资料销售点延伸到各个村庄。供销社在各个镇区保留原有的经营网点，根据乡村特点划片设定代销网点。化肥是一种季节性强的农资商品，需淡季储备旺季销售，特别是今冬明春季节，20 世纪 90 年代初，供销社每年按政府下达的冬储任务执行储备。

1998 年 11 月，国务院下发《关于深化化肥流通体制改革的通知》，泉州市政府建立政府指导下市场价格机制和实行运输优惠政策，各基层供销社把农资商品经营重点放在化肥、农药，每年按照区政府和上级社指示，在春耕前落实化肥等主要农业生产资料的采购、调运和储备。全区每年储备任务是氮肥（尿素、化钾、复合肥）1500 标吨，小化肥（碳铵、过钙）1500 标吨。每年第四季度，按照上级化肥冬储工作部署，把冬储任务下达到各个销售供应店，保证春耕化肥供应。

1999 年，供销系统设立 3 家较规范的庄稼医院，帮助农民推广使用高效低毒农药，开展植保技术咨询服务；同时，提供农产品信息服务工作，在门市部等经营场所设立信息广告栏，摘抄有关信息资料，或印成小报随商品散发，使农民获得信息，学到技术。

2003—2004 年，全区供销系统调入化肥 6500 吨、农膜 55 吨、农药 57 吨、中小农具 8500 件。供应化肥 5700 吨、农药 49 吨、农膜 35 吨、中小农具 7200 件。

2007 年，春耕期间全区供销系统供应碳氨 118.5 吨，过钙 1380 吨，尿素 275 吨，复合肥 195 吨，农药 7 吨，农膜 8 吨，中小农具 1250 多件。

第三章 粮油贸易

第一节 体制

唐代以后，由于粮食的匮缺，各省输入福建的商品以粮食为大宗，而且多仰赖于海船运输。民国时期，新型经营方式的出现和先进交通工具的使用给粮食运销贸易带来巨大的变革。民国 3 年（1914 年），泉州商人获准由上海报关纳税，直接开运泉州起卸。粮食商人可以直接从粮食产地购进商品，降低成本，扩大贸易规模。中华人民共和国成立后，境内不少米店（摊）、粮杂铺继续经营。1953 年 11 月，实行统购统销。1954 年初，确定粮食代销店，归市粮食公司管理。1961 年，开放粮食市场，缓解居民粮食供应不足的问题，农村粮食余缺得到调剂。1963 年，在社会主义教育运动中，粮食市场重新关闭，禁止粮油上市买卖。1983 年，粮油实行多渠道经营，集体、个体粮店大量出现。

1991 年，粮油集市贸易活跃，粮源充裕，特别是国家粮油第二次价格改革后，粮价稳定。1992 年 10 月，粮油购销体制全面改革，取消国家粮油定购和计划调拨，放开粮油购销价格和经营。城镇居民口粮供应证作为档案关系予以保留，军粮、军油按国家规定的统销价供应，统销价与市场价之间的差价及其经营费用由财政负担。实行储备粮管理制度。国有粮食企业自主经营、自负盈亏，按照经营、价格、用工、分配“四放开”的原则，发展粮油购销业务，参与市场竞争，坚持以经营粮油为主，掌握粮源，为稳定粮食市场继续发挥主渠道作用。粮食企业内部富余人员实行自主经营、自负盈亏责任制，由企业提供原有经营场所，经营粮油和烟酒食杂、土产等。1993 年 2 月，《国务院关于加快粮食流通体制改革的通知》颁发，实行 40 年的城镇居民粮食供应制度（即统销制度）被取消，境内城镇居民与农村居民一道在市场上自由购买粮油。

1997 年建区后，国有粮店与民营个体粮店并存，逐步形成以超市和个体粮油销售网点为主的粮油销售网络。城镇居民粮食供应放开后，辖区城镇居民的粮籍管理还是和公安部门的户籍管理一样严格。城镇居民婴儿凭出生证，征用土地“农转非”和政策性“农转非”指标凭省、市计委、土地、公安等部门批准文件办理粮籍登记，公民参军、大中专院校录取新生和毕业生分配、干部职工工作调动等到粮食部门办理城镇居民粮食供应关系转移和登记。是年，洛江区国营粮站 3 个，分别是罗溪粮站、马甲粮站、河市粮站；粮店 6 个，分别是罗溪粮店、虹山粮店、马甲粮店、双溪口粮店、河市粮店、双阳粮店，国有粮食企业人员 59 名。

1998 年 5 月，执行国务院及省政府粮食流通体制改革政策，全区实行政企分开、中央与地方责任分开、储备与附营业务分开、新旧财务挂账分开、完善粮食价格机制的“四分开、一完善”改革，对市场粮食流通进行管理，对粮食企业经营活动进行监督和指导。是年，粮食定购价和保护价执行省政府统一调整的确定。同年，洛江区粮油有限公司成立，对各粮站富余人员精简改革共减员 33 名。

2001 年 3 月，贯彻国务院《关于进一步深化粮食流通体制改革的意见》、省政府《关于推进粮食购销市场化改革的实施意见》和市政府《关于推进粮食购销市场化的实施意见》，推进粮食购销市场化改革。全区所需的新增储备粮、储备粮轮换粮源、军供粮、粮食企业自主经营的粮食，采取签订粮食购销合同形式，向省外江西、安徽，省内邵武、尤溪等粮食主产区采购。同年 5 月 1 日起，不再办理城镇居民粮食供应转移关系和粮籍登记，标志着从 20 世纪 50 年代开始执行的计划经济时期城镇居民口粮供应体制正式结束。各级粮食部门管理的粮食供应档案继续保留，对居民持有的粮籍证也不向社会宣布取消。2002 年 4 月，为规范区级储备粮管理，区粮食局与财政局联合制定《洛江区区级储备粮管理办法》。

2003 年，全区国有粮食企业进行新一轮改革，罗溪粮站、河市粮站并入洛江区马甲粮食管理站。罗溪粮站、河市粮站变更为粮点，不具备法人资格，其人、财、物及债权债务由马甲粮管理站接收，保留副站长以上人员，其余职工实行辞职自谋职业，企业根据工作需要返聘部分人员。改革后剩余 2 家国有企业，即洛江粮油食品有限公司、洛江马甲粮食管理站，共有人员 26 名。

2004 年，取消农业税，放开粮食购销价格。粮食购销价格由市场供求规律确定，原则上不再实行粮食收购保护价，实行经营主体多元化。同时，采取推进粮食购销市场化改革的配套措施，完善粮食储备制度，落实粮食储备数量；完善粮食风险基金制度，区级每年筹集（含上级补助）粮食风险基金 200 万元，纳入财政预算，足额安排到位，与粮食主产区建立长期稳定的粮食购销关系，在合作上讲效益，重实效；改进农发行收购资金供应和管理办法，保证国有粮食购销企业及经营性企业收购、储备、调销等业务所需的资金。

2004—2006 年，根据市政府《关于短期粮食周转库管理办法》和市粮食局、财政局《关于下达增加大米应急储备计划》，国有粮食企业逐年增加短期粮食库存，作为经营性补充库存，并建立定期大米储备轮换制度。区财政补贴费用，支持国有粮食企业在转换机制过程中应对粮食市场价格波动，保证应急情况下的粮食调控。

第二节 购销

一、收购

1949年9月至1953年11月，市场和国营公司都采取自由贸易议价买卖，1953年底实行粮食统购，1955年晋江县开展粮食“三定”（定产、定购、定销）工作，1959年执行中央提出的“多购少销，瞻前顾后，以丰补歉，计划用粮，留有余地”的批示，1978年恢复粮油议价经营，1985年起实行粮食合同定购，包干3年。1988年5月，市场粮价波动，粮食部门大量抛销议价粮，议价粮库存量下降，国营、集体粮食部门到产粮区采购议价粮食，保持议价粮食库存量。1997—2002年，基层粮站的收购任务主要是代征公粮（没有余粮的可直接向当地政府缴交现金）和收购农民手中的余粮，收购任务为指导性计划。1997—2000年，区政府每年下达的收购计划为150万千克，由河市粮站和马甲粮站共同完成。河市粮站每年收购粮食200万千克，其中公粮100万千克；马甲粮站收购粮食80万千克，其中公粮50万千克；2001—2002年区政府每年下达的收购计划为110万千克，河市粮站计划80万千克，马甲粮站计划30万千克。1997—2002年，共计代征公粮820万千克，收购农民余粮300左右万千克。2004年，取消农业税，放开粮食购销价格。粮食购销价格由市场供求规律确定，原则上不再实行粮食收购保护价，实行经营主体多元化。

二、销售

（一）平价粮油供应

粮食供应　1953年11月起，实行粮食统销。1955年起，境内城镇居民正常口粮供应是有计划不限量，凭单位造表按人数适当控制销量。同年6月，开始压缩定量，调整标准。机关、企事业单位工作人员每人每天供应一律调整为0.5千克；在校学生每人每天供应0.55千克，工人供应标准不变。8月起，一律实行分等定量供应。执行泉州市（县级）制定《泉州粮食定量供应实施细则》，将供应对象分四类六等十四级。1958年，大办食堂，取消口粮定量，按编造计划供应。1959年1月，取消按编造计划供应办法，实行以人定量，分户计算、划片定点、凭证供应的办法；3月，连续3次降低城镇居民粮食定量，由原来每月平均每人13.13千克降为11.885千克。1960年，国民经济暂时困难，粮食供应矛盾大为突出，响应泉州市委（县级）号召群众实行“瓜菜代、低标准，大力节约，渡过难关”。1961年，下调部分体力劳动者的粮食供应标准。1962—1965年，随着国民经济恢复，粮食供应形势逐渐好转，干部和居民定量逐渐提高。1970—1972年，全市有1128人由农业人口转为非农业人口，城市粮食销量增加。1975—1978年，推广旅大市粮食包干定额办法，有20多个单位实行依靠工矿企业党委、工人群众管好粮食。至1980年，增加到42个单位，包干定额24.9万千克，占全市100人以上单位的87%。1978年12月，调整部分偏低的粮食定量标准。1980年，各粮店设专（兼）职人员管理工种粮，下工厂、单位帮助建立健全粮食管理制度。1989年，全市月销售粮食234万千克，年供应量2808万千克。1990年，调整一般市镇居民的粮食供应标准。各农户完成国家征购任务和集中统筹的粮食任务后，剩余粮食各农户自行支配。1991—2007年，区粮食部门积极发挥粮食经营的主渠道作用，多方组织粮源，从外县、外省购进大量的议价稻谷、大米、小麦和面粉；议购价格随行就市，逐年提高。议价稻谷每50千克从1991年32元左右提高到2007年88元左右，大米每50千克从44元左右提高到150元左右，小麦每50千克从32元左右提高到84元左右，面粉每50千克从40元左右提高到130元左右。

食油供应　1953年10月起，食油实行计划供应。城市居民、机关干部和学生每人每月0.5千克，农村居民每人每月0.3千克。1956年，调整为城镇居民0.3千克，农村居民0.2千克，一次安排4个月。是年全市供应食油92.2万千克，油料34.2万千克。1959年，城镇居民食油定量下降为每人每月0.1千克。1960年，取消农村居民的食油供应，每年春、夏收大忙，每人补贴食油0.1—0.2千克。1963年1月，调整部分工种工人的食油供应标准；外海渔民每人每月 0.25 千克，机械起重工、铸、锻、铆工，野外勘察工每人每月 0.1 千克。1964 年，城镇居民食油供应标准全省统一为每人每月 0.2 千克。1966 年 10 月，僧尼、回族居民食油定量与当地居民相同，原特殊照顾一律取消。1981 年，经省人民政府批准，城镇居民食油定量从 10 月份起，每人每月供应 0.5 千克，至 1992 年不变。1992 年 10 月起，取消平价食油调拨计划。至 2005 年，粮食部门没有食油购销业务。

（二）粮油议销

粮食议销　1962 年起，境内粮食议价购销业务由供销社经营，统购后先换购再议购。1965 年 5 月起，议价粮油购销业务由粮食部门经营。同年 6 月，由市粮食局议价股专门负责议销供应工作。1965—1970 年，销售议价粮食 640.5 万千克，食油 1.2 万千克。1971 年 10 月，停止议销供应。1978 年，重新恢复议销，全年议销粮食 6 万千克。1984 年，开放市场，实行多渠道经营。1985 年，统购改为合同定购，扩大市场调节，议销粮食数量大幅度上升。1988 年 1—5 月，市场粮价波动，粮食部门大量销售议价粮食，限定每人每次最多购 5 千克，保证正常供应。1990 年，市场疲软，议价粮市场出现持续滞销状态，粮食部门采取购销同步的办法，适时抛售一定数量价高的存粮，采购价低的粮食，以低价冲高价，逐步压低库存粮价格。1997—2007 年，区粮食部门做好议价粮食的销售，以保证农村缺粮人口和粮食市场放开后城镇人口的粮食供应。议销价格逐年提高，议价稻谷每 50 千克从 1991 年 37 元左右提高到 2007 年 95 元左右，大米 50 千克从 52 元左右提高到 165 元，小麦 50 千克从 36 元左右提高到 90 元，面粉 50 千克从 47 元左右提高到 145 元左右。

食油议销　1971 年前，粮食部门以保本和加价两种办法供应城镇市场和工商行业用油。1971—1977 年，油源紧缺，停止议价油供应。1978 年，恢复议价油供应。1979—1981 年，采取“保本微利”“高进高出”等方法议价供应市场。1981 年 10 月，城镇人口菜油发证定量中价试销，议价菜油敞开供应。1982 年，扩大菜油销售，同年 9 月，农村种粮区每人供应中价菜油 0.15 千克。1988 年 9 月后，控制议销，只零售不批发，议价油销售每人每次不超过 0.5 千克。1997—2004 年，区粮食部门做好议价食油的销售，以保证农村缺粮人口和粮食市场放开后城镇人口的食油供应。2005 年起，粮食部门没有食油议销业务。

第三节 储备

一、储备设施

1950年，农业税的征收及支前军供任务十分繁重，境内几处破旧仓库已不堪使用，政府征用祠堂、庙宇，借用寺院，租借民间仓栈、民房和临时架设仓廒加以解决。20 世纪 50—60 年代境内 3 家国有粮站先后建 6 座粮食仓库，其中罗溪粮站仓房 2 座，仓容 70 万千克；马甲粮站仓房 2 座，仓容 100 万千克；河市粮站仓房 2 座，仓容 150 万千克。至 20 世纪 90 年代，上述粮仓仓房已经老化。1998 年 4 月，为了解决洛江区境内粮站仓库老旧问题，管好上级下达的地方储备粮任务，洛江区政府决定设立泉州市洛江区粮油食品有限公司，建设洛江区储备粮库，承担上级下达给洛江区的政策性粮食储备任务。当年 12 月，公司筹建洛江区储备粮库，选址在洛江万安科技园区，占地面积 1.833 公顷，规划仓房 5 座，仓容 1000 万千克。由于上级下达的储备粮规模较少，至 2002 年 12 月，投入资金 500 多万元，建成仓库 2 座，每座占地面积 850 平方米，仓容 200 万千克，仓储总规模 400 万千克。新仓库建成后，洛江区承担上级的政策性储备任务全部集中在新仓库存放，总储备量为 200 万千克。

二、储备与保管

1960—1997 年，长期贯彻“以防为主，综合治理”的保粮方针，专人定期巡回查仓，掌握粮情，推陈储新，合理调拨，各粮库先后采用多种方法降温、杀虫，确保粮食安全和质量。1998年起，泉州市政府下达洛江粮食储备任务200万千克，省内粮食对口调拨75万千克。因辖区库容不足，区粮油食品有限公司向辖区外租仓储备100多万千克。2002年7月检查核实，全区国有粮食企业商品粮库实物库存117万千克，其中小麦77.6万千克，稻谷40万千克。区粮食系统贯彻《国家粮油仓库管理办法和储藏技术规范》《福建省地方储备粮油管理办法》，建立健全“三卡一折”（粮情检查记录卡、囤头卡、粮油进出仓登记卡，保粮折）自查制度；落实储备粮“一符、三专、四落实”（账物相符，专仓储藏、专人保管、专账记载，数量、质量、品种、地点落实）管理制度；对粮仓进行“四无”（无鼠雀、无虫害、无霉变、无事故）鉴定；采用外墙刷白、机械通风、密闭过夏、吊顶隔热、槽管密封、环流熏蒸和电子测温等技术进行保管与检测，平均每年采用塑料薄膜密闭粮食80万千克，普查粮食200万千克，鉴定仓容量250万千克，全区粮食储存安全无事故。

第四节 管理

一、粮食风险基金管理

1994—1998年，贯彻执行国务院及相关部、委先后下发《关于印发粮食风险基金实施意见的通知》《关于进一步完善粮食风险基金使用管理办法的通知》和《关于进一步深化粮食流通体制改革的规定》以及对粮食风险基金的来源管理和使用提出新的要求。洛江区级粮食风险基金的资金来源由省财政补助和区级财政预算安排构成，区财政部门负责具体执行。区粮食部门执行粮食风险基金的使用范围包括：区级粮食储备粮油的贷款利息和费用补贴。至2007年，全区调整配套粮食风险调节基金规模为95万元；其中上级补助35万元，本级安排配套粮食风险调节基金60万元，纳入年度区财政预算，足额安排到位。

二、财务核算管理

1997—1998年，区粮食部门会同区财政部门与产粮区理顺、协调对口调拨粮的有关事项，采用“有利则调、不利则补、调补结合”和给予没调粮或者没全部调粮的产区发放补贴的办法，减少粮食购销价格倒挂和利息的支出。1998年，粮食系统将定额管理和费用包干管理有机结合，切实加强企业各项经营资金的管理；当年，根据国务院《关于进一步深化粮食流通体制改革的决定》和《转发财政部等部门关于清理消化国有粮食企业新增财务挂账和其他不合理占用贷款办法的通知》，区粮食主管部门全面清理粮食企业，清查结果：1992年4月1日至1998年5月31日期间企业发生的新增财务挂账为零，无不合理占用农业银行的贷款，经福建省审计厅组织的审计清查小组审计和省政府认定：洛江区该期间无新增粮食财务挂账和其他不合理占用贷款。至2007年，在财政政策性补贴到位的情况下，粮食企业政策性经营没有再出现新的亏损挂账。

第四章 市场建设与商贸物流

第一节 农贸市场

解放后，罗溪、马甲、河市各有集贸市场，其中河市设立交易所，为国家收购粮食、水果、畜牧、柴草等农副产品。1953年以后，国家先后对粮、棉统购统销，牲畜派购，主要农产品统一收购，集市贸易范围缩小。1954年，取缔粮食自由市场，河市集镇设立国营粮食市场。1958年人民公社化，集市贸易自行消失。1961 年农村集市贸易恢复，市场活跃。

1978 年，河市、马甲集贸市场建成。1987 年，罗溪集贸市场建成。1993 年，马甲农贸市场择地新建。1995 年，河市镇政府在炉田村泰源建成河市果蔬批发市场，并与工商局管辖的河市农贸市场进行产权置换。1999 年 1 月 1 日，万安农贸市场（1.38 万平方米）建成投入使用。2001 年 11 月，区工商部门把所管辖的河市蔬菜批发市场、马甲、罗溪农贸市场移交区经贸局管理。2004—2006 年，罗溪、马甲的农贸市场产权经营先后移交当地镇政府管理。2004 年 10 月 1 日，双阳农贸市场（1.1 万平方米）建成并投入使用。洛江区有关部门与区内 5 个农贸市场、1 个蔬菜批发市场签订行政指导协议书，帮助经营者把好商品进出关，确保食品安全，放心消费。

1978—2004 年洛江区农贸市场一览表

表 10-4-1

名称	建成时间	投入资金（万元）	建筑面积（平方米）	年交易额（万元）
河市农贸市场	1978 年	—	4500	2000
马甲农贸市场	1993 年	—	1500	1800
罗溪农贸市场	1987 年	—	1800	1200
河市果蔬批发市场	1995 年	—	3500	1000
万安农贸市场	1999 年 1 月	1200	13800	3000
双阳农贸市场	2004 年 10 月	750	11000	1500

第二节　商场与超市

解放后，各区（乡）对驻地街道逐步改造，主要街道两侧逐步兴建供销社、粮站、食品站店铺。80 年代中后期，基层供销社、粮店、食品站新建或修建综合楼、店铺，扩大业务经营。同期，个体、私营商业快速发展，形成大批从事批发零售个体户，商业网点遍布乡村角落。1987 年和 1993 年，工商部门先后在罗溪、马甲新建农贸市场（二楼服装及小商品市场）。1994—1995 年，河市镇在炉田兴建玉泉商住街。1997 年建区前，境内商贸业发展水平滞后，没有商场和超市。建区后，洛江区通过扶持政策，促进商贸业发展，城镇综合服务功能不断完善，市场逐步繁荣。1999—2001 年河市、马甲万利隆超市先后开业，商场面积分别为 1500 平方米、2000 平方米。2001 年 5 月 1 日，友谊超市（址于万安万荣街）开业经营，商场面积 1200 平方米。2002 年 8 月 18 日，洛江区首条商业街——首富商业街建成投入使用。2003 年，洛江五金机电商城首期投建，用地 66667 平方米；第二条商业街——万荣公寓商业步行街建成并投入使用。2004 年 7 月 3 日，恒盛汽车城（1.3 万平方米）投入运营（2007 年其主打品牌奇瑞汽车月销量 100 辆以上，写字楼入驻率 100%）。同月 8 日，双阳好朋友超市（4000 平方米）开业。9 月 29 日，洛江五金机电商城首期建成，并举办首届海峡两岸五金机电商品交易会。2005 年，全区社会消费品零售总额 7.4 亿元，比建区时的 2.3 亿元增加 5.1 亿元。2007 年，改造和提升农村传统集贸市场，鼓励发展城乡联营便利店、餐饮、农村超市等商业网点，培育农村消费市场。

第三节　专业批发市场

一、河市果蔬批发市场

1995 年，河市镇政府在炉田村泰源建成河市果蔬批发市场，建筑面积 3500 平方米，年交易果蔬约 1.5 万吨，交易额 800 万—1000 万元。随着果蔬生产发展，市场交易量增加，2007 年交易量 2 万—2.5 万吨，交易额约 1500 万元。

二、泉州洛江五金机电城

洛江五金机电商城位于安吉路中段，是福建省最具规模的五金批发市场。2003年，商城动工建设，列为是省、市重点建设项目。首期开发66667平方米；2004年底，建成12栋大楼，建筑面积9.5万平方米。商城内有近千间营业铺面，配有写字楼、产品展销大楼、省五金机电商会会所、仓储区、停车场、餐馆及商住大楼等。商城内约有400间店铺（经营户可根据需要打通店铺隔墙），建筑面积3万多平方米，设立“五金建材专营区”“灯饰专营区”“大型五金超市”。展销大楼配备4部自动扶梯。商城内有2万多平方米的标准仓库，配套设施齐全，配备6部客、货电梯，为经营者提供大型仓储场所。至2007年末，300多家厂商入驻，初具规模。

第四节 商贸物流企业

2005年12月，洛江区流通服务行业协会成立。自此，洛江区商贸流通服务业开始走向政府引导、行业内部管理、企业自我约束的模式。

2006年上半年，天宇物流、四海物流、华阳储运先后入驻洛江区，货物运输业向规模化、现代化发展，运营模式由原先的第一、第二方物流向专业的第三方物流转变。

2007年，万安开发区实施“退二进三”战略，收回并重新拍卖建文艺品、刺桐技防用地，在“退二进三”进程中，规划洛江区物流园，引进嘉太酒类饮料配送、前兴家装精品、东南医药、长江家电、闽侨典当等现代物流建设项目等。

1998—2007年洛江区部分商贸物流企业一览表

表10-4-2 **单位：万元**

企业名称	成立时间	注册资本	所在地
泉州市洛江区银兴物流有限公司	1998年4月1日	28	双阳
福建天宇物流有限公司	2001年3月28日	600	万安
泉州市诚达货物运输有限公司	2003年4月14日	100	万安
福建金马物流有限公司	2004年4月15日	700	万安
泉州市华阳储运有限责任公司	2004年10月20日	150	万安
泉州顺泰物流有限公司	2006年9月14日	100	万安
泉州诚捷物流有限公司	2006年10月20日	100	万安
泉州昶达物流有限公司	2007年3月8日	500	万安
泉州嘉泰物流有限公司	2007年8月28日	100	万安

第五节 行政机构

1997年建区后，洛江区经贸局成立，加挂区粮食局、区供销社。1998年7月，核定行政编制10名，机关工勤事业编制1名，内设办公室、财贸股、粮食购销储备股；下辖区粮食管理站、副食品基地站、定点屠宰管理站3个事业单位，编制分别2名、3名、3名。2001年11月，区工商局把所辖市场移交区经贸局管理，区经贸局设立市场服务中心，为自收自支副科级事业单位，编制5名。

2002年，行政机构改革，区经贸局撤销，成立洛江区经济贸易发展局；设立洛江区粮食局（编制1名），与洛江区经济贸易发展局合署办公。2003年11月，区副食品基地管理站和市场服务中心核减编制各1名。2007年，洛江区经济贸易发展局更名为洛江区经济贸易发展和改革局。

第十一篇 对外经贸

唐宋以来，泉州与世界各国已有经济往来，是“海上丝绸之路”的起点。洛江境域对外贸易在宋元时期曾经兴盛。明清时期受海禁影响，对外贸易往来受阻。中华人民共和国成立后，积极发展对外贸易，并把它列为国家专营，境内进出口商品由上级下达计划和调拨。改革开放后，外贸公司加大出口商品生产扶持的力度，出口商品收购日益扩大。泉州市（县级）积极利用侨胞、中国台港澳同胞众多的优势，争取海外实业家回乡投资。1988 年 6 月起，马甲籍旅居缅甸华侨吴庆生创办协昌（泉州）国际发展有限公司。1990 年起，先后引进中国港澳台资金创办了荣祺食品、和诚鞋业、大华蓄电池、凹凸精密机械等企业。1993 年，外贸体制改革，一些外向型企业取得自营进出口权，企业自营出口迅速发展。

洛江建区后，区委、区政府重视招商引资工作，大力改善投资环境。1998 年 1 月，出台《洛江区人民政府关于优化投资环境加快招商引资步伐的若干规定》；2001 年 4 月下发《关于加大招商引资工作力度，增强经济发展后劲的工作意见》。1997—2007 年，洛江区审批设立外商投资项目 199 个（含迁入数），合同引进外资 3.17 亿美元，实际利用外资 2.14 亿美元。除传统的中国香港、中国台湾、东南亚地区外，吸引了美国、德国、澳大利亚等欧美国家到洛江投资贸易。利用外资和港澳台资金的大、中型项目比例逐年增加，主要投向传统的第二产业，其中投资领域制造业投资占 90% 以上，涉及一产、三产项目也逐渐增多。此外，对外贸易发展迅猛，出口商品扩展到美洲、大洋洲、非洲、亚洲和中东 30 多个国家和地区，85% 产品目的地是北美、欧洲。至 2007 年末，全区累计合同利用外资和中国港澳台资金 5.04 亿美元，累计实际利用外资和港澳台资金 2.36 亿美元。当年，全区实现出口总值（海关数）2.5 亿美元，同比增长 29.5%，是 1997 年的 6.2 倍，年均增长 22.4%，增幅名列泉州市前列。

第一章 进出口贸易

第一节 出口贸易

1997—2007 年，洛江区出口贸易发展迅速，年均以 22.4% 速度递增。1998 年，全区外贸出口 2805 万美元，其中万安街道外贸出口 2316 万美元，占全区外贸出口 82.57%。至 2007 年，全区出口总值达 2.5 亿美元，比增 29.5%，高于全区 GDP 增速。按 2007 年汇率测算，全区出口依存度达 43.2%（高于全市 8.2 个百分点），实现出口退税调库收入 8134 万元，同比增长 11.88%，占全区财政收入的 17.38%；全区纳税超百万的 59 家生产型企业中，外资企业占 45 家，企业数占比 76.27%，纳税额占 82.73%。开展出口创汇业务的企业有 76 家，其中全年创汇 100 万元以上企业 51 家。除虹山乡之外，其他 5 个乡镇（街道）均有出口业务的企业。其中，罗溪镇 1 家、河市镇 7 家、马甲镇 1 家、双阳街道 19 家、万安街道 48 家。1997—2007 年，全区出口总额 112748 万美元，有出口业务的 65 家生产型企业中，出口超千万美元企业 6 家（其中外贸公司 2 家），500 万—1000 万美元企业 10 家，出口 500 万美元以下企业 49 家。出口产品包括服装、鞋帽、机电、小五金、皮件、包袋、工艺品、药材、糖果、副食品等60多个品种，形成以鞋服箱包为主的轻工业、陶瓷树脂工艺、五金机电等为出口商品的三大行业。2007年，生产型企业中，鞋服箱包为主的轻工业出口8036万美元，占全区出口比重由上年同期的36.27%上升到38.91%；陶瓷树脂工艺出口3968万美元，占全区出口比重由上年同期的28.97%下降到19.21%；五金机电出口3744万美元，占全区出口比重由上年同期的23.71%下降到18.13%。出口地扩展到美洲、大洋洲、非洲、亚洲和中东30多个国家和地区，85%产品目的地是北美、欧洲。

1997—2007年区属企业出口创汇情况表

表11-1-1 **单位：万美元**

企业名称	合计	出口创汇										
		1997年	1998年	1999年	2000年	2001年	2002年	2003年	2004年	2005年	2006年	2007年
洛江对外加工装配有限公司	2712	—	61	286	248	322	432	365	287	272	288	151
洛江对外贸易有限公司	15610	—	2	306	1007	1119	1338	1960	1890	3127	3.179	1.682
泉州丰达工艺有限公司	4079	396	579	364	232	271	330	476	431	387	323	290
泉州众志金刚石工具有限公司	1987	20	0	22	13	22	76	169	195	307	504	659
泉州腾达精铸有限公司	1216	4	14	16	73	125	81	108	151	153	213	278
泉州明日艺品有限公司	5785	127	330	621	773	627	678	559	674	503	413	480
泉州泉通轻工有限公司	1091	65	—	—	—	—	54	70	176	225	260	241
维龙（泉州）轻工有限公司	2216	5	120	69	85	54	103	139	259	366	504	512
福建泉州凹凸精密机械有限公司	2949	40	-	27	14	99	196	351	400	402	589	831
泉州大兴电线电缆有限公司	4125	—	—	—	—	—	—	61	571	812	1.319	1.362
泉州建文艺品有限公司	10251	11	337	540	1204	1033	1032	1145	1109	1003	1.283	1.554
天祥（泉州）工艺有限公司	1888	43	211	226	209	154	206	226	204	194	116	99
泉州南洋艺品有限公司	6080	19	167	170	397	692	781	854	1060	581	717	642
亚伦工艺品（泉州）实业有限公司	1832	—	91	53	108	177	206	145	189	246	268	349
泉州日星艺品有限公司	2041	—	—	—	16	334	348	284	302	280	220	257
泉州益祥服装有限公司	1264	—	—	—	—	39	231	241	270	271	173	39
泉州市雅兴家庭用品有限公司	2255	—	—	—	—	—	72	120	287	540	614	622
泉州华岩石业有限公司	1761	—	—	—	—	—	—	210	286	350	468	447
泉州泉港工艺有限公司	2768	—	—	—	—	—	16	214	390	606	661	881
泉州市世为鞋业有限公司	2668	—	—	—	—	—	—	—	10	605	992	1.061
泉州市海滨服装皮件厂	1347	—	136	178	271	232	194	96	111	59	58	12
福建省泉州旭峰鞋业有限公司	2116	169	200	264	406	449	197	85	78	132	74	62
泉州汇升发展有限公司	2687	—	—	—	—	—	—	—	—	27	33	2.627
泉州兴达纸品有限公司	1492	—	5	1	65	159	140	133	97	171	188	533
泉州中意艺品有限公司	1588	41	65	89	131	98	120	196	235	240	164	209
泉州泉美园艺有限公司	1060	—	—	—	3	42	164	184	141	142	158	226
福建和诚鞋业有限公司	5385	—	—	—	—	—	620	818	603	919	1.299	1.126
泉州健胜家具有限公司	1362	—	—	—	—	—	—	—	273	348	319	422
泉州思滢工艺有限公司	1017	—	—	—	—	—	—	71	277	248	205	216

续表 11-1-1

企业名称	合计	出口创汇										
		1997年	1998年	1999年	2000年	2001年	2002年	2003年	2004年	2005年	2006年	2007年
泉州远卓箱包有限公司	1124	—	—	—	—	—	—	—	27	8	395	694
泉州市恒泰鸿伟鞋业有限公司	1740	—	—	—	—	—	—	—	—	293	773	674
泉州荣祺食品有限公司	3138	9	262	311	255	295	271	166	317	353	333	566
银艺（泉州）工艺有限公司	1443	213	98	165	137	114	90	177	95	118	93	143

第二节 进口贸易

1997—2007年，全区进口总额16311万美元。至2007年底，全区开展进口原材料和设备业务的企业47家。除虹山乡之外，其他5个乡镇均有开展进口业务企业，其中罗溪镇1家、河市镇6家、马甲镇1家、双阳街道11家、万安街道28家。

1997—2007年部分区属企业进口情况表

表 11-1-2 单位：万美元

企业名称	乡镇	合计	1997年	1998年	1999年	2000年	2001年	2002年	2003年	2004年	2005年	2006年	2007年
泉州荣祺食品有限公司	河市	168	—	—	—	18	25	30	9	28	25	18	15
银艺（泉州）工艺有限公司	河市	304	3	13	18	37	25	25	23	62	25	32	41
长兴食品（福建）有限公司	河市	548	201	132	97	—	—	—	—	—	16	40	62
泉州兴达纸品有限公司	双阳	1284	—	—	—	63	126	127	95	89	146	163	475
福建和诚鞋业有限公司	双阳	3342	—	—	—	—	—	565	485	522	509	737	524
泉州恒诚鞋业有限公司	双阳	1177	—	9	—	—	—	—	—	34	188	426	520
泉州建文艺品有限公司	万安	263	10	6	6	35	34	121	51	—	—	—	—
洛江对外加工装配有限公司	万安	1680	—	30	137	141	218	279	241	204	175	184	71
泉州市洛江对外贸易有限公司	万安	428	—	—	—	4	60	85	66	114	84	13	2
泉州丰达工艺有限公司	万安	276	2	11	15	12	10	18	57	58	52	38	3
泉州明日艺品有限公司	万安	118	—	4	22	28	16	13	12	13	5	2	3
维龙（泉州）轻工有限公司	万安	534	—	—	—	122	102	50	68	54	40	49	49
泉州凹凸精密机械有限公司	万安	433	6	1	—	32	70	55	80	65	61	51	12
泉州大兴电线电缆有限公司	万安	4268	20	35	39	—	—	50	193	589	751	1.386	1.205
亚伦工艺品（泉州）实业有限公司	万安	147	—	35	—	—	44	42	25	—	1	—	—
泉州市雅兴家庭用品有限公司	万安	214	—	—	—	—	27	110	77	—	—	—	—
泉州友诚塑胶有限公司	万安	443	—	—	—	—	—	—	—	—	160	145	138

第二章 招商引资

第一节 营商环境

1997年建区后，洛江区拥有国家、省、市赋予的一系列优惠政策，享有县一级人民政府行政管理权限和财政体制。1998年1月，为推进全区招商引资和企业发展，区政府出台《洛江区人民政府关于优化投资环境加快招商引资步伐的若干规定》。4月，洛江区委、区政府出台《关于加强洛江区城乡企业工作的若干意见》。1999年3月，经批准设立的万安开发区、双阳华侨经济开发区、马甲农业综合试验区享有省级经济开发区的优惠政策。洛江区贯彻执行利用外资的法规、政策，利用省、市牵头组织的重大经贸活动平台，每年组织辖区企业参加厦门“9·8”投洽会、福州“6·18”项目对接投洽会、上海华交会、广交会和泉台产业对接投洽会等各种展会和经贸活动，开展招商引资。对外商投资项目的立项、变更的报备、审批、跟踪、证件代办、落地等全过程实行“一个窗口”“一条龙”服务，在行政审批中心服务窗口设立“绿色通道”，对新入住企业、跨区企业和重点企业全程跟踪服务。2001年4月30日，为拓展招商空间领域，引进一批新企业、新项目，洛江区委下发《关于加大招商引资工作力度，增强经济发展后劲的工作意见》。6月5日，区政府、政协联合召开改善投资环境加快洛江经济发展座谈会。2002年12月，为加快洛江区高新技术及其产业发展，根据国家、省、市关于扶持高新技术产业发展的有关规定，区政府出台《关于扶持高新技术及其产业发展的若干规定》。

第二节 利用外资和中国港澳台资金

一、投资规模

1997年建区后，洛江区利用外资的大、中型项目比例逐年增加，拓展与区域功能相匹配的第三产业项目，向现代服务业延伸。1998年9月，洛江区在第二届“9·8”中国投资贸易洽谈会和第三届泉州“9·9”商交会上签约项目共14项，投资总额3288万美元，其中合同项目4个，投资额1312万美元，利用外资1192万美元。1999年12月27日，洛江区在深圳举行招商引资暨环境说明会，香港泉州同乡会理事长徐伟福先生率香港泉州同乡会庆贺团、泉州驻深办主任吕少俞、深圳南安企业家协会会长李建超、深圳永春企业家协会、惠安驻深办、在深泉籍企业家等30多个单位、团体100多人参加会议，共签订项目13项，总投资1.86亿元。2003年9月2日，福建省华侨经济开发区第二届招商会在双阳镇举行，副省长王美香、国务院侨办国内司副司长宁活义、省侨办副主任卢圣鑫、副市长曾华彬等省、市、区领导及全省17个华侨经济开发区的代表和海内外企业界人士300多人参加招商会。本届招商会引进项目98个，洛江区共签订项目19个，其中外商投资项目14个，合同利用外资7150万美元；国内投资项目5个，总投资额1.2亿元人民币。2005年8月1—8日，区委书记陈家富率洛江区代表团赴港参加2005年泉州·香港投资项目推介洽谈会。

1997—2007年，全区外资和中国港澳台资企业提供就业岗位5万多个，全区审批建立外商投资项目199个（含迁入数），合同引进外资3.17亿美元，实际利用外资2.14亿美元。引进新加坡、泰国、日本、美国、法国、德国、意大利、加拿大、比利时、荷兰等20多个国家外资和中国香港、澳门、台湾资金。引进外资项目行业从陶瓷树脂、五金机电、鞋服箱包、房地产、食品加工、商贸物流、商务酒店等向建筑设计、物业管理、中介咨询、法律事务等拓展。

1998—2007 年洛江区利用外资和中国港澳台资金情况表

表 11-2-1

年份	批准外资企业		实际利用外资（万美元）
	企业数（个）	合同利用外资（万美元）	
1998 年	—	—	—
1999 年	7	2871	1600
2000 年	13	2642	1610
2001 年	17	4266	4050
2002 年	22	5713	3724
2003 年	23	4315	2833
2004 年	27	2769	1717
2005 年	18	2770	1720
2006 年	17	2965	1822
2007 年	15	3401	2339
合计	159	31712	21415

二、企业形式及投资规模

1997—2007 年，全区“三资”（中外合资经营、中外合作经营、外资独资经营）企业 178 家。按性质分：独资企业 154 家，合资企业 23 家，合作企业 1 家。总投资额为 50357 万美元，合同利用外资 31153 万美元。外商投资从过去共担风险、共负盈亏的合资方式逐步转向以利益最大化为目的的独资方式。1997 年，“三资”企业工业产值占区属工业产值的比重为 65%。2002 年，出现外资股份有限公司。至 2007 年底，全区合资企业 24 家，累计合同外资 2780. 8 万美元，实际利用外资 2469. 7 万美元；合作企业 1 家，累计合同外资 59 万美元，实际利用外资 59 万美元；独资企业 152 家，累计合同外资 27896 万美元，实际利用外资 24268. 2 万美元。前三种方式分别所占项目比重 13. 6%、0. 6%、85. 8%，合同外资比重 13. 5%、3. 7%、82. 8%，实际利用外资比重 25. 4%、4. 9%、69. 7%。

1997—2007 年洛江区部分“三资”企业情况表

表 11-2-2　　**单位：万美元**

企业名称	批准时间	合同外资	合营中方	合营外方	外方国别（地区）
一、合资		4187			
昌林（福建）食品有限公司	1992. 5. 10	500	泉州市仰恩经济发展有限公司	香港和昌集团和昌产务有限公司	香港
福建泉州大华蓄电池有限公司	1994. 6. 24	602	福建省泉州市大华集团有限公司	大华蓄电池（香港）有限公司	香港
二、合作		59			
泉州丰达工艺有限公司	199. 10. 15	59	泉州市鲤城开元陶瓷美术工艺有限公司	香港丰盛实业洋行	香港
三、独资		26907	—		
隆泰（泉州）房地产发展有限公司	1993. 6. 10	650	—	菲律宾隆泰国际集团公司	菲律宾

续表 11-2-2

企业名称	批准时间	合同外资	合营中方	合营外方	外方国别（地区）
泉州发林屋业有限公司	1993.7.15	1458	—	马来西亚发林屋业（马）有限公司	马来西亚
维龙（泉州）轻工有限公司	1993.11.15	532	—	香港维鹏有限公司	香港
和昌（福建）房地产开发有限公司	1993.12.11	1200	—	香港和昌实业（集团）有限公司	香港
泉州市闽侨航空旅游有限公司	1994.8.25	630	—	香港金威（国际）发展有限公司	中国香港
泉州东华百希达发展有限公司	1994.10.11	701	—	香港汇龙集团实业投资有限公司	中国香港
福建和诚鞋业有限公司	199.3.9	690	—	香港加和企业有限公司	中国香港
泉州大兴电线电缆有限公司	1995.12.21	580	—	LEO LIN HOLDING CO.，LTD	英国
福建亚伦电子电器科技有限公司	1997.1.31	751	—	亚伦企业（香港）有限公司	中国香港
光大（福建）食品有限公司	1998.1.20	990	—	香港光大（亚太）集团有限公司	中国香港
阳光国际集团科技发展有限公司	1999.10.6	630	—	SUNSHINE INTERNATIONAL USA，INC	美国
福建省泉州海峡制药有限公司	2000.6.29	600	—	新加坡新日制药厂有限公司	新加坡
泉州市世为鞋业有限公司	2003.1.22	800	—	华卓国际有限公司	中国香港
泉州海都轻工有限公司	2004.4.26	700	—	海都包袋服装发展公司	中国香港
旗牌王（中国）纺织服饰有限公司	2005.8.26	645	—	旗牌王（香港）有限公司	中国香港
福建奥特斯汀灯饰有限公司	2006.11.21	643	—	新文行集团（香港）有限公司	中国香港
福建文统光电科技有限公司	2007.3.28	641	—	新文行集团（香港）有限公司	中国香港

三、投资领域

（一）投资结构

1992年起，洛江境域外资投向仰恩系列工程和食品加工、鞋服、树脂工艺、五金机械、房地产等领域。1997年后，洛江区外资集中投向制造业，行业分布广泛，有服装、鞋帽、机械、电子制造、陶瓷树脂工艺、食品加工、房地产、酒店、物流等10多个门类，其中生产性企业127家，一批产值上亿元的外商投资企业，落户洛江区工业园区。如以凹凸精密机械、南方机械、大兴电线电缆、明益五金、培新机械、汉源机械等企业为代表的机械制造业；以建文艺品、明日陶瓷、南洋工艺、美尔奇工艺、泉港工艺等企业为代表的树脂陶瓷工艺业；以和诚鞋业、旗牌王、泰华轻工、恒泰鞋业、世为鞋业、海都箱包、远卓箱包等企业为代表的鞋服箱包业，成为洛江的三大传统支柱产业。从外资投向看，第二产业尤其是制造业具有在较长时期内拥有本土市场、丰富劳动力资源等比较优势，成为引进外资和中国港澳台资金最集中的行业；第一产业由于开发投资大、回收期长、利润率相对低、风险大等原因，外商和中国港澳台资金涉足较少。据统计历年其投资第一产业2家，第二产业161家，第三产业13家。至2007年，洛江区外商和中国港澳台资金投资领域制造业投资占90%以上，同年，洛江区外向型农业呈现增幅大、档次高的趋势，引进项目695万美元。

1. 农业

畜牧业 1990年，泉州仰恩经济发展有限公司与香港和昌实业（集团）有限公司合资创办丽佳（泉州）良畜有限公司，合同利用外资250万美元。1991年，泉州仰恩经济发展有限公司与香港和昌产务有限公司合资创办金昌（福建）良畜有限公司，合同利用外资600万美元。

养殖业 2004年，中国台湾许顺情投资创办泉州市并盛种养殖开发有限公司，合同利用外资65万美元，投资总额91万美元，主要从事花卉、香料等作物的种植及加工。

2. 工业

食品饮料企业 1991—1994年，洛江境域外商投资食品企业4家，合同利用外资1079万美元。其中，合资企业1家，外商独资企业3家。1998—2007年，洛江区新增外商独资食品企业7家，合同利用外资1077万美元。投资规模较大的有美国WINFULL INTERNATIONAL L.L.C独资创办的泉州荣祺食品有限公司，投资总额362万美元；香港光大（亚太）集团有限公司独资创办的光大（福建）食品有限公司，投资990万美元。

五金机电企业 1993—1994年，洛江境域中外合资五金机电企业3家，合同利用外资723万美元。其中泉州市洛江众志金刚石工具厂和众志新技术（新加坡）发展公司合资创办的泉州众志金刚石工具有限公司，投资总额24万美元。至2007年，洛江区外商投资五金机电企业28家，合同利用外资3506万美元，其中，外商独资1956万美元。投资规模较大的有培新国际集团有限公司创建的福建培新机械制造实业有限公司，投资总额732万美元，其经营范围包括卫生用品机械、纸制品机械、纸浆餐具机械、制砖机械、矿山汽配机械等轻工机械等。

树脂工艺企业 1992年，泉州市区益美艺术品厂和美国冯永辉合资创办的泉州明日艺品有限公司，合同利用外资59万美元。至2006年，洛江区中外合资工艺企业5家，合同利用外资626万美元。其中泉州洛江兴泉工艺品有限公司和兴泉（香港）投资有限公司创办的泉州兴泉礼品有限公司规模较大，总投资183万美元。至2007年，洛江区外商独资工艺企业30家，合同利用外资1972万美元。其中，中国香港独资创办的工艺企业19家，占外商独资数63.33%，投资总额1298万美元。合同利用外资100万以上的外商独资企业有泉州美尔奇工艺实业有限公司、银艺（泉州）工艺有限公司、泉州建文艺品有限公司、泉州南洋艺品有限公司、泉州肯特礼品有限公司、泉州艺尚礼品有限公司。规模最大的为泉州肯特礼品有限公司，投资总额361万美元。

石材加工业 1997—2007年，外商投资洛江区石材加工企业6家，合同利用外资477万美元。其中，中外合资企业1家，外商独资企业5家。规模较大的有美国苏元亨独资创办的泉州市光岩弘大石业有限公司，投资总额138万美元，其经营范围包括石材加工、石雕工艺品等。

针织鞋服企业 1991—1996年，外商独资创办的针织鞋服企业7家，合同利用外资1373万美元。其中香港加和企业有限公司独资创办的福建和诚鞋业有限公司，投资总额1200万美元。至2007年，洛江区外商独资针织鞋服企业29家，合同利用外资4480万美元。其中，中国香港独资创办23家，占外商独资创办的鞋服企业79.3%，中国台湾独资创办3家，中国澳门独资创办2家，韩国独资创办1家。中国香港华卓国际有限公司独资创办的泉州市世为鞋业有限公司，总投资额1250万美元。

电子产品企业 1996—2007年，外商独资创办的电子产品企业5家，合同利用外资1184万美元。菲律宾徐泽山独资创办的泉州市琪祥电子科技有限公司，投资总额230万美元。

箱包企业 至2007年，外商独资创办的专门箱包制作企业3家，合同利用外资132万美元，投资来源均为中国香港。

房地产 物业管理 1991—2007年，外商独资创办的房地产企业5家，合同利用外资2661万美元。菲律宾隆泰国际集团公司独资创办的隆泰（泉州）房地产发展有限公司，投资总额1625万美元。1993年，该公司在鲤城区城东镇万安工业区A2-1商住地块范围内建设综合商住楼及附属设施，同年7月在万安开发区独资兴建翡翠山庄，开发面积3.2公顷。

至2007年，洛江区物业管理企业1家，中国香港百希达集团国际投资有限公司独资创办的泉州市万源物业管理有限公司，投资总额30万美元。

（二）投资分布

1997—2007年，从洛江区外商投资区域分布看，大部分集中在经济和交通相对较发达的城区，交通便利、基础设施相对完善的万安、双阳两个街道的工业园区占全区外商投资企业的90%以上，其次是中部的河市、马甲两镇工业区，罗溪、虹山较少。

四、投资来源地

1997—2007年，洛江区外商资金来源地主要是新加坡、日本、英国、美国、马来西亚、菲律宾、印度尼西亚、澳大利亚、意大利、几内亚、韩国等国家以及中国香港、中国澳门、中国台湾等地区。随着洛江区对外开放扩大，投资环境日益优化，加之外商投资的聚集效应，进入洛江的投资主体快速扩展，历年中亚洲地区外资企业投资最多。

第三节 外商投资重点项目

洛江建区后以重点项目为载体，注重产业链招商，培植支柱产业，推动工业企业发展，引进近百个重点项目，机械制造、树脂陶瓷工艺、鞋服箱包成为洛江区三大传统工业支柱产业。

附：部分外资投资项目和企业简介

机械制造 1985年福建培新机械制造实业有限公司成立。位于洛江区华侨经济开发区，厂区占地约6万平方米，员工500多人。公司是中国专业制造女卫生巾机，婴儿纸尿裤生产设备及生活用纸机械设备最有实力的大型企业之一。公司开发制造纸尿裤、卫生巾设备、纸浆模塑餐具设备、系列包装机设备、各种纸巾机设备四大系列数30种机型，产品覆盖全国各地，远销日本、中东、东欧、东南亚、非洲等60多个国家和地区。公司设立研发中心，研究开发人员25名，其中高级工程师5名，工程师7名；与华侨大学、福州大学、福建省机械研究院、武汉华中数控股份有限公司建立紧密的合作关系，与日本三菱公司、德国西门子公司和法国施耐德电气公司进行技术合作。公司获“福建省著名商标”、泉州市“技术创新示范企业”“重点企业”等，获得ISO 9001：2000国际质量体系认证、CE认证。

工艺生产 1987年，泉州建文艺品有限公司成立，占地面积24.67万平方米，建筑面积近10万平方米，注册资金1000万港元，累计投资5000多万元港元，员工3000多人，集树脂、陶瓷、五金、蜡艺、彩印等多元化工艺生产经营企业；其中白云土陶瓷被列入福建省火炬计划科技项目之一。公司被省、市先后授予“全国外商投资双优企业”“福建省AAA级信用企业”“福建省工业主要行业前十强”“泉州市劳动用工规范管理先进企业”“泉州市政府100家重点企业”“纳税超700万元的明星企业”称号。2000年，公司通过ISO 9001：2000版国际质量体系认证。2007年初，公司从万安搬至双阳，建立起建文工业园。2004年，被授予“福建省模范职工之家”称号。公司的客户遍及世界各地，在世界各地构筑稳定的销售网络，产品打入国外大型连锁店和百货公司。

鞋帽服装 1995年3月，福建和诚鞋业有限公司成立，系一家专门生产鞋类系列产品的台商独资企业。公司位于洛江经济开业区，占地5.48平方米，总建筑面积8万平方米，总投资1200万美元，注册资金590万美元。公司进口全套国外先进制鞋设备，有9条加工流水线，37条针车线，员工近10000人，产能每月40万双。该公司被评为“福建省‘模范职工之家’”“泉州市和谐企业”“泉州市‘职工书屋’”。

第四节 对外经济技术合作

一、来料加工贸易

1979年，泉州市开展加工装配业务后，泉州市外经管理机构即对签订合同双方的条件、合同条款进行审查批准，并配合工商行政部门和海关、银行等部门对执行法规、履行合同和有关设备、原材料、生产成品进出口、工缴费收汇情况进行监督。1980年9月，成立泉州市对外加工装配服务公司，负责对外加工装配进行管理。20世纪80年代末至90年代初，境内有马甲新华针织厂、河市宝成针织厂、佘氏针织厂、吾宅手套厂等来料加工企业。1997—2007年，来料加工种类和规模不断扩大，有服装、针织、鞋类、箱包类、电子类、雨具类等17类。其中，服装类产品主要是四季男女时装、西装、童装、风褛、夹克、衬衣、内衣、西裤、内外短裤、牛仔服装、运动套装等；针织类产品主要是以动物毛、化纤及混纺毛等为原料，采用手织、手钩、手绣、车绣、机织等方式编织而成的各类针织男女毛衣裤、裙、帽子、围巾、衣片等；鞋类主要产品是各式运动鞋、时装鞋、拖鞋、珠拖鞋等；电子类主要产品是电子计算器、电蕊、电蕊线圈、印刷电路板、收录机、耳机、小变压器、电子玩具及零件、电子产品的零部件和元器件、天线配件等。

二、技术设备引进

1997—2007年，洛江区开展对外经济技术合作，引进国内外先进技术及设备。泉州市信和涂料有限公司在涂料行业中率先引进重防腐涂料、高档工艺品涂料、建筑涂料等生产技术。旗牌王（中国）纺织服饰公司从日本、加拿大等国引进口专业生产设备千余台。泉州洛江建峰包装用品有限公司引进德国BHS瓦楞纸板生产线，引进先进的“水墨宽幅柔性彩印”技术。泉州德信织造有限公司引进德国、台湾等地进口大圆机100余台，具有年产800万千克的生产能力。

第五节 管理与机构

一、外贸管理

1998年起，洛江区外经部门贯彻国务院《关于开展对外来料加工装配及中小额补偿贸易办法》，审查客户的商业资信及企业的经营加工生产能力、管理情况，审批加工项目及合同，确定工缴费标准；掌握企业履行合同履约进度，保障企业的安全、及时收汇，加快结汇效率；监督检查保税货物的加工管理情况及原材料、半成品、成品的库存情况；监督企业以免税方式进口的自用设备，及时核销已履约的或有效期已满的合同，避免企业出现违规行为；对在监管中涉及合同申报、执行、检查、核销中存在的问题进行协调，敦促企业管理规范化，并为企业在生产加工过程中可能涉及的问题提供各种咨询和培训，协助对违反海关法规及其他有关规定的企业予以查处，对一贯遵守海关各项规定的企业给予表彰。

二、机构

（一）行政机构

1997年建区后，洛江区成立对外经济贸易局，行政编制10名。2002年4月10日更名为洛江区对外贸易经济合作局，内设办公室、外资引进管理股、对外贸易与经济合作股。

（二）事业单位及经营机构

洛江区对外贸易经济合作局下辖2个事业单位即洛江区外商投资咨询服务中心、洛江区对外加工装配服务公司，编制分别为5名、3名；代管1个国有外贸企业即洛江对外贸易有限公司。另外，设有协调机构洛江区外商投资企业投诉协调中心（暂未设立编制）。至2007年，机构、编制不变。

附：洛江对外贸易有限公司简介

1997年12月，洛江对外贸易有限公司成立。1998年5月，获准进出口经营权。公司位于丰泽区泉秀路洛江外贸大厦七楼，是一家具有专营进出口商品的综合性贸易机构，主要从事引进先进技术设备，以及原辅材料、元器件的进口业务，同时经营化工、机械、仪器、五金矿产、轻工、文体、粮油、食品、纺织、服装等商品的出口业务，承办中外合资、合作生产、“三来一补”等业务，开展咨询服务；兼营外转内产品的销售业务。公司是中国纺织品、机电产品、食品土特产、医保、机械等进出口商会会员。2006年，被福建省外经贸厅授予“福建省出口百强企业”称号，位居泉州市外贸出口企业第17位。

第十二篇 金融

洛江今域的金融活动起始无考。五代以前，货币都由外地流入。五代，闽王曦永隆四年（942年），泉州始铸“永隆通宝”铁钱。明朝中叶，外国银币（俗称“番银”）开始流入市面参与流通。清光绪年间（1875—1908年），始有当铺、钱庄和侨批信局。清末至民国中期，泉州民间金融机构的金融活动相当活跃。民国5年（1916年），设立首家银行机构——中国银行泉州汇兑所。民国23年，中央银行、福建省银行、交通银行、中国农民银行等相继在泉州设立分支机构，银行业务发展。民国27年5月厦门沦陷后，许多金融机构及业务迁移泉州，泉州一度成为闽南侨汇承转中心。太平洋战争爆发后，侨汇断绝，交通受阻，百业凋敝，泉州的金融机构先后迁至内地，业务一度萧条。抗日战争胜利后，侨汇复通，市场复苏，金融业日渐活跃。民国36年后，国民政府滥发纸币，引发恶性通货膨胀，金融业全面崩溃。

中华人民共和国成立后，成立中国人民银行泉州支行，恢复中国银行泉州支行，加强金融市场管理，大力吸收存款，沟通侨汇，支持生产，促进国民经济恢复与发展。1954年2月起，发展初级农村信用合作组织。1955年3月，农村信用社实施整改，乡设大社，村设分社，过渡到高级形式的信用社。年底，罗溪、马甲、河市、双阳设立信用社或分社。1958年，信用社成为公社信用部，信用分社成为生产大队信用分部。1962年初，公社信用部改为公社信用社，分部改为信用站。

1979年以后，农村信用事业蓬勃发展。1984年10月，成立泉州市信用合作联社，提高协调能力；洛江境内有信用社4个、信用分社2个。

1980年以后，中国农业银行在境内各乡和双阳华侨农场设立营业所。90年代初，建设银行在马甲仰恩大学设立营业所，金融业务较快发展。

1997年建区后，建行、工行、农行、中行等在洛江先后设立分支机构，各基层信用社开展清产核资，改进完善服务功能。随着经济社会全面发展，洛江区金融业务迅猛增长，金融网点遍布城乡。2003年，全区各项存款余额12.97亿元，其中城乡居民储蓄1.97亿元。2007年，各项存款余额30.29亿元，是2003年的2.34倍，其中城乡居民储蓄16.23亿元，是2003年的2.08倍；建行、工行、农行、信用社各项贷款余额29.16亿元，对洛江经济社会事业发展起到积极的支撑作用。

第一章 货币

第一节 民国时期货币

民国初期，市面交易混用银圆、银角、铜圆和铜钱。民国3年（1914年），以袁世凯头像银圆为国币，同时使用银圆票。民国5年起，中国银行和中南银行的兑换券与银圆混合使用。民国14年后，银圆逐渐代替铜钱。

民国22年，废两改元，停用银锭，概用银圆，以铸有孙中山半身侧面肖像的银圆为正式国币，但其他银圆同样流通。泉州流通的银圆多达10余种。中国银行、中央银行、交通银行、农民银行、中南银行、中国实业银行、通商等发行的纸币均可兑换银圆。民国24年11月以后，国民政府实行法币政策，以中央银行、中国银行、交通银行、农民银行4家国家银行发行的纸币为法币，明令禁止银币、铜币流通。法币面额有1元、5元、10元及1角、2角、5角等6种。民国25年，晋江县各银行法币流通额600万元，其中中央银行占28、3%，中国银行占21.7%，中国农民银行占16.7%，福建省银行占16.7%，交通银行占13.3%。民国26年，法币面额扩大到50元、100元、500元。

民国29年以后，法币面额不断增大，滥印滥发，丧失信用，为商民拒用。民国31年，中央银行发行关金券。至民国37年，关金券滥发，面额日增，币值日贬，如同废纸。同年8月，取消法币，通行金圆券，不到10个月，发行额增加65万倍，金融崩溃，银圆、银角、铜圆等旧币恢复流通。民国38年（1949年9月30日止）7月，改用银圆券，未及流通，泉州解放。

第二节 中华人民共和国成立后货币

一、流通人民币

1949年，泉州区域交易以银圆、银角、铜圆、黄金、港币、美钞混杂流通，金融市场混乱。1949年9月15日，福建省第五专员公署宣布中国人民银行发行的人民币为唯一合法货币，金圆券为非法货币，禁止流通，对银圆、铜圆、外币实行管制，由中国人民银行、中国银行挂牌收兑，人民币占领流通领域。人民币票面值为1元、5元、10元、20元、50元、100元、200元、500元、1000元、5000元、1万元、5万元共12种。银行以金圆券10万元比人民币1元的比值收兑金圆券。

1955年3月，发行第二套人民币，以旧人民币1万元比新版人民币1元的比值收兑，5月10日旧人民币停止流通。1957年12月，中国人民银行发行1分、2分、5分铝镁合金辅币。1962年4月，发行第三套人民币。1980年4月，中国银行发行外汇兑换券。1980年、1981年、1983年、1985年，中国人民银行发行1角、2角、5角铜币和1元铜镍合金币。1987年4月，发行第四套人民币，增加50元、100元两种，与第三套人民币同时流通使用。1991年起，发行1角铝镁合金币、5角铜锌合金币、1元钢芯镀镍硬币。

1999年10月1日起，流通第五套人民币中的50元、100元券。2000年10月，流通20元券。2001年9月起，陆续流通5元、10元券2种和金属人民币1角、5角、1元3种。2003年1月，1990年版50元、100元券人民币实行“只收不付”。2005年8月31日，流通第五套2005年版人民币，面额有1元、5元、10元、20元、50元、100元券6种。至2007年，第三、四、五套人民币在全区混合流通使用。

二、纪念币

1997—2007年，在洛江区域流通纪念币和纪念钞：1997—1998年，分别发行“朱德、周恩来、刘少奇诞辰100周年”；1999年，“中华人民共和国成立50周年”纪念币10元、纪念钞50元；2000年，“迎接新世纪”纪念币10元、纪念钞100元；2001年，“辛亥革命90周年”纪念币5元；2003年，“宝岛台湾——朝天宫”；2004年，“邓小平诞辰100周年”；2005年，“陈云诞辰100周年”；2006—2007年，“世界文化遗产——颐和园”“第29届奥林匹克运动会”等。洛江区流通纪念币、纪念钞既可流通，又有收藏价值，多数为钱币爱好者收藏，极少在市面上流通。

第二章 业 务

第一节 存款

中华人民共和国成立前，境内各金融机构开办的储蓄种类有活期、零存整取、存本取息、整存整取、通知存款；发行节约建国储蓄券、乡镇公益储蓄券及有奖储蓄会单；农村信用社开办以稻谷为主的实物储蓄。

中华人民共和国成立初期，物价波动，为保障储户利益，银行开办折实（物）储蓄和侨汇原币存款业务。1950 年 5 月起，折实储存转入保本保值储蓄。1951 年，开办华侨储蓄，存期 1 年以上的给予利率优惠。1952 年下半年，实行统一的储蓄利率，增办活期、定期、有奖定额储蓄，农村信用社开办社员储蓄。1958 年，实物储蓄对象扩大到金银、杉木、猪羊等实物。1959 年后，开展群众性储蓄活动，广开储源，开办预约储蓄。因三年经济暂时困难，1961—1962 年，储蓄存款滑坡。1963 年后，经济好转，金融机构协助各单位开办互助储金会，储蓄存款余额上升。1978 年后，城乡储蓄余额大幅度增长。金融机构展开储蓄业务竞争，增办定活两便、大额可转让、住房储蓄、长期定期保值储蓄等业务。1992 年末，储蓄网点遍布各乡镇，方便群众存取。

1997 年后，洛江区经济发展较快，居民收入提高，企业存款、财政性存款、农业存款、储蓄存款等相应增加。2003 年，各项存款 129747 万元，其中城乡居民储蓄 80395 万元。2004 年，各项存款余额 156717 万元，比 2003 年增长 20.79%。2005 年，各项存款余额 224904 万元，比 2004 年增长 43.51%，其中城乡居民储蓄 139986 万元，增长 18.02%，历年最高。2007 年，各项存款余额 302941 万元，其中城乡居民储蓄 167376 万元，是 2003 年 2.82 倍。11 年间，年均增长 20%。

2003—2007 年年洛江区银行存款情况表

表 12-2-1

年份	存款（万元）	比上年增长（%）	城乡居民储蓄（万元）	比上年增长（%）
2003 年	129747	—	80395	—
2004 年	156717	20.79	86444	7.52
2005 年	224904	43.51	139986	61.93
2006 年	270354	20.21	153522	6.70
2007 年	302947	12.06	167376	9.02

第二节 贷款

1991—1993 年，各行、社贯彻执行“控制总量，调整结构，强化管理，适时调节，提高效益”的货币信贷政策，贷款主要向国有重点工商企业、农业和乡镇企业倾斜。1994—1996 年，把抑制通货膨胀作为金融的中心工作，贯彻执行适度从紧的信贷政策，优化贷款投向。

1997 年，执行长期以来旨在抑制通货膨胀转为防止通货紧缩的货币信贷政策，境内各行、社适时调整信贷结构，适度增加信贷资金投入，拓展信贷业务。2000 年，加大支农贷款力度，推广“农户小额信用贷款”，同时试办“农户联保贷款”，增加对涉农贷款额度。2001—2007 年，执行稳健的信贷政策，各行、社优化贷款结构，拓宽融资渠道，开办业务新品种，加大对城建、交通、通信、电力、自来水等基础设施和重点工程的信贷资金投入。2004—2007 年，建设银行洛江支行发放贷款 10.63 亿元。2005—2007 年，工行洛江支行发放贷款 133783 万元，支持地方重点项目建设、房地产开发建设以及企业的生产发展。2007 年，农行洛江支行择优实现有效投放 23336 万元，从紧年关实现优质有效投放。

第三章 机 构

第一节 中国建设银行泉州洛江支行

一、机构

1998 年 11 月，中国建设银行泉州洛江支行（以下简称“建设银行洛江支行”）成立，是中国建设银行下属的分支机构。2004 年 9 月 15 日，中国建设银行由国有独资商业银行改制为国家控股的股份制商业银行，更名为中国建设银行股份有限公司。作为分支机构的中国建设银行泉州洛江支行相应更名为中国建设银行股份有限公司泉州洛江支行。建设银行洛江支行内设办公室、营业部、客户部，有员工 27 人。

二、经营范围

1998—2007 年，建设银行洛江支行办理人民币存款、结算；代理收付款项及代理保险业务；办理建设银行泉州分行在中国银行业监督管理委员会批准的业务范围内授权的人民币贷款、票据贴现及其他业务；办理外币储蓄存款业务；经中国银行业监督管理委员会批准的其他业务。

三、经营情况

1998—2007 年，中国建设银行泉州洛江支行经营侧重于传统的存贷业务，把存贷利差作为利润的主要来源。结算方式有现金结算和转账结算。外汇方面开办外币储蓄业务。接受客户的委托、代为办理客户指定的经济事务、提供金融服务并收取一定费用的业务，包括代理证券业务、代理保险业务、代理商业银行业务、代理中央银行业务、代理政策性银行业务和其他代理业务。

2004—2007 年，建设银行洛江支行发放贷款 10.63 亿元，支持地方重点项目建设、房地产开发建设以及企业的生产发展。落实上级行有关扶持小企业发展的精神，以“速贷通”“成长之路”“个人助业贷款”为重点，发放小企业贷款 2.78 亿元，对核心企业供应链、工业园区、产业集群、特色市场、外向型等优质小企业，给予重点扶持，解决小企业融资难的问题。

2004—2007 年中国建设银行泉州洛江支行主要经营指标

表 12-3-1 **单位：万元**

年份	存款	贷款	利润
2004 年	35066	39090	683
2005 年	40656	40325	1681
2006 年	48465	75746	2795
2007 年	57485	84277	3152

第二节 中国农业银行泉州洛江支行

一、机构

2003年，中国农业银行泉州洛江支行（以下简称“农业银行洛江支行”）成立。至2007年12月31日，下辖有仰恩支行、罗溪支行、营业厅、双阳分理处、河市分理处、万安分理处和5个内设综合部、业务管理部、会计结算部、客户部、电子银行部。员工总数73人，其中，女员工35人。

二、经营范围

人民币业务　2003—2007年，农业银行洛江支行吸收公众存款；发放短期、中期和长期贷款；办理国内外结算；办理票据贴现；发行金融债券；代理发行、代理兑付、承销政府债券；买卖政府债券；从事同业拆借；买卖、代理买卖外汇；提供信用证服务及担保；代理收付款项及代理保险业务等。

外汇业务　2003—2007年，外汇存款、外汇贷款、外汇汇款、外币兑换、国际结算、外汇票据的承兑和贴现、外汇借款、外汇担保；结汇、售汇；发行和代理发行股票以外的外币有价证券；买卖和代理买卖股票以外的外币有价证券；代客外汇买卖；资信调查、咨询、见证业务。

电子业务　2003—2007年，通过推广“95599”电话银行、网上银行、自助银行等高科技手段，除了常规国内国际金融产品以外，还为客户在证券、保险、基金等行业架设沟通桥梁。

“三农”金融服务　2003—2007年，为打造城乡接合部“三农”金融服务“样板行”，“三农”办成员到各乡镇调研，确定“以农业产业化龙头企业为重点，以探索支持生态旅游、特色农业和特色资源开发模式为要点，支持农村中小企业、个体私营主、种养大户发展和农村商贸物流体系、农村基础设施和小城镇建设”的农村业务发展思路，制定《洛江农行服务三农实施方案》。支持罗溪粮油经营部、腾达粮行等主要粮食贸易企业发展；支持辖区内一养殖大户10年发展，培育市级农业龙头企业；为好利来鞋业、恒踏鞋业、超盛鞋业、余氏织造和农副产品加工等加工劳动密集型企业服务，提供信贷支持5000万元，为2万多农民工提供代发工资等服务。扶持生态农业、高效农业、特色农业龙头企业。该行对辖区内省级农业龙头企业——和昌（福建）食品有限公司发放1000万元短期流动资金贷款。沿产业链向产前、产后和流通领域的金融服务延伸，探索“公司+农户+基地+经销商”的服务模式，支持2500户特约养殖户和和昌公司发展。金博士发卡量达12.3万张。全行农户个人生产经营和个人综合消费贷款250笔，余额超过1亿元，支持农村创业和农民生产生活需求。该行将原罗溪分理处升格为罗溪支农专业支行，创建全国农行首家支农专业支行。通过支持罗溪镇“六大农业示范基地”、虹山乡“五大农业基地”和生态旅游发展，探索支持特色种植园服务模式；通过与罗溪后溪村签订社会主义新农村合作协议，带动全村农民增收、农业发展、农村繁荣，搭建农村基础设施建设融资平台，谋求分散和防范风险新路；成立流动客户经理组，提升农村服务覆盖面；加大电子银行设备投入，提升农村金融服务层次。

三、经营情况

2007年12月31日，农业银行洛江支行各项存款余额116819万元，比年初增长15015万元，其中，对公存款51681万元，比年初增长9702万元；储蓄存款65138万元，比年初增长5313万元。分类别来看，财政性存款1034万元，企事业单位存款38760万元。各项贷款余额76961万元，比年初增长23365万元，其中，个人贷款28841万元，单位贷款48120万元；实现经营利润2606万元，人均创利37.77万元。分类别来看，工商贷款19006万元，基本建设贷款600万元，房地产贷款2800万元。

2004—2007 年中国农业银行泉州洛江支行现金收支表

表 12-3-2 单位：万元

年份	投放额	回笼额	净差额
2004 年	1542	1392	150
2005 年	2523	1723	800
2006 年	3673	2791	882
2007 年	5471	1742	3729

2004—2007 年中国农业银行泉州洛江支行个人储蓄存款

表 12-3-3

年份	总余额（万元）	年增长率（%）
2004 年	37323	—
2005 年	45500	18
2006 年	59825	38
2007 年	65138	43

四、经营管理

营销兴行 2003—2007 年，农业银行洛江支行以“营销兴行”为战略，其重大项目、重点客户营销成效显现，如“嘉琳广场”项目全年利息收入超千万元。2007 年，经营利润 2606.1 万元，实现经营业绩翻番。

中间业务 2007 年，代理基金、代理保险手续费、金博士发卡量均比同期增多，全年实现中间业务收入 551 万元，在经营利润占比中首次突破 20% 大关，达 23.21%，为建立现代商业银行多元化盈利结构奠定基础。

国际业务结算 2003—2007 年，农业银行洛江支行通过主动加强同区外经贸局、各街道办事处和乡镇招商窗口的沟通与联系，捕捉客户投资兴业的资本金信息和新申请开户企业的信息，从源头上争取营销主动权，至 2007 年，洛江区外汇资本金账户新增 11 户，该行营销 9 户，占比同业最高，实现国际业务结算量从立行时 14 万元到 3426 万跃升，国际业务驶入一个新的“快车道”。

信贷资产营销 2007 年，择优实现有效投放 23336 万元，从紧年关实现优质有效投放。通过严格贷前审查、贷后管理和及时有效化解风险工作，同年，支行成为全市农行系统唯一一家信贷资产“零不良”支行，

存款存量 2006—2007 年，在人民币升值、存款准备金率连续九次上调、存贷利息多次调整、资本市场持续升温的宏观经济大背景下，支行牢固树立存款基础地位意识，千方百计进行存款组织工作，弥补储蓄存款增量不足劣势，成为全市农行存款优胜单位和流动性管理较好单位。至 2007 年底，全年存款存量、增量排名区域同业第一，实现“四连冠”。

内部控制管理 2004—2006 年，支行连续三年被省行评为“内控综合评价一类行”，市级安全保卫先进单位，实现全年安全经营无事故，全行内控管理水平提升；推进“5S”管理工作，培养全行员工做小事习惯，对制度、规范严格执行；实现考核、激励机制创新，如对柜员的考核在全市率先引入现场业务办理测试，实现从单纯的理论知识、点钞速度、录入速度考核到实际操作考核的转变，搭建理论和实际结合的桥梁；对会计主管、主任和客户经理进行量化式的绩效考核。

第三节 中国银行泉州洛江支行

一、机构

2003 年 6 月，中国银行泉州洛江支行（以下简称“中国银行洛江支行”）成立，是中国银行下属的分支机构。2004 年 8 月 26 日，中国银行由国有独资商业银行改制为国家控股的股份制商业银行，更名为中国银行股份有限公司。作为分支机构的中国银行泉州洛江支行相应更名为中国银行股份有限公司泉州洛江支行，共有员工 11 人。

二、经营范围

2004—2007 年，中国银行洛江支行办理人民币、外币存、取款、外汇买卖、结售汇、境内汇款、光票托收、代理外卡柜台取现（VISA、MASTER、JCB、AE、大莱）、长城国际卡柜台取现、国际卡购汇还款、中银信用卡购汇还款、零售贷款、存款证明业务；代理收付款项及代理保险业务；经中国银行业监督管理委员会批准的其他业务。

三、经营管理

中国银行洛江支行运行经营侧重于传统的存贷业务，并将存贷利差作为利润的主要来源。至 2007 年 12 月 31 日，中国银行洛江支行人民币储蓄存款余额 5891 万元，企事业单位存款余额 12451 万元，企业贷款余额 4000 万元，零售贷款余额 11950 万元。主要结算方式有现金结算和转账结算。开办外币储蓄、外汇买卖、结售汇、代理外卡柜台取现（VISA、MASTER、JCB、AE、大莱）、长城国际卡柜台取现、国际卡购汇还款业务。接受客户的委托、代为办理客户指定的经济事务、提供金融服务并收取一定费用的业务，包括代理证券业务、代理保险业务、代理商业银行业务、代理中央银行业务、代理政策性银行业务和其他代理业务。

第四节 中国工商银行泉州洛江支行

一、机构

1998 年 9 月，中国工商银行股份有限公司泉州洛江支行（以下简称“工行洛江支行”）成立，是中国工商银行下属的分支机构。2005 年 10 月 27 日，中国工商银行由国有独资商业银行改制为国家控股的股份制商业银行，更名为中国工商银行股份有限公司。中国工商银行泉州市洛江支行相应更名为中国工商银行股份有限公司泉州洛江支行。工行洛江支行内设业务部、营业部、华城分理处，共有员工 39 人。

二、经营情况

业务范围　1998—2007 年，工行洛江支行办理人民币存款、结算；代理收付款项及代理保险业务；办理其分行在人行批准的业务范围内授权的人民币贷款、票据贴现及其他业务；经中国银行业监督管理委员会批准的其他业务。

2005—2007 年中国工商银行泉州洛江支行现金收支表

表 12-3-4 单位：万元

年份	投放量	回笼额	净差额
2005 年	50054	38024	12030
2006 年	39461	36508	2953
2007 年	44268	37695	6573

存款 1998 年，工行洛江支行个人存款总余额 776 万元。2007 年，个人存款总余额 11403 万元，是 1998 年 14.69 倍。同年，工行洛江支行财政性存款 9105 万元，主要是洛江区财政局和华侨大学的财政性存款。企事业单位存款 6963 万元，主要是机关团体存款。

1998—2007 年中国工商银行泉州洛江支行个人储蓄情况表

表 12-3-5 单位：万元

年份	总余额（万元）	年增长率（%）
1998 年	776	—
1999 年	2813	262.5
2000 年	3167	12.8
2001 年	6740	112.4
2002 年	8396	24.6
2003 年	9679	6.2
2004 年	10072	4.1
2005 年	9436	－6.3
2006 年	10798	14.4
2007 年	11403	5.6

贷款 2005—2007 年，工行洛江支行发放贷款 133783 万元，支持地方重点项目建设、房地产开发建设以及企业的生产发展。

利润 1998—2007 年，利润构成主要以传统利差为主，中间业务比重逐年上升。2007 年，中间业务收入占比达 12.7%，人均利润 54 万元。

2005—2007 年中国工商银行股份有限公司泉州洛江支行主要经营指标

表 12-3-6 单位：万元

年份	存款	贷款	利润
2005 年	28408	61703	1619
2006 年	31306	64656	1875
2007 年	32995	71229	2256

第五节 农村信用合作联社

民国 24—28 年（1935—1939 年），福建省农村合作指导委员会在泉州设立农村信用合作指导员办事处，组织农村信用合作社。至民国 25 年 10 月，晋江县有农村信用合作社 35 个，洛江今域设立 3 个。民国 27 年，晋江县政府成立合作指导委员会，境内督导合作业务归其督导。中华人民共和国成立前，农村信用合作社解散。

1954 年 2 月起，发展初级农村信用合作组织。1955 年 3 月，农村信用社实施整改，乡设大社，村设分社，过渡到高级形式的信用社。年底，罗溪、马甲、河市设立信用社，下设分社。1958 年，信用社成为公社信用部，信用分社成为生产大队信用分部。1962 年初，公社信用部改为公社信用社，分部改为信用站。

1971 年 2 月，洛江境内有农村信用社有 4 家。1979 年以后，农村信用事业蓬勃发展。1984 年 10 月，成立泉州市信用合作联社，提高协调能力。1992 年末，洛江今域有 2 个信用社、2 个信用分社。

1998 年，以规范信用社，加强联社建设为重点，推进农村信用社管理体制改革，改进完善服务功能、强化内部管理和稳健经营，提高信贷资产质量和经营效益。联社在市人民银行、农村金融体制改革办公室的统一部署下，根据中央关于把农村信用社真正办成“由社员入股、实行社员民主管理，主要为入股社员服务的合作金融组织”的原则，吸收各种经济成分入股。

至 2007 年底，洛江辖区各项存款 54030.12 万元，各项贷款 28224.1 万元。辖区内机构总数 9 个，其中信用社 5 个，信用分社 4 个。营业网点分布在万安街道、双阳街道、河市镇、马甲镇、罗溪镇和虹山乡。

第六节 洛江邮政储蓄所

2000 年 3 月，洛江邮政储蓄所成立，下设 6 个邮政储蓄专柜，分别是华大、万安、双阳、河市、马甲、罗溪邮政储蓄专柜。经营管理工作由洛江邮政分局下设的储汇分局负责，业务受洛江邮政分局及泉州市邮政储汇局双重管理。至 2007 年 12 月 31 日，洛江邮政储蓄期末余额达 26357 万元。

2000—2007 年，洛江邮政储蓄所存贷业务包括活期储蓄、定期储蓄、定活两便、零存整取、通知存款、存单质押贷款。结算业务是个人国内汇兑业务。代理业务有代发工资（养老金）、代理保险、代销基金、代缴三机话费、代收电费、代收税款等。

第十三篇 财政 税务

古代，财税体制均实行中央集权制。财政收入以田赋为主，财政支出大体可分起解、存留等，捐税种类则逐渐增多。民国前期，政局动荡，赋税多头征收，百姓负担沉重。民国24年（1935年），县预算成立，部分地方捐税废除，并实行包征制。民国31年，实行中央、县二级财政体制后，晋江县财政成为独立的一级“自治财政”。由于经济凋敝，捐税名目日多，在通货膨胀的影响下，计征方式也不断更改。中华人民共和国成立后，苛捐杂税废除，财税机构逐步健全，在大力发展经济的同时，兼顾国家、地方、集体、个人利益，强化税收管理，积极组织收入，合理分配财政资金，有力促进各项事业的恢复、发展。“大跃进”与“文化大革命”期间，财税工作一度出现混乱。中共十一届三中全会以后，税收工作不断改进，税收与财政收入日益增多，财政资金支出更趋合理，对农业农村、教育卫生事业、重点建设项目及基础设施建设的投入增加，努力杜绝各种不合理支出，财政资金取得良好的经济效益与社会效益。

1997年建区后，洛江区财政享受县一级的优惠财政政策，实行“划分收支、核定基数、定额缴补、增收全留”的财政管理体制。区财政部门规范财政管理，确保收支平衡，调整完善区乡（镇）财政包干制度，落实财政目标考核责任制。1997年10月和2001年9月，洛江区地税局和国税局先后成立，加强税收政策宣传和引导，做好税收咨询和纳税服务，组织各项税收入库。区财税部门积极培育经济增长点，财政收入稳步增长。2001年，全区财政总收入10718万元，首次突破1亿元大关。2007年，全区财政总收入46752万元，是1998年的11.9倍，工商税由1998年的1819万元上升到2007年的21708万元，地方级财政收入由1998年的2750万元增至2007年的24677万元，有力促进经济社会的发展。

第一章 财 政

第一节 体制

中华人民共和国成立初期，境内即建立区乡财政，贯彻中央提出的关于统一乡镇财政，实行“包、禁、筹”的财政方针。1958年，晋江县对晋北即河市、马甲、罗溪3个公社实行财政包干。1978年，颁发《泉州市农村人民公社一级财政管理办法试行方案》，明确规定农村人民公社财政的收支范围、提留比例、分成办法以及公社财政应坚持的“当年收支平衡，略有节余，先收后支，留有后备，不打赤字预算，搞好综合平衡”的预算管理原则，并对公社实行“定收定支，收入上交，支出下拨，结余留用，增收分成”的财政管理办法。1986年，鲤城区政府在东海、罗溪两乡试建乡镇一级财政管理体制，按照给积极性、财力许可、因地制宜、不断完善的原则，对乡镇预算内资金实行“定收定支，超收分成，短收扣支，节支留用，超支不补，一年一定”的财政管理体制。乡镇不设金库，预算收入直接解交区金库，预算支出由区政府拨款，年终结算。预算外采取“定收定支，包干使用”的体制，确定具体提留项目和比例。1988年，区政府按照统一领导、分级管理、不断改进的原则，对各乡镇预算内资金部分实行“定收定支，收入上交，支出下拨，超收分成，短收扣支，超支不补，结余留用，二年一定”的财政管理办法，增加的特产税及教育费附加收入计入包干数。1990 年，对各乡（镇）实行“核定基数，增收分成，短收扣支，结余留用，一定二年”的财政预算管理体制。年终按体制结算，增收分成款作为乡镇的机动财力，由乡镇统筹安排。

1997 年，洛江区成立后，洛江区财政享受县一级的优惠财政政策，实行“划分收支、核定基数、定额缴补、增收全留”的财政管理体制。建区初，洛江区社会事业和基础设施较为滞后，资金供求矛盾突出，区财政做好区划调整资产的调配和财产的移交。同年 9—12 月，从市区资产调配组取得预算内资金 1947 万元，40 辆汽车、85 部摩托车和 3950 万元的股权。为加强资产的管理，保证国有资产保值增值，同年 12 月，组建洛江区国有资产投资经营公司。制定《洛江区过渡期财务管理暂行规定》，保证新区各项工作尽快走上正轨。探索培植财源的途径和财税管理办法，完善理财环境，财政总收入 2936 万元，财政收支倒挂。

1998 年，作为财政起步之年，重点做好财政增收节支，同年 3 月，提出区直企业的税收管理办法，争取到 1997—1999 年“1 ∶ 3 ∶ 3”省级固定分成比例增量返还的优惠财政政策，提出并落实关于市属企业税收和房产税划归洛江区政策。同月，开展全面清理通讯、交通工具工作，制定新的邮电管理办法，4 月，提出并实施农村教育费附加“乡征、区管、乡用”等节支措施，确保重点投入，支持新区发展。

2000—2002 年，改变区直企业税收管理体制，实行区直企业的税收按属地原则管理。实施票款分离和“收支两条线”管理制度，实施国库统一支付工资制度，规范财政支出管理。

2003—2004 年，落实农村税费改革，清退 2003 年预收除农业税以外的各项税费，维护农民切身利益。组建区会计核算中心，对区属行政事业单位推行会计集中核算制度。组建泉州市金河土地开发公司等 3 家有限公司、万安开发区投资经营有限公司，整合国有资产。2004 年，财政总收入完成 23063 万元，首次突破 2 个亿，区级财政收入 11225 万元，首次突破 1 个亿。

2005—2007 年，制定全区行政事业单位不动产集中管理办法，盘活国有资产存量，增强国投公司实力和融资能力。推进财政票据电子化改革进程，加强“收支两条线”管理，试行政府公务车辆实行定点维修，规范公务车辆管理，节约行政成本。实行会计工作微机动态管理，加强会计从业资格及会计职称规范化管理。实施税、库、行一体化建设，完善金税工程、CTAIS 系统建设。设立契税财政直征窗口，规范征收行为，财政收入实现较快增长。2005 年财政总收入 30030 万元，首次突破 3 亿元。优化支出结构，制定统一的福利补贴标准，规范单位财务行为，调度资金，保证机关正常运转。

第二节 财政收入

1997 年，区财政总收入 2936 万元，其中，地方级财政收入 1797 万元。在地方级财政收入中，工商税收收入 1262 万元；农业“四税”（农业税、农林特产税、耕地占用税、契税）入库 275 万元；非税收入完成 28 万元。1998—2000 年，区财政总收入累计达 1.699 亿元。其中，地方级财政收入 1.114 亿元。2007 年，全区产值超亿元企业达 21 家，税源增多，当年，财政总收入 46752 万元，其中：一般预算收入 24271 万元；工商税收收入 21708 万元，农业“四税”收入 1400 万元，非税收入 1163 万元。

1997—2007 洛江区财政预算内收入情况表

表 13-1-1　　单位：万元

年份	财政总收入	中央级财政收入	地方级财政收入						上级补助收入
			合计	一般预算收入				基金收入	
				小计	工商税收	农业四税	其他收入		
1997 年	2936	1139	1797	1797	1262	275	260	—	—
1998 年	3922	1172	2750	2731	1819	291	621	19	5363
1999 年	5158	1621	3537	3425	2407	426	592	112	6019

续表 13-1-1

年份	财政总收入	中央级财政收入	地方级财政收入						上级补助收入
			合计	一般预算收入				基金收入	
				小计	工商税收	农业四税	其他收入		
2000 年	7981	3126	4855	7805	3714	361	3730	50	6428
2001 年	10718	4175	6561	6550	5689	298	563	11	6396
2002 年	13240	6616	6624	6587	5528	419	640	37	5603
2003 年	17195	9177	8018	8004	7198	532	274	14	6348
2004 年	23063	11838	11225	11212	10197	747	268	13	8844
2005 年	30030	15240	14790	14763	13032	911	820	27	7006
2006 年	36158	17263	18535	18420	17087	901	432	115	5373
2007 年	46752	22075	24677	24271	21708	1400	1163	406	10224

一、预算内收入

工商税 1997—2007 年，洛江区工商税收主要有增值税、营业税、企业所得税、城市维护建设税和个人所得税等。1997 年洛江工商税收 1262 万元，1998—1999 年，每年增加 500 万—600 万元收入，2000 年增加 1307 万元，增幅 54.3%。2002 年开征资源税收入 1 万元，2007 年资源税收入 157 万元。工商税收的稳步增长对保障财政收入持续增长起到决定性作用。2007 年工商税收入 21708 万元，是 1997 年工商税收入的 17 倍。11 年间，全区增值税 22751 万元，营业税 26501 万元，企业所得税 15788 万元，占洛江工商税收入 72.56%。

1997—2007 年洛江区工商主要税种收入情况表

表 13-1-2 单位：万元

年份	流转税		所得税		财产、行为税							
	增值税	营业税	企业所得税	个人所得税	城市维护建设税	城市土地使用税	土地增值税	印花税	屠宰税	房产税	车船使用和牌照税	资源税
1997 年	379	209	310	397	47	19	—	5	19	29	16	—
1998 年	394	257	278	671	43	18	—	17	25	94	22	—
1999 年	540	442	596	544	60	19	—	23	22	140	19	—
2000 年	1042	789	847	654	115	28	—	42	16	166	15	—
2001 年	1386	1032	1994	801	110	62	—	59	12	219	14	—
2002 年	1638	1397	1140	562	165	89	—	85	12	424	15	1
2003 年	2086	2200	1209	738	254	114	29	114	1	438	12	3
2004 年	2638	3406	1634	982	373	154	197	181	—	608	23	1
2005 年	3513	4210	2048	1085	470	238	474	252	—	715	26	1
2006 年	4062	6257	2435	1189	607	501	771	260	—	877	29	99
2007 年	5073	6302	3297	1274	760	1412	1988	330	—	1024	91	157

农业税 农业税类包括农业税（公粮）、农业特产税、耕地占用税和契税 4 种，简称农业“四税”。国家对农业税实行稳定负担政策，农民负担逐年减轻。1997 年，征收入库 275 万元，其中契税未征收。耕地占用税 103 万元，占农业“四税”37.45%。2003 年 11 月 7 日，根据《中华人民共和国契税暂行条例》规定，自 1997 年 10 月 1 日起，土地、房屋权属转移税率由 6% 降为 3%。同年，洛江区停征农业特产税。

2005 年起，洛江区停征农业税，该类税种保留耕地占用税和契税，当年两税收入 911 万元。2007 年，契税增收幅度提高，当年契税总收入 1100 万元，比 2003 年增长 475.91%。农业“四税”收入 1400 万元，完成年度预算的 100%。

1997—2007 年洛江区农业税实际入库数情况表

表 13-1-3 单位：万元

年份	农业税	特产税	耕地占用税	契税	合计
1997 年	101	71	103	—	275
1998 年	101	41	115	34	291
1999 年	81	92	180	73	426
2000 年	80	42	172	67	361
2001 年	38	50	108	102	298
2002 年	70	41	200	108	419
2003 年	51	—	290	191	532
2004 年	87	—	300	360	747
2005 年	—	—	410	501	911
2006 年	—	—	300	601	901
2007 年	—	—	300	1100	1400
总计	609	337	2478	3137	6561

专项及其他收入 专项收入包括排污费、城市教育费附加，其他收入主要是公安政法、民政工商等部门收取的证照费、手续费、注册商标、企事业登记费等行政性收费和罚没收入。1997 年，全区其他收入 213 万元，其中，罚没收入 29 万元。此后，区财政部门规范政府非税收入管理，依法收取罚没收入、行政性收费，加强对政府非税收入征收工作监督管理，确保政府非税收入按照规定及时足额上缴国库或财政专户，防止隐瞒、截留、挤占、坐支和挪用政府非税收入。2005 年，专项及其他收入 820 万元，比上年增收 552 万元，增幅 205.97%。2007 年，财政收支科目改革，专项收入及其他收入按性质重新分类，包括政府性基金和专项收入，当年专项及其他收入 1525 万元。

二、基金收入

区财政基金收入包括工业交通部门基金收入、文教部门基金收入、农业部门基金收入、土地有偿使用收入以及其他部门和地方财政税费附加收入等。1998 年，全区基金收入 19 万元。至 2007 年，全区基金收入达 406 万元。

三、上级补助收入

1998 年，区财政上级补助收入 5363 万元。至 2007 年，全区上级补助收入 10224 万元。

四、预算外收入

1998 年，全区财政预算外收入 3369 万元。至 2007 年，全区财政预算外收入 10997 万元，是 1998 年 3.26 倍。其中：行政事业费收入 6052 万元，国企及主管部门集中收入 37 万元，其他收入 4908 万元。

1997—2007 洛江区财政预算外收入情况表

表 13-1-4 单位：万元

年份	合计	行政事业费收入	政府性基金（资金、附加）收入	国企及主管部门集中收入	乡（镇）自筹统筹资金收入	其他收入
1997 年	—	—	—	—	—	—
1998 年	3369	680	1475	5	1034	175
1999 年	3130	976	1183	1	830	140
2000 年	2810	856	1124	—	650	180
2001 年	1959	651	260	—	1048	—
2002 年	2149	889	390	—	870	—
2003 年	4296	1914	1363	—	1019	—
2004 年	3009	1674	89	—	1246	—
2005 年	3061	1859	—	—	1202	—
2006 年	2397	1198	—	—	1199	—
2007 年	10997	6052	—	37	—	4908

第三节 财政支出

1997 年 9—12 月，区财政总支出为 2063 万元。1998—2000 年，财政支出累计 24669 万元，主要用于基本建设支出 1028 万元，支援农村生产支出 856 万元，科教文卫事业支出 9164 万元，行政管理支出 3083 万元。

2001 年后，随着基础设施和配套服务设施建设逐步完善，基本建设支出略有下降，但企业挖潜改造资金、科教文卫事业支出、社会保障补助支出及其他支出逐年增多，其中社会保障补助支出由 2000 年的 27 万元增至 2001 年 256 万元，增长 9.5 倍。2001—2007 年，预算内支出累计 12.156 亿元，主要用于科教文卫事业支出 45302 万元，农林水利气象等部门支出 9379 万元，科技三项费用支出 1793 万元，社会保障补助支出 1791 万元，其他各项支出 59271 万元。

1997—2007 年洛江区财政支出情况表

表 13-1-5 单位：万元

年份	合计	一般预算支出													基金预算
		小计	基本建设	农林水利气象	工业交通流通部门	科教文卫事业	抚恤和社会福利社会保障救济	国防武装警察部队	行政管理	公检法司	专项支出	财税支出	其他支出		
1997 年	2063	1812	128	159	26	825	80	20	258	63	—	110	143	—
1998 年	6845	6804	147	313	102	2687	162	26	1024	239	68	243	648	41
1999 年	8339	8186	335	437	75	2950	288	78	1070	218	9	344	1085	153
2000 年	9820	9679	546	422	94	3527	284	69	989	208	13	552	1276	141
2001 年	10696	10614	338	454	64	3883	534	293	1130	269	104	532	1134	82
2002 年	11822	11784	—	473	114	4494	574	314	1390	300	100	767	1244	38
2003 年	12882	12843	—	1043	111	5116	647	363	1384	330	127	738	1634	39
2004 年	16574	16462	130	1420	195	6061	1037	422	1575	442	58	1186	2191	112
2005 年	19373	19198	160	1402	322	7105	864	206	1792	572	110	1140	3040	175
2006 年	22060	21823	—	1507	223	8033	1053	342	2390	724	133	1293	2758	237
2007 年	30413	28837	—	—	—	—	—	—	—	—	—	—	—	345

一、预算内支出

（一）经济建设支出

1997 年，洛江区经济建设支出 509 万元。支出项目包括企业挖潜改造、简易建筑、支援农村生产、农林水利气象等部门的事业费（农业、林业、水利和气象）、城市维护费。

1998 年，洛江区经济建设支出 1089 万元。支出项目有基本建设、企业挖潜改造、简易建筑、科技三项费用、支援农村生产、城市维护费、支援不发达地区、农业综合开发等项类。其中，基本建设 147 万元，城市维护费 103 万元，两项经费占总支出的 23%。主要用于道路绿化、引水等工程建设。支援农村生产支出 163 万元，占总支出 15%，农林水利气象等部门的事业费 313 万元，占总支出 33.8%。

2004 年，洛江区经济建设支出 2569 万元，其中农林水利气象等部门事业费支出 1420 万元，占总支出 55.27%；科技三项费用支出 269 万元，占总支出 10.47%；支援不发达地区支出 406 万元，占总支出 15.8%。

1997—2006 年，10 年间经济建设支出 18521 万元，年均增长率 19.27%，其中，基本建设支出 1656 万元，企业挖潜改造 735 万元，简建 130 万元，科技三项费用 1091 万，支援农村生产 1976 万元，农林水利气象等部门的事业费 7630 万元，城市维护费 1489 万元，支援不发达地区 3087 万元，农业综合开发 727 万元。

1997—2006 年洛江区经济建设费支出情况表

表 13-1-6 单位：万元

年份	基本建设	企业挖潜改造	简易建筑	科技三项费用	支援农村生产	农林水利气象等	城市维护费	支援不发达地区	农业综合开发	合计
1997 年	—	128	7	—	202	159	13	—	—	509
1998 年	147	12	123	27	163	313	103	51	150	1089
1999 年	335	73	—	32	216	437	108	218	111	1530
2000 年	546	19	—	33	477	422	73	257	154	1981
2001 年	338	26	—	37	479	454	105	390	178	2007
2002 年	—	68	—	56	439	473	138	505	134	1813
2003 年	—	117	—	123	—	1043	98	381	—	1762
2004 年	130	192	—	269	—	1420	152	406	—	2569
2005 年	160	100	—	257	—	1402	368	488	—	2775
2006 年	—	—	—	257	—	1507	331	391	—	2486
总计	1656	735	130	1091	1976	7630	1489	3087	727	18521

（二）社会事业费支出

农业支出 1998 年后，农业支出坚持“多予、少取、放活”和“工业反哺农业、城市支持农村”的原则，促进农业增产、农民增收和农村经济社会协调发展。在财政收入逐年递增的基础上，运用财力推进城乡一体化，建设农村客运站，完善城乡交通网络，完善农村排洪、排污和供水、供电、电讯等设施，使广大农民享同城市居民同等的生存条件和发展机遇。至 2006 年，9 年间投入农林水事业费 5440 万元，占总支出年均增长 21.97%。2007 年，洛江区级财政安排农林水资金 3080 万元。

教育支出 1998 年，教育事业费支出 1880 万元，是 1997 年 3 倍。1999—2003 年，年平均增长率 17.57%；从 2004 年起，教育收费实行“一费制”制度，农村学校学生实行减收，全区预算内外共安排教育支出 5003 万元。1997—2006 年，全区教育事业支出 35977 万元，年平均增长率 31.6%。2007 年，教育支出 8287 万元，其中教育管理事务支出 246 万元，普通教育支出 7665 万元，占当年教育总支出 82.6%。

抚恤救灾救济和社会保障支出 1997—2003 年，全区抚恤费累计支出 1654 万元，年均支出 236 万元。

2004 年后，由于抚恤范围扩大、对象人数增加、标准提高，全区抚恤费支出明显增加。2004—2007 年，累计支出 2865 万元，年均支出 716.25 万元，年均增长率 25.86%。

1998—2000 年，全区社会保障补助支出 64 万元，年均支出 21.3 万元。2004 年，区财政投入 663 万元，是 2003 年的 2 倍多，用于新型农村合作医疗改革试点县实施，解决农民就医难问题。2007 年，社会保障和就业支出 3187 万元，其中社会保障和就业管理事务 262 万元，占比 8.22%；行政事业单位离退休费支出 1754 万元，占比 55.03%；民政管理事务支出 233 万元，占比 7.31%。

医疗卫生支出　1997 年 9—12 月，洛江区医疗卫生支出 77 万元。1998—2006 年，医疗卫生支出 5008 万元，其中 2006 年支出是 1998 年支出的 2 倍。8 年间，年平均支出 626 万元，年平均增长率 9.2%。2007 年，医疗卫生支出 1857 万元，其中医疗保障支出 766 万元，占当年医疗卫生支出 41.25%；疾病预防控制支出 107 万元，占当年医疗卫生支出 5.76%。

1997—2006 年洛江区社会事业费支出表

表 13-1-7　　单位：万元

年份	农林水事业费（农业支出）	工交等部门事业费	流通部门	文体广播	教育	科学	医疗卫生	国防	行政事业单位离退休	抚恤和社会福利救济	社会保障补助	合计
1997 年	159	26	—	146	597	5	77	—	—	80		1090
1998 年	313	72	30	343	1880	22	442	15	357	146	16	3636
1999 年	437	38	37	250	2133	33	534	23	410	267	21	4183
2000 年	422	34	60	217	2666	74	570	21	427	257	27	4775
2001 年	454	26	38	304	3114	67	398	14	589	278	256	5538
2002 年	473	38	76	366	3658	62	408	17	707	308	266	6379
2003 年	618	49	62	477	4075	57	507	23	746	318	329	7261
2004 年	814	72	123	417	5003	66	575	50	823	663	374	8980
2005 年	800	152	170	538	5788	97	682	81	1086	753	111	10258
2006 年	950	148	174	691	7063	105	892	103	1418	860	193	12597
总计	5440	655	770	3749	35977	588	5085	347	6563	3930	1593	64697

（三）行政管理与政法支出

1997 年 9—12 月，行政管理与政法支出 341 万元。1998 年，行政管理与政法支出 1274 万元，包括行政管理、公检法司、武警三类，其中，行政管理支出 1024 万元、公检法司支出 239 万元，分别占 80.38% 和 18.76%。此后，洛江区对行政管理费等非生产性支出，加强预算约束力，突出“精、简、廉”，对“人、车、会、话”重点管理，按照定额核定预算，对超编人员和违控车辆财政一律不予核定经费，保障全区政法机关履行职能经费需要，保证政法支出费用及时到位，确保社会稳定。至 2006 年，10 年间行政管理和公检法司、武警支出 16918 万元，年均增长率 28.52%。2007 年 7 月 1 日，财政支出科目调整，行政管理与政法支出分为一般公共服务与公共安全两大类，当年预算内公检法司支出 1350 万元，重点支持政法部门办案、治安综治；安排巡防大队、交警协勤、单警装备等，保障全区政法机关履行职能经费需要与项目建设，维护社会稳定，促进平安洛江建设。

1997—2006 年洛江区行政管理与政法支出表

表 13-1-8 **单位：万元**

年份	行政管理支出	公检法司支出	武警支出	合计
1997 年 9—12 月	258	63	20	341
1998 年	1024	239	11	1274
1999 年	1070	218	57	1345
2000 年	989	208	42	1239
2001 年	1130	269	37	1436
2002 年	1390	300	48	1738
2003 年	1384	330	34	1748
2004 年	1575	442	48	2065
2005 年	1792	572	105	2469
2006 年	2390	724	149	3263
总计	13002	3365	551	16918

（四）其他支出

其他支出主要用于国防支出、政策性补贴支出、专项支出、经济管理部门事业费和其他杂项支出。1997 年，全区其他支出 143 万元；2007 年，全区其他支出 1095 万元。

二、基金支出

1998 年，全区基金支出 94 万元。2007 年，全区基金支出 1576 万元。

三、上解支出

1998 年，全区上解支出 602 万元。2007 年，全区上解支出 2173 万元。

1997—2007 年洛江区财政预算内支出情况表

表 13-1-9 **单位：万元**

年份	合计	一般预算支出					基金支出	净上解支出
		经济建设支出	科教文卫事业费指出	抚恤、救灾救济和社会保障支出	行政管理费支出	其他支出		
1997 年	2063	128	825	80	258	143	—	—
1998 年	6845	147	2687	162	1024	648	94	602
1999 年	8339	335	2950	288	1070	1085	153	873
2000 年	9820	546	3527	284	989	1276	141	1163
2001 年	10696	338	3883	534	1130	1134	82	2034
2002 年	11822	—	4494	574	1390	1244	38	307
2003 年	12882	—	5116	647	1384	1634	39	750
2004 年	16574	130	6061	1037	1575	2191	112	1310
2005 年	19373	160	7105	864	1792	3040	175	2048
2006 年	22060	—	8033	1053	2390	2758	237	660
2007 年	30413	—	10870	3187	—	1095	1576	2173

四、预算外支出

1997 年，区财政预算外支出主要有行政事业单位经费支出、基本建设支出、城市维护费支出、国有企业挖潜改造支出、乡（镇）统筹支出和其他支出等，共 2063 万元。2007 年，全区预算外支出累计 30413 万元。

第四节 财务管理

一、预算管理

1997 年，洛江区财政贯彻国家财政政策，壮大支柱财源，巩固基础财源，开辟新兴财源，加强收入征管，财政收入持续较快增长。1998 年，作为财政起步之年，重点做好财政增收节支基础工作。同年 3 月，提出区直企业税收管理办法，争取到 1997—1999 年“1 ∶ 3 ∶ 3”省级固定分成比例增量返还的优惠财政政策，提出并落实关于市属企业税收和房产税划归洛江区政策。1999 年，区财政局加强组织收入，加强财政管理。同年 1 月，开始实施零基预算，实行每月一次的财税分析会制度，形成齐抓共管的工作新机制。同年 6 月，提出预算内外资金统筹使用的预算管理工作办法，加强预算管理。2001 年，理顺税收征管体制，同年 6 月，市国税部门在洛江区域内设立县级征收机关，税收征管得到加强，全年财政总收入 10718 万元，首次突破 1 亿元大关。2002 年，推进财政改革，实施零基预算和综合预算，试行部门预算，实行部门预算内外资金统管。2007 年，全区财政总收入 46751.73 万元，完成预算的 102.96%。

二、预算外资金管理

1997—2007 年，洛江区加强行政事业单位预算外资金管理，在摸清家底的基础上，标本兼治、综合治理、整章建制，治理“三乱”力度，严格收费审批，加强预算外资进财政专户存储、收支两条先管理，逐步增强财政调控能力。

三、行政事业财务管理

1997 年，洛江区加强对“人、车、会、话”的支出管理，重新核定各种费用开支标准，完善费用管理办法，严格控制非生产性开支；实行“一支笔”审批制度；严格控制社会集团购买力，建区后无批准购置摩托车和移动电话。2000 年，实施国库统一支付工资制度，区属 131 个全额拨款单位计 2724 人的工资纳入国库统一支付范围，保证教师工资的及时兑现。2000 年，试行会计委派制，采取分步到位的办法，先从部分国有企业入手，试行集中核算。2002 年，利用机构改革时机，对财政供养人员范围重新界定，有效地控制人员经费非正常增长。强化预算约束，实行单位预算包干制度，从严控制“人、车、会、话”等行政经费开支。推进财政改革，实施零基预算和综合预算，试行部门预算，实行部门预算内外资金统管。2003 年 11 月，组建区会计核算中心，对区属行政事业单位推行会计集中核算制度，同时完善单位会计与保障人员的管理办法，保证分散核算到集中核算的稳定过度。

四、票据管理

1999 年起，执行省政府颁发的《福建省行政事业单位性收费票据管理办法》，全区行政事业性收费统一使用省财政厅印制的收费票据，对票据发放、购领、使用和核销实行专人管理。2000—2007 年，洛江区政府相继下发文件，完善票据管理，实行“以证领票、凭旧换新、总量控制、票款同行”理办法。

五、政府采购管理

1999 年 9 月，为节约支出，洛江区推行政府采购制度，11 月，成立政府采购中心，规范政府采购行为，节约财政资金。在集中投保机动车保险的基础上，尝试通过招投标形式采购政府办公设备。2001 年，发挥社会中介组织的优势，初步建立采购信息发布体系。2002 年，政府采购行为扩大至汽车定点加油、非招标项目，推行代理制和公示制，提高政府采购规模效益。

六、支农资金管理

1997 年，洛江区本着“保吃饭、保稳定、保重点”和实事求是的精神，在确保人员经费的前提下，重点增加对农业和教育投入，加快支农资金支出进度，支持粮食生产、农业综合开发、农田水利基础设施和“五大防御体系”建设。2000 年，加大涉农资金投入力度，加快农村建设。争取上级各项涉农专项资金，支持农村经济发展。协助农业部门争取把洛江区列入国家农业开发示范县区行列。筹集专项资金支持镇区总体规划、村级规划、用于受灾抗灾、重建家园、扶持受灾群众开展生产自救。2001 年，洛江区被列入国家农业综合开发示范县区，试行农业综合开发资金报账制，试行农业补助办法由资金投入为主改为发放实物与资金投入的双重形式，全年推广种植良种枇杷 5300 亩，全部实行集中采购种苗，以发放实物形式进行补助。2003 年，落实农村税费各项政策，筹措和调度资金，清退 2003 年预收除农业税外的各项税费，维护农民切身利益。2005 年，贯彻中央、省、市及区位关于加强农业和农村工作意见精神，重点加大对“三农”支持力度，增加造福工程、新村建设、农村路灯、骨灰堂、道路等基础设施投入，提高村委会（社居）办公经费补助标准，落实惠及“三农”各项政策措施，“三农”问题得到缓解。2007 年，落实好新的农村税改政策，做好农村综合改革工作，拨付农村税费改革转移支付，为基层政府加大农村公共服务投入提供资金保障；做好粮食直补工作，按照上级对种粮农民实行补贴的安排部署，把种粮直补工作作为全区农村工作重点来抓，周密部署，制定方案，强化措施，确保落实，严把发放关口，精心组织实施。加大财政支农投入，支持社会主义新农村建设，加强农业水利基础设施建设，做好中低产田改造和山围塘除险加固等农业基础设施建设，推动新农村示范村建设，扶持区级不适应村加快发展，农村农业产业化进程加快，农村发展条件优化。

七、社会保障资金管理

1997 年，洛江区推进社会保障制度改革，扩大基本养老保险和失业保险覆盖面，逐步完善社会保障制度，落实三条社会保障线，提高中低收入人群生活待遇。1998 年，筹措经费按时足额兑现提高“三条社会保障线”标准政策，参与医疗保险制度改革，保障社会福利救济费、最低生活保障线和帮困再就业经费需要，维护社会稳定。2003 年，支持社会保障体系建设，提高优抚对象补助标准，扩大城镇低保覆盖面，配合相关部门做好养老保险、失业保险工作。2004 年，增加对低收入群体和困难群众的投入，确保全区离退休人员基本养老金、城镇低保和农村低保资金及时足额发放。

八、财政监督

1997 年，洛江区组织全区税收、财务、物价大检查，印发指导大检查工作一系列文件，把资金、财产交接情况和收支大户作为重点检查对象。2000 年，制定出台《洛江区行政事业性收费、罚没收入票款分离暂行规定》，堵塞预算外资金管理漏洞。2001 年，开展《会计法》执法检查，发动单位自查自纠，重点抽查 13 个单位。制定出台《泉州市洛江区财政局预算指标及拨款管理办法》，完善财政内部控制制度，建立跟踪反馈机制。2003 年，强化专项资金全过程监督，保证专款专用，开展会计信息真实性检查，努力提高会计信息质量。2004 年，对各乡镇（街道）组织收入工作进行监督与检查，防止乡镇（街道）间相互挖挤税源行为的发生，对 7 个单位进行会计信息质量抽查，设立党政领导拖欠公款清理办公室，对全区副科级以上党政干部拖欠公款情况逐一清理筛查，完善专项资金预算管理办法，同时做好项目资金事前跟踪管理，提高资金使用效益；联系税改小组成员单位，逐步建立分工协作工作机制，对农村税费改革转移支付资金使用情况监督检查，严防税改资金被截留挪用。2007 年，执行《财政违法行为处罚处分条例》和《福建省财政监督条例》，加大罚没收入、行政事业性收费等非税收入监管，规范非税收入缴库行为；开展财政两个条例贯彻落实情况监督检查，抽查区属 10 个行政事业单位关于财政《两个条例》贯彻执行情况；开展农村综合改革乡村债务核实工作。对乡镇、村级、农村义务教育债务逐笔清理、登记确认，加强国有资产车辆管理；做好拍卖、报废公务车辆监管工作，按规定进行处置，开展“小金库”清理检查，主要检查 2005 年 1 月区直实行统一福利补贴规定以来，各单位执行情况，重点检查是否存在“小金库”现象；开展会计信息质量检查，对区属有关部门 2006 年的会计信息质量进行抽查，规范单位财务行为，提高单位会计信息质量。

第五节 国有资产管理

1997 年，明确外经大楼（位于市区泉秀路）产权归洛江区，办理 8 个对外投资项目股权（总金额 3950 万元）凭证。开展国有资产全面普查、产权登记、清产核资、资产评估、抵押审批、保值增值考核工作，清产核资河市、马甲、罗溪 3 个供销社。筹建国有资产投资经营公司，确保国有资产保值增值，防止国有资产流失。成立国有企业改革领导小组，研究国有企业改革方案，试行“一企一策，多种改制”的国企改革方式，探索适合洛江区情的国企改革路子。

1998—1999 年，开展城镇集体企业清产核资，对全区 364 家集体企业进行清理。出台《泉州市洛江区行政机关企事业单位国有资产管理暂行规定》和《关于加强国有资产、国有控股有限公司国有资产管理的通知》，规范国有资产管理。清理机关企事业单位资产，并进行国有资产产权登记。推进国企改革，对 18 家企业进行清理，完成 8 家企业改制工作。组织对仙公山金田缆车公司、洛江区食品公司、马甲供电公司等改制企业财务检查，维护国有资产权益。提出国有资产体制改革方案，成立国有资产管理委员会，工作重心逐步从资产管理过渡到资本运营。

2000—2001 年，区划调整时洛江区分得财政债权 4917.32 万元，其中，周转金 2256.32 万元，暂付地产公司等 2661 万元。因历史原因，这部分债权质量很差，为盘活债权，制定《周转金清理回收办法》及《周转金清理回收奖励办法》，成立清收小组，清收财政债权。做好国企改革工作，提出洛江区自来水公司、城建开发公司、医药公司、外贸公司改制方案。制定国有股权管理，国有资产收益收缴及国有资产独资、控股、参股企业劳动人事管理等三项暂行规定，使改制企业有章可循。建立洛江区国有资产管理监督和营运体系基本框架，明确区国有资产投资经营公司主要职责。处理马甲供电公司移交后具体问题。对河市医药公司进行资产重组，与厦门鹭燕公司联合组建跨地区股份制医药企业。为政府项目及国有企业提供担保 7267 万元。

2002—2003 年，区外贸公司、万安水厂、区粮油供应公司列入改制范围，做好工效挂钩等前期工作。组建万亩工业园和塘西工业园等开发和融资主体，为工业区加快建设步伐创造有利条件；树立“经营城市”理念，以资本运作为突破口，以产权管理、资产重组、资产资本化为主要手段，为新区管好存量资产，确保资产保值增值。2003 年，按照“国家所有、分级管理、授权经营、分工监督”的原则，完善区国有资产投资经营公司经营运作机制，完成河市国有控股企业改制，组建泉州市金河土地开发公司等 3 家有限合作公司；以万安开发区综合开发公司为基础，组建万安开发区投资经营有限公司，并理顺其与区国投公司关系；对全区教育、卫生等事业单位资产进行摸底，以盘活现有事业单位国有资产存量；配合土地部门做好土地储备，确保新区可持续发展战略顺利实施；加大筹融资工作力度，完善政府性贷款担保管理办法，支持工业区基础设施建设，加快城镇化建设进程。

2004—2007 年，完成河市镇“泉州市河市经济开发有限公司”改制工作，规范区外贸公司经营行为，逐步引导企业走向规范化管理；区级各国有公司运作主体以产权关系为纽带，注重制度化、规范化监督机制；完成全区行政事业单位国有资产集中管理方案的制定。2005 年，理顺国投公司与万投公司资产分割关系，完成增资任务。深化国有企业改革，改制粮食系统企业，建立有限公司运作机制。尝试建立全区行政事业单位不动产集中管理办法，盘活国有资产现有存量，增强国投公司实力和融资能力。贯彻《泉州市人民政府关于进一步加强乡镇政府债务管理的意见》，对全区政府债务进行摸底清查。推进区城建公司改制工作。开展区行政事业单位现有车辆等固定资产占用情况专项调查，对区属 19 家企业国有资产产权进行核实并换发国有资产产权登记证，促进国有资产规范健康管理。

第六节 机构

一、行政机构

1997 年建区后，洛江区财政局成立。1998 年 7 月，区编委会核定区财政局内设秘书科（加挂会计科、监察科、财检办）、综合科、预算科（加挂基建科）、社会保障科、农税科、农财科、企业财务科、国有资产管理科，行政编制 12 名，机关工勤编制 1 名，其中局长 1 名，副局长 2 名，股级职数 9 名。至 2007 年，区财政局行政编制 4 名，其中局长 1 名，副局长 2 名，内设办公室（加挂会计管理股）、预算股、国库股、综合股、行政政法股（加挂教科文股）、社保股、企业股（加挂外经股、统计评价股）、农业农税股、会计委派股；2 个挂靠单位：即区政府采购委员会办公室、区农业综合开发领导小组办公室。

二、事业单位

1998 年 7 月成立单位有：洛江区公医办，编制 2 名；洛江区教育费附加办，编制 2 名；洛江区农税稽查队，编制 3 名；洛江区政府采购中心，编制 3 名；洛江区会计委派中心，编制 1 名；洛江区清资办，编制 2 名；洛江区国投公司，编制 2 名；农业综合开发办公室，编制 2 名。

2003 年 11 月成立区会计核算中心，为区财政局下属副科级事业单位，编制 20 名。

第二章 地方税务

第一节 税费征收

一、流转税

营业税　1994 年，洛江区以第三产业为纳税对象，按行业设置 9 个税目，3 档税率。交通运输业、建筑业、邮电通信业、文化体育业税率 3%，金融保险业、服务业、转让无形资产、销售不动产税率 5%，娱乐业 5%—20% 弹性税率。1998—2000 年，农村信用联社营业税每年分别按营业收入的 6%、7%、8% 税率征收，其中，由地税局征收5%，由国税局征收1%、2%、3%。2001年1—9月，调整为6%，其中，由地税局征收5%，由国税局征收1%。2001年10月至2003年12月，调整为5%，由地税局征收。2001年5月1日起，娱乐业统一适用20%税率，其中，2004年7月1日至2007年，台球、保龄球下调为5%。2004—2007年，农村信用联社营业税税率调减为3%，由地税局征收。1998—2007年，征收营业税28794万元。

二、所得税

（一）企业所得税

1994年1月1日开征。由原国有企业所得税、集体企业所得税和私营企业所得税合并而成，税率为33%，并对小型企业实行照顾性优惠税率，即对年应税所得额在3万元以下（含3万元）的企业，按18%的税率征收；对年应税所得额超过3万—10万元（含10万元）的企业，按27%的税率征收，其中，中央直属企业、金融保险业的所得税由国税局征收。2002—2007年，新注册登记的企业（除个人独资、合伙企业外）的企业所得税，由国税局征收。1998—2007年，征收企业所得税17561万元。

（二）个人所得税

1994年1月1日开征。有超额累进税率和比例税率两种形式，不同个人所得项目适用不同形式：工资、薪金所得适用5%—45%的九级超额累进税率；个体工商户（含个人独资和合伙企业）生产、经营所得和对企事业单位的承包经营、承租经营所得适用5%—35%的五级超额累进税率；特许权使用费所得、财产租赁所得、财产转让所得、利息、股息、红利所得、偶然所得和其他所得适用20%的比例税率；稿酬所得适用20%税率，但按应纳税额减征30%，即只征收70%税额；劳务报酬所得适用20%税率，但对劳务报酬所得一次收入畸高的，实行加成征收，即对应纳税所得额超过2万—5万元的部分，按应纳税额加征五成，对超过5万元的部分，加征十成。2001年1月1日，对个人出租房屋取得所得减按10%的税率征收。2007年8月15日，对储蓄存款利息所得，减为5%的税率征收。1998—2007年，征收个人所得税16834万元。

三、资源税

（一）矿产资源税

1994—2007年，对开采应税矿产品及生产盐的单位和个人征收。设有原油、天然气、煤炭、其他非金属矿原矿、黑色金属矿原矿、有色金属矿原矿、盐7大税目，采用从量定额税率。洛江区主要矿产品的税额为花岗岩每立方米3元，石灰石每1000千克2元，铅锌矿石每1000千克10元，煤炭每1000千克2.5元，铁矿石根据不同矿区不同等级分别适用每1000千克5.88—13.2元不等的税额。1998—2007年，全区征收矿产资源税262万元。

（二）城镇土地使用税

1997—2007年，洛江区征税对象为城区、建制镇和工矿区的土地。1998年，区内的土地分为三等，每平方米税额分别为2元、1.5元、1元。2006年，万安街道办事处、双阳街道办事处行政区，双阳万亩开发区范围调为每平方米税额4元，其他范围调为每平方米税额2元。2007年，税额标准再次调整，万安街道办事处、双阳街道办事处行政区，双阳万亩开发区范围调为每平方米税额6元，其他范围调为每平方米税额4元。1998—2007年，全区征收城镇土地使用税2634万元。

（三）土地增值税

1994—2007年，对有偿转让国有土地使用权及地上建筑物和其他附着物产权并取得增值性收入的单位和个人征收，采用四级超率累进税率。1998—2007年，全区征收土地增值税3459万元。

（四）烟叶税

2006年4月28日开征。对收购烟叶的单位征收，实行比例税率，税率为20%。至2007年底，全区没有符合税收规定标准的征收单位。

（五）屠宰税

1994—2003年，对屠宰或收购猪、牛、羊的单位和个人征收，按头定额征收，税额为猪10元、牛15元、羊2元。2003年停征。1998—2007年，全区征收屠宰税89万元。

四、财产行为税

（一）房产税 城市房地产税

1994年，对县城、建制镇和工矿区的房产征收房产税。依据房产余值计算应纳税额的，税率为1.2%；依据房产租金收入计算应纳税额的，税率为12%。2001—2007年，对个人居住用房出租仍用于居住的，减为4%的税率征收。城市房地产税征税对象为外商投资企业、外国企业、港澳台同胞和华侨投资企业。外国人、港澳台同胞和华侨在中国境内的房产，按照房产价值计税的，税率为1.2%；按照房产租金收入计税的，税率为12%（1998—2007年不变）。1998—2007年，全区征收房产税和城市房地产税4598万元。

（二）车船税

1994—2006年，包括车船使用税和车船使用牌照税，车船使用税对内资企业、单位以及中国籍人员征收；车船使用牌照税对外商投资企业和外国企业，以及外籍人员、华侨、港澳台同胞征收。2007年，车船使用税和车船使用牌照税合并为车船税。1998—2007年，全区征收车船税264万元。

（三）印花税

1994—2007年，对经济活动和经济交往中书立、领受、使用的应税经济凭证征收印花税，实行比例税率和定额税率。比例税率按不同应税项目分为4档（1‰、0.5‰、0.3‰、0.05‰）。权利许可证照和营业账簿中除记载资金账簿外的其他账簿则适用每件5元的定额税率。1998—2007年，全区征收印花税1336万元。

五、特定目的税

（一）固定资产投资方向调节税

1994年，对固定资产投资的单位和个人征收。税率按不同投资项目分别为0%、5%、10%、15%、30%。1999年7—12月，实行减半征收。2000年停征。1998—2007年，全区征收该税3万元。

（二）城市维护建设税

1994—2007年，对缴纳增值税、消费税、营业税的单位和个人征收，以缴纳的增值税、消费税、营业税为计税依据，实行地区差别比例税率，县城、建制镇为5%，其他地区为1%。1998—2007年，全区征收城市维护建设税2957万元。

六、各项费金

（一）社会保险费

包括医疗保险费、基本养老保险费、失业保险费、工伤保险费、生育保险费5种。2001年起，各项保险费先后由区地税机关代征。

（二）城市教育费附加 地方教育费附加

1994年，城市教育费附加对缴纳增值税、营业税、消费税的单位（不含“三资”企业）和个人征收，以上述“三税”为计费依据，费率3%。1997年7月，调整为4%。从事生产卷烟的单位，减半征收。2005

年 10 月 1 日至 2007 年，从事生产卷烟的单位全额征收。2002—2007 年，地方教育费附加征收范围为从事生产经营活动的地方企事业单位和个人，包括中央与地方合资企业、省内外合资企业和“三资”企业，以上述“三税”为计费依据，费率为 1%。

（三）工会经费

2002 年 1 月开征，由区地税机关代征。征收对象为区内开业投产满一年的所有企业。成立工会组织的企业，按企业职工月工资总额的 0.8% 征收，开业满一年尚未成立工会组织的企业，按企业职工月工资总额的 2.5% 征收。

（四）文化事业建设费

1998—2007 年，对娱乐业、广告业企业和个体户征收，费率为营业收入（经营收入）的 3%。

（五）社会事业发展费

1994 年 7 月 1 日开征。对各种所有制的生产、经营单位和个人（民政福利企业除外）征收，费率为当年销售（营业）额 2%、商业批发企业为 1%。2002 年 1 月 1 日，全面停征。

（六）基础设施建设附加费

1994 年开征，以纳税人实际缴纳的增值税、消费税、营业税的税额为计费依据，按实缴消费税计征的，费率为 2.5%；按实缴增值税、营业税计征的，费率为 5%。2000 年 9 月 1 日停征。

1998—2007 年洛江区地税局各项税费征收入库情况表

表 13-2-1　　单位：万元

年份	税费合计	税收收入														费金
		税收小计	营业税	企业所得税	个人所得税	资源税	房产税	城市房地产税	车船使用税	城镇土地使用税	土地增值税	城市维护建设税	印花税	屠宰税	固定资产投资方向调节税	
1998 年	1165	1133	263	125	599	—	36	—	21	18	—	43	3	25	—	32
1999 年	1590	1533	465	359	486	—	91	—	18	19	—	60	9	23	3	57
2000 年	2615	2394	832	528	653	—	166	—	15	27	—	115	42	16	—	221
2001 年	3723	3366	1115	974	801	—	219	—	14	62	—	110	59	12	—	357
2002 年	5562	4696	1524	1258	1124	—	424	—	15	89	—	165	85	12	—	866
2003 年	7547	6643	2398	1436	1844	3	438	—	12	114	29	254	114	1	—	904
2004 年	11736	10009	3691	2326	2455	1	608	—	23	154	197	373	181	0	—	1727
2005 年	15771	12742	4599	3252	2714	1	715	—	26	238	474	470	253	0	—	3029
2006 年	20396	16235	6803	3315	2973	99	877	—	29	501	771	607	260	0	—	4161
2007 年	25734	20040	7104	3988	3185	158	1024	—	91	1412	1988	760	330	0	—	5694
合计	95839	78791	28794	17561	16834	262	4598	—	264	2634	3459	2957	1336	89	3	17048

第二节 税收减免

1998—2007 年，区地税局按有关规定，对安置孤老伤残的社会福利企业和残疾人个体经营户减免营业税、所得税 5 万元。1998—2001 年，对实施“再就业工程”、新办的城镇劳动就业服务企业和下岗职工从事个体经营的企业减免营业税、所得税 1 万元。2002 年底，国家出台下岗、失业人员再就业税收优惠政策，对下岗失业人员从事个体经营（除建筑业、娱乐业、广告业、桑拿、按摩、网吧外），自领取税务登记证之日起，3 年内免征营业税、城市维护建设税、教育费附加和个人所得税，并对招用下岗失业人员的服务型企业和商贸企业，符合规定条件的，实行减免税照顾，当年减免1万元。2003年“非典”疫情期间，根据省转发财政部《关于对受“非典”疫情影响比较严重的行业减免部分政府性基金的通知》和市地方税务局《关于调整部分行业在“非典”疫情期间税收政策有关问题的通知》，对受“非典”疫情影响的服务业、娱乐业行业减轻营业税、个人所得税8万元。至2007年，根据国家出台的下岗失业人员再就业税收优惠等政策，为170名次下岗失业再就业人员减免营业税、个人所得税、城建税，为80名次残疾人从事生产经营活动减免个人所得税，为城镇退役士兵自谋职业减免个人所得税等1万元。1998—2007年，对16家次企事业单位减免各种税收23万元。

第三节 管理

一、税务登记换征

1998年，开展税务登记换证工作，换发132户。2006年，首次与国税局联合换证，共换证678户，其中，与国税联合换证475户。至2007年底，全区有地方税务登记户数2357户，其中企事业单位902户，个体工商户1455户。

二、纳税申报

1998年，纳税人在规定申报期限内办理纳税申报，报送纳税申报表、财务会计报表和有关纳税资料。全区有企事业单位和个体纳税户2061户。同年，根据国家税务总局征管改革的要求，区地税局逐步推行上门申报纳税制度。1999年，成立办税服务中心，推行“一站式”便民服务；2003年5月，个体工商户首先试行银行划缴纳税申报方式。2004年，开通“12366”纳税服务热线，推出催报催缴提示服务，并逐步推行多元化纳税申报。2006年12月，试点网上申报。至2007年，全区个体纳税户有582户实现银行划缴纳税申报，占个体纳税户的40%；企事业纳税人实行网上申报有397户，占企事业单位纳税人的44%。

三、协税护税

1998年，建立协税护税体系。区地税局协同区审计、财政等部门对全区行政事业单位1999年、2000年的审计反馈结果进行追缴税款，共入库40.5万元。1999—2001年，区地税局委托区邮电、交通等部门代征营业税、个人所得税和车船使用税等税种，共代征各种税款1103万元。1998—2004年，协同区公安、电力等部门进行专项清理，清理欠税508.78万元；加强与公、检、法机关合作，打击涉税违法犯罪，追缴税款30多万元。2005年起，与区检察院建立定期通报制度，通报稽查案件的查处情况；与区工商、国税部门开展信息交流与比对，至2007年，开展国、地税信息比对2307户次。

四、清理漏征漏管户

1998—2007年，利用纳税人重新办理税务登记、换发税务登记证件，清理漏征漏管户429户，补征税费85.63万元，滞纳金0.8万元。

五、信息化建设

1998年，各地税征收单位全部配置计算机，实行电脑开票。2000年，区地税局和所有基层地税征收单位实现联网，使用全省统一的地方税收征管信息系统软件，纳税户实现计算机管理占80%以上，税费通过计算机征收占90%以上。2006年，区地税局和所有基层地税征收单位实现光纤互联，网络带宽升级为区局8兆、基层2兆。2007年，行政管理信息系统正式上线使用；全区地税系统拥有办公计算机41台，打印机25台，实现办公电子化、信息化。

第四节 机构

1997年10月20日，洛江区地方税务局成立，内设办公室、人事监察科、税政征管科、计划财务科，干部职工22人。2001年10月，机构改革，内设办公室、人事监察科、计划财务科、征管信息科、税政科（社保科）；稽查分局更名为稽查局，设立万安管理分局、河市分局、马甲税务所、罗溪税务所等4个基层征收单位。

第三章 国家税务

第一节 税费征收

一、流转税

（一）增值税

2001年起，施行国务院《增值税暂行条例》，征税范围由工业生产领域和批发零售商业以及修理修配行业扩大到商品生产、批发、零售和进口四个环节以及加工、修理修配两项劳务。增值税的税率一档是基本税率17%，适用于一般纳税人销售货物、进口货物、提供加工、修理修配劳务；另一档是低税率13%，适用于一般纳税人销售或进口农业产品（销售自产的农产品除外）、农药、农机、农膜、自来水、图书、报纸、杂志、金属矿选产品、非金属矿采选产品等；零税率适用于出口货物（黄金、援外货物和国家禁止出口的货物除外）。对小规模纳税人的增值税税率为4%。至2007年底全区征收增值税76069万元。

（二）消费税

2001年9月开征。征税对象是在区境内生产、委托加工、零售和进口应税消费品的单位和个人。税目11个，包括烟、酒及酒精、鞭炮、焰火、化妆品、贵重首饰及珠宝玉石、汽油、柴油、汽车轮胎、摩托车和小汽车。2006年4月1日至2007年，根据财政部、国家税务总局文件，新增高尔夫球及球具、高档手表、游艇、木制一次性筷子、实木地板5个税目，将汽油、柴油合并为成品油税目。消费税实行从价定率、从量定额以及从价定率与从量定额相结合的计算方法。采用从价定率的主要有鞭炮、焰火、贵重首饰及珠宝玉石等，采用从量定额的主要有成品油等，采用从价定率与从量定额相结合的主要有烟、酒等。至2007年底全区征收7万元。

二、所得税

（一）企业所得税

2001—2002年，根据《企业所得税暂行条例》，国税部门征收企业所得税的对象为国有企业和集体企业所得税。企业所得税法定的基准税率为33%，年度应纳税所得额在3万元以下的企业，以及10万元以下至3万元的企业，分别适用18%和27%的照顾性税率，其中，除中央直属企业、金融保险业的所得税由国税局征收外，余者由地税局征收。2002 年，根据国家税务总局《关于所得税收入方案分享体制改革后税收征管范围的通知》，新注册登记的企业（除个人独资、合伙企业外），其企业所得税由国税局负责征收管理。至 2007 年，全区征收企业所得税 13288 万元。

（二）存款利息个人所得税

2001 年至 2007 年 8 月，税率为 20%。2007 年 8 月，税率由 20% 降至 5%。同年，征收存款利息个人所得税 1174 万元。

三、其他收费

税务部门其他罚没收入　2002 年开征。该收入主要指纳税人在税务登记、纳税申报、发票领购等环节发生违章行为时，国税部门依法进行处罚收取的罚款收入，按次进行罚款，预算级次为中央级收入，全额缴入中央国库。至 2007 年，全区征收其他罚没收入 443.46 万元。

2001—2007 年洛江区国税局各项税费征收入库情况表

表 13-3-1　　单位：万元

年份	合计	增值税	消费税	营业税	企业所得税	个人所得税
2002 年	7690	6562	—	5	1045	78
2003 年	10030	8343	—	7	1589	91
2004 年	12540	10568	—	—	1760	212
2005 年	16194	14053	—	—	1868	273
2006 年	19312	16250	—	—	2772	290
2007 年	24777	20293	—	—	4254	230

第二节　税收减免

1997 年，执行国家对具有进出口经营权的生产性企业实行“免、抵、退”的税收管理办法。2002 年，执行对生产企业自营出口或委托外贸企业代理出口的自产货物出口全面实行“免、抵、退”的税收减免办法。2002—2007 年，全区办理出口退税 22017 万元。

2002—2007 年洛江区国税局减免退税情况表

表 13-3-2　　单位：万元

年份	出口退税（增值税）
2002 年	3000
2003 年	1773
2004 年	973
2005 年	4274
2006 年	6247
2007 年	5750

第三节 管理

一、税务登记

2001年起，税务登记包括开业登记、变更登记、注销登记、漏管户清理、验换证照等。纳税人自领取工商营业执照之日起30日内办理税务登记，或自工商机关变更登记之日起30日内办理变更税务登记、或在发生解散、破产、撤销等情形时，向原税务登记机关申报办理注销税务登记。2001—2007年，全区办理税务登记3480户。

二、税收征管

2001年起，对增值税一般纳税人实行按实征收，改进销售额变动率峰值和进项税额变动率峰值测算方法，加强对一般纳税人的税源监控。制定实施征管质量“三率”（纳税申报率、税款入库率和欠税率）考核办法。2003年，中国税收征收管理系统（CTAIS）上线，税收征管信息化走上快车道，改变过去多窗口、多部门的办税方式。2004年，推行“一人一窗一机”的管理模式，实现“票表稽核”，使纳税人办税更加方便快捷。

三、发票管理

2001年起，推行专用发票防伪税控系统工作，派员入户安装调试，辅导企业开票，直至正常运转使用。2007年，开展运输发票、海关完税凭证、废旧物资发票、增值税普通发票等异常票的审核检查工作。

四、税务稽查

2001年起，税务稽查负责对年度计划确定的重点税源企业和税务违法案件的查处、审理、执行、协查工作；贯彻税务稽查规章制度，拟定具体实施办法；负责税收案件举报的受理、转办；负责与公安、检察、审判机关协调税务稽查中的司法工作；负责金税工程发票协查工作；负责牵头组织税收专项检查工作。2002年，查处案件9起，补税20.18万元，罚款11.93万元。2003年，立案查处涉税案件6户，其中偷税案件4件、虚开增值税专用发票案件2件，补税、罚款、滞纳金合计44.62万元，其中查补增值税27.03万元，滞纳金2.66万元，罚款14.93万元。2004—2006年，立案查处案件26起，补税、罚款266万元。2007年，查处税收违法案件98起，补税、罚款138.25万元。

五、协税护税

2001—2007年，区国税局与区公安局、法院、检察院、财政局、地税局、工商局、人民银行等部门结成协税护税单位，各协税护税单位及时向税务机关反映纳税人纳税情况，督促纳税人、扣缴义务人及时申报、缴纳税款；协助税务机关监控税收源头；检举漏征漏管户及纳税人隐瞒收入等情况。区工商局把注册登记和年检验照等信息传递给税务部门，区公安局在必要时协助税务机关依法执行公务，严厉打击偷、抗、骗税以及逃避追缴欠税等违法犯罪行为。

六、信息化建设

2001年，开通金税一期工程。2002—2003年，提升基层分局网络线路带宽到2M；CTAIS系统（中国税收征收管理系统）上线运行，强化对“四票”（专用发票、普通发票、运输发票、窗口代开发票）异常发票的审核检查；正式运行网络版防伪税控系统，推行防伪税控开票。2004年，推行出口退税电子化管理。2006年，金税系统、征管系统、退税系统等数据整合，全区纳入防伪税控系统有644户，防伪税控企业“一机多票”开票45%；利用与省、市、县和基层分局联网的内部办公网络进行公文流转，进行网上办公；加大硬件设施投入，保证“人手一机”。2007年，车购税征管系统、协查系统3.0版、稽核系统6.0版、公路内河税控运输系统上线运行。

第四节 机构

2001年9月，洛江区国税局成立，内设办公室、人事监察科、计财科、征管法规科、税政科、稽查局、信息中心（事业单位），干部职工27名；区国税局下设1个稽查局及万安河市马甲3个国税局分局。2004年5月，内设科室调整为办公室、税政法规科、征收管理科、财务科、人事教育科、监察室、计划征收科和稽查局、信息中心。2005年7月，内设科室调整为办公室、综合业务科、征收管理科、计划征收科、人事教育科、监察室、财务科和稽查局、信息中心，干部职工45名。

第十四篇 经济综合管理

自唐晋江建置后，洛江今域社会经济形式属于自给自足的自然经济，历朝朝廷主要对作为财政收入主要来源的税赋进行调节，管理社会经济，对盐、铁、织造物等的生产、销售控制较严，同时推选朝廷的度量衡规定，但对社会经济的整体发展缺乏宏观上的管理。清代，随着近代工商企业的诞生，光绪廿九年（1903 年）清朝廷颁布《商人通例》和《公司律》等法规，加强工商业企业管理。民国 16 年（1927 年）10 月，晋江县政府贯彻《全国注册局注册条例》。民国 26 年 6 月，国民政府工商部公布《商业登记法》，登记对象为具备经营行为的企业。

中华人民共和国成立后，晋江县政府接收官僚资本企业，经过土地改革和“三大改造”后，建立社会主义公有制经济，实行计划经济管理体制，一切经济活动都直接或间接地按照国家宏观经济管理运行。遵照中央部署，建立起计划管理、工商行政管理、统计管理、物价管理、物资管理和技术监督管理等综合性经济管理。改革开放后，特别是 1993 年贯彻中共十四届三中全会通过的《中共中央关于建立市场经济体制的决定》，洛江今域开始建立社会主义市场经济体制和运行机制。

1997 年建区后，洛江区计划部门围绕发展和改革目标，根据区情编制执行“九五”“十五”“十一五”计（规）划，加强全社会固定资产投资管理，发挥对经济工作的指导、平衡、协调功能，促进全区国民经济和社会各项事业发展。区统计部门完成各项报表和人口普查、经济普查及各项抽样调查任务，发挥统计信息、咨询、监督三大功能，为区委、区政府提供决策依据。区工商行政管理部门做好企业、个体私营经济登记管理和市场、商标、广告、合同监督管理工作，查处经济活动中的违法违规行为，维护市场公平竞争秩序。区审计机关行使审计监督职能，开展预算执行审计和其他各项审计，充分发挥审计监督在经济社会发展的作用。区安全生产监督部门严格执行“预防为主、安全第一”的方针，开展安全生产法规宣传与培训，组织安全生产检查和专项整治，确保安全生产、经济发展、社会安定。

第一章 计划管理

第一节 体制

中华人民共和国成立后，洛江今域的经济计划归其晋江县管理（1971 年 1 月后因行政区划调整归泉州市管理），计划经济管理工作实行“统一领导，统一管理”的计划体制。1955 年，成立县计划委员会，开始编制实施年度国民经济计划和五年中期计划的管理制度，在基本完成对农业、手工业和资本主义工商业的社会主义改造后，对国民经济管理采取直接计划与间接计划相结合的方式。

1958 年，县人民委员会贯彻中央《关于改进计划管理体制的规定》，按照“统一计划，分级管理，加强协作，共同负责”的原则，改变过分集中的状况，以块为主，条块结合，综合平衡的双轨计划管理体制。1961 年 10 月，贯彻国家计委《关于改进计划工作的几项决定》，强调集中统一领导，实行“统一领导，分级管理”的制度，区别全民和集体所有制，分别实行直接计划和间接计划两种管理方法，明确规定市场调节的范围，对小商品和部分农副土特产品，由价值规律来调节生产和流通。经过调整把下放过多的基本建设审批权、物资分配权、物价管理权等权限上收，市场计划管理权限和范围随之缩小。

1982年，把长期沿用的国民经济计划，改为国民经济和社会发展计划，把经济、科技和社会三者的内容结合起来。1984年10月，实施国家计委《关于改进计划体制的若干暂行规定》，在工农业生产、固定资产投资、利用外资外汇、物资分配、商业贸易、劳动工资和科技、文教、卫生等计划的管理方面，扩大部门和企业的管理权限。

1985年，实行指令性计划和指导性计划与市场调节相结合的管理制度，农业生产方面不再向农民下达农产品统购派购计划，分别实行合同定购和市场收购；工业生产方面的31种产品计划中指令性计划产品只保留食糖和卷烟，其余均为指导性计划产品和市场调节产品。在对固定资产投资计划管理权限上放宽三个方面，即下放基本建设和技术改造项目审批权限；放宽对地方、部门自筹投资计划的管理权限；简化基建项目的审批手续。

1986年初鲤城区成立后，鲤城区计划管理范围是郊区农村经济、城市街道工业和部分商业贸易等集体经济（全民和二轻大集体的工商企业由市级管理）。因此，鲤城区“七五”“八五”时期，根据调整后的区情进行编制国民经济和社会发展计划，扶持集体经济发展，大办乡镇企业，内联外引，创办“三资”（中外合资、中外合作和外商独资经营）企业，开发工业小区、工业大楼，加快基础设施建设。

“九五”计划后三年（1998—2000年），是洛江区成立后的起步期，区计划经济管理部门强化宏观管理和宏观调控职能，减少微观、实物量指标体系，增强对经济工作的指导、平衡、协调功能；加强和改进对全社会固定资产投资规模的管理和控制，调整投资结构，加强重点建设。2002年，简化微观计划指标体系，除个别指标外，实行指导性计划。2005—2007年，实施投融资体制改革，把投资宏观管理重点转到优化投资结构和产业结构、搞好重大项目布局、防止重复建设、提高投资效益上来，强化宏观调控中的总体指导和综合协调，减少微观管理事务，缩小投资审批范围，对企业使用非政府投资建设符合国家产业政策、非重大项目和非限制类项目逐步实行登记、备案制，减少行政审批和对经济活动的直接行政干预，强化研究拟订发展战略、发展计（规）划和宏观政策职责。

第二节 计划编制与执行

一、年度计划

（一）计划编制

1997—2007年，洛江区经济和社会发展综合性年度计划编制均在上级计划指标指导下，测算洛江社会需求总量，预测行业和重要产品的发展态势，确定洛江区年度经济社会发展参数，涉及国内（地区）生产总值、工农业总产值、财政总收入、社会消费品零售总额、固定资产投资、“三资”企业产值、消费物价指数、农民人均收入、居民人均可支配收入等综合总量指标，指导企业以及全区人民加快科技进步和创新、推进产业结构优化升级、深化体制改革、提高对外开放水平、扩大外贸出口、推进新农村建设、建设资源节约型和环境友好型社会，实施科教兴区战略和人才强区战略，促进和谐社会建设。

（二）计划执行

1998年，全年实现地区生产总值10.87亿元，同比增长21.13%，财政总收入0.39亿元，地方财政收入0.275亿元，同比增长53%。1999年，立足“打基础、增实力”，各项主要计划指标完成或超额完成，实现地区生产总值12.73亿元，同比增长18%，财政总收入0.52亿元，地方财政收入0.35亿元，同比增长25%。

2000年，积极调整优化产业结构，提高经济整体实力，实现国内生产总值15.39亿元，同比增长21%，农业总产值3.53亿元，同比增长5.2%，工业总产值23.02亿元，同比增长18.4%，财政总收入0.8亿元，地方财政收入0.49亿元，同比增长37.37%。

2001年，实施“十五”计划第一年，大泉州东进步伐加快，兴建大坪山隧道，改善社会投资对区域经济的预期，推进城镇建设、特色农业、企业发展、特色旅游和社会事业发展“五大工程”。全年实现国内生产总值17.96亿元，增长17%。全区财政总收入1.07亿，完成调整后年计划的101.6%，同比增长34%，其中区级财政收入0.66亿元，完成调整后年计划的105%，同比增长36%。

2002年，围绕“四加快一提高”（加快工业化、城市化、农业结构调整和社会事业发展步伐，提高人民生活水平）的总体思路，全年实现国内生产总值21亿元，完成年计划的100.4%，同比增长17.3%；财政总收入1.32亿元，完成年计划的101.9%，同比增长24%，其中区级财政收入按新、旧口径分别为0.66亿元和0.83亿元，分别同比增长28.3%和26.9%。

2003年，为应对“伊拉克战争”和“非典”疫情对经济社会发展的影响，推进“四加快一提高”的发展战略，加快推进工业化步伐，建设一批特色农业基地，扶持农业龙头企业加快发展。深化行政审批制度改革，推行企业登记前置审批和基建投资审批制度改革。持续扩大开放，利用好国内国外两个市场、两种资源。全年实现地区生产总值24.58亿元，同比增长17%；财政总收入1.72亿元，同比增长31%，其中区级财政收入0.8亿元，同比增长21%。

2004年，以“富民强区”为第一要务，推进工业化、城市化、农业产业化和社会事业发展，克服电力紧缺、金融调控、原材料价格上涨、招工困难、严重干旱等因素对经济发展的影响。全年实现地区生产总值28.82亿元，完成年计划的101.3%，同比增长18%；财政总收入2.31亿元，同比增长34.1%，其中区级财政收入1.12亿元，同比增长40%，增幅位居全市前列。财政总收入提前一年达到“十五”计划目标。

2005年，加强工业载体建设和招商引资工作，推进城镇建设，全年实现地区生产总值34.31亿元，同比增长19%；财政总收入3亿元，同比增长31%，其中区级财政收入1.48亿元，同比增长33%。

2006年，围绕“富民强区”目标，进一步推进工业化、城市化、农业结构调整和社会事业发展，全区经济实力显著增强，社会事业健康发展，人民生活水平提高，社会保持和谐稳定，实现宽裕型小康区的目标，完成“十五”计划，实现“十一五”规划开好局、起好步。全年实现地区生产总值39.71亿元，是2002年的1.89倍；财政总收入3.62亿元，是2002年的2.75倍，年均增长28.4%；其中地方财政收入1.85亿元，是2002年的2.81倍，年均增长29.8%。

2007年，洛江区按照“一二三四五五”发展思路（2007年初，洛江区委提出“一二三四五五”发展思路，即围绕又好又快一条主线，强化中心城市和奋发有为两种意识，发挥区位、生态和后发三大优势，加快万安、阳江商住中心区，双阳、河市工贸经济区，马甲科教旅游度假区，罗溪、虹山特色农业区四大功能区规划建设，做好工业经济做强、城市建设做优、农业发展做特、社会事业做好和民生工程做实五篇文章，坚持提升执政能力、激发队伍活力、增强创业动力、扩展和谐张力、集聚发展合力“五力并举”，全力打造新兴工贸旅游生态城），推进新兴工贸旅游生态城区建设，加快发展第三产业。全年完成地区生产总值48.16亿元，同比增长16.7%；财政总收入4.68亿元，同比增长29.3%，其中区级财政收入2.47亿元，同比增长33.1%；工业总产值96亿元，同比增长23.1%。全区出口商品总值（海关口径）2.5亿美元，同比增长29.8%；全社会固定资产投资16.26亿元，同比增长24.7%；社会消费品零售总额9.46亿元，同比增长12%。

二、中长期计划

（一）“九五”计划编制与执行

计划编制　1998年，按照新区首轮创业的目标要求，结合本区实际编制《洛江区国民经济与社会发展“九五”计划和2010年远景目标》。该计划加大万安科技工业园等工业小区开发建设力度，拓展工业发展空间。培植壮大树脂陶瓷工艺、机电、化工、食品加工、轻纺等骨干行业，加强企业质量体系认证和技术创新工作，形成一批生产上规模、产品上档次、管理上水平的企业。完成以双阳华侨农场为主的国有企业改革，盘活国有资产存量。

计划执行　1998—2000年，是“九五”期间后3年，洛江区克服东南亚金融危机和国内市场需求不足等因素带来的不利影响，2000年，实现全区国内生产总值15.39亿元，比建区初的1997年增长72.72%，年均递增21.9%。三次产业结构从1997年的18.5 ∶ 49.3 ∶ 32.2调整为15.2 ∶ 57.9 ∶ 26.9，工业化程度明显提高，第三产业发展步伐加快，经济结构得到调整和优化。财政总收入完成0.8亿元，比1997年增长166.7%，年均递增39.6%。其中，区级财政收入从1997年的1797万元增加到4855万元，年均递增40%，实现2年翻番。

（二）“十五”计划编制与执行

计划编制　2000年，洛江区政府聘请中国城郊经济研究会专家参与洛江区“十五”计划编制。在洛江区经济发展战略研究总报告和四个子报告基础上，洛江区计划与统计局编制《洛江区国民经济和社会发展“十五”计划纲要》，经洛江区第一届人大五次会议审议通过。“十五”计划，洛江区围绕打基础、增实力、抓转变、促提高，推进工业化、城市化、农业产业化和社会事业发展，推进两个根本性转变，着力构建和谐社会。以工业园区建设为支撑，加快工业化步伐；以规划和基础设施建设为先导，加快城镇化步伐和第三产业的发展；以龙头企业和基地建设为重点，加快农业产业化；以农村变城市的要求，加快各项社会事业发展步伐。通过改善农村生产生活条件，减轻农民负担，扶贫济困等措施，提高人民群众生活水平。主要指标是，至2005年实现全区生产总值、财政总收入、地方财政收入翻番。

计划执行　至2005年，全区生产总值完成34.31亿元，比2000年增长123%，年均增长17.5%，人均GDP达到2300美元。区财政总收入3亿元，比2000年增长3.75倍，年均增长30.3%；地方财政收入1.48亿元，比2000年增长2倍，年均增长25%。三次产业结构调整为7.5 ∶ 65 ∶ 27.5，其中第一产业增加值2.59亿元，第二产业增加值22.27亿元，第三产业增加值9.45亿元；三次产业结构调整为7.5 ∶ 65 ∶ 27.5。

（三）“十一五”计划编制与执行

计划编制　2005年4月，洛江区政府常务会专题研究“十一五”规划工作，同意规划工作整体方案，明确28个专项规划牵头单位。8月初，各专项规划基本完成，初步形成《洛江区国民经济和社会发展“十一五”规划纲要（初稿）》。之后，吸取多方意见进行修改，并经洛江区第二届人民代表大会第五次会议通过。“十一五”计划提出，至2010年，全区实现生产总值比2005年翻一番，达68亿元，年均增长15%；财政总收入7亿元，年均增长18%以上。根据洛江区实际，提出三个形象目标，即基本形成布局合理的中心城区和较浓的城市气息、基本形成初具规模的制造业基地和较全的服务体系、基本形成独具特色的生态旅游度假区。

计划执行　2006—2007年，是实施“十一五”规划前两年，全区实施“工业立区”战略，推进载体建设、招商引资和企业发展，实现由招商引资向招商选资质的转变。2007年，全年完成地区生产总值48.16亿元，同比增长16.7%；财政总收入4.68亿元，同比增长29.3%，其中区级财政收入2.47亿元，同比增长33.1%；工业总产值96亿元，同比增长23.1%，其中规模以上工业产值81.52亿元，同比增长26%；农业总产值5.74亿元，同比增长1.2%；全社会固定资产投资16.26亿元，同比增长24.7%；社会消费品零售总额9.76亿元，同比增长15.1%；出口商品总值2.5亿美元，同比增长29.5%；合同利用外资3401万美元，同比增长14.7%，实际利用外资2339万美元，同比增长28.4%；农民人均纯收入6316元，同比增长8.7%；全社会用电量41716万千瓦时，同比增长19.7%。

第三节　计划管理与实施

一、经济运行监测

1998—2007年，洛江区利用季度例会、半年分析会、年度分析会加强经济运行宏观监测调控力度。

组织年度计划编制和实施工作，做好中长期经济发展规划。跟踪计划执行情况，对经济生活中的热点问题进行有针对性专题调研，形成分析报告。经济运行分析、监测会议参加对象除区经贸发改局、统计局等经济管理部门领导外，扩大到其他部门领导，包括乡镇（街道）分管领导，主要对上月（季）度经济运行情况进行简要分析，通报各行业计划任务完成情况，对下季度经济运行走势进行初步预测，培育新的经济增长点，对存在困难与问题，提出整改建议及对策。对全区重点建设项目的资金筹备、工程进度、存在问题、完成投资额进行跟踪，形成报告报送有关部门。同时，编印经济运行简报。2001 年，在跟踪检查经济运行情况中，发现工业区配套建设滞后，财政增收困难，农业生产受旱影响严重等问题，向区委、区政府提出意见和建议。针对首富商城、五金机电城两大项目在经营和建设中存在的问题，分别召开由工商、税务、交通、银行等部门参加协调会，制定扶持措施和办法，促进企业正常运行和投建。

二、项目审批和报批

1998 年后，计划主管部门规范审批、审核项目的对象、依据、条件、程序、要求和时限，分批取消不适应市场经济发展的行政审批项目，有的原先设立审批的项目改为核准或备案制度。宣传实施国家、省出台的引导投资政策，指导促进结构调整和相关行业发展，协助做好工业园区规划，严格项目审批，对一些不符合产业政策和市场需求的项目实行引导和控制，在审批上采取重点项目审批绿色通道制度，对重点项目资金筹备、工程进度、存在问题进行跟踪反馈，促进项目早日建成投产，培育经济新增长点。1998 年，17 个项目在市级立项，争取近 200 万元补助资金；170 个项目在区级办理项目报批，总投资 48221 万元。1999 年，批准预备项目 46 个，总投资额 14280 万元；转报市计委立项 14 个，总投资额 25570 万元；批准年度计划项目 16 个，总投资 2913 万元。2000 年批准基建项目 61 个，总投资 21029 万元。2001 年批准基建项目 78 个，总投资 39205 万元，转报市计委立项，9 个，总投资额 14244 万元。2002 年 7 月起，对限额以下生产性项目固定资产立项由原来审批制改变为登记备案制。同时，科学编制全区固定资产投资计划及重点建设项目计划。当年，转报市计委立项 6 个，总投资额 6.43 亿元；批准立项 75 个，总投资额 12.34 亿元。2003 年，制定《洛江区基建投资服务指南》，强化基建审批服务质量，制定配套方案《洛江区基建投资审批监督警示处罚暂行规定》。2004 年，按照实施《中华人民共和国行政许可法》要求，优化审批流程，把项目选址、立项和环保审批三个环节串联审批改为并联审批，缩短承诺时限，在原来承诺 59 个工作日基础上压缩为 43 个工作日。2006 年，根据《洛江区深化基建审批制度改革方案》，对项目立项、材料等进行梳理、规范，形成完整的审批机制，提高基建立项审批效率；当年立项 124 项，投资 26.4 亿元。2007 年，在行政服务中心设立审批窗口，按照国家、省投资体制改革精神，深化项目审批制度改革，合理界定政府投资范围，细化审批方式，重新制定审批程序及要求材料、时限。

三、重点项目实施

通过区长办公会议、政府常务会议、政府专题会议对重点项目建设的项目筛选、规划建设、资金筹措、争取政策支持和协调的具体事项进行专题研究。明确目标责任制，细化分解项目建设内容，并下达至各个责任部门。建立领导挂点责任制，区长总负责，各位副区长分别挂点负责重点项目。区政府办公室建立项目跟踪制度，在项目实施过程开展“季度大检查、月度小检查”。

1998 年，重点建设项目 12 个，主要项目：对马甲—义山道路拓改工程；琯头村改造工程；万安农贸市场建设；罗溪路远水库建设；吉源花苑小区一期建设（建造 17 幢楼房）；马甲供水工程建设；万安粮食储备仓库建设；安吉大道动工建设；万安科技工业园建设等。

2000 年，重点建设项目 10 个，主要项目：万虹公路万安至河市段（10.3 千米、路幅宽 28 米）的拓改工程动工建设；完成万安科技工业园建设一条主干道、三条次干道及其他配套工程，并招商14家企业；双阳工业区开发土地23公顷；朋山岭隧道及其连接工程竣工通车；安吉大道延伸工程（700米）；吉源花苑小区二期建设（建造5幢商住楼）；琯头村改造工程（续，新建5幢商住楼和1条道路）；龙眼洋生产基地建设（低产改造66.67公顷）；建成马甲鳄鱼观赏池（观赏池3600平方米，引进鳄鱼120条）；泉州十一中初中部教学楼（3200平方米）建成交付使用。

2002年，重点建设项目9个，主要项目：完成沿万虹公路双阳至河市段两侧土地约6.67平方千米的总体规划，动工建设首期面积1平方千米左右；完成塘西工业区40公顷土地平整，建设区间3条道路2000米，排污管道3千米，做好道路绿化、照明；完成双阳工业区新拓展26.67公顷达到46.67公顷规模，做好河市20公顷土地开发总体规划设计并完成7公顷土地平整及区间道路建设，完善马甲工业区首期基础设施建设并新拓展工业区6.67公顷；完善万虹公路扫尾工程，改造万虹公路至施琅陵园路2.5千米、河洪公路3千米；建设双阳日产2500吨供水工程及5000米供水线；农业综合开发改造马甲中低产田400公顷，发展河市节水农业133.3公顷等；对罗溪前洋小（一）型水库进行改建；改造塘西主排涝渠新尾段前半渠710米；建设吉源花苑二期经济适用房5幢及综合楼一幢，总建筑面积4.5万平方米；建设万荣公寓3幢1.82万平方米；建设双阳农贸市场建筑面积8000平方米。

2003年，重点建设项目13个，主要项目：建设长700米、宽50米的安吉南路，配套绿化、路灯；朋山岭隧道连接线延伸工程（洛江段），全长1.2千米；建设长1.1千米、路面宽30米双阳中路；双阳华侨农场开发区首期100公顷的市政配套工程并进行二期1平方千米用地的征用、平整，双阳工业47公顷用地征用平整、河市钟禾洋工业区0.3平方千米“三通一平”；塘西工业区二期53公顷土地征用、“三通一平”，建设主干道1671米、次干道1154米以及配套设施；工业区铺设长3.8千米的排污管道等。建设防洪排涝工程（修建总长4.82千米的排涝渠及河市溪镇区段河床清障）；万安过坑自然村改造；建设长250米、宽25米的罗溪白银新街道路；完成桥南2.27千米海堤加固达标；马甲自来水厂扩容至日产1.5万吨，铺设仰恩大学供水专线12.8千米；安装324国道至塘西工业区路灯；建设敬德职业学校五层4000平方米教学楼；建设区教师进修学校五层4000平方米教学楼及配套设施。

2004年，重点建设项目10个，主要项目：建设滨江路全长9.9千米（首期）；建设区域供水主管网（沿万虹公路13千米，沿滨江路7千米）；建设区域排污主管网（沿万虹路13千米，沿滨江路7千米）；双阳华侨经济开发区市政配套基础设施工程（完成二期长1000米2条市政道路建设及供、排水、电信等市政配套设施建设，完成三期1.6平方千米用地的征用、批报以及平整；完成已征用1.35平方千米土地“三通一平”）；城镇化改造（建设双阳新街全长2000米，新建商住楼1万平方米；改造马甲旧粮站用地，新建设商住楼5000平方米；完成马甲旧变电站用地改造项目的规划设计；完成美岭村的征地拆迁（新建商住楼5000平方米）；建设区生产力促进中心（1万平方米中心大楼）；完成马甲节水农业建设467公顷和罗溪中低产田改造500公顷；新建宫迹水库120万立方米；新建中小学校舍（泉州第十一中学科技实验楼8000平方米；区实验小学教学楼3500平方米）；完成城区排洪涝工程（建设双阳2290米排洪渠，改造河市溪堤500米）。

2005年，重点建设项目11个，年度投资3.35亿元，主要项目：双阳华侨经济开发区二期基础设施建设，三期五金机电园土地征用及平整；推进首期滨江大道1.4千米，二期3.6千米动工建设；建设南山建筑村；拓改万虹公路马甲至罗溪段（总长12.06千米，其中隧道长770米，完成前期工作并动工建设）；完成双阳新街道路建设（长1.29千米、宽24米）；建设洛南小学教学楼3500平方米；马甲旅游开发项目（建设仙公山山门、广场及入口道路）；农业综合开发（完成罗溪镇建兴村机耕路、翁山、前洋等7条引水渠；马甲拦河坝2座、电灌站2间以及水渠、管灌工程等建）；建设宫迹水库二期120万立方米；亮化工程（架设万虹公路及双阳镇区路灯16.83千米）；在高速公路桥下万安段建成洛江花卉市场等。

2006年，重点建设项目15个，主要项目：完成滨江大道二期阳江段3.6千米道路建设；万虹公路（马甲—罗溪段）拓改工程（线路总长7000米，其中隧道长770米，道路按二级公路设计，双向四车道，路基宽12米，路面宽9米）；双阳市政道路工程（完成阳新街1.8千米、印尼街0.4千米、总长1.5千米的福滨街部分路段建设）；完成马甲日产1.5万吨自来水厂建设；建设标准产房建设（双阳华侨开发区10万平方米，万安街道3.2万平方米、罗溪工业区10万平方米）；经济开发区三期（完成双阳、河市片区1.6平方千米土地征用，进行“三通一平”等基础配套设施建设）；农业综合开发中低产田改造，（渠道防渗衬砌13.2千米，新建2座电灌站，修筑机耕路2.4千米）；完成宫迹水库202.5米高程至208米高程建设；完成洛阳江河市段河道清淤5000米、溪堤砌筑1000米；完成罗溪后溪拦河闸、管理房建设及部分溪堤整治；仙公山风景建设（完成马甲仙公山风景区综合楼、游客服务中心、停车场及风景区道路建设）；奕聪中学高中部建设（占地8.8万平方米，总建筑面积2.9万平方米，2006年完成奕聪中学高中部的征地拆迁及动工建设教学楼、宿舍楼、科技实验楼等，建筑面积1.7万平方米）；完成区生产力促进中心建设并投入使用；双阳行政中心及侨联活动中心（总建筑面积1万平方米，完成主体建筑）；完成企业家联谊大楼基础及部分主体建筑。

2007年，重点建设项目11个，年度投资5.8亿元，涉及城建及基础设施、工业、商贸服务业和社会事业，主要有续建滨江大道（二期完成，三期动工）、拓改万虹公路马甲至罗溪段、中心城区市政道路建设（1.7千米）、县道310线建设、建设48.2万平方米标准厂房、完成双阳华侨经济开发区三期基础配套设施建设、河市溪堤改造、罗溪后溪拦河闸工程、泉美进境植物繁殖材料地方隔离检疫圃等。

第四节 机构

1997年10月，区计划与统计局成立，区物价局由区计划与统计局管理。2002年，机构改革，设立区经济贸易发展局（区国防动员委会员经济动员办公室设在区经济贸易发展局），编制9名，不再保留区计划与统计局，内设办公室、计划股、财贸股、企业股；下辖事业单位：洛江区政府信息中心，编制2名；市场服务中心，编制5名；洛江区副食品基地管理站，编制3名；洛江区定点屠宰管理站，编制3名；洛江区企业管理站，编制4名。区物价局，为副科级机构，由区经济贸易发展和改革局管理。区粮食局（编制1名）与区经济贸易发展和改革局合署办公，下辖事业单位：区粮食管理站，编制2名。2003年11月，区副食品基地管理站和市场服务中心核减编制各1名。2005年，区经济贸易发展局改称为区经济贸易发展和改革局，原由区政府办公室承担的经济体制改革职能划归经济贸易发展和改革局。

第二章 统计管理

第一节 统计建设

一、基本单位名录库建设

2005年，对当期新增的单位布置“法人单位基本情况”“产业活动单位基本情况”，按当期内各个单位的具体情况对数据库进行新增、变更、注销等维护工作。

2007年，改原来的每半年报送一次为每季度报送一次基本单位变动信息，即由区及区以上工商行政管理部门于每年的5月底、8月底、11月底及次年2月底分别向统计部门提供第一、二、三、四季度的新增、变更和注销单位的注册登记数据。2007年末，在库法人单位1392个，其中，企业法人单位986个，事业法人单位202个，机关法人单位61个，社会团体法人单位49个，民办非企业单位9个，其他法人单位85个。

二、信息化建设

1997 年 10 月，区计划与统计局购置电脑及相关办公设备。2002 年初，制定《“十五”洛江统计信息化发展建设规划纲要》。区统计局购置一批 P4 联想微机。2003—2004 年，注重维护和完善统计信息网站和内部局域网，在区统计信息网和统计政务网上分别设立经济普查热点专题。2005 年，指定专人负责管理统计信息和电子政务网站，对网站信息资料及时更新和维护。2006—2007 年，完成 VPN 网建设，建设市、区两级信息传输体系。2007 年，建立安全性高、具有物理性隔离局域网网络，推广应用 VPN 统计网，保障信息安全。同年，为开展农业普查，购置 1 台 HP 服务器，省统计局下拨 2 台 P4 电脑，实现人手 1 台。

第二节 专业统计

一、综合统计

（一）月度快报及月报手册

建区后，区统计部门每月向区财政局、外经局、经贸发局、农水局、金融机构、供电公司等相关部门以及统计部门各专业统计搜集有关数据，整理汇总后在每月 6 日前向区党政领导及社会各界提供快报信息，主要指标有：地区生产总值、工业总产值、农业总产值、进出口总值、合同利用外资、外商实际到资、财政收支、社会消费品零售总额、固定资产投资完成额、农民人均现金收入、用电量等。

2002 年 8 月，统计部门以手册的形式编印《洛江统计月报》，增加财政、金融、工业总产值、外经、固定资产投资、社会消费品零售总额等主要经济指标的详细信息。此后，每月 15 日左右均定期编印《洛江统计月报》。

（二）主要经济指标摘要

1998 年 4 月，区统计部门编印《洛江区一九九七年主要经济指标摘要》，内容包括人口、国内生产总值、工业、农业、商业、固定资产投资、建筑业、财政金融、劳动工资、文教卫生、人民生活等主要指标数据。此后，每年 4 月编印各年的《洛江区主要经济指标摘要》。

（三）年鉴

1997 年，区统计部门着手调查、整理 1997 年各行业的有关资料，收集农业、林业、财政、公安、文化、教育、计生、卫生等部门的统计资料，1998 年 7 月，洛江区第一本统计年鉴—《洛江统计年鉴—1998》编印成册，版面为 32 开本。该年鉴全面收录 1997 年洛江区经济社会发展各方面的统计数据，内容包括综合、农业、工业、商业、固定资产投资、建筑业、劳动与工资、人民生活八大部分，其中综合部分包括有公安、财政、外经、卫生、计生、教育、金融等部门的统计数据。此后，区统计局每年编印各年的《洛江统计年鉴》。2005 年，当年的《洛江统计年鉴—2005》内容增加建区以来各年份的国民经济主要指标历史资料，数据时间跨度从 1997 年直到 2004 年，版面扩大为大 16 开本。2006 年起，增加国家、省、市三级的国民经济和社会发展统计公报。

（四）其他编印资料

2003 年 3 月，编印《泉州市洛江区第五次全国人口普查资料》。2005 年 6 月，编印《现行统计制度简介》。2007 年 1 月，编印《洛江经济普查年鉴—2004》。

二、国民经济核算统计

1985 年，地、市（县）开始国民生产总值的核算工作。1986 年，市（地改市后）、县（区）统计局首次汇编农产品产值、国民生产总值和第三产业统计，统一计算增加值的口径。1997—2001 年，洛江区

GDP 核算统计只能在已有资料的情况下进行初步测算。2001 年，第二次全国基本单位普查开始，区统计局在普查中相应增加与计算增加值有关的统计指标。2002 年，在第二次全国基本单位普查资料的基础上，收集整理财政、税务、教育、卫生、邮政、电信、金融、交通、文化、旅游等 50 多个机关、事业和企业单位的相关统计资料，核算 2002 年 GDP。2004 年，按照国家统计制度的规定，国内生产总值（GDP）核算包括初步核算、初步核实和最终核实三个步骤，并在相应时间对外公布。同时，对地方国内生产总值的提法改为“XX 地区 GDP”或“XX 地区生产总值”，如：“洛江区 GDP”或“洛江区生产总值”。2004 年，洛江区生产总值（GDP）288205 万元，增长 17.1%。

三、农业统计

1997 年，农业统计内容有“农村劳动力资源及实有劳动力构成情况”“农村基层组织情况”“全年农作物播种面积与产量”“茶叶、水果生产情况”“全社会畜牧业生产情况”“全社会畜牧业生产情况（非农户）”“农村电气化和农业化学化情况”“农林牧渔业总产值”“渔业生产情况”“耕地面积”“捕猎及其他农业主要产品产量”“林业生产情况”。1999 年，农业统计增加“农林牧渔业增加值”。2001 年，农业统计增加“蔬菜及花卉生产情况”。

2003 年，农业统计删除“捕猎及其他农业主要产品产量”。2006 年，是农业普查年份，免报有关农业生产条件表、“耕地面积”和“乡、建制镇基本情况”报表。2007 年，恢复上报“农业生产条件表”和“乡、建制镇基本情况表”；为测算 GDP 能源消耗，增加“农林牧渔业生产经营单位能源消费情况”；耕地面积报表取消，由区国土部门提供。2007 年末，乡村户数 37682 户，乡村人口 145040 人，乡村劳动力资源 87707 人，其中劳动年龄内 81402 人，乡村从业人员 84022 人。

四、工业统计

（一）规模以上工业统计

1997 年，工业统计年报范围为乡及乡以上独立核算工业企业、私营企业，当年共有乡及乡以上工业企业 56 家，全年产值 69264 万元，占全部工业总产值的 52.1%。1998 年，定期报表开始实行规模以上工业统计制度，把全部国有及年产品销售收入 500 万元及以上的非国有工业企业确定为规模以上工业企业纳入常规工业统计范围。2004 年始，大中型工业企业开始全国联网直报制度，当年纳入直报范围的有建文艺品、和诚鞋业等 6 家企业。同年，规模以上工业年报增加科技调查内容。2005 年，报表制度将工业用电量指标折标系数由原来的 4.04 改为 1.229。2007 年起，原本国有工业企业不管年销售收入是否达到 500 万元都归入规模以上工业进行统计，制度变更后，国有工业企业跟非国有工业企业都要遵循年产品销售收入 500 万元的标准才能纳入规模以上工业进行统计。另外，2007 年年报增加成本费用调查表。当年，规模以上工业企业 148 家，年度完成产值 814879 万元，占全部工业总产值的 86.9%。

（二）规模以下工业统计

2002—2005 年，洛江区县点样本村 18 个，分别是万安街道万福社区、杏宅社区、琯头社区、塘西社区；双阳镇阳山社区、南山社区、新阳村、新峰村；河市镇庄田村、河市村、霞溪村、梧宅村；马甲镇后坂村、就南村、溪林村、新奄村、梅岭村；罗溪镇三合村。2006 年起，利用全国第一次经济普查建立起来规模以下工业抽样框，重新抽取 15 个有代表性调查样本村，并从该年开始施行定报样本。2007 年，洛江区县点样本村缩减为 10 个。

五、建筑业统计

1997年起，洛江区开始进行建筑业统计，当年仅有建筑企业4家，年度完成产值3346万元。1998年，建筑企业仍只有4家，完成建筑业总产值3530万元。2003年，建设部新的资质管理办法实施，建筑业统计范围改为全区具有建筑业新资质的独立核算的建筑业企业，包括总承包建筑业企业、专业承包建筑业企业和劳务分包建筑业企业，当年，建筑业企业8家，年度完成产值15184万元。2005年，建筑业统计作出较大调整，开展建筑业“在地”统计的调研和试点工作，年度完成产值47672万元。2006年4月，“建筑业企业生产情况”和“建筑业企业房屋完成情况”统计由季报改为月报，年度完成产值61549万元。2007年，“劳务分包建筑企业生产情况”，在“财务状况”中增加“住房公积金及住房补贴”指标，年度完成产值94428万元。

六、批发和零售业、住宿和餐饮业统计

1997年10月起，洛江区执行省市有关批发零售贸易、住宿餐饮业的统计制度，做好贸易、住宿餐饮业统计。2000年，在1999年制度上新增加批发零售贸易业、餐饮业企业机构、网点、人员情况的调查。2004年，洛江区开展第一次全国经济普查，贸易行业的普查对象和范围：在辖区内从事商品批发和零售经营活动、提供住宿餐饮服务活动的全部法人企业、产业活动单位和个体经营户。2005年5月，开展新限额以下商业抽样调查，每年11月进行大样本抽样调查，其他月份进行小样本调查。2006年，社会消费品零售额统计包括限额以上批发零售、住宿餐饮业调查及限额以下批发零售、住宿餐饮业调查以及其他行业调查，限额以上批发零售、住宿餐饮业调查对象为企业，限额以下抽样调查的调查对象为企业及个体户。2007年，限额以上批发零售、住宿餐饮业调查采用年报报表和定期报表制度，限额以下批发零售、住宿餐饮业大样本抽样调查从2007年开始暂停调查，每月采用小样本进行抽样调查。同年，增加成品油季报统计。当年，社会消费品零售总额97636万元，增长15.1%。

七、固定资产投资统计

1997年，固定资产投资统计将投资项目具体分为基本建设投资、其他经济投资、房地产投资、城镇和工矿区私人建房、农村集体投资几个大项。1999年，月报综合表新开工项目一览表填报起点提高到500万元，报表更名为“本月新开工500万元项目一览表”。2000年，将50万元以上城镇私营个体固定资产投资纳入城镇投资统计范围。2004年，把投资项目分为城镇项目、农村项目、房地产项目。其中，房地产项目另设房地产报表，城镇项目、农村项目使用《固定资产投资统计基层标准表》，城镇及农村（非农户）50万元以上项目采用按月全面调查直报汇总的方式统计，农村50万元以下项目则采取月度农调农村投资项目推算，季度、年报项目直报及农调农户固定资产投资调查相结合的方式进行统计。从2005年年报开始，年报继续实行50万元以上的城镇及农村固定资产投资项目进行全数调查统计，月度全面调查起点提高为300万元，50万—300万元的项目投资由各地根据上一年度报送的50万—300万元的项目的全面资料，结合各地区投资建设实际及相关指标推算综合表。将农村非农户投资纳入《固定资产投资统计报表制度》。2007年，全社会固定资产投资额162551万元，增长24.7%，其中，城镇固定资产投资101871万元，增长12.8%；农村固定资产投资9021万元，增长17.4%。

八、房地产业统计

1997年，洛江区按照《房地产开发统计报表制度》的要求，房地产企业必须按月上报“房地产开发

统计基层标准表”“房地产开发投资完成情况”；年度加报“房地产开发经营情况表”。2004年，全国第一次经济普查房地产开发统计年报以经济普查代替年报，并改项目所在地报送为注册地报送。2005年始，单列《房地产开发统计报表制度》，报表专业代码由H调整为X。2006年，“房地产开发企业（单位）投资、资金和土地情况”“房地产开发企业（单位）施工、销售和空置情况”，在“商品住宅”项下指标“普通住房”改为“90平方米以下”以加大国家对房地产开发项目90平方米以下住宅占比的统计和监测。2007年，“房地产开发企业（单位）投资、资金和土地情况”“房地产开发企业（单位）施工、销售和空置情况”，在“商品住宅”项下增加指标“其中：140平方米以上住房”。“房地产开发企业（单位）施工、销售和空置情况”，取消“期房平均销售价格”和“现房评级销售价格”指标；“房地产开发企业（单位）投资、资金和土地情况”，取消“商品房建设投资额”指标。当年，房地产投资51659万元，增长59.5%。

九、外经统计

2006年，《外国和港澳台地区在华直接投资》年报统计的对象扩大到辖区内所有外资企业。2007年，采用网上直报。区统计局联合六部门对外商投资企业进行年检。此次联合年检持续3个多月时间，对参加年检的150多家外商投资企业进行网上审核。当年，合同利用外资3401万美元，增长14.7%，实际利用外资2339万美元，增长28.4%，出口商品总值（海关口径）24987万美元，增长29.3%。

第三节 普查与调查

一、专项普查

中华人民共和国成立后，全国多次开展人口普查、工业普查、建筑业普查、第三产业普查、基本单位普查、农业普查。2003年，国务院决定把第三产业普查、基本单位普查、工业普查等普查合并为经济普查。人口普查、农业普查以10年为1个周期，经济普查以5年为1个周期，10年内共有3项4次普查任务。在逢“0”的年份进行人口普查；逢“3”“8”的年份进行经济普查；逢“6”的年份进行农业普查。洛江建区以来共进行第五次全国人口普查（2000年）、第二次全国基本单位普查（2001年）、第一次全国经济普查（2004年）、第二次全国农业普查（2006年）4项4次普查。

（一）人口普查（见第三篇人口与计划生育第六章人口调查）

（二）全国基本单位普查

至2007年，全国开展2次基本单位普查，即1996年第一次全国基本单位普查、2001年第二次全国基本单位普查。

2001年，全区开展第二次全国基本单位普查。普查结果：全区法人单位766个，其中，企业法人单位393个，事业法人单位196个，机关法人单位64个，社会团体法人单位23个，民办非企业单位4个，其他法人单位86个。产业活动单位1097个，其中，第一产业59个，第二产业294个，第三产业744个。

（三）经济普查

2003年12月2日，国务院下发《国务院关于开展第一次全国经济普查的通知》。2004年9月5日，国务院颁布实施《全国经济普查条例》。第一次全国经济普查标准时点为2004年12月31日24时，时期资料为2004年度。2004年3月4日，洛江区政府下发《泉州市洛江区人民政府关于认真做好第一次全国经济普查的通知》。3月底，各乡镇相应成立普查领导小组及其办公室。9月30日，区政府第11次常务会议专题研究经济普查工作，决定区普查办人员从各成员单位抽调。区普查领导小组及办公室分别下发《领导小组成员及成员单位职责》《联络员职责》《普查指导员和普查员选调培训方案》《宣传工作方案》《工作进度安排》《建立经济普查领导小组成员分片联系责任制度》等规章制度。对区、镇两级普查机构职责进行明确，乡镇主要负责按小区进行单位清查和个体经营户的普查登记及相关工作；区普查办要直接面向法人单位和产业活动单位，从区级分专业，对各类单位进行布置培训、收集、审核、录入上报。第一次全国经济普查包含工业普查、基本单位普查、第三产业普查、建筑业普查的内容，普查表式50多种，指标数千个，二、三产业增加值占全区经济总量90%以上。2004年10月至2005年5月，按“条块结合、以块为主”的方法开展清查摸底、入户登记、复查核实工作。2005年6月17日，洛江区第一次全国经济普查工作通过市级验收；2006年2月24日至3月20日，分三期在《洛江政讯》上公布《洛江区第一次全国经济普查主要数据公报》，编印《泉州市洛江区第一次全国经济普查主要数据公报汇编》。普查结果：至2004年末，洛江区从事第二、三产业的法人单位共1074个，其中，企业法人单位701个，事业法人单位183个，机关法人单位62个，社会团体法人单位38个，民办非企业单位5个，其他法人单位85个。产业活动单位1249个，其中，第二产业540个，第三产业709个。个体经营户5815户，其中，第二产业994户，第三产业4821户。第二、三产业的就业人员数为83895人，其中，第二产业的就业人员为66613人，第三产业的就业人员为17282人。在就业人员中，单位就业人员64193人，占76.5%；个体经营人员19702人，占23.5%。在法人单位就业人员中，具有研究生及以上、大学本科、专科、高中、初中及以下学历的人员分别占0.5%、3.8%、7.8%、23.6%和64.3%；在具有技术职称的人员中，具有高级、中级、初级技术职称的人员分别占11.6%、28.8%和59.6%；在具有技术等级资格证书的人员中，具有高级技师、技师、高级工、中级工资格证书的人员分别占3.7%、8.8%、23.4%和64.1%。2007年1月，编印《洛江经济普查年鉴—2004》。2007年底，完成整理和分析研究资料。

（四）农业普查

国务院决定在2006年开展第二次全国农业普查。2006年8月23日，国务院颁布实施《全国农业普查条例》。第二次全国农业普查的标准时点为2006年12月31日24时，时期资料为2006年度。2005年11月18日，洛江区政府下发《泉州市洛江区人民政府关于认真做好第二次全国农业普查工作的通知》，成立泉州市洛江区第二次全国农业普查领导小组和领导小组办公室。2006年3月底各乡镇相应成立普查领导小组及其办公室。区普查领导小组及办公室制定《领导小组成员及成员单位职责》《联络员职责》《普查指导员和普查员选调培训方案》《宣传工作方案》《工作进度安排》等规章制度，下发《关于认真做好洛江区第二次全国农业普查指导员和普查员选调工作的通知》《普查指导员和普查员选调培训方案》，要求“两员”（普查指导员、普查员）主要从乡镇干部、下村干部、离退休教师等人员中选调。同年9月21日，在洛江区河市镇开展市级农业用地普查专项试点，选择河市镇新告、南塘、浮桥、河市、溪山5个村就耕地面积进行尝试性调查。同年11月2日起，区普查办分期分批对“两员”进行培训，培训普查人员近千人次。2007年1月1日开始普查登记。耕地面积普查是农业普查的重点和难点，区普查办会同统计、国土、农业等部门制定耕地面积普查实施方案，对人均耕地面积分布比较均匀，户与户之间耕地相差不悬殊的村主要采取抽样调查，选取一定数量的农户作为样本进行实际丈量。对国有农场、拥有耕地较多的农户则采用全面统计的方法。对坡度较大的地块运用GPS定位仪进行丈量，坡度较小的则用测绳或米尺进行丈量。根据不同用途分别造册登记，然后进行汇总处理。普查结果：洛江区第二次全国农业普查共调查1个乡、3个镇，包括67个村级组织、34267个住户（含万安、双阳街道有从事农业生产经营的户），其中在农村居住一年以上的家庭户33872户，常住人口109569人。至2006年末，共有农业生产经营户25428户，其中种植业户22600户，占88.9%；农业生产经营单位247个，从业人员2524人，全年经营总收入19406万元。同年5月21日，洛江区第二次全国农业普查工作顺利通过市级验收。2007年6月始，进行数据处理、资料整理开发等后续工作。

二、抽样调查

（一）人口抽样调查（见第三篇人口与计划生育第六章人口调查）

（二）农村居民收支调查

1997 年，洛江建区后农村住户调查工作抽中 6 个乡镇 18 个村 102 户，实行定户定人定时定量上报账本，规范记账方法，要求每户都要进行编码，每村都配备辅助调查员，负责账薄收集上报工作，提高抽样调查数据质量，为了解洛江区农村居民收入、分配及消费水平提供准确数据支持，当年，农民人均纯收入 3006 元。1998—2003 年，洛江区继续对农村住户调查工作抽中的 6 个镇 18 个村 102 户实行定户定人定时定量上报账本。2003 年，农民人均纯收入 4080 元，增长 5.2%。2004 年，洛江区按照随机起点对称等距方法对农村抽样调查样本进行轮换，抽取 5 个乡镇 8 个样本村 90 户， 开展居民住户收支调查工作，当年，农民人均纯收入达到 4645 元，增长 13.8%。2005—2007 年，洛江区继续对抽中的 5 个乡镇 8 个村 90 户继续实行定户定人定时定量上报账本，2007 年，洛江区农民人均纯收入 6316 元，增长 8.7%。

（三）农业产量抽样调查

1997—2004 年，未开展农产量抽样调查工作。2005 年，根据省农调队《关于开展粮食播种面积调查的通知》文件精神，洛江区首次对 8 个抽中样本村进行水田面积、水稻播种面积进行实测调查，当年，稻谷播种面积 59110 亩，总产量 24947 吨。2006—2007 年，洛江区继续对抽中 8 个样本村进行水田面积、水稻播种面积及农产量进行实测调查。2006 年，稻谷播种面积 63335 亩，总产量 24642 吨；2007 年，稻谷播种面积 62515 亩，总产量 16719 吨。

（四）农户固定资产投资调查

1997—2006 年，未开展农户固定资产投资，农户固定资产投资系农村投资的分列小项。2007 年，全区抽中 8 个村 90 户农村常住户固定资产完成额来推算全区农户固定资产投资完成总量。据抽样年报资料显示，全区农户固定资产投资完成额为 3379 万元。

（五）海洋经济调查

2003—2007 年，海洋经济核算的内容和方法基本一样。海洋经济核算的内容主要包括海洋经济第一产业（滩涂种植业、滩涂林业、滩涂牧业、海洋渔业）、海洋经济第二产业（海洋工业和海洋建筑业）、海洋经济第三产业（海洋运输仓储业、海洋批发零售贸易业、滨海旅游业、海洋地质勘查业、海洋文化教育科学技术及其他海洋第三产业）。

（六）工业品价格调查

2002 年 4 月起，工业发展速度采用价格缩减法试算。洛江区抽中的工业品价格调查企业有 20 家，涉及食品制造、金属制品、专用设备制造、乐器制造、工艺美术品等行业。2007 年，洛江区工业品价格调查企业数 28 家，当年工业生产者出厂价格指数 102.2（以上年价格为 100）。

（七）产品市场占有率情况调查

2003 年起，产品市场占有情况统计调查作为常规性统计工作列入统计调查体系中。调查范围为工业企业、批发和零售贸易业、农业生产和销售单位。调查内容包括工业企业基本情况、工业产品生产及销售情况、批发和零售贸易企业基本情况、商品类值销售情况、重点商品销售情况、主要农产品产销情况；三大产品去向（省内、省外、境外）、农产品省内市场销售情况。2006 年，产品市场占有情况由年报改为半年报。2007 年，洛江区市场占有情况半年报样本 45 家，年报样本 61 家。

（八）服务业抽样调查

2004 年，国家统计局制定部分服务业抽样调查试点工作方案，决定开展部分服务业统计调查。2005 年，部分服务业抽样调查纳入国家统计局正式统计报表制度，并将调查结果作为国民经济核算的基础数据。2006—2007 年，洛江区抽中样本企业 3 家，样本村 1 个，样本对市以上有代表性，对洛江区没有代表性，数据未对外公布。

第四节 统计执法

一、统计执法检查与处罚

1999年，洛江区统计局执法队伍2名。2003年，查处违法单位6家，罚款2家，其中对拒报的1家企业一次性罚款1万元，为2003年以前泉州市统计执法之最。2004—2007年，发出统计报表催报单185份，统计查询书17份，立案查处统计违法案件18件，作出处罚决定12起。至2007年，5名统计工作人员取得执法资格。

二、统计人员培训

根据1998年国家统计局发布的《统计人员持证上岗暂行规定》，2002年6月中旬，举办统计人员持证上岗培训班，参加培训人员有区直机关和企事业单位专（兼）职统计人员45名；同月23日，组织培训人员在区参加由省统计局统一举办的全省统计人员持证上岗考试，考试内容有统计基础知识和统计实务和统计法基础知识，43人通过考试，取得统计证，获得统计工作资格。2003—2005年，158名区直机关和企事业单位专（兼）职统计人员参加培训、考试，156人通过考试，取得《统计证》，具备统计工作资格。

第五节 统计服务

一、为党政服务

1997年起，洛江区统计部门利用各项统计调查资料进行系统的加工整理和分析预测，分析反映情况，为领导决策提供依据，发挥统计的信息、咨询和监督作用。主要是加强季度、年度主要经济数据预测和经济运行的监测，做到“进度数据快报、领导用数专报”，如：对地区生产总值（GDP）一揽子主要经济指标进行实时精准监测，逐月、逐季对相关指标进行出数前预警和出数后分析，明确各指标及内部构成的优势和短板，反映苗头性、趋势性问题，提出针对性应对建议。针对上级业务部门和地方领导所点题目进行重点分析，为党政领导宏观决策提供服务，如：2003年，撰写《优化结构：洛江区工业企业发展的重心》调研分析；2005年，撰写《洛江区第三产业发展现状及对策》调研分析并被领导批示；2007年，撰写《洛江区农村劳动力资源现状初探》调研分析并在市统计学会荣获三等奖。

二、为部门服务

2005年起，配合区效能办做好绩效评估区本级的数据采集及汇总，以及对区政府组成部门、各乡镇（街道）考评的方案设计、表格设计、公众评议等工作；配合区科技局完成科技创先数据采集工作；配合区妇联完成妇女儿童监测的数据采集工作，完成妇女儿童发展纲要中期监测统计报告。2006年起，配合区粮食局按抽样调查方式对洛江区城镇居民、农村居民的粮食收支情况进行调查。2007年，配合区财政局完成粮食直补农户数据库的建立。

三、为社会各界服务

1997年起，开展“群众安全感调查”“社会综治满意率调查”“环境保护满意率调查”“供电服务满意率调查”“居民住房基本状况调查”等社会热点、难点专项调查，为社会各界提供信息。2002年12月，按信息化建设要求购置服务器和计算机，实现当月统计数据文件资料与网上资料同时公布，社会各界可直接登录网站进行各种经济指标和统计相关文件资料查询，并派专人对洛江统计信息网站的内容进行及时更新、提高和完善，通过统计信息网为企业品牌认证提供服务。

第六节 机构

1997年建区后，成立洛江区计划与统计局。1998年7月，核定区计统局内设秘书科、综合科、开发科、统计科，行政编制8名，机关工勤事业编制1名。2002年4月，党政机构改革，组建区统计局，为副科级单位，行政编制3名；2004年3月，升格为正科级单位。区统计局下辖3个事业单位：洛江区农村社会经济调查队、洛江区城市社会经济调查队、洛江区企业调查队（加挂），编制10名。

2006年7月26日，根据洛江区编办《关于同意设立泉州市洛江区乡镇、街道统计站的通知》，设立各乡镇（街道）统计站（股级单位），配备2名专职统计人员，挂靠在乡镇（街道）财政经济办公室，实行乡镇（街道）党（工）委、政府（办事处）和区统计局双重领导。同年10月19日，乡镇（街道）统计站设立首席统计员制度。

第三章 价格管理

第一节 收费管理

一、涉农、涉企收费

1997年起，洛江区物价局加强收费管理，严格收费许可证制度。1999年起，清理整顿涉企收费，实行企业交费登记卡制度。2001年起，清理整顿涉农收费，推行涉农收费公示制，促进农村税费改革工作。2002年聘请涉农收费监督员98名，制作涉农收费公示牌180多块，发出企业交费登记卡500多份。2003年起，清理涉及外出、外来务工收费等，改变收费多、杂、乱的局面，规范收费行为，减轻企业、群众负担。

二、行政事业性收费

1997年起，先后开展行政事业性收费单位行政事业性收费年审工作，至2007年末共年审100多家，并落实收费公示制度，对已公布取消和停止征收行政事业性收费项目进行清理，及时更改收费许可证收费项目。

三、教育收费

1997年起，每年春秋两季入学期间，区物价局与教育等部门配合做好教育收费监督检查工作，落实教育收费公示制度，规范教育收费行为。2004年起，实行教育收费“一费制”后，加大规范和理教育收费力度，推进教育收费“一费制”改革，加强教育收费“一费制”监管，及时处理群众举报的教育乱收费行为。至2007年底，全区累计退还多收款1万多元。

第二节 价格监测

20世纪60年代开始实行物价监督检查。1985年起，国务院、省政府部署税收、财政、物价大检查，鲤城区在每年9月或10—12月，或翌年春节前进行“三大检查”。通过检查，维护国家物价法纪，制止乱涨价、乱收费的歪风，保护生产经营者和消费者的合法利益。

1997年起，洛江区物价局监测价格波动幅度较大或有可能较大的商品价格、与群众生产生活密切相关的商品价格，分析价格走势，防范可能出现的价格异动情况。2003年“非典”疫情和2005年“禽流感”爆发期间，做好涉及防控“非典”疫情和禽流感相关药品、医疗器械和卫生材料的价格监测，累计监测200多场次。2007年发生通货膨胀期间，重点加强粮、油、肉、禽、蛋、菜等主副食品以及液化气、旅游参观点、客运票价等价格和收费监测，并做好日报、月报和旬报工作。

第三节 价格监督检查

一、市场价格监管

1987年，鲤城区物价部门在洛江今域建立物价监督分站，在市场上对“菜篮子”“米袋子”“煤炉子”等主要生活必需品价格实行监督检查。

1997年起，洛江区物价部门开展元旦、春节等节假日期间市场价格巡查和检查，治理整顿市场价格秩序；落实商品和服务实行明码标价制度，制止价格欺诈行为，确保市场物价稳定。重点整治与人民群众生活密切相关的重要商品和服务价格秩序，加大对节日期间价格欺诈行为检查力度，对违反明码标价规定和利用虚假标价、价格误导、诱导消费者的各种价格欺诈行为进行重点检查。至2007年底，累计出动检查1200多人次，检查商店、经营点16000多户次，发出《整改通知书》《提醒函》8000多份，查处价格违法行为案件700多起。

二、价格案件受理

1997年起，区物价局畅通投诉渠道，受理价格举报案件，发挥好“12358”价格举报电话平台作用，提高和利用价格举报投诉电话影响力，起到维护人民群众合法利益的作用。及时受理价格举报案件，对价格举报案件做到“件件有落实，事事有回音”。至2007年底，累计受理群众投诉举报的教育收费、电费、停车场收费、物业管理收费等价格举报案件100多起，查处违法多收金额100多万元。

三、农村电价治理

1997年起，针对洛江区农村电价高达每千瓦时0.8—1.2元，农村用电混乱等情况，区物价局开展农村电价治理整顿工作，查处各种电价违法行为，规范农村用电价格秩序，降低农村电价水平，促进农村电网“两改一同价”，推进城乡用电同网同价。至2002年5月，洛江区农村生活电价由原来每千瓦时0.75元下降到每千瓦时0.48元。从2003年1月1日起，洛江区纳入省电网直供区，实行城乡用电同网同价，到户居民生活电价统一定为每千瓦时0.422元，每年减轻农民电费负担500万元以上。

第四节 价格服务

一、价格认证

建区之前，价格认证部门已有为“公检法”和行政执法机关办理案件提供涉案物品价格认证。1997—2007年，区物价局为区公安局、检察院、法院和行政执法机关办理案件提供涉案物品价格认证（鉴定）服务，办理价格认证案件累计900多件，评估标的额200多万元。

二、价格服务活动

1997年起，区物价局开展调查价格成本，为政府进行价格决策提供价格成本依据。2006年起，推进“价格服务进万家”活动，开展价格服务进农家、进社区、进校园、进医院、进商场、进企业、进景区的“七进”工作。

第五节 物价总水平

1997年，亚洲金融危机爆发，之后两年区境内物价总水平有所下降。2000—2006年，物价总水平基本保持稳定。2007年，价格总水平开始呈上升势头，并发生通货膨胀，房价、油价、肉价大幅上涨。各级政府采取有力措施，加强宏观调控，综合治理，物价部门贯彻落实上级关于价格监督措施，加强价格调控、管理、监测和监督检查，实施临时价格干预措施，控制物价总水平。

1997—1999年洛江区商品零售价格指数

表14-3-1　　　　　　　　　　　　　　　　　　　　　　　　　　　　单位：%

年份	1997年	1998年	1999年
指数	99.3	97	96.9

说明：以上年价格为100

2000—2007年洛江区居民消费价格指数

表14-3-2　　　　　　　　　　　　　　　　　　　　　　　　　　　　单位：%

年份	2000年	2001年	2002年	2003年	2004年	2005年	2006年	2007年
指数	102.0	100.1	101.1	100.2	103.7	101.2	101.0	105.2

说明：以上年价格为100。

第六节 机构

一、洛江区物价局

1997年8月，洛江区物价局成立，为副科级单位，行政编制3名。至2007年，机构设置依旧。

二、下辖事业单位

（一）洛江区物价检查所

该所于1997年8月成立，人员编制5名。

（二）洛江区物价事务所

该所于1998年8月成立（区物价检查所加挂牌子），无人员编制。2002年更名为洛江区价格认证中心。

三、乡（镇、街）价格服务站

2007年起，河市镇、马甲镇、罗溪镇、虹山乡和万安街道、双阳街道先后建立价格服务站，每个服务站聘请2名物价员开展乡（镇、街）价格服务工作。

第四章　工商行政管理

第一节　经济合同管理

洛江今域自古就有商埠，使用合同契约比较普遍，但缺乏管理。1979年，泉州市政府（县级）根据国务院《关于管理经济合同若干问题的通知》精神，开始加强经济合同的管理工作。1984年，泉州市工商局（县级）设置经济合同管理股，并在基层工商所设兼职的合同管理员，组织签订鉴证经济合同。同期，市工商局设置经济合同仲裁委员会，举办各种形式的经济合同法规培训班，开展合同法规咨询工作，受理经济合同纠纷。

1997年起，洛江区工商局每两年组织开展一次区级“守合同重信用”企业单位认定活动，推荐上报一批合同认定企业单位参加省、市级“守合同重信用”企业认定，对获认定企业举行仪式进行表彰。1998—2007年，区工商机关鉴证经济合同132份，合同金额3亿元；办理动产抵押登记57起，抵押物价值2.6亿元，借贷金额1.14亿元；监管招投标活动57件场，标的额1.59亿元。至2007年，共表彰162家“守合同重信用”企业，其中省级表彰15家，市级表彰56家。

1998—2007洛江区工商行政管理局合同管理活动一览表

表14-4-1

<table>
<tr><th rowspan="2">年份</th><th colspan="2">监管招投标活动</th><th colspan="2">合同鉴证</th><th colspan="3">办理动产抵押登记</th></tr>
<tr><th>场数</th><th>标的额（万元）</th><th>份数（件）</th><th>合同金额（万元）</th><th>登记件数（件）</th><th>抵押物价值（万元）</th><th>借贷金额（万元）</th></tr>
<tr><td>1998年</td><td>—</td><td>1730</td><td>1</td><td>50</td><td>—</td><td>—</td><td>—</td></tr>
<tr><td>1999年</td><td></td><td>7000</td><td>34</td><td>6463</td><td>—</td><td>—</td><td>—</td></tr>
<tr><td>2000年</td><td>19</td><td>2819</td><td>34</td><td>7139</td><td>6</td><td>2869</td><td>1165</td></tr>
<tr><td>2001年</td><td>11</td><td>1800</td><td>35</td><td>6956</td><td>11</td><td>4201</td><td>1563</td></tr>
<tr><td>2002年</td><td>—</td><td>—</td><td>20</td><td>7253.71</td><td>7</td><td>3875.15</td><td>1520</td></tr>
<tr><td>2003年</td><td>18</td><td>1768.9</td><td>8</td><td>2177.43</td><td>11</td><td>4797.23</td><td>2130</td></tr>
<tr><td>2004年</td><td>6</td><td>606.46</td><td colspan="2" rowspan="4">2002年11月1日，《合同鉴证办法》被国务院列为第一批取消的行政审批项目，2003年初，合同鉴证工作终结。</td><td>7</td><td>2854.96</td><td>665</td></tr>
<tr><td>2005年</td><td>3</td><td>113.36</td><td>5</td><td>3379.7</td><td>1151</td></tr>
<tr><td>2006年</td><td></td><td></td><td>5</td><td>4022.9</td><td>1220</td></tr>
<tr><td>2007年</td><td>—</td><td>—</td><td>5</td><td>—</td><td>1949</td></tr>
</table>

1997—2008 年洛江区“守合同重信用”企业数量一览表

表 14-4-2　　　　　　　　　　　　　　　　　　　　　　　　　　　　　　　　　　　　　单位：家

年度	荣誉级别		
	区级	市级	省级
1997—1998 年	15	3	2
1999—2000 年	12	7	—
2001—2002 年	8	7	1
2003—2004 年	14	12	3
2005—2006 年	19	15	4
2007—2008 年	23	12	5

第二节　商标注册广告管理

一、商标管理

（一）商标注册

1853 年，晋江县工商局实施商标管理，组织县工商联合会的有关行业对商标进行清理，宣传商标申请登记的办法，规定限期登记。改革开放后，1982 年 3 月泉州市政府制定《关于商标印刷管理的规定》，保护注册商标专用权益和维护消费者的利益。

1997 年建区后，洛江区工商局加大《中华人民共和国商标法》的宣传力度，深入企业进行走访，采取向企业发放商标注册建议书等方式，提高企业主的商标意识，引导企业申请商标注册和参与创建知、著、驰名商标，支持企业运用商标战略开拓市场，争创知名、著名、驰名商标，扩大洛江区经济产品在国内外市场的占有率。1999 年，河市电教设备有限公司“CHNAN SHENG”（泉声）牌商标被泉州市知名商标评审委员会认定为首批泉州市知名商标之一。2002 年 3 月，福建泉州大华蓄电池有限公司“DAHUA”牌注册商标在 2001 年度福建省著名商标认定活动中获福建省著名商标，为洛江区注册商标首枚省著名商标。至 2007 年底，全区注册商标 516 件，其中知名商标 18 件，著名商标 13 件。

1997—2007 年洛江区知名商标、著名商标、驰名商标一览表

表 14-4-3

商标所有人	商标名称	注册号	使用商品	级别		
				市级知名商标	省级著名商标	中国驰名商标
福建泉州大华蓄电池有限公司	大华	1096679	蓄电池、蓄电池极板	√	√	—
泉州市洛江双阳金刚石工具有限公司	飞雁	882255	圆锯片、机器零件、节锯	√	√	—
泉州市信和涂料有限公司	信和	1386124	油漆	√	√	—
泉州市凹凸精密机械有限公司	凹凸	1539003	织机（机器）	√	√	—
泉州明益轻工有限公司	金耐尔	1421253	挂锁、金属锁	√	√	—
泉州众志金刚石工具有限公司	图形、709186	709186	金刚石圆锯片	√	√	—
泉州市洛江万达利鞋材有限公司	踏旺及图	1190679	服装、鞋、帽	√	√	—
泉州雅泰橱柜有限公司	雅泰	3114488	椅子、柜子、办公家具	√	√	—

续表 14-4-3

商标所有人	商标名称	注册号	使用商品	级别		
				市级知名商标	省级著名商标	中国驰名商标
福建泉州赛特电源科技有限公司	BAOTE 及图	1171369	电池、电池充电器	√	√	—
福建省泉州市佳雅商贸有限公司	3241164	3241164	树脂工艺品，漆器工艺品，木、蜡、石膏或塑料艺术品	√	√	—
泉州明日艺品有限公司	sunny 及图	1236583	瓷混合陶器半身雕塑像、瓷器装饰品	√	√	—
泉州市洲克健美服饰有限公司	洲克	302050、3020512	服装、紧身衣裤、内裤（服装）	√	√	—
福建泉州恒泉化妆品有限公司	迪豆 DIDOU 及图	3393395	化妆品	√	√	—

（二）商标保护

1998—2007 年，区工商局先后开展“万人打假大行动”“与名优企业联手打假”、源头打假大行动、保护注册商标专用权行动等多项行动，查处商标侵权案件 113 件，案值 272 多万元，罚没金额 35.20 万元。其中 2001 年 7 月 3 日，在马甲大厅埔查获一起假冒他人注册商标案件，案值 170 万元，当事人被移交公安机关依法追究刑事责任。

1998—2007 年区工商局查办商标侵权案件一览表

表 14-4-4

年份	案件数	案值（万元）	罚没金额（万元）	查获物资
1998 年	5	6.86	0.379	“CAT”、“adidas”商标侵权成品、半成品鞋 4940 双
1999 年	12	23.00	1.360	假冒“钻石”牌砂纶纸 65 箱，侵权假冒“CAT”和“锐步（Reebok）”牌商标成品鞋 6350 双、半成品鞋 3990 双
2000 年	14	8.00	1.892	侵犯“CAT”、“锐步（Reebok）”等商标专用权成品鞋 9500 双、半成品鞋 800 双
2001 年	7	177.52	1.805	卷烟机 1 台、接咀机 1 台，及半成品散支香烟 95 箱等
2002 年	14	8.00	1.892	“TPY”（太平洋）立式多级离心泵 2 台
2003 年	4	7.76	1.980	—
2004 年	12	6.72	5.800	侵权模具 10 个，收缴和清除商标标识 5140 件，没收、销毁侵权商品 2550 千克
2005 年	11	10.58	6.070	—
2006 年	11	10.38	2.830	假冒“PUAM”、“耐克”、“adidas”等知名商标的鞋子 8727 双等物资
2007 年	23	13.56	11.200	侵权鞋 4809 双、鞋类配件 6997 件及其他侵权标识 838 个

二、广告管理

1982 年起，工商部门开始实行广告管理。1984 年，对洛江境域内经营制作广告单位加强督促检查。1986 年，鲤城区工商局对洛江境域内经营制作广告的单位进行全面整顿和验证。1990 年后，开展对灯箱广告、户外广告清理整顿，随后制定广告管理规章制度，设立广告档案，并试行收取一次性广告管理费。

1998 年，洛江区工商局对福厦路洛江路段的违规户外广告限期整改或拆除，责令 5 家公司拆除其设置在国道324线洛江路段的违规户外广告牌5块。1999年，对辖区内2家广告经营单位进行资格审查。2000年，洛江境域内广告公司增至3家，从业人员43人；是年，区工商局对全区主干街道、饭店、餐馆、宾馆、旅游景点和国道324线洛江地段等地的户外广告进行全面检查整治，清除违章广告牌2块。2001年，开展虚假广告专项整治工作，出动50车次，250余人次，检查规范1000余家次。2002年，开展整治虚假违法医疗、药品、保健食品广告，加强户外广告监督管理、房地产广告管理等工作，查处户外广告违法案件5起。2003年，区工商局将广告登记管理职能下放至各工商所（分局）登记管理，当年立案查处广告违法案件7起，罚没款2.24万元。2004年，针对房地产投诉突出问题，与万安街道区域内13家房地产开发公司签订《（房地产行业）行政指导服务与监管协约》，规范房地产企业房地产售房合同、发布户外广告行为和经纪人经纪活动等经营行为；当年涉及房地产类消费者投诉明显下降，受理投诉件比2003年下降35%。2005年，全区广告经营企业4家，均具有广告经营许可证。建立媒介广告信用制度，立案查处擅自发布户外广告案件2起，罚没款0.4万元，办理户外广告登记13份。2006年，加强对房地产行业广告行政指导与监管，重点监管涉及医疗、食品、药品、汽车、房地产等重要商品、服务广告，当年办理广告登记5份。2007年，重点开展对医疗、药品、房地产和保健食品广告专项整治工作，全年出动车辆154次，执法人员339次，查处违法广告案件8起，罚没款6.1万元，制定《洛江区整治虚假违法广告专项广告行动部门联席会议制度》。

第三节 个私经济管理

民国时期，国民政府对个体工商户的经营活动有一定的行政管理。中华人民共和国成立后，1951年12月、1952年晋江县工商科先后对全县行、坐商和摊贩进行全面登记。1957年、1963年又对小商贩进行全面整顿登记发证。“文化大革命”期间，农村取缔个体商贩。1978年，工商部门开始办理个体小商贩登记管理发证工作，仍然采取限制扩大的办法，1986年，洛江今域各工商所移接和加强乡镇个体工商户的管理工作，同时对个体工商户开展法制教育。1990年初，按工商所的管辖区域，开展个体工商户管理。同时在各工商所之间开展个体经营管理规范化（即亮照经营、无占道、明码标价、文明经商）的竞赛活动，推动个体经营行为走上轨道。

1997年，洛江工商分局成立后，从市工商局、鲤城工商分局移交并整理归档各类企业档案809份，个体工商户档案1021份，又于1999年理顺解决历史遗留问题，接收4户原鲤城区国有企业，此为洛江建区初期全区在册经济户口总数。

1998年6月20日，洛江区人民政府批转区工商机关拟定的《关于加强我区矿产开发和种养殖业登记管理的请示》。区工商行政管理机关推出政务承诺制，规定注册登记时限，以及违诺处理办法。至年底，初检外资企业82户，年检率为87%；年检内资企业426户，年检率为90%；私营企业6户，年检率100%；个体工商户验证换照557户，补检27户，罚款1.71万元，注销企业171户，个体户215户。

1999年，洛江区经济户口呈现个体工商户、私营企业量与质双增长的发展势态。同年，区工商局对洛江区的集体所有制“公司”进行清产核资，与区清产核资办公室配合，在明晰企业产权关系前提下，甄别集体企业80户，其中“挂靠”集体企业37户，甄别后办理变更或重新登记15户；对全区经济户口进行一次全面清理，按照法定程序注销个体工商户104户、私营企业1户、内资企业63户。全年查处违反企业登记管理法律法规案件12起，罚没金额8500元。

2000年，新增个体工商户173户，注销335户，总数为389户，注册资金1305万元，同比减少9.75%和3%。新增私营企业50家，吊销17家，总数为146家，注册资本21279万元，同比增长30.36%和41%。新增内资企业15家，清理甄别集体企业113家，私营企业数量412家，注册资金58589万元，同比下降11.4%和4.59%。同年，洛江私营企业协会成立。

2001年，洛江区市场经济增速加快，全年新增个体工商户402户，资金数额634万元，同比增加

130%、264%。根据“产权清晰、责权明确、政企分开、管理科学”的要求，完成洛江区集体企业清理甄别清理工作。全区清理甄别233家挂靠集体企业，其中对原挂靠集体企业的21家“公司”按规定进行规范改制。鉴于清资核产清理甄别工作中存在的遗留问题，通过部门协调，批准采取先办理清理甄别、年检后改制办法，为企业甄别改制提供方便条件，办理登记注册工作。

2002年，区工商局开展“整顿规范公司出资行为”的专项检查，责成7家股权变动企业进行审计、变更。8月26日起，区工商行政管理机关对不涉及前置审批事项的个体工商户和企业登记核准方面试行一审一核制，将原有的受理与审查环节合并，审查员受理审查后直接送核准人审批。个体工商户登记时限最快当天申请当天发照，企业注册登记时限缩至3天。同年，对持再就业优惠证和下岗证申办个体工商户计42家，免收管理费16800元，免收注册登记费360元。

2003年3月1日，《洛江区企业登记前置审批制度改革方案》实施。洛江区人民政府设立专门受理中心，依托在工商部门注册大厅，对企业前置许可审批试行“中心受理、抄告相关、并联审批、限时完成”的并联审批与告知承诺两种方式。至2003年11月15日，受理涉及前置审批的名称预先核准申请105份，提交完整材料并经区工商机关核发执照67家（其中并联审批4家，告知承诺63家）。同年，区工商机关出台《洛江区工商局开展服务项目带动战略活动工作方案》，依法放宽准入条件，简化登记手续，缩短办事时限。同年，工商部门推出“非典”时期工商管理费优惠措施，全区减免各种行政事业性收费12125元，受优惠的个体工商户总计87户。

2004年，区工商局遵循“为企业服务，为企业解忧”的原则，建立重点项目专人联系制、无偿代理服务制、全程跟踪服务制三项制度。改革受理窗口运行模式，在万安辖区的个体工商户、企业由区工商局注册窗口统一办理；河市、双阳、马甲、罗溪的企业由注册窗口统一办理，个体工商户的受理与发照由辖区工商所办理，便利民众就近办理营业执照。试行“先照后证承诺等级制”，对6家未取得法定前置审批文件，但符合主体登记其他条件的申请者先予办理注册登记，发给有效期为一年的营业执照，允许企业在有效期内进行各项筹备工作。同年，区政府办公室批转区工商局《关于建立洛江区查处无照经营综合监管机制的方案》《关于无照经营源头治理实施意见》，促进查处无照经营工作齐抓共管、综合治理，全年区工商机关累计取缔无照经营123家，立案100起，罚没款22.88万元。

2005年，区工商局下放个体工商户、个人独资企业、合伙企业的登记权限和年检权限至河市、马甲工商所。推行登记事务教导制，对13家从事农资经营的无照经营户提请洛江区政府召开部门协调会，引导其与区供销社建立连锁经营模式，办理营业执照。

2006年7月1日起，区工商局实施企业注册官制度，15名工商人员聘任上岗。除集体讨论及委托事项外，基本实现登记事务一人办结。同年，区工商机关推行“统一对外、集中办事、就近办理、一级办结”的工作模式，促进各类市场主体保持良好发展态势。

2007年，洛江区人民政府出台《泉州市洛江区人民政府办公室关于印发洛江区查处取缔无证无照经营专项整治工作实施方案的通知》《泉州市洛江区人民政府办公室关于建立洛江区查处无证无照经营联席会议制度的通知》。区工商局注册窗口进驻区政府服务中心。区工商机关委托万安、河市、马甲工商所直接登记个体工商户、个人独资企业、合伙企业，在全区所有工商所辖区实现就近、就地登记。根据《福建省工商行政管理企业信用分类监管办法》，对企业实行分类监管，划分A类守信企业1315户，B类基本守信企业4户，C类失信企业1户，D类严重失信企业0户。以行业风险为依据，划分T类企业145户。同年7月14日，区工商机关作为查无证无照经营牵头部门，组织公安局、经贸发局等16个成员单位召开首次洛江区查处无证无照经营联席会议，明确各相关职能部门的工作职责，部署2007年度查处无证无照经营工作。

第四节 消费者权益保护

一、消费维权行政执法

1997年起，区工商管理部门在开展日常市场监管的同时，针对侵害消费者权益情况较为严重的消费领域，先后开展治理商业贿赂、合同不平等格式条款整治、虚假违法广告专项整治、展销会专项整治、节日打假、构筑食品放心工程及“红盾护农”等数十项专项治理活动。至2007年累计查处各类市场经济违法违规案件828起，案值524万多元，罚没款240余万元，查缴没收一大批不合格、商标侵权商品。

二、消费者维权服务

2001年6月28日，区工商局成立检查大队及“12315”消费者投诉服务台，建立“12315”与检查大队、公平交易消费者权益保护股“三位一体”消费维权执法体系。

2002年8月22日，区工商管理部门受理1位姓何消费者购买瓶装惠泉啤酒无故爆炸投诉案，经调查，惠泉啤酒厂给予何某20箱啤酒的赔偿（约合人民币600元）。

2003年初，区工商局机关开展“红盾维权进社区（乡村）”活动，借助当地社区（乡村）党政、社团力量，在监管任务繁重、监管力量不足的社区（乡村）建立“红盾维权站”，由当地“维权站”负责消费者投诉处理、协助执法、提供咨询等维权服务工作。是年，全区挂牌成立“12315”消费维权服务站5个，制定“消费者投诉站”工作职责、工作程序及工作制度，并在全区4个农贸市场及21家超市、商店设立“12315”消费维权服务点，扩展消费投诉举报渠道，高效快捷处置消费纠纷。至2007年，全区设立“12315”消费维权服务站（点）117个，覆盖到乡村、学校、企业等各个领域和角落。同年，洛江区政府拨付经费14万元作为“12315”消费维权服务站（点）专用经费，并列入每年的财政预算（每年6万元）。至此，区工商局建立起覆盖完善的“12315”消费者投诉服务台+消费委会—各工商所+消委分会—各“12315”消费维权服务站（点）三级维权网络，实行一个窗口统一受理，分类分流处理的运行机制。建区后，区工商管理部门受理调解各类消费投诉500多件，为消费者挽回经济损失14万多元。

三、消费者权益保护宣传

1998年起，区工商管理部门每年开展“3·15”国际消费者权益保护日纪念活动，加大消费维权法律法规宣传力度，分发消费者权益保护宣传资料22.8万多份，受理群众咨询8260多人次。2002年11月7日，区工商机关联合区消委会，在罗溪中学举办《消费者权益保护法》讲座。2003年，先后在河市中心小学、第十一中学、仰恩大学等学校开展《中华人民共和国消费者权益保护法》（以下简称“消费者权益保护法”）宣传和真假商品展示活动，在中学开设法制教育园地，提高在校学生维权意识。2004年，区工商机关在洛江区第十一中学举办走近“3·15”消法知识讲座，参加师生500多人。2005年，“3·15”国际消费者权益期间在仰恩大学举办《消费者权益保护法》知识讲座，500多名师生参与。2006年，在全区开展“诚信联盟”签约活动，由各工商所、食品安全监督员与20余家食品经营者签订《诚信联盟协议书》，探索行业自律、社会监督和行政监管三方共守承诺、各担义务的社会共治格局。同年在仰恩大学和昌楼教学楼开展以“食品安全消费”为主题的知识讲座，参与师生300多人。2007年3月12日至13日，在泉州市河市中学、泉州市第十一中学开展两场以“消费和谐”为主题的《中华人民共和国消费者权益保护法》知识讲座。同月15日，组织仰恩大学青年志愿者在仰恩大学学生街开展以“消费和谐”为主题社会调查，回收调查问卷300余份。

第五节 机构

1997 年 11 月 17 日，泉州市工商行政管理局洛江分局成立，隶属泉州市工商行政管理局，内设办公室、工商企业注册管理科、综合执法科，下辖万安、河市、马甲、罗溪 4 个工商所，下辖市场服务中心、个体劳动者协会、消费者委员会三个事业单位，编制 35 名。

2000 年 3 月 22 日，省政府办公厅转发《福建省工商行政管理局关于我省工商行政管理机关与所办市场脱钩实施意见的通知》，要求各地工商机关按照省政府确定的机构、人员、财务、职责“四分离”和“人随市走，债随市移”原则，结合机构改革与所办市场彻底脱钩。2001 年 12 月 7 日，洛江区举办市场办管脱钩交接仪式，区工商机关向当地政府移交市场 3 个，资产总额 535.985 万元，债务 3.78 万元，分流人员 7 名。2002 年 2 月 20 日，泉州市工商行政管理局洛江分局更名为泉州市洛江区工商行政管理局。2004 年 6 月 10 日，下属工商所机构建制调整，设立万安工商所、马甲工商所、河市工商所，撤销罗溪工商所，工商所均为副科级单位，配置政治指导员职位，职位等级为副科级领导职位。至 2007 年末，区工商局内设办公室（与人事教育股、信息技术股、财务装备股、监察室合署办公）、公平交易消费者权益保护股（与法制股、市场合同监督管理股、“12315”消费者投诉服务台合署办公）、注册管理股，设检查大队 1 个直属机构，下辖万安、河市、马甲 3 个工商所，在职干部 44 名。

第五章 审 计

第一节 财政金融审计

一、财政审计

（一）同级财政预算执行审计

1997 年建区后，洛江区审计局开始接触财政“同级审”工作，以强化预算约束，规范财政分配秩序，促进提高财政资金使用效益为目标，重点反映区级财政收支的真实性和合法性，为区政府提供预算执行和管理信息，满足人大常委会对财政监督的要求。

1998 年，区审计局成立财政“同级审”协调小组，把《关于开展对 1998 年本级财政预算执行情况审计的意见》上报区政府转发，内部制定《洛江区 1998 年本级财政预算执行情况审计方案》。

1999—2000 年，对 1998 年区级财政和科技、教育经费预算执行情况进行审计，审计 23 个部门，审计调查 7 个部门单位，根据资金流向，延伸审计 24 个单位，查出违纪违规金额 263 万元，对违纪单位处以罚款 10.2 万元，归还原渠道资金 5 万元。发现的主要问题：违规控购比较普遍，预算外资金管理不够规范，提高补助标准，扩大开支范围，应税收入漏缴税费。

2001—2002 年，对区财政局、教育局、科技局、地税局、卫生局、交通局等 20 个部门、单位年度预算执行和其他财务收支情况进行审计或审计调查，根据被审计单位的资金流向，延伸调查 11 个参与预算执行的单位，对地税部门提取手续费和外经贸企业税源开展专项审计调查，查出违纪违规金额 1006 万元，处理应上交财政 59 万元。审计结果上报区政府和向区人大常委会报告。

2003 年，树立全局“一盘棋”观念，做到统一领导、统一方案、统一组织实施，对组织预算收入的区财政局、地税局和部分预算执行部门、单位进行审计，结合开展支农资金、教育经费、科技经费、基建投入资金及政府采购资金 5 个专项审计调查，根据被审计单位的资金流向，延伸调查参与预算执行的单位。通过审计核实财政收支，摸清财政家底，向区政府提交财政“同级审”结果报告，提交专项审计调查报告，受政府委托向区人大常委会作《2002 年洛江区本级财政预算执行及其他财政收支情况的审计工作报告》。财政审计报告真实体现审计实施结果，反映财政预算管理工作中存在的普遍性和倾向性问题，提出加强预算管理的审计建议。2004—2007 年，对组织预算收入的区财政局、地税局和使用预算资金的部分区直部门、政法机关、乡镇等 44 个部门、单位年度预算执行和其他财务收支情况进行审计。对当年度洛江区社会保障资金、粮食及副食品风险基金、行政经费管理、地税经费、政府采购资金、教育基金、科技投入、“三农”资金、农业综合开发资金和基建工程预（结）算、计生专项资金、低保专项资金、城市维护费专项资金、“收支两条线”财政专户资金管理、农村义务教育“两免一补”、政府性投资工程项目预（结）算等进行专项审计及调查。根据被审计单位的资金流向，延伸调查参与预算执行的单位。

（二）乡镇（街道）财政审计

1998 年起，对乡镇（街道）财政审计工作重点查找财政预算管理上的漏洞和薄弱环节、核实财政收支会计信息的真实性、专项资金的流向、相关单位的账外资产等情况。审计发现的主要问题有自筹收入不实，转移、隐瞒截留收入，乱罚款且截留、隐瞒未上缴财政，财政周转金长期未得到清理，农业税未征或减征，违反控制社会集团购买力规定，白条支付工程款，预算外资金管理违反收支两条线，扩大或提高补贴范围和标准，应税收入漏缴税费等问题。是年，对河市镇政府、虹山乡政府 1997 年度财政财务收支决算进行审计，查出违纪违规金额 26.2 万元，其中隐瞒转移财政收入 1.7 万元，违规提高费用标准 11.7 万元，对违纪行为处以罚款 3.5 万元。1999 年，对马甲镇政府和罗溪镇政府 1998 年度财政财务收支决算审计，查出违纪违规金额 60 万元，对违纪违规行为罚款 5.52 万元，追缴税费 5.52 元。

2000—2007 年，对河市镇政府、双阳镇政府、万安街道办事处、马甲镇政府、罗溪镇政府、虹山乡政府等单位年度财政财务收支决算进行审计。查纠违规及管理不规范金额 289.6 万元，对违纪违规行为罚款 2 万元，追缴税费 2.1 万元。通过审计乡镇财政财务收支存在着突出的问题是：扩大或提高补贴范围和标准；财力分散；税费征管不够规范。依法对违纪违规行为进行处理和纠正，提出按照“专款专用”原则使用各项资金、加强财务管理和监督，做好债权债务和财政周转金的清理工作建议，促进了乡镇政府（街道办事处）财政财务收支的合法化、规范化。

二、金融机构审计

1999 年，组织对中国工商银行洛江支行 1998 年度资产、负债、损益情况审计，对其信贷资产质量开展审计调查。审计中主要发现应收和应付利息计提不准确，未提取固定资产折旧，影响利润的真实性和准确性；费用支出监控制度不够完善，存在隐性信贷风险，会计核算不够规范等问题。

第二节 行政事业单位审计

1998 年，区审计局对行政事业单位财政、财务审计发现单位财务管理薄弱、会计基础工作不扎实、内控制度不完善、购建固定资产漏缴税费、白条抵支较为普遍，对于审计发现的问题，下达《审计决定》给予处理，提出整改意见和建议，督促其遵守财经纪律，加强财务管理和监督。对罗溪中学、河市中学 1997 年度预算内外资金和洛江区良种场 1997 年度财务收支进行审计，查出违纪违规金额 60 万元。

1999 年，以规范“收支两条线”管理，制止乱收费、乱罚款为目标，对区法院和检察院 1997—1998 年度的财政预算资金、行政性收费、罚没追缴款（物）收支、管理和解缴情况等方面进行审计，对区检察院、区法院贯彻落实“党中央关于政法机关不准经商办企业的决定”情况开展审计调查，发现区检察院、区法院系统存在固定资产管理不规范、违规发放补贴、违控购买“专控”商品等问题。对区交通局、建设局、乡镇企业局、计划与统计局、马甲中学、马甲至义山路段拓改工程指挥部等单位 1998 年度财政财务收支、专项资金、行政性收费和罚没收入的真实性、合法性开展审计监督，查出违纪违规金额185.5万元，对违纪单位罚款2万元。

2000—2007年，对区土地管理局、计划生育局、外经贸局、马甲学区、罗溪卫生院、林业局、劳动局、河市卫生院、双阳中学、罗溪学区、万安开发区管理处、马甲中心卫生院、就南中学、基建投资审计中心、法院、检察院、民政局、司法局、奕聪中学、经贸发局、建设局、卫生局、工商局、罗溪中学、质监站、教育局、科技局、文体局、环保局、老龄委、计生局、政府行政科等单位的年度财务收支、专项资金、行政性收费和罚没收入的真实性、合法性开展审计监督，查出违纪违规金额632万元，对违纪单位罚款6万元。审计中发现存在主要问题有违规发放奖金补贴、财务管理薄弱、会计基础工作不扎实、收款票据及固定资产管理不够规范等。

第三节 企业审计

1999—2001年，区审计局通过对企业审计，揭示企业经营管理存在问题和国有资产的运营状况，推进国有企业的改革和建立现代企业制度。查出的问题主要有：违规发放补贴、白条抵支、漏缴税金、违反控购、乱挤成本、账外资金、内控制度不够完善，接待费占管理费比例偏高等。1999年，对马甲供电公司1998年度资产、负债和损益情况进行审计，查出违纪违规金额5万元。2000年，组织对洛江区副食品有限公司1999年度资产、负债和损益情况进行审计，查出违纪违规金额27万元，查缴税金1万元，对违纪行为处以罚款0.3万元。2001年，对马甲粮食管理站2000年度资产、负债和损益情况进行审计，查出的问题主要有：违规发放补贴、白条抵支、接待费占管理费比例偏高等。

2002年，对洛江区境内唯一的国有资产投资的中外合作企业——泉州市金田旅游开发有限公司2001年度资产及收益情况进行审计调查，派出审计人员参加对洛江区参股的泉州运通兴业有限公司、利嘉（福建）股份有限公司的资产及收益情况进行审计调查。对洛江城市建设开发有限公司资产负债损益审计，查纠其违规行为。针对金田旅游公司审计中发现的“国有资产投资增加部分长期未办理变更登记确认、现金坐支现象严重、企业资金外借手续不完备、固定资产账实不符、漏报税收”等问题进行查处。

2003—2006年，围绕规范国有资产经营管理，促进财务管理水平和经营效益的提高，对洛江区国有资产投资经营公司、万安网球娱乐中心、区粮食局、区外贸公司、区粮油副食品公司、马甲动植物观赏园等单位的年度资产负债损益情况进行审计，通过审计发现国资收益管理不规范，个别单位转移资金、内部财务管理不完善、存在损失浪费问题，针对违纪违规问题依法下达审计决定，作出处理处罚，出具审计意见书，促进企业加强经营管理，规范会计核算，保障国有资产的安全运营。2007年，指导区主管部门内审机构对加锥农场进行审计。

第四节 固定资产投资审计

1998年，区审计局对原鲤城区万安开发区管委会历年财务收支进行审计。对该管委会部分建设工程项目进行基建竣工结算审计，主要包括安吉路、安达路、安顺路、安顺桥、一号路等5个工程项目的结算审计，审计核减工程造价367万元，核减率达20%。

1999—2002年，对洛江区万安科技工业园区道路市政工程、万安开发区水厂路、三号路、安和路、C幢厂房、琯罗公路白新路段拓改工程、洛江区万安科技园土方工程、万安屠宰场土建工程、官头旧村改造A2幢工程、福利中心前期工程和前洋小学教学楼、万安科技园1—4号路市政工程、A、B片土方填筑工程、琯头旧村改造D幢工程、双阳侨居A、B幢工程和河市中学教学楼工程、万安农贸市场工程、区土地综合大楼工程、双阳镇阳江公路工程、万荣街市政工程等121个建设工程项目的预算或竣工结算审计，核减工程造价3078万元，配合纪检等部门查处案件4项。

2003年，在全市县级审计部门中首次对重点建设项目竣工结算审计采取政府采购方式向社会进行公开招标，对万虹公路万河段B、D标段两个项目的竣工结算审核权进行公开招标。当年在工程招投标过程中尝试标底审核工作，完成4个项目的标底审核工作，送审标底造价2594.71万元，审核核减造价74.46万元。开展村级基建项目竣工结算审计工作。全年基建工程竣工结算审计项目77个（其中村级基建项目2个），送审工程造价10345.42万元，审计核减工程造价997.03万元。

2004—2005年，在坚持和深化基建工程竣工结算审计的同时，新拓展标底（预算）审计，对重点工程设计变更（追加）投资试行审计，逐步实行重点工程项目全过程跟踪审计监督，控制基建规模、节约财政资金，提高投资效益。2004年，基建工程竣工结算审计项目69个，送审金额11973万元，核减工程造价643万元，其中公路工程224万元，一般土建294万元，市政工程项目125万元；工程招投标预算标底审核14个项目，送审金额5666.08万元，调减预算造价314.48万元，调减率达5.6%；基建审计中心完成机关办公室装修及零星工程项目审核18个，送审造价88.24万元，核减17.88万元，核减率20.3%。2005年，全年基建工程竣工结算审计49个项目（含上年末3个），审计核减工程造价999万元，核减率为8.3%。工程招投标标底（预算）审计9项，送审金额17470万元，调减486万元，调减率为2.78%，另外组织基建审计中心完成简易项目审计78个，核减金额47万元，核减率为5.73%。

2006年，服务区属国企改制，审计较大数量的基建工程项目，清理扫尾工程。全年基建工程竣工预、结算审计83个项目，送审金额33479万元，（含再审项目工期延期违约违规处罚15.55万元，补税2.3万元）。审计核减工程造价2124万元，核减率为6.3%。其中工程招投标标底（预算）审核23项，送审金额17539万元，调减预算价1119万元，调减率为6.4%，另外组织基建审计中心完成简易项目审计105个，核减金额54万元，核减率为6.1%。

2007年，制定《泉州市洛江区人民政府关于加强建设工程项目变更鉴证和（预）结算审核管理的通知》等文件。在完善和深化基建工程竣工结算审计的同时，开展标底（预算）审计，审查招投标文书，在工程招标环节控制工程造价；对重点工程设计变更（追加）投资试行审计现场抽查，逐步推行重点工程项目全过程跟踪审计监督，将监督关口由事后前移至事前、事中，控制基建规模，节约建设资金，提高投资效益。全年完成50万元以上基建工程预、结算审计项目45个，送审造价39604万元，审计核减工程造价2871万元，核减率为7.2%，其中工程标底（预算）审计25项，送审预算价29668万元，调减预算价2181万元，调减率为7.3%；基建审计中心审计简易零星项目105个，送审造价3948万元，核减造价202万元，核减率为5.1%。

第五节 经济责任审计

2003年，区委、区政府出台《洛江区党政领导干部经济责任审计暂行规定》《洛江区党政领导干部经济责任审计实施意见》，区审计局制定《洛江区党政领导干部经济责任审计操作规程》。经济责任审计实施，使被审计单位和个人受到深刻财经法纪教育，强化领导干部经济责任意识，规范相关单位的财务制度，纠正单位“收支两条线”执行不到位，挤占挪用专项资金，固定资产管理不规范，财政预算资金使用管理薄弱，债权债务清理不及时，会计核算不规范等财务违规问题，促进单位加强财务管理和领导干部单位财物移交和工作交接，同时弄清领导干部是否有账上弄虚作假、决策上失误、个人经济上违规等问题，客观地评价领导干部的经济责任。审计结果引起有关领导和部门的重视，为干部管理部门考核领导干部提供参考依据。

2003年，区审计局对政府部门3个正科级离任领导干部实施任期（2001年—2003年6月）经济责任审计。2004年，对3个区直党政部门、3个乡镇和2个中学等单位主要领导实施任期经济责任审计。2005年，对区科技局、环保局、文体局、区老龄办4个区直党政部门、单位的主要领导及区政府领导交办（受主管部门委托）对1个国有企业（区外贸公司）单位负责人实施任期经济责任审计，查纠离任者应负直接责任1条，应负主管责任5条，涉及应负经济责任的违规及管理不规范金额13万元。

2006年，首次开展对乡镇现任政府主要领导进行任中审计，深化镇（乡）党政主要领导和政府经济管理部门领导干部离任审计，在审计中坚持经济责任审计与财务收支审计相结合，离任审计与任中审计相结合。当年对马甲镇、罗溪镇、虹山乡3个镇（乡）6个党政主要领导和区交通局、劳动局、林业局、安监局、档案局、侨务办、残联7个区直单位的主要领导任期经济责任审计，此外跨年度审计2位领导干部任期经济责任，查纠违规及管理不规范金额385万元，界定领导干部应负相关经济责任（主管）23条。

2007年，对10位领导干部实施任期经济责任审计。其中：双阳街道办事处2位党政主要领导，区委办、区政府办、区委党校、农水局、老干局、侨联7个区直单位和马甲中学的主要领导任期经济责任审计。查纠违规及管理不规范金额330万元，界定领导干部应负相关经济责任（主管）17条。

第六节　专项资金审计

一、养老保险基金专项审计监督

1999—2000年，对洛江区机关事业单位社会保险公司年度养老保险基金的筹集、拨付和管理情况开展审计监督，审计结果表明该公司能按规定筹集基本养老保险基金，基金基本上能够专款专用，及时拨付各单位的退（离）休金。

二、政府负债专项审计调查

2000年，根据上级审计、财政机关的统一部署，与洛江区财政局组成政府负债情况联合调查组，按照省审计厅制定的审计调查方案要求，在全区范围内对7个部门单位开展政府负债专项审计调查工作。调查结果表明，洛江区政府负债大部分用于基础设施建设，项目收益的偿还能力较低，负债的偿还大部分依赖于财政和部门资金。

三、行政事业性收费审计调查

2000年，对1999年度涉及行政事业性收费、政府性基金项目的区直有关部门单位等49个单位进行专项审计调查。调查显示，洛江区收费基金主要用于业务费补贴和基本建设，弥补财力不足，资金运用总体符合洛江区经济运行规律。

四、普通教育经费专项审计

2001年，通过对财政部门、教育部门、专职教育管理机构和部分中小学校等6个单位普教经费的审计，掌握普教经费的资金来源渠道、收支规模、管理方式，核实资产负债；审查资金活动的真实、合法、效益，查出财政、财务收支及管理中存在的问题。审计表明，洛江区全年普教经费预算执行情况较好，财政部门能够按年初安排的教育经费预算指标执行预算支出，有重点地安排资金，及时调整和追加教育经费预算，按时向基层学校拨付经费，保证学校工作的正常运行，绝大部分基层学校对普教经费能严格使用管理。

五、国家农业综合开发资金审计

2002年，对2001年度洛江区运用国家农业综合开发资金进行审计。通过审计发现，项目区内农业抗御自然灾害的能力得到增强，项目实施过程中存在问题是镇村及群众自筹资金到位比较迟，部分配套资金未及时兑现；没有安排农业综合开发事业费，开发项目资金和事业费区分不严格；项目工程监管力度不够，个别工程逾期竣工未能及时组织验收。

2005年，对洛江区2002—2004年农业综合开发资金专项审计，涉审资金量大且分布点多、面广，时间跨度长。通过审计基本摸清3年期间农综资金投入总体规模和项目的实施情况，揭示资金使用及内部财务监管方面存在的薄弱环节，提出规范资金管理、促进良性运行等切实可行的审计建议。

六、住房基金审计

2002年，对洛江区住房基金管理中心1997年11月至2002年6月住房基金的归集、使用、管理情况进行审计调查，重点检查有关单位和个人缴纳住房基金情况，住房基金政策执行情况，对区住房基金管理中心负责人开展经济责任审计。在调查中发现住房基金在归集方面存在问题以及管理上存在着薄弱环节。

七、城市居民最低生活保障资金审计

2003年，对洛江区2002年度城市居民最低生活保障资金进行专项审计，了解和掌握洛江区城市居民最低生活保障资金的总体规模及筹集、管理和使用情况，纠正资金管理使用中存在的问题，分析原因，提出建议，督促国家相关政策的落实。

八、环保保护专项资金审计

2003年，对洛江区2002年度环境保护专项资金预算执行进行审计，了解区级预算安排给环保部门环境保护专项资金情况，审查评价环境保护专项资金的投入、管理、使用情况，揭示环境保护资金管理使用中存在4个方面不足的问题，提出“扩大排污费征收面，多渠道争取环保资金投入，清理逾期贷款，规范预算编制，加强和改进环境保护专项资金管理”的审计意见和建议，促进环境保护专项资金提高使用效益。

九、资产负债损益审计

2003—2004年，因企业改制需要，对区地产公司2002—2003年度资产负债损益进行审计，摸清企业家底，理清债权债务，核实企业资产及所有者权益，为企业改制合并提供真实的审计数据和情况。

十、社会保障资金审计

2004年，对洛江区2003年度社会保障资金的收支及管理情况进行专项审计调查，了解和掌握洛江区各单位员工参保及征缴情况的现状，摸清社会保障基金的总体规模及筹集、管理和使用情况，纠正基金管理使用中存在的筹集渠道单一，支撑能力较弱，部分单位尚未按规定足额参保，基金筹集力度不够，社保覆盖面不广，财政资金紧张，社保预算经费未能及时足额拨付到位，尚有部分单位和企业瞒报、少缴有关社会保险基金，挤占拖欠社会保险基金的现象仍然存在等问题，分析原因、提出建议，促进和规范社保基金有效运作，督促国家相关政策落实到位。

十一、土地出让金审计

2006年，对洛江区2004年1月至2006年6月土地出让金征收管理情况进行专项审计调查。通过审计调查基本摸清洛江区土地出让金的征收现状，督促开发实体催收缴交拖欠土地出让金791.96万元。揭示征收管理中存在部分土地出让金征收未及时到位，乡镇（街道）开发实体“收支两条线”执行不到位，土地出让金收支核算管理欠规范，财务收支手续不完整等薄弱环节和问题。提出加强和完善土地出让金财政综合管理；采取综合措施，加大欠缴的清收力度；健全协作机构，加强财务会计工作，提高出让金管理水平等3条审计建议。

十二、社保“五险”专项基金审计

2007年，对全区2006年度社保“五险”即企业养老保险、失业保险、工伤保险、医疗保险、生育保险进行专项审计。通过审计调查摸清洛江区社保“五险”基金的征管现状，揭示五大基金在使用管理中存在部分基金账户银行存款未执行优惠利率，基金存款利息未足额计收；部分社保资金结余数额比较大，基金增值最大化潜力不高，个别基金银行专门账户存在跨行开设现象以及社保基金财务核算管理不够规范，个别账户设置欠合理等问题。区政府分管领导召开专门会议，研究审计发现问题和审计意见、建议。当年年底向银行追回少计利息8.5万元。

十三、新农村合作医疗等项目专项检查

2007年，派出审计人员配合纪检、监察、财政等部门组织对全区有关收费票据使用管理情况检查，配合区劳动和社会保障局对新农村合作医疗项目专项检查，协助区政府组织对教育资金投入专项检查。

十四、其他专项审计

1998年，根据审计署等8个部门的通知，在全国对农业发展银行、粮食主管部门、粮食企业1992年以来新增财务挂账和不合理占用贷款进行清查审计的要求。区审计局派出3名业务骨干赴南平市光泽县参加这次全省粮食行业交叉审计，审计光泽县农业发展银行、财政局、粮食局和基层粮站等13个单位。

第七节　外资项目审计

1998年3月中旬，根据泉州市审计局下达《关于增加“亚行贷款水土保持与乡村发展”项目审计计划的通知》，对下达《审计意见》进行规范。同年9月，遵照审计署下发《关于加强救灾款物审计监督的通知》，区审计局成立专项审计组，对1998年救灾款物专项审计，将洛江区援助灾区情况上报上级审计机关。

1999—2003年，组织对洛江区运用亚洲开发银行贷款的水土保持与乡村发展项目资金审计监督，对正在运用亚行贷款的项目单位的外债偿还能力开展专项审计调查。审计结果表明，亚行贷款扶持和促进洛江区山地的综合治理和开发对水土保持和发展农村经济发挥较好的作用；亚行贷款转贷手续完整，资金按时投入使用。存在问题是各项目点的配套资金到位不平衡，个别项目单位外债偿还能力薄弱、资金使用和管理不够规范。

2004—2007年，开展对洛江区运用世界银行贷款结核病控制项目资金进行审计监督，审计世行贷款项目的账目。审计结果表明：世行贷款扶持和促进洛江区对结核病控制项目的实施发挥作用，世行贷款项目资金按时投入使用。通过审计揭示资金使用、管理中存在的问题，提出审计建议，促进合理有效利

用外资，提高外资利用质量，降低政府偿债风险，规范财务管理。

第八节 社会审计

1998年，经泉州市审计局批准，由泉州泉联审计师事务所在洛江区设立业务部。至2003年，接受委托，完成各种审计查证事项524项，其中企业年检87项，注册资金145项，审计查证55项，资产评估22项，工商年检32项，企业甄别改制72项，事业单位净资产验证53项，专项审核24项，其他34项。

1998年，洛江区基建审计事务所成立，次年更名为洛江区基建投资审计中心。1999年，审计13个基建项目，推动建筑市场的整顿和管理。2002年，审计50个基建项目，送审工程总金额10266万元，核减基建投资1100万元，核减率10.71%。2003年，审计77个基建项目竣工结算，送审工程含税造价10464.96万元，核减工程造价1016.29万元，核减率9.71%。

第九节 管理

一、审计制度建设

在落实服务承诺制、首问责任制、办事限时制、绩效考评制等机关效能建设管理制度的基础上，结合审计工作实际，制定和执行审计各项工作责任制，即审计项目计划管理制度、审计业务质量管理制度、审计执法责任制、审计复核工作制度、审计执法承诺制、审计执法公示制、审计执法过错责任追究制、重大审计事项审理制、审计执法质量考评制以及优秀审计项目评选办法等。

二、审计信息化建设

2004年，区审计局配置电脑18台，人手一台；一线审计干部运用计算机辅助审计，提高审计工作效率。对局域网进行改造，分设内、外网，既增加使用功能，达到保密要求，实现与政务网的链接。同时，开通局域网模拟功能，增加服务应用项目。2005年，组织业务人员参加省市举办的计算机业务知识培训，逐步推行计算机辅助审计，统计数字实行电脑数据库管理。

第十节 机构

一、区审计局

1997年10月，洛江区审计局成立。1998年，区审计局内设秘书科、财金基建审计科、行政事业审计科，行政编制8名，工勤事业编制1名。同年，增设事业单位洛江区基建审计事务所，次年更名为洛江区基建投资审计中心。2002年，增设经济责任与企业审计股。2005年，洛江区基建投资审计中心由自收自支改为财政核拨事业单位，编制6名。2007年，区审计局内设办公室、经济责任与企业审计股、财金基建审计股、行政事业审计股，行政编制6名，行政工勤编制1名。

二、社会审计机构

1998年，经泉州市审计局批准，由泉州泉联审计师事务所在洛江区设立业务部，从业人员3名。

三、内部审核机构

1998—2007年，在区教育、卫生、经贸主管部门组建内部审计机构，设立内部审计机构3个，内审人员15名。

第六章　安全生产监督管理

第一节　法制建设

1997年起，洛江区通过宣传车、广播、有线电视和制作宣传板报、图片展览以及张贴标语口号、悬挂大幅标语等形式，开展宣传普及安全生产意识。2002年6月29日，第九届全国人大常委会第二十八次会议审议通过《中华人民共和国安全生产法》（以下简称“安全生产法”），洛江区做好宣传贯彻。在“安全生产周”“安全生产月”“法制宣传日”“两节”“两会”“春运”等重要时期和重点时段深入厂矿、企业、乡镇、机关、学校、村（社区）进行宣传，有效地减少生产安全事故的发生。2002—2007年，区安全生产监督管理机构每年6月组织开展全国“安全生产月”活动，其间，全区组织安全生产宣传咨询活动6场，悬挂跨街横幅标语及张贴标语口号8300幅（张），刊出专题安全生产板报227板，发放宣传图集30份、宣传教育材料28.7万份、安全生产法单行本100本，征订安全生产明信片2000张，出动宣传车152车次。2002年至2007年举办各类建设工程安全培训、危化品从业人员培训、复审培训、非煤矿山从业人员培训15期，培训各类安全生产管理人员1051人次。2006年，洛江区以开展“安康杯”知识竞赛活动、“一法三卡”试点单位和非公有制企业安全生产规范管理试点单位活动为载体，分别组织130多家、10家和8家企业3.3万多人参加“安康杯”知识竞赛等相关活动。

第二节　专项治理

2002年，区安全生产监督管理机构建立后，针对重点行业、领域和“两节”、“两会”、“五一”国际劳动节、“十一”国庆节等重大节假日和重要时期，开展道路交通、危险化学品、非煤矿山、“三合一”建筑消防火灾隐患、人员密集场所、民爆物品、烟花爆竹、特种设备、旅游景区（点）、食品卫生、学校和卫生医疗机构等专项整治检查活动，及时消除各种安全隐患，确保社会安定稳定。2002年4月至2007年12月，检查危险化学品从业单位774家次，发出限期整改通知书184份，取缔无证石油经营点33处、无证照非法危化品生产加工点2家，责令停止非法经营行为4家，停产停业整顿6家；检查企业及家庭作坊点2092家次，发出整改意见通知书426份，取缔“三合一”企业（家庭式作坊）29家（处）；检查车辆11514辆次，查处各类交通违章54826件，查扣机动车7489辆；检查非煤矿山544家次，发出责令整改指令书237份，取缔无证非法、死灰复燃采石点66家（点）次；检查烟花爆竹经营网点566家次，取缔无证经营网点163家，查处非定点进货经营点38家，没收销毁烟花爆竹371箱。

第三节　管理机构

一、洛江区安全生产管理委员会办公室

2002年4月，设立洛江区安全生产管理委员会办公室，加挂区安全生产监督管理局牌子，机构级别

为正科级，行政编制8名。至2007年，机构、编制不变。

二、乡镇（街道）安委会

2003年5月29日，万安、双阳街道和河市、马甲、罗溪镇、虹山乡先后成立安全生产管理委员会，乡镇（办事处）主要领导和分管企业领导分别担任主任、副主任。2007年，各乡镇（街道办事处）设立安全生产监督管理办公室，挂靠在乡镇（街道办事处）企业办。

三、洛江区安全监察大队

2004年6月，洛江区安全生产监察大队成立，参公事业编制5名。2006年12月更名为洛江区安全生产执法大队。

第十五篇 中国共产党地方组织

中国共产党泉州市洛江区今域地方组织始建于民国36年（1947年）8月，经过革命斗争锻炼，不断发展壮大。民国38年8月，配合人民解放军解放泉州。1949年9月9日，在泉州建立中共晋江县委员会。1971年1月，洛江今域中国共产党地方组织归属中共泉州市（县级）委员会；1986年1月，中共泉州市委员会改称中共泉州市鲤城区委员会，中共洛江境域地方组织归属中共泉州市鲤城区委员会。

1997年8月，泉州市委决定成立中共洛江区委员会。中共洛江区委是洛江区社会事业建设和改革开放的领导核心。建区后，洛江区委贯彻落实党的路线、方针、政策，坚持解放思想和改革开放，以经济建设为中心，结合洛江实际，对经济、政治、社会、文化建设等方面作出部署，提出“科教兴区”、“四加快一提高一加强”和“一二三四五五”等一系列重大战略决策，推进党的组织、宣传、政法工作和精神文明建设，加强纪检监察和党风廉政建设，筑牢海内外统一战线工作，团结带领全区人民，发挥洛江沿海、沿江、侨乡和区域优势，推动全区国民经济和社会发展的持续、快速、健康发展。

第一章 设区前党组织

第一节 解放前党组织

一、组织机构

解放战争时期，泉州党组织分别隶属中共福建省委（后改为闽浙赣省委）和中共闽粤赣边区委。民国36年（1947年）8月，中共泉州中心县委派郑家玄、王惠玑、倪章屿、朱义振和吴秀琼等人在大猷、锦丰等地组织群众开展地下斗争；12月，建立中共洪河（洪濑、河市）区工委，吴序阳任书记，吴秀琼任组委，倪璋屿任宣委，朱义振任武委，晋北地区归区工委领导，由宣委倪璋屿负责，活动在晋江县北部大猷、锦丰、罗溪（今域河市、马甲、罗溪）等地，活动中心在锦丰乡山边、下尾楼。1948年5月，中共洪河区工委改称中共洪河区委，增补王惠玑、林其平、吴秀云、郑汲水为委员。中共地下党干部进入晋北地区以后，通过深入群众开展宣传发动，在斗争中发现和培养一大批出身成分好、政治觉悟高、敢于斗争的积极分子，并分期分批把他（她）们吸收到党组织，使党的队伍不断地发展壮大。先后成立了3个党支部：1948年10月成立山边党支部，赖奕高任书记；1949年2月成立下尾楼党支部，苏荣任书记；1949年7月成立凤栖坑党支部，谢尚升任书记（后杜岩水）。同时还成立圳头、潘内、莲田、伍堡、罗溪、河市等6个党小组。

1949年5月，中共泉州中心县委在晋江内坑后溪村召开会议，以洪河区委为基础，建立中共晋（江）南（安）永（春）工委，吴序阳任书记，辖洪濑、罗东、晋北、永春4个区工委。倪章屿任晋北区工委书记，张子龙任组织兼武装委员，洪水树任宣传兼筹粮委员，活动范围为晋江县北部等地，区工委驻锦丰乡山边、下尾楼。

同年8月，晋北区工委召开会议，决定接管锦丰乡公所，组建晋北区工委办事处，由倪章屿任主任。同时成立晋北区中队，指导员由倪章屿兼任，王志全任中队长。9月9日，在泉州成立中共晋江县委员会，随后洛江今域成立晋江县第一区（山顶乡、罗溪乡合并为第一区）、第二区（锦丰乡、大猷乡合并为第二区）党委会。

二、主要活动

（一）深入发动群众，开展革命斗争

1. 在农村建立基点村和联络站

1943年下半年，晋江县安海区委特派员许集美为打通晋南通往闽中的交通线，曾在大猷乡岭客四都古树脚、锦丰乡凤栖坑、义山、大罗溪等地建立过秘密交通联络站。1944年，由闽中特委委员蔡文焕亲自带领包括由林萱、朱伦炎等组成的一支20多人的闽中武装游击小分队等进入晋北和仙游交界的山顶、洪营、郭祈、白叶和西岭等山村，宣传党的革命主张，同群众建立密切联系，为将来开展游击战争做准备。1946年，惠安何帮基、朱汉膺曾到晋北莲田、宫迹、水云坑开展革命活动，吴序阳等地下党领导也在锦丰乡开展过地下工作。

1947年，倪章屿、苏望春等先后在锦丰乡山边、下尾楼建立联络站，为洪河区工委会议提供膳宿，站岗放哨，发展党员，培养骨干，领导群众开展革命斗争。同年8月，郑家玄、王经贤、吴序阳、王惠玑等到过马锦丰乡边发动反“三征”运动，在山边村建立联络站和革命据点。

1948年春，洪河区委组织干部深入乡村，在锦丰乡伍堡、洋坑、圳头、山边、下尾楼、坑边和大猷乡留坑岭、岭客、坛顶、顶官坪建立基点村，扩大政治影响，培养一大批革命积极分子。经过一年多艰苦工作，至1948年底，革命基地村和联络站、接头户覆盖晋北山区各个角落。1949年，吴序阳、吴秀琼、王惠玑到莲田一带活动，发动群众，巨美、西头、大墩、蔡坑内等村有300多人参加地下革命群众组织。

2. 加强统战工作，化阻力为助力

1948年，吴序阳、倪章屿等到锦丰乡发动群众开展斗争时，还努力做好伪乡、保人员的分化、瓦解工作，化阻力为助力，如鹏峰保保长吴协和以及畲族坑头村的前丰山乡乡长，时任锦丰乡乡民代表、绅士蓝丹鄂和双髻山后土匪头目潘益元等，通过教育转变立场，成为“两面政权”，一面应付国民党，一面为地下党做工作。

1949年春，泉州中心县委派霍劲波到晋南永边区指导工作，在锦丰乡下尾楼村召开会议，研究深入开展地方群众工作和为游击战争准备根据地问题，并着重研究如何做好山顶彭派和罗溪黄派两股地方势力的分化瓦解工作。随后，洪河区委抽调在南安罗东片区从事地下革命活动的山顶乡人彭千祥和罗溪人赖汉良两人返回山顶和罗溪，进行秘密的革命活动。同年4月，泉州中心县委又从沿海抽调时任晋江英林下柯坑党支部书记张子龙、埔顶寮党支部书记洪水树两人到晋北片区，充实晋北区工委领导力量，推动地下革命斗争的发展。晋北区工委加强对罗溪、山顶乡（今域虹山乡）的群众工作，为争取彭（棠）、黄（则火）两派地方势力头目的工作，区工委分工吴序阳、倪章屿去做争取黄派彭占高的工作，郑汲水做争取彭派赖春豪的工作。经谈判最后达成协议：一致同意停止火拼，向区工委缴交武器；保证地下工作人员的安全；不干涉地下党做群众工作。实现上述条件后，区工委将给双方生命安全。两派答应合作，但没有缴交武器，统战工作取得一定效果。同年6月下旬，晋南永游击大队攻打罗溪乡公所时，两派没有干涉，国民党县政府欲夺回罗溪，组织县自卫队、刑警队共400多兵力，由黄则火率领。在出发前，黄则火将消息通过彭占高转告罗溪地下党。罗溪地下党组织和游击队安全转移，没有遭受损失。

3. 组织发动群众，开展革命斗争

在地下党的领导下，晋北人民被广泛地发动起来，积极参加反“三征”（征兵、征粮、征税）、反霸、减租和减息斗争。锦丰乡圳头、下尾楼等村，有90%的群众参加姑山反“清乡”斗争。大猷乡岭客、顶

官坪村，全村群众都参加革命活动。圳头、高坂等村群众积极开展反“三征”斗争。国民党到村里抓壮丁，高坂群众追打国民党兵，使之狼狈逃回。

1949年3月，锦丰乡农民在当地党组织的领导下，新民楼下村群众100多人，拿起锄头、木棍等工具，包围到该村催征公粮的晋江县田粮处人员潘宇民及粮兵20多人，解救被粮兵抓绑、吊打的抗粮农民2人，夺回被扣衣服、棉被等物，收缴粮兵枪支15支、子弹200多发，手榴弹30多枚。这次胜利，大大地鼓舞了群众的斗争情绪。

同年6月初，吴序阳、林萱带领晋南永游击大队在锦丰乡驻扎，发动群众开展抗租、抗息斗争。锦丰乡溪东、杏川、岱山、莲田等有5户地主被佃农废除田租及高利贷，折合谷物6万公斤。6月12日，晋江县国民党政府调集自卫大队2个中队，还有晋北联防处特工队100多人，进入锦丰乡“清乡”，从下尾楼开始“清剿”，在晋北区委委员张子龙、洪水树的指挥下，有600多名群众集合起来，手持鸟枪、刀、木棍等武器，包围了下尾楼的“清乡”部队，分二路向敌人进攻，激战2小时，迫使敌人撤退。6月中旬，晋北区工委接到群众报告，设计埋伏活抓了锦丰乡伪乡长吴祖烈、伪乡队副吴剑辉，缴获短枪2支。同时将其乡警的枪支全部收缴，计有短枪5支、步枪17支、子弹数百发。

（二）开展武装斗争，寻机打击敌人

1949年3月9日，泉州中心县委作出抓紧开展武装斗争的决定。5月，晋南永工委选调40名武装民兵骨干，四都及锦丰乡各自派出几十位武工、文工队员，共160多人组建晋南永游击大队，林萱任大队长，吴序阳任教导员，下辖三个分队，主要在晋北一带开展游击活动。

同年5月下旬，晋南永工委在坑头村开会，决定打击敌特、恶霸，收缴武器。6月上旬一天夜里，林萱率领游击大队往霞井坂尾村围捕霞井地霸吴太昌，缴获短枪3支、长枪5支，吴被游击队带走，因企图逃跑被击毙于山间。翌日，游击大队还夜袭顶尾楼村恶霸、晋北剿共联防处分队长苏坎家，缴获短枪4支、步枪3支，对苏坎进行教育后释放。6月下旬，游击大队在当地群众支持下，袭击罗溪乡公所，伪乡长张忌等人闻风逃跑。游击队俘获伪乡警、乡职人员25名，缴获武器32支，焚烧全部文书档案。被俘人员经教育后释放。随后，又乘胜攻占晋江县后溪洋顶军械仓库，缴获各种枪械200多支，还有硝石、硫黄等火药物资4500余公斤。

同年8月初，泉州广大农村和主要集镇大部分被游击队控制，晋北区工委遵照泉州中心县委的指示，于8月中旬在锦丰乡坑头村召开区工委干部和村积极分子会议，参加人数70多人，会期3天，布置迎接解放军的任务。会议讨论决定：组建晋北区工委办事处；继摧毁伪罗溪乡公所后，着手组织人员接管伪锦丰、山顶和大猷乡公所，并分别成立工作队或治安委员会；打击、清算地主恶霸、土豪劣绅，为解放大军入泉扫清障碍。会后，区工委组织对山顶、罗溪、锦丰、大猷等乡公所进行全面接管，于马甲八角楼成立区工委办事处。8月下旬，根据闽浙赣委关于“继续做好支前工作”的指示精神，晋北区工委先后在罗溪、马甲和河市成立支前办事处，广泛发动群众开展筹集粮草和组织支前民工，以保障前线需要。

同年9月中旬，人民解放军与晋江县第一、第二工作队到河市与倪章屿等领导会师。第一工作队即随解放军进入罗溪乡清剿残敌，维持社会治安。第二工作队进驻大猷乡、锦丰乡开展工作，组织支前。

第二节 解放后党组织

一、1971年前基层党组织

1949年10月，晋江县将全县划分为10个区、1个城关特别区，洛江今域设第一区、第二区、第三区（包含今万安办事处境域），各区设立区委会。1952年7月，第二区分为两个区，相应增设1个区委会。

1958年8月，晋江县改设21个乡镇，晋北设罗溪乡党委会、马甲乡党委会和河市乡党委会。1958年10月，乡改称人民公社，乡党委会改称公社党委会。

1959年底，晋江县筹办双阳华侨农场，成立农场党委会。

1966年5月，“文化大革命”开始，1970年各公社（农场）相继成立革命委员会核心领导组，代表本地区党的领导。

二、1971年后基层党组织

1971年1月，晋江县析罗溪、马甲、河市3个公社和双阳华侨农场归泉州市管辖。

中共泉州市鲤城区罗溪镇委员会　1971年1月，设立中共泉州市罗溪公社革委会核心小组。1973年7月，设立中共泉州市罗溪公社委员会。1984年7月，改称中共泉州市罗溪乡委员会。1986年1月，改称中共泉州市鲤城区罗溪乡委员会。1991年10月，改称中共泉州市鲤城区罗溪镇委员会。1992年有支部27个，党员717名。

中共泉州市鲤城区马甲镇委员会　1971年1月，设立中共泉州市马甲公社革委会核心小组。1973年7月，设立中共泉州市马甲公社委员会。1984年7月，改称中共泉州市马甲乡委员会。1986年1月，改称中共泉州市鲤城区马甲乡委员会。1991年9月，改称中共泉州市鲤城区马甲镇委员会。1992年有支部35个，党员945名。

中共泉州市鲤城区河市镇委员会　1971年1月，设立中共泉州市河市公社革委会核心小组。1973年7月，设立中共泉州市河市公社委员会。1984年7月，改称中共泉州市河市乡委员会。1986年1月，改称中共泉州市鲤城区河市乡委员会。1991年10月，改称中共泉州市鲤城区河市镇委员会。1992年有支部31个，党员855名。

中共泉州市鲤城区双阳华侨农场委员会　1971年1月，设立中共泉州双阳华侨农场革委会核心小组。1972年7月，设立中共泉州市双阳华侨农场委员会。1986年1月，改称中共泉州市鲤城区双阳华侨农场委员会。1992年有支部14个，党员304名。

第二章 中国共产党泉州市洛江区委员会

第一节 组织机构

一、领导机构

1997年11月，中共洛江区第一次代表大会选举产生中共洛江区第一届委员会委员23人；第一次全委会选举产生区委常委8人，书记1人，副书记3人。2012年11月，中共洛江区委第二次代表大会选举产生中共洛江区第二届委员会委员24人、候补委员5人；第一次全委会选举产生市委常委10人，书记1人，副书记3人。2006年7月，中共洛江区第三次代表大会选举产生中共洛江区第三届委员会委员26人，候补委员5人；第一次全委会选举产生区委常委11人，书记1人，副书记2人。区委每届任期5年。其中，第二届（2002年11月至2006年7月），按照中共中央统一部署，全国省、市、县、乡四级党委领导班子自下而上进行换届，任期3年。

1997—2007年中共洛江区委领导成员名表

表 15-2-1

届别	职务	姓名	性别	籍贯	任职时间
第一届（1997年11月至2002年11月）	书记	陈敬聪	男	丰泽区	1997年8月至2001年8月
		陈家富	男	鲤城区	2001年8月至2002年11月
	副书记	陈家富	男	鲤城区	1997年8月至2001年8月
		吕　竞	女	山东莱州	2001年9月至2002年11月
		卢希德	男	鲤城区	1997年8月至2002年12月
		谢定昌	男	鲤城区	1997年8月至2001年11月
		陈灿辉	男	惠安县	2000年7月至2002年11月
		尤祖举	男	南安市	2001年10月至2002年11月
	常委	黄志捷	男	丰泽区	1997年8月至2002年11月
		朱启平	男	鲤城区	1997年8月至2001年9月
		朱清辉	男	晋江市	1997年8月至2002年11月
		尤祖举	男	南安市	1997年8月至2001年10月
		周碰金	男	惠安县	1998年4月起
		黄永固	男	南安市	2001年2月至2002年11月
		洪飞跃	男	晋江市	2001年10月至2002年11月
		吴新文	男	丰泽区	2001年10月至2002年11月
第二届（2002年11月至2006年7月）	书记	陈家富	男	鲤城区	2002年11月至2006年7月
	副书记	吕　竞	女	山东莱州	2002年11月至2006年7月
		陈灿辉	男	惠安县	2002年11月至2006年2月
		朱清辉	男	晋江市	2002年11月至2006年7月
		尤祖举	男	南安市	2002年11月至2003年11月
		庄建辉	男	惠安县	2003年11月至2006年7月
		颜元培	男	仙游县	2004.12月至2006年7月（挂职）
	常委	洪飞跃	男	晋江市	2002年11月至2006年7月
		吴新文	男	丰泽区	2002年11月至2006年7月
		黄碧煌	女	南安市	2002年11月至2006年7月
		江贻万	男	鲤城区	2002年11月至2006年7月
		高锡德	男	山东安丘	2003年3月至2006年7月
第三届（2006年7月起）	书记	陈家富	男	鲤城区	2006年7月至2007年2月
		吕　竞	女	山东莱州	2007年2月起
	副书记	吕　竞	女	山东莱州	2006年7月至2007年2月
		朱团能	男	泉港区	2006年9月起
		肖汉辉	男	泉港区	2006年9月起
		庄建辉	男	惠安县	2006年7月至2006年9月
		颜元培	男	仙游县	2006年7月至2006年12月
		郑恢先	男	大田县	2007年10月起（挂职）

续表 15-2-1

届别	职务	姓名	性别	籍贯	任职时间
第三届（2006 年 7 月起）	副书记	洪飞跃	男	晋江市	2007 年 11 月起
	常委	洪飞跃	男	晋江市	2006 年 7 月至 2007 年 11 月
		吴新文	男	丰泽区	2006 年 7 月起
		黄碧煌	女	南安市	2006 年 7 月起
		江贻万	男	鲤城区	2006 年 7 月起
		高锡德	男	山东安丘	2006 年 7 月起
		林荣忠	男	泉港区	2006 年 7 月起
		郑清雄	男	龙海县	2007 年 5 月起

二、工作机构

1997—2002 年，区委工作部门有 15 个，即办公室、纪委、组织部、宣传部、统一战线工作部、政法委员会、区非公有制企业党工委、编办、党史研究室、档案局、信访局、党校。合署办公机构与挂牌机构：区社会治安综合治理委员会办公室与政法委员会合署办公，台湾工作办公室（挂区政府台湾事务办公室牌子）与区委办公室合署办公，区委办公室加挂机要局、保密局牌子。区老干部局（正科级）由区委组织部管理；区精神文明建设办公室（正科级）由区委宣传部管理。

2002—2007 年，区委设工作部门 9 个。其中：监察局与纪律检查委员会合署办公；政策研究室、机要局、保密委员会办公室（保密局）职能并入办公室，保留牌子；社会治安综合治理委员会办公室与政法委合署办公；机构编制委员会办公室加挂区人民政府机构编制办公室、事业单位登记管理局牌子；台湾工作办公室挂政府台湾事务办公室牌子。区委部门管理机构 3 个：老干部局，仍为正科级，由区委组织部管理；区委精神文明建设办公室（精神文明建设指导委员会办公室），正科级，由区委宣传部管理；区委信访局（区政府信访局），为副科级机构，以区委办公室为主管理。区委议事协调办事机构为区委农村工作领导小组办公室，与区政府农业水务局实行一个机构、两块牌子。

1997—2007 年洛江区委各部门主要领导名表

表 15-2-2

单位名称	姓名	性别	职务	任职时间
区委办公室	王泽淮	男	主任	1997 年 10 月至 2001 年 11 月
	谭毓雄	男	主任	2001 年 11 月至 2002 年 12 月
	庄镇安	男	主任	2004 年 8 月至 2007 年 7 月
	谢丽华	女	主任	2007 年 7 月至 2009 年 10 月
区纪委	黄志捷	男	书记	1997 年 8 月至 2002 年 11 月
	朱清辉	男	书记	2002 年 11 月至 2006 年 7 月
	林荣忠	男	书记	2006 年 7 月至 2009 年 10 月
区委组织部	朱清辉	男	部长	1997 年 8 月至 2002 年 11 月
	黄碧煌	女	部长	2002 年 11 月至 2007 年 11 月
区委统战部	宋爱华	女	部长	1997 年 8 月至 1999 年 4 月
	江贻万	男	部长	1999 年 3 月至 2011 年 7 月

续表 15-2-2

单位名称	姓名	性别	职务	任职时间
区委编办	陈少卿	男	主任	2001 年 11 月至 2011 年 6 月
区委台湾工作办公室	李再发	男	主任	1999 年 6 月至 2002 年 4 月
	郑新文	男	主任	2002 年 4 月至 2009 年 4 月
区直党工委	卢希德（兼）	男	书记	1999 年 7 月至 2002 年 12 月
	朱清辉（兼）	男	书记	2002 年 12 月至 2007 年 12 月
	洪飞跃（兼）	男	书记	2007 年 12 月至 2011 年 7 月
区直机关委员会	朱清辉（兼）	男	书记	1997 年 8 月至 1998 年 12 月
	施开国	男	书记	1998 年 12 月至 1999 年 7 月
区委老干局	林清泉	男	局长	1997 年 12 月至 2007 年 4 月
	杨玉芬	女	局长	2007 年 7 月至 2010 年 5 月
区委信访局	郑秀正	男	局长	1997 年 12 月至 2009 年 4 月
区委宣传部	尤祖举	男	部长	1997 年 08 月至 2001 年 10 月
	吴新文	男	部长	2001 年 10 月至 2009 年 11 月
区委政法委	谢定昌	男	书记	1997 年 8 月至 2001 年 11 月
	周碰金	男	书记	2000 年 11 月至 2011 年 1 月
区委综治办	施东龙	男	主任	1999 年 8 月至 2006 年 5 月
	陈剑锋	男	主任	2006 年 5 月至 2010 年 9 月
区委文明办	郑新文	男	主任	1998 年 12 月至 2002 年 4 月
	黄思伦	男	主任	2002 年 4 月至 2009 年 4 月
区委党史研究室	吴公亮	男	主任	2001 年 11 月至 2016 年 1 月
区委党校	卢希德（兼）	男	校长	1998 年 8 月至 2002 年 12 月
	朱清辉（兼）	男	校长	2002 年 12 月至 2007 年 12 月
	洪飞跃（兼）	男	校长	2007 年 12 月至 2011 年 8 月
区非公有制企业党工委	王明元	男	书记	2004 年 8 月至 2007 年 7 月
区委教育工作委员会	吴新文（兼）	男	书记	2005 年 12 月至 2006 年 3 月
	洪飞跃（兼）	男	书记	2007 年 12 月至 2011 年 8 月
	朱清辉（兼）	男	书记	2006 年 3 月至 2007 年 12 月
区档案局	王春霖	男	局长	1998 年 8 月至 2002 年 4 月
	刘永水	男	局长	2004 年 12 月至 2006 年 5 月
	黄跃群	男	局长	2007 年 7 月至 2010 年 9 月

1997—2007 年洛江区社会团体组织主要领导名表

表 15-2-3

单位名称	姓名	性别	职务	任职时间
区总工会	黄东平	男	主席	1998 年 2 月至 2002 年 4 月
	李承荣	男	主席	2002 年 4 月至 2011 年 5 月

续表 15-2-3

单位名称	姓名	性别	职务	任职时间
团区委	杨琦伟	男	书记	1997 年 8 月至 1998 年 7 月
	王国兴	男	书记	2000 年 9 月至 2001 年 11 月
	龚志阳	女	书记	2002 年 4 月至 2010 年 3 月
区妇联	廖志芳	女	主席	1998 年 1 月至 2003 年 3 月
	郭宏戎	女	主席	2003 年 3 月至 2016 年 9 月
区商会	陈忠文	男	会长	1998 年 3 月至 2011 年 12 月
区科协	陈德树	男	主席	1999 年 11 月至 2005 年 4 月
	王信龙	男	主席	2005 年 4 月至 2016 年 9 月
区侨联	李秀墩	女	主席	1998 年 5 月至 2007 年 3 月
	苏子平	男	主席	2007 年 7 月至 2017 年 6 月
区文联	吴文安	男	主席	2005 年 10 月至 2016 年 9 月
区残联	黄沧海	男	理事长	1998 年 10 月至 2003 年 7 月
	连黎明	女	理事长	2003 年 7 月至 2006 年 5 月
	张劲松	男	理事长	2006 年 5 月至 2013 年 4 月
区计生协会	黄永固	男	会长	2003 年 4 月起
区关工委	朱清辉（兼）	男	主任	2002 年 12 月至 2003 年 3 月
	陈传仁（兼）	男	主任	2003 年 3 月至 2008 年 4 月
区贸促会	林育斌	男	会长	2005 年 10 月至 2009 年 4 月
区红十字会	宋爱华	女	会长	1999 年 12 月至 2007 年 12
	林志强	男	会长	2007 年 12 月起
区慈善总会	谢定昌	男	会长	2007 年 9 月起

三、党组 党委会

（一）党组

1997 年，区委在区人大、政府、政协、法院、检察院及工会 6 个部门设立党组。各党组配书记 1 名，根据工作情况配副书记 1 名或不配副书记，配党组成员若干名。至 2007 年 12 月，上述党组依旧。

1997—2007 年洛江区各党组书记名表

表 15-2-4

单位	姓名	性别	职务	任职时间
区人大常委党组	卢希德	男	书记	1997 年 10 月至 2009 年 8 月
区政府党组	陈家富	男	书记	1997 年 10 月至 2001 年 9 月
	吕　竞	女	书记	2001 年 9 月至 2007 年 3 月
	朱团能	男	书记	2007 年 3 月至 2010 年 5 月
区政协党组	蒋夏雨	男	书记	1997 年 10 月至 2001 年 9 月
	谢定昌	男	书记	2001 年 11 月至 2006 年 7 月
	朱清辉	男	书记	2006 年 7 月至 2009 年 8 月

续表 15-2-4

单位	姓名	性别	职务	任职时间
区检察院党组	陈建强	男	书记	1997 年 10 月至 2002 年 11 月
	王英郎	男	书记	2002 年 11 月至 2007 年 12 月
	张维劲	男	书记	2007 年 12 月至 2011 年 8 月
区法院党组	尤垂博	男	书记	1997 年 10 月至 2002 年 11 月
	黄继业	男	书记	2002 年 11 月至 2004 年 2 月
	陈韫哲	男	书记	2004 年 2 月至 2010 年 5 月
区总工会党组	李承荣	男	书记	2007 年 10 月至 2011 年 5 月

（二）区直机关党委会（党工委）

1997 年 8 月，区委在区直属机关中成立机关党委会。1999 年 7 月，撤销区直机关党委会，设立区直机关党工委和纪工委，同时，按系统分别成立宣传系统、政法系统、党群系统、经贸系统、农口系统、政府口系统 6 个系统党委和纪委。8 月，配齐区直党工委和纪工委领导班子。9 月，各系统党委选举产生第一届系统党委、纪委领导班子。至 2007 年 12 月，区直机关共有系统党委 6 个、党委 1 个，分别是党群、政府口、农口、经贸、政法、宣传系统党委和公安分局党委。

1997—2007 年洛江区直机关各系统党委书记名表

表 15-2-5

单位	姓名	性别	职务	任职时间
党群系统党委	施开国（兼）	男	书记	1999 年 7 月至 2000 年 2 月
	林坤聚（兼）	男	书记	2000 年 2 月至 2002 年 4 月
	王春霖（兼）	男	书记	2002 年 4 月至 2009 年 4 月
宣传系统党委	林永军（兼）	男	书记	1999 年 8 月至 2006 年 11 月
政法系统党委	施东龙（兼）	男	书记	1999 年 8 月至 2006 年 5 月
	陈剑锋（兼）	男	书记	2006 年 5 月至 2010 年 9 月
政府口系统党委	谭毓雄（兼）	男	书记	1999 年 8 月至 2001 年 11 月
	谢丽华（兼）	女	书记	2001 年 12 月至 2007 年 7 月
	王明元（兼）	男	书记	2007 年 7 月至 2010 年 9 月
经贸系统党委	吴向群（兼）	男	书记	1999 年 8 月至 2002 年 4 月
	朱仁雄（兼）	男	书记	2002 年 4 月至 2009 年 4 月
农口系统党委	郭介炮（兼）	男	书记	1999 年 8 月至 2002 年 12 月
	黄汉水（兼）	男	书记	2003 年 3 月至 2007 年 7 月
	谢清平（兼）	男	书记	2007 年 7 月至 2012 年 8 月
洛江公安分局党委	曾志敏（兼）	男	书记	1998 年 1 月至 1999 年 11 月
	陈昌明（兼）	男	书记	1999 年 11 月至 2000. 12 月
	傅庆生（兼）	男	书记	2000 年 12 月至 2007 年 1 月
	方贞群（兼）	男	书记	2007 年 1 月至 2012 年 6 月

四、乡（镇）党委会

1997 年 10 月，区委辖万安、双阳、河市、马甲、罗溪、虹山 6 乡（镇、街道）党委会，乡（镇、街道）党委会设书记 1 人，副书记若干人，纪委书记、组织委员、宣传委员各 1 人，其他专职委员若干人。2005 年 9 月，区委辖万安街道、双阳街道、河市、马甲、罗溪、虹山 6 乡（镇、街道）党委会，至 2007 年 12 月未变。

1997—2007 年洛江区乡（镇、街道）党委书记名表

表 15-2-6

街道办事处	姓名	性别	职务	任职时间
万安街道	蔡联辉	男	书记	1998 年 1 月至 2002 年 12 月
	谭毓雄	男	书记	2002 年 12 月至 2009 年 4 月
双阳街道	关裕平	男	书记	1998 年 4 月至 1998 年 4 月
	谢清平	男	书记	1998 年 4 月至 2007 年 7 月
	杜韶山	男	书记	2007 年 7 月至 2012 年 8 月
河市镇	蔡金星	男	书记	1997 年 8 月至 1999 年 11 月
	吴公亮	男	书记	1999 年 11 月至 2001 年 11 月
	王进足	男	书记	2001 年 11 月至 2006 年 5 月
	林切成	男	书记	2006 年 5 月至 2010 年 5 月
马甲镇	江贻万	男	书记	1997 年 11 月至 1999 年 3 月
	林新平	男	书记	1999 年 6 月至 2002 年 12 月
	王进足	男	书记	2006 年 5 月至 2006 年 10 月
	陈新生	男	书记	2006 年 11 月至 2012 年 8 月
罗溪镇	蔡永富	男	书记	1997 年 8 月至 1998 年 7 月
	杨琦伟	男	书记	1998 年 7 月至 2006 年 5 月
	吕建文	男	书记	2006 年 5 月至 2012 年 8 月
虹山乡	李再发	男	书记	1997 年 11 月至 1999 年 6 月
	彭金亮	男	书记	1999 年 6 月至 2001 年 11 月
	王国兴	男	书记	2001 年 11 月至 2004 年 8 月
	林切成	男	书记	2004 年 8 月至 2006 年 5 月
	李奉恒	男	书记	2006 年 5 月至 2009 年 4 月

第二节 党的代表大会

一、中共洛江区第一次代表大会

1997 年 11 月 11—13 日，中共洛江区第一次代表大会召开。出席大会正式代表 148 名。其中，各级党员干部 105 名，占代表总数 70.95%，各类专业技术人员 18 名，占 12.16%；各条战线的劳动模范、先进工作者和优秀专家 24 名，占 16.22%；解放军、武警部队 1 名，占 0.68%；妇女代表 18 名，占 12.16%；少数民族代表 6 名，占 4.05%；大专以上文化程度 53 名，占 35.8%。会议听取并审议通过陈敬聪代表区委作《团结拼搏，艰苦创业，把洛江区改革开放和两个文明建设全面推向21世纪》报告和黄志捷代表区纪律检查委员会作工作报告。会议选举产生中共泉州市洛江区第一届委员会委员23名，纪律检查委员会委员12名。

二、中共洛江区第二次代表大会

2002年11月26—28日，中共洛江区第二次代表大会召开。出席大会正式代表198名。其中，各级党员干部代表117名，占代表总数59.1%，各类专业技术人员39名，占19.7%；各条战线的劳动模范、先进工作者和优秀专家37名，占18.7%；解放军、武警部队代表5名，占2.5%；妇女代表29名，占14.6%；少数民族代表10名，占5.1%；大专以上文化程度133名，占67.1%。会议听取并审议通过陈家富代表区委作《解放思想，加快发展，努力建设繁荣富庶文明的现代工贸港口城市》报告，审议通过区纪律检查委员会书面工作报告。选举产生中共泉州市洛江区第二届委员会委员24名、候补委员5名，纪律检查委员会委员15名。

三、中共洛江区第三次代表大会

2006年7月20—22日，中共洛江区第三次代表大会召开。出席大会正式代表221名。其中，各级党员干部代表134名，占代表总数60.63%，各类专业技术人员代表44名，占19.91%；各条战线的劳动模范、先进工作者和优秀专家39名，占17.65%；解放军、武警消防部队代表5名，占2.26%；金融系统代表4名，占1.81%；妇女代表37名，占16.74%；少数民族代表9名，占4.07%；非公有制经济组织职工代表10名，占4.52%；归侨侨眷台籍党员代表6名，占2.71%；大专以上文化程度172名，占77.83%。会议听取并审议通过陈家富代表区委作《坚持科学发展，构建和谐社会，加快建设新兴工贸旅游生态城区》报告，审议通过区纪律检查委员会书面工作报告。选举产生中共泉州市洛江区第三届委员会委员26名、候补委员5名，纪律检查委员会委员15名。

附一：洛江区出席中共福建省第七次和第八次代表大会代表名录

中共福建省第七次表大会代表

陈家富　李丽蓉（女）　黄曲衣

中共福建省第八次表大会代表

陈家富　陈巧生　刘平梅（女）

附二：洛江区出席中共泉州市第九次和第十次代表大会代表名录

中共泉州市第九次代表大会代表

王泽淮　卢希德　吕　竞（女）　朱启平　朱清晖　杨琦伟　吴公亮　陈家富
陈灿辉　林新平　郭介炮　黄志捷　彭金亮　谢定昌　谢清平　蔡联辉
廖志芳（女）　谭毓雄　杨条达　杨金灿　李丽蓉（女）　李斯成　陈炎南　林世铨
洪秀霞（女）　黄庚寅　陈　翔　林银赞　黄奕林　龚志阳（女）

中共泉州市第十次代表大会代表

王进足　吕　竞（女）　吕剑文　庄建辉　庄镇安　刘平梅（女）　许昆贞　孙增福
苏清良　李丽蓉（女）　李奉恒　李承荣　吴子平　汪义路　陈　翔　陈巧生

陈家富 林切成 林荣忠 侯德芳（女） 洪飞跃 黄振华 黄碧煌（女） 傅圆圆（女） 谢丽华（女） 谢清平 谭毓雄 颜元培

第三节 全委（扩大）会议

中共泉州市洛江区全体委员（扩大）会议，由区委常务委员会主持召开。会议时间通常1天或半天。参加会议对象为区委委员、候补委员，区纪委委员，区人大常委会党组成员，区政府党组成员，区委政协党组成员，各乡镇党委书记（或主持工作的副书记），区直各系统党委书记，省、市驻洛单位党组负责人，副处级以上党员离退休干部等。

1997年11月13日，中共泉州市洛江区第一届委员会第一次会议召开。会议选举陈敬聪为区委书记，陈家富、卢希德、谢定昌为区委副书记，黄志捷、朱启平、朱清辉、尤祖举为区委常委。

1998年7月23日，中共泉州市洛江区委召开一届二次全体（扩大）会议。大会听取和讨论陈敬聪代表区委常委会所作的《面向新世纪，适应新任务，造就高素质干部队伍》报告，审议通过《中共洛江区委关于依法治区的决定》。

1998年11月19日，中共泉州市洛江区委召开一届三次全体（扩大）会议，确定1999年为“特色农业年”，实施“绿色工程”“白色工程”“旅游工程”三大工程，出台《关于进一步加强农业和农村工作的决定》。

1999年9月26日，中共泉州市洛江区委召开一届四次全体（扩大）会议，传达贯彻第三次全国教育工作会议、全国科技创新大会、省委六届十次全会和市委八届四次全会精神，部署洛江科教兴区工作，审议通过《关于加快实施科教兴区战略的决定》。

1999年11月24日，中共泉州市洛江区委召开一届五次全体（扩大）会议，传达贯彻党的十五届四中全会、省委六届十一次全会和市委八届五次全会精神，研究确定洛江区推进国有企业改革发展的目标任务与具体措施，审议通过《中共洛江区委关于贯彻落实党的十五届四中全会精神，加快国有企业改革和发展的决定》。

2002年11月28日，中共泉州市洛江区第二届委员会第一次会议召开。会议选举产生区委常委10名，其中，陈家富为书记、吕竞、陈灿辉、朱清辉、尤祖举为副书记。

2002年12月10日，中共泉州市洛江区委召开二届二次全体（扩大）会议，传达学习中共十六大精神和市委九届四次全体（扩大）会议精神，全面部署全区学习贯彻活动，审议通过《中共泉州市洛江区委二届二次全会关于认真学习贯彻中共十六大精神的决议》。

2003年8月8日，中共泉州市洛江区委召开二届三次全体（扩大）会议，传达贯彻省委七届五次全体（扩大）会议和市委九届六次全体（扩大）会议精神，对全区学习贯彻“三个代表”重要思想和开创经济社会跨越式发展新局面作出部署，听取和讨论陈家富代表区委常委会所作的《坚持以“三个代表”重要思想为指导，开创洛江区经济社会跨越式发展新局面》的报告，审议通过《中共泉州市洛江区委二届三次全会决议》。

2004年2月12日，中共泉州市洛江区委召开二届四次全体（扩大）会议，传达贯彻中共十六届三中全会、省委七届六次全会、市委九届七次全会和省市有关会议精神，听取陈家富代表区委常委会所作《抢抓新机遇，寻求新突破，掀起洛江跨越式发展新高潮》报告，对全区深化经济体制改革和加快经济社会跨越式发展进行部署，审议通过《中共泉州市洛江区委二届四次全会关于深化经济体制改革加快经济社会跨越式发展的决议》。

2005年1月14日，中共泉州市洛江区委召开的二届五次全体（扩大）会议，传达贯彻中共十六届四中全会、中央经济工作会和省委七届七次、八次全会、市委九届九次、十次全会精神，听取陈家富代表区委常委会所作的《加快中心城区建设，推进产业集聚升级构建泉州湾滨海生态城区》报告，研究部署构建泉州湾滨海生态城区、加强党的执政能力建设等各项工作，审议通过《中共泉州市洛江区委二届五次全会关于贯彻〈中共中央关于加快加强党的执政能力建设的决定〉的实施意见》和《关于加快中心城区建设推进产业集聚升级的意见》。

2006年7月22日，中共泉州市洛江区第三届委员会第一次会议召开。会议选举产生区委常委11名，其中，陈家富为书记、吕竞、陈灿辉、朱清辉、尤祖举为副书记。

2007年11月30日，中共泉州市洛江区委召开三届五次全体（扩大）会议，学习贯彻中共十七大、省委八届三次、市委十届三次全会精神，对洛江区贯彻落实中共十七大精神和开创新兴工贸旅游生态城区建设新局面作出全面部署，听取和讨论吕竞代表区委常委会所作的《深入学习贯彻党的十七大精神，开创新兴工贸旅游生态城区建设新局面》报告，审议通过《中共泉州市洛江区委三届五次全会关于学习贯彻党的十七大精神的决议》。

第四节 常委会议

一、区委常委会议

中共泉州市洛江区常委会议，会议议题由区委书记或书记委托的副书记确定，由区委办公室提前告知区委常委。区委办公室按议题组织有关方面准备汇报材料，材料简练；提交解决的问题，事先同有关部门协商，提出解决方案。

会议按通知时间准时开始。出席人员如无法出席，应事先向会议主持人请假；列席人由会议主持人确定，从严控制，一般只参加有关议题的讨论，人员一般不用替代。

会议上汇报问题，对上级召开的会议只汇报主要精神和贯彻意见，对本部门工作只汇报主要情况和必须由会议研究决定的问题，对需要解决的问题只汇报经过协商后的意见。会议要围绕中心，言简意赅，让大家充分发表意见，并由会议主持人归纳总结。会议纪要由主持人签发。会议决定事项由区委办公室督查股督办落实和反馈。

二、常委（扩大）会议

中共泉州市洛江区常委（扩大）会议，一般由区委书记或区委书记委托的副书记主持，参会对象除区委常委外，还邀请区人大常委会主任、副主任（党员），区政府副区长（党员）、区政协主席、副主席（党员），乡镇和有关部门的主要负责人参加。会议主要内容为传达党中央、省委、市委会议或主要领导人讲话精神，提出传达贯彻的措施和步骤，征求与会人员的建议和意见，形成会议纪要或决定、决议等文件，向外公布和传达，并做好督查催办落实和反馈工作。

1997年，区委常委扩大会议召开4次。10月23日，研究1998年洛江区委、区政府为民办实事项目和洛江区1998年度重点建设项目计划。10月31日，研究洛江区机关、事业人员编制分配方案和人事调配方案等。11月5日，研究区直事业单位机构设置和编制配备方案及部分事业机构工作人员调整的问题。

1998年区委常委扩大会召开17次。1月17日，讨论《洛江区人民政府关于优化投资环境加快招商引资步伐的若干规定》《泉州市洛江区土地有偿划拨、有偿出让及农业开发用地地价指南》等。3月2日，研究万安开发区管理体制改革事宜和人事工作。4月3日，研究区政府工作报告、1997年国民经济和社会发展情况与1998年计划报告、洛江区国民经济和社会发展“九五”计划及2010年远景目标纲要报告。4月10日，研究万安开发区管理体制改革方案。5月8日，研究创建文明村镇、洛江区国有企业改革实施意见。9月11日，研究万安开发区科技工业园建设方案。11月14日，研究双阳华侨农场改制人员安置方案，吉源花苑经济适用房售房的配套规定。

1999年区委常委扩大会召开22次。1月29日，研究1999年全区重点建设项目、区财政责任方案、双阳国企改革职工安置方案。4月2日，研究洛江区新村建设工作、全区村级道路硬化总体规划和签订责任书事项。6月25日，研究《开展创建文明区、文明社区活动实施方案》、双阳国企改革问题、万安中学筹集、组建实施方案。9月21日，研究《洛江区实施科教兴区战略的决定》。11月25日，研究关于确立2000年洛江区“城镇建设年”“企业发展年”和“特色农业年”的建议。12月15日，研究2000年洛江区重点建设项目和为民办实事项目、万安开发区企业管理体制改革、国有资产投资公司干部管理问题等事宜。

2000年区委常委扩大会召开12次。1月3日，研究洛江区“三讲”教育工作实施方案。4月11日，研究泉美园艺项目启动建设有关问题。11月28日，审议《中共洛江区委关于制定国民经济和社会发展第十个五年计划的建议》《建议说明》，研究2001年全区工作思路。

2001年区委常委扩大会召开11次。1月4日，研究洛江区“十五”规划计划纲要，2001年政府工作指导思想和经济社会发展主要预期指标，2001年为民办实事项目与重点建设项目，“五大工程”建设实施方案和“三个代表”教育实施方案。3月26日，研究万安开发区塘西工业园开发建设、对实施“五大工程”实行年度考评等问题。

2002年区委常委扩大会召开7次。1月7日，研究《区政府工作报告》《洛江区财政预算报告》《洛江区计划工作报告》、2002年为民办实事项目、2002年重点建设项目，研究村（居）干部补贴若干规定及泉州市高新技术产业开发区万安园产业规划编制有关问题。3月22日，研究配合仰恩大学扩建等有关事宜。

2003年区委常委扩大会召开5次。2月11日，研究《区政府工作报告》《2002年国民经济和社会发展计划执行情况及2003年计划（草案）》《2002年财政预算执行情况及2003年财政预算（草案）报告》、企业登记前置审批制度改革方案及其他重要工作安排。3月 4日，研究乡镇新一轮财政体制。5月7日，回顾总结洛江区前阶段防治非典型性肺炎工作情况，部署下一阶段洛江区非典型性肺炎防治工作。7月23日，研究2003年机关事业单位股级（含）以下工作人员交流轮岗实施意见。

2004年区委常委扩大会召开9次。4月7日，研究万安中心城区第一批街路命名更名方案、整顿不适应村工作、成立洛江区文学艺术界联合会、推选全市人口与计划生育先进工作者人选等事项。6月18日，研究深入开展计生“五清理”工作、对农村自愿放弃二胎生育权的独生女户家庭实行奖励扶助政策、泉州敬德职业学校办学方案、组建区疾病预防和卫生监督机构、关于进一步提升民营经济发展水平的实施意见等事项。8月27日，研究成立洛江区促贸会（洛江区国际商会）筹备工作领导机构、公开招聘中学校长、副校长人选、派驻区直机关纪检组等事项。12月17日，研究区工商联（商会）换届、召开共青团洛江区第三次代表大会、规范区直机关福利补贴的实施办法、优化小学教职工队伍的意见等事项。

2005年区委常委扩大会召开11次。1月11日，研究《2004年国民经济和社会发展计划执行情况及2005年计划（草案）的报告》《2004年财政预算执行情况和2005年财政预算（草案）的报告》《2005年区政府工作报告》及区重点建设项目、为民办实事项目等事项。2月24日，研究深化保持共产党员先进性教育活动、制定《加强农业和农村工作的意见》《洛江区人口和计划生育工作责任追究预警告暂行规定》等事项。8月11日，研究成立洛江区综治工作协会、区文学艺术界联合会、双阳“镇改街道”工作、滨江大道建设等事项。12月19日，研究区委《关于制定泉州市洛江区国民经济和社会发展第十一个五年规划的建议》、成立区委教育工委和纪工委等事项。12月30日，研究2006年政府工作报告、区级重点建设项目、为民办实事项目、实施新一轮乡镇（街道）财政预算管理体制、区城市建设开发有限公司改制、马甲动植物观赏园租赁经营、成立九三学社泉州市洛江区支社委员会、民盟泉州市洛江区总支部委员会等事项。

2006年区委常委扩大会召开7次。1月24日，研究《泉州市洛江区国民经济和社会发展“十一五”规划纲要（草案）》《2005年国民经济和社会发展计划执行情况及2006年计划（草案）的报告》《2005年财政预算执行情况和2006年财政预算（草案）的报告》等事项。3月10日，研究区委、区政府《关于加快推进社会主义新农村建设的实施意见》等事项。4 月 30 日，研究县乡党委换届选举筹备工作、双阳华侨农场改制改革和落实侨务政策等事项。11 月 29 日，研究 2007 年政府工作报告、区重点建设项目、为民办实事项目、2006 年国民经济和社会发展计划执行情况及 2007 年计划（草案）的报告、2006 年财政预算执行情况和 2007 年财政预算（草案）的报告、区三届人大一次会议、政协三届一次会议和乡镇人大换届等事项。

2007 年区委常委扩大会召开 12 次。2 月 2 日，研究区新型农村合作医疗方案。8 月 10 日，研究关于加强流动人口管理服务工作的实施意见、区“十一五”期间社会主义精神文明建设规划、区慈善会成立筹备工作、成立区老科技工作者协会、成立民革洛江区支部、致公党洛江区支部有关事宜。12 月 24 日，研究召开区三届人大三次会议、区政协三届三次会议、2008 年区重点建设项目、区为民办实事项目及建立社会治安综合治理和平安建设工作责任查究制度的规定等事项。

第五节 重大决策

一、人才引进

1997 年 12 月 17 日，区委、区政府出台《关于加快泉州市洛江区人才引进工作的暂行规定》。引进的人才是洛江区社会经济建设和发展所需的高、中级人才及其他特殊技能者，包括海外专家学者、出国留学学成人员。重点引进携带高科技项目、高新技术的专业技术人员，有真才实学和丰富经验的行政管理人员、经营管理人员及其他高级专业技术职务人员。人才引进采用调动、借用、停薪留职、辞职等形式，也可以采用智力流动形式、技术转让、技术咨询、技术推广和技术入股等创办、兴办、联办多种企业。人才引进到国有企业、事业单位工作人员的工资待遇就高不就低。到非国有企业单位工作，工资待遇由用人单位与引进人员根据不同的人才层次和贡献从优商定，由人才交流中心协调确定。在洛江区从事科研开发及推广满 10 年者，有突出贡献并纳完社会保险金的，符合退休条件，经人事部门审核，可按个人档案工资 100% 发给退休养老金。引进人员的配偶及未参加工作的子女可随调；身边无子女的，可随调一个已工作的子女。随迁的家属、子女原则上由用人单位负责安排就业，符合招干、录聘用条件的，在同等条件下优先解决。具有中级以上专业技术职称的引进人员的家属和未成年子女属农村户口的，迁入后由人事部门向上级有关部门申请给予办理“农转非”手续。子女转学入学，由教育部门给予优先安排就学。子女不受城市人口指标限制，免交城市增容费，凭人事部门调动证明到公安、粮食部门办理户粮手续。个人落户于人才交流服务中心集体户，家庭落户于万安街道派出所。

二、科教兴区战略

1999 年 9 月 26 日，中共泉州市洛江区委召开一届四次全体（扩大）会议，研究部署洛江科教兴区工作，审议通过《关于加快实施科教兴区战略的决定》。洛江区委把科教兴区摆在现代化建设关键战略位置，在全面完成“九五”期间科教兴区各项任务的基础上，至 2005 年科技创新能力和科技成果转化率有较大提高，科技进步对经济增长贡献率达到 55%，高新科技产值占工业总产值比重达 24% 以上；在提高义务教育质量的基础上，基本普及高中阶段教育，发展职业技术教育和成人教育，高等教育入学率达到 10%，教育发展主要指标达到全市中等水平。推进技术创新，培育 30 家技术创新示范企业。企业 IS09000 质量认证达到 20 家以上。发展高中阶段教育，支持高等教育，高中阶段在校生规模翻一番，办好一所示范性、高水平的普通高中。新办 1 所职业中学或职业中专。把“乡土人才”培养与外地人才引进有机结合起来，培养造就一批优秀的科学技术人员、教育工作者、企业家和党政领导干部。人才队伍规模达到 8000 人。高层次人才占专业技术人员的比重从目前不足 1% 提高到 4% 以上。调整优化科技、教育结构布局，推进科教产业发展。发展民营科技企业和民办、侨办教育。围绕区支柱产业、基础产业和重点项目，利用沿海接受国外科技产业循环发展的前沿优势，研究、开发、推广一批在全国同行业领先的共性技术和关键技术。重点实施工业高新科技攻关项目5项，技改项目50项，开发新产品40项，主要工农业产品80%以上采用国际或国外先进标准，培植年销售额超亿元的高新技术企业或企业集团3家。普及推广农业标准化，扶持建设10家科技含量高的农业产业化龙头企业；培育一批绿色名牌产品，建好2个省级科技示范乡镇，1个市级星火技术密集区；建成3个现代农业示范乡镇；完善区、镇、村三级农业科技推广体系和农民教育培训网络，培训1000名农民技术人员。依靠科技进步，加强资源的合理开发和生态环境的有效保护，推广清洁生产、节能降耗、绿色环保、废弃物利用等公共技术，加强严重危害人民健康的常见病、多发病、传染病防治技术的研究和推广运用，提高人民生活质量和健康水平。加强灾害监测、预报与防治等相关技术的开发和推广应用，加强五大防御体系关键技术的研发，增强防灾减灾抗灾能力。建设市、区级可持续综合实验区和康居示范住宅小区，实现经济、社会协调发展。

三、“四加快一提高一加强”发展战略

2001年9月，区委提出“四加快一提高一加强”总体发展思路：加快工业化步伐，千方百计增加经济总量；加快城市化步伐，推进城镇建设；加快农业结构调整步伐，推进农业产业化进程；加快社会事业发展步伐，促进两个文明协调发展；提高人民群众生活水平，实现广大人民的根本利益；加强和改进党对各项工作的领导，为加快发展提供坚强的组织保证。

四、实行领导干部任职试用期制度

2003年3月，洛江区根据中组部关于《党政领导干部任职试用期暂行规定》的有关精神，试行党政领导干部任职试用期制度。2005年5月30日，中共洛江区委员会决定实行领导干部任职试用期制度。新提拔非经选举产生和依法任命的区管副科级领导干部，包括由非领导职务转任上述领导职务的干部。领导干部任职试用期1年。由区委决定任职的，试用期从区委发出试用任职通知之日起计算；需由区委向有关任免机关提名任命的，自任免机关任命之日起计算。领导干部在试用期间，履行所任职务的职责，享受相应的政治和工资待遇。试用期满后，由区委组织部按照《党政领导干部考核工作暂行规定》对领导干部进行考核。经考核评定为称职的，办理正式任职手续，试用期计入任职时间；经考核认定为不称职的，免去试任职务，一般由干部提任前所在单位按试用前原职级安排适当工作，或根据实际情况处理。在正式任职或免去试任职务前，由区委领导或区委组织部领导进行谈话。

五、农村税费改革

2003年，洛江区经省、市同意，区委、区政府决定，根据《中共福建省委、福建省人民政府关于全面开展农村税费改革试点工作的通知》《福建省人民政府办公厅关于泉州市农村税费改革试点实施方案的复函》等有关文件精神，在全区范围内全面进行农村税费改革试点工作。在省、市财政转移支付和部分支出由区级负担以及各地精简机构和人员、压缩开支、自我消化的基础上，加快区域经济发展，调整支出结构，确保农民负担得到明显减轻、不反弹，确保乡镇机构和村级组织的正常运转，确保农村义务教育经费正常需要。立即停止征收乡统筹费、村提留费、教育集资等专门面向农民征收的行政事业性收费和政府性基金、集资。对2003年后已经向农民收取的2003年度乡统筹、村提留和教育集资，要依照国办发〔2003〕85号文件要求，必须于2003年12月31日前如数退还给农民。要立即暂停清收农村税费改革前的农民税费尾欠，对有困难的农民给予减免照顾。

六、社会主义新农村建设

2006 年 4 月 26 日，区委、区政府制定《关于加快推进社会主义新农村建设的实施意见》。按照统筹城乡发展的要求，工业反哺农业、城市支持农村和“多予少取放活”方针，以增加农民收入为主线，以提高农民素质为核心，以整治农村人居环境为切入点和突破口，以加强基层组织建设为保障，推进农村经济和社会事业发展，把广大农村建设成生产发展、生活宽裕、乡风文明、村容整洁、管理民主的社会主义新农村。通过“十一五”建设，实现全区农业总产值达 5.65 亿元，年均增长 20%。农民人均纯收入达 7500 元，年均增长 7% 左右；农村居民恩格尔系数≤ 40%，农民文化娱乐支出比重≥ 7%，农民生活信息化程度≥ 600%，农村居民基尼系数 0.3—0.4，农村新型合作医疗覆盖率 100% 以上，农村人口平均预期寿命≥ 75 岁。50% 乡镇建成市级以上文明乡镇，30% 村建成区级以上文明村，35% 以上的农户为文明农户；农村年均人口出生率≤ 14.2%，年均自签增长率≤ 9%；实现免费、高水平、高质量普及九年义务教育。全区森林覆盖率保持在 62% 以上，环境质量指数达到 85 分，农民居住质量指数≥ 75%。无害化卫生户厕普及率提高，有垃圾箱、垃圾转运场、无害化公厕等环卫设施，卫生管理队伍健全。乡村排水排污系统畅通，垃圾清运率达 70% 以上。党员先锋模范作用突出，60% 以上的乡、村党组织达到（“五个好”）目标要求。村级民主选举、民主管理、民主决策和民主监督制度健全，全面推行村务决策听证工作，农民对村务公开的满意度达 90% 以上。

第三章 纪检 监察

第一节 机构

一、领导机构

1997 年 9 月，经中共泉州市委批准，成立中共泉州市洛江区纪律检查委员会（属中共泉州市洛江区委员会统一领导的副处级机构）、泉州市洛江区监察局，行政编制 14 名，1998 年 7 月，内设办公室、纪检监察室、案件审理室、信访室（行政监察机关举报中心）、执法监察室、宣传教育室、党风廉政建设室（纠风办），下辖事业单位区党风廉政教育中心，编制 3 名。2002 年 12 月，经区委、区政府批准，设立机关效能建设领导小组办公室（挂机关效能投诉中心牌子），核定事业编制 3 名，至 2007 年区纪委机构编制不变。

1997 年 11 月 12 日，在中共泉州市洛江区第一次代表大会上，选举黄志捷为洛江区纪律检查委员会书记；2002 年 11 月 28 日，在中共泉州市洛江区第二次代表大会上选举朱清辉为洛江区纪律检查委员会书记；2006 年 7 月 20 日，在中共泉州市洛江区第三次代表大会上选举林荣忠为洛江区纪律检查委员会书记。

1997—2007 年中共洛江区纪律检查委员会委员领导成员名表

表 15-3-1

届别	职务	姓名	性别	任职时间
第一届（1997 年 11 月至 2002 年 11 月）	书记	黄志捷	男	1997 年 8 月至 2002 年 11 月
	副书记	郑钟琼	男	1997 年 11 月至 2002 年 4 月
		黄志强	男	1998 年 4 月至 2002 年 11 月
第二届（2002 年 11 月至 2006 年 7 月）	书记	朱清辉	男	2002 年 11 月至 2006 年 7 月
	副书记	黄志强	男	2002 年 11 月至 2006 年 7 月
		苏少波	男	2002 年 11 月至 2006 年 7 月

续表 15-3-1

届别	职务	姓名	性别	任职时间
第三届（2006 年 7 月起）	书记	林荣忠	男	2006 年 7 月起
	副书记	黄志强	男	2006 年 7 月起
		苏少波	男	2006 年 7 月起

二、派驻机构

2004 年 9 月，根据省、市纪委文件精神，区委下发《中共洛江区委员会关于派驻区直机关纪检组有关问题的通知》，在多个重要部门设立派驻纪检组，加强对派驻单位日常工作的监督。同期，区纪委向区政府办、经贸发改局、劳动和社会保障局、建设局、交通局、林业局、教育局、卫生局、审计局、财政局、法院、检察院 12 个单位派驻纪检组，由区委组织部任命 12 名纪检组长。同期，区纪委设立党群、宣传、政法、政府口、经贸、农口 6 个区直系统纪委，由系统专职副书记兼任系统纪委书记。此外，区公安分局、工商局、国税局、地税局均成立非派驻单位纪检监察机构，配有 1 名纪委书记和 3 名纪检组长。

三、基层机构

1997—2007 年，全区 6 个乡（镇、街道）均成立纪律检查委员会，配有纪委书记。

第二节 纪检工作

一、领导干部廉洁自律

1997—2007 年，贯彻《中国共产党领导干部廉洁从政若干准则》、“四大纪律、八项要求”、中央规定的“五个不许”、市委“十不准”等廉洁自律规定，规定领导干部的从政行为。1998 年 6 月，全面完成公费移动电话、摩托车清理工作，清理移动电话 89 部，摩托车 174 辆，收回违控罚款和拍卖款 54 万多元。2003 年，印发《洛江区廉政谈话制度（试行）》。至 2007 年底，区纪委领导干部同下级党政“一把手”谈话 41 人次，实施诫勉谈话 15 人，对 115 名拟提拔的科级干部进行任前谈话和任前廉政知识测试。开展处级干部配偶子女从业清理，防止领导干部家属利用领导干部职权或职务上的影响牟取不正当利益；开展科级以上干部因私因公出国（境）护照清理登记工作；实行领导干部收入登记制度和个人重大事项报告制度，落实礼品登记制度，对 35 人清退用公款为个人购买的商业保险 2.08 万元。

二、违纪违法案件查处

1997—2007 年，立案查处违法违纪案件 183 件，给予党政纪处分 182 人。加强信访举报工作，受理来信来访、举报电话 757 件次。开展治理商业贿赂专项工作，查结商业贿赂案件 11 件。在执纪办案中，加强组织协调，促进司法机关、行政执法部门各司其职、通力协作；严格依纪依法，规范办案程序，提高办案质量，推进一案一整改工作；稳步推行案件协审制度，提高乡镇纪委办案质量与效率。

三、信访举报跟踪落实

1997—2007年，采取“座谈寻访、定点接访、流动下访”的“三访”新举措，从源头上抓矛盾纠纷排查化解，化解基层信访问题。修订《洛江区基层纪检监察信访举报工作2006—2008年目标管理的考评项目及评分标准》和《洛江区基层信访举报材料立卷归档要求》，明确信访举报工作任务、落实信访举报工作责任，推动信访举报工作职能全面发挥，定期跟踪了解下转信访件办理情况，审核上报、回音材料，不符合要求马上退回，以维护广大人民群众的利益为出发点和立脚点，与人民群众的联系和沟通，为民排忧解难。

四、纠风治乱

1997—2007年，坚持标本兼治、纠建并举，推进农村义务教育经费保障机制改革，促进义务教育均衡发展；加强督促检查，保证农村义务教务免收学杂费等政策的落实，减轻贫困学生家庭负担；规范普通高中和高等院校收费行为，查处和纠正乱收费行为8起，处理党员干部3人。纠正医药购销中的不正之风，强化农村卫生所、个体诊所药品代购管理，推行基层卫生院、村卫生所、个体诊所药物统一采购制度。落实农村税费改革政策和减轻农村负担“四项制度”，重点查处涉农负担案件，查处挪用税改专款人员1名，给予党纪处分。治理土地征用、房屋拆迁、企业改制、环境保护、农民工工资支付等方面侵害群众利益的问题。民主评议政风行风范围拓展到41个部门，“政风行风直通车”“行风热线”等舆论监督的影响日益扩大。2006年11月在全市率先举办《行风热线》《政风行风直通车》走访农村活动，市水利局、农业局，洛江区公安分局、卫生局、教育局等24个部门的“一把手”在洛江区马甲镇文化站广场“摆摊设点”，接受群众的咨询或投诉。两个半小时内，现场共接待群众500多人，受理88件咨询投诉件，现场接听热线电话30个，短信24条，当场为民办实事5件。

五、构建惩治和预防腐败体系

2004年起，贯彻《全面推进依法行政实施纲要》和《行政监察法实施条例》，以构建惩治和预防腐败体系为目标，围绕规范权力运行、健全市场机制、完善中介组织深入推进制度建设，拓展源头防治工作领域。促进公共权力规范运行，明确村务公开内容、时间、形式和程序。2007年4月，洛江区行政服务中心成立，归集25个行政机关单位进驻服务中心，集中办理333项行政审批项目，其中14个部门设立专门窗口，11个部门归入综合窗口，审批时限大幅缩减。促进市场机制健全完善，规范招标投标违法行为，出台《关于进一步加强建设工程项目招投标监督管理的通知》《关于加强建设工程项目变更签证和（预）结算审核管理的通知》和《国有土地使用权招投标拍卖挂牌出让工作的通知》等相关文件，健全招标投标制度，节省大量建设资金。同年，对各乡镇、街道2003年后《福建省村集体专用收款票据》管理使用情况进行“回头看”，收缴票据150本，督促有关村补入账金额82105元。加强对政府采购活动的监督，2003年《中华人民共和国政府采购法》实施以后，政府采购实际成交额为5279.02万元，节约资金5178万元。开展清理纠正国家机关工作人员和国有企业负责人投资入股矿山问题工作；参与公务员考录、事业单位工作人员考聘、优化小学教师队伍、招生等工作的监督；加强对救灾资金和“菜篮子”工程财政补贴使用管理情况的监督检查，确保资金及时划拨到位，专款专用。参与12起安全事故的调查处理，确保责任追究到位。

六、党风廉政建设责任制

1999年后，制定出台《关于实行党风廉政建设责任制的实施意见》《区委区政府领导班子成员实行党风廉政建设责任制的责任范围及主要任务分工》《关于贯彻省委反腐倡廉工作“六个机制”实施意见》《洛江区贯彻〈建立健全教育、制度、监督并重的惩治和预防腐败体系的实施纲要〉的意见》以及《洛江区党风廉政建设责任预警告暂行规定》。对党风廉政建设责任制的主要目标任务进行分工，把党风廉政建设各项工作任务细化分解到领导班子成员和各有关部门，区委书记、区长分别与乡镇、街道和单位一把手签订党风廉政建设责任书。每年召开党风廉政建设责任制报告会，采取定期检查、重点抽查、年终考核的办法，并将考核结果作为业绩评定、奖励惩处、选拔任用的重要依据。

七、机关效能建设

1997—2007 年，制定《洛江区效能督查工作制度》，协同区委办、区政府办督查室加强对区重点建设项目、为民办实事项目、工业区促投建工作、防抗台风、防控高致病性禽流感、社会治安重点整治以及政务公开等工作的落实情况的专项督查。2000 年 3 月，区委、区政府出台《关于进一步改进机关作风提高工作效率的决定》，2002 年 4 月区委下发《关于加强作风建设的意见》。2003 年投诉中心成立后，至 2007 年底，受理效能投诉 131 件，给予效能告诫 13 人次，诫勉教育 26 人。

八、基层党风廉政建设

1997—2007 年，推进廉政文化进农村示范点建设，成立河市镇南塘村、万安街道杏宅社区、马甲镇新庵村等廉政文化示范点，通过以点带面，促进基层党风廉政建设取得新成效。2006 年 6 月，区委、区政府出台《关于加强廉政文化建设的实施意见》。创新党员干部廉政文化建设内容，树立“预防职务犯罪净化发展环境”公益广告牌，增强人民群众守法观念，推进治腐抓源头工作。拓展廉政文化建设领域，推进廉政文化进机关、进校园、进家庭、进企业、进农村活动，通过文艺会演、写春联等群众喜闻乐见的方式宣传党风廉政建设、普及廉政文化。

九、反腐倡廉宣传教育

1997—2007 年，开展党纪国法、廉洁自律教育，综合运用广播、电视、报纸、网络等新闻媒体，强化反腐倡廉舆论宣传，开展廉政文化建设活动，通过编印警示教育读本、通报典型案例、谱写廉政歌曲、设立廉政教育书库和电教片库、建立警示教育基地、创作廉政公益广告、举办知识竞赛、观看电教片、开设廉政书画展等多种形式营造崇尚廉洁的社会氛围。强化党内监督，贯彻党内监督条例，加强对民主集中制执行情况的监督检查，抓好领导干部个人有关事项报告、民主生活会、述职述廉等制度的落实。开展廉政教育，开展以“以廉洁奉公、执政为民”为主题的（“八个一”）宣传教育月活动，在“两节”期间开展“清正廉洁过新年”系列活动，在全区范围内开展领导干部“每月一文一警”读书思勤廉活动和开展学习“格言警句”体会征文活动。注重发现和培养正面典型，树立马甲镇义山村刘平梅、双阳街道林瑞英等“勤廉兼优”先进典型，多角度、多渠道开展示范教育活动，弘扬正风正气，抵制歪风邪气，启迪和激励广大党员干部勤政为民、廉洁从政。

十、纪检监察机关干部队伍建设

1997—2007 年，开展“做党的忠诚卫士、当群众的贴心人”主题实践活动，加强纪检监察机关干部思想、组织、作风、纪律和业务建设。加强机关规范化建设，强化内部管理和监督，修订、完善多项制度；开展以基层纪委规范化建设为载体的纪检监察工作综合考核，促进基层全面推进党风廉政建设和反腐败工作，主动监督。2004 年 9 月 1 日，洛江区委印发《中共洛江区委员会关于派驻区直机关纪检组有关问题的通知》，决定在区政府工作部门派驻纪检组。同年出台《中共洛江区委员会关于对区派驻纪检组实行统一管理的意见》，区直纪检组由区纪委和驻在单位双重领导改由区纪委直接领导，规范区直派驻纪检组的管理，加强对纪检组驻在部门的监督。加强机关干部的履职能力建设，为推进洛江区反腐倡廉建设提供组织保障。

第四章　组织建设

第一节　基层党组织建设

一、基层党建

（一）农村党建

1997—2007 年，推行村党支部“两推一选”、村委会“直选”办法，选好配强村级组织班子成员，优化班子结构。1999—2007 年，全区整顿转化不适应村 52 个，6 万多名群众得到实惠。建立村务公开民主管理工作制度，推行村集体会计委托代理、村务决策听证制度，开展党务公开工作，深化村务公开民主管理示范单位创建活动，落实基层群众的知情权、选择权、参与权和监督权，推进基层民主政治建设。2000 年起，在全区推行党建工作流动红旗和黄牌警告制度。2002 年 1 月起，村（居）主干固定补贴为每人每月 400 元，兼任者不得兼酬。筹集资金 1500 多万元，新建（翻建）村部 24 个，新装修村部 36 个，新增设、配套党员活动室 42 个，新成立各类活动中心 45 个，全区村级组织 100% 实现有址办公。2003 年，深入实施农村党的建设“三级联创”活动，落实基层党建工作责任制。2006 年 6 月起，组织实施以堡垒工程、农村党支部书记工程、示范工程、先锋工程、民心工程、城乡互动工程、帮扶工程等为内容的“新农村党建系列工程”，开展创建（“五个好”）乡镇党委和村级党组织活动，培育先进基层党组织和“五个好”乡镇党委、村党组织 127 个，其中省级 5 个，市级 30 个，区级 92 个。7 月，80 个村（居）实行“两推一选”，占应换届村（居）数的 94.1%，比上届增加 9.6 个百分点。新一届党组织班子成员 289 名，其中下派驻村任职干部 7 名，新进班子的 80 人，占 27.7%；班子成员平均年龄 41.8 岁，同比下降 1.1 岁；学历中专（高中）以上文化程度的 212 人，占 73.4%，同比提高 18.3%；妇女干部 51 人，占 17%，同比提高 4.4%；致富能手 92 人，占 31%，同比提高 1%。

（二）街道社区党建

1998—2007 年，围绕争创城市党的建设工作先进区目标要求，成立街道社区党建共建工作联席会议，落实工作责任，深入开展城市党的建设“三级联创”活动。坚持以服务群众为重点，组织开展社区无职党员“设岗定责”“四联四带”“党员六在前”“党员在社区，服务在社区，奉献在社区”等活动，发挥党员联系和服务群众的作用。精心实施育民工程、暖心工程、健康工程、乐民工程、美化工程和安民工程等“六项工程”，构建和谐文明社区。建立完善社区党建示范点投入机制，促进社区党建工作，培育万福、琯头、阳山、新岭 4 个社区党建示范点。

（三）“两新”组织党建

1997 年，洛江区新经济组织和新社会组织发展迅速，区委组织部重视抓“两新”组织党建工作，抓好党组织的设置、发展党员、群团组织工作。1998 年，区委下发《关于加强新经济组织党建工作的意见》，建立各项工作机制，开展新经济组织、新社会组织党建工作。当年组建大华蓄电池有限公司、仙公山管委会 2 个党支部。

1999—2000 年，贯彻落实全市新经济组织党建工作经验交流会和全省非公有制经济组织党建工作经验交流会精神，推动新经济组织党建工作上新水平。着重抓好产值超 500 万元的新经济组织的党组织组建工作，新组建南方机械、新华针织 2 个党支部，新发展党员 6 名。

2001—2002 年，贯彻《福建省非公有制经济组织党建工作暂行规定》，新组建信和涂料、海滨服装 2 个党支部，新发展党员 6 名。

2003 年，区委组织部在全区“两新”组织党组织中开展党建工作活动月。本着“优势互补，互促共进”的原则，选择 15 个区直机关党支部与“两新”组织党组织开展结对联建创“十佳”（班子选配佳、宣传教育佳、制度执行佳、党员素质佳、群团配套佳、合作共事佳、作用发挥佳、发展党员佳、活动载体佳、档案管理佳）活动，推动结对双方组织、人才、信息、产业等方面资源的良性互动，形成区直机关党建与“两新”组织党建工作相互促进、共同提高的工作格局。新组建天祥工艺、建峰包袋、泉美园艺、新春印刷厂 4 个党支部，全年新发展党员 10 名。

2004 年 3 月，中共洛江区委非公有制企业工作委员会成立，作为负责非公有制企业党建工作的常设机构。行政编制，挂靠区委组织部，按正科级配备，设书记 1 名、副书记 1 名；党工委下设非公有制企业党员活动中心，事业编制，正股级，设主任 1 名，工作人员 1 名。建立区党员领导挂钩联系 45 家非公有制企业党建工作制度，加大对联系点的培育力度。成立新经济组织党建工作联席会议制度，设置办公室，抽调人员集中办公。制定印发《洛江区 2004—2005 年非公有制企业党建工作规划》，下发《关于进一步提高非公有制企业党建工作整体水平的若干意见》，从区、镇两级机关选派 97 名党员干部担任非公有制企业党建工作指导员，编发《洛江区非公有制企业党建工作指导手册》，印制“非公有制企业党建工作指导员联系服务卡”。组织实施“50100”计划，全年新组建明日艺品、艾博礼品、赛特电源、艺盛礼品、南洋艺品、凹凸精密机械、雅兴家庭用品、伟宝时装、秉兴工艺、腾达精铸、思莹工艺、双阳金刚石工具、建文工艺、和诚鞋业、大华蓄电池、华邦电子、汇成针织、信联织造 18 个党支部，并成立大华集团有限公司党委。全年新增党员 156 名。

2005—2006 年，新组建丰达工艺、精致工艺玩具、东华（泉州）洋伞、泉通轻工、新维电子、世为鞋业、美尔奇工艺实业、日星艺品、明达包装制品、明益五金电器、华岩石业、海都轻工、胜泉（泉州）工艺、英凯制衣、恒泰鸿伟鞋业、英凯制衣、丰泰鞋业、银艺（泉州）工艺、德盛工艺礼品、新利来鞋厂 20 个党组织，新增党员 129 名。

2007 年，从区委组织部、各乡镇（街道）党员干部和区管副科级后备干部中选派第二批党建工作指导员，开展区直机关党组织与区非公有制企业党组织结对联建创“十佳”活动。新组建恒盛汽车销售、亚伦工艺品、旭峰鞋业、德盛包装、德信织造、百发工艺美术、丰勤电子、维龙（泉州）轻工、嘉辉胸罩服装、诺亚树脂、诚裕服装、华大织带、东艺雕刻、众志金刚石工具、和汉纽扣塑胶制品、肯特礼品、大兴电线电缆、豪鑫制衣、宏恩食品、建文艺品、健胜家具、友诚塑胶、金山扣具、兴达纸品、波司登体育用品、洪梅艺品、嘉华卫生用品、荣兴食品、荣祺食品、德源轴承实业、佳晟轻纺制品、洋和轻工、龙强箱包、全兴机械制品、超盛鞋业、永盛鞋塑、金泰利鞋服、金奇宝鞋塑、意达鞋业、豪德盛鞋业、翔实鞋业 41 个党组织，新增党员 202 名。实现市委规定的规模以上非公有制企业党组织全组建的目标，实现“三个 100%”（全区有 3 名以上党员的企业 100% 建立党组织，规模以上非公有制企业 100% 组建党组织，单独组建率 100%。至 2007 年 12 月，全区设街道非公企业党委 2 个，配备副科级专职副书记 2 名。全区建立“两新”组织党组织 97 个，党员 425 名，其中新经济组织党组织 98 个，党委 2 个、党支部 96 个，党员 390 名；新社会组织党组织 6 个，其中党总支 1 个，党支部 5 个，党员 70 名。

二、区级机关党建

1997 年，党委会组织开展以“三讲”（讲学习、讲政治、讲正气）为主要内容的党性党风教育活动。

1998年，遵照中共中央和区委的部署，组织区级机关党员干部深入学习邓小平理论。2001年，组织机关党员干部参加“三个代表”重要思想教育活动。通过举办形式多样的培训班、辅导班、专题报告、讨论会，促进参学对象深入学习邓小平理论和“三个代表”重要思想，践行“立党为公、执政为民”宗旨。2004年，组织区级机关党员干部学习《保持共产党员先进性教育读本》《江泽民论加强和改进执政党建设（专题摘编）》和胡锦涛在新时期保持共产党员先进性专题报告会上的重要讲话，进行党性、党风、党纪和科学发展观教育，促进共产党员永葆先进性。

1997—2007年，开展创“三优”（创优质服务、树优良作风、当优秀公仆）、“创五好支部、建文明单位、当人民公仆”“驻村入户办实事”“五建五创”等活动，推动机关工作作风的转变，提高机关党员形象。每年选择一批机关先进党组织及省、市驻洛单位党组织与非公有制企业党组织开展结对联建创“十佳”活动，通过思想教育联做、党建工作联抓、主题活动联办、服务群众联动，达到互促共进的效果。全区34家非公有制企业党组织与机关党组织结对联建，深入企业、村（社区）和中小学开展扶贫解困活动近100场次，走访慰问生活困难党员、职工和贫困学生550多人次，帮助解决各种困难和问题1200多个。建立调查研究、挂钩联系、信息交流和党委书记联席会议等机关党建联系点四项工作制度，探索建立“系统带动、上下联动”的机关党建工作格局，推进机关党的建设“三级联创”深入开展，提升机关党建服务全局、走在前头的工作能力和水平。

三、学校党建

1997—2007年，以“建一流支部班子，带一流教师队伍，创一流工作业绩”为工作目标，把学校党建工作与学校办学目标、群团工作结合起来，与学校的师德教育、科学管理结合起来，抓好学校党组织自身建设、党员队伍建设及工会、共青团、学生会等配套组织建设。注重在青年教师、业务骨干、教学能手中培育“苗子”，引导青年尽快成长成熟，吸收在学校教育教学及管理中发挥着骨干作用的青年教师加入党组织。开展“四比”（比学习、比工作、比团结、比奉献）、“五带头”（带头学习政治、带头钻研教学业务、带头开展教育科研、带头提高师德修养、带头关心师生员工）、“一位党员是一面旗帜”党员挂牌上岗、“同心圆”捐资助学等主题活动。至2007年底，全区中小学校设立党总支2个，党支部15个，党员448人。

四、“创先争优”活动

开展创先争优活动作为党内一项基本制度，一般每5年集中开展2至3次表彰。1997—2007年，全区推荐表彰区级及以上先进基层党组织97个，优秀共产党员123名，优秀党务工作者71名；其中，推荐市委表彰先进基层党组织25个，优秀共产党员20名，优秀党务工作者16名；推荐省委表彰先进基层党组织4个，优秀共产党员3名，优秀党务工作者4名。

第二节　党员队伍建设

一、党员发展

2001年10月始，重点抓好发展新社会阶层人员入党、试点工作理论研究以及入党申请人队伍的发展壮大等工作。2003年起，在全区整顿连续三年未发展党员农村党支部，整顿转化17个连续三年未发展党员的村党支部。严格执行发展党员测评、预审、公示、票决和责任追究等五项制度，探索实行发展党员约谈、提示、通报等制度，提高发展党员工作质量，增强基层党组织抓发展党员工作责任意识。总结借鉴在新的社会阶层中发展党员试点工作经验，通过各级领导挂钩联系、下派党建指导员、机关党组织与非公企业党组织“结对联建”“党员五在前”主题实践活动等途径和形式，做好在新的社会阶层发展党员工作，尤其是在私营企业主中发展党员工作。2004 年 2 月 27 日，全省非公有制经济组织发展党员工作座谈会在洛江区召开，全省九个设区市和丰泽区、洛江区、泉港区、德化县 4 个县区在会上汇报交流非公有制经济组织发展党员工作调研成果。1997—2007 年，全区新发展党员 1642 人，其中女党员 531 人，少数民族党员 51 人，大专以上文化程度的 1330 人，35 岁以下的 885 人。

二、党员教育

1997—2007 年，在全区党员中开展“讲学习、讲政治、讲正气” “三个代表”重要思想集中教育活动、保持共产党员先进性教育活动。贯彻落实中央办公厅、省委党建工作领导小组、市委先进性教育活动领导小组印发的以及区委先进性教育活动领导小组转发的保持共产党员先进性长效机制文件精神，总结推广好的经验做法，查找存在问题，提出改进意见，拓展整改工作，完善相关制度，健全完善保持共产党员先进性四个长效机制，巩固和扩大先进性教育活动成果，推进党的先进性建设。落实“三会一课”制度，加强党员教育培训，健全党员教育管理机制。

三、党员动态管理

1998—2007 年，构建以流入地党组织管理为主、流出地和流入地党组织密切配合共同负责的双向动态管理模式，在各乡镇（街道）成立流动党员服务中心，加强和改进流动党员教育管理，100% 的流动党员持有活动证，城乡一体的党员动态管理机制逐步建立。探索发挥党员先锋模范作用的途径和办法，在机关党员中坚持开展驻村活动，在农村党员中深入开展“实践‘三个代表’、推进洛江发展”、百名农村党员帮扶百户困难户、无职党员设岗定责等活动。2007 年始，在全区开展建设新农村“百组千名”党员行动，3300 多名党员加入 450 个党员行动小组，走访群众 3650 多户，形成帮扶对子 1320 多对，帮助基层解决 860 多万元发展资金，帮助广大群众解决 251 个热点难点问题。

四、党员帮扶

2007 年起，实行党员区领导、机关党支部结对帮扶困难党员制度，24 名党员区领导、48 个机关党支部与 48 名困难党员结对帮扶；各乡镇（街道）党政领导班子成员分别与 172 名困难党员结对帮扶。全区结成各种帮扶对子 220 对。

第三节 干部管理

一、干部任用

1997 年 8 月建区时，除属地乡镇、学校、卫生院人员不动外，从原鲤城区机关事业单位调到洛江的干部职工 515 人，其中机关干部（含两院）169 人，科级干部 62 人。8—12 月，提拔干部 32 人充实各有关科级领导班子。2002 年，结合党政机关机构改革和乡镇（街道）领导班子换届，调整交流干部 76 名，对于 1947 年 7 月 1 日以前出生的男干部和 1952 年 7 月 1 日以前出生的女干部实行离岗待退。2003 年，结合乡镇（街道）领导班子换届“回头看”工作，调整交流干部 31 名，提拔 33 名。2004 年，提拔 54 人，其中 35 岁以下的 30 人，占 55.6%；大专以上学历 51 人，占 94.4%；妇女 6 人。同年，首次开展干部任用票决工作，对4名乡镇党政正职拟任人选进行票决，扩大选人用人工作中的民主作用。2006年，乡镇换届考核，对乡镇党委、人大、政府领导班子成员人选实行全面定向推荐，全面考察全区48个区直单位和6个乡镇（街道）领导班子290名科级干部，98名区管后备干部人选德才表现，全年提拔25名干部，分别于7月、12月召开区第三次党代会和区三届人大一次会议、区三届政协一次会议，完成换届选举各项工作任务。2007年，提拔调整干部64人，其中提拔干部30人。区直机关与乡镇（街道）之间交流13人，党政机关与人大、政协机关之间交流6人。

二、乡（镇、街道）干部选拔任用

1999年，洛江区乡镇（街道）领导班子换届选举，按照“优化结构，配齐配强乡镇领导班子；选贤任能，选拔优秀年轻干部；突出重点，选准配强党政‘一把手’；相对稳定，保证镇（乡、街道）工作连续性；合理交流，增强领导班子活力”的调配原则。10月，乡镇（街道）党委换届选举；12月，乡镇（街道）人大、政府换届选举（调整），6个乡镇（街道）选出（调整）新一届领导班子成员75人，平均年龄35.1岁，比换届前下降2.3岁，35岁以下40人，占53.3%；大专以上学历55人，占73.3%，比换届前提高15.5个百分点；妇女6人，占8%。全年提拔干部40人，其中35岁以下23人，占57.5%；大专以上学历33人，占82.5%；妇女4人；非中共党员2人；少数民族1人。2002年，乡镇换届，乡镇新一届领导班子成员平均年龄35.5岁，比换届前下降1.4岁，35岁以下39人，占51.3%；大专文化程度60人，占78.9%；女干部6人；少数民族干部7人。全年共调整交流干部20名，提拔5名。2006年5月，乡镇党委（街道）领导班子换届选举，新一届乡镇党委班子成员39人，平均年龄35.6岁，比换届前下降1.4岁，其中35岁以下26人，占66.7%；大专以上学历36人，占92.3%；妇女2人；少数民族干部1名。12月，完成乡镇人大、政府换届工作，新一届班子结构更趋科学合理，乡镇政府班子成员24人，平均年龄37.5岁，35岁以下7人，占29.2%；大专以上学历23人，占95.8%；妇女2人；非中共党员1名；票决产生5名新任乡镇党政正职的领导干部。

三、干部考核

1997年起，根据《党政领导干部选拔任用工作条例》《党政领导干部考核工作暂行规定》《乡镇、街道党政领导干部考核工作暂行办法》，对单位干部进行全面考核，经考核后，全面了解领导干部表现情况，对领导班子作适当调整。1998年1月，组织考核55个单位，33个领导班子，166名科级干部和98名后备干部。1999年1—2月，组织对乡镇（街道）和区直中层领导班子，科级干部进行考核，考核领导班子33个，科级干部166人，区管后备干部初步人选109人。2000年6月，组织对6个乡镇（街道）领导班子和77名科级干部进行考核。2001年，组织对区中层领导班子和科级干部进行年度考核，考核39个班子和207名科级干部，同时对105名区管后备干部初步人选进行考核。2007年，组织对中学校领导班子成员进行全面考核。同年，对于拟连续3年以上（含3年）年度考核确定为优秀等次的，要按照成立复核小组、民主测评、民意调查、扩大公示范围、审核审批等步骤进行复核、确认。

四、干部审查

1997—2007年，对区直机关党政、乡（镇、街道）领导干部进行离任经济责任审计，加强对“一把手”的监督管理。2004—2005年，对10名干部实行任期经济责任审计。2007年，完善领导干部经济责任审计方式，实行任中审计和离任审计相结合。是年，审计3批12名领导干部，对2名犯错误干部分别给予免职、降职处分。

五、干部教育培训

（一）培训学习

1997—2007年，选送处级干部98名、科级干部355名到省、市培训学习。1998—2007年，洛江区党校举办科级干部培训9期，中青年干部培训班8期，参训学员844名，其中科级干部229名，后备干部208名。

2000年，重点协助开展区级领导班子、领导干部“三讲”集中教育和乡镇（街道）领导班子换届“回头看”有关工作。抽调干部集中办公，科学制定方案，开展“三讲”教育活动。2001年，组织全区250多名科级干部参加《干部任用暂行条例》知识问答活动。2002年3月，制定《2001—2005年泉州市洛江区干部教育培训规划》，统筹谋划全区“十五”干部教育培训工作。2003年，组织全区干部党员2433人参加由中组部主办的《干部任用条例》知识竞赛活动，促进领导干部熟悉《干部任用条例》，组织人事干部精通《干部任用条例》，广大干部群众了解《干部任用条例》。组织实施大规模培训干部工作，同年2月制定下发《关于深入学习贯彻“三个代表”重要思想扎实开展大规模培训干部工作的实施意见》，保证大规模培训干部工作任务落到实处。2005年3月制定《关于对各级干部进行十六届四中全会精神培训的实施意见》。2007年，组织全区领导干部以及组工干部634人（其中，处级领导干部30名，科级干部288人），参加省委组织部举办的《干部任用条例》知识竞赛，促进领导干部和组工干部熟悉《干部任用条例》。同年12月，制定《2007—2010年洛江区干部教育培训规划》，统筹谋划全区“十一五”干部教育培训工作。

（二）锻炼学习

1998年10月，选拔第一批27名干部到镇（乡、街道）或村（居）开展工作，锻炼培养一批年轻干部。2004年3月30日选派24名干部到12个不适应和经济欠发达村挂职任村支部第一书记和村主任助理，时间1年。2005年5月，选拔第二批17名干部到镇（乡、街道）或村（居）开展工作；3月31日，选派6名干部到双阳街道、河市镇政府协助做好征地拆迁工作；4月4日，选派19名干部到12个不适应和经济欠发达村挂职任村支部第一书记和村主任助理，时间1年。11月10日，选派12名后备干部到市、区重点项目挂职锻炼，时间半年。2006年4月26日，选派5名干部到社会主义新农村建设示范村挂职任支部第一书记，时间1年。同月29日，选派6名干部到福厦铁路洛江段、万虹公路协助开展征迁工作；5月22日，选派20名后备干部到双阳街道协助做好征地及拆迁改造等工作，时间3个月。6月20日，选派5名干部到不适应村和经济欠发达村挂职任村支部副书记和村主任助理，时间1年。8月3日，选派8名干部到福厦高速铁路洛江段协助做好征迁工作。9月12日选派7名干部到双阳街道协助做好吕埔片区拆迁安置工作。2007年3月28日，选派5名干部到双阳街道协助做好滨江大道征迁工作，时间3个月；5月25日，选派1名干部到万投公司协助做好滨江大道建设，时间6个月。7月13日，选派11名干部到不适应村和经济欠发达村挂职任村支部副书记和村主任助理，时间1年。

六、干部人事制度改革

（一）后备干部工作制度

1997年11月，区委下发《中共洛江区委关于建立区管后备干部工作制度的通知》，建立一支80人左右的区管后备干部队伍，推动后备干部工作走上规范化、程序化、制度化轨道。1998年，调整充实建立一支83名的副科级后备干部队伍。2004年6月，重新推荐、调整建立一支97名的副科级后备干部队伍；2005年5月，重新推荐、调整建立一支93名的副科级后备干部队伍；2006年3月，重新推荐、调整建立一支98名的副科级后备干部队伍。2007年8月，重新推荐、调整建立一支119名的副科级后备干部队伍。

（二）干部任免制度

1997年，区委印发《洛江区区直机关、企事业单位工作人员调配管理暂行规定》。同年12月，区委印发《洛江区党政群机关及所属事业单位股级干部任免暂行规定》。2000年10月，下发《关于执行科级领导干部任前公示制度的通知》，对科级干部任用实行任前公示，通过下发通知或在拟提任对象单位上墙公布等办法，公示时间为10天。2003年，实行干部任职试用期制度，试用期为1年，期满经组织考评，对能胜任的干部给予正式任命，任职时间从正式任职算起，并享受相应待遇。2004年，制定《中共洛江区委全委会表决乡镇（街道）党政正职拟任人选工作方案》，实行区委全委会对重要干部任用表决制。2005年，在试行党政领导干部任职试用期制度的基础上，完善制度，出台《中共洛江区委关于试行领导干部任职试用期制度的通知》，明确适用对象、试用期时间、试用期间的待遇、试用期满的考核评定、任免手续的办理等。至2007年，全区公示拟提任为正、副科级干部270多人次，决定提拔270多人次。

（三）干部监督管理制度

1997年，贯彻落实《中国共产党地方委员会工作条例》，建立健全民主集中制、议事规则和工作制度，形成系统的干部监督管理制度。组织部办公室设立组织部长信箱，加强对各级领导班子和干部监督。1998年，区委下发《关于党委组织部门与执纪执法部门建立干部监督联席会议制度的通知》，建立干部监督联席会议制度。1999年3月，转发《关于加强干部在职参加学历教育和研究生课程进修班学习管理的若干规定》，建立干部入学申报制度。2000年，区委下发《中共洛江区委关于进一步加强和改进干部工作宏观管理的通知》。2001年，区委下发《中共泉州市洛江区委关于试行干部考察工作预告的通知》，加强对干部考察工作和被考察对象的监督。2002年，区委下发《中共泉州市洛江区委 、泉州市洛江区人民政府关于印发〈洛江区党政领导干部任期经济责任审计暂行规定〉的通知》，加强和规范经济责任审计工作。2005年，区委制定下发《洛江区机关及事业单位干部职工日常管理若干制度》，完善机关纪律，有关事项报告及外出请销假制度。2006年，区委印发《中共洛江区委关于〈制订〈区委管理的干部职务名称表〉加强干部工作管理〉的通知》，规范区委管理的干部管理体制，加强对干部工作的管理。同年，区委印发《中共泉州市洛江区委关于加强和改进我区教育系统干部管理工作的通知》，理顺洛江区教育系统干部管理体制，加强学校领导班子建设和干部队伍建设。同年，下发《转发市委组织部〈关于转发省委组织部〈关于切实解决干部选拔任用工作中几个突出问题的实施意见〉的通知〉的通知》，对切实加强干部选拔任用工作的监督，严厉整治用人上不正之风和腐败现象提出具体措施。2006年起，对全区党委、人大、政府、政协、法院、检察院、工商联、群团机关等在编干部进行公务员登记，至2007年12月31日，全区登记公务员504人。其中，处级干部30人、科级干部337人、一般干部137人。2007年，区委印发《中共泉州市洛江区委、泉州市洛江区人民政府关于进一步规范评选表彰管理工作的通知》，简化评选表彰程序。

（四）干部交流制度

1997年，根据工作需要，对管辖权限内干部通过调任、转任、轮换、挂职锻炼等形式，有计划地实行干部交流。乡（镇）党委、政府领导成员在同一单位任职满10年以上的，原则上进行交流；乡（镇）党政一把手在同一个地区任同一职务满二届，县直机关、事业单位领导在同一职务任职满10年的，一般进行交流。2001年2月，区委组织部、区人事局联合印发《洛江区党的机关工作者和国家公务员交流、轮岗的实施意见（试行）》，明确规定交流轮岗的原则和相关条件。2003年，同年，全区集中开展较大规模的交流轮岗工作，区直单位之间、乡镇（街道）之间、区直单位与乡镇（街道）之间共交流轮岗30人。

（五）竞争上岗制度

2001年11月，区委组织部、区人事局联合印发《洛江区党政群机关事业单位竞争上岗实施意见（试行）》，要求党政群机关和有关单位内设机构的股级职位出现空缺时，原则上应采取竞争上岗方式补充调整，调动干部的积极性和创造性。

（六）公开考聘制度

2003年9月，区委、区政府印发《洛江区事业单位补充工作人员实行考试考核公开招聘有关问题的通知》，规定从2003年10月1日起，全区事业单位除参照国家公务员制度进行人事管理外，在编制内补充管理人员、专业技术人员、工勤人员（事业职工）时，原则上都应通过考试考核的方式面向社会公开招聘。2006年11月，区委、区政府印发《洛江区事业单位公开招聘人员实施意见》，废止《洛江区事业单位补充工作人员实行考试考核公开招聘有关问题的通知》，明确事业单位公开招聘工作人员考试考核的基本原则、适用范围与对象、应聘条件、基本形式和程序、办理聘用、退役运动员和士兵应聘的照顾办法、组织领导等。

第四节 人才队伍建设

1998年9月，制定《关于选拔优秀拔尖人才的意见》。2001年4月，确认区管第一批优秀拔尖人才5名；5月，召开洛江区第一批优秀拔尖人才座谈会，帮助知识分子解决生活、工作上的问题，鼓励知识分子为经济建设出谋献策，多出成果。2002年6月，制定《关于选拔管理优秀企业管理人才的意见》；因人事变动，7月对区委知识分子工作领导小组成员进行调整充实。2006年7月，推荐参评首届“泉州市十佳农村实用人才”4名，1名入选；9月，制定《洛江区“两新”组织人才系列工程实施方案》，实施“人才培育工程”“机制创新工程”“人才集聚工程”“优质服务工程”“党员人才工程”。做好知识分子特困户走访慰问工作，帮助知识分子解决实际问题，为知识分子干事创业营造良好的社会环境，发放慰问金7000元。推荐加入市高级人才协会会员4名。2007年6月，印发《洛江区“十一五”人才发展规划纲要》，人才工作主体在党政人才、企业经营管理人才、专业技术人才“三支队伍”的基础上增加高技能人才和农村实用人才。阳光国际集团科技发展有限公司《观赏园艺植物育种人才培养》项目获得2007年泉州市优秀人才培养专项资助；发放知识分子特困户慰问金6500元。组织科技副乡（镇）长参加全市“技术管理和技术创新”培训班学习，提高科技副乡（镇）长的业务素质。同年，为完善竞争激励机制，做好“洛江区第二批优秀拔尖人才”的推荐选拔工作。

第五节 老干部工作

一、落实政治待遇

1997—2007年，区委老干部局建立老干部学习、阅文、情况通报和参观考察等制度。依托区老年学校，每月（25日）组织一次离退休干部政治学习，向离退休干部传达中央、省、市、区委重要文件及会议精神；每年定期通报区情，举办各种报告会，组织参观工农业生产；邀请离退休干部参加重大节庆活动；区党代会、人代会及各基层党委召开党代会时，邀请离退休干部代表按规定出席或列席会议等。

1997—2007年，全区离休干部的离休费均按时足额发放，医药费按规定实报实销。1997年始，按照《离休干部“两费”保障工作的基本要求》，建立和完善“三个机制”，落实离休干部“两费”。1999年7月23日，区委老干部局、区人事局、财政局、劳动局、卫生局联合印发《关于洛江区企业离休干部“两费”保障的暂行规定》，明确亏损企业离休干部的离休费和医药费由区财政负责，效益好的企业离休干部的离休费仍由企业按时足额支付，困难企业的“5·12”退休干部的退休费由区级财政给予保障。1998年4月、2002年6月、2004年5月、2005年3月分别下发《中共泉州市洛江区委、区政府关于区领导挂钩联系老干部工作的通知》《关于乡镇卫生院医生挂钩联系老干部工作的通知》《关于优秀青年挂钩联系老干部工作的通知》《关于老干部工作人员挂钩联系老干部工作的通知》等文件，实行并坚持落实做四个“一对一”挂钩联系老干部工作制度。2003年2月，下发《关于建立上门为老干部报销医药费制度的通知》，开始实行上门为老干部报销医药费制度。坚持落实老干部生病、生日、节日、病故、有难“五必访”制度等，落实离退休干部的生活待遇。

二、设置活动场所

1999 年 3 月，根据区编委会关于同意设立泉州市洛江区老年学校的通知精神，依托马甲镇成立区老年学校。区老年学校按照“思想工作、增长知识、丰富生活、陶冶情操、促进健康、提高素质、服务社会”的办学宗旨，狠抓教学质量、强化管理。每月 25 日左右，聘请市、区有关领导干部、教授和医生等专业人士为老干部举办知识讲座。2003 年 11 月，依托马甲镇成立区老干部活动中心，面积 200 多平方米，设有图书室、阅览室、书画室、乒乓球室、气排球场等活动场所。区老干部活动中心加大软硬件设施建设，征订报刊杂志，增设健身器材和办公设备等。至 2007 年，区老年学校有骨干培训班 1 个，学员 85 人。

三、发挥老干部作用

1997—2007 年，多数离退休干部根据工作需要、本人愿意、专业特长和健康状况，在全区经济建设和精神文明建设中发挥余热。区委、区政府和区直部门聘任老干部为行风监督员、政策宣传员、课外辅导员、信访调解员、民调治安员，定期听取老干部的意见和建议，服务大局，贡献力量。组织老干部通过报告会、座谈会、党课、团课、校外辅导等形式，讲述革命史、创业史以及个人奋斗史，对青少年言传身教。组织老干部协助基层关工委、老龄委和老年人协会开展工作，发挥老干部在帮教青少年、民事调解、计划生育、移风易俗、村路建设等方面的作用。

第六节 机构

一、中共泉州市洛江区委组织部

1997 年 8 月，中共泉州市洛江区委组织部成立。2002 年，区委组织部内设办公室、干部股、机关党群干部管理股、组织股、青干知工股 5 个职能股室，其中部长 1 名，副部长 3 名。2007 年，行政编制 5 名，其中部长 1 名，副部长 3 名，内设办公室、干部监督室、干部股、机关党群干部管理股、组织股、青干知工股 6 个股室；下辖事业单位：洛江区干部信息管理中心、洛江区党员电化教育管理中心、洛江区非公有制企业党员活动中心，编制分别为 2 名、3 名、2 名。

二、区委老干部局

1998 年 7 月，区委编委明确区委老干部局为区委主管老干部工作职能部门，负责老干部管理服务工作，属区委组织部管理的正科级机构，内设办公室，核定行政编制 3 名，其中领导职数 1 名。下辖区老干部活动中心和老年学校，编制分别 2 名、1 名。至 2007 年，机构、编制不变。

第五章 宣传工作

第一节 理论宣传

1997—2000 年，学习宣传中共十五大，十五届三中、四中、五中全会精神，成立区委理论学习中心组，开展以党风廉政建设、依法治区、坚持唯物论、反对伪科学等专题学习 40 余场，开展宣传贯彻“三个代表”

重要思想和江泽民在广东重要讲话精神。

2001—2002年，学习宣传党的十五届六中全会和中共十六大精神，学习宣传贯彻“三个代表”重要思想，邀请专家学者举办“中国与世贸组织”“入世后金融业发展”等专题辅导及组织观看电视专题讲座26场。举办“驻村心得交流会”。开展“‘三个代表’实践在洛江”征文研讨活动。

2003年，学习宣传中共十六届三中全会精神和“三个代表”重要思想。开展领导干部挂钩“驻村入户”宣讲活动。开展以学习谷文昌、郑培民和“艰苦奋斗勤政廉政”为主题的系列宣传教育活动。举办纪念民族英雄俞大猷诞辰500周年系列活动和“施琅杯”征文。结合区委、区政府开展的“抢抓机遇、实现跨越式发展”和市委、市政府的“泉州人的再思考”等重大课题的调研活动，开展区域定位观念更新。

2004年，学习宣传贯彻中共十六届四中全会精神，邀请中宣部原副部长翟泰丰作四中全会精神专题讲座，举办中心组集中学习15场。

2005年，学习宣传贯彻中共十六届五中全会精神，围绕先进性教育开展理论武装工作，举办第二个“学习节”系列活动，召开建设学习型城区工作座谈会，开展“四进社区”活动，举办“创建学习型组织、争做知识型职工”宣传咨询活动。

2006年，开展学习宣传贯彻中共十六届六中全会精神、落实科学发展观、构建社会主义和谐社会、加强党的执政能力建设、建设社会主义新农村、保持共产党员先进性教育、树立社会主义荣辱观等重大主题理论宣传活动。贯彻落实中宣部《关于加强和改进形势政策宣传教育工作的意见》，重点抓好全区城乡集中开展“回顾‘十五’辉煌成就，展望‘十一五’美好前景”主题学习教育活动。组织学习胡锦涛总书记视察福建时的重要讲话精神。下发《洛江区基层理论工作实施细则》，成立洛江区业余讲师团。

2007年，学习宣传贯彻中共十七大精神。制定下发《党委中心组理论学习考评细则》。拍摄以《发展农村文化，促进乡风文明》为主题的和谐文化建设理论专题片并获奖。编发《洛江区机关作风整顿活动工作简报》50期。

第二节 社会宣传

1997—2000年，宣传“团结拼搏艰苦创业”洛江精神，宣传万安开发区被福建省政府批准为省级开发区的发展前景，把经济建设、精神文明建设、党建创先、“三五”普法、社会稳定、计划生育、人口普查、国防、环保、教育强区等作为重点工作进行宣传。

2001—2002年，举办建区5周年大型庆典活动，组织“爱我洛江”征文、大型文娱晚会、南音专题演唱会、书法摄影作品展等活动。制定《洛江区开展创建全国文明城市活动的意见》《洛江区创建省级文明区先进区活动方案》。开展爱国卫生运动，宣传《中华人民共和国食品卫生法》等法规。帮助边远自然村开通有线电视，实现“村村通”。

2003年，开展境外卫星电视传播秩序专项整治工作。表彰实施农村先进文化示范工程单位。开展谷文昌先进事迹学习宣传工作。开展“婚育新风进万家”活动。开展防治非典型性肺炎宣传教育工作，宣传《中华人民共和国传染病防治法》和《突发公共卫生事件应急条例》。开展“实践‘三个代表’，推进洛江发展”为主题的保持共产党员先进性教育活动。获省第八届创建文明区工作先进区称号，文明区工作创建、全国科技进步区工作先进区通过验收。

2004年，开展《中华人民共和国宪法修正案》、中央1号文件、《中华人民共和国行政许可法》《中华人民共和国道路交通安全法》、整顿与规范市场经济秩序、经济普查、计划生育、冬季征兵等专项宣传。

2005—2006年，以演讲、征文、大讨论等形式开展先进性教育活动的宣传工作，围绕计生、经济普查、“中国十三亿人口日”、“3·15”国际消费者权益日、诚信建设、平安洛江、普法、国防教育、创建国家环保模范城市、全国科技先进区二连冠、省级双拥模范区、非公党建、禁毒、禁赌、交通安全法、建设节约型社会等展开宣传工作，制作大型喷绘宣传画30幅。

2007 年，围绕又好又快建设新兴工贸旅游生态城区、树立社会主义荣辱观、构建和谐社会、社会主义核心价值体系、先进性教育、建区 10 周年等组织各种形式的专题宣传工作。

第三节 新闻宣传

2001—2002 年，制作《洛江人民喜迎“十六大”》电视专题片。《人民日报》刊登专题 1 篇；福建电视台报道 2 条次；《福建日报》报道 13 条次；福建人民广播电台报道 2 条次；省内其他报社报道 102 条次。《泉州晚报》报道 130 条次，其中专题报道 6 次；《泉州晚报·海外版》报道 15 条次；泉州电视台报道 67 条，其中专题报道 2 条；泉州人民广播电台报道 209 条次。

2003 年，以“新时代、新形象、新洛江”为主题的重点宣传活动项目，宣传洛江现代化生态型新城区建设、推进万虹大道 20 千米工业走廊、构筑现代生态型城镇体系、抗击“非典”、提高人民生活水平等中心工作和重大活动，576 条新闻在中央、省、市等新闻媒体中报道。

2004—2007 年，在《人民日报》、《福建日报》、《福建通讯》、《泉州晚报》和中央电视台、福建电视台、泉州电视台、泉州人民广播电台等报刊、电视、电台媒体刊发播报专题、新闻等 2093 篇（条）。专题报道 16 篇。2005 年，录制《双拥潮涌洛江畔》《构建法制化城区、奏响和谐社会主旋律》等电视专题片；在《泉州晚报》刊载《高扬理想的旗帜、前景辉煌看洛江》长篇通讯报道。

第四节 区外宣传

1997—2000 年，在香港大公报刊发《前进中的泉州市洛江区》《泉州万安开发区被福建省政府批准为省级开发区—万安开发区概况》《团结拼搏拓热土，艰苦创业相腾飞》等新闻稿。

2001—2002 年，出版反映洛江区建区五年来成就的《洛江采风》文集、《洛江风采》画册。在香港《大公报》建报百年大庆刊发祝贺专版《洛江投资的好地方》；在《泉州晚报》及晚报海外版组织 3 个专版宣传发展成就。

2003 年，制作《洛江摄影家》《洛江科技》画册和《民族英雄俞大猷》等外宣品。儿童文学作品《坏精灵王大就》获省百花奖三等奖。成立区艺术团。

2004 年，制作电视片《贯彻中央“一号”文件精神》、歌曲《奉献》等。配合中央电视台《今日说法》栏目的专题宣传、《走遍中国——泉州专辑》洛江部分的拍摄工作，做好《特色泉州》《今日说法》图片、文章组稿工作，在香港《大公报》《福建日报》《泉州晚报》上刊载《构建海峡西岸经济区五金机电产业基地》等宣传洛江的专版。

2005 年，组织“洛江美”原创歌曲创作采风活动，录制《洛江美》歌曲 MTV，获省第二届社区文化艺术节泉州分会场优秀创作奖暨表演奖；组织“魅力洛江”摄影大赛，编印“魅力洛江”优秀摄影作品集。

2006 年，在《人民日报》刊载《理念突围》《产业突围》《城乡统筹突围》，协助开展“海峡西岸经济区活力泉州行”新闻采访活动，推出“活力乡镇”宣传；参与制作《活力泉州纪实》画册，组织反映洛江区经济社会发展的优秀摄影作品参加《经济日报》“活力泉州”摄影专版；制作《泉州洛江：崛起五金机电业》专版开展宣传、推介活动，在《香港商报》上刊载专版《中国·洛江：新兴工贸旅游生态城区》，在《红旗画刊》上刊载《全力打造新兴工贸旅游生态城区》。

2007 年，协助省电视台开展《福建行、两岸情》采访拍摄活动；配合泉州市“采访线”工程的开展，选送、上报区各采访点及基本情况。开展建区十周年宣传活动，制作《活力洛江》大型宣传画册、《洛江美 -- 洛江原创歌曲 CD 专辑》《洛江美 -- 洛江歌曲选编》及《洛阳江畔升明珠 -- 洛江 10 年新闻稿选编》等宣传品。

第五节 机构

1997年8月，中共泉州市洛江区委宣传部成立。1998年2月，泉州市洛江区宣传理论研究室成立，是宣传部下辖事业机构，编制3名。2000年12月，中共洛江区委报道组成立，是宣传部下辖股级事业单位，编制3名；2007年8月，增加编制1名。2002年12月，机构改革，增加区委宣传部网络新闻宣传管理职能，新闻出版与版权行政管理职能划出归区政府文体旅游局承担，区委宣传部内设办公室、干部股、宣传股、文教股，行政编制5名；至2007年，机构、编制不变。

第六章 统战工作

第一节 理论学习和宣传

1997年11月，召开建区后第一次统战工作会议，传达贯彻全国、全省统战工作会议精神，研究部署统战工作任务。此后，区委每年召开全区工作会议，在会上传达全国、全省统战工作会议精神，部署洛江区统战工作任务；统战部部长、副部长每年参加全省、全市统战工作会议和部长工作会议；召开包括各民主党派、党外人士代表、工商联、少数民族、宗教界人士及各乡镇（街道）统战委员等参加的座谈会和业务会议；选派人参加省、市社会主义学院举办各类统战干部进修班，加强各个时期统战理论学习与宣传。

1998年1月，以“洛江区人民政府”名义向海外洛江籍乡亲发出《致海外乡亲书》近千份，介绍洛江新区地理位置、投资环境、经济社会发展目标、优惠政策等情况，引起海外乡亲强烈反响。4月，区委下发《关于加强新时期统一战线工作的意见》。

1999年3月，区委统战部率洛江区部分商会会员参加市工商联组团参加的1999年越南国际贸易博览会观摩考察活动，9月5日接待第三届世界福建同乡恳亲大会的香港泉州同乡会，10月参加区政府组团到黑龙江七台河市考察活动，11月接待菲华泉州公会、罗马尼亚福建同乡会乡亲到洛江区参观访问。2002年10月，区委统战部有关领导参加市工商联组团的赴浙江省宁波、温州商务的考察活动。2003年3月，区委、区政府组织庆贺团到香港参加香港泉州同乡会第七届理监会就职典礼仪式。2007年7月，接待马来西亚侨亲杜菜馆一行。通过“引进来、走出去”的形式，不断加强统一战线工作的宣传与对外交往交流。

2000年3月，在全区范围内开展统一战线知识竞赛活动，向区直机关、各乡镇（街道）、学校等单位分发统战知识竞赛答题卡500份；组织召开全区各界人士纪念中国共产党建党80周年座谈会；组织支部党员到革命老区古田会址、江西瑞金苏维埃政府等旧址参观，让全体党员接受一次革命传统教育。2005年2月，组织机关党员干部开展保持共产党员先进性学习教育活动。通过形式多样的学习教育，营造统一战线理论学习的浓厚氛围。

第二节 支持民主党派工作

一、协助各民主党派抓好自身建设和社会建设

1997年，民盟泉州南少林武术学校支部成立。1998年，民进泉州市南少林武术学校支部成立。与民建泉州市委会副主委唐津剑协商洛江区民建会员发展、组织建设等事宜。1999年12月，召开洛江区第一

次民建会员大会暨民建洛江区支部成立大会。2002 年，协助民建洛江区支部到惠安民建总支部参观学习。2004 年，分别与民革泉州市委会、农工党泉州市委会、民建泉州市委会主委、民进泉州市委会协商民革组织发展、成立农工党洛江区支部、成立民建洛江区总支部委员会以及筹建民进洛江区支部等相关事宜。召开农工党洛江区第一次党员大会暨农工党洛江区支部成立大会。2005 年，先后召开洛江区第二次民建会员大会暨民建洛江区总支部委员会成立大会、洛江区第一次民进会员大会暨民进洛江区支部成立大会。分别与民进泉州市委会、民盟市委会主委、民革泉州市委会、九三学社泉州市委会协商成立民进洛江区支部、民盟组织建设、民革组织建设及成立九三学社洛江区支社等相关事宜。2006 年，召开洛江区九三学社第一次社员大会暨九三学社洛江区支社成立大会。2007 年，先后召开洛江区民革党员大会暨民革洛江区支部成立大会、召开洛江区致公党党员大会暨致公党洛江区支部成立大会民主党派工作是党的统战工作的重要组成部分。是年，洛江区有 7 个民主党派（无台盟）成员 238 人，其中民建、民进、农工党已成立总支部。

二、支持民主党派参政议政和民主监督

1998 年 4 月，洛江区委下发《关于区领导与党外人士交友联系的安排意见》。同年 10 月，区委、区政府牵头召开部分政协委员、党外人士座谈会，通报区政府成立一年来的工作情况，征求党外人士意见。2001 年，统战部组织召开党外人士工作联席会议，通报有关情况，听取党外人士意见。2002 年，召开全区民主党派、工商联“庆七一”联欢座谈会。10 月，区委召开党外人士座谈会，征求对区委、区纪委一届委员会工作报告的意见和建议。2004 年 11 月，区委常委会研究审批成立民建洛江区总支部委员会和成立农工党洛江区支部事宜。2005 年 12 月，召开民主党派、工商联和无党派人士座谈会，通报有关情况，征求党外人士意见建议。同月 30 日，区委常委会研究审批成立九三学社洛江区支社及民盟洛江区支部事宜。

三、支持各民主党派加强调研工作

1999 年，省委统战部有关领导带领省民主党派科技工作考察团一行 16 人到洛江区万安工业开发区考察调研。2001 年，市政协、民建市委会主要领导到洛江区河市镇市田村、蛟南村考察调研，协议扶持该两村经济发展项目事宜。2003 年，九三学社石狮市支社一行 9 人到洛江区参观，九三学社洛江小组负责人、统战部有关领导随同参观。2005 年，致公党福建省委会和致公党泉州市委会相关领导一起到洛江区调研双阳归侨信访件事宜。2006 年，农工党泉州市委会到统战部协商与河市镇新告村建立挂钩联系点事宜，并到新告村实地考察。

第三节　党外干部工作

1998 年 9 月，区委下发《关于进一步做好培养选拔党外干部工作的意见》。当年，区人大中党外人士代表占总数的 35%；党外人士常委 5 名，占总数的 31%；区人大常委会领导班子成员 6 名，其中党外副主任 1 名。区政府领导班子配备党外干部 1 名；政府组成部门 20 个，配备党外领导干部的部门 5 个，占政府组成部门数的 25%。区政协中，党外委员 93 名，占总数的 62.4%；党外常委 21 名，占总数的 67.8%；党外副主席 2 名（其中专职副主席 1 名），占总数的 40%。

党外人士和党外干部的政治安排与实职安排目标任务的落实，进一步营造区委和党外人士团结、和谐的政治氛围，完善社会主义民主政治建设；进一步巩固和发展安定团结的政治局面；调动党外人士的积极性、创造性，引导他们为全区经济社会发展多做贡献。

第四节 党外知识分子工作

建区以后，洛江区重视做好党外知识分子代表人士基本情况的调查摸底工作，建立健全洛江区知名党外知识分子人才库。通过调查摸底，掌握一批重点联系的无党派知识分子代表人士 56 人，并加强与他们的联系、反映他们的心声、关心他们的工作、学习、生活。2004—2007 年，洛江区非公有制企业引进党外知识分子，为洛江区经济发展和社会进步做出贡献。

第五节 海外联谊工作

洛江区有海外华侨华人 16.14 万人，主要分布在东南亚（15.38 万人，占 95.29%，其中印度尼西亚 7.88 万人、占 48.82%）、美国、加拿大、澳大利亚、日本、新西兰等 22 个国家。重点人士 61 人，其中经济上有实力、社会上有地位的有 56 人，占 91.8%；专业上有造诣的有 5 人，占 8.2%。社团 19 个，其中乡会类 6 个、宗亲类 10 个。1997—2007 年，共接待旅外乡亲达 1200 多人次，华侨华人为家乡社会公益事业捐资赠物达 1 亿元以上。

2007 年 9 月，组团参加菲华泉州同乡会换届庆典活动，并走访慰问新生代华人华侨代表性人士，加深友谊，增进感情。组团赴东南亚走访慰问泉籍社团和乡亲代表，拓展与新华侨华人、海外留学人员和华裔新生代的交往。

第六节 机构

1997 年 8 月，中共泉州市洛江区委统战部成立。1998 年，区委统战部内设办公室、经济联络股、宗教股 3 个职能股室。

1998 年 5 月，洛江区委组织部下发通知，在 6 个乡镇（街道）各配备兼职统战委员 1 人。2002 年 7 月，机构改革，区委统战部加挂洛江区民族与宗教事务局牌子，内设机构调整为办公室、经济联络股、民族与宗教事务股 3 个股室，行政编制 4 名，其中部长 1 名、副部长 2 名。至 2007 年，区委统战部机构、编制不变。

第七章 精神文明建设

第一节 文明创建

一、文明城区创建

1998 年初，区委决定以创建万安文明安全示范片区（即洛江中心城区的主要部分）为载体，推动洛江区文明城区创建。4 月，洛江区文明城区创建领导小组成立；7 月，出台《关于创建万安文明安全片区的实施方案》，从社会风气、治安、环境、生活设施、社区文化等方面进行改善和提高，启动文明城区创建工作。1999 年 7 月，洛江区创建文明区、文明社区活动领导小组成立，召开专题会议。同月，出台《开展创建文明区、文明社区活动实施方案》。

2000 年 1 月，区文明委印发《1998—1999 年度创建文明城市活动一级达标城市实地考评责任分解表》，将领导机制建设、市民行为规范、城市日常管理等7项创建任务分解到各镇（街道）、区直各有关单位。2001年7月11日，区文明委出台《“创建万安文明社区实施方案”》，以文明城区创建为载体，深化文明城区创建工作。2002年4月，洛江区列为泉州中心城区创建全国文明城市迎检范围。同月，区委出台《洛江区开展创建全国文明城市活动的意见》，从宣传教育、环境卫生、交通秩序等7个方面推进文明城区创建，形成从机关到基层、从单位到家庭，多层次、多领域推进创建文明城市工作格局。

2003年开始，在各社区逐步推进道德、科教、文体、法律、卫生、环保、涉台教育“七进社区”活动，完善社区服务、发展社区文化、加强社区教育、整治社区治安、改善社区环境、开展社区互助，完善社区管理体系。2003年8月，洛江区被省委、省政府表彰为“第八届（2000—2002年度）创建文明城区工作先进城区”。至年底，培育1个省级“先进示范社区”（万安街道万福社区），3个省级“科普示范社区”（万福、南山、阳山社区），2个市级文明小区（双阳阳山小区、万安吉源小区）。2004年，区委提出建设学习型城区的意见，扩充文明城区创建内涵。2005年，全区开展文明单位“为社区建设办实事，共建文明和谐社区”活动。全区32个文明单位参加活动，推动创建文明城区工作向纵深发展。

2006年11月，洛江区获省级“创建文明城区工作先进区”称号。2007年，启动“爱心超市”进社区活动，开展以“迎农运”为主题的系列文艺会演，普及文明礼仪常识，提高广大居民的文明意识。8月，出台《泉州市洛江区“十一五”期间社会主义精神文明建设规划》。10月，洛江区创建文明城区工作指挥部成立，下设办公室和7个工作职能组。11月，区委、区政府联合印发《泉州市洛江区创建文明城区工作实施方案》，提出政务环境廉洁高效、法治环境公正公平、市场环境规范守信、人文环境健康向上、生活环境安居乐业、生态环境可持续发展、创建活动扎实有效，文明城区建设富有特色。

二、文明村镇创建

洛江区成立之初，农村精神文明建设主要是抓“六提倡六反对”（提倡婚事新办，反对高价彩礼；提倡勤俭节约，反对大操大办；提倡孝老爱亲，反对厚葬薄养；提倡多办善事，反对操办神事；提倡安全环保，反对滥放鞭炮；提倡依规建房，反对贪大求高）的移风易俗活动和“三清六改”（清垃圾、清污泥、清路障；改路、改水、改厕、改沟、改圈、改厨）工作，提高农村文明程度，改善农村人居环境。1998年8月，出台《洛江区乡、镇、街道及村（居）创卫方案》，整治城乡环境卫生。1999年6月，区文明办转发《市文明委关于进一步加强农村精神文明建设的意见》，确定农村精神文明建设要以提高农民素质、奔小康和建设社会主义新农村为目标，以移风易俗和评选文明农户为主要内容，开展创建文明村镇活动。2000年，开展“讲文明树新风，破除封建迷信”活动，组织全体机关干部，乡镇（村、居）干部到泉州市区参观“崇尚科学文明，反对封建愚昧”大型图片展，按“高起点规划、高标准建设”的要求，推进旧村改造、新村建设。同年，马甲镇仰恩村被评为省级“精品村”。同年12月，马甲镇仰恩村被省委、省政府授予“文明村”称号。

2001年始，组织创建宽裕型文明村活动。2002年，确定7个宽裕型文明村创建对象。双阳镇、万安街道杏宅回族村获“泉州市第八届（2000—2001年度）文明村镇”称号。2003年，开展防抗“非典”系列主题实践活动，开展文明乡镇竞赛活动，加快宽裕型文明村和小康村建设步伐。4月，确定万安桥南、双阳南山等8个宽裕型文明村和16个小康村（居）试点，全区当年投入资金数千万元。市定小城镇建设试点单位马甲镇配合仰恩大学城建设。

2003年8月，仰恩村被省委、省政府授予“第八届（2000—2001年度）文明村” 称号。2004年，在推进宽裕型文明村、小康村建设的同时，开展创建“交通安全村”活动，在农村开展交通安全教育。全年投入各项创建资金4588.11万元，改善农村生产生活条件。2005年，以开展“婚育新风进万家”“美德在农家”和打击“六合彩”等活动深化文明村镇创建竞赛，抓好文明新村示范点建设并组织观摩活动。2006年，以建设社会主义新农村为载体，制定并落实工业反哺农业、城市支援农村的政策和措施，加大农村精神文明创建的资金投入。2006 年 11 月，马甲镇和罗溪镇前溪村分别被省委、省政府授予“福建省第九届（2003—2005 年度）文明乡镇”和“文明村”称号。2007 年，以“优化人居环境”“家园清洁行动”和“城乡结对、共创文明”活动为载体，开展“服务新农村、家园清洁志愿行动”系列活动，深化以城带乡、城乡共建精神文明工作，推进城乡协调发展。

三、文明行业创建

1998—1999 年，启动“创文明行业、建满意窗口”竞赛和创建“青年文明号”活动，开展评选“文明窗口”“行业标兵”活动，全区涌现出 6 个市级“优质服务示范窗口”。2000—2001 年，开展“岗位学雷锋、行业树新风”活动，改善教育系统的教学风气和卫生系统医德医风。2002 年 10 月，区文明委发文推动竞赛活动，要求各行业、系统要以服务人民、奉献社会为宗旨，以规范行业行为为重点，以群众满意为标准，提高从业人员的思想境界、业务能力和服务水平，塑造窗口的满意形象，带动全行业的文明进步。2004 年 6 月，区文明委召开全区创建文明行业工作会议，对启动区第一届（2004—2005 年度）“创文明行业，建满意窗口”竞赛活动进行总动员、总部署。22 个行业部门的负责人与区文明委签订《创建文明行业竞赛活动协议书》。2005 年 1 月和 9 月，区文明委召开 2 次创建文明行业竞赛工作交流会，推进全区创建文明行业工作。2006 年，启动新一轮“创文明行业、建满意窗口”竞赛活动，参赛行业由上一届的 22 个增加到 25 个。开展“共筑发展环境”和“共铸诚信”活动，构建“诚信联盟”。2007 年，按照市文明办要求，开展创建百佳“迎农运优质服务示范窗口”活动，促进服务行业提高服务质量和服务效率，督促各行业加强诚信建设，治理商业贿赂。区工商局、工行洛江支行、建行洛江支行分别被命名为省级文明单位；区检察院、区国税局、邮政洛江分局等 10 个单位被授予泉州市第十届（2004—2005 年度）文明单位称号；区建设局、交警高速公路支队泉州大队等 4 个单位获评为创建文明行业工作先进单位。

四、基层文明创建

1997 年 12 月始，全区各行业、各部门按照领导班子政治坚强、业务工作成效显著、思想道德风尚良好、科学文化素质提高、遵纪守法秩序安定、工作环境整洁优美 6 个方面推进“文明单位”创建，在全区干部职工中开展“进单位做文明职工，出单位做文明市民”活动，集中解决群众反映强烈的交通秩序、文明言行、服务质量等突出问题。各级各类学校按照省、市、区级文明学校建设管理办法，以提高教育质量、加强内部管理、开展思想教育、活跃校园文化、维护治安秩序、改善设施条件、美化校园环境为重点，推进文明学校创建。2000 年上半年，区文明委专门下发《关于创建仙公山文明风景区实施方案》文件，组织协调各有关部门共同推进文明风景区创建，促进景区服务设施建设和旅游商品开发。泉州工商银行洛江支行、洛江区工商行政管理局、洛江区财政局 3 个单位获评为省级“文明单位”称号，南少林武术学校被授予省级“文明学校”，中共洛江区委办公室等 16 个单位被授予市级“文明单位”称号，泉州市罗溪中学等 7 所学校被授予市级“文明学校”称号，洛江区建设局等 3 个单位被授予市级“创建文明行业工作先进单位”称号。泉州精密机械有限公司等 5 家企业被授予泉州市“2004—2006 年度文明企业”称号。

2000 年 3 月，结合“三讲”教育，区委通过发文件、开干部大会等形式，在全区开展“改进机关作风，提高工作效率”和“创建文明单位，争当人民公仆”活动。6 月，区委发文推进机关效能建设；8 月，开展学习、推广区人武部“四公开三监督”典型经验做法。9 月开始，全面推行公开办事制度。2001 年 11 月，在全区组织学习贯彻《公民道德建设实施纲要》活动，要求各单位干部职工要学习贯彻以“爱岗敬业、诚实守信、办事公道、服务群众、奉献社会”为主要内容的职业道德。2002 年，在区直机关组织开展“树优良作风、创优质服务、做优秀公仆”活动和开展“文明单位与特困家庭结对济困”活动，改进机关作风，为特困家庭办实事。2005 年 10 月，开展文明单位“为社区建设办实事，共建文明和谐社区”活动，全区有 32 个文明单位参加。

五、军警民共建

1998 年，洛江区人武部与泉州南少林武术学校建立共建关系。1999 年，洛江军地双方共同将万荣街命名为“文明双拥示范街”。2000 年初，投入近 5 万元为部队配备电脑、复印机等现代办公设备，投入 1 万元建立一个“拥军书库”，为部队添置体育器材。区法院成立维护军人军属合法权益合议庭，促进军政军民团结。驻泉部队参与当地的抢险救灾工作和各种急、难、险、重任务，并和南少林武术学校、河市小学、罗溪中学建立共建关系。军民共建单位以共抓思想道德建设，共办利国利民实事，共育（“四有”）新人为主要内容，开展共建社会主义精神文明活动，促进军地双方的两个文明建设。

2001 年，在实现“双赢”目标的同时，洛江区人武部通过借鉴地方办事公开，创建的“部务公开”经验得到省军区和泉州军分区的肯定，被誉为“洛江经验”。省军区《人民前线报》作连续报道。2002 年 5 月，开展双拥宣传工作，在《泉州晚报》《泉州通讯》《福建通讯》《人民日报》刊登双拥专题报道；制作双拥专题电视片在泉州电视台、福建电视台播放；印制千本双拥宣传画册。中央电视台、中央人民广播电台、《解放军报》《中国国防报》《中国纪检监察报》等新闻媒体报道洛江双拥共建工作；至年底，全区结成 20 多对军警民共建对子。同年，区人武部获泉州市第九届、第十届“文明单位”称号，连续 5 年被军分区评为“党风廉政建设”先进单位。泉州南少林武术学校被评为“全国推进素质教育先进单位”，被泉州市委、市政府、军分区授予“双拥工作先进单位”称号，被泉州市文明办、军分区政治部授予“军民共建社会主义精神文明先进单位”称号，获泉州市政府、军分区颁发的“民兵科技练兵汇报表演优胜奖单位”牌匾，被泉州市政府、军分区授予“爱国拥军模范单位”称号等。2006 年 11 月，泉美生物科技有限公司—区人武部被授予省级“军民共建精神文明先进单位”称号；泉州南少林武术学校—区人民武装部、双阳街道—解放军 180 医院被授予市级“军民共建精神文明先进单位”称号。

第二节 思想道德建设

一、社会公德

1998 年，开展“讲学习、讲政治、讲正气”“学美岭、创五好”活动。1999 年，通过打造精神文明宣传一条街、“三下乡”等形式，对市民进行行为规范、文明常识、法制、尊老敬老、丧事新办等方面的宣传教育。2000 年，开展“讲文明、树新风、破除封建迷信”，“扫黄打非”、打击“黄、赌、毒”、揭批“法轮功”邪教组织等活动，组织实施泉州市民公约、市民文明守则、市民行为道德规范活动，营造“崇尚科学文明、反对迷信愚昧”的社会氛围。2001—2002 年，把贯彻《公民道德建设实施纲要》同“三个代表”重要思想学习教育，“道德新风与你同行”等活动结合，按照“爱国守法，明礼诚信，团结友善，勤俭自强，敬业奉献”20 个字基本要求，加强社会公德建设。2003 年，把弘扬和培育民族精神纳入全民教育的全过程；结合防抗“非典”工作，开展“三讲一树”（讲文明、讲卫生、讲科学，树新风）等活动，规范群众的行为，提高群众的思想道德水平。2004 年，强化道德规范教育。深化“道德新风与你同行”“学雷锋、树新风”等主题活动。3 月，开展以“弘扬雷锋精神、参与志愿服务、倡导社会新风”为主题的青年志愿服务系列活动，倡导“奉献、友爱、互助、进步”的志愿精神。2005 年，以纪念抗战胜利暨世界反法西斯战争 60 周年为契机，开展各种形式的文艺活动，进行国防知识教育和爱国主义教育。贯彻落实《公民道德建设实施纲要》，在元宵节和第三个“公民道德宣传日”活动期间，通过各类宣传阵地、“灯谜竞猜活动”

等形式，普及20字基本道德规范。组织实施“六百工程”（即百场报告进机关、百部优秀电影进乡村、百首革命歌曲进校园、百套优秀读物进社区、百名青年志愿者进家庭、百家精神文明先进集体结对献爱心）等公民道德实践活动，开展“道德新风与你同行”“扶残助残”“金秋扶贫助学”“希望工程”“送温暖工程”“志愿洛江、与爱同行”等实践活动，倡导无私奉献、助人为乐、见义勇为和关心帮助弱势群体的高尚道德情操。开展综治普法宣传，强化群众的法制意识。结合“三下乡”“婚育新风进万家”“美德在农家”等主题，在全区开展“优质服务二女户，热心关爱女孩”系列活动，营造关心、关爱“二女户”和女孩的良好氛围。2006年，以纪念中国共产党建党85周年、红军长征胜利70周年为契机，开展“党在我心中”系列活动、深入开展爱党、爱国、爱社会主义的宣传教育，弘扬民族精神和时代精神；以读书，制作宣传栏等形式，开展短文征集、短信创作大赛、火炬接力、文艺会演等系列活动，开展社会主义荣辱观宣传教育。2007年，利用传统节日，弘扬民族优秀传统文化，开展社会主义的核心价值教育，弘扬社会主义荣辱观。

二、职业道德

1998-1999年，在党政机关开展“创文明机关、当人民公仆”活动，在行业开展“创文明行业、建满意窗口”竞赛活动，抓勤政廉政建设和诚信建设。窗口单位普遍实行服务承诺和限时服务制度。1998年上半年，全区有3人获评为“1997—1998年度泉州市精神文明建设先进工作者”。2000年，坚持以人为本，多渠道、多形式地对广大群众进行思想教育，着重培育干部的公仆意识、企业职工的主人翁意识、窗口行业的优质服务意识。2001年，采取各种措施打击各种制售假冒伪劣行为，倡导诚信经营。2002年，在基层单位、行业，开展“创文明行业，建满意窗口”和创建“文明单位”“青年文明号”活动，提高创建水平，为群众提供优质服务。2003年，以《公民道德建设实施纲要》实施2周年纪念为契机，通过各种形式倡导以“守法”“诚信”“敬业”为主要内容的职业道德。2004—2005年，抓诚信建设，纠正行业不正之风。2006年，开展社会主义荣辱观教育，在党政机关开展“诚信服务、执政为民”和“争创文明科室、争当人民满意公务员”活动，在行业开展“诚信兴业、文明服务”宣传教育。2007年，围绕社会主义核心价值体系建设，利用公益广告、墙报、板报、宣传栏、文明市民学校等载体弘扬社会主义荣辱观。以迎农运为契机，在各行业组织开展优质服务竞赛活动。组织职业道德“双十佳”参评活动，树立学习榜样。

三、家庭美德

1998年上半年，在全区开展“五好文明家庭”“家庭文明角色”评选活动，宣传弘扬家庭美德，评选8个市级“五好文明家庭”和8个市级“家庭文明角色”以及73户区级“五好文明家庭”。1999年开始，以开展评选“星级文明户”活动为契机，在广大群众中兴起一个讲文明、树新风的热潮。组织一批《家庭美德格言》宣传手册下发到基层。6月，开展评选“敬老文明家庭”活动，在全区掀起一股“弘扬中华民族敬老养老的传统美德，树立尊重、关心、帮助老人的良好社会风尚”。全区共评选出50个区级和12个市级“敬老文明家庭”。2003—2005年，开展“婚育新风进万家”“美德在农家”“万家社区读书”“关爱女孩行动”“优质服务二女户”等活动，引导群众树立科学、文明、进步的婚育观念。开展“五好文明家庭”“敬老文明家庭”“敬老文明村居”创建活动，弘扬中华民族传统美德。全区命名表彰“五好文明家庭”47户，郭秋云等11户“敬老文明家庭”受到市里表彰。2006年，开展“扬荣弃耻、构建和谐家庭”主题实践活动。在社区开展“文明家庭”“文明公民”“好妻子”“好丈夫”评选表彰活动和“妇女、家庭、环境”“美在家庭”“教育一个好孩子、建设一个好家庭、做一个好当家、当一个好儿女”等主题教育活动，引导家庭成员从我做起，从自家做起，建设健康向上、和谐幸福家庭。2007年，开展“文明家庭”“敬老文明家庭”“敬老文明村居”“婚育新风进万家”“美德在农家”等创建活动，弘扬家庭美德。

附：洛江家风家训（选摘）

晋江丰山蓝氏族约家法（十要是非录） 一、尊天地不可欺；二、敬祖宗不可忽；三、孝父母不可逆；四、爱兄弟不可争；五、各妻子不反目；六、宗亲友不能乱；七、信朋友不昧心；八、睦乡党不刻薄；九、恤孤寡不凌迟；十、重书香开闲路。（辑自《晋江丰山蓝氏族谱》，系清乾隆年间手抄本，收藏人洛江区马甲镇坑头村蓝进发。）

弼佐刘氏家规 同姓之亲俱系祖宗血脉不许革出，异姓之人非我族类不许冒认，螟蛉之子鱼目混珠不许抱养，子孙非为不肖祖父当教戒不可弃逐，宗人子孙或科第或发业或孝悌或善人凡修谱者皆当备赞。族谱十年一修生卒配葬皆当备录世系内以便观览，科第孝善之家有志名篇章者切宜修录，祖宗坟墓世宜修扫勿令丘墟，宗中子孙四民当认一字劝善戒恶以为释回增美之路。

四、诚信建设

2001年，采取各种措施打击制售假冒名牌鞋、名牌烟、“黑心棉”等伪劣行为。2002年，开展治理“餐桌污染”，打击“假冒伪劣”商品活动。在首富商业街建设文明示范街，评选“文明示范店”。2003年，围绕《公民道德建设实施纲要》的实施，推进 “诚信洛江”建设，开展“百店千柜无假货”“文明诚信经营单位”等评选活动）。规范私企劳动用工，开展集体协商工资试点，防止恶意拖欠工人工资行为；开展“红盾行动”，打击违法违规生产经营行为；评选、推荐市级私营、个体文明经营户。2004年，以“共铸诚信”活动为主题，推进“诚信洛江”建设。开展“最佳信用企业”“百店千柜无假货”“购物放心一条街”“守合同重信用”“纳税信誉等级评定”“质量价格信得过”等评选活动，培育和推出示范街、示范店和诚信企业。区劳动和社会保障局利用节前强化劳动监察，为企业员工追发工资近百万元。2005—2007年，建立健全政府诚信监督机制，建立企业诚信档案。开展“百店千柜无假货”“三优街”“星级文明商店”“文明诚信经营单位”创评活动，宣传、推广各行业文明诚信先进典型。深化“爱我洛江，共铸诚信”活动，以社区为依托，广泛开展“诚实做人、诚信做事”教育；以行业为抓手，广泛开展“诚信兴业、文明服务”宣传教育，引导从业人员树立良好的职业道德；以党政机关为先导，开展“诚信服务、执政为民”的宣传教育，以执政为民的良好作风，为诚信建设做出表率，把诚信宣传教育与组织形式多样的诚信实践活动有机结合，把诚信建设贯穿于各项群众性精神文明创建活动之中。

五、未成年人思想道德建设

1998年4月，在全区中小学校开展学习“雷锋式的好青年—刘志珊”的活动，举行征文比赛，激发广大青少年学生争做跨世纪“四有”新人的热情。2002年，贯彻落实《公民道德建设实施纲要》同开展“崇尚科学，反对邪教”教育相结合，教育青少年远离邪教。组织全区9所学校近千名中学生参加道德知识竞赛，强化学校德育工作。2003年3月，组织全区中小学生和300多名青年志愿者、巾帼志愿者开展“学雷锋、树新风”道德实践。组织《科普法》知识竞赛及“航空百年”科普知识有奖竞赛活动，编印《洛江区科普苑》《青少年科普图片》《防治非典100问》《非典预防与治疗问题》《登上健康快车》等相关书籍资料、科普挂图，通过开展科普展览、讲座、咨询、培训、竞赛和送科技下乡等活动，普及科学常识、实用技术和健康常识。2004年9月，开展电脑技能竞赛、科技制作大奖赛、科技图片巡回展、理想信念巡回报告、校园模拟法庭演示活动等内容的“健康成长·发展成才”主题宣传教育系列活动并采取15条具体措施。2005年，建立和完善“党委统一领导、党政群齐抓共管、文明委组织协调、有关部门各负其责、全社会积极参与”的领导体制和工作机制。建立未成年人思想道德建设办公室和未成年人思想道德建设联席会议制度，实现人员、经费、办公场所三到位；发挥社区（村镇）团队组织、（“五老”）队伍、各类教育阵地的作用，建立学校、社会、家庭“三位一体”教育网络及其组织保障体系和相应工作制度，开展“爱心助成长”活动；以学校、社区、医院为依托，在全区各中学设立心理健康咨询室，加强中学生的心理健康教育和心理疾患疏导、治疗；组织发动各中小学开展适应未成年人身心发展特点的思想道德实践活动。罗溪中学开展的“一分钱教育基金会”和泉州第十一中学开展的“学生自我服务日”活动，作为创新案例推荐到全市、全省交流，入选省文明办创新案例。举办首届中学生“与文明对话”辩论赛、首届暑期“少年普法行”“读健康书籍、度阳光假日”主题读书活动、“中小学弘扬和培育民族精神宣传月”系列活动、“心系祖国，健康成长”爱国主义读书教育系列活动、庆“六一”城乡少年儿童文艺联欢和“爱祖国、爱福建”寒假社会实践等活动。六一节期间，与泉州电视台“刺桐红”专栏在梧峰希望小学开展庆“六一”城乡少年儿童文艺联欢和组织慰问残疾儿童及学校特困学生。第三个“公民道德宣传日”活动期间，在全区中小学开展思想道德实践“八个一”活动。2006年，以纪念建党85周年、红军长征胜利70周年为契机，组织开展“党在我心中”系列活动、第十三届“红色之旅”青少年爱国主义读书教育系列活动、“爱祖国、爱科学、爱国防”图片展、升国旗仪式、主题团队、中小学生弘扬和培养民族精神月活动，开展爱党、爱国、爱社会主义的宣传教育。开展“知荣辱、树新风，青春与文明同行”青少年文明短信创作大赛，“树立社会主义荣辱观”征文活动，“知荣辱、促诚信”青少年火炬接力赛。在中小学开展以弘扬和培育民族精神为目标的（“五爱”）宣传教育活动，“争做合格家长，培养合格人才”的家庭教育宣传实践活动和小公民道德实践活动；结合文明学校创建，开展安全、法制、环保、诚信、社会公德等系列教育活动；举办“洛江区青少年网络文化节”，开展青少年阳光上网和大型网络知识竞赛等活动，倡导青少年健康上网，推进网络文明工程；开展“计划生育国策宣传进校园”活动，普及、提高在校中学生计划生育国策意识；抓好学校、家庭、社会“三位一体”未成年人思想道德教育示范点的建设。

2007年，开展“牢记八荣八耻，争做红花少年” “树时代荣辱观，促校园新发展”等主题活动，加强社会主义荣辱观教育；组织学生参观闽台缘博物馆等爱国主义教育基地，以知识竞赛、板报评比、专题讲座等形式加强爱国主义教育；举办“文明交通与我同行”中学生小品表演赛、征文比赛，“诚实遵规，文明出行”演讲比赛，推荐、培训校园“文明交通宣传大使”，开展“活力泉州迎农运、道德新风伴我行”“青春焕活力，文明构和谐”等活动，加强文明交通、文明礼仪教育。关心帮助单亲家庭、特困家庭、农村贫困“二女户”家庭和“流浪儿童”、孤残儿童，把加强思想道德教育与帮扶、救助、保护工作相结合。发挥关工委、团区委、妇联作用，落实“希望工程”“春蕾计划”“手拉手”等活动。在各个乡镇建立“留守儿童服务指导站”，建立家庭档案，组织留守儿童开展暑期社会实践等公益性。开展“捧一缕书香、献一份真情”爱心捐书活动，创建“留守儿童之家”，为留守儿童提供零距离帮助。设立“留守儿童家长学校”定期开办留守儿童临时监护人培训班，提高临时监护人监护质量。开展以“同享党的阳光雨露、亲情关爱留守儿童”为主题的关爱留守儿童活动，实行区直机关“五好”党支部和农村党支部结对，党员与儿童结对。发动各级“三八红旗集体”“三八红旗手”“巾帼文明示范岗”及优秀女党员、女干部等先进典型，组建10支260名巾帼志愿者队伍，为留守儿童提供系列服务和帮助。招募230名“代理家长”与儿童结成“一帮一”或“一帮多”的帮扶对子。建立留守儿童联系卡，定期或不定期地将留守儿童的学习情况和思想动态及时向家长反馈。发出“让孩子在关爱中成长”致广大外出务工家长的一封信，倡导外出打工父母经常回家探望孩子，定期与孩子班主任或任课老师联系，了解孩子的学习情况和综合表现。组织对未成年人校外活动阵地检查，实现公益性文化设施对未成年人免费开放制度。

第三节 社会风尚

中华人民共和国成立初，废除国民党政权机构，开展镇压反革命运动，彻底摧毁反动基础，同时收容改造妓女、流丐，严禁赌博、贩毒，破除封建迷信，扫除旧社会一切丑恶现象。“文化大革命”中，人们的思想被扭曲。干部、群众天天在毛泽东像前举行“早请示、晚汇报”活动，开展“斗私批修”、跳“忠”字舞等活动，个人崇拜盛行。1981年3月，洛江境域内开展“五讲四美三热爱”（五讲：讲文明、讲礼貌、讲卫生、讲秩序、讲道德；四美：心灵美、语言美、行为美、环境美；三热爱：热爱祖国、热爱社会主义、热爱中国共产党）活动，1987年，洛江境域内广泛开展移风易俗活动，“提倡崇尚科学、反对封建迷信，提倡健康娱乐、反对聚众赌博，提倡婚姻自由、反对买卖婚姻，提倡村邻和睦、反对宗派纠纷，提倡艰苦创业、反对铺张浪费”；实施泉州市政府颁布的《关于殡葬管理暂行规定》，发动群众制止“普度”等封建迷信活动。1991年，提倡优生优育，反对计划外生育，发挥片区共建优势，积极为民办实事办好事，举行各种便民活动，加强卫生设施建设，创造卫生城市；组织评选文明机关大院、文明街巷、文明楼院、文明单位和文明家庭。

洛江建区后，区委提出“团结拼搏、艰苦创业，为把洛江建设成为繁荣、富庶、文明的新型城区而奋斗”的口号。“团结拼搏、艰苦创业”成为洛江精神。1999年，开展家庭美德宣传教育，举办“文明家庭”“星级文明户”“敬老文明家庭”评选活动，尊老爱幼的传统美德得到发扬。开展军警民共建活动，创建万荣双拥示范街，拥军优属、拥政爱民的社会风尚浓厚。推进殡葬改革、倡导丧事新办，殡葬新风逐渐形成。从当年9月1日起，万安街道全境及双阳镇部分村全面实施火化，其他乡、镇（村）逐步推进殡葬改革。2000年，通过开展科普宣传教育等活动，营造“崇尚科学文明、反对迷信愚昧”的社会氛围；通过开展以“六提倡、六反对”为主要内容的移风易俗活动和“讲文明、树新风，破除封建迷信”等活动，使“普度”“佛生日”等迷信活动大为收敛，婚丧喜庆大操大办得到遏制，火化区火化率达100%。2001年，开展《公民道德建设实施纲要》宣传教育，改善社会风尚。2002年，治理“餐桌污染”，打击“假冒伪劣”，创建“文明示范店”；推进文明单位和特困家庭结对济困，促进扶贫济困风气形成。2003年，开展学习谷文昌、郑培民活动，弘扬艰苦奋斗勤政廉政精神；开展纪念俞大猷诞辰500周年和施琅将军收复台湾320周年活动，弘扬爱国主义精神；以纪念毛泽东为雷锋题词40周年为契机，开展系列道德实践活动，弘扬雷锋精神和志愿服务精神。2004年，以庆祝中华人民共和国成立55周年、邓小平100周年诞辰等重大纪念活动为契机，通过形式多样的宣传活动，深化爱国主义教育和民族精神教育；通过形式多样的道德教育，强化人们的道德意识和规范意识；通过开展志愿服务，弘扬志愿精神。2005年，扶贫济困、志愿服务和助人为乐风气浓厚。区文明委各成员单位、各级文明单位为民办实事80多件，慰问物资73.34万元，形成帮扶208对988名困难群众得到帮助；全区机关干部职工为患病的泉州第十一中学李辉老师捐款6.7万元。尊老爱幼形成风尚，同年6月，罗溪镇翁山村被命名为“全省敬老模范村”；同年9月，郭秋云等11户家庭被授予泉州市2004—2005年度“敬老文明家庭”。2006—2007年，爱党、爱国、爱社会主义思想增强，社会主义核心价值和荣辱观逐渐形成。农村婚丧喜庆大操大办的风气大为改变，扶贫济困、助学、助老等志愿服务活动经常开展，慈善捐赠成为成功人士的自觉行为。

附：洛江区乡规民约（选摘）

蔡襄祠乡规民约

洛阳桥蔡襄祠《告示》碑文　晋江县知事张，为出示严禁事，照得蔡忠惠公，为有宋一代伟人，洛阳万安桥，功垂利济，碑记巍然。迄今千余载，众受其惠。当时建祠于桥之南，实崇德报功之深意。兹乃于祠前设立灰窑，以致烟臭熏腾，布满堂宇，不敬孰甚！本县来守斯土，凡乡贤名宦各祠，及诸名胜遗迹，责应保存。姑念乡愚无知，从宽令其拆毁，毋得违延，致干究办。并责成桥南乡长，嗣后有如灰窑等类，不准在蔡公祠附近设立。查该乡不乏读书明理之士，务各助乡长劝导愚氓，勿忘其感戴功德之初心，本县有厚望焉。

又谒见旁有张袭侯祠，多年倾圮，袭侯系福建陆路军门提督，亦功德及民，载在志乘者。着将石像一并保存，不准毁伤，各宜禀遵毋违。特示。

民国6年9月示

注：碑为花岗岩石质，高155厘米，宽55厘米，厚12厘米，现立于蔡襄祠内右廊。

万安街道桥南居委会文物保护公约

为进一步加强对国家重点文物保护单位洛阳桥及附属文物蔡襄祠、泉州市文物保护单位刘氏家庙的保护和管理，贯彻执行《中华人民共和国文物法》《福建省文物保护条例》，按照“保护文物，人人有责”“保护为主，抢救第一”的要求，使居民自觉保护文物，结合本居委会实际情况，特制定本居委会文物保护公约并经居民代表大会通过。

第一条：本居委会居民应当自觉遵守各级政府制定的有关文物保护法律、法规、规章。

第二条：洛阳桥及蔡襄祠为国家重点文物保护单位，由泉州市文管办洛阳桥文物保管所负责管理，本居委会居民应积极配合保管所日常管理工作。

第三条：本居委会居民要自觉遵纪守法，珍惜爱护国家的宝贵文化遗产。要弘扬社会公德，做到文明，礼貌待客，争做文明公民。

第四条：为更好保护洛阳桥“筏型基础”和“种蛎固基”的世界造桥技术，严禁居民在“筏型基础”石上敲凿海蛎。

第五条：洛阳桥、蔡襄祠周边，桥南古街，街尾路两侧300米范围内，若要翻建旧大厝及新建房屋应向有关部门申请报批。

第六条：不准在洛阳桥、蔡襄祠周边及沿街随意乱搭盖，违者给予强行拆除。

第七条：搞好公共卫生，不准在文物景区内（包括桥体两侧300米范围内海域）乱排放污水，乱倒垃圾、海蛎壳，保持洛阳桥、蔡襄祠周边环境的整洁，并协助做好周边绿化、美化的管护，不得擅自在洛阳桥文物片区范围内摆摊、设点经营。

第八条：本居委会居民要自觉维护洛阳桥文物景区内的治安，切实做好防火、防盗、防事故、防破坏的“四防”工作，互相关心，互相督促。

第九条：本文物景区内的居民饲养禽畜要定点圈养，并注意做好各自环境卫生工作。

第十条：本居民公约自二OO二年七月一日起生效，望居民共同遵守。

桥南居民委员会

第四节 机构

一、中共泉州市洛江区精神文明建设办公室

该办公室于1997年8月成立，由区委宣传部管理，行政编制暂定3名，其中科级领导职数1名（专职）。2002年12月，机构改革，该机构保留，增加创建文明行业活动的组织、指导和管理职能，机关行政编制暂定2名，其中专职领导职数1名。至2007年底机构、编制不变。

二、洛江区精神文明建设指导委员会

该委员会于1998年1月成立，由区委、区政府领导担任文明委主任、副主任，其中相关部门领导担任文明委成员。委员会组成成员随人事变动更换补充。

第八章　其他工作

第一节　机关党务工作

一、政治思想工作

（一）政治理论教育

1997 年，开展以“三讲”为主要内容的党性党风教育活动。2001—2002 年，组织机关党员干部参加“三个代表”重要思想教育活动。2005 年，组织机关党员干部学习《保持共产党员先进性教育读本》《江泽民论加强和改进执政党建设（专题摘编）》和胡锦涛在新时期保持共产党员先进性专题报告会上的重要讲话，进行党性、党风党纪和科学发展观教育，促进共产党员永葆先进性。2007 年 10—12 月，配合区委组织学习中共十七大精神，把学习贯彻中共十七大精纳入党支部工作检查考评内容。抓好“三讲”、先进性教育、科学发展观学习实践活动等主题教育活动各个阶段的工作。

（二）学习英雄模范活动

1999 年 11 月，开展向省“人民满意的公务员”学习活动。2003 年 11 月，开展向航天英雄杨利伟学习活动，激励机关党员干部为建设全面小康社会、实现民族伟大复兴做贡献。2007 年 9 月，组织学习全国助人为乐模范邱娥国先进事迹。

二、机关组织建设

（一）机关党组织

建区时，区直各单位建立党支部 29 个，党员人数 220 人。1997 年，按照党员目标管理内容和民主评议党员的标准，组织区直机关党员开展民主评议党员活动。1999 年，《中国共产党和国家机关基层组织工作条例》颁布后，区直党工委起草实施意见，经区委同意下发实施，促进机关党组织间的工作衔接和各项职能到位。2000 年，区直党工委制定出台《党建工作责任制暂行规定》和党支部的发展党员等工作制度，促进区直机关党建工作规范化和制度化。2005－2007 年，区直党工委按照《中国共产党基层选举工作条例》，指导机关各党委做好换届选举工作，调研理顺机关党组织设置，配齐配强领导班子成员。至 2007 年底，区直机关有系统党委 6 个、单位党委 1 个，分别是党群、政府口、农口、经贸、政法、宣传系统党委和公安分局党委，所辖党支部 52 个，党员 819 人（共发展新党员 390 人），其中预备党员 15 人，女党员 202 人，台湾省籍 2 人，少数民族 17 人。35 周岁以下党员 309 人，占 37.7%；36—45 周岁 263 人，占 32.1%；45 周岁以上 247 人，占 30.1%。文化程度本科以上 701 人，占 85.6%；中专高中及以下 118 人，占 14.5%。

（二）争先创优

1998 年，在区直机关单位开展建设“五好”党支部活动。2003 年上半年，首次评选机关党建工作先进单位（2001—2002 年度）。2003 年，开展“七一”期间表彰活动。至 2007 年，开展三轮创建“党建工作先进单位”、四轮创建“五好”党支部活动，评选 19 个机关党建工作先进单位，33 个先进“五好”党支部和 13 个“五好”党支部，区直机关党建先进单位达 36.5%，“五好”党支部占 88%。

（三）党务队伍建设

1997 年 8 月下旬，区委在 29 个部门成立党支部、任命 29 名党支部书记，成立 5 个党组，机关 270 名党员参加组织生活。分类型、分层次培训机关党务干部，提高履职能力。开展创建“先进机关党工委”和党工委系统“三级联创”活动。

（四）发展新党员

1998年，区直机关发展党员工作按照“坚持标准，保证质量，改善结构，慎重发展”的方针，遵循发展党员工作程序，做好入党积极分子培训工作，实行入党预审、公示、测评等制度，确保发展党员质量。至2007年，发展新党员390人。

三、机关党建机制建设

（一）建立组织领导机制

1997—2007年，区委加强对机关党工委的领导，定期听取机关党的工作汇报，研究提出加强和改进的意见；及时配好配强各系统党委专职副书记、党办主任和党务干部，区直党工委坚持每年两次召开机关党委书记联席会议，总结经验、部署工作、找出差距、提出对策，协调机关党建资源，狠抓机关党的先进性建设长效机制联系点的落实，形成机关党建“三级联创”的工作领导体系。

（二）建立工作责任机制

1997—2007年，强化主要领导为党建工作第一责任人意识，把党务工作和行政工作一起布置、一起督查、一起总结。每年初，党工委与各系统党委、各系统党委与各党支部签订党建工作责任书、党风廉政建设责任书，形成落实专人、落实责任、落实任务、层层抓落实的工作责任体制机制。

（三）建立党建工作制度

1997—2007年，建立系统党委书记联席会议制度、系统党委工作规范制度、机关党支部工作细则、党委中心组学习制度、党内监督制度、民主生活会制度、廉政勤政制度、党员干部培训制度、党员目标管理民主评议制度、“三会一课”制度、党员活动日制度、领导干部每年为支部上两次党课制度、支部每月两次理论学习制度、党建工作提示制度、党建材料调阅制度、全体党员每年撰写两篇心得体会或调研文章制度等一系列党建工作制度。通过制度建设和制度创新，强化机关党建工作的制度意识，形成用制度建党、用制度教育党员干部的党建工作制度机制。

四、机关党风廉政建设

1999年，区直机关党员按照《中国共产党纪律处分条例（试行）》，进行党风廉政建设的自查自纠。2000年，组织区直机关党员干部结合胡长清、成克杰等典型案例，开展警示教育活动。2002年以后，开展“树优良作风、创优质服务、做优秀公仆”的“创三优”活动。2005年，按照中央《建立健全教育、制度、监督并重的惩治和预防腐败体系实施纲要》要求，结合实际，制定区直机关《进一步加强廉政建设惩防腐败的具体落实意见》，构建惩防机制。2007年，根据全区部署要求开展机关作风纪律整顿。1997—2007年，区直机关工委（党委）协助有关部门查处违纪人员63人，其中，党员54人、开除党籍20人。

五、机构

（一）机构设置

1997年8月，成立中共泉州市洛江区机关党委会，行政编制暂定4人，其中领导2人。1999年7月设立区直机关党工委，设书记1名，由区委分管党建副书记兼任；设副书记3名，其中常务副书记1名（正科级），主持日常工作；同年8月，区委编委核定行政编制暂定5人，其中领导职数4名（常务副书记1名、副书记2名、武装部长1名），妇女工作和区直工会专职人员事业编制各1名。

（二）机构调整

1999年7月，根据洛江区委《关于设立区直机关党工委和调整区直机关党组织设置的通知》文件精神，设立区直机关党工委，撤销泉州市洛江区直属机关党委会。区直党工委作为区委派出机构，领导区直机关和区直企事业单位党的工作，设委员7—9名，书记由区委分管副书记兼任，副书记3名，其中主持日常工作正科级常务副书记1名。设立中共泉州市洛江区直属机关纪律检查委员会，作为区纪委派出机构，负责领导区直机关和区直企事业单位的纪律检查工作，委员5名，由区直机关党工委一名副书记兼任。设立泉州市洛江区直属机关武装部，负责机关民兵预备役的日常工作，设副科级部长1名。区直纪工委、武装部和原已设立的区直属机关工会委员会、共青团区直属机关委员会、区直属机关妇女委员会均与区直机关党工委合署办公，受区直机关党工委和其各自上级主管部门的双重领导，以区直机关党工委领导为主。8月，配齐区直机关党工委和纪工委领导班子，9月，各系统党委选举产生第一届系统党委、纪委领导班子。按口分别设立中共泉州市洛江区宣传系统、政法系统、党群系统、经贸系统和政府口系统委员会。同时成立系统纪律检查委员会。党委办公地点分别挂靠区委宣传部、区政法委、区直党工委、区政府办、区农水局、区经贸局。区公安分局党委同时隶属区直党工委管辖。系统党委委员职数5—7名，设书记1名、专职副书记1名，书记由主管部门党员行政领导兼任，专职副书记列入机关行政编制，为副科级干部。系统纪委委员职数3—5名，书记1名由专职党委副书记兼任，纪委委员可由下辖党组织负责人或党员干部兼任。区直机关党工委书记、副书记，区直机关纪工委书记和各系统党委书记、副书记的任免由区委审批，区直机关党工委委员和区直机关纪工委委员的调整配备由区委组织部审批。区直机关党工委、纪工委、工会、武装部、团委等机构的编制问题由中共泉州市洛江区编制委员会根据工作需要核定，进行组织领导机构调整。

（三）职能调整

2002年，根据泉洛委办印发《中共泉州市洛江区直属机关工作委员会职能配置、内设机构和人员编制规定》文件精神，“职能调整：强化对机关各级党组织党建工作的调研、指导、督促、检查职能。设置区直机关工会、区直机关团委、区直机关妇委会、区直机关武装部4个职能股室，挂靠机构为区直纪工委，另有党群系统党委。区直党工委机关行政编制暂定3名，其中，常务副书记1名，党工委副书记兼纪工委书记1名。系统党委专职领导按有关规定配备。机关工勤人员事业编制另定”。

第二节 党校工作

一、干部教育

1998年，举办科级干部培训班和区直机关入党积极分子培训班各1期，培训学员62人。1999—2007年，举办各类培训班29期，培训学员1792人，其中科级干部、中青年干部培训班8期417人；区直机关、万安街道、双阳街道入党积极分子培训班9期552人；2002年，举办党建培训班1期213人；2003—2006期间，举办村主干培训班2期349人。

1999—2007年中共洛江区委党校培训情况表

表15-8-1

年份	科级干部、中青年干部培训		入党积极分子培训	
	培训班（期）	培训学员（人）	培训班（期）	培训学员（人）
1999年	1	57	1	37
2000年	1	51	1	41
2001年	1	43	1	24
2002年	1	42	1	36
2003年	1	51	1	43

续表 15-8-1

年份	科级干部、中青年干部培训		入党积极分子培训	
	培训班（期）	培训学员（人）	培训班（期）	培训学员（人）
2004 年	1	50	1	47
2005 年	—	—	1	41
2006 年	1	60	1	96
2007 年	1	53	1	187

二、理论宣传

1998—2000 年，学习宣传邓小平理论和中共十五大精神。2000—2005 年，学习宣传“三个代表”重要思想，学习江泽民总书记“七一”讲话、中共十五届六中全会精神、江泽民“5・31”讲话、“解放思想、与时俱进”大讨论等专题；学习中共十六大和十六届三中、四中全会精神等专题。2005 年，学习宣传保持共产党员先进性教育。2006—2007 年，学习宣传中共十六届六中全会精神，树立社会主义荣辱观，构建社会主义和谐社会，建设社会主义新农村等专题；学习胡锦涛总书记“6・25”讲话精神和学习贯彻中共十七大精神等专题。

三、科研工作

1997—2007 年，区委党校的科研工作为区委、区政府决策提供服务，为洛江区建设和发展服务，参与区委党建课题的调研，每年形成 1—2 篇区级党建理论调研文章，文章在市级、区级刊物刊发。

四、组织机构

1998 年 2 月 17 日，经区委批准，中共泉州市洛江区委党校成立，校址设在区政府办公大楼后楼，为区委直属正科级事业单位，内设办公室、教务处两个股室。区委党校成立之初，有行政后勤人员 3 人，其中，领导 1 人，没有专职教师；2002 年，行政人员 4 名。2005 年因参照公务员管理，机构重新“三定”，编制 6 名，其中常务副校长 1 名，副校长 1 名，内设改为办公室、组织股 2 个股室。区委副书记兼任校长，常务副校长主持工作。2007 年，全校行政人员 6 名，其中常务副校长、副校长各 1 名。

第三节 党史编研

一、工作机构

1999 年 6 月，中共泉州市洛江区委党史研究室成立。2001 年 7 月，确定为正科级事业机构，编制 1 名。2003 年 12 月，列入参照《国家公务员暂行条例》管理。2007 年 6 月，增加事业编制 2 名。

二、编纂研究

1997—2007 年，通过向有关县（区）党史、档案部门查阅、复印，下乡调查研究，询问老干部等办法，广泛收集、抢救党史照片和资料。依托《洛江快讯》《洛江组工通讯》等区内宣传媒介，定期或不定期刊载有关党史资料，特别是洛江党史重大事件；把党史知识纳入党校培训特别是科级干部和中青年干部培训班的重要内容之一，加强党员干部党史教育，增强党员干部的责任感与使命感。2000 年 9 月，编发第一期《洛江党史》。至 2007 年，编印 8 期《洛江党史》共 110 余万字，撰写各年度地方史大事记，为党史宣传和党员教育，宣传本区经济社会发展和党的建设成就提供基础资料。

三、宣传教育

1997—2007 年，办好建党纪念宣传栏，与有关部门编印建党知识手册、举办知识竞赛，协同宣传、文化等部门编排上演现代高甲戏《英烈千秋》。2004 年，邓小平 100 周年诞辰之际，举办邓小平理论研讨会，为大会提供材料；举办“邓小平生平与思想”征文比赛。2005 年，抗日战争胜利 60 周年，发行《纪念抗日战争胜利 60 周年图片》，举办征文活动，出版纪念专刊。2007 年，深入中小学校、基点村讲授党史，撰写各类宣传文章。

第四节 信访工作

一、办信接访

1998 年，区信访局受理来信 210 件，来访 43 批 209 人次。其中，集体上访 9 批 135 人次。区领导到基层接待群众 168 人次，受理问题 119 件。其中，当场解决 21 件、解答 72 件、交办 28 件、列入专题调查 8 件。

1999—2002 年，区信访局受理群众来信 354 件，受理群众来访 163 批 508 人次。其中集体访 26 批 315 人次。区领导到基层接访群众 12 场，接待群众 263 人次，受理问题 110 件。

2003—2004 年，区信访局受理群众来信 194 件，来访 144 批 932 人次，其中集体上访 28 批 702 人次。区领导到基层接访群众 12 场，接待群众 147 人次，受理问题 139 件，其中解决 31 件、解答 93 件、交办 15 件。

2005—2006 年，区信访局受理群众来信 269 件，来访 159 批 642 人次，其中集体访 33 批 426 人次。2006 年 4 月 14 日，在虹山乡举办市、区领导联合接访群众活动，接待群众 12 人次，受理问题 5 件，其中当场解决 1 件，研究解决 4 件。

2007 年，区信访局受理群众来信 126 件，来访 89 批 240 人次，其中集体访 8 批 139 人次。同年 9 月 17 日，市人大常委会主任傅圆圆率市直有关部门领导到河市镇接访，共接待群众 16 人次，受理问题 5 件，其中当场解答 2 件，研究解决 3 件。

二、信访法制学习

区党政领导及部门主要领导人手一册《信访条例》《信访宣传材料》，自觉加强信访法规和政策的学习。区直各单位、各乡镇（街道）主要领导和分管领导及各单位专兼职信访干部结合开展机关作风整顿、学习中共十七大精神、学习实践“科学发展观”等活动。乡镇（街道）及部门还结合征地、拆迁、计生专项治理、换届、项目建设、配合中心市区禁止摩的营运整治等中心工作，采取以会代训、讨论交流、案件分析、召开协调会等方式，组织直接与群众接触的工作人员加强信访法律法规和政策的学习。信访干部运用《信访条例》等信访法规和政策规定解决信访问题。

三、区领导接访日

1998—2007 年，实行区领导接访日制度，开展领导接访、约访活动，变群众上访为领导下访。开展市挂点领导接访活动6场，“区委书记大接访”活动6场，区挂点领导下基层接访活动63场，接访群众571批1303人次，受理问题600件，研究解决573件，解答11件，交办16件；区领导结合开展驻村帮扶、入户宣传、送温暖、献爱心、办实事等活动，进村入户约访群众，帮助群众解决生产、生活中困难和问题，支持群众讲真话、讲实话，确保民意、民情、民智的顺畅上达及国家法律法规和领导决策的及时下传，密切党群、干群关系。

四、信访积案化解

2004年5月起，实行每月排查、区分管业务领导包案督办的制度。按照“每月排查、领导靠前、解决难题”的原则，对255件重点信访件落实区分管业务领导包案督办制度。区包案领导对所包案件调研、协调、指挥、一包到底；责任单位人员到位、工作到位、及时反馈；协办单位主动配合、齐抓共管。

五、信访联席会议机制。

1997年，区信访工作领导小组成立。2004年9月，建立处理信访突出问题及群体性事件联席会议制度。2005年8月，制定《关于处置信访人在区委区政府机关门口聚集上访的工作预案》，完善排查化解、干部下访、领导接访、领导包案等信访工作制度。

六、组织机构

1997年8月，洛江区委区政府信访局成立，为副科级机构，行政编制2名。2005年12月，区信访局由副科级调整为正科级，作为区委、区政府主管信访工作的机构，以区委办为主管理，设局长1名，副局长1名，编制3名。

第五节 政策研究工作

2000—2001年，区委办政研室围绕区域经济发展、城乡基础设施建设、房地产行业等专题进行研究，组织撰写《泉州市洛江区“十五”城市化体系发展战略构思》《洛江区城郊农业“十五”发展战略研究报告》和《洛江区吉源花苑商住小区Ⅰ期运作经验》等21篇调研文章。

2001—2002年，围绕区委提出的“增强经济发展后劲”“为人民服务”“社会主义精神文明”“党的建设”四大专题进行研究，组织撰写《实践“三个代表”与时俱进发展洛江》、《实践“三个代表”努力增强农村基层组织建设的活力》和《建农村新面貌树农村新风尚》等12篇调研文章。

2002—2003年，围绕洛江区发展战略、民营经济发展、党风廉政建设、基层党组织建设等专题进行研究，组织撰写《建设高素质的中层领导干部队伍，为创造性推进洛江区发展战略提供坚强的组织保证》《理顺关系锐意改革》和《按照“三个代表”要求全面加强和改进村级党组织建设》等17篇调研文章。

2003—2004年，围绕农业产业化经营、社会综合治理机制、第三产业发展等专题进行研究，组织撰写《开发山地资源发展农业产业化经营》《关于加强乡镇社会治安综合治理和法制建设的对策思考》和《盘活土地促进洛江经济社会可持续发展》等13篇调研文章。

2004—2005年，围绕三次产业发展、“三农”问题、村级党组织建设等专题开展调研活动，组织撰写《浅析洛江经济发展的比较优势》《加快农村宽裕型小康建设的思路和对策》《发展农村二、三产业加快繁荣农村经济》《关于加强人大代表议案建议督办工作的实践与探索》等19篇调研文章。

2005—2006年，围绕区委年度重要工作、群众关注的热难点问题以及典型性、苗头性问题等关系全局和长远的战略性问题进行调研，组织撰写《关于加快中心城区建设促进产业集聚升级的意见》《构建洛江和谐社会的实践与思考》《洛江社会主义新农村建设的思路》等11调研文章。

2006—2007年，围绕全区经济发展、社会治理机制、农业农村工作、基层党组织建设等专题开展调研，组织撰写《围绕优化“五个环境”加快提升我区民营经济发展水平》《完善就业和社会保障体系扎实推进和谐洛江建设》《洛江区生态环境建设的现状和思考》等14篇调研文章。

2007—2008年，围绕统一战线工作、社会治安治理、干部作风建设等专题开展调研，组织撰写《洛江区海外统战工作的思考和探索》《关于构建洛江区多级联动大调解格局的思考》《洛江区农村基层干部作风建设的实践与思考》等6篇调研文章。

第六节 保密工作

一、宣传教育

1998—2007年，区委保密局通过广播、墙报、标语、录像、知识竞赛、业务培训、警示教育等形式开展保密法制宣传教育，印发《中华人民共和国保守国家秘密法》《保密法规文件汇编》等多种保密宣传材料。采取以会代训、开设讲座或参加省、市保密局培训等方式，对全区专兼职保密干部分期分批进行保密业务培训。区委党校把保密教育培训纳入培训体系，将保密知识教育列入干部培训教学计划。

二、保密管理

1998—2007年，区保密局强化秘密文件、资料的收发、运转、清退、归档、销毁、保管各环节保密管理，将磁介质、光介质、电介质等新型秘密载体纳入管理范畴。区委办公室每年清理一次机要文件；建立健全计算机及网络保密管理、上网信息保密审查管理、移动存储介质保密管理、涉密计算机维修更换报废保密管理、办公自动化设备保密管理等各项制度，强化日常监督管理，确保计算机信息系统保密安全。

三、保密检查

1998—2007年，每年多次组织开展全区保密工作检查，内容包括保密工作机构建设、制度建设、保密设施配置和保密环境等。11年间，全区未发生重大泄密事件。

第十六篇 地方人民代表大会

1997—2007 年，洛江区人民代表大会共举行 3 次人大代表选举，依法召开 3 届、13 次人民代表大会。区人大常委会召开常委会会议 76 次，依法听取和审议区人民政府、区人民法院、区人民检察院等专项工作报告 186 项；围绕全区经济社会和民主法制建设等重大问题作出决议、决定 104 项；依法任免国家机关工作人员 265 人次；督促办理代表议案 5 件和建议、批评、意见 722 件；受理人大代表和人民群众信访 582 件次。洛江区人民代表大会及其常委会对保证人民当家做主、推进法治建设发挥了应有作用，促进全区改革开放和社会主义现代化建设发展。

第一章 人大代表

第一节 代表选举

一、选举机构

1997 年 8 月，根据泉州市第十二届人大常委会第十次会议决定，洛江区第一届人民代表大会筹备组成立，主持区第一届人民代表大会代表的选举工作和召集召开区第一届人民代表大会第一次会议。区级人大代表选举为直接选举，换届时设立区选举委员会。区选举委员会组成人员由区人大常委会任命，由主任、副主任、委员组成。委员一般由区委组织部、宣传部，区人事局、司法局、民政局、公安局、人武部、法院、检察院，区总工会、团区委、区妇联、民主党派及区其他地方组织、区级有关部门负责人担任。区选举委员会下设办公室，主任、副主任由区委组织部、区人大常委会各委办主任担（兼）任，成员由区人大常委会办公室、区民政局等单位人员组成，负责选举工作具体事务。换届选举工作分为准备工作、宣传发动、选民登记、提名推荐、投票选举、召开大会六个阶段。

附：洛江区首届人民代表大会筹备组组成人员

组　　长：陈敬聪
常务副组长：卢希德
副 组 长：陈传仁
成　　员：林永军　林心政　张荣辉　杨天红　卢　刃　黄沧海　陈忠俊
　　　　　杨琦伟　廖志芳　戴和生　张伟生　林坤聚
办公室主任：林心政
办公室副主任：吴永泉

二、选区和代表名额

1997 年 7 月 30 日，福建省第八届人大常委会第三十三次会议批准泉州市洛江区第一届人民代表大会代表名额 160 名，区人大常委会组成人员名额 19 名。全区选民数 107824 人，划分为 86 个选区，安排分配代表名额 132 名。7 月 29 日至 8 月 18 日，区人大筹备组会议召开，通过选举工作实施方案，培训选举工作人员；成立乡镇、区直系统 7 个选举办事处，分别是虹山乡、罗溪镇、马甲镇、河市镇、双阳华侨农场、江滨、区直选举办事处。

2002 年 8 月 16 日，按照省人大常委会确定洛江区人民代表大会代表名额 160 名，根据《中华人民共和国全国人民代表大会和地方各级人民代表大会选举法》和《福建省县、乡两级人民代表大会代表直接选举实施细则》规定，全区安排代表名额 156 名，预留 4 名作为机动名额，设立区直机关、万安街道、双阳镇、河市镇、马甲镇、罗溪镇、虹山乡 7 个选举办事处。全区选民数 121170 人，划分 86 个选区。

2006 年 9 月 25 日，区第二届人大常委会第二十七次会议通过《泉州市洛江区第三届人民代表大会选举工作实施方案》。选举日定于 11 月 15 日。根据省人大常委会确定给洛江区人民代表大会代表名额 160 名，安排分配代表名额 150 名，预留 10 名作为机动名额，设立区直机关、万安街道、双阳街道、河市镇、马甲镇、罗溪镇、虹山乡 7 个选举办事处。全区选民数 145750 人，划分 85 个选区。

洛江区第一届至第三届人民代表大会代表选举情况表

表 16-1-1

届别	选举时间	选民人数	参选人数	参选率（%）	选区数（个）	区人大代表（名）
第一届	1997 年 9 月	107824	104697	97.10%	86	132
第二届	2002 年 10 月	121170	113442	93.60%	86	152
第三届	2006 年 11 月	145750	130298	89.40%	85	150

三、换届选举

2002—2007 年，区第二届至第三届人大代表换届选举，根据省《福建省县、乡两级人民代表大会代表选举实施细则》规定，区人民代表大会代表由选民以无记名投票和差额选举的办法直接选举产生。各政党、各人民团体，可以联合或者单独推荐代表候选人。选民 10 人以上联名，也可以推荐代表候选人。代表候选人的名额应多于应选代表名额的 1/3—1 倍，于选举日前 15 天公布。确定正式代表候选人时，各届均采取由选区选民反复酝酿协商，根据多数选民的意见确定正式代表候选人名单，于选举日前 5 天公布。全区在选举日由各乡（镇）组织选区选民投票选举人民代表大会代表，计票结果在当日或次日向选民公布。选举结果报区选举委员会确认，并于选举日后 5 天内公布当选代表名单。

2002 年 10 月 15 日和 12 月 5 日举行洛江区第二届人民代表大会代表选举。河市镇溪头、下堡选区应选 1 名代表，在选举过程中因出现部分违法投票行为，经区选举委员会决定，该选区选举工作暂停，其他 85 个选区，选出洛江区第二届人民代表大会代表 155 名。

四、出席省、市人大代表选举

1997—2007 年，洛江区的福建省人大代表和泉州市人大代表按照《中华人民共和国全国人民代表大会和地方各级人民代表大会选举法》的有关规定和省、泉州市人大常委会关于代表名额和结构的要求规定，经过基层推荐、组织酝酿等程序，产生一定数量人选，再推荐给泉州市人大常委会审核批准，最后经会议通过法定程序选举产生。

附一：洛江区出席福建省九届、十届人大代表大会名录

出席福建省九届人民代表大会代表洛江区代表（1998—2002年）

郭清华 黄其东 杨青青（女） 翁辉煌 王树旗 黄秋润（女） 陈全顺

许怡菲（女） 高华根 郭景仁

出席福建省第十届人民代表大会代表洛江区代表（2003—2007）

吕 竞（女） 郭清华

附二：洛江区出席泉州市十二届、十三届、十四届人大代表大会名录

出席泉州市十二届人民代表大会洛江代表团代表（1996—2001年）

毛碧波 吴其彬 吴家洋 陈传仁 陈敬聪 周子澄 郑兆领 洛秀页（女）

黄仁生 彭洋水 傅火儒 雷欢生 蔡永富 苏淑勉（女） 卢希德 黄清湖

出席泉州市十三届人民代表大会洛江代表团代表（2001—2006年）

王进足 卢希德 朱念湘（女） 刘平梅（女） 杜发成 陈家富 杨再聪

杨琦伟 李丽蓉（女） 何友爱 陈三亮 陈敬聪 陈忠文 释道元 林克想

赖清正 吴 同

增 选：李辉跃 庄金平 林炯泉

补 选：傅圆圆（女）

出席泉州市十四届人民代表大会洛江代表团代表（2006年12月起）

孙增福 陈家富 卢希德 吕 竞（女） 蒋夏雨 詹汉民 颜志煌 陈元殿

甘端蓉（女） 吕剑文 苏清良 施清体 杨再聪 庄 华（女） 陈华龙

王小阳 郭清华 释道元

第二节 代表构成

洛江区第一届至第三届人大代表构成兼顾代表广泛性和结构合理性，非中共党员代表一般不低于代表总数30%—40%，妇女代表一般不低于代表总数20%，少数民族聚居地方，均安排一定代表名额。

1997年，全区参选率为97.1%，选举区首届人民代表大会代表132名。其中，工人代表4名，农民代表77名，干部代表36名，其他劳动者代表9名，人民解放军代表1名，华侨代表5名。在代表总数中，妇女代表26名，中共党员91名，少数民族代表4名。代表的文化程度：大专以上35名，中专16名，中学76名，小学5名。代表的年龄结构：35岁以下54名，36—55岁71名，56—65岁5名，66岁以上2名。

2002年，洛江区第二届人民代表大会152名代表中，企业界代表13名，占8.6%；农村代表59名，占38.8%；知识分子代表20名，占13.2%；干部代表40名，占26.3%；居民代表1名，占0.7%；归侨侨眷6名，占3.9%；民主党派代表4名，占2.6%；军人代表3名，占2%；少数民族代表6名，占3.9%。代表成员中，非中共代表54名，占35.5%；妇女代表36名，占23.7%。35岁以下的39名，占25.7%；36-55岁的111名，占73%；56岁以上的2名，占1.3%。文化程度在大专以上的有69名，占45.4%；中专及高中46名，占30.3%；初中以下37名，占24.3%。连任代表60名，占39.5%。

2006年，洛江区第三届人民代表大会150名代表中，企业界代表17名，占11.3%；农村代表42名，占28%；知识分子代表15名，占10%；干部代表50名，占33.3%；居民代表9名，占6%；归侨侨眷2名，占1.3%；民主党派代表8名，占5.3%；军人代表2名，占1.3%；少数民族代表5名，占3.3%。非中共代表52名，占34.7%，妇女代表35名，占23.3%。年龄在35岁以下的30名，占20%；36—55岁的115

名，占 76.7%；56 岁以上的 5 名，占 3.3%。文化程度在大学以上的有 46 名，占 30.7%；大专 38 名，占 25.3%；中专及高中 53 名，占 35.3%；初中以下 13 名，占 8.7%。连任代表 72 名，占 48%。

洛江区第一届至第三届人民代表大会代表构成情况表

表 16–1–2　　单位：人

届别	代表总数	性别		民族		政治面貌		文化程度			年龄结构		
		男	女	汉族	少数民族	中共党员	非中共党员	大专以上	中专高中	初中及以下	35 岁以下	36—55 岁	56 岁以上
第一届	132	106	26	128	4	91	41	35	92	5	54	71	7
第二届	152	116	36	146	6	101	51	69	46	37	39	111	2
第三届	150	115	35	144	6	99	51	84	53	13	30	115	5

第三节 代表工作

一、建立代表活动制度

1998 年起，按照便于组织和开展活动的原则，把全区各级人大代表编成 7 个代表活动小组，各小组配备了组长和联络员。先后制定《关于区人大代表闭会期间开展活动的暂行规定》《大会议案办理方法》《加强代表工作的规定》等制度，促使代表工作逐步走上制度化、规范化轨道。

二、为代表知情知政提供服务

1998 年起，定期向每位代表寄送《人民政坛》《泉州人大》《洛江人大》《人大工作信息》等学习资料；采取组成人员走访代表、召开代表座谈会、邀请代表列席常委会会议等方式；要求“一府两院”向担任廉政监督员的代表进行政情通报和寄送政情资料。

三、加强培训学习与交流

1998 年起，常委会多次组织有关人员到乡镇对代表进行人大业务和法律知识培训，重点组织学习培训宪法、地方组织法、代表法等与人大工作密切相关的法律知识。每年召开两次乡镇人大主席团、代表小组工作经验交流会议，总结工作经验，探讨新思路。经常组织乡镇人大主席（代表小组长）到兄弟单位学习借鉴人大工作的先进经验。

四、加强与代表的联系

1998 年起，常委会明确规定每位驻会组成人员人员固定联系 3 名区人大代表，向他们通报常委会工作情况，委托他们收集人民群众对相关议题的意见。常委会还设立人大代表来访接待室有专人负责日常工作。

五、丰富闭会期间代表活动

围绕群众关心的热点和难点，常委会每年邀请人大代表参加视察检查调研活动；组织代表旁听、评议法院审理案件。由常委会领导带队到乡镇（街道）召开代表座谈会征求对议案、建议案办理的意见督促政府办理工作落到实处。如1998—2001年代表对加快乡村道路交通建设共提出67件，占总数的21%，常委会督促区交通局认真办理，至2003年全区村级道路水泥硬化率达到92%，公路建设由建区时的9.2公里发展到228公里。每次人大会会前鼓励并有计划地组织代表回原选区走访选民或召开选民座谈会，征询选民的建议、批评和意见，认真撰写代表议案、建议，树立群众观念。

六、优秀代表表彰

2000年1月11日，区人大常委会召开1999年度洛江区优秀人大代表、人大工作先进集体、先进工作者表彰大会。优秀人大代表为吴永泉、吴水木、郭清华、林心政、彭四明、赖志恒、杨庆辉、王世居、杜荣生、林明君、杜明娥（女）、赖瑞成、黄章图、黄良田14人；人大工作先进集体为河市镇人大主席团、马甲镇人大主席团、区人大法制委3个单位；先进工作者为苏少波、杨福安、林老小、彭华春、谢新建、陈杰军、黄培植、沈诗敬、郑聪和9人。

2002年1月14日，区人大常委会召开表彰优秀人大代表和代表建议办理工作先进单位大会，授予吴水木、林心政、杨炳昌、林代煌、林明君、林世铨、赖回元、黄春生、彭润泽、吴永泉10人“泉州市洛江区第一届人民代表大会优秀人大代表”称号；授予洛江区人民政府督查室、洛江区交通局2个单位“泉州市洛江区第一届人民代表大会人大代表建议办理工作先进单位”称号。

第二章 人民代表大会

第一节 第一届人民代表大会

一、第一届人大一次会议

1997年9月23—25日，泉州市洛江区第一届人民代表大会第一次会议召开，出席会议的代表132人。

选举洛江区人大常委会组成人员，选举区人民政府、区人民法院、区人民检察院领导班子。选举区一届人民代表大会常务委员会组成人员，主任：卢希德；副主任：陈传仁；委员：王信龙、乐曼菲（女）、杨景田、杨琦伟、吴水木、吴永泉、何友爱、陈颖（女）、林心政、林清泉、郭清华、廖志芳（女）。选举区人民政府领导人员，区长：陈家富；副区长：朱启平、谢工农、庄赞才。选举尤垂博为泉州市洛江区人民法院院长。选举陈建强为泉州市洛江区人民检察院检察长，并报请泉州市人民检察院检察长提请泉州市人大常委会批准。

二、第一届人大二次会议

1998年4月15—19日，泉州市洛江区第一届人民代表大会第二次会议召开，出席会议的代表139人。

会议听取和审议泉州市洛江区人民政府工作报告；听取泉州市洛江区人民政府关于国民经济和社会发展“九五”规划纲要的报告，审查和批准泉州市洛江区国民经济和社会发展“九五”规划；审查和批准泉州市洛江区1997年国民经济和社会发展计划执行情况及1998年计划（草案）的报告；审查和批准泉州市洛江区1997年财政预算执行情况和1998年财政预算（草案）的报告；听取和审议泉州市洛江区人大常委会工作报告、泉州市洛江区人民法院工作报告、泉州市洛江区人民检察院工作报告。补选王伊景、金岭珊（女）为泉州市洛江区第一届人民代表大会常务委员会委员。

三、第一届人大三次会议

1999年1月12—14日，泉州市洛江区第一届人民代表大会第三次会议于召开，出席会议的代表140人。

会议听取和审议泉州市洛江区人民政府工作报告；审查和批准泉州市洛江区1998年国民经济和社会发展计划执行情况及1999年计划（草案）的报告；审查和批准泉州市洛江区1998年财政预算执行情况和1999年财政预算（草案）的报告；听取和审议泉州市洛江区人大常委会工作报告、泉州市洛江区人民法院工作报告、泉州市洛江区人民检察院工作报告。

会议期间，12位代表提出《关于加强全区农业水利设施建设和管理的议案》，经大会审议通过并作出决议。

四、第一届人大四次会议

2000年1月12—14日，泉州市洛江区第一届人民代表大会第四次会议于召开，出席会议的代表143人。

会议听取和审议泉州市洛江区人民政府工作报告；审查和批准泉州市洛江区1999年国民经济和社会发展计划执行情况及2000年计划（草案）的报告；审查和批准泉州市洛江区1999年财政预算执行情况和2000年财政预算（草案）的报告；听取和审议泉州市洛江区人大常委会工作报告、泉州市洛江区人民法院工作报告、泉州市洛江区人民检察院工作报告。选举蔡金星为泉州市洛江区第一届人民代表大会常务委员会副主任。

五、第一届人大五次会议

2001年3月31日至4月2日，泉州市洛江区第一届人民代表大会第五次会议于召开，出席会议的代表143人。

会议听取和审议泉州市洛江区人民政府工作报告；听取泉州市洛江区人民政府关于国民经济和社会发展“十五”规划纲要的报告，审查和批准泉州市洛江区国民经济和社会发展“十五”规划；审查和批准泉州市洛江区2000年国民经济和社会发展计划执行情况及2001年计划（草案）的报告；审查和批准泉州市洛江区2000年财政预算执行情况和2001年财政预算（草案）的报告；听取和审议泉州市洛江区人大常委会工作报告、泉州市洛江区人民法院工作报告、泉州市洛江区人民检察院工作报告。选举泉州市第十三届人民代表大会代表17名。选举廖志芳泉州市洛江区人大常委会副主任。选举17位泉州市第十四届人民代表大会代表。

六、第一届人大六次会议

2002年1月15—17日，泉州市洛江区第一届人民代表大会第六次会议召开，出席会议的代表142人。

会议听取和审议泉州市洛江区人民政府工作报告；审查和批准泉州市洛江区2001年国民经济和社会发展计划执行情况及2002年计划（草案）的报告；审查和批准泉州市洛江区2001年财政预算执行情况和2002年财政预算（草案）的报告；听取和审议泉州市洛江区人大常委会工作报告、泉州市洛江区人民法院工作报告、泉州市洛江区人民检察院工作报告。选举吕竞为泉州市洛江区人民政府区长。增选李辉跃为泉州市第十三届人民代表大会代表。

会议期间，13位代表提出《关于大力推进小城镇建设的议案》，经大会审议通过并作出决议。

第二节 第二届人民代表大会

一、第二届人大一次会议

2002 年 12 月 11—14 日，泉州市洛江区第二届人民代表大会第一次会议于召开， 出席会议的代表 152 人。

会议听取和审议泉州市洛江区人民政府工作报告；听取和审议泉州市洛江区人大常委会工作报告、泉州市洛江区人民法院工作报告、泉州市洛江区人民检察院工作报告；选举洛江区人大常委会组成人员，选举区人民政府、区人民法院、区人民检察院领导班子。选举区二届人民代表大会常务委员会组成人员。主任：卢希德；副主任：王华西、蔡金星、廖志芳（女）、蔡振翔；委员：王小阳、王信龙、李再发、李秀墩（女）、李承荣、李馥春、吴永泉、陈翔、林少槐、林清泉、金玲珊（女）、翁师圣（女）、黄东平。选举区人民政府领导人员。区长：吕竞（女）；副区长：洪飞跃、谢工农、宋爱华（女）、郑国华、杨青青（女）、赖清正。选举黄继业为泉州市洛江区人民法院院长。选举王英郎为泉州市洛江区人民检察院检察长，并报请泉州市人民检察院检察长提请泉州市人大常委会批准。

二、第二届人大二次会议

2003 年 2 月 19—21 日，泉州市洛江区第二届人民代表大会第二次会议召开，出席会议的代表 154 人。

会议听取和审议泉州市洛江区人民政府工作报告；审查和批准泉州市洛江区 2002 年国民经济和社会发展计划执行情况及 2003 年计划（草案）的报告；审查和批准泉州市洛江区 2002 年财政预算执行情况和 2003 年财政预算（草案）的报告；选举黄永固为泉州市洛江区第二届人民代表大会常务委员会副主任。

会议期间，蔡金星等 15 位代表提出《关于进一步做好我区殡改工作的议案》，经大会审议通过并作出决议。

三、第二届人大三次会议

2004 年 2 月 19—21 日，泉州市洛江区第二届人民代表大会第三次会议召开，出席会议代表 152 人。

会议听取和审查泉州市洛江区人民政府工作报告；审查和批准泉州市洛江区 2003 年国民经济和社会发展计划执行情况几 2004 年计划（草案）的报告；审查和批准泉州市洛江区 2003 年财政预算执行情况和 2004 年财政预算（草案）的报告；听取和审议泉州市洛江区人大常委会工作报告、泉州市洛江区人民法院工作报告、泉州市洛江区人民检察院工作报告；选举陈韫哲为泉州市洛江区人民法院院长，选举庄金平、林炯泉为泉州市第十三届人民代表大会代表。

四、第二届人大四次会议

2005 年 1 月 26—28 日，泉州市洛江区第二届人民代表大会第四次会议于召开，出席会议的代表 156 人。

会议听取和审议泉州市洛江区人民政府工作报告；审查和批准泉州市洛江区 2004 年国民经济和社会发展计划执行情况及 2005 年计划（草案）的报告；审查和批准泉州市洛江区 2004 年财政预算执行情况和 2005 年财政预算（草案）的报告；听取和审议泉州市洛江区人大常委会工作报告、泉州市洛江区人民法院工作报告、泉州市洛江区人民检察院工作报告。

会议期间，25 位代表提出《关于加强对整治“六合彩”赌博活动专项整治的议案》，经大会审议通过并作出决议。

五、第二届人大五次会议

2006 年 2 月 16—18 日，泉州市洛江区第二届人民代表大会第五次会议召开，出席会议的代表 156 人。会议听取和审议泉州市洛江区人民政府工作报告；听取泉州市洛江区人民政府关于国民经济和社会发展“十一五”规划纲要的报告，审查和批准泉州市洛江区国民经济和社会发展“十一五”规划；审查和批准泉州市洛江区 2005 年国民经济和社会发展计划执行情况及 2006 年计划（草案）的报告；审查和批准泉州市洛江区 2005 年财政预算执行情况和 2006 年财政预算（草案）的报告；听取和审议泉州市洛江区人大常委会工作报告、泉州市洛江区人民法院工作报告、泉州市洛江区人民检察院工作报告。会议期间，19 位代表提出《加强卫生环境整治，推动农村公共服务的议案》，经大会审议通过并作出决议。

第三节 第三届人民代表大会

一、第三届人大一次会议

2006 年 12 月 6—8 日，泉州市洛江区第三届人民代表大会第一次会议召开，出席会议的代表 150 人。会议听取和审议泉州市洛江区人民政府工作报告；审查和批准泉州市洛江区 2006 年国民经济和社会发展计划执行情况及 2007 年计划（草案）的报告；审查和批准泉州市洛江区 2006 年财政预算执行情况和 2007 年财政预算（草案）的报告；听取和审议泉州市洛江区人大常委会工作报告、泉州市洛江区人民法院工作报告、泉州市洛江区人民检察院工作报告；选举区一届人民代表大会常务委员会组成人员，主任：卢希德；副主任：王华西、蔡金星、廖志芳（女）、黄永固、王小阳；委员：王明元、李再发、李承荣、吴永泉、陈翔、林少槐、林永军、金玲珊（女）、翁师圣（女）、郭宏戎（女）、黄东平、黄翁才、魏群琪。选举区人民政府领导人员。区长：吕竞（女）；副区长：洪飞跃、谢工农、宋爱华（女）、杨青青（女）、赖清正、林志强、王进足。选举陈韫哲为泉州市洛江区人民法院院长。选举王英郎为泉州市洛江区人民检察院检察长。选举 18 位泉州市第十四届人民代表大会代表。

二、第三届人大二次会议

2007 年 3 月 29—30 日，泉州市洛江区第三届人民代表大会第二次会议于召开，出席会议的代表 146 人。与会议代表视察洛江区经济建设情况；选举朱团能为泉州市洛江区人民政府区长。

第三章 人大常委会

第一节 领导机构

1997 年 9 月，洛江区第一届人大常委会成立，由主任 1 人，副主任 3 人，委员 16 人组成。2002 年 12 月，洛江区第二届人大常委会成立，由主任 1 人，副主任 5 人，委员 13 人组成。2006 年 12 月，洛江区第三届人大常委会成立，由主任 1 人，副主任 5 人，委员 13 人组成。

洛江区第一届至第三届人大常委会主任、副主任名表

表 16-3-1

届别	职务	姓名	性别	籍贯	任职时间
第一届 （1997年9月至2002年11月）	主任	卢希德	男	鲤城	1997年9月至2007年12月
	副主任	陈传仁	男	丰泽	1997年9月至2002年12月
	副主任	蔡金星	男	鲤城	2000年1月至2002年12月
	副主任	廖志芳	女	惠安	2001年4月至2002年12月
第二届 （2002年12月至2006年11月）	主任	卢希德	男	鲤城	2002年12月至2006年12月
	副主任	王华西	男	南安	2002年12月至2006年12月
	副主任	蔡金星	男	鲤城	2002年12月至2006年12月
	副主任	廖志芳	女	惠安	2002年12月至2006年12月
	副主任	蔡振翔	男	台湾高雄	2002年12月至2006年12月
	副主任	黄永固	男	南安	2003年2月至2006年12月
第三届 （2006年12月起）	主任	卢希德	男	鲤城	2006年12月至2011年12月
	副主任	王华西	男	南安	2006年12月至2011年12月
	副主任	蔡金星	男	鲤城	2006年12月至2011年12月
	副主任	廖志芳	女	鲤城	2006年12月至2011年12月
	副主任	黄永固	男	南安	2006年12月至2011年12月
	副主任	王小阳	男	鲤城	2006年12月至2011年12月

第二节 工作机构

1997年9月23日，洛江区第一届人大常委会第一次会议决定，区人大常委会下设办公室、法制工作委员会、代表联络工作委员会、财政经济工作委员会、教科文卫工作委员会。历届常委会工作机构各设主任1人，除代表联络工作委员会外均设副主任。

区人大常委会办事机构主要负责人名表

表 16-3-2

办公室				
主任	王伊景	（1998年4月至2002年1月）	金玲珊	（2002年1月至2007年7月）
	王国兴	（2007年7月至2016年9月）		
法制工作委员会				
主任	金玲珊	（2000年9月至2002年1月）	黄东平	（2002年4月至2016年12月）
代表联络工作委员会				
主　任	吴永泉	（1997年10月至2011年4月）		
财政经济工作委员会				
主　任	杨景田	（1997年10月至2002年4月）	李再发	（2002年4月至2011年5月）
教科文卫工作委员会				
主　任	王信龙	（1999年4月至2002年4月）	李馥春	（2002年4月至2006年5月）
	林永军	（2006年11月至2008年10月）		

第三节 派出机构

建区以后，洛江区先后设立两个街道办事处，分别是 1997 年 10 月设立万安街道办事处；2005 年 8 月撤销双阳镇建制，设立双阳街道办事处。2003 年 2 月和 2005 年 8 月区人大常委会分别在以上两个街道设立人大工委。

第四节 常委会议

一、听取和审议工作报告

1997 年 10 月至 2002 年 12 月，区一届人大常委会共举行 42 次常委会会议。听取和审议《关于市政府赋予洛江区优惠政策的情况通报》《关于洛江区中心城区控制性详细规划的汇报》《泉州市洛江区土地利用总体规划和土地开发情况汇报》等“一府两院”（政府、法院、检察院）及有关部门工作报告、汇报 93 次，作出决议、决定 64 个。

2003 年 1 月至 2006 年 12 月，区二届人大常委会共举行 29 次常委会会议。听取和审议《关于我区“四五”法制宣传教育基本情况的汇报和在全区公民中开展实施法制宣传教育第五个五年规划的说明》《关于洛江区“十五”科技发展基本情况的汇报和制定“十一五”科学技术发展规划的说明》等“一府两院”及有关部门工作报告、汇报 82 次，对 10 个法律法规贯彻情况进行审议检查，决定重大事项 15 项。

2007 年 1—12 月，区三届人大常委会共举行 9 次常委会会议。听取和审议“一府两院”及有关部门工作报告、汇报 12 次，对 3 个法律法规贯彻情况进行审议检查，做出相应的决议决定 7 项。

二、决定重大事项

1997—2002 年，区一届人大常委会先后依法作出《关于洛江区增设万安街道建制的决定》《关于设置区人大常委会工作机构的决定》《关于加强人民法院执行工作的决议》《关于实行执法责任制和错案责任追究制的决议》《关于泉州市洛江区科技发展“十五”计划纲要的决议》。

2003—2006 年，区二届人大常委会先后作出《关于设立万安街道工作委员会的决定》《关于授予泉州市公安局交警支队直属高速公路大队“人民满意交警大队”称号的决定》《关于撤销双阳镇建制设立双阳街道办事处的决定》《关于设立双阳街道工作委员会的决定》《关于授予泉州市公安局交警支队洛江大队“人民满意交警大队”称号的决定》《关于加强法制宣传教育的决议》。

2007 年，区三届人大常委会依法作出《< 洛江区教育事业“十一五”规划 > 的决议》。

三、人事任免

1997 年起，区人大常委会依照《中华人民共和国各级人民代表大会和地方各级人民政府组织法》的规定，依法行使人事任免权，坚持公开、民主、实事求是的原则，规范任免范围、任免程序和任免监督工作。组成考察小组，通过听取其本人述职报告、个别了解、群众评议等形式，对被提请任命干部以德、能、勤、绩为业务内容的考察；审议任命前参加区人大常委会及有关组织的法律、法规学习，并进行法律知识考试，拟任命人员需在人大常委会全体会议上接受现场业务考询，回答委员提出的问题，并进行人大监督、勤政廉政知识测试，不及格的不予上会讨论。区人大常委会对人事任免采用无记名投票方式表决；经区人大常委会决定任命的人员，由区人大常委会颁发任命书，以增强被任命人员的使命感，加大人大常委会对被任命人员的监督力度，促使他们更好的为人民服务。其规定延续至2007年。1997—2007年，区人大常委会依法任免国家机关工作人员223人次。

第四章 职能履行

第一节 考察调研

1997—2001年，区人大常委会组织人员到马甲镇、河市镇、万安街道办事处各旅游开发景区考察洛江区旅游工作情况，视察工业小区和开发区开发建设情况活动，对洛江区素质教育的实施情况进行考察。2002年3月6日，区人大、区政协联合组织驻洛江区的市人大代表、市政协委员开展考察活动，深入了解洛江区经济社会发展情况。

2003年9月1—4日，由部分区人大常委会组成人员以及区检察院、公安分局、司法局等相关部门抽调人员组成的检查组，对区人民法院自建区以后民事案件审判工作情况及民事审判队伍建设情况开展检查。同年12月，区人大常委会领导带领部分常委会组成人员深入各乡镇（街道）和部分村居，对洛江区殡改工作情况进行检查。

2004年，区人大常委会召开区、镇（乡）两级侨联主席和部分归侨、侨眷参加座谈会，组织部分人大常委会组成人员分别到马甲、双阳镇开展《中华人民共和国归侨侨眷权益保护法》的贯彻实施情况的检查活动。组成人员和部分人大代表考察洛江区2004年建成及在建的市政道路、供水、排洪等重要市政设施建设情况。

2006—2007年，区人大常委会组织人员考察双阳华侨经济开发区促建投产工作情况，对洛江区农村（社居）环境卫生整治情况进行考察。

第二节 执法检查

1997年10月成立至2002年12月，区一届人大常委会先后对《中华人民共和国农业法》《中华人民共和国乡镇企业法》《中华人民共和国村居委员会组织法》《中华人民共和国义务教育法》《中华人民共和国教师法》《中华人民共和国劳动法》《中华人民共和国行政诉讼法》《中华人民共和国治安管理条例》等十几部法律法规的实施情况进行视察检查，促进执法人员提高依法办事水平。

2003—2006年，区二届人大常委会对《中华人民共和国义务教育法》《中华人民共和国归侨侨眷权益保护法》《中华人民共和国人口与计划教育法》《中华人民共和国安全生产法》《中华人民共和国土地管理法》《中华人民共和国道路交通安全法》《中华人民共和国工会法》《中华人民共和国环境保护法》《中华人民共和国村民委员会组织法》《中华人民共和国治安管理处罚条例》等法律法规的贯彻实施情况进行检查。

2007年，区三届人大常委会对《中华人民共和国人民代表大会常务委员会监督法》《中华人民共和国归侨侨眷权益保护法》《中华人民共和国人口与计划生育法》《中华人民共和国消防法》等法律法规的贯彻实施情况进行检查。

第三节 述职评议

2000年6月28—29日，泉州市洛江区一届人大常委会召开第二十一次会议，对区科技局局长吴惠群和区建设局局长吴强耀进行述职评议。区一届人大常委会第45次主任会议通过《关于科技局吴惠群同志述职评议的意见》和《关于建设局吴强耀同志述职评议的意见》。

2005年1月13日，区二届人大常委会召开第十五次会议对王婷婷、黄祥彪、陈忠俊、杨天红、吴建雄、王荣生6名法院、检察院副职领导进行述职评议。区二届人大常委会第32次主任会议通过对法院、检察院副职领导评议的综合评价。同年12月29日，区二届人大常委会召开第二十二次会议对区建设局、区农水局工作情况进行评议，通过《关于对区建设局2003年以来工作情况的评议意见》和《关于对区农业水务局2003年以来工作情况的评议意见》。

2007年7—9月，区人大常委会开展对本辖区公安派出所进工作评议，同年9月26日，区三届人大常委会第六次会议听取《关于对区公安派出所进行工作评议的通报》。

第四节 议案和建议办理

一、议案督办

1997--2002年，区第一届人民代表大会期间交付区人大常委会审议的议案2件。其中，区一届人大三次会议通过《关于加强全区农业水利设施建设和管理的决议》。经过区人大常委会连续三年的长效监督，区政府投入380余万元，完成全区27座病险水库和海堤的全面整治任务，为促进洛江区农业农村进一步发展提供有力的保障。区第一届人大六次会议通过《关于大力推进小城镇建设的决议》，通过常委会的持续督促，政府加快全区城镇建设，基础设施日趋完善，城市管理不断强化，城区环境持续优化，第三产业加快发展，生态城区初具规模。

2003—2006年，区第二届人民代表大会期间交付区人大常委会审议的议案3件。其中，区第二届人大二次会议通过《关于进一步做好洛江区殡改工作的决议》，区第二届人大四次会议通过《关于加强整治“六合彩”赌博活动的决议》，区第二届人大五次会议通过《关于加强农村卫生环境整治的决议》。常委会持续跟踪议案执行情况，多次听取汇报，开展专项视察调研，提出审议意见，区政府分年度落实决议。如2003年12月2日，区二届人大常委会第七次会议听取和审议了区人民政府落实《做好我区殡改工作的决议》情况汇报。针对实际工作中存在的问题，会议提出两点审议意见：第一要对骨灰堂科学规划加快建设，确保2005年全区公益性骨灰堂建设完成。第二要规范殡葬宣传、管理、服务工作。为了进一步落实区人大决议和审议意见，区政府召开全区殡改工作会议，进行全面动员部署，明确目标任务。2004年10月28日区二届人大常委第十三次会议听取了区民政局《关于落实殡改工作审议意见情况的汇报》。2005年区政府已全面完成全区骨灰堂建设。2005年10月28日，区二届人大常委会第二十一次会议专题听取区政府开展打击“六合彩”违法犯罪活动专项行动情况汇报，要求深入开展宣传工作，健全打击与教育相结合的长效机制，主攻大案要案，提高打击实效。经过一年多的实施，大会议案得到落实，维护社会安定。2006年区政府制定出台《加强农村环境卫生整治实施方案》，把农村环境整治列入为民办实事项目，当年完成首批20%村（居）垃圾集中堆放建设并建立卫生保洁制度。

二、建议办理

1997—2007年，区一届人大一次会议至区三届人大二次会议收到区人大代表提出的建议、批评和意见722件（含闭会期间建议），内容涉及城乡规划建设管理、农业农村、教科文卫、道路交通、环境保护、财政经济、社会保障等方面。每年区人大常委会都将代表建议办理工作列入监督议题，督促“一府两院”落实办理工作，听取区政府关于代表建议办理情况的汇报，多数建议得到解决或基本解决。

1997—2007 年区人大代表批评建议和意见情况表

表 16-4-1　单位：件

会议	批评、建议和意见
1997 年区一届人大一次会议	66
1998 年区一届人大二次会议	65
1999 年区一届人大三次会议	58
2000 年区一届人大四次会议	63
2001 年区一届人大五次会议	70
2002 年区一届人大六次会议	53
2002 年区二届人大一次会议	52
2003 年区二届人大二次会议	17
2004 年区二届人大三次会议	73
2005 年区二届人大四次会议	67
2006 年区二届人大五次会议	61
2006 年区三届人大一次会议	77
2007 年区三届人大二次会议	0

第五节 指导基层人大工作

区人大常委会注意加强与各乡镇（街道）人大的联系，指导、支持、帮助他们开展工作，促进全区人大工作整体水平的提高，推动基层民主政治建设和政权建设。

1. 召开各种会议

建区以来，常委会坚持邀请各乡镇（街道）人大负责列席区人大常委会会议，召开乡镇（街道）人大经验交流会、举办乡镇（街道）人大主席（主任）培训班，召开乡镇（街道）人大工作、代表工作座谈会等，传达贯彻中央、省、市人大工作会议精神，交流情况、总结经验，分析形势，研究措施。常委会领导到基层视察、调研时，经常座谈了解乡镇（街道）办事处人大工作情况，指导和帮助乡镇（街道）人大开展工作。

2. 指导代表开展活动

人大代表在人代会闭会期间，开展各种活动是代表大会会议的延续，也是代表履行职责的重要形式。区人大常委会委员分工联系各个代表小组，加强对代表开展活动的指导。要求各代表小组制定活动计划和活动制度，每季度开展一次活动，活动经费列入本级财政预算，切实保证代表工作和代表活动的经费需要。区人大常委会还积极为代表知政和参政提供各项服务，对侵犯代表合法权益的事件依法查处，为代表执行代表职责提供保障。每年召开代表工作座谈会，交流代表工作经验，对认真履行代表职务的人大代表予以表彰。

3. 组织参加学习

区人大常委会经常组织各乡镇人大主席、副主席、专职工作人员和街道人大工委主任、区直机关代表小组长到兄弟（市、区）互相交流、学习乡镇人大开展工作的做法和经验。如 2005 年 3 月，组织到泉港区学习参观乡镇人大开展工作的做法和经验。

4. 指导乡镇人大换届选举

按照选举法、地方组织法和省人大常委会的有关决定，区人大常委会于 1999 年、2002 年、2006 年先后三次指导全区乡镇人大换届选举工作，完成换届选举工作。

第六节 信访工作

区人大常委会对人大代表和群众来信来访，实行专人负责，立簿登记交办反馈。重要来信来访经区人大常委会主任、副主任审阅后，及时转送有关部门研究处理。与有关部门联系，做好督办催办工作，做到对代表和群众来信来访提出的问题件件有答复。

2003 年，常委会对人大代表来信来访反映区人民法院在审理“某离婚纠纷”一案过程中存在执法不公的问题深入调查，认定该案在诉讼管辖权、案件审理及判决等方面存在违法问题。常委会多次召开主任会议听取区法院的专题汇报，提出书面意见，由司法机关自行纠正。

2005 年 3 月初，郭福耀代表通过代表建议形式反映琯头社区的电网改造问题，由区人大常委会转交区政府办理，代表建议交办后 1 个月时间，区政府及时召开专题协调会，对琯头社区供电线路进行“一户一表”改造。

1997—2007 年常委会受理人民群众来信情况表

表 16-4-2

年份	信件	来访
1997 年	11	—
1998 年	63	13 批 20 人次
1999 年	45	9 批 16 人次
2000 年	56	23 批 38 人次
2001 年	64	19 批 40 人次
2002 年	39	13 批 40 人次
2003 年	44	31 批 34 人次
2004 年	34	10 批 20 人次
2005 年	39	19 批 40 人次
2006 年	41	9 批 16 人次
2007 年	107	13 批 45 人次

第五章　乡（镇）人民代表大会

第一节　重要会议

1997 年 9 月至 2006 年 12 月，虹山、罗溪、马甲、河市等乡（镇）人民代表大会根据《地方组织法》规定先后召开 3 届人民代表大会。1998 年 4 月，双阳华侨农场设镇留场改制为双阳镇，共召开两届镇人民代表大会。此外，乡镇人民代表大会每年至少举行一次会议。会议主要议程为：听取和审议乡镇人民政府工作报告；听取和审议乡镇人大主席团工作报告；审查和批准乡镇年度财政预算和预算执行情况的报告；选举产生乡镇人大主席团、主席、副主席，选举产生正、副乡镇长、科技副乡镇长。1997—2003 年，乡镇人大主席团每届任期 3 年。2004 年 10 月，根据第十届全国人大常委会十二次会议《修订 < 地方组织法 > 的决定》，乡镇人大主席团每届任期 5 年。

第二节 乡（镇）人大主席团

1997—2007年，乡镇各届人大主席团成员和主席、副主席由各乡镇人民代表大会选举产生。至2007年，全区各乡镇人大主席团均做到“六有”，即有印章、有牌子、有办公室、有人员、有活动经费、有工作制度。

洛江区1999—2007年乡镇（街道）人大（工委）主席（主任）名录

表16-5-1

乡镇（街道）	姓名	性别	职务	任职时间
万安街道	谭毓雄	男	主任	2003年2月至2006年5月
	伍一兵	男	主任	2006年5月起
双阳镇	陈德树	男	主席	1998年4月至1999年12月
	陈新生	男	主席	1999年12月至2002年12月
	苏子平	男	主席	2002年12月至2007年6月
河市镇	赖志恒	男	主席	1999年12月至2002年12月
	王进足	男	主席	2002年12月至2005年12月
	纪华在	男	主席	2005年1月至2009年9月
马甲镇	林明君	男	主席	1999年12月至2002年12月
	林新平	男	主席	2002年12月至2005年12月
	李奉恒	男	主席	2005年12月至2006年11月
	陈新生	男	主席	2006年11月起
罗溪镇	黄思伦	男	主席	1998年12月至1999年12月
	郑伟生	男	主席	1999年12月至2002年12月
	杨琦伟	男	主席	2002年12月至2005年12月
	黄佳生	男	主席	2005年12月起
虹山乡	彭金亮	男	主席	1999年12月至2001年1月
	纪国星	男	主席	2001年12月至2005年12月
	林切成	男	主席	2005年12月至2006年5月
	李奉恒	男	主席	2006年12月至2009年4月

第十七篇 地方人民政府

唐开元六年（718年）晋江置县，县置设于泉州（今鲤城），历代均设行政长官主理县事，基层政权相应建立，设有管理人员。行政官员或由朝廷直接委派，或由地方委派。民国初，改县署为县公署。民国15年（1926年），改为县政府。北洋军阀时期，政府机构极为不稳定，行使权力受军队制约。民国16年以后，社会较为稳定，政权建设开始引起重视。民国24年，推行新县制，机构比较固定，可根据需要增减。民国24年6月，晋江县设立6个区公所；同年8月，裁撤区公所，成立4个区署。民国29年，实施新县制，撤销联保，成立46个乡（镇）公所，仍设4个区署领之。河市区署辖山顶等5个乡公所。民国33年，撤销区署，全县设立25个乡（镇）公所。晋北有大猷乡、锦丰乡、罗溪乡、山顶乡4个乡公所。

1949年8月31日，泉州解放。同年9月9日，晋江县设立人民政府，政权建设逐步加强。县以下基层机构1949—1957年为区、乡镇分设，区设区公所。1958年3月撤区并乡，同年10月，乡改称人民公社。1971年1月，罗溪、马甲、河市3个公社和双阳农场划归泉州市（县级）管辖。1986年1月，泉州市升为地级市，原泉州市改为鲤城区。

1997年6月3日，根据“大泉州”发展规划的需要，国务院批准原泉州市鲤城区行政区域调整为三个市辖区（鲤城、丰泽、洛江）。1997年9月25日，洛江区第一届人民代表大会第一次会议选举产生第一届区人民政府，选举产生区长、副区长。同月29日，泉州市洛江区人民政府正式挂牌办公，区人民政府驻万荣街。至2007年，区政府历经3次换届。其间，区政府召开常务会议84次，研究扶持企业发展政策、财政管理体制改革、财政预算、城乡规划建设、行政审批制度改革、区划调整、环境保护、安全生产以及教育卫生、科技发展、计划生育、社会救助、应急救灾等重大决策事项。至2007年，洛江区在经济、基础设施、社会事业、政府法制等建设方面均取得较快发展。

第一章 建区前地方行政机构

第一节 唐至民国行政机构

一、唐至清县署

（一）县署及所属机构

唐开元六年（718年），晋江置县，洛江今域属晋江县管辖，县设县令、县丞、主簿各1人，县尉2人，经学博士、助教各1人。

北宋建隆元年（960年），晋江列为望县，设知县事、县丞、主簿、县尉各1人。

元至正二十年（1360年），晋江列为中县，设达鲁花赤1人（为掌印官或监县事，由蒙古人担任，县政由监县与县尹并治，但由监县统辖），同时设县尹、县丞、主簿、县尉、典史、儒学教谕各1人，并有巡检、盐场司令、司丞、管勾（员数未详）。此外，元世祖至元十五年（1278 年）泉州路设南、北 2 个录事司，元世祖至元十六年合二为一，管理城区，置达鲁花赤、录事、判官、典史各 1 人。

明代，晋江县设知县、县丞、主簿、典史、儒学教谕各 1 人，训导 2 人；祥芝、深沪、围头、乌浔 4 巡检司巡检各 1 人，税课局大使（后裁）、福全仓副使、河泊所河泊官各 1 人；浔美、丙洲 2 场盐课司大使、副使各 1 人。

清代，晋江设知县、县丞、典史、儒学教谕、训导各 1 人，清康熙四年（1665 年）裁，康熙二十一年复设；鹧鸪巡检司巡检 1 人（原在祥芝，康熙十九年改驻此），浦边巡检司巡检（原在乌浔，康熙十九年改驻此）、庵上巡检司巡检、福全仓副使、河泊所官员各 1 人（后裁），还有僧会司、道会司、阴阳学训术、医学训科。

（二）基层机构

唐宋时期，晋江县县署之下的建制为乡，乡设耆老；乡以下为里，里设里正。唐代乡、里数无考。宋代设 5 乡、23 里（详见第二篇境域建置第二章行政区划第一节建区前行政区划）。

元、明两代，城内 3 个隅，城外置 43 个都，共统 135 个图。

清代初期，沿袭隅、都、图、甲之制。清道光年间（1821—1850 年）以后，废图甲，设保甲。保设保长，甲设甲头（一说为甲长）。清政府在预备立宪期间，推行地方自治，以整个城关为界线，城外以人口满 5 万人为镇，不满 5 万人为乡。成立地方自治公所，置乡董、副乡董各 1 人，董事若干人。不数月，武昌起义爆发，泉州光复，自治公所废除。

二、民国县政府

（一）县公署 县政府及所属机构

民国元年（1912 年），帝制废，晋江县改县署为县公署，改知县为县知事。公署设刑名和钱谷两科，各有科长 1 名（两科后改为局）。同时设有晋江劝学所。7 月，劝学所改为教育公所，民国 6 年又复为劝学所。

民国 15 年 11 月，北伐军东路军政治部进入泉州，委派县长，建立政权。县公署改称县政府，县知事改称县长，下设 4 个科。民国 17 年改为 2 个科、4 个局。其后，科室屡有增并。

民国 24 年推行新县制后，机构比较固定，设有民政、财政、教育、建设、军事、社会 6 个科及会计室。

民国 26 年，增设禁烟（鸦片）科，同年 12 月裁撤。民国 29 年 1 月，县警察所改为警察局。民国 32 年，县政府设秘书室、民政科、财政科、教育科、建设科、军事科（后废，民国 35 年 9 月重设）、会计室、军法室等。民国 34 年 1 月，县各经征分处暨乡镇征收员全部裁撤，归并设立县经征处。民国 38 年 1 月，设立地政处，同年 3 月，县政府电话室改为电话局。

（二）基层机构

民国初年（1912 年），沿用清制。

民国 3 年，县之下设区，置区长。

民国 23 年 10 月，建立联保及保甲。民国 24 年 6 月，晋江县设立 4 个区公所，各置区长 1 人，区员 2 人，雇员 2—3 人。同年 8 月，裁撤区公所，成立 4 个区署。

民国 25 年，各区署设区长 1 人，区员 4 人，雇员 4 人。其中，第四区署（驻今河市镇）辖 10 个联保 83 个保，801 个甲，警察所有警员 16 人。

民国 29 年，实施新县制，撤销联保，成立 46 个乡（镇）公所，仍设 4 个区署领之，设区长 1 人，指导员 4 人，事务员 1 人。

民国 33 年，撤销区署，全县设立 25 个乡（镇）公所。洛江今域有大馻乡、锦丰乡、罗溪乡、山顶乡 4 个乡公所；此外，今域万安街道属东北乡公所。

第二节 人民政府

一、县级人民政府

1949 年 9 月 9 日，晋江县人民政府成立，县长由中共福建第五地方委员会任命。县人民政府设立秘书室、民政科、财粮科、建设科、文教科、支前办事处、公安局、税务办事处和地方税征处、军管邮电、交通银行等机构。

1951 年 1 月，泉州市人民政府（县级）成立。同年 4 月 17 日，晋江县人民政府直属机关迁至青阳。

1952 年 7 月，晋江县第二届各界人民代表会议第一次会议召开，选举县长、副县长各 1 人。

1955 年 12 月，改县人民政府为县人民委员会（以下简称人委会），在县第一届第二次人民代表大会上选举县人委会县长 1 人、副县长 4 人、委员 24 人。

1955 年 12 月至 1966 年 4 月，县人民代表大会先后选举 5 任县长、副县长和人委会委员。县人民委员会工作机构增至 37 个：办公室、文教局、卫生局、民政局、监察局、人事科（含编委会）、劳动局、公安局、华侨事务局、档案局、计划委员会、物价委员会、统计局、工业局、手工业管理局、交通局、水电局、农业局、林业局、水产局、畜牧兽医局、气象站、财贸办公室、财政局、税务局、粮食局、物资局、商业局、供销合作总社、工商行政管理局、专卖事业管理局、建设科、科学技术委员会等。至“文化大革命”前除少数单位撤并外，没有多大变动。

1966 年“文化大革命”开始，县人委会工作停止。

1968 年 10 月 28 日，县革命委员会（以下简称“革委会”）成立，党政合一，设革委会主任 1 人，副主任、常委、委员若干人。革委会设直属机构三大组，即政治组、办事组、生产指挥组。1969 年 11 月，人民保卫组从政治组分出，县革委会直属机构改为四大组。

1971 年 1 月，晋江县析罗溪、马甲、河市 3 个公社和双阳华侨农场，归泉州市（县级）管辖，政府机构为泉州市革命委员会。1981 年 2 月，恢复泉州市人民政府名称。1986 年 1 月，泉州市人民政府改称泉州市鲤城区人民政府。

（注：鲤城区政府工作机构详见《鲤城区志》卷十九人大、政府、政协第二章政府第二节人民政府 P642。）

二、基层机构

1949 年 9 月 9 日，晋江县人民政府成立，随即在泉州（今鲤城区）设立城南（一区）、城中（二区）、城北（三区）3 个区政府，在农村设立 10 个区政府。同年 10 月，将全县改设为 10 个区、1 个城关特别区，区设区公所，为县人民政府的派出机构。区以下以村为单位建立农民协会，作为过渡性的民主政权。原罗溪乡和山顶乡合并设立第一区，区公所设在大罗溪；原锦丰乡和大猷乡合并设立第二区，区公所设在河市街；原东北乡（含今域万安街道）归第三区，区公所设在新前。

1950 年 6 月，全县改设为 12 个区、1 个特别区、2 个镇，区（镇）以下设 214 个乡。一区共设 10 个乡，二区共设 14 个乡。

1952 年 7 月，实行小区小乡制。原第二区拆分成两个区，新设立第二区辖今域马甲片，区公所设在马甲街；第三区辖今域河市和双阳片，原第三区改称第四区。

以上（1949—1957 年）为区、乡镇分设时期。区设区长、副区长，乡设乡长、镇设镇长。

1958 年 3 月，晋江县撤区并乡，全县划为 31 个乡镇，晋北（洛江今域）有虹山乡、钟山乡、罗溪乡、鹫南乡、马甲乡、河市乡、双阳乡等。同年 8 月，全县又改为 21 个乡，晋北（洛江今域）设罗溪乡、马甲乡和河市乡。

以上为撤区并乡时期，乡设正、副乡长。

1958年10月，乡改称人民公社，晋北有罗溪、马甲、河市3个公社管委会。1961年10月，泉州市（县级）东海公社析部分大队成立城东公社（含今域万安街道）。

1961年6月，调整社队区域，晋江县改设20个公社管委会，下设367个生产大队，9个居委会。1968年6月至9月，公社相继成立革命委员会。

1971年1月，罗溪、马甲、河市3个公社和双阳华侨农场划归泉州市（县级）管辖。

以上为人民公社时期，设正副社长。“文化大革命”期间，革委会设正副主任。

1980年7月，泉州（县级）市区人民公社改制设街道办事处，同年，撤销郊区人民公社革委会（双阳华侨农场革委会于1981年4月撤销），恢复人民公社代表大会和管理委员会组织制度。

1984年，郊区人民公社均改为乡建制，乡建立人民政府，设立民政、司法等工作部门；生产大队及所有生产队相应改为村民委员会、村民小组。

1987年10月，罗溪乡划出虹山、苏山、白凤、松角山4个村建立虹山乡。

1991年11月9日，除虹山乡外，乡改为镇建制。

至1996年末，今洛江境域有河市、马甲、罗溪3个镇和虹山乡政府以及双阳华侨农场。

第三节 政务纪要

一、巩固政权，安定社会

1949年9月9日，泉州军事管制委员会成立。同月11日，军管会政务处接管晋江县政府、法院等18个机构，财经处接管中国银行、交通银行等11个单位。同月13日，晋江县人民政府开始办公，随即大力组织民工、船只、汽车、筹措粮食，开展支前工作。同年11月起，农村工作以剿匪反霸为中心，结合减租减息与合理负担情况，征集公粮，开展生产自救，废除保甲制，建立基层政权，第一区（含域罗溪、虹山）共建10个乡政权，第二区（今域河市、马甲）共建14个乡政权。恢复和发展农业生产；建立各级户籍管理组织，禁用银圆外币，取缔工商业者非法经营活动，努力恢复生产，稳定物价，整顿交通秩序，维护人民生命财产安全。

1950年11月下旬至1952年6月，根据中共中央有关指示和《中华人民共和国土地改革法》，全县（含洛江今域）范围内开展土地改革运动。晋江县委调机关干部、部队、农村积极分子和乡主干，合计642人，组成土改工作队，分别到各乡协助开展土改工作。在广泛宣传政策和建立农民协会的基础上，进行划分阶级，征没收土地、五大财产分配给贫雇农。为保证土改工作圆满结束，在土地改革运动基本结束之时，还重新组织干部进行为期两个月的土地改革工作检查，纠正错划成分及解决遗留问题。通过土地改革运动，实现“耕者有其田”，彻底推翻封建制度，使广大劳动人民真正翻身做主人。

1951年12月至1952年间，根据中共中央有关决定和指示，晋江县机关内部开展“反贪污、反浪费、反官僚主义”的“三反”运动和在对不法商人社会上开展“反行贿、反偷税漏税、反盗骗国家资财、反偷工减料、反盗骗国家经济情报”的“五反”运动。通过运动，加强工人阶级的领导，保证《中国人民政治协商会议共同纲领》的执行，恢复和发展各项事业。

1963—1966年，中共晋江县委遵照中央和省委的部署，在农村开展社会主义教育运动（以下简称为“四清”运动，初期为清账目、清仓库、清财物、清分工，后来改为清政治、清经济、清组织、清思想）。运动初期在处理和纠正部分干部作风和经济管理上存在问题，起过积极作用。但是由于对阶级斗争形势作了夸大的估计，混淆两类不同性质的矛盾，致使不少基层干部遭受不应有的打击和错误处理。

1966年5—8月，“文化大革命”由学校向机关、城镇、农村全面展开。1968年10月，县、各公社（镇、场）成立革委会。1970年6月，县、各公社先后成立党的核心领导小组。

1975年1月起，根据中央精神对党政等各级组织进行全面整顿，政治局面和经济状况明显好转。

1976年2月，开展“批邓、反击右倾翻案风”，社会再度混乱。10月，粉碎江青反革命集团后，揭批与江青反革命集团有关的人和事，加强思想和组织建设，调整和充实各级领导班子，纠正、平反“文化大革命”期间及其以前历次政治运动的冤、假、错案，促进安定团结。

1978年12月，中共十一届三中全会以后，各级政府坚决贯彻执行中央的路线、方针、政策，进行全面拨乱反正，坚持改革开放，紧紧抓住经济建设这个中心，大力发展社会生产力，使各方面的工作沿着社会主义的正确方向前进。

二、经济建设

(一)农业

1951年12月，中共晋江县委贯彻中共中央《关于农业生产互助合作的决议（草稿）》，经宣传发动，全县农户以自愿结合、互助变工形式组成461个变工队，进行互助生产。

1952年春，晋江县创办互助组并进行推广，至1953年春耕，各地形成一批互助组，以临时互助组居多。1953年8月，晋江县举办5期互助组长培训班，并于秋季开展互助组整顿提高工作。至1954年秋，互助组发展，参加农户占总农户的52%。1955年8月，大力宣传贯彻毛泽东关于《农业合作化问题》的指示，掀起举办高级合作社的高潮，至年底全县参加初级社农户占总农户的64.6%。1956年，贯彻全国《农业发展纲要40条》，至年底，参加高级社农户占总农户的76%，参加初级社农户占总农户的8.8%，基本完成农业的社会主义改造。与此同时，开展农业增产运动，引进陆财号等水稻新品种，改进耕作技术如实行深耕翻犁，大力兴修水利，扶持副业生产。

1958年10月，境内3个乡成立人民公社。“大跃进”期间，盲目追求“一大二公”，生产上搞高指标、瞎指挥、浮夸风，分配上搞“一平二调”，经济上吃“大锅饭”，搞部分供给制，加上严重自然灾害，农业生产受到严重挫折。是年，晋江县响应上级“开发万宝山”号召，县有关部门在双阳创办华侨工商农场（热带作物实验场）、畜牧场、南山林业苗圃（注：1960年，为安置印尼归侨，并入双阳华侨农场）；马甲公社创办加锥油茶场（注：1962年由县接办改称国营加锥农场）。1959年12月，在马甲彭殊村动工建设以灌溉为主结合防洪的大型水库—惠女水库。

1961年，贯彻“调整、巩固、充实、提高”的八字方针，加强农业战线。1962年2月，创办罗溪国营林场。1963年，双阳华侨农场为解决归侨人多问题，在洛阳江边围海造田，并修建五坎坝引水工程。

1964年后，开展农业学大寨运动，贯彻执行农业“八字宪法”（土、肥、水、种、密、保、管、工）。1. 兴修水利：建设罗溪前洋、翁山、马甲后坂、乌石、梧峰青蛇、潘内沈友、前村七林、新民蔡山、双阳新南、赤崎、河市白洋招岭水库等一批水利设施。2. 推广农业技术和科学种田：引进推广矮秆抗倒伏水稻品种，如矮脚南、珍珠矮等，甘薯推广“新种花”“晋薯7号、8号”等优质高产品种。推广科学种田，如科学管水，防治病虫害、深耕翻犁，增施有机肥（推广绿肥）、化肥。又如推广甘薯“五改”（改土深耕，改越冬老蔓苗为薯块育苗，改稀植为合理密植，改不施肥少施肥为科学施肥，改粗放管理为精细管理）增产措施。推广应用各种新式农械农具。3. 开展造林种果：各公社、大队纷纷组织耕山队，开发山地办果林场、茶场、畜牧场。如河市公社创办划豆场、大帽山场，庄田、蛟南猪场，大队创办溪山、溪井果林场，南塘、坛上茶场；马甲公社创办厝仔农场，大队创办新民茶场；罗溪公社队办场有玉叶、钟山、建兴、碧山、垵内、白凤、苏山、虹山等茶场。

“文化大革命”期间，由于搞以粮为“纲”，大力推广矮秆新品种如矮脚南特、广稻矮，加强科学种田技术推广普及，经过广大干部、群众的努力，1971年境域粮食总产创历史最高水平，水稻亩产250—300公斤，比1949年提高一倍多。20世纪70年代兴修一批水利设施如罗溪车厍、诗埔水库等，此外建设如罗溪八峰、广桥、马甲北溪、河市新告、白洋等一批小水电站。1993 年 5 月，城东海堤（含洛江今域万安街道部份）动工，翌年 11 月堤坝合拢，围垦土地 5000 亩。

1980 年后，全面推行家庭联产承包责任制，抓紧农业基本建设和以科学种田为中心的农业技术推广，调整农业结构，提倡多种经营，促进农村商品经济蓬勃发展。20 世纪 80 年代初，各级大力发展甘蔗生产，引进推广闽糖、桂糖等甘蔗新品种，做好产前、产中、产后服务，调动农民生产积极性，1982 年境内种植甘蔗面积近万亩。1984 年后，因种植甘蔗效益下降，其种植面积减少。河市等地发展西瓜种植面积 2500 亩，罗溪垵内、建兴发展香蕉 400 亩，马甲永安发展形成百亩花卉基地。同时，各地开展学（永春）天马建设茶果场，今洛江境内丘陵山区成片开发种植茶果，如虹山、马甲洋坑、新民等茶场以及河市坛顶、白洋、罗溪前溪五尖山等果林场等。粮食生产方面，开展杂交水稻栽培示范和中低产田改造，化学肥料大量应用，至 1991 年洛江境域（不含今万安街道境域）耕地面积 55389 亩，粮食播种面积 118663 亩，其中水稻播种面积 63845 亩，平均亩产达 385 公斤。甘薯引进新品种，继续推广“五改”措施，但大麦、小麦等冬种面积逐年减少，蔬菜等经济作物面积逐年增加。

畜牧业方面，上级农业部门和基层畜牧兽医站引进畜牧良种，如先后引进丹麦猪和大、中约克猪，长白猪和杜洛克猪，改进饲养技术，广泛使用配（混）合饲料，开展防疫灭病，畜牧业向集约化发展。1990 年后，马甲镇祈山吴继忠年饲养番鸭 10 万只，河市镇建立 5—6 个年出栏千头的生猪养殖场。1992 年，马甲农业高科技开发区养殖场引进丹麦丽佳鸭，当年繁育 40 多万只父母代种鸭。1995 年，罗溪永成畜牧场建成，年出栏生猪万头，马甲动植物观赏园从缅甸引进鳄鱼 110 只。1997 年，河市华丰畜牧场在原河市五七农场创建。

20 世纪 90 年代，在稳定粮食种植基础上，各级政府鼓励和扶持山地开发，倡导果树（龙眼）上山，随着龙眼价格攀升（1994—1996 年龙眼鲜果每公斤 8—10 元），激发农民积极性，龙眼种植迅速发展，至 1997 年建区前境内种植面积 7.5 万亩，比 1990 年翻 1 倍，龙眼种植遍布丘陵山地，龙眼生产经营成为农村经济支柱之一。

与此同时，随着泉州城市快速扩展，近郊蔬菜基地减少，为保障城市菜篮子供应，1994 年鲤城区政府决定在河市开辟蔬菜新基地，各级政府对河市、马甲等蔬菜基地发展大力扶持，进行基地配套设施建设，鲤城区农业局、河市镇政府先后在蛟南、溪山建立蔬菜试验示范场，加强蔬菜新品种和科技的推广，如地膜覆盖栽培、大棚蔬菜生产、无公害生产技术等等，推动河市、马甲蔬菜基地形成和发展。1995 年 4 月，市区林方生等人在双阳华侨农场阳江管区创办高标准无公害生产基地（面积 200 亩）。至 1997 年建区时，境内建立蔬菜常年基地 3500 亩，季节性基地 3000 亩。

（二）工业

中华人民共和国成立初，境内工业几乎空白，20 世纪 60 年代，各公社、大队创办一些社队企业，以手工业为主，河市、马甲有农械厂、木器厂、竹器社、砖瓦厂、粮油加工厂，罗溪有铜锣厂、铁木厂、粮食复制品厂等。双阳华侨农场企业规模较大，有农械厂、造纸厂、纸箱厂、塑料厂、石料厂、碾米厂。1986 年起，马甲在杏川引进创办新华针织厂（港资），河市创办饲料厂、宝成针织厂。1972 年双阳农场创办华侨塑料厂。至 1991 年，洛江区今域乡、农场（不含今万安街道境域）工业总产值 5074 万元。1992 年后，境内工业迅速发展，马甲镇、河市镇分别建设大厅埔工业区、霞溪工业区。马甲企业主要由本地能人创办鞋厂、床上用品厂等；河市工业区引进创办荣祺食品、大华蓄电池、佘氏针织、银艺工艺、长兴食品等；双阳华侨农场辖区有双阳金刚石、和诚鞋业、永祥机械等。1993 年，鲤城区政府启动万安工业区建设，一批企业先后入驻，主要以轻工为主，鞋服箱包类如汇成针织、洲克服饰、诚裕服装；陶瓷树脂类如建文工艺、明日艺品、美尔奇工艺、泉港工艺、东艺雕刻、诺亚树脂、泉通轻工、丰达工艺；五金机械类如凹凸精密机械、明益五金、金山金刚石、丰源机械等。至 1997 年，洛江境内工业企业 271 家，其中乡镇及乡以上工业企业 56 家，工业总产值 13.3 亿元。

（三）商贸业

中华人民共和国成立后，境内私营商业经过“五反”后，经营受到限制，纷纷转业、歇业，合作社商业经营上升。1951 年 1 月 3 日，罗溪双溪乡农民集资创办晋江县第一家合作社，社员 603 人。1952 年 6 月晋江县合作总社成立，随后确定以区建社的原则。8 月底，马甲、河市供销社成立，社员分别有 2124 人、4746 人。供销社遵循办社宗旨，把服务农村支援农业生产摆在各项工作的首位，根据农时季节，做好组织生产资料和生活资料供应。广大农民依靠供销社及分布各农村中的代销点进行供应，市场占有率 90% 以上。罗溪、马甲、河市 3 个基层供销社还设货挑担 6 担，送货到偏僻山村。

同期，罗溪、马甲、河市各有集贸市场，其中河市设立交易所，为国家收购粮食、水果、畜牧、柴草等农副产品。1953 年以后，国家先后对粮、棉统购统销，牲畜派购，主要农产品统一收购，集市贸易范围缩小。1954 年，取缔粮食自由市场，河市集镇设立国营粮食市场；1958 年人民公社化，集市贸易自行消失。1961 年农村集市贸易恢复，市场活跃。

“文化大革命”期间，供销社系统实行统一领导、统一计划、分级核算、各负盈亏，供销社的商品、奖金、劳动工资纳入国家计划，商品供应紧张，许多工业品凭票供应。农村集市受到严格限制，市场萧条。河市、马甲、罗溪粮站新建粮库等设施。各地公社驻地设立食品购销站，主要收购生猪等畜禽。

改革开放后，贯彻国家的经济政策，开放农副产品市场，搞活城乡经济，工商部门先后新建河市、马甲、罗溪农贸市场，适应日渐繁荣的集镇交易。各基层供销社试行经营责任制和岗位责任制，1983 年供销社系统进行体制改革，恢复原来集体所有制性质。1986 年，供销社系统打破“大锅饭”推行大包干经营体制，实行柜组核算、自负盈亏的承包经营责任制，先后经过 5 轮（一轮承包期为 3 年）15 年的承包经营管理。供销社着重抓好农资、烟花爆竹、图书发行等专（主）营商品的经营。至 1992 年，原鲤城区河市、马甲、罗溪供销合作社分别下设门市部 25 个、20 个、31 个，共有干部职 218 人，资产总值 818 万元（其中固定资产原值 250 万元），当年购进总额 665.7 万元，销售总额 600 万元。90 年代中后期，因供销社经营管理机制问题，以及历史遗留的问题，如供销社较大资金包袱，加上城镇改造拆迁，供销社网点原有地段优势丧失，且经营网点破旧，其经营业务逐步衰落。

随着经济体制改革，鼓励支持个体、私营经济发展，境内商业逐步从国营、集体主导，向多种经济并存、多种流通渠道、多种经营方式转变，个体、私营商业快速发展，形成大批从事批发零售及餐饮业的城乡个体户，商业网点遍布乡村角落，商品购销旺盛，市场日益繁荣。

至 1997 年建区时，境内国有商业企业 16 家，从业人员 282 人，主要有分布在各乡镇的食品站、粮站、医药商店；集体企业 28 家，网点 480 个，从业人员 600 人；城乡个体工商户 400 个，从业人员 500 多人，国营商业、集体企业、个体私营企业（户），社会消费品零售总额分别 1619 万元、5456 万元、13354 万元，占社会消费品零售总额分别为 7.9%、26.7%、65.36%。

三、社会事业

（一）教育

中华人民共和国成立后，政府接管境内私立小学（解放前有 17 所小学）实行民办公助或逐步接办。通过各级财政和群众尤其是华侨捐资多渠道筹集办学经费。1956 年创办马甲中学（始名晋江县侨星中学，后易名晋江县第四中学）。1958 年起，贯彻“教育为无产阶级政治服务，教育与生产劳动相结合”的方针，加强政治思想教育和劳动教育，发展各类学校。同年创办罗溪中学（始名罗溪中级文化学校，后易名晋江县第二十九中学），1961 年创办双阳中学。此后，对各级各类学校进行调整，发展全日制教育，改进教学方法，提高教学质量。1966—1968 年，因“文化大革命”，中学没有招生。1969 年复课，招收两年制初中生，同年创办虹山附中，1970 年，试招两年制高中生，1971 年创办河市中学（始名河市农业中学）。

1981 年起，大力发展农村幼托事业，加快普及小学教育步伐，积极进行中等教育结构改革，开展扫盲工作。1985 年，基本实现普及初等义务教育。此后，贯彻《中华人民共和国义务教育法》，实施《泉州市鲤城区实施九年义务教育规划》，增加教育投入，多渠道筹措教育资金，改善办学条件，进一步调整教育结构，加强职业技术教育，推行校长责任制和教师聘任制，改进学校德育工作。

1988 年秋季，仰恩学院在马甲建成并向全国招生，1992 年改名仰恩大学，1994 年 7 月作为国家教育改革试点改制为私立仰恩大学。

1992 年，境内提前一年实施初等义务教育，幼儿园入园率和小学“四率”（入学率、巩固率、毕业率、普及率）保持较高水平。至 1996 年，境内教育通过“两基”验收。至 1997 年 6 月，境内有幼儿园 58 所，幼儿入学率 85.4%；小学 71 所 593 个班级，小学入学率 98.3%；中学 8 所，其中高中校 3 所。

（二）卫生计划生育

中华人民共和国成立后，晋江县政府成立防疫委员会，各区成立分会，乡设防疫支会，村设卫生小组；1953 年 2 月，防疫委员会改称爱国卫生委员会。各级发动大搞爱国卫生运动，贯彻“预防为主”的工作方针，各种流行传染病发病率大大下降，鼠疫、霍乱、天花、疟疾等烈性传染病得到有效控制，中西医结合疗法得到推广，城乡环境卫生面貌很大改观。此后，继续开展爱国卫生运动，整顿、巩固医疗机构，开展疾病防治，推广新法接生，各种烈性传染病基本消灭。

1958 年 8 月，罗溪、马甲、河市成立乡保健院。1961 年后，各级组织医疗队，发动医务人员深入农村，进行水肿病、肠道传染病等疾病防治，提高农村医疗水平，开展计划生育工作。1964—1968 年，村一级设保健站（室），实现乡乡有医院、村村有保健站。1984 年，旅居印尼侨胞捐资建设虹山卫生院竣工。1985 年后，整顿各级医疗机构，加强医院管理，提高防病能力。各乡镇卫生院基本拥有 X 光诊断机、高压消毒设备、心电图机、超声波机，有的卫生院还有综合手术台等医疗设备。

1988 年后，完善区、镇、村三级医疗卫生网络，加强卫生监督和防疫工作，境内初级卫生保健工作经上级卫生部门考评基本达标。实行计划生育工作目标责任制，完善生育政策，加强网络建设和孕前管理。1992 年，境内人口出生率为 10.7%，计划生育率为 85.7%。

四、乡村建设

（一）镇区建设

中华人民共和国成立后，境内各区（乡）对驻地街道逐步改造，主要街道两侧逐步兴建供销社、粮站店铺，其他公共设施有邮电所、信用社。20 世纪 60 年代初，双阳华侨农场、河市公社、马甲公社在驻地建设影剧院。

1972 年，河市公社在奎峰山腰修建办公楼。20 世纪 70 年代马甲公社在南街新建邮电所、信用社、医院、广播站、兽医站、税务所、工商所等。20 世纪 70 年代末，工商部门在河市、马甲镇区新建农贸市场。1984 年，河市乡政府迁至河市东田新址，并配套建设新街（200 多米），两侧为店面兼民居。20 世纪 80 年代中后期，马甲、罗溪、虹山、双阳先后新建政府（农场）办公楼；基层供销社、粮店、食品站新建或修建综合楼、店铺、仓库。1987 年，罗溪新建农贸市场（二楼服装及小商品市场），罗溪、虹山逐步建成农民街。1988 年，罗溪影剧院建成。

1993 年，马甲镇在南街新建农贸市场（二楼服装及小商品市场），新建马甲中街（80 米）。1994—1995 年，河市镇在炉田兴建玉泉商住街，在泰源先后建设 5 幢商住楼以及河市果蔬批发市场；河市、双阳、马甲、虹山相继新建邮电大楼；马甲供销社、粮站在马甲街两侧新建综合楼、商住楼；区粮食局在马甲南街建综合大楼（5 层）。1996 年，罗溪汽车站建成。

（二）道路

1950 年 6 月，境内琯头至双阳路段修复。1958 年，发动沿线民工全线修通泉州至罗溪公路和河市至洪濑公路。1962 年，开通马甲至南安梅山公路。1966 年，建成罗溪至洪四道路。1968 年，建成梅山至仙游公路（途径罗溪）。1976 年，开通罗溪后溪至虹山公路。1988—1990 年，各级政府加大贫困村道路建设，开通马甲梧峰、炉田、河市鸟关、厝斗、市田、虹山松角山三元坑等公路，境内实现村村通公路。1992—1996年，琯头至马甲公路分段进行拓宽改造，开通罗溪林场至虹山公路。同期，乡镇（农场）、村多方筹集资金掀起乡村道路建设热潮，通往行政村道路80%以上实现砼路面硬化改造。

（三）其他公共设施

供电　境内山区乡村长期以来靠油灯照明，直至1958年才由罗溪虹山村的彭革成、彭永洲、彭太平等联合当地华侨投资，创办虹山水力发电站，发电供应本村群众照明，并附设碾米加工。随后，在民建公助的政策扶持下，各地积极利用当地水力资源建设一批小水电站，至1970年罗溪、马甲、河市、双阳等三社一场，投产小水电站计7站7台，总装机112千瓦。双阳华侨农场自办发电厂。1974年，罗溪八峰水电站建成，装机125千瓦。1980年以后，罗溪广桥二级水电站总装机2台计800千瓦，一些骨干小水电站相继建成。至1985年，境内山区水电站达到52座、装机54台，容量2130千瓦，年发电量256万千瓦时。

1987年6月，35千伏马甲变电站投运，罗溪、马甲、河市相继成立供电所，从此乡镇山区用电统一纳入福建电网供应。山区的小水电站也从单机独立发、供电至联网运行。1990年底，境内有水电站25座、装机27台，容量1693千瓦，年发电量170万千瓦时，至此境内居民用电户接近100%。

邮电　中华人民共和国成立时，河市、罗溪仅有简陋的邮政代办所，1952年新增马甲邮政代办所。1955年起，农村邮件投递由各乡选派若干青年为投递员进行投递，数日投递一次。1956年，罗溪、河市设立农村电话交换点，开办电报业务；1958年马甲安装农话交换点，1962年开办电报业务。随着业务发展，3个邮政所先后改为邮电支局。至1965年，境内实现社社有总机，队队通电话通邮路。1965—1970年，各邮电支局新建综合楼。1992年12月，境内光缆程控电话扩容改制工程割接开通并网运行，实现电话程控化、传输数字化，固定电话安装超过3000多门。农村邮路聘用邮递员由骑自行车逐步发展为摩托车投递。1993—1995年，各乡镇（农场）驻地新建邮电综合大楼，以满足业务迅速发展的需要。1995年，境内设立GSM基站8个，中国移动通信信号覆盖境内乡镇（农场）驻地，移动通信业务开始发展。

第二章　区人民政府

第一节　区政府机构

一、领导机构

1997年9月，洛江区第一届人大一次会议选举产生洛江区人民政府（以下简称“区政府”）区长1人、副区长3人。此后，根据工作需要，副区长职位有所增加。2002年12月，区第二届人大一次会议选举产生区政府区长1人、副区长6人。1997—2007年，区政府历经3次换届。区政府每届任期5年。

1997—2007年洛江区政府区长、副区长名表

表17-2-1

届期	职务	姓名	性别	籍贯	任职时间
第一届（1997年9月至2002年12）	区长	陈家富	男	鲤城	1997年9月至2002年1月
		吕　竞	女	山东	2002年1月至2002年12月
	常务副区长	朱启平	男	鲤城	1997年9月至2002年12月
	副区长	谢工农	男	鲤城	1997年9月至2002年12月
	副区长	庄赞才	男	鲤城	1997年9月至2002年12月

续表 17-2-1

届期	职务	姓名	性别	籍贯	任职时间
第二届（2002 年 12 月至 2006 年 12 月）	区长	吕 竞	女	山东	2002 年 12 月至 2006 年 12 月
	常务副区长	洪飞跃	男	晋江	2002 年 12 月至 2006 年 12 月
	副区长	谢工农	男	鲤城	2002 年 12 月至 2006 年 12 月
	副区长	宋爱华	女	山东	2002 年 12 月至 2006 年 12 月
	副区长	郑国华	男	莆田	2002 年 12 月至 2006 年 12 月
	副区长	杨青青	女	石狮	2002 年 12 月至 2006 年 12 月
	副区长	赖清正	男	洛江	2002 年 12 月至 2006 年 12 月
第三届（2006 年 12 月起）	区长	吕 竞	女	山东	2006 年 12 月至 2007 年 3 月
		朱团能	男	泉港	2007 年 3 月起
	常务副区长	洪飞跃	男	晋江	2006 年 12 月起
		黄碧煌	女	南安	2007 年 12 月起
	副区长	谢工农	男	鲤城	2006 年 12 月起
	副区长	宋爱华	女	山东	2006 年 12 月起
	副区长	杨青青	女	石狮	2006 年 12 月起
	副区长	赖清正	男	洛江	2006 年 12 月起
	副区长	林志强	男	丰泽	2006 年 12 月起
	副区长	王进足	男	洛江	2006 年 12 月起

二、工作机构

1997—1999 年，洛江区政府工作机构设 23 个，即办公室、计划与统计局、教育局、监察局（与区纪委合署办公）、民政局、司法局、财政局（加挂国有资产管理局牌子）、地方税务局、人事局（与机构编制委员会办公室合署办公）、劳动局、建设局（含环境保护职能）、交通局、农业水利局（加挂区委农村工作领导小组办公室牌子，含农业、水利水电、水产的行政职能）、对外经济贸易局、科技文体局、卫生局、计划生育局、审计局、经贸局（加挂粮食局牌子）、城乡企业局、侨务办公室（加挂外事办公室牌子）、林业局、国土资源局。

2002 年，全区党政机构改革，区政府工作机构除了区政府办公室，设置工作机构 20 个，即经济贸易发展局、监察局、民政局、司法局、财政局、人事局、劳动和社会保障局、国土资源局、建设局、交通局、对外贸易经济合作局、农业水务局、林业局、教育局、文体旅游局、卫生局、计划生育局、审计局、环境保护局、外事侨务办公室；部门管理机构 2 个，议事协调办事机构 1 个。

2005—2007 年，区政府工作机构除了区政府办公室，设置工作机构 20 个，即经济贸易发展和改革局、监察局、民政局、司法局、财政局、人事局、劳动和社会保障局、建设局、交通局、对外贸易经济合作局、农业水务局、林业局、教育局、文体旅游局、卫生局、人口和计划生育局、审计局、环境保护局、外事侨务办公室、城市综合行政执法局；部门管理机构 3 个，合署办公机构 2 个，议事协调办事机构 1 个。

1997—2007年洛江区人民政府工作机构主任、局长等名表

表17-2-2

单位	姓名	性别	职务	任职时间
区政府办	谭毓雄	男	主任	1997年10月至2001年11月
	谢丽华	女	主任	2001年12月至2007年7月
	王明元	男	主任	2007年7月至2007年7月
区方志办	黄重庆	男	副主任（主持）	2007年7月至2011年6月
区行政服务中心管理处	林少白	男	副主任（主持）	2007年7月至2008年4月
区计统局	朱仁雄	男	副局长（主持）	1997年10月至1998年8月
			局长	1998年8月至2002年4月
区统计局	叶芊芊	男	局长	2002年4月至2016年2月
区经济贸易发展局	朱仁雄	男	局长	2002年4月至2009年4月
区物价局	许文权	男	局长	2002年4月至2011年6月
区粮食局	彭金亮	男	局长	2003年3月至2009年8月
区民政局	黄沧海	男	局长	1997年10月至2003年9月
	黄奕瑞	男	局长	2004年8月至2010年9月
区老龄办	纪国星	男	主任	2004年12月至2011年5月
区财政局	赖清正	男	局长	1997年10月至2002年8月
	苏清良	男	局长	2002年8月至2011年6月
区司法局	陈忠俊	男	局长	1998年8月至2003年7月
	庄镇安	男	局长	2003年7月至2004年8月
	许振兴	男	局长	2004年8月至2010年5月
区人事局	李进阳	男	副局长（主持）	1997年10月至1998年5月
			局长	1998年5月至2009年4月
区劳动和社会保障局	许敏和	男	局长	1997年10月至2006年5月
	吴伟明	男	局长	2006年5月至2010年9月
区国土资源局	杨再聪	男	局长	1997年10月起
区建设局	吴强耀	男	副局长（主持）	1997年10月至1998年8月
			局长	1998年8月至2002年2月
	陈巧生	男	局长	2002年2月至2010年12月
区交通局	许泉生	男	局长	1997年10月至2006年5月
	杨琦伟	男	局长	2006年5月至2012年8月
区交战办	杨华民	男	主任	2004年8月至2007年7月
区外贸易经济合作局	江汉贤	男	副局长（主持）	1997年10月至2002年4月
	李文生	男	局长	1998年8月至2001年5月
	吴向群	男	局长	2002年4月至2011年6月
区经济贸易局	吴向群	男	副局长（主持）	1997年10月至1998年8月
			局长	1998年8月至2002年4月

续表 17-2-2

单位	姓名	性别	职务	任职时间
区农业水务局	郭介炮	男	局长	1997 年 1 月至 2003 年 3 月
	黄汉水	男	局长	2003 年 3 月至 2007 年 7 月
	谢清平	男	局长	2007 年 7 月至 2012 年 8 月
区林业局	黄汉水	男	副局长（主持）	1997 年 8 月至 1998 年 8 月
			局长	1998 年 8 月至 2003 年 3 月
	吕剑文	男	局长	2003 年 3 月至 2006 年 5 月
	刘永水	男	局长	2006 年 5 月起
区教育局	李馥春	男	副局长（主持）	1997 年 8 月至 1998 年 12 月
			局长	1998 年 12 月至 2002 年 4 月
	林坤聚	男	局长	2002 年 4 月至 2015 年 4 月
区监察局	黄志强	男	局长	1997 年 10 月至 2009 年 4 月
区文体旅游局	吴惠群	男	局长	2002 年 4 月至 2004 年 10 月
	卢恩水	男	局长	2005 年 1 月至 2011 年 6 月
区科学技术局	吴惠群	男	局长	1998 年 3 月至 2002 年 4 月
	黄绍文	男	局长	2003 年 5 月至 2004 年 12 月
	傅蓉峰	男	局长	2004 年 12 月至 2009 年 4 月
区地震办	苏文艺	男	主任	2006 年 5 月至 2008 年 4 月
区卫生局	赖必尽	男	副局长（主持）	1997 年 10 月至 1998 年 12 月
			局长	1998 年 12 月至 2009 年 4 月
人口与计划生育局	杨玉芬	女	局长	1997 年 10 月至 2000 年 1 月
	施开国	男	局长	2000 年 1 月至 2004 年 8 月
	陈　宏	男	局长	2005 年 12 月至 2007 年 7 月
	杜灿辉	男	局长	2007 年 7 月至 2009 年 4 月
区审计局	苏清良	男	副局长（主持）	1997 年 10 月至 1998 年 5 月
			局长	1998 年 5 月至 2002 年 8 月
	杨福安	男	局长	2002 年 8 月至 2011 年 6 月
区环保局	吴强耀	男	局长	1999 年 6 月至 2005 年 1 月
	黄绍文	男	局长	2005 年 1 月至 2016 年 9 月
区外事侨务办	关裕平	男	主任	1999 年 6 月至 2006 年 5 月
	连黎明	女	主任	2006 年 5 月至 2011 年 6 月
区城市管理行政执法局	庄镇安	男	局长	2007 年 7 月至 2011 年 1 月
区城乡企业局	蔡建兴	男	局长	1997 年 10 月至 1998 年 4 月
	吴公亮	男	局长	1998 年 5 月至 1999 年 11 月
	林志强	男	局长	1999 年 11 月至 2001 年 12 月
区安全生产监督管理局	伍一兵	男	局长	2002 年 4 月至 2006 年 5 月
	林丽珠	女	局长	2006 年 5 月至 2011 年 6 月

续表 17-2-2

单位	姓名	性别	职务	任职时间
区民族与宗教事务局	巫远玉	男	局长	2002 年 7 月至 2006 年 5 月
	谢 滢	女	局长	2006 年 5 月至 2011 年 6 月
区万安开发区管委会	陈传仁	男	主任	1993 年 12 月至 1998 年 5 月
区万安开发区管理处	黄钨坚	男	主任	1998 年 5 月至 1999 年 11 月
	郑伟宏	男	主任	1999 年 11 月至 2002 年 4 月
	许 鹏	男	副主任（主持）	2001 年 11 月至 2004 年 10 月
			主任	2004 年 10 月至 2016 年 1 月

第二节 派出机构

1997 年 10 月，洛江区人民政府设立万安街道办事处（街道办事处为区政府派出机关）。2005 年 8 月，撤销双阳镇建制，设立双阳街道办事处，办事处驻吕埔。街道办事处设 1 名主任和若干名副主任，由区政府任命。

第三节 乡（镇）人民政府

1997 年 10 月，洛江区人民政府辖河市镇、马甲镇、罗溪镇 3 个镇人民政府，虹山乡人民政府和双阳华侨农场。1998 年 5 月，双阳华侨农场领导体制改革并结合政权建设，设立乡镇一级行政建制，称为双阳镇，2005 年 8 月撤销镇建制，设立街道办事处。至此，区政府辖 3 个镇人民政府，1 个乡人民政府，直至 2007 年 12 月没变。

各乡（镇）人民政府设 1 名乡（镇）长和若干名副乡（镇）长，由同级人民代表大会选举产生。1997—2003 年，每届 3 年。2004 年起，每届 5 年。乡（镇）长领导乡镇政府全面工作，副乡（镇）长协助乡（镇）长工作，按照分工负责处理分管工作。

1997—2007 年洛江区街道办事处主任、乡镇长名表

表 17-2-3

乡镇街道	姓名	性别	职务	任职时间
万安街道	杨福安	男	主任	1998 年 1 月至 2002 年 8 月
	杨金灿	男	主任	2002 年 8 月至 2009 年 4 月
双阳街道（镇）	王进足	男	镇长	1998 年 4 月至 2001 年 11 月
	林志强	男	镇长	2001 年 11 月至 2004 年 6 月
	杜韶山	男	镇长（主任）	2004 年 8 月至 2007 年 7 月
	金玲珊	女	主任	2007 年 7 月至 2010 年 9 月
河市镇	陈少卿	男	镇长	1997 年 8 月至 2001 年 11 月
	陈新生	男	镇长	2002 年 1 月至 2006 年 11 月
	郭沧奖	男	镇长	2006 年 12 月至 2009 年 11 月

续表 17-2-3

乡镇街道	姓名	性别	职务	任职时间
马甲镇	林新平	男	镇长	1996 年 3 月至 1999 年 5 月
	黄思伦	男	镇长	1999 年 12 月至 2000 年 4 月
	吴伟明	男	镇长	2002 年 4 月至 2006 年 5 月
	张荣伟	男	镇长	2006 年 11 月至 2010 年 9 月
罗溪镇	李承荣	男	镇长	1995 年 2 月至 1998 年 12 月
	伍一兵	男	镇长	1998 年 4 月至 2002 年 4 月
	叶俊海	男	镇长	2004 年 8 月起
虹山乡	彭金亮	男	乡长	1998 年 1 月至 1999 年 6 月
	林丽珠	女	乡长	1999 年 12 月至 2001 年 11 月
	郭宏戎	女	乡长	2002 年 12 月至 2003 年 4 月
	陈永泽	男	乡长	2004 年 8 月至 2007 年 7 月

第四节 施政纪要

一、政府常务会议

1997 年 9 月—2002 年 12 月，第一届区政府共召开常务会议 49 次。其中，1997 年 10 月 30 日，区政府召开第一次常务会议，研究区政府工作规则、人才引进暂行规定、区直事业单位设置及编制方案等问题。1998 年 7 月 25 日，研究稳定和完善农村土地承包工作、贯彻市政府《关于加强外商投资软环境建设的规定》实施意见、区广播电视专用传输网建设、区直机关企事业单位国有资产管理规定、重点投资项目（企业）跟踪落实意见等问题。1999 年 1 月 24 日，区政府召开第十二次常务会议，讨论 1999 年中心城区市政建设、市场开拓、重点建设项目计划、1998 年乡镇财政超收分成以及调增市岗位津贴和离退休生活补贴费及年度考核奖金、实行全区行政村村主干补贴等问题。2000 年 8 月 19 日，区政府召开第二十九次常务会议，研究组建区国有资产投资公司、区城市建设开发有限公司改制、万安自来水厂改制、组建万安医药有限责任公司和区供销系统改制等问题。2001 年 10 月 26 日，区政府召开第三十七次常务会议，研究新修订的《泉州市洛江区人民政府工作规则》、区财政预算调整、提高城乡居民最低生活保障金标准、残疾人劳动就业基金收缴和组建塘西工业园有限公司等问题。2002 年 7 月 26 日，区政府召开第四十六次常务会议，研究区推行殡葬改革、区政府部门第二批拟取消的行政审批等事项、洛阳桥南片环境整治拆迁房屋安置补偿方案等有关问题。

2002 年 12 月—2006 年 12 月，第二届区政府共召开常务会议 27 次。其中，2003 年 2 月 8 日，区政府召开第一次常务会议，研究 2003 年《政府工作报告》、《洛江区关于 2002 年国民经济和社会发展计划执行情况及 2003 年计划（草案）的报告》、《洛江区关于 2002 年财政预算执行情况和 2003 年财政预算（草案）的报告》及《洛江区企业登记前置审批制度改革方案》《洛江区企业登记行政审批监督警示处罚办法》、在全区干部职工中开展教育捐款活动、《洛江区科学技术奖励暂行规定》、《洛江区征用土地补偿费用标准暂行规定》等问题。2004 年 4 月 13 日，区政府召开第九次常务会议，研究“三农”和粮食问题、水槽水库产权制度改革及万安中心城区第一批街路命名、更名方案等问题。2005 年 4 月 1 日，区政府召开第十七次常务会议，研究《洛江区国民经济和社会发展“十一五”规划编制工作实施意见》《洛江区政府落实人大决议打击“六合彩”违法犯罪活动专项行动工作方案》等问题。2006 年 10 月 18 日，区政府召开第二十六次常务会议，研究《关于在全区公民中开展法制宣传教育的第五个五年规划》《洛江区经济适用房和廉租住房制度实施方案》《洛江区城区主、次干道、工业园区环境卫生保洁方案》《塘西工业园第一批街、路命名方案》《洛江区（2007—2009年）地质灾害点搬迁、治理实施方案》。

2006年12月至2007年，第三届区政府召开常务会议8次。其中，2007年1月16日，区政府召开第一次常务会议，研究《泉州市洛江区人民政府工作规则》修订、《洛江区城市基础设施配套费征收实施方案》、洛江经济开发区管理体制改革、《洛江区“十一五”科学技术发展规划》等问题。同年8月1日，研究《泉州市洛江生态区建设规划》《关于进一步规范国有土地使用权招标拍卖挂牌出让工作的通知》《关于进一步加强建设工程项目招投标监督管理的通知》《关于加强建设工程项目变更签证和（预）结算审核管理的通知》。

二、重要政务

1997年9月25日，洛江区第一届人民代表大会第一次会议选举产生第一届区人民政府，新当选的区长陈家富作题为《团结拼搏，艰苦创业，为建设独具特色的新型城区而努力奋斗》的讲话。

1998年2月25日，陈家富区长就边远山村学龄儿童基础教育问题和基层落实区经济工作会议和农村工作会议情况到罗溪、虹山调研指导。同年5月20日，区长陈家富、区人大常委会主任卢希德等出席在马甲镇召开全区农村奔小康、建新村现场会。

2001年1月9日，洛江区通过初级卫生保健达标工作省级复核审评验收。同年3月8日，副省长丘广钟带领省水土保持委员会成员，到马甲镇双髻山、崎坑山综合治理示范点和双阳镇万亩“龙眼洋”基地调研。国家开发银行评审组到万安开发区科技工业园、南片区等进行实地视察，经评审组严格评估后，同意对万安开发区市政配套基础设施项目签订8000万元贷款初步意向。同年6月20日，泉州市政协傅圆圆主席带领市直有关部门领导到河市镇市田村开展扶贫挂钩联系活动，对村主干道路硬化、人饮工程、果林场建设等6个项目给予帮扶，市、区、镇三级共计划投入帮扶资金51.5万元。同年12月31日，洛江区举行万虹公路万安至河市段拓改工程竣工通车典礼。万虹公路万安至河市段拓改工程总投入6000万元，全长11.27千米。

2002年4月19日，洛江区举行经常性社会捐助活动启动仪式，区委书记陈家富、区长吕竞为万安社会捐助接收站和6个社会捐助接收点授牌。同年7月18日，丰泽区区长许维泽、洛江区区长吕竞召集两区政府分管领导和有关部门领导召开丰泽区、洛江区解决拆区资产调配遗留问题专题会议，就两区资产调配遗留问题进行协商解决，并作出相应决定。同年9月2日，双阳华侨经济开发区首期1平方千米动工建设。同月11日，洛江区科普教育基地在马甲动植物观赏园成立。

2003年3月3日，泉州市台资企业协会洛江服务处举行揭牌仪式。同月24日，举行万安街道万福社区居民委员会揭牌仪式。万福社区居民委员会由万安街道原万福、万盛两个居委会合并而成，是洛江区首个社区居民委员会。洛江区正式启动世行贷款／英国赠款中国结核病控制项目，对结核病疫情控制实施项目管理模式。8月22—23日，在全省精神文明建设工作会议暨先进命名表彰大会上，洛江区被命名为“第八届（2000—2002年度）创建文明城区工作先进城区”。

2004年2月27日，洛江区劳务派遣有限公司成立。同年3月31日，由香港福建希望工程基金会刘与良、刘与量分别出资援建，洛江区政府筹资兴建的河市山边希望小学、新告希望小学举行落成剪彩仪式。同年6月10日举行区双阳中心幼儿园新校舍的落成典礼仪式。

2005年6月1日，洛江区召开双阳镇“撤镇设街”第一场座谈会。同年6月2日，洛江区召开双阳镇“撤镇设街”第二场座谈会。同年10月2—4日，19号台风“龙王”来袭期间，市委书记郑道溪、市政府代市长朱明、市人大常委会主任傅圆圆、市军分区司令员邹卫国等市领导到洛江区防汛第一线，具体指导防灾救灾各项工作。区长吕竞、区委副书记陈灿辉、副区长谢工农等区领导坐镇区防汛抗旱指挥部做好防抗台风的协调、调度和指挥工作，赶赴各乡镇关键、重点部位检查指导部署防抗工作。

2006年7月12日，中国国民党台南县参访团到洛江区参观考察，参观考察和诚鞋业公司、大兴电缆公司。同年12月14日，由省政府发展研究中心社会发展处、市科技局等单位组成的洛江区可持续发展实验区规划论证会专家组对洛江区进行考察，通过《洛江区可持续发展实验区规划》论证。

2007年4月30日，洛江区行政服务中心正式投入使用。进驻部门25个，设立专门窗口14个，归入综合窗口的11个，进驻的行政审批服务项目327项目。同年5月16日，区电信局举行揭牌仪式，区长朱团能、副区长谢工农、赖清正、区人大常委会副主任王华西、区政协副主席朱清辉等有关部门领导参加同年。同年9月30日，举行建区10周年庆典大会，豪生酒店、洛江经济开发区三期奠基仪式及金光大道、奕聪中学高中部举行剪彩仪式。同日，洛江区慈善会成立大会。

三、经济建设

（一）农业

水利设施建设 1997年，建成后坂水库渠道、后深溪水库、白洋观水库等一批农业水利设施，恢复和改善灌溉面积3.8平方千米。1999—2007年，加固除险117座病险水库和小山围塘。其中，2004年，洛阳江河道疏浚7.24千米，建成马甲宫迹水库一期、虹山供水工程；2006年，建成小（一）型宫迹水库主体工程和2座小（二）型水库；2007年，347公顷节水灌溉工程建设并通过省级验收。

农业基地建设 1997年，河市华丰果牧开发有限公司和罗溪永成畜牧有限公司等生猪饲养基地建立，当年肉类产量853.5万千克，蔬菜产量5370万千克。2001年，泉美花卉被列为省级花卉示范基地，华丰、一春生猪场被列为福建省直控基地场。2002年，建设2个市级精品基地和24个区、镇级基地，泉美园艺、龙眼洋、超大蔬菜、常青园、华丰果牧、华林农场、万欣水产等基地加快发展。2004年，常年蔬菜基地200公顷，台湾并盛企业有限公司在马甲镇溪北村投资创办香草基地。新建芦荟、香草、茶叶等特色农业基地36.67公顷。2005—2006年，新增蔬菜基地100公顷，蛋鸡2万羽及香草、中药材、茶叶等特色基地130公顷。新引进肉鸭饲养基地3个，新创建无公害农产品生产基地2个、绿色食品生产基地1个、新品种示范基地2个、省级农产品标准化生产示范基地1个。2007年，新增中药材基地66.67公顷、茶叶基地33.33公顷、花卉基地16.67公顷。

农业产业化建设 1998年，引进泉州泉美园艺有限公司、泉州旭泰农业综合开发有限公司等高科技农业综合开发项目，扶持罗溪永成畜牧有限公司等专业养殖企业。1999年，引进台农、崧远等一批农业综合开发项目。2000年，扶持发展农业龙头企业，光大食品、阳江蔬菜等8家农产品加工企业被列为市百家产业化龙头企业。2001年，引种两系杂交水稻、黑米、红米等粮食优良品种，种植良种枇杷353.3公顷。2007年，泉州市天成茶叶有限公司通过绿色食品认证，和昌（福建）食品有限公司被确定为福建省农业产业化龙头企业，“和昌”牌鸭肉产品获得“福建省名牌产品”和“消费者信得过产品”称号。

生态环境建设 1997—2006年，造林更新5332公顷，建设生物防火林带314.3千米，抚育140千米，治理水土流失1145公顷，封山育林5333公顷。

“龙眼洋”生产基地建设 1998年，规划建设“龙眼洋”生产基地。当年，“龙眼洋”低产园改造和龙眼品种、结构调整，龙眼总产量400万千克，总产值1500万元。2000—2006年，低产园改造1533公顷，龙眼高接换种726公顷。2005—2007年，创建“仙公山”龙眼品牌，创立“东壁”“乌龙岭”“六月白”等泉州洛江龙眼品牌。

无公害生产 2001年，阳江蔬菜基地被列为市级无公害蔬菜示范基地，2003年，建立无公害生产示范片66.7公顷，泉美园艺新建温室大棚6500平方米、加工房1.2万平方米，超大蔬菜新拓展基地规模33.33公顷，华丰果牧公司建成有机肥厂、饲料厂及排污设施，玉丰蛋鸡基地建成投产，新建高山反季节蔬菜基地20公顷，阳江蔬菜基地通过省级无公害基地认证。荣兴食品有限公司在河市镇创办，是福建省第一家获国家卫生注册认可的腌制类食品生产企业，3家企业产品获省级“无公害食品”称号。是年，全区农业总产

值4.09亿元，同比增长5.1%，完成粮食总产量3270万千克。2004年，扩大泉美园艺新建智能化温室1.8万平方米、加工厂房1.2万平方米，荣兴公司新建加工厂房及附属设施1.4万平方米，华丰果牧公司建成饲料加工厂和有机肥加工厂，奇龙蔬菜加工厂建成投入运作。同年，申报创建无公害蔬菜基地66.67公顷。2005年，创建6个省级无公害农产品生产基地。阳光集团获批建设全省首个进境植物检疫隔离圃。

（二）工业

1997年，确定万安开发区从单一工业开发区向综合经济开发区发展的功能定位，编制开发区新的发展规划，开发区的规划面积由原来3.3平方千米扩至7.8平方千米。申报技术改造项目9项，总投资额达到4630万元，申报省级高新技术企业1家，火炬计划1项。实现工业总产值13.3亿元。

1998年，实施“科技兴企”战略，全年申报技术改造、科技攻关项目17项，开发省、部级新产品9项，3家企业被确定为泉州市技术创新示范企业。实现工业总产值16.95亿元，同比增长25.5%。

1999年，万安开发区被省政府确认为省级开发区。实施省、市、区级科技项目18项，2家企业通过ISO9000质量体系认证，河市电教设备有限公司4项新产品分别通过国家和省教委鉴定。实现工业总产值21.65亿元，同比增长23.3%。

2000年，开展“企业发展年”活动。万安科技工业园建成并引进14个项目。全社会出口商品交货值7.34亿元，比增15.3%。艺品、机电、食品等重点行业中，4家企业通过ISO 9000质量体系认证，双阳金刚石工具有限公司“飞雁牌”金刚石磨具获评为泉州市知名商标。实现工业总产值25.5亿元，同比增长21.6%。

2001年，启动万安开发区塘西工业园建设，研究制定塘西工业园招商引资优惠措施。建文工艺、和诚鞋业、明日艺品、赛特电源、建峰纸品等一批企业加快增资扩营，组建泉州市大华集团，全区产值超千万元企业40家，其中超亿元企业3家。大华牌蓄电池、电池极板被认定为市知名商标，新获ISO9000质量体系认证企业5家。申报实施省级企业技改项目4项，2家企业被评为省级高新技术企业，1家被评为市级技术创新示范企业，10家企业被授予“区级技术创新示范企业”称号。全年工业总产值30.58亿元，同比增长19.9%。

2002年，申报技改项目4项，总投资1.2亿元，3家企业被批准为泉州市首批制造业信息化示范企业，新建2家民营科研所，3家企业通过ISO 9000质量体系认证，“大华”“宝特”商标分获省著名、市知名商标称号。全年完成出口商品交货值9.83亿元，同比增长18.4%。全年工业总产值36.45亿元，同比增长20.3%。

2003年，举办全省第二届华侨经济开发区招商会。全区新批注册资金50万元以上内资企业128家，投资总额2.39亿元。申报技改项目4项，总投资1.01亿元。南方机械获国家“火炬计划重点高新技术企业”称号，建峰纸品被列为市级制造业信息化示范企业。分别有1家、4家企业商标被评为著名、知名商标，3家企业通过ISO 9000质量体系认证。企业产品市场开拓力度加大，全区出口商品总值（海关口径）9738万美元，同比增长17%。工业总产值43.69亿元，同比增长22.3%。

2004年，全年新投建企业44家、新投产企业23家，工业厂房新开工和竣工面积分别为61.6万平方米和30万平方米。全区规模以上工业企业突破100家，7家企业实施技术改造，总投资2.27亿元，确认为省级高新技术企业2家和市级制造业信息化示范企业4家，通过ISO 9000质量体系认证企业2家，通过ISO14000环境管理体系认证企业1家，通过国际食品安全管理体系认证企业1家，获泉州市知名商标称号产品3项。企业出口稳步增长，全区出口商品总值（海关口径）11500万美元，同比增长18%。工业总产值52.86亿元，同比增长21.7%。

2005年，双阳华侨经济开发区三期（洛江机电产业园）1.6平方千米建设用地获得批准。企业技改、贯标认证和创品牌步伐加快，6个项目实施技改，年度投资2.9亿元。分别有3家、6家企业通过职业健康安全管理体系认证和环境管理体系认证。1家企业、3个项目分别被列入福建省循环经济示范企业和泉州市循环经济示范项目。分别有3家获省著名商标、1家企业产品获市知名商标，2项产品获省名牌产品称号。全区出口商品总值（海关口径）1.55亿美元，同比增长30.7%。全年实现工业总产值63.43亿元，同比增长23.4%。规模以上工业产值46.34亿元，同比增长29.3%。新增规模以上企业15家，全区达到

125家，产值超亿元企业8家。

2006年，万安开发区、双阳华侨经济开发区整合为洛江经济开发区并升格为省级经济开发区。4家企业通过ISO 9000质量管理体系认证，3家企业通过ISO 14000环境管理体系认证，3家企业通过OHSAS18000职业健康安全体系认证，1家企业通过SA8000社会责任管理体系认证。获省著名商标1家、市知名商标3家，省名牌产品称号4项。企业出口稳步增长，全区出口商品总值（海关口径）1.93亿美元，同比增长24.3%。实现工业总产值78.06亿元，同比增长23.5%，其中规模以上工业产值61.3亿元，同比增长30.4%。规模以上工业企业135家，其中产值超亿元企业16家，初步形成机械五金、轻纺、树脂陶瓷三大主导行业。

2007年，洛江经济开发区宏益电子产业园动工建设。洛江经济开发区庄田片区优选36家符合产业政策、技术含量和产品附加值高的企业入驻。新增规模以上企业13家，全区产值超亿元企业达21家。5家企业实施技改投入资金2.81亿元，创建6家省级高新技术企业、2家省级创新型示范企业、2家省市行业技术开发中心、3家市级工程技术研究中心。8家企业通过贯标认证，1项产品获得“国家免检产品”称号。1家企业启动改制上市前期工作。全年实现工业总产值96.04亿元，同比增长23.1%，其中规模以上工业产值81.52亿元，同比增长26%。

（三）第三产业

1997年，国有流通企业发挥主渠道作用，自选商场、连锁超市兴起。马甲农业大观园、双髻山、仰恩湖、泉州文化民俗村等旅游区设施建设步伐加快。组建洛江区地产开发公司、粮油公司等一批经济实体，交通运输、餐饮、商贸和中介服务等行业有新的发展。全年实现第三产业增加值3.32亿元，社会消费品零售总额2.3亿元。

1998年，推进“旅游建设年”各项建设，华荣宾馆投入营业。粮食、食品、医药等国有企业改制工作，实施粮食流通体制改革完成。建设吉源花苑居住小区、海逸花园别墅区等。全年实现第三产业增加值3.82亿元，同比增长15.2%；社会消费品零售总额完成2.45亿元，同比增长20.1%。

1999年，开展区域内商品下乡促销活动，“市场开拓年”活动取得成效，组织参加各种商品交易会和经贸洽谈活动，签订销售、经贸协议金额约1.5亿元。出台《洛江区扶持专业市场建设优惠政策》，万安农贸市场投入使用。商贸、房地产、娱乐、金融等第三产业进一步发展，扩充新的服务网点。旅游专线景点与建设配套服务不断完善，推出“洛江一日游”项目。全年实现第三产业增加值4.31亿元，同比增长12.8%；社会消费品零售总额2.9亿元，同比增长18.4%。

2000年，组织参加泉州侨乡商品（宁波、沈阳、合肥）展销会、“9·8”贸洽会、泉州“9·9”商交会和第二届网上博览会。建成万安定点屠宰场并投入使用，投建河市农副产品交易市场扩建工程。申报马甲仙公山为省级风景区，马甲动植物园完成鳄鱼场建设，闽侨航空旅游城建成首期别墅度假村及游泳池等配套设施并投入试营业。全年实现第三产业增加值4.95亿元，同比增长14.7%；社会消费零售总额3.35亿元，同比增长16.3%。

2001年，编制《洛江区旅游发展规划》，完成马甲玉泉康济宫建设并被确认为市级重点文物保护单位。全年旅游总收入6100万元，接待游客总人数39.5万人次。首富商城建成并交付使用，吉源居住小区Ⅱ期、万荣公寓和万源花苑等项目加快建设。基本完成中心区首富万宜商品展示批发中心建设，罗溪农贸市场、河市果蔬批发市场完成建设与扩建。友谊超市1200平方米营业网点投入使用。全年实现第三产业增加值5.7亿元，同比增长15.1%；全社会消费品零售总额3.67亿元，同比增长9.1%。

2002年，新建万荣公寓、万源花苑、美尔奇花苑等一批房地产项目，投资3500万元，竣工面积3.28万平方米，首富商业城投入营业。双阳镇农贸市场主体封顶。马甲镇以仰恩大学扩建为带动，新建商品楼6幢1.7万平方米。河市镇完成镇区泰源溪堤100米改造，新建商住楼5幢1万平方米。马甲仙公山被批准为省级风景名胜区。全年接待游客45万人次。全年实现第三产业增加值6.5亿元，同比增长14.1%；全社会消费品零售总额4.63亿元，同比增长12%。

2003 年，建成吉源小区二期、汉唐商城、万祥商厦、美尔奇花苑、万荣公寓等居住小区，完成投资 1.1 亿元，竣工和销售面积分别为 12.15 万平方米和 7 万平方米。仙公山风景区和洛阳桥一并入选“泉州十八景”。俞大猷纪念馆修缮并开馆，承办纪念民族英雄俞大猷诞辰 500 周年活动。全年实现第三产业增加值 7.31 亿元，同比增长 12.5%；全社会消费品零售总额 5.11 亿元，同比增长 10.4%。

2004 年，武夷花苑等 5 个项目动工建设，新开工面积 15.5 万平方米，竣工面积 8.9 万平方米，投资 1.03 亿元。双阳镇建成商住房 3.5 万平方米，马甲镇建成商住房 9000 平方米，罗溪镇完成商住楼 1 万平方米建设。恒盛汽车城 1.3 万平方米营业网点投入使用，泉州五金机电商城首期工程 9.5 万平方米竣工并投入使用，举办首届海峡两岸五金机电交易会。全区接待旅游人数 47 万人次。全年实现第三产业增加值 8.04 亿元，同比增长 9.9%；全社会消费品零售总额 6.17 亿元，同比增长 20.8%。

2005 年，新开工 18.8 万平方米、竣工 15 万平方米，完成投资 2.29 亿元、比增 54.3%，商品房预售面积 12 万平方米。全区接待旅游人数 48.3 万人次，同比增长 2.76%，实现旅游收入 7245 万元。全年实现第三产业增加值 9.45 亿元，同比增长 17.6%；社会消费品零售总额 7.4 亿元，同比增长 20%。

2006 年，新开工面积 20.7 万平方米、竣工面积 18.3 万平方米，完成投资 1.65 亿元，同比增长 18.4%。完成万安片区“退二进三”试点工作。投资 350 多万元，在仙公山风景区内新建综合楼、停车场、游客服务中心、地藏王菩萨、弥勒佛石像、禅道等项目，投资 800 多万元建设闽侨航空旅游城度假山庄大型会议场所，建成罗溪省级森林公园 2.5 千米登山道，全区共接待旅游人数 37.6 万人次，实现旅游收入 5640 万元。全年实现第三产业增加值 10.77 亿元，同比增长 13.9%；社会消费品零售总额 8.49 亿元，同比增长 14.6%。

2007 年，引进天宇物流等 11 家物流货运企业，运力提高到 5673 吨，同比增长 63%；完成双阳物流园区规划，初选 6 家物流龙头企业入驻。全年实现第三产业增加值 13.35 亿元，同比增长 24%；社会消费品零售总额 9.76 亿元，同比增长 15.1%；

四、基础设施建设

1997—1998 年，建设洛江大道白洋路段、马甲至义山路段拓改工程、万安开发区延伸工程、洛江广播电视专用传输网等项目。建立市区环卫保持等体系和制度。对辖区内洛阳桥头两侧和 324 国道路段及中心城区部分机关、企业大院绿化美化净化。

1999—2000 年，开展“城市管理年”活动，推进城镇体系建设。投建中心区垃圾转运场、达标公厕、环卫基地等市政设施，建设凤冠街等区间道路，整修中心区路灯照明。设立洛江区环卫、城监机构。完成辖区内北渠整治。双阳、马甲、罗溪、河市镇区规划通过会审，建设镇区道路、自来水、环卫等基础配套设施。安吉大道竣工通车。朋山岭隧道及其接线工程全线建成通车，万虹公路万安至马甲段拓改工程全面动工。投入 1200 多万元资金，铺设乡村水泥路 68.79 千米，全区 81% 的行政村实现道路水泥化，其中虹山乡、罗溪镇、双阳镇实现村村通水泥路。

2001 年，投资 7100 万元，拓改万虹公路万安至河市段和马甲至河市段拓改、河洪公路河市部分路段及罗虹公路部分。对国道 324 线洛江段、洛阳桥头等区域绿化，新增城市公共绿地面积 3.1 万平方米。对马甲镇区市政规划、虹山乡集镇总体规划及 16 个中心村规划调整工作，马甲镇区新建商住楼 2 幢、建筑面积 4000 多平方米，建成双阳镇“侨居工程”2 幢 5000 平方米商品房。

2002 年，新建园林绿地面积 7.93 万平方米。做好万安、双阳、河市区域新城区建设的基础工作，完成双阳、河市片区总体规划，聘请多家设计院进行阳江片区城市概念性规划竞标。投入资金 1700 多万元，完成旧村改造、新村建设拆旧 2.32 万平方米，建新 1.82 万平方米。完成万虹公路万安至马甲路段拓改工程绿化配套及县道 310 线河市南塘路段拓改工程、万虹公路至施琅陵园段工程建设。乡村道路硬化里程新增 39.6 千米，硬化率达 96.5%。建成双阳自来水厂和 11 万伏变电站。组织万安、双阳、河市区域排水、排洪、排污设施规划设计，建成塘西排洪渠一期，长度 800 米。

2003年，出资1800万元配合市级建设大坪山隧道及接线工程，投资1600多万元建设朋山岭隧道连接线延伸工程，投资900万元建设安吉大道二期700米及两条市政道路500米，投资280万元完成万虹公路6千米路灯工程建设，拓改县道310线河市路段。结合“创卫”工作，投入250万元进行中心区环境绿化、美化，新增园林绿地7万平方米。改造河市镇区段河床清障及500米溪堤。旧村改造、新村建设投入资金近9000万元，拆旧10万平方米，建新16万平方米。乡村道路硬化新增18.8千米，行政村道路硬化率达100%。建设工业区排洪渠5.3千米、马甲自来水厂扩建工程、仰恩大学供水专线。马甲、罗溪两座3.5万伏变电站建成并投入使用。对万安桥南海堤1.13千米除险加固。

2004年，投资4100多万元按市政道路城市二级标准完成朋山岭隧道连接线延伸工程、双阳中路拓改工程、安吉大道三期建设。完成沿万虹公路13千米供水主管道和排污管道建设。投入100多万元完善环卫设施，新建园林绿地4.5万平方米。滨江大道首期1.4千米动工建设。完成河市镇溪堤改造800米。

2005年，滨江大道首期1.4千米70%工程量建设完成，动工建设二期3.6千米。铺设万安至双阳8千米供水管网，架设双阳片区至河市16.5千米路灯。开展创建国家园林城市工作，加强市容市貌、环境卫生、交通秩序管理和整治，新建安吉大道两个路口红绿灯工程，新增园林绿地4万平方米，拆除违章建筑8000多平方米。对双阳“镇改街道、村改社居”及第一批街路进行命名工作。

2006年，出资6300多万元支持配合福厦铁路建设、建成朋山岭第二隧洞及接线工程。动工建设滨江大道二期3.6千米、万虹公路马甲至罗溪段拓改工程，完成投资7100多万元。完成双阳阳新街、印尼街建设。投资450万元完成双阳、河市12.68千米的路灯建设。新增园林绿地4万平方米，优化中心城区环境。整治河市溪堤、扩建马甲自来水厂、建成罗溪白银新街、拓改虹山入口路段。

2007年，拓改万虹公路马甲至罗溪段、建成滨江大道二期、万安中心区1.7千米市政道路，动工建设滨江大道三期、县道310线河市段。建设西福引水工程、河市供水管道、LNG中心城区供气主管道、500KV泉州大园变电站、220千伏洛江田边变电站、万安、马甲110千伏变电站动工。硬化镇区5.95千米道路，改造1.2千米溪堤。

五、社会事业建设

（一）科技

1997年起，实施“科教兴区”和可持续发展战略。制订科技发展规划，健全科技推广和服务网络。1998年，河市镇纳入省第三批科技示范镇建设计划。1999年，出台实施《洛江区科教兴区战略实施方案》，实施技术创新工程，企业技术进步和科技兴农力度加大。5家企业被评为市级技术创新示范企业，河市镇创建省级第三批科技示范镇通过验收，马甲镇进入创建市级“星火技术密集区”行列。2000年，4家企业分别被评为省高新技术企业和市技术创新示范企业。申报省、市科技计划项目15项。2001年，泉州市高新技术产业开发区万安园通过省级考核确认。2002年，马甲镇被批准为市级星火技术密集区建设单位。2003年，获“全国科技进步先进区”称号。马甲镇被批准为市级星火技术密集区。获省、市科技进步三等奖6项，申报和实施各类科技计划项目16项。2004年，申报实施各类科技项目28个。泉美园艺技术创新中心被列为国家星火计划龙头企业技术创新中心，凹凸精密机械有限公司被列为市针织机械行业技术开发中心。洛江区生产力促进中心大楼封顶。2005年，获“全国科技进步先进区”称号。河市镇获“福建省科普先进镇”称号。申报实施各类科技项目17项，其中2个项目被列入国家星火计划项目。洛江区生产力促进中心竣工。2006年，创建省级科普先进区通过验收。洛江区生产力促进中心大楼建成投入使用。申报各级各类科技项目39项，获得立项12项，下达区级科技项目18项及洛江区技术创新发展资金项目5项。推动科技成果转化现实生产力并形成自主知识产权，2个项目通过结题验收，4个项目通过科技评审鉴定。河市电教设备有限公司作为第一批泉州市企事业专利试点单位通过泉州市专利局考核验收。2007年，获全国科技进步先进区“三连冠”，组织申报省级可持续发展实验区。实施各类科技计划项目

47 项，3 个项目获泉州市科学技术奖。创建 2 个市级科技示范镇、4 个示范村、10 个示范户。

（二）教育 文化

教育　1997 年起，实施科教兴区和可持续发展战略。教育“两基”和青壮年扫盲工作通过市政府检查验收，“双高普九”工作通过市级督导检查。1997 年，马甲中心小学被评为省农村示范小学。全区适龄儿童入学率 99.87%，初级中等教育阶段入学率 97.18%。1999 年，全区适龄儿童入学率 100%，初级中等教育阶段入学率 95.5%。2000 年，泉州第十一中秋季首次招生。2001 年，实施“教育质量年”活动。“实验教学普及县”通过省复查验收。投入 1200 多万元，建设马甲中学学生宿舍楼、双阳中心小学教学楼等 11 个中小学校舍建设。泉州第十一中学高中部秋季开始招生，创办华荣职专，各类教育事业协调发展。2002 年，完成中小学校危房改造 9300 多平方米，新建马甲中学图书馆、马甲就南中学综合楼、罗溪奕聪中学综合楼等配套设施 6400 多平方米，筹集社会助学捐款近 800 万元。加快示范校和达标校建设，马甲中学通过省三级达标完中市级验收，就南中学、双阳中学被确认为泉州市普通初中达标学校，南少林武术学校、敬德中心小学被评为市级示范中（小）学。2003 年，仰恩大学招生规模扩大 3000 多人，新建教学楼、宿舍楼 13 万平方米，校区面积扩大近 1 倍。改造中小学危房 1.08 万平方米，新建中小学校舍 2.4 万平方米，建成敬德职业学校，建设教师进修学校，撤并 6 所小学，筹集社会各界教育捐款 1200 多万元。2004 年，改造中小学危房 8000 多平方米，新建校舍 1.28 万平方米，完成虹山乡 4 所小学“十配套”建设，建成洛江教师进修学校，敬德职校正式对外招生。2005 年，改造、新建中小学校舍 1.54 万平方米，基本完成中小学危房改造和小学“十配套”建设。完成小学教职工队伍分流优化工作，精简教职工 283 人，推行中小学教职工聘用合同制。2006 年，区财政对教育拨款 6982 万元，实行全区义务教育免收学杂费及“两免一补”制度，累计减免学杂费 450 万元。新建、改造校舍 2.36 万平方米。鼓励扶持发展民办幼儿园，10 所幼儿园（班）通过登记注册验收，幼儿入园率达 72.4%。2007 年，新建中小学校舍 2.18 万平方米，建成奕聪中学高中部，泉州第十一中学、泉州罗溪中学通过省级三级达标验收，区内公办完中校均省级达标。建成乡镇小学“十配套”，实施农村中小学现代远程教育工程，深化基础教育课程改革，提高“双高普九”水平。

文化　1997 年起，继续加强建设基层文化设施建设，举办福建省第三届龙舟锦标赛、“福建省九仙传说与信仰学会研讨会”。2001 年，话剧小品《公鸡下蛋》获得全国第 11 届“群星奖”银奖。2007 年，入选省、市非物质文化遗产名录 3 个，入选市非物质文化遗产名录 5 个。建设 1 个乡镇综合文化站、5 个农村文化示范点、6 个全民健身点建设，建立 2 家“农家书屋”。

（三）体育

2000 年起，继续实施全民健身，提高体育竞技水平。2000 年，成立区老年体育协会和武术协会。2002 年，组织参加第十二届省运会参赛。2003 年，组织参加福建省第五届农运会和泉州市第七届运动会。南少林武术学校女子健身队获“全国亿万妇女健身活动先进集体”称号，万安街道获“全省体育先进社区”称号。2004 年，建设 10 个全民健身点，万安街道获得“全国城市体育先进街道”称号。2006 年，组队代表泉州市参加福建省第十三届运动会的三个项目比赛获得 2 枚金牌、3 枚银牌、5 枚铜牌。组队参加福建省首届“全国武术之乡”武术比赛，获 6 个第一，4 个第二、1 个第三，团体总分第四。2007 年，获“全国武术之乡建设工作先进单位”称号，福建省第六届农运会乒乓球男女团体均获第三名，获泉州市第八届运动会体育道德风尚奖。

六、卫生计划生育

1997 年起，继续贯彻执行《福建省计划生育条例》，加强计生基层网络建设，建立计生中心户，开展计生“五清理”“三结合”工作，进入“三为主”三类先进区行列，计生合格村和基本合格村率达 78.05%，计划生育率 98.89%。

1998—2005 年，创建三级卫生网络建设，马甲中心卫生院、区卫生防疫站和妇幼保健所达标创建工作。

创建村级甲级卫生所26所，洛江区“120”急救分中心建成并开始运作。合理布局和利用农村卫生资源，解决农村特别是边远山区缺医少药问题。开展妇女儿童保健工作，全区孕产妇系统管理率和儿童系统管理率均达93%以上。

2006—2007年，组织农村初级卫生保健工作，改造升级马甲卫生院，动工建设双阳社区卫生服务中心、罗溪卫生院综合楼，落实农村卫生所（室）按规定配置及村医补助、培训工作。综合治理出生人口性别比失衡问题，人口计生主要责任指标呈良性发展态势，2007年，人口出生率10.45%，出生人口政策符合率95.35%，获省级“计划生育优质服务先进区”称号。

七、为民办实事

（一）农村建设

旧村改造　1998年，马甲镇山边新村三期改造完成，建设20—30幢住宅楼，完善水、电、路等配套设施，做好绿化、美化，总投资250万元。2000年，实施新村建设、旧村改造，继续加快6个市级试点、4个区级试点村建设，新增万安桥南、河市霞溪、罗溪双溪等试点村建设，总投资2500万元。2005—2007年，投资160万元建设农村沼气工程400口。

扶持“老少边贫”村　2000年，扶持虹山白凤、罗溪双合、马甲炉田、河市厝斗等4个“老少边贫”村实施道路硬化、改水改厕、人饮及发展生产等扶贫工程，总投资100万元。2002—2005年，总投资550万元扶持18个边远不发达村发展生产。

村道建设　1998年，实施乡村道路改造，由镇、乡、场、街道办事处负责改造或新建道路路基宽6米、水泥路面宽4米以上的乡村道路，区财政按每千米3万元给予补贴。实施洛江大道马甲镇区至义山村路段拓改工程，按照交通部部颁平丘二级公路标准拓宽，长6千米，路基宽18米，水泥路面宽9米，总投资1500万元。1999—2003年，投资580万元改造建设行政村道102千米，全区通行政村道路硬化率达100%。2001年，开通乡村道路客运班线，解决区内群众交通不便问题，消除后三轮和二轮摩托载客安全隐患。

饮水工程　1998年，建设10.3万立方米库容的罗溪路源水库，解决当地村民吃水和农业灌溉问题，总投资60万元。1999年，引新南水库供水双阳镇区；琯头、桥南、杏宅三个村实现通自来水；建设马甲镇供水工程；建立万安水厂一级水资源保护区。总投资995万元。2002年，实施农村人饮工程，完成河市官洋、马甲潘内两个行政村通水，总投资30万元。2007年，帮助9个村、社区（双阳新南、南山，马甲永安、杏川、马甲，罗溪永生、后溪，虹山苏山、前坂）10800名群众实施通自来水工程，总投资210万元。

农村电网改造　2000年，马甲供电公司的体制改革与洛江区的农网改造同步推进，2001年8月3日，洛江区政府和泉州局共同签订《洛江区农电“两改”工作协议书》，马甲供电有限公司撤销，由泉州局组建马甲供电所，实行营配合一、直供到户，减轻农民电价负担，其中马甲梧峰村由仙游供电改为马甲供电，总投资400万元。

文化设施建设　1998年，在河市俞大猷公园建设民俗村，首期开发丰富多样的民俗项目，二期建设澡堂、餐饮等附属设施，总投资700万元。建设广播电视专用传输网，扩大广播电视覆盖面，改善山区收视状况，总投资200万元。万安街道6个村包括万安开发区区域内有线电视安装到户，总投资80万元。

照明工程　2003—2007年，建设村级路灯工程，采取优惠政策，鼓励有条件的村架设路灯，建设资金由区财政、镇、村三级各负责1/3，建立完善路灯管护的长效机制。2005年，村庄路灯工程建设完成。其中，新架设12个村，增补架设8个村。

（二）镇区改造

2001年，实施镇区改造，总投资1612万元，其中：双阳镇投资350万元，拆除旧房6幢2000平方米，建设新房2幢5000平方米；河市镇投资402万元，拆除旧房58户4300平方米，建设新房7200平方米；

马甲镇投资500万元，拆除旧房8幢2000平方米，建设新房5幢8000平方米；罗溪镇投资360万元，拆除旧房36幢4500平方米，铺设650米长、12米宽水泥路面（包括道路两旁绿化、路灯），建设1.33万平方米的文化广场。

（三）中小学校舍改造

危房改造　1998年，改造中小学旧校舍，建设教师宿舍100套，总投资190万元。1999年，对河市镇溪山、马甲镇梧峰、罗溪镇三村的三所薄弱小学旧校舍进行改造，总投资125元。2002—2004年，改造中小学危房面积38795万平方米。

校舍建设　1999年，建设万安中学一期，建筑面积5000平方米及其他配套设施，总投资1000万元。建设万安实验幼儿园，建筑面积3000平方米及其他配套设施，总投资180万元。建设100套小套教师宿舍。2000年，续建泉州第十一中学初中部教学楼，建筑面积3000平方米，并配套建设初中部教学设备和设施，总投资300万元。新建马甲中学教学楼，建筑面积2800平方米，总投资130万元。2002年，新建马甲中学教师宿舍楼一幢五层建筑面积1400平方米，总投资110万元。

（四）医疗卫生

1999—2000年，建设马甲中心卫生院综合楼、计生服务中心综合楼、防疫妇幼保健大楼，罗溪卫生综合大数，建筑面积10300平方米，总投资800万元。2001年，依托马甲镇中心卫生院，建立泉州市洛江120急救分中心，总投资40万元。2002年，按二级乙等综合医院标准创建马甲医院，设置床位100张，总投资100万元。2003年，开设结核病防治门诊，实行结核病人免费治疗，保证2003年起按上级要求完成结核病新发现病人数及治愈率的目标，总投资50万元。2004年，建立洛江区疾病控制机构和卫生监督机构，建立和完善公共卫生事件应急机制，建设卫生监督设施及疾病控制检验设施等综合配套，总投资80万元。建设双阳、河市、马甲、罗溪4个垃圾中转站和虹山垃圾填埋场，总投资860万元。2007年，建设双阳社区卫生服务中心综合楼3500平方米，投资285万元。

（五）计生奖励

2005年，推行《农村部分计划生育家庭实行扶助奖励制度》，为39户农村60岁以上独生户、二女户按月发放扶助金，总投资3.42万元。2006年，实施计划生育奖励制度，总投资175.5万元。2007年，实施计划生育奖励制度，总投资113.6万元。加强基层公安派出所建设，总投资794.4万元。同年，为婚前对象提供免费婚检，总投资20万元。

（六）环境卫生

2005年，建立中心城区市容环境卫生督导监管队伍，成立洛江区城管办，在中心城区实行全日保洁，强化中心城区农贸市场卫生管理，建立和完善环境卫生制度和考评机制，总投资40万元。2006年，建立村居环境卫生制度，实现全区15%的村居对垃圾进行集中堆放，定期清运，每日保洁，总投资50万元。同年，改造建设农村公厕，对农村新建标准化公厕区财政按每座1.5万元给予补贴，乡镇、村（社区）相应配套。2007年，增加15%村居建立卫生保洁制度，实现垃圾集中堆放，定期清运，每日保洁，投资50万元。

（七）治理“餐桌污染”

2005年，围绕“五个种类一个行业”（畜牧业产品、种植业产品、水产品、饮用水、加工食品和餐饮业）治理“餐桌污染”，总投资50万元。2006年，治理“餐桌污染”，建设“食品放心工程”。治理食品污染，建设无公害蔬菜禽畜生产基地，总投资80万元。2007年，加强食品安全监督，建立健全食品生产、加工、流通、消费环节的食品安全监管体系，达到省、市治理目标，总投资100万元。

（八）社会福利设施

2000年，建设洛江区社会福利中心，其中弃婴收养所、残疾人康复中心各1幢，总面积700平方米，总投资100万元。建设虹山敬老院，建筑面积350平方米，总投资35万元。2001年，投资15万元改建马甲镇敬老院350平方米；投资5万元实施残疾人康复工程，依托区残疾人康复中心，帮助10名残疾人改善肢体功能障碍，并康复训练；投资15万元建设区复退军人果林场3.33公顷；投资150万元建设区社会福利生产基地1500平方米。2002年，修缮罗溪敬老院，完成敬老院内外装修、厨房改建等工程；实施残疾人“复明”工程，完成20例白内障手术，总投资65万元；建设社会捐赠仓储中心二层建筑面积600平方米。

（九）优抚补助

1998年，实施城乡居民最低生活保障，对农村农民户月收入低于80元，城镇居民户月收入低于100元，由区、镇（乡、场、办事处）、村（居）按4∶3∶3比例补贴至最低生活保障线，总投资60万元。1999年，实施优抚对象抚恤补助标准自然增长机制，抚恤金随着物价指数的提高而提高，优抚对象涉及烈属、因公牺牲、病故军人家属、革命伤残军人、在乡老复员军人、带病回乡退伍军人等321人，总投资16万元。2006年，对革命“五老”人员、重点优抚对象、“五保户”、低保对象、20世纪60年代，40%精简退职职工五种类型的民政对象（约4500人）建立城乡贫困家庭医疗救助制度，总投资35万元。

（十）关爱女孩行动

2002—2003年，投资30万元帮助40户次计生“二女户”特困户解决住房问题，每户占地面积120平方米。2005年，实施“关爱女孩行动”工程，总投资203.2万元：实施安居工程，帮助55户二女扎住房困难户解决住房问题，投资165万元；实施致富工程，为50户二女扎家庭发展生产每户提供资助资金3000元，投资15万元；实施成才工程，为330户二女扎家庭子女初中入学及192户二女扎家庭子女小学入学提供学杂费，投资23.2万元。

（十一）免费义务教育

2006年，对在农村接受义务教育阶段教育的学生（包括外来工子女）一律免收学杂费（小学生数11087人，中学生数12552人），总投资500万元。2007年，实行义务教育免收学杂费和“两免一补”制度。对全区接受义务教育阶段教育的学生（包括外来工子女）一律免收学杂费，低保对象子女免费发放教科书，贫困住宿生补助生活费，总投资475万元。

（十二）安居工程

2005—2007年，总投资240万元扶持60户次残疾人特困户建设“安居工程”（乡镇每户60平方米砖混结构住房、街道社区给予购房补贴）。2006年，建设安置小区。其中，杏园安置小区2.7公顷，用地1.37公顷；滨江路安置小区2公顷，用地3.33公顷；双阳阳新街安置小区9730平方米，用地1.33公顷，总投资6280万元。2007年，实施造福工程，对虹山、罗溪、河市63户地质灾害点306名群众实施搬迁，重建住房7560平方米，总投资226万元。

（十三）侨居工程

1999年，实施归、难侨职工危房、旧房改造，建筑面积6000平方米，总投资400万元。2000—2007年，实施双阳侨居造福工程，建设侨居房33300平方米，总投投资2500万元。

（十四）经济适用房住宅建设

1998年，万安街道规划建成一个经济适用房住宅小区，总投资1050万元。2007年，建设杏园小区经济适用房，占地1.33公顷，建筑面积3.25万平方米，总投资4350万元。

（十五）骨灰堂建设

2004年，建设骨灰堂16个（其中万安、双阳、虹山各建设1个，河市3个，马甲3个，罗溪7个），累计完成全区应建公益性骨灰堂总数70%，总投资451万元。2005年，河市、马甲、罗溪三个镇各建成1个骨灰堂，全区骨灰堂建设任务完成，总投资160万元。

第五节 法治政府建设

一、行政审批制度改革

1998年起，继续推进行政审批制度改革。针对行政审批项目多，环节多、手续繁琐、时限过长等突出问题，分批次组织清理、取消行政审批事项，改革区级行政审批事项228项（包括完全取消128项、审批转核准85件、转备案8件、职能转移4件，转为市场化运作3项），改革面51%，取消面28.6%。遵循行政许可法确立的高效便民原则，创新行政管理方式。2007年，进一步改革行政审批制度，筹备成立洛江区行政服务中心，实行集中办公、联合审批、集中监管。同年4月30日，区行政服务中心及行政审批内网上线运行。通过“一个窗口对外”“一站式办公”等方式，简化办事程序，方便人民群众。同时，推进政务公开工作，贯彻《政府信息公开条例》，提高政府工作透明度，政务公开工作迈入规范化、法制化轨道。是年，进驻行政服务中的部门有25个，设立专门窗口14个，归入综合窗口11个，进驻行政审批服务项目共327项。至2007年12月31日，受理10510件行政审批事项，办结10158件，其中即办件5524件，即办率52.56%，承诺件4986件，承诺件提前办结率96.44%，按时办结率100%。

二、政府法制监督

1998年，区政府法制机构对区政府各部门行政执法主体进行清理，明确规定没有行政执法主体资格不得实施行政处罚；开展规范性文件备案和前置审查工作，向市政府和区人大常委会报送规范性文件备案。凡是以区政府和区政府办公室名义发布的规范性文件，出台前交由区政府法制机构依据法律法规审查把关。实行规范性文件动态清理，对已经失效、被新规定代替和不适应经济社会发展要求的或与法律、法规相抵触的规范性文件及时进行清理废止或修改，并向社会公布；开展执法检查评议、绩效评估工作，按照用权受监督的要求，严格评议考核，实施法律、法规，履行法定职责，维护法律统一和政令畅通，创造良好的投资环境和法制环境作为重要的考核内容。区行政执法管理局开展相对集中行政处罚权工作，解决城市管理领域多头执法等问题。2006年1月，区政府办公室印发《关于推行行政执法责任制的实施意见》，对推行行政执法责任制工作作全面部署和安排，全区31个行政执法单位完成行政执法依据梳理工作，梳理各类行政行为项目3400项，分解行政执法职权，行政明确执法职责。至2007年，区政府法制机构收到行政复议申请19件。

三、法制宣传教育

1997年起，先后组织人员参加国务院、省、市政府法制办举办的培训、全市行政复议工作交流会、规范性文件法律审查研讨会，与法院行政庭对政府法制工作人员进行教育培训。学习宣传国务院《全面推进依法行政实施纲要》《关于加强市县政府依法行政的决定》和省政府办公厅《关于推行行政执法责任制的实施意见》，组织公务员参加公共管理培训和考试，组织执法人员参加全省行政执法资格考试，249人取得行政执法资格。结合“12·4”全国法制宣传日、行政复议法颁布10周年暨《行政诉讼法》颁布20周年“宣传周”活动等进行专项法制宣传教育活动。

四、法制机构

1998年，区政府办公室内设法制科。2002年，区政府办公室法制科改为法制股。2005年，区政府办公室对外加挂区政府法制办公室牌子。2007年，区政府办公室增加行政编制1名，用于配备法制工作专职人员。各部门和乡镇（街道）配备专职和兼职法制工作人员，形成政府法制工作机构网络。

第十八篇 人民政协地方组织

1997年9月24日至2007年12月，政协泉州市洛江区委员会召开3届、15次全体委员会议。历任常委会遵循《中国人民政治协商会议章程》规定，组织委员履行政治协商、民主监督、参政议政三大职能。完善协商体系，形成全体会议全面协商、常委会议重点协商、专委会议对口协商的协商议政格局。全体会议期间，组织委员听取、讨论政府工作报告，计划、财政预算报告和法院、检察院工作报告，全面协商议政。组织委员开展调研考察活动和民主监督工作。完善提案办理工作机制，拓宽以提案形式开展民主监督的领域和范围。把开展专题调研和反映社情民意作为参政议政的重要形式。联系各民主党派、工商联、人民团体和无党派人士、经济界委员、在外企业家，拓展海内外联谊渠道，调动全区社会各界人士为洛江区发展献计出力。

第一章 政协委员

第一节 政协委员产生

1997年8月4日，中共泉州市委批准成立以蒋夏雨为组长、宋爱华为副组长的中国人民政治协商会议洛江区第一届委员会筹备工作领导小组。同月15日，区政协筹备组研究讨论筹备工作有关事宜，并成立人事安排、秘书、会务工作3个工作小组；同月18日，区委研究并原则同意筹备工作计划和人事安排方案。同月25日，筹备组召开第二次扩大会议，在由下而上、由上而下协商的基础上，协商提出政协洛江区第一届委员会委员名单。

从2002年12月政协洛江区第二届委员会开始，洛江区新一届政协委员的产生，按照《中国人民政治协商会议章程》和“统筹兼顾、全面安排”的方针，由区各党派、无党派人士、各人民团体、各个界别等协商，提出具有代表性的初步人选，再在较大范围内进一步民主协商，充分听取各方面意见，并进行了解、考核后产生推举人选名单。区委统战部和组织部会同政协党组对各方面的推荐名单进行共同商议后，形成建议名单，报送中共洛江区委审定，最后提交政协常务委员会会议协商和表决，全体常务委员会组成人员过半数同意予以通过。

第二节 政协委员构成

洛江区政协委员以界别为单位，由中国共产党、各民主党派、无党派人士、人民团体、各少数民族和各界的代表，台湾同胞、港澳同胞和归国侨胞的代表以及特别邀请的人士组成。每届任职期内，因工作调动、岗位变动等原因申请辞去委员职务，可根据工作需要变更或增加委员。由中共洛江区委统战部和组织部会同政协党组商议，由政协常务委员会进行协商和表决增补委员人选。

第一届区政协委员名额80名。经区委同意，一届一次会议委员安排51名，其中保留原政协鲤城区四届政协委员20名，新委员31名。该届委员会由中共、工会等15个界别组成。51名委员中，党外人士31名，占委员总数60.8%。符合上级关于政协委员中，党外人士不低于60%，中共党员不超过40%的比例要求。届内增补委员44人。

第二届区政协委员名额120名。经区委同意，二届一次会议委员安排113名，由中共、民主党派等18个界别组成。其中：中共党员44名，占38.94%；非中共人士69名，占61.06%；女委员14名，占12.38%；大专以上文化程度61名，占53.98%。委员平均年龄42.26岁，年龄最高的65岁，最年轻的26岁。原一届政协委员保留43名，占38.05%。届内增补委员19人。

区政协三届一次会议安排委员149名，设20个界别。其中：中共党员56名，占37.58%；女委员18名，占12.08%；大专以上文化程度94名，占63.09%。委员平均年龄43.2岁。原二届政协委员留任70名，占46.98%。届内增补委员15人。

政协第一届至第三届洛江区委员会委员界别构成表

表18-1-1　　**单位：人**

界别	第一届（1997年9月至2002年12月）	第二届（2002年12月至2006年12月）	第三届（2006年12月至2011年12月）
中　共	5	9	15
工　会	2	2	2
共青团	1	2	2
妇　联	2	4	2
工商联（一）（二）	7	15	37
教　育	6	7	5
文　体	1	2	6
医　卫	3	2	3
科　协	—	1	—
农林水	7	8	6
侨　联	4	5	5
台胞台属	1	4	4
少数民族	—	—	2
宗　教	2	4	4
特　邀（一）（二）	6	24	22
经　济	2	11	10
科　技	2	3	8
青　联	—	2	4
民主党派	—	8	12
合　计	51	113	149

附一：在洛江区的第十届福建省政协委员名录

福建省第十届政协委员：林　惠（女）

附二：在洛江区的第九届至第十届泉州市政协委员名录

第九届泉州市政协委员：

蒋夏雨 谢定昌 江贻万 柯贤道 林少槐 王小阳
杜振基 许维群 陈琼琼（女） 陈秋平 黄特秀（女） 陈 翔 柯诺诺（女）

第十届泉州市政协委员：

朱清辉 江贻万 陈忠文 黄其东 许维群
林少槐 陈笃恒 陈琼琼（女） 陈 翔 黄耿耿（女） 黄标生 刘国清
余琼琼（女） 杜胜利 朱世泽 杨维群

第二章 全体委员会议

第一节 第一届全体委员会议

一、第一次会议

1997年9月23—25日，区政协一届一次会议在华侨大学科技馆会议厅召开。出席委员数51名。中共泉州市委统战部领导、泉州市8个民主党派和工商联的领导应邀出席大会。会议听取和审议蒋夏雨所作的《高举邓小平理论的伟大旗帜，努力开创洛江政协工作新局面》报告，筹备组副组长宋爱华作《泉州市洛江区政协第一届委员会筹备工作报告》；提案委员会举行第一次会议并通过提案审查办法。选举产生政协洛江区第一届委员会主席、副主席、常务委员。蒋夏雨当选为主席，宋爱华（女）、梁嘉顺、陈忠文当选为副主席，杜振基、巫远玉、陈笃恒、林少槐、林忠成、林坤聚、黄其东当选为常务委员。大会通过《政协洛江区第一届委员会第一次会议决议》。

会议收到提案21件，立案16件。

二、第二次会议

1998年4月14—16日，区政协一届二次会议在华侨大学科技馆学术厅召开。大会听取和审议蒋夏雨所作的《区政协常委会工作报告》，听取和审议宋爱华所作的《关于一届一次会议以来提案工作情况报告》。全体委员列席区一届人大二次会议，听取《区政府工作报告》和有关报告。会议分组讨论《区政协常委会工作报告》和《区政府工作报告》。区政协常委会在会上向全体委员发出《捐资助学献爱心倡议书》。区政协在组织发动捐资助学活动中，共募捐135540元，资助153名贫困中小学生。大会通过《政协洛江区第一届委员会第二次会议决议》。

会议收到提案34件，立案33件。

三、第三次会议

1999年1月11—13日，区政协一届三次会议在区政法大楼四楼会议室召开。泉州市8个民主党派领导应邀出席会议。听取和审议蒋夏雨所作的《区政协常委会工作报告》；听取和审议宋爱华所作的《关于一届二次会议以来提案工作情况报告》。12日上午，全体委员列席区一届人大三次会议，听取和讨论《区政府工作报告》和其他有关报告。会议增选王小阳、叶家南、李秀墩（女）、陈三亮为政协洛江区第一届委员会常务委员。大会通过《政协洛江区第一届委员会第三次会议决议》。

会议收到提案 23 件，立案 21 件。

四、第四次会议

1999 年 4 月 16 日，区政协一届四次会议在华荣宾馆召开。增选江贻万为洛江区政协第一届委员会副主席，同意接受宋爱华（女）辞去区政协第一届委员会副主席职务。会议邀请市政协副秘书长傅乌作政协知识讲座。

五、第五次会议

2000 年 1 月 11—13 日，区政协一届五次会议在区政法大楼四楼会议室召开。泉州市八个民主党派负责人应邀参加。大会听取和审议蒋夏雨所作的《区政协常委会工作报告》；听取和审议江贻万副主席所作的《关于区政协一届三次会议以来提案工作情况的报告》；全体委员列席区一届人大四次会议，听取和讨论《区政府工作报告》和其他有关报告。1 月 13 日，会议表彰 11 件政协洛江区第一届委员会“优秀提案”和 10 名“洛江区政协委员参政议政积极分子”。大会通过《政协洛江区第一届委员会第五次会议决议》。

会议收到提案 32 件，立案 32 件

六、第六次会议

2001 年 3 月 30—4 月 1 日，区政协一届六次会议在区政法大楼四楼会议室召开。泉州市八个民主党派和工商联的负责人应邀参加。会议听取和审议蒋夏雨所作的《区政协常委会工作报告》，听取和审议江贻万所作的《关于区政协一届五次会议以来提案工作报告》；全体委员列席区一届人大五次会议，听取和讨论《区政府工作报告》和其他有关报告。4 月 1 日，大会增选田恭灿、赖清正 2 人为政协洛江区第一届委员会副主席，增选杨玉芬（女）为常务委员。大会通过《政协洛江区第一届委员会第六次会议决议》，大会向全体委员公布区政协持续三年开展捐资助学活动详细情况。

会议收到提案 37 件，立案 35 件。

七、第七次会议

2001 年 11 月 5 日，区政协一届七次会议在泉州大华酒店召开。选举谢定昌为政协洛江区第一届委员会主席，增选王泽淮为副主席。同意接受蒋夏雨辞去洛江区政协第一届委员会主席职务，接受赖清正辞去洛江区政协第一届委员会副主席职务。

八、第八次会议

2002 年 1 月 14—16 日，区政协一届八次会议在区政法大楼四楼会议室隆重召开。会议听取和审议谢定昌主席所作的《区政协常委会工作报告》；听取和审议江贻万所作的《关于一届六次会议以来提案工作情况报告》；全体委员列席区一届人大六次会议，听取和讨论《区政府工作报告》和其他有关报告。会议增补骆明川、魏献清、黄文生为政协洛江区第一届委员会委员。大会通过《政协洛江区第一届委员会第八次会议决议》。

会议收到提案33件，立案31件。

第二节 第二届全体委员会议

一、第一次会议

2002年11月11—13日，区政协二届一次会议在泰和酒店召开。筹备组副组长江贻万作《第二届委员会筹备工作报告》，王泽淮作《区政协常务委员会工作报告》，林新平作《关于提案工作情况报告》。会议表彰政协洛江区第一届委员会“优秀提案”和“优秀政协委员”；分组学习中共十六大会议精神；提案审查委员会举行第一次会议并通过提案审查办法。会议选举政协洛江区第二届委员会主席、副主席及常务委员。谢定昌当选为主席，王泽淮、林新平、陈忠文当选为副主席，王有为、许维群、陈三亮、陈民强、陈芳林、陈笃恒、吴星星、杨玉芬（女）、杨惠平、林永军、林世铨、林克想、郑忠、郑怡（女）、郑秀正（女）、黄其东、黄降水、黄等水、黄耿耿（女）、龚志阳（女）当选为常务委员；表彰区政协第一届委员会优秀委员和优秀提案。全体委员列席区人大二届一次会议，听取和讨论《区政府工作报告》和其他有关报告。大会通过《政协洛江区第二届委员会第一次会议决议》。

会议收到提案46件，立案43件。

二、第二次会议

2003年4月4日，区政协二届二次会议在华荣宾馆召开。会议增选王有为为洛江区政协第二届委员会副主席。

三、第三次会议

2004年2月17—19日，区政协二届三次会议在区政法大楼四楼会议室召开。与会委员听取和审议谢定昌所作的《区政协常委会工作报告》；听取和审议王泽淮所作的《关于二届一次会议以来提案工作情况的报告》。19日，全体委员列席区二届人大三次会议，听取并讨论《区政府工作报告》和其他报告。会议增选黄标生为区政协第二届委员会常务委员。大会通过《政协洛江区第二届委员会第三次会议决议》。

会议收到提案49件，立案48件。

四、第四次会议

2005年1月25—26日，区政协二届四次会议在区政法大楼四楼会议室召开。会议听取和审议王泽淮所作的《区政协常委会工作报告》；听取和审议林新平所作的《关于二届三次会议以来提案工作情况的报告》。全体委员列席区二届人大四次会议，听取并讨论区政府工作报告及有关报告。会议传达学习全省政协工作会议、省政协九届三次会议、区委二届五次全会精神。举行表彰捐资助学活动仪式。大会通过《政协洛江区第二届委员会第四次会议决议》。

会议收到提案60件，立案58件。

五、第五次会议

2006年2月15—16日，区政协二届五次会议在闽侨航空酒店召开。会议听取和审议王泽淮所作的《区政协常委会工作报告》；听取和审议陈忠文所作的《关于二届四次会议以来提案工作情况的报告》；全体委员列席区二届人大三次会议，听取并讨论《区政府工作报告》和其他报告。会议增选黄清凯为区政协副主席。会议期间举办《洛江区国民经济和社会发展“十一五”规划纲要》建言献策专题座谈会。大会通过《政协洛江区第二届委员会第五次会议决议》。

会议收到提案55件，立案50件。

第三节 第三届全体委员会议

一、第一次会议

2006年12月5—7日，区政协第三届委员会一次会议在区政府四楼会议室召开。会议听取并审议谢定昌所作的《区政协常委会工作报告》和王泽淮所作的《提案工作情况报告》。会议选举朱清辉为政协洛江区第三届委员会主席，选举王泽淮、林新平、陈忠文、黄清凯、杨文格为政协洛江区第三届委员会副主席，选举王信龙、王培辉、许维群、关裕平、吴文安、吴星星、杜振基、张荣锡、杨惠平、杨玉芬（女）、林世铨、林克想、林德庆、林博泉、陈笃恒、陈三亮、陈芳林、陈民强、郑怡（女）、郑秀正（女）、黄志强、黄荔苹（女）、黄其东、黄降水、黄标生、龚志阳（女）、蔡剑文、魏志权为洛江区第三届委员会常务委员。会议表彰政协洛江区第二届委员会“优秀政协委员”及“优秀提案者”；全体委员列席区三届人大一次会议，听取并讨论政府工作报告和其他相关报告。会议期间，召开“促进发展，构建和谐洛江”的专题座谈会，13名政协委员作专题发言。大会通过《政协洛江区第三届委员会第一次会议决议》。

会议收到提案87件，立案83件。

二、第二次会议

2007年4月20日，区政协三届二次会议在区政府四楼会议室召开。会议传达全国政协十届五次会议精神，听取区政府副区长谢工农通报洛江区第一季度经济运行情况，通过《慈善募捐倡议书》，会议还邀请市政协副秘书长、办公室主任田恭灿作政协知识讲座。

第三章 常务委员会

第一节 组织机构

一、常务委员会组成

政协泉州市洛江区委员会设常务委员会由主席、副主席和常务委员组成；其候选人由参加区政协的各人民团体、各界代表等知名人士共同协商提名，经区政协全体会议选举产生。主席主持常务委员会工作，副主席协助主席工作。主席、副主席组成主席会议，在常务委员会闭会期间，处理常务委员会重要日常工作。

1997—2007 年政协洛江区委员会各届常务委员会主席、副主席名表

表 18-3-1

届别	职务	姓名	性别	党派	籍贯	任职时间
第一届（1997 年 9 月至 2002 年 12 月）	主席	蒋夏雨	男	中共	鲤城	1997 年 9 月至 2001 年 11 月
	主席	谢定昌	男	中共	鲤城	2001 年 11 月至 2002 年 12 月
	副主席	宋爱华	女	中共	山东	1997 年 9 月至 1999 年 4 月
	副主席	江贻万	男	中共	鲤城	1999 年 4 月至 2002 年 12 月
	副主席	田恭灿	男	中共	江西	2001 年 4 月至 2002 年 12 月
	副主席	梁嘉顺	男	无党派		1997 年 9 月至 2002 年 12 月
	副主席	陈忠文	男	无党派	鲤城	1997 年 9 月至 2002 年 12 月
	副主席	赖清正	男	中共	洛江	2001 年 4 月至 2001 年 11 月
	副主席	王泽淮	男	中共	鲤城	2001 年 11 月至 2002 年 12 月
第二届（2002 年 11 月至 2006 年 12 月）	主席	谢定昌	男	中共	鲤城	2002 年 11 月至 2006 年 12 月
	副主席	王泽淮	男	中共	鲤城	2002 年 11 月至 2006 年 12 月
	副主席	林新平	男	中共	鲤城	2002 年 11 月至 2006 年 12 月
	副主席	陈忠文	男	无党派	鲤城	2002 年 11 月至 2006 年 12 月
	副主席	黄清凯	男	中共	南安	2006 年 2 月至 2006 年 12 月
	副主席	王有为	男	无党派	鲤城	2003 年 4 月至 2006 年 12 月
第三届（2006 年 12 月起）	主席	朱清辉	男	中共	晋江	2006 年 12 月起
	副主席	王泽淮	男	中共	鲤城	2006 年 12 月起
	副主席	林新平	男	中共	鲤城	2006 年 12 月起
	副主席	黄清凯	男	中共	南安	2006 年 12 月起
	副主席	陈忠文	男	无党派	鲤城	2006 年 12 月起
	副主席	杨文格	男	民革	鲤城	2006 年 12 月起

1997—2007 年政协洛江区委员会调研员名表

表 18-3-2

职务	姓名	性别	籍贯	任职时间
区政协调研员	谢定昌	男	鲤城	2006 年 12 月起
区政协副调研员	关裕平	男	广东	2003 年 12 月起

第二节 工作机构

一、专门委员会

2001 年 6 月，设立学习委员会、提案委员会、经济委员会、科教文卫委员会、三胞委员会、工青妇委员会。2007 年 1 月，增设城建工作委员会、农村工作委员会。

2001—2007 年政协洛江区委员会专委会主任名表

表 18-3-3

届别	机构名称	姓名	性别	职务	任职时间
第一届（1997 年 9 月至 2002 年 11 月）	学习委员会	林坤聚	男	主任	1997 年 10 月至 2001 年 6 月
	提案委员会	巫远玉	男	主任	1997 年 10 月至 2002 年 12 月
	经济委员会	叶家南	男	主任	1997 年 10 月至 2001 年 6 月
		林少槐	男	主任	2001 年 6 月至 2002 年 12 月
	科教文卫委员会	杨条达	男	主任	1997 年 10 月至 2002 年 12 月
	三胞委员会	黄其东	男	主任	1997 年 10 月至 2002 年 12 月
	工青妇委员会	王国兴	男	主任	1998 年 7 月至 2002 年 12 月
第二届（2002 年 12 月至 2006 年 12 月）	学习与法制委员会	林永军	男	主任	2003 年 1 月至 2006 年 12 月
	提案委员会	杨惠平	男	主任	2003 年 1 月至 2006 年 12 月
	三胞委员会	黄其东	男	主任	2003 年 1 月至 2006 年 12 月
	经济委员会	林克想	男	主任	2003 年 1 月至 2006 年 12 月
	科教文卫委员会	林世铨	男	主任	2003 年 1 月至 2006 年 12 月
	工青妇委员会	龚志阳	女	主任	2003 年 1 月至 2006 年 12 月
第三届（2006 年 12 月起）	学习与法制委员会	吴文安	男	主任	2007 年 1 月起
	提案委员会	黄志强	男	主任	2007 年 1 月起
	三胞委员会	黄其东	男	主任	2007 年 1 月起
	科教文卫委员会	杜振基	男	主任	2007 年 1 月起
	工青妇委员会	龚志阳	女	主任	2007 年 1 月起
	城建工作委员会	许　鹏	男	主任	2007 年 1 月起
	农村工作委员会	黄标生	男	主任	2007 年 1 月起

二、办事机构

1997—2007 年，政协洛江区委员会办事机构设有政协办公室、三胞经济办公室、科教文卫办公室。

2001—2007 年政协洛江区委会办事机构主任名表

表 18-3-4

机构名称	姓名	性别	职务	任职时间
政协办公室	叶家南	男	主　任	1997 年 10 月至 2002 年 4 月
	郑　怡	女	主　任	2002 年 4 月起
三胞经济办公室	叶家南	男	主　任	2002 年 4 月起
科教文卫办公室	杨惠平	男	主　任	1998 年 6 月至 2002 年 8 月
	傅蓉峰	男	主　任	2003 年 7 月至 2004 年 12 月
	吴强耀	男	主　任	2005 年 1 月起

第三节 常委会议

常务委员会会议一般每季度举行 1 次，会议的日期、议程由主席会议决定。必要时，各办公室主任、副主任、各专委会主任、副主任列席会议。根据会议的内容和需要，邀请政协委员活动组负责人、各民主党派、人民团体、有关部门负责人及与议程有关人员列席会议。

1997—2007 年，第一届至第三届区政协常务委员会共举行会议 46 次。其中第一届举行 27 次，第二届举行 15 次，第三届举行 4 次。主要任务：讨论决定常务委员会会务工作中的重大问题；听取中共洛江区委、区政府及有关部门的大政方针和重要决策实施部署的报告和情况说明，并进行协商和讨论，提出意见和建议；协商讨论本区重要事务的决策以及群众生活中普遍关心的重大问题，提出意见和建议；审查重要的视察报告、专题调查报告和委员提案；听取、审议各办公室、各专委会的工作情况汇报和工作总结。常务委员会还根据需要，不定期召开常务委员专题调研和座谈会。

第四节 主席会议

主席会议由主席、副主席和政协办公室主任组成，一般每月举行 1 次，需时可临时召集。根据需要，政协各办公室主任以及与会议议程有关的其他人员列席会议，必要时邀请各民主党派、有关团体负责人列席会议。第一届至第三届区政协主席会议举行 160 次。主要任务：讨论处理常务委员会的重要日常工作；协商讨论洛江区重大事务的决策和群众生活中普遍关心的重大问题，提出意见和建议；审议以政协洛江区委员会名义向中共洛江区委、人大、政府提出的重要提案或建议案；决定常委会召开的日期、议程，审议提交常委会文件及材料；讨论、决定组织常委专题调研和委员考察、学习参观、调查研究和其他重要活动；审议各专委会的年度计划，重要调查报告；安排主席、副主席的重要社会活动，听取各办公室的重要工作汇报；审议各专委会成员名单和区政协每年活动计划；讨论、推荐增补委员和机关人事任免事宜。

第四章 职能履行

第一节 政治协商

1997—2007 年，常委会坚持“围绕中心，服务大局”的原则，发挥优势，使政治协商在决策层面上稳步运行。运用全体委员会议、常委会议、主席会议和专题协商座谈会等形式，对事关全局的重大问题进行协商讨论。召开每年一次的全体会议，协商讨论区政府工作报告、国民经济和社会发展计划、财政预算报告、区检察院和法院工作报告，发表意见和建议。1997—2002 年，常委会围绕《洛江区国民经济社会发展“九五”规划及 2010 年远景目标》等涉及经济、社会、民生的 18 个方面专题展开重点协商，许多意见和建议被采纳。2003—2006 年，常委会召开 25 次主席会、15 次常委会、10 次专题座谈会，围绕洛江区“十五”“十一五”规划的制订和实施，对加强和改进党的作风建设、推进社会主义精神文明建设、贯彻落实《公民道德实施纲要》等一系列全局问题，进行协商讨论。以专题协商会议的形式，对加快建设社会主义新农村、区位定位和发展格局、建设和谐洛江以及科教兴区、人才强区等问题展开建言献策。

第二节 民主监督

1997—2007年，政协泉州市洛江区委员会探索民主监督的有效形式，完善《政协洛江区委员会关于特邀监督员工作制度》，畅通民主监督渠道，建立健全制度，寓民主监督于提案、视察、调研等活动中，在平等、宽松、融洽的氛围中进行民主监督。常委会充分发挥委员监督作用。

1997—2002年，区政协通过全委会、常委会和专门委员会，收集委员意见和建议，形成社情民意，委员应邀参加各种专题会议，围绕经济民生，提出“企业信贷抵押手续办理”、“开发区电力明线改造”、“建立生产力转化中心”、“中心区绿化美化”等建议反馈给相关部门，促进问题的解决。推荐 47名政协委员受聘担任各级各类廉政监督员、行风评议员，参加各项监督检查、民主评议作风、廉政勤政检查以及纠风专项、治理检查等，大胆建议批评，如实反映情况，树立良好形象。

2003--2007年，推荐23名监督员，参加财政、税务、土地、工商、劳动、司法、公安、法院、检察、教育、卫生、文化等部门和行业的民主监督，提出55条意见和建议，推动部门和行业工作的改进和落实。常委会充分发挥提案建议案的民主监督作用，组织对双阳农场职工集资房产权问题，洛江区水资源污染问题，中小学校危房改造问题等进行视察，促使问题得到解决。对《中华人民共和国土地法》《中华人民共和国归侨侨眷权益保护法》执行情况以及洛江区政法队伍建设、“四五”普法工作等方面进行监督检查；常委会发挥提案建议案在民主监督中的作用，《关于落实科学发展观，着力改善农村居住环境的建议》、《关于聚集人气繁荣经济，加速洛江经济发展的建议》《关于重视我区科技人才队伍建设的建议》等受到有关部门的高度重视。常委会把反映社情民意作为民主监督的重要形式，拓宽信息渠道，发挥社情民意监督作用，提出反映社情民意信息55条。其中，关于解决洛江区部分边远村落“五通”，关于保障洛江区被征地农民利益，关于对全区村居路灯统筹管理等问题都得到解决。

第三节 参政议政

1997—2007年，政协泉州市洛江区委员会建议区委注重处理好“三个并重”，即基础设施与高科技产业项目并重；经济建设和文化建设并重；生产生活和环境保护并重。11年间，开展专题调研、视察活动43场次，提交调研报告27份。许多意见和建议被纳入党委、政府的决策和工作部署。

1997—2002年，围绕“发展高科技农业”“土地承包集约经营”“农田水利基本建设”“农村基层组织建设”的“三农”专题等开展议政协商，为农民增收建言献策，被区委、区政府制定出台《关于加快新农村建设的实施意见》的实施方案吸纳。

2003 --2007年，区政协持续关注“三农”问题，深入调研，《洛江区农民增收的主要途径和对策》提出“科技强农”“服务帮农”“法制护农”“党建保农”等建议被区委、区政府采纳，同时在市政协常委会上重点发言并被《泉州通讯》刊登；《洛江区水资源利用和管理的思考》刊登于《泉州通讯》和《泉州政协》刊物；《加强农村精神文明建设调研报告》在市政协组织开展的评选活动中获三等奖和省文明办评选的优秀奖。《关于加强招商引资发展企业的建议》被区委区政府吸纳到出台的《洛江区关于进一步加强招商引资工作的意见》文件中。其他成果如《关于建立洛江区城市化管理长效机制建议》《关于开展人居环境整治，促进人和自然和谐发展的建议》得到落实和转化。

第五章 其他工作

第一节 团结民主工作

1997—2007年，政协泉州市洛江区常委会把握团结和民主两大主题，围绕大目标、建立大联合，促进大团结，把发扬民主、增进团结、协调关系、化解矛盾作为履行职能的重要着力点，在和谐洛江建设中凝聚各界力量。发挥政治凝聚力，团结社会各界，加强与各民族党派、工商联、人民团体和无党派人士的联系沟通；加强与港澳台侨人士的联系沟通，加强在外企业家的联系沟通。发挥社会影响力，关注社会热点、难点问题，协助党委政府排查调处矛盾纠纷。发动委员投身公益事业，发挥政协组织的整体优势，发起捐资助学活动，成立区政协助学基金会，捐资助学经常化、制度化。11年间，筹集资金近30万元，资助学生96人次。发动政协委员和在外企业家为家乡的道路、环境改善等公益事业尽心出力。政协领导挂钩村居，驻村入户，扶持不适应村和经济欠发达村，挂钩重点企业，扶助贫困职工和残疾人。

第二节 提案工作

1997—2007年，洛江区政协提案工作坚持以邓小平理论、“三个代表”重要思想和科学发展观为指导，贯彻执行全国政协《提案工作条例》精神，围绕洛江区政治、经济和社会事业发展的重大问题和社会关注的热点问题，运用提案形式，建言献策，参政议政，发挥提案工作在政协履行职能中的重要作用。由区委办、区府办转发《洛江区政协办公室关于认真办理政协提案的意见的通知》。

至2007年，区政协收到提案461件，其中集体提案42件。提案内容涉及经济建设方面的有217件；涉及科教文卫、社会事业方面的109件；涉及社会管理方面的52件；涉及农业、环保等方面的38件；涉及其他方面的45件。各级各部门重视政协提案，所有提案均在规定期限内办结，办复率100%，委员的满意率100%。

第三节 文史工作

1997—2007年，政协泉州市洛江区委员会发挥文史资料“存史、资政、团结、育人”的作用，重视文史资料征编工作，注重与区内外文史界人士交往，发动委员和社会人士挖掘洛江区丰富的人文史料，征集出版四辑《洛江文史资料》，第一辑10万字、第二辑《洛江区政协志》2.5万字、第三辑8万字、第四辑7万字。史料内容涵盖旅游名胜古迹、地名沿革、行政辖区变迁、少数民族、杰出人物、土改民主建政等地方人文资料。

第四节 联谊活动

一、出访

1997—2007年，利用多形式、多渠道地建立与“三胞”的联系。政协台港澳侨联络委成员参与政府组团、民间组团或海外侨亲发函邀请个人等形式参与华侨社团的各种活动，多次出访菲律宾和中国台湾、香港地区交流感情。访问期间，会晤各公会和商总的领导人以及台湾行会负责人，了解到华侨社会及台湾行会的一些情况和交流了意见。通过一系列的联络、联谊，加深与“三胞”侨亲的接触、沟通、交流，做到深交老朋友，广交新朋友，增强感情。如 2003 年 3 月 1—14 日，区政协主席谢定昌应台湾知识农业交流协会理事长颜正平先生邀请，率团赴台参加“海峡两岸知识经济与农业合作研讨会”，推动洛江台湾知识经济与农业合作交流。

二、联络和接待

1997—2007 年，政协注重发挥优势，做好港澳同胞、台湾同胞、海外侨胞的联络和接待工作，使全区海外联谊工作从无到有、渐有起色。利用“三胞”回乡进行经贸考察、参加各种庆典和寻根谒祖、探亲访友等机会及时登门拜访，加深彼此间的了解与沟通。每逢侨亲喜、丧事，以政协名义向海外发出贺卡、贺电、慰问电、唁电等，以及参加侨亲在国内喜事的祝贺、丧事慰问活动，增进彼此间的感情。政协每年都参与接待较有影响的海外侨亲，参与组织菲华青少年夏令营活动，参与政府或民间组团及受“三胞”邀请，访问菲律宾和中国台湾、香港、澳门等地，进一步增进对港澳台同胞及侨胞的了解和友谊，拓展统战工作的新空间。

第十九篇 民主党派与社会团体

1997 年洛江建区后，民革、民建、民进、农工党、致公党、九三学社等民主党派洛江地方组织陆续组建成立，工会、共青团、妇联、科协、侨联等社团组织也分别成立并日益完善、壮大。各民主党派遵循“长期共存，互相监督，肝胆相照，荣辱与共”的方针，加强自身思想建设、组织建设和制度建设，并根据自身的特点，开展参政议政、慈善公益、科教文卫、海外联谊等活动，在洛江改革开放和经济社会发展中发挥积极作用，作出自己的贡献。各社会团体根据各自特点和职责，围绕党和政府的中心任务，积极开展工作，团结各阶层人民群众为洛江的物质文明、政治文明、精神文明和生态文明贡献力量。

第一章 民主党派

第一节 中国国民党革命委员会洛江支部

2007 年 11 月 28 日，中国国民党革命委员会洛江支部（以下简称“民革”）第一次会议召开，10 名民革党员全部出席会议，选举出由 5 人组成的第一届支部委员会，杨文格任主任委员。

第二节 中国民主建国会洛江支部

一、组织概况

1999 年 12 月，中国民主建国会洛江支部（以下简称“民建”）成立，会员 9 人。林少槐担任支部主委。2004 年 12 月，支部升格为总支，召开总支第一次会员大会，选举出由 5 人组成的第一届委员会，林少槐为主任委员。总支下设企业、财经、农业 3 个支部。至 2007 年，总支会员 30 人。

二、参政议政

2000 年起，民建洛江支部围绕洛江经济发展大局，为经济建设建言献策，提出提案和建议 100 余件。会员林少槐、黄标生、朱念湘分别当选为泉州市政协委员、人大代表。

三、服务社会

2000 年起，民建洛江支部秉承“责在人先，利在众后”优良传统，发挥民建企业家界别优势，发动会员及会员企业参与教育扶贫、科技服务“三农”、抗旱救灾以及其他公益慈善事业。至 2007 年，捐款捐物价值 230 多万元。

第三节 中国民主促进会洛江支部

一、组织概况

2005 年 9 月 23 日，中国民主促进会洛江支部（以下简称“民进”）第一次会员大会召开，17 名民进会员全部出席，选举出由 4 人组成的第一届支部委员会，黄荔苹任主任委员。至 2007 年，洛江区有综合支部、南少林支部，会员 22 人。

二、参政议政

洛江民进支部有区政协委员 3 人，其中常委 1 人。支部组织参加区委统战部组织的各种协商会、征求意见会、座谈会，提出意见和建议；班子成员参加区人大、政协组织的各种考察活动并提出意见建议；利用每年一次的人大会和政协会，提出许多有价值的提案和建议，履行各自的职责，树立良好的社会形象。

三、服务社会

洛江民进支部发起向“爱心工程”捐款活动，设立献爱心专款账户。2005 年 1 月 10 日，支部走访盲人大学生郭志鸿，捐款 1000 元。支部委员苏夏强热心助学，资助第十一中学贫困学生上学 7 万元；捐赠东门小学、泉州第三中学助学奖教资金 25 万元。

第四节 中国农工民主党洛江支部

一、组织概况

2004 年 12 月 27 日，农工党洛江支部第一次党员大会召开，5 名农工党党员全部出席会议。经投票选举，陈笃恒当选为农工党洛江区支部第一届主任委员。

二、参政议政

2005 年，农工党洛江支部在洛江区政协二届五次会议上，陈笃恒代表支部在大会做专题发言，分析医疗卫生资源整合、生活饮用水安全等方面存在的问题。2006 年，陈笃恒被评为洛江区“优秀政协委员”。2007 年，在洛江区政协三届二次会议期间，支部提交的集体提案《关于完善与解决工业园区生活配套滞后问题的建议》《关于加强洛阳桥卫生管理的建议》被列入区政协重点提案。至 2007 年，洛江农工党员当选市政协委员 1 人、区政协委员 3 人，当选区人大代表 1 人。

三、服务社会

2005 年 1 月，组织党员前往洛江福利院开展送医送药和免费体检活动。2006 年，协助农工党泉州市综合支部做好 3 名贫困大学生的助学工作。2007 年，协助农工党市委会在河市镇新告村设立挂钩扶贫点，开展捐资助学，资助贫困学生 13 人，捐款 6000 元。在每年“国际科学与和平周”期间，开展义诊咨询活动，免费送医送药。

第五节 中国致公党洛江支部

2007 年 12 月 14 日下午，中国致公党洛江支部（以下简称“致公党”）第一次党员大会召开，10 名致公党员全部出席会议。经投票选举，许鹏当选为第一届支部委员会主任委员。

第六节 九三学社洛江支社

一、概况

2006 年 5 月 18 日，九三学社洛江支社（以下简称“九三学社”）第一次社员大会召开，8 名九三学社社员全部出席会议。经投票选举，李秀墩当选为第一届支社委员会主任委员。同年，支社主委李秀墩升任九三学社泉州市委会专职副主委。至 2007 年 12 月，支社有成员 13 人。

二、参政议政

2006—2007 年，九三学社洛江支社主委组织社员每年在市、区开“两会”时，向洛江区政协年会和九三学社泉州市委会提交提案和调研报告多篇。提案《共同关注老年人的健康管理》被市委会采纳作为集体提案提交泉州市政协会议并得到市政协嘉奖。

三、服务社会

2006—2007 年，九三学社洛江支社在市委会发起的“爱心募捐，生命因你而感动”的捐赠活动中，社员踊跃捐款。2007 年 9 月，王诗榕在洛江区慈善总会成立之际，捐赠 150 万元。

第二章 总工会

第一节 组织机构

1997 年 10 月，洛江区总工会成立。至 2007 年，区总工会内设办公室、维权部、组织宣传部、财务实业部，在编机关人员 7 名。同年 6 月，区职工文化活动中心成立，在编人员 1 名。下设万安、双阳、河市、马甲、罗溪、虹山 6 个乡镇（街道）工（委）会，以及区直机关、教育系统、经贸系统、外经系统 4 个系统工会。

第二节 代表大会

一、第一次代表大会

1998 年 2 月，区总工会召开第一次代表大会，与会代表 96 名，选举产生第一届区总工会委员会、经费审查委员会。在区总工会第一届第一次全体委员会议上，选举产生总工会主席 1 名、副主席 1 名。

二、第二次代表大会

2003年6月，区总工会召开第二次代表大会，与会代表108名，选举产生第二届区总工会委员会、经费审查委员会。区总工会第二届第一次全体委员会议审议通过第二届女职工委员会，选举产生总工会主席1名、副主席2名。

第三节 主要活动

一、基层工会组织规范化建设

（一）组织网络

1997—2007年，全区组建基层工会320个，覆盖单位355个，工会会员3.4万人，实现“绝大多数企业建立工会、绝大多数职工加入工会”的目标。

（二）规范建设

2002年起，每年开展工会“重点工作达标”考评和“典型培育，亮点再造”观摩学习活动，选择一批规模较大、生产稳定、影响力较强的企业工会重点培育，用典型引导企业工会开展工作。2005年，河市镇工会被评为“全省示范乡镇工会”。

（三）建“职工之家”活动

1999年起，开展建设“职工之家”活动，基层工会开展业余、小型、多样的活动，建立职工活动阵地，充实活动设施。至2007年，全区拥有省级模范“职工之家”（小家）9个，市级先进“职工之家”（小家）20个，区级合格“职工之家”32个。

二、维护职工合法权益

（一）民主管理

2002年起，在企业较集中万安街道区域内，各企业工会与企业签订区域性集体合同，建立规范有序、公正合理、互利共赢、和谐稳定的企业新型劳动关系。至2007年，全区企业工会都与企业签订集体合同或专项集体合同。

（二）政府与工会联席会议

2003年起，区政府与区总工会每年召开联席会议，共同研究解决工会组织和职工关心的热点、难点问题。至2007年，共召开5次联席会议。

（三）困难职工帮扶中心建设

2005年，创建困难职工帮扶中心服务窗口，开通欠薪举报电话，设立工会网站受理网上投诉，开展就业援助、困难帮扶、法律咨询、职业介绍、信访接待等“一站式”服务。至2007年，接待来信来访240多件，为职工追回拖欠工资120多万元。2006年，区困难职工帮扶中心被市总工会评为先进工作单位。

（四）劳模工作

从基层和一线评选推荐劳模及先进典型，至2007年，5人获“福建省劳动模范（先进工作者）”称号，13人获“泉州市劳动模范”，4人获得“福建省‘五一劳动奖章’”称号。

三、送温暖工作

（一）困难职工救助活动

1998 年起，区总工会每年开展困难职工、劳模及一线职工慰问活动，关怀职工生产生活的安全与健康；2002 年起，每年开展“金秋助学”活动，保证不让每位特困职工子女因经济困难上不了学；2003 年，建立区领导和区直机关单位挂钩帮扶特困职工制度。至 2007 年，共慰问困难职工 182 名，发放助学金 20.1 万元。

（二）关怀外来务工人员活动

2004 年起，每年开展一系列服务职工活动。开展“百万真情关怀外来务工人员”活动，外来务工人员每人每年获赠 35 万元保险等优惠；开展“畅通员工返乡路”活动，为外来务工人员返乡过年预订车船（飞机）票；开展“春节免费游泉州”活动，外来务工人员凭洛江区各级工会介绍信和工会会员证（或本人身份证），在全市所有收费旅游景区，享受门票免费待遇。至 2007 年，有 2500 多名职工受益。

（三）职工医疗互助活动

每年开展职工医疗互助活动，包括企业职工医疗互助活动、机关事业职工医疗互助活动和女职工特病医疗互助活动，缓解职工看不起病、住不起医院等实际困难。至 2007 年底，共有 46 个单位 9178 名职工参加企业职工医疗互助活动，58 个单位 1192 名女职工参加女职工特病医疗互助活动，共收到互助金 36 万多元，给付 21 名职工补助金 30680 元。

四、职工文体活动

（一）宣传教育活动

1998 年起，区总工会每年深入工业园区（非公企业）举办 3—5 场《中华人民共和国工会法》《中华人民共和国劳动法》《福建省企业女职工劳动保护条例》等常用法律知识宣传、咨询活动，2001—2005 年开展《中华人民共和国工会法》知识竞赛。2007 年，组织全区 5000 名职工参加全国《中华人民共和国劳动合同法》知识竞赛，组织 10 家诚信企业参加泉州市首届“源昌杯”和谐企业推介活动，组织 3 名选手参加全市“新泉州人学法用法知识竞赛”。

（二）职工文体活动

1998 年起，每年利用节假日开展全区性登山比赛、保龄球赛、乒乓球赛、拔河比赛、文艺会演、篮球赛、游园及“电影周”活动。2000 年，组织全区 1000 名女职工参加“全省女职工权益法律知识竞赛”活动。2004 年，组织劳模参观洛江经济建设和社会事业发展成就。2005 年，举办“活力洛江、和谐企业”慰问职工文艺巡回演出。2007 年，与区劳保和社会保障局、团区委等部门联办“四海一家亲”系列活动，与区文联联办“第二故乡”征文活动。同年，区总工会被评为“泉州市第十届全民健身节先进单位”。

（三）素质提升活动

2000 年，组织选派 5 名乡镇工会负责人参加市总工会举办的基层工会主席培训班。2004 年，区总工会与区工商局联合开展 5 次法律法规培训，120 多家企业 300 多名职工参加。2007 年，在河市镇举办有 100 多名乡镇（街道）、系统以及部分非公有制企业工会干部参加的培训班；鼓励、指导企业自办厂报、厂刊、建立小型图书室、阅览室。同年，信和涂料有限公司成品检验班被评为“全国学习型先进班组”，洛江交警大队被评为全省“职业道德先进集体”。

五、安全生产技能竞赛工作

1998年起，区总工会每年组织全区企业开展“安康杯”安全生产竞赛活动，10家企业获省、市“安康杯”

竞赛先进单位称号。2002 年起，区总工会开展 20 场职工技能竞赛。2006 年，组织区直部门 720 名干部职工参加区直机关公共科目笔试、演讲比赛、办公自动化知识竞赛，区代表队获得全市公共科目笔试优秀奖，区人大代表队获得全市人大系统竞赛第一名，区总工会被市竞赛组委会授予“优秀组织奖”。

第三章 青少年团体

第一节 共青团泉州市洛江区委员会

一、组织机构

（一）团区委

1997 年 9 月，共青团洛江区委员会成立。1998 年 8 月，团区委内设办公室、组织部、宣传部、学校部 4 个部室，编制 5 名。同年，泉州市洛江区青少年活动中心成立，事业编制 2 名，隶属团区委。

（二）基层团委

2007 年底，全区有基层团委 15 个，团支部 186 个，专职团干 19 名，团员 18035 名，团青比例 33%。

二、代表大会

（一）第一次代表大会

1998 年 2 月，共青团泉州市洛江区第一次代表大会召开，参加会议代表 120 名，选举产生共青团泉州市洛江区第一届委员会委员 17 名，书记 1 名，副书记 1 名。

（二）第二次代表大会

2001 年 4 月，共青团泉州市洛江区第二次代表大会召开，参加会议代表 121 名，选举产生共青团泉州市洛江区第二届委员会委员 19 名，书记 1 名，副书记 1 名。

（三）第三次代表大会

2004 年 12 月，共青团泉州市洛江区第三次代表大会召开，参加会议代表 128 人，选举产生共青团泉州市洛江区第三届委员会委员 23 名，书记 1 名，副书记 1 名。

三、主要活动

（一）青少年思想政治教育

1998 年起，团区委先后开展理论研讨班、专题座谈会、业余党（团）校，开展增强团员意识主题教育活动，全区 6 个乡镇（街道）、442 个基层单位团组织、1.8 万名共青团员参加活动。马甲镇二甲村团支部被评为“福建省增强团员意识主题教育活动先进单位”。在中国共产党建党、中国共产主义青年团建团、五四运动和中华人民共和国成立、建队等重大纪念日，开展“党旗下的青春之歌”“永远跟党走”“青春、理想、创业”“民族精神代代传”“荣辱在我心”“我与祖国共奋进”等教育活动。

（二）服务经济社会发展

1998 年起，开展“青春建功新农村行动”，全区创建市级农村青年科技示范基地 6 个、培养省级农村青年创业致富带头人 3 名、培训农村青年营销员和信息员 500 多名。联合有关部门举办各类青年农民培训班30多期，培训青年农民3000多人次，实施“工岗快递”，帮助一大批农村富余劳动力转移就业。围绕“工业强区”战略，参与招商引资，举办区直机关团干“投身经济主战场，当好招商宣传员”培训班。多名青工获市级“青年岗位能手”称号。围绕急难险重中心任务，开展“我为重点工程献青春”活动，组建20多支青年突击队，万虹公路马甲至罗溪路段拓改工程青年突击队获得市级表彰。2003年5月，广大抗非典青年突击队员投身抗非典宣传和消毒防疫工作。推进“保护母亲河行动”，开辟“广电青年林”，创建“《东南早报》读者林”，开展“青春文明风、洁净家园情”主题活动，在全区成立共青团（红领巾）家园清洁志愿服务队15支，5000多名共青团员（少先队员）投身环境整治统一行动。

（三）青年文化建设

1998年起，团区委每年春节举办“乡村青年文化节”活动，组织大型文艺演出、青少年南音演唱比赛、“挂主题年画、贴时代春联”春联书画义派、农业科技书市一条街等活动。2003年，洛江区被团中央授予全国“乡村青年文化活动先进区”称号。2006年，团区委选送的“挂主题年画、贴时代春联”春联书画义派活动被评为“福建省农村青年文化优秀项目”。与移动洛江公司合作在新农村建设示范村建立农村青年书屋。推行志愿者注册制度，在全区建立1个服务总队、7个服务分队、350多名青年志愿者的服务网络。2006年，团区委招募20多名外来务工青年为主的社会青年志愿者，成立泉州青年志愿者协会洛江服务站，开展“3•5”学雷锋、“青年党员奉献日”、“情暖老干部”、“志愿洛江、与爱同行”百名志愿者扶贫帮困、“三下乡”等青年志愿者品牌活动。2006年，团区委获泉州市婚育新风进万家活动先进单位。完善青年文明号管理机制，开展“信用建设示范行动”和“青年文明号助万家行动”。至2007年，全区省级青年文明号4家、市级32家、区级52家。区地税局获“泉州市青年文明号十年成就奖”称号。

（四）服务青少年成长成才

1998年起，推进“希望工程”和“手拉手结对帮困”工作。团区委牵头筹集社会各界捐资240万元，资助贫困学生3000多名、兴建希望小学4所，筹资4万元在全区20所中小学校班级设立爱心图书角，争取市青少年教育成长基金30万元援建“关爱外来工子女就学工程”——双阳南山小学教学楼1幢，在虹山中心小学和罗溪敬德中心小学设立留守儿童希望园。开展“共青团温暖工程”和志愿助残行动，全区44个团队组织与80名残疾学生签订结对帮扶约定。实施“为了明天”预防青少年违法犯罪工程。宣传贯彻“两法一例”，深化“未成年人零犯罪社区”创建工作和“青少年远离毒品”行动，与市“12355青少年服务台”对接开展咨询服务，开展青少年平安和谐行动系列活动，举行“法制进校园”现身说法警示教育报告会，成立区青少年法制教育基地，创建“优秀青少年维权岗”活动。2006年，团区委获得“福建省优秀青少年维权岗创建工作先进单位”称号。培养出全国农村青年创业致富带头人杜清洁、泉州市“十大杰出青年”刘平梅等市级以上杰出青少年典型80多名。组织评选首届洛江区“十佳创业青年”“十佳外来务工青年”及洛江区第二届“优秀外来员工”，组建青少年南音分会，协助成立区艺术团等，推荐各界优秀青年加入省、市青联、青企协等青年社团。至2007年，创建省级“优秀青少年维权岗”3家，市级10家，区级18家。

（五）团组织建设

1997—2007年，开展农村团组织“三级联创”、创建“学习型团组织”、推行“联推竞选”团支部班子工作、实施共青团城乡互动百千万工程等活动，推荐评选出省、市、区级“五四红旗团委（支部）”65个。11年间，全区组建非公企业团组织119家。先后组建马甲、双阳阳山、河市南塘3家青年中心。其中，马甲青年中心被评为“全国优秀农村青年中心”。重视团干培训和教育管理，先后举办各级团干培训班200多期，培训人数达9000多人次。注重团员发展工作，共发展团员7000多名。完善“推优”工作，共推荐600多名优秀团员青年光荣入党。

第二节 洛江区少先队工作委员会

一、组织机构

1998 年，在原鲤城区少先队工作基础上，洛江区少先队工作转由洛江团区委领导。全区少先队员 23000 多名，大、中队辅导员 659 名。2006 年，全区少先队员 15000 多名，辅导员 498 名。

二、代表大会

（一）第一次代表大会

1998 年 12 月 29 日，中国少年先锋队泉州市洛江区第一次代表大会召开，参加会议代表 96 名，其中少先队员 45 名，少先队辅导员 39 名，少儿工作者 12 名。大会选举产生中国少年先锋队洛江区第一届工作委员会，委员 20 名，主任 1 名。

（二）第二次代表大会

2006 年 11 月 3 日，中国少年先锋队泉州市洛江区第二次代表大会召开，代表 130 名，其中少先队员 65 名，少先队辅导员 38 名，少儿工作者 27 名。大会选举产生中国少年先锋队洛江区第二届工作委员会，委员 29 名，主任 1 名。

三、主要活动

1998 年，区少工委在全区开展“我在文明中成长”主题活动，在河市中心小学举行洛江区首期“五自夏令营”。承办泉州市少先队劳动实践基地——红领巾假日农庄创建工作。河市中心小学“绿色小卫士”雏鹰假日小队被评为“省级文明雏鹰假日小队”。马甲中心小学少先队大队被评为“泉州市红旗大队”。1999 年，举行少先队工作成果展，纪念少先队建队 50 周年。泉州南少林武术学校少先队大队获得全国“红旗大队”。2000—2001 年，全区共建立假日小队 319 支，逐步形成开展传统性活动的爱老敬老、植绿护绿、公益劳动小队以及开展特色活动的足球、南音、跳绳、书法、英语、交通安全、学习辅导小队。同期，开展“助申奥成功、队员在行动”“崇尚科学、反对邪教”“节约资源、从我做起”等主题活动。2000—2005 年，区少工委分别举办第二期“五自”夏令营、科普夏令营、军事夏令营、独生子女军事科普夏令营、少年普法行夏令营。2002 年，团区委、区教育局联合下发《关于进一步加强洛江区少先队辅导员队伍建设的工作意见》，推进少先队辅导员队伍的稳定、健康发展。2004 年，举行洛江区少先队鼓乐检阅比赛，开展“红领巾心向党”“星星火炬代代相传”等主题教育活动，纪念建队 55 周年，表彰区级少先队工作先进集体 11 个、先进个人 110 名。河市中心小学少先队大队被评为“省级红旗大队”。马甲中心小学被评为“省少先队工作先进单位”。2006 年，表彰区级少先队工作先进集体 11 个、先进个人 111 名。罗溪中心小学少先队大队被评为“省级红旗大队”，万安中心小学少先队大队被评为“省级红旗大队”。2007 年，成立洛江区少年军校并举行洛江区首期少年军校暨 2007 年科普夏令营。100 余支少先队“平安行动”特色小队参与到“平安洛江”“平安校园”建设中，人人争做“小交警”“小卫士”“平安小使者”，在各少先队大队组织中成立红领巾“家园清洁”志愿服务队，参与文明卫生城区建设。至 2007 年，全区获得省市、级表彰少先队工作者 35 名，优秀少先队辅导员 27 名，优秀少先队员、少先队干部 53 名。

第三节 洛江区青年联合会

2000年12月，洛江区青年联合会成立，址设团区委机关内，包括共青团界、党政法律界、工商企业界、科技文卫宣界、民族宗教界、台港澳侨界、农林水界7个界别55名委员。同月28日，区青年联合会第一届委员会第一次会议召开，出席委员47名，选举产生常委18名，主席1名，副主席7名。2001年8月，召开区青联一届二次常委会，增补10名青联委员。2003年2月，召开区青联一届三次常委会，因原主席王国兴工作变动，会议表决通过龚志阳担任洛江青联主席，同时增补7名青联委员。

第四章 妇女联合会

第一节 组织机构

1998年，洛江区妇女联合会成立，内设办公室、宣传部、城乡部、权益部、儿童部五个职能部（室），编制5名。下辖事业单位洛江区妇女儿童服务中心，编制2名。洛江区妇女儿童工作委员会办公室设在区妇联。至2007年，机构编制不变。全区共有100多名妇女工作者。

1998—2007年，洛江区所辖4个乡镇2个街道均设立妇联组织，86个行政村（1998年77个行政村）建有妇联和妇代会组织。

第二节 代表大会

一、洛江区妇女第一次代表大会

1998年1月8日，洛江区妇女第一次代表大会召开，出席代表120名。听取、审议并通过《发扬洛江精神团结带领洛江区妇女为实现跨世纪目标建功立业》的工作报告。选举产生洛江区妇女联合会第一届执行委员会主席1名、副主席1名、委员16名。

二、洛江区妇女第二次代表大会

2003年3月27日，洛江区妇女第二次代表大会召开，出席代表114名。听取、审议并通过《与时俱进，开拓创新，谱写新世纪妇女事业新篇章》的工作报告。选举产生洛江区妇女联合会第二届执行委员会主席1名、副主席2名、委员19名。

第三节 主要活动

一、妇联基层组织建设

1998起，先后开展党员先进性教育和妇联组织“能力建设年”活动，开展创评先进妇代会、优秀妇女工作者活动。开展“创学习型组织，当学习型干部”活动，举办3期妇干培训班，300多名妇女工作者参加业务学习；选派妇联干部100多人次参加省、市妇联举办的各种岗位培训。加强对10个机关妇委会、

260 个工会女职工委员会、36 个非公妇委会等团体会员的业务联系与指导，调动在组织协调女职工中的特殊作用。建立代表联系制、区乡镇（街道）妇联主席联席会议制、横向组织的会员联系制、基层妇代会主任、中心户长联户制等多层面的妇女工作联系制，逐步形成区、街道（镇）、居（村）三级纵向到底、条块结合的联系网络。

二、妇女参政议政

1998 年，洛江区副科级以上女干部 18 人，占 10.29%；洛江区党代会女代表、人大会女代表、政协女委员分别占代表、委员总数的 11.3%、19.7%、20%。2003 年，洛江区副科级以上女干部 29 人，占同级干部的 10.1%；洛江区人大会女代表、政协女委员分别占代表、委员总数的 23.9%、14%。2006 年，乡镇（街道）换届时，每个镇（乡）、街道党政班子均配有女领导干部，村（社区）两委班子的女性配备率达 87%，村（社区）两委班子的女性配备率达 100%。2007 年，洛江区副科级以上女干部 53 人，占洛江区科级干部总数的 14.6%；洛江区党代会女代表、人大女代表、政协发委员分别占 16.7%、23.02%、10.81%。

三、“双学双比”“巾帼建功”活动

1998 起，开展“双学双比”“巾帼建功”活动，组织妇女参与经济发展。建立省级示范基地 1 个、市级示范基地 1 个、区级示范基地 6 个、镇级示范基地 8 个，其中“三八”绿色基地 3 个。组织巾帼科技带头人到示范基地学习、参观，参加巾帼科技带头人培训有 150 人。开展科技培训，与农业水务局、科协等举办农业技术培训、送科技下乡活动，举办实用技术培训班 60 期，受训妇女 16212 人次，有 63 户妇女科技示范户，210 户女专业户。洛江区 85% 以上的农村妇女掌握 1—2 门以上实用技术。开展“巾帼文明岗”创建活动，建有“巾帼文明岗”40 岗，8 个单位被授予省、市、区级“巾帼文明示范岗”称号。洛江区有 10 人被评为省、市、区“双学双比”竞赛活动先进个人 10 人，先进单位 3 个。

四、家庭文明创建活动

1998 年起，组织妇女参加“文明城区”“文明村镇”“五好文明家庭”的创建活动，举办禁赌禁毒、扶贫助困、保护生态、美化环境等公益活动，共有市区两级“五好文明家庭”707 户、“家庭好角色”15 人。开展“美德在农家”“学习型家庭”“廉洁家庭”“绿色家庭”等系列文明家庭创建活动。开展“美德在农家”示范点评选活动，“美德在农家”示范村有 4 个，在 2 个示范点 80 多个家庭张挂美德格言牌、设立美德格言宣传栏。创建家教指导服务中心，开展以“争当合格家长，培养合格人才”为主题的“双合格”宣传教育活动，开办家长学校 85 所，举办家教专题报告讲座 110 场。

五、维护妇女儿童合法权益

1998 起，先后开展平安家庭创评活动，创建 40 个“平安家庭”试点村（社区），平安家庭户达 34317 户，占全区总户数 81%，制定滚动评选管理办法，对“平安家庭”实行滚动管理。建立家庭暴力投诉站 6 个，开创警民共维权的工作格局。对妇女儿童提供法律援助，在全区各乡镇（街道）、区妇联、团区委、泉州第十一中学、河市大华集团等单位、社团组织、村（社区）设立 19 个妇女法律援助工作站和 19 个未成年人法律援助工作站。开展送法下乡、送法进社区、进工厂等深入基层的法律法规宣传咨询活动 20 多场次，参加妇女 15000 多人次。分发维护妇女权益法律法规宣传资料 3 万多份，提高妇女依法维权意识。落实区、镇、村三级妇联组织来信来电来访情况内卡登记制度，至 2007 年受理来信来访 781 件。

六、关爱儿童工作

1997起，开展亲情关爱留守、流动儿童活动，10个区直机关党支部与10个村党支部结对开展关爱活动，并向社会征集200多名热心人士加入“爱心家长”行列。争取社会各界资助“春蕾”女童、贫困女学生，资助资金81万元。

第五章　学术团体

第一节　科学技术协会

一、组织机构

1997年9月，洛江区科学技术协会成立，内设办公室（含学会部）和科普部，实有人员6人。至2007年，区科协所属学会12个，乡镇（街道）科协6个、学校科协9个，企业科协1个，科普教育基地5个。1997—1999年，在区科协一次代表大会前建立区级学会10个。其中，1998年9月区农学会成立；2004年12月9日区反邪教协会成立；2007年11月区老科技工作者协会成立，会员64人，涉及农业、工业、文教、卫生等技术系列。至2007年，全区区级学会（协会）12个，会员780名。

2007年洛江区科学技术专业学（协、研）会一览表

表19-5-1

名称	成立时间	理事长（会）长	副理事长（副会长）	秘书长
洛江区农学会	1998年9月	郭介炮	吕剑文	王忠用
洛江区蔬菜学会	1998年10月	陈永泽	张建平	黄唯平
洛江区龙眼学会	1998年12月	魏经建	杨金灿	朱念湘
洛江区畜牧兽医学会	1998年12月	吕剑文	吴景灿	李斯成
洛江区青少年科技教育协会	1999年1月	李馥春	黄德兴、王国兴、杨金灿	苏杏童
洛江区林学会	1999年6月	黄汉水	黄绍文	黄进贤
洛江区水利电力学会	2001年3月	叶俊海	吴其灿	丁丽珍
洛江区花卉协会	2002年6月	王小阳	张荣锡、蔡耀东、王增加	万志刚
洛江区地理学会	2003年5月	赖水南	黄坤明	吴盛佳
洛江区反邪教协会	2004年12月	王泽淮	吴文强等8人，常务副会长王信龙	杨明灿
洛江区老科技工作者协会	2007年11月	关裕平	陈德树、郭永金、杨条达	吴清廉

二、代表大会

（一）洛江区科学技术协会第一次代表大会

1999年11月，召开洛江区科学技术协会第一次代表大会，出席代表69名，选举产生主席1名，副主席3名（含2名兼职副主席），委员24名。

（二）洛江区科学技术协会第一次代表大会

2005年4月，召开洛江区科学技术协会第二次代表大会，选举产生主席1名，副主席5名（含3名兼职副主席），委员28名。

三、主要活动

科技科普　开展全国科技活动周、全国科普日、科技“三下乡”活动。根据不同群体有针对性地采用不同的科普形式和科普内容，开展“科普进机关”“科普进社区”“科普进军营”“科普进企业”“科普进校园”“科普进乡村”等群众喜闻乐见，通俗易懂，寓教于乐的科普宣传活动；举办“崇尚科学、反对邪教”“防震减灾知识”“水土保持法”等科普讲座；举办“百名科技下乡行”活动、洛江科普摄影采风活动、洛江区外来务工人员科学素质行动计划大型科普文艺晚会、洛江区“科普杯”登山比赛、《科普法》等科普知识竞赛；组织全区干部、学校师生、外来务工人员参加省食品安全知识等竞答和向武警大队及消防大队赠送科技军事书籍等活动；在各中小学开展“学校拒绝邪教”活动；在社区开展“高举科学旗帜，共建无邪社区”活动；把普及科学知识与防范邪教教育工作有机结合起来，组织万安街道各社区居民观看邪教警示教育专题片《揭穿“门徒会”的骗局》，并向社区图书室赠送反邪教知识读本2000多册；组织区直机关干部及中学学生作答“防范邪教、和谐生活”竞答试卷。

科普志愿队　组建一支300人科普志愿者队伍，成立学校小小科普志愿者队伍，分布于洛江大地的每一个村庄（社区），农村、农户、社区开展科学普及活动，开展“小手拉大手”科普宣传活动，形成区、乡镇、街道、村（社区）学校、三级宣传活动科普网络。

科普宣传　在全区6个乡镇（街道）进行环保知识、预防雷电知识、安全健康知识等科普图片展览宣传，科普电影巡回放映，赠送《现代农业种植技术》《福建省科学技术普及条例》《家庭卫生保健知识》《保障安全健康》等科普资料80000多份；组织科普志愿者开展大型科普广场宣传咨询活动，现场有科技咨询、科普猜谜、免费体检等服务。

“非典”科普　2003年春季，在突如其来的“非典”危机、禽流感疫情来临之时，编印《洛江科普苑》（防病专刊）2期40000份分发到各乡镇（街道）、村居（社区）及各中小学，赠送《防治非典100问》《登上健康快车》等书籍2500多册，在全区开展“防治非典科普宣传周”活动，举行“不让非典进我家”现场签名活动。

科普刊物　1998—2007年，编辑《洛江科普苑》《青少年科普园地》80多期、改编《龙眼栽培技术》《枇杷栽培技术》《科普知识系列读本》等2万册，征订《科学与文化》《福建科技报》及系列科普挂图赠送区直单位、各乡镇（街道）、各村居（社区）、各中小学校。

（二）科普设施建设

1997年起，在全区各乡镇（街道）建设10米标准科普画廊9座，在26个村居中建立科普活动站，设置科普图书专柜，配置5米标准科普宣传栏，配备专兼职科普宣传员。在区农科所及华丰果牧开发有限公司等科普教育基地中建立科普宣传栏2座。

（三）农函大教学与科技培训

1997年起，开展实用技术培训及新技术新品种的推广引进工作，对农村广大党员干部群众开展农函大函授教育培训，自编多种适合本地区的教材，举办农函大果树专业、财会专业、电脑专业村务管理专业等培训班，根据不同生产时期、不同季节，适时举办蔬菜、粮作物、茶叶等各种实用技术培训班。以区农科所等科普教育基地为依托，引进名优特新品种、新农药、新肥料进行试验研究，试验成功后再推广应用，提供技术服务。

（四）青少年科技教育

1997年起，先后开展洛江区科普夏令营、洛江区青少年科技创新大赛、洛江区中小学生电脑制作比赛、

“读科普图书、看科普挂图”征文竞赛、“航空百年知识”竞赛等活动。组织参加省市青少年科技创新大赛、青少年贤銮科技奖评展活动。

（五）科普创先

建区以来，区科协把科普创建作为加强科普工作的重点，积极开展基层组织建设和科普基地创建，在全区范围内广泛开展创先评优活动。2006 年初，区委、区政府将创建福建省第二届科普先进区作为年度重要目标任务写进政府工作报告，区科协认真制定创建福建省科普先进区工作方案，把创建任务分解到各责任单位，成立以区长吕竞为组长，区委副书记颜元培、组织部长黄碧煌、副区长宋爱华为副组长的“创建福建省科普先进区领导小组”，同年 7 月 7 日，召开全区科普创先动员大会，区长吕竞在会上作动员部署，区科协发挥对全区科普工作的指导协调、服务作用，确保创建工作顺利开展。同年 12 月，洛江区科普创先工作通过省验收，被评为福建省第二届科普先进区。至 2007 年底，全区创建 2 个省级科普先进乡镇（街道），6 个市级科普先进乡镇（街道），3 个省级科普示范社区、52 个区级科普示范村（社区），4 个市级科技教育示范校，8 个区级科技教育示范校，创建 3 个省级百强农村专业技术协会，2 个省级新农村科普示范基地。

第二节 文学艺术界联合会

一、组织机构

2005 年 10 月，洛江区文学艺术界联合会成立，机关事业编制 1 名，2007 年增加机关事业编制 1 名。会员单位有区南音协会、区作家协会、区书法家协会、区摄影家协会、区音乐舞蹈家协会 5 个协会，登记会员 360 人，其中作协 84 人，音舞协 55 人，书协 50 人，摄协 67 人，南音协 104 人。

二、代表大会

2005 年 10 月 28 日，洛江区文学艺术界联合会成立暨第一次代表大会召开，出席代表 90 人，选举产生区文联第一届委员 23 名，其中主席 1 名，副主席 2 名，副秘书长 5 名。

三、主要活动

（一）文艺创作

2005 年，出版专著 2 部：卢希德摄影作品集《榕趣》（海潮摄影艺术出版社），吴文安诗集《生活的声音》（北方文艺出版社）；蔡飞跃的散文《薰沐在宋元大港岸上》发表于《福建文学》并被《散文选刊》转载；录制《洛江美》原创歌曲 MTV。2006 年，创作歌词《海峡明珠之光》入围泉州市市歌。2007 年，编辑出版《洛江文学》2 期。

（二）文艺活动

2005 年原创歌曲《洛江美》获福建省第二届社区文化艺术节泉州分会场优秀创作奖暨表演奖；组织“魅力洛江”摄影大赛，编印“魅力洛江”优秀摄影作品集。2006 年，举办新春书画展、科普摄影展；组织“洛江美”原创歌曲评奖活动。2007 年，出版发行“洛江美”原创歌曲选 CD，组织“洛江美”原创歌曲大合唱比赛；举办“建区十周年文艺晚会”“关爱女孩行动”文艺演出；组织“第二故乡”及“关爱女孩”征文活动；开展洛江区首届南音大会唱。

（三）文艺交流

2005 年，组织“洛江美”原创歌曲创作采风活动，征集 300 首词、曲。2006 年选送歌手参加市“3·15”

诚信泉州、和谐泉州，“6·26”国际禁毒日及泉州市“贸促杯”卡拉OK比赛等专题文艺晚会；参加泉州市首届“清品茶王杯”讲古人电视大赛，杜筑成获亚军；组织作品参加泉州市摄影艺术节活动。2007年，组织文学爱好者开展区情采风活动。

第六章 归国华侨联合会

第一节 组织机构

1998年5月，洛江区归国华侨联合会成立，内设办公室、文化联络股、经济工作股，机关行政编制3名，事业编制2名。至2003年，召开两次归侨侨眷代表大会，选举产生两届区归国华侨联合会主席、副主席。洛江境内的基层侨联组织有成立于1958年的罗溪公社、马甲公社侨联。1988年、1990年又先后成立河市镇、虹山乡侨联。1999年12月，双阳镇侨联成立（前身是国营福建省泉州双阳华侨农场归国华侨联合会），后随行政区划变动，先后成立万安街道侨联和双阳街道侨联。至2007年，全区有6个乡镇（街道）侨联和29个村（居）侨联小组。

洛江区乡镇（街道）侨联及村（社区）侨联小组情况表

表19-6-1

单位名称	成立时间	届别	侨联小组数
罗溪镇侨联	1958年	第十届	17
马甲镇侨联	1958年	第十届	8
河市镇侨联	1988年	第五届	—
虹山乡侨联	1990年	第四届	—
万安街道侨联	1998年	第三届	—
双阳街道侨联	2005年	第二届	4

第二节 代表大会

一、第一次归侨侨眷代表大会

1998年5月21日，区侨联召开第一次归侨侨眷代表大会，出席会议代表57人。选举产生洛江区归国华侨联合会第一届委员会；研究制定《洛江区归国华侨第一届委员会工作意见》；推举聘请洛江区归国华侨联合会第一届委员会荣誉职务人选。经区侨联一届一次会议选举产生主席1名，副主席2名。

二、第二次归侨侨眷代表大会

2003年10月17日，区侨联召开第二次归侨侨眷代表大会，出席会议代表93人。听取和审议《洛江区侨联第一届委员会工作报告》；选举产生区侨联第二届委员会；聘任区侨联第二届委员会荣誉职务人员。经区侨联二届一次会议选举产生主席1名，副主席4名。

第三节 主要活动

一、侨企服务

1998年起，贯彻省委提出的“了解侨情、理解侨心、维护侨益、发挥侨力”的工作方针，以优质的服务，急侨之所急、帮侨之所需、解侨之所困。参与深圳招商推荐会、厦门“9·8”贸洽会、泉州旅游节、闽南文化节等各项商贸活动，做好邀请联络和接待工作。宣传洛江区各项优惠政策、投资环境和经济发展状况，引导海内外乡亲回乡创业。全区以侨资企业为主体的“三资”企业近百家，年产值达十几亿元。

二、侨捐侨助

1998年起，洛江区各级侨联以亲情、乡情、友情为纽带，利用接待、出访、旅游、探亲、通信等机会，鼓励海内外乡亲捐赠公益事业。2000年，旅菲律宾侨亲杜德笺捐资100多万元支持马甲中学、马甲意绥幼儿园建设。同年，马甲镇海内外吴氏宗亲捐资800多万元修建康济庙及延陵祠堂，为仙公山旅游景区增一景观。2001年，旅澳大利亚侨胞杨添丁捐资320万元重建河市中心小学。2005年，虹山籍印尼侨胞捐资27万元于虹山入口路拓改工程。2004—2007年，旅印度尼西亚侨亲黄奕聪捐资4300万元设建奕聪中学和幼儿园，捐资3000万元建设金光隧道。2007年，旅澳大利亚侨胞黄通成捐资200万元完善罗溪卫生院卫生设施。至2007年，海内外侨亲捐赠洛江区公益事业1亿多元。

三、侨法宣传

1998—2007年，区各级侨联学习宣传贯彻《中华人民共和国归侨侨眷权益保护法》及《福建省实施〈中华人民共和国归侨侨眷权益保护法〉实施办法》等侨务法律法规，每年9月定为“侨法宣传月”，宣传侨务法律法规，发动归侨侨眷订阅《福建侨报》等涉侨报纸杂志。

四、参政议政

1998—2007年，侨界中的人大代表和政协委员参加各种视察和评议活动。对广大归侨侨眷和和海外侨胞反映的各种热点难点问题，进行调查研究，在省、市、区人大和政协会议上建言献策，形成各种议案、提案33件（省级4件、市级9件、区级20件）。2007年9月，泉州市委、市政府授予洛江区3个侨联团体“泉州市侨联工作先进团体”称号，授予3位“泉州市侨联工作先进个人”称号，授予3位“泉州市归侨侨眷先进个人”荣誉称号。

第七章 工商业联合会（商会）

第一节 组织机构

一、洛江区工商业联合会（总商会）

1998年1月，泉州市洛江区工商业联合会（商会）成立，编制3名。

1998 年 12 月 7 日，洛江区举行第一届工商业联合会会员大会暨洛江区工商联（商会）成立大会，参会代表 65 人。会议选举洛江区第一届工商业联合会（商会）会长 1 名、副会长 9 名。

2004 年 12 月 25 日，召开洛江区工商联第二次会员代表会议，参会代表 123 人。会议选举工商联（商会）会长 1 名、副会长 12 名。

二、乡镇（街道）商会

2006 年 2 月 22 日，万安街道办事处召开商会成立大会，林广闽当选为会长。2007 年 1 月 18 日，双阳街道召开第一次商会会员代表大会暨商会成立大会，苏文滨当选为会长。

第二节 主要活动

一、服务经济

洛江区工商联每年组织会员企业参加“6•18”福建项目成果交易会及“9•8”中国投资贸易洽谈会、“5•18”海峡两岸经贸交易会等各类经贸活动，促进企业与高校和科研院所的项目对接，提升企业的科技水平和核心竞争力。

2005 年，洛江区工商联联合区人事局根据省人事厅、省工商联《关于进一步加强和完善非公有制企业专业技术职务任职资格评价工作的实施意见（试行）》的文件精神，在全区非公有制经济人士和部分在外企业家中开展职称评定工作。至 2007 年 7 月，有 11 人通过高级专业技术职务资格考核，81 名非公企业专业技术人员通过中级和初级专业技术职务资格考核。

2003 年 12 月，洛江区工商联推荐的大华蓄电池、建文艺品被市委、市政府评为“泉州市民营企业 100 强”。同月，洛江区工商联推荐的陈忠文被省委统战部、省工商联评为“全省优秀有中国特色社会主义建设者”。2004—2006 年，洛江区工商联两次推荐的大华集团、建文艺品、和诚鞋业被评为“泉州市民营企业纳税先进单位”，2005 年 6 月，洛江区工商联推荐的赖耀祖、魏志聪 2 人被市委统战部、市工商联等 5 部门授予“泉州市优秀有中国特色社会主义建设者”称号。

二、参政议政

1999 年 8 月，区工商联组织撰写的《努力营造良好环境，促进非公有制经济健康发展》调研报告获得省委统战部授予的“全省统战系统优秀调研成果奖”。

2004 年 7 月，区工商联与区政协办联合走访 100 多家民营企业，了解生产和经营运行情况，协助解决企业在税收、用水、用电、扩建、投资等方面的问题，并形成呈阅件上报区委、区政府，许多困难和问题得到解决。

2005 年，区工商联与政协办联合组织工商界政协委员进行实地考察并召开座谈会，围绕“十一五”期间洛江经济社会发展目标，对洛江区在海峡西岸经济区和现代化工贸港口城市建设提出意见和建议。

至 2007 年，区工商联界别的人大代表、政协委员参加有关调研活动和考察活动 15 次，撰写提案、议案 70 份。

三、服务社会

1998—2007 年，区工商联通过对非公有制经济人士进行“致富思源、富而思进”教育，引导他们开展光彩事业活动、回报社会，扩大非公有制经济人士的影响力。组织民营企业通过结对子的方式，捐款 20 万余元帮助贫困户解决生活困难。引导非公有制经济企业为下岗职工提供工作岗位，全区非公制经济企业安排下岗职工再就业 2500 多人。引导企业关心支持教育事业和慈善事业，捐资教育慈善。全区会员企业捐资人民币 5000 多万元，完善学校教育设施，扶助 300 多名贫困生。

第八章 公益团体

第一节 红十字会

一、组织机构

1999 年，洛江区红十字会成立，规格为股级单位，编制 1 名。2006 年，区红十字会被批准参照公务员管理，编制 3 名，由区卫生局代管调整为由区政府领导联系的副科级单位。至 2007 年 12 月，红十字会团体会员 22 个，会员 3779 人（其中青少年会员 3212 人）。

二、主要活动

无偿献血 1999 年起，配合区政府和卫生行政部门做好无偿献血的宣传发动组织工作，每年组织开展多场大型公民无偿献血活动，发动区直（驻洛）各单位、各乡镇（街道）、企事业单位积极参与。至 2007 年，参加无偿献血 6072 人，总献血量近 123.39 万毫升。

1999—2007 年洛江区无偿献血情况表

表 19-8-1

年份	献血人数（人）	献血总量（毫升）
1999 年	446	88100
2000 年	508	100900
2001 年	415	83100
2002 年	764	152900
2003 年	673	134900
2004 年	923	186000
2005 年	716	143800
2006 年	759	162400
2007 年	868	181800

灾区募捐 1999 年起，区红十字会结合“5·8”世界红十字日、无偿献血宣传周、赈灾募捐等主题活动进行宣传，先后组织宣传活动 16 场次，参加人数达 5760 人。自然灾害发生时，区红十字会响应上

级红十字会呼吁，第一时间开展向灾区募捐活动并及时将善款汇往灾区。1999 年，台湾地区发生“9·21”大地震，募捐 23 万余元。2004 年 12 月，印度洋发生强烈地震并引发海啸，募捐 20.3 万元；2007 年夏季，松花江嫩江流域发生特大洪灾，募捐 3.03 万元。区红十字会配合政府相关部门，把省市发给洛江区的救灾物资及时发放到灾民手中。至 2007 年，发放救灾物资价值 10 多万元。

人道救助　1999 年起，每年元旦、春节期间在乡镇（街道）、村（社区）开展“红十字博爱送万家”活动，发放扶贫解困慰问物资 180 万元，受益户数 560 户，受益人口约达 2100 人。开展红十字健康援助，实施人道救助公益项目，2007 年福建和诚鞋业有限公司向区红十字会捐赠 400 万元，兴建双阳社区卫生服务中心综合大楼。

卫生救护培训　1999 年起，依托镇村卫生院（所）开展面向群众卫生救护宣传推广普及活动，受益群众近万人次。先后选派 4 名红十字医护人员参加省红十字会举办的救护师资培训，取得救护培训资格。2007 年，举办 3 期卫生救护培训班，培训外贸企业员工 280 人。

红十字青少年活动　2003 年，洛江区红十字会学校工作委员会成立。至 2007 年，开展红十字青少年宣传活动 2 次，参加人数达 1600 人次。

第二节 残疾人联合会

一、组织机构

（一）区残疾人联合会

1998 年 10 月 24 日，洛江区残疾人联合会（以下简称“区残联”）成立。区残联机关行政编制 2 名，事业编制 2 名。其中理事长 1 名，副理事长 1 名。至 2007 年机构、编制不变。

（二）基层残联

1998 年起，先后设置乡镇（街道）残联理事会 6 个，配置乡镇（街道）残联理事长 6 人。乡镇、街道配备专、兼职残联干部和残疾人联络员，全区镇（乡）、街道残联实现有 1 名以上专、兼职干部，有固定办公场所，有招牌、印章、办公活动经费、联系网络、工作职责。

二、代表大会

第一次代表大会　1998 年 10 月 24 日，区残联第一次代表大会召开，出席代表 98 人。其中，正式代表 61 人，列席、特邀代表 37 人。正式代表中（男 53 人、女 8 人），区直 14 人，各乡镇（街道）47 人，其中残疾人代表 34 人，占正式代表总数的 55.7%。大会听取并审议通过《团结拼搏，服务基层，为推进我区残疾人事业新一轮创业而努力奋斗》工作报告；选举产生残联第一届主席团成员 20 名，主席 1 名，副主席 5 名；聘请名誉主席 2 名，名誉副主席 5 名；推举产生残联第一届执行理事会，理事长 1 名，副理事长 1 名。

第二次代表大会　2004 年 10 月 12 日，区残联第二次代表大会召开，出席代表 110 人。其中，正式代表 70 人，列席代表 20 人，特邀代表 20 人。正式代表中，区直 20 人，各乡镇（街道）50 人，其中残疾人及其亲属代表 38 人，占正式代表总数的 54%。大会听取并审议通过《与时俱开拓创新在全面建设小康社会中加快残疾人事业发展》的工作报告；选举产生残联第二届主席团成员 26 名，主席 1 名，副主席 6 人；聘请名誉主席 2 名，名誉副主席 3 名；推举产生残联第一届执行理事会，理事长 1 名，副理事长 1 名。

三、主要工作

（一）康复工作

1998年起，先后组织实施“复明工程”“行走工程”“助听工程”等，扶持实施白内障复明手术109例，脱残率达100%，人工晶体植入率98%，低视力配镜25名；畸残矫治手术18例，装配假肢22名，肢体训练26例；开展聋儿语训，培训聋儿家长22名，2名聋儿经过强化训练后开口说话，进入普通小学，其余的聋儿在看、听、识、写等方面都有不同程度的提高。2000年，建设350平方米的洛江区残疾人康复中心，纳入区委、区政府为民办实事项目内容，2001年10月建成投入使用。2002—2003年该中心连续2年被评为“全省残疾人社区康复服务示范单位”。2005年6月，建立万安、马甲残疾人康复服务指导示范站，投入3.2万元资金配备康复器材设施17套。开展康复咨询义诊活动6次，免费为670多人进行咨询和义诊。多次选送康复工作人员10多人次赴省市参加业务培训。2005—2007年，为残疾人赠送轮椅33部；通过转介服务和直接供应用品用具54多件。

（二）劳动就业

2000年，区政府制定残疾人就业优惠政策，扶持残疾人走个体从业的道路。区工商、税务部门落实残疾人减免税费政策，采取优惠政策和扶持措施，通过多形式、多层次、多途径地搞好职业培训，提高培训层次，增强残疾人职业技能，培训残疾人学到一技之长，培训后推荐就业工作，就业覆盖面达90%。2006年11月，依托洛江区劳动就业中心建立区残疾人劳动就业服务介绍所，免费为残疾人提供就业服务介绍。至2007年，工商、税务部门落实残疾人减免税费政策145人，扶持254名残疾人从事个体就业。

（三）教育文娱

教育　1998—2007年，全区在校残疾学生161人，就读于盲、聋哑、开智学校学生有21人，残疾少年儿童入学率达91%。区残联协助有关部门做好特教工作，配合区政府出台《关于对在校盲、聋、弱智学生实行生活费补助的通知》，各乡镇、街道落实对残疾学生的补助，确保家庭经济困难的残疾学生完成学业。同时开展残疾儿童贫困学生情况调查，发动社会力量开展对残疾儿童的救助工作。洛江籍企业家王奕泉与残疾大学生陈新兴建立助学计划，每年出资5000元帮助陈新兴完成大学四年学业。至2007年，全区扶助贫困残疾学生327人，助学款达16.15万元；同时协助做好中专、高校残疾学生调查摸底、咨询、指导、统计上报、录取工作和特教学校的招生工作，高考上线的残疾考生普遍被省内外高校录取，录取率90%以上。

文化体育　1998年起，组织残疾人参加省、市残疾人运动会。2002年，在全省第四届残疾人运动会中，双阳镇残疾人运动员胡文聪获得弱智组铅球金牌、跳远第6名、200米第4名；胡国良在A2级获得举重第4名、铁饼第6名。2003年，洛江区组织体育代表团参加第二届市残运会，17名运动员获得43个奖项，取得射击团体总分第一名，团体总分进入全市前6名行列。选送3名运动员参加2004年全省第一届中小学生残疾人运动会获得两个项目的第二、第三名。2004年，泉州市首届残疾人艺术会演中，洛江区选送的器乐《望明月》、舞蹈《竹盘舞》2个节目获得三等奖；马甲中学胡若凡老师选送的书法作品获得全省残疾人书法比赛三等奖。

（四）帮残扶残

低保扶助　1998—2002年，1171人次生活困难的残疾人纳入城乡居民最低生活保障范围。实行急事急办、特事特办，对遭受意外事故、自然灾害和患大病重病的残疾人及残疾人家庭救助达102人次。投入扶持资金27.5万元，扶持289名残疾人发展经济脱贫致富奔小康。2006—2007年，市、区两级政府投入80万元建设资金帮助40户贫困残疾人解决住房困难。

优惠政策　2000年，洛江区政府出台《关于对残疾人实行优惠政策的若干规定》，税务、工商部门给予个体从业的残疾人减半征收规费；各乡镇人民政府、各有关单位给予贫困残疾人减免农业税、教育事业费附加、优抚款、民兵训练费、乡村道路集资款和对特困残疾人和残疾人子女就学减免学杂费等等。开展联系残疾人困难户、助残结对、送温暖等活动。2005—2007年，在全国助残日期间，全区机关团体、企事业单位、企业家慷慨解囊，踊跃捐款 11 多万元。至 2007 年，区五套班子领导、市、区直单位与 757 户贫困残疾人帮扶结对，到残疾人家中办实事、办好事。各乡镇（街道）在助残日期间和“两节”期间开展慰问活动，全区通过各种途径扶助脱贫的残疾人有 787 人，投入资金达 52 万元。

法律援助　1998—2007 年，宣传《中华人民共和国残疾人保障法》及《福建省法律援助条例》，印制残疾人法律法规和政策汇编小册子 1000 多份，让广大群众了解法律援助的对象和条件，以及法律援助的程序、业务范围及服务形式。2005 年，在洛江区法律援助中心成立残疾人法律援助中心，先后为 37 名残疾人提供法律援助，维护残疾人合法权益。

残疾人证核发和管理　1998—2007 年，洛江区各类持证残疾人 1696 人，约占总人口 0.95%。按照《中国残疾人证评定标准》，免费办理残疾人证 1675 本，并建档立卡，在发放残疾人证的同时，配套发放《中华人民共和国残疾人保障法》和区政府的《优惠政策汇编》小册子，做到人手一册，把法律武器交给残疾人，使残疾人学法、懂法、用法、守法，依法维护自身的合法权益。

来信来访　1998—2007 年，处理残疾人的来信来访 180 多人次。为残疾人排忧解难。同时，加强对残疾人的法律、法规的宣传教育，残疾人合法权益保障日益增强。

（五）宣传

1998—2007 年，利用“全国助残日”“国际残疾人日”“志愿者助残”“红领巾助残”等活动。配合文化部门利用文化下乡幻灯宣传残疾人保障法等活动。在中心城区开设“热爱生命专栏”，运用泉州市电视台、《泉州晚报》、《泉州残联简讯》、《洛江政讯》、《洛江快讯》等新闻载体，宣传报道帮扶残疾人、残疾人自强不息的典型。向新闻媒体报送宣传报道 58 篇，向《洛江政讯》《洛江快讯》报送信息 76 条。每年为乡镇（街道）残联、分管领导征订《中国残疾人》《牵手》《三月风》等杂志刊物。

第三节 关心下一代工作委员会

一、组织机构

1998 年 8 月，洛江区关心下一代工作委员会成立。至 2007 年，区教育局和全区 4 个乡（镇）、2 个街道办事处，85 个行政村（社区），15 所中小学均成立关工委，全区基层关工委组织 107 个，参加关心下一代工作的老同志近 1000 人。

二、主要工作

（一）青少年思想道德教育

1998年起，以重大的节日、重要纪念日和重大事件为契机，以教育基地为依托，对青少年进行理想信念、革命传统、爱国主义和民族精神的教育。组织青少年在清明节祭扫革命烈士墓、纪念“五•四”爱国主义运动、抗日战争胜利、中国工农红军长征胜利和建党、建军、建国以及香港回归等庆典活动中，举行弘扬时代主旋律的各项宣讲报告活动 120 多场次，受教育青少年 68 万多人次。

（二）法制宣传和帮教工作

1998—2007 年，各级关工委配合区教育局、综治办、司法局等部门开展校园法制宣传月活动，分发《校园法苑》《中小学生法律常识》等资料向在校中小学生宣传《公民道德建设实施纲要》《中华人民共和国预防未成年人犯罪法》《中华人民共和国治安管理处罚条例》等有关法律法规。举办全区中学生普法夏令营，组织青少年到少年劳教所、监狱实地参观，听取劳教人员的悔悟报告活动，警示或减少青少年违法犯罪；对青少年开展禁毒、扫黄打非、打击“六合彩”、“崇尚科学，反对邪教”等教育活动。邀请交警到各中小学校宣讲交通法规，增强广大师生的交通意识。配合教育局、司法局建立青少年法制教育基地，完善教育基地设施，健全普法教育工作机制，发挥基地对青少年特别是在校学生的法制教育作用。乡镇（街道）关工委组建“关爱工作团”，组织老同志与失足青少年结对子、“一帮一”进行跟踪帮教，矫治有不良行为青少年；配合有关部门开展就业培训，通过联系企业、扶持创业等途径，关心、帮助刑释解教人员解决实际困难，引导他们回归社会、走上正道，防止重新犯罪。10 年间，全区各级关工委配合司法、综治、教育局等部门，开展普法宣传活动 150 场次，青少年法制知识讲座 1000 多场次，举办法律知识竞赛、法制征文活动，举办法制图片展 100 多场次，受教育人数 11 万多人，帮教转化失足青少年 165 人。

（三）捐资助学、奖教奖学

1998—2007 年，各级关工委老干部通过亲朋好友、老上下级、同学、同乡、师生等关系，多方奔走，牵线搭桥，配合有关部门发动“三胞”和社会各界捐资办学、助学、奖教奖学。全区各级关工委配合有关部门发动捐资助学近 400 万元，资助贫困生 8300 多人次；建立奖教、奖学、助学基金 11 个，奖教奖学 2 万多人次，发放奖金 786 万元。

（四）宣传实践科学教子方法

1998—2007 年，区关工委联合区妇联、教育局、团委等单位，每年 9 月定期开展家庭道德教育宣传实践月活动，宣传“为国教子”和开展家庭道德教育实践的重要意义，宣传儿童、家长参与的亲身体验，宣传家教工作中涌现出的先进典型和感人事迹，宣传推广家庭教育工作的好做法和经验，普及正确的家庭教育观念、科学的教子方法。举办“争做合格父母、培养合格人才”“孝敬父母、体验亲情”等形式新颖、寓教于乐、吸引力强的实践活动，引导少年儿童从身边的小事做起，从点滴做起，践行道德规范，增强道德意识，养成良好习惯，促使家庭教育先进理念、科学知识和方法进入千家万户。10 年间，全区各级关工委参与开办家长学校，举办家教讲座、咨询、培训 1099 人次，受益家长近 10 万人。

（五）科普宣传和实用技术培训

1998—2007 年，各级关工委结合科技人才活动周和“6·5”世界环境日等有利时机，配合宣传、共青团、科协、教育、环保局等单位和部门，开展科普进乡村、进社区、进校园活动，组织区科普志愿者以及学校“小小科普志愿者”到农村、社区、中小学校开展科技咨询、科普图片展、发放环保法律学习资料和环保生活小常识，举办科技文化艺术节活动、科学幻想绘画展、科技小制作展、观看科普电教片及邀请专家举办科普讲座等活动。

第四节 慈善会

2007 年 9 月 30 日，洛江区慈善会成立。区慈善会在全区开展“奉献爱心、造福社会”慈善募捐活动。全区共产党员、干部职工积极响应，加入献爱心，筹善款行列。众多旅外侨亲、港澳同胞及社会贤达纷纷捐赠。至 2007 年 12 月 31 日，慈善会募集创始资金 4150 万元。开展“慈善助医、助残、助孤、助学”四个慈善救助项目。接待上门求助人员 1300 多人次，收到各类要求救助报告 1100 多份，工作人员深入基层乡村，对求助困难群众实地调查核实，对求助报告实行集体审批制度，根据求助报告及调查了解的情况，专题研究救助金发放事宜，尊重按章办事、合理支出的原则，按不同类型、轻重缓急分批实施救助，并定期通报情况，主动接受社会监督。至 2007 年 12 月 31 日，慈善会投入救济慈善款累计 250 多万元，1000 多户困难家庭得到不同形式的救助。

附：洛江区慈善会捐款芳名录（部分）

洛江区人民政府　500 万元

香港南益实业（集团）有限公司　100 万元

陈三亮　福建省泉州大华集团有限公司　500 万元

王小阳　泉州市阳光置业发展有限公司　350 万元
陈忠文　洛江区华大房地产开发有限公司　250 万元
杨群星　泉州五金机电商城房地产开发有限公司　200 万元
黄通成　漳州毅达房地产发展有限公司　200 万元
王诗榕　泉州市信和涂料有限公司　150 万元
林惠（港）　和昌集团　100 万元
魏群琪　泉州美尔奇房地产开发有限公司　100 万元
杜胜利　泉州力标房地产发展有限公司　100 万元
苏碧山　泉州东华百希达发展有限公司　100 万元
林新团　泉州市正恒房地产开发有限公司　100 万元
杨添丁　深圳市雄江投资发展有限公司　100 万元

第九章　洛江区国际贸易促进委员会

第一节　组织机构

2005 年 10 月，泉州市洛江区国际贸易促进委员会（以下简称“洛江区贸促会”）、中国国际商会洛江区商会（简称洛江区国际商会）正式成立，行政编制 2 名。洛江区贸促会和洛江区国际商会对内为洛江区人民政府的一个直属正科级部门的群团机构，对外为民间经贸团体，涉外经贸促进机构，贸促会为委员会，国际商会为理事会。委员会和理事会由会员代表大会选举产生。洛江区贸促会、洛江区国际商会设专职会长、专职副会长各 1 名，名誉会长、特邀顾问、特邀名誉会长、兼职副会长、常务理事、理事、会员等若干名，候选人名单均经自愿申请、各级推荐、平等协商后，提交会员代表大会选举通过，其中专职会长、专职副会长、秘书长、兼职副会长经区委组织部批准任命。

第二节　代表大会

2005 年 10 月 12 日，洛江区贸促会第一届委员会（洛江区国际商会第一届理事会）召开第一次全体会议，选举产生名誉会长 9 名、特邀顾问 22 名、特邀名誉会长 10 名，专职会长 1 名、专职副会长 1 名，委员 39 名，兼职副会长 16 名、常务理事 22 名、理事 25 名和会员 20 名。

2007 年 6 月 20 日，洛江区贸促会第一届委员会（洛江区国际商会第一届理事会）召开第二次全体会议。会上依照贸促会（国际商会）有关规定和程序，依次增选洛江区贸促会（洛江区国际商会）第一届名誉会长 3 名，增选洛江区国际商会第一届兼职副会长 3 名，增选洛江区国际商会第一届常务理事 1 名，增选洛江区贸促会（洛江区国际商会）第一届常务理事兼秘书长 1 名。同时，同意王小阳辞去洛江区国际商会第一届副会长职务。

第三节　主要活动

一、商贸服务

2005 年起，洛江区贸促会（国际商会）每年组织和协调本区经贸界人士、企业、团体参加国（境）

内外招商活动、经贸考察、技术合作与交流，邀请、接待和组织国（境）外人士、企业、团体来洛江区投资、经贸考察及项目洽谈等活动。2005 年，组织企业参加国际商品博览会。2006 年，洛江区贸促会根据企业发展需求与出口市场多元化特点，组织一系列经贸活动，开辟新的展览市场。2007 年，组织企业参加市场推介会。此外，每年还组织企业参加春秋两季广交会、华交会、“9・8”投洽会、“5・18”海峡两岸经贸交易会、“6・18”福建项目成果交易会以及国（境）外著名专业会展；为企业发展提供信息和法律咨询服务。

二、会员服务

2006 年，为会员企业代办出口货物原产地证明书 200 余份。2007 年，为会员企业代办出口货物原产地证明书 400 余份；听取会员企业要求和意见，为 5 家企业申请技改资金提供咨询；推行网上代理签证措施，组织会员企业参加出证认证及外贸业务班培训活动。同年，洛江区贸促会被评为“福建省贸促工作先进单位”。

第十章 老龄人工作委员会

第一节 组织机构

一、机构

区级机构 1998 年 4 月，洛江区老龄工作委员会成立（以下简称“区老龄委”），为区委群团组织，顾问 2 名、主任 1 名、副主任 7 名、委员 11 名。区老龄委下设办公室（以下简称“区老龄办”），编制 2 名。2002 年 4 月 21 日，区老龄委改为区政府老龄工作议事协调机构，主任由常务副区长兼任，日常事务由 1 名专职副主任负责。同日，区政府再次调整充实老龄委成员，主任由 1 名常务副区长兼任，成员单位增至 16 个，成员单位主要负责人兼任副主任或委员。至 2007 年，区老龄办编制不变。

基层机构 1998 年，全区 6 个乡（镇）先后成立老龄委（办），为在编常设机构，由分管组织的乡（镇）党委副书记兼主任，副乡（镇）长兼副主任，共青团、妇联、民政、司法等负责人为委员，日常工作由乡（镇）办公室负责，至 2007 年没变。全区有村级老年协会 86 个。

第二节 主要活动

一、维护老年人合法权益

1998—2007 年，在每年老年节期间，宣传《中华人民共和国老年人权益保障法》《福建省法律援助条例》等有关维护老年人的法律法规。开展法律援助“进农村”“进社区”，组织广场咨询，发放援助卡等活动。以《中华人民共和国老年人权益保障法》《中华人民共和国婚姻法》《中华人民共和国继承法》等与老年人生活息息相关的法律法规为内容，开展维护老年人合法权益的宣传教育活动。社区老年人普法教育率约达 85%，农村老年人的普法教育率约达 60%。在区司法局设立老年人法律援助中心，为老年人提供法律援助。为老年人办理省级优待证。

二、敬老活动

1997—2007年，洛江区在6个乡、镇、街道均建有敬老院，收养社会上无依无靠、无家可归、无生活来源的鳏、寡、孤、独、残疾人员。2002年，全区85个村（居）社区均成立老年人协会。洛江区老龄工作委员会每年为各乡镇（街道）老龄委、先进基层老年协会、先进基层老年活动中心、先进基层老年协会会长及年度老有所先进个人征订《福建老年报》和《海峡都市报》。基层老年人协会弘扬敬老养老的传统美德，保护老年人的合法权益，为老年人排忧解难、联系发动华侨、台港澳同胞和社会贤达捐资助学、兴办公益事业。经常性组织、开展有益老年人身心健康的各种文体活。协助地方政权开展计生、卫生、隔陋俗、树新风、民事调解、社会治安综合治理等各项工作。至2007年，全区村（居）、社区老人活动中心共52座，总面积10190平方米，有6所镇级老年学校。其中，罗溪镇老年学校被市级定为示范学校。全区建设室外运动场地门球场12个、地掷球场6个、气排球场15个；组建5支老年腰鼓队、20支门球队、4支地掷球队、12支气排球队、1支柔力球队、1支泰迪球队、3支老人健身舞队。每逢“九·九”老人节、春节均为老年人发放过节加餐费，并为80岁以上老年人发放慰问金，使全区老年人老有所为、老有所学、老有所养、老有所依、老有所医、老有所乐。

第二十篇 民政 军事

1997—2007年，洛江区民政部门加大基层民主政治建设的指导、监督力度，协助区委、区政府做好村委会换届选举和自治管理工作；做好拥军优抚安置，开展赈灾救济和社会救助，实施城乡居民最低生活保障制度，加强少数民族和社会事务管理，做好边界勘界，推行殡葬改革，加强婚姻登记、社团登记管理，促进社会和谐健康发展。区人民武装部门贯彻执行征兵工作的方针政策，把合格兵员输送到部队；做好国防动员准备工作；对民兵组织建设和教育训练进行调整改革，开创民兵预备工作新局面。驻军和武警部队参加洛江区经济建设、抢险救灾，巩固军民联防，开展拥政爱民和军警民共建精神文明活动，为洛江区的文明建设做出新贡献。

第一章 民 政

第一节 拥军优属

一、拥军

1997年，区政府拨出慰问金11万元，利用重大节日走访慰问泉州军分区、武警泉州支队、解放军180医院、武警消防支队、驻洛部队。1998年，区政府补助部队进驻开办经费21.5万元，营房基建经费40万元，生产、生活补助经费24.95万元；重大节日走访慰问部队11.5万元。1999年，区政府拨款95万元支持区消防大队、武警教导队改善战备、训练、工作和生活条件。2000年，洛江区双拥工作领导小组和“双拥办”成立，负责全区拥军优属、拥政爱民工作的组织、协调、实施。区政府拨款6.5万元支持区消防大队建立一个拥军书库，拨款90.53万元支持区人武部、区消防大队、武警教导队改善战备、训练、工作和生活条件。2001年，区政府拨款93.5万元支持区人武部、区消防大队、武警教导队改善战备、训练、工作和生活条件。2002—2003年，区政府拨款305.81万元支持区人武部、区消防大队、武警教导队改善战备、训练、工作和生活条件。2004年，区政府拨款156.6万元支持区人武部、区消防大队、武警教导队改善战备、训练、工作和生活条件。2005年，区政府拨款151.55万元，支持部队基础设施、训练设施、文化设施和菜篮子工程建设。洛江区被省委、省政府和省军区评为“双拥模范城（区）”。2006年，区政府拨款287万元，全力支持部队基础设施、训练设施、文化设施和“菜篮子”工程建设。投入5万元，帮助区消防大队完善食堂设施建设；投入5万元支持部队搞好信息化建设。2007年，区政府拨款227万元，支持部队基础设施、训练设施、文化设施和“菜篮子”工程建设。

二、优抚

1997—2007年，区委、区府每年春节组织慰问军属，并且义务兵家属优待金标准逐年提高。现役军人的家属享受每人每年优待金从 1997 年的城镇义务兵 1200 元调整到 2007 年的 3500 元，农村义务兵从 2200 元调整到 4200 元，进藏义务兵从 1998 年的 6900 元调整到 2007 年的 12600 元。2006 年，按标准为全区 153 户义务兵家属发放年度优待金 50. 49 万元，为 2005 年入伍的 82 名义务兵办理意外伤害综合保险。

1997 年起，洛江区继续发展各种福利生产企业，吸收优抚对象参加。在罗溪、马甲、河市、虹山开展扶贫，扶持优抚对象发展生产，脱贫致富。1998 年，区民政部门深入基层摸底，确定 127 户 356 名优抚对象为扶贫重点，从技术、资金和行政措施等方面给予扶持，引导优抚对象从事种植业、养殖业和兴办小型企业。2006 年，投入 1. 5 万元帮助重点优抚对象 20 户解决生活困难，为 12 名六级以上残疾军人报销医疗费 5. 85 万元。至 2007 年，区政府共拨款 72. 3 万元，重点扶持 321 户优抚对象发展生产，全区优抚对象有生活保障的达 92. 7%。

1997—2007 年洛江区义务兵家属优待金发放情况表

表 20-1-1 **单位：人、万元**

年份	城镇义务兵（元）	农村义务兵（元）	进藏义务兵（元）	发放人数	发放金额
1997 年	1200	2200	6600	198	42. 46
1998 年	1300	2300	6900	197	50. 58
1999 年	1300	2300	6900	192	42. 03
2000 年	1500	2500	7500	178	42. 93
2001 年	1995	2700	8100	160	49. 08
2002 年	2210	2850	8100	158	44. 2
2003 年	2250	2900	8700	157	44. 6
2004 年	2250	3000	9000	156	44. 46
2005 年	3300	3300	9900	153	50. 49
2006 年	3300	4000	12000	159	62. 65
2007 年	3500	4200	12600	149	61. 46

三、抚恤

1998 年，重新建立抚恤档案，发给抚恤对象残疾军人营养证。2000 年起，按标准发给抚恤对象补助金。2006 年，落实优抚对象优待抚恤补助标准自然增长机制，下发《关于 2006 年度调整提高优抚对象抚恤补助优待标准的通知》。六级（原二等乙级）伤残军人的抚恤金由原来 4710 提高到 6390 元。此后，逐年加大抚恤力度，2007 年，全区总抚恤金达 221 万元。

四、褒扬烈士

抗日战争期间（1931 年 9 月 18 日至 1945 年 8 月 15 日），今洛江境域马甲乡建“七七”抗日战争阵亡将士纪念碑 1 座。1951 年，泉州市人民政府对为革命事业光荣牺牲的泉州籍人士授予革命烈士称号，其家属享受烈属待遇。1960 年清明节，以学校为重点进行革命传统教育，到烈士陵园扫墓、敬献花圈。同年，建立烈士档案。1979 年，民政部门、各公社（农场）采取各种宣传形式，号召人民群众学习在对越自卫反击战中牺牲的烈士的高尚品德。1981 年 12 月，整理出版《泉州市革命烈士英名录》，收录民国 20 年（1931 年）至 1980 年的革命烈士的事迹。洛江区籍烈士英名录共有 15 名。

第二节 安置

一、复退军人安置

1998—2000年，退伍的城镇户口士兵及转业志愿兵，全部采取实际安置。2000年后，采取经济安置与实际安置相结合。2002—2007年，重点安置服现役10周年以上的转业士官及进藏兵，其余采取经济安置，其中退伍复员士兵每人补助2万元，转业的士官每人补助3万元。至2007年，全区共接收安置部队退役士兵748人。

二、移民安置

中华人民共和国成立后，人民政府动员原籍农村的失业工人回乡生产。1956年，组织罗溪、马甲、河市的部分农民移民，移出29户54人，其中男21人，女32人，有劳动能力的27人，安置在今三明市梅列区列东街道。

20世纪50年代末，兴建乌谭水库（惠女水库），先后搬迁的有霞井侨村的外楝、暗桥、冬尾、尾井、桥仔头、后山、五坂洋、五埔、坝边、墓边、山边、后城、曾池、赤土园、下寮仔、宫弯、草厝、下旦、下厝、尾厝、新厝、谢厝、溪尾、大垅、域顶、后埔墓、中洋和马甲的桥下、洋尾、东头、溪东计31个自然村586户（其中旅居海外的华侨36户，全家在外的50户），3670人，拆除民房（包括侨房）3134间，61921平方米，受淹耕田地273.64公顷（其中水田236.24公顷，农地37.4公顷），林地8.74公顷，各种果树44162株，经济林39951株，农作物39.9公顷，小学校舍1所，小型加工厂3座以及相关的附属建筑如猪舍、厕所、晒谷埕等。晋江县惠女水库移民建设委员会下设办公室取代移民科，增派人员实地处理移民搬迁问题。增拨移民经费人民币55万元，粮食17500千克，木材1210立方米，新建6个砖瓦厂、以平价专供瓦片84万块。群众先后投入搬迁安置的劳动工日达14.06万工天，新建民房2160间、428285平方米，安置农户500户2706人，平均每人19平方米，其中迁至双阳农场的吕埔、河市公社的埔边、南安洪濑的坝田等地184户1084人，安置在霞井境内的顶垅头、眉田、下垅头、桌厝等邻村28户190人，就地安置288户1432人，在这500户中，联户合建176户1029人，独家自建254户13363人，分散插队70户341人。对外出户（86户946人，其中侨户36户）经业主同意将补偿款兑现到户。先后得到国家发给的移民补偿款计人民币1432316元，占建设乌潭水库投资总额5350万元的2.68%，其中：民房61921平方米，补偿937570元，每平方米15.14元（附属建筑包括畜舍、厕所、晒谷埕补偿27741元）；水田236.24公顷，补偿280887元，每公顷平均1125元；农地37.4公顷，补偿31698元，每公顷平均714元；林地874公顷，补偿73140元，每公顷平均83.4元；青苗263.24公顷，补偿5385元，每公顷平均135元；果树44142株补偿44510元，每公顷平均15元；经济林39951株，补偿9196元，每株0.3元；其他包括加工厂、水利设施等计补偿22189元。

1994年长江三峡大坝工程动工建设，洛江区根据泉州市政府的统一安排接受安置三峡库区移民的任务，先后，接收安置两批三峡库区移民16户63人。其中，2002年8月27日，在双阳镇朝阳村为湖北省奉节县移民完成建房用地2666.68平方米、生产用地6666.7平方米，建房8幢640平方米、发放生产资料购置费94240元，过渡期生活补助费29760元，困难补助费22178元，解决劳动就业16人、安排学生6名按时入学，为32人进行防疫体检。2004年8月17日，在河市镇白洋村为重庆市万州区移民开发区移民完成建房用地2666.68平方米。生产用地6666.7平方米，建房8幢620平方米，发放生产资料购置费91295元，过渡期生活补助费28830元，困难补助费26443元。

第三节 救济

一、灾害救济

1997 年起，洛江区下拨冬令救济物资、春季社会零星救济款、自然灾害救济物资。1997 年 11 月，下拨冬令救助棉被被套蚊帐 119 件。2000 年 9 月，下拨“6.18”及“10 号”台风自然灾害社会零星救助款 9 万元。2007 年，下拨 2006 年特大自然灾害（冬令）救济补助款 30 万元，下拨 2007 年特大自然灾害救济补助款 55 万元。

1997—2007 年洛江区救济物资发放情况表

表 20-1-2　单位：万元

时间	措施	救济物资	
		实物	资金
1997 年 11 月	下拨 1997 年冬令救济物资	棉被被套蚊帐 119 件	—
1997 年 12 月	下拨 1997 年第四季度零星救济款	—	0.95
2000 年 1 月	发放 1999 年冬令物资、2000 年春季社会零星救济款	被套 340 件、御寒衣物 195 件	26
2000 年 10 月	下拨特大自然灾害救济补助款	—	26
2000 年 12 月	下拨特大自然灾害救济补助款	棉被 350 件、御寒衣物 362 件	35
2000 年 9 月	关于下拨“6·18”及“10 号”台风自然灾害社会零星救济款	—	9
2001 年 5 月	发放冬令救济款及救济粮	救济粮 2.5 万千克	14.5
2001 年 8 月	下拨 2001 年春季自然灾害救济款	—	16.5
2001 年 12 月	发放 2001 年冬令救济物资	棉被 370 件、衣物 400 件	—
2002 年 3 月	发放自然灾害救济粮	6.75 万千克	—
2002 年 8 月	下拨特大自然灾害救济款（春荒）款	—	14
2002 年 12 月	下拨特大自然灾害救济补助费	—	8
2003 年 1 月	下拨特大自然灾害救济补助费（冬令款）	—	8
2003 年 4 月	下拨 2003 年特大自然灾害救济补助费（春季）救济款	—	13
2003 年 12 月	发放 2003 年冬令救济物资	棉被 200 条、被套 200 件	—
2004 年 1 月	下拨 2003 年特大自然灾害救济补助费（冬令款）	—	10
2004 年 5 月	下拨 2004 年特大自然灾害（春季）救济补助经费	—	10
2004 年 12 月	下拨 2004 年特大自然灾害救济补助费	—	13
2004 年 10 月	下拨关于 9.14 暴雨受灾补助款	—	10
2004 年 11 月	下拨 2004 年特大自然灾害救济补助费	—	30
2005 年 1 月	下拨 2004 年特大自然灾害（冬令）救济补助费	—	10
2005 年 1 月	发放冬令救济物资	被子 300 件	—
2005 年 6 月	下拨 2005 年特大自然灾害（春季）救济补助费	—	17
2005 年 10 月	下拨 2005 年自然灾害救济补助费	—	5
2005 年 11 月	下拨 2005 年特大自然灾害救济补助费	—	36
2005 年 12 月	发放 2005 年冬令救济物资	棉被 290 件	—

续表 20-1-2

时间	措施	救济物资	
		实物	资金
2006 年 5 月	发放 2006 年特大自然灾害（春荒）救济粮	1.438 万千克	—
2006 年 8 月	下拨 2006 年特大自然灾害救济补助费	—	8
2006 年 9 月	下拨 2006 年特大自然灾害救济补助费	—	15
2006 年 11 月	下拨 2006 年特大自然灾害救济补助费	—	5
2007 年 1 月	下拨 2006 年特大自然灾害（冬令）救济补助款	—	1.2
2007 年 2 月	发放冬令救灾棉被	242 条	—
2007 年 2 月	下拨 2006 年特大自然灾害救济补助费	—	30
2007 年 3 月	下拨特大自然灾害后重建补助费	—	8
2007 年 6 月	下拨 2007 年特大自然灾害（春季）救济补助费	—	13
2007 年 9 月	下拨 2007 年特大自然灾害救济补助费	—	17
2007 年 11 月	下拨自然灾害救济补助费	—	15

二、社会救济

（一）困难户救济

1988 年，原鲤城区政府拨出 13.6 万元进行救济贫困户；1990 年，拨出 18.6 万元救济款，重点救济虹山、罗溪、马甲、河市 4 个乡镇的贫困户。1991 年，拨出 13.2 万元进行农村贫困户救济。1993 年，拨出救济 7.6 万千克，救济款 5.7 万元补助农村贫困户。1995 年，原鲤城区政府发放救济款 16.5 万元，重点救济救济虹山、罗溪、马甲、河市 4 个乡镇的贫困户。1996 年，发放救济款 5.4 万元。1997 年，洛江区政府拨出 3.4 万元救济农村贫困户。1997—2007 年，洛江区财政共拨出 1708 万元救济贫困户。

（二）“五保”户供养

1956 年，泉州市农村实现合作化，开始对缺乏劳动能力或完全丧失劳动能力、生活没有依靠的老弱孤寡残废社员，在生活上给予“五保”（保吃、保穿、保住、保医、保葬）照顾。1958—1960 年，大办社会福利事业，停止“五保”。20 世纪 60 年代初，恢复农村集体互助互济，建立“一包二照顾”改为供给补助。1982 年，开展普查工作，分配责任田让“五保”户自耕，政府每月发给每人补助款 30 元。1986 年后，农村“五保”户由乡、镇统筹供给。1997—2003 年，洛江区农村“五保”户仍由乡、镇统筹供给。2004 年后，由区财政按月拨款供给生活费。

2004—2007 年洛江区“五保”户供养情况表

表 20-1-3

年度	保障户数（户）	保障人数（人）	月保障标准（元 / 人）	发放金额（万元）
2004 年	322	322	90	31.105
2005 年	322	322	90	34.776
2006 年	172	172	100	29.64
2007 年	138	138	130	28.422

（三）精简退职职工救济

1962年困难时期，晋江县精简退职职工。1965年6月起，按国务院规定标准发放精简退职职工应享受的各项救济补助款。1982年，泉州市（县级）为精简退职职工补办“文化大革命”中被搁置的救济手续。1983年，泉州市将符合领取原标准工资40%救济费条件的精简退职职工（包括洛江今域）有59人，原标准工资40%不到16元的按16元发给，并发给副食品补贴每人每月4元，医疗费每人每月2.5元。1984年，泉州市为精简退职老职工59人办理享受原月标准工资40%的手续。1988年6月1日起，鲤城区退职老职工的粮油、副食品补贴每人每月增至8元；为60年代精简退职的转业民警办理享受原标准工资40%的手续。2001年起，洛江区按原鲤城区发放标准供给20世纪60年代精简退职职工的工资，非农业人口每人每月发放73元，全区8人全年发放7008元。2002年起，每人每月救济标准提高到100元。2007年起，每人每月救济标准提高到200元，全区5人全年发放救济金12000元。

第四节 扶贫

1998—2001年，洛江区政府投入扶贫资金878.83万元，帮扶贫困乡村完成建设43.3千米村级道路硬化、新建7.4千米村级道路、修建水利设施34处、民饮工程11处、安装路灯11个村、修建村部5座、改造电网4处、村卫生所3处、整修校舍2540平方米、老年活动中心1处、开辟防火林带2.3千米等。

2002年，洛江区帮助扶持10个市区级贫困村。其中，包括市区领导挂钩的罗溪东方村、马甲前垵村、溪林村，市级挂钩帮扶的河市镇鸟关村，区级挂钩帮扶的虹山乡松角山村、罗溪镇三村村、马甲镇潘内村、河市镇厝斗村，双阳镇前埭村、阳江居委会，累计落实36个扶贫项目，投入资金157.7万元（其中市级扶持74.5万元，区镇级扶持83.2万元）。建成水泥道路11千米、民饮工程3处、有线电视进村入户120户、修建村部3座，村卫生所1处。村级山地农业综合开发种植枇杷等名优水果15.67公顷。种植尾巨桉、酸梅、毛竹12.67公顷。帮助46户贫困户发展养殖业，累计发展禽畜68头。在虹山乡白凤村、罗溪镇三村村实施造福工程，搬迁8户37人，区镇投入配套资金4.5万元，帮助46户贫困户，人口193人，恢复82个儿童重返校园，帮助7个村全面步入宽裕型小康行列。

2003年，洛江区帮助扶持8个市、区级贫困村：虹山乡白凤村、罗溪镇安内村、河市镇厝斗村及区级领导挂钩帮扶的罗溪镇永生村、大路脚村、河市镇溪井村、岭客村、双阳镇新岭村；落实55个扶贫项目，投入资金218.1万元（其中市级扶持到位资金165.6万元，区镇级扶持52.5万元）。建设水泥道路7.9千米、新开村道路0.5千米、修建水利设施3处、安装路灯3个村、人饮工程6处，有线电视进村入户340户、修建村部4座、整修卫生医疗所并配备器械2处、建公厕3座、修建学校围墙300米。村级山地农业综合开发种植速生林38.27公顷，龙眼高接换种73.33公顷等。白凤村在万安城区购置74.5平方米的店面以增加村财收入。在虹山乡前坂村、罗溪镇钟山村、河市镇白洋村3处实施造福工程，完成搬迁8户46人，投入配套资金4万元，帮助86户贫困户，人口328人，恢复26个儿童重返校园。

2004年，洛江区帮助扶持6个贫困村：罗溪镇广桥村、虹山乡虹山村、罗溪镇钟山村、马甲镇的梧峰村、就南村、河市镇新告村，扶持6个不适应村双阳镇新峰村、河市镇坛顶村、马甲镇新建村、罗溪镇三合村；落实88个扶贫项目，投入资金342.75万元（其中市级扶持资金83.1万元，区级扶持222.75万元、镇级扶持36.9万元）。建设村级道路硬化29.9千米、新开村级道路6千米、修建水利设施50处、安装路灯2个村、人饮工程13处，有线电视网线9.5千米、修建村部6座、整修卫生医疗所1处、建公厕1座、购买店面2间、工业楼1座、老年活动中心1处、无线广播1处、防火带建设2000米、垃圾屋5个等；共计落实各种开发式经济发展项目12个，其中种植速生林100公顷，茶果园改造66.67公顷等。帮助72户贫困户发展养殖业，发展禽畜20032头。转移扶贫村200多名劳动力。举办农业技术培训5期，参加人次共280多人。在罗溪镇钟山村、河市镇白洋村、山边村和新告村、马甲镇后坂村4处实施造福工程，完成搬迁23户90人。区投入配套资金5万元，帮助72户贫困户，人口272人发展种植、养殖业致富，其中计生户 46 户，共计 179 人。

2005 年，洛江区帮扶 12 个经济欠发达和不适应村，落实 69 个扶贫项目，投入扶持资金 544.50 万元（其中市级扶持资金 107 万元、区级扶持 248.05 万元、镇级扶持 6 万元、其他 183.45 万元）。建设村级道路硬化 2.83 千米、新开村级道路 3 千米、修建水利设施 6 处、安装路灯 1 个村、人饮工程 7 处、新建及整修村部 6 座、卫生医疗所整修 1 处、工业综合楼 2 座、老年活动中心 1 处、开辟防火林带 2000 米等。落实各种经济发展项目 9 个，其中：种植速生林 1.11 平方千米，茶果园改造 38.67 公顷。帮助 54 户贫困户发展养殖业。举办相关农业技术培训 5 期，参加培训 360 人次。在虹山乡白凤村和虹山村、罗溪镇钟山村以及河市镇新告村和南塘村 5 个村，搬迁 18 户 100 人；市、区两级投入补助资金 11.2 万元，帮助示范户发展种养殖业；投入扶持资金 21.2 万元，每个贫困户扶持发展资金 500 元以上（其中区财政拨出扶持贫困户专款 12 万元，扶持 300 户，每户 400 元），帮扶贫困户发展种植、养殖业致富。

2006 年，洛江区帮助扶持 3 个贫困村，落实 26 个扶持项目，投入扶持资金 161.5 万元。重点帮扶交通设施、农业基础设施建设，修建水利设施 2 处、村级道路硬化 4.4 公里、人饮工程 1 处、新建及整修村部 3 座、工业综合楼 2 座、老年活动中心 1 处等；落实各种经济发展项目 6 个。其中，速生林种植 54.67 公顷、茶果园改造 3.33 公顷、开垦荒地建设蔬菜基地 2.67 公顷等。帮助 23 户贫困户（二女户）发展养殖业；举办农业生产科技等培训 10 期，840 多人次参加。做好“造福工程”，搬迁 38 户 182 人，市、区两级投入补助资金 36 万元，其中，市级补助资金 16 万元，区级补助资金 20 万元。

2007 年，洛江区开展民政救济、希望工程、阳光工程等，投入社会扶贫资金 130.9 万元；帮助扶持 6 个贫困村，落实 22 个扶持项目，投入扶持资金 224.4 万元。修建水利设施 3 处、村级道路硬化 12 千米、人饮工程 2 处、新建村部 2 座、工业综合楼 1 座、老年活动中心 1 处等；确定帮扶项目，帮助贫困村、贫困户制定经济发展规划，落实各种开发式经济发展项目 3 个。其中，种植速生林 60 公顷、茶果园改造 6.67 公顷、新建毛竹基地 1.33 公顷等；做好“造福工程”321 个，市、区两级投入补助资金 146 万元（市级补助资金 31.2 万元，区级补助资金 114.8 万元）。

第五节 社会福利

一、抚孤

中华人民共和国成立后，泉州市设置孤儿院，专门收养弃婴，洛江境内的一些弃婴送到孤儿院收养。1997 年洛江建区前，境域内民众发现弃婴报告民政部门处理，大多由自愿抚养者收养，民政部门出具证明。1997 年 8 月起，根据《中华人民共和国收养法》规定，区民政局为收养人办理收养手续，发给收养证。农村弃婴由乡镇、村委会自行处理，有自愿抚养者收养的，区民政局发给收养者收养证，无人收养的弃婴由各乡镇敬老院抚养。1998 年 4 月 20 日，洛江区社会福利中心成立，在万安街道塘西村建成区福利院，残疾弃婴无人收养，由区福利院抚养，部分弃婴有收养者认养，至 2007 年收养弃婴 53 人，其中，男 17 人，女 36 人，被认养共 12 人。

二、城乡居民最低生活保障

1997—2007 年，洛江区城乡居民最低生活保障工作围绕“低保对象的确定做到应保尽保，低保金发放做到及时足额，低保工作的做到规范有序”三个工作重心开展。城镇、农村的低保资金分别由区、镇两级以 6 ∶ 4 分担及 8 ∶ 2 分担，实行专户管理，专款专用，低保金实现社会化发放，全额发放到低保户手中，保障低保户基本生活。

1998—2007年洛江区最低生活保障统计表

表2-1-4

年度	保障户数	保障人数	年发放保障金	城市				农村			
				户数	人数	年保障金	月标准（元/人）	户数	人数	年保障金	月标准（元/人）
1998年	393	804	413000	—	—	—	—	—	—	—	—
1999年	456	945	494767	—	—	—	—	—	—	—	—
2000年	518	1106	518632	—	—	—	—	—	—	—	—
2001年	605	1324	566924	53	96	22000	130	552	1228	544924	80
2002年	943	2071	797894	145	300	190992	200	798	1771	606902	80
2003年	1407	2980	1014908	220	449	299128	200	1187	2531	715780	80
2004年	1720	3675	1669224	226	456	369192	200	1494	3219	1300032	90
2005年	1745	3994	1834498	187	465	394212	200	1558	3528	1440286	90
2006年	1825	4218	2056440	275	653	638040	240	1550	3565	1418400	90
2007年	1900	4231	2694336	273	536	680292	240	1627	3695	2014044	100

第六节 基层民主政治建设

一、村（居）委会换届选举

2000年，依照《中华人民共和国村民委员会组织法》、《中华人民共和国城市居民委员会组织法 》、《福建省实施村民委员会组织法办法》及《福建省村民委员会选举办法》的规定，依法进行换届选举。全区共有74个村民委员会和12个居民委员会，各村（居）委会设选民区，下设选民小组。凡年满18周岁的中华人民共和国公民逐一登记，按照有关规定发给选民证，凭证参加选举洛江区全部村（居）委会进行换届选举，选出各村（居）委会村（居）委会主任、委员。2003年4月，按照村（居）换届选举有关法律法规进行换届选举，全区共有74个村民委员会和12个居民委员会，选出各村（居）委会村（居）委会主任、委员。

2006年村（居）换届选举年，区民政局成立区村（居）换届选举指导小组，制定《2006年洛江区村（居）换届选举实施方案》，按照村（居）换届选举有关法律法规，指导和督促各乡镇（街道）严格按照法定程序，把好选举每一个环节。全区18个社区完成投票选举工作，按既定的职数，选举产生新一届社区居委会成员。67个村均在选举日完成投票选举环节工作，其中一次性成功的有42个村，另行选举的有24个村，仅有虹山1个村选举没过半需另行选举。

二、村（居）委会自治建设

1997年起，洛江区按省、市部署开展村（居）委会换届选举工作，加强村（居）民自治建设、民主管理和村（居）务公开，换届选举完成率达100%。每次换届后，采取分级培训办法，举办村（居）级组织新班子成员培训班，培训率100%，其中，区委组织部、区委党校、区民政局举办村（居）委会书记、主任培训班，各乡镇（街道）举办村（居）委会副主任、委员培训班。

1998年11月，《中华人民共和国村民委员会组织法》正式实施，区民政部门重点抓全村村民代表大会和村民议事会机构，完善《村规民约》《村民议事制度》等。2003年，根据民政部有关文件精神，街道居民委员会改为社区居民委员会，区民政局制定《社区建设工作实施方案》。3月24日，万安街道万福社区居民委员会揭牌，万福社区居民委员会由万安街道原万福、万盛两个居委会合并而成，是洛江区首个社区居民委员会。5 月，万安街道桥南、杏宅等 6 个村委会建制撤销，设立居委会。11 月，完成居委会改社区居委会（万安街道 6 个、双阳镇 4 个）。2005 年 10 月，双阳镇改街道，所辖 7 个村委会全部改为社区居委会。至此，全区有 18 个社区居委会、67 个村委会。

2004 年开始，区纪委、组织部、农办、民政等部门联合召开村（居）务联席会议，成立村务公开民主管理领导小组和检查工作小组，每年在全区各乡镇抽查 1 个以上村，检查村级财务、义务工和劳动积累工，提留、计生等重点村。

2006 年 10 月，全区村（居）均实行“村账镇审”制度。各村制度如《村民自治章程》《村规民约》《财务管理制度》《村民议事制度》等，经村民代表大会通过后在村务公开栏上墙公布，接受群众监督。

三、社区事务管理

2003 年起，区民政局推动社区建设工作，联合劳动、公安等部门，指导社区设立党员活动室、警务室、低保服务室等，在社区之间组织开展创建文明社区、星级文明户竞赛活动，营造“全民参与，共建社区”的氛围，在教育、医疗卫生、文化教育等方面为社区居民提供便利。洛江区社区服务主要开展 7 项工作，即社区就业服务、社会保障服务、救助服务、卫生和计划生育服务、文化教育体育服务、流动人口管理和服务、安全服务。建立街道社区服务中心，对居委会社区服务分中心加强业务指导和培训，中心与分中心均设有热线电话。当年，改善 5 个社区居委会的办公、服务和老年人活动条件，社区服务初步形成为老服务、扶残助残、优抚军烈属、便民利民等服务系列，开展“我为人人，人人为我”的服务活动。确立以街道为中心，以居委会为基础，以企业单位为支柱的社区服务模式。2006 年，万安琯头社区拓宽社区服务内容；双阳新岭社区建成社居办公场所 600 平方米、老年人活动室 20 平方米、便民停车场 35 平方米、社区服务大厅 607 平方米，文体活动室 30 平方米并完成图书上架。在各乡镇设立 85 个 12315 消费维权点。同年，区民政局利用《洛江方志》期刊资料，为社区教育服务，教育广大青少年“知我洛江，爱我中华”。

2007 年，全区 18 个社区均设 1 个社区服务站，5 个以上的服务项目。同年，推进“一站式”服务，完善万安、双阳 2 个街道社区服务中心，建成万福、琯头、阳山、新岭 4 个“一门式”社区服务中心。扶持建设琯头、阳山、新岭 3 个社区的“六个一”服务设施，即社居办公场所、社区服务站、文体活动室、幼托所、老年活动室及便民停车场。在万安街道、双阳街道各设立 1 个“爱心慈善超市”。

第七节 社会事务管理

一、婚姻登记

1997 年 8 月，洛江区民政局成立，下设洛江区婚姻登记处，负责结婚登记工作。2003 年 10 月 1 日起，贯彻实施新《婚姻登记条例》，取代实施近 9 年的《婚姻登记管理条例》，之前一直延续的单位开具的婚姻状况证明、婚前体检证明等手续，通通减免，明确归口统一管理登记，改变在城市由街道办事处、在农村由乡镇政府办理婚姻登记的做法。此后，洛江区适龄男女结婚登记、已婚男女离婚手续均在洛江区行政服务中心办理。1997—2007 年，全区办理结婚登记 16246 对。

2003—2007 年婚姻登记统计表

表 20-1-5　　单位：对

年份	结婚	离婚	补领结婚证	补领离婚证
2003 年	621	10	2	—

续表 20-1-5

年份	结婚	离婚	补领结婚证	补领离婚证
2004 年	1625	50	20	—
2005 年	1507	68	17	—
2006 年	1670	62	2	—
2007 年	1593	101	36	4
合计	5346	291	102	4

二、民族事务

1998 年，区财政拨款 23 万元给河市、马甲回族、畲族少数民族村，用于公益事业。1999 年，区财政拨款 24.6 万元给杏宅、琯头、塘西居委会的院前村用于公益事业。2000 年，泉州市民政局拨给经费 5.2 万元，放发慰问金共 20500 元，并向 2 名少数民族贫困大学生发放助学金各 3000 元，市民宗局与开元寺慰问少数民族贫困户 47 户，共 1 万元。区财政拨出民族事务费 38 万元支持少数民族地区发展经济。

三、地名管理

1998 年 8 月，洛江区推进全区地名公共服务工程建设，制定《洛江城乡标准地名标志设置工作实施方案》，启动全区城乡地名标志设置工作。同时委托泉州市亿通通讯有限公司启动区地名数据库与信息化服务项目开发建设工作。2006 年，根据《福建省民政厅转发民政部关于实施地名公共服务工程的通知》精神，组织开展全区地名现状调查摸底工作，建立洛江区地名数据库，960 个地名数据分区域登记造册入库。同年，命名塘西工业区主要街道。

至 2007 年底，设置万安、双阳街道辖区内街、路标牌 42 块，标牌定名全区 6 个乡、镇、街道的 91 块公共地名，设置 35 块标牌。规范住宅小区的命名，审核吉源花苑、首富商城、万源花苑、祥光花苑、杏宅福利楼、万荣公寓、美尔奇花苑、汉唐商城、万祥商厦、武夷花苑、华盛嘉园、景明花苑、华景仁居、冠亚东方星城、信亿花苑、阳光国际广场、汇龙大江盛世小区、冠亚爱家花园、阳江花苑、嘉琳广场等小区地名命名方案，以区政府名义给予批复。审查拟定的安吉路、安达路、安顺路、凤冠街、万福街、万兴街、万荣街、吉源东街、吉源南街 9 个条街道命名方案，以区政府名义下发命名公告。创建区、乡线界联检及“平安边界”。完成“双阳—河市—马甲—罗溪—虹山”乡级界域联检及洛江—泉港县级线界线联检工作。

四、社团组织管理

1997 年建区后，洛江区民政局成立社会团体登记管理办公室，对全区社会团体进行调查摸底。1998 年，针对长期社会团体管理法规不健全、管理混乱、审批过多过滥、个别社会团体从事以营利为目的的经营活动等问题，对全区 92 个社团进行清理整顿，至 11 月 2 日依法核准登记 81 个，暂缓登记 13 个。其中群众团体、学术团体、文化艺术团体、体育卫生团体、联谊社团共 43 个，行业性社团 17 个，民办非企业单位 21 个。与此同时，健全社会团体管理制度，依法查处不经登记而进行活动的社团，整顿社团出版物，组织社团年检，管理工作走上规范化、制度化、法律化轨道。

1997—2007 年洛江区社团名表

表 20-1-6

名称	登记时间	名称	登记时间
洛江区红十字会	1999 年 12 月 10 日	洛江区农村卫生工作者协会	2002 年 9 月 16 日
洛江区私营企业协会	2000 年 2 月 25 日	洛江区农民体育协会	2002 年 11 月 15 日
洛江区小学教育研究会	2000 年 5 月 9 日	洛江区消委会	2003 年 5 月 15 日
洛江区林学会	2000 年 5 月 27 日	洛江区盆景协会	2003 年 9 月 1 日
洛江区个体劳动者协会	2000 年 8 月 14 日	洛江区作家协会	2004 年 6 月 29 日
洛江区老年人体育协会	2000 年 9 月 25 日	洛江区音乐舞蹈协会	2004 年 6 月 29 日
洛江区武术协会	2000 年 11 月 7 日	洛江区书法家协会	2004 年 10 月 12 日
洛江籍在外企业家联谊会	2001 年 1 月 21 日	洛江区反邪教协会	2004 年 10 月 18 日
霞井延陵侨亲联谊会	2001 年 3 月 6 日	洛江罗溪服装协会	2004 年 11 月 29 日
洛江区农学会	2001 年 5 月 14 日	洛江区社会治安综合治理工作协会	2004 年 12 月 13 日
洛江区畜牧医学会	2001 年 5 月 29 日	泉州市洛江区国际商会	2005 年 8 月 2 日
洛江区水利电力学会	2001 年 7 月 18 日	泉州市洛江区流通服务行业协会	2005 年 8 月 24 日
洛江区中学教育研究会	2002 年 2 月 28 日	泉州洛江区龙眼行业协会	2005 年 8 月 25 日
洛江区蔬菜同业公会	2002 年 5 月 15 日	泉州高速公路交通安全协会	2005 年 12 月 13 日
洛江区企业拥军协会	2002 年 4 月 8 日	泉州市洛江区烟花爆竹行业协会	2006 年 8 月 1 日
洛江区花卉协会	2002 年 6 月 13 日	泉州市洛江区双阳商会	2007 年 4 月 1 日
洛江区摄影协会	2002 年 7 月 29 日	泉州市洛江区农业生产资料行业协会	2007 年 5 月 28 日
洛江区南音协会	2002 年 9 月 15 日	洛江区老科技工作者协会	2007 年 10 月 29 日

1997—2007 年洛江区行业性社团名表

表 20-1-7

名称	登记时间	名称	登记时间
洛江区私营企业协会	2000 年 2 月 25 日	洛江区摄影协会	2002 年 7 月 29 日
洛江区林学会	2000 年 5 月 27 日	洛江区盆景协会	2003 年 9 月 1 日
洛江区个体劳动者协会	2000 年 8 月 14 日	洛江罗溪服装协会	2004 年 11 月 29 日
洛江区农学会	2001 年 5 月 14 日	泉州市洛江区国际商会	2005 年 8 月 2 日
洛江区畜牧兽医学会	2001 年 5 月 29 日	泉州市洛江区流通服务行业协会	2005 年 8 月 24 日
洛江区水利电力学会	2001 年 7 月 18 日	泉州洛江区龙眼行业协会	2005 年 8 月 25 日
洛江区蔬菜同业公会	2002 年 5 月 15 日	泉州市洛江区烟花爆竹行业协会	2006 年 8 月 1 日
洛江区花卉协会	2002 年 6 月 13 日	泉州市洛江区农业生产资料行业协会	2007 年 5 月 28 日

1997—2007 年洛江区民办非企业单位名表

表 20-1-8

名称	登记时间	名称	登记时间
泉州南少林国际学校	2001 年 5 月 19 日	泉州市洛江区小太阳幼儿园	2007 年 1 月 15 日
泉州仁和医院	2004 年 11 月 1 日	洛江双阳街道蓝天幼儿园	2007 年 3 月 14 日
洛江区万安安吉尔幼儿园	2006 年 4 月 14 日	泉州交通职业技术学校	2007 年 8 月 23 日
泉州洛江红树林幼儿园	2006 年 6 月 20 日	洛江区北斗星自闭症儿童培训中心	2007 年 9 月 13 日
洛江区马甲祯圆幼儿园	2006 年 9 月 10 日	泉州市洛江区马甲春蕾幼儿园	2007 年 11 月 19 日
泉州自然门文武学校	2006 年 12 月 11 日		

五、勘界

1997年10月，洛江区政府成立以分管副区长为组长，民政、国土、建设、林业、农水、司法、财政、计统等相关单位主要负责人组成的勘界工作领导小组，设立区勘界办公室。1997—2001年，洛江区与毗邻的丰泽区、泉港区、南安市、惠安县、仙游县进行5条总长162.05千米县级行政区域界线的勘定工作，建立完整详细的勘界工作档案。其中，洛江—丰泽线共埋设4颗单立双面型界桩，全长19.51千米；洛江—泉港线没有埋设界桩，全长5.202千米；洛江—南安线共埋设7颗单立双面型界桩，全长48.562千米；洛江—惠安线共埋设11颗单立双面型界桩、7颗双立单面型界桩，全长33.94千米；洛江—仙游线共埋设6颗单立双面型界桩，全长54.836千米。上述5条县级行政区域界线交会点中，埋设洛江—泉港—仙游3颗三立单面型界桩、洛江—泉港—惠安1颗单立三面型界桩及洛江—丰泽—南安1颗单立三面型界桩。2001—2004年，勘定辖区内4条总长54.0千米乡级行政区域界线，建立完整详细的勘界工作档案。其中，双阳—河市线全长5.53千米；河市—马甲线全长20.455千米，马甲—罗溪线全长15.985千米，罗溪—虹山线全长12.03千米。上述4条乡级行政区域界线均没有埋设界桩。2006年1月，洛江区民政局与福建省地图出版社联合出版发行《洛江区行政区划图》（第一版）。

六、殡葬管理

中华人民共和国成立后，人民政府重视殡葬管理和改革。1958年，开始推行火葬，号召民众改革殡葬习俗。1963年，建立泉州市火葬场。1974年8月，成立泉州市（县级）殡葬管理所，开始在市区、近郊实行火葬。属远郊的罗溪、河市、马甲、双阳等仍旧以棺土葬为主要丧葬方式。

2002年，洛江区政府制定丧葬改革实施细则，区民政局、土地局联合发布《关于禁止丧葬滥占土地私建坟墓的通知》，就建立骨灰堂等作出5条具体规定。9月25日，洛江区政府召开全区深化殡葬改革动员大会，决定从2002年12月1日零时起，全区境内殡葬全面实行火葬制度。2003年2月，区人大二届二次会议通过《关于进一步做好殡改工作的决定》，全区开始全面实行火葬。

公益性骨灰堂基础建设是推动我区殡改工作顺利开展的重要环节。根据洛江区的实际，区政府提出自2003年起分3年时间完成覆盖全区的骨灰堂建设任务，当年完成河市坛顶、下堡、马甲祈山、二甲、罗溪双溪、永生6个骨灰堂建设，并把16个骨灰堂建设任务（覆盖全区70%骨灰堂总数）列入2004年为民办实事项目，2005年完成河市炉田、马甲新民、罗溪钟山等骨灰堂建设。同时，建立健全殡改服务网络，设立洛江区殡管站，在各乡镇设立殡葬服务站，加大殡改宣传力度，强化殡改服务意识，加大殡葬管理力度。至2007年，全区共火化遗体2072具。

2002—2007洛江区火化遗体统计表

表20-1-9 **单位：具**

年份	火化遗体数	年份	火化遗体数
2002年	752	2005年	713
2003年	788	2006年	705
2004年	199	2007年	654

七、老区工作

1953年后，晋江县经福建省人民政府先后认定一批革命老区村；在解放战争时期参加地下斗争的革命群众被政府定为老地下党员、老游击队员、老交通员、老接头员、老苏区干部，简称“五老”。1982

年，泉州市（县级）革命老根据地建设委员会成立，帮助马甲、河市15个基点村发展农副业，开发茶、果林34.33公顷，受益625户3386人。1983年，泉州市交通局帮助基点村建设公路5千米，为河市公社蛟南、岭客2个大队修建公路4000米；泉州市水电局拨款7820元，帮助马甲基点村购置农田水利设备，帮助河市基点村修建水利设施。同年，对全市老区基点村进行调查核实，上报省政府批准，增补马甲公社坑头等5个自然村为基点村，河市公社寨顶村不符基点村条件给予取消。

1986年，鲤城区（含洛江区域）经省政府认定的解放战争时期的革命老根据地行政村有21个（共34个基点村）。洛江今域有33个基点村：马甲镇后坂村的宫迹、四甲、坂地；西头村的池店、山脚、下厝、四柱；蔡内村的后梧；新建村的深边、沈坑；彭殊村的暗桥、尾井；洋坑村的圳头、大新厝、土炉；永安村的土炉；杏川村的坑边、白洋、七林、祖厝、下厝；潘内村的坑头、西辽；马甲村的马岭、土炉、下新厝、中厝；义山村的义道。河市镇有岭客村的顶岭山、下岭头、顶客尚、下客尚；蛟南村的顶官坪。同年，鲤城区改革老区扶持建设资金管理办法，以发展生产基地、乡村企业为重点。此后每年根据基点村上报项目，区老区办审批安排扶持项目资金，由当地乡镇政府具体组织实施并监督资金使用，对“五老人员”发放慰问金，对“五老”特困户给予补助。

1997年后，洛江老区行政村14个。其中，马甲镇有后坂、义山、蔡内、西头、潘内、杏川、永安、彭殊、新庵、洋坑、新建11个；河市镇有岭客、蛟南、新告3个。1997年9月至1998年底，区政府拨出4.5万元、马甲镇政府补贴3万元支持马甲镇彭殊村、新庵村修建水泥路，实现道路硬化2.8千米，受益3个村落。1999年，区政府拨出6.4万元为河市镇的蛟南村、新告村修建饮水工程和广播电视，受益1139户，拨出1.2万元补助“五老”、老区特困户210户。2000年，拨出7.2万元解决马甲镇新庵村、洋坑村、新建村等老区基点村民通电话的问题。2001年，拨出4.3万元为马家镇蔡内村硬化道路1300米，同时拨出慰问金9000元慰问老区“五老”人员。2002年，拨给马甲镇3.6万元、河市镇2.4万元新建公益事业。2003年，拨给河市镇、马甲镇14个老区村维护校舍13个，投入资金15.8万元。2004年，投入6万元为河市镇岭客村、马甲镇西头村修建水泥路1000米，另投入其他基础建设0.8万元，社会事业1万元，开发性的生产项目2万元。2005年，由区政府每千米补贴4.5万元为河市镇岭客村修建道路600米，为马甲镇义山村建设道路500米，到2005年底，河市镇岭客村全村实现道路硬化5000米、马甲镇义山村全村实现道路硬化1200米。同时，洛江区落实优待革命“五老”人员相关政策，按时足额发放补助金。其中无依无靠“五老”人员每人每205元，有依无靠的“五老”人员每人每月170元；为“五老”人员每人每月给予医疗补助20元；把马甲3名生活较为贫困的“五老”人员列入低保，给予双重保障，并发放救助金每人每年1000元，对9名80岁以上的“五老”人员发放高龄补贴每人每年500元。2006年，提高定期补助标准，无依无靠“五老”人员每人每月在原有标准上增加30元，无依有靠每人每月增加20元。至2007年，全区共有“五老”人员20名。其中，河市2名，马甲15名，罗溪3名，虹山1名，80岁以上高龄人有10人，生活困难“五老”人员1人。无依无靠“五老”人员的补助提升至265元每人每月，有依无靠的“五老”人员提升至每人每月210元；对马甲1名特困“五老”人员给予1000元补助；对生病的“五老”人员进行第三重救助，在新农村合作医疗报销后，再给予20%的医疗补助；分别给予河市镇岭客村2.5万元和5万元的资金扶助，完成村部至小学3000米的道路建设和水坝建设，给予西头村2.5万元的扶持资金完成村路建设。

第八节 机构

1997年10月5日，洛江区民政局成立，行政编制4名，其中，局长1名，副局长2名。内设股室5个，即办公室（加挂老区办牌子）、基层政权与社区建设股（加挂洛江区基层政权建设领导小组办公室）、救灾救济股、优抚安置股（加挂区复退军人安置办公室）、社团与社会事务管理股（加挂洛江区地名管理工作领导小组办公室、行政审批股）；挂靠单位3个，即洛江区双拥工作领导小组办公室、洛江区三峡移民安置办公室、洛江区库区移民安置办公室。下辖7个事业单位，即洛江区行政界线管理办公室，编制3名；

洛江区城市社区建设管理办公室，编制2名；洛江区婚姻登记处，编制1名；洛江区殡葬管理站，编制2名；洛江区慈善事业促进中，编制2名，洛江区社会福利中，编制4名；洛江区双拥工作协调中心，编制2名。

第二章 军 事

第一节 军事机构

一、区人民武装部

1996年4月，县（区）人武部收归军队建制，受军队和地方双重领导，同级党委书记兼任人武部第一政治委员。1998年2月24日，洛江区人民武装部成立，为正团（处）级单位，内设军事科、政工科、后勤科3个科室，区武装部下属辖6个乡镇（办事处）武装部。

二、区国防动员委员会

1999年，洛江区国防动员委员会成立。区国动委设第一主任、主任各1名，由区委、区政府主要领导担任。设常务副主任1名，由区人武部长担任。设副主任2名，由区人武部政委和区政府副区长担任。成员由区委、区政府各有关部、委、办、局领导担任，共24人。

第二节 驻军

1998年6月30日，洛江区消防大队成立（正营级单位），借驻于昌林食品厂内，2000年9月迁入塘西村新营房。2002年5月泉州武警教导队（正营级单位）迁入洛江双阳新址。1997—2007年期间，洛江区驻军：1个武警消防大队，平时担负洛江区的消防安全；1个武警教导队，平时担负武警泉州支队集训任务。

第三节 兵役

一、兵役制度

1997年执行1984年修订的《中华人民共和国兵役法》，实行义务兵与志愿兵相结合、民兵与预备役人员相结合的兵役制度，义务兵服役期限3年。1998年12月，新修订的《中华人民共和国兵役法》颁布实施，仍实行义务兵役制。战士分为义务兵和士官两种，义务兵服役期限2年。根据部队的需要，士官可以从服现役期满的义务兵中选取，也可以直接从非军事部门具有专业技能的公民中招收。

二、兵员征集

1998—2007年，每次征兵开始，洛江区都由区党政领导和区人武部及有关部门负责人组成征兵领导小组，下设征兵办公室，具体承办征兵事务。征兵期间，征兵机构和地方上的宣传文教部门，做好宣传发动运用各种宣传工具和各种文宣形式，向城乡广大人民群众特别是适龄青年进行国防形势、《中华人民共和国兵役法》和爱国主义的宣传教育，宣传《福建省征兵工作奖惩规定》，严格执行征兵奖惩措施，落实优抚政策，以激发适龄青年报名应征的积极性。

2001 年，洛江区人武部为规范兵役登记工作，在马甲组织试点，召开现场会，各街、镇（乡）按照现场会的要求，组织兵役登记。每年 9 月 30 日前，由各基层武装部门对当年 12 月 31 日以前、年满 18 周岁的男性公民进行登记，摸清适龄公民的数量、质量和分布情况，确定其是否应服兵役、免服兵役或缓服兵役。各乡镇政府、街道办事处在征兵期间均设立兵役登记站，根据兵役机关的安排，负责组织辖区内适龄男性公民兵役登记，填写兵役登记表，依法确定应服兵役、免服兵役和不得服兵役的人员，报区兵役机关批准。经兵役机关登记和初步审查合格的，选定当年的征集对象（即应征公民）。2004 年起，在进行兵役登记工作时，增加开展病史排查。1999—2007 年大专以上文化程度的青年科放宽到 22 周岁，普通高等学校毕业生可放宽到 24 周岁。

通过对参加兵役登记的公民进行初步审查，然后由征兵办公室通知其按时到指定地点进行体格检查。常规检查合格拟批准其入伍的应征公民，接受复检。对体检完全合格的应征公民进行政治审查。政审在本地党委和征兵领导小组统一领导下，由人武、公安部门和基层党组织实施。初审一般由应征公民所在单位人事保卫部门或社区（居委会）、派出所负责，农村则由村（居）的中共支部负责。复审则由镇（乡）和街道政审组负责。最后，由区主管部门对拟批准服役的应征公民逐个进行复查，严格把关。

应征公民体检和政审合格后，由征兵办公室择优定兵，发给应征公民入伍通知书，其家属享受军属待遇。新兵报到集结期间，由基层人武部对其进行为人民服务、部队纪律等思想教育。新兵的交接方式，基本上分为地方干部送兵和部队接兵两种。或则双方在预约地点进行交接。

第四节 民兵

一、组织建设

洛江区人武部成立后，每年召开民兵工作会议部署民兵整顿工作，按民兵预备役编制员额和限定标准，严格进行民兵的出、转、入队，抓好民兵组织点验。

1998 年，在马甲、河市、双阳 3 个镇和万安街道办事处建立 1 个 120 人的民兵应急分队；同时进行在企业单位建立民兵组织的尝试，在大华蓄电池有限公司建立民兵营。

1999 年，在巩固大华企业民兵的基础上，又在华荣宾馆和南少林武术学校组建民兵连。

2000 年 5 月 11 日，组织民兵应急分队点验，到位率达 100%。与此同时，抓好对口专业的编组，按照“专业对口、军民结合、依法组建”的原则，依托地方组建民兵汽车运输、汽车修理、伪装救护等对口专业分队。

2001 年，预先在万安街道进行整组试点，规范整组的内容、方法和标准，尔后召开全区民兵整组工作会议部署，切实搞好民兵的出、入、转队。

二、军事训练

1998 年，采用分片设点，按纲施训的方法，完成民兵训练任务。

1999 年 6 月，以半个月时间，组织全区民兵应急分队训练，训练成绩总评良好。军分区对洛江民兵应急连组织集结点验，到点率 98%，受到通报表扬。7 月，举办专武和民兵干部集训，参训共 85 人，从起床到熄灯，严格按条令、条例组织实施，让大家过士兵生活。

2000 年 5 月 11 日，组织应急分队点验，到位率达 100%。是年，组织 5 名高炮骨干到预备役高炮四团，请海防部队骨干帮助带训。

2001 年 4 月，组织全区民兵营（连）长进行为期 15 天的业务培训，通过考试，训练成绩总评在良好以上。是年 6 月，组织民兵应急分队进行军事训练。重点训练战术基础、轻武器射击、手榴弹投掷以及应付突发事件等内容。

2003 年，组织万安街道部分民兵应急分队队员参加为期一周的冲锋舟训练。

2004 年 7—9 月，组织两期专武干部和民兵营长集训，所有授课由区人武部领导或科长担任。

2005 年 7 月 8 日，调派军事科干部和高炮民兵，由军分区统一组织到郑州高炮学院集训。10 月 8 日至 11 月 10 日共 34 天，组织进行驻点训练，并进行效能测试射击，此次军事演练是区人武部组织民兵参加的首次重大军事活动。是年秋冬，先后组织机关干部和万安街道部分应急民兵分队队员进行为期一周的冲锋舟操作训练；组织人武部干部进行游泳训练，参训率 100%；后又组织现役干部完成海训基础训练任务和参加泉州军分区组织的达标训练。

2006 年 5 月下旬至 6 月上旬，洛江区民兵参加总部组织的军事演练，此次军事演练是区人武部组织民兵参加的第二次重大军事活动。

2007 年 7 月 3 日，省军区民兵组织整顿检查组到区人武部检查民兵整组工作，并对马甲、罗溪应急分队进行拉动。

三、抢险救灾

1997 年洛江建区后，民兵连年应急出动 400 多人次参加抢险救灾。1999 年夏天，14 号台风带来暴雨，区人武部协调消防武警大队出动官兵多人，调派民兵应急分队和基干民兵多人，及时加固水库堤坝，转移危房住户，抢救受灾群众。据统计，1998—2000 年，民兵参与抢险救灾 288 次，抢救遇险群众 83 人，挽回经济损失 3600 余万元。

附：洛江区军事史迹述略

洛江紧傍泉州中心城市，受其影响境内民众自古崇文尚武，诸多突出的军事人物和战争事件发人深省。早在后晋开运元年（944 年）十二月间，泉州散指挥使留从效即在今双阳街道朋山岭的瞻迹岭，大破自立为闽王的朱文进的福州兵。明弘治十六年（1503 年）出生于今河市镇濠格村的俞大猷，不仅是明代嘉靖年间威震华夏、为国立下丰功伟绩的抗倭民族英雄，而且满腹经纶，编撰《正气堂集》《兵法发徽》《剑经》《洗海近事》《镇闽议稿》《征剿古田事略》《广西选锋兵操法》等书。其中的《洗海近事》被军事界和史学界公认为“中国最早论述海战的著作”。其后，从清顺治四年（1647 年）至清咸丰三年（1853 年）的 200 多年间，有持续不断的农民武装揭竿起义，如罗溪乡民吴觐三兄弟、出生于河市而从小被卖到惠安后龙乡峰尾村当童养媳的邱二娘、永春的林俊和南安的潘榜、潘宗达等，都曾以罗溪或辗转到罗溪附近的村寨为据点，聚众举义，反抗封建统治和地主阶级的残酷剥削。迨至 20 世纪初叶，中国资产阶级民主主义革命爆发后，各个派系的武装力量都曾进出河市一带。民国 5 年（1916 年），福建下游护国军第一支队教练官吴瑞玉（南安诗山人）以护国军第一路司令名义在南安起义反对袁世凯，4 月 28 日率部挺进泉州，不料受挫，在河市突围战斗中壮烈牺牲。民国 7 年闽粤战争爆发，闽南靖国军攻克安溪、河市，而后进入泉州，逼使北洋军全线溃退。

抗日战争期间，洛江军民与全国人民一道，同仇敌忾，洛阳桥和桥南等村社，都曾受到日机的轰炸和袭扰。抗日战争胜利后，国民党反动派悍然发动内战，洛江地区广大群众当即在中共地下组织的领导下，积极开展卓有成效的武装斗争，诸如马甲反“清乡”、活捉锦丰乡长吴祖烈、清算马甲地霸吴太吕和袭击罗溪乡公所等战斗事件传为佳话。

中华人民共和国成立后，为建设祖国、保卫祖国，洛江城乡群众特别是广大民兵不但参与歼灭由退踞台湾的国民党当局派遣的“泉州纵队”和“永安纵队”两支武装特务，在其后的剿匪反霸、抗美援朝和反对盘踞台湾的国民党反动军队窜扰大陆等一系列武装斗争中，英勇无畏，为国捐躯，涌现出许多可歌可泣的英雄人物和模范事迹。

第五节　国防教育

一、领导干部的国防教育

1998年后，区人武部党委建立每季1次议军、议战会议，组织领导干部参加有关国防教育内容的形势报告会。1999年11月，区党政领导参加由市委宣传部和市国防教育办公室举办的厦门大学台湾研究所李强教授所作的台海形势和两岸关系的巡回报告。2000年8月，区人武部政委黄永固分别给洛江区科级干部培训班和民兵应急分队上国防课，此后，区委党校在每期干部教育培训主体班开设国防教育课，邀请区人武部领导为学员上课，并组织学员到驻军过“军事日”。2000年8月、2007年12月，先后组织洛江区领导班子成员和街、镇（乡）及各有关部门主要领导过“军事日”，参观驻军九十二旅荣誉室，进行轻武器实弹射击，观看高炮分队射击操作表演。

二、全区国防教育

1998年起，组织青年民兵，党员干部、入伍新兵和中小学生到泉州市爱国主义教育基地俞大猷公园接受国防教育，受教育人数6.5万多人次。除设立泉州南少林武术学校和泉州十一中等多所国防教育学校外，全区所有中学聘请1名现役军官担任国防教育副校长，负责对青少年进行国防教育、组织学生军训和开展学生军事夏令营活动或举办“少年军校”。2000年8月，邀请抗美援朝老兵李志安现身说法作革命传统报告；召开优秀退伍兵进藏兵座谈会。在每年元旦、春节、“八一”中国人民解放军建军节、“十一”国庆节等重大节日和纪念日，利用广播、电影、录像、展览等宣传工具和形式，开展国防宣传教育。

三、民兵预备役人员国防教育

1998年洛江区人武部成立后，把国防教育作为民兵预备役人员经常性政治教育的核心内容。各基层单位普遍依托部队荣誉室、民兵训练基地或“青年民兵之家”，请驻军单位的领导讲课或请专家学者举办讲座对民兵预备役人员进行国防知识教育，特别是结合民兵预备役整组、训练和征兵契机，宣传《中华人民共和国国防法》、《中华人民共和国兵役法》、《中华人民共和国征兵工作条例》和新颁布的《中华人民共和国国防教育法》等国防法规，激发广大民兵预备役人员和适龄青年依法履行国防义务的自觉性。同时分期分批组织民兵预备役人员参加区、市的军事体育文化活动，如文艺会演、军体比赛、国防知识竞赛等。

第六节　人民防空

一、宣传教育

1997年9月，洛江设区置治后，为实现把人民防空宣传教育纳入国防教育体系和“十五”规划，人防重点城市市区初级中学受教育率达95%的目标，区政府、区委宣传部和区人武部决定，由各所中学指定国防教育责任人或校长，每学期在各所学校开展两次国防教育讲课和知识讲座，宣传普及包括人防在内的国防知识。

二、通信警报

1997年洛江建区后，由市人防办统一布设3台防空警报器，安装在区政府、南少林武术学校和双阳中学。防空警报信号一直按全国性的统一规定和发放权限执行。由市人防办控制启动信号。每年9月1日为警报试鸣日，增强全区的防空意识。

第二十一篇 编制 人事 劳动和社会保障

1997—2007 年，洛江区按照省、市统一部署，党政机构改革 2 次，落实定职能、定内设机构、定编制和领导职数的“三定”工作，理顺机构职能关系，转变政府职能，配套推行事业单位改革，精简机构和人员编制；深化人事制度改革，推行和完善国家公务员制度和专业技术职务评聘制度，抓好公务员培训与专业技术人员继续教育管理，培育和发展人才市场体系，健全机关事业单位工资福利体制，加强公务员、专业技术人才和经营管理人才队伍建设；宣传贯彻《中华人民共和国劳动法》，以建立健全社会保障体系为目标，以扩大就业促进再就业、确保企业离退休人员和下岗职工基本生活保障为重点，着力推进劳动力市场建设，加强职业培训，强化劳动监察，维护劳动关系双方的合法权益，完善离退休干部的管理，促进全区经济社会有序发展。

第一章 机构编制

第一节 人员编制

1997 年建区后，洛江区党政群机关行政编制在向中编办和省编委申报增加编制之前，党政群机关工作人员 228 名（含街道办事处、地税、工商分局，不含政法专项及乡镇机关人员），事业单位机构 167 个，事业单位在职人数 1844 人。

2002 年，区直党政群机关行政编制 170 名，街道机关行政编制 14 名，乡镇机关行政编制 125 名。政法系统机关政法专项行政编制 90 名，其中司法局机关编制 6 名，司法队伍 9 名，公证处 3 名，法院机关编制 37 名，检察院机关编制 29 名，森林公安机关 6 名。事业单位机构 231 个，事业单位在职人数 2638 人。

2005 年，区直党政群机关行政编制 180 名，街道机关行政编制 14 名，乡镇机关行政编制 125 名。区政法系统机关政法专项行政编制 113 名，其中司法局机关编制 6 名，司法队伍 9 名，公证处 3 名，法院机关编制 42 名，检察院机关编制 42 名，森林公安机关 6 名，森林公安派出所 5 名。事业单位机构 225 个，事业单位在职人数 2506 人。

2007 年，区直党政群机关行政编制 276 名，街道机关行政编制 14 名，乡镇机关行政编制 125 名。区政法系统机关政法专项行政编制 113 名，其中司法局机关编制 6 名，司法队伍 9 名，公证处 3 名，法院机关编制 42 名，检察院机关编制 42 名，森林公安机关 6 名，森林公安派出所 5 名。事业单位机构 242 个，事业单位在职人数 2543 名。

第二节 机构改革

一、1998年机构“三定”工作

1998年6月，成立泉州市洛江区机构改革领导小组，陈敬聪任组长，陈家富任副组长，同时，区委、区政府颁布《中共泉州市洛江区委、泉州市洛江区人民政府关于印发＜中共泉州市洛江区委机构编制委员会工作规则＞的通知》，进一步加强机构编制管理工作。同年7月，根据《中共洛江区委、洛江区人民政府关于转发洛江区党政机构开展“三定”工作的通知》，决定自当年8月起，对全区党政群机关开展定职能、定机构、定编制的“三定”工作。通过“三定”，明确各部门的职责权限及工作协调关系，精简内设机构和人员，严格定编定员，建立健全岗位责任制，提高工作效率。是年底，全区党政群机关及各乡镇（街道）完成机构“三定”工作。

二、2002年洛江区党政机构改革

2002年1月，《洛江区党政机关机构改革方案》经市委、市政府批准并开始组织实施。同年4月3日，区委书记陈家富主持召开区委扩大会，会议原则通过《泉州市洛江区党政机构改革的实施意见》和《关于制定泉州市洛江区党政机构“三定”规定的通知》等机构改革配套文件。同月12日，区委召开全区党政机关机构改革动员会进行部署。此次改革，重点是转变政府职能，精简机构和人员编制，规范领导职数管理。

（一）区委机构改革

1. 区委工作部门

保留纪律检查委员会机关（区监察局与其合署办公）；保留区委办公室，区委政策研究室、保密委员会办公室（区国家保密局）、机要局职能并入区委办公室，保留牌子；保留组织部；保留宣传部；保留区委统一战线工作部，加挂区政府民族与宗教事务局牌子；保留区委政法委员会，区社会治安综合治理委员会办公室与其合署办公，实行“两块牌子、一套人马”；保留区委台湾工作办公室，加挂区政府台湾事务办公室牌子；保留区委机构编制委员会办公室，加挂区政府机构编制办公室、区政府事业单位登记管理局牌子，列入区委机构序列，为区委机构编制委员会常设办事机构，既是区委工作部门，又是区政府工作部门；保留区委直属机关工作委员会，仍为区委派出机构。

2. 区委部门管理机构

保留区委信访局（挂区政府信访局），为副科级机构，以区委办公室为主管理；保留区委老干部局，仍为正科级，由区委组织部管理；保留区委精神文明建设办公室（挂区精神文明建设指导委员会办公室牌子），仍为正科级，由区委宣传部管理。

3. 区委议事协调办事机构

保留区委农村工作领导小组办公室，为区委农村工作领导小组办事机构，与区政府农业水务局一个机构两块牌子。

改革调整后，区委设置工作部门9个，部门管理机构3个，议事协调办事机构不计机构数。

（二）区政府机构改革

1. 区政府工作部门

不再保留计划与统计局、经济贸易局、乡镇企业局，组建经济贸易发展局（区国防动员委员会经济动员办公室设在经济贸易发展局），加挂乡镇企业局牌子；设置粮食局，与经济贸易发展局合署办公；保留财政局，国有资产管理职能并入财政局；保留农业水务局（区委农村工作领导小组办公室与其一个

机构两块牌子）；对外经济贸易局更名为对外贸易经济合作局；保留建设局，加挂区国防动员委员会人民防空办公室牌子；保留交通局（区国防动员委员会交通战备办公室设在交通局）；设置环境保护局；不再保留劳动局，组建劳动和社会保障局；土地管理局更名为国土资源局，原区计划与统计局管理的地质矿产行政职能划入国土资源局。保留民政局，老龄工作委员会办公室设在民政局；不再保留科技文体局，组建文体旅游局，新闻出版与版权管理职能由文体旅游局承担。设置科学技术局，与文体旅游局合署办公；不再保留政府侨务办公室（外事办公室），设置外事侨务办公室；保留政府办公室（区国防动员委员会支援前线办公室设在政府办公室）、监察局（与区纪委机关合署，不占区政府机构限额）、人事局、教育局、司法局、卫生局、计划生育局、审计局、林业局。

2. 区政府部门管理机构

保留物价局，仍为副科级机构，由经济贸易发展局管理；组建统计局，为副科级机构，由政府办公室管理。

3. 区政府议事协调办事机构

组建安全生产管理委员会办公室，加挂安全生产监督管理局牌子，为安全生产管理委员会常设办事机构。

改革调整后，区政府设置工作部门 20 个（监察局列入政府工作部门序列，不计入政府机构个数），部门管理机构 2 个，议事协调办事机构 1 个。

党委、政府工作部门规格为正科级，工作部门内设机构一律称股，规格为股级；部门管理机构一般为副科级。至同年 7 月，区级党政机关“三定”工作全部完成。

三、2005 年洛江区政府机构改革

2005 年 11 月，《洛江区人民政府机构改革方案》经市委、市政府批准，并组织实施。本次改革，主要是合理划分区域经济、社会事务的管理责权，进一步整合行政资源，优化组织结构，理顺关系，完善运行机制，改革行政审批制度，规范市场秩序，优化社区服务，提高行政效率，加快形成行为规范、运转协调、公正透明、廉洁高效的行政管理体制。区政府机构除少数略作调整外，总格局和人员编制保持相对稳定，不作精简。

区政府授权区财政局代表国家履行国有资产出资人职责，承担国有资产监督管理职能。区经济贸易发展局改组为区经济贸易发展和改革局，原由区政府办公室承担的经济体制改革职能划归区经济贸易发展和改革局。区政府办公室加挂区人民政府法制办公室牌子。

在市城市监察支队洛江大队基础上（该大队成建制下放），组建区城市管理行政执法局（加挂区城市管理行政执法大队牌子），为区政府工作部门。

为加强人口发展战略研究，促进人口与经济、社会协调发展和可持续发展，综合协调人口与计划生育工作，将区计划生育局更名为区人口和计划生育局。

组建区民族与宗教事务局，作为部门管理机构，规格为副科级，由区政府办公室管理，业务上接受区委统战部指导。区委统战部不再加挂区民族与宗教事务局牌子。

撤销区国土资源局，并成建制移交市国土资源局（含收回行政编制 4 名），区国土资源管理工作由市国土资源局设立派出机构管理。

改革调整后区政府设立工作部门 20 个（监察局列入政府工作部门序列，不计入政府机构数），部门管理机构 3 个，合署办公机构 2 个，议事协调办事机构 1 个。至 2006 年 3 月，区政府机构改革完成。

四、乡镇党政机构改革

1998 年，对乡镇事业单位编制适当调整。撤销规划所，其行政职能归入村镇规划建设办公室，其中

虹山乡的归入社会事务办公室；撤销水土保持站，其行政职能归入农业办公室；撤销经济作物站，其行政职能归入农业办公室，服务职能归入农业技术推广站，其中虹山乡的归入农业综合服务站；撤销罗溪、河市镇水产技术推广站，其服务职能归入农业技术推广站；撤销河市镇经济技术服务站，其服务职能归入区人才交流服务中心；广播站与文化站合并组建文化广播站；保留乡镇土地所、农业机械管理站、农业技术推广站、农业经营管理站、畜牧兽医站、水利水电站、林业站、企业管理站、计划生育服务所、流动人口计划生育管理站、劳动服务站、计划生育协会，其中：虹山乡农业机械管理站、农业技术推广站、农业经营管理站、畜牧兽医站合并组建农业综合服务站。

在调整乡镇事业单位机构后，重新核定事业编制。全区乡镇事业单位编制总额 142 名，比原来 236 名减少 94 名，精简率 39.8%。

1998 年洛江乡镇事业机构编制调整表

表 21-1-1 **单位：人**

<table>
<tr><th>机构名称</th><th>罗溪镇</th><th>马甲镇</th><th>河市镇</th><th>虹山乡</th><th>附注</th></tr>
<tr><td>财政所</td><td>4</td><td>4</td><td>4</td><td>2</td><td rowspan="16">1. 虹山乡农技站、农机站、农经站、兽医站合并，新组建农业综合服务站
2. 撤销罗溪、河市镇水产技术推广站，现有人员归农技站。其行政职能归入农业办公室，必要时加挂水土保持站牌子
3. 各乡镇计生协会专干担任，保留协会的牌子</td></tr>
<tr><td>土地所</td><td>2</td><td>2</td><td>2</td><td>1</td></tr>
<tr><td>文化广播站</td><td>3</td><td>3</td><td>3</td><td>2</td></tr>
<tr><td>农技站</td><td>4</td><td>4</td><td>4</td><td rowspan="4">4</td></tr>
<tr><td>农机站</td><td>1</td><td>1</td><td>1</td></tr>
<tr><td>农经站</td><td>3</td><td>3</td><td>3</td></tr>
<tr><td>兽医站</td><td>1</td><td>1</td><td>1</td></tr>
<tr><td>水利水电站</td><td>1</td><td>2</td><td>2</td><td>1</td></tr>
<tr><td>林业站</td><td>3</td><td>4</td><td>3</td><td>1</td></tr>
<tr><td>企业管理站</td><td>5</td><td>6</td><td>6</td><td>2</td></tr>
<tr><td>计划生育专干</td><td>3</td><td>4</td><td>3</td><td>2</td></tr>
<tr><td>计划生育服务所</td><td>5</td><td>6</td><td>5</td><td>4</td></tr>
<tr><td>流动人口计生站</td><td>2</td><td>2</td><td>2</td><td>1</td></tr>
<tr><td>劳动服务站</td><td>1</td><td>1</td><td>1</td><td>1</td></tr>
<tr><td>计划生育协会</td><td>—</td><td>—</td><td>—</td><td>—</td></tr>
<tr><td>合计</td><td>38</td><td>43</td><td>40</td><td>21</td></tr>
</table>

2002 年，乡镇党政机构改革贯彻《福建省乡镇工作纲要（试行）》，加强和改善党的领导，发挥乡镇党委领导核心作用，巩固农村基层政权；推动农业和农村社会化服务体系发展与完善，为乡镇企业发展创造条件；加强农村社会主义民主政治和法制建设，依法行政，规范管理。结合农村税费改革，在改革乡镇党政机构同时，同步进行事业单位改革，精简事业编制，清理、清退各类临时人员，重点压缩财政供养人员，减轻财政负担和农民负担。根据乡镇分类标准，洛江区 5 个乡镇，其中一类乡镇 3 个，二类乡镇 2 个。一类乡镇党政机构设置 5 个，名称统一规范为党政办公室、财政经济办公室、社会事务办公室（挂社会治安综合治理办公室牌子）、计划生育办公室、村镇建设办公室。二类乡镇党政机构设置 4 个，名称统一规范为党政办公室、财政经济办公室、社会事务办公室（挂社会治安综合治理办公室牌子）、计划生育办公室。乡镇人大、人武部、工青妇等组织机构按有关规定设置。对乡镇机关除政法系统和实行中央、省以下垂直管理的系统以及土地所、林业站、广播站外，其他原属于区以上有关部门管理的站所，原则上都下放给乡镇，由乡镇根据当地实际和财政承受能力决定设置形式，对分设过细、业务量不大的站所，打破行业和部门界限，综合设置。

2002 年洛江区乡镇行政事业单位编制配置表

表 21-1-2　单位：人

机构	虹山乡	罗溪镇	马甲镇	河市镇	双阳镇
行政	14	30	31	30	20
机关工勤	2	3	3	3	2
农业服务中心	4	6	7	6	4
文化服务中心	2	3	3	3	2
综合行政执法队	3	5	5	5	5
财政所	2	3	3	3	3
计生服务所	7	10	12	10	8
企业管理站	0	0	4	4	4
土地所	1	2	2	2	2
林业站	1	3	4	3	1

说明：计生服务所编制含流动人口管理站、计生专干编制

2005 年 2 月 28 日起，各乡镇机关事业单位停止增设机构，提高机构规格，增加人员编制和领导职数。凡满编和超编单位一律不准调进人员，缺编单位需要补充人员，乡镇机关必须在现有机关人员中调剂，乡镇事业单位在现有机关和事业单位人员中调剂解决，区直部门派驻乡镇的机构及其人员编制不得突破现有规模，严肃有关纪律。9 月，组织人员到各乡镇街道落实乡镇街道机关、事业单位人员编制“实名制”管理，逐一核对《核编手册》和工资基金，完善乡镇街道机关、事业单位人员编制台账；对自行设立和加挂牌子进行清理。

五、城市街道办事处党政机构改革

城市街道办事处党政机构改革，贯彻《福建省城市社区建设纲要（试行）》，规范机构设置，精干人员，完善社会保障，促进社区政治、经济、文化协调发展。城市街道办事处党政机构设置参照二类乡镇执行。统一规范设置为党政办公室、财政经济办公室、社会事务办公室（挂社会治安综合治理办公室牌子）、计划生育办公室。城市街道办事处人武部、工青妇等组织机构按有关规定设置。

2002 年，万安街道行政事业单位 12 个，编制人员 60 名。2003 年，万安街道增设劳动保障事务所，增加 2 名事业编制。2005 年 7 月，经省政府批准撤销双阳镇，设立双阳街道办事处。2007 年，双阳街道增设事业单位双阳华侨农场管理办公室，增加 3 名事业编制。

第三节　事业单位登记

1997 年起，洛江区贯彻落实《事业单位登记管理暂行条例》，依法登记，规范管理，扩大登记面，提高登记率。年检中严格规范程序，实施对事业单位人员流动、资产变更、职能变动的动态管理，对事业单位的变化情况及时进行登记、变更和注销，健全年检工作制度，发挥登记和年检成果，提高机构编制管理的科学性。规范登记档案管理，完善登记管理数据库建设，强化对事业单位登记的监督管理。开展事业单位登记管理网上受理工作，组织开展网上登记管理的培训，确保网上登记管理工作的开展。1998 年，区编办根据《福建省事业单位登记管理暂行规定》，首次对全区事业单位进行法人登记、发证，为事业单位参与社会经济服务活动提供“身份证”。2001 年，根据国务院《事业单位登记管理暂行条例》，

开展事业单位重新登记换证工作。2002年，对国家统一登记换证的事业单位首次进行年检，参检176个，年检率100%。

2003年，全区参加年检事业单位184个，符合年检的事业单位178个。新设立登记5个，变更登记65个，注销登记42个。2004年7月，举办洛江区首期法定代表人培训班，培训事业单位法人160名，并颁发事业单位法定代表人证书。

2006年底，洛江区登记事业单位总数为197个，2005年应年检数是188个，受理186个，年检合格率为98.9%，办理变更登记28个，注销登记1个，完成整改单位3个。2007年度年检工作，重点审查各单位的开办资金，年检中要求出具资产负债表，严把资金审核关。全年应年检数186个，受理186个，年检合格率为100%。新设立登记5个，办理变更登记37个，注销登记2个。至2007年12月，全区登记发证事业单位有197个。

第四节 管理

一、管理机构

1998年，成立中共泉州市洛江区委机构编制委员会办公室（以下简称“区编委办”，正科级，加挂洛江区人民政府机构编制管理办公室牌子），挂靠人事局，编制暂定3名。2000年12月12日，洛江区事业单位登记中心成立，为区委编办直属事业单位，编制2名。2002年，机构编制委员会办公室，加挂泉州市洛江区人民政府机构编制办公室、泉州市洛江区事业单位登记管理局牌子，列入区委机构序列，为区委机构编制委员会的常设办事机构，既是区委的工作部门，又是区政府的工作部门。同年，全区党政机构改革，区委编办机构、编制单列，加挂区政府机构编制办公室、区事业单位登记管理局牌子，列入区委机构序列，行政编制3名，至2007年，区委编办机构和编制不变。

二、编制管理

2002年，区党政群机关行政编制228名，按24.46%的比例精简，精简56名，扣除上划实行省以下垂直管理部门编制24名，精简后实际定编148名。乡镇机关行政编制165名，按18%的比例精简，精简30名，精简后实际定编135名。区政法系统机关政法专项行政编制77名，按10%的比例精简，精简8名。其中：司法局机关编制7名，精简1名，精简后定编6名；法院机关编制40名，精简4名，精简后定编36名；检察院机关编制30名，精简3名，精简后定编27名。

2003年，合并区建设局下属城监中队、园林办、市政工程管理处，设立市政管理中心；撤销区广电站、住房基金管理中心、公费医疗办公室、罗溪交管站，将国投公司转为企业性质；设立会计核算中心，从区直事业单位调入人员，相应减少调出单位人员工编制；撤销小学学区，相应减少非教学人员。

2004年，巩固机构改革成果，完成市委、市政府下达的机构改革任务。同年10月，区乡党政机构改革期间分流人员23名；指导“两院”组织实施机构改革方案，完成“两院”的“三定”工作。

2005年，按照省委编办、省财政厅《关于清理整顿事业单位机构编制的通知》精神，对事业单位和机构编制进行清理整顿，撤销事业机构1个，合并事业单位1个，收回事业编制4名，成建制转移15名。

2006年，会同教育部门按照《关于福建省中小学教职工编制标准实施意见的通知》规定，针对洛江区小学教职工存在严重超编、活力不强等问题，2005—2006年度中小学定编的基础上，在全区小学教职工中推行竞聘上岗，科学设置教学、行政、教辅、工勤人员岗位，采取灵活多样的人员分流措施，分流安置266人，优化率达到25.3%。设立“12310”举报电话，最快速、最直接反馈违反机构编制纪律问题，及时发现、纠正问题。

2007 年，按照转变职能，强化服务、改革管理、提高效率的要求强化机构编制管理监督。对机构编制的控制和管理，坚持机构编制管理“三个一”审批制度，即编办一家单位承办，编委主要领导一支笔审批，编委一家行文，严肃机构编制纪律。坚持严格的核编制度，建立和完善机构编制管理与财政预算管理相互配套协调的约束机制，严格执行国库统发工资管理制度，确保机构编制得到遵守。重点对机构改革方案情况和“三定”方案以及事业单位清理整顿后，机关事业单位机构编制数额的控制和人员配备、领导职数等执行情况的监督。建立与组织、人事、劳动、财政等部门的协调约束机制，防止超编、超职数配置人员，控制人员盲目增长。发挥机构编制核编证和机构编制核编数据库的督查功能，即时、动态、直观地反映每个部门和单位机构编制、职能和领导职数的变化情况，控制机构编制的增长。同年，以实施公务员法为契机，强化对党政机关、事业单位机构编制的管理工作，实施《地方各级人民政府机构设置和编制管理条例》，完善管理制度，严格审批程；清理整顿事业单位外借人员，开展事业单位分类管理和机构改革工作，优化调整事业单位资源和结构，对条件较成熟的部门和单位进行调整、合并，合理配置和利用事业单位资源。

第二章 人事

第一节 干部考录

一、国家公务员考录

1997 年建区后，贯彻执行《国家公务员录用暂行规定》《福建省录用国家公务员面试暂行办法》及省纪委、省监察局、省委组织部、省人事厅《关于加强首届考试国家公务员和党群机关工作者监督的通知》等文件精神，首次开展国家公务员和党群机关工作者考试录用工作。成立由区纪检、组织、人事、编制等单位领导组成的领导小组，严格按照报名、资格审查、笔试、面试、体检、考核、录用的程序，实行全省统考，统一试卷，统一考试时间，统一评分标准，统一评卷。当年，无录用公务员。此后，坚持国家公务员考录制度，实行“有进必考”，考录工作做到“三公开”（政策、报考条件公开，考试办法、成绩公开，录、聘用结果公开）。加强考官选拔培训，实行考录全过程跟踪管理。2005 年，全区通过考试、考核，录用国家公务员和党群机关工作人员 5 人。至 2007 年，全区考录国家公务员和党群机关工作人员 21 人。

二、事业单位工作人员录聘用

1997 年，推行以聘用制度、职员制度为重点的事业单位人事制度改革，出台符合事业单位特点的录聘用工作人员考试办法。根据事业单位不同岗位对人才素质、学历、专业对口等要求，面向社会公开招考，推行人事代理制度。严格执行事业单位公开考试考核补充工作人员规定，坚持“公开、平等、竞争、择优”原则，制定当年洛江区部分事业单位公开招考补充工作人员方案。其中，2004—2005 年录聘 32 人补充到机关事业单位，办理人事代理手续 42 人次。至 2007 年，全区通过考试录用到其他事业单位工作人员 108 人。

三、军队转业干部安置

1997—2002 年，区人事部门把军转干部安置作为一项重要的政治任务。5 年间，接收安置营、连、排军转干部 5 人。至 2007 年，全区接收安置营、连、排军转干部 8 人。

四、大中专毕业生就业

1999 年，按照省取消派遣报到分配方式，实行《就业通知》和《待就业证明》，促进大中专毕业生就业制度进一步与人才市场接轨。2000 年，大中专毕业生就业工作采取推荐和考试相结合的办法。

2001—2004 年，全区返回洛江待业非师范类毕业生 185 人，累计推荐就业 142 人，年均就业率 76%。

2005 年，对到非公有制企业就业大中专毕业生实行优惠办法。区政府规定，愿意到洛江区非公有制企业的大中专毕业生不受生源地、学历、专业的限制。是年，全区接收各类大中专毕业生档案 55 份，其中，推荐到非公有企业就业 40 人，占接收档案毕业生总数 72.7%。当年，接收非师范类毕业生报到 60 人，其中，本科 8 人，大专 15 人，中专 37 人；接收档案 55 份，考录到机关事业单位就业 6 人，推荐到企业就业 44 人，就业率 83%。

2007 年，接收非师范类毕业生报到 68 人，其中本科 15 人，大专 31 人，中专 22 人；接收档案 61 份，考录到企事业单位就业 12 人（教育系统 4 人），推荐到企业就业 47 人，就业率 87%。同时，鼓励高校毕业生到基层、艰苦地区工作，接收安排 4 名高校毕业生“三支一扶”（支农、支教、支医，扶贫）到乡（镇）工作。区人事局与区委组织部联合招聘 42 名大中专毕业生为专职村务工作者，加强基层组织建设。

第二节 干部管理

一、干部调配与流动

1998 年，根据省人事厅《关于加强机关、事业单位干部调配宏观调控有关问题的通知》，干部调配按照“有利于优化人才资源配置、提高队伍素质和合理流向、保证重点、适当照顾”的原则，各级行政机关急需补充国家公务员应在核定编制内，从其他机关调剂，一般不得从企事业单位调入，从企事业单位调入行政机关的按录用国家公务员有关规定办理；严格控制干部从企业单位调入事业单位；严格控制教师改行，任何单位和个人不得改派师范专业毕业生和借调、接收中小学教师；鼓励、支持科技人员及有一定经济、技术管理能力的人员进入经济建设主战场。

2002—2007 年，根据区委、区政府推行人事制度改革部署，对机关、事业单位人员通过合理交流、调配、流动、调动，激活干部队伍活力。配合区委组织部抽调干部到区重点项目工程交流、挂职。同时，引进人才，为发展经济服务。

1997—2007 年洛江区干部调配流动情况表

表 21-2-1　　单位：人

年份	调出区外	区外调入	区内调整	其他	小计
1997 年	6	34	16	22	78
1998 年	124	24	40	55	243
1999 年	91	7	106	32	236
2000 年	5	16	30	42	93
2001 年	7	11	13	25	56
2002 年	7	11	38	18	74
2003 年	14	22	75	58	169
2004 年	3	9	25	16	53
2005 年	9	9	34	27	79

续表 21-2-1

年份	调出区外	区外调入	区内调整	其他	小计
2006 年	12	5	30	12	59
2007 年	6	7	53	44	110

二、培训教育

（一）国家机关工作人员和国家公务员培训教育

1997 年，举办公务员电脑培训班，参训 50 人次。2003 年，组织 25 名新录用公务员和 32 名机关工作人员参加初任培训和依法行政业务培训。2004 年，举办全区公务员学习《中华人民共和国行政许可法》培训班，参训 80 人次。2005 年，举办公务员进修班，参训 60 人；举办《中华人民共和国公务员法》培训班 2 期，参训 150 人次。2006 年，举办全区学习《中华人民共和国公务员法》培训班 2 期，举办公务员电子政务培训班 1 期，参训 180 人次。举办首次事业单位工勤人员继续教育培训班，参训 40 人次。2003—2007 年，以区委党校、区进修学校为依托，抓好公务员培训基地建设和专业技术队伍建设。选派区委党校、进修学校优秀骨干教师参加省、市举办的各项师资培训，为公务员培训提供高水平的师资保证。2007 年，举办公务员普通话培训与测试培训班，参训 60 人次。

（二）专业技术人员继续教育

1997—1999 年，强化专业技术人员继续教育管理工作。其间，举办经济、会计系列职称资格考前培训班 2 期，参训 226 人次，举办各类专业技术人员岗前、岗位培训班 2 期，参训 516 人次。举办专业技术人员继续教育培训班 2 期，参训人员 1837 人次。

2004—2006 年，规范专业技术人员继续教育培训管理工作。其间，举办全区非公有制专业技术人员公共必修课和专业课培训班 3 期，参训 2160 人次。

2007 年，举办专业技术人员继续教育培训班 2 期，参训 1700 多人次。举办经济专业技术人员培训班 2 期，参训 248 人次。举办全区专业技术人员《创新能力与职业道德》继续教育培训班，参训 2150 人次。举办非公有制专业技术人员继续教育公共课培训班，参训 610 多人次。

三、干部任免

1997 年起，区人事部门按干部任免的程序、范围、权限，进行干部任免工作和科员、办事员任职确认工作，使德才兼备、成绩突出、群众拥护的人才脱颖而出。当年，全区审批科员 4 人、办事员 18 人。1999 年，审批科员 12 人、办事员 20 人，国家公务员任职定级 12 人，任命股级干部 18 人。2004 年，办理大中专毕业生试用期满转正定级 30 人，办理科员任职 16 人，股级干部任免 8 人。至 2007 年，全区审批科员 127 人，任命股级干部 168 人。

1997—2007 年洛江区审批办事员、科员与任命股级干部情况表

表 21-2-2　　单位：人

年份	审批		任命股级干部
	科员	办事员	
1997 年	4	18	2
1998 年	8	6	14
1999 年	12	20	18

续表 21-2-2

年份	审批		任命股级干部
	科员	办事员	
2000 年	13	12	16
2001 年	10	8	15
2002 年	11	5	11
2003 年	10	5	12
2004 年	16	3	16
2005 年	12	0	18
2006 年	11	0	26
2007 年	10	0	22

四、干部分流轮岗

1998 年起，各单位结合实际逐步推行轮岗和竞争上岗，对从事人、财、物管理，证、照、牌核发，项目、经费、配额审批的重点职位及在一个岗位工作时间较长、符合轮岗条件的公务员，要有计划地轮岗。是年，全区机关工作人员分流 10 人到企事业单位工作。

2000—2001 年，实施国家公务员轮岗和竞争上岗工作，优化公务员队伍结构，对 17 名副科级以下干部实行岗位轮换，其中，跨乡（镇）、跨单位轮岗 5 人，单位内部轮岗 12 人。2002 年，全区新一轮党政机构改革，人事部门重点抓好机构改革人员定岗、分流工作。2004—2007 年，没有进行全区性干部轮岗。

五、考核奖惩

（一）考核

建区后，区人事部门坚持从“德”“能”“勤”“绩”四个方面有计划、有目标地对所属干部进行考核。每年对机关、事业单位干部进行一次年度考核，考核结果作为干部奖惩、任免的依据。全区机关、事业单位年度目标责任奖由区人事局审批。建立健全平时考核制度，对干部奖惩、转正定级、确认职务、晋升工资等事先按程序予以考核。2003 年，考核事业单位 2683 人，其中优秀等次 327 人，合格 2244 人，不合格 8 人，不定等次 78 人，不属考核对象 26 人；考核机关工作人员 269 人，其中优秀等次 36 人，称职 227 人，不定等次 5 人，不属考核对象 1 人。

（二）奖惩

奖励 1997—2007 年，区人事部门对在“两个文明”建设和改革开放中涌现出来的各行各业先进人物，给予表彰奖励，实行精神鼓励和物质奖励结合，以精神鼓励为主、物资奖励为辅。执行市人事局《关于加强对市政府工作部门开展评选表彰先进工作管理的通知》，评规范奖励工作，严格评选方法和审批程序。对国家公务员的奖励分为记一等功、二等功、三等功、嘉奖和授予荣誉称号 5 种，对获记一等功、二等功、三等功和嘉奖的国家公务员，发给奖品或奖金；对被授予荣誉称号的国家公务员，给予晋升职务工资档次奖励或给予一次性奖金。

惩戒 1997—2007 年，推行国家公务员制度，行政处分改为警告、记过、记大过、降级、撤职、开除 6 种。受撤职处分的同时降低级别和职务工资，触犯国家刑事法律的公职人员，提请司法部门依法惩处。其中，2004 年，对 1 名被判有期徒刑人员给予开除公职，对 2 名违纪人员分别给予行政记大过和开除留用处分。

五、干部档案管理

1998年，区人事局设立干部档案室，对全区干部人事档案进行管理。2000年，完善干部档案室基础设施，按干部档案室达标要求，实行库房、办公室、阅档室“三室”分开，购置计算机、打印设备、空调机、去湿机、冰柜、复印机、切纸打孔机、铁皮柜等设备，对档案收集、审查、分类和装订，并制定干部档案管理工作职责和制度。

第三节 人才建设管理

一、人才管理

1997年10月，泉州市洛江区人才交流服务中心成立。对人才的认定，依照1982年提出的标准，即“具有中专以上学历和初级以上职称的人员”。2005年，第一次全国人才工作会议在北京召开，掌握先进技术、工艺和技能的高技能人才被纳入人才的范畴。依据新时期人才工作的内涵和政策，洛江区出台《关于加强泉州市洛江区人才引进工作的暂行规定》《关于选拔管理优秀人才的意见》《关于选拔优秀企业管理人才的意见》《泉州市洛江区“十一五”人才发展规划纲要》等政策，采取加强人才引进、加大人才资源开发力度、深化人事制度改革等举措，壮大人才总量、优化人才结构、增强人才队伍整体素质。2005年，洛江人才网投入使用，建立洛江区人才网上交流市场。2007年，为1600名大中专毕业生提供档案管理服务，其中办理人事代理158人次，为区属企业成功推荐各类人才近150人次。

二、人才交流

2002年5月，举办洛江区首届人才供需洽谈会。65家企业、2000多名大中专毕业生及各类人才参加洽谈会，达成意向720多人次。

2006年6月，参加市政府和省人事厅联合举办的“6·17”泉州急需紧缺人才招聘会，20家企业167个职位参加洽谈会，达成意向28人次。

2007年3月，在仰恩大学举办“2007年春季人才交流大会”，厦门、漳州、泉州等地200多家企事业单位到会招聘，仰恩大学等高校毕业生近5000人参加应聘，达成意向1600多人次。6月，组织参加市政府主办的“6·18”泉州市人才引进信息发布暨人才招聘会，下半年组织参加市人事局组织的赴兰州等地人才招聘活动。

第四节 职称评聘

一、专业技术职务评聘

1997年，加强专业技术人员管理工作，调整充实区职称改革领导小组成员，组建5个系列初级专业技术职务评审委员会，以评委会为依托，指导各主管部门开展职改工作。是年，部分专业开始实行专业技术职务资格考试制度，全区参加经济员资格考试29人。

1998年，改善专业技术队伍结构，做好乡（镇）企业专业技术人员职务评定和选拔优秀中青年技术人员晋升高级职务工作。是年，批准确认乡（镇）企业初级专业技术职务任职资格9人。

2004年，开展专业技术职务评聘分开、竞争上岗工作。在原有职数指标不变基础上，实行评聘分开，按岗设位，竞争上岗，初步打破专业技术职务“终身制”。2005年，组建非公有制经济组织职改领导小组及其办公室，成立泉州市洛江区非公有制经济组织工程建筑专业技术初级职务评委会和泉州市洛江区工程建筑专业初级职务评委会。专业技术职务“评聘分开、竞争上岗”在事业单位全面铺开，按照“总量控制、宏观管理、因事设岗”的原则，根据各单位人员编制、人员结构、事业需要设定岗位，竞争上岗。至2006年12月，全区聘任高、中级职务人员925个，其中高级职务112个，中级职务813个。

2007年，全区有专业技术职务人员2127人，其中高级职务152人，中级职务900人，初级职务1075人，分别占专业技术职务总数的7%、42%和51%。全区专业技术职务人员已聘任2062人，其中高级职务141人，中级职务846人，初级职务1075人。

2007年洛江区专业技术职务人员聘任情况表

表21-2-3 单位：人

职务	教育系列	卫生系列	农业第列	工业系列	图书文博系列	经济系列	会计系列	档案	新闻	文艺	教练员	公证	法官	非国有企业	小计
高级职务	114	16	5	0	0	3	0	3	0	0	0	0	0	0	141
中级职务	701	59	17	0	14	16	18	21	0	0	0	0	0	0	846
初级职务	871	98	34	0	9	32	11	20	0	0	0	0	0	0	1075
合计	1686	173	56	0	23	51	29	44	0	0	0	0	0	0	2062

二、机关、事业单位工人技术等级岗位升级

1997年，根据省、市人事部门有关部署，对全区机关、事业单位482名工人工种进行分门别类、登记造册，为98名报考人员征订培训资料。1998年，组织对98名机关、事业单位工人技术等级岗位考试、考核，涉及工种10个。1999年，全区有59人通过考核升级，其中高级工15人，中级工25人，初级工19人，合格率48%。2000年，全区参加技术等级岗位考试、考核人员85人，通过考核升级47人，合格率55.3%。2001年，成立区机关、事业单位工人技术等级岗位升级考核管理委员会，负责全区机关、事业单位工人申报技术等级的培训、考试、考核、发证和管理工作。至2007年，全区考核7批696人，通过考核升级343人，其中，高级工79人，中级工126人，初级工130人，合格率为49.3%。

2001—2007年洛江区行政机关、事业单位工人技术等级岗位考核情况表

表21-2-4

年份	工种（个）	参加等级考核人数（人）				参加等级考核合格人数（人）				合格率%
		高级工	中级工	初级工	小计	高级工	中级工	初级工	小计	
2001年	10	36	31	35	102	5	15	20	49	48%
2002年	7	24	25	15	64	14	13	8	35	55%
2003年	10	38	48	41	127	15	23	24	62	49%
2004年	9	18	53	35	106	7	27	21	55	52%
2005年	10	48	29	37	114	13	15	25	58	51%
2006年	6	23	37	25	85	8	15	17	40	47%
2007年	6	35	44	19	98	11	18	15	44	45%

第五节 工资 福利

一、工资与津贴

（一）工资制度改革

1956 年 6 月，第一次全国性工资改革，取消工资分（津贴）制度，统一职工等级工资制度。在全国范围内按产业、部门统一职工的工资等级制度，修订工人技术等级标准，调整计件工资、奖励工资和津贴制度。8 月，行政、事业单位全面实行职务等级工资制，统一执行国家机关工作人员工资标准。12 月，国务院规定从 1957 年 1 月起，降低行政十级以上工资，1—5 级降 10%，6—8 级降 6%，9—10 级降 3%。

1985 年 6 月，第二次全国性工资制度改革，实行以职务工资为主要内容的结构工资制。使企业工资制度与国家机关、事业单位工资制度脱钩，按照工资不同职能，分为基础工资、职务工资、工龄津贴、奖励工资四部分。

1993 年 10 月，对机关和事业单位工作人员进行第三次全国性工资制度改革，实行地区津贴制度、建立正常增资制度、改革奖金制度、整顿津贴。机关工作人员实行职级工资制，其工资由职务工资、级别工资、基础工资和工龄工资四部分构成。机关技术工人实行岗位技术等级工资制，其工资由岗位工资、技术等级工资和奖金三部分构成。普通工作实行岗位工资制，其工资由岗位工资和奖金两部分构成。事业单位根据自身特点和经费来源不同，分为全额拨款、差额拨款、自收自支三种类型，实行不同的管理办法。专业技术人员分别实行五种不同类型的工资制度；管理人员实行职员职务等级工资制；技术工人、普通工人分别实行技术等级工资制和等级工资制。事业单位工作人员工资由职务（等级）工资和津贴两部分构成（运动员工资由津贴和奖金两部分构成）。

2006 年 7 月，福建省对机关和事业单位工作人员进行第四次全国性工资制度改革。改革公务员现行工资制度，实行国家统一的职务与级别相结合的公务员工资制度，完善机关工人岗位技术等级（岗位）工资制，完善津贴补贴制度，健全工资水平正常增长机制，实行年终一次性奖金。公务员基本工资构成由现行职务工资、级别工资、基础工资和工龄工资四项调整为职务工资和级别工资两项，取消基础工资和工龄工资。技术工人仍实行岗位技术等级工资制，基本工资构成由现行岗位工资、技术等级（职务）工资和奖金三项调整为岗位工资和技术等级（职务）工资两项。岗位工资按初级工、中级工、高级工三个技术等级和技师、高级技师两个技术职务设置，分别设若干工资档次。技术等级（职务）工资根据技术水平高低确定，一个技术等级（职务）对应一个工资标准。普通工人仍实行岗位工资制，基本工资构成由现行岗位工资和奖金两项调整为岗位工资一项。岗位绩效工资由岗位工资、薪级工资、绩效工资和津贴补贴四部分组成，其中岗位工资和薪级工资为基本工资。事业单位岗位分为专业技术岗位、管理岗位和工勤技能岗位。专业技术岗位设置 13 个等级，管理岗位设置 10 个等级，工勤技能岗位分为技术工岗位和普通工岗位，技术工岗位设置 5 个等级，普通工岗位不分等级。不同等级的岗位对应不同的工资标准。工作人员按所聘岗位执行相应的岗位工资标准。全区机关事业单位工作人员 3162 人，月增资 897039 元，年增资 1076.45 万元，未参加工改人数 68 人。

（二）工资调整与晋升

1957 年 2 月，中共中央决定降低三级以上党员干部工资。

1959 年 6 月，国务院人事局规定，国家机关工作人员调资的人数不得超过总人数 1%-2%（实际升级 2%）。

1960 年 9 月，中央决定，从 1960 年起，国家机关、事业单位降低行政 17 级以上党员干部工资，其中 1—3 级降 12%，4 级降 10%，5 级降 8%，6 级降 6%，7 级降 4%，8 级降 2%，9—17 级降 1%。

1961 年 10 月，国务院规定，限于矿山和林区的职工，生产工人及基层干部升级面，以不超过这部分职工总数 30% 为原则，辅助生产工人的升级面，以不超过这部分工人总数的 15% 为原则。

1963年8月，按照工人和干部升级面区别对待，工人和18级以下干部升级面为40%；17—14级行政干部升级面为25%，13—11级行政干部升级面最多不超过5%，10级以上行政干部不升级。

1971年7月，国务院规定，企业、事业和国家机关中1966年底以前参加工作的一级工和低于一级工的工人以及与上述工人工作年限相同、工资等级相似的工作人员都调高1级；对1957年底以前参加工作的二级工，1960年底以前参加工作的一级工和低于一级工的工人，可以调高2级。

1977年10月，国务院规定，1971年底以前参加工作的一级工，1962年底以前参加工作的二级工，以及同年限、工资等级相似的职工，可调升1级工资。表现不好的缓调，缓调人数占10%（满一年重新评定，转变好的可以补调，补调增加的工资从批准补调之日发给，表现仍不好的，不再补调）。除以上两类人员以外，对1971年底前参加工作的其他职工（不包括17级及其以上干部和相当的其他干部）调整面为40%。

1978年12月，国家劳动总局规定，对生产、工作成绩优异、贡献较大和提职后工作表现好而工资特别低的人员进行一次考核升级，对个别学习成绩特别优良的学徒工可提前转正定级。工资升级和提前转正定级的人数，控制在职工总数的2%。

1979年11月，国务院规定，企业、事业和国家机关职工升级面为40%，以后文化系统照顾增加2%，卫生系统4%，科研、设计、体育系统6%，文教系统8%。

1981年10月，国务院规定，给中、小学教职工，医疗卫生单位部分职工，体委系统优秀运动员、在职教练员以及体育事业单位的人员调整工资。对1978年底参加工作的职工普调1级。升级的办法，在现行工资标准的基础上采取先补、后靠、再升级。

1982年9月，国务院规定，对机关、事业单位中属于1978年底前参加工作的职工普调1级工资。

1983年10月，国务院规定，对企业单位属1978年底前参加工作的职工普调1级工资，按新拟企业干部工资标准的级差增加工资。

1997年9月，国家规定，机关工作人员基础工资标准由90元提高到110元；根据事业单位各类工作人员工资制度特点及其工资构成比例，相应调整事业单位工作人员工资标准（其中职务工资各档次均增加14元，津贴按单位执行比例计算）。并相应调整新参加工作大中专毕业生见习期、初期工资标准和学徒期、熟练期工资待遇，以及民办教师工资标准。全区机关事业单位工作人员2536人，月增资169778元，年增资203.73万元。

1999年10月，国家规定，机关行政人员基础工资标准由每人每月110元提高到180元，级别工资标准由十五级至一级每人每月55—470元提高到85—720元。同时调整事业单位工作人员和工人工资构成中的固定部分，活的部分按规定比例相应提高。全区机关事业单位工作人员2876人，月增资376756元，年增资452.1万元。

2001年1月，国家规定，机关行政人员基础工资标准由现行每人每月180元提高到230元，级别工资标准十五级至一级由现行每人每月85—720元提高到115—1166元。同时调整事业单位工作人员和工人工资构成中的固定部分，活的部分按相应比例提高。全区机关事业单位工作人员2982人，月增资357840元，年增资429.4万元。

2001年10月，国家规定，公务员（含参照、依照公务员制度管理的人员）各职务层次职务工资起点标准由最低50元至最高480元提高到100—850元。同时，调整事业单位工作人员和机关事业单位工人工资构成中的固定部分，活的部分按国家规定的工资构成比例相应提高。全区机关事业单位工作人员3003人，月增资297297元，年增资356.76万元。

2003年7月，国家规定，调整机关行政人员职务工资标准。各职务起点工资标准由现行的100—850元分别提高到130—1150元，其他各职务工资档次标准相应提高。在调整机关行政人员工资标准的同时，适当调整机关工人的岗位工资标准，机关工人的奖金部分按照其在工资构成中的比例相应提高。调整事业单位工作人员工资构成中的固定部分。固定部分调整后，活的部分按国家规定的工资构成比例相应提高。

全区机关事业单位工作人员 3118 人，月增资 177726 元，年增资 213.27 万元。

2005 年 4 月，国家规定，福建省对机关、事业单位工作人员的地区补贴进行适当的提高。全区审批 3128 人，月增资 1083728 元，年增资 1300 万元。

二、福利

（一）节假日公休日

1949 年 12 月，中央人民政府颁布《全国年节及纪念日放假办法》，即公职人员的节假制度。1999 年 9 月国务院第一次修订后，2007 年 12 月第二次修订，自 2008 年 1 月 1 日起施行。调整后，节假日有元旦、清明、“五一”国际劳动节、端午、中秋各 1 天，国庆、春节各 3 天。法定节假日若逢公休日可按日顺推补假。工作人员在节假期间工资照发。国家机关、事业单位实行统一的工作时间，星期六和星期日为周休息日。

（二）年休假

国家规定，公职人员工作年限满 1 年不满 10 年的，年休假 5 天；满 10 年不满 20 年的，年休假 10 天；满 20 年的，年休假 15 天。

国家法定休假日、休息日和国家规定的探亲假、婚丧假、产假的假期不计入年休假的假期。

职工依法享受寒暑假，其休假天数多于年休假天数的、职工请事假累计 20 天以上且单位按照规定不扣工资的、累计工作满 1 年不满 10 年的职工，请病假累计 2 个月以上的、累计工作满 10 年不满 20 年的职工，请病假累计 3 个月以上的、累计工作满 20 年以上的职工，请病假累计 4 个月以上的不享受当年的年休假。

年休假在 1 个年度内可以集中安排，也可以分段安排，一般不跨年度安排。单位确因工作需要不能安排职工休年休假的，经职工本人同意，可以不安排职工休年休假。对职工应休未休的年休假天数，单位应当按照该职工日工资收入的 300% 的支付年休假工资报酬。

（三）婚、丧假

国家规定，职工双方结婚属晚婚（男满 25 周岁，女满 23 周岁以上）的，可享受 15 天的婚假；未达晚婚年龄结婚的，经批准的可给婚假 1—3 天。

职工直系亲属（父母、配偶、子女）死亡时，经批准，可视情况给予 1—3 天丧假；职工结婚时双方不在一地工作的，或职工需到外地办理直系亲属丧事的，可据远近另给路程段；职工在婚丧假（含路程时间）期限内，工资照发，车船、住宿费由职工自理。

（四）事假

机关、事业单位工作人员的事假尚无统一制度规定，若职工确因私事需要处理，可临时报请领导批准执行，但一年事假期限一般掌握在 8 天以内（比照企业每季度 2 天的办法）。

归侨、侨眷职工和其他职工因私事（除探亲以外）请假去港澳内，不得超过 3 个月，一般不超过 1 个月。假期从离开工作岗位之日起计算。超过假期（含续假）半年以内的，予以停薪留职，超过半年的，按自动离职处理。因私事出境假期内的工资和副食品补贴，均按所在单位处理事假的规定办理，其出境的旅费、境外的医药费由本人自理；出境期间死亡的丧葬等费用按所在单位的现行标准发给。

赴台可向单位申请事假，一般不超过 3 个月，其待遇按国内职工的事假办理。

（五）病假

公职人员病假在 2 个月以内的，发给原工资；超过 2 个月的，从第三个月起工作年限不满 10 年的，发本人标准工资的 90%、满 10 年的工资照发；超过 6 个月的，从第 7 个月起工作年限不满 10 年的，发本人标准工资的 70%、满 10 年及其以上的，发本人标准工资的 80%。

大中专毕业生在见习期休产假、病假、事假的，其见习期应相应延长；省、市、自治区人民政府和国务院各部委授予劳模、劳动英雄称号、仍保持荣誉的，可适当提高 10—15% 的病假工资，但不得超过本人原标准工资。

符合离休条件的在职干部和中华人民共和国成立前参加革命工作享受100%退休待遇的在职老工人，病假期间，原工资照发。

公职人员身体衰弱，经组织批准半日工作半日休养的，工资原则上可以照发。

精神病患者、癌症病人在病假期间，也应按规定计发病假工资。

精神病患者，有三年以上病史，不能坚持正常工作，并妨碍他人工作的，经劳动鉴定委员会鉴定，企业行政领导批准，可以在家养病，由亲属照料。养病期间，发本人原标准工资60%的生活费；生活有特殊困难的，可适当提高。

职工留用察看期间患病请病假的，其生活费可不减发，但生活费高于本人病假待遇的，应按病假待遇发给。其他福利待遇一般按原规定享受。

公职人员病愈复工不久又继续休息的，经医院证明属劳累旧病复发者，其病假时间可重新计算，如是病未愈开假证明提前复工又请病假的，应前后连续计算病假时间。

（六）生育假

国家规定，已婚妇女24岁以上或职工双方晚婚（男满25周岁，女满23周岁以上）生育，并领取独生子女证的，可享受135—180天的产假，夫妻为双职工的，男方可享受7—10日的照顾假。

按正常婚龄生育的（含7个月以上早产）的妇女，其产假为90天，其中产前假15天。难产增15天。多胞胎的，每多生育一婴增15天。

怀孕7个月以上的女职工，确有困难的，可请产前假15天。生育假满后，确有困难的，可请哺乳假。产前假、哺乳假按本人标准工资60%—80%计发，并计算工龄。

产假期满后，因病不能工作的，经医疗保健部门证明，可以继续请假，但待遇按病假的有关规定处理。

女职工按计划生育怀孕，经医院证明需要保胎休息的，在6个月内按本单位实行的疾病待遇办理。

有不满一周岁婴儿的女职工，单位在每班劳动时间内要安排两次哺乳时间，每次30分钟。多胞胎生育的，每多哺乳一个婴儿，每次哺乳增加30分钟。

女职工怀孕在本单位医疗机构或指定的医疗机构检查、分娩时，其检查、接生、手术、住院和药费由所在单位负担。

（七）探亲假

国家规定，职工与配偶、父母不住在一起，又不能在公休假日团聚，即不能利用公休假日回家居住一夜和休息半个白天的，可以享受国家规定的探亲假。

1.探亲假的种类和时限

职工探望配偶，每年给一方一次探亲假30天；

未婚职工探望父母，原则上每年给假一次20天；若因工作需要当年不能探亲的，或本人愿意，可两年给假一次45天；

已婚职工探望父母的（不包括岳父母、公婆）每四年给假一次，假期20天；

归侨、侨眷、台胞职工出境探望父母，4年以上（含4年）一次的，给假6个月；不足四年的，按每年给假30天计算。

未婚归侨、侨眷、台胞职工出境探望父母，4年以上（含4年）一次的，给假4个月；三年一次的，给假70天；一年或两年一次的，按境内职工探亲假规定给假。

已婚归侨、侨眷、台胞职工出境探望父母，每4年给假一次，假期40天，不累积。

归侨回国、台胞职工回大陆工作10年以上，未出境或未在境内会见配偶和父母的，第一次探亲可给假半年；以后再次出境探亲的假期，按上述规定办理。

出境探亲假是指团聚时间，包括公休假日和法定假日。另给实际路程假。

归侨、侨眷、台胞职工出境探亲一般不续假，因情况特殊不能按期返回单位的，应请事假，并按单位职工事假待遇的规定处理。

2. 职工探亲往返车船费报支

享受探亲假的职工，在探亲假期内（含路途）其工资照发，按规定享受往返车船费的报销待遇。即：职工探望配偶和未婚职工探望父母的往返路费，在本人月标准工资30%以内的，由本人自理，超过由所在单位负担。具体报销办法视情况按财政部文教行政财务司行财处《关于职工探亲路费的问题解答》。

根据有关规定，经批准出境探亲的职工，其境内往返车船费的报销与国内职工探亲的待遇相同，出境后的路费、医疗费自理。

（八）抚恤遗属补助

1. 具体享受定期定额补助费和抚恤的对象

父、夫年满60周岁或基本丧失劳动能力的；母、妻年满50周岁或基本丧失劳动能力；子女，年未满16周岁或虽年满16周岁，但尚在普通中学学习或因病、残而基本丧失劳动能力以及其他原因不能自食其力的；弟妹，年未满16周岁或虽年满16周岁，但尚在普通中学学习或因病、残而基本丧失劳动能力以及其他原因不能自食其力的。

2. 丧葬费

统一按死者单位所在地职工最低工资标准的7个月发给。

3. 死亡抚恤费标准

原标准为因公（工）死亡的一次性发给标准工资40个月，非因公的，发10个月。2004年10月1日起，新标准为烈士80个月，因公牺牲（因工）40工个月，病故20个月。

4. 死亡抚恤费计发基数

从2000年3月起，为本人基本工资，包括工资类区补贴及归并后的岗位津贴、职务津贴；离退休人员为死亡当月本人基本离退休费和归并后的生活补助费及生活补贴费。2006年7月工改后，计发基数为在职人员的基本工资与抚恤附加之和，离退休人员为死亡当月的基本离退休费与抚恤附加之和。

5. 一次性困难补助

按单位所在地最低工资标准的6个月发给。

6. 遗属定期定额生活困难补助

原标准为因公（工）死亡的，按单位所在地职工最低工资标准的60%比例，农业户口的按55%比例，逐月发给；非因公（工）死亡的，按50%和45%的比例，逐月发给。同时每月加发相应的粮油补贴（非农业人口每月5元、农业3元）。新标准为按单位所在地职工最低工资标准的50%计发，不再区分是否农业户口。

工作人员死亡后其父母需供养的，采取兄弟姐妹共担的办法处理，单位只承担死者份额的补助费。其满16周岁以上在全日制学校学习的子女，定补待遇一般享受到18周岁，家庭有突出困难者，单位可酌情发至其大中专院校毕业时止。

（九）退休干部高龄补贴

1996年7月，执行省人事厅、财政厅对机关、事业单位满70周岁以上退休干部增发高龄补贴费规定，其标准为每人每月50元。至2007年，全区共有185人享受高龄补贴。

第六节 离退休干部管理

一、离退休制度

离休　离休仅适用于中华人民共和国成立前（1949年9月30日前）参加革命工作的干部。离休干部基本政治待遇不变，生活待遇略为从优，享受福利待遇和其他待遇。离休费按原工资100%发给，调整比照行政机关同职级在职人员标准执行。

“5·12干部” 根据闽委组〔1999〕通字035号规定，对1949年10月1日至1950年5月12日前参加工作并享受供给制待遇的干部。工资比照机关同职务同条件退休干部的有关规定执行。

退休 党政机关、群众团体、企事业单位的工作人员，符合国务院国发〔78〕104号文规定，都可以办理退休。正常退休条件是男年满60周岁，女干部年满55周岁，女工人年满50周岁。

提前退休 《中华人民共和国公务员法》规定：公务员男年满55周岁，女年满50周岁，且工作满20年的；或工作年限满30年的，经本人要求，任免机关批准可以提前退休。

《中共泉州市洛江区委办公室 泉州市洛江区人民政府办公室关于泉州市洛江区党政机关机构改革期间人员分流安排实施办法》规定：严格执行离退休制度。已到离退休年龄的，应及时办理离退休手续。凡符合《国家公务员暂行条例》有关规定：男年满55周岁、女年满50周岁且工作年限满20年的；或工作年限满30年的，本人提出要求，经任免机关批准，可以提前退休。对2007年7月1日前达到法定退休年龄的，保留原职级、享受原来待遇，办理离岗待退。因病不能坚持正常工作连续一年以上或两年累计上班不足一年，男满50周岁，女满45周岁，且工作年限满10年的人员，应予以办理病退。

中共泉州市洛江区委员会办公室《关于印发＜洛江区优化小学教职工队伍的意见＞的通知》规定：严格执行退休制度，达到法定退休年龄的，要及时办理退休手续。对离法定退休年龄5年内且工作年限满20年；或工作年限满30的人员，应办理提前退休手续。本条款有效期至2007年12月31日。

2002年以来，因病不能坚持正常工作连续一年以上或连续两年累计上班不足一年，男满50周岁，女满45周岁，且工作年限满10年，经县级医院证明，予以办理病退；对不符合病退条件的，按有关规定办理退职手续。对于精神病患者，经县级医疗机构鉴定和区教育行政主管部门批准，可不列编，给予回家休养，在养病期间，工资按有关规定计发。

二、退休费计发

（一）退休费计发比例

1993年工改前退休费计发标准：国发〔78〕104号规定，抗日战争时期参加革命工作的退休费按本人标准工资的90%发给；解放战争时期参加革命工作的，按80%发给。中华人民共和国成立后参加革命工作的，退休费按工作年限长短计发，工作年限满20年的，按本人标准工资的75%发给；满15年不满20年的，按70%发给；满10年不满15年，按60%发给；因公致残，饮食起居需要人扶助的，按本人标准工资的90%发给；不需要人扶助的，按80%发给。同时具备两项以上退休条件的，按最高的标准发给。

1.1993年工改后退休费计发标准

机关单位：工作年限满35年，按88%；满30年不满35年，按85%；满20年不满30年，按80%；满10年不满20年，按60%；不满10年，按40%。

事业单位：工作年限满35年，按90%；满30年不满35年，按85%；满20年不满30年，按80%；满10年不满20年，按70%；不满10年，按50%。

2.2006年工改后退休费计发标准

机关单位：工作年限满35年，按90%；满30年不满35年，按85%；满20年不满30年，按80%；满10年不满20年，按70%；不满10年，按50%。

事业单位：工作年限满35年，按90%；满30年不满35年，按85%；满20年不满30年，按80%；满10年不满20年，按70%；

3.特殊贡献待遇提高退休费计发比例

对省部级以上劳动模范、先进工作（生产）者，军以上战斗英雄、战斗模范，有特殊贡献的老专家，长期在西藏地区工作等特殊贡献人员提高退休费计发比例，按国发〔1978〕104号、国发〔1983〕141号、国发〔1984〕76 号等文件的有关规定执行。提高标准后的退休费计发比例最高不超过 100%。

（二）一般贡献待遇提高退休费计发比例

连续三次获全省计划生育先进工作者，视同为一次省劳模、提高退休费 5%。

闽人教〔89〕131 号、闽人退〔1993〕20 号关于中小学和省属全日制普通高校教育专职从职从教男满 30 年、女满 25 年，从教学岗位上退休的教师，增发退休补助费至本人标准工资 100%。

闽人发〔1997〕130 号通知，规定在农、林、渔、水、农机、气象部门所属县乡两级全民所有制事业单位专职从事农业技术推广工作，连续年限满 30 年、女满 25 年，其中在乡镇（不含县级政府所在地的乡镇）男满 20 年、女满 15 年，具有中专毕业或初级以上专业技术职务，达到法定退休年龄从农技推广岗位上退休的农林推广专业技术人员，退休金按原标准工资的 100% 计发。

（三）历次调整增加离退休费

1997 年，离退休人员增加离退休费，对 1997 年 6 月 30 日前已办理离休、退休、退职手续和已达到离退休年龄的人员，按每人每月 20 元增加离休、退休、退职费。全区办理离退休人员增资 308 人。

1997 年 10 月 1 日起，机关、事业单位离退休人员适当增加离退休费，具体实施仍按闽政〔1996〕11 号等有关文件规定执行。1997 年 9 月底前批准离退休的，1997 年 10 月按离退休人员办法增加离退休费。全区办理离退休人员增资 308 人。

1999 年 7 月，起增加离退休费，退休人员按不同职务层次每月增加：科级 110 元，科员及以下 90 元；副教授 140 元，讲师 110 元，助教及以下 90 元；高级技师、技师 110 元，高级工及以下 90 元；退职 80 元。全区办理离退休人员增资 343 人。

1999 年 10 月 1 日起离退休人员适当增加离退休费，全区办理离退休人员增资 343 人。

2001 年 1 月起增加离退休费，退休人员按不同职务层次每月增加：科级 100 元，科员及以下 80 元；副教授 130 元，讲师 100 元，助教及以下 80 元；高级技师、技师 100 元，高级工及以下 80 元；退职 70 元。全区办理离退休人员增资 370 人。

2001 年 10 月增加离退休费，退休人员按不同职务层次每月增加：科级 80 元，科员及以下 55 元；副教授 120 元，讲师 80 元，助教及以下 55 元；高级技师、技师 80 元，高级工及以下 55 元；退职 50 元。全区办理离退休人员增资 308 人。

2003 年 7 月增加离退休费，退休人员按不同职务层次每月增加：科级 50 元，科员及以下 35 元；副教授 75 元，讲师 50 元，助教及以下 35 元；高级技师、技师 50 元，高级工及以下 35 元；退职 30 元。全区办理离退休人员增资 308 人。

2006 年工改增加离退休费，退休人员按不同职务层次每月增加：科级 275 元，科员及以下 180 元；副教授 400 元，讲师 275 元，助教及以下 180 元；高级技师、技师 275 元，高级工及以下 180 元；退职 70 元。全区办理离退休人员增资 605 人。至 2007 年全区办理退休 442 人。

第七节 机构

1997 年 8 月，洛江区人事局和洛江区机构编制委员会办公室成立，两部门实行“一套人马”两个牌子合署办公。1998 年核定区人事局内设秘书科、干部管理科、工资福利科加挂区退休干部管理办公室、职称专家科加挂区职改办，行政编制暂定 9 名，工勤编制 1 名。

2002 年 12 月，洛江区党政机构改革，保留洛江区人事局，内设办公室、干部管理股、工资福利股（退干办）、职称专家股，行政编制暂定 4 名。

2006 年 7 月，《中华人民共和国公务员法》颁布实施，区委组织部、区人事局定为本级公务员管理机构。2007 年，区人事局行政编制 5 名，内设机构不变。下辖事业单位：洛江区人事考试中心，编制 2 名；区人事人才公共服务中心，编制 19 名；区事业单位人事争议仲裁中心，编制 2 名。

第三章 劳动和社会保障

第一节 劳动就业

民国时期，经济凋敝，失业严重。民国38年（1949年9月30日止）晋江县城失业者即达4700多人。中华人民共和国成立，人民政府重视失业人员的救济、安置工作。1954年，贯彻“介绍就业与自谋职业相结合”的方针，“文化大革命”期间，就业制度遭破坏，工作一度停顿。1977年后，认真贯彻“统筹兼顾，适当安排”就业方针，1979年6月泉州市（县级）成立泉州市劳动服务公司，负责统筹劳动就业，开展就业培训，发展劳务企业，输送和管理企业临时用工。1980年，打破“统包统配”框框，实行劳动部门介绍就业、自愿组织起来就业和自谋职业“三结合”方针，广开就业门路。

2000年6月，洛江区设立劳动就业培训与职业介绍中心。2002年，按劳动力市场“三化”（科学化、规范化、现代化）要求筹建洛江区劳动力市场。2004年，在万安街道和双阳镇设立劳动保障事务所，其他4个乡镇依托企业办或社会事务办加挂劳动保障事务所牌子。开通洛江劳动保障网（www.ljldbz.com），设置农村劳动力转移和培训供需信息窗口，投资10多万元为各乡镇（街道）及培训学校配备电脑，与区劳动保障网联网。2005年9月，洛江区劳动力市场建成投入使用。2006年8月起，建立每月20日举办一次人力资源供需洽谈会制度。

随着洛江区工业化、城镇化进程加快，外来劳动力从1998年的4000多人增长到2007年的30000多人。2003年，向1家企业派遣600多名员工。2005起，每年到各乡镇（街道）开展再就业援助活动和“春风行动”。2007年，向50多家机关、企业、事业单位派遣6000多名员工。

1997—2007年洛江区劳动就业人数统计表

表21-3-1

年份	城镇人员就业人数（人）	城镇登记失业人数（人）	失业率（%）	下岗再就业人数（人）	农村劳动力转移人数（人）	外来劳动力人数（人）	农村劳动力转移培训人数（人）	职业技能鉴定人数（人）	劳务派遣人数（人）
1997年	—	—	—	—	—	—	—	—	—
1998年	9046	204	2.3	—	—	4000	—	—	—
1999年	13637	133	1.0	—	—	8100	—	—	—
2000年	15049	120	0.8	—	—	5963	—	—	—
2001年	16931	89	0.52	—	—	11000	—	—	—
2002年	23660	166	0.53	—	—	12210	—	48	—
2003年	27166	250	0.91	207	—	11247	300	187	—
2004年	31777	313	0.98	155	2452	10103	1100	207	1357
2005年	33608	326	0.96	112	2050	17531	1556	281	1928
2006年	35161	342	0.96	305	2112	29861	1560	503	3166
2007年	40729	395	0.96	152	2251	31262	2415	610	6879

第二节 劳动关系

2002年12月，建立洛江区协调劳动关系三方会议制度、解决企业工资拖欠问题部门联席会议制度和农民工工作联席会议制度，在全区建设领域实行工资支付保证金制度，在区劳动和社会保障与建设部门之间建立双向通报制度。2005 年 5 月，制定《泉州市洛江区处置劳动保障突发公共事件应急预案》；建立定点联系制度，帮助联系点建立健全劳动合同管理制度。2006 年 6 月起，开展企业劳动保障守法诚信等级评价工作，为企业建立劳动保障诚信档案。依法处理劳动争议，处理劳动保障公共突发事件，维护社会安定稳定。

1999—2007 年洛江区劳动争议案件情况表

表 21-3-2

年份		立案仲裁	案外调解	30 人以上集体突发事件
1999 年	案件数（个）	2	29	1
	涉及人数（人）	1133	126	1132
	涉及标的（万元）	198.82	8.70	187.67
2000 年	案件数（个）	2	66	2
	涉及人数（人）	2	276	2300
	涉及标的（万元）	4.46	16.70	500
2001 年	案件数（个）	—	11	15
	涉及人数（人）	—	298	948
	涉及标的（万元）	—	10.04	—
2002 年	案件数（个）	11	48	7
	涉及人数（人）	247	114	674
	涉及标的（万元）	77.59	17.68	15.08
2003 年	案件数（个）	13	80	3
	涉及人数（人）	18	184	342
	涉及标的（万元）	36.49	5.36	32.31
2004 年	案件数（个）	21	66	3
	涉及人数（人）	42	457	546
	涉及标的（万元）	68.24	22.52	16.26
2005 年	案件数（个）	21	39	—
	涉及人数（人）	66	163	—
	涉及标的（万元）	49.67	14.79	—
2006 年	案件数（个）	22	47	3
	涉及人数（人）	64	277	164
	涉及标的（万元）	73.44	22.22	11.17
2007 年	案件数（个）	30	76	3
	涉及人数（人）	109	525	152
	涉及标的（万元）	96.29	136.82	31.59

第三节 劳动保障

1997 年起，洛江区劳动和社会保障局以打击非法职业中介行为、清理整顿劳动力市场和查处用人单位无故拖欠、克扣职工工资问题以及督促用人单位与劳动者签订劳动合同作为日常监察工作的重点，开展日常巡查、专项检察和举报专查活动。1998 年后，开展社会保险费征缴大检查、两个确保执法检查、用人单位支付工资情况检查、禁止使用童工专项检查、建筑企业用工大检查、劳动合同执法检查、劳动保障法律法规监督检查和劳动力市场清理整顿等专项检查活动，维护劳动者的合法权益。11 年间，受理投诉举报 397 件，专项检查 40 次，追发工资 1657.64 万元，清退童工 44 人，处理劳动信访 644 件。

1997—2007 年，慰问救济企业特困职工、退休人员以及下岗失业人员 1677 人次，发放“两节”慰问救济金 56.29 万元。落实再就业扶持政策，为 612 名下岗失业人员办理《再就业优惠证》；2006 年 5 月出台《关于下岗失业人员社会保险补贴的实施意见的通知》，对区属企业中领取《再就业优惠证》又自行接续养老保险关系的下岗失业人员给予社保补贴，发放社保补贴 74.77 万元。

1997—2007 年劳动保障监察情况表

表 21-3-3

年份	投诉举报（件）	专项检查（次）	检查用人单位（个）	拖欠工资人数（人）	追发工资（万元）	清退童工（人）	处理劳动信访（件）
1997 年	—	—	—	—	—	—	—
1998 年	—	—	200	47	19.00	—	—
1999 年	—	—	200	126	8.70	—	—
2000 年	—	—	200	683	88.00	—	—
2001 年	104	7	300	2978	257.00	28	116
2002 年	107	6	300	4893	278.00	8	112
2003 年	100	8	277	3083	219.79	3	138
2004 年	27	8	273	3915	274.87	4	132
2005 年	31	6	199	3147	273.15	1	146
2006 年	28	5	192	1632	239.13	—	129
2007 年	27	6	381	1627	153.60	4	207

第四节 劳动工资

1997 年建区后，随着经济社会的快速发展，全区城镇企业职工工资水平逐年提高。最低工资标准由 1997 年的 240 元提高到 2007 年的 650 元。职工年平均工资由 1997 年的 7631 元增长到 2007 年的 15868 元。

1997—2007 年洛江区最低工资标准表

表 21-3-4 **单位：元**

执行时间	工资标准	文件依据
1997 年 7 月 1 日	240	闽政〔1997〕21 号
1998 年 7 月 1 日	240	闽政〔1998〕19 号
1999 年 7 月 1 日	270	闽政〔1999〕148 号
2000 年 7 月 1 日	300	闽政〔1997〕21 号
2001 年 10 月 1 日	325	闽政〔2001〕37 号
2003 年 11 月 1 日	350	闽政〔2003〕19 号
2005 年 7 月 1 日	470	闽政〔2005〕12 号
2006 年 8 月 1 日	600	闽政〔2006〕20 号
2007 年 8 月 1 日	650	闽政〔2007〕20 号

1997—2007 年洛江区城镇职工社会平均工资一览表

表 21-3-5　单位：元

年份	1997 年	1998 年	1999 年	2000 年	2001 年	2002 年	2003 年	2004 年	2005 年	2006 年	2007 年
平均工资	7631	8809	8091	9362	9800	9798	11415	12339	12944	14191	15868

第五节 职业培训

1997 年起，区劳动部门主要依托企业和社会培训机构开展职业培训。2003 年 9 月，依托社会力量在四川巴中市开办机械工业学校，为企业定向培养技术人才。职业技能鉴定工种从无到有，从 2002 年开设单一的中式烹调师工种鉴定发展到电工、美发师、美容师、营业员、计算机操作员、计算机高新技术、金刚石锯片制作工、陶瓷雕塑、雕刻、堆雕工、陶瓷手工彩绘工等十几种工种鉴定，鉴定级别也从初级到中级。至 2007 年，开展职业技能鉴定 22 期，取得相关资格证书 1471 人。

2004—2007 年洛江区劳动培训情况统计表

表 21-3-6　单位：人

年份	再就业培训人数	培训实现再就业人数	农村劳动力培训	农村劳动力转移	创业培训人数	培训实现再就业人数
2004 年	525	155	1100	1065	25	25
2005 年	312	307	1556	2050	43	40
2006 年	203	122	1303	1918	82	41
2007 年	339	271	2415	2251	95	91

2002—2007 年洛江区开展职业技能鉴定工作统计表

表 21-3-7　单位：人

年份	工种	报名人数	合格人数
2002 年	中式烹调师	48	48
2003 年	中式烹调师	105	93
	电工	82	67
2004 年	中式烹调师	110	92
	电工	42	32
	美发师	55	55
2005 年	营业员	74	74
	电工	40	26
	美容师	125	106
	计算机操作员	42	28
2006 年	美容师	160	119
	营业员	56	47
	营业员	75	48
	高新技术	106	104
	金刚石锯片制作工	106	35

续表 21-3-7

年份	工种	报名人数	合格人数
2007 年	美容师	60	39
	维修电工	80	47
	高新技术	40	39
	高新技术	54	51
	陶瓷雕塑、雕刻、堆雕工	126	122
	陶瓷手工彩绘工	195	177
	维修电工	22	22

第六节 社会保障

一、养老保险

1997 年区划调整后，洛江区农村社会养老保险公司负责鲤城、丰泽、洛江 3 个区的农村养老保险工作，区企业职工社会保险业务由泉州市社会劳动保险公司代理。2001 年 1 月起，区全额拨款的事业单位工作人员暂停缴纳养老保险费。2004 年 7 月，泉州市人民政府将原由区农村社保公司负责三个区的农村社保业务按各自辖区范围重新拆分，洛江区农村社保公司负责洛江区农村社保业务。2005 年 1 月，泉州市社会劳动保险公司将洛江区企业职工社会保险业务移交区社会劳动保险公司。

二、医疗保险

2001 年 1 月 1 日起，洛江区建立医疗保险制度。当年，参保单位为全区机关事业国有单位，168 家 3700 人。此后，医疗保险制度不断完善，把企业、重点优抚对象、社区工作者、离休干部、伤残军人及双阳华侨农场等困难企业下岗、退休人员纳入基本医疗保险范畴。2006 年，解决双阳华侨农场 476 名改制前退休人员的参保问题。险种从 2001 年的基本医疗保险增加到 2007 年的基本医疗保险、商业补充医疗保险、工伤 + 生育保险、大病住院医疗保险、公务员医疗补助、部分干部医疗补助等险种。医疗保险定点医疗机构和定点零售药店从 8 家发展到 24 家。

2005 年 1 月 1 日起，洛江区事业单位暂停缴纳失业保险费。同时，全市实行“五险合一、地税统征”制度。企业职工养老保险、医疗保险、失业保险、工伤保险、生育保险等保险费用改由区地税部门代征。

1997—2007 年洛江区各项社会保险参保人数统计表

表 21-3-8　　单位：人

年份	险种						
	养老保险			医疗保险	失业保险	工伤保险(企业)	生育保险(企业)
	机关事业	企业	农村				
1997 年	2582	—	3328	—	—	—	—
1998 年	2664	—	3808	—	—	—	—
1999 年	3262	—	4047	—	—	—	—
2000 年	3292	—	4105	—	—	—	—
2001 年	319	—	4107	3641	6350	—	—

续表 21-3-8

年份	险种						
	养老保险			医疗保险	失业保险	工伤保险(企业)	生育保险(企业)
	机关事业	企业	农村				
2002年	308	—	4107	4319	6560	—	—
2003年	325	—	4107	5170	7800	—	—
2004年	308	—	4107	6412	13860	—	—
2005年	311	6606	4107	10261	13860	4898	4898
2006年	304	11330	4107	12680	11000	8087	8084
2007年	299	14562	4107	15035	12050	10239	10219

1997—2007年洛江区各项社会保险基金收支情况统计表

表 21-3-9　　单位：万元

年份	机关事业养老保险		企业养老保险		农村养老保险		医疗保险		失业保险		工伤保险		生育保险	
	收入	支出	收入	支出	收入	支出	收入	支出	收入	支出	收入	支出	收入	支出
1997年	211.03	81.32	—	—	46.97	0.03	—	—	—	—	—	—	—	—
1998年	408.67	276.18	—	—	16.67	0.02	—	—	—	—	—	—	—	—
1999年	505.91	353.21	—	—	8.34	0.05	—	—	—	—	—	—	—	—
2000年	486.35	395.64	—	—	2.24	0.19	—	—	41.84	7.82	—	—	—	—
2001年	92.20	42.32	—	—	0.62	0.12	323.0	146.20	71.78	34.60	14.03	0.38	14.04	12.14
2002年	114.53	55.46	—	—	—	0.22	458.1	277.20	104.72	43.09	16.24	0.52	16.24	16.75
2003年	127.93	63.53	—	—	—	0.04	607.5	353.80	8.50	5.02	19.29	0.49	19.29	18.90
2004年	166.46	80.59	—	—	—	0.21	614.2	433.64	139.02	86.97	20.27	1.34	20.27	21.30
2005年	167.20	94.80	1288	520	—	0.15	1087.5	525.20	155.02	48.70	21.29	1.00	21.29	24.00
2006年	193.62	114.47	1919	634	—	0.07	1496.6	696.30	219.02	170.41	24.62	11.00	24.62	19.17
2007年	218.73	137.57	2887	791	—	0.03	1872.0	964.60	265.26	85.37	29.74	2.36	29.74	17.28

第七节 机关社保

1997年10月，洛江区出台《洛江区人民政府关于印发〈洛江区机关事业单位工作人员退（离）休养老保险暂行规定〉的通知》和《关于洛江区机关事业单位工作人员退（离）休养老保险的实施意见》。1997—2000年，全区参保3262人，征收养老保险费1611.96万元，发放养老保险金1106.35万元。

2001年3月，区机关事业单位社会保险公司成建制由区人事局转至区劳动局。5月，洛江区出台《泉州市洛江区人民政府批转区劳动局、财政局关于调整洛江区机关事业单位基本养老保险制度的报告的通知》，从2001年1月1日起，全额拨款机关、事业单位工作人员不再列入区机关社保基本养老保险范围，其离退休人员经费由区财政局管理。差额拨款、自收自支事业单位工作人员的基本养老保险仍按原制度执行。2001—2002年，全区参保308人，征收养老保险费206.73万元，发放养老保险金97.78万元。

2003年7月，洛江区出台《泉州市洛江区人民政府办公室转发区劳动和社会保障局、区财政局关于区直机关事业单位工作人员养老保险有关问题的实施意见的通知》，对个人缴费比例和基数进行调整，从2004年1月1日起，凡参加机关事业单位养老保险的工作人员，个人缴纳养老保险费的比例由本人缴费工资总额的2%调至4%，把个人缴纳的养老保险费全部记入个人账户。单位缴费比例仍为26%；对赡养比率(在职人数和离退休人数之比)在2∶1及其以下的单位，单位缴费基数应加上离退休人员养老金总额，即实行“双基数”收费。对补缴养老保险费、提前退休和养老金支付条件的认定、养老保险关系及基金转移、原执行机关事业单位养老保险制度的人员改为执行企业职工基本养老保险制度等问题进行规定。2003—2006年，全区参保304人，征收养老保险费655.21万元，发放养老保险金355.39万元。

2007年5月，区机关事业单位社会保险经办实施内部控制制度。同年11月，区政府召开专题会议，解决洛江区农村电影队、洛江区旅游服务公司遗留的包括“在编”人员养老保险费补交问题。同年，全区参保299人，征收养老保险费218.73万元，发放养老保险金137.57万元。

第八节 机构

1997年建区后，洛江区劳动局成立。2001年，更名为泉州市洛江区劳动和社会保障局，内设办公室、法制与监察股、劳动工资与社保股、就业与职业培训股，行政编制7名；2007年行政编制8名。下辖事业单位8个：洛江区机关事业单位社会保险管理中心，编制3名（1997年10月设立，原名为洛江区机关事业单位社会保险公司，2001年从区人事局成建制移入）；洛江区农村社会保险管理中心，编制2名（1995年4月设立，原名为鲤城区农村社会养老保险公司，2001年从区民政局成建制移入）；洛江区劳动就业管理中心，编制5名（1997年11月设立，原名为洛江区劳动服务公司）；洛江区劳动监察大队，编制3名（1997年12月设立，原名为洛江区劳动监察中队）；洛江区劳动争议仲裁委员会办公室，编制3名（1998年5月设立）；洛江区医疗保险管理中心，编制10名（2000年5月设立）；洛江区社会劳动保险管理中心，编制3名（1999年5月设立，原名为洛江区社会劳动保险公司）；洛江区企业退休人员管理服务办公室，编制2名（2003年11月设立）。2007年，区劳动和社会保障局在编干部职工39名。

第二十二篇 外事侨务 港澳台事务

唐代，随着泉州海外交通渐趋发达，泉州人（包括洛江今域）开始沿着“海上丝绸之路”出国。到了五代“闽国”晚期，“弊政百出”，泉州民众成批逃往国外谋生。元朝末期，泉州战乱仍频，更遭特大旱灾，移居国外的人更多。至明代后期，洛江人的侨居地增加今菲律宾、越南、朝鲜、韩国、柬埔寨、泰国、马来亚等13个国家和地区。明清时期，洛江区黄氏陆续有族人移居今印尼、新加坡、马来西亚、菲律宾等东南亚各国。清初，朝廷在东南沿海实行迁界，大量人口无以为生，相继出洋滞留他国。清政府统一台湾后，出国又成高潮。民国初，泉州（含洛江区域）战乱、灾害交加，形成历史上规模最大、人数最多的出国高潮。2005年，侨情普查数据显示：洛江区籍海外华侨华人有16.14万人，港澳同胞2万人，归侨侨眷8.6万人。华侨、华人主要分布在印度尼西亚、马来西亚、菲律宾和新加坡等地。他们与侨居地人民一道，披荆斩棘，共谋求展；他们身在海外，心系故土，或捐资，或投资，为祖国家乡建设发展倾注心血。

建区后，随着改革开放和经济社会迅速发展，洛江进一步推动外国友人、华侨和港澳台同胞友好往来，密切经贸、文化交流，促进经济社会发展。2001—2007年，有外国友人242批408人次到洛江访问、探亲、考察、观光，洛江有214批487人次到境外考察、商贸、参加展销会等。同时，洛江区加强与第二、三代华侨和港澳台同胞的联系，为到洛江区投资发展的返乡侨亲和港澳台同胞牵线搭桥，跟踪服务。广大华侨和港澳台同胞在事业有成后，纷纷回乡投资兴业，捐资公益事业，促进洛江经济和社会事业发展。

第一章 侨 务

第一节 华侨出国与分布

一、出国

唐代，泉州（包括洛江今域）已有人前往今文莱、印度尼西亚、日本、印度等国家。唐代中期，随着泉州对外贸易的发展，唐大历年间（766—779年）泉州出现“市井十洲人”“还珠入贡频”的兴盛景观，对泉州人的成批移民出国起了促进作用。乾隆《泉州府志》载：唐末五代初王潮、王审邽兄弟及其后裔王延彬据闽期间，发展生产，大兴海舶。到了“闽国”晚期，“弊政百出”，泉州民众成批逃往国外谋生。

五代，王延彬、留从效、陈洪进主政泉州期间，大力发展航运，常有船只发往海外，泉州出洋经商的人渐增，同时由于赋役苛重，泉州人常成批沿海路出洋谋生。

北宋泉州人出国，见诸国内外资料：往越南，《宋会要》载有泉州海商邵保往返占城的事迹，往朝鲜，据《高丽史》及中国史籍记载，北宋大中祥符八年至元祐六年（1015—1091年），前往高丽的泉州舶商有林仁福、陈文轨、卢遵等。

南宋时期，泉州人口继续增长，人稠地瘠，且造船业发达，为泉州人远航提供有利条件。此后，侨居国外者渐多。印度尼西亚三佛齐与泉州之间关系密切，有不少泉州人定居三佛齐，从事农业生产。宋末战乱，“泉州地区居民纷纷外逃出洋”。或仕占城，或婿交趾，或别流远国到今柬埔寨和泰国等地。

元代，泉州成为东方第一大港，与近百个国家、地区交往，与爪哇之间有定期船舶往返，移居爪哇的泉州人很多。泉州吴宅（今河市梧宅）有100多人到古里地闷（今东帝汶一带）贸易，死亡很多，活着的人“多羸弱，乏力驾船随风回舶”。末期，泉州战乱仍频，更遭特大旱灾，移居国外的人更多。

明代初期实行海禁，泉州港逐渐衰落，一些以港市贸易为生的泉州人只得向海外发展，到日本、朝鲜、南洋一带居留，还有一些人随郑和下西洋居留他国。明嘉靖年间（1522—1566年），倭寇作乱。嘉靖十四年起，泉州近郊出国渐成高潮，大量到今印度尼西亚、菲律宾、日本等国家居留，印尼的华侨新居住区不断出现。

清代泉州人出国高潮迭起。清初的“海禁”和“迁界”，造成人民流离失所的惨剧。濒海船户、渔民、商贾，或随郑成功东渡台湾，或辗转流寓南洋。清康熙二十二年（1683年），清军入台湾，实现祖国统一。而原来随郑成功渡台的泉州籍官兵不愿回内地者，相继乘船赴小吕宋或爪哇、马六甲各处。郑成功的第三子郑明及部下丁戈，分别率众往今印尼、菲律宾。翌年，“海禁”撤销，此后，从安海、后渚经厦门、澳门、广州往国外的泉州人，见于各侨乡族谱的记载，不胜枚举。清乾隆元年（1736年），朝廷虽再次实行“海禁”，仍有不少泉州人私下出洋谋生。鸦片战争后，殖民者开始在厦门、金门干拐卖华工的罪恶勾当，人口贩子深入泉属各县“招募”华工。此外，因农民起义失败逃亡国外和遭受自然灾害被迫出洋谋生的，以及传统的牵亲引戚前往国外的自由移民，也有相当数量。统治者残酷镇压导致人民大批出国 。

清末民国初，泉州沿海地区封建械斗盛行，导致田园荒芜，村民纷纷外逃出洋。民国3年（1914年）春涝、秋旱；民国5年大旱，水井、河流干涸；民国6年台风暴雨成灾；紧接着护国军、靖国军、粤军、北洋军此来彼往，战火纷飞，抓丁、抓夫、派款、派饷，人民饱受苦难，纷纷携眷漂洋南渡谋生。民国7年以后，泉属各县民军蜂起，各霸一方，互相攻掠争战。日为军，夜为匪，兵匪一体，敲诈勒索，烧杀抢掠，弄得鸡犬不宁，人民处于水深火热之中，造成泉州历史上规模最大、人数最多的出国潮。据有关记载，民国初马甲炉田王氏16世王奄移居台湾新街；另外还先后有200多人移居今印尼、马来西亚。据统计：民国19—34年旅居今印度尼西亚的有350人；民国19—36年旅居澳大利亚的有30多人；民国29年至2002年旅居美国的有10人。截至2007年，洛江王氏旅居东南亚的族人已有1500多人。

中华人民共和国成立后，东南亚各国限制华人入境，泉州市移居国外的人数锐减。1951—1962年，出境人数年均200余人，多经中国香港转赴国外定居。同期，回国定居与出国人数大体持平。据1959年调查，泉州市华侨、华人有19.3万多人，相当于祖籍地人口的72.4%。1963—1965年，出境人数年均100余人。1966年至1971年上半年，出境需经福建省公安厅批准，出境人数每年在100人左右。

1966年7月至1971年5月，中国经历五年的对居民出入境严格限制时期。1971年6月8日，国务院发出《关于华侨侨眷出入境审批工作的规定》，开始放宽对侨眷申请出国的限制。1972年元月，晋江地区恢复出境审批。至1973年底，约有超过1.5万人经批准前往英国、日本、加拿大、瑞典等建交国，或以“调字”形式经中国香港前往菲律宾、印度尼西亚、新加坡等非建交国。其中以经香港出国往菲律宾的人数居首；次为定居香港后，以香港居民身份申请往印度尼西亚探亲、旅游，或投资、接业者。1975年起，经香港往印尼需经英国驻华使馆办妥过港签证，往印度尼西亚的人数已甚少。1978年9月1日起，往菲律宾定居改为直接前往，不再经香港中转。据统计，1972年至1978年8月，晋江地区经批准持护照出国定居人数已超过5万人，其中最终定居国外者约3万多人。

1978年6月，国务院批转公安部、外交部、国务院侨办《关于放宽和改进归侨侨眷出境审批意见》。是年，晋江地区批准出境18849人（证）。其中往建交国13695人（证），往非建交国5144人（证），占全省出境人数的70%。另外也有部分泉州人在厦门、福州、漳州、三明等地获准出国（境），实际出国（境）的泉州人远超过3万人，80%以上为1978年8月31日以前获准出国。

改革开放后，1979—1980年晋江地区有约8000人获准出国定居。1981年起，泉州人出国曾经历长达 20 年的多渠道多层次审批时期。一是市（地区）公安部门审批。1981—2002 年批准往国外定居、探亲、留学、劳务、就业、商业发证数 15.8 万本。二是省公安厅审批。主要包括菲律宾有利、东方、时代、侨光、长城等 7 家旅行社来泉招收赴菲投资移民、投资考察移民，国内一些旅行社、出国服务公司代办的出国定居、留学审批，及其他一些因私出国事项审批。经省公安厅出入境管理机构审批是泉州人出国的主要渠道之一。据调查，泉州人 30 多年间经由该渠道审批出国的人数至少有 10 多万人。三是省、市外事部门审批。主要为省、市各劳务输出公司经办的劳务出国人员审批。至 2000 年将该项业务移交公安出入境管理机构前，获准在劳务地定居的泉州人有 2 万多人，多数定居新加坡。四是由外地教育、公安机关批准出国留学人员。其中转定居人员人数远高于 2 万人。五是福建省其他地（市）和外省相关部门批准持护照出国定居人员。包括山美水库移民、上山下乡知青，及在外地工作的泉州人及其子女。

二、分布

唐代起，泉州人因商贸、谋生、避乱、游历前往今菲律宾、文莱、印度尼西亚、越南、日本、印度等国家和地区。

元代，泉州人出国较前兴盛。据航海家汪大渊《岛夷志略》记载，洛江河市梧宅商人已通商至“古里地闷”（今印度尼西亚帝汶岛）。

明清时期，洛江今域黄氏陆续有族人移居印度尼西亚、新加坡、马来西亚、菲律宾等东南亚各国，部分移居欧、美各洲。清初，朝廷在东南沿海实行迁界，大量人口相继出洋滞留他国。清军入台以后，不少追随郑成功的泉籍官兵辗转到菲律宾、印度尼西亚、马六甲、泰国等地定居。鸦片战争爆发前，侨居地又增加沙捞越、沙巴、老挝、锡兰（斯里兰卡）、南非、毛里求斯等国家和地区。

清末民国初，洛江人还有前往美国、加拿大、荷兰、英国、法国、澳大利亚、新西兰、夏威夷等国家和地区。

民国 23 年（1934 年），南洋橡胶和锡价格上涨，海峡殖民地急需劳工，以及国内农村经济破产、匪患严重和抓壮丁的影响，出国人下南洋人数迅速增多。

中华人民共和国成立后，1950—1990 年泉州人移居国外曾出现三次高峰：第一次高峰在 1956—1962 年，共有 4 万多人经中国香港转赴国外定居；其中 1956 年、1957 年、1962 年出国人数较多，达 6600 多人。同期，回国定居的也有 4 万多人，出国与回国的人数大体持平。第二次高峰从 1972 年持续至 1979 年，以 1978 年出国人数最多，第三次高峰出现在 1985 年以后，其特点是大量以自费留学或旅游、探亲出国后，转为定居。

1996 年、2005 年洛江区海外华侨、华人分布一览表

表 22-1-1　　单位：人

国家（地区）	1996 年总人数		2005 年总人数	
	华 侨	华 人	华 侨	华 人
马来西亚	532	10942	1863	14594
菲律宾	427	10082	1041	20404
印尼	560	77532	6879	71943
新加坡	399	7812	924	18176
越南	195	3382	24	760
缅甸	395	13642	425	16818
美国	178	4422	33	669

续表 22-1-1

国家（地区）	1996 年总人数		2005 年总人数	
	华侨	华人	华侨	华人
加拿大	—	—	68	757
澳大利亚	—	—	54	1746
日本	—	—	1	596
法国	—	—	5	371
泰国	478	12216	7	479
英国	—	—	—	168
荷兰	—	—	2	761
新西兰	—	—	2	457
南非	—	—	4	785
德国	—	—	5	644
阿根廷	—	—	—	1
奥地利	—	—	—	3
意大利	—	—	—	1
博茨瓦那	—	—	—	4
柬埔寨	—	—	—	—
合计	3164	140030	11337	150137

根据2005年侨情统计，洛江籍海外华侨1.13万人，华人15万人，其中洛江刘氏迁居东南亚3000多人，洛江区杨氏迁居海外的族人有1000多人，主要分布于东南亚诸国。洛江区黄氏移居海外繁衍超过25000人，其中移居印度尼西亚15000多人，移居新加坡2000人，移居马来西亚6000多人，移居菲律宾2000多人。虹山彭氏迁住夷洋的也有114人户，侨居地主要分布在印度尼西亚、马来西亚、菲律宾和新加坡等地。印度尼西亚锡江1923年兴建的彭氏祠堂及依故乡命名的“虹山亭”墓园就是一个印证。

洛江籍华侨、华人有16.14万人，主要分布在东南亚各国（15.38万人，占95.29%，其中印尼7.88万人、占48.82%）及美国等22个国家。

印度尼西亚的洛江籍华侨、华人以来自罗溪镇和虹山乡为主，主要分布在泗水、望加锡（乌戒潘当）、棉兰、雅加达等四城市区及市郊，次为日里丁宜、玛琅、占碑、万隆、三宝垄、仙达、巴厘巴板、万雅佬、安汶，其他各地也有零星分布。

菲律宾的洛江籍华侨多数居住在马尼拉和宿务，次为礼智、怡朗、蕊（描伊丝夏）省、三描省和南部的武端、三宝颜、苏洛。

新加坡的洛江籍华侨、华人主要来自马甲镇。

马来西亚洛江籍华侨、华人以马甲镇人数居多，主要居住在槟城、吉隆坡、柔佛、丁加奴（登嘉楼），次为吡叻、沙捞越、马六甲。

越南的洛江籍华侨、华人绝大多数居住在堤岸和胡志明市。

缅甸的洛江籍华侨、华人以马甲镇人居多，多数居住在仰光，次为缅中、缅南各地。

美国的洛江籍华侨、华人主要居住在洛杉矶、旧金山、纽约，其余散居美国其他城市。

其他国家、地区的有加拿大、澳大利亚、泰国、柬埔寨、日本、法国、英国、荷兰、新西兰、南非、德国、阿根廷、奥地利、意大利。

第二节 侨居地活动

一、经济活动

（一）在印度尼西亚

17 世纪 40 年代中期以前，泉州籍华侨多数从事小商贩、手工业，部分人从事农耕。其后，有人开始经营小规模的甘蔗种植园和制糖厂（坊）。此后，荷兰殖民者推行种植园经济，华侨纷纷将土地卖给荷印公司，成为商品推销和土产收购的中介、零售商。清同治九年（1870 年），荷印政府取消对华侨经营工商业的限制，华侨逐渐转向经商、务工，当中介商、零售商、小商贩、小工厂（场）主。

20 世纪初，泉州籍华侨中开始涌现出稍具财力的中产者。第一次世界大战至 20 年代出现少数资本较大的企业家。民国 18—22 年（1929—1933 年），世界经济危机，多数泉州籍华商蒙受重大损失，一些商号关闭或缩小经营规模、范围。嗣后，华侨界抵制日货及殖民者对华商企业课以重税，经济恢复缓慢。日本占领印度尼西亚后，华商大部分遭受破产厄运，幸免破产的亦多处境艰难。

印尼宣布独立（1945 年）后的最初 8 年，华侨经济有较大发展，20 世纪至 50 年代中后期，泉州籍华侨出现一些颇具实力的企业家。

20 世纪 50 年代后期起，印度尼西亚政府对华商经营的多种传统行业加以限制，泉州籍华商除少数实力雄厚或从事新兴行业的企业外，均陷入困境。70 年代，印度尼西亚的经济政策有利于华侨、华人经济的发展，涌现出一些大企业家和多元化经营的大型企业。洛江籍较出名的华侨、华人有祖籍罗溪的黄奕聪、林坪来、黄振兴，马甲的杜保国、杜德拔，河市的刘玉书，虹山的彭建白、彭基成。

黄奕聪，东南亚工商巨擘，1923 年出生于罗溪后溪坂上，幼年奉母旅居印尼锡江，就读华文学校，深受祖国传统文化熏陶，勤勉创业，所创金光集团公司为多元化经营的跨国财团，经营椰干、食用油加工、种植、造纸、金融、房地产、旅游等业，业绩卓著而享誉天下。

林坪来（1925—1988 年），民国 27 年（1938 年）往印度尼西亚打工、经商，1977 年建立朱林工业公司；后朱林集团由林建祥、林健康昆仲合作经营，主营国际贸易、汽车厂、面粉厂、饼干厂，在香港有朱林贸易公司。

黄振兴，祖籍罗溪，1946 年出生于望加锡，中学生时代开始助父经营世兴公司，任集团董事主席；该集团在雅加达有轮船航运公司、针织厂，在望加锡有海上旅馆和休闲娱乐机构，并系印尼国家航空公司股东。

杜保国，祖籍马甲，棉兰较具经济实力的企业家、侨领。

（二）在菲律宾

明代中期以前，泉州一带前往菲律宾的多为商人，后期包括商贩、工匠和少数农民。至 19 世纪初，在菲律宾北部和中部西班牙殖民治区，泉州籍华侨以小商贩、手工工匠居多，少数人从事农、渔业。19 世纪末 20 世纪初，菲律宾华侨主要从事零售商，有的成为中介、收购、批发商，少数华侨建立大型贸易公司和工厂，从事木材砍伐与加工、烟草加工和房地产业。第一次世界大战初期，一些旅菲泉州籍富商因欧美海运阻塞、经营不得法而破产。其后，经济发展顺利，但绝大部分仅上升至中等商家地位。第一次世界大战后，欧美资本重新东顾，又有一些旅菲泉州籍富商在激烈竞争中破产。第二次世界大战菲律宾沦陷的三年内，华侨经济受到毁灭性破坏，泉州籍华侨经济几乎全部破产或半破产。二战后，华侨经济刚复苏，菲国政府先后颁布《菜市菲化法》《劳工菲化法》《米粟菲化法》，为谋生存，部分较具实力者与当地官方合股经营，不少小商贩和略有积蓄的劳工纷纷集资办工厂、商行，或从事航运、水产捕捞等业，部分劳工转入经营种植业、养殖业、饮食服务业。

1966 年马科斯总统执政后，采取宽容政策，利用华侨资金、人才，华侨经济进入顺利发展时期。20 世纪 70 年代起，泉州华侨中涌现出一些成功的企业家。原籍罗溪的赖孙开开设瑞华商行、亚戈钢铁有限公司，其家族在菲律宾还办有标准建筑、罗务洛商业等公司，在美国开设酒店。原籍罗溪的赖谋壇开设编织袋厂、麻袋厂、呢绒厂、食品厂、机器修配厂和国际贸易公司，在美国设有出入口贸易公司，在中国台湾设有纺织厂、呢绒厂。原籍马甲的杜德笺在三宝颜设有菲律宾联合（百华）有限公司、东园大旅社、东宫大旅社。此外，在宿务有经营建筑、制鞋业的金华有限公司东主赖来金（罗溪人），经营瑞华百货、五金电器、贸易、制衣的尤奕出（罗溪人），经营蚊香厂、麻袋厂、录音带厂和进出口贸易公司的尤世捌（罗溪人）；在武端市有经营五金商行、百货店、土产进出口公司的黄仲裕（罗溪人）；在种养殖业方面，黄祯祥（洛江区人）的嘉禾农牧发展有限公司。

（三）在马来西亚

古代，仅有零星泉州籍华侨在马来西亚从事商贸、农、渔、采锡等业。近代，陆续有一些泉州籍华侨在马来西亚从事开放垦殖和捕鱼。至19世纪末20世纪初，开始有少数华侨崛起。第一次世界大战期间，泉州籍华侨纷纷投资橡胶种植和航运、海产等业，获得一定程度发展。战争结束后，西方资本的大橡胶园迅速增多，英国殖民当局对中小橡胶园进行限制，加上世界经济危机，泉州籍华侨投资的胶园几乎破产，航运、海产等业也奄奄一息。

第二次世界大战结束后，马来亚华侨经济进入稳定的发展阶段。至20世纪60年代末，出现一批成功的企业家。双阳人胡炳南继承怡保新绵发号咸鱼行，迅速将经销范围扩大到杂货、罐头食品、面粉、食油、肥皂等业，与友人合营规模宏大的四维公司，为吡叻州水泥销售业魁首，自创南山有限公司；马甲人杜德笑与族人合组协兴公司，经营海鲜、鱼干、杂货出入口业，自营杜泉美丝缦庄，经营中国丝绢，远销新马各地；马甲人王世南继承祖业，把双成有限公司发展为拥有7家子公司的大型公司；马甲人杜德友自营福联发陶瓷器商、福联摩多有限公司，与友人创设亚罗士打奕宏贸易公司。此外，稍具资力的有城东人刘健民，罗溪人赖谋芬。至70年代中期，涌现一批泉籍华商经营的多元化企业集团。

（四）在新加坡

新加坡早期的泉州华侨以搬运工、店员、财副（记账）、总铺（厨师）、帮工为主要职业。20世纪初，部分华侨以工匠、小商贩为业，少数人以教师、新闻工作者为业。20年代初，新加坡的泉州籍华侨经济有所发展，出现少数富商。原籍罗溪的赖金奎先营建筑业，进而创立晋兴树胶出入口商行，业务遍及新马、印度尼西亚等地，继又创设复顺兴、福和船务等商号，经营土产、旅社、船务等业。

民国18年（1929年）开始世界性经济危机，泉州籍华侨蒙受重大损失。1932年，赖金奎变卖产业偿还债务，颇受损失。新加坡沦陷后，泉州籍华侨损失巨大，单赖金奎商场未能回收的账款即达60万元叻币，致使战后无力再举。战后，一些战前和战时做小生意的泉州籍华侨开始崛起，20世纪60年代出现一批成功的企业家。洛江区籍较具实力的殷商有马甲人杜德能。

20世纪70年代祖籍马甲的杜南发开始从商，创立新加坡南国际贸易、诗丽雅化妆品有限公司，2005年两公司旗下在新加坡、马来西亚、泰国和中国上海、香港、台湾、泉州已拥有12家公司和一系列化妆品连锁店，主营国际贸易、化妆品产销、中药、广告，2005—2006年获包括新加坡企业50强、亚太最具创造力华商领袖等奖。

（五）在缅甸

古代从海路往缅甸的泉州人多为商人，次为船员。从陆路前往的既有商人、手工业者，也有工匠、艺人。19世纪中后期，经营粮油加工、贩运的泉商开始崛起，仰光米成为泉州、厦门市场的主要粮食品种。进入20世纪，随着旅缅泉籍华侨的增多，缅甸泉州人从事的职业、经营的行业不断增多，但仍以经营本小利微的土产中介商居多；次为开设手工作坊的手工业者及其佣工，经营人力车行的商人和车夫，开茶果山的茶果场主和开茶室的服务商，以及从事渔业的渔船主、渔民。第一次世界大战后，缅甸开始出现一些较有实力的泉商。至20世纪30年代，原籍今洛江辖区的商人：吴家枫，稍有积累即从事熟米加工业，继在敏纳开设7家中型碾米厂；吴继垣，民国35年（1946年）出生，仰光南洋中学高中毕业，20世纪60年代初在仰光创立第一家企业金泉制冰厂。其后，历经20多年商海浮沉，于20世纪80年代末期起在就读大学期间已有专长的三弟吴少煌、四弟吴继仁的辅助下，投建制冰厂、管冰机制造厂、建筑业、重型运输机械进口、变电设备进口与装配、农产品加工、啤酒厂等企业，与友人合伙经营制衣厂，形成以金泉企业有限公司为龙头，拥有金帝建筑、金祺企业、世标工业、金帝配电与机械设备中心等大型公司和40多家制冰厂的大型企业集团。吴继垣自任金泉企业董事主席总裁，其三弟、四弟分别任董事副主席和董事长；此外，他还任缅甸制冰协会董事主席、缅甸福建工商促进会会长、缅甸晋江公会理事长、吴氏延陵联合会董事主席，缅甸华商商会、缅华慈善会、缅甸福建同乡总会副会长，及福星企业有限公司董事长、东方语言与商业中心副董事长，为后起的缅华领袖之一。

（六）在其他国家、地区

散居世界各地的洛江籍华侨，主要职业为开餐馆，经营杂货、土产，从事文教科技工作，当医生、律师、职员和雇工，少数人在工商界有一定成就。在美国的王明星，1978年以后移居美国，在洛杉矶建立明星车衣机公司、明星国际有限公司，主营缝纫机、包装材料生产和国际贸易，1989年返乡投资设立泉州明星包装装潢材料有限公司。在澳大利亚的杨添丁，原籍河市，1980年开始创业，1992年创立深圳雄汇投资有限公司，从事建筑、房地产业。2001年赴澳大利亚投资建雄汇国际（澳大利亚）有限公司，主营国际贸易、投资。

二、文化教育事业

（一）创办华文学校

在菲律宾　清光绪二十五年（1899年），市区人龚绍庭襄助中国驻菲领事陈纲（同安人）建立小吕宋华侨中西学校，首任校长。此后，虹山人彭乃扬也曾出任该校校长。此外，泉州籍华侨还参与创办怡朗普智学校、中华商业学校、巴西中华学校、三宝颜中华学校以及马尼拉、宿务、独鲁万、蕊省、礼智省、武端等地的华文学校。马甲人杜德笺曾长期担任三宝颜中华学校董事长。

在马来西亚　马甲人杜金钩在丁加奴发起创办义务夜校，历任该校董事会要职。

在印度尼西亚　棉兰崇文中学校友会组建由苏用发任总主席、杜保国（洛江人）任理事会理事长的棉兰崇文教育基金会，创立崇文华文学院，推举老一代华教名师、原崇文中学教导主任黄两承（安溪人）任学院董事长。

（二）创办华文报刊

清光绪十五年（1889年）至1957年，马来西亚区域创办的华侨报刊有237家。经历草创期（1889—1919年）、发展期（1920—1941年）、式微期（1942—1945年）、复兴期（1945—1957年）。其中由闽南人创办、创刊时间早、经营时间长的首推《槟城新报》《光华日报》。《光华日报》为1910年12月创办的槟城同盟会机关报。刘惟明（河市人）任董事经理实际主持报社事务，黄文庆（泉州人）任主编。20世纪30年代，王济弱（河市人）出任《光华日报》记者主任。1957年9月至1969年4月，马来西亚华侨报刊进入转型为华人报刊后的发展整合期。洛江籍乡亲新创报刊较著名是1964年10月彭松涛（虹山人）创刊、罗志芬任总编辑的《大马新闻》。彭松涛（1907—1989年），历任新加坡《南洋商报》《新力报》《侨声报》等报社主编，主编《新加坡全国社团大观》。赖民裕（罗溪人），1952年出生于西加里曼丹，新加坡华文学校毕业，2000年参与创办《坤甸日报》华文版，任报社副主编兼主笔。

（三）科技文艺

科技　在美国比较著名的有陶烃、王炳煌、杨亚汉。陶烃，河市人，毕业于厦门大学，获得厦门大学化学系催化化学专业学士、厦门大学化学系有机合成专业研究生博士、美国科罗拉多州立大学物理有机化学博士学位，曾任美国国家核磁共振应用中心博士后，为高级研发科学家。陶烃在20世纪90年代初赴美国攻读物理有机化学博士学位，在留美近20年时间里，成为美国国家核磁共振应用中心博士后，曾在全球五百强企业柯达公司担任技术部主要负责人，先后参与计算机直接制版版材CTP第二代、第三代产品的研发，拥有40多项美国发明专利。王炳煌，河市炉田下大厝人，1962年出生于漳平。1979年

就读北京大学化工系，1984—1990年在美国读书，获康乃尔大学分析化学博士学位，1990—1992年德国明斯特大学博士后研究员，1992—1993年美国麻省理工学院做第二个博士后研究员，任世界第五大医药公司赛诺菲波士顿医药研发中心高级主管。杨亚汉，1964年出生，1986年赴美留学，获数学、化学工程双博士，历任职美国新奥尔良科研数学研究所、休斯顿数学科研所任高级研究员。

在加拿大，黄国和，1965年出生，1990年赴加拿大留学，获博士，任加拿大里贾纳大学教授，曾任中加能源环境生态联合研究中心加方主任，为中国“长江学者”和北京大学、湖南大学兼职教授、环境工程专业博士生导师。

文艺

在新加坡，马甲人杜殊成历任《新加坡青年》《南洋教育》执行编辑和《新加坡文艺》编辑、新加坡文艺研究会秘书，著有《马路之歌》《行踪》《火》近10部诗、游记、散文、理论专集；其女杜雪美为新加坡文艺研究会理事。马甲人杜丕勉，诗人，著有诗集《春华集》，作品收入《新加坡共和国华文文学选集·诗歌篇》《马华新文学大系·战后(6)·诗集》。杜南发，笔名南木等（被称为文人杜南发），祖籍马甲，名报人、作家，主写诗、次文学评论、散文、小说，青年时代在社团界甚活跃，20世纪80年代后期起任《联合晚报》副总编，已出版诗集《酒涡的神话》、艺术访问集《风过群山》等。刘维新，笔名笔农等，作家、名出版商，作品以散文、小说、诗歌、杂文、作家评介和文艺评论居多，曾任新加坡写作人协会、文艺研究会副会长。新加坡洛江籍诗人知名度较高作家、诗人：诗人杜丕勉（笔名严思），青年女作家、名诗人杜诚的女儿杜雪美。

在马来西亚，马来亚独立到1963年，马华文艺进入爱国主义、现实主义时期。东、西马均有大量的华文文艺作品、名家出现。教育工作者、笔名驼铃的多产作家彭龙飞（虹山人）历任大马福建社团联合会暨雪兰莪福建会馆文学出版基金评委和吡叻文艺研究会主席，著有诗集《吉打的人家》、小说集《家福》《可可园里的黄昏》，兼翻译马来乡土小说。

在印度尼西亚，罗溪人黄罗成发起创办锡江群星（南音）社，任主席。

在菲律宾，原城东人刘鸿沟历任菲律宾大学音乐学院、菲律宾女子大学音乐教授、南乐崇德社音乐指导，将富有特色的泉州南音乐符译成五线谱，著《闽南音乐指谱全集》。

（四）宗教信仰

洛江侨居东南亚各国的华人、华侨，其宗教信仰与故乡所崇拜之神是相同的，他们在侨居地将故乡崇拜之神祇分灵到侨居地敬奉，在东南亚各国均有建祠敬奉祖佛，其祭拜形式，日期与故乡相同。《峇吉里新村特刊》记载：民国25年（1936年）农历十二月十九日，杜府人士由中国引香火来马来西亚巴口恒顺园杜文妖屋里。1937年农历四月初一日安墰，1946年农历八月初一日，由恒顺迁至巴口六支半石杜德力店屋，1953年建立一座梓板临时庙宇。1988年再建一座相当庞大的永久性庙宇——巴口廻龙馆。农历四月十七日及八月十三日庆祝圣诞千秋之日。又载：1953年，杜因夫由中国接香火赖马来西亚寄居巴口后芭，1954年迁入巴口新村，重建贞义堂，农历七月初一日庆祝祖姑圣诞千秋之日。迄今，廻龙馆、仙公宫、贞义姑祠，在东南亚各国均有建祠敬奉祖佛，其祭拜形式，日期与故乡相同。

三、参与社团活动

（一）综合性社团

奥地利有华侨华人社团30多家。其中成立最早、最具影响的为奥地利华人总会。该会成立于1991年，由奥地利原越柬寮华人中的泉州人发起成立，黄文高（洛江区人）出任首任会长，该会五六百户会员分布在9个州，以泉州人居多。

（二）同乡会

在印度尼西亚 清同治三年（1864年），创建泗水福建功德祠，同治七年创建望加锡福建公祠（亦

称“永锡堂”），两会成员绝大多数为泉州、晋江、永春、南安人，此外泉州籍人还参与创办棉兰福建会馆、苏门答腊日里丁宜福建会馆、锡江闽侨联合会、万隆漳泉公会、玛琅漳泉公会。1987 年成立的望加锡崇德慈善基金会即洛江区同乡社团，前身为成立于二次战前的锡江晋江公会。历任主要负责人：黄瑞招、黄兴祥、彭福明（虹山人）。

在菲律宾 清同治三年（1864 年），罗溪旅菲黄、赖、尤等姓乡亲组建晋江罗溪同乡会，在宿务、武端等市设有分会。1972 年，泉州华侨与邻县的华侨组建菲律宾温陵会馆。

在新加坡 新加坡晋江会馆，成立于民国 7 年（1918 年），现有会员 1165 人，祖籍分布今晋江、石狮、鲤城、丰泽、洛江五市（区）。历任主席（总理）肖志来（鲤城区人）、赖金奎（洛江区人）、洪宝植（石狮人）、黄延霖（洛江区人）、苏秋生（晋江人）、庄丕唐（鲤城区人）、丁马成（丰泽区人）等。会馆内设总务、财政、福利、交际、查账等股。附属团体有：晋江会馆互助部，附设音乐队；康乐股，下设舞蹈组、华乐组、戏剧组、南音组；教育组，举办文化活动、出版文艺书籍，下设奖助学金委员会；晋雅阁，为文史资料中心兼活动中心；闽南学友会，新移民青少年社团；以及会馆妇女组、会馆青年团（团员有不少新移民、留学生）等。洛江公所，前身为洛阳江边各村、镇乡亲设在吉宁街的估俚间，奉祀关帝。

在马来西亚 马来西亚晋江社团联合会，简称“马晋联会”，成立于 1976 年 10 月。由原籍今晋江、石狮、鲤城、丰泽、洛江五市（区）同乡社团槟城晋江会馆〔成立于民国 8 年（1919 年）〕、峇株巴辖晋江会馆〔成立于民国 11 年（1922 年），前身为创立于清宣统二年（1910 年）的清源阁俱乐部〕、马六甲晋江会馆（1923 年成立）、吡叻安顺晋江会馆（1956 年）、雪隆晋江会馆（1968 年）和原籍晋江东石镇乡亲组成的吡叻太平仁和公所（1883 年）、吡叻太平仁爱音乐社（1956 年）、吡叻江沙仁和公所（1961 年）等 8 家社团发起组成。在马晋联会推动下，继又成立吉玻晋江会馆（1978 年）、丁加奴晋江会馆（1978 年）、吉兰丹晋江会馆（1979 年）、吡叻怡保晋江会馆。马晋联会 1983 年成立马来西亚晋江社团联合会青年团（简称“马晋联青”）；1999 年 9 月，成立马晋联会妇女组。该会以联络乡谊、增进互助合作精神、共谋同乡福利事业、团结各民族和谐共处、共同为国家社会服务为宗旨。历任总会长郭德发、苏紫听、赖聪民（均晋江人）、刘健民（洛江区人）等，该会位居马闽属市、县八大总会第六位，属会及其分支团体有 55 家。

1970 年，组建雪隆晋江会馆，黄银汉为发起人，任第一、二届会长，刘天启、朱清镇（东海人）、赖谋芬（罗溪人）、黄厚生（浮桥人）等人先后出任副会长。1977 年，组建丁加奴晋江会馆、吉玻晋江会馆、马来西亚晋江社团联合会（简称大马晋联会）、吉兰丹晋江会馆、怡保晋江会馆。马甲人杜成聪参与发起组建登嘉楼晋江会馆，曾任会长，马甲人杜明义曾任副会长。双阳人胡炳南任吡叻福建公会理事 40 多年、总务 14 年；黄文彬长期担任古晋福建公会主席、大马福联会名誉会长。

在其他国家

在越南，泉州籍华侨参与创建的同乡会有西堤福建帮公所（1948 年改组为西贡福建公所）、会安福建会馆、河内福建会馆、堤岸福建公所、（漳泉）二府会馆（又称“二府庙”）、温陵会馆、凤山寺；1956 年同乡会被解散，福善医院成为越南南方福建帮首要团体。

在缅甸，泉州籍华侨参与创办各地福建会馆，清光绪三十年（1904 年）组建缅甸温陵会馆，1984 年参与组建缅甸晋江公会。马甲人吴金锭、吴中兴曾任缅甸闽侨福同仁城隍庙副主席。

在日本，19 世纪后期，泉州籍华侨参与创建神户福建公所。

在奥地利，黄文高曾任华侨总会主席。

在美国 美国伊州（芝加哥）福建同乡会，在二十世纪五六十年代已存在的福建同乡会议的基础上于 1988 年正式成立，初名芝加哥福建同乡会，为从世界各地往芝加哥的泉州人的同乡社团。1994 年，因会员已扩及全州的闽籍龙岩、莆田、漳、厦同乡，改用现称。该会主要开展凝聚乡情、共谋同乡福祉，对当地的开发建设、社团繁荣和服务华社颇具成绩。设有松鹤相济分会。

此外，泉州籍华侨还参与创办文莱漳泉会馆、澳大利亚澳洲福建会馆、悉尼福建同乡会、维多利亚福建同乡会、秘鲁福潮会馆。

（三）行业公会

在印度尼西亚 泉州籍成员较多的团体有东爪哇泗水中华商会、泗水亚弄商公会、雅加达中华工商会馆、雅加达中华杂货输入商公会、棉兰中华小商公会、锡江华侨商会。

在马来西亚 马甲人杜成聪历任丁加奴木业工会、树桐业公会会长；双阳人胡炳南历任吡叻州杂货行（会）名誉主席、中华总商会理事。

（四）宗亲会

在印度尼西亚 洛江籍的望加锡彭氏虹山堂是泉属宗乡双重性社团。

在新加坡 马甲杜氏发起创办杜氏贞义祠、杜氏总会。华侨参与创办的团体还有颍川陈氏公会、陇西李氏总会、庄氏公会、济阳蔡氏公会、张氏总会、庐江何氏公会。

新加坡南洋杜氏公会，民国21年（1933年）注册成立，初期为跨新马、印尼宗亲社团。现有会员140多名，绝大多数为泉属（包括同安）乡亲。历任主要领导人杜式文、杜明茶、杜水富、杜南发博士等。活动常与杜氏贞义祖祠联合举行。

贞义社，1961年正式成立，原称杜氏贞义祖祠，为便于发展会务2004年之后用现称。现有会员近200名，为洛江区马甲宗亲社团。早期负责人杜贞保、杜贞奏等。1980年以后，会长（主席）为商界名人杜南发博士。该会（祠）领导层经济实力雄厚，曾五次建祠（会）所，最后建成京兆杜氏大厦；热心参与当地公益，在马甲重建杜氏“贞义坊”，赈济中国灾害；组团返乡谒祖、修桥造路。

南洋赖氏公会，成立于民国21年（1932年），由赖大章、赖汉初、赖金奎（洛江人）等人发起组建。现有会员127名，多洛江区及晋江人。二次战后主要领导人有赖谦升、赖仁生、赖思仪、赖元祖、赖仁宗等。属下组织有互助部、奖学金委员会，并曾设文艺研究会。

在马来西亚 泉属宗亲会包括会员分布全马各地和局限于部分州、县，具宗乡双重性的原籍仅限泉属各县、乡镇、村的姓氏公会、家族会、宗祠中，有一定影响、尚未加入各泉属同乡总会、较为华社所知的有：吉兰丹杜氏贞义祠、雪隆彭氏联宗会（两会为洛江区籍宗乡会馆、会员分布全马，也吸收其他籍属会员）。

马来西亚杜氏公会成立于1977年，总会设在柔佛麻坡峇吉里新村。从资料数据记载：杜氏先贤南移聚居巴口村镇，约有二百家，人口约二千余人，几乎都是来自中国福建泉州市马甲凤栖坑，成为全马最多杜姓宗族居住地区。1997年，马来西亚杜氏公会新大厦（四层楼）会所落成，堂煌壮观的总会大厦，象征着杜氏宗族的团结、繁荣与兴盛。历届理事会主席：杜渊、杜崇信、杜万来。历届理事会副主席：杜德梅、杜丕转、杜丕明、杜庆满、杜德双、杜智全、杜德得。

在缅甸 1912年（民国元年）成立的吴氏延陵联合会，现族长吴善备，理事长马甲人吴继恒。1946年成立的杜氏京兆堂，现族长杜聚财、杜银旺，理事长杜源成。

第三节 对祖国家乡贡献

一、参与、支援革命

（一）支援辛亥革命

清光绪二十三年（1897年），孙中山在日本开展革命活动。光绪三十一年起，革命党人先后到南洋各地筹组中国同盟会组织，不少洛江籍华侨参加，成为南洋各地同盟会组织骨干。光绪三十四年，市区人陈允洛、城东人魏继汉、马甲人吴镇福等人在缅甸参与组织中国同盟会缅甸分会，后吴镇福创办缅甸觉民阅书报社宣传革命思想，支持革命工作。泉州光复后，南洋各地华侨发起募捐，支持祖国各地革命政府克服财政困难，洛籍华侨慷慨捐输钱物。

（二）支援北伐战争

1913年（民国2年），孙中山发动“二次革命”，翌年在日本组建中华革命党。1913—1915年，孙中山派人到南洋各地筹募革命经费，发动反袁斗争。马尼拉华侨闻悉后，立即由阅书报社召开秘密会议，在华侨中筹得2.4万比索。宿务华侨在短期内捐得2.6万比索，支援二次革命。民国2—4年，菲律宾华侨捐献反袁斗争经费达36万比索。洛江籍华侨积极捐款援助北伐，有一些华侨回国参加北伐。河市人王济弱于民国15年投考黄埔军官学校，毕业后从事北伐后勤工作。北伐军到泉州，一些华侨随军到泉州开展革命工作，洛江籍华侨也参加北伐军海外北伐工作团、华侨特别宣传队随军北伐。

（三）支援抗日救亡运动

支援祖国抗日 民国17年（1928年），日侵略军制造“五卅”济南惨案，东南亚各国华侨声讨日军暴行，筹款赈济受害者。“九一八”和“一·二八”事变后，海外华侨纷纷组织抗日团体，开展抗日救亡活动，宣传抗日、抵制日货，筹募捐款捐助航空救国。民国24年，罗溪人尤鸿源参加中华民族武装自卫会菲律宾分会（简称“民武分会”）。民国25年“西安事变”后，尤鸿源推动“民武分会”成员与工、商、学业余俱乐部店员组织各种形式的抗日团体。民国26年“七七”事变后，尤鸿源参与发起组织菲律宾华侨各劳工团体联合会（简称“劳联会”）、菲律宾华侨店员救亡协（总）会（简称“店救会”），为主要负责人之一。马甲人杜兴侨“七七”事变时读高小，义卖面包，所得全部交中国驻菲领事馆汇回祖国慰劳前线将士，菲律宾沦陷后被捕成仁。“七七”卢沟桥事变，双阳人许金荣参加当地缅甸华侨救灾分会，抵制日货，募捐筹赈。民国35年4月，为了发动侨胞支援解放事业，许金荣重返仰光胜发土产公司当会计。次年，缅华店员联合会成立，许金荣任副主席。此外，还参与工联、书记公会以及店联民盟小组的领导工作。

回国参加抗日战争 抗日战争期间，不少热血华侨青年回国参加抗战。民国26年（1937年）底，缅甸华侨许金荣决心奔赴抗日圣地——延安，许金荣和好友郑有礼、苏学新由仰光缅华文艺界救国后援会介绍回国。1938年4月，许金荣一行三人辗转至西安，进入陕甘宁边区旬邑县陕北公学分校，许金荣被编入三十队学习。同年8月10日许金荣加入中国共产党。10月，许金荣毕业后，又进延安中央组织部举办的党训班学习。翌年春，调中央党校学习。民国29年，转马列学校。民国30年7月，许金荣奉派到关中边区负责经营光华商店，任副经理兼财经部门中共支部书记，采购大量边区急需货物。民国33年许金荣被调到八路军总司令部办公厅工作，先后担任秘书股长和庶务股长。马甲镇印度尼西亚归侨杜伦积极参加抗日救亡宣传活动，并参加军官训练团学习。在战干团学习期间，加入中国共产党组织。之后，杜伦由长沙转至广西桂林，进入徐特立为主任的八路军驻桂林办事处工作，并在广西大学开展学生运动。

二、参政议政

中华人民共和国成立后，各级人民代表大会、政治协商会议都有归侨代表、委员，有的还担任各级党政机关和人民团体领导职务。在领导岗位上，发挥才干、竭尽心力，为国家和人民做出卓越贡献。王济弱，曾侨居马来西亚、泰国、印度尼西亚，1952年回国，历任泉州市侨联副主席、鲤城区政协常委、鲤城区侨联副主席、致公党泉州市委员会主委、泉州市（升格后）政协常委、侨联常委。

洛江建区后，在历届区人大、政协会议上，侨界人大代表、政协委员关注家乡经济社会热点、难点问题，主动反映社情、侨情、民意。1999—2004年泉州市侨界人大代表、侨联界政协委员重点及优秀议案、提案：洛江区籍郭景仁提交议案《关于抓紧制定我省海外宗亲工作意见，加强海外和台港澳宗亲工作》；2004年，洛江区侨联提案《关于为我区乡镇散居归侨贫困户落实低保的建议》。

三、兴办公益事业

（一）捐资办教育事业

至清末，泉州侨办、侨助学校洛江今域有河市的奎峰、暗林的丰山、罗溪的金谿小学。

民国元年（1912年）至抗日战争爆发前，洛江今域新办的侨办、侨助中等学校有河市的凤栖小学。

抗日战争胜利后，侨汇复通，泉州华侨除恢复停办的学校外，以菲律宾华侨为主，创办今域万安街道洛南小学等。

中华人民共和国成立后，一大批侨胞爱国爱乡，心系桑梓，慷慨解囊，兴建家乡教育事业。1953年由印度尼西亚侨胞集资港币3000元，在罗溪小宗后建教室3间一切建筑材料均从仙游城内约20千米运来。买风琴1架，此架8组琴是1953年由2个人从泉州沿着60千米的崎岖山路扛到虹山，花去2天时间。1957年，印度尼西亚侨胞赖波水等159位侨胞侨眷捐资6.4万元人民币，兴建教室两座共8间，建筑面积450平方米，厕所1座，创建罗溪中学。1964年由旅居菲律宾侨胞赖来金捐资5万元，兴建1座4间，建筑面积240平方米的教室。同年，罗溪新建村华侨杜文辉创建新建小学。1965年马甲新生村旅菲华侨杜德拔创建新生小学。1974年，虹山旅居印度尼西亚华侨彭建闩、彭乃刘、彭金富、彭明昆、彭丁丑五人捐资港币33.5万元（折20万元人民币）建设虹山附中。同年8月由侨胞黄啟明捐资2万元人民币兴建后溪小学教室，面积 450平方米。

1983年，黄奕聪等21位侨胞捐资19万美元，扩建罗溪中学校舍，建设教学楼1座，建筑面积867平方米，办公楼1座，建筑面积664平方米，宿舍楼1座，建筑面积812平方米；部分资金用于添置教学设施，成立教育基金。印尼侨胞林坪来捐资2万美元，为罗溪中学购买丰田车1部。

1992年，印尼华侨再次捐资37.7万港币建设虹山中学。同年，旅居菲律宾侨胞赖来金再次捐资罗溪中学30万元，把四间平房教室改建为三层楼房，建筑面积930平方米；赖春豪捐资40万元建设教学楼一座，冠名仲绩楼，建筑面积1000平方米。1993年，罗溪镇等内外黄氏宗亲捐资30万元成立金豁黄氏毓英基金会负责奖教奖学事宜。1994年，旅居印尼侨胞黄振兴独资捐赠200万元兴建罗溪前溪小学并更名为世壁小学。2000年10月，祖籍马甲村旅菲侨亲杜德笺捐资100多万元支持马甲中学、马甲意绥幼儿园建设。2001年，旅澳侨胞杨添丁捐资320万元重建河市中心小学。

20世纪80年代，旅居印度尼西亚黄奕聪捐资近20万美元，改善罗溪中学的办学条件；20世纪90年代，捐资2000多万元人民币，在家乡创办奕聪学园（幼儿园、小学、初中部），通过次子黄鸿年慷慨捐资1000万元独建泉州青少年宫、中策教育中心，为北京大学、浙江大学、华侨大学、云南、广西、海南等地的办学捐资数千万元。1994—2005年，黄奕聪独资6132万元创建奕聪中学，占地面积16.4公顷，总建筑面积4.5万平方米。1990—2007年黄奕聪在福建省捐赠奕聪小学、奕聪中学、奕聪幼儿园、医院、金光隧道等10来个项目，累计超1亿元，2007年福建省政府立碑予以表彰。

（二）捐资办文化卫生体育事业

文化　1984年起，华侨捐资文化事业的金额增多。洛江今域项目有修祠堂：1993年，罗溪镇等内外黄氏宗亲捐资100多万元修建罗溪黄氏大宗祠；1994年，印尼华侨捐资9.3万港币建设虹山聚峰宫。2000年，马甲镇等内外吴氏宗亲捐资800多万元修建康济庙及延陵祠堂，为仙公山旅游景区增一景观。

医疗卫生　1956—1979年，华侨赠送洛江今域卫生院医疗器材、病床和药物，捐建院舍。医疗机构还接受华侨捐赠的救护车和医疗设备。1984年，印尼侨胞捐资港币37.1万元建虹山医院，面积1400平方米。1986—1992年，华侨捐资修建罗溪卫生院。2007年，旅澳侨胞黄通成捐资200万元完善罗溪卫生院卫生设施。

体育　2001年中国申奥成功后，旅居印度尼西亚侨亲黄奕聪为北京奥委会捐资1亿元。

（三）捐资办其他公益事业

修桥造路　民国19年（1930年）前后，黄奕住、杨嘉种捐资助修泉州顺济桥，有些华侨助修泉州城乡路桥。民国35年由菲律宾和印尼华侨集捐大米5000千克建虹山水尾桥、石拱桥。中华人民共和国成立后，不少洛江籍华侨助修家乡村间的板车路、机耕路。1979年以后，华侨捐资建设较大项目有罗溪岭头至五琪珑3千米的公路、马甲仰恩桥等。彭建极先生捐3万多元，捐建虹山水尾桥1座。2005年虹山籍印尼华侨捐资折人民币约27万元资助罗虹公路虹山段二期拓改工程建设。同年，黄奕聪在洛江捐资3000万元建设金光隧道。

工农业建设　1979—1982 年，华侨捐资为罗溪的五琪珑、前溪，马甲的新建等多个大队和自然村架电照明，在罗溪兴修水利。马甲侨胞吴庆星在家乡山边村建果林场，收入用于该村办学和福利事业。

侨联会所建设　中华人民共和国成立初至 1966 年，洛江今域各侨联接受捐资，主要项目马甲侨联、罗溪侨联会所。1979 年以后，华侨向侨联捐资、赠物数量迅速增多，主要项目有建泉州侨联大厦、罗溪侨联大厦、马甲侨联会所。鲤城区侨联（包含洛江区）接受捐款、赠物最多，其中侨联大厦基建款 34.7 万多元，汽车 11 辆，大厦空调机、彩电、电话等设备基本上由华侨赠送。各乡镇（街道）侨联也接受大量款物。

1986—1992 年洛江籍华侨与港澳台同胞捐资公益事业地域分布表

表 22-1-2　　单位：万元（人民币）

年份	虹山	罗溪	马甲	合计
1986	—	46.00	290.50	336.50
1987	—	23.00	524.78	547.78
1988	0.41	113.00	2128.50	2241.91
1989	—	65.50	2652.00	2717.50
1990	1.82	63.61	739.00	804.43
1991	—	76.88	11.00	87.88
1992	89.40	138.37	29.00	256.77
合计	91.63	526.36	6374.78	6992.77

第四节 侨乡

一、分布

据 2005 年侨情调查，全区海外华侨华人 16.14 万人，归侨 875 人、侨眷 1.87 万人。归侨侨眷主要分布在罗溪镇、马甲镇、河市镇、双阳街道，其中罗溪镇 11000 人、马甲镇 2453 人、河市镇 2951 人、双阳街道 2018 人。

2005 年洛江区各乡镇（街道）华侨华人数量统计表

表 22-1-3　　单位：人

	华侨	华人	华侨华人合计	归侨	侨眷	归侨侨眷合计
万安街道	109	372	481	—	1130	1130
双阳街道	1	22547	22548	751	1267	2018
河市镇	550	10481	11031	19	2932	2951
马甲镇	1713	51653	53366	58	2395	2453
罗溪镇	7149	57380	64529	50	10950	11000
虹山乡	1815	7704	9519	—	49	49
合　计	11337	150137	161474	878	18723	19601

二、重点侨乡

（一）马甲镇

马甲镇是著名的侨乡，海外华侨主要分布在印度尼西亚、新加坡、马来西亚、菲律宾、缅甸、泰国、荷兰、美国、法国等国家和地区。马甲镇华侨出外谋生各个历史时期均有，主要是清朝中末期及民国时期，究其历史原因乃是马甲地处偏僻穷山区，加上战乱、匪患，造成民不聊生，迫使众多乡民背井离乡，漂洋过海谋生。据《马来西亚峇吉里新村特刊》登载：最早移居马来西亚巴口的泉州华人有二百余年，繁衍九代，且大部分是马甲凤栖坑移居的杜氏族人。《马甲霞井历代华侨出国名册》资料记载：清朝时期（1686—1911 年）占 14.7%，民国期间（1912—1949 年 9 月 30 日止）占 81%；出国原因：匪患逃生占 50%，家庭经济贫困占 37%，逃避壮丁 8%。中华人民共和国成立后，特别是改革开放后，该镇出国经商、办企业的增多，不少人在移居国定居，成为新华侨，有的入籍他国，成为新华人。马甲侨联 1996 年侨情普查资料显示：印度尼西亚华侨 165 户、新加坡 120 户、马来西亚 117 户、菲律宾 66 户、缅甸 61 户、荷兰 2 户、美国 1 户，法国 1 户、泰国 1 户，其中新侨 120 户，国内归侨 92 人，侨眷 2.4 万人。2005 年侨情调查，全镇的海外华侨华人有 5.33 万人，主要分布在东南亚；国内归侨 58 人、侨眷 2395 人。

中华人民共和国成立后，特别是改革开放以后，马甲镇海外侨亲纷纷回归故乡旅游观光，谒祖探亲，关心家乡建设，为家乡经济和社会发展进步做出不可磨灭的业绩。1980—1992 年，海外侨亲捐建、助建学校等公益事业 7000 多万元。1992 年后，马甲侨亲继续捐建捐助公益事业，如 2000 年旅菲侨亲杜德笺捐资 100 多万元支持马甲中学、马甲意缀幼儿园建设，马甲镇等内外吴氏宗亲捐资 800 多万元修建康济庙及延陵祠堂，为仙公山旅游景区增一景观。海外侨亲吴庆星，投资 2 亿多元兴建集教学、科研、生产为一体的仰恩系列工程。还有许多华侨投资办企业带动马甲镇经济发展。

1996 年与 2005 年马甲镇侨情调查统计表

表 22-1-4　　　　单位：人

国家（地区）	1996 年侨情统计时总人数						2005 年侨情调查统计总人数					
	华侨	华人	出国人员	归侨	侨眷	出国人员眷属	华侨	华人	出国人员	归侨	侨眷	出国人员眷属
印度尼西亚	75	14000	60	25	13000	210	449	17423	—	58	785	—
马来西亚	55	3000	70	15	2100	180	481	5674	—	—	525	—
菲律宾	35	4100	50	10	2500	250	105	2828	—	—	182	—
新加坡	28	2800	30	5	1100	130	371	9105	—	—	414	—
泰国	110	6200	40	4	1300	170	2	36	—	—	—	—
缅甸	105	8500	50	5	1500	260	274	14537	—	—	452	—
越南	15	350	20	6	70	25		166	—	—	—	—
美国	20	270	35	7	850	70	22	255	—	—	27	—
荷兰	—	30	—	—	—	—	2	612	—	—	3	—
日本	—	—	—	—	—	—		274	—	—	7	—
法国	—	8	—	—	—	—	5	361	—	—	—	—
新西兰	—	—	—	—	—	—	2	382	—	—	—	—
其他	35	1300	45	15	1700	160	—	—	—	—	—	—
合计	478	40558	400	92	24120	1455	1713	51653	—	58	2395	—

（二）罗溪镇

罗溪镇是著名的侨乡，自清末起，人口增长迅速，由于山多地少，加上旧中国积贫积弱、民不聊生，人们为谋生存，开始下南洋发展，遍及东南亚，华侨们筚路蓝缕、艰苦创业。中华人民共和国成立后，特别是改革开放后，该镇出国经商、办企业的增多，不少人在移居国定居，成为新华侨，有的入籍他国，成为新华人。1992 年，罗溪镇人口 3.85 万人，归侨侨眷占全镇人口 80% 以上；居住海外乡亲有 4.1 万多人，主要分布在印度尼西亚、马来西亚、菲律宾、新加坡、美国。罗溪侨联 1996 年侨情普查资料显示：全镇海外华侨华人约 4.5 万人，其中印度尼西亚华侨华人 4 万多人、马来西亚 1000 多人。2005 年侨情调查，全镇海外华侨华人有 6.45 万人，归侨 37 人、侨眷 10426 人。

中华人民共和国成立以后，一大批侨胞爱国爱乡，心系桑梓，先后有黄世编、黄世立、黄仲裕、赖波水、赖来金、赖孙转、黄奕聪、赖孙开、赖谋乾、黄振兴、黄通成等海外侨胞慷慨解囊，兴建家乡的公益事业，为家乡的发展做出重大贡献。1980—1992 年，海外乡亲捐资罗溪各项公益事业 1700 多万元，捐建、助建 2 所中学（含虹山附中）、20 所小学，修建道路，创办一系列文化娱乐、医疗、慈善设施。1992 年后，华侨们继续捐建捐助公益事业，如旅印度尼西亚侨亲黄奕聪捐资 4300 万元设建奕聪中学和幼儿园，捐资 3000 万元建设金光隧道；侨胞黄振兴独资捐赠 200 万元兴建罗溪前溪小学；旅澳侨胞黄通成捐资 200 万元完善罗溪卫生院卫生设施；罗溪镇等内外黄氏宗亲捐资 100 多万元修建罗溪黄氏大宗祠，捐资 30 万元成立金豁黄氏毓英基金会，用于奖教奖学。

1996 年与 2005 年罗溪镇侨情调查统计表

表 22-1-5 **单位：人**

国家（地区）	1996 年侨情统计时总人数						2005 年侨情调查统计总人数					
	华侨	华人	出国人员	归侨	侨眷	出国人员眷属	华侨	华人	出国人员	归侨	侨眷	出国人员眷属
印度尼西亚	89	41000	65	27	21000	190	4875	27342	—	36	6842	—
马来西亚	65	1100	15	5	1400	50	982	5561	18	—	—	—
菲律宾	40	800	10	2	2100	30	745	14761	8	1	1934	—
新加坡	87	450	10	3	1900	20	547	7769	5	—	1275	—
加拿大	—	—	—	—	—	—	—	74	—	—	—	—
澳大利亚	—	—	—	—	—	—	—	261	—	—	—	—
泰国	115	120	15	5	1800	55	—	—	—	—	—	—
缅甸	135	110	11	8	2100	180	—	1607	—	—	—	—
越南	25	90	8	2	890	30	—		—	—	—	—
美国	15	80	13	2	220	50	—		—	—	—	—
意大利	—	—	—	—	—	—	—	1	—	—	—	—
博茨瓦那	—	—	—	—	—	—	—	4	—	—	—	—
其他	80	190	12	8	3500	70	—	—	—	—	375	—
合计	651	43940	159	62	34910	675	7149	57380	31	37	10426	—

第五节 管理

一、维护侨益

（一）学习宣传法规

1990 年 9 月 7 日《中华人民共和国归侨侨眷权益保护法》（简称“保护法”）正式颁布实施，2000 年 10 月 31 日全国人大常委会修订保护法，洛江区组织侨务、侨联干部职工学习保护法，区侨务办公室宣传保护法及相关配套法规，印发200多本的侨务法律法规手册，运用讲座、标语等形式大力宣传有关侨法，和其他涉侨部门联合召开纪念保护法颁布10周年座谈会。2002年11月，保护法宣传月，区“五侨”（侨办、侨联、致公党、人大华侨委员会、政协港澳台侨委会）联合开展宣传活动。将保护法及相关法律法规整理、编印成册分别到各乡镇进行宣传，与归侨侨眷进行面对面的交流，为他们解答疑问，在全区营造依法护侨的良好氛围。通过各种方式在全区归侨、侨眷和涉侨部门中开展保护法宣传活动，普及侨法知识，提高依法护侨意识；做好侨务信访工作，办理人大建议和政协提案，做好维护归侨侨眷合法权益工作。

2003年6月29日，区外事侨务办公室代表区政府向区第二届人大常委会作《区政府落实〈关于我区贯彻实施《归侨侨眷权益保护法》情况的审议意见〉情况的汇报》，着重汇报区侨办围绕区人大对区侨务工作的审议报告所做的几方面工作，如重点解决贫困归侨的低保问题；顺利解决双阳华侨农场归侨职工集资房的产权问题；双阳华侨农场“侨居造福工程”力度增强等。9月16日，区政府召开“洛江区学习贯彻《中华人民共和国归侨侨眷权益保护法实施办法》座谈会”。

2004年，洛江区外事侨务办公室将《中华人民共和国归侨侨眷权益保护法》编辑成资料进行宣传，在归侨侨眷及侨务工作人员中普及侨法知识。

（二）维护归侨侨眷合法权益

2000年起，根据洛江区国内归侨侨眷及海外华侨华人众多侨情，筛选洛江区归侨侨眷中的退休干部、个体企业、人大代表、政协委员、海外侨亲在国内的眷属等不同类型的代表作为洛江区的重点联系户，至2007年，建立归侨侨眷联系点5个。同年起，处理解决海外侨胞、归侨侨眷来电来信来访的受理登记、调查了解、结案反馈工作，解决反映侨房及土地产权纠纷、侨房拆迁安置、生活困难等问题，协调、督促解决有关归侨侨眷合法权益受侵害的案件，为归侨侨眷购房、就业、就学、经济纠纷等各方面问题提供政策法律咨询。2000年，协助有关部门处理旅居美国的万安桥南籍刘某的侨房产权归属问题。2004年，为印尼归侨韩敬德移居瑞典后要求回国定居，向上级侨务部门了解、咨询相关申请手续，为其提供归侨身份证明。2007年，对双阳华侨农场被除名职工来访要求恢复公职问题、农场原职工要求参加基本医疗保险等问题，符合条件、能够解决的，区侨办与区财政局、劳动局、华侨农场等有关负责人座谈，研究具体解决方案；不符合条件的或无法立即解决的，做好解释说明工作。当年接待来访30多件，100多人次。至2007年，共（督促）办理来信来访事件165多件次。

（三）服务归侨侨眷

2000年起，为归侨侨眷升学、就业、出国探亲、定居、办理公证等出具各种相关证明，协助落实归侨特困户基本生活保障工作。每年做好中、高考期间“三侨”（归侨本人、归侨子女、华侨在国内子女）身份证明出具和审核上报工作，向学校转发有关通知，明确出具证明的办理程序、办理时间和所需材料，使考生能够及时前来办理，享受优惠政策。当年，为归侨侨眷出国探亲、继承财产等提供有关证明45份。至2007年，为“三侨”中高考共出具身份证明213份。为侨眷申请土葬、归侨因私出境等出具身份证明20多份。

（四）其他

救济 1997年起，每年核实双阳华侨农场归侨特困低保对象和社会散居归侨特困对象，使每一位贫困归侨得到相应、及时的救助。2000年，对全区贫难归侨纳入“基本生活保障”范围工作做调查，确定归侨特困户最低生活保障对象8户15人，农村最低生活保障对象6户8人。对部分归侨因天灾人祸造成生活困难的，根据情况给予酌情补助。至2004年5月全区贫困归侨应保尽保，有101户、244名归侨侨眷纳入最低生活保障。至2005年，为归侨侨眷发放补助7万余元，发放对象300多人次。

侨居造福工程 2000年起，泉州连续5年把双阳华侨农场侨居造福工程纳入为民办实事项目。洛江区侨务办公室参与监督和管理双阳“侨居造福”工程建设。当年，第一期住宅楼2栋40套竣工并交付使用。2001年度，2幢住宅楼建设竣工，为60户、260多名归侨侨眷住房困难户解决住房问题。2005年，针对历史遗留的双阳华侨农场归难侨集资房12幢205户20048平方米的产权确权办证问题，采取“化解矛盾，促进稳定，维护侨益”，除办证工本费外其他费用全部免除的办法，解决该项产权办证问题，办理房产证160

多户。2007年，双阳华侨农场“侨居造福工程”项目列入省政府为民办实事项目，列入2007年华侨农场和农垦农场“侨居造福工程”建设投资计划，该项目总投资1120万元，计划新建侨居集资房100套7000平方米，新建廉租房148套7000平方米，解决248户归侨的住房困难问题，获得省、市财政补助资金492.8万元。

侨眷慰问　1997年建区后，每年元旦、春节、中秋等重要节日，区侨务部门走访慰问重点侨亲、眷属及海外侨亲家属，与侨亲们座谈了解海外重点侨亲的详细情况，拓宽海外侨务工作渠道。2004年，走访慰问41人（户），并与侨亲们座谈；春节慰问贫困归侨80人，送去春节慰问金24000元。2007年，走访慰问贫困归侨及基层侨务工作者等171人次，发放慰问金4万元；走访重点侨亲及其眷属60人（户）、侨资企业22家。

二、招商引资

（一）侨资引进

1997年洛江建区后，陆续组织企业参加福建经济与政策报告会，帮助企业了解经济形势及相关政策；“6·18”福建项目成果交易会、“9·8”中国投资贸易洽谈会期间，组织企业参加省侨办、省外办举办有关项目对接会，主要涉及电子、节能、环保、生物医药等领域。1997年，区侨联常委许维群投资3000万元创办泉州南方机械有限公司。1998年，区侨联常委刘文质投资3000万元创办东华（泉州）洋伞有限公司，区侨联副主席魏志权投资3000万元创办泉州南益轻工机械有限公司。2003年9月2日，由福建省华侨农场经济发展促进会和洛江区政府主办、双阳华侨经济开发区协办的“福建省华侨经济开发区第二届招商会”在双阳华侨经济开发区举行。来自马来西亚、菲律宾、新加坡、美国、日本等10多个国家500多海外客商应邀参加大会。47个投资项目在招商会上签约，其中，外商投资项目30个，总投资2.1亿美元，合同利用外资1.44亿美元。平均单项投资额近600万美元，其中1000万美元以上6个，外商投资项目、外资分别占签约项目、投资总额的63.8%、78%。

（二）侨企服务

1997年后，区侨务部门贯彻落实《中华人民共和国归侨侨眷权益保护法》《福建省保护华侨投资权益若干规定》。1998年1月，区政府出台《洛江区人民政府关于优化投资环境加快招商引资步伐的若干规定》，加大侨资引进力度，办好侨资企业，做好侨资企业的跟踪落实工作，保护侨资企业的合法权益。区侨务部门为侨资企业来洛投资铺路搭桥，介绍区情和相关法规政策，宣传《福建省保护华侨投资权益若干规定》，开展咨询活动，举办联谊活动，定期走访侨资企业，适时帮助侨资企业与当地社会、政府进行各种形式的信息交流和沟通，对企业所反映的热点、难点问题进行收集，事后进行跟踪调查，协调有关部门加以解决。

2000年，全区开展“企业发展年”，区侨务部门在“为经济建设服务”和“为侨服务”思想的指导下，开展“为侨资企业服务年”活动。确定9家企业为跟踪服务企业，确认11家享受华侨投资待遇的企业。推荐、指导南方机械（泉州）发展有限公司参评省“明星侨资企业”。2001年4月30日，洛江区委下发《关于加大招商引资工作力度，增强经济发展后劲的工作意见》。同年5月，市委、市政府出台《关于进一步加快开放型经济发展若干问题的决定》，区政府制定出台优化投资软环境有关政策。

2003年，组织企业参加全省第二批明星侨资企业评选（表彰），泉州大华蓄电池有限公司、泉州泉美园艺有限公司2家侨资企业获得“福建省明星侨资企业”称号。推荐洛江区泉州泉美园艺有限公司参加“2003—2005年度全国百家明星侨资企业”的评选活动。

三、侨情研究宣传

（一）侨情研调

1997年，收集整理完善侨情资料，建立海外社团、重点侨亲资料。2002年，重新整理、归档印度尼西亚锡江晋江（罗溪）崇德基金会、菲律宾晋江同乡会傅赖宗亲会等社团及洛江籍马来西亚晋江联合会会长刘建民、印度尼西亚金光集团黄奕聪及新建立起洛江籍旅美芝加哥伊州福建同乡会会长黄昭荣等资料。2003年，重新收集整理黄奕聪、黄家定等洛江籍10位重点侨亲个人资料。2004年，洛江区侨联撰写《如何做好贫困归侨的帮扶工作》调研报告。同时，对贫困归侨（户）基本情况进行分类整理，建立动态档案。

2006年，按照《洛江区重点侨情调查实施方案》组织实施侨情调查；8月，通过省侨情调查质量检查小组验收。调查数据统计显示，洛江区籍海外华侨华人为16.14万人，主要分布在东南亚、美国、加拿大、澳大利亚、日本、新西兰等19个国家；重点人士61人，其中经济上有实力、社会上有地位有56人，专业上有造诣的有5人；社团19个，其中宗亲类10个；乡会类6个；其他类3个。

2007年，洛江区政府就重点侨情调查工作情况在区三届人大常委会主任会议作汇报，总结调查主要做法和成效。同年，收集上报的海外洛江籍人才调查表数据建立档案库，收集上报海外洛籍人才92人。

（二）编发侨情刊物

1997—1998年，泉州侨史专家郑炳山与吴灿辉等多次到洛江区马甲镇开展调查，写出《霞井华侨出国原因的调查报告》，拍成资料片。编发《侨情参考》，定期和不定期编制《洛江侨务简讯》，与区委宣传部合作编辑《洛江乡讯》，宣传推介洛江侨务工作和海外侨胞对洛江的贡献。

四、侨捐管理

1979年4月起，接受华侨捐款赠物的审批权收归省政府。1988年以后，接受捐款超过50万元的由地（市）政府审批，超过100万元的由省政府审批。1990年，鲤城区成立华侨捐赠兴办公益事业领导小组，各乡镇、农场、街道成立相应机构，对侨建工程加强跟踪监督，对存在问题给予合理解决。

1985年、1987年、1991年，福建省政府三度颁发捐资办学奖章（金、银两种）、荣誉奖状和证书，泉州市政府亦3次颁发铜质奖章、荣誉奖状和证书。嗣后，鲤城区侨办、鲤城区教育局和华侨大学等单位又呈请省、市政府表彰1990—1992年在鲤城区捐资办学的华侨。至此，鲤城区侨捐获金质奖章的有31个团体和个人，获银质奖章的有26个团体和个人，获铜质奖章的有38个团体和个人（洛江籍华侨捐资教育获表彰情况见第二十四篇教育第八章经费与设施）。

2002年，按照《福建省华侨捐赠兴办公益事业管理条例》要求，洛江区外事侨务办公室清理核对多年来侨捐项目，严格按照条例进行管理监督，保护受赠人的合法权益，保护受捐人的合法权益，促进洛江区侨捐事业的健康发展。对杜德笺捐赠的马甲意绥幼儿园工程、陈守仁捐赠的洛江第十一中的陈守仁教学楼工程、黄奕聪捐赠的奕聪中学、小学、幼儿园工程及河市刘与良希望小学工程进行规范的管理、指导和财产（资金）使用的监督。1997—2007年，洛江籍华侨华人累计捐资近1亿元，捐赠项目主要为文教、医疗卫生及其他公益事业。

第二章 外事

第一节 到访

1997年洛江建区后，在各种庆典活动、民俗节庆、世界福建同乡恳亲大会，联络和接待洛江区籍海外侨亲及社团的前期，主动了解海外侨亲及社团在侨居国的发展状况，向海外侨亲及社团介绍洛江区的新发展、新变化，增强侨亲在洛江区投资的信心。加强与第二、三代侨亲的联系。为到访人士推介区情、营商环境、名胜古迹等，激发侨亲们爱国爱乡热情。对有意到洛江区投资发展的返乡侨亲，侨务部门主动与相关部门联系，为其牵线搭桥。

2000 年，在第二届泉州旅游节、第六届南音大会唱、区召开恳亲联欢会和纪念建区三周年庆典期间，接待海外侨亲 21 批 150 多人次以及旅居美国、新加坡、菲律宾等国的第二、三代侨亲赖祥辉、郑联伟等 4 批 14 人次。

2001 年 4 月，斯里兰卡佛教部副部长艾德维拉·普列马拉特尼等一行 3 人应省长习近平的邀请到泉州进行访问考察，做好到访客人考察地点万安蔡襄祠、马甲杜氏祠堂等处联系工作。9 月 5 日，接待由国务院侨办主持召开的全国华侨农场科技进步经济交流会的考察、交流活动，国侨办、全国侨联主要领导、国家有关部委、省、市有关领导及来自全国 84 个华侨农场领导人 100 余人聚集双阳参加。当年接待海外来访团 18 批 230 多人次。2002 年 5 月，俄罗斯国家杜马主席教育和科学顾问舒克·舒诺夫博士及其夫人，由全国人大常委会教科文卫委主任朱开轩陪同，到仰恩大学参观考察。

2003 年 2 月，马来西亚北霹雳中华总商会考察团一行 16 人的到访考察。考察团一行在参观考察万安开发区、塘西工业园区、双阳华侨经济开发区等。春季，在“非典”疫情最严峻时期，与乡镇、街道联系，了解掌握“非典”疫情时期返乡的华人华侨情况。对受“非典”疫情影响，未能启程返乡探亲、祭祖的重点侨亲，杜德笺、杜菜馆等，去电联系慰问，做好宣传工作。原定 5 月 15--17 日在武夷山举办的“第四届世界福建同乡恳亲大会”，因“非典”疫情改期通知下发后，即向受邀前往参加的 13 家侨资企业进行说明解释，做好取消会议的善后工作。9 月初，福建省华侨经济开发区第二届招商会在洛江区召开期间，做好对外联络、境外侨商和国内嘉宾的邀请及接待工作。中秋节前后，接待数批回乡探亲的重点侨亲，如罗溪籍印度尼西亚侨亲黄奕聪亲属一行、马甲籍马来西亚侨亲杜先生夫妇等。

2004 年，接待菲华泉州公会一行 30 人、马来西亚杜某及家属一行近 10 人到洛江区考察。11 月 17—21 日，接待印度尼西亚锡江永和慈善基金会一行 38 人回家乡虹山乡观光、寻根谒祖。

2005 年，接待和配合接待华人华侨、海外侨胞 700 多人次，其中人数较多的有：第三届世界华侨华人社团联谊大会海峡西岸行（泉州段）活动的接待工作。5 月 27—30 日，旅印度尼西亚乡亲黄奕聪夫妇及其长子、印度尼西亚金光集团董事长兼总裁黄志源一行专程返泉省亲，了解家族捐建的中小学、幼儿园的办学情况。泉州市主要领导和省侨办主任黄少萍先后会见黄奕聪一行。5 月，接待来参加第三届世界华侨华人社团联谊大会的 500 多名华侨华人社团的侨领侨亲到泉州市参观考察工作。接待返乡参加“海丝节”和“南音”活动的侨亲 100 多人次。接待印度尼西亚侨亲返乡参加罗溪世壁小学校庆活动。接待前来参加洛江区贸促会和国际商会成立大会的海外侨亲。同月，接待菲律宾侨亲杜天平一行返乡参加其父杜德笺纪念铜像落成典礼。配合省、市外事部门接待美国、澳大利亚等四国使领馆签证官 6 人次到洛江区对外向型企业考察调研，了解企业出访相关国家的实际需要。

2006 年，接待马来西亚、印度尼西亚等东南亚国家的海外华人华侨 200 多人次，主要以返乡探亲、文化交流、投资考察为主，到访主要团组有菲华泉州公会、新加坡泉籍华裔青年访问团、马来西亚侨亲刘建民为领队的投资考察团、印度尼西亚彭氏宗亲会等以及其他小规模返乡的侨亲团组。

2007 年，在海丝文化节、建区 10 周年庆典活动、贤鉴基金会 20 周年庆典活动期间，邀请海外华侨华人到洛江参加活动。全年接待到洛江访问、考察、投资的海外华侨、华人 200 多人次。

第二节 出访

1997 年后，洛江区组织赴外考察参加侨团庆典活动，收集海内外侨亲详细资料，了解海内外侨亲发展情况。2000 年 9 月，洛江区组团参加印度尼西亚泗水东爪哇泉属会馆成立 55 周年庆典活动，会晤莅会 1500 多名海外乡亲。2003 年 1 月，洛江区侨务经贸考察团赴菲律宾、马来西亚考察。2005 年，应印度尼西亚金光集团、印度尼西亚晋江同乡会邀请，洛江区侨务考察团前往印度尼西亚侨务考察活动。考察期间，拜会洛江籍海外重点人士。2007 年，组团参加马来西亚杜氏公会成立 30 周年庆典活动；筹备赴东南亚侨务考察，加强海外联谊，健全侨情资料。组织各届侨亲参加大型“世界性联谊会”。推荐上报 7 名洛江区籍海外侨亲、企业负责人作为优秀中青年代表，参加世界泉籍青年联谊会，提升洛江区侨亲在世界性组织的地位，储备更多侨务资源。

第三章 港澳台事务

第一节 移居

一、移居香港

明代，泉州往东南亚各国通商船舶有时在香港寄泊，那时开始有洛江人移居香港。清康熙四十三年（1704 年），清政府派兵驻扎香港，准许内地人到香港垦殖谋生，有些洛江人在此时移居香港。清道光二十二年（1842 年），香港成为英国殖民地，道光二十八年开辟为商埠，移居香港的洛江人渐多。早期移居香港的洛江人，从事垦殖的主要定居在鸭仔俐洲一带，经商的主要集中在上环一带。

民国初，因战乱、匪患和天灾，一些洛江籍华侨将家人接到香港定居。此后日渐增多。抗日战争胜利后，不少洛江人到香港经商谋生，有些归国华侨滞留香港。中华人民共和国成立前夕，一些国民党军政人员和工商界人士携眷前往香港。

1950—1953 年，包括洛江区区域的泉州市有 200 余人往香港会亲，多数留居香港。1955 年起，一些泉州人从陆路经澳门或从海路私渡往香港，每年均在 100 人以上，1959 年达 200 人，其中也有洛江人。1962 年发生鲤鱼门偷渡沉船惨剧，偷渡暂时中断。1963 年至 1966 年 6 月，往香港定居的为数不多。以后，大量泉州籍（包括洛江籍）的印尼、缅甸难侨涌入香港，一些已回乡定居的归侨也申请出境滞留香港，大部分居住在北角一带。

1971 年 10 月至 1978 年，泉州经批准往香港，或经批准往国外而留居香港的有五六千人，其中有不少洛江人。1982 年起，公安部门实行限额审批，泉州每年有数百人移居香港。至 1988 年 6 月，鲤城区（含洛江地面）旅居香港的人数增至 8 万人。此后，虽仍有部分人迁入，但一些洛江区籍旅港同胞逐渐向世界各地移居。

二、移居澳门

明成化、弘治年间（1465—1505 年），有洛江人移居澳门，住今营地街、望夏村、关前街和草堆街一带。明嘉靖三十二年（1553 年）澳门开港，洛江人移居澳门的渐多。明清两代，随着澳门各种贸易的盛衰，移居澳门的人数也随之增减。清末民初社会动乱，有洛江人移居澳门。抗日战争爆发后，葡萄牙宣告中立，澳门未被日军占领，居留香港的洛江人移居澳门，战后多数返回香港。20 世纪 60—70 年代，洛江籍印度尼西亚、缅甸和越南难侨移居澳门。1980 年，澳门政府实施接纳中国大陆的新移民政策，至 1983 年，有洛江人移居澳门。1983 年后，澳门政府限制移民，每年只有数名洛江人往澳门与亲人团聚。此后虽仍有迁入，但也有部分人移居其他国家。

三、移居台湾

洛江人移居台湾，历史悠久，人数众多。明末至清代，洛江人徙居台湾，曾有过三次移民高潮。第一次移民高潮是明天启年间（1621—1627 年），以颜思齐、郑芝龙为首的海上武装集团，以台北为据点，在进行私商贸易的同时，也着手开辟台湾。第二次移民高潮是郑成功东征收复台湾时期。第三次移民高潮是清初平台。清康熙二十年（1681 年）台湾归顺清廷后，移居台湾的人数剧增，有的挈眷往台，有的在台湾定居，有的与台湾人联婚。移居台湾的人，除从事农业、渔业外，还从事其他职业，为开发台湾贡献力量。河市梧宅人苏宗魁任台湾盐运使，苏刚珲任台湾艋舺营右厅守府，诰授武略骑尉，苏淮泗为五品军功，在台湾任武官；虹山乡人彭忍居挈眷往台，彭藤娶台湾人白氏香娘，彭永淮带两个儿子移居台湾。清乾隆四十九年（1784 年），清政府开放台湾鹿港与泉州蚶江港对渡。近代，特别是民国 34 年（1945 年）抗日战争胜利后，洛江人随军往台接收、经商、读书的较多。1945—1949 年，洛江区籍往台湾有 280 多人，至 2007 年，洛江区有台属 2680 多人，台湾开放探亲后与台通婚 28 对。台胞中有不少在政治上有影响、经济上有实力、社会上有地位的杰出人物，其中包括赖春豪（台北市晋江同乡会原理事长）、黄锭明（台北市晋江同乡会原总干事）、王渊华（高雄县福建同乡会理事长）、黄和平（知名人士）等。

洛江区迁居台湾人数及与台湾人联婚人数一览表

表 22-3-1　　**单位：人**

原居住地	1945—1949 年迁台人数	1987 年开放探亲后与台湾人联婚人数
万安	22	7
双阳	41	5
河市	96	5
马甲	58	4
罗溪	50	6
虹山	13	1
合计	280	28

第二节 经济活动

一、在香港

早期移居香港的洛江人，以垦荒、捕鱼为业。抗日战争胜利后，泉州人移资香港经商的迅速增多。民国 38 年（1949 年 9 月 30 日止），少数洛江人携资移居香港发展。至 1955 年，洛江人在香港没有较具规模的企业。20 世纪 60 年代，香港经济发展，洛江籍华侨、华人在香港投资，开始崛起，出现少数大企业。和昌集团董事主席吴庆星（马甲人），20 世纪 70 年代初在香港开设龙星公司，以后组成和昌集团，在黑龙江、泉州和厦门建有企业，在泰国、澳大利亚有子公司，主营饲料油脂工业和土产贸易、养殖业，每年与国内贸易额达 1 亿美元。改革开放后，港商扩大投资领域，壮大经济实力，至 1992 年，出现一些由祖籍洛江人创办的资产雄厚的企业。黄达群创办的君心贸易、多多电子、景威地产代理、益林投资（香港）等有限公司，主营贸易、房地产、电子工业；佘明聪兄弟共同管理其父佘文宗创办的家族企业香港建成织造有限公司，设有子公司维得利有限公司；庄大川创办的香港海洋实业有限公司，为香港石油化工业翘楚，在内地有多家大型石油化工合资企业；谢必荣等人创办的香港康达贸易公司和远达货运公司；何瑶煌与林华国合创的香港美惠有限公司；林华国创办的美惠投资有限公司；陈影鹤创办的香港大庆有限公司；赖谋盛创办的宝泰贸易行，投资达基实业、汇通灯饰、建生实业、宝麟贸易行等联营公司。

二、在澳门

明代移居澳门的洛江人，多数为工匠、店员、杂工或海运船民，从事商贸业的很少。清代则多为工人或菜农，还有走私商人及其雇佣的职员、船工。鸦片战争后，澳门港逐渐衰落。19世纪70年代中期到20世纪50年代末，居留澳门的洛江人有限，多系工人和菜农，个别人开设作坊式的小型工厂或当零售小商贩。

20纪60年代初，澳门经济进入发展时期，纺织、制衣工业逐渐取代传统手工业；中期，一些洛江籍印度尼西亚、缅甸、柬埔寨难侨进入澳门，大多经语言补习班培训后进工厂，部分人成为零售商贩，或开设小吃店。

20世纪80年代初，洛江人往澳门会亲或就业，多数当肩挑小贩，或在街头巷尾排摊设点，部分在同乡人的小型企业当佣工。至1992年，在澳门的洛江人多数是小商人、小餐馆经营者，还有职员、工人，有成就者甚少。

第三节 交流往来

一、经贸往来

投资举办经济实体是洛江籍港澳台同胞支持家乡建设的主要形式。中华人民共和国成立初，在家乡投资多数采用汇款给亲属办企业的办法。20世纪80年代开始，许多港澳同胞在洛江创办来料加工装配企业和投资办厂，早期有马甲籍港胞杜振昌投资900万元兴办马甲新华针织厂等，20世纪90年代有大华蓄电池、维龙轻工、亚纶电子、光大食品、闽侨航空旅游等。1997—2007年，洛江区组织企业参加福建经济与政策报告会，帮助企业了解当前经济形势及相关政策；“6·18”福建项目成果交易会、“9·8”中国投资贸易洽谈会期间，组织企业参加省侨办、省外办举办有关项目对接会。1997年，港胞许维群投资3000万元创办泉州南方机械有限公司；1998年，港胞刘文质投资3000万元创办东华（泉州）洋伞有限公司，区侨联副主席魏志权（港胞）投资3000万元创办泉州南益轻工机械有限公司。

1991年，台胞杨荣辉在河市镇霞溪村投资创办荣祺食品有限公司，是境域内第一家台资企业，主要腌制加工生姜、青梅等果蔬，产品以外销为主。洛江区有关部门贯彻落实《中华人民共和国台湾同胞投资保护法》，保障台商的合法权益。1998年10月，设立台胞投诉协调中心，采取有效的措施，为台资企业排忧解难。2003年3月，洛江区成立泉州市台资企业协会洛江服务处，对沟通政府与台商之间的联系起到重要作用。2004年9月首届海峡两岸五金机电交易会在洛江区成功举办，100多家台湾知名五金机电企业到洛江参展。

1997—2007年，全区新增台资企业18家，总投资2638万美元，实际到资1219万美元。历年创办台资企业36家，总投资8493万美元，实际到资4836万美元，正常经营的台资企业27家。台胞创办规模较大的企业有11家，主要有台胞林文智创办的福建和诚鞋业有限公司、台胞杨荣辉创办的泉州荣祺食品有限公司、台胞林秀琴创办的泉州大兴电线电缆有限公司、台胞王来成创办的福建泉州凹凸精密机械有限公司等。台胞在洛江区投资领域涉及纺织服装、机械电子、食品加工等产业。2007年，台资企业工业总产值达7.8亿元，税收4000多万元。

二、兴办公益事业

20世纪50年代，马甲人旅居中国台湾鹿港的归侨吴国华发起捐资倡导，发动华侨、港澳同胞集资创办马甲锦霞小学。20世纪70年代后期，港澳同胞捐资洛江教育事业的人数、金额迅速增多。1987年起，旅港同胞吴庆星（马甲人）先后投资7000万元建仰恩大学，占地40多公顷。

1987年9月，台湾当局开放民众赴大陆探亲后，台湾各地洛江籍乡亲返乡谒祖、寻亲、扫墓。赖春豪、王渊华等人多次带领同乡会或家人回乡。洛江籍台湾乡亲情系桑梓，捐资支持家乡发展教育等公益事业并投资兴办实业。其中，黄和平捐资701万元兴办敬德中心小学、敬德职校、洛江教师进修学校及奖学奖教活动。

20世纪80年代开始，港澳同胞捐资整修村路，金额从数百元至数万元不等，捐资数额较大的有吴庆星在创办仰恩大学过程中，捐资200多万元，铺筑仰恩大学通往河市、马甲、罗溪等乡镇主公路的水泥路20多千米，建造钢筋水泥结构的仰恩桥、祥贤桥、洋坑桥；捐资18万元在马甲洋坑村兴修水利。

三、接访和访问

接访　1997年起，继续做好到洛江探亲、旅游、投资、贸易、交流、定居、就医港澳台胞的服务接待工作，巩固和加强对港澳台联络交往的基础性工作。1999年，台中农业技术交流团在团长傅云海的带领下分别于1月和4月到洛江考察访问。2002年11月，接待港台武术代表团参加俞大猷500周年诞辰纪念活动。2003年9月，福建省华侨经济开发区第二届招商会期间，做好港澳台商的邀请和接待工。中秋节前后，接待香港泉州同乡会一行。2005年3月30日至4月2日，由香港福建希望工程基金会第九届董事主席颜纯炯率领的香港福建希望工程基金会访问团抵泉州，参加洛江区河市镇山边村刘与良希望小学、新告村刘与量希望小学新校舍落成剪彩仪式。市领导施永康、傅圆圆、林荣取、魏坚、洪泽生会见访问团全体成员。同年6月，接待港胞出席虹山成功侨心小学落成庆典活动。2006年7月，中国国民党台南县委员会参访团一行40人在党部主委苏国明的带领下，参观洛江和诚、大兴两家台资企业。同年10月，金门科技学院教务长董桑带领金门代表队一行40人参加金威海峡两岸邀请赛。2007年，利用举办“海丝文化节”活动、建区10周年庆典活动、贤鉴基金会20周年庆典活动等，邀请港澳台同胞到泉州洛江参加各项活动，接待港澳台同胞100多人次。至2007年，接待台湾参访75团900人次。

访问　1997年10月，洛江区常务副区长朱启平应台湾财团法人农业工程研究中心邀请，随中国城郊经济研究会组团赴台参加海峡两岸城郊生鲜农副产品市场及营销制度研讨会。1998年9月，区人大常委会副主任陈传仁应台湾财团法人连德工商发展基金会邀请，参加开发区协会赴台考察。2000年5月，区台办主任李再发应台湾中华财经文化交流协会黄惠英理事长邀请赴台交流。同年6月，区委书记陈敬聪应台湾台嘉义农业技术学院邀请，参加全国台联与农业部组织的优秀农产品推广中心组团赴台参加海峡两岸城郊农业经济发展规划与策略研究会。同年11月，区政协三胞委组织政协委员赴金门开展农业考察（10人）。同月，区政协主席谢定昌应台湾知识农业交流协会理事长颜正平教授邀请，随中国科学技术咨询服务中心组团赴台参加海峡两岸知识与农业合作研讨会。2004年3月，洛江区协助指导旅港罗溪乡亲在香港成立香港罗溪同乡会。2005年，应香港泉州同乡会的邀请，区侨务考察团前往香港进行考察。2006年3月，洛江区组团参加香港成立香港罗溪同乡会成立两周年庆典活动。同年6月，组织雅兴家庭用品公司、健胜家具公司两家企业赴澎湖参加首届“两岸（福建）优良家庭用品展销会”。至2007年，共办理台属赴台探亲、探病、团聚240多人次。

第四章 管理机构

第一节 外事侨务机构

1997年，洛江区侨务办公室成立。2002年机构改革，设置洛江区外事侨务办公室，内设侨务股、外事管理股，行政编制3名。1999年，成立下辖洛江区外事服务中心，为自收自支事业单位，无编制；2007年自收自支变更为财政核拨，核定事业编制1名。

第二节 涉台机构

1997年建区后，成立中共洛江区委台湾工作办公室（加挂洛江区人民政府台湾事务办公室牌子），与洛江区委办公室合署办公。2002年机构改革后，保留中共泉州市洛江区委台湾工作办公室，同时加挂泉州市洛江区人民政府台湾事务办公室牌子（简称“区台办”），行政编制3名。

第二十三篇 政 法

1997 年建区后，洛江区政法各部门在区委、区政府的领导下，以加强和深化社会治安综合治理为目标，开展“平安洛江”建设，以发案少、秩序好、群众满意为任务，探索新时期政法综治新措施、新方法，形成党委领导、政法牵头、社会参与、齐抓共管的政法工作新局面。

政法机关各司其职，为全区改革开放和经济建设、人民生活营造良好的法制环境。区委政法委加强对全区政法工作的部署、协调和督促检查，建立社会治安综合治理目标管理责任制，强化社会治安综合治理一票否决权制。区公安机关依法管理社会治安、道路交通、消防、户政等；健全治安联防网络，开展群防群治；开展对公共场所与特种行业、枪支弹药与爆炸物品的管理，严厉打击“黄、赌、毒”等社会丑恶现象，有力地维护全区社会安定、稳定。至 2007 年，全区受理各类治安案件 4160 起，查处 4400 起，侦破各类刑事案件 2868 起。区检察院一手抓“两反”（反贪污贿赂、反渎职侵权），一手抓“严打”，坚持“从重从快”依法严厉惩治严重危害社会治安刑事犯罪分子，加大打击严重经济犯罪力度；推行检查长接访制度，组织干警轮流参与控申接访。11 年间，受理由公安机关及检察侦查部门提请逮捕 839 件 1282 人，经审查批准逮捕 807 件 1242 人，不批准逮捕 28 件 40 人；累计受理公安机关及区检察院自侦部门移送审查起诉案件 934 件 1397 人（其中自侦案件 85 件 94 人）。区法院根据各时期的“严打”方针和政策，开展刑事、民事、行政审判、执行、立案信访和审判监督工作，依法审理严重破坏社会法案秩序和经济犯罪案件。11 年间，审结各类案件 6128 件，执结 981 件。区司法局组织实施“三五”“四五”和“五五”普法工作，开展全民法制教育，扎实推进人民调解、安置帮教和法律援助、安置帮教组织建设，建立区—乡镇（街道）—社区（或单位）三级人民调解、安置帮教和法律援助网络，组织开展矛盾纠纷大排查大调处，维护社会的稳定。

第一章 政法委及综治

第一节 综治领导责任制

一、目标管理责任制

1998—2007 年，洛江区建立社会治安综合治理目标管理责任制，把综治工作列入各单位年度目标考核内容，区综治委与各乡（镇）街道综治和区直综治委成员单位签订下达综治工作目标管理责任书，各乡（镇）街道，区直综治成员单位与所属村（居）委会、单位，村（居）委会、单位与村民小组、车间层层签订或下达综治责任状，形成“横向到边，纵向到底，交叉到位”的责任网络，把综治目标和工作任务分解落实到基层单位和个人，形成一把手负总责，各部门齐抓共管，各负其责的工作机制。

二、综治一票否决权制

1998年，区政法委根据《中共中央、国务院关于加强社会治安综合治理的决定》和《全国人大常委会关于加强社会治安综合治理的决定》中关于实行社会治安综合治理一票否决权制的精神，把综治工作同责任人的职称评定、晋升职务、评先评优等挂钩，严格执行综治一票否决权制。2006年10月，区委、区政府下发《关于洛江区强化社会治安综合治理一票否决权制的实施意见（试行）的通知》，至2007年末，全区共一票否决7个单位，黄牌警告1个单位，通报批评3个单位。

第二节 社会治安重点整治

一、农村社会治安重点整治

1998年，区综治委制定整治工作方案，组织区直机关、乡（镇）干部86人，分6个工作组，分赴6个乡、镇、街道抓重点整治工作。此后，人员有变化，但每年派工作组实地抓重点整治工作。通过重点整治，加强基层基础工作，遏制刑事案件上升的势头，改善社会治安状况。2000年后，“六合彩”赌博活动，曾一度成为洛江区农村一个突出的治安问题。2002年，“六合彩”非法赌博在农村发展蔓延，对此，组织政法部门干警开展专项整治，严惩“庄家”“马头”，以点带面，遏制“六合彩”发展蔓延势头，至2005年，全区共查处一批“六合彩”赌博案件，专项整治取得成效。

二、校园治安及周边环境整治

1998—2007年，每年制定校园治安及周边环境整治实施方案，组建整治工作队，整治工作队入校开展德育和法制教育，转化差生采取“一帮一”“二帮一”措施，建立后进生帮教档案。组织有关部门联合开展集中清理整顿校园周边环境专项行动，责令学校周边200米范围内的“三厅两室”（歌厅、舞厅、录像厅，电子游戏机室、台球室）和“网吧”全部搬迁，各中心小学成立保卫科，配备警卫装备，净化校园及周边环境。

三、重点骨干企业周边治安环境整治

1998年，贯彻落实泉州市委、市政府“学厦门、促发展”精神，为全区重点骨干企业创造良好的社会治安环境。区综治委组织开展重点企业周边治安环境整治和企地共建活动，确定重点整治地区。各乡（镇）、街道也结合实际，选择1-2个重点骨干企业，开展整治工作。区、乡（镇、街道）两级成立整治工作领导小组，组建整治工作队，清理整顿企业周边的废品收购站点和外来流动人口，落实社会治安综合治理各项措施，搞好厂村联防。整治期间，3家重点骨干企业破获刑事案件6起（其中盗窃企业资产案4起）。

1999年，根据《关于开展企地共建安全小区活动的工作意见》，确定5个骨干企业为企地共建安全小区试点单位。乡（镇）、街道也确定1—2个企业，由企业所在地的乡（镇）副科级领导和干部、当地派出所干警及企业保卫部门的人员组建共建活动工作组，驻厂开展整治活动。

2000—2007年，重点骨干企业周边环境工作被纳入基层安全创建的内容，由乡（镇）、街道结合实际开展企地共建活动，企业与当地共建平安，参与创建治安先进单位活动，维护企业的正常生产秩序。

第三节 基层安全创建

1997—2007 年，开展社会治安综合治理乡（镇）、街道评比活动。城区 2 个街道全面开展创建工作，创建率达 100%，乡（镇）创建覆盖率达人口总数的 68%。各文明安全片区成立创安工作领导小组，制订帮教、调解、治安巡逻等制度，建立治安巡逻队、妇女禁赌会、帮教小组，环境保护队伍和社区服务队伍，落实各项安全防范措施，促进社会治安和社会风气好转。

第四节 矛盾纠纷排查调处

1998 年，洛江区政法委制定实行政法部门挂钩乡（镇）、街道维护稳定工作，政法委、法院、检察院、公安分局、司法局、民政局分别挂钩 1 个乡（镇）、街道，指导和协助乡（镇）、街道开展矛盾纠纷排查调处。各乡（镇）、街道建立矛盾纠纷调处中心，做到有机构管理、有人员办事、有工作场所，形成矛盾纠纷排查调处工作合力。建立区“一月一会”，乡（镇）、街道“半月一会”的矛盾纠纷排查调处联席会议制度。在具体调处工作上，按照“属地管理”“谁主管、谁负责”“分级负责、归口调处、条块结合”的原则，制定挂牌督办、流动管理、月报表、“零报告”等工作制度，及时排查调处各类矛盾。全年排查调处各类矛盾 104 件。至 2007 年，排查调处各类矛盾 986 起，调处成功 832 起，调处成功率 84.4%。

第五节 流动人口服务管理

1997 年后，洛江区暂住人口逐年增多，暂住人口管理工作逐步正规化、制度化。洛江辖区内设有外来暂住人口管理站 6 个，户管员 41 人；登记站 67 个，户口协管员 346 名（其中专职 87 名，兼职 259 名）。对外来人口采用“一站式，一证式”管理。对住户来客住宿 1—3 日者，户主须带暂住人持有关证明或身份证到居民委员会外来人口登记站登记；暂住 3 天以上者到派出所外来暂住人口管理站办理暂住证，离开时注销，收回暂住证；婚嫁人口（妇女户口在农村，其夫户口在城区）要到所在地派出所暂住人口管理站办理暂住户口簿，迁居、入户时注销，收回暂住户口簿；海外华侨、港澳台同胞来洛江区暂住在居民户的，须在 24 小时内，由本人或留宿人到所在派出所申报办理暂住户口，离开时注销。为了提高登记率，防止迟报、漏报，各居民小组协管员负责外来人口分散点，派出所管理站负责外来人口集居点，并在外来人员中物色信息员，坚持一日一巡视，三天一检查，督促来客及时到登记站申报登记。私房出租，须先由房主提出申请，而后再由民警、居民委员会、治安保卫委员会、登记站与房主签订房屋出租治安承担责任书。对违反暂住人口管理规定的，轻者给予罚款处理，违反《中华人民共和国治安管理处罚条例》者，给予拘留；触犯刑律的，追究其刑事责任。

第六节 “平安洛江”建设

2004 年 5 月，福建省委、省政府组织开展创建“平安福建活动”。6 月下旬，泉州市委、市政府提出《关于建设平安泉州的工作意见》。7 月，区委、区政府出台《关于建设“平安洛江”的实施意见》，8 月，区委、区政府成立创建“平安洛江工作领导小组”，由区委、区政府主要领导任组长，下设办公室日挂靠政法委。各乡镇、区直单位均组建相应工作机构，建立全区上下齐抓共管的工作机制。至 2007 年末，印制《“平安洛江”宣传手册》50 余万册，录制平安建设宣传光盘 1000 多张，出动宣传车 6000 多车次，组织电影放映队入村（社区）播放宣传电影 500 余场，举办平安建设抽奖活动 60 余场，制作宣传手电筒、口杯等小礼品 20 万余份，悬挂横幅近 1 万条，张贴刷新固定宣传标语 1 万多幅，分发宣传材料近 100 万份，设置各种综治、平安大型广告牌1000多个，辖区90%的固定电话开通“平安彩铃”，引导广大群众、社会各界参与综治、平安建设工作。组织乡、镇、街道干部职工、派出所民警、村（社区）干部开展“入户访视”活动。组织政法各部门开展“案件回访”，主动向群众通报立案、侦查、破案等情况，做好解释工作，争取群众的理解和支持。1997—2007年，入户访视41.66万户次，政法各部门回访案件2342起。对已达标的“平安乡镇（街道）”“平安村（社区）”实行滚动管理，动态管理、常态管理，巩固“平安洛江”创建成果。组织“平安铁路”“平安海域”“平安校园”“平安医院”“平安库区”“平安文化市场”“平安边界”“平安家庭”等创建活动，拓宽平安创建领域，提升平安创建水平，辖区铁路段被省护路办命名为福建省“平安铁路示范路段”。

第七节 综治宣传

1998年始，洛江区综治委每年3月采取集中宣传和日常宣传相结合方式，开展综治宣传月活动，政法各部门领导开展接待日活动，在新闻媒体上刊（播）专文、图照，在城乡张贴标语、分发宣传材料，同时，采取举办培训班、知识竞赛、法律咨询、送法下乡、踩街游行、街头设点宣传、法律咨询服务和进村入户等多种宣传形式。2002年，在泉州市第十一中学建立预防青少年违法犯罪教育基地，区综治办、公安局、教育局联合制作《托起明天的希望——预防青少年违法犯罪图片》并巡回展出。2003年，政法委牵头开展“反盗抢摩托车图片展”活动，组织干部、职工、学生参观，把图片送到各乡（镇）、街道、中小学巡回展出。

第八节 机构

一、政法委机构

1997年8月，中共泉州市洛江区委政法委员会（以下“简称区委政法委”）成立，属区委领导政法工作的正科级部门，行政编制4名，配备书记1名，副书记1名，内设办公室、综治办2个职能科室。同年，泉州市洛江区社会综合治理委员会办公室成立（简称“区综治办”），与区委政法委合署办公，配备主任1名，副主任1名。2000年，中共洛江区委防范和处理邪教问题领导小组及其办公室成立，2002年，洛江区国家安全工作领导小组及其办公室成立，与区委政法委合署办公。2002年12月，区委政法委、区综治办行政编制暂定5名，其中，书记1名，副书记2名，综治办主任1名（副科级），机关工勤人员统筹配备，系统党委专职领导职数按有关规定配备。2003年11月，区综治办增设正股级事业单位洛江区社会治安管理协调中心，编制2名，股级职数1名；2007年6月，增加编制1名。

二、综治委机构

1997年11月，泉州市洛江区社会治安综合治理委员会设立（以下简称“区综治委”），由区委副书记任主任，区人大常委会副主任、区政府分管副区长、区公安分局局长、区委政法委副书记任副主任，各成员单位主要负责人任委员。下设办公室，配备副主任1名，与区委政法委合署办公。2002年9月，区综治委由区委书记任主任，区长任第一副主任，区委副书记任常务副主任，区委政法委书记、区人大常委会分管副主任、区政府分管副区长、区政协分管副主席任副主任，各成员单位主要负责人任委员，并有分管领导和综治工作专兼职工作人员。下设办公室，配备主任、副主任各1名。全区6个乡镇（街道）均设立党（工）委综治副书记，并配备综治干部，形成全区上下层层有综治领导、综治干部的社会治安综合治理组织网络。

第二章 公 安

第一节 刑事侦查

一、打击刑事犯罪

1983年3月，泉州市（县级）公安机关在罗溪、马甲两乡开展拐卖妇女、儿童犯罪活动的专项调查。被拐骗的来自12个省的青年妇女732名、儿童21名，已逃回67人，解救11人。犯罪分子中以暴力手段挟持、强奸妇女等严重罪犯33人，给以追究刑事责任。同年8月，在泉州市委、市政府统一指挥下，开展严惩危害社会治安的犯罪分子的斗争，历时3年，至1986年共摧毁团伙58个，抓获团伙成员302人，查获各种违法犯罪分子948人，依法逮捕法办479人。1986—1992年，鲤城区（包括洛江今域）陆续开展“打现行、清查流窜儿”“追捕逃儿”“反诈骗扒窃”“打击暗娼卖淫”“反盗窃、打流窜、挖团伙”“扫除社会丑恶现象”“反盗窃摩托车”“打击车匪路霸”“打击拐卖儿童妇女团伙”等专项斗争。

1997年9月，泉州市公安局洛江分局成立后，开展“查外口，清盲流，打流窜”“破大案、追逃犯”等专项斗争。破获刑事案件63起，其中大案要案15起，抓获犯罪嫌疑人26人，报捕13人，起诉11人。制止“11·17”爆炸杀人案。

1998年，立刑事案件235起，破174起，抓获犯罪嫌疑人135人，其中抓获在逃人员9人，刑事拘留102人，逮捕60人，劳动教养32人，摧毁犯罪团伙6个，抓获团伙成员35人。其中重特大案件59起，如“4·4”虹山奸淫幼女案、“5·29”万安街道杏宅村王某故意杀人案。6月29日，破获特大拐卖妇女、儿童案件，抓获曹某、刘某、唐某，解救被拐儿童1名。12月22日在市刑警支队指导下10小时破获肖某故意杀人案。

1999年，立刑事案件335起，破185起，破案绝对数分别比去年多11起，同比上升5.7%，其中破获重特大案件64起。抓获各类犯罪嫌疑人178人，同比上升27%；刑拘154起，拘捕95人，移送起诉91人，同比分别上升51%、58.3%、52%；摧毁犯罪团伙21个，抓获团伙成员76人。破获多起重大刑事案件，其中5月25日，破获李某、黄某、黄某特大拐卖儿童案。5月31日，破获陈某、王某、吴某抢劫“面的”、出租司机系列案件6起；11月29日，摧毁一个以盗窃企业保险柜为主要目标的流窜盗窃团伙，抓获黄某、李某等9人，破获盗窃案件13起。

2000—2001年，共立刑事案件1111起，破430起，其中破获重特大案件126起，摧毁犯罪团伙34个，抓获犯罪嫌疑人497人，刑事拘留292人，报捕213人，移送起诉212人。2000年，破获多起重大刑事案件，其中破获“3·12”“4·13”“5·17”“7·6”4起省内最大盗窃电缆线案，“7·6”刘某伦、刘某为首的抢劫杀人案，“11·25”司某绑架杀人案，“12·29”特大雷管被盗案，追回雷管723枚。通过“网上打拐”专项斗争，解救被拐妇女168人、儿童6人，采集儿童血样883份，破获被拐卖妇女、儿童案件4起。2001年，破获的重大案件有“8·26”持枪绑架贩毒团伙案，抓获成员14人、缴获自制手枪1支、子弹4发、海洛因12.1克。开展“打黑除恶”专项行动，打掉带有黑势力性质的犯罪团伙6个，成员24人，涉案20起。

2002年，全区共立刑事案件571起，破313起，同比上升29.8%；破获八类严重暴力案件74起，同比上升111.4%；破多发性侵财犯罪案件215起，同比上升19.4%；抓获犯罪嫌疑人268人，同比上升23.6%；刑事拘留179人，逮捕112人，起诉105人，劳教22人，同比上升25.4%、1.82%、5%和46.7%；抓获网上在逃人员51名，百名民警抓获网上在逃人员数达50%。摧毁盗抢团伙21个，成员69人，涉案93起，同比上升25%、6.7%和2.2%。破获重大案件：“4·15”故意杀人案；破获“8·23”罗某剑、杨某奎持刀抢劫案。

2003年，共立刑事案件569起，破315起，同比上升0.64%。其中“两抢一盗”110起，破获抢夺案件13起，上升160.5%。破获盗窃机动车82起，同比上升39%。破获杀人案件4起，同比上升400%。抓获犯罪嫌疑人281人，逮捕83人，批捕率达99%，移动起诉106人，移送起诉率98%，抓获网上逃犯47名，同比上升62%。以坚持“攻要案、打两抢、反盗窃”为工作重点，狠抓大要案侦破：“2·28”杜某、曾某、曾某运输贩卖“六合彩”图纸案，“3·3”双阳黑恶势力团伙案，“3·23”郑某故意杀人案，“6·14”纪某爆炸故意杀人案，“9·10”谢某故意杀人案，“9·14”万安琯头特大绑架案。

2004年，立刑事案件569起，破345起，同比上升9.5%。破获“两抢一盗”案件97起，其中破获抢劫案件45起，同比上升164.7%，破获抢夺案件14起，同比上升7.7%。破获八类严重暴力案件67起，同比上升59.5%。破获“2·28”赖某故意杀害母亲案、“10·27”于某等故意杀人案和“12·16”叶某故意杀人案，实现命案全破的目标，市局挂牌督办案件3起全部破获。

2005年，立刑事案件566起，同比下降0.4%，破346起，同比上升0.29%，其中破获“两抢一盗”案件135起，盗窃机动车案件69起，抢劫案件51起，抢夺案件15起，其他案件72起。抓获各类犯罪嫌疑人371人，其中抓获网上在逃人员90人，同比上升16.3%和12.5%，逮捕164人，同比上升28.1%，移送起诉195人，同比上升35.4%，抓获盗车犯罪嫌疑人25人，摧毁盗车犯罪团伙7个。破获“6·29”双阳故意伤害致死案、“7·13”万安故意杀人案、“11·5”万安桥南故意杀人抛尸案等重大案件。

2006年，立刑事案件565起，同比下降0.18%，破获348起，同比上升0.58%。破获八类严重暴力犯罪案件75起，同比上升4.2%。破“两抢一盗”案件118起，同比上升2%；抓获犯罪嫌疑人349名，团伙30个，网上追逃84人。“1·12”林某故意杀人案、“5·15”黄某等故意杀人案、“10·2”许某故意杀人案、“11·10”祝某故意杀人案、“9·7”韦某故意伤害致死案等5起命案全部破获。在“打黑除恶”专项行动中，摸排涉黑涉恶团伙6个，涉案21人，批捕11人，移送起诉10人，治安处罚10人，6月打掉以赖某、黄某为首的两个恶势力犯罪团伙。

2007年，全年共立刑事案件563起，破获349起，同比分别下降0.4%和上升0.3%。破获八类严重暴力犯罪案件59起；破获“两抢一盗”案件250起，其中破获盗窃破坏电力、电信、广电设施案39起；市局督办2起案件均成功告破。抓获各类犯罪嫌疑人343名，网上追逃105人，刑拘273人，逮捕175人，起诉185人；打掉团伙32个，抓获团伙成员112名，其中摧毁抢劫盗窃团伙2个，虚假信息诈骗团伙2个，田某锋恶势力团伙、赖某环恶势力团伙等恶势力团伙6个。破获重大案件有“2·25”林某森、林某结、李某等人过失致死案、“6·9”马甲肖某被故意伤害致死案、“10·19”万安陈某、张某、张某故意伤害致死案、“12·14”谢某故意杀人案。

二、打击毒品犯罪

2002年7月，禁毒大队成立，大队立足日常摸排、管控、清查，深挖涉毒线索等职责。2004—2007年，查获吸毒人员1人。开展“无毒害社区”活动，切实做好涉毒人员的帮教工作，加强宣传，在每年的“6·3”虎门销烟纪念日、“6·26”国际禁毒日等重要节日开展禁毒集中宣传教育活动，宣传发动群众，提高群众对毒品危害的认识和自觉参与禁毒的意识。

第二节 经济侦查

1997—2000年，在开展打击经济犯罪斗争中，破获各类经济犯罪案件8起，抓获各类经济犯罪嫌疑人6人。

2001—2002年，查处经济犯罪案件30起9人，挽回经济损失580多万元。配合工商、税务、商贸等有关部门参加整顿集中统一行动7次，出动警力42人次，收缴假香烟235箱、假可乐饮料30箱等。开展“打假”专项行动。查获假烟121箱，端掉地下制假点1个，缴获制假机械8台，假录音带成品、半成品3万多盒，抓获制假人员7名。

2003—2004年，在开展打击经济犯罪斗争中，破获各类经济犯罪案件11起，抓获各类经济犯罪嫌疑人18人。

2005—2007年，破获各类经济犯罪案件19起，抓获各类经济犯罪嫌疑人24人。

第三节 治安管理

一、安全防范管理

1951年，晋江县公安局先后在乡镇建立治安保卫委员会，各村设治保小组。治保会在基层政府和公安机关领导下开展对敌斗争，宣传和组织群众维护治安，防奸、防谍、防盗、防火，调解民事纠纷，监督改造被管制分子。1988年，鲤城（包括洛江今域）公安分局，建立区、乡（镇、场）、村（居委会）三级治安巡逻队42队，成员365人，协助公安机关查破刑事案件76起，查处治安案件204起，抓获违法犯罪381人，进行治安调解342起。

1998—2000年，受理治安案件819起，查处762起，查处率达93.04%，调解纠纷434起，治安拘留497人，劳动教养75人，收容教养12人。2001—2002年，发现受理治安案件1329起，查处1512起。2004年，发现受理治安案件492起，查处337起，同比分别上升4.2%和22.5%。查处治安违法人员531人，治安处罚531人。其中，拘留203人，罚款214人，其他处理82人。

2005—2007年，发现受理案件1320起，查处1397起，治安拘留514人。其中，2007年发现受理治安案件365起，查处239起，查处率达90.1%，查处违法人员716人，治安拘留183人。三年内，搜集可能引发群体性事件的不稳定因素30起，提前化解23起。

二、特种行业及公共场所治安秩序管理

1998—2000年，依法加强对机动车修理业、公共场所、废旧物资收购业、印刷业、刻字业等特种行业进行清理整顿，建立健全各项规章制度，办证（许可证）率提高到98%。全区清理整顿无证经营的机动车修理店9家、旧货收购店4家、无证经营的印章刻印店1家、包装装潢印刷企业2家、汉字印刷厂1家、电子游戏机店9家、娱乐场所3家，没收7台“不倒翁”游戏机。清查出租私房322户，遣送“三无”（无身份证、无暂居证、无用工证明）人员56人，破获各类刑事、治安案件62起，抓获违法犯罪人员46人。

2001—2002年，清理整顿无证经营摩托车修理店6家，停业整改13家。共取缔违法经营发廊12家，美容厅1家，无证经营6家，查封贵宾房10间，拆除包厢式放映室1家，清理整顿网吧12家。开展安全生产大检查，检查公共场所、聚集场所169家，工厂企业65家，中小学、娱乐场所90家，农贸市场2家。

2003—2004年，对特种行业建章立制、建册归档、亮证经营、规范管理，为打击和防范提供有效保障。共清理整顿宾馆旅社8家，桑拿房1间，美容足浴城7间，音像店14间，网吧27间，清缴盗版光盘500张、“口袋本等非法出版物”170本。行政处罚违法违规店档、摊点3个，没收赌博机85台。2004年11月25日，召开“查禁赌博游戏机现场销毁大会”，现场销毁231台赌博游戏机。

2005—2007年，加强对特种行业管理控制，投入资金建设旅馆业治安管理信息系统，旅馆各主机与分局监控主机保持24小时联网，实现数据即时传输，提高对全区旅馆业的监控力度。开展“扫黄打非”“查处取缔非法美容美发按摩场所、手机市场专项整治”“打击制售假冒伪劣商品违法犯罪活动、歌舞娱乐场所整治集中统一整治”专项行动，切实加强行业场所治安管理。2007年，为拥有50床位以上旅馆2家、

50床位以下旅馆6家，做好旅馆业治安管理信息系统升级改造工作。

三、枪支弹药与民用爆炸危险品管理

1997年，按照公安部、省公安厅、市公安局的要求，加强辖区枪支弹及民用爆炸物品的管理，及时制止11·17爆炸杀人案。

1998—2000年，贯彻《中华人民共和国枪支管理法》和公安部关于《开展民爆物品安全大检查加强农村“三小”（人员规模小、资产规模小、经营规模小的生产型企业）企业民用爆炸器材管理工作的通知》，全区收缴民用枪支14把，子弹170发，各类炸药2230多千克，雷管2409枚，导火索304米，管制刀具36把。对全区1个涉爆单位和155名个人进行专项检查，依法取缔1家无证经营的采石场。

2001—2004年，开展“治爆缉枪”专项行动，查处涉枪案件11起，收缴私人存放的各类枪支149支，子弹3590发，违规炸药827.3千克，黑火药267千克、导火索1508米、雷管1484枚、烟花爆竹402.5箱。

2005—2006年，严把准入、准购审批关清退寄库、登记制度，坚持每月安全自查和“三级联查”制度，实做到“十防”（防潮、防霉、防冻、防热、防雷、防火、防虫、防盗、防洪、防破坏）“十二无”（库内无灰尘、无杂物、无锈蚀霉烂、无鼠虫蛀、无渗水、无事故差错、无包装损坏、无漏雨、库房周边无杂草、库周围25米内无易燃物、水沟无阻塞）。全区共张贴、悬挂宣传标语72条，没收爆竹12.5万头，未及时退库的硝铵炸药66.5千克，雷管404发，取缔1处非法采矿点，责令1家采石场停场整顿，暂停给2家采石场供应火工材料。

2007年，根据上级的工作部署，切实加强爆炸物品、枪支弹药安全监管工作，开展“防范打击非法制贩枪支弹药安全监管工作”“烟花爆竹及民爆物品行业安全隐患排查治理”专项行动；召开涉爆安全例会6次，开展“三员”（爆破员、押运员、保管员）培训班1期，出动警力300余人次，警车100余辆次，检查全区18个涉爆单位和4个公务用枪配备单位；收缴雷管16枚，枪支2把、“五四”式弹夹1个，子弹4发，军用子弹156发和各类违规烟花爆竹8万余头。

四、查禁社会丑恶现象

（一）扫黄禁娼

1998年，开展“扫黄打非工作，净化社会风气”专项行动。4月15日，查获一起卖淫嫖娼案件。5月28日，在福厦公路上查获一起特大贩卖淫秽VCD光盘案，收缴淫秽VCD光盘3.1万多张，是福建省陆上最大的贩卖淫秽光盘案。

1999年，开展“扫黄打非”专项治理工作。查获卖淫嫖娼案件3起，收容教育卖淫嫖娼人员4人，收缴淫秽VCD光盘39盒。

2000年，根据省、市公安统一部署，开展“禁赌禁娼”“加强娱乐服务场所管理，严厉打击卖淫嫖娼、赌博、吸毒等社会丑恶现场”专项行动，查处发廊23家。

2001年，持续开展“扫黄打非”“场所整规”整治行动，全区共立黄丑案件47起，查处47起，共处罚102人，立案数比去年同期减少165%。

2002—2003年，查获卖淫嫖娼案件6起15人，收容教育3人；取缔违规经营场所21家，美容厅1家，无证经营6家，查封10间贵宾房，拆除1家包厢式放映室。

2004年，开展“扫黄打非”和“春季查禁黄丑”专项整治行动。当年，捣毁卖淫嫖娼窝点4处；抓获违法犯罪嫌疑人15人，其中逮捕并判刑1人，刑事拘留5人，劳教2人，行政处罚8人次。

2005年，组织、协同区文体局等职能部门开展10余次区域性的打击“黄丑”统一行动；查处卖淫嫖娼案件3起7人，捣毁卖淫嫖娼窝点3处，刑拘1人、收教2人、治安行政处罚4人；取缔游戏机厅14家，没收非法政治性宣传品 8 件，清缴黄色书刊 13 本，没收盗版书刊 300 本，口袋书 260 本，查缴非法盗版光盘 350 张。

2006—2007 年，开展“扫黄打非”专项行动，没收非法政治性传真件 11 件，捣毁卖淫嫖娼窝点 6 个，抓获违法犯罪嫌疑人 17 人，治安行政处罚 18 人次，收教 12 人，刑事拘留后判刑 2 人。

（二）查禁赌博活动

1999 年，查处赌博案件 60 起 358 人。2000 年，根据省公安厅、市公安局的统一部署，查处聚众赌博 62 起 305 人，清查娱乐场所 36 家，店铺 61 家，出租私房 322 户。10 月 9 日，双阳镇前埭村发生因聚众赌博，逃避查处，赌徒溺水死亡 4 人的恶性事故。2001 年，狠抓涉赌重点整治工作，涉赌案件发案率持续下降。重点村双阳镇前埭村全年刑事发案 3 起，同比持平，立赌博案件 2 起，同比减少 60%，立其他案件 2 起，同比减少 30%，基本达到整治的目标。2002 年，开展“扫黄打非”“场所整规”整治行动，查获赌博案件 42 起 200 人，其中查处“六合彩”赌博案件 14 起 133 人，逮捕 2 人、劳教 5 人、刑拘 1 人，收教 3 人，罚款 122 人。2003 年，开展打击“六合彩”赌博专项整治行动，侦破“2·28”运输贩卖数万份“六合彩”图纸案；查处赌博案件 78 起 318 人，摧毁“六合彩”赌博窝点 12 个，处罚参赌人员 232 人。2004 年初，开展“平安 1 号”等专项行动，缴获用于赌博的赌博机 85 台，缴获“六合彩”图纸 500 余张。2005 年，开展“平安 5 号”专项行动，查获赌博案件 114 起 435 人，案件查获数比去年上升 10.7%，其中刑拘 25 人次，列为网上在逃人员 2 人，判决 7 人，劳教 8 人，治安拘留 74 人次，罚款 367 人次。2006—2007 年，开展集中整治赌博违法活动专项行动及打击足球赌博违法犯罪等专项行动，共查获各类赌博案件 152 起，处罚涉赌人员 658 人，治安拘留 108 人次，罚款 244 人次，缴获用于赌博的电子游戏机 50 余台。

五、大型活动安保

1998 年，做好福建省运动会、全国旅游交易会期间的社会面管控工作，落实安保责任。1999 年 5 月 8 日，在泉州市公安局统一指挥下，完成仰恩大学反美游行活动安全保卫工作。担负马甲镇仙公山九仙重光庆典活动、中华人民共和国成立 50 周年纪念庆典活动安保工作。2003 年，全警动员，配合相关部门做好登记造册，协助做好可疑病人的强制隔离，检查观察及留验场所的安全保卫工作，做好抗击“非典”疫情保卫战。2004 年 9 月，做好举办的“首届海峡两岸五金机电商品交易会”等安保工作。2005 年，保卫各类大型活动 2 次，辖区协助市局项目 3 次。分别是 4 月 30 日晚洛江优秀外来务工人员表彰文艺晚会；“11·4”河市公判大会；协办 5 月 19 日纪念郑和下西洋 600 周年洛阳桥参观线路、周杰伦演唱会以及第四届泉州海丝文化节踩街活动。2007 年，做好辖区 13 场次安全保卫及等级警卫（其中大型活动 10 场、均在 1000 人以下规模，等级警卫 3 场）工作。

第四节 户政管理

一、户口登记管理

1954 年 12 月起，河市、双阳、马甲、罗溪、虹山实行简易户口登记制度，农村居民凡出生、死亡、迁出、迁入，均向村民政委员申报，由乡政府登记办理，迁移证由区公所签发。1957 年 3 月，依照公安部制定的户口登记办法，统一户口簿证，澄清全市户口情况，纠正户口管理中的错漏、重复等问题。1958 年 3 月，贯彻《中华人民共和国户口登记条例》，户口管理制度化。1960 年 6 月，改革户口簿册，实行以单位（或户）为一册的活页式户口登记卡，每人一卡，每一单位为一集体户；同时附设分户登记卡，并作“常住”“寄住”人口记载，登记其国内在外人口和旅居国外、港澳台的人口情况，在户口表册上体现其家庭全貌。

1986年6月，《中华人民共和国居民身份证条例》及其实施细则公布。1987年9月，颁发居民身份证。1988年3月，建立人口基本信息微机管理系统。从此，颁发居民身份证工作步入正常管理轨道。2000年，全区常住人口信息入库，接入公安百城联网信息库，统计数据每月更新一次。依托鸿程信息系统办理户口迁移等业务。2003年，遵照省政府转发省公安厅《关于小城镇户籍管理制度改革办法》在全区范围内取消农业户口、非农业户口等类型的户口性质划分，建立城乡一体化的户口登记管理制度，取消进城人口计划指标管理，实行以居民合法住所、职业、经济来源等主要生活基础为依据的户口迁入制度。2004年，为确保人口统计质量，开展户口核对工作、地址清理整顿和全面换发门楼牌工作，至2007年没变。

二、暂住人口管理

1999年3月31日，万安派出所成立第一个外来人口申报站。2000年，开展第五次人口普查，解决抱养儿童入户213人。2001年，暂住人口登记办证16272份，办理出租房许可证383份。2002年，清查暂住人口4378人，录取暂住人口信息3922人。流动人口管理方式推行“十企（店）联防”、实行“分类管理、以外管外”措施。2003年，暂住人口登记办证17000多人，各类信息全部录入计算机，实行科学管理。“十企（店）联防”、实行“分类管理、以外管外”措施得到省市公安机关的肯定。2004年，执行区委、区政府出台的《加强社会治安综合治理工作意见》，强化外来务工人员暂住办证登记，登记暂住人口19897人，办理暂住证16922人。2005年，辖区内建设外来人口申报站6个，暂住人口登记8000多人。2006年，全面实行流动人口分类、出租房屋分层次管理办法，分片包干、限期完成任务，落实暂住人员管理，办证情况周汇报、月统计制度，暂住人口登记22996人，办理暂住证22953本，录入出租房信息694户。2007年，投入100万元，提高各流管所硬件、软件建设，聘请专职协管员42名，暂住人口登记50735人。

三、换发居民身份证

2005年11月21日始，换发第二代居民身份证。至12月31日，共换发17326件，完成全年任务数的346.5%。2005—2007年，换发第二代居民身份证104625张，占16周岁以上应换发证人数的72%。

第五节 交通管理

一、道路交通管理

1997—2005年，围绕洛江经济工作和社会安定稳定大局，以“降事故、保安全、保畅通”为工作重心，开展“平安畅通县区”工作，实施科技强警，落实各项防降事故措施，强化道路交通秩序整治，重点治理城区车辆停车秩序，两轮摩托车及营运车辆驾驶员酒后驾车、占道行驶、违法掉头、逆向行驶及不戴安全头盔等交通违法行为，对乱停乱放和占道经营等行为采取拍照和抄告通知的方式。在“春运”“五一”国际劳动节和“十一”国庆节等人流、车流高峰时期，及时调整警力部署，保持严管态势，以国道324线和马甲仙公山景区为重点，设立临时执勤点，通过劝阻、巡查等方式，对车辆进行严格检查和疏导，深化交通安全“五进”（进农村、进社区、进单位、进学校、进家庭）宣传。集中开展治理摩托车超员、“双超”（机动车超速、客运车超员）等专项行动。

2006年，针对辖区摩托车交通违法引发的交通事故突出的现象，在全区多次开展摩托车交通违法专项整治活动，把防事故工作重心前移，警力下沉，整体推进摩托车交通违法治理，开展30余次整治摩托车交通违法集中行动，共查处摩托车交通违法行为7000余人次，强化摩托车安全管理，减少摩托车交通事故发生。有针对性地将机动车超速、客运车辆超员的“双超”交通违法行为专项整治贯穿于日常行车秩序治理工作中，加强对国道324线、省道307线、县道304线等主干道路的防控，利用雷达测速设备治理超速现象，查处超速违法行为为15000余起，查处超载2100余起。

2007年，落实农村派出所参与交通安全管理工作机制，形成以交警为主、各派出所联动，以整治“五小”〔在农村指低速货车、三轮汽车、三轮摩托车、两轮摩托车、拖拉机；在城市指人力三轮车、三轮摩托车、三轮电瓶车（含拼、改装）、四轮电瓶车和残疾人机动轮椅车等〕车辆违法载人、超速超员、源头化管理、“五进”宣传等为重点的集中整治良好局面，做到“白天见警车、夜晚见警灯、违法有人管”，强化路面管控力度。查处各类交通违法行为18650余起，非现场执法9100余起，排查工程运输车50辆，驾驶员54名，发出整改通知书5份，排查接送学生车辆25辆，驾驶员27名，对逾期未检验和违法未处理的校车发出整改通知书2份，排查辖区客运车辆189辆，客运驾驶员231名，发出整改通知书19份。

二、车辆及驾驶员管理

（一）机动车管理

2004年起，针对辖区内河市、马甲、罗溪、虹山等乡镇地处偏远山区，村民交通安全意识淡薄、无牌无证情况多，把提高二轮摩托车上牌率、驾驶人员办证率作为工作重点，采取措施方便群众办理车辆牌照、参加年检、驾驶员考试，遏制无驾驶证人员上路，车辆无牌照上路行驶，提高办牌办证效率。以“机动车／驾驶人信息管理系统”为规范平台，全面推进车、驾管工作规范化建设，增强车驾窗口的透明度，强化民警服务意识，提高工作效率，方便办事群众。严把机动车报牌和检验工作，从管理审核、网上比对、查验号牌、发证等多个环节层层把关，提高机动车上牌率和参检率。其中，2006年，办理摩托车新车上牌7027辆、年检1824辆，农用车上牌25部，受理换补牌证113辆，办理过户转籍74辆。

2007年，排查中小学校幼儿园的校车和承租车辆，建立校车登记注册管理制度；加强对客运车辆、工程运输车辆、危化品运输车辆、接送学生车辆、二轮摩托车等重点车辆的管控，排查工程运输车50辆，驾驶员54名，发出整改通知书5份，排查接送学生车辆25辆，驾驶员27名，对逾期未检验和违法未处理的校车发出整改通知书2份，排查辖区客运车辆189辆，客运驾驶员231名，发出整改通知书19份；全面落实《福建省公安交通管理车辆管理站等级评定办法和标准》和车辆管理部门“三基”（强基层、打基础、苦练基本功）工程建设意见，办理新车注册8061辆，转入5辆，转移登记44辆，摩托车年检3517辆，补领牌证278部、登记证书44本。开展道路客运专项检查，加强非法客运的管理，督促企业对临近报废的车辆进行更新，辖区主干线上更新28辆客车，查处非法客运车辆7部，二轮摩托车非法载客30余部。

（二）驾驶员管理

2004年起，从源头上抓好对驾驶员的管理与教育，狠抓二轮摩托车的培训考试考核工作，严把驾驶员培训质量关。从提高自身工作人员的业务素质入手，加强对教练员监督与管理，并做到培训人员、时间、内容、教练员、考试考核“五个到位”。2005—2006年，办理新驾驶员培训考试13120人次，发证11450本，办理换证4066人，办理驾驶员年审5625人，增加驾驶业务352人。2007年，建立校车驾驶人管理制度，按照客运车辆驾驶人的标准审查，清退不符合要求的驾驶人。严把摩托车驾驶人考试关、发证关，在驾驶人考试中，杜绝人情考试、办人情证及考试走过场等形式主义，办理二轮摩托车驾驶证初次申领7574人，增加驾驶107人，摩托车类换证1890人，汽车类换证875人，年度体检3550人，注销登记470人，驾驶证扣满12分学习14人。

三、交通事故预防和处理

（一）交通事故预防

2004年，在交通事故易发路段增设警示标志、导流岛、交通信号灯等设施，预防交通事故的发生。当年，《中华人民共和国道路交通安全法》《中华人民共和国道路交通安全法实施条例》和公安部4个配套规定颁布实施后，与区宣传部、法制办、文明办、教育局等部门联合开展宣传教育活动，开展咨询、发放宣传材料，组织民警到辖区各中小学办交通安全知识讲座，举办道路安全法知识竞赛、征文比赛、道路交通安全法图片展和签名活动等宣传活动。

2005—2006年，开展“五整顿三加强”工作（整顿驾驶员队伍、整顿路面行车秩序、整顿交通运输企业、整顿机动车生产改装企业、整顿危险路，加强责任制、加强宣传教育、加强执法检查），树立“事故可防、事故必防”的工作理念，准确把握事故预防工作的切入点和下降点，预防和减少道路交通事故的发生。对安吉路与万荣街交叉路口、国道324线路口、双阳朋山岭隧道等路口进行渠化改造，设置交通信号灯和电子警察监控设备；对医高专和第十中学路段路面进行修复并完善标志标线，在洛阳桥头、杏宅村、安顺路等路口设置太阳能警示灯，对河市至洪濑的事故隐患路段进行全面治理。对马甲新庵岭路段进行单行道管理，设置电子监控，在中心城区增设限速、警示标志，在主要路口设置减速坎、施划减速震荡标线，在山区道路设置人性化交通安全警示警告牌，在临水临崖路段增设安全防护设施，在仙公山风景区急弯山路设置15面广角镜并拓宽弯道。2006年，洛江区的交通信号灯纳入中心市区进行统一设置。

2007年，交警部门与区委文明办、团区委、教育局、文体旅游局等部门联合举办以“文明交通、与我同行”为主题的中学生小品表演比赛。围绕道路交通安全主题由学生自己创作、设想、自编自导小品，表达遵守交通法规的重要性，体现各校对学生交通安全教育的成果。同年，对国道324线（洛江桥南路段）、国道324线182千米+700米至183千米+300米路段、万虹公路、泉州医学高等专科学校、虹山乡中小学周边路段的交通安全设施进行整治，设置太阳能爆闪警示灯、减速震荡标线，有效地预防和减少交通事故的发生投入资金40万元，增设交通标志30块，减速带600米，交通标线200平方米，施划停车泊位67个。

（二）交通事故处理

2004年起，完善快速接处警和快速处理机制，制定《交通事故出警规范》，明确出警着装和安全防护措施，严格值班备勤制度，保证人车在位，通信畅通，实行接待群众首问责任制，案情报告请求制度，做到交通事故处置快速高效，制定《预防群死群伤交通事故应急处置预案》《预防和处置交通肇事逃逸案件工作预案》，提高群死群伤交通事故出警速度和处置能力，提高交通事故现场等紧急事件快速救援的能力，最大限度地降低伤亡。

2006年，推行适用简易程序处理交通事故，提高事故处理的工作效率。建立事故分析制度，定期对辖区内发生的事故进行归类，分析事故原因，查找日常管理中存在的问题，根据事故发生的不同情况，制订相应预防措施，有针对性地调整警力、加强对重点车辆、重点时段、重点路段的管控，抓预防、抓管理、降事故。至2007年4年间，全区发生适用一般程序以上交通事故426起，死亡90人，受伤501人，直接经济损失90.55万元，均未发生死亡3人以上交通事故。

第六节 消防管理

2001年，接处警36起、68车次、出动警力476人次。与共建单位双阳中学联系安排文化补习，组织洛江区各中学学生开展第三届消防运动会。

2002年1—10月，发生火灾19起，接出警48起，直接经济损失6.6万元，伤2人，死亡2人。

2003年，接处警62起，出动警力710人次，扑救火灾45起，挽回经济损失近200多万元。单独完成或参与交通事故施救、机械事故救援、电力事故排险、毒害气体泄漏处理、山体滑坡抢险和“严打”整治斗争等社会救援 18 起。

2004 年，扑灭火灾 40 多起，参与社会抢险救援 20 多次。同年，对 119 受理调度室的计算机系统进行更新换代，提高系统的性能。建成网络教室、视频会议室等。配备高新消防装备，提高装备科技含量，添置空气呼吸器等个人防护装备。

2006—2007 年，接处警 297 起，出动 579 车次，出动警力 3305 人次，抢救被困人员 40 人次，抢救财产价值 521.4 万元。2006 年 11 月，建立区消防工作联席会议制度，12 月 14 日第一次消防工作联席会议召开。2007 年，制定出台《泉州市洛江区“十一五”消防工作专项规划》。

附：和昌公司水厂氯罐泄漏事故始末

1998 年 3 月 18 日 13 时 40 分，洛江公安消防大队接马甲和昌公司报警，称该公司水厂氯灌泄露，向四周蔓延。接报后，消防大队出动 2 部消防车，14 时 2 分赶到事故现场。由于氯罐系剧毒物品，现场周围空气刺激性有毒气味浓重，消防官兵疏散围观群众及过往车辆，并向该厂值班人员了解情况得知氯罐上不阀门腐化胀裂，造成大量液氯外泄；开展扑救，控制氯气继续外泄蔓延。从鲤城调来 2 部消防车增援。17 时 28 分，水厂氯罐泄露于得控制，事故控制在最小的损失，及时消除影响。3 名消防战士在扑救过程中毒昏倒。

第七节 内部执法建设

1997 年，审核并办结报捕 13 人，起诉 11 人。

1998 年，审核并办结逮捕 60 人，劳动教养 32 人，收容教养 4 名，治安拘留 203 人。制定出台《关于对刑事、治安案件办案质量实行合格量化考评标准》，有效提高办案质量。

1999 年，审核并办结逮捕 95 人，起诉 91 人，查处违法人员 542 人，劳动教养 19 人，收教 4 人，审核评估案件 190 起 401 人。举办 5 场法律讲座，促进公安法律工作规范化和制度化。

2000—2001 年，审核并办结报捕 203 人，移送起诉 112 人，劳教收教 28 人，查处违法人员 575 人。2002 年，审核并办结刑事案件 128 件 179 人，其中批捕 79 件 112 人，移送起诉 84 件 107 人，劳教教养 18 件 23 人；审核治安行政案件 265 件 426 人；举办法律学习培训 2 期，法制讲座 1 场。纠正执法不规范、不及时案件 34 起。

2003—2004 年，审核并办结劳教教养 23 件 26 人；审核治安行政案件 385 件 1029 人。

2005—2007 年，审核并办结刑事案件 413 件 483 人，其中批捕 306 件 496 人，移送起诉 350 件 569 人，劳教教养 33 件 37 人；审核治安行政案件 846 件 1931 人。

第八节 网络安全监察及科技强警

2002 年，根据公安部《金盾工程总体设计方案》和市公安局《关于公安通信四级建设的指导意见》，投入 12 万元，建立公安综合信息网络；投入 2 万元为刑侦部门添置 1 台活体指纹采集仪；投入 600 多万元建成技侦大楼；投入 7 万多元，在指挥中心和马甲双髻山架设对讲机基站，为各派出所、刑侦大队和治安大队专职巡逻队配置 400M 对讲机，强化指挥调度。

2003 年，推进“金盾工程”，并于第一季度完成“公安综合信息平台”建设，与省公安厅、市公安局实现联网运行；建设“电视电话会议系统”。投入 20 多万专项资金，完成“远程指纹比对工作站”建设，加快“三级”技术点建设步伐。

2006 年，建立快捷、有效的自动报警系统和图像监控录像系统，在万安至马甲镇的重要路口、重点部位和金融重点单位布设监控探头，加强技防建设；同时给基层新增的“十企联防”单位配置对讲机，提高防控打击能力。

2007年，投入75万元建设100个监控探头及各派出所视频监控中心；全面完成公安信息网升级改造、机房改造等项目建设；派综系统、刑侦信息新系统、IP视频会议系统、OA系统等应用系统相继建成并投入使用。10月，向省公安厅申报创建科技强警示范区，申报方案通过省公安厅、科技厅论证。

第九节 管理机构

一、泉州市公安局洛江分局

（一）区级机构

1997年9月，泉州市公安局洛江分局成立，正科级建制，内设办公室、政工科、保卫科、刑警大队、治安大队、行政科、法制科7个科室。1998年1月，成立中共泉州市公安局洛江分局委员会和中共泉州市公安局洛江分局纪律检查委员会。2002年7月，设置办公室、政工科、国内安全保卫大队、经济犯罪侦查大队、治安大队、刑事侦查大队、禁毒大队7个副科级机构；设立洛江分局仰恩大学治安保卫处，为分局的派出机构。另设立指挥中心、装备财物、法制、信息通信、公共信息网络安全监察、户政等股级机构；公安专项行政编制113名，实有102名。2003年10月，在市局督察科（队）设立洛江中队，为正股级，派驻洛江分局，编制、人员、工作由分局调剂和管理。至2007年，机构没变，公安专项行政编制119名，实有115名。

（二）下设机构

刑事侦查大队　2002年7月，泉州市公安局洛江分局刑事侦查大队成立，副科级建制。2003年10月，内设秘书科、严重罪案侦查中队（一中队）、刑事技术中队（二中队）、刑事信息基础中队（三中队）、四中队、五中队，其中四中队、五中队兼为责任区中队。2006年9月，刑事技术中队加挂泉州市公安局洛江分局刑事科学技术室和泉州市公安局洛江分局物证鉴定室牌子。

经济犯罪侦查大队　2002年7月，泉州市公安局洛江分局经济犯罪侦查大队成立，副科级建制。

治安大队　2002年7月，泉州市公安局洛江分局治安大队成立，副科级建制。2004年3月，内设秘书科、行业场所管理与保安技防中队（一中队）、枪支爆炸危险物品管理中队（二中队）、治安行动队（三中队）、内部保卫与大型活动安全工作中队（四中队），均为正股级。

国内安全保卫大队　2002年7月，泉州市公安局洛江分局国内安全保卫大队成立，副科级建制。

禁毒大队　2002年7月，泉州市公安局洛江分局禁毒大队成立，副科级建制。

（三）基层机构

公安派出所　1997年9月洛江建区前，洛江境域的公安工作隶属鲤城公安局。1982年7月，河市派出所成立。1983年3月，罗溪、马甲派出所成立。1985年12月，双阳农场派出所（企事业派出所）成立。1991年5月。仰恩学院派出所（企事业派出所）成立。1991年9月，虹山派出所成立。至1991年9月，洛江境域有河市、马甲、罗溪、虹山、仰恩大学、双阳农场和罗溪林场7个派出所。1997年，区公安分局成立后，下设河市、马甲、罗溪、虹山4个派出所，股级建制，实有人员34名。1998年4月，增设万安、双阳2个派出所，股级建制，实有人员16名。2002年，全区6个公安派出所升格为副科级建制，实有人员67名。至2007年，机构、编制不变。

二、泉州市公安局交通警察支队洛江大队

1995年10月，鲤城交警大队在河市设立鲤北中队，1997年中队搬迁至马甲新址。建区前，鲤城交

警大队城东中队在万安琯头设有执勤点。

1997年12月，泉州市交警支队洛江大队成立，全队编制16名，内设办公室、车管股、驾管股、交管股；下设万安中队、马甲中队。2007年，内设办公室、车管股、驾管股、交管股。

三、泉州市洛江区公安消防大队

1997年11月25日，泉州消防支队派员筹建洛江大队，1998年2月26日兵员进驻，借驻于昌林食品厂内。同年6月30日，洛江区公安消防大队成立，配备执勤消防车2部。2000年5月，塘西村新营房竣工，同年9月25日迁入新营房，12月29日举行大楼落实剪彩仪式。新营房占地0.76公顷，建筑面积3079平方米。大队下辖一个中队，实有人数24人，其中大队5人，中队19人。有执勤消防车4部，均为水罐消防车。

第三章 检 察

第一节 审查批捕

1997年，洛江区检察院与洛江公安分局、区法院、区司法行政等部门密切协作，发挥检察职能，形成打击刑事犯罪活动的合力。受理公安机关移送审查批捕案件9件12人，审结批捕8件11人，不捕1件1人。受理公安机关移送审查起诉案件10件18人，审结起诉8件12人，退回公安机关补充侦查1件1人，请示市检察院1件5人。

1998年，受理公安机关（包括自侦部门）提请逮捕48件66人，审查后决定批准逮捕46件62人，不捕2件4人；受理移送审查起诉案件56件75人，审查后决定起诉54件74人，决定不起诉1件1人。

1999年，受理公安机关（包括自侦部门）提请逮捕60件92人，审查后决定批准逮捕59件91人，不捕1件1人；受理移送审查起诉案件76件105人，审查后决定起诉66件95人，不诉2件2人，报送市检察院审查起诉4件4人，退回公安机关补充侦查4件4人，法院已开庭审理58件，均作有罪判决。主动与公安机关联系，配合公安机关开展“追逃”专项斗争，共受理公安机关提请逮捕4件5人，决定逮捕4件5人。

2000年，受理公安机关和区检察院自侦部门提请逮捕案件65件113人，审查后决定批准逮捕61件107人，不捕4件6人；受理移送审查起诉案件68件120人，移送不起诉案件1件1人，审查后向法院提起公诉57件95人，报市检察院审查起诉5件18人，不诉3件3人，移送单位撤回起诉2件3人，退回补充侦查2件2人。

2001年，受理公安机关和区检察院自侦部门提请逮捕案件84件127人，审查后决定批准逮捕83件125人，不捕1件2人。受理公安机关和区检察院自侦部门移送审查起诉（不诉）案件82件113人，经审查向法院提起公诉69件99人，作出不起诉决定4件4人，报市院审查起诉3件3人，退回补充侦查6件7人。认真履行职责，参加“严打”整治斗争和整顿规范市场经济秩序，其中受理公安机关提请逮捕的严打“三类”案件批准逮捕51件88人，重特大案件17件39人；受理公安机关移送审查起诉的严打“三类”案件43件74人，重特大案件12件18人。

2002年，参加“严打”整治斗争，形成打击刑事犯罪活动的合力，受理公安机关和区检察院自侦部门提起逮捕案件80件112人，审查后决定拟批准逮捕80件110人，不捕2人。受理公安机关和区检察院自侦部门移送审查起诉（不诉）案件87件117人，经审查向法院提起公诉73件100人，作出不起诉决定 11 件 12 人，报市检察院审查起诉 1 件 1 人，退回补充侦查 2 件 4 人。参加“严打”，受理公安机关提请逮捕的严打“三类”案件 52 件 78 人（其中重特大案件 36 件 50 人），审查后批准逮捕 52 件 76 人，不捕 2 人；受理公安机关移送审查起诉的严打“三类”案件 60 件 85 人（其中重特大案件 26 件 40 人），审查后向法院提起公诉 55 件 80 人，报送检察院审查起诉 1 件 1 人，不诉 3 件 3 人，退回补充侦查 1 件 1 人。批捕案件平均办案时间为 1.5 天，起诉案件平均办案时间为 6 天。

2003 年，受理公安机关和区检察院自侦部门提请逮捕案件 69 件 90 人，审查后决定批准逮捕 67 件 88 人，不捕 2 件 2 人，其中追捕 2 人。受理公安机关和区检察院自侦部门移送审查起诉（不诉）案件 96 件 126 人，经审查向法院提起公诉 84 件 113 人，其中追诉 4 人，作出不起诉决定 8 件 9 人，报市检察院审查起诉 1 件 1 人，改变管辖 1 件 1 人，公安机关撤诉 1 件 1 人，退回补充侦查 1 件 1 人。出庭支持公诉 70 庭，均作出有罪判决。

2004 年，开展创建“平安洛江”活动，受理公安机关移送审查批捕案件 95 件 128 人，审查后批捕 93 件 126 人，不捕 2 件 2 人，公安机关对不捕案件提出复议 2 件，经复议改变原不捕决定 1 件，维持不捕决定 1 件，公安机关向市检察院提出复核，市检察院维持原不捕决定；受理移送审查起诉 114 件 153 人，审查后向法院提起公诉 103 件 134 人，不诉 4 件 8 人，退回补充侦查 4 件 6 人，报送市检察院审查起诉 3 件 5 人，均在法定期限内审结。出庭支持公诉 65 庭，法院均作出有罪判决。开展打击“六合彩”赌博专项行动，批准逮捕涉嫌参与“六合彩”赌博案件 5 件 5 人。

2005 年，受理移送审查批捕案件 108 件 175 人，审查后批准逮捕 106 件 171 人，不捕 2 件 4 人；受理移送审查起诉 133 件 211 人，审查后向法院提起公诉 122 件 188 人，退回补充侦查 5 件 12 人，报送市检察院审查起诉 2 件 7 人，公安机关撤回起诉 1 件 1 人，不诉 3 件 3 人（均为相对不起诉）。出庭支持公诉 88 庭，法院均作有罪判决。加大对“六合彩”赌博犯罪打击力度，当年办理“六合彩”案件 7 件 8 人，涉案金额近 10 万，涉案人员 70 多人（彩民），遏制“六合彩”赌博犯罪在洛江区的蔓延势头。

2006 年，受理公安机关和区检察院自侦部门移送审查批准逮捕各类刑事案件 97 件 155 人，审查后批准和决定逮捕 92 件 146 人，不捕 3 件 7 人，报送单位撤回 2 件 2 人；受理移送审查起诉案件 109 件 175 人，依法提起公诉 96 件 147 人，退回补充侦查 2 件 4 人，不诉 1 件 1 人，报送市检察院审查起诉 7 件 20 人，报送单位撤回案件 3 件 3 人，审结率达 100%。出庭支持公诉 81 庭，有罪判决率达 100%。

2007 年，受理公安机关及区检察院自侦部门提请批准逮捕各类刑事案件 124 件 218 人。审查后，批准逮捕 112 件 204 人，不批准逮捕 10 件 10 人，审理期间侦查机关撤回 2 件 2 人。受理移送审查起诉案件 134 件 230 人。审查后提起公诉 116 件 193 人，不起诉 5 件 5 人，退回补充侦查 8 件 26 人，报送市检察院 3 件 3 人，侦查机关撤回 3 件 3 人。出庭支持公诉 79 庭，法庭均作出有罪判。共建议侦查机关撤回案件 3 件 3 人，不起诉 5 件 5 人。

第二节 审查起诉

1997 年 10 月至 2007 年 12 月，受理公安机关及区检察院自侦部门移送审查起诉案件 934 件 1397 人（其中自侦案件 85 件 94 人），对于重特大案件坚持提前介入，共提前介入 56 件，审查后，向法院提起公诉 864 件 1278 人，不诉 42 件 48 人，报送市检察院 31 件 69 人，出庭支持公诉 593 庭。建议侦查机关撤回 12 件 12 人，依法改变公安机关定性 26 件 27 人，追诉漏罪 9 个，追诉漏犯 26 人。对于侦查部门、法院违法取证、超期羁押、审判等违法现象坚决予以纠正，发出检察建议、纠正违法通知书 27 份。

2005—2006 年，区检察院受理村干部犯罪案件 6 件 8 人，农村村干部经济职务犯罪频发，虽涉案金额不大，但直接侵害了村民的利益，成为群众上访、信访的直接原因，严重影响党群干群关系和农村社会稳定，制约农村经济的发展。2006 年 11 月 16 日上午，区检察院联合区纪委共同组织一次“百名村干部听审”警示教育活动，邀请马甲、河市等乡镇村的100余名村干部，一起旁听区检察院提起公诉的马甲镇洋坑村原村党支部书记吴某某涉嫌贪污罪、挪用公款罪、挪用资金罪一案的庭审过程。

第三节 反贪污贿赂

1997—1998年，区检察院加大贪污贿赂犯罪大案、要案查办力度。立案侦查5件6人，其中贪污案1件2人，受贿案2件2人，挪用公款案2件2人，已侦查终结5件6人，追回赃款13万多元。

1999年，立案侦查14件14人，其中贪污案件2件2人，贿赂案9件9人，挪用公款案2件2人，枉法追诉案件1件1人（其中涉及副科级以上干部3件3人，单位领导4件4人），侦查终结14件14人，移送起诉11件11人，不起诉1件1人，根据案件情况报送市检察院并案处理1件，移送其他检察院并案处理1件，追回赃款82万余元。其中，办理的洛江区医药股份公司原副经理黄某贪污系列案，该案涉案金额250万余元，是洛江区人民检察院成立后侦破的首起特大案件，由于案件影响大，被中央电视台《焦点访谈》栏目采访播出。

2000—2002年，立案侦查27件27人，其中贪污案件10件10人，贿赂案件16件16人，挪用公款1件1人，追回赃款110多万元。

2003年，建立完善自侦案件办案规范、安全办案防范规范、办案监督规范及保证办案质量规范四项制度体系建设，渎职犯罪侦查科查办的区林业局林政科原负责人徇私舞弊不移交刑事案被市检察院列为重特大典型案件。立案侦查10件10人，其中贿赂案5件5人，贪污案2件2人，挪用公款案1件1人，滥用职权案1件1人，徇私舞弊不移交刑事案件案1件1人，均已侦查终结，追回赃款200多万元。

2004年，立案侦查职务犯罪案件5件9人，其中受贿案2件2人，贪污案2件6人，玩忽职守案1件1人，通过办案为国家挽回经济损失20余万元。与此同时，注意办案的社会效果、政治效果和经济效果有机统一，如在针对区国有土地使用权转让过程中存在的有关人员涉嫌渎职犯罪初查过程中发现泉州宏达房地产开发有限公司转让万安开发区内的两宗面积约为1.677公顷国有土地的使用权给刺桐房地产开发有限公司时，双方未按规定缴纳税费，及时向区地税局发出《检察建议书》，要求立案稽查，追缴税款211万元。

2005年，立案10件10人，其中贪污案1件1人，受贿案4件4人，行贿案2件2人，挪用公款案2件2人，玩忽职守案1件1人，为国家和集体挽回经济损失50余万元。

2006年，立案5件7人，其中贪污2件2人，贿赂2件2人，挪用公款1件3人。结案后移送审查起诉3件5人，其余2件2人因管辖问题移送洛江公安分局，不诉率为零，同比下降33%，通过办案为国家挽回经济损失20余万元。突出查办商业贿赂犯罪重点，开展专项治理工作。全年查办商业贿赂类型案件2件2人，占全年立案总人数的29%。

2007年，立案8件8人，其中受贿5件5人，行贿2件2人，挪用公款1件1人。所立案件均已侦查终结，其中决定撤案2件2人，移送审查起诉6件6人（4件4人已作有罪判决），挽回经济损失23万多元。参加治理商业贿赂及“扫黑除恶”专项工作，以工程建设、土地出让、产权交易、医药购销、政府采购、资源开发和经销等领域为重点，排查线索，深挖窝案串案，共立案侦查涉及国家工作人员的商业贿赂犯罪案件4件，有效遏制商业贿赂蔓延的势头。

1997—2007 年洛江区检察院查处贪污贿赂等经济案件情况表

表 23-3-1

年份	受理（件）	立案（件）	犯罪类别										处理情况（件）		挽回经济损失（万元）
			贪污		受贿		挪用公款		行贿		其他类案件				
			案件数（件）	涉及人数（人）	案件数（件）	涉及人数（人）	案件数（件）	涉及人数（人）	案件数（件）	涉及人数（人）	案件数（件）	涉及人数（人）	起诉	不起诉	
1997	2	—	—	—	—	—	—	—	—	—	—	—	—	—	—
1998	15	5	1	2	2	2	2	2	—	—	—	—	4	1	13.0
1999	16	14	2	2	8	6	2	2	2	2	—	—	11	1	82.0
2000	15	9	5	5	3	3	—	—	1	1	—	—	7	2	22.3
2001	14	9	1	1	3	3	1	1	4	4	—	—	5	3	20.0
2002	18	9	4	4	4	4	—	—	1	1	—	—	5	4	70.0
2003	15	10	2	2	3	3	1	1	2	2	2	2	2	5	200.0
2004	7	5	2	6	2	2	—	—	—	—	1	1	1	1	20.0
2005	16	10	1	1	4	4	2	2	2	2	1	1	2	2	50.0
2006	13	5	2	2	2	2	1	3	—	—	—	—	3	5	20.0
2007	16	8	—	—	5	5	1	1	2	2	—	—	6	6	23.0

第四节　反渎职侵权

1997 年 10 月至 2007 年 12 月，对国家机关工作人员渎职犯罪和国家机关工作人员利用职务实施的非法拘禁、刑讯逼供、报复陷害、非法搜查的侵犯公民人身权利、民主权利的犯罪等案件进行立案侦查。11 年间，受理各类反渎职侵权案件线索 30 件，立案侦查 7 件 7 人，为国家挽回经济损失 200 多万元。针对办案中发现的有关单位存在的违法违纪行为和制度机制上的问题，发出检察建议 11 份。其中，1999 年，受理并初查渎职案件 2 件，其中立案 1 件，即查办陈某枉法追诉案。2003 年，受理并初查渎职案件 5 件，立案 3 件，其中有 2 件在 2004 年结案。2007 年，反渎职检察局接市检察院交办 2 件侵权案件，1 件刑讯逼供案，1 件非法拘禁案，均不符合立案标准。

第五节　侦查监督

1997 年 10 月至 2007 年 12 月，受理公安机关及区检察院自侦部门提请批准逮捕案件 842 件 1302 人，审查后批准和决定逮捕 812 件 1261 人，不捕 26 件 37 人，撤回 4 件 4 人，发出《应当逮捕犯罪嫌疑人书》61 份，发出《提供法庭证据意见书》78 份；对公安机关应当立案而不立案侦查的案件进行监督，发出《要求说明不立案理由通知书》7 份，监督立案 7 件；对公安机关及自侦部门的侦查监督活动是否合法实施监督，发出《检察建议书》26 份，《纠正违法通知书》21 份；对强制措施执行情况开展监督，减少超期羁押现象的发生；对于重特大案件提前介入参与讨论 143 件。定期分析社会治安形势，结合办案参与社会治安综合治理，开展“警官兼村干部”活动，选派优秀青年干警到罗溪镇各村担任村委会主任助理；开展“青少年维权岗”工作，严格落实校园法制副校长制度，预防和减少青少年犯罪，针对多发性案件提出各种切实有效的建议，督促公安机关加强相关多发性案件的防范及侦破力度。

1997 年，修改后的《中华人民共和国刑事诉讼法》规定，检察机关对于不批准逮捕的，应当说明理由，需要补充侦查的，应当同时通知公安机关。对不批捕案件在作出决定的同时要求公安机关在法定期限内释放或改变强制措施。1998 年，最高人民检察院等六部委出台《关于〈刑事诉讼法〉实施中若干问题的规定》后，检察机关对报请批准逮捕的案件不另行侦查。同年，通过对个案的审理，重点审查公安机关的侦查活动是否合法，对公安机关报送的取保候审、保外就医的案件进行严格审查、把关，针对公安机关超期羁押等违法现象提出纠正25次。2002—2003年，严格规范办案流程，防错防漏，继续开展对“事实不清、证据不足”不批准逮捕案件的跟踪监督。2006年，区检察院针对公安机关单人提审、违规延长刑拘日期等违法行为，口头纠正10余次，审查不捕案件复议1件1人，经复议维持原不捕决定，办理延长犯罪嫌疑人侦查羁押期限2件13人；依法向公安机关发出《提供法庭证据意见书》52份，引导公安机关全面调查取证；对于公安机关报捕有撤回的案件跟踪审查，2个案件均因事实和证据不符合逮捕条件而撤回。2007年，加大追捕力度，全年追捕漏犯11人，向公安机关发出《纠正违法通知书》3份，口头纠正公安机关违法行为20余次。

第六节 控告申诉检察

1997年起，坚持“文明接待、赤诚为民”的原则，实行检察长接待日制度和下乡接访制度，多层次拓宽密切联系群众的渠道。除每月10日在区检察院设立检察长接待日外，每月25日在罗溪和每季度第一个月10日在虹山乡开展检察长下乡接待活动。至2002年，控告申诉检察部门受理来信、来访231件次。

2003—2004年，受理群众来信来访37件次，建立信访接待“月分析”制度，坚持检察长接待日制度和下乡接访制度，定期开展或配合区有关部门开展矛盾纠纷排查调处活动，妥善处理群体性的集体上访，及时化解矛盾。

2005年，定领导、定专人、定时限，确保在规定的时间内办结案件。当年泉州市检察院交办的洛江区杏宅社区村民与闽侨航空旅游有限公司征地纠纷案，虽该案不属检察机关管辖，且涉及的土地征用问题时间长、问题复杂，区检察院及时派员协调相关部门进行调查，经区国土资源局聘请省197煤田地质勘探队重新进行测量，测得该地块总面积为29.81公顷，与供地面积基本相符，土地补偿款基本到位；另土地使用年限的40年变更为70年是经泉州市人民政府批准。有关部门专门召开村民代表大会进行反馈，区检察院在规定时间内答复上级院，平息集体上访件。全年受理群众来信来访25件。

2006年，办理上级院交办的3件举报线索，依法办理1件刑事申诉案件，并及时做好回复反馈工作。做好来信来访的办理工作，对21件群众来信来访做到件件落实，事事反馈。

2007年，落实首办责任制，把涉检信访案件解决在首办环节，受理群众来信来访27件，对受理件实行“一案双责”，实现建院10年无控告申诉积案，无涉检越级上访。

第七节 民事行政检察

1997—1998年，加强民事、行政监督，对民事行政判决、裁定明显不公案件提请抗诉和再审建议，受案3件，审查后提请抗诉1件。

1999年，拓展民事行政检察业务，受理与农民切身利益相关问题的申诉。对2起当事人不服法院已经发生法律效力的民事判决的申诉案件立案审查，提请市院抗诉1件，建议市检察院提请抗诉1件。

2000年，受理当事人不服已发生效力的民事、经济申诉案件6件，经审查建议市院提请省检察院抗诉2件，均被市检察院采纳。对3件因申诉人未提供证据，法院判决没有错误，作出终止审查决定。

2001年，受理当事人不服已发生效力的民事、经济申诉案件9件，审查后决定立案4件，对申诉人申诉理由不成立作出息诉6件，决定终止审查3件，对判决确有错误依法提请市检察院抗诉1件。同时，对法院判决无误，但存在超审时限的1件民事判决向法院发出检察建议书。

2002年，受理当事人不服已发生法律效力的民事、行政审判案件5件，经审查决定立案5件，发出《检察建议书》建议区法院再审2件，建议均被采纳，对2件因申诉人未提供证据、法院判决无误，区检察院依法终止审查，并作好息诉工作。

2003年，重点做好民事审判、行政诉讼活动监督宣传工作，深入乡镇、企业、社区分发宣传资料和便民服务卡；走访乡镇司法办和法律服务所，加强与人大、司法、信访部门及律师事务所的联系，健全协作工作机制，扩大民事行政检察的影响力，受理民事案件1件，审查后决定立案1件，终止审查1件，并做好息诉工作。

2004年，受理民事案件2件，审查后决定立案2件，终止审查1件。

2005年，共受理民事案件6件，审查后决定立案6件，均已审结，其中1件建议市检察院提请抗诉，1件不提请抗诉，4件不建议提请抗诉。

2006年，受理当事人不服已发生效力的民事、行政裁判案件2件，审查后认为法院判决无误，即依法终止审查，并做好当事人的息诉服判工作。

2007年，受理市检察院交办民行案件3件，均审查终结，其中申诉人申请撤诉1件，不建议提请抗诉2件。

第八节 林业检察

2004—2007年，依法打击林业刑事犯罪，保护洛江区森林资源和生态环境，维护好林区群众的切身利益。4年间，受理移送审查逮捕案件13件16人，审查后均批准逮捕；移送审查起诉案件28件34人，审查后移送法院起诉27件33人，公安机关撤回1件1人，其中追诉1件1人。

第九节 预防职务犯罪

1997—2002年，区检察院由自侦部门主动与有关部门配合，抓好贪污贿赂等职务犯罪的预防工作。

2003年，区检察院成立职务犯罪预防科。至2007年，举办“反腐倡廉书画展”活动，组织发案单位及区直部门干部职工到警示教育基地接受教育39场次。完善预防网络建设，与公安、法院、纪检、监察等部门建立联系和联席会议制度；与工商、税务、金融系统成立预防职务犯罪工作协调小组，主动走访区、乡、镇有关部门以及相关单位，开展预防职务犯罪法制讲座20场次；建立行贿犯罪档案查询系统，共接受6家单位的申请，对入围投标的18家施工投标单位、监理投标单位及项目负责人是否存在行贿犯罪记录提供查询。结合办案对发案单位发出检察建议12份，帮助建章立制，堵塞漏洞，并坚持对发出检察建议、案件易发单位实行定期回访。

第十节 检察机构

一、洛江区人民检察院

1997年9月，泉州市洛江区人民检察院成立。院内设办公室、审查批捕科、审查起诉科、反贪污贿赂局、法纪检察科5个机构。1999年，院内设办公室、政工科、审查逮捕科、审查起诉科、反贪污贿赂局、法纪检察科、民事行政检察科、控告申诉检察科、监察科、林业检察科10个职能科室。2003年，内设职能科室11个，其中内设机构10个，直属机构1个，即办公室、政治处、侦查监督科、公诉科、反贪污贿赂局、渎职侵权检察科、民事行政检察科、控告申诉检察科、职务犯罪预防科、检察技术科，保留林业检察科，设监察科，与区纪委驻区检察院纪检组合署办公。2004年，院内设机构增设法律政策研究室，挂检察委员会秘书处、人民监督员办公室、检务督察办公室牌子。2005年，渎职侵权检察科更名为反渎职侵权局。2006年，院内设办公室、政治处、侦查监督科、公诉科、反贪污贿赂局、反渎职侵权局、民事行政检察科、控告申诉检察科、职务犯罪预防科、检察技术科、法律政策研究室，保留林业检察科，设监察科，与区纪委驻区检察院纪检组合署办公。

洛江区人民检察院建院初，未确定人员编制，实有干警为鲤城区划调整人员 18 名。1999 年，政法专项编制暂定 30 名，实有干警 26 名；2002 年，政法专项编制 27 名，实有干警 26 名；2003 年，政法专项编制 29 名，实有干警 28 名；2005 年，政法专项编制 42 名，实有干警 40 名。

1997—2007 年洛江区人民检察院检察长、副检察长名表

表 23-3-2

职务	姓名	性别	籍贯	任职时间
检察长	陈建强	男	泉州丰泽	1997 年 11 月至 2002 年 11 月
检察长	王英郎	男	福建南安	2002 年 12 月至 2007 年 12 月
副检察长	杨天红	男	泉州鲤城	1997 年 12 月至 2006 年 5 月
副检察长	吴建雄	男	泉州丰泽	1998 年 5 月起
副检察长	王荣生	男	泉州鲤城	2003 年 3 月至 2008 年 2 月
副检察长	叶显超	男	福建晋江	2007 年 7 月起

二、洛江区检察委员会

1997 年，洛江区检察院设立检察委员会，检察长陈建强等 3 人组成检察委员会，1998 年 5 月增补 1 名委员，1999 年 6 月增补 2 名委员，调出 1 名委员，检察委员会委员增加至 5 名。2002 年 10 月，增补 2 名委员，检察委员会委员增至 7 名。同年 11 月，由检察长王英郎等 7 人组成检察委员会。2006 年 5 月，设专职检委委员 1 名；至 2007 年 12 月，检察委员会委员增至 8 名。同月，以检察长张维劲等人组成检察委员会。

第四章　法　院

第一节　刑事审判

刑事审判以打击犯罪为职能方向，根据各时期的“严打”方针和政策，依法审理严重破坏社会治安秩序和经济犯罪案件。

1997—1998 年，受理刑事案件 60 件 81 人，审结 59 件 80 人。1998 年，在罗溪镇对一起以迷信手段实施诈骗的典型案件进行公开审理，同时对 6 案 10 名被告进行公开宣判，旁听群众达几千人次，广大群众受到一次深刻的法制教育。

1999 年，开展“严打”，重点打击暴力和严重危害社会治安秩序的恶性犯罪，受理 63 件 93 人，审结 64 件 94 人。当年，对刘某领拐卖儿童案和黄某星、黄某水等人暴力抗拒执行案进行重点审理。

2000 年，开展反盗抢、打拐专项斗争。开展宣传攻势，选择典型案件上《现在开庭》电视直播栏目进行法制宣传。全年受理 63 件 111 人，审结 63 件 111 人。

2001 年，受理 57 件 81 人，审结 57 件 81 人。6 月，区法院配合市中级人民法院在双阳镇召开公判大会，对两个贩毒案的 9 名被告人判处死刑，执行死刑 1 人，打响建院以来执行死刑第一枪。

2002 年，投入“严打”整治斗争，贯彻依法从重从快的方针，依法严惩一批严重危害社会治安的刑事犯罪分子，受理 79 件 117 人，审结 79 件 117 人。当年，对何某、何某轮奸妇女案，万安海堤系列抢劫团伙案等典型案件进行“从重从快”审结。所审结79件案件适用普通程序69件，适用简易程序10件，当庭宣判22件，当庭宣判率28%。

2003年，继续坚持“严打”方针不动摇，把维护稳定作为首要任务，依法严惩各类刑事犯罪。全年共受理刑事案件91件126人，审结91件126人，审结率100%。

2004年，受理99件124人，审结99件124人，其中适用简易程序31件，个案平均审理时间为21天，办案周期比2003年每件减少5天，确保连续七年无一案件超审限，无一被告人被超期羁押。

2005年，重点开展打击“六合彩”和反盗抢等专项整治活动。受理118件186人，审结118件186人。开展普法进校园活动，并选派5名法官担任中小学法制副校长。当年，刑事审判庭被评为泉州市优秀青少年维权岗。

2006年，共受理一审刑事案件100件149人，审结100件149人，审结率100%。全年刑事案件无一件被发回重审和改判，连续九年无一案件超审限，无一被告人被超期羁押。

2007年，开展“打黑除恶”专项整治活动，受理刑事案件120件193人，较上年同期增长20%，全部审结。其中，抢劫、盗窃等侵犯财产犯罪案件51件97人，故意伤害、强奸等侵犯人身权利犯罪案件23件34人，交通肇事等危害公共安全犯罪案件26件32人，贪污、受贿等经济犯罪案件5件8人。

第二节 民事审判

1997—1998年，受理654件，审结637件。1997年，审理洛江区引资过程中遇到的纠纷案件，其中有万安工业开发区管委会诉泉州市凤星旅游用品有限公司等两被告厂房、土地使用权转让合同纠纷一案。1998年，受理的三明建筑公司诉台胞赖景成建筑工程承包合同一案，依据合同和审计结论，驳回三明建筑公司的诉求，维护台胞利益。

1999年，受理466件，审结464件。围绕经济建设大局，从维护社会稳定出发，妥善调处民事纠纷，协助区政府清理农村基金会和财政周转金案件186件，标的500多万元。

2000年，全年受理703件，审结705件。重视涉及军人军属权益案件的审理，当年3月，专门设立维护军人军属合法权益合议庭。受理并审结以基金会为原告的借贷纠纷292起，标的额454.65万元。

2001—2002年，受理1005件，审结998件。受理审结房屋拆迁纠纷、追索劳动报酬、工伤事故损害赔偿等矛盾易激化案件和城市交通运输合同纠纷、医疗服务合同纠纷等新类型案件。

2003年，受理民商事案件413件，审结399件。妥善调处婚姻家庭、劳动争议、民间借贷、损害赔偿纠纷等民事案件240件，审结金融信贷和农村承包合同等商事纠纷案件159件，有力维护市场经济秩序。

2004年，加强民商事审判工作，特别注重加强调解工作，及时化解矛盾纠纷，全年无一起涉诉上访案件。全年受理民商事案件442件，审结431件，审结率达97.5%，其中适用简易程序审结案件386件，占已审结案件数的89.4%。当年在审理罗溪镇新东村一百岁老人因其养子不尽赡养义务而诉请解除抚养关系的案件中，承办法官多次到原、被告家中及所在镇村了解情况，并在村老年协会配合下，对被告晓之以理、动之以情，最后促使双方达成协议，妥善解决了百岁老人的生活问题。

2005—2006年，贯彻上级部门关于加强新时期人民调解工作的规定和精神，全年受理民商事案件1051件，审结952件，其中以调解或撤诉方式结案的有575件，调解撤诉率达55%。

2007年，全年受理民商事案件594件，审结595件。将调解工作贯穿于审判全过程，力求案结事了，调撤354件，调撤率达59.5%。特别是在审理和执行拆迁安置、拖欠农民工工资等敏感性、群体性案件时，坚持以大局为重，全面考虑和平衡各方当事人利益。

第三节 行政审判

随着社会主义法制的逐步完善，为保护公民、法人和其他组织的合法权益，保障、支持、监督国家行政机关依法行为，结合行政区划调整后，行政部门处罚较少，行政案件少的情况，注意与行政机关协调关系，为行政机关搞好法律咨询并开展非诉行政案件的执行工作。至2007年12月，受理行政诉讼案件48件，审结48件。通过行政审判监督、支持和保障行政机关依法行使职权，切实维护行政管理相对人的正当权益，加强对行政诉讼法律知识特别是《中华人民共和国行政许可法》的宣传，有力促进法治、廉洁政府建设。

第四节 执行工作

1997—1998年，建立执行机构（执行庭、法警大队），充实执行力量，强化执行措施，受理94件，执结21件。受理528件，执结454件。

1999年，执行工作领导小组成立，开展“执行年”活动，受理582件，执结611件，标的额达1813.53万元，执结率达93.1%。同时，开展“执行工作宣传周”活动，举行执行工作专项法律咨询活动，张贴、发放执行宣传材料1700多张，如佩奇制衣公司拖欠工人工资近200万元，导致1000多名工人上访一案。

2000年，集中力量开展清理积案工作，共清理办结执行积案268件，标的额490万元，其中上级法院挂牌督办的45件积案全部清理办结。全年受理967件，执结893件，执行标的额3743.4万元。

2001年，贯彻洛江区人大常务委员会《关于加强人民法院执行工作的决议》，扎实开展“百日执行大会战”活动。当年，受理510件，审结580件。

2003年，从加强制度建设、强化执行措施入手，实行党组成员挂牌督办，集中执行和夜间执行，重点执结影响企业经营及群众生活的案件，全年共受理执行案件454件，执结411件，执结标的额1190.27万元，执结率90.5%。

2004年，受理各类执行案件379件，执结各类案件361件，执行标的1300余万元，执结率95.2%，执结率和执行标的到位率均位居全市法院前列。结合省市法院部署的清理金融执行案件专项活动，清理执结金融案件85件，标的595.07万元，结合清理拖欠工程款和农民工工资案件活动，执行相关案件9件，标的150余万元。

2005年，全面建立执行告知制度、规范执行救济制度。2007年，开展清理金融执行案件、拖欠工程款和农民工工资案件专项活动，并对抚养费、赡养费、劳动报酬纠纷等影响群众生活的案件优先执行，维护弱势群体的合法权益和社会的稳定。当年福建省力天建设发展有限公司拖欠10位农民工工资一案，法院为农民工开辟绿色通道，优先立案并为他们办理缓交诉讼费用手续。被执行人第二天将拖欠的10名农民工的工资如数汇到法院的账户，及时维护农民工权益。2005—2007年，受理执行案件835件，执结822件，执结标的额3457.73万元，执结率98.44%，执结率和执行标的到位率居全市基层法院第一名。

第五节 立案信访

一、立案

1997年10月9日，设立告申庭履行立案庭和审判监督庭的职责。2000年，向社会推出1小时立案承诺制，规定凡当事人向法院提起诉讼，材料基本齐全的，告申庭在一小时内给予立案。此举方便群众诉讼，解决人民群众告状难问题，1 小时立案率达 97% 以上，其经验福建电视台作专题报道。同年 4 月 1 日，旅菲华侨王某某因购房质量纠纷到检察院起诉，告申庭经审查半小时就办好 2 个案件的立案手续，菲律宾华侨等当事人特意向院领导反映并表示感谢，称赞“洛江法院法官服务态度好、工作效率高”。

至 2007 年，审查立案各类案件 10716 件，其中刑事案件 850 件、1261 人次；民事案件 4986 件、标的 15913.72 万元；执行案件 4832 件、标的 14788 万元（包括非诉行政执行 439 件、标的 197 万元）；行政案件 48 件，特别程序 9 件；

二、信访

1998 年起，积极推行法官值班制、信访首问责任制和院长接待日“会诊”制三项信访工作新举措，进一步便利群众诉讼和法律咨询。同时把纪检监察工作延伸到信访接待工作中，加强对违法违纪举报的查处力度，使纪检监察工作“六个机制”的措施具体化。处理群众来信 382 件，做到“每信必复”“每信必理”。

第六节 审判监督

2002—2007 年，审判监督庭审查当事人申请再审案件 50 件，其中 2002 年 1 件，2005 年 5 件，2006 年 23 件，2007 年 21 件；检查案件 2357 件，主要对二审发回、改判或再审的案件、上级有关部门移送的案件、院领导指定的案件，以及社会影响大、当事人反映强烈的其他案件，进行有重点、有针对性的评查。此外，2005 年起，审判监督庭还开展裁判文书评查活动和庭审观摩评比活动各 2 次。

第七节 审判机构

1949 年 10 月，晋江县人民政府设司法科，行使审判职能。1952 年 11 月晋江县人民法院组建。1971 年后，随着行政区划调整，洛江今域审判工作归由泉州市（县级）法院负责。1986 年 1 月，鲤城区人民法院成立后，于 1987 年成立河市人民法庭，作为洛江境域的基层审判机构。

1997 年 10 月 9 日，泉州市洛江区人民法院成立。址设洛江区政府政法大楼三楼，内设政工科、刑事审判庭、民事审判庭、经济审判庭、告申庭、执行庭、行政审判庭，并设河市人民法庭。全院在编干部 19 名，职工 2 名。同年 10 月 27 日，设立审判委员会。2001 年 2 月，设立纪检组。同年 3 月，设立监察室。2002 年 6 月，设立审判监督庭、司法警察大队，告申庭更名为立案庭。同年 9 月 28 日，院址搬迁至位于洛江区安吉路的新综合审判大楼。2003 年 4 月 22 日，机构改革，撤销政工科改设政治处，撤销民事审判庭和经济审判庭改设民事审判第一庭和民事审判第二庭，由执行庭庭长兼任执行局局长。至 2007 年 12 月，院内设政治处、办公室、刑事审判庭、民事审判第一庭、民事审判第二庭、行政审判庭、执行（局）庭、审判监督庭、立案庭、监察室、研究室和司法警察大队，并设有河市人民法庭。全院有干部 42 名，职工 3 名。

第五章 司法行政

第一节 普法宣传

1986 年，鲤城区（含洛江今域）“一五”普法教育全面展开，普法对象是干部和青少年，主要内容是“九法一例”（《中华人民共和国宪法》《中华人民共和国刑法》《中华人民共和国刑事诉讼法》《中华人民共和国民事诉讼法》《中华人民共和国婚姻法》《中华人民共和国经济合同法》《中华人民共和国森林法》《中华人民共和国兵役法》《中华人民共和国继承法》及《中华人民共和国治安管理处罚条例》）。1996年起，鲤城区开展法制宣传教育，即“三五”普法工作。1997年11月，洛江区普法领导小组成立，下设办公室，挂靠在区司法局。根据人事变动先后2次调整普法领导小组成员。1998年，区委办转发区委宣传部、区司法局《关于洛江区1998—2000年在全区公民中开展法制宣传教育的规划》，在全区开展“三五”普法宣传活动。至2000年，全区开展法律咨询活动200多场，各类学校每年开设法制课5000课时，每年受教育人数达3万人次；举办法制讲座300多场，参加人数6万人次；分发法制录像录音带1000多盒，播放法制录像90场；举办书面法律知识测试6次，考试人数2万人次；全区设有法制宣传栏100处，广播站86个。2000年4月，区普法依法治区领导小组制定《洛江区“三五”普法检查验收实施方案》，8月，区委、区人大、政府、政协分管领导带队，按照《洛江区“三五”普法检查验收标准》，对15个区直机关，6个乡镇（街道），9个村（居）委会，6个中小学校，4个企业进行检查验收。各类重点学法对象的参学率或受教率分别为领导干部100%，企事业管理人员参学率或受教率95%，青少年在校学生参学率或受教率100%，村（居）民80%。同年11月，通过市级的检查验收。9月，区委、区政府对“三五”普法工作成绩显著的14个单位和26名个人进行表彰。

2001年，洛江区普法领导小组与依法治区工作领导小组合并为洛江区依法治区领导小组，由区委书记任组长。同年7月20日，区委、区政府转发区委宣传部、司法局《关于在全区公民中开展法制宣传教育的第四个五年规划》的通知。2005年6月，区依法治区办组织5个检查组，分别由五套班子分管领导任组长，严格按照《洛江区“四五”普法依法治理检查验收实施方案》标准，采取听、查、看、问、评的方式，检查全区6个乡镇（街道）、12个村（社区）、3个司法机关、14个行政执法单位、6所学校、4个企事业单位、1个群团开展“四五”普法工作情况。同年9月，泉州市“四五”普法工作检查组对洛江区“四五”普法工作检查验收。至2006年，全区开展普法宣传活动600多场次；宣传各种专业法律法规200多部；开展各类专项治理活动400多场次。全区各类普法对象接受法制教育人数达21万人次；各级党政领导、机关干部和在校学生受教率和参学率达100%，企业经营人员、外来人员受教率97%。同年8月，市委、市政府授予洛江区2001—2005年法制宣传教育先进区称号。

2006年11月，区委、区政府召开会议，对“四五”普法工作进行总结，并对“四五”普法工作22个先进单位和47名先进个人进行表彰，动员和部署“五五”普法工作。各乡镇（街道）、区直各部门也相应组织制定单位、部门“五五”普法规划，组织开展“五五”普法宣传教育。至2007年，全区开展普法宣传活动300多场次；宣传各种专业法律法规100多部；开展各类专项治理活动300多场次。全区各类普法对象接受法制教育人数达16万人次；各级党政领导、机关干部和在校学生受教率和参学率达100%，企业经营人员、外来人员受教率98%。

第二节 依法治区

1997年7月，洛江区委印发《中共洛江区委关于依法治区的决定》，审批确定28个执法部门、15个法律授权的执法组织、11个委托执法机构。同年11月，洛江区依法治区领导小组成立，区委书记任组长，区委、区人大、区政府、区政协分管领导任副组长。1999年4月，区政府印发《关于依法行政的实施规划》，2000年9月，区委、区政府下发《关于全面推行公开办事制度的决定》，并于1999年、2001年分别组织两次全区规范性文件清理工作，清理规范性文件548份。2002年，清理三批行政审批事项，改革审批、审核等事项228项，取消128项，改革面和取消面分别为51.01%和28.64%。推行机关效能建设八项制度，巩固和完善“一层楼”“一个大厅办公”等便民服务措施。参与“严打”整治斗争。区法院依法快审快结，并选择具有教育意义的典型案件3起参加市中级人民法院与泉州电视台合办的《现在开庭》节目制作。

依法规范社区、村级组织的管理工作，建立村（居）干部每年向村（居）民会议述职制度。开展二轮村民自治示范达标创建活动，全区 82.5% 村达标，并做到村务公开数、村民代表议事制度建立数、村民理财小组设立数达到 100%。组织为期 2 年的“严打”整治斗争，严厉打击各种刑事犯罪活动。开展整顿和规范市场经济秩序活动、校园及周边治安秩序专项整治。

区委、区政府加强对依法治区中期目标工作的领导，2 次调整充实区依法治区领导小组成员。2003 年 12 月 24 日，区委、区政府召开实施依法治区近期目标总结表彰暨启动中期目标动员大会，表彰实施依法治区先进单位和个人。此后，依法清理确认行政执法主体资格，并依法公布；对 619 名执法人员进行培训考试考核持证上岗，强化严格行政执法。两次对行政审批项目和规范性文件进行依法清理，取消部分行政审批项目，清理废除 500 多份规范性文件。深化机关效能建设，促进机关工作作风转变。在全区司法机关、行政部门内建立健全执法制度体系。行政机关实行执法责任制、公示制、评议考核制、错案追究制、行政决策合法性论证制（一岗五制）。开展“严打”等专项治理，遏制刑事案件的高发势头，基本实现社会治安“一升一降”的目标。依法对农贸市场、饮食行业等集中进行重点治理，规范经济秩序，促进市场经济健康、有序发展。成立村（社区）议事监督委员会，开展“民主法治示范村（居）”创建工作。同年 4 月，区依法治区办制定下发《关于开展创建民主法制建设示范社区工作的实施方案》，确定 12 个村（居）为洛江区第一批创建民主法治示范村（居）。全区“民主法治示范村（居）”创建率达 50%。3 个村被评为省级民主法治示范村，万福社区等 12 个村（社区）被评为市级“民主法治示范村（社区）”，瑄头社区等 18 个村（社区）被评为区级“民主法治示范村（社区）”。全区 85 个村（社区）100% 实施依法治村（社区）且建立相应体制和机制。区委、区政府制定出台《关于建设“诚信洛江”的实施意见》及相关文件并组织实施。

第三节 人民调解

1982 年 2 月，泉州市（县级）司法局成立，负责律师、公正、人民调解管理和指导；此前归法院管理和指导。至 1986 年，鲤城区司法局 5 年期间调处民间纠纷 9800 多件；防止民间纠纷激化 400 多起；避免可能引起非正常死亡 254 人。1987 年，基层调处各类纠纷 2176 件。1988 年，鲤城区受理民事纠纷比 1987 年下降 20%。1990 年，鲤城区经济纠纷大幅度增长，债务纠纷增加近一倍，全年调处民间纠纷 2308 起，调解成功率 91%；防止可能激化 60 起，避免导致犯罪和非正常死亡 102 人。

2002 年 10 月，洛江区“148”协调指挥中心成立应急小分队，负责化解重大疑难社会矛盾纠纷。至 2005 年，应急小分队配合乡镇（街道）、村（社区）化解重大疑难社会矛盾纠纷 20 余起。至 2005 年，全区建有 6 个街道、85 个村（社区）、2 个企事业单位调委会。调解委员会设施达到“六有”，即有调解室，有调委会印章，有调委会牌子，有调解档案柜，有调解、回访、移交等记录簿，有统计台账。“七上墙”，即调解工作任务、原则、纪律和纠纷当事人的权利义务、调委会监督台、调解程序、调解三级网络等七项内容上墙公示。“四规范”，即规范组成人员、规范工作制度、规范调解程序、规范调解文书；建立人民调解员的培训、表彰奖励、岗位责任制、纠纷登记、统计、回访、文书档案管理、纠纷排查、纠纷信息传递与反馈等 10 项制度；建立相应的“五簿两册”，即学习会议记录簿、法制宣传登记簿、调解登记簿、排查登记簿、回访登记簿和调委会委员花名册、十户调解员或纠纷信息员花名册。至 2007 年，全区共排查矛盾纠纷 4540 件，调处 4540 件，调处成功 4485 件，调处率 100%，调处成功率 99.7%。其中，2004 年排查 415 件，调处 415 件，调处成功 412 件；2005 年排查 476 件，调处 476 件，调处成功 472 件；2006 年排查 499 件，调处 499 件，调处成功 496 件；2007 年排查 513 件，调处 513 件，调处成功 509 件。

2005—2007 年洛江区人民调解委员会组织情况表

表 23-5-1

年份	乡镇（街道）调委会（个）	村（居、社区）调委会（个）	企业调委会（个）	学校调委会（个）	调解主任（人）	调解人员（人）
2005 年	6	85	1	—	93	460
2007 年	6	86	1	1	93	460

第四节　安置帮教

1997 年，刑释解教人员接茬 35 人，解除劳教人员 17 人。2002 年，刑释解教人员接茬 55 人。2007 年，刑释解教人员接茬 16 人，解除劳教人员 1 人。

1997—2007 年刑释解教人员接茬情况表

表 23-5-2　　**单位：人**

年份	刑满释放人员	解除劳教人员	年份	刑满释放人员	解除劳教人员
1997 年	35	17	2003	48	4
1998 年	42	20	2004	27	21
1999 年	47	16	2005	36	12
2000 年	38	14	2006	37	1
2001 年	25	13	2007	16	1
2002 年	55	11	—	—	—

1997 年起，洛江区设立公安、检察、法院、司法、民政、财政、劳动和社会保障、工商、税务、共青团、妇联等 17 个职能部门人员参加的安置帮教领导小组，下设安置帮教办公室；各乡镇（街道）设立乡镇（街道）安置帮教办公室；村（居）委员会成立帮教小组；组成辖区内的三级帮教网络正常工作。2001 年，区综治委刑释解教人员安置帮教工作协调领导小组及办公室成立，乡镇（街道）相应成立乡镇（街道）综治委刑释解教人员安置帮教工作协调领导小组及办公室，村（社区）委员会成立帮教小组；组成辖区内的三级帮教网络工作机构。至 2007 年，刑释解教人员安置帮教率 100%，建档率 100%，基地安置除 2005 年安置 4 人，其他年份均为 0。

附：安置帮教管理制度

会议制度　半年召开 1 次区帮教领导小组成员会议，每月召开各司法所工作会议，研究落实安置帮教工作，依照工作情况召开临时工作会议。

管理制度　释解人员实行电脑信息化管理，将全区释解人员的基本情况（包括姓名、性别、年龄、住址、罪错类型、帮教起止年限、帮教单位）输入电脑，建立档案信息库。各乡镇（街道）安置办对所管辖各类释解人员应当建立“一人一档”，村（社区）居委成立“三帮一”小组（家属、居委、专区民警）及时跟进帮教工作和完善谈话等资料手册。

衔接制度　收到释解人员的释放通知书，一周内建立好登记档案册送到各乡镇（街道）安置办。由各乡镇（街道）安置办进行登记备案，通知村（社区）建立帮教小组，在释解人员到家后一个月内建立个人登记档案，落实帮教，防止漏接，脱帮现象。

帮教与安置制度　通过接茬帮教、走访监所、走访家庭等形式，加强与监所、对象家庭之间的联系，及时解对象基本情。2005 年建立华丰果牧、永生畜牧两个过渡性安置帮教基地。乡镇（街道）、村（社区）

采取多种形式、多种渠道对释解人员进行安置帮教，符合就业条件的，本人愿意再就业的，推荐其到劳动部门实施职业技能培训后安排工作，对回归社会的“三无”释解人员，尽快给予安置。

通报制度　各乡镇(街道)安帮办在每季度，应当将工作情况及做法作为工作信息报告给区安置帮教办。

第五节 法律服务

一、基层法律服务

1998 年起，开展法律服务“三进四贴近”（法律服务进街道、进社区、进学校；法律服务贴近基层、贴近群众、贴近生活、贴近实际）活动。当年，全区 6 个乡镇（办事处）法律服务所遵循“巩固、提高、发展、完善”方针，担任 97 家单位（企业）法律顾问，开展诉讼与非诉讼代理 67 件，办理见证 56 件，代写法律文书 166 份，调解经济等纠纷 103 件；解答法律咨询 235 人次；避免和挽回经济损失 155 万元。1999—2001 年，开展诉讼与非诉讼代理 276 件，协办公证 129 件，代写法律文书 526 份，调解纠纷 760 件；解答法律咨询 235 人次；避免和挽回经济损失 221 多万元。2003—2004 年，区中心法律服务所共代理诉讼与非诉讼 323 件，代写法律文件 80 件，接受法律咨询 337 人次，协助调解各类纠纷 184 件，协办公证 19 件。2005 年，建立健全中心法律服务所案件受理审批、诚信记录、财务管理等 12 项工作制度，统一印制法律服务卷宗皮、授权委托书等格式文书，法律服务工作走向规范化。2006 年，健全中心法律服务所案件受理审批、诚信记录、财务管理等 12 项工作制度。组织开展基层法律服务规范化和质量检查活动，重点是针对法律工作者廉洁自律及服务、办案质量等问题进行检查，未发现有违法违纪问题。完成法律服务所费改税的改制工作。

二、“148”法律服务

1999 年 5 月，洛江区 148 法律服务专线电话正式开通，实行 10 小时专人值班。全区各乡镇（街道）相继开通“148”法律服务专线。在区司法局设立“148”协调指挥中心，成立区级“148”应急小分队，设立重大案件报告登记审批调解制度，聘请 98 名信息员，集中力量迅速处置突发性民事纠纷。至年底，“148”共接收法律咨询或接待来访 74 人次。

2000 年 6 月，各乡镇法律服务电话统一把尾号改为“148”，实现镇镇开通“148”。11 月，实行主要部门联动制度，以区“148”为中心，21 个相关单位均设立联络员，实行联动，形成以区“148”法律服务中心为龙头，纵贯乡镇，横联各主要职能部门的“148”法律服务网络。至年底，全区“148”共接来电来访 233 件，受托办理法律事务 191 件，提供上门服务 7 件，提供法律援助 5 件，现场解决矛盾纠纷 15 件，移送有关部门处理 5 件。做到事事有解答，件件有回音。

2001 年 2 月，区“148”协调指挥中心设立基层重特大民间纠纷联合调解申请制度，明显提高法律服务质量和调解成功率。全年接收电话咨询 187 件，接待来访 212 件，办理法律援助 9 件，提供上门服务 13 件。至 2006 年，洛江区法律援助中心共办理各类法律援助诉讼非诉讼案件 500 多件，接待来访 2058 人次。援助中心律师的辩护及代理意见被审判机关采纳率达 95% 以上，求助对象满意率达 100%。2007 年 4 月，在区行政服务中心增设“148”专用法律服务电话 1 台，提高法律咨询服务工作接线率。同年，区“148”法律服务热线工作被确定为省级试点单位。

三、法律援助

2000 年 8 月，洛江区法律援助中心设立，编制 2 名，专兼职工作人员 3 名。同年，在区妇联设立援助站。

2001—2003 年，在区残联、人武部、总工会、团区委、老龄委设立援助站，依托司法所（办）在 6 个乡镇（街道）、万安万福社区、双阳新南村设立援助站。区法律援助中心始终坚持“贫者必援、弱者必助、残者必帮”的原则，向社会公开服务承诺，健全工作制度。2004 年 3 月，中央电视台《今日说法》“两会”系列报道对洛江区法律援助工作案例“爱心拯救一个即将破碎的家庭”进行专题报道，获得省社会治安综合治理好新闻奖评选电视类二等奖。同年，洛江区法律援助中心与万安街道万福社区签订法律服务“三进”协议，采取送法入户、举办法制讲座、图片展览、设宣传栏等形式开展活动。泉州电视台、《泉州晚报》《海峡都市报》等多家媒体先后报道洛江区法律援助中心办案事迹。2005 年，在区信访局设立联络点，形成以中心为主体，向机关、团体、乡镇、村（居、社区）辐射的工作网络。至 2007 年，办理法律援助诉讼与非诉讼案件 200 多件，切实维护弱势群体的合法权益。

2000—2007 年区法律援助中心办案数量表

表 23-5-3

年份	案件总数（件）	民事案件（件）	刑事案件（件）	公证（件）	其他案件（件）	接受咨询（人次）
2000 年	8	6	—	—	2	50
2001 年	13	8	—	1	4	73
2002 年	33	14	—	4	15	134
2003 年	38	7	—	7	24	180
2004 年	88	25	14	7	42	218
2005 年	93	25	20	2	46	268
2006 年	104	19	19	1	65	418
2007 年	116	22	21	—	73	263

第六节　公证

1998 年 7 月，经省司法厅批准设置洛江区公证处，公证人员 3 名。1998—2007 年，民事公证呈逐年增加趋势，公证类型不断拓宽，公证处主要承办继承、委托、声明、赠予等公证，办理国内公证 4886 件，其中民事公证 4020 件，经济公证 671 件。其中，2003 年 7 月至 2007 年 12 月，办理涉外公证 126 件。其中，涉外公证书主要发往美国、澳大利亚、新加坡、英国、巴西等 10 多个国家和地区，为当事人在国外经商、求学、定居等提供便利。

1998—2007 年，公证处办理涉港澳公证 33 件、涉台公证 69 件，涉台公证以去台探亲为主，部分定居和继承公证。

1998—2007 年洛江区公证处办证、收费数情况

表 23-5-4

年份	总办证数（件）	民事公证（件）	涉台公证（件）	经济公证（件）	收费（元）
1998 年	166	147	6	13	15000
1999 年	610	197	9	404	101500
2000 年	189	102	4	83	45000
2001 年	135	89	8	38	29200
2002 年	402	338	13	51	46000
2003 年	740	674	5	31	77320

续表 23-5-4

年份	总办证数（件）	民事公证（件）	涉台公证（件）	经济公证（件）	收费（元）
2004 年	856	802	10	26	60000
2005 年	709	669	5	13	51600
2006 年	640	603	1	8	62560
2007 年	439	399	8	4	60120

第七节 律师事务

1997 年建区后，洛江区司法局筹建律师事务所。1998 年 2 月，福建江滨律师事务所成立，为区司法局下辖事业单位所，执业律师 5 名，正、副所长各 1 名。1998—2000 年，江滨律师事务所办理各类案件 1597 件，其中刑事案件 322 件，民事案件 684 件，经济案件 440 件，行政案件 38 件，非诉讼法律事务 113 件，业务收入近 370 万元，其中 1998—1999 年缴纳税费 70 余万元。2000 年，该律师事务所与区司法局脱钩改制为合伙制律师事务所，部分人员分流。2002 年 11 月，根据《律师事务所登记管理办法》规定及福建省司法厅批复，福建江宾律师事务所注销。2003—2007 年，洛江区辖区无专业律师机构办理律师事务。

第八节 机构

一、司法行政机构

（一）洛江区司法局

1997 年建区后，洛江区司法局成立，内设人秘科、法制宣传教育科、基层工作科、公证律师管理科。1998 年，核定区司法局编制为 16 名，其中局机关 7 名、司法助理员 6 名、公证员 3 名。

2002 年 12 月，区司法局内设办公室、法制宣传教育股（挂区依法治区办、公证律师管理股）、基层工作股（挂区刑释解教人员安置帮教办）、3 个基层司法所（河市、马甲、罗溪司法所）；核定局机关编制 7 名，6 个乡镇（街道）机构司法助理员编制 9 名。

（二）基层司法行政机构

2003 年 1 月前，全区 6 个乡镇（街道）设立司法办。2003 年，河市、马甲、罗溪设立司法所，每所配备人员 2 名；未成立司法所的万安、双阳、虹山各配备 1 名。2006 年 12 月，成立万安、双阳、虹山司法所。至此，全区 6 个乡镇（街道）均设立司法所，配备人员 12 名，每所 2 名。其中 9 名公务员为司法助理员，3 名为聘用制合同工。

第二十四篇 教育

封建社会时期，洛江大部分区域隶属晋江县管辖，称为晋北，因地理位置偏僻，经济落后，教育事业相对滞后。自隋唐开科取士，私学逐渐发展，出现私塾并持续至民国。清末，始兴办学堂。民国期间，有 10 多所私塾小学。

中华人民共和国成立后，教育网络逐步形成，各乡镇均有初级中学，其中马甲、罗溪有完全中学，但因各家庭子女众多，女子接受教育的人数较少。中共十一届三中全会后，教育事业投入增加，师资队伍建设加强，办学条件改善，德、智、体、美教育方针全面贯彻。1988 年秋，仰恩学院建成正式开学。1992 年底，实施义务教育六项督导，经省复评，达到省优水平，区域内村村有小学、幼儿园（班），罗溪中学、马甲中学、河市中学办职高班。1996 年，境内教育通过“两基”（基本普及九年义务教育、基本扫除青少年文盲）验收。至 1997 年 6 月，境内有幼儿园 58 所，小学 71 所，中学 8 所，其中高中校 3 所。

洛江建区后，区委、区政府把教育放在优先发展的战略地位，作出关于实施科教兴区战略的决定，加强对教育的领导和投入，侨胞、港澳台胞和社会各界人士踊跃捐资办学，学校布局调整，办学规模扩大，办学条件逐步改善，素质教育全面推进。2000—2001 年，泉州第十一中学先后完成初、高中部教学楼建设并招生。2002—2005 年，完成中小学危房改造和虹山、罗溪、河市、双阳 4 个乡镇（街道）的小学“十配套”建设，建成洛江进修学校，敬德职业学校正式对外招生。2005 年 12 月，奕聪中学高中部动工建设。2006 年，全面实行义务教育免收学杂费和“两免一补”制度。2007 年，全区高质量高水平普及九年义务教育（简称“双高普九”）通过省级评估验收。全区省、市、区级文明学校 46 所，占全区学校总数的 83.2%，罗溪中学、马甲中学、奕聪中学被评为省级绿色花园式学校。

第一章 私塾 私学

第一节 私塾

古代私塾，有个人办的，也有村民合办的统称为塾学。唐建中元年（780 年），洛江境域有私塾存在，宋朝私塾较大的发展，贫儒寒士凭蒙馆教学维持生活，罢官辞职，致仕回乡的儒士也设立经馆授徒。清代中叶以后私塾迅速发展，清末废科举，塾学改称“学堂”。民国元年（1912 年），学堂改称学校。学校有私立，也有公立的，也有教会设立的。民国期间，曾明令禁止私塾，但仍有私塾存在。1951 年，私塾消亡。历朝私塾无固定学制，一般初春入塾，年终结束。没有寒暑假，但有农忙、春游及节假日（如清明节、端午节、中秋节、冬至或个别民俗节日）。入学年龄不限，经塾师同意，缴交束脩（学费）便可入学，出塾自由。塾童根据个人的程度选学教材，塾师分别教习，不加解释，让学生熟读领会，能流利背诵后再习新篇。重视写字，初学描红，继而影格、临帖，要求严格。教材有《三字经》《百家姓》《千字文》《五言杂字》《增广贤文》《声律启蒙》《幼学琼林》《四书》《诗经》等。清末至民国初期，还教习《尺牍》《珠算》和民间应用文。清朝至民国年间，私塾教育较为普遍，其中历史较悠久，规模较大的不少。

清末至民国洛江境内部分私塾简况表

表 24-1-1

学塾名称	创办时间	创办者	性质	校址
前溪官路顶书房	19 世纪 90 年代	华侨	侨办	罗溪前溪官路
前溪官路下书房	19 世纪 90 年代	华侨	侨办	罗溪前溪官路
美洋绿竹轩	20 世纪始	黄含奕	私立	罗溪后溪美洋
顶九曲毓圃	20 世纪始	黄贻鼎	私立	罗溪后溪顶九曲
溪东励圃	20 世纪始	黄世贤	私立	罗溪溪东
跳港崇德学校	20 世纪始	黄世贤	私立	罗溪跳港
庆丰书院	20 世纪始	黄聪奕	私立	罗溪双溪庆丰
金谿私塾	1920 年	黄则超	私立	罗溪黄氏小宗祠、大宗祠
西头洋义芳轩	20 世纪始	黄聪奕	私立	罗溪前溪西头洋
下硕轩云圃	20 世纪始	黄昆礼	私立	罗溪前溪下石
前溪西苑	20 世纪始	黄世泽	私立	罗溪亭仔
奎峰私塾	1915 年	陈巽东	私立	河市街
洛南私塾	1920 年	刘蔚霞	私立	万安桥南
杏宅私塾	1928 年	陈川孙	私立	马甲杏川
杏村私塾	1934 年	郭景捷	私立	万安杏宅
双阳私塾	1938 年	纪乃聪	私立	双阳中学内
阳江私塾	1940 年	朱文彬	私立	双阳前埭埭北
彭殊私塾	1941 年	华侨	侨办	马甲彭殊
梧峰村民办私塾	1948 年	林增常	私立	马甲梧峰

第二节 私学

清末废科举，兴学堂。民国元年（1912 年），学堂改称学校。小学发展迅速，有些规模较大的私塾转办私立小学。民国 38 年（1949 年），洛江境域有私立小学 17 所（参见本篇第三章初等教育第一节学校设置）。

第二章 幼儿教育

第一节 园所设置

中华人民共和国成立前，洛江境域由于地处偏僻，经济落后，无幼儿教学。1976 年后，幼儿教育逐步走上正轨，园所设置稳定发展。1986 年，洛江境内幼儿入学率仅 16%，1989 年入学率为 30%，1992 年入学率提高到 46.3%。幼儿园分布：万安 3 所，双阳华侨农场 8 所，河市镇 18 所，马甲镇 15 所，罗溪镇

10 所，虹山乡 4 所。

1997 年幼儿入学率为 85.4%，　2004 年 1 月，区政府出台《关于加快洛江区幼儿教育改革与发展的意见》，至 2007 年有幼儿园 18 所，幼儿班 126 个，在园幼儿 4415 人，其中学前幼儿 1627 人；教职工 231 人，其中代课教师 181 人。

2007 年洛江区部分幼儿园简况表

表 24-2-1

幼儿园名称	创办时间	园址	办园资质	教师情况	教学环境
洛江双阳中心园	1960 年	洛江双阳镇区	泉州市优质园	公办教师 5 名，其余为学前教育专业毕业的代课教师	环境优美，园舍规范，各种设施配套齐全，办园条件较好
洛江河市中心园	1976 年 9 月	洛江河市镇区内	普通幼儿园	公办教师 3 名，其余为学前教育专业毕业的代课教师	有独立园舍，办园条件一般
洛江马甲中心园	1981 年 9 月	洛江马甲中心小学旁	普通幼儿园	学前教育专业毕业的教师 3 名，其余为小学转岗教师	有独立园舍，办园条件一般
洛江万安桥南幼儿园	1990 年 9 月	洛江桥南社区	普通幼儿园	大部分教师系学前教育专业职高毕业	独立园舍，办园条件一般
洛江罗溪中心园	1995 年	洛江罗溪镇区	洛江区优质园	学前教育专业毕业的教师 10 名，另有 6 名从小学转岗的教师	园内环境优美，园舍规范，各种设施配套齐全，办园条件较好
洛江万安实幼	2001 年 9 月	洛江吉源小区	洛江区优质园	公办教师 5 名，其余为学前教育专业毕业的代课教师	园舍规范，各种设施配套齐全
洛江马甲三新幼儿园	2004 年 9 月	洛江马甲原三新小学旧校舍	普通民办幼儿园	大部分教师系学前教育专业职高毕业	独立园舍，具备完整的办园手续，办园条件一般
洛江马甲春蕾幼儿园	2006 年 2 月	洛江马甲	普通民办幼儿园	大部分教师系学前教育专业职高毕业	独立民房，具备完整的办园手续，办园条件一般。
洛江马甲祯圆幼儿园	2006 年 4 月	洛江马甲中学旁	普通民办幼儿园	大部分教师系学前教育专业职高毕业	独立民房，具备完整的办园手续，办园条件一般
洛江万安安吉儿幼儿园	2006 年 6 月	洛江安吉路旁	普通民办幼儿园	大部分教师系学前教育专业职高毕业	租用民房，具备完整的办园手续，办园条件一般
洛江虹山中心园	2006 年 6 月	洛江虹山乡政府旁	普通幼儿园	教师皆为小学转岗教师	有独立园舍，办园条件一般
洛江马甲小太阳幼儿园	2006 年 7 月	洛江马甲	普通民办幼儿园	大部分教师系学前教育专业职高毕业	独立民房，具备完整的办园手续，办园条件一般
洛江双阳新苗幼儿园	2007 年 8 月	洛江双阳南山社区	普通民办幼儿园	大部分教师系学前教育专业职高毕业	租用独立民房，具备完整的办园手续，办园条件一般
洛江双阳贝贝幼儿园	—	洛江双阳南山社区	普通民办幼儿园	大部分教师系学前教育专业职高毕业	租用独立民房，具备完整的办园手续，办园条件一般
洛江双阳蓝天幼儿园	—	洛江双阳华侨居住区	普通民办幼儿园	大部分教师系学前教育专业职高毕业	独立民房，已通过教育部门登记注册，但尚未取得办学许可证，办园条件一般

附：幼儿园选介

奕聪中心幼儿园　奕聪中心幼儿园是罗溪镇的一所全日制中心幼儿园，2002 年由爱国侨胞黄奕聪捐建，占地面积6000多平方米，总建筑面积3000多平方米，有综合楼、教育活动楼和办公楼，11个配套班的教室。2007年幼儿园教职工33人，班级10个班，幼儿人数428人。学园任职教师19人。其中，本科学历1人，大专学历4人，本科在读6人，大专在读8人，保育员12人。园内有专门的多媒体功能厅、游戏室、结构室和体育室等，每班有配套的幼儿活动室、寝室，电视、VCD、电子琴；室外有大型活动器械、幼儿戏水池、沙池、种植园地、幼儿攀登墙。教师参加市级业务比赛获二等奖1人、三等奖2人；参加区级业务比赛获一等奖1人次、二等奖3人次、三等奖4人次，两位教师被评为洛江区教坛新秀；20多篇论文在各级各类刊物发表、汇编。学生多次在区级比赛获奖。至2007年，学园先后获洛江区优质幼儿园、洛江区文明学校、“平安校园”等荣誉称号。

双阳中心幼儿园 1960年，由于印尼排华，张金妹、黄秀前、黄特曼等印尼归侨在阳山民房的大厅里举办托儿班，有50余名幼儿。1961年，由老师动手制作土块，双阳华侨农场出木头做梁，建5间平房，其中4间教室，1间办公室，有4个班100多名学生。1988年，农场出资20余万元在原地新建幼儿园，共2层476平方米，5间教室，1间活动室及小仓库、办公室各1间。此后，投入学园建设资金逐年递增，办学条件不断改善，班级逐步增加，学生数增至200多名。2003年，双阳镇和建文企业投资进行扩建，全园占地面积4154平方米，建筑面积2614平方米，共有9个配套活动室，配有音体活动室、多媒体教室、保健室、阅览室、档案室等，教学仪器设备配备齐全，户外设有戏水池、沙池及各种大型运动器械。全园9个班级368名幼儿。至2000年，学园先后获泉州市一级达标幼儿园、洛江区优质幼儿园、泉州市美术教育先进单位、福建省巾帼文明岗称号。2006年，被评为泉州市优质幼儿园。

万安实验幼儿园 2001年9月，洛江万安实幼创办，7个班，幼儿300人，专任教师14人。培养3个泉州市教坛新秀，4位老师获区“教坛新秀”的称号。教师的文章、活动案例等多次在CN级、省、市级刊物上发表获奖。至2007年，幼儿园先后被评为“区优质幼儿园”“区绿色学校”、省级“巾帼文明岗”。

第二节 学制 课程

洛江学前教育按年龄段设置小班、中班、大班，部分幼儿园设置学前班，入园的年龄为4—6岁，学制3—4年。1997—2007年，全区幼儿园（班）教学使用福建省教委编发新编福建省幼儿园教材，开设健康、科学、语言、社会、艺术5门课程。各幼儿园还根据各自实际，开展丰富多彩的主题活动。2000—2007年，幼儿园课程进行整合，课程内容多元化，课程资源社区化。课程设有语言、音乐、常识、读书、体育、游戏、绘画、剪纸、计算等课程。大班每周增加一节拼音课。

各级各类幼儿园贯彻执行《幼儿园教育指导纲要》和《3—6岁儿童学习与发展指南》精神，幼儿园以游戏为幼儿的基本活动形式，通过为幼儿提供丰富的学习环境，促进幼儿的自主学习，幼儿在园学习与活动的内容主要分为健康、社会、语言、科学、艺术五大领域，通过开展五大领域的活动促进幼儿身心全面健康发展。

第三节 教学 教研

1997—2007年，通过参观直观教具、电化教学、户外活动、体育活动、集体活动、游戏、美化校园等多种方式进行教学，寓教学于活动中，每日安排晨间接待、早谈、早操、无间接待与游戏，自由活动、集体活动、户外活动穿插进行。公立幼儿园首先开展教学研究活动，组织编写教材和教学进度，成立教学研究小组，一般每周活动一次，成立各科教研组，分语言、常识、思想品德、体育、计算、美术、音乐 7 科。区幼教股每年召开一次交流教育教学经验会议，论文收入汇编。

第四节 保健教育

1997—2007 年，洛江区公立幼儿园设专职保健员，民办幼儿园选派教师兼任，参加卫生部门组织的学习，负责园内卫生保健工作，定期为幼儿打预防针，让幼儿吃预防药，贯彻保教合一、教养并重的原则。首先制定合理的生活作息时间，保证幼儿每天有两小时以上在户外活动，接受“三浴”（日光浴、空气浴、水浴），保证幼儿身体正常发育。另外，采取各种措施，确保幼儿身体健康、活动安全，培养幼儿良好的卫生习惯。幼儿入学前，进行体格检查，患有传染病的不予入园，患有沙眼等小疾病的，入园后由保健员给予治疗；每学期为幼儿测量身高、体重 1—2 次；每日晨间、午间检查幼儿个人卫生及健康情况，发现有病兆的即作进一步观察；在活动中，发现幼儿有突发性病症的即交保健员，让其在隔离室休息服药，并及时向家长反映，予以及时医疗。各班配备保育员，负责该班室内外卫生工作，管好午间幼儿的膳宿；幼儿园总务员、保健员负责制定食谱及厨房卫生职责，检查饭菜质量，保证按时供给点心、午餐及足够的开水；每个幼儿设一巾一杯，连同餐具每天消毒 1 次，玩具每月至少消毒 1 次；定期检查大型玩具螺丝，保证幼儿活动安全。

第三章 初等教育

第一节 学校设置

民国期间，洛江境域创办多所小学，均地方人士和归侨创办。民国 38 年（1949 年 9 月 31 日止）共有小学 17 所。1951 年，政府接管私立小学，学校的校董会大部分解散，实行民办公助或逐步接办。政府新创办的小学，学生学杂费、书本费低廉，困难户子女甚至可以减免。1950—1966 年，实行初考、中考、高考制度。“文化大革命”中停课，1969 年复课。1978 年，中共十一届三中全会后，扩建新建许多小学且生源逐年增加。至 1997 年 6 月底，洛江境域有小学 71 所 593 个班级。

民国时期洛江区境内创办的部分小学简况表

表 24-3-1

学校名称	创办年份	创办者	性质	校址
后溪国民小学	20 世纪始	黄文体	私立	罗溪后溪
金谿私塾	20 世纪始	黄则超	私立	罗溪黄氏小宗祠、大宗祠
前溪国民小学	20 世纪 40 年代	华侨	侨办	罗溪前溪
柏山尚义小学	20 世纪 40 年代	赖孙福	私立	罗溪柏山尾埔
翁山罗山小学	20 世纪 40 年代	赖孙修	私立	罗溪翁山
垵内建峰小学	20 世纪 40 年代	华侨	侨办	罗溪垵内尤氏宗祠
奎峰中学小学	1915 年	陈巽东	私立	河市街
洛南小学	1920 年	刘蔚霞	私立	万安桥南
杏川小学	1928 年	陈川孙	私立	马甲杏川
虹山小学	1931 年	彭慎斋	私立	虹山

续表 24-3-1

学校名称	创办年份	创办者	性质	校址
苏山小学	1932 年	—	私立	苏山车房
杏宅小学	1934 年	郭景捷	私立	万安杏宅
就南小学	1936 年	华侨	侨办	马甲加锥山脚
福岭小学	1938 年	纪乃聪	私立	双阳中学内
阳江小学	1940 年	朱文彬	私立	双阳前埭埭北
彭殊小学	1941 年	华侨	侨办	马甲彭殊
梧峰希望小学	1948 年	林增常	私立	马甲梧峰

1997 年后，在校学生人均教育经费实现逐年增长，全区生均公用经费逐年增加。区财政对教育拨款逐年增加，2005 年 5788 万元，2006 年 7063 万元，2007 年 8279 万元。加强教育专项资金、转移支付资金和学校预算外资金管理，确保各项教育经费投入落实到位，完善农村义务教育经费，保障机制。区政府“不盖办公楼，先盖教学楼”，投入 3000 多万元用于购置教育设施设备，实施远程教育工程，建成一批计算机室、语音室、多媒体教室。全区小学实现校校通，生机比达到 1 ∶ 7。所有乡镇达到小学“十配套”建设标准，教学资源配备基本均衡。至 2007 年底，有省级农村示范小学 3 所，市级示范小学 3 所。2006 年春季，在全省实施义务教育阶段学生（含外来务工就业人员子女）全部免除学杂费、免费提供教科书，对全区小学寄宿生、初、高中贫困住宿生、低保户子女予以生活费补助。随着教育改革和发展，全区教育结构优化，各类教育的协调发展稳步推进。推行小学教师队伍优化，全区小学专任教师大专以上学历占 70.6%。2007 年，全区“双高普九”工作通过省级评估验收。

1997 年洛江区小学分布简况表

表 24-3-2

乡（镇、街道）	校班数	校名与班数	附注
万安	3 校 30 班	洛南（12）、杏宅（12）、塘西（6）	—
双阳	5 校 40 班	第八中心（15）、前洋（7）、坪山（6）、南山（6）、阳江（6）	—
河市	18 校 119 班	第九中心（18）厝斗（3）、新岩（12）、鸟关（4）、山边（6）、白洋（9）、溪井（6）、官洋（3）、市田（3）、溪山（8）、南塘（6）、坛顶（6）、蛟南（6）、岭客（2）、霞溪（7）、庄田（5）、梧宅（11）、浮桥（4）	其中简易小学 5 班
马甲	24 校 202 班	第十中心（12）、炉田（6）、梧峰（9）、二甲（5）、后坂（9）、鹭南（8）莲田（7）、溪南（7）、西头（5）、义山（12）、蔡内（5）、前垵（6）、文华（8）、新民（9）、新建（12）、新生（9）、霞侨（11）、梅岭（6）、彭殊（11）、新洋（8）、洋坑（8）、永安（10）、杏川（7）、四方（12）	其中简易小学 10 班
罗溪	17 校 156 班	第十一中心（6）、前溪（7）、新东（6）、后溪（11）、三村（6）、洪四（21）、柏山（12）、翁山（16）、三合（9）、建兴（12）、垵内（6）、东方（6）、永兴（3）、钟山（7）、广桥（9）、大路脚（7）、双合（12）	其中简易小学 11 班
虹山	4 校 48 班	第十二中心（11）、松角（11）、白凤（11）、苏山（15）	其中简易小学 4 班

说明：表中括号内数字为班数

2007 年洛江区小学校班生数简况表

表 24-3-3

学校名称	校数（所）	班数（个）	生数（人）
万安中心小学	2	24	1343
双阳中心小学	4	38	1628
河市中心小学	9	72	2624
马甲中心小学	13	102	3077
罗溪中心小学	11	61	2030
虹山中心小学	4	18	678
南少林武术学校	1	18	605
仰恩大学附属小学	1	10	252

第二节 教育计划实施

1953 年起，执行省教育厅、晋江专区教育局每年下达指令性教育事业发展计划，重点控制招生数和教职工数。1980 年起，普及小学教育，抓“四率”（入学率、巩固率、毕业率、普及率）达标。1985 年达到省颁普及初级义务教育标准。

1998 年 5 月，洛江区人民代表大会通过《泉州市洛江区实施九年制义务教育规划》，各乡镇、街道实施初等义务教育。

1997—2007 年洛江区小学教育计划实施情况表

表 24-3-4

年份	班级数（个）	在校生数（人）	毕业生数（人）	招生数（人）	教职工数（人）
1997 年	619	23918	3864	4329	1112
1998 年	608	23551	3404	3088	1202
1999 年	586	22215	3678	2229	1253
2000 年	557	20565	3927	2098	1228
2001 年	521	18541	3951	1823	1130
2002 年	479	15971	4411	1719	1130
2003 年	410	13191	3245	1513	1114
2004 年	365	11571	2433	1553	1130
2005 年	354	11087	2204	2037	890
2006 年	347	11889	2204	2037	890
2007 年	344	12237	2215	2251	886

1997—2007 年洛江区小学“四率”情况表

表 24-3-5　　单位：%

年份	入学率	巩固率	毕业率	普及率
1997 年	98.30	98.20	95.0	—
1998 年	97.00	97.80	96.2	—

续表 24-3-5

年份	入学率	巩固率	毕业率	普及率
1999 年	98.87	96.60	99	—
2000 年	98.90	98.70	100	—
2001 年	98.89	97.50	100	—
2002 年	99.50	99.30	100	—
2003 年	99.80	99.82	100	—
2004 年	99.86	99.03	100	—
2005 年	99.90	99.90	100	—
2006 年	99.92	100.00	100	—
2007 年	99.98	100.00	100	—

第三节 学制 课程 教材

一、学制

清光绪二十九年（1903 年）规定学制，初等五年、高等四年。清宣统二年（1910 年）年改为初等、高等各四年。宣统三年创办简易学校。境内小学堂多数为初、高等两级合办。民国元年（1912 年）规定初小四年，高小三年。民国 11 年改为初小四年，高小二年（推行至民国 38 年），春秋两季始业。民国 25 年为普及初等教育，增办三年制小学和一年制短期小学。

中华人民共和国成立初，沿用四二制和春秋两季始业。1952 年起，推行小学“五年一贯制”，秋季始业。1953 年秋，恢复四年制。1960 年，试行“五年一贯制”。1966 年秋，全部改为五年制。1974 年，实行秋季始业。1980 年 12 月，规定五年制与六年制并存。1983 年，各乡镇创办三年制小学。1987 年，小学全部改为六年制。1992 年，取消简易小学。

1997 年，洛江区全面实施普及“六三”制九年义务教育。2001 年 7 月，小学入学年龄由原来 7 周岁半调为 6 周岁半。至 2007 年，洛江区学制实行九年义务教育。

二、课程

清末，官立小学学堂初等设修身、经学、算术、历史、地理、格致、图画、体操、乐歌等学科，高等增设国文科（以经学为主）；私立小学堂除文、史、数科外，重尺牍、珠算。

民国元年（1912 年），废除读经，初等小学设修身、国文、算术、游戏、体操、图画、手工、唱歌，女生加学缝纫；高等小学设修身、国文、算术、中华历史、中华地理、博物、理化、乡土志，音乐、劳作等科，男生加农业、商业，女生加缝纫。民国 9 年，国文改为国语，文言文改为语体文，初小设国语（包括读文、作文、写字）、算术、社会、自然、劳作、音乐、体育等科；高小社会一科分为：公民、卫生、地理、历史。民国 17 年，初高小都设三民主义、公民、童子军等科目。次年，初小社会、自然两科合为常识，高小合公民、卫生、历史、地理四科为社会，三民主义改为党义，另增国音字母（民国 19 年改称注音符号）。民国 21 年，增设国民训练及卫生等科，党义科内容融化于国语、社会、自然之中。民国 25 年，把卫生习惯、卫生知识分别归并在公民信念及常识科中，国语、公民、算术、自然历史、地理常识等科为必修科，劳作、体育、美术、音乐等科酌情开设。

1949 年 10 月，废除公民、童子军课程，分低、中、高三个学段开设课程。低年段开设国语、算术、唱歌；

中年段开设国语、算术、常识、体育、音乐、美术；高年段开设国语、算术、政治、历史、地理、体育、美术、音乐。1952 年，一年级增设常识、图画和手工，高年级增设自然。1955 年，高年级从算术科中抽出科时教授珠算，国语科分阅读、作文、写字。1957 年，增设周会、手工劳动课，高年级增设农业常识课。

1969 年复课后，设语文（包括写字）、算术、体育、劳动、革命文艺等科，高年级增设政治，各年级每周一节班会，以后又增设晨读（天天读）。1977 年秋，设语文、政治、数学、音乐、体育、美术、写字和劳动，四、五年级增设自然常识。1981 年秋，政治改为思想品德，各年级均开设，四年级增设地理，五年级增设历史，自然常识改为自然，三年级起开设。1992 年起，开设思想品德、语文、数学、社会、自然、体育、音乐、美术、劳动等课程，有条件的小学增设英语。

1997 年，小学每周按 5 天安排，一、二年级 26 节，三至六年级 30 节。配上计算机的学校，在科技文体活动中安排计算机课，上英语课的小学，在总课时内调整安排。教材沿用“沿海版”；乡土教材列入一至六年级的地方课程。

2003 年 9 月，洛江区开始在全区小学起始年段开展基础教育课程改革，采用知识面广、信息量大的“北师大版”。一、二年级增设品德与生活课，三至六年级增设品德与社会课，三至六年级增设科学课和综合实践活动课，增加体育课课时数，设置国家、地方、学校三级课程。随着新课程的持续推进，呈现学校特色的校本课程不断丰富。主要有虹山中心小学的《家乡的语言——泉州话》、罗溪中心小学的《可爱的家乡——罗溪》、敬德中心小学的《花样跳绳》、罗溪翁山小学的《跳绳》《竖笛进课堂》、世壁小学的《书法》、奕聪小学的《南音伴我行》、柏山小学的《手抄报制作》、马甲中心小学的《我是小导游》、河市中心小学的《河市，养我的热土》、霞溪小学的《闽南文化进校园》、新告小学的《生态环境与植物》、双阳中心小学的《快乐小足球》、万安中心小学的《洛阳桥导游》等。

2007 年洛江区义务教育各年级课程设置表

表 24-3-6

<table>
<tr><th>项目</th><th colspan="9">年　级</th></tr>
<tr><td rowspan="11">课程门类</td><td>一</td><td>二</td><td>三</td><td>四</td><td>五</td><td>六</td><td>七</td><td>八</td><td>九</td></tr>
<tr><td rowspan="3">品德与生活</td><td colspan="5" rowspan="2">品德与社会</td><td>思想品德</td><td>思想品德</td><td>思想品德</td></tr>
<tr><td colspan="3">历史与社会（或选择历史、地理）</td></tr>
<tr><td colspan="5">科学</td><td colspan="3">科学（或选择生物、物理、化学）</td></tr>
<tr><td>语文</td><td>语文</td><td>语文</td><td>语文</td><td>语文</td><td>语文</td><td>语文</td><td>语文</td><td>语文</td></tr>
<tr><td>数学</td><td>数学</td><td>数学</td><td>数学</td><td>数学</td><td>数学</td><td>数学</td><td>数学</td><td>数学</td></tr>
<tr><td></td><td></td><td>外语</td><td>外语</td><td>外语</td><td>外语</td><td>外语</td><td>外语</td><td>外语</td></tr>
<tr><td>体育</td><td>体育</td><td>体育</td><td>体育</td><td>体育</td><td>体育</td><td>体育与健康</td><td>体育与健康</td><td>体育与健康</td></tr>
<tr><td colspan="9">艺术（或选择音乐、美术）</td></tr>
<tr><td colspan="9">综合实践活动</td></tr>
<tr><td colspan="9">地方与学校课程</td></tr>
</table>

三、教材

清末与民国前期的小学教科书由各书局编印，学校自行选用。境内一般采用商务印书馆和中华书局两家版本。民国 31 年（1942 年），小学用书由国家统一编印，教材趋于统一。

中华人民共和国成立后，长期使用部编统一教材。“文化大革命”初期，语文课以“毛泽东语录”“毛泽东诗词”为教材，中、后期各科采用省编教材。1980—1981 年，采用华东六省、市统编教材，后又使用部编教材。1990 年起，采用广东省编九年义务教育沿海版适用课本。2003 年起，采用北师大版教材。

第四节 教学教研

一、教学

清末至民国初期，教学一般采用跟读然后串解或逐字分解，再由学生硬记熟背。民国 8 年（1919 年），引进杜威教育方法，运用启发、直观式教学。民国 9 年后，推行普通话教学。民国 21 年，规定一律用国语教学，初小准用方言说明，初小以上师生用国语对话，不用方言。

1953 年后，组织学习凯洛夫教学理论，强调以课堂教学为主，提倡按不同教学任务确定课的类型和结构的教学法和毛泽东的“十大教授法”，提倡启发式，反对注入式、填鸭式，提出因材施教。60 年代，强调发挥教师的主导作用，要求教师根据教学大纲钻研教材，掌握教学重点、难点。

1969 年复课后，学工、学农、学军、批林批孔，教学常规被取消，教学质量降到最低点。1977 年后，逐步恢复正常的教学秩序，重点抓语文、数学两科。1981 年后，越来越多的小学购置幻灯机、投影仪、收录机、电视机、电脑等教学设备，建立电化教室，开展电化教学。同时注重开辟第二课堂，开展多种多样的课外活动，举办由上而下的各项竞赛活动。1990 年秋季开始至 2007 年，实行九年义务教育课程计划、教学大纲，实行沿海版教材，进行一系列教学改革试验。

二、教研

民国 35 年（1946 年），晋江县成立国民教育研究会，举办自制教具展览，进行注音字母单元设计公开教学，出版《晋江国教通讯》。

1953 年，泉州市（县级）初等教育教研室成立，教研室成员深入各校课堂，总结经验，通过省内教育刊物介绍推广。1954 年后，组织教研组、备课组，开展周前备课。“文化大革命”中，教研活动停顿。

1980 年，泉州市教育局开展“文化大革命”后首次语文、数学讨论会，强调加强“双基”（基础知识、基本技能），发展智力，注意课内外结合。1982 年，成立泉州市小学教育研究会。至 1992 年，召开 3 次年会，就德育、智育、体育、美育等方面交流经验。

1997 年建区伊始，依托洛江区教育局成立校际教研中心组，开展校际教研活动。2000 年 1 月成立洛江区中学教育研究会，深化教学研究。自 2004 年起实施基础教育新课程改革。

附：2004—2007 年洛江区小学教研简况

2004 年

1. 启动“小学教学常规管理年”活动，以《小学管理规程》和《福建省关于教育教学常规管理的若干意见》为依据，开展督校工作，并确立“管室管理和使用”“文书档案管理”两个专题，对相关人员进行培训。

2. 暑假期间，组织各中心小学校长一行 10 人到国家教育行政学院参加第三十四期基础教育改革动态专题研修班进行为期半个月的学习活动，深化校长对当时教育形势的认识；加强教师的业务培训，建立以校为本的教研制度，认真落实《洛江区新课程师资培训计划》，建立教师专业成长档案，促进教师专业成长。

2005 年

1. 出台《洛江区课改实验师资培训方案》《洛江区校本教研指导意见》，继续实行联片教研活动，根据“边实验、边培训、边研究”的原则，采取“骨干教师—中心组成员—实验教师”三级拉动式的研、训、教一体化的培训研究方法，及时解决执行课程标准和新教材过程中碰到的疑难和迷惑。

2. 成立区教育科学研究规划领导小组，制定区课题管理办法，课题实验研究取得长足的进步，教师参与课题研究的积极性和主动性不断提高。各中心小学积极探索课题研究的有效管理办法，力争做到课题研究的平民化、经常化、制度化，这对提高全区教师教科研水平、改进教学方法和学习方式、深化教育教学改革、推进课程改革起着很大促进作用。

3. 制定出台《洛江区小学校本教研工作指导意见（修订稿）》《洛江区小学校本课程开发与管理指导意见（修订稿）》，以此指导学校顺利开展校本教研及校本课程开发，结合督查校本教研制度的制定、校本教研活动的开展及案例评选活动、优秀教研员评选、校本教研现场研讨会等校本教研系列专题活动，提高学校、教师对校本教研的认识，取得较好成效。

2006 年

1. 加强对《基础教育课程改革纲要（试行）》和《国家基础教育课程标准》的学习，努力使课改理念落实到教学行为中。树立培训是最大福利的观念，精心组织全区教师各学科特别是新开设课程的业务培训。全力培养反思型、研究型教师，鼓励教师上研究课，对自己或他人的课堂进行研究、反思、改进，在分析教育行为中反思自我。

2. 抓好区域内同伴互助和专家引领。加快样本校、基地校及校际教研中心组建设，最大程度地发挥他们示范辐射作用。依托学科带头人、骨干教师、校际教研中心组力量，树立服务、指导意识，在学校中、校际间、区际发挥专业引领作用。针对全区学校规模不大、校内教研氛围不浓实际，继续开展区域内联片教研活动，包括教研片、镇区、全区间等不同形式联片教研，实现同伴间相互协作。

3. 开展两年一度教坛新秀评选活动，开展语文、数学学科优质课评选观摩活动，开展各级立项课题研究成果展示活动。

4. 编印《小学生习作》《小画家》报纸、《洛江区小学教研通讯》。

2007 年

1. 制定《洛江区小学“留守儿童”管理方案》，与相关部门紧密配合，开展“社会各界扶贫助学”等多渠道的助学方式。

2. 开展小学“十配套”乡镇创建工作，促进区域内学校办学条件均衡发展。进一步做好小学布局调整工作。2007 年合并两所小学（虹山白凤小学、河市蛟南小学）。同时，重新规划南片区学校布局。计划 10 年内在万安、双阳片区及河市镇镇区扩建、新建、迁建、改建 20 所学校（其中中学 2 所、小学 8 所、幼儿园 10 所），为形成科学合理教育发展新格局打下良好基础。

3. 加强薄弱学校建设，加强对薄弱学校内部管理的指导和扶持，制定《洛江区小学、幼儿园“手拉手”活动方案》，促进区域内小学、幼儿园（学前班）均衡发展。

4. 大力推进本土名师工程。开展洛江区骨干教师讲学活动，为骨干教师成长提供展示平台和成长环境。加大教师培训、培养力度，提升队伍素质。在暑假组织参加 10 场课改学科业务培训及一场全区幼儿教师暑期业务培训，提高教师业务素质和实施新课程能力。

5. 强化教育科研，完善校（园）本教研制度建设。制定《洛江区课题管理办法》，建立和完善教育科研制度，推广“联校教研、集体备课”的校本教研方式，促进学校间教科研的均衡发展。在虹山中心小学成功地召开“洛江区小学课题现场研讨会”。做好校本课程开发工作。根据《洛江区小学校本课程开发指导意见》，因地制宜，发掘学校自身的传统优势和隐含的潜力，结合各地情况和学生兴趣，开发各具特色、符合社区和学生发展需要的校本课程。

附：洛江区小学选介

虹山中心小学　虹山中心小学位于虹山村下坪岭，原系虹山村属小学。民国 20 年（1931 年），彭慎斋倡办 2 所小学并任校长，教职工仅有 6 人，学生 60 人。1988 年，第十二学区改为第十二中心小学；1993 年 9 月，更名泉州市虹山学区；2003 年 6 月，学区改为中心小学，学校 18 个教学班，学生总数 547 人。学校教师 49 人，教师学历合格率 100%。教师中有小学高级职称 24 人，市级骨干教师 4 人，区级“业务能手”3 人。全校教师参加提高学历教育，大专毕业 39 人，本科 2 人。

罗溪中心小学 民国9年（1920年），罗溪中心小学创办，位于罗溪镇区。其前身为金谿私塾，当时学生仅有二三十人。民国13年，学生不断增加，私宅拥挤，校舍迁到西头埔，命名为“金谿小学”。民国18年，经省教育厅批准为“晋江县私立金谿小学”，成为六年制完小，学生增至130余人。民国20年，经晋江县府批准为“晋江县立金谿小学”。民国29年，由县府统一以地名改为“罗溪中心小学”，学生增至400多人。中华人民共和国成立后，学校以地名定为“西头埔完全小学”。至1951年，学校又以村名改为“双溪中心”。20世纪80年代后，更名为“泉州市第十一中心小学”，17个行政村，各办有完全小学，学生增加到7000多人。1993年9月，更名为“泉州市罗溪学区”。2003年6月起，学区改为中心小学，学校更名为“泉州市洛江区罗溪中心小学”，一直沿用至今。

改革开放后，校舍扩建，设备更新，教学质量提高。中心辖8所完全小学和1所中心幼儿园，有73个教学班，7000多名学生（含幼儿园及学前班），178名教职工，大专以上学历132人，其中本科毕业13人，专任教师大专及以上学历达到79.5%，本科在读53人。2004年1月，全镇小学通过泉州市“小学‘十配套’达标镇”验收。小学均配有计算机专用教室，生机比8：1，敬德、奕聪、柏山、翁山、世壁、洪德6所小学及奕聪中心幼儿园拥有大型多媒体专用教室，奕聪小学、世壁小学建有班小多媒体设备，奕聪小学还拥有“校园小电视台”。

马甲中心小学 1965年，马甲中心小学创办，位于马甲镇区。学校前身是杏川中心小学。学校占地6500平方米，运动场用地6000平方米。校内建有四层教学楼1栋，三层办公楼、综合楼各1座，校舍总面积3425平方米。校内各普通教室和专用教室符合要求，满足教育教学需要。学校在校生1076人，教职工人数50人，教学班21个。专任教师中取得本科学历10人，在读本科8人，大专学历39人。专任教师学历达标100%，取得相应教师资格100%，取得信息技术合格证100%。教师队伍中小学高级教师12名，市级骨干教师8名，区级校际教研员4人。至2007年，学校先后被授予福建省“文明学校”、福建省农村示范小学，泉州市示范小学等称号。

河市中心小学 民国4年（1915年），陈巽东创办私立学校“奎峰学校”。民国20年，留日绅士刘超然念及乡情，集资修建一幢综合楼，学校更名为“大猷中心小学”。中华人民共和国成立后，更名为“河市中心小学”。2003年，旅澳校友杨添丁捐献320万元重建，历时一年竣工。校园占地32035平方米，校舍面积8102平方米，绿化面积10718平方米。学校有教学班23个，学生1033人，教职工72人（其中，中学高级教师2人、小学高级教师37人）。按照教学规划，学校办学规模控制在24—30个教学班，学生数控制在1200—1500人之间。

双阳中心小学 民国27—28年（1938—1939年），双阳中心小学创办，位于双阳中学内，校舍原为高维国兴建的“同”字框的水泥平房，原名为福岭小学。教师3—4人，学生50多人，设高小班。1952年起，校长是公派的，教师全部由政府统一安排。20世纪60年代初，印尼排华，双阳作为安置归国侨胞的农场，兴办华侨小学1所，学生近300人。1963年，双阳学区成立。1966年，双阳学区从原来的两所小学扩展至5所，即双阳中心小学，前洋小学，坪山小学，南山小学，阳江小学，教师近60人，学生1300名左右，中心小学12个班级，每个年段2个班级，各分校都是单班。1976年，学生参加泉州市（县级）每年一届的田径运动会均获得较好成绩，尤其是小足球。1979年9月，随着学校建设的资金与年俱增，办学条件不断改善，小足球特色凸显，赴上海参赛取得好成绩，为学校办出特色奠定基础。通过“四率”（普及率、入学率、巩固率、毕业率）达标的验收。1980年，为实现“两基”（基本普及九年义务教育和基本扫除青壮年文盲），各级政府增加投入，学校加强硬件建设，利用双休日、节假日参加扫盲。1996年，通过福建省“两基”检查组的验收。

万安中心小学 1997年建区后设立万安学区，由原鲤城区城东学区（今为丰泽区第五中心小学）所属的洛南小学、杏村回民学校、塘西小学三所完小组成。2003年6月，学区改为中心小学，更名万安中心小学。中心小学负责协调三校的教育教学工作及其他行政事务，办公地点租用吉源小区6幢3楼一套居民住房。2004年8月，由原杏村回民学校和塘西小学并校为“万安小学”，学校位于洛江区万安街道杏宅新村，校园占地面积18736.29平方米。学生765人，教师49人，设有18个教学班。

第四章 普通中等教育

第一节 学校设置

1956年，原晋江北部马甲创办晋江县侨星中学，翌年更名晋江县第四中学（马甲中学前身）。1957年，在罗溪创办泉州市罗溪中级文化学校，先后易名为罗溪华侨中学、晋江县第二十九中学（罗溪中学前身）。1961年，创办晋江县双阳中学。1970年创办河市中学、虹山附中。1971年，由晋江县划归泉州市的洛江境内有马甲中学、罗溪中学、双阳中学、河市中学、虹山附中。1993年8月，虹山附中独立办校，正式命名虹山中学。1994年，创办就南中学。同年，吴庆星创办仰恩大学附属中学（私立）。1995年，由印印度尼西亚侨胞、金光集团董事长黄奕聪捐资2000万元创办奕聪中学。同年，陈忠文创办南少林武术学校（私立）。

洛江建区后，1999年区财政拨款6000多万元创办泉州市第十一中学，2000年秋，初高中开始招生。

至2007年底，洛江区有虹山中学、罗溪中学、奕聪中学、马甲中学、就南中学、仰恩大学附属中学（私立）、河市中学、双阳中学、泉州市第十一中学、南少林武术学校（私立）10所普通中等教育学校。

若干年份洛江区普通中等学校沿革概况表

表 24-4-1

现校名	原校名	性质	创办年份	创办者	首任校长	校址	沿革	附注
马甲中学	晋江县侨星中学	侨办	1956年	程德才、杜意高等人	许长庭	马甲乡杏川村	1956年9月创办晋江县侨星中学，1957年易名晋江县第四中学，1959年改办完中，1969年易名晋江县马甲中学	1971年划入泉州市，1989年开设中师职高班
罗溪中学	晋江县罗溪华侨中学	侨办	1957年	赖子缄	赖汉良	罗溪柏山村	1957年创办罗溪中级文化学校，先后易名为罗溪华侨中学、晋江县第二十九中学（1970年改为完中）	1971年划入泉州市，1981年办职高班，1985年停办，仍办普高
双阳中学		公立	1961年	晋江县人委会	陈鹤龙	双阳华侨农场阳山新村	1960年9月为晋江河市学区附中，1961—1962年改为晋江县双阳中学，1963—1964年改为晋江县双阳农场中学。1970—1971年改为晋江县双阳中学	1971年划入泉州，改为泉州市双阳中学
河市中学	河市农业中学	公立	1970年	晋江县革委会	刘逊斌	河市炉田村	1958—1966年名河市农业中学，1970年改为河市中学，1981年试办职高班，1985年秋季停办职高班	1971年划归泉州市
虹山中学	虹山附中	公立	1970年	晋江县	—	虹山乡虹山村	虹山小学附设初中班	1971年划归泉州市
就南中学		公立	1994年		黄昆明	马甲镇溪林村		
奕聪中学		公办	1995年	黄奕聪	—	罗溪镇	1995年印尼侨胞、金光集团创业董事长黄奕聪捐资创建	
泉州南少林武术学校		私立	1995年	陈忠文	陈翔	万安街道杏宅		

第二节 教育计划实施

1955年起，普通中学的招生、教学、学籍管理等工作下放给晋江县教育局，人事、财务、招生计划仍由晋江专署掌管。

1966—1968年没有招生，在籍学生全部毕业。1969年复课，开始招收二年制初中一年级新生。1970年，农村中学试招二年制高中新生。1981年起，推行中等教育结构改革。

1991年，泉州（县级）近郊实施九年制义务教育。1997年，洛江区实施九年制义务教育，教育“两基”和青壮年扫盲工作通过市政府检查验收，“双高普九”工作通过市级督导检查。1999年，全区初级中等教育阶段入学率95.5%。

1997-2007年洛江区普通中学基本情况表

表24-4-2

年份	学校数（所）			班级数（个）			在校生（人）			毕业生数（人）			教职工数（人）		
	总计	初中	高中	总计	初中	高中	总计	初中	高中	总计	初中	高中	总计	初中	高中
1997—1998年	8	5	3	—	—	—	—	—	—	—	—	—	—	—	—
1998—1999年	8	5	3	200	188	12	9588	9172	416	3152	3131	21	581	542	39
1999—2000年	8	5	3	212	193	19	9742	9111	631	3107	2980	127	603	542	61
2000—2001年	9	6	3	240	201	39	10485	9660	825	2911	2799	192	632	544	88
2001—2002年	9	6	3	242	212	30	11651	10533	1118	3298	3031	267	839	—	—
2002—2003年	9	5	4	279	237	42	13124	11482	1642	3031	2833	198	920	—	—
2003—2004年	9	5	4	296	241	55	14180	11986	2194	3498	3259	239	955	—	—
2004—2005年	9	5	4	295	229	66	13900	11266	2634	3821	3412	409	1017	—	—
2005—2006年	9	5	4	291	200	91	12552	9381	3171	4189	3571	618	1035	—	—
2006—2007年	9	5	4	246	164	82	10799	7353	3446	4254	3560	694	1039	—	—
2007年	9	5	4	246	154	92	10101	6496	3605	3428	2617	811	1020	—	—

第三节 学制 课程 教材

一、学制

1956年，洛江今域创办中学开始招生，秋季始业。1960年，从初中一年级起试行三二制（初中三年、高中二年）。1963年，恢复三三制，试行至1966年春季。1966—1969年，停课闹革命，1969年复课，全部实行四年制（初中二年、高中二年），1973年改为春季招生，翌年再恢复为秋季招生。1978年实行五年制（初中三年、高中二年）。1982年9月，泉州市区全面实行三三制，远郊农村中学1983年始实行，沿用至2007年。

二、课程与教材

1956年，采用全国统编教材，语文分汉语、文学二科，增设综合技术课、劳动课。1964年2月起，主要抓减轻学生负担，高中不设历史、地理、生物课程，全年安排劳动一个月。

1969 年复课，开设毛泽东思想教育、语文、数学、农业基础、工业基础、革命文艺、军事体育、劳动等课程，采用省编教材。1974 年，开设政治、语文、数学、外语、物理、化学、历史、地理、体育、音乐、劳动等课程。

1978 年，各中学恢复“文化大革命”前的课程。1981 年，实行五年制中学教学计划（初中三年、高中二年），采用全国统编教材。1982 年 9 月后，陆续采用六年制中学教学计划，设政治、语文、数学、外语、物理、化学、历史、地理、生物、体育、劳动技术，初中增设生理卫生、音乐、美术，高中二、三年级增设 4 节选修课，采用普通高中统编教材。教材分甲、乙种本，一般中学采用乙种本。1989 年，试用初中乡土教材《泉州历史》《鲤城地理》。1990 年秋开始，各中学从初中一年级起试用九年制义务教育沿海版初中三年制教材。2000 年秋，恢复使用人教版，沿用至 2007 年。

第四节 教学 教研

一、教学

1956 年，注意培养学生的特长和爱好，培养学生独立思考和创造能力。1958 年 4 月起，贯彻“教学为无产阶级政治服务，教育与生产劳动相结合”的方针，开展勤工俭学；下半年，师生参加“大炼钢铁”等各项活动，打乱正常教学秩序。1959 年以后，各中学进行文化补课。

1961 年，贯彻《中学教育工作暂行条例》（50 条），开展创“三好”（身体好、学习好、工作好）活动，坚持以教学为中心，抓好“双基”（基础知识、基本技能），因材施教。1964 年，传达毛泽东在春节座谈会上关于减轻学生负担的指示，各校采取改进措施。1969 年复课后，废除考试、留级制度。1972 年，一度恢复高考制度，加强基础知识教学，教学秩序逐步好转。1973 年，破“师道尊严”，批判“修正主义教育路线回潮”，以阶级斗争为主课，强调加强体力劳动，每周只上 26 节课，教学质量下降到最低点。1977 年后，逐步建立教学常规管理制度，加强教学工作。1981 年起，加强初一、高一起点年段语文、数学、外语三门基础学科的教学工作。1987 年后，在中青年教师中广泛开展创优评优活动。1989 年后，开展张思中教学法和布鲁姆教学法实验。2000—2007 年，组织全体教师学习“新课程标准”的理念。

二、教研

1958 年，泉州市（县级）教师进修学校成立，组织各学科校际教研组。1979 年，召开中学各科校际教研组组长会议，布置开展教研活动。1987 年，鲤城区教师进修学校成立教研室，下设中学组，聘请离（退）修骨干教师负责组织学科校际教研组，1989—1990 年，评选教坛新秀和评定中年教师优质课；每学年有 200—300 科次的教研活动。1990 年后，开展沿海版教研活动，探索适应新教材的教学法。1997 年，洛江区教师校际教研组成立，开展新课程标准的教研活动，组织教师观摩骨干教师优质课，贯彻新课程标准的理念。2005 年，洛江区教师进修学校成立。

附：洛江区教师进修学校

洛江区教师进修学校系台胞黄和平捐建，2004 年建成。学校占地面积 3467 平方米，拥有一幢教学和办公大楼，建筑面积 4870 平方米。学校办公条件和教育教学设施较为完备，建有普通教室 18 间，拥有一间 150 座位的多媒体专用教室，一间 50 台电脑的标准计算机室，每人配一台电脑用于办公，学校设有 8M 光纤宽带接入的校园网，基本实现办公“无纸化”。

2005 年，根据区编委批复设立泉州市洛江区教师进修学校，机构为正科级事业单位，编制 30 名，内设办公室（共 4 名，含正副校长各 1 名）、教研处（共 23 名，其中中学教研员 15 名，语数英各 2 名，政史地理化生体计各1名，音美劳技1名；小学教研员7名，语数各2名，英信各1名，体音美技能1名；幼儿教研员1名）、培训处（共2名），规格为股级。2007年，学校领导班子和各处室人员29人，平均年龄40.1岁，本科学历28人，中专学历1人。教师队伍以中青年骨干为主，省级骨干教师2人，市级骨干教师17人，高级职称16人（中学15人、小学1人），中级职称11人（中学2人、小学9人），初级职称2人（中学1人、后勤1人）。专任教师96%以上参加信息技术考试，100%接受新课改的通识性培训。

第五节 思想品德教育

1956年，贯彻执行教育部颁布的《中学学生守则》，教育学生自觉遵守。1958年，提倡学生又红又专。1959年开展“反右倾”斗争教育，1960—1962年，进行“三面红旗”（总路线、“大跃进”、人民公社）教育。1963—1966年上半年，以雷锋、王杰等英雄人物的事迹和毛泽东著作为内容，进行革命传统、阶级斗争和反修防修（修正主义）教育。

“文化大革命”初期，以《关于无产阶级文化大革命的决定》（即“十六条”）为指针，以阶级斗争为纲，鼓动学生破所谓“四旧”（旧思想、旧文化、旧风俗、旧习惯），揪“黑帮”，斗“走资本主义道路的当权派”。1969—1975年，强调“阶级斗争”“路线斗争”“批修正主义”，开展“批林批孔”“反击右倾翻案风”。

1978年后，以四项基本原则（坚持社会主义、坚持无产阶级专政、坚持共产党领导、坚持马列主义毛泽东思想）、“五爱”（爱祖国、爱人民、爱劳动、爱科学、爱社会主义）为教育内容，进行社会主义和爱国主义教育。1980年，贯彻执行教育部重新颁布的《中学生守则》。1981年起，连续多年以“五讲四美三热爱”和法纪教育为中心，进行思想品德教育。

1989年，按《关于改革和加强中学小学德育工作的通知》《中学德育大纲（试行稿）》要求进行教育，贯彻《中学生日常行为规范（试行稿）》。1991—1992年，增加“两史一情”（近现代史、国情）教育内容。

1997年8月，洛江区教育局成立，下设宣传德育股，负责对学生进行思想品德教育。开展“讲文明树新风”“强国之路二十年”读书活动和“颂祖国迎十五大”、学习中共十五大精神、庆“香港回归”等主题教育活动。1998年，组织学习《中小学德育工作规程》《中小学教师职业道德准则》，开展尊师爱生师德教育活动，举办首届中小学生南音演唱比赛，首届学校音乐周活动。1999年，开展纪念五四运动80周年，中华人民共和国成立50周年、迎澳门回归、迎接新世纪主题系列活动。2000年，学习江泽民《关于教育问题的谈话》，开展教育大讨论。2001年，开展学习“七一”讲话精神，学习贯彻《公民道德建设实施纲要》主题活动。2002年，组织学习“三个代表”重要思想，开展迎庆中共十六大主题活动。2003年，开展第一个“弘扬和培育民族精神月”、第一个“公民道德宣传日”活动，开通洛江德育网，举办中共十六大知识竞赛、“爱我名城”“我做合格小公民”、纪念毛泽东110周年诞辰主题活动。2004年，学习贯彻《中共中央国务院关于进一步加强和改进未成年思想道德建设的实施意见》，开展庆祝建国55周年、诚信教育主题活动。2005年，开展“心系祖国健康成长”爱国教育读书活动、纪念抗日战争胜利60周年、“崇尚师德”等主题活动。2006年，开展“社会主义荣辱观”学习教育活动，纪念中国工农红军长征胜利70周年、“美好青春、和谐校园”“绿色奥运、绿色家园”“诚信泉州”等主题教育活动。2007年，开展“文明礼仪伴我行”主题活动，成立中小学生社会实践基地、出台校园文化建设意见，启动留守儿童教育工作，寓思想品德教育于丰富多彩的活动中。

附：洛江区中学选介

一、泉州市马甲中学

1956年，泉州市马甲中学创办，始名为晋江县侨星中学，先后易名晋江县第四中学、晋江县马甲中学，是一所农村完全中学。学校位于马甲镇杏川，占地面积5.33公顷，建筑面积14638平方米，教职工162人，班级44个，学生2301人。1980年、1984年高考中，该校考生吴贤辉、林立新历史科成绩分别获福建省第一名，获“省历史状元”称号。教师在省、市级发表论文达60余篇，获全国、省、市、区级“学科带头人”“优秀教师”等称号60多人次；学生多次在各级各类比赛中获奖，有“获奖大户”之称。1997年后，学校分别被评为市文明学校、“两基”工作先进单位，福建省“三个代表”重要思想教学点、先进教工之家、体育达标先进单位等荣誉称号。1999年，学校党支部被授予区级“先进基层党组织”称号。2000年，洛江区政府拨款兴建教学楼、图书馆、教师宿舍楼、学生食堂。2002年，被正式确定为“省三级达标高中”。

二、泉州市罗溪中学

1957年，泉州市罗溪中学创办，始名为罗溪华侨中等文化学校，先后易名为罗溪华侨中学、晋江县二十九中。1971年，定名泉州市罗溪中学。校园面积4.3公顷，校舍面积2万多平方米。拥有电教室、语音室、多媒体教室、理化生实验室、图书阅览室、标准田径场、教师公寓、学生公寓、食堂等教学及生活设施；有初、高中共40个教学班，在校学生1800多人，在编教职工144人。其中，高级教师12人、中级教师57人、省级骨干教师2人，市级骨干教师13人，硬件设施及师资配备基本达到省级达标要求。1992年，初中毕业班教师囊括鲤城郊区全部10名贤鉴奖。连续7年夺得鲤城区普通中学中考成绩第一名。2000年后，中考达标升学率、高考本科升学率位居洛江区前列，学校被省教育学会确认为省重点课题立项校。学校先后获省勤工俭学先进单位、省先进教工之家、省花园式学校、省体育传统项目学校、省教育系统先进单位、泉州市文明学校（蝉联十届）、泉州市先进基层党组织、泉州市实施素质教育先进学校、泉州市绿色学校、泉州依法治校示范单位等称号。2007年，通过高中三级达标学校验收。

三、泉州市奕聪中学

泉州市奕聪中学位于洛江区罗溪镇，是旅居印尼侨胞、金光集团创业董事长黄奕聪捐资创建的公办完中校。1995年，奕聪中学初中部创办，按原省、市初中达标校的要求规划建设，投入资金近2000万元。学校占地面积5.53公顷，建筑面积15693平方米。建有教学楼、科学楼、办公楼、图书馆、教师宿舍、教师公寓、学生宿舍、食堂等，以及250米煤渣跑道运动场、篮球场、排球场等配套设施。2005年，黄奕聪再捐巨资5000万元兴建高中部，当年12月30日高中校区动工。校区占地10.87公顷，建筑面积2.9万平方米，按省一级达标高中的要求规划和建设，设置36个教学班。校园按空间体系分为教学区、运动区、文体活动区、生活区和广场，配备先进电教设备和智能化管理系统。整个校园布局合理，功能齐全，设施齐全。学校弘扬“勤劳、诚实、善予、合作”的奕聪精神，坚持“以人为本，和谐发展”教育理念，先后获福建省三级达标学校、福建省教育系统先进集体、福建省先进教工之家、福建省绿色学校、泉州市文明学校、泉州市实施素质教育先进学校、泉州市科技教育示范学校、泉州市艺术教育先进单位、泉州市教育科研先进单位等称号。

四、泉州第十一中学

1999年8月，泉州第十一中学创办，位于洛江中心城区，是泉州市区公办达标完中校。学校校园面积5.6公顷，校舍总面积22552平方米，教职工174人，班级44个，学生2115人。建有教学楼、科技楼、学生餐厅、学生公寓、运动场，设置校园信息网和学校教研网，校园网络、广播系统、远程教育网初具规模。学校连续7年高考各项指标位列洛江区第一，中考成绩位列洛江区前茅，连续2年获区初中毕业班综合评估第一名。2005—2007年，组织学生参加区级以上各类比赛获奖500多人次，学校获得市级文明学校、市素质教育先进校、泉州市高中课程改革实验市级样本校、市教育系统校务公开示范单位、市理论基层首批示范点、市“五四”红旗团委、市共青团工作先进单位、泉州市党政工共建“先进教工之家”等称号。2007年10月，通过省三级达标学校评估验收

第五章 中等职业教育与高等教育

第一节 中等职业教育

1981年，罗溪中学举办职高班，1985年停办。同年，河市中学试办职高班，1985年秋季停办。1989年，马甲中学开设中师职高班（学制3年）招生54名，1990年招生50名，1991年招生36名，1994年停办。1993—1997年，在万安农贸市场二楼举办万安技术学校。1997年，创办泉州敬德职业技术学校及泉州交通职业技术学校2所职业中专。

附：职校选介

泉州敬德职业技术学校 敬德职校位于洛江区河市镇，由台胞黄和平捐建，2003年10月建成，学校占地面积6.67公顷，建筑面积9000多平方米。建有学生公寓、400米人工草跑道，设置专业服装实训室、美容实训室、数控机床实训室、电脑室、多媒体教室。开设专业有数控技术与应用、服装设计与工艺、电算会计、酒店管理、美容与形象设计等专业，学制3年，在校生224人。2004年秋季招生112人，2007年秋季毕业105人，就业率100%。

第二节 高等教育

一、仰恩大学

仰恩大学坐落于马甲镇风景秀丽的双髻山下，由马甲旅外乡亲吴庆星及其家庭设立的仰恩基金会创建。1987年，经国家教委批准为全日制普通高等学校。1988年秋季正式开学，首批招收经全国统考的新生200多名。办学初期挂靠于华侨大学，称华侨大学仰恩学院。1989年8月，仰恩学院脱离华侨大学独立办学。1990年6月，吴庆星决定将校产捐给福建省人民政府，由省政府接办。1992年，经国家教委、福建省人民政府批准，改名仰恩大学。

1994年7月起，因国家教育改革的需要，仰恩大学作为中国教育改革的试点，由仰恩基金会独立办学，是全国第一所具有颁发国家本科学历证书和授予学士学位资格的私立大学。学校占地166.7公顷，湖面93.3公顷，建筑面积80余万平方米。学校教室全部安装多媒体教学设备，建有先进的网络中心、计算机中心、语言考试中心、现代多功能教室，以及各种实验室；学校还建有大型图书馆和丰富学生课外活动的文艺、体育中心及各种运动场地。仰恩大学实行英汉双语教学，各专业除按照教育部规定的各类课程进行教学外，特别加强英语、计算机教学。学校聘请50多名来自美国、英国、加拿大等国家的专家、教授在校执教，用英语讲授课程比例达到50%左右。学校四年一贯开设英语和计算机课程，规定非英语专业本科生必须通过全国大学英语四级考试（CET4），通过仰恩大学实用英语六级考试（YEU PE-6）或全国大学英语六级考试（CET6）和仰恩大学实用英语语言（口语）六级考试。英语专业学生必须通过国家英语专业四级统考（TEM4）和八级统考（TEM8），以及学校指定第二专业课的专业英语课笔试和口试。从三年级开始，学校各专业设立“专业英语课”，各专业的部分专业主干课程采用国外大学使用的原版英文教材，由外国专家教授用英语讲授，把英语、计算机和专业课三者结合进行教学；毕业班学生须通过专业英语笔试和口语考试。学校还规定非计算机专业学生必须通过福建省计算机等级考试，计算机系学生须学会两种高级语言，并通过该校计算机网络考试。在校本科生1.2万多名，设有8个系（金融学、会计学、管理学、经济学、计算机科学与技术、信息与计算科学、外语、法学）18个专业（金融学、会计学、财务管理、工商管理、市场营销、国际经济与贸易、经济学、信息管理与信息系统、计算机科学与技术、信息与计算科学、英语、法学、广告学、统计学、汉语言文学、行政管理、财政学、电子信息工程）。仰恩大学作为教育改革的试点，学校规模日益扩大，受到中央领导、教育部、福建省政府和省教育厅的重视。2001 年 8 月，中华全国归国华侨联合会授予仰恩大学“中国侨联爱国主义教育基地”称号。2002 年 5 月，福建省政府教育厅授予仰恩大学福建省教育系统“爱国主义教育基地”称号。

1988—2007 年仰恩大学招生、毕业生及教职数统计表

表 24-5-1 **单位：人**

年份	招生数	毕业生数	在校生数	教职工数	年份	毕业生数	在校生数	教职工数	招生数
1988 年	203	0	203	30	1998 年	1000	231	3424	237
1989 年	—	0	203	38	1999 年	1179	538	4114	264
1990 年	200	0	403	46	2000 年	1286	930	4438	246
1991 年	200	138	465	54	2001 年	1547	919	5050	275
1992 年	60	65	460	62	2002 年	2032	971	5898	286
1993 年	60	114	406	66	2003 年	3678	1146	8193	381
1994 年	242	128	419	74	2004 年	4163	1248	10020	578
1995 年	479	117	775	84	2005 年	4526	1443	12330	802
1996 年	890	—	1669	106	2006 年	4143	1795	14000	805
1997 年	1000	—	2656	188	2007 年	4192	3517	14156	934

二、泉州医学高等专科学校

2001 年 1 月，以市长施永康为组长的泉州医学高等专科学校申报与筹建领导小组成立。2 月 1 日，市长施永康主持召开市政府第 109 次常务会议，研究申报泉州医学高等专科学校及其建设用地问题，确定洛江区万安开发区为新校址，规划用地 20 公顷，明确学校发展目标、建设规模，并把泉州医学高等专科学校建设列入 2001 年市重点建设项目。2 月 16 日，教学实验大楼奠基。8 月 22—23 日，福建省高校设置评议委员会专家组到泉州，对泉州卫校申报组建泉州医学高等专科学校进行为期两天的考察评估。省高校评议委员会专家组对申办医高专各项工作给予高度评价和充分肯定，高票同意组建泉州医学高等专科学校。学校 20 公顷征地工作、整体规划设计方案、回填土方、地质钻探、单位设计等前期准备工作完成。二期工程项目办公图书信息中心、4 幢学生公寓、1 幢食堂餐厅于 9 月初动工兴建。

2002 年 2 月，省长办公会同意组建泉州医学高等专科学校，并向教育部申报。学校专业仪器设备总值增至 1214.8 万元，藏书总量 14.1 万册，建成校园网络和多媒体语音教室及视频播控系统，拥有功能齐全、设备先进的标准教室和实验室。建立和完善实践基地建设，形成以附属人民医院、附属中医院为主，以医大附属二院、市一院、市儿童医院、妇幼保健院以及全市 9 所县、市级医院和全省各地、市级综合医院为依托的教学医院网络。12 月，通过福建省第八届文明学校达标评估。

2003 年 1 月，泉州医学高等专科学校洛江区安吉路新校区奠基，总投资 2.4 亿元，占地 21.8 公顷；建筑面积 12 万平方米的校园建设全面展开。8 月，泉州医学高等专科学校筹建工作通过省级复评。福建省教育厅批准泉州医学高等专科学校(筹)开始面向全省独立招收临床高职、中西医结合高职和高职护理3个专业。

2004 年 2 月，全国高等学校设置评议委员会通过泉州卫生学校升格泉州医学高等专科学校的评估。4 月 26 日，在成都以 52 票通过全国高校设置评议委员会评审。5 月 18 日，教育部正式批准泉州医学高等专科学校成立。

2005 年 1 月 8 日，举行泉州医学高等专科学校揭牌庆典及庆祝建校 70 周年华诞（注：学校前身为泉州卫生学校）。

至 2006 年 6 月，泉州医学高等专科学校校园建设完成总体规划 70%，一座功能合理、生态型、花园式新校园基本成型。

1997—2007 年泉州医学高等专科学校招生、毕业生及专业设置情况表

表 24-5-2 单位：人

年 份	招生数	毕业生数	在校生数	专业设置
1997 年	516	430	516	中西医结合社区医士（四年制）、护理（中医）（三年制）、护理（三年制）、护理（四年制）、助产（四年制）
1998 年	527	—	1043	中西医结合（四年制）、护理（中医）（四年制）、护理（四年制）、助产（三年制）
1999 年	610	—	1603	康复医学（四年制）、医学美容（四年制）、护理（四年制）、助产（三年制）
2000 年	682	1271	1873	康复医学（四年制）、医学美容（四年制）、护理（四年制）、助产士（三年制）、中医护理（四年制）
2001 年	782	516	2327	医药卫生（三年制）
2002 年	201	527	1748	针灸推拿专业、中医美容专业、护理专业、助产专业、卫生保健、口腔工艺技术、临床药学
2003 年	278	610	1026	临床医学（三年制）、护理学（三年制）、中西医临床医学（三年制）、护理学（三年制）
2004 年	517	782	1211	高职高专：临床医学、中西医结合临床医学、护理、中西医结合护理 五年专：护理、口腔医学、药学、妇幼卫生保健 中职：护理、药学
2005 年	1425	201	2435	高职高专：临床医学、中西医结合临床医学、护理、助产、口腔医学、药学 五年专：护理、口腔医学、药学、妇幼卫生保健
2006 年	1178	273	3110	高职高专：临床医学、中西医结合临床医学、护理、助产、口腔医学、药学、康复治疗技术 五年专：护理、口腔医学、药学 中职：护理、助产、药学
2007 年	1288	511	3888	高职高专：临床医学、中医学、护理、护理（英语护理）、助产、口腔医学、药学、临床医学（精神卫生）、临床医学（麻醉医学）、医药营销、公共卫生管理 五年专：护理 中职：护理、助产、口腔医学、药学

第六章 成人教育

第一节 扫除文盲

民国 35 年（1946 年），境内 16—35 岁的成年人中，文盲半文盲率达 68.8%。

中华人民共和国成立初期，开展冬学运动，开展识字扫盲，1950 年，村村办冬学，组织文盲、半文盲农民入学识字，学讲普通话，学实事。翌年，冬学逐步转为常年民校，称为农民业余学校。1952 年，晋江县成立识字运动委员会，下设办公室，区、乡、村成立分会和推广小组，各小学学区增设 1 名中心小学校长，负责该区的扫盲工作。1956 年至 1958 年 2 月，大搞扫盲运动大办“铁民校”（即坚持常年办学），入学人数激增。三年国民经济困难时期，扫盲工作趋于低潮，1963 年起又逐步回升。“文化大革命”

期间，绝大部分民校停办。1974—1977年，扫盲教育与政治学校、夜小学结合，1980年夏收前后均办识字班。1987年，河市、罗溪、马甲、双阳华侨农场成为基本无文盲乡（场）。

1990年，15—40周岁人口文盲、半文盲妇女居多。同年，是国际扫盲年。区、乡（镇）成立扫除文盲领导小组，开办扫盲班。1991年，推行政府、教育部门、妇联“三线”承包制。1992年，扫盲巩固提高班超额完成当年任务，非文盲率大大提高。

1997年8月，洛江区教育局指定两人专门负责成人业余文化教育。1998年，福建省开展基本扫除青壮年文盲工作，洛江区成立扫盲工作领导小组，按照“以乡镇（街道）为单位扫除青壮年非文盲率达到98%以上”的要求，继续做好扫除青壮年文盲工作，巩固扫盲成果。

2007年，洛江区基本实现“成人文盲率下降到8%以下；15—50周岁青壮年文盲率下降到2%左右”的目标。洛江区15周岁以上非文盲率99.02%，15—24岁人口非文盲率100%，扫盲指标达到《福建省建设教育强县（区）标准》要求。

第二节 职工教育

建区后，区委、区政府按照《福建省终身教育促进条例》的有关要求，筹备成立洛江区终身教育促进委员会，建立相应的工作制度，初步建立全区、乡镇（街道）、村三级职业教育与成人教育办学体系。办好乡镇（街道）文技校，依托各类学校以及行业或企业培训中心、社区教育中心等，采取灵活多样的形式，使上岗、下岗、转岗人员按需接受不同层次和年限的职业培训和继续教育。

1997年起，区教育局委托泉州师院干训中心、鲤城区教师进修学校对全区中小学教师进行岗位培训、骨干教师培训、学科带头人培训。2000—2007年，依托马甲中学、罗溪中学作为NIT培训点和考试点进行计算机操作全员培训并组织水平测试，共有1258名中小学教师取得初级或中级合格证书；组织各学科教师分别在马甲中学、罗溪中学和区教师进修学校举办了4期英特尔未来教育培训班，共275名学科教师参加了英特尔未来教育培训；运用泉州师院网络资源和现代远程教育手段，开展中、小学远程教育培训8期，共1279人参加培训，90%以上参训者取得市级培训的合格证书。

1997—2007年，区劳动和社会保障部门每年开展农村劳动力培训，累计培训农村劳动者8000人次；区人事局举办全区专业技术人员公需课程培训5期，1900多人参训。此外，有关部门和企业依托泉州交通职业技术学校、泉州敬德职业技术学校和三级社区教育网络，对外来务工人员开展就业指导，加强劳动技术及技能培训。

2007年“9·28”活动期间，全区开展以“开展终身学习，构建和谐洛江”为主题的第一届“全民终身学习活动周”系列活动。在活动现场还邀请专家就入学、卫生、阅读、科普等与生活相关的问题为群众提供咨询服务。各中小学、幼儿园及各街道、社区还在校内、社区广场组织开展了丰富多彩的社区教育培训活动。

第三节 业余文化教育

1950年8月，创办晋江专署文化学校。1953年，创办泉州市机关干部业余文化学校。1954年，逐步开办初中班、高中班和大专中文、数学班。1957年，地专、市机关干部业余文化学校合并，更名泉州市机关干部业余学校。1960年，创办晋江地区函授学校。1980年起，地、市党政机关，事业单位鼓励支持中青年在职干部参加大中专函授。1984年9月，自学考试开考，有本科、专科、中专多种学历层次，涉及文科、法律、财经、经济管理等多种类，各机关企事业单位又支持在职干部业余进修，参加报考，境内中青年干部通过参加函授和自学考试受教育的层次不断提高。1997年建区后，各类成人教育更加多样化，包括电大、职大、夜大、函大、自考等学制，各机关企事业单位出台措施支持在职干部职工进修，提高学历层次。

第四节 成人高等教育

洛江建区后，没有成人高等教育机构，洛江区中青年在职人员均到泉州市自考办报名参加自学考试，到各类成人教育学校（电大、职大、夜大、函大、成人教育）深造。2001 年，洛江区开始负责本区福建省成人高校招生考试报名工作，考试工作由泉州市考生办统一安排。2003 年，洛江区开始承担高等教育自学考试报名、转考、办理毕业证书等相关工作，考试工作由泉州市自考办负责。洛江区各行各业干部和职工经过入学考试和学业进修，大部分人取得大学专科学历、大学本科学历，一些中小学教师脱产进修，获得硕士学位。洛江区成人高等教育人数众多，名列泉州市首位，通过各种成人高等教育，提高了洛江区各行各业干部职工的素质。

第七章 教师队伍

第一节 来源与素质

清代，私塾的教师大部分为当地考场失意的贫儒（秀才）。

民国期间，大部分延用塾师。民国 9—31 年（1920—1942 年），华英女师、西隅、明新初师、启明女子师范班等为当地培养一批新型的小学教师；德化、南安、仙游、永安师范及省高级师范和大专院校分配毕业生到中小学任教；同时吸收部分高、初中毕（肄）业生任教。

中华人民共和国成立初，对公立中小学教师采取包下来的政策，私立小学沿用聘任制。晋江县文教科简易师范两班，毕业 100 多名。1958 年，创办晋江县师范学校，先后培养 500 多名初级师范生。同年，县教育局大力动员社会知识青年及历届高、初中毕业生、肄业生部队复员退伍军人加入教师队伍，担任教学工作。1969 年，中、小学复课，师资紧张，各公社、大队吸收大量城乡知识青年为民办教师或代课教师。1974—1979 年，教职工退休、退职让子女顶替到校就业，动员外借教师归队。1977 年，恢复高考，泉州师专、普师等师范毕业生分配到境内中小学任教。1985 年，中学教师大专以上程度的占 80.6%，小学教师中师以上程度的占 71.2%。

1986 年，开展教师职称评审。1988 年，鲤城区（含洛江今域）评审出中学高级教师 325 人，一级教师 799 人，小学高级教师 556 人。至 1992 年，评出中学高级教师 494 人、一级教师 1179 人，小学高级教师 733 人。中学教师具有大专以上程度的占 90.1%，小学教师具有中师以上水平的占 89%。

1989—1994 年，在马甲中学举办中师职高班，共三届 140 名。1994—1998 年，在泉州进修学校举办两届职师班，缓解远郊小学教师缺乏的问题。1992 年起，从湖南、江西、贵州、四川等地招聘一批学历达标的教师，充实远郊各中学教师队伍。1993 年起，实行教师聘任制。为加强中学教师队伍建设，2002 年，区政府印发《从外地引进教师到泉州市第十一中学任教的暂行规定》，2005 年 5 月区政府出台《关于鼓励引进优秀中学教师的意见》，2004—2006 年引进 13 名高中阶段教育骨干教师到洛江区任教。2005—2007 年，由于小学教师队伍臃肿，超编率达 27.5%，区政府清理在编不在岗人员，实行自愿提前退休、病退（退职）、鼓励辞去公职、推行竞聘上岗、分流转岗、选拔培训紧缺专业师资等措施，全面优化小学教职工队伍，共分流安置 289 名小学教职员。

2007 年，全区有公办教职工 1682 人，其中小学 785 人，初中 615 人，高中 220 人，幼儿园 52 人，职校 10 人。小学专任教师大专及以上学历达 84.3%，初中专任教师本科及以上学历达 70.2%，高中、职校专任教师具有本科及以上学历分别达 81.8%、77.8%。学科带头人（含培养培训对象）省级 1 人、市级 17 人；骨干教师（含培养对象）国家级 1 人、省级 9 人、市级 229 人，区级 56 人。

2007 年洛江区各中学高中专任教师分课程分学历（本科）情况表

表 24-7-1　　单位：人

	合计	女	政治	语文	数学	物理	化学	生物	地理	历史	外语	信息技术	体育	音乐	美术	劳动技术
合计	243	85	21	37	33	22	20	16	14	13	36	8	12	5	4	2
泉州十一中学	82	64	7	12	12	9	8	5	4	4	12	2	3	2	2	—
马甲中学	54	—	2	8	10	4	4	2	4	3	2	8	3	3	—	—
罗溪中学	48	15	6	9	4	4	2	4	3	2	8	3	3	—	—	—
南少林武术学校	27	6	3	3	5	2	2	2	2	1	3	1	1	1		1
仰恩大学附属中学	32	9	3	5	2	3	4	3	1	2	4	1	2	1	1	—

2007 年洛江区各中学高中专任教师分课程分学历（专科）情况表

表 24-7-2　　单位：人

	合计	女	政治	语文	数学	物理	化学	生物	地理	历史	外语	信息技术	体育	音乐	美术	劳动技术
合计	40	4	3	7	6	3	4	1	1	—	9	—	1	—	4	2
泉州十一中学	—	—	—	—	—	—	—	—	—	—	—	—	—	—	—	—
马甲中学	12	—	3	3	—	2	1	—	—	—	2	—	1	—	—	—
罗溪中学	10	—	—	1	2	1	3	1	—	—	2	—	—	—	—	—
南少林武术学校	12	3	—	2	1	—	—	—	—	—	4	—	—	—	1	4
仰恩大学附属中学	6	1	—	1	3	—	—	—	1	—	1	—	—	—	—	—

2007 年洛江区各中学初中专任教师（中学高级）职称、年龄情况表

表 24-7-3　　单位：人

	合计	女	25 岁以下	26—30 岁	31—35 岁	36—40 岁	41—45 岁	46—50 岁	51—55 岁	56—60 岁
合计	34	4	—	—	—	8	11	3	5	7
泉州十一中	2	1	—	—	—	—	1	1	—	—
双阳中学	2	1	—	—	—	2	—	—	—	—
河市中学	13	1	—	—	—	4	5	1	1	2
马甲中学	11	—	—	—	—	—	3	1	2	5
就南中学	—	—	—	—	—	—	—	—	—	—
罗溪中学	1	—	—	—	—	1	—	—	—	—
奕聪中学	—	—	—	—	—	—	—	—	—	—
虹山中学	4	1	—	—	—	1	2	—	1	—
南少林武术学校	—	—	—	—	—	—	—	—	—	—
仰恩大学附属中学	1	—	—	—	—	—	—	—	1	—

2007 年洛江区小学专任教师（小学高级教师）职称、年龄情况表

表 24-7-4　　单位：人

	合计	女	25 岁以下	26—30 岁	31—35 岁	36—40 岁	41—45 岁	46—50 岁	51—55 岁	56—60 岁
合计	348	129	—	37	143	62	54	30	21	1
万安中心小学	39	21	—	7	13	4	5	8	2	—

续表 24-7-4

	合计	女	25岁以下	26—30岁	31—35岁	36—40岁	41—45岁	46—50岁	51—55岁	56—60岁
双阳中心小学	27	20	—	4	16	5	1	1	—	—
河市中心小学	74	26	—	5	28	18	17	3	2	1
马甲中心小学	82	24	—	7	33	16	14	5	7	—
罗溪中心小学	78	23	—	9	30	9	11	11	8	—
虹山中心小学	22	2	—	3	11	5	2	—	1	—
南少林武术学校	9	3	—	—	3	2	1	2	1	—
仰大附小	17	10	—	2	9	3	3	—	—	—

第二节 政治待遇

清末，城乡塾师深受民众敬重。

民国期间，中学校长大多由社会名流担任，中心国民学校校长在抗战期间兼任副乡（镇）长。民国28年（1939年），规定每年6月6日为教师节，表彰优秀教师。民国35年，一部分中小学教师中多数被迫参加国民党或三青团。尽管如此，一般教师仍常为生活奔波，一些思想进步、不满国民党统治的教师不断受到排挤和迫害。

中华人民共和国成立后，人民政府赋予人民教师“人类灵魂工程师”的光荣称号。年轻教师吸收加入新民主主义青年团（后改称共产主义青年团）。1951年起，教师列入国家干部编制，在教师中发展党员；晋江县历次党的代表大会、人民代表大会和政治协商会议都有教师代表参加。1957年，在反对资产阶级右翼反动派（简称“右派”）的斗争中，部分中小学教职员被错划为“右派分子”，分别受到开除、开除留用、撤职降级、记过等处分。“文化大革命”期间，各类学校许多教师被视为“资产阶级知识分子”“反动学术权威”，部分学校领导被当作“走资本主义道路的当权派”遭到冲击。

1977年，落实知识分子政策，开始清理历次政治运动中的案件。至1982年，各类冤假错案得到平反、改正。

1982年，首次为从教30年以上教职工的举行庆祝活动。1983年，家在农村的教师家属从农业人口转为城镇居民人口。1985年起，国家规定每年9月10日为教师节，每年举行表彰慰问活动，提倡尊师重教。1991年起，评选教育世家进行表彰。1992年，泉州市设立教育基金会，每年进行奖教奖学基金会颁奖。1993年，中共中央、国务院发出“尊重知识、尊重人才、尊师重教”的号召，教师政治地位得到较大提高。1997年以来，各级政府逐步开展教师评优评先活动，如教育系统先进集体、模范教师、教育系统先进工作者、优秀教师。

第三节 经济待遇

清末民初，公立中小学堂教习的薪俸由官府支付，小学6—18元，中学25—100元；私立中小学堂教员的薪俸比照公立学堂标准由创办者发给；农村学堂，有发给稻谷或大米（糙米）的，有家长轮流供饭或送柴的。抗日战争前，各类学校工资比较稳定，公立中学教师月薪在25—100元之间，公立小学月薪初小6—12元，高小12—18元，校长略高；私立学校比照公立标准，有的略高。

民国34年（1945年），开始实行米薪制，中心国民学校教师30—45公斤，国民学校教师20—45公斤，校长45—75公斤。抗战胜利后待遇有所提高，民国36年后通货膨胀，教师生活又趋艰难。

1950—1951年，公立学校仍沿用米薪制。1952年，实行工资分制，公立小学教师月工资90—150工资分（折24.8—41.32元），中学教师150—270工资分（折41.32—74.37元），幼儿园教养员与小学相同，私立学校一般低于公立学校。1956 年，全国进行工资改革，公立学校实行薪金制，泉州市执行七类标准，私立学校参照公立学校标准自行确定。1958 年，民办教师由供给制改为工资制，国家适当补助，一般每月 12—16 元，1961 年实行工分制，与公社社员一样评工记分，有的实行工分加补贴。

1963 年，教职工提升工资，升级面 40%。1974 年，填补职工低工资，民办教师工资补贴每人每月中学 26 元，小学 21 元。1977—1979 年，连续三年为教职工增加工资，增资面分别为 40%、2%、40%，大部分教师晋升一级。1980 年，再给民办教师增加工资补贴，每人每月中学 30 元，小学 25 元。1981 年，教职工工资普调一级，开始实行班主任津贴。1983 年，远郊教师享受生活与交通费补贴。

1985 年，全国实行结构工资制，教师工资按基础工资部分增加 10%。1988 年，按教师所评职务增资。1989 年，公办中小学幼儿园每人每月平均工资 162.4 元，其中中学 166.67 元，小学 160.64 元，幼儿园 155.93 元。1992 年，中小学幼儿园每人每月平均工资：中学 236.29 元，小学 234.20 元，幼儿园 215.57 元。

1994 年，全国教育工作会议召开，中共中央、国务院提出教师工资不低于当地公务员的经济待遇，教师工资逐年提升。至 2007 年，洛江区教师的经济待遇仍略低于鲤城区、丰泽区，比公务员工资亦略低。

第四节 教师培训

民国初，晋江县教师讲习所对塾师进行业务培训，培训后当小学教师。抗日战争期间，部分中心国民学校校长、教师参加福建省干训团培训，成为国民学校骨干，战时民校教师亦参加地方短期培训。

1950 年，部分小学校长、教导主任参加晋江专区小学教师训练班，学习当时教育方针。1953 年开始，组织教师函授学习。

“文化大革命”期间，师资培训工作一度停顿。1971 年，部分中学教师参加晋江地区中学教师学习班学习。1972 年起，部分小学教师分期分批参加泉州市（县级）教师进修学校举办的小学教师培训班。1979 年，初中教师到地区教师进修学院学习新的教学大纲和教材。1981 年起，组织完全中学中层干部参加学科短期训练班、未达中师程度的小学教师参加系统进修班、小学校长教导主任干训班，参加并组织“文化大革命”前高中毕业的小学教师系统学习教育学、心理学。1987 年后，参加教材教法合格证书考试和专业合格证书考试辅导班。1990 年秋开始，分期分批对中小学校长进行教育培训，每期 3 个月。

1997 年 8 月，洛江区教育局成立，即设洛江区教育局校际教研组，各学科分别指定专人负责洛江区中学、小学、幼儿园的教改、教研指导工作。2005 年，洛江区教师进修学校正式成立，机构规格为正科级，学校核定编制 30 名。2007 年，配齐配全学校领导班子和各处室工作人员。至 2007 年，教育部门在马甲中学、罗溪中学、进修学校培训点举办 7 期英特尔未来教育学科教师培训，共 375 名学科教师参加培训。

第八章 经费与设施

第一节 政府拨款

民国时期，洛江境内的教育经费由晋江县采用自筹包征制拨付，即政府提供一部分，其余由校方自筹。民国 16 年（1927 年）起，教育经费政府拨款不足，大部分由华侨资助或群众集资。此后，境内教育经费从附加费中提取。

中华人民共和国成立初期（1949—1952 年），晋江县每年拨给学校教师工资总额的 60% 作为补助。1952 年下半年，政府开始接办学校。1953—1957 年，县财政拨出教育事业费占全县财政总支出的 50%。1958 年，凡农村公立小学一律下放公社管理，民办小学则交大队管理，经费统一由公社、大队分别解决。

但政府对社办、私立小学仍有一定补助，重点放在侨办中小学。1960年，对侨办中小学补助如下规定：1956年后办的侨中，教师工资比照当地公立学校平均工资80%计，学生助学金高中按公立25%，初中按10%；侨办小学教师一律按当地公立小学教师平均工资60%—80%计，不足部分由政府补助。其他非侨办私校，原则上也照此办理。1970年取消私立学校，中小学（包括职业中专等）全部收归公办，经费概由政府负责。1985年开始实施“乡镇财政收入主要用于教育”的规定和开始征收教育事业费附加，扩大经费来源。

洛江建区后，区委、区政府把教育放在优先发展的战略地位，加大对教育的投入，1997—2007年，洛江区财政拨出4.37亿元作为教育经费。其中，1998年拨出1880万元，1999年拨出2133万元，2000年拨出2666万元，2001年拨出3114万元，2002年拨出3658万元，2003年拨出4075万元，2004年拨出5003万元，2005年拨出5788万元，2006年拨出7063万元，2007年拨出8278万元。

第二节 “三胞”捐资

清末至民国时期创办的侨校，基建费、经常费、设备费均由华侨捐助，学校另收学费补充，少数学校学生免费入学。抗日战争前，境内小学80%以上的经费来自侨汇。1956—1978年，华侨捐资（或援建）创办今马甲中学、罗溪中学、虹山中学及马甲新建小学等。1978年后，侨胞、港澳同胞捐资办学的人数和金额逐渐增加。1987年后，台湾同胞也渐有人参与捐资办学。1997年建区后，侨胞、港澳台胞踊跃捐资办学，为洛江教育事业发展做出重要贡献（详见第二十三篇外事侨务港澳台事务第一章华侨华人第三节对祖国家乡的贡献）。

附一：海外侨胞、港澳台同胞团体与个人荣获省、市奖章、奖匾、奖状及荣誉证书情况

（一）金质奖章奖匾

1985年：罗溪旅外华侨筹建中学委员会

1989年：吴庆星

1991年：黄和平 杜 华（女）

1992年：赖来金 赖春樣

（二）银质奖章荣誉奖状荣誉证书

1991年：林坪来 赖来金

1992年：赖谋乾

（三）铜质奖章荣誉奖状荣誉证书

1948—1984年：黄奕聪

1985—1986年：赖孙开

1987—1989年：马甲中学旅印尼同乡会 赖谋乾

1990年：杜德笺

1991年：黄栋梁 赖仁堪

1992年：黄和平

（说明：1985年、1987年、1991年，省政府三度颁发捐资办学奖章（金、银两种）、荣誉奖状和证书，泉州市政府亦三次颁发铜质奖章、荣誉奖状和证书。嗣后，鲤城区侨办、鲤城区教育局和华侨大学等单位又呈请省、市政府表彰1990—1992年在鲤城区捐资办学的华侨）

附二：1994—2007年“三胞”捐资办学情况

1994年：200万元 旅居印尼侨胞黄振兴捐资兴建罗溪世壁小学

1999年：80万元 “逸夫”基金会捐资用于泉州市十一中教学楼建设。

2000年：50万元 旅居菲律宾侨胞杜德笺先生捐资创建马甲意绥幼儿园。

2001 年：320 万元　旅澳侨胞杨添丁捐资重建河市中心小学。

2002 年：300 万元　其中印尼侨胞黄奕聪捐 140 万元兴建奕聪中学初中部综合楼及大门；台胞黄和平先生捐 160 万元（20 万美金）用于敬德职校教学楼建设。

2003 年：330 万元　其中黄奕聪捐 120 万元创建奕聪幼儿园及设备；黄和平捐 160 万元用于洛江区进修学校建设；刘与量先生捐 30 万元建河市建新告小学教学楼；刘与良捐 20 万元建河市山边小学教学楼。

2004 年：75 万元　其中黄奕聪捐 55 万元改善奕聪幼儿园办园条件；黄和平捐 20 万元建设虹山幼儿园综合楼。

2005 年：30 万元　旅居印尼侨胞黄振兴捐资用于罗溪世壁小学办学设备。

2006 年：1500 万元　黄奕聪捐资创建奕聪中学高中部。

2007 年：2500 万元　黄奕聪捐资用于奕聪中学高中部教学楼建设。

2009 年：410 万元　黄奕聪捐资 350 万元用于奕聪中学高中部教学楼建设；60 万元用于奖教奖学。

第三节　学杂费

清末，私塾的经费依靠学生的束脩。民国期间，私立学校的经费，除侨办、教会办学校外，大部分依靠学费，收费标准不一。

中华人民共和国成立初，私立中小学收费标准没有统一规定，公立中小学除学费外，加收杂费作办公费用。1953 年，学杂费标准统一规定小学低年级 1.50 元，中年级 2.50 元，高年级 3.50 元；初中 5 元，高中 7 元。1972 年秋，按照学杂费标准境内农村小学一、二、三年级 1.5 元，四、五年级 2 元；初中 3 元，高中 3.5 元。1986 年 7 月 1 日《中华人民共和国义务教育法》开始实施，小学、初中免交学费，只收适量杂费，境内普高（职高）杂费 14 元，初中杂费 10 元，小学杂费 6 元；借读生另收借读费高中 80 元，初中 50 元，小学 30 元。幼儿园杂费 12 元，代办费 15 元，保育费 13.5 元。1992 年，中小学杂费标准高中（职高）25 元、初中 20 元、小学 15 元。幼儿园每学期收取管理费 40 元、杂费 25 元及保教费（简托 25 元、日托 60 元、全托 100 元）。

2006 年，洛江区对在农村接受义务教育阶段教育的学生（包括外来工子女）一律免收学杂费（小学生数 11087 人，中学生数 12552 人），专项支出 500 万元。2007 年，实行义务教育免收学杂费和“两免一补”制度，对全区接受义务教育阶段教育的学生（包括外来工子女）一律免收学杂费，低保对象子女免费发放教科书，贫困住宿生补助生活费，专项支出 475 万元。

第四节　社会集资

民国时期，私立学校的经费除依靠侨资、学费外，其余依靠社团或个人捐献，或按人口摊派。抗日战争期间，一些学校依靠群众捐款维持。

中华人民共和国成立初，鼓励学校筹建新的校董会和成立学生家长会，发动群众捐资助学。1958 年，群众捐资创办幼儿园、小学和农业中学，三年经济困难时期多数停办。80 年代，政府倡导乡村集体、国营企业、集体企业、“三资”企业、个体户和普通群众捐资兴学。1978—1988 年，泉州工厂企业捐资 58.3 万元，乡村集体捐资 455.6 万元，城乡个人捐资 83.5 万元。1985—1989 年，泉州手套厂捐资 120 万元。1989—1992 年，鲤城区（含洛江今域）社会集资 3700 万元左右。

1997 年 8 月后，洛江籍不少社会贤达捐资兴办教育事业。2001 年 1 月，区政府出台《关于依法开展集资办学工作的意见》，鼓励侨胞、港澳台胞和社会各界人士捐资办学。2002 年，社会捐资 285 万元。其中，捐资马甲中学 47 万元、第十一中学 51 万元、罗溪中心小学 11 万元，用于改善办学条件及奖教奖学。2003 年，社会捐资 478 万元。其中，大华集团陈三亮捐资 358 万元迁建河市霞溪大华实验小学。同年，区教育基金会接受干部职工捐资36万元，接受美尔奇工艺30万元、百希达10万元。2004年，社会捐资65.4万元。其中，区教育基金会接受干部职工捐资62万元。2005年，社会捐资150万元，其中，干部职工捐赠教育基金会60万元；杜胜利捐基金会20万元；尤国忠、赖世高分别捐罗溪中学20万元、10万元，林尧山马甲捐义山小学10万元。2006年，社会捐资203万元，其中全区干部职工捐赠教育基金会60万元，杜胜利捐基金会20万元。2007年，社会捐资207万元，其中干部职工捐赠基金会59万元，罗溪中学校庆校友捐赠100万元。

第五节 经费管理

1998年，区财政对教育拨款（不含省市专款）1880万元。1999年，区财政对教育拨款（不含省市专款）2133万元。2000年，区农村教育经费全额由区级财政负担。2001年10月，教师工资实行国库统发工资，做到及时、足额发放。2002年，预算内中学生均公用经费、小学生均公用经费达到教育“两基”、“三个增长”（公共财政预算内教育经费增长高于财政经常性增长；生均公共财政预算教育经费支出实现逐年增长；生均公共财政预算内公用经费支出实现逐年增长）的要求。当年区财政对教育拨款3114万元。2003年，区财政对教育拨款（不含省市专款）4075万元。2004年，区财政对教育拨款（不含省市专款）5003万元。

2005—2007年，根据《国务院关于深化农村义务教育经费保障机制改革的通知》精神，洛江区把义务教育经费纳入区财政预算，建立科学规范的预算管理制度和“以县为主”投入管理机制。区教育行政部门组织、指导中小学校编制单位年度预算（兼顾不同规模学校的基本情况，向薄弱学校倾斜，保证较小规模学校和教学点的基本需求，汇总报送区财政部门）、审核用款计划，提出用款申请，监督预算执行情况并进行检查和内部审计。区财政部门按有关政策编制预算，下达预算批复，按预算批复和教育部门用款计划，及时拨付经费。同时，对学校预算执行情况进行监督检查，对使用效果进行考核，定期向区人民政府报告中小学预算及预算执行情况。3年间，区财政计拨给教育事业经费21129万元。

第六节 教育设施

1997年，洛江区根据“两基”标准要求及验收后的反馈意见，新建和改建一批学校实验室，多渠道筹措资金900多万元用于理、化、生、自然等学科实验室和现代教育装备建设。

2001年，中小学教学仪器与电教器材的配备基本达到原国家教委1993年制定的《中（小）学教学仪器配备目录》中学Ⅱ类、小学Ⅱ类、中心校Ⅰ类标准。

2002年，洛江区全面启动“校校通”工程。工程投入资金100万元，为40所小学配置电脑（每所2台），为中心小学配备电脑教室一间。该项工程为洛江区委、区政府科教兴区战略的组成部分，列入2002年度为民办实事项目。通过互联网，实现全区中小学校计算机专线互联，信息资源网上共享、网上学习、交流、教育的目标。

2003年起，洛江区把农村中小学实施教育信息化入为民办实事项目，每年扶持1—2所中学或小学建设计算机室、多媒体室等信息化工程，推进农村中小学现代教育远程教育建设。

2006年，马甲中学、第十一中学、双阳中学、敬德中心小学按照《福建省中小学省级示范图书馆评估实施办法》的要求进行图书馆建设，采取多渠道筹措经费，投入建设资金500多万元，建成配套设施比较齐全的图书馆。

2007年，洛江区教育局、区经贸发改局、区财政局联合制定《洛江区农村中小学现代远程教育工程实施方案》，根据国家“三部委”提出的三种配置模式的功能要求，完成农村中小学教学点、卫星教学收视点、计算机教室的建设任务。投入资金70多万元，建设电脑室、多媒体室，配备电脑、打印机、光盘播放设施、资源库等。

第九章 机构与管理

第一节 管理机构

一、行政机构

早期洛江今域的行政区划先后隶属泉州、晋江县。自唐代起至清朝末年，境内的教育事务先后由州长史、官学教授，县学教谕（训导），劝学所管理。民国时期，由晋江县教育公所（后改称教育科、教育局、县政府第三科、县特设教育局，后改称教育科、教育局）管理。

中华人民共和国成立后至 1997 年 7 月，随着行政区划的变动和机构的改革，洛江境内的教育事务先后由晋江县人民政府文教科、晋江县文教局、教育局；泉州市文教局、泉州市革委会政治组宣教组（教革组）、教育局；鲤城区教育局管理。

1997 年 8 月，洛江区教育局成立。1998 年 7 月，核定行政编制 11 名，机关工勤事业编制 1 名；2002 年，行政编制为 4 名。2007 年，区教育局行政编制 7 名，内设办公室、人事股、计财股、中教股、初幼教股、成职教股、党工委、宣传德育股、督导室、招生委员会；下辖事业单位：洛江区普通教育督导室，编制 5 名；区职业技术教育中心，编制 3 名；区教育综合服务中心，编制 3 名；区招生考试办公室，编制 4 名。

二、基层管理机构

1949 年 9 月，晋江县各区设文教助理员 1 人，负责教育事务，又设扫盲专职干部 1 人。1951 年，建立中心小学，与一般小学为辅导关系。1971 年，境内各公社、大队成立教育革命领导组（简称教革组），1978 年撤销，调整恢复学区中心小学。1988 年，各乡（镇）成立教育委员会，对辖区内的教育事业全面负责。1992 年，鲤城区设 12 个学区设 12 所中心小学，洛江境域有虹山第十二学区、罗溪第十一学区，马甲第十学区，河市第九学区，双阳第八学区，每个学区建 1 所中心小学；学区直接管理所属小学。1997 年 8 月，洛江区教育局成立后，洛江区 6 个乡、镇（街道）设 6 个中心小学，直接管理所属小学。

2007 年洛江区基层教育管理机构一览表

表 24-9-1

中心小学	所属小学	附注
虹山中心小学	松角山小学、苏山小学	—
罗溪中心小学	敬德中心小学、钟山小学、洪德小学、奕聪小学、世壁小学、翁山小学、柏山小学、建兴小学	1. 永星小学 2001 年并入翁山小学 2. 东方小学 2002 年并入翁山小学 3. 三村小学 2003 年并入奕聪小学 4. 三合小学 2004 年并入柏山小学 5. 大路脚小学 2004 年并入敬德中心小学 6. 垵内小学 2005 年并入敬德中心小学 7. 双合小学 2007 年并入敬德中心小学
马甲中心小学	就南小学、义山小学、全球通梧峰希望小学、溪南小学、文化小学、三新小学、杏川小学、四方小学、永安小学、霞侨小学、彭殊小学	1. 1998 年西头小学并入溪南小学 2. 2002 年洋坑小学并入中心小学，二甲小学、后坂小学并入就南小学并择址重建 3. 2003 年新洋小学并入中心小学，前垵小学并入文化小学 4. 2004 年炉田小学并入全球通梧峰希望小学，蔡内小学并入义山小学，梅岭小学并入中心小学，新民小学、新建小学、新生小学三所学校合并为三新小学并择址重建

续表 24-9-1

中心小学	所属小学	附注
河市中心小学	梧宅小学、霞溪小学、坛顶小学、溪山小学、山边小学、白洋小学、新告小学	—
双阳中心小学	前洋小学、阳江小学、南山小学	—
万安中心小学	洛南小学、万安小学	—

第二节 教育督导

清光绪三十二年（1906年），洛江境内的教育督导由晋江县劝学所劝学员负责，清宣统元年（1909年），劝学所内设视学官，境内学校由视学官视察督导。

民国元年（1912年），县教育公所置视学员，担负劝民办学和视察督导所属学校。民国10年，县教育科设督学，对所属小学的办学和教师的教学情况进行定期督导，分区指定人员视导各校办学情况，填造视导表送县汇总报省备查，督导各校按时填送校况表及各项报表。

中华人民共和国成立初，洛江境内的教育督导由晋江专区教育局视导教研组负责，到校检查教育教学情况。1959年8月，视导教研组改为视导组，视导工作以保“高考红旗”与贯彻“教育为无产阶级政治服务，教育与生产劳动相结合”的方针为主。1961年，视导各校政治思想教育、师生健康与提高教育质量的情况。1962年，重点检查教育系统精简情况。1963年，视导各校的流生、体育教学、毕业班学科教学等情况。1964年，泉州市（县级）始设视导人员，编制2人，洛江境内的教育督导由泉州市视导人员负责，主要抓贯彻毛泽东主席春节指示试点和政治课教学改革、面上社会主义教育试点。1965年，抓高中一、二年级的“双基”教学。“文化大革命”期间，视导工作停止。

1980年10月，泉州市教育局成立中小学巡视组，以中教、初教干部为巡视组成员。翌年，市教育局分设中教股和初教股，巡视工作结合中教、初教的教育管理工作。20世纪80年代，主要抓学校的科学管理，推动贯彻教育局制定的中学12条、小学13条教学管理规定，开展对中小学教学改革实验和校际教研活动的视导工作。1989年10月，鲤城区普通教育督导室成立，设主任1人，督导员2人（1992年增至6人）。1989年至1990年上半年，开展中小学教育工作五项督导检查。1990年下半年，对全区（含洛江境域）实施义务教育六项督导进行评估。1992年11月，接受福建省人民政府对实施义务教育六项督导复评，达到省级优秀水平。

1998年，洛江区政府教育督导室成立。区教育督导室开展每三年为一轮的全区中小学校素质教育督导工作，2004年启动“双高普九”达标工作，“对县督导”和“督导考核”工作铺开，通过泉州市政府核查，两项工作均获优秀等级。至2007年，全区有七所素质教育先进校，其中马甲中心小学评为福建省素质教育先进校。

第三节 学校行政管理

一、学校设置管理

清末至民国期间，私立学校由校董会设置，报县教育部门批准，转报省教育厅备案。20世纪50—60年代，私立小学收归公办由晋江专署、省教育厅批准；民办小学、民办幼儿园的设置报县（市）教育部门批准。1986年8月后，实行普通教育分级管理，洛江境域各中小学均由鲤城区管理。1997年区划调整后改为由洛江区管理。

二、人事管理

清末，塾师由私塾主办人聘任，学堂坐办、教习议聘后报地方官批准。

民国初，公立小学校长由县任命；私立小学校长由地方人士推荐报县批准任命。民国23年（1934年），中心学校校长由联保主任兼任；国民学校校长由保长兼任；县立中学校长由县长兼任。民国25年（1936年），小学校长由教育科提名，报请县府批准，教员由校长聘请，报县教育科备案。

中华人民共和国成立初，除个别政历问题严重或自动离职者外，原公私立中小学校长留任，称职教师不准无故解聘。1951年后，公立小学校长由县文教科报请县政府任命，私立小学校长由县文教科（局）任命，完全中学校长由专署任命，初级中学校长由县政府任命。师范学校毕业生由县文教科（局）派往公立学校任教，各校还吸收一批知识青年，报请县文教科（局）批准，作为试用教师。1953年后，私立学校中小学教师、校长一律由县教育局任命。

“文化大革命”期间，教师及行政干部的任免由公社提名，由“教革组”呈请市革委会批准；民办教师的聘用由大队提名呈报公社批准。1975年，泉州市教育局恢复后，教师由市教育局统一调配，民办教师由市教育局统一管理。1986年起，逐步实行小学校长选任（聘任）制和教师定编聘用制。1987年起，鲤城区委宣传部、区教育局每年对所属学校领导干部进行全面考核。1990年后，区属完全中学的正副书记、正副校长由区委、区府任免；初中、学区正副书记、正副校长由区委宣传部、区教育局任免；一般小学、幼儿园、乡镇文化技术学校的行政管理人员由乡镇党委、乡镇政府任免。

洛江建区后，人事管理延续鲤城区办法。2005年12月，洛江区委教育工委成立，理顺学校干部管理体制。2006年，根据《中共泉州市洛江区委关于加强和改进我区教育系统干部管理工作的通知》规定，全区教育系统干部实行分类管理。各完中、敬德职校、教师进修学校领导班子正副职人选和初中校正职人选，由区委教育工委提出调整配备意见，会同区委组织部考察，按程序报区委研究决定。初中校领导班子副职人选，由区委教育工委组织考察、任免。各中心小学、中心幼儿园、区直属小学、幼儿园领导班子成员和区教育局、教师进修学校股级干部由区委教育工委管理、任免。各中学中层干部和各中心小学教导、基层小学校长、基层幼儿园园长的任用由各中学、中心小学校务会研究提出调整配备意见后组织考察，征求区委教育工委同意后，再按有关规定办理任免手续，并报区委教育工委备案。

三、学籍管理

民国期间，中小学各校自行招生，每学期初填写校况表（包括入学新生和各年级学生名册）报教育部门备案；小学毕业证书由县文教科（局）验印，初中毕业证书由专署验印，高中由省教育厅验印。

中华人民共和国成立后，初期沿袭旧制，1952年，改为统一招生，统一录取分配，升留级、休学、复学、插班、转学、退学由学校掌握。拟作开除学籍处理者，报县教育局批准。取得小学、初高中学籍的学生，修业期满，成绩全部及格，填写具有相片的名册和毕业证书，呈报县教育局验印。学业成绩没有全部及格又未达到留级规定的学生，由学校发给修业证明书。

“文化大革命”期间，成绩考查与学籍管理较为薄弱。1984年起，泉州市教育局（县级）加强学籍管理，学校定时呈报新生入学名册，学生变动名册，毕、结业生名册和毕业证书验印；对学生勒令退学、开除学籍处分，要经市教育局审批。

2007年起，洛江区贯彻落实《福建省高级中学学生学籍管理办法（试行）》，区教育行政部门和学校均采用全省统一的电子学籍管理系统，实行全省统一的电子学籍管理，高中修业三年期满且获得116个必修学分，在选修Ⅱ中至少获得6学分，总分达到144以上，参加并全部通过规定科目的学业基础会考，综合素质评价达到合格者准予毕业，达不到条件，又不符合留级条件的发给结业证书。

第二十五篇 科学技术

新石器时代，洛阳江流域一带的泉州先民已能磨制石锛、石斧、石刀。东晋大兴四年（321年），晋人南迁，传入中原铁制农具等先进生产工具及生产技术。唐代，建瓦窑烧砖瓦，种植甘蔗。宋代，建筑、染织等科学技术也有很大发展，万安桥（洛阳桥）建造技术“甲天下”。明代，引进种植甘薯。

明末至民国时期，境内科学技术发展缓慢，没有科研机构，现代科技设施几近空白，专业技术人员寥若晨星。

中华人民共和国成立后，洛江境域科技事业迅速发展，1954年，二区（后称马甲区）设立农技站；1956年，罗溪区、河市区设立农技站，加强农业技术推广普及。1978年，全国、全省科学大会召开后，科学技术进入全面发展时期。1984年11月，中共泉州市委五届一次会议作出关于加强科技工作的七项决议。1987年10月，马甲乡被列为福建省第一批科技示范乡（镇），成立科技领导小组、科技委员会，配备科技副乡长，制订科技发展规划，实施“星火”计划，组织科技培训，推广科技成果。1990年，省政府决定开辟泉州马甲为优良畜牧品种试验区。1992年，省政府授予马甲镇“科技示范乡镇”荣誉称号。

1997年起，洛江区组织实施科教兴区战略，开展创建全国科技进步先进区活动，做好科技普及推广，引进和培养科技人才，实施泉州市重大科技项目，促进农业产业化、集约化、现代化，以增强自主创新能力为主线，加快对传统产业改造和结构调整，培育高新技术企业，为全区工业发展增添活力和后劲。至2007年底，全区有专业技术人员1879人，省级高新技术企业21家，承担国家级、省级、市级科技项目分别为13项、22项、96项，洛江区获全国科技进步先进区“三连冠”。

第一章 科技人才

第一节 结构与分布

古至2007年12月，洛江区专业技术人员1879人，其中工程技术人员31人，农牧水技术人员39人，卫生技术人员160人，教学人员1641人，林业技术人员8人。

2007年洛江区专业技术人员情况表

表25-1-1　　单位：人

类别	高级	中级	初级	合计
教育	119	734	788	1641
卫生	10	28	122	160
农牧水利	5	21	13	39
工程	4	20	7	31
林业	1	3	4	8

第二节 科技人才引进与管理

1997年12月17日，洛江区委、区政府出台《关于加强泉州市洛江区人才引进工作的暂行规定》。鼓励和支持人才到乡镇企业、街道企业、“三资”企业、民办科研机构工作。引进洛江区社会经济建设和发展所需的高、中级人才及其他特殊技能者，包括海外专家学者、出国留学学成人员。重点引进携带高新技项目、高新技术的专业技术人员，有真才实学和丰富经验的行政管理人员、经营管理人员及其他高级专业技术职务人员。同年，泉州市洛江区人才交流服务中心成立，建立《人事寄挂档案管理六项制度》。

1998年9月，区委、区政府出台《关于选拔管理优秀人才的意见》。2001年4月，确认区管第一批优秀拔尖人才5名。2002年，出台《关于选拔管理优秀企业管理人才的意见》《关于选拔第一批优秀企业管理人才的通知》《洛江区“十五”人才规划和2010年人才发展目标纲要》。

第二章 科技推广与普及

第一节 科技普及

一、科普宣传

1998年起，洛江区科技部门每年组织人员到各镇（乡、街道）开展“科技三下乡”、科技宣传周、全国科普日、知识产权和地震知识宣传日等活动，编印《洛江科技信息》46期9200份、《洛江科技资料选编》13期2600份，建立43个科普活动站，设置科普图书专柜，配置标准科普宣传栏，配备专兼职科普宣传员，成立6个科普教育（示范）基地。2007年，区科技局联合区科协、妇联、卫生、计生等部门开展“科技三下乡”活动，通过印发宣传材料、图片展示等方式，提高广大群众知科学、懂科学、用科学的综合能力，提高全民科学素质。同年，洛江区防震减灾科普教育基地建成。

二、科技培训

1998年起，区科技局、区科协重点组织乡镇实用技术培训，联合有关部门以乡、镇为依托，开展茶果、蔬菜、食用菌栽培、中草药、病虫害防治、畜牧兽医、电工等实用技术培训300多期，培训1.8万多人次。2007年，区科技局建立泉州市科技远程会议培训系统点8个，通过科技远程会议培训系统，开展科技培训37期，培训人数1万多人次。

三、青少年科技活动

2002年起，每年组织学生参加泉州市贤銮科技创新大赛。2004年后，每年组织学生参加泉州市青少年创意大赛。2005年后，每年组织学生参加洛江区青少年创意大赛。2007年，组织泉州市第十一中学生参加“首届泉州市青少年创意大赛暨知识产权宣传教育活动”，获三等奖。同年7月，该队赴北京参加中国教育协会、中国知识产权协会举办“首届中国青少年创意大赛暨知识产权宣传教育活动”获得团体银奖，3个单项一等奖，7个单项二等奖。

第二节 技术引进及推广

一、农业技术

1997年起，洛江区引进一批名优特水果、花卉、食用菌、蔬菜、中草药等品种，引进一批水稻、甘薯、甘蔗等优良新品种；推广无公害生产技术、大棚综合栽培技术、高山反季节蔬菜栽培技术、推广短葶山麦冬种植技术、肉鸭网上养殖技术，泉州泉美园艺有限公司进行尖尾芋种苗脱毒及产业化生产。

二、工业技术

（一）引进技术

1997年起，泉州洛江建峰包装用品有限公司引进德国BHS八层复合瓦楞纸板生产线，泉州友峰精密机械有限公司引进数控加工中心KAFO-VMC-15800，福建泉州凹凸精密机械有限公司引进日本的卧式镗铣加工中心，泉州德信织造有限公司引进德国比洛德利贺桶式单面机，泉州丰源机械有限公司引进400T单点闭式精锻机、先进技术产物-辊轧机、空气压缩站及辅助设备，信和涂料有限公司引进美国的超纯水系统ELIX 20Synergy、氙灯耐候测试机Q-SUNXE-3HS、斯托默黏度计KU-2。

（二）研制技术

1998年，泉州市众志金刚石工具厂研制生产金刚石串珠绳锯（热压式），泉州市大华蓄电池有限公司研制生产固定型密封式铅钙蓄电池，泉州腾达精铸有限公司研制生产陶瓷型精密铸造钢鞋模。2001年，泉州市建友新型墙材有限公司利用石粉泡沫塑料废物生产轻质混凝土砌块。2004年，南方机械（泉州）发展有限公司研制生产FH-2100面料复合机，福建泉州凹凸精密机械有限公司研制生产单面六色自动变色电脑提花机。2006年，泉州市南方建材机械有限公司研制生产SCS数控石材线切割机，福建铁拓机械有限公司研制生产QLB30强制间歇式沥青混合料搅拌设备。

第三节 技术交流

1998年起，依托洛江区生产力促进中心开展科技服务，搭建科技工作平台，推进产学研合作。开展与中科院、南京农业大学、华侨大学、福建农林大学、省农科院、泉州市农科所等10多家高校、科研院所的合作，为企业牵线搭桥，收集企业技术难题，协助企业解决人才、技术等方面问题。2007年，组织40多家企业参加第五届中国·福建项目成果交易会，成功对接项目36项，总投资9亿元。

第三章 科研机构

第一节 区属科研机构

一、洛江区科技情报研究所

1997年，洛江区科技情报研究所成立，为全民所有制股级事业单位，编制2名，隶属区科技局。主要职责是健全和管理全区科技信息区域网络，负责科技成果登记，评审和推广应用，组织实施“星火计划”

以及科技宣传等。

1997—2007年，区科技情报研究所通过组建洛江科技信息网和农村科技信息服务平台，加强全区科技信息网络建设。通过参与泉州市重大科技项目“龙眼产业化技术研究与示范基地建设”，承担泉州科技项目“五金机电行业职业技能培训中心”和星火计划项目，有计划做好科技成果推广应用。通过负责管理科技示范乡镇、村、户以及编辑实用技术资料，推广农村实用技术。

二、洛江区农业科技研究所

1998年5月，洛江区农业科技研究所成立，系区农业水利局下辖全民所有制事业单位，编制3名，经费由区财政全额拨款。主要职能是研究、开发和引进粮油、蔬菜、水果等新品种、新技术并进行试验示范推广。至2007年，区农科所引进试验推广20多个果蔬、水稻新品种，试验推广大棚蔬菜、无公害蔬菜生产技术等。

第二节 民营科研机构

1989年，泉州市玉丰番鸭研究所成立，是洛江区域最早成立的民营科研所，其科研课题是番鸭种苗、饲养饲料及疾病防治研究。至2007年，洛江区成立民营科研所8家，其中工业类4家，农业类4家。

1989—2007年洛江区民营科研所一览表

表25-3-1

序号	名称	成立时间	科研课题
1	泉州市区玉丰番鸭研究所	1989年11月	番鸭种苗、饲养饲料及疾病防治研究
2	泉州市区义山养禽技术研究所	1990年6月	家禽养殖技术及种养综合利用研究
3	泉州河市视听技术研究所	1990年6月	电教仪器研制
4	泉州市区华丰畜牧研究所	1991年	畜禽配方饲料研究
5	百福花卉研究所	1995年	仙人球种植技术研究
6	泉州华大自动化工程设计研究所有限公司	2000年2月	自动化工程及环保监测仪器研发、咨询、技术服务、软件开发研制
7	泉州云麻新资源高分子材料研究中心有限公司	2006年12月	新型高分子材料技术、化工材料技术的研究开发
8	泉州洛江区漆画艺术研究所	2007年12月	漆画研究

第三节 科研成果

一、科研项目成果

2000年11月，泉州南方陶瓷机械有限公司、泉州河市电教设备有限公司被市政府确认为泉州市第四批技术创新示范企业。

2001年4月23日，区委、区政府召开全区科学技术大会。会议表彰8个先进单位和11名先进个人，确认10家企业为区级技术创新示范企业。同年8月，由洛江区建友新型墙材有限公司承担的“利用石粉泡沫塑料废物生产轻质混凝土砌块”科技项目，被列为福建省重大科技项目，是泉州市2个省级重大科技项目之一。同年11月，洛江区双阳金刚石有限公司被确认为省级高新技术企业，福建泉州凹凸精密机械有限公司被确认为泉州市第五批技术创新示范企业。2002年，南方机械（泉州）发展有限公司等3家企业被认定为泉州市制造业信息化工程第一批示范企业。同年7月1日，洛江区委、区政府印发《关于争创全国科技进步先进区活动的实施意见》。2001—2002年，全区组织实施各类科技项目38项。其中，省级重大项目1项，泉州市级科技项目15项。

2003—2004年，全区组织实施各类科技项目41项。其中，国家级4项，省级4项，市级13项，南方机械（泉州）发展有限公司承担的“SFA-2100面料复合机”列入国家重点“火炬计划”、国家重点新产品和省重点新产品。11个项目获得省、市科技进步奖，2个项目获泉州市首届专利优秀奖。其中，河市电教设备有限公司承担的“HW红外音频教学系统”获2004年度福建省科技进步三等奖，泉州市华丰果牧开发有限公司承担的“创建优质猪精子库及猪人工授精研究”获2004年度泉州市科技进步二等奖。南方机械（泉州）发展有限公司被认定为2003年国家“火炬计划”重点高新技术企业，泉州泉美园艺有限公司组建“福建泉美园艺花卉技术研究中心”被认定为2004年福建省“星火”行业技术开发中心。2003年，泉州洛江建峰包袋用品有限公司被认定为泉州市制造业信息化工程第二批示范企业。2004年，泉州腾达精铸有限公司等4家企业被认定为泉州市制造业信息化工程第三批示范企业。

2005年6月，泉州市华丰果牧开发有限公司的“优质商品猪规模化生产生态技术示范工程”、泉州泉美园艺有限公司的“尖尾芋种苗脱毒及产业化生产”2个科技项目被列入2005年国家“星火计划”。同年12月，洛江区两个市级技术研发中心成立，即泉州市铅酸蓄电池行业技术开发中心、泉州市商品猪生产行业技术开发中心。同年，泉州市新维电子有限公司等5家企业被确认为泉州市制造业信息化示范企业，至此，洛江区市级制造业信息化示范企业13家。2005—2006年，全区组织实施各类科技项目57项，其中国家级5项、省级8项、泉州市级7项。6个项目获泉州市科技进步奖，3个项目获泉州市专利奖，其中泉州凹凸精密机械有限公司获2006年度泉州市科技创业奖，双阳金刚石工具有限公司承担的“金刚石串珠绳”研制项目获2006年度泉州市科技进步二等奖。

2006年10月，泉州凹凸精密机械有限公司的“单面白色自动变动电脑提花机”和双阳金刚石工具有限公司的“金刚石绳锯”被列入科技部2006年国家重点新产品计划项目。同年11月，双阳金刚石工具有限公司的《高效耐用金刚石排锯刀头》被列入科技部2006年度第二批国家级科技型中小企业技术创新基金项目并获55万元资金资助。信和涂料有限公司的“信和XHO—XH6，2L—18L系列”获得“2006年国家免检产品”称号，成为洛江区首家获此称号的企业。同年，泉州市众志金刚石工具有限公司等5家企业被认定为福建省高新技术企业，至此，洛江区省级高新技术企业15家，12家市级技术创新示范企业，高新技术产业开发区——万安园成为洛江经济发展的“动力源”。

2007年4月，洛江区双阳金刚石工具有限公司、泉州凹凸精密机械有限公司2家企业被确定为首批省级创新型试点企业。福建泉州恒泉化妆品有限公司等6家企业被认定为福建省高新技术企业，至此，洛江区省级高新技术企业21家。福建泉州凹凸精密机械有限公司组建“福建泉州针织机械行业星火技术创新中心” 被认定2007年福建省“星火”行业技术创新中心建设单位。同年8月，泉州市南方建材机械有限公司的“泉州市建材机械工程技术研究中心”、泉州市洛江区双阳金刚石工具有限公司的“泉州市金刚石工具工程技术研究中心”、福建泉州凹凸精密机械有限公司的“泉州市针织机械工程技术研究中心”3家研发机构被确认为首批泉州市工程技术研究中心。同年，1个项目获福建省科技进步奖，2个项目获泉州市科技进步奖，其中：泉州凹凸精密机械有限公司完成的“单面六色自动变色电脑提花机” 获福建省科技进步三等奖。同年，评选出洛江区第一届科学技术奖，授予“FH-2100面料复合机”等9个项目为洛江区科技进步奖，授予“金刚石‘Λ’ ‘Y’型刀头相间焊接锯片”等4个项目洛江区专利奖。

二、市级重大科技项目成果

（一）龙眼产业化技术研究与示范基地建设

洛江区生产力促进中心、泉州市农科所园艺研究开发中心等组织实施泉州市级重大科技项目“龙眼产业化技术研究与示范基地建设”，2002年10月由泉州市科技局立项。2002—2004年，分5个子课题由双阳镇、马甲镇、河市镇及相关企业承担。2005年4月，通过泉州市科技局组织专家结题验收。“龙眼产业化技术研究与示范基地建设”项目是以实施龙眼高优栽培技术，提高传统产业科技含量，促进产业结构升级，产生新的农业经营理念和增强科技项目的示范效应，推动区域经济发展。3年间，建立良种筛选园13.33公顷，引进泰国、中国台湾地区等地10多个龙眼新品种，龙眼产量达每亩350—400千克，投入产出比1∶3。全区龙眼高接换种面积92.13公顷20387株。调节试验龙眼产期，形成产前、产中、产后的生产技术体系。在马甲彭殊果林场、加锥农场的龙眼反季节栽培技术（7月上旬成花、11月上旬成熟）实现成熟期与福眼正常成熟期错开。绿宝公司承担龙眼膨化食品项目，经反复试验，突破龙眼果肉易褐变、高温膨化后色泽变黄、风味及口感差、保持期短等难点，产品符合国家QB 2353—1998膨化食品食用标准，属于国内外独家首创食品。“龙眼产业化技术研究与示范基地建设”的组织实施，改变洛江区原有龙眼低产、单产、质量和市场滞后的状况，推广“公司+基地+农户”的龙眼产业化经营模式，体现高优栽培模式，是果树生产发展方向的示范。2004年，洛江区龙眼年产量314.5万千克，产值6290万元，比2001年增长15%。

（二）五金机电产业技术研发与公共服务平台建设

以提升洛江区新兴支柱产业五金机电行业集群创新能力为目的第二轮泉州市级重大科技项目“五金机电产业技术研发与公共服务平台建设”，于2005年由泉州市科技局立项，洛江区科技局、洛江区生产力促进中心等单位分9个子项目组织实施。2005—2007年，通过有效整合资源，洛江区拥有省、市、区重点建设项目“泉州五金机电商城”和“五金机电园区”，五金机电成为洛江区带动力较强的特色支柱产业。洛江区五金机电创业服务平台孵化基地，总面积10424平方米，研发出数控石材线切割机、高效耐用金刚排锯刀头、镍基合金铸件等新产品。科技创业孵化基地成为科技研发和成果转化的服务平台。泉州凹凸精密机械有限公司研发“单面六色自动变色电脑提花机”，通过省级科技成果鉴定，综合性能处于国内领先水平，获得省优秀新产品三等奖、省科技进步三等奖、市科技进步二等奖。2007年2月，试制成功的“双面移圈罗纹电脑提花机”，集罗纹提花、单面移圈提花、双面电脑提花等功能为一体，提升产品综合性能，推动设备升级换代。洛江区双阳金刚石工具有限公司研发的“高效耐用金刚石排锯刀头”、福建铁拓机械有限公司承担的“QLB30强制间歇式沥青混合料搅拌设备”等均已投入批量生产，产品出口到印度、俄罗斯、罗马尼亚等国。至2007年，洛江区规模以上五金机电企业16家，产值13.5亿元，占全区工业总产值14%。

第四章　管　理

第一节　管理机构

一、洛江区科学技术局

1997年10月，洛江区科技文体局成立，1998年1月更名为洛江区科学技术局。2007年，行政编制2名，内设办公室、综合股、科技管理股，下辖区科技情报研究所、高科技管委会办公室、生产力促进中心、地震办等事业单位。

二、镇（乡）、街道科学技术委员会

1987年12月，马甲乡成立科学技术委员会。1991年，河市乡成立科学技术委员会。2000年，双阳

镇、虹山乡成立科学技术委员会。2002年，万安街道、罗溪镇分别成立科学技术委员会。各乡（镇、街道）科技负责人兼任科委主任，统一管理各乡（镇、街道）科技工作。

三、专业管理机构

（一）洛江区生产力促进中心

1998年4月，洛江区生产力促进中心成立，编制2名，经费列入区财政预算。

（二）洛江区高科技园管委会办公室

1997年12月，洛江区高科技园管委会办公室成立，编制暂定3名，经费由区财政全额拨款。

四、洛江区地震办公室

2003年9月1日，洛江区地震办公室成立，为副科级事业单位，编制2名，经费纳入区财政预算。

五、仰恩大学科研管理部

2004年，仰恩大学科研管理部成立，编制5名。2004—2007年，仰恩大学科研管理部负责编制学校科研规划、制定学校科研管理与科研所管理制度；组织校内开展科研活动，对学校科研成果进行评审鉴定、奖励；对外实施科研协作，组织申报并管理全校科研课题；开展全校性学校交流与科研活动，编制学校国内外学术交流计划；收集、研究科研信息。

第二节 项目与经费管理

一、项目管理

1998年起，自主下达区级科技计划项目。2001年，洛江区委、区政府制定《建立洛江区企业项目效益评估制度》，把科技列为评估的重要内容，为规范科技经费管理，2002年区科技局和财政局联合制定《洛江区科技三项费用管理办法》《洛江区中小企业技术创新发展资金管理办法》。至2007年，洛江区承担国家、省、市、区科技项目264项，其中国家级13项，省级22项，市级86项，区级143项。

二、经费管理

（一）科学事业费

洛江区科学事业费由区财政下拨，主要用于人员工资、公务费、业务费三项。业务费主要用于开展科技培训、科技咨询，编印科技信息，订购全国各地科技信息资料和刊物。科学事业费和科技三项费用统称科技支出。

1998—2007年洛江区科学事业费统计表

表25-4-1 单位：万元

年份	总计	年份	总计
1998年	22	2003年	57
1999年	33	2004年	66

续表 25-4-1

年份	总计	年份	总计
2000 年	78	2005 年	97
2001 年	61	2006 年	105
2002 年	62	2007 年	524

（二）科技“三项费用”

1998年，洛江区开始下拨新产品试制费、中间产品试验费和重大科技研项目科研费（简称“三项经费”），采取专款专用、实报实销的管理办法，由科技项目下达单位随年度项目计划分批下拨，实行科技“三项费用”专项合同制度。同年，区财政拨出 6 万元作为科技发展基金，每年按一定比例拨给，逐年增加定额。至 2007 年，省、市、区下拨科技“三项费用”2500 多万元。

第三节 科技成果管理

1977 年前，洛江境内的科技成果分别由泉州市（县级）政府主管部门各自管理。1978 年，归口管理，泉州市（县级）科委对洛江境内申报项目的技术水平、经济效益和社会效益写出评价意见，提出成果奖励等级的初步意见，向晋江地区科委推荐。地区科委评审后，向省科委推荐。1984 年，泉州市科技成果评奖委员会成立，拨出成果奖励经费基金，开始组织评定科技成果奖。2003 年 2 月，洛江区政府印发《洛江区科学技术奖励暂行规定》的通知。2007 年，洛江区评出首届（1997—2007 年）科技成果奖。其中，一等奖 2 项、二等奖 2 项、三等奖 5 项。至 2007 年，全区获中国专利授权 140 项，其中发明专利 2 项，实用新型专利 55 项，外观设计专利 83 项。全区获得区级以上科技成果奖励 30 项，其中省级 6 项，市级 15 项，区级 9 项。

1997—2007 年洛江区省级科技获奖项目一览表

表 25-4-2

项目名称	主要完成单位	主要研究人员	获奖等级	获奖年份
隔震技术在混凝土结构中的应用研究	泉州洛江城市建设有限公司	连益宁等	三等奖	2002 年
HD-III 便携式语音教学机	泉州市河市电教设备有限公司	纪国桢、董伦焕、郑振元、方玉萍、杨玉云	三等奖	2003 年
HS 系列新型耳机话筒组	泉州市河市电教设备有限公司	方玉萍、纪国桢、董伦焕、郑振元	三等奖	2003 年
FH-2100 面料复合机	南方机械（泉州）发展有限公司	许维群	三等奖	2004 年
HW 红外音频教学系统	泉州市河市电教设备有限公司	方玉萍、纪国桢、董伦焕、郑振元、郑维山	三等奖	2004 年
单面六色自动变色电脑提花机	泉州凹凸精密机械有限公司	王来成、黄国川、周志杰	三等奖	2007 年

1997—2007 年洛江区市级科技获奖项目一览表

表 25-4-3

项目名称	主要完成单位	主要研究人员	获奖等级	获奖年份
HD-III 便携式语音教学机	泉州市河市电教设备有限公司	纪国桢、董伦焕、郑振元、方玉萍、杨玉云	三等奖	2003 年
HS 系列新型耳机话筒组	泉州市河市电教设备有限公司	方玉萍、纪国桢、董伦焕、郑振元	三等奖	2003 年

续表 25-4-3

项目名称	主要完成单位	主要研究人员	获奖等级	获奖年份
FH-2100 面料复合机	南方机械（泉州）发展有限公司	许维群	三等奖	2003 年
轻质复合墙板	泉州颖翔新型建筑材料有限公司	陈忠文	三等奖	2003 年
创建优质猪精子库及猪人工授精研究	泉州市华丰果牧开发有限公司	林少槐、张雄鹏、熊锡炎、修今生	二等奖	2004 年
HW 红外音频教学系统	泉州市河市电教设备有限公司	方玉萍、纪国桢、董伦焕、郑振元、郑维山	三等奖	2004 年
双斑东方鲀全人工繁殖的研究及开发应用	泉州洛江万欣水产发展有限公司 泉州市水产技术站	张胜利、林少华、余达林	三等奖	2004 年
单面六色自动变色电脑提花机	福建泉州凹凸精密机械有限公司	王来成、黄国川、周志杰、刘璋博、何卫东	市级二等奖	2005 年
耐腐蚀、高强度特种不锈钢铸件生产研究	泉州腾达精铸有限公司	廖小波、邓元华、赖兆东、黄金亮、易建峰	三等奖	2005 年
湾鳄人工孵化技术研究	泉州市马甲动植物观赏园 泉州市水产技术站 集美大学水产学院	林少华、洪惠馨、林利民、吴迎波、杜志坚	三等奖	2005 年
	福建泉州凹凸精密机械有限公司	—	科技创业奖	2006 年
金刚石串珠绳	洛江区双阳金刚石工具有限公司	陈秋平、杨明琛、陈文建、何明强、林坤煌	二等奖	2006 年
DN8-DN100 核电用直通式隔膜阀系列产品开发	泉州腾达精铸有限公司	廖小波、邓元华、赖兆东、黄金亮、易建峰	三等奖	2006 年
QLB30 强制间歇式沥青混合料搅拌设备	福建铁拓机械有限公司	王希仁、郑金国、蔡耀生、郑涓龙、肖友彬	三等奖	2007 年
金刚石排锯刀头	洛江区双阳金刚石工具有限公司	陈秋平、陈文建、杨明琛、何明强、杨志胜	三等奖	2007 年

2006 年首届洛江区科学技术奖获奖项目表

表 25-4-4

序号	项目名称	主要完成单位	等级
1	FH-2100 面料复合机	南方机械（泉州）发展有限公司	一等奖
2	HW 红外音频教学系统	泉州市河市电教设备有限公司	一等奖
3	单面六色自动变色电脑提花机	福建泉州凹凸精密机械有限公司	二等奖
4	创建优质猪精子库及人工授精研究	泉州华丰果牧开发有限公司	二等奖
5	湾鳄人工孵化技术研究	泉州市水产技术站 集美大学水产学院 泉州市马甲动植物观赏园	三等奖
6	金刚石串珠绳	泉州市洛江区双阳金刚石工具有限公司	三等奖
7	DN8-DN100 核电用直通式隔膜阀系列产品开发	泉州腾达精铸有限公司	三等奖
8	隔震技术在混凝土结构中的引用研究	福建省抗震防灾技术中心 福建省建筑科学研究院同济大学 泉州洛江城市建设有限公司	三等奖
9	轻质符合墙板	泉州颖翔新型建筑材料有限公司	三等奖

第二十六篇 文化 旅游 体育

洛江区位于历史文化名城泉州的东北部，历史文化积淀深厚。晋代，中原人南迁居住洛阳江两岸，中原文化广泛传播，与当地文化交融渗透。唐代，洛江今域文化已很发达，文学、书法已达相当水平，宋元时期，泉州（含洛江今域）海外交通发达，文化日益兴盛，人称“海滨邹鲁”，出现梨园戏、提线木偶戏，明清时期，文化继续发展，出现南音、高甲戏、打城戏等。中华人民共和国成立后，洛江今域文化事业蒸蒸日上，传统文化得到挖掘整理；改革开放后，广播、电视、音像制品等事业迅速发展。

1997 年建区后，洛江区贯彻“百花齐放，百家争鸣”的方针，推进先进文化建设，文艺创作活跃，文化活动丰富多彩。城乡体育设施不断充实、完善，城乡体育快速发展，学校体育得到全面加强。1998 年 10 月，被国家体育总局授予“全国武术之乡”称号。洛阳桥、仙公山等名胜古迹得到保护与开发，生态旅游业加快发展。文史档案机构相继成立，各司其职，做好记载、收集和整理相关工作，为洛江历史积淀添砖加瓦。

第一章 文 化

第一节 文艺创作

一、小说 散文 诗歌 音乐

1997—2007 年，洛江区文联编印《俞大猷》历史著作，出版《洛江风采》《洛江摄影家》《洛江风光》《洛江采风》《陈三五娘闽台论文选》等作品集。吴文安诗歌集《亮丽的眼睛》由中国文联出版社出版，《生活的声音》由北方文艺出版社出版，诗歌《英雄》获得第四届“新世纪之声”全国征文二等奖。诗歌创作还有林世铨的《我愿是沃土》，郑平忠的《默想与张望》，杜成金的《杜成金诗文集》，赖再发《诗文选集》。吴文安的报告文学《岁月的碎片》获泉州市刺桐文艺奖三等奖。卢希德的小说《糕凹》由海峡文艺出版社出版；小说类的还有杜成维的《悬案》《缉私队长》，郑新铎的《罗马欲望》《罗马风流》，王毓钦《啊，木兰树》《活宝阿乐伯》《我和香港表哥》《分家》。散文类有廖伏树的散文集《阅读人生》，蔡飞跃的散文集《紫阳行吟》《红尘笛韵》《白园滋味》《绿叶菩提》。彭耕耘的散文集《槐荫拾萃》由文化艺术出版社出版，卢希德的摄影散文集《榕趣》由海潮摄影艺术出版发行。洛江区文联出版歌集《洛江美》及其 CD 光盘及吕金蔓音乐演唱专辑《梦归汉唐》。

二、摄影

20 世纪 80 年代后，彩色摄影冲印迅速发展，摄影逐渐向新闻、广告、艺术照发展，境内摄影艺术创作开始活跃，20 世纪 90 年代后逐步形成一批摄影爱好者。1999 年，组织摄影作品参加泉州市文化局举办的“泉州市庆祝中华人民共和国成立五十周年摄影展”活动，洛江区选送的摄影作品《古桥新姿》《仙山烟云》荣获优秀作品奖。

2002 年，吴继凡的摄影作品《建设者之歌》在第九届佳能杯“亚洲风采”华人摄影比赛中荣获社会生活类三等奖。《与时俱进》获中国·上海第六届国际摄影艺术展览（新闻组）优秀奖。《大地旋律》在“爱我中华、照我大地”全国摄影大赛中荣获最佳作品奖。《归港》《沙滩美景》《源》《海》专题在全国摄影大赛中获入选奖。

2003 年，吴继凡的摄影作品《西岸渔市》获“千禧之爱”全球华人摄影比赛佳作奖。《原始与未来》入选中国摄影家协会西双版纳全国摄影大赛。《欢腾安平桥》入选中华传统节日全国摄影大赛。

2004 年，张明忠的摄影作品《两雄相遇》《牧羊曲》《夕照》，入选第四届中国凉山彝族国际火把节摄影比赛。《腾飞吧，都匀》入选第六届中国摄影艺术节暨都匀国际摄影博览会。吴继凡的摄影作品《科学种田》入选中国·丽水国际摄影大奖赛。《金色旋律》获大众摄影景友联谊赛佳作奖，《金色乐章》《幸福水》入选中国·上海第七届国际摄影展，《赶盛会》入选中国凉山国际火把节摄影大赛。

2005 年，张明忠的摄影作品《父子》获中国环境文化节“光大环保杯”首届全国环保美术、书法、摄影展优秀奖。

2006 年，吴继凡摄影作品《小村盛事》《会心》入选第十五届奥地利超级摄影巡回展照片组，《协作》《水花》入选第十五届奥地利超级摄影巡回展水专题组，《烈火狂欢》《节节甜》入选第十五届奥地利超级摄影巡回展中国专题组，《盛事》《梦里水乡》《庆丰收》入选上海第八届国际摄影艺术展览、交流展作品，《滩涂之韵》入选《摄影世界》杂志 2006 年“尼康奖”摄影季赛大奖。同年，张明忠的摄影作品《土楼盛事》入选中国摄影家协会主办“建设社主义新农村暨纪念中国共产党成立 85 周年摄影艺术展”。《坚持到底》入选 CCTV-12“平安家园”全国摄影展。

2007 年，张明忠的摄影作品《擎天接力》入选第十二届国际摄影艺术展。吴继凡摄影作品《阳光灿烂》入选中国第 12 届国际摄影艺术作品展，《落英缤纷》获 22 届全国摄影艺术作品展优秀奖，《盐田小曲》入选香港 37 届国际摄影沙龙。黄速明的《祥龙狂舞》《欢乐的童年》等多幅作品在世界华人摄影大赛、全国群众书画摄影大赛入选或获奖，黄志强、邱英振等多幅作品获奖。

三、书法 美术

北宋大中祥符二年（1009 年），进士郭咸善隶书；两任泉州郡守的蔡襄，为宋四大书法家之一，今存有《万安桥记》碑石；朱熹墨迹有题不二祠（今第三医院内）的“小山丛竹”，文庙的“明伦堂”。北宋时泉州郡学重刻淳化阁帖十卷，为历代丛帖，称“淳化阁帖泉州本”，或称“泉州帖”，盛行一时。1999 年虹山籍彭新国的书法作品获第三届国际金鹅奖书画大赛铜奖，2000 年获世界华人艺术展铜奖、入展中国近现代书画展（1840—2000 年），2001 年获庆祝中国共产党建党 80 周年中国书画家精品赴海外大展二等奖，2003 年获首届少林功夫杯中国书画名家邀请展金奖，2004 年获第七届当代书画家作品邀请展金奖、首届中国比干文化艺术节（河南卫辉）中外名家书画展一等奖，2007 年入展红色之旅——走进狼牙山国际书画艺术大展。

2005 年，虹山籍画家彭传芳油画作品“东海晨曦”入选第二届《北京国际双年展中国中青年艺术家精品展》并被国家收藏。2007 年，“都市瑞雪”入选“第二届风景、风情全国油画展”并获优秀奖（最高奖）。

第二节 演唱艺术

一、南音

（一）乐器与演唱

洛江南音演奏演唱形式为右琵琶、三弦，左洞箫、二弦，执拍板者居中而歌，与汉代“丝竹更相和，执节者歌”的相和歌表现形式一脉相承。其工尺谱记法自成体系，是古代音乐记写形制之遗存。横抱演奏的曲颈琵琶、十目九节的洞箫、二弦、三弦、击拍板等，也都沿袭古乐器遗制。南音曲目有器乐曲和声乐曲2000余首，蕴含晋清商乐、唐大曲、法曲、燕乐和佛教音乐及宋元明以来的词曲音乐、戏曲音乐等内容。南音以标准泉州方言古语演唱，读音保留中原古汉语音韵。演唱时讲究咬字吐词，归韵收音。南曲曲调优美，节奏徐缓，古朴幽雅，委婉深情。

（二）洛江南音传承

唐宋以来，洛江今域民间就流传南音，明末清初流传比较广泛，长期以来南音在民间代代相传。新中国成立后南音活动遍及各个乡村。1995年，河市镇成立南音社。2005年6月，洛江区南音艺术家协会成立，设立万安、河市等6个乡镇（街道）分会，近300多名会员。协会收集传统曲目，在洛江区各乡镇（街道）开展南音大汇唱等巡回会演，开展陈三曲艺学术研讨，促进南音艺术普及与提高。泉州市“南音”申报世遗成功后，为推进南音传承工作，洛江区开展“南音进校园”、洛江区中小学生南音演唱比赛，洛江区方志办与奕聪中学合编《乡音相伴》一书成为奕聪中学校本教材，奕聪中学每周各班开设一节南音课。

附：南音传承人刘贤伙简介

刘贤伙，男，民国37年（1948年）7月出生于洛江桥南，汉族，初中毕业，洛江区南音协会常务理事，“洛江区第一批区级非物质文化遗产代表性项目——南音代表性传承人”“市级南音进校园先进工作者”。1965年开始学南音，师承陈荣艺、刘以贵，属第三代南音传承人，教授第四代学生刘秋宁等人、第五代学生刘静云等人，学生参赛多次获奖。任万安街道南音协会会长期间，无偿为中小学生南音传承提供教学，经常带领团队参与演出。研究南音琵琶、洞箫、三弦、二弦乐器制作，配合洛江区陈三文化研究。

二、戏剧

（一）梨园戏

梨园戏发源于宋元时期泉州（含洛江今域），与浙江的南戏并称为“搬演南宋戏文唱念声腔的闽浙之音”，距今已有800余年的历史，被誉为“古南戏活化石”。梨园戏广泛流播于福建泉州、漳州、厦门，广东潮汕及中国港澳台地区，还有东南亚各国闽南语系华侨居住地。洛江区梨园戏保存宋元南戏的诸多剧作、唱腔和演出规制。它分小梨园（七子班）和大梨园的“上路”“下南”3个流派，每个流派各有号称“十八棚头”的保留剧目，保存《朱文》《刘文龙》《蔡伯喈》《王魁》等25种南戏剧目。

（二）高甲戏

高甲戏孕育于明末清初，是洛江境域主要地方剧种。明末，社会黑暗，政治腐败，群众有冤无处申，于是常借戏剧敷演历史故事，英雄义士除奸惩恶，为民申冤，剧终每有杀奸臣平民愤场面，成为早期的高甲戏。清初，武戏吸收民间武术及宋江阵的刀捧套路、队列阵法，用于戏中武打场面。清乾隆年间（1736—1795年），引进四平戏剧目、声腔、行当表演，渐与四平戏（又称大班、九角戏）混合，泉州方言“角”与“甲”谐音，遂称九角戏为九甲戏，清末则雅称为高甲戏。早期高甲戏擅演武戏，后衍化为文武戏，表演四平戏的剧目和北宋历史故事，也表演竹马戏《桃花搭渡》《唐二别妻》《士久弄》《番婆弄》《公婆拖》等丑旦戏。武戏内容为杀奸臣贪官，为民除害，以明快昂扬的曲调，配上雄劲有力的帮腔、洪亮热烈的大小唢呐、曲笛、大锣、钹等乐器，构成气势磅礴的声腔，富有民族性、人民性、斗争性。生旦戏大都反映爱情生活，以优美典雅、缠绵的曲调，配上明快抒情的曲笛、二胡、二弦、琵琶，表现生离死别、儿女情长的戏剧场景。

（三）剧团

至2007年，洛江区有戏剧团5家，分别是青华剧团、长城高甲剧团、福金星高甲剧团、群众剧团和实验剧团。青华剧团常代表洛江区参加泉州市的戏剧表演比赛。

附：剧团简介

泉州市青华剧团 1998年该团创办，投资20余万元。全体演职员35人，年演出300场次。剧团演职员实行工资年薪承包制，全团付出工资及费用100万元左右。曾多次荣获“威远楼”戏剧展演剧团演员优秀奖。常演剧目：《仁义缘》。

洛江区实验高甲戏剧团 2005年1月，洛江实验高甲剧团（前身，原泉州市鲤城小开元高甲戏团）创办，该团演员聘请名师专业指导，舞台、服装、灯光一流。常演剧目《母子逼宫》《知县审包工公》《审皇亲》等经典剧目。

洛江区福金星高甲剧团 1997年1月创办，该团演员阵容宏大，舞台、服装配备齐全。常演剧目《驿馆认母》《双凤奇缘》《情义仇》《皇帝赐婚》。

泉州市长城高甲剧团 1999年，泉州市长城高甲戏团创建，总投资金额20余万元，全体演职员30余名（其中优秀演员数名）。常演剧目《管甫送》《大闹花府》。

洛江区群众剧团 1998年，该剧团建团，剧团人数32人，3辆剧团车及配套的剧团设备。常演剧目：《皇帝赐婚》《母子逼宫》。

三、杂艺 曲艺

（一）泉州提线木偶戏（洛江）

源流 提线木偶形成于宋代，称悬丝傀儡，历来作为隆重大礼上演于宾婚嘉会及酬神、丧事活动之中，俗称嘉礼戏。南宋，包括洛江今域的泉州、杭州两地提线木偶戏互相融合，南外宗正司年老的艺师流散民间，促进泉州提线木偶戏艺术的提高与繁荣。泉州提线木偶戏经过历代继承、发展、创新，流行于闽南、台湾、香港和东南亚各国华侨聚居地。泉州傀儡戏至2007年保存700余出传统剧目和由300余支曲牌唱腔构成的独特剧种音乐“傀儡调”（包括“压脚鼓”“钲锣”等古乐器及相应的演奏技法），形成一整套精巧成熟的操线功夫“传统基本线规”和精美绝伦的偶头雕刻、偶像造型艺术与制作工艺。

（二）泉州布袋木偶戏（洛江）

泉州称掌中木偶戏为掌中班，因木偶内有形似布袋的布制内套，又俗称布袋戏，相传明清间传入泉州府五县。清道光、咸丰年间（1821—1861年），泉州布袋戏顶手师傅金猪和林九二人技艺杰出，颇负盛名，几十出拿手好戏皆系二位大师薪火相传下来，如《士久弄》《鸳鸯扇》《朱箔艺》等。布袋戏偶人形象，仿提线木偶而略小，吸收梨园戏的表演和提线木偶戏的声腔，文武戏并重。

在洛江区，掌中木偶渐渐消失，所剩的掌中木偶剧团甚少。黄德模是洛江区罗溪镇掌中木偶剧团团长，其表演技艺精湛。其曾祖父黄掀奕在清末创办溪东木偶剧团，后经由其祖父黄世廉、父亲黄嘉种四代人传承这项技艺。

附：木偶戏优秀演员简介

黄德模，男，1962年出生于罗溪罗东村，1980年高中毕业后拜师泉州木偶剧团团长陈天恩，在严师悉心指导下，刻苦学艺10年，得其真传。1990年，黄德模参加国际木偶节，获得优秀演员奖，节目获得优秀奖，省电视台对其进行采访并播放节目。洛江境内每逢民间婚嫁、寿辰、婴儿生日、新建屋厦奠基、上梁或落成、迎神赛会、谢天酬愿，当事人都请他去表演以示大礼。逢年过节，人们请他去表演布袋戏。黄德模深厚的功底，程式运用丝丝入扣，角色塑造形象生动，把角色内在的情和外在的美传递给观众，被称为“木偶才子”。

四、传统技艺

（一）妆糕人制作技艺

源流 “捏面人”始出古代礼俗，始于对天地神鬼的崇拜。“捏面人”是中国农业社会中的民间传统艺术，创作原料皆以粮食为主。捏面人在中国流传很广，因南北的地形、气候、农作物、传统文化的不同，在制作原料（麦、米）、叫法上而有所不同。如陕西合阳统称“面花”（此称也是捏面人之学名）；关中叫“面虎”；晋北、陕北及内蒙古西部地方称“面人人”；河北称“面羊”；山东郎庄称“面老虎”；河北广宗也叫“面老虎”；胶东称升虫“花馍”；山东莱州叫“巧饽饽”；还有些地方叫“花糕”“混沌”“果实”等。南方人则称呼“捏面人”“江米人”；台湾、泉州等地又称：“妆糕人”“米粿雕”“糯米尪仔”。

技艺传承 盛唐时期，疆土扩张，部分张姓黎民开始入闽，部分定居南安四都。清乾隆三十三年（1768年），一世祖张德山由河南省开封府入闽，将“妆糕人”制作工艺带到福建省南安县四都洋山，时称张氏一世。二世张鸣凤再由南安四都洋山张厝徙居晋江县吕埔（今洛江区双阳镇）洋山张厝，是为双阳“妆糕人”艺人的始祖。双阳“妆糕人”经历清代、民国、中华人民共和国成立的兴盛时期，至“文化大革命”期间，许多传统节日皆被废除，“妆糕人”遭遇冷落、沉寂期。至2007年经历238个春秋。世代繁衍，人多地少，双阳前洋张氏后裔又陆续移居海外，“妆糕人”工艺亦陆续传到印尼、新加坡等东南亚国家和中国香港、台湾等地区。改革开放后，“妆糕人”传统制作工艺有长足的发展。2004年后，泉州市政府实施民族民间文化保护工程，“妆糕人”民间艺术得到各级政府的重视，进入复苏期。“妆糕人”从原材料的处理、颜色的调制、作品的设计制作都有创新发展。如今双阳“妆糕人”艺人主要有张志勤、张丽水两家。

制作工艺 “妆糕人”的作品种类有卡通人物、动物、花鸟、鱼类、虫以及戏剧人物等，戏剧人物又以传统故事《三国演义》《水浒传》《红楼梦》等主要人物为创作题材。“妆糕人”最重要的是面谱创作。面谱创作主要来自于“妆糕人”艺人对戏剧、电影、舞台、故事等人物塑造或描述的印象，加上“妆糕人”艺人对故事、舞台人物面谱或拟创作作品的想象、理解所进行的再创作。制作同一个题材的“妆糕人”，在不同的“妆糕人”艺人手中，制作出来的作品可能就各不相同。

（二）十音铜锣制作技艺

洛江区“十音铜锣制作技艺”在全国可称得上绝无仅有，具有较高历史、科学、文化价值。十音铜锣由10个内径8厘米、外径11厘米、厚度约1毫米的帽形铜锣组成，按一定要求排列，用琵琶线穿挂在一个特制的架子上。演奏时，把特制的十音铜锣架平架腰身，悬空部分用绳子系好挂在脖子上，左手扶住铜锣架，右手拿着由橄榄核制作而成的锤子敲打。每个铜锣可分别敲出一个音，10个铜锣分别敲出5、6、1、2、3、4、5、6、1、2 10个音。“十音铜锣制作技艺”始祖黄瑞台研究发明十音铜锣制作技艺，为泉州南曲“下四管”增添一种音色柔和的打击乐。十音铜锣制作技艺主要是制作时的“刨、削、调音”工艺技术堪称独特。十音铜锣是闽南音乐所特有的一种乐器，主要配合南音“下四管”器乐，“下四管”声音铿锵，十音铜锣声音柔和，是南音不可缺少的一种铜乐器。历经明代、清代、民国的兴盛时期，随着社会经济快速发展和人们生活方式的改变，人们追求西方流行、时尚音乐，逐步淡忘传统、古典音乐，十音铜锣遭遇冷落，造成整个传统铜锣市场大量萎缩。罗溪铜寮村黄氏后裔中有第十三代孙黄平水（1941年11月出生）、黄伙伦（1949年7月出生）兄弟，分别办厂生产铜器乐。黄氏后裔尚有11人会制作铜器乐，但仅有第十三代传人黄平水、黄伙伦和第十四代传人黄成余3人能创制十音铜锣。十音铜锣制作技艺是民俗民间文化的研究范畴，被列为省级非物质文化遗产保护代表性项目。

附：十音铜锣制作始祖和代表性传承人简介

“十音铜锣锻制技艺”始祖黄瑞台 男，汉族，罗溪镇人，明万历十年（1582年）出生，因被人贩子拐骗，被贩卖到广东省潮州。其养父是位制作铜锣的能手，便将技艺传授给黄瑞台。黄瑞台后来被在两广任按察司佥事的黄仕藻（罗溪镇人）设计营救回罗溪老家。回家后，黄瑞台靠着从广东潮州养父处学来的技艺，在罗溪制作经营铜锣生意，其铜寮村由此得名，发展至今有400年的历史。

省级非物质文化遗产代表性传承人黄平水 民国30年（1941年）11月12日出生，男，汉族，罗溪镇人。1958年，从师于彭梦师，于1960年出师后当两年打铁师。

1963年，罗溪综合厂设立铜锣生产车间，黄平水开始跟随父亲学习制锣技术和各种乐器（南音“十音”“小叫”“双铃”等）的制作。后和其弟黄伙伦合作生产出22寸大锣（当时清朝黄培祥高中状元祝贺时，用三四个师傅才能生产18寸的大锣）。“文化大革命”期间，铜锣生产供不应求，达到高峰期。后由于资金和原材料缺乏无法扩大再生产，便与厦门华成琴行合作，委托厦门工程机械厂研究响铜配料（纯铜纯锡），利用黄杂铜制作出学校用的课钟。还和洪秀生等共同研究配合纯锌铸造出32.5千克大课钟，售往南安、永春、德化等地。随后，黄平水又把铜锣制造技艺传授给儿子黄成余和黄成典，父子三人均被评为“非物质文化遗产代表性传承人”。1983年，重建响铜乐器厂，黄平水任厂长，并进行技术改革，用“空气锤”“车锣机”“剪边机”，用柴油溶化铸造，生产质量大大提高，产品远销浙江、江苏、安徽、广东、江西、湖南、湖北及东南亚各国和中国香港、台湾等地。其铜锣产品中的大锣和五音曾送往省城和北京展览，被评为“优秀产品”。2000年，体制下放，建立泉州洛江协源铜锣厂，黄成典任厂长，黄成余任技术员，黄平水任顾问。

四、文艺参演

2001年，创作话剧小品《公鸡下蛋》参加第十一届全国“群星奖”评奖活动，获“群星奖”银奖；组织男声四重唱参加福建省首届社区文化艺术节获得声乐类比赛铜奖。2003年，洛江区编排的《南少林雄风》和《异国风情舞》在泉州市大型文艺踩街中双双获表演一等奖；百人大型踩街表演《古港迎蕃货》参加泉州市政府承办的中国民间（闽南）文化节暨第二届中国泉州“海丝”文化节活动获一等奖，南音踩街表演方阵荣获“四海一家亲”二等奖。

2004年，组织演员参加省经贸委、文化厅等单位举办的全国企业家活动日暨企业松绑放权20周年“企业雄风”大型文艺晚会。2006年，组织选手参加由泉州市广播电视事业局、泉州市文化局联合举办的泉州市首届“清品茶王杯”讲古人电视大赛，洛江区选手杜筑成在100多名选手中以94.214分的成绩获大赛亚军；组织选拔中小学生南音选手参加泉州市第十六届中小学生南音演唱演奏比赛，3人获得演唱二等奖，4人获得器乐合奏二等奖，1人获得器乐独奏三等奖。

第三节 群众文化活动

1997年起，每年元旦、春节期间，组织区、镇（乡、街道）“迎新春”文化系列活动。举办新春“电影节”“迎新春”书画展及灯谜竞猜活动；组织全区民间剧团开展戏剧巡回演出；组织南音、花灯、武术表演等项目参加泉州市政府举办的“海丝”文化节。2004年，配合宣传部举办纪念邓小平100周年诞辰文艺会演。2005年，与区消防大队在万安街道举办“关爱生命，情系消防”文艺演出，既宣传消防安全的重要性，又丰富中心城区居民和外来工的文化生活；在纪念中国人民抗日战争暨世界反法西斯战争胜利60周年期间，精心选择一批优秀抗战影片，组织爱国主义电影到各乡镇（街道）展演。2006年，洛江区选送花灯被灯会组委会评为最佳花灯；组织开展庆祝“五一”国际劳动节、纪念五四青年节系列文化活动；举办洛江区首届十佳创业青年、十佳外来务工青年表彰暨纪念五四运动86周年“动感地带之夜”

文艺演出；开展文化进社区活动，在万安街道吉源小区举办“和谐社区、活力社区”文艺演出及南音大会唱；组织文艺节目进企业进行慰问演出；举办“平安洛江”专题文艺演出；承办市文化局开展宣传贯彻中共十六届六中全会和泉州市第十次党代会精神“和谐泉州”文化艺术下基层百场活动。2007年，省委宣传部主办的“情满海西”新农村百镇行文艺巡演在洛江区马甲镇进行慰问演出；组织20名“妆糕人”队伍参加中央电视台第四频道直播“感受文化泉州”文化之旅表演活动；组建洛江区“大鼓吹”表演队首次代表洛江参加中国闽台缘博物馆开馆庆典仪式广场民俗表演及首个文化遗产日活动；以区南音协会为依托，引导南音爱好者开展南音演唱活动，举办第三届中小学生南音比赛；组织《印尼风情舞》《南少林武术表演》《天山姑娘》3个项目参加第二届“两岸青年联欢节·海西行”开幕式暨海峡两岸大型民俗文化广场展演；在万安街道、双阳街道、马甲镇开展“讲礼仪　迎农运”3场专题文艺演出活动；在双阳街道举办“活力泉州·人文农运”为主题的迎农运倒计时1周年文艺晚会。

附：影剧院简介

洪四影剧院　位于罗溪镇洪四村，始建于1968年。设计者借鉴泉州市区“群众戏院”的建筑风格。双层结构，占地504平方米。正中间处，两根大圆柱撑起廊下空间，左右各开一门，方便观众进出。二楼三个拱顶红砖窗，左右略小，中间较大，内置木栅隔扇。在建筑物的东西方各置一个角屋，旧为大队办公所在。中间两根立柱的顶端各有一个醒目的红色五角星，在两旁的角柱顶端则是两粒红色圆帽石，年代感浓郁。约能容纳150人的大礼堂。礼堂的顶端是一个大舞台，后面悬挂着长约7米的幕布。在礼堂的另一端是一个双向通道的大木梯，从这里可以直登二楼。在舞台和木梯之间则是一排排整齐的桌椅。礼堂两侧的墙壁上，则悬挂着一批几十年前的电影海报，如《智取威虎山》《地道战》《南征北战》《平原游击队》等。影剧院可以放映电影，也可以用来演出戏剧、话剧等。当时一楼设有化妆室、道具室，舞台上有手拉布条、木滑轮、垂条等一套完整的设备。20世纪60—70年代，村里活跃着一支宣传队，演出的节目有《桃花搭渡》《三句半》《沙家浜》，新编南音《颂洪四》《忆苦思甜》等，演员们精湛的表演打动观众，这些剧目在当地群众的心中烙下了很深的印象。1974年，宣传队在泉州农村文化宣传调演中荣获二等奖。当时，在大队干部号召下，泥水工、石匠、木工自发报名参加建设的。洪四村民自行组织到山里采石取木，到溪里捞沙，制作砖瓦。洪四村民心无旁骛，自力更生，用勤劳的双手建起属于村里洪四影剧院。洪四影剧院是泉州市最早的村级影剧院之一，烙有特殊时期的文化特征，其建筑具有重要纪念意义和史料价值。

第四节 档案

一、管理机构

1998年1月13日，洛江区档案馆成立，加挂洛江区档案局牌子，实行一个机构、两块牌子，为区委直属事业单位，暂定编制4名。1999年8月，洛江区党政机构改革，核定内设办公室、监督指导科、管理编研利用科，馆（局）暂定编制4名。其中，馆（局）长1名，副馆（局）长1名。2007年12月，经省委组织部批准，洛江区档案局（馆）参照国家《中国人民共和国公务员法》管理。

二、档案管理与利用

（一）接收与保管

2000年，接收虹山、罗溪、马甲、河市和双阳等乡镇、场到期（单位档案室保管年满10年）永久长期档案601卷（册），包括婚姻登记档案200卷、农村第二轮土地延包档案332卷（盒）。2003年，接收区重点建设项目（310 省道河市路段）工程竣工档案 95 盒；征集“纪念俞大猷诞辰 500 周年活动”材料两套（其中一套移交市档案馆）。至 2007 年，洛江区档案馆馆藏档案 65 个全宗，5040 卷（盒、袋）、9225 件。档案成分有文书档案、科技档案、专门档案（包括婚姻登记档案、会计档案、复退士兵档案、死亡干部档案、土地延包档案、勘界档案）、重大活动档案、风景名胜档案等；档案载体形态主要为纸质，部分为实物和磁质。馆藏资料及政府公开信息 4000 多册（件）。

（二）档案利用

2004 年 11 月，区档案馆设立现行文件资料服务中心，集中向社会公众提供已公开现行文件查阅利用服务工作。服务中心实行开架服务，在洛江区政府公众网档案馆子网站上设立文件中心栏目，公布经区政府清规后的部分文件。至 2007 年，区档案馆提供档案 1300 多卷次，资料 270 册次，接待利用 800 多人次。主要为利用者提供婚姻、职工身份证明和落实政策、工作查考等服务。

（三）档案编研

1998—2007 年，区档案馆利用和挖掘馆藏档案资源，编纂《地方史大事记》《历年政府工作报告》《历届“两会”概况》《洛江区招商引资优惠政策汇编》等 10 多种资料汇编。

（四）档案保护

1998 年，制定《消防安全管理制度》《灭火抢险预案》，配备消防自动报警、防火防盗监控、空调、去湿和防磁、消毒柜等设施设备，库房档案保管基本达到“八防”（防高温、防潮湿、防光、防火、防盗、防虫霉、防雷电、防尘）要求。2000 年，洛江区检察院、人民法院档案管理室通过“省级先进档案室”认定。2003 年，对各立档单位全宗档案进行系统编号（划分全宗号），编制全宗名册，同时，建立健全《洛江区档案馆（局）保密工作制度》《档案库房安全管理制度》《档案库房出入库制度》等 6 种管理制度。2007 年，洛江区社区档案工作合格认定比率 100%。

三、档案监督与指导

1997 年，区委办、政府办下发《关于做好我区档案工作的通知》，对区各单位档案工作地位、档案人员配备、立卷归档时间、建章立制等作出明确要求。1998 年 6 月，区档案局和区人大教科文卫委组织有关人员对本区域内各单位档案工作进行执法检查，随后每两年在全区范围内开展档案安全保管、档案质量、档案登记办理情况检查。2001 年，试行文书立卷改革，即将传统以“卷”为立卷单位改成以“件”为整理单位，按单份文件进行整理归档。2002 年、2007 年以纪念《中华人民共和国档案法》颁布 15 周年、20 周年组织开展全区性“宣传月活动”，2003 年、2004 年分别以《福建省档案条例》《中华人民共和国行政许可法》颁布实施为契机，开展“档案行政法规知识学习月”活动。1998 年、2002 年、2004 年、2006 年与本级人大教科文卫委、司法局、政府法制办联合开展档案行政执法检查，及时下发限期整改意见书。至 2007 年 7 月，洛江区档案事业列入国民经济和社会发展计划。

四、档案馆（室）建设

区档案馆位于区政府大院三楼，该馆建筑面积 180 平方米，库房面积 100 平方米，安装空调、吸湿机、自记式温湿度记录仪等设备。2001 年 10 月 9 日起，对区直机关、事业单位档案室进行达标定级考评，全区 52 个机关、事业单位档案工作达到“区级合格档案室标准”，区审计局、区检察院等 13 家单位档案管理通过“省级先进档案室标准”认定，50 个行政村建档工作合格，琯头社区被市档案局认定为“市级档案管理示范社区”。

第五节 地方志编纂

一、志书编纂

2007年12月27日，洛江区召开地方志工作会议，启动《洛江区志》编修工作。区委副书记、区长朱团能，市方志委常务副主任邱哲宏，区委常委、宣传部长吴新文，副区长杨青青，区政协副主席黄清凯，区地方志编纂领导机构成员，区直各部门、省市驻洛各单位主要领导参加会议。会上，区长朱团能对修志工作进行动员部署，市方志委常务副主任邱哲宏作指导讲话。《洛江区志》编纂初步计划全书33篇，由80多个单位（部门）承编。

二、地情丛书编纂

2003年6月，由区政府办公室牵头，区公安局配合，对全区各姓氏人口分布情况进行摸底，整理出《洛江区百家姓氏顺序及其分布》情况表，制定《洛江姓氏资料》编纂工作方案，并下发文件对编纂的重点内容、资料的收集、编纂要求以及编纂时间和步骤等进行具体部署。2003年底形成初稿，分为28章，按洛江姓氏人口从多到少分布排序，每个姓氏从源流、人口分布、谱牒、字辈排序、楹联、人物、文物分篇整理。2004年6月，完成《洛江姓氏资料》总纂稿并将印发给各乡镇、街道编纂小组进一步补充、修订和核对。洛江区地方志编纂委员会办公室成立后，广泛征求社会各界意见和建议，对稿件反复打磨修改，完成定稿。

2007年10月，《洛江方志》创刊，是洛江区政府主管、洛江区地方志编纂委员会办公室主办的内部交流刊物，刊物设立《编纂研究》《聚焦洛江》《历史典故》《人物春秋》《史海钩沉》《乡土文学》《乡村风情》等栏目，反映洛江区地情的历史与现状，挖掘洛江历史积淀，记述洛江区自然、政治、经济、社会和文化状况，为领导施政和决策提供借鉴，为海内外人士认识和了解洛江提供资讯。

三、机构设置

洛江区地方志编纂委员会办公室成立前，地方志相关工作由区政府办公室负责。2005年12月，洛江区方志办成立，为区政府直属正科级事业单位，核定编制3名，实际于2006年8月挂牌运行。2007年12月26日，洛江区地方志编纂委员会成立，区委书记为区地方志编纂委员会顾问，区长兼任主任，设副主任若干名，成员由各有关单位负责人组成。

第二章 旅 游

第一节 景点与景区

一、洛阳古桥

位于洛江区万安街道桥南社区与惠安县洛阳镇交界的洛阳江入海口处，中国现存最早的跨海梁式大石桥。原名“万安桥”，建于北宋皇祐五年至嘉佑四年（1053—1059年），由宋代泉州太守蔡襄主持建造。现桥长度731米，宽4.5米，桥墩45座。洛阳桥以其“筏形基础”“种蛎固基”“激浪以涨舟，悬机以弦纤”等造桥工程上的重大发明而驰名海内外。1988年1月，被国务院公布为全国重点文物保护单位。

二、蔡襄祠

位于洛阳桥桥南街南侧，祠始建于南宋庆元元年至六年（1195－1200 年），为纪念蔡襄的功绩而建，国家重点文物保护单位洛阳桥的附属文物。现存蔡襄祠为清代建筑，祠坐北朝南，三开间三进殿堂。首进为大门，门廊石柱上有晚清大臣、两广总督黄宗汉之子、探花黄贻揖书题对联：“筑桥天地老，留笔鬼神惊。”正殿中央，有蔡襄雕像，著名的《万安桥记》碑刻立于祠内，此碑被世人称为“文、书、镌”“三绝”碑。廊下两侧依次分立历代纪事碑刻 11 方。

三、俞大猷公园

位于洛江区河市镇白洋村，1993 年为纪念抗倭民族英雄俞大猷而建。公园占地 53.33 公顷，分别建有正气堂、俞大猷立像、古城靖国门、陈列馆、国术馆、啸卧亭、弹亭、田螺姑娘塑像等，为泉州首批爱国主义教育基地。

四、仙公山

又称双髻山、丰山，位于洛江区马甲镇，距离中心城区约 35 千米。仙公山海拔 758.5 米，为泉州北郊的第一高峰。道教丰山仙洞、佛教白水岩寺、儒学朝天阁三座古建筑分别坐落在仙公山山顶上。丰山仙洞（双髻寺）始建于南北朝齐建元二年至永元二年（480—500 年），主祀何氏九仙；白水岩、朝天阁创建于五代十国后梁开平元年后周显德七年（907—960 年），白水岩供奉释迦、药师、弥陀三世尊佛；朝天阁尊何氏九仙母舅范侯公为主祀神，配祀五文昌夫子。宋、明、清时期，仙公山三教香火兴盛不衰，山上方圆 40 公顷内，至今仍保留历代骚人墨客的摩崖石刻 24 处、碑刻 4 通，字体涉及楷、隶、行、草等书体，其中以明代书法家张瑞图的“禅鸡冢碑”刻最为珍贵。仙公山上还有飞来石、仙脚迹、双龟听法、禅鸡唱晓、出米石等形状各异的奇石，演绎出一个个神奇动人的传说。2002 年，仙公山风景区由省政府公布为第五批省级风景名胜区；2002—2003 年，被泉州市委文明办评为市级文明风景区；2003 年入选“泉州十八景”。

五、动植物观赏园

位于洛江区马甲镇，始建于 1992 年，为马甲农业大观园的重要组成部分。观赏园占地 13.33 公顷，养殖引进鳄鱼 120 只，以及少数其他珍稀动物等。

六、惠女水库（见第九篇水利电力第一章水利）

七、丰山生态旅游区

丰山生态旅游区由泉州市丰山生态旅游开发有限公司开发建设，成立于 2001 年 12 月，山下是俞大猷公园和泉州市植物园，占地面积 80 公顷，最高海拔 672 米，常年平均气温 19.7℃，降水量 1400 毫升，无霜期 350 天。森林形态上属低海拔阔叶林；按福建植被区划分属闽粤沿海丘陵，亚热带雨林区，闽东南戴云山东部湿软南亚热带雨林小区；其典型原生植被为南亚热带雨林植被。整个园区山清水秀，云雾缭绕，径曲林幽，风光旖旎，森林覆盖率达 90% 以上。植物科属有 95 科、270 种植物以上，主要树种有赤楠、杜鹃、青冈栎、山胡椒、黄瑞木、木荷、杨梅、黄连木、红叶树、山乌桕、鹅掌柴、盐肤木等。野生花卉有野牡丹、展毛野牡丹、炮仗花、桃金娘、黄金万两、鸡蛋果、水榕、金鸡孵蛋、称星木、野菊花、益智、肉桂等近百种；同时野生动物种类繁多，这为开发休闲农业、生态旅游、推广农家乐、发展乡村旅游创造了有利条件。

八、田格里拉生态园

位于河市镇新告村，洛阳江支流的源头，被列为省级休闲农业示范基地，园内山清水秀、空气清新，与泉州市植物园相邻，内园可观赏桃、李、梅、樱各种花草树木，采摘各种蔬菜、水果，登山看奇石、垂钓、烧烤、台球、乒乓球，儿童摸鱼、戏水等亲子活动，农活体验和DIY活动。

洛江区境域内景点还有虹山瀑布景区、罗溪森林公园、马甲康济庙以及罗溪龟峰岩等。

第二节 规划与建设

一、规划

2004年，由福建省城乡规划设计院编制《仙公山风景名胜区总体规划》，经泉州市政府第58次常务会议讨论通过。2006年，聘请南京大学城市与资源学系旅游规划专家为洛江区编制旅游发展总体规划，并对全区旅游资源进行全面普查。2007年11月《洛江区旅游发展总体规划》通过评审，同年12月提交《洛江区旅游业发展总体规划》成果。

二、开发与建设

2001年，完善建设闽侨航空旅游城配套设施及对河市俞大猷“正气堂”进行施工布馆。2002年，建设万欣垂钓休闲园钓鱼台、虾池、特种鱼观赏馆的配套设施；建设丰山生态旅游项目中部分休闲别墅、管理房配套设施；对亚热带动植物观赏园园区内300米的道路砼路面硬化，引进梅花鹿、猴子、蟒蛇、鸵鸟等十多种动物。2003年，对俞大猷公园进行绿化、美化及环境整治，俞大猷纪念馆修缮开馆；对蔡襄祠及桥南街进行拆迁、扩建、房屋立面整治以及绿化、美化工程；维修仙公山风景区缆车，对售票房、管理房外墙进行整修，扩大仙公山绿化种植面积；建设丰山生态旅游区配套设施。2004年，建成仙公山碑林一期工程。2005年，建设仙公山风景名胜区钟鼓楼、游客服务中心前期工程。2006年，建设仙公山景区内地藏王菩萨、弥勒佛石像、禅道等项目。

第三节 创建活动

1999年6月，举行《九仙重光》庆典活动。同年9月25日，虹山乡举行“古森林瀑布景区开园仪式”，正式推出“洛江一日游”。2000年，组织“洛江人游洛江”活动，推介“洛江一日游”。同年5月，组织赴武夷山进行旅游推介。同年6月，泉州电视台拍摄洛江旅游专题片——《洛江风情》。2003年，举办纪念俞大猷诞辰500周年庆祝活动。2005年，联合惠安、安溪、永春、德化四县赴潮汕地区开展“福建泉州欢乐山海行”大型旅游推介活动；同年9月24—25日，召开“九仙文化”学术研讨会。

第四节 旅游企业

1993年7月，泉州市金田旅游开发有限公司设立，开发、经营仙公山缆车业务，员工27人。1994年9月，设立福建省闽桥航空旅游城有限公司，建设别墅式客房16幢60间，1999年开始经营，员工60人。1997

年 10 月，华荣宾馆开业。2004 年改名为阳江宾馆，拥有客房 65 间，员工 65 人。同年 11 月，洛江旅游服务公司获区机构编制委员会批准成立。1998 年 4 月，设立福建省泉州市仙公山风景名胜区，员工 60 人。1999 年 4 月，洛江旅游服务公司在鲤城区设立旅游服务办事处。2000 年，设立洛江鸿运旅行社（2002 年，因经营不善而关闭）。2001 年 8 月，设立泉州市丰山生态旅游开发有限公司，经营丰山户外拓展运动项目，种植、制作、经营茶叶。

第三章 体 育

第一节 传统体育

一、武术

唐广明元年（880 年），嵩山少林棍僧智空到闽，在泉州东门外凤山下东禅寺（又称少林寺）传授少林武术，是泉州南少林武术之发端。南少林武术拳种有太祖拳、五祖拳、鹤拳、罗汉拳、花拳、犬拳等。太祖拳为宋太祖赵匡胤所创，南宋建炎三年（1129 年）后由赵氏皇族传入，历代盛传不衰。明代中叶，中外著名的军事家、武术家赵本学著有《韬钤内外篇》《赵注孙子兵法》。明嘉靖十四年（1535 年），南少林武术名家俞大猷中武进士。同年至嵩山少林寺，收宗擎、普从二僧为徒随军学艺，学成后宗擎重返嵩山少林寺，广传南少林技艺，南北少林武技互相交流发展。俞大猷撰有南少林拳经典著作《剑经》，对南少林武术发展有重大贡献。俞大猷创立的“俞家棍”至 2007 年 400 多年历史，传入东南亚、日本、澳大利亚、美国等地。

1998 年，洛江区与鲤城区、丰泽区联合举办“武术之乡”武术联赛。10 月，通过“全国武术之乡”申报、验收等工作，被国家体育总局授予“全国武术之乡”称号。2000 年，洛江区武术协会成立后，洛江区武术以泉州南少林国际学校为龙头，以各乡镇为基地的格局，由点及面铺开。区武协通过老年人协会发动离退休人员参加武术锻炼，引导各武术馆校因地制宜开展各具特色的武术训练班，经常参加武术活动人数近 9100 人，占全区人口总数的 5.05%。南少林国际学校每年接待海外华裔青少年到校参加中华文化培训 1000 余人次。2003 年，洛江区组队参加在江西庐山举办的全国“武术之乡”武术比赛，获得传统项目 4 个一等奖，竞赛项目 1 个第一名，1 个第三名，团体第 7 名。2005 年，组织代表团到河南省登封市参加全国“武术之乡”武术比赛，获得散打项目 1 个第二名、3 个第三名、1 个第四名、1 个第五名，总分第十名。其中，许俊华获散打男子 75 千克级第四名、陈岚获女子 52 千克级第五名、许少扑获套路男子组第二名。2006 年，组织南少林武术学校参加泉州市旅游文化推介展示系列活动，组织“集体拳南少林雄风”等 4 个节目参加南少林武术专场表演，获得优秀表演奖。2007 年，参加第六届全国“武术之乡”比赛。洛江派出 8 名选手参加比赛，获得 1 个冠军、3 个一等奖、1 个第三名、1 个三等奖、1 个第七名和 1 个第八名的优异成绩。在此次盛会中，洛江区被国家体育总局武术管理中心、中华武术协会授予“全国武术之乡建设工作先进单位”称号，是福建省唯一获此殊荣的县区。

附：“俞家棍”代表性传承人苏德来简介

苏德来，男，汉族，1960 年 9 月 25 日出生，河市镇溪山村下大河人。1981 年 7 月晋江地区南安师范毕业，中共党员，河市中心小学教师，福建省非物质文化遗产保护项目“俞家棍”代表性传承人。

1974 年，苏德来求教于民间拳师陈玉水、赵明理学习五祖拳械。1978 年，拜著名武术家黄清江为师，系统习练南少林五祖门拳械和俞家棍。1987 年起，广收门徒、传授五祖拳械和俞家棍。1990 年 6 月，获泉州市首届福建南拳锦标赛拳术、棍术、传统器械三项第一名。1993 年 2 月，获泉州南少林武术节武术大赛拳术一等奖。1993—2007 年，连续四届获得全国“武术之乡”武术比赛拳术、器械一等奖；2002 年 10 月，出访马来西亚进行武术交流。2004 年 12 月，获国际南少林武术大赛“金龙奖”。2006 年 12 月，获福建省武术之乡武术比赛南拳第一名；曾获得闽台、海峡两岸、海峡论坛武术交流大赛拳术、器械金牌。

二、龙舟竞渡

2000 年，组织 6 支代表队参加泉州市“端午闹西湖”活动之一的“龙舟表演赛”。2001 年端午节，举办洛江区“仰恩杯”龙舟赛，马甲、河市、双阳、万安等 7 支代表队参赛，马甲镇彭殊、洋坑、新奄村分别获得前三名。2006 年，国庆节期间协助组织举办“金威颐园杯”海峡两岸龙舟邀请赛，洛江区代表队分别获得 1000 米、250 米直道竞速第四、第五名。2007 年，组织马甲龙舟队参加石狮市龙舟邀请赛。

第二节 群众体育

一、职工体育

1998—2006 年，在节庆期间举办歌咏大会、文艺演出及送戏、送电影下乡活动和群众广泛参与的游园活动，举办篮球、足球、乒乓球、门球、拔河、登山、龙舟比赛等形式多样的群众性体育活动。1998 年，举办拔河比赛，各乡镇（街道）、区直机关、政法部门 16 支代表队分别参加男、女组赛。1999 年，与区委宣传部联办洛江区直机关迎新春男子篮球赛，区直 8 个系统组队参赛。2001 年，举办“创业杯”男子篮球赛，全区 9 支代表队参加；在马甲仰恩湖举办洛江区庆国庆龙舟表演赛。组队参加泉州市第五届工人运动会。2002 年，举办“地税杯”拔河、“南少林杯”乒乓球、“工行杯”篮球比赛。2002—2007 年，组织处级干部代表队参加泉州市“公仆杯”篮球赛。

二、农民体育

1997 年起，洛江区农体协坚持“以先进文化占领农村文化阵地”的思想，把发展农村体育事业作为农村精神文明建设和先进文化建设的重要内容，组织区镇两级人员利用广播、有线电视、海报等媒介加大构建和谐社会和发展农民体育事业、增强农民素质的重要性和必要性的宣传力度，营造浓厚氛围，使广大农民形成“生活要小康，身体要健康”的意识，逐渐从依赖、被动到积极、主动地参与各种健身活动。区篮球协会、象棋协会、南音协会、老年人体育协会和学区体育协会、马甲仰恩“舞狮队”“大鼓队”等各种体育团体相继成立，在农村初步形成较完整的体育网络。各村居利用节假日和农闲时分开展形式多样的以健身、娱乐相结合、具有浓厚的社区乡土气息的体育健身活动，如篮球、门球、气排球、乒乓球、自行车、登山、拔河、象棋、健身操等。马甲镇把农村体育活动与节假日、农闲时节结合起来，把集中比赛与分散锻炼结合起来，在每年节假日期间，以仰恩大学学生放假学生不回家为契机，在仰恩湖文艺广场、康济庙等地举行中小学、大学文艺会演，篮球、象棋比赛，攻炮城等贴近农民群众生活的民俗活动，参加人数 1 万多人。组织洛江区代表队参加泉州市农体协举办的秧歌和 VCD 制作比赛，2 个项目均获得三等奖。2003 年，万安街道办事处通过“省级农村体育工作先进乡镇”检查验收。2005 年春节期间，万安、双阳、马甲组织参加泉州市“迎新春”气排球、象棋比赛。马甲镇举办篮球赛、乒乓球赛，双阳街道举办足球赛、篮球赛、趣味运动会等，其他乡镇也组织举办体育活动；万安街道举办第四届综合体育运动会，设置 8 个项目，参加人数 500 人；同年组织参加泉州市第三届社区运动会。2006 年，春节元宵期间，万安街道举办特色运动会；双阳街道“五一”国际劳动节期间举办羽毛球比赛、“恒泰杯”拔河比赛；虹山乡在国庆节期间举办篮球赛、象棋赛、门球赛等活动。

三、老年人体育

2000年，洛江区老年人体育协会成立。2005年，协助区老龄办组织参加泉州市老年人运动会。2007年，在国际老人节期间，协助区老龄办等部门举办洛江区第八届老年人健身节比赛，200多位老人参加门球、气排球、象棋、土保龄球等七大项目的比赛。

四、其他群众体育

2002年，组织洛江区篮球代表队参加泉州市“百队千场”机关系统篮球赛等活动。2005年，组织参加泉州市纪念《中华人民共和国体育法》和《全民健身计划纲要》颁布10周年“六个一”系列活动。其中，洛江区制作的全民健身10周年活动VCD片获一等奖，图片展示获优秀奖，选送的武术节目获得优秀表演奖。区文体旅游局、马甲镇、万安街道、南少林武术学校被评为“泉州市1995—2005年实施《全民健身计划纲要》先进集体”，4人被评为先进个人。同年，区妇联组织参加首届妇女运动会。2007年，团区委举办“激情青春·乐在洛江”外来青工趣味运动会。

第三节 学校体育

一、体育教学

1952年，境内各级学校推广广播体操，开展晨间体育锻炼。1955年起，中等学校推行《准备劳动与卫国体育制度》（简称“劳卫制”）。翌年，境内中等学校全部推行“劳卫制”。1956年，学校采用全国统一的教学大纲和教材，学生按年龄、性别、健康状况、体育水平分为若干组，进行分组轮换或分组不轮换两种教学，每学期对学生进行体育成绩考核。1958年，在小学生中推行“劳卫制”。至1959年，中小学达“劳卫制”各级标准。1960年，“劳卫制”停止推行，体育课每周缩减课时，减少运动量大的项目，相应设太极拳、乒乓球等项，1961年恢复正常。1964年，国家颁布《国家青少年体育锻炼标准》，1965年部分中学开始试行。

1969年，体育课改为军体课。1972年后，学校全面执行“两课”（每周2节体育课）、“两操”（天天课间操和眼保健操）、“两活动”（早锻炼和下午课外活动）制度。1973年，部分中小学恢复试行《国家青少年体育锻炼标准》。1975年采用新的教学大纲和教材，增加练习密度。1979年，进行教学改革，采用循环式教学方法；《国家青少年体育锻炼标准》改为《国家体育锻炼标准》。1980年，各中小学开始按新标准测验。1986年，个别学校试行推行男女分组教学法。1987年起，执行国家教委颁发的《中学生体育合格标准试行办法》，学生体育不合格不得报考高一级学校。

1997—2007年，洛江区各幼儿园（班）普遍设有滑梯、秋千、三轮车、积木，有的还有攀登架、大型积木等。定期组织儿童学健身操、广播操、跳橡皮筋、做游戏等。实验幼儿园，按照全国统编体育、游戏教材进行教学，每天有体操、游戏课目，每周一二次到体育场或野外活动。各中学、完小增加体育场地和体育设施，坚持每天一次早操、一次课间眼保健操，每周两节体育课、两次课外体育活动。

二、体育师资

1952年，从小学提升有体育专长的教师充实中学体育教师队伍。1956年后，每年有大专院校体育专业毕业生到各中学任教，同年，完全小学逐步配备专职或兼职体育教师。1991 年，境内中心小学配备专职体育教师。1997 年洛江区建区后，各中学全面配备具有专业知识体育教师，初级小学配有专职或兼职体育教师。至 2007 年，全区有中学专职体育教师 45 人，本科学历 30 人、专科 15 人。全区小学专职体育教师 23 人，本科学历 5 人、专科 15 人、高中阶段毕业 2 人、高中阶段毕业以下 1 人。

三、体育比赛

中华人民共和国成立后，部分中小学根据师资设备和传统项目组织田径、球类、体操、游泳等运动队，利用课余时间加强训练，或送市业余少体校培训。为了提高体育竞技水平，及时发现选拔人才加以培训，各校及校际间经常开展体育竞赛活动。1953 年 12 月，洛江境内小学学生田径运动会举办，此后，洛江境内学校学生田径运动会均定期举行。1972 年起，洛江境内各中学、学区每年举办一次田径运动会。至 1992 年，鲤城区举办中学生田径运动会 26 届，小学生田径运动会 29 届，每年还不定期举办篮球、足球、排球、乒乓球、游泳、体操等项目竞赛，境内中小学组织参加相应竞赛。

1999 年 11 月，洛江区在就南中学举办第一届中小学生田径运动会。此后，每年 10 月或 11 月举行一次全区性的中小学生田径运动会。与此相应，各中学、学区每年举办一次田径运动会。各学校每年分年段，班与班开展篮球、排球、乒乓球、足球、拔河、跳绳等比赛活动。既丰富学生课余生活，又增强学生身体素质，培养学生集体荣誉感。1999 年，洛江区首届消防运动会在就南中学举行，此类运动会举办 2 届。2003 年，洛江区第五届中小学生田径运动会在罗溪中学举办，同时举办洛江区第一届教职工田径运动会。至 2007 年，洛江区举办中学生田径运动会 9 届，举办 2 届教职工田径运动会，每年还不定期举办篮球、足球、排球等项目竞赛。洛江区省级体育特色学校 2 所，分别是具足球优势的双阳中学和武术特色的南少林武术学校。传统体育项目学校为 4 所，分别是奕聪中学为田径，马甲中学为篮球，双阳中学和双阳中心小学为足球。

2002—2007 年洛江区中学生参加泉州市中学生田径运动会获奖情况表

表 26-3-1

姓名	项目	名次	时间
林标致	跳高	第四	2002 年泉州市中学生田径运动会
何奕换	跳高	第六	2002 年泉州市中学生田径运动会
林夏凉	跳高	第四	2002 年泉州市中学生田径运动会
陈存金	铅球	第四	2002 年泉州市中学生田径运动会
陈存金	标枪	六第	2002 年泉州市中学生田径运动会
杜等金	110 米栏	第三	2002 年泉州市中学生田径运动会
赖灵燕	三级跳远	第六	2002 年泉州市中学生田径运动会
王伟斌	110 米栏	第三	2003 年泉州市中学生田径运动会
黄美琪	100 米栏	第三	2003 年泉州市中学生田径运动会
赖宝珍	100 米栏	第四	2003 年泉州市中学生田径运动会
黄小燕	100 米栏	第六	2003 年泉州市中学生田径运动会
黄灵燕	跳高	第四	2003 年泉州市中学生田径运动会
尤剑锋	铅球	第五	2003 年泉州市中学生田径运动会
黄志华	1500 米	第五	2004 年泉州市中学生田径运动会
黄志华	3000 米	第三	2004 年泉州市中学生田径运动会
黄小燕	跳高	第五	2004 年泉州市中学生田径运动会

续表 26-3-1

姓名	项目	名次	时间
苏培元	铅球	第三	2004 年泉州市中学生田径运动会
赖文山	跳高	第三	2004 年泉州市中学生田径运动会
倪淑玲	铅球	第三	2004 年泉州市中学生田径运动会
黄志华	800 米	第五	2005 年泉州市中学生田径运动会
黄志华	1500 米	第五	2005 年泉州市中学生田径运动会
黄进义	3000 米	第三	2005 年泉州市中学生田径运动会
吴志猛	跳高	第六	2005 年泉州市中学生田径运动会
黄小燕	跳高	第六	2005 年泉州市中学生田径运动会
赖素芬	铅球	第五	2005 年泉州市中学生田径运动会
张建斌	跳高	第四	2005 年泉州市中学生田径运动会
李丹丹	跳高	第五	2005 年泉州市中学生田径运动会
杜智超	铅球	第五	2005 年泉州市中学生田径运动会
黄见明	铅球	第六	2005 年泉州市中学生田径运动会
许苗苗	铅球	第六	2005 年泉州市中学生田径运动会
黄志华	800 米	第六	2006 年泉州市中学生田径运动会
刘培梁	1500 米	第四	2006 年泉州市中学生田径运动会
刘培梁	3000 米	第三	2006 年泉州市中学生田径运动会
黄进义	3000 米	第五	2006 年泉州市中学生田径运动会
赖晓丰	100 米栏	第六	2006 年泉州市中学生田径运动会
赖素芬	铅球	第六	2006 年泉州市中学生田径运动会
黄荣峰	800 米	第五	2006 年泉州市中学生田径运动会
黄高标	1500 米	第三	2006 年泉州市中学生田径运动会
黄玉斌	1500 米	第六	2006 年泉州市中学生田径运动会
黄尤玲	铅球	第四	2006 年泉州市中学生田径运动会
刘培梁	1500 米	第三	2007 年泉州市中学生田径运动会
黄志华	1500 米	第六	2007 年泉州市中学生田径运动会
刘培梁	3000 米	第二	2007 年泉州市中学生田径运动会
杜晓东	跳远	第五	2007 年泉州市中学生田径运动会
杜晓东	三级跳远	第六	2007 年泉州市中学生田径运动会
谢佳玲	跳高	第一	2007 年泉州市中学生田径运动会
谢佳玲	跳远	第一	2007 年泉州市中学生田径运动会
林伟清	铅球	第六	2007 年泉州市中学生田径运动会
詹园园	铅球	第六	2007 年泉州市中学生田径运动会

附：

双阳中心小学足球队 1976 年开始，双阳中心小学成立小学足球队。双阳中心小学足球队参加 1997—1999 年泉州市小学生足球比赛连续三次冠军。1999 年 5 月，泉州有线电视二台《长街深巷》栏目到双阳中心小学采访，对该校足球队的训练、成长作报道。2001 年 3 月，泉州市体委、市教委确定双阳中心小学为市第一所少年儿童足球后备人才训练基地，授予“足球传统学校”称号。2002年，参加福建省首届小学生“五人制”足球比赛，获得冠军。2003年，参加省第二届“五人制”足球赛获得第二名。

四、运动项目

球类　2001年，参加泉州市少年儿童体育竞赛，获乒乓球男子团体第三名。2005年，参加泉州市体育单项比赛，马甲中学代表洛江区参加少儿男子篮球乙组获得团体第四名；双阳中心小学、中学组队代表泉州市组队参加全省少年足球锦标赛，获得第四名。2006年，参加泉州市少年儿童篮球锦标赛，洛江区获得第四名。

田径　2004年，参加全省少年儿童田径锦标赛。2005年，参加泉州市体育单项比赛，洛江区田径800米项目获得1个第四名、2个第五名、2个第六名，1500米项目获得1个第一名、1个第三名、3个第四名、2个第五名、1个第六名；组队参加省少年田径分龄赛，洛江区13岁男子组获团体总分第三名。2006年，田径赛100米栏获得第四名，100米获第6名。

五、武术

2001年，参加泉州市少年儿童体育竞赛，武术比赛获得团体第三名，跆拳道获得男女团体冠军，散打获得团体冠军。2005年，参加泉州市体育单项比赛，拳击锦标赛获得团体总分第一名，个人1个第一名、4个第二名、2个第三名；跆拳道锦标赛比赛获得13个冠军、5个亚军、3个第三名，男子团体总分第一，女子团体总分第二。

六、其他

2000年，组团参加泉州市少年儿童体育竞赛。2002年，选派90多名运动员参加泉州市少年儿童体育竞赛八个项目的角逐。2004年，参加全市单项体育竞赛项目比赛，取得1个第一名和6个第二名。2005年，南少林武术学校被市体育局评为年度业余训练先进单位，2人被评为先进个人。

第四章 机 构

第一节 管理机构

1997年10月，洛江区科技文体局成立。1998年1月，调整更名为洛江区科技局，加挂洛江区文化体育局。2002年12月，洛江区机构改革，组建洛江区文体旅游局，内设办公室、文化股、体育股、旅游股，行政编制4名；下辖5个事业单位。2002年8月，成立洛江区文物管理委员会办公室、洛江区文化市场管理办公室，编制分别为2名、3名。2007年6月，成立洛江区文化馆、洛江区图书馆、洛江区博物馆，编制各2名。

第二节 服务机构

1997年11月18日，洛江区旅游服务公司成立，系区科技文体局下辖的全民所有制、自收自支股级事业单位。2008年1月，因公司经营不善，经区机构编制委员会批准撤销该机构。

第二十七篇 医疗卫生

古代，洛江境域属泉州城郊地带，除瘟疫流行时，官府惠民和剂局施药偶尔惠及城郊民众外，平时广大民众有病靠坊间传统中医、中药治病，贫穷患者多靠草药、单方，或求神汉巫医“显灵”，甚至听天由命。19世纪80年代，西医、西药传入后，晋江县先后建立惠世医院、永惠妇孺医院、平民医院、县医院和防疫机构，但缺医少药的现象普遍存在。

中华人民共和国成立后，政府重视人民的卫生健康，设立地方医药卫生机构，发动群众开展爱国卫生运动，推广应用中草药，推进中西医结合，建立医疗、医药网点，壮大卫生技术队伍，增加医疗防疫设备，境内卫生面貌大为改观。1986年，境内基本消除丝虫病，脊髓灰质炎、麻疹、百日咳、白喉、乙型脑炎、结核病等基本得到控制。

建区前，洛江区域医疗卫生事业发展相对落后，境内医疗机构有5家乡镇卫生院，卫生技术人员匮乏，群众医疗卫生事务大部分由所在卫生院和乡村医生承担。建区后，全区医疗卫生事业得到新的发展，医疗卫生设施不断更新完善，医疗技术明显进步，急性传染病防治工作达到新水平。至2007年，全区推行新型农村合作医疗制度，保障人民身体健康需求，拥有公立卫生机构8家、村卫生所98所（其中甲级卫生所55所，占56.12%），农村医疗网点覆盖率100%，人民群众的健康水平不断提高，人均寿命大大延长。

第一章 机构与队伍

第一节 行政机构

一、洛江区爱国卫生运动委员会

1999年11月，洛江区爱国卫生委员会成立，主任由区政府分管领导兼任，办公室工作由区卫生局兼。2003年，调整洛江区爱国卫生委员会，区编委批准成立洛江区爱国卫生运动委员会办公室，是区卫生局下辖股级事业单位，编制2名，承担协助区政府开展创建卫生城市、卫生乡镇工作的落实，开展健康教育，发动群众开展除四害，指导农村环境卫生、农村改水、改厕等工作。

二、洛江区卫生局

1997年10月，洛江区卫生局成立，行政编制3名，内设人秘、医政、卫监三个股室。同年11月，成立洛江区农村卫生工作者协会、红十字会，规格为股级，核定编制各1名。区卫协会、红十字会、爱卫办与区卫生局同址办公，至2007年不变。2002年，核定区卫生局行政编制3名，内设人秘、医政2个股室。2007年，核定区卫生局行政编制6名。同年，区卫生局职能调整，按上级部署取消若干行政审批事项，如取消食品生产经营企业的卫生行政许可；将职业卫生、放射卫生、环境卫生、学校卫生和饮用水卫生监督管理，餐饮业、食堂等食品消费环节和公共场所的卫生监督管理，传染病防治监督，医疗机构医疗服务监管行政监督权委托给区卫生局卫生监督所执行；将保健食品、化妆品卫生监督管理职责划给市食品药品监督管理局；增加组织实施国家基本药物制度的职责，加强突发公共卫生事件预防控制和应急处置工作。

三、洛江区卫生监督所

2004年6月，洛江区卫生监督大队成立，人员编制7名，是区卫生局下辖股级事业单位。2007年，洛江区卫生监督大队更名为洛江区卫生监督所。同年9月，经区编委批准，由股级全民事业单位升格为副科级事业单位，人员编制不变。

第二节 医疗机构

一、洛江区妇幼保健所

1997年11月，洛江区妇幼保健所成立，是区卫生局下辖副科级事业单位，位于万安开发区吉源南路。全所人员17名，均为卫生专业技术人员，其中高级职称2名，中级职称3名，初级12名；本科学历3名，专科学历10名，中专学历4名。

2001年8月，洛江区防疫妇幼保健大楼建成，建筑面积6300平方米。洛江区妇幼保健所设有行政、后勤（办公室、人事、总务、后勤、保卫、财务）等职能科室；设有保健部（包括婚姻保健、妇女保健、儿童保健、计划生育、健康教育、信息资料）等业务科室；设有检验、药房、B超、放射、心电图、乳透等医技科室；拥有日立牌阿洛卡1000型和日本岛津B超机、德国全自动生化分析仪、法国血球技术仪、尿十项分析仪、红外波姆光治疗仪、胎心监护仪、心电图及程控透视机等先进医疗设备。

二、洛江区疾病预防控制中心

1997年8月，洛江区卫生防疫站成立，是区卫生局下辖副科级事业单位，位于洛江区万安开发区吉源南路。2001年8月，办公大楼落成。2004年6月29日，根据卫生体制改制要求洛江区卫生防疫站更名为洛江区疾病预防控制中心，中心在职人员26名（男10名，女16名），其中卫生专业技术人员17名包括副主任医师5名、主管医（技、护）师4名，中级职称以上占卫技人员的52.9%，大专以上学历13名占卫技人员的76.5%。中心配置全自动血细胞分析仪、紫外可见分光光度计、净化工作台、电热恒温培养箱、电热恒温鼓风干燥箱、生物安全柜、霉菌培养箱、酶标仪、气相色谱仪等设备。

三、乡镇医疗机构

（一）虹山卫生院

虹山卫生院地处虹山乡虹山村农民街。1984年，旅居印尼侨胞出资捐建结构为砖混的综合楼，业务用房700平方米，生活用房450平方米。2007年，虹山卫生院在职人员9名，其中中级职称2名，初级职称7名，中级工1名，大专学历以上占90%。院内设有内科、外科、儿科、急诊科、检验科、B超室、心电图室等。医院配置心电图机、半自动生化检测仪、血常规检测仪、B超机、血糖检测仪、心电监护仪等医疗设备。2007年，门急诊人数4000人次，住院病人45人次，全年业务收入30万元。

（二）罗溪卫生院

罗溪卫生院位于洛江区罗溪镇区，前身系1956年7月的罗溪乡联合诊所，1958年7月更名为保健院，1969年10月发展为卫生院，是“国家爱婴医院”“一级甲等医院”。该院占地面积约8733.38平方米，建筑面积4356.2平方米，拥有门诊综合楼、住院综合楼、行政综合楼等，其中业务用房3576.2平方米。2007年，全院员工42名，其中卫技人员35名（中级职称人员1名，初级34名），行政工勤人员7名。院内设有内科、外科、儿科、急诊科、检验科、B超室、心电图室等。医院的配置有心电图机、简易呼吸机、半自动生化仪、血球计数仪、心电监护仪、颈腰椎牵引机、心电监护仪3台、全数字B超声诊断仪1台、血凝仪1台、自动心电图机1台、BRD-2000九参数母婴监护仪1台、FXQ-3新生儿抢救台1台。配有麻醉机、手术床、呼吸机、洗胃机、吸引器、颈腰牵引床、救护车等治疗抢救设施；设置病床32张。各科室全部实行“社保卡”一卡通，临床诊疗信息与健康档案信息互传共享。同年，门急诊人数14322人次，住院病人924人次，全年业务收入173.74万元。

（三）马甲中心卫生院

马甲中心卫生院始建于1958年，地处马甲镇区，是洛江区最大的一所融医疗、急救、预防保健、康复和计生手术的综合医院，是泉州市急救中心洛江分中心。2002年，按二级乙等综合医院标准创建马甲医院。全院占地面积8334.4平方米，总建筑面积19682平方米，其中医疗业务用房5366平方米，设置床位70张，实际开放床位90张。全院员工71名，其中在编人员53名，临时聘用人员18名，卫技人员60名占84.5%，其中高级职称2名，中级7名，初级38名，本科学历7名，专科16名，中专39人。医院设有内科、儿科、外科、骨科、妇产科、中医科、耳鼻喉科、口腔科8个一级临床科室和6个医技科室。1997年购置CTS-280黑白B超诊断仪，2001年引进BC-2000自动血球分析仪，2003年更新迈瑞DP-8800全数字黑白超声诊断仪，2004年引进雷杜RT-200C全自动生化分析仪，2005年购置北京万东500毫安X光机。2003—2007年，在院内实行医院信息管理系统（局域网）。全院各科室实行病人就诊“一卡通”和工作人员办公自动化管理。2007年，门急诊人数45808人次，住院病人1641人次，全年业务收入645万元。

（四）河市卫生院

河市卫生院位于河市大桥边，前身是1958年4月成立的河市保健院（原保健院位于河市旧街，1977年1月移至今址）。该卫生院有门诊综合楼、住院综合楼、行政综合楼等。2007年，全院在职人员35名，其中卫技人员23名（中级职称3人，初级20名），门急诊人数1.3万名次，住院病人78名次，全年业务收入165.5万元。

（五）双阳卫生院

双阳卫生院地处双阳工业开发区中心，前身为泉州双阳华侨农场医院，隶属双阳华侨农场，为华侨农场职工医院。1999年4月，改制为双阳镇卫生院，隶属洛江区双阳镇。2003年8月，改隶洛江区卫生局。2007年，建设双阳社区卫生服务中心综合楼3500平方米，投资285万元，至此该中心占地面积3333.3平方米，建筑面积3800平方米，有门诊综合楼、住院综合楼、行政综合楼等，其中业务用房3000平方米，在编人员18名，其中卫技人员16名，后勤人员2名；编外合同制员工14名，其中卫技人员12名，后勤2名。服务中心开设内科、儿科、外科、口腔科、妇产科、中西医结合科、全科医疗科、预防保健科。医院的配置有B超仪、全血生化仪、全自动血细胞分析仪、尿液分析仪、200毫安X光机、胎儿监护仪、心电图机、心电监护仪等先进的医学仪器设备。2007年，卫生院门诊人数1.3万人次，住院病人200人次，全年业务收入165.5万元。

四、村医疗所

1998年，洛江区逐步建立农村医疗卫生服务体系。同年3月，区卫生局出台《关于加强农村卫生所建设和管理的通知》。同年11月，出台《关于开展创建甲级卫生所活动的通知》，为全区农村卫生所的规范建设和管理奠定基础。2002年8月，在各乡镇成立卫协分会，吸收全体乡村医生做会员，初步建立和健全区、镇、村三级组织网络建设。2005—2007年，省委、省政府将“加强乡村医生队伍和村卫生所建设”列为为民办实事项目。区卫协会规范培训乡村医生373人次，发放乡村医生津贴补助27.152万元，扶持建设7家边远村卫生所。至2007年，全区村卫生所98家，甲级村卫生所58所，乡村医生125名，覆盖率达98%。85%以上的卫生所符合建设和管理标准，85%以上在岗乡村医生达到中等专业技术水平。

1997—2007年洛江区村卫生所基本情况表

表27-1-1

年份	1997年	1998年	1999年	2000年	2001年	2002年	2003年	2004年	2005年	2006年	2007年
卫生所（个）	101	101	101	100	109	109	101	101	102	99	97
乡村医生及卫生员数（人）	136	136	131	144	158	158	128	126	131	125	125

五、民营医疗机构

泉州洛江万鸿医院　2007年12月创办，是洛江区非营利性二级综合医院。全院占地1万平方米，建筑面积1.2万平方米。医院员工115名，其中，高、中级专业技术人员占30%。核编床位100张，设有内科、儿科、外科、妇科、急诊医学科、眼耳鼻咽喉科、中医科、康复理疗科、麻醉科、皮肤科、预防保健科11个临床科室和医学检验科、医学影像科、体检科（具备职业健康体检资质和健康证检查资质）、体外碎石中心、中西药房、供应室、收费处7个辅助科室，创伤外科（骨科、普外、脑科）是医院的重点学科和特色科室。医院拥有磁共振（MRI）、16层螺旋CT、数字化X射线摄影系统（DR）并建立洛江区唯一的计算机影像信息化管理平台，以及彩超、胃镜、全自动生化仪、全自动血液细胞分析仪、碳14胃病检测仪、C-反应蛋白检测仪、全自动化学发光检测仪、C型X机、骨密度仪、肺功能仪、电测听、电脑验光仪等高科技医疗仪器与设备。

第三节　医疗队伍

一、队伍结构

1997年，全区医务工作人员211名，其中卫生技术人员121名（中级职称22人，初级职称99名）。每千人卫技人员0.75名，乡村医生及卫生员数136名。

2007年，全区卫生系统在职干部职工216名，其中卫生技术人员179名（高级职称10名，中级职称24名，初级职称133名），学历层次：本科及以上28名，大专47名（不含本科在读14名，大专在读30名），中专79名，高中及以下25名。另有乡村医生124名。

二、队伍培训

1997年起，结合医疗卫生实际，在全区卫生系统中开展各种各样的培训，对不同岗位人员设计不同的培训课程，每月按计划有组织地举办培训2—3期，对各类卫技人员实施岗位培训。2007年，举办行政管理人员培训班2期，后备干部培训班1期。11年间，除各单位自行选派相关人员到对口市级医院进修外，系统培训257人，其中全科医生66名，社区护士63名，预防保健人员63名，乡村医生65名。

（一）全科医生、护士培训

1997 年起，洛江区每年按计划派出数名执业医师，参加福建省医科大学、福建中医学院等单位举办的“全科医师培训班”“社区医师培训班”“全省社区卫生服务机构社区诊断和慢性病综合防治管理培训”。主要参训对象是从事社区卫生服务的执业医师、执业护士及其他卫生技术人员，培训内容为全科医学的基本理论、基础知识和基本技能，提高其防治社区常见疾病和解决社区常见健康问题的能力，向个人、家庭、社区提供融医疗、预防、保健等为一体的基层卫生服务，达到社区卫生服务相应岗位要求。

（二）镇村医生培训

1997 年起，洛江区加强镇村妇幼保健医生业务培训和质量管理，强化妇幼卫生保健网络功能。1999 年，组织全区 49 周岁以上乡村医生参加六项技能补课教育及考试。2000 年，组织两次乡村医生中专水平考试。2001 年，组织全区 90 多个卫生所（室）110 名农村卫生人员参加六项技能培训，举办首届社区医学中专函授班。2003 年，执行省卫生厅等六部门《关于加强福建省农村卫生人才培养和队伍建设的实施意见》，建立健全农村卫生技术人员培训制度。对全区卫生所（室）、个体诊所的卫生技术人员进行全科培训。组织全区 130 名乡村医生分两批进行为期 10 天的乡村医生规范化集中培训。组织人员分期分批参加泉州市卫生局举办的乡镇卫生院在职卫技人员全员培训班。2006 年，组织全区 130 名乡村医生参加全科医学知识培训。2007 年，组织 120 名乡村医生参加《初级卫生保健知识》《中医药知识》《内科常见疾病》《全科医学知识》专业培训，学员全部通过省级统考。

第二章 卫生防疫

第一节 爱国卫生运动

一、创建卫生城市

20 世纪 60 年代，泉州市（县级）在农村开展“两管五改”（管水、粪，改水井、厕所、坑灶、畜圈、环境）活动，推动农村爱国卫生运动。1980 年起，把每年 4 月定为全市爱国卫生活动月，推行门前“三包”（卫生、绿化、秩序）责任制和卫生工作经常化、制度化。

2001 年，洛江区开展初级卫生保健创建工作，建设万安垃圾中转站，建设马甲、双阳自来水厂。2003 年，以创建卫生城市为载体，建设城区卫生基础设施、整治环境卫生和除害灭病；以防治“非典”为重点，抓好健康教育、城乡环境卫生整治和清洁消毒，开展单位卫生评比活动。2007 年，通过卫生健康宣传栏、网站以及举办义诊咨询、知识讲座和技术培训等方式，宣传普及除“四害”、健康洗手等卫生知识；组织防疫专业人员到小区、农贸市场等人群密集地集中开展消杀活动，联合教育部门开展“小手牵大手、洗出健康手”活动，联合旅游部门开展旅游景点公厕环境卫生督导检查；发动干部、群众参与“家园清洁”和环境整治，做到“发现一处，登记一处，清理一处，注销一处”，引导居民养成健康文明的生活卫生行为，创造并维护卫生、宜居、文明的城区。

二、创建卫生村镇

2002 年，洛江区开展创建卫生达标乡镇活动，提出工作考评标准，各乡镇按标准的要求组织实施，促进农村环境卫生的整治。2004 年，开展城乡环境卫生综合整治及单位卫生检查评比。2005 年，河市镇创建“省级卫生乡镇”通过泉州市省级卫生乡镇考核组的考评。2006 年，区环境卫生整治协调领导小组成立，区长及3名副区长分别担任正副组长，负责农村环境卫生整治工作的指导、协调、督促，领导小组下设办公室，挂靠在区卫生局。制定《洛江区加强农村（社居）环境卫生整治工作实施方案》，区政府将建立村居环境卫生制度列入2006年为民办实事项目，确定15%的村居落实垃圾集中处理及卫生保洁制度。

三、除“四害”

1958年“大跃进”时，境内各地开展除“四害”［苍蝇、蚊子、老鼠、麻雀（后改为臭虫）］运动，同时建立农村基层卫生组织和卫生督导队。

1997年下半年，全区开展除“四害”药物消杀活动，预防登革热、疟疾、霍乱等病媒生物传播的传染病发生。此后，结合爱国卫生月活动和传染病防控工作，在每年的4—5月和9—10月，组织开展两轮全区性除“四害”药物消杀活动，进行“四害”单项消杀，降低“四害”密度。

2007年，制定《洛江区灭鼠、灭蚊工作方案》，成立以分管副区长为总指挥，区直有关单位和街道办事处主要领导为成员的城区除“四害”指挥部。组织城区各街道办事处，区爱卫会各成员单位，各社区、物业小区进行除“四害”专业技术培训，在城区环境卫生大整治的基础上，结合药物消杀，开展机关单位、居住小区、商业活动中心、农贸市场等重点单位除“四害”行动，动员发动广大干部群众积极参与，降低“四害”密度。除“四害”统一行动投放老鼠药500千克，敌敌畏400瓶，顺式氯氰菊酯400瓶，高效氯氰菊酯50瓶。开展农村“家园清洁”行动，有13个村通过省级验收。

五、改水改厕

（一）改厕

2000年，制定全区农村改厕工作方案，任务下达到各乡镇，把农村地区农户厕所改造成为使用方便、卫生，以及粪便无害化处理的厕所，资金采取市、区、镇三方分担。当年，农村改厕2.01万户，占农村总户数51%，改为三格化粪1.39万座，粪便无害化处理普及率36%，投入资金112万元。至2007年，农村改厕2.27万户，占农村总户数58.96%。改为三格化粪1.95万座，卫生厕所普及率58.96%，无害化处理普及率68.83%。

2007年洛江区农村改厕情况表

表27-2-1

乡镇	农村总户数(万户)	累计卫生厕所户数(万户)	卫生厕所普及率(%)	无害化卫生厕所普及率(%)	累计卫生厕所分类(万户)		当年新增无害化卫生厕所户数(万户)	累计使用卫生公厕户数(万户)	当年用于农村改厕投资(万元)				
					三格化烘池	双瓮漏斗式三联沼气池式			金额合计	资金来源			
										国家	集体	个人	其他
河市	0.84	0.55	65.48	89.29	0.48	0.07	0.08	0.20	55	25	20	5	5
马甲	1.64	0.95	57.93	65.24	0.85	0.10	0.01	0.12	12	5	3	2	2
罗溪	1.07	0.58	54.21	57.94	0.45	0.13	0.03	0.04	35	10	10	5	10
虹山	0.30	0.19	63.33	70.00	0.17	0.02	0.01	0.02	12	5	3	2	2
合计	3.85	2.27	58.96	68.83	1.95	0.32	0.13	0.38	114	45	36	14	19

（二）改水

2000年起，采取以深井（机井）为水源，用水泵取水，引泉入村，建集水井（泉地）收集泉水过滤后再用管道将泉水引入村中，各户设水龙头，或在村中设蓄水池，池壁上安装取水龙头。用压水机取浅层地下水，水源周围30米以内不得有渗水厕所、猪圈、畜棚、污水坑沟、垃圾堆和有毒有害物质等污染源。2006年，河市完成河道清淤及溪堤改造、罗溪完成后溪拦河闸和溪堤整治，新建马甲日产1.5万吨水厂，完成3个行政村通水工程建设；虹山乡建设大磨山水库及饮水工程。2007年，结合道路建设同步埋设供水、排水、排污等市政管网，市区供水管网延伸至河市。通过改水，让群众吃上安全卫生水，起到防治肠道传染病（如伤寒、副伤寒、痢疾、霍乱、甲型肝炎、脊灰等）和氟骨病、地甲病、地方病性砷中毒等疾病的良好作用。

五、卫生宣传教育

1997年起，区卫生局、区卫生防疫站、卫生监督所、妇幼保健所、各乡镇卫生院、社区卫生服务中心及其它医疗卫生单位设有卫生宣传教育机构，并配有专职或兼职的健康教育人员，专职卫生宣传人员7名，形成三级（区、乡镇、村居）卫生宣传网。各医疗卫生单位经常运用文字、美术、摄影等，向群众宣传卫生工作的方针、政策、路线，普及卫生科学知识，普遍建立黑板报、墙报、卫生画廊、窗橱、标语牌等。卫生灯箱、板报分别挂于大街、交通要道、交通要道及名胜古迹等群众较多的地方，版面清晰，图文并茂。区卫生局每年分发卫生招贴画、卫生年画、卫生年历、卫生科普日历等，赠送给机关、学校等单位。2007年，就印发日历2000余本。定期为中学、小学、幼儿园上卫生课。

第二节 公共卫生

一、食品卫生

（一）食品卫生专项检查

1998—2002年，洛江区贯彻落实《学校卫生工作条例》《中华人民共和国食品安全法》，开展对学校及周边环境食品卫生专项检查。2004—2007年，以控制学校及周边地区食源性疾病和食物中毒的发生率为目标，以贯彻落实《中华人民共和国食品安全法》《食品卫生许可证管理办法》《餐饮业和集体用餐配送单位卫生规范》为重点，以学校周边饮食店，学校（幼儿园）食堂为主要对象，联合教育、工商等有关部门，检查食品经营单位持证经营情况，各餐饮店凉菜加工制作、餐饮具消毒、采购索证管理情况，小型餐饮单位的卫生管理、人员培训、硬件设施配备等情况以及各食杂店小食品、儿童食品的质量安全。

2004—2007年，重点强化节前食品卫生专项整治，检查范围包括辖区内的大中型餐饮业、农贸市场、超市；检查内容涉及经营单位是否办理卫生许可证、饮食店的卫生管理是否形成制度化，是否有量化等级评定，是否有落实食品原料采购的索证索票制度和台帐管理制度等，对卫生设施及生产经营过程不符合卫生要求的，当场责令改正。

（二）城区餐饮卫生管理

1997年，洛江区重点加强低档餐饮经营单位和学校食堂、职工食堂的专项整治。2004年起，整治规范小饮食店的经营，重点包括万安、双阳的餐饮单位，使其卫生条件符合卫生要求，做到亮证经营、从业人员持证上岗。加强日常食品监督工作，城区的小餐饮店、小副食店等经营行为有很大的改观。当年，结合泉州市创建国家卫生城市活动，开展餐饮业专项整治。根据卫生部及市卫生局有关食品卫生监督量化分级管理实施意见和区卫生局制定的《洛江区餐饮业卫生监督量化分级管理实施方案》，对城区餐饮店及企业、学校食堂180家单位实施量化分级管理，对申报单位进行风险性分级和餐饮业卫生信誉度分级，对评出A、B、C级的单位卫生许可证加贴标志，评为D级的单位，不予办理卫生许可证并给予相应处理。2007年，加强餐饮具消毒服务单位卫生监督监测和规范管理。公共场所从业人员预防性健康体检合格率97.73%，对不合格者全部调离岗位。

（三）违法添加非食用物质和滥用食品添加剂专项整治行动

1999 年起，全区开展“治理‘餐桌污染’、建设‘食品放心工程’”活动，加强对水产制品甲醛、农残和食（饮）具卫生的监督检查。2004 年后，成立专项整治领导小组，邀请有关专家开展食品添加剂专项讲座，利用电信短信息平台开展食品添加剂相关知识宣传活动，印发宣传材料，制作温馨提示等警示语标记，张贴于餐饮单位醒目位置，提高餐饮业相关人士和广大消费者专项整治知晓率。下派监督员指导工作，卫生监督协管员配合入户检查的形式，发放自查自纠表。同食品经营负责人签订“食品添加剂安全使用责任状”，要求餐饮单位在采购食品添加剂时建立索证、台账制度。在检查中发现违规使用添加剂予以没收、销毁。

（四）“问题食品”监管

2004—2007 年，查处食用河豚、织纹螺、“瘦肉精”污染的猪肉、“灭活罂粟籽油脂粉末系列产品”“剑石牌”香甜泡打粉和违法添加硼砂等非食用物质。要求餐饮单位严格执行食品原料索证制度，查验原料是否符合食品卫生要求，不得采购不明品种和来历的原料，严禁各餐饮单位和集体食堂采购、加工、销售、贮存河豚及织纹螺；督促餐饮单位和集体食堂完善和落实肉品采购验收、索证索票、台账登记和不合格肉品退出制度，严把原料进货关，确保各餐饮单位从正规渠道采购猪肉，使用的猪肉 100% 来自定点屠宰场。

二、职业卫生

（一）职业卫生监督

2006—2007 年，开展以小砖窑、小煤矿、小矿山、小作坊等为重点的作业场所劳动者职业健康监护专项整治，对全区存在职业危害企业进行监督检查。针对检查中存在的问题，下发监督意见书，限期整改。80 家企业建立职业卫生管理档案，完成《职业病危害申报》工作。落实放射卫生监督管理，督促放射源使用单位落实申报，规范管理，限期办理放射卫生许可证，保护从业人员职业健康。

（二）职业病危害因素调查

2006—2007 年，制定《洛江区职业病危害因素调查工作方案》，以乡镇、街道为单位进行调查。通过调查，全区范围内存在或产生职业病危害的用人单位 73 家，其中有限责任公司 15 家、外商独资企业 17 家、事业单位 5 家、私营企业 15 家、股份合作企业 6 家、港澳台商投资企业 3 家、未注册企业 11 家；涉及职工总人数 13055 名，其中接触职业病危害因素人数 4839 名（女工 2043 名）：存在职业病危害因素的种类分别为“三苯”47 家、粉尘 22 家、电离辐射 6 家、噪声 6 家、汽油 2 家、铅及其化合物 2 家、一氧化碳 3 家；进行职业病危害项目申报的企业 21 家，占调查总数 28.8%；开展职业危害因素检测的企业 5 家，占调查总数 6.8%；组织员工进行健康体检的企业 28 家，占调查总数 38.4%，其中由市、区两级职业病专业防治机构开展职业健康体检的企业 17 家，占调查总数 23.3%，查出铅中毒的职业病人 388 名；开展职业卫生培训的企业 11 家，占调查总数 15.6%；设立职业卫生管理机构的企业 7 家，占调查总数 9.6%；设立职业卫生负责人制度的企业 30 家，占调查总数 41.1%；设置职业卫生工程防护设施及发放个人防护用品的企业 45 家，占调查总数 61.6%。

三、公共场所卫生监督

（一）游泳场所卫生监督

2006 年起，做好传染病防治工作，督促其及时、如实地纪录场所内设备、设施的运转情况和相关纪录，从业人员须持有有效健康证。

（二）公共场所集中空调通风系统卫生监督

2006年起，督促公共场所建立和落实卫生管理组织和制度，对空调设备和设施进行清理和消毒，从业人员持健康及培训合格证明上岗。

（三）饮用水卫生专项监督检查

2006年起，对供水单位落实卫生管理制度，开展水质消毒处理和水质监测情况等为重点的监督检查，加强以供水单位落实卫生管理制度，对发现的问题，责令供水单位限期整改并督促落实，消除饮用水卫生安全隐患。2007年，设立2个监测点，抽取自来水管网末梢36份，合格30份，合格率83.33%；水源水质样品2份，合格2份，合格率100%；出厂水水质样品24份，合格24份，合格率100%。

（四）化妆品卫生专项整治

2006年起，专项整治化妆品卫生，净化化妆品经营市场，规范化妆品的销售与使用，保障消费者身心健康。2007年，抽检20家次样品50份，依法处罚抽检不合格单位2家。

四、学校卫生

20世纪50年代，县级泉州市各中小学配备保健指导员，指导学校卫生工作。20世纪80年代，境内各中小学开设卫生课，运用广播、讲座、墙报宣传卫生防病知识。

1997年后，根据《学校卫生工作条例》，区疾控中心每年组织对各中、小学校学生预防性健康情况进行体检，主要体检指标有身高、体重、视力、胸围、五官、肺活量、血压、脉搏、内外科等。在中小学开展碘缺乏病、饮水型地氟病、夏秋季等相关传染病及其他健康教育课程。为做好学生常见病防治工作，邀请市医院一些资深主任医生到体检组进行专业技术指导，为学生健康体检中发现的常见病、多发病的诊断和治疗提供帮助。此外，在每年的高考、会考期间，区卫生局与教育局成立食品卫生监督检查小组、医疗后勤小组、环境消杀小组等，联合整顿考点学校及周边食杂、餐饮摊点，查处、取缔不合格经营单位，对考点学校的教室、宿舍、下水道、周边场所区域进行专业消杀，派专业医疗卫生队伍入住考点学校，做好考试期间卫生防护工作。

第三节 疾病防控

一、传染病防治

（一）结核病防治

清代及民国时期，境内结核病被视为不治之症，发病率高。中华人民共和国成立后，人民政府十分重视结核病防治，长期坚持开展卡介苗接种、口服卡介苗，使肺结核感染率从1959年19.9%下降到1990年的11.11%。

2003年，洛江区卫生防疫站成立结核病防治科，设专职防痨人员4名，对全区活动性肺结核病人归口管理，实施不住院督查化疗，落实规则服药，控制结核病疫情。2003年4月，启动“洛江区世行贷款/英国赠款结核病控制”，结核病治愈率85%以上，现代结核病控制策略覆盖率100%。2004年，启动中央加强结核病控制项目，对肺结核病人家庭密切接触者开展免费检查，在乡镇卫生院设立查痰点，提高肺结核病人发现率。2005年，洛江区启动第四轮全球基金结核病控制项目，对未到结核病防治专门机构治疗的肺结核病人进行追踪。2007年，启动第五轮全球基金结核病控制项目，加强外来流动人口肺结核病人治疗管理，为流动人口肺结核病人提供交通补助费和生活困难饮食补助。

（二）艾滋病防治

1998年起，根据《中国预防和控制艾滋病中期规划（1998—2010年）》和《中国遏制与防治艾滋病行动计划》的有关要求，开展艾滋病中期评估工作。2007 年，按二级生物安全标准，建设艾滋病抗体初筛实验室，通过省级主管部门的验收。规范开展自愿咨询检测工作，向社会公布自愿咨询检测热线。

（三）重点传染病“非典”疫情监测预防

2003 年春，面对突如其来的“非典”疫情，根据区委、区政府印发《洛江区非典型肺炎工作防治预案》，将非典防治列为各项工作重中之重抓落实，开展流行病学调查，追踪返乡人员及时进行医学观察。至 2005 年，全国疫情结束时，洛江区未发现非典型性肺炎病例。

四、免疫规划

（一）实施免疫计划

1998 年，洛江区实现计划免疫 3 个 85% 目标。开展预防接种的生物制品有 11 种，其中，儿童基础免疫接种的生物制品有 4 种。列入疫苗接种率监测的有麻疹活疫苗、脊髓灰质炎活疫苗、卡介苗和百白破三联菌苗、乙肝疫苗、乙脑疫苗、流脑疫苗等。广泛推行以乡镇（街道）为单位门诊接种制度，覆盖面超过 85%。全年完成各类疫苗接种两千余人份，接种 8233 人次。2000 年始，通过网络上报计划免疫监测资料；同年，洛江区通过无脊灰证实。2002 年，执行“谁接生、谁负责接种乙肝疫苗第一针”政策，当年全区儿童参加计划免疫接种 1617 人，乙肝接种率 100%；“八苗”全程接种率在 95% 以上。2003 年，乙肝疫苗接种列入儿童计划免疫内容，当年接种 4838 人次。2007 年，洛江区开展一轮覆盖 8 月龄至 14 周岁的麻疹疫苗强化免疫工作，目标儿童约 1883 人，实际强化接种 1726 人，接种率 91.66%。

（二）疫苗与冷链管理

2007 年，全区冷链系统拥有疫苗运输车辆 1 辆，无冷库，无低温冰箱，普通冰箱 3 台，冰衬冰箱 2 台，冷藏包 40 只，冰排 100 个，温度记录仪 30 只。

（三）乙肝综合防治

2007 年，洛江区开展中小学生乙肝综合防治工作。区疾病预防控制中心组织对全区小学一年级至高中三年级学生开展一次全面的乙肝筛查，对乙肝抗体呈阴性目标给予 3 剂次的乙肝疫苗免费接种。

（四）预防接种门诊规范化建设

1998 年起，根据《泉州市计划免疫接种门诊规范建设标准》要求，洛江区对各乡镇（街道）预防接种门诊进行全面规范化建设。2005—2006 年，通过泉州市级验收的单位有双阳卫生院、河市卫生院、马甲卫生院、罗溪卫生院、虹山卫生院。至 2007 年，全区设有预防接种门诊 6 个，其中，镇级 6 个，构成“区—镇—村（社区）”完整的计划免疫系统。

（五）全国儿童预防接种日宣传活动

1998 年起，每年 4 月 25 日，区疾病预防控制中心在人口密集或人口流动较大区域开展“全国儿童预防接种宣传日”活动，通过悬挂横幅、张贴海报、分发传单、有奖问答等形式宣传儿童预防接种知识。

（六）疫苗针对传染病监测

1998 年起，计划免疫的实施使疫苗针对传染病得到有效控制，传染病发病率大幅降低。至 2007 年，洛江区国家免疫规划疫苗针对传染病包括肺结核、乙肝、脊髓灰质炎、麻疹、风疹、腮腺炎、新生儿破伤风、百日咳、白喉、乙脑、流脑、甲肝 12 种，除风疹、腮腺炎、甲肝外其他均有具体监测方案。

2007 年，洛江区无脊髓灰质炎、白喉、流脑、百日咳等病例报告。乙脑、新生儿破伤风、麻疹、15 岁以下乙肝病例均在国家规定的发病率水平内，每年病例数控制在个位数以下。

1997—2007 年洛江区儿童免疫接种统计表

表 27-2-2

年份	建卡数(个)		建卡率(%)	卡介苗		接种率(%)	小麻糖丸		接种率(%)	百白破		接种率(%)	麻疹		接种率(%)	乙肝疫苗		接种率(%)	乙脑疫苗		接种率(%)	流脑疫苗		接种率(%)
	应建	已建		应种(人)	已种(人)		应种(人)	已种(人)		应种(人)	已种(人)		应种(人)	已种(人)		应种(人)	已种(人)		应种(人)	已种(人)		应种(人)	已种(人)	
1997 年	1621	1621	100	1581	1564	98.92	1581	1544	97.66	1581	1544	97.66	1581	1546	97.79	1581	1219	77.12						
1998 年	1768	1768	100	1738	1705	98.1	1738	1693	97.3	1738	1691	97.3	1738	1686	97	1738	1458	83.89						
1999 年	1813	1813	100	1760	1744	99.09	1760	1730	98.3	1760	1710	97.16	1760	1712	97.27	1760	1617	91.88						
2000 年	1826	1826	100	1704	1703	99.94	7061	6953	98.47	7031	6920	98.42	3382	3292	97.34	4586	4571	99.67			——			
2001 年	1833	1833	100	1660	1652	99.52	7689	7599	98.83	7933	7831	98.71	3909	3839	98.21	5291	5275	99.7						
2002 年	1850	1850	100	1557	1547	99.36	6666	6609	99.14	7043	7034	99.87	2988	2957	98.96	4666	4664	99.96						
2003 年	1870	1870	100	1519	1519	100	6642	6587	99.17	6668	6614	99.19	3632	3569	98.27	4851	4838	99.73						
2004 年	1899	1899	100	1274	1274	100	6999	6981	99.74	6801	6722	98.84	3711	3615	97.41	4800	4777	99.52	3101	3047	98.26	5213	5141	98.62
2005 年	1913	1913	100	1309	1309	100	7404	7368	99.51	7039	7005	99.52	3832	3797	99.09	4808	4799	99.81	3008	2977	98.97	5517	5466	99.08
2006 年	1987	1987	100	1111	1111	100	9023	9010	99.85	7501	7491	99.87	4985	4977	99.84	5976	5971	99.92	5992	5981	99.82	7124	6402	89.87
2007 年	1993	1993	100	1182	1182	100	9489	9467	99.77	9368	9342	99.72	6678	6666	99.82	6222	6214	99.87	5181	5168	99.75	4722	4710	99.75

第三章 保 健

第一节 妇女卫生保健

一、保健法制与服务网络建设

1997 年 11 月，洛江区妇幼保健所建立后，组建妇幼保健基层指导组，对 5 个乡镇实行分片包干责任到人。各乡镇配备妇幼专干，77 个行政村有妇幼保健员。1998 年 7 月，洛江区卫生局成立助产技术考核组，严格按照省卫生厅下发的《助产技术机构考核评分标准》，对全区 5 家医疗保健单位的母婴保健技术服务执业许可证进行校检；重新审核已取得母婴保健技术考核合格证书人员的资质，不合格者依法收回。2002—2004 年，实施《2001—2010 年妇女、儿童发展纲要》。至 2007 年，全区配备妇幼专干 12 名，乡镇从事母婴保健技术业务人员 45 名，村保健员 67 名。

二、婚前保健与医学检查

至 2003 年 10 月新的《婚姻登记管理办法》实施止，当年全区 1326 对青年接受婚前保健检查，检查率 100%。检出各种疾病 319 人，疾病检出率 12.03%，暂缓结婚 52 人，不宜生育 1 人。开展婚前咨询，进行保健指导。但自新的《婚姻登记管理办法》实施后，取消了强制性婚前检查，婚前检查受检率呈直线下降。2006 年接受婚前检查人数为 0。

2007 年 1 月，国家实行强制免费婚检制度，全区参加婚检人数 3139 人，参检率达 100%。检出患有疾病人数 1165 人，患病率 37.11%，暂缓结婚 63 人，针对婚检中发现的各种疾病及异常情况给予正确的治疗并提出相应的指导意见。

三、孕产期保健

1997 年起，全区以孕产妇系统管理为重点，实施《福建省孕产妇系统管理办法》，加强孕产期的产前检查，做到早期建卡，筛查高危妊娠并追访管理，确保母婴安全。

1998 年，全区活产数 1736 人，新法接生 1736 人，新法接生率 100%；住院分娩 1505 人，住院分娩率 87%，孕产妇死亡 3 人，死亡率 172.81/10 万；新生儿死亡 15 人，死亡率为 8.64‰；新生儿破伤风发生率 0。产前检查 3 次的占 87.61%；产后访视 3 次以上的 88.53%；高危产妇住院分娩率达 100%。

1999 年起，全区逐级培训母婴保健业务技术，实行每年一次的产科质量或助产技术执法检查制度。5 个乡镇卫生院均成立高危孕产妇和新生儿抢救领导小组。建立妇幼卫生资料档案柜，改善产房条件，提高住院分娩率。2004 年，马甲中心卫生院引进中高级人才，实现剖宫产、宫外孕等妇产科中大型手术零的突破。2005 年，对全区 6 家母婴保健机构重新考核定级，其中虹山、罗溪、河市、双阳 4 家助产技术服务机构通过一级考核标准，马甲中心卫生院助产技术服务通过二级考核标准，取得相应的执业许可证。2006 年，新《福建省孕产妇系统保健管理规范》实施，制定加强全区孕产妇保健管理、降低两个死亡率的干预措施。各乡镇卫生院和社区卫生中心掌握本乡镇孕产妇基本情况并建卡、住院分娩，做好产后访视；确保至少配备专职妇儿保健人员各 1 名，掌握全乡镇“两管”情况，做好孕产妇保健工作，筛查高危孕产妇，填写每位就诊孕产妇的“保健手册”。2007 年，全区总产妇数 2066 人，活产数 2076 人，产前检查 1980 人，检查率 95.38%；产后访视 1955 人，访视率 94.17%；新法接生 2076 人，新法接生率 100%；住院分娩 2075 人，住院分娩率 99.95%； 高危产妇 553 人，筛查率 26.77%；发生孕产妇死亡 1 人，发生率 8.17/10 万。

四、妇科常见病防治

1997 年起，根据《女职工劳保要求》和《妇幼卫生工作条例》，开展妇科普查普治工作。2005 年由区卫生局与计生局联合举办妇科病普查培训班，区妇幼所负责全区妇科常见疾病筛查的业务管理和技术指导。根据《福建省妇科常见疾病筛查工作管理办法》，对辖区妇科常见病筛查的乡镇卫生院进行考核、质量检查和评估，经考核合格后发放执业许可证 4 家。每年配合区计生部门，利用计生“两查”、“三八”国际妇女节、“五一”国际劳动节等重要节日开展妇科疾病的普查普治工作。至 2007 年底，对 10842 名已婚妇女进行健康查体，查出各种疾病 4791 人，疾病发生率 44.19%。

第二节 幼儿保健

一、母婴喂养

1997 年起，全区推广母乳喂养，创建爱婴医院，成立洛江区创建爱婴医院技术指导小组。组织医务人员学习和贯彻《中华人民共和国母婴保健法》及《国际母乳代用品销售守则》，对专业人员进行 18 小时，其他人员 6 小时的规范化培训。区妇幼保健所成立孕妇学校，各助产技术机构产科病房内取消婴儿室，设母婴同室床，母乳喂养率 90%。2002 年，全区 5 家助产技术机构均被授予“爱婴医院”称号。

二、新生儿疾病筛查

2005 年，马甲医院按照省卫生厅制定的《新生儿疾病筛查管理办法》，做好新生儿血样的采集的送检工作，提高筛查率。全区采血 1016 人，新生儿疾病筛查率 79%，阳性病复诊率 100%。2007 年，全区采血 1154 人，新生儿疾病筛查率 96%。对泉州市妇幼保健院反馈的可疑阳性者做到及时通知，督促复查，使阳性病复诊率 100%，降低残疾儿童的发生率。

三、儿童保健

（一）散居儿童保健

每年“六一”国际儿童节前后以乡镇为单位对 0—7 岁儿童进行体格检查，查出体弱儿建立卡、册，针对儿童病因及时矫治，指导喂养、护理。1997 年全区对 11119 名 7 岁以下儿童进行健康体检，受检率 80.44%。1998 年，全区实施《福建省儿童系统管理办法》，各卫生院（或社区卫生服务中心）结合开展预防接种，对全区 7 岁以下儿童保健工作严格实行“4.2.1”或“3.2.1”体检制，重点加强对 0—3 岁儿童系统管理、儿童“四病”（肺炎、腹泻、贫血、佝偻病）的防治及学龄前儿童体检工作。2007 年，全区 0—7 岁儿童 14040 人，进行保健管理 13100 人，保健管理率 93.30%。其中 3 岁以下儿童 6214 人，系统管理 5728 人，系统管理率 92.18%。检查出体弱儿 325 人，对体弱儿全部进行专案管理。全年婴儿死亡率 6.26%。对 5 岁以下儿童进行营养评价，实查人数 9427 人。

（二）集居儿童保健

1998 年起，全区持卫生许可证办园，教师持健康证上岗，儿童凭体检单入园。2007 年全区入托园儿童数 3534 名，3497 名在园儿童进行了健康体检，体检率 98.9%，其中新生入园体检率 100%，旧生一年一度的体检率 96.8%。全区有保教员 304 人，参加健康体检 262 人，体检率 86.1%，发放健康合格证 247 人，健康体检合格率 94.2%。区妇幼保健所定期培训保教人员，指导建立健全卫生保健制度，向保教人员和家长宣传卫生保健知识，按计划免疫程序接种疫苗，每年进行 1 次体格检查。区卫生行政部门每三年组织对托园进行一次检查验收，托园工作人员每年进行一次健康检查，凡患有急、慢性传染病者不得从事托幼工作；儿童入园要凭健康检查合格证、计划免疫接种证入园。

第四章 管 理

第一节 医疗机构管理

一、医院、卫生院（中心）管理

1997 年起，洛江区贯彻上级卫生等部门联合制定的《关于城镇医疗机构分类管理的实施意见》，促使医疗机构之间公平有序竞争。加强健全医院规章制度和人员岗位责任制度，严格落实医疗质量和医疗安全制度。2006 年，根据医院功能任务，合理配备医务人员，强化医务人员“三基三严”（基础理论、基本知识、基本技能，严格要求、严密组织、严谨作风）训练，定期开展“三基”考核。坚持公立医院公益性质，坚持合理检查、合理用药、因病施治，严格控制、规范使用高值耗材和贵重药品。2007 年，执行《处方管理办法》，加强处方规范化管理，实行按药品通用名处方，开展处方点评工作，登记并通报不合理处方。严格执行《抗菌药物临床应用指导原则》，开展抗菌药物临床应用和细菌耐药监测，提高抗菌药物临床合理应用水平。培养临床药师，实施临床用药监控，加强药品不良反应与药害事故的监测与报告。

二、卫生所（室、站）管理

1997 年，洛江区贯彻落实《中共中央、国务院关于进一步加强农村卫生工作决定》，初步建立农村医疗卫生服务体系。2000 年，洛江区成立社区卫生工作领导小组，建立联席会议制度，加强对社区卫生工作组织和领导，推动社区卫生服务开展。依据《福建省城市社区卫生服务机构管理办法实施细则》相关要求，实行区级卫生服务站改制，将原来的卫生所（室）改建成社区卫生服务站。2005 年，对农村卫生所（室）设置实行统筹规划，逐步建立科学规范、合理布局、健康有序的农村医疗服务市场。实行乡村医生津贴制度，全区 130 多名乡村医生每月补助乡村医生津贴 60—80 元不等。2007 年，区委、区政府将城乡卫生服务网络建设列入为民办实事项目。

三、个体诊所管理

1998 年，洛江区个体诊所由区卫生工作协会负责管理，每年校验 1 次。不定期检查个体诊所经营情况，打击非法经营、出售假冒伪劣药品。此后，根据《福建省个体开业医生管理办法》，多次清理整顿个体诊所，验收合格后，予以登记发证。2007 年，全区有独立门诊部 2 家，个体诊所 8 家。同年，撤销不合格诊所 2 家。

第二节 卫生从业管理

一、医生行医

1998年，进入医疗机构人员应取得相应技术职称资格方可从医。1999年5月1日，《中华人民共和国执业医师法》正式实施，从业医生必须经过国家执业医师资格考试获得执业医师证书（分执业医师和执业助理医师2个级别，西医、中医、口腔、公卫4个类别）。同年11月，卫生部组织首次全国执业医师考试。至2007年，洛江区有22名医生通过考试获得执业医师证书，近135名医生获得《执业助理医师证书》。

二、护士从业

1998年，护士岗位职称与护士职业资格相分离。2001年起，从事医疗行业护士必须经过卫生部统一组织的护士执业资格考试获得中华人民共和国护士执业证书。至2007年，全区通过考试获得执业证书45人。

第三节 医疗保险制度

一、城镇职工居民基本医疗保险

1997年，对国家机关和国营企事业单位职工按定额实行公费医疗。1998年6月，为加强临床基本用药的管理，合理利用卫生资源，执行《福建省公费医疗药品报销范围》（共1140种）。1999年4月，执行《福建省公费医疗用药报销范围（第二版）》。同年，在机关、企事业单位以及万安和双阳街道建立起城镇职工居民基本医疗保险。2000年12月31日，公费医疗制度终止。2001年1月1日，城镇职工基本医疗保险制度正式实施。洛江区城镇基本医疗保险中心成立。是年，为确实帮助重病人员减轻医疗负担，洛江区医疗保险中心将参加基本医疗保险缴费满2年（含视同缴费年限）的在职人员和享受基本医疗保险待遇的退休（职）人员全部统一向商业保险公司投保商业医疗保险，保险费每人每年31.6元，其中参保职工个人支付24元，由洛江医疗保险管理中心从个人账户中扣缴，统筹基金支付7.6元。至2007年，初步建立以基本医疗保险为主，公务员医疗补助、商业补充保险等为辅的多层次医疗保障体系。

二、新型农村合作医疗制度

2007年，洛江区新型农村合作医疗试点工作正式启动。同年1—3月，筹建机构、制定出台新农合管理规定、全面宣传发动、筹集基金、采集信息和培训相关人员业务。全区参加新型农村合作医疗33617户，128206人，参合率80.52%。资金到位769.6万元。同年4月，开通报销补偿程序；同年10月，结合全区参合农民住院补偿实际，开展二次补偿，调整了报销补偿的起付线和报销比例，让参合农民充分受益。同年11月，出台洛江区2008年新农合的工作方案，通过层层发动宣传，完成2008年基金筹集。当年，洛江区农村合作医疗参合率达93.48%。至12月31日，全区参合人员报销补偿3506人次（含生育固定补偿1126人次），补偿金额816.4万元，人均获得补助3430.25元（不含生育固定补偿），个人单次获得最高补助金额5万元，报销金额占住院总费用的55.09%。

第二十八篇 文物

洛江地处历史文化名城泉州东北郊，历史悠久，人文荟萃，人才辈出，著名人物蔡襄、俞大猷、吴觐、杜中士、邱二娘等或生于洛江，或客寓洛江，留下诸多不可多得的文物史迹，其中现存的全国重点文物保护单位洛阳桥是比较独特的珍贵文物古迹。

中华人民共和国成立后，文物工作得到各级政府重视和支持，多次开展文物普查，分批公布各级文物保护单位，进行文物保护和维修。1997 年建区后，洛江文博事业发展加快。至 2007 年，全区范围内有文物保护单位 20 处，其中国家级 1 处，省级 3 处，市级 16 处。

第一章 古遗址

第一节 古文化遗物采集地

河市半岭采集地　1978 年 8 月，在河市溪口村小溪对面的半岭寺下开筑渠道，从山坡巨石下发现石搿 7 件，有的只经粗制，有的还加工磨平，系距今七八千年至四千年前新石器时代的遗物。采集地因开山挖沟等原因，破坏严重，未发掘。

第二节 聚落遗址

塔仔山遗址　位于马甲镇杏川村观音山脉，1988 年第二次全国文物普查时发现：遗址面积约 2000 平方米，文化层厚约 0.5—0.8 米，包含物有砖、瓦、陶瓷片等。采集有影青碟、划花篦点纹青瓷碗、牡丹纹瓦当及青釉、影青、龙泉青瓷等瓷片。根据 2007 年第三次全国文物普查调查，遗址保留约 10 平方米文化堆积层，断面厚约 2.5 米，宽约 4 米，尚见砖、瓦、陶瓷片、釉碗等。

第三节 矿冶遗址

梧宅冶铁遗址　1960 年发现梧宅冶铁遗址，俗称“铁屎山”，位于河市镇下堡村小山坡上。原记载：铁渣分布范围长约 100 米，宽约 50 米，堆积层最厚处达 4 米。根据 2007 年第三次全国文物普查勘查，遗址地表均被村道、农宅或水泥小场地、建筑材料所覆盖，找不出较大面积的冶铁遗址或断层。村道或场地边角处仍可挖出铁渣。冶铁遗址为五代、宋代时期所遗留。1998 年 3 月，泉州市政府公布为第四批市级文物保护单位。

第四节 古战场遗址

吴觐寨址 位于罗溪镇后溪村的大寨山。吴觐，罗溪人。清顺治四年（1647 年），发动农民起义，依大寨山建寨抗击清军，山寨称之为吴觐寨。寨址包括前哨寨、跑马场、外寨、内寨和点将台。寨方圆约 10 平方千米，设东、西、南三门。南门已毁。内寨墙依山崖而筑，保存较为完整，墙高约 4 米。现寨址内残存炮台 1 座、古井 1 口。2001 年 6 月，泉州市政府公布为第五批市级文物保护单位。

玉泉康济庙遗址 位于马甲镇洋坑村。五代，泉州刺史留从效与朱文进在此处交兵厮杀，死者甚众，遂筑“千人冢”，假此寺追荐亡灵，易名“康济院”。年代久远，寺院破落，至明永乐四年（1406 年）、清乾隆十二年（1747 年）、清光绪十五年（1889 年）、民国 25 年（1936 年）均有修葺，后毁。2000 年，旅缅华侨吴庆星捐资重新改建。改建后的康济宫成为马甲镇农民休闲公园，占地面积约 6 公顷，前殿、后殿是主体建筑，附有望佛门、土地庙、清心园、戏台等组成一完整的建筑群。前、后殿坐东南向西北，依山缓坡而建，建筑占地面积 700 平方米。尚存南宋绍熙三年（1192 年）重修碑记，碑已断裂。2001 年 6 月，泉州市政府公布为第五批市级文物保护单位。

第五节 寺庙遗址

杉植院遗址 位于河市镇溪井村后土楼自然村。唐咸通三年（862 年）始建，宋至明多次重修，毁于清代，原建筑坐东北向西南。1981 年，发现该遗址。原记载：遗址面积约 600 平方米，地面暴露许多砖、瓦和瓷片，局部堆积厚约 0.4—0.5 米，断崖尚见铺地砖。根据第三次全国文物普查勘察，遗址上种植大面积的龙眼等果树，呈现的堆积层厚度 88—1.75 米，长度约 30 米，尚见方砖、瓦当等陶瓷片。

定公万安桥院遗址 位于万安街道塘西社区村院小组的庙后山。南宋嘉熙年间（1237—1240 年）郡守刘炜叔建，据传清代毁于大火。1981 年文物普查时被发现，遗址南北长 200 米，东西宽 150 米，文化层堆积厚约 0.6 米，采集有“熙宁重宝”铜钱及宋代瓷片。2001 年，该村院小组居民在遗址上新建万安庙，庙坐北向南，建筑面积 300 平方米。根据第三次全国文物普查勘察，遗址原存的 3 个平台仍清晰可见，2—3 平台的断面依稀可见文化层堆积，遗址尚保留 3 通碑刻及部分古石构件。

第二章 古墓葬

第一节 名人墓葬

陈军门墓 位于双阳街道南山社区陈厝山的半山坡上，墓主不明，俗称陈军门墓。墓坐东北向西南，由墓冢、墓碑、墓埕、武翁仲、石马、石虎、石羊、石牌坊、墓坪组成，从前至后依山缓坡递次增高，墓占地面积约 3453 平方米。墓室为三合土结构（早年被盗），墓冢形状不清，墓前立无字墓碑，碑已掀翻，墓碑方首。该墓规制颇大，有两层护坪，依次排列石将军、石马、石羊、石虎、石牌坊、石将军、石兽雕工精致，墓具有典型的明代风格。1998 年 3 月，泉州市政府公布为第四批市级文物保护单位。

郭宗磐墓 位于双阳街道新南社区竹仔腰山上，明代始建。墓坐西南向东北，由墓冢、墓碑、护坪、望柱组成，从前至后依缓坡逐渐增高。占地面积约 478 平方米。墓冢呈半圆形，其前立圭首墓碑，材质为糖水灰，无碑文。两侧有 1 对石望柱，柱高 3.7 米，柱首狮形雕刻。1998 年 3 月，泉州市政府公布为第四批市级文物保护单位。

附：郭宗磐简介

郭宗磐（1541—1607）　晋江石湖人，回族，明隆庆四年（1570年）、五年联捷进士，授新安推官，擢南京刑部广东司主事、处州知府、迁广西副使。著有《易学说海》《道德经》《南华经》注释等书。

万正色墓　位于双阳街道办事处前埭社区埭北小组的洪厝山上，清代始建。1998年，万氏后裔集资重修。墓坐西南向东北，平面呈“风”字形。由墓冢、墓碑、祭坪、护坪、台阶、望柱组成，占地面积约708平方米。石望柱1对，高8米，平面呈六角形。2001年6月，泉州市政府公布为第五批市级文物保护单位。

附：万正色简介

万正色（1637—1691）　字惟高，号中庵，丰泽区城东浔美人。因平“三藩之乱”等战功，官至太子少保福建水师提督、福建陆路提督，后以罪谪。留世职喇布勒哈番。清康熙三十年（1691年），卒于泉州城内第三巷万厝埕宅中。著有《平岳疏议》《平海疏议》《师中纪绩》等书。《清史稿》《府》《县》志均有传。万正色在泉州曾主持修洛阳桥、疏浚八卦沟，建晋江会馆。

赵建郁墓　位于万安街道塘西社区东宅小组翁林山上，明代始建。墓坐东南向西北，由墓冢、墓碑、祭台和墓坪组成，从前至后依山势递次增高。墓冢为糖水灰构筑，平面呈“风”字形、立面呈“凸”字形，占地面积约39平方米。墓碑系花岗岩石材质，上刻“马夹赵公本学墓”。1998年3月，泉州市政府公布为第四批市级文物保护单位。

附：赵建郁简介

赵建郁（1478—1544）　又名世郁，字本学，号虚舟，生于明成化十四年（1478年），泉州人，宋太祖赵匡胤十八世孙。为明代著名理学家、军事理论家。是大理学家蔡清的高徒，抗倭民族英雄俞大猷的业师。著有《周易学庸说》《韬钤内外篇》《赵注孙子兵法》等书。《赵注孙子兵法》广泛流传于琉球、日本、美国及其他国家。清同治二年（1863年），日本多次重版《赵注孙子兵法》，成为日本研究《孙子兵法》最常用的本子。经过七十多年，日本又把《赵注孙子兵法》回传中国，民国17年（1928年），上海石印出版由本洼田清音校刻的《赵注孙子兵法》。

金豁黄氏始祖黄原斋墓　元至正年间（1341—1368年），黄原斋出生于安溪溪头，后随父黄有年移居南安十九都鹤埕洪濑芦厝，清乾隆二十年（1755年）奉葬于晋江县大罗溪杏内村（今属洛江区），穴号“风炉”，青山护后，绿水萦前。迁葬于此，距今240多年。2003年冬，原基原样进行修复。

五因原配孺人墓　五因（林如源）原配谢氏名顺淑，英年早逝，清顺治元年（1644年）葬于暗林池头山。墓系糖水灰结构，曾被毁，现存“五因原配顺淑孺人谢氏”墓志铭碑1块，该碑由张瑞图撰文，何乔远书丹，尚有一进士，三御史前奉，敕提督江西学政按察司副使通家眷生苏茂相篆额。

贞义姑墓　杜氏贞义姑墓，位于马甲镇杨林山上，是明代迄今有四百多年历史的古墓。墓碑上刻有“正德辛已，贞晦姑之墓，孙杜昂立”，杜昂，就是贞义祖姑当年二世抚孤的侄孙。墓前另一行刻字说明是1983年重修。

第二节　古墓葬群

白洋唐墓群　1978年，发现白洋唐墓群。位于河市镇白洋村宫山南坡的龙眼树林下，根据第三次全国文物普查勘察，墓群占地面积约1000平方米，为不规则梯形。南北长约200米、东西宽约10米，东宽、西窄。1978年发掘、清理的空墓穴仍然存在，墓室平面呈长方形，长4.1米、宽1.5米、高2.1米。墓砖侧面印双鱼纹、莲瓣纹、叶脉纹，纪年砖书“咸亨贰年”及“富贵吉利”。

第三章 古建筑

第一节 宫庙寺庵

罗溪龟峰岩 位于罗溪镇双溪村龟峰山脚下。北宋开宝年间（968—976年）始建，初名“莲花庵”，供奉观音菩萨。南宋咸淳六年（1270年），在莲花庵前临溪石崖上建“盟心堂”。明永乐二十二年（1424年），在“盟心堂”左右两旁增建文、武两庙，三庙并立，统称龟峰岩。龟峰岩坐西北向东南，武庙、盟心堂、文庙三庙由西向北依次排开，总占地面积约6000平方米，总建筑面积360平方米。“武庙”，也称龟峰岩，为两进三开间，硬山顶、抬梁式建筑。主殿设神龛，敬奉“关帝爷”。“盟心堂”，又称大雄宝殿，单进，面阔三间，重檐歇山顶、抬梁式建筑，大殿正中供奉三宝尊佛，并奉祀观音菩萨、三代祖师等。“文庙”，又称钟英庙，为两进三开间，硬山顶、抬梁式建筑，内祀奉五文昌夫子。现有建筑系1990年重建，仍保存明、清风格。2001年6月，泉州市政府公布为第五批市级文物保护单位。

朋山岭转运使宫 位于双阳朋山岭，南宋宝祐四年（1256年）始建，元大德八年（1304年）重修。结构朴陋，三楹三进。祀奉威灵侯广南转运使陈伯贤。明洪武年间（1368—1398年），檀越陈清澈广为募化，拓旧规增新模。明万历四十二年（1614年），增奉抗倭英烈曾大江、王志国、吴平章、叶猛义、蔡鸿辉、许世明。庙宇建筑由大殿、两厢、戏台、山门组成。大殿面宽五间，进深五重。由殿门、屏风与殿廓隔开。南面戏台绘制《荔枝记》传奇故事。运使宫前正中四方大窗“龙泉祠”明初文林郎曾石生书。山门“国泰民安”“风调雨顺”，是明天启年间（1621—1627年）大学士张瑞图书。

暗林顺济宫 位于马甲镇溪林村高岗与双埔自然村之间，元至正六年（1346年）始建，历代均有重修。现存建筑系民国5年（1916年）重建，后又扩建护厝、石埕、围墙。祀妈祖林默娘。宫占地面积约1公顷，宫坐东南向西北，主殿建筑面积430平方米，硬山顶带双护厝、抬梁式结构，中间天井带双廊。2001年6月，泉州市政府公布为第五批市级文物保护单位。

云水堂 位于罗溪镇钟山村宫边自然村的云水头山，元末始建，民国时重建，1986年和1991年均重修。堂坐西北朝东南，建筑面积57平方米，由祖师殿和拜亭组成。内主祀正觉祖师，是南安灵应寺分炉之一。正觉祖师雕像系明代制作，由樟木制成，关节能活动，通高0.5米，宽0.3米。

昭灵宫 原名仙灵宫，古称“洪岩”，位于罗溪洪四村。明嘉靖年间（1522—1566年），倭乱猖獗，社会动荡，洪岩保持宁谧状态，有莆仙人为避战祸，迁入洪岩定居，当时村里共有邓、傅、林、黄、陈、赖等9姓定居。九姓和睦共处，洪岩一派欣欣向荣。明嘉靖十四年（1535年）由林姓倡议在村中兴建一座宫庙，主祀道教“三清天尊”——元始天尊、灵宝天尊、道德天尊。宫庙遂被命名为“仙灵宫”。村中九姓各有信奉神灵，为延续各自信仰，把神灵的塑像请入庙中，宫庙内就此众神林立，成为“神仙俱乐部”，宫庙名称也由“仙灵宫”改称为“昭灵宫”。昭灵宫重修，大门上有石匾写着“道法自然”。宫内仍祀有多种神明，除了主祀元始天尊、灵宝天尊和道德天尊外，配祀有土地神、张天师、圣祖妈（妈祖）、武安尊王大相公、二相公（原型为唐将张巡、许远）、五谷王、狩猎神、大使公、舍人爷、观音菩萨和关圣夫子等各路神明。

第二节 祠堂

蔡襄祠 （见第二十六篇文化旅游体育第二章第一节景点与景区）

虹山彭氏家庙　位于虹山乡白凤村，北宋年间始建，历经千年沧桑，屡圮屡修。占地面积200多平方米，硬山式燕尾脊五开间三进深闽南传统古建筑风格，坐申向寅，状若双凤。1992年，由旅居印度尼西亚侨亲彭基成鸠资18.5万元再次重修。依古制，宗祠正厅神龛供奉虹山彭氏列祖列宗，每年农历正月十五和八月十五如期举行春秋祭祖大典。

罗溪金豁黄氏大宗祠　位于罗溪镇双溪村东头崎，明正统五年（1440年）始建，民国12年（1923年）混成旅长陈国辉率部入罗溪，宗祠罹难于兵灾。后乡彦族贤鸠资重建。1993年，印尼族亲黄奕聪返梓，捐资47.8万元人民币翻建。该宗祠占地1200多平方米，三进歇山式砖木、石结构，祠宇立于金豁之畔，被载入《泉州名祠》《侨乡名祠》。

杏宅郭氏家庙　位于洛江区万安街道杏宅村，明中叶始建，清康熙九年（1670年）修，民国36年（1947年）前辈乡老一度修葺，扩建正厅中落。1997年，春议筹重修，夏告竣。家庙为三进二天井、双护厝，清代风格建筑，占地700多平方米。步入家庙，宽敞开阔，柱联布列，匾额高悬，保存伊斯兰教古阿拉伯文字、花纹石雕数件。祠宇规模宏大，木砖石艺精湛，是泉州东门外著名的回族宗祠。

颖川罗溪赖氏宗祠　位于罗溪镇柏山村赖厝街。明朝嘉靖至万历，赖毅庵次子赖虹山任广西思明府同知，赖南溪长子赖克绍任浙江省遂安县知县。毅庵、南溪把所居之屋拆而建祠，奉赖允用为百代不迁之祖，而以孟、促配焉，春秋匪懈享祀不忒崇先德也，明嘉靖四十年（1561年），倭寇乱，焚掠郊野延及祠宇，寇退复营旧基，而年久倾圮，至明崇祯六年（1633年）百、思、愓复旧址再建祠。后匪患祠废。清康熙十四年（1675年），再建祠。1995年，重新翻建，占地300多平方米，祠后添建一座3层文史楼，耗资近百万元。

刘氏家庙　位于万安街道桥南社区桥南街391号。明成化年间（1465—1487年）始建。清末民国初重修、1997年再次重修。现庙保存清代格局，带有明代遗风。庙坐东南向西北，占地面积约356平方米，建筑面积220平方米。庙面阔三间，进深二间，悬山顶、穿斗式结构。大厅悬挂着“文化大革命”后复制的“祖孙进士”“翰林”“提学”“父子进士”等明清科举牌匾23块；照墙上嵌有《名谏清卿》的御赐匾额，其传记见于《明史》《泉州府志》《晋江县志》志等史乘。庙原敬奉南宋抗金英雄刘锜、明代兵部尚书兼东阁大学士刘麟长、少卿刘宏宣、青川留守刘光鼎等刘氏先祖。2001年6月，泉州市政府公布为第五批市级文物保护单位。

凤栖杜氏宗祠　位于马甲镇新民村。现存杜氏宗祠，坐北朝南，规模宏大，三进两落五开间，木构架古建筑，门庭潇洒，殿宇峥嵘，青石红砖，古朴庄重，乃典型闽南“皇宫起”之样子。此间虽历经数代，兴废不一，然叠有修建，故建筑保存基本完好。杜氏祠堂有楹联曰：“武库家声远，瀛州世泽长”。“武库”者，乃1700多年前，西晋开国大功臣杜预将军之谓也。史载，杜预博学多才，文韬武略，日理万机，为朝野叹服称羡，尊其为“杜武库”；“瀛州”者，为1300多年前，大唐帝国开国时，太宗最倚重的宰相杜如晦之谓也。李世民曾为全国最佳名士设文学院，凡获此荣誉者，美称为“登瀛州”，其中最著名的是所谓十八学士，都是天下羡仰的大名士，且以杜如晦为首，故人们将高居魁首的杜如晦称为“杜瀛州”。宗祠大门两旁有对联曰：“城南谱牒无双派，郡北簪缨第一家”。城南，乃指汉朝首都长安城之南，杜陵邑多达官，堪称高门显第之大；郡北簪缨当指温陵之北凤栖杜氏，世代英才辈出。诸如，明万历二十三年（1595年）杜氏祖姑五世杜应楚赴京会考，进士及第，官至南昌知府；次如，清道光三年（1823年），癸未科会试中式进士。第十二世杜中士，号蕉林，钦点翰林院庶吉士，官升御史，任浙江督粮道，诰授中宪大夫。

贞义姑祠　位于马甲镇新民村祖厝自然村，明万历年间（1573—1620年）始建，民国25年（1936年）杜氏海内外宗亲捐资重建，1982年再修建，保持清代风格，祀贞义姑。贞义姑，姓杜名晦（1445—1515），为奉母抚弟及侄，矢志终身不嫁。祠坐西北向东南，占地面积520平方米，建筑面积410平方米。硬山顶，穿斗式结构。梁架间悬挂“文魁”“进士”“父子明经”等多方匾额，为杜氏小宗祠。附属文物有“孝节坊”。2001年6月，泉州市政府公布为第五批市级文物保护单位。

霞井延陵宗祠　霞井吴氏建有新、旧二祠，分别为明、清古建筑物。旧祠建于明崇祯年间（1628—1644 年），位于祈山村园内厝，二落九架，宫殿式造型，面积 200 多平方米。清光绪十三年（1887 年）建新祠，位于洋坑村军园埔，二落十三架，宫殿式造型，面积 300 多平方米。该族侨胞吴庆星捐资 300 多万元进行重修。宗祠在新祠原址重建，2000 年 5 月破土兴工，2001 年 8 月告竣，坐北面南，大门正中楣上，悬挂“霞井吴氏宗祠”6 个镏金大字。东边护厝是先辈务农的生产和生活用具展览室，展品 400 件，教育后辈瞻前顾后，忆昔抚今，珍惜现在，开创未来。西边护厝前面是办公室和接待室，后面有教室和贮藏室各 1 间。霞井吴氏宗祠大门前双狮踞守，配有三个石埕。大门石埕正前方竖立旗杆，凡逢国家节日或祭祀大典可举行升国旗仪式。祠宇周围遍种花草树木美化环境。祠宇右边建有篮球场，场边有戏台，是宗族举行文体活动场地。

暗林林氏宗祠　位于马甲镇溪林村，与溪林小学毗邻。清康熙三十六年（1697 年）始建，为上下两落（两进），建筑面积 210 平方米，经清乾隆三十二年（1767 年）、清道光三十年（1850 年）、清咸丰十年（1861 年）、清宣统二年（1910 年）四次整修。2001 年，翻新重建。其建筑款式，坐向依旧，为二进深五开间，歇山式砖混瓦木结构。仅东西两厢各加宽 1 米，建筑面积 251.21 平方米，祠埕铺石板材，外加围墙。现仅存原武魁匾额 1 块。

龙楼苏氏祠堂　位于马甲镇美楼洋（现马甲供电站新址），清乾隆二年（1737 年）兴建。据族谱记载：其形胜景，后者有丰山古院为屏风，环其前者有马夹巨溪为玉带而凌云插天，观音金马则从若，或曰“飞凤落洋”、或曰“出水莲花”。祠堂坐丙向壬兼己亥，是一座二进古建筑，上进九架二梁，中厅阔深各 4.63 米，高 4.55 米，东西两廊二架四石柱，以挡风雨，下进四架“倒吞门路”，门前石埕深一丈三尺五寸，天井平坦出，水口自辛入转癸出乾，作三井注气制作，如此盖因龙大穴小，体制宜然。厅中原悬挂有状元、进士、文魁、武魁、榜眼等字匾（牌）。1958 年，被拆毁平整为田地，今被马甲供电站征用。文献可考，而无祠可观。

罗溪尤氏宗祠　位于洛江区罗溪垵内村，存有清光绪三十三年（1907 年）十一月十九日冬至祭文一篇。20 世纪 90 年代初，海内外宗亲重修。1992 年动工，按原基原向，全面整修，改为石砖木结构。宗祠坐西向东，依山而筑，背靠香炉山，前望玉叶寨，两进两厅六房一天井布局。横宽 17.6 米，纵深 21.5 米，总建筑面积 378.4 平方米。厅堂正中神主龛，两边墙壁为二十四孝图，厅口石柱对联：“沈系垵籍祖德佳声远，水源木本宗功世泽长。”宗祠正门上方嵌有“尤氏宗祠”青石横额，两侧门柱石刻对联：“沈水流芳声祖德，炉峰拔萃誉宗功”。前有祠埕 500 平方米，兼作篮球场用。

第三节 其他

曾氏土楼　位于马甲镇后坂村后曾自然村。清乾隆年间（1736—1795 年）始建。楼坐东南向西北，平面呈正方形，为歇山顶四面坡分水，抬梁式结构。占地面积约 333 平方米，建筑面积 603 平方米，通高约 6 米，中心天井分作八角形。墙基石砌，墙体为三合土夯筑，外墙体四面上部各有石构瞭望口 5 个，铳眼 5 个，楼外观基本完好。2001 年 6 月，泉州市政府公布为第五批市级文物保护单位。

谢氏土楼　位于马甲镇就南村土楼自然村，清乾隆年间（1736—1795 年）始建。楼坐北向南，平面呈正方形，为歇山顶、抬梁式结构。占地面积约 790 平方米，建筑面积约 872 平方米，通高约 8 米。墙基条石砌筑，墙体三合土夯筑。土楼为前后两列五开间两层楼，其间以回廊连接，共计 28 间。一层楼南向大门，门楣上嵌“玉树流徽”青草石匾额，天井里有井 1 口；二层楼外墙体四面各有石构瞭望口 5 个、铳眼 6 个。2001 年 6 月，泉州市政府公布为第五批市级文物保护单位。

青阳室　明洪武七年（1374 年），由慈云禅师、法丛和尚开山重兴，后代有修葺。现存建筑基本呈清、民国样式。为二进三开间硬山式带双护厝建筑。门面及内部梁架 20 世纪 50—60 年代修建时略有改动。室坐南向北，门额嵌有“青阳室”辉绿岩匾额，建筑面积约 710 平方米。保存明正统六年（1441 年）立的《清阳室开山记》碑，内容记载明洪武七年至永乐二十一年（1423年）间慈云禅师、法丛和尚创始“清阳室”；清康熙六十年（1721年）立的《清阳室碑记》残碑，碑文楷书，内容记载康熙十七年亘信和尚重修清阳室。在室周边尚存有石经幢残件、石槽、石臼等石构件。2001年6月，泉州市政府公布为第五批市级文物保护单位。

龙潭拱桥　位于罗溪镇广桥村的龙潭溪上，俗称广桥。南宋淳熙八年（1181年），里人彭映和僧人自昕始建，明嘉靖年间（1522—1566年）赖沆重建，清康熙四十一至四十二年（1702—1703年）施韬易位重建，清乾隆五十七年（1792年）集资重修。桥呈西南一东北走向，为辉绿岩条石砌筑的单孔拱桥，长13.8米，宽2.5米，高8.7米，孔跨13米，桥面南北各有7级石阶。桥北立有清康熙四十二年《重建龙潭广桥碑记》和乾隆五十七年《重整龙潭广桥碑记》。1992年9月，泉州市政府公布列为第三批市级文物保护单位。

濠溪桥　位于河市镇河市村、霞溪村之间，又名河市桥，南宋绍兴年间（1131—1162年）僧宗爽建，后毁于火。明隆庆三年（1569年）都督俞大猷重建，明万历二十七年（1599年）知县硕士奇命皇募造石梁，清康熙间施韬重建。桥为梁式石桥，8个孔7个墩，长75.5米，宽3.10米，桥体均用花岗岩砌就，桥墩为船形基础，保存宋元时期桥梁形制。桥两端有古榕数株，北端树下有观音宫1座，其旁保存俞大猷所立的重建濠溪桥碑等明、清石碑3方。20世纪50年代，在桥面上扩建公路桥。2009年12月，省政府公布列为第七批省级文物保护单位。

洛阳桥　位于万安街道桥南社区和惠安县洛阳镇万安村之间的洛阳江入海口，又名万安桥。北宋皇祐五年（1053年）四月至嘉祐四年（1059年）十二月，蔡襄知泉州时主持建造。有史料记载，宋至清重修23次，其中有碑记载的大修：明宣德六年（1431年），郡人李俊育等重修桥，桥面增高1米；明万历三十五年（1607年），郡守姜志礼大规模重建。民国期间维修2次，其中民国22年（1933年），国民党十九路军入闽，蔡廷锴军长改洛阳桥为钢筋混凝土路面，并向两侧拓宽至7米。1993—1996年，国家文物局与福建省、泉州市政府共同拨款进行全面整修，恢复原貌。桥为海港梁式大石桥，南—北偏西走向，桥长731米，宽4.5米，舟形桥墩46座，全系花岗石砌筑。桥面两旁立有635根石柱栏杆，其中77根为狮身护栏。桥南北两侧分立4尊护桥石将军、2座亭和6座石塔。附属文物有蔡襄祠、昭惠庙、义波祠、中亭、西川甘雨亭、历代碑刻等。洛阳桥是中国第一座跨海梁式大石桥，因其独特的历史、艺术、科学价值在中国桥梁史上占有重要的地位。1988年，国务院公布列为第三批国家级重点文物保护单位。

留公陂　旧名丰谷陂，俗称“陈三坝”，位于双阳街道前埭社区，陂横拦于惠安县洛阳镇陈坝村与洛江区双阳街道前埭社区坝南村之间的洛阳江上游，为南宋右史泉州留元刚（留从效八世孙）倡筑，后人为称赞留业绩，称之“留公陂”。陂既可以外挡海水侵入，内又可以防止溪水流出，创五陡门，以时蓄泄。可以灌溉晋江之北、惠安之南413.33公顷田地，是泉州最早的水库堤坝。明嘉靖十二年（1533年），太守屠倬于陂左筑石堤“三十六丈，深九丈五尺”。明嘉靖十五年，陂坏，郡守王士俊又重修；清乾隆二十四年（1759年），知县王勳檄巡抚林懋懿再修筑。1963年，政府以旧堤为基础，重建为花岗岩石堤。堤南北偏东走向，长135米，坝高3米，桥面宽2.2—2.4米不等，作闸门15个孔以泄洪。坝南立有明嘉靖三十八年“屠公陂”碑1通。2009年12月，省政府公布为第七批省级文物保护单位。

庆丰古厝　位于罗溪镇双溪村，亦称黄纪堂故居，俗称“进士府第”。黄纪堂于清同治元年（1862年）壬戌恩科中举后，诰封武显将军。黄纪堂的两名学徒一长子黄赞恩于清光绪五年（1879年）中举人、十年中进士，钦点御前侍卫，后任江浙参戍。黄纪堂的另一学生黄培松与黄赞恩同科，是当年武状元。

庆丰厝始建于清同治八年，为五开间双龙双护厝格局，规模宏大，占地2000多平方米，大小房间多达95间，总建筑面积为748.80平方米，由两座既相邻又独立的古厝“组合”而成，两厝背靠背，一座坐南向北，一座坐北朝南，新厝与旧厝隔通巷平行背向而立。厝与厝之间，还精心构筑了一条“S形”小水渠，将两厝巧妙地圈在了一起。古厝间“S”形水渠设计十分罕见，能便利生活用水、消防用水，体现建筑师的独具匠心。

第四章 碑 刻

第一节 摩崖石刻

洛阳桥摩崖石刻 集中在桥的中亭岩石上，共5方。“万安桥”石刻位于中亭东北侧巨石上，东南向，竖写楷书，字径0.90×1.29米。题款因年久风化，字迹难辨；“万古安澜”石刻款“南海李待问题书”，位于洛阳桥中亭北侧巨石上，南向，横写楷书，字径0.70×0.75米。李待向，字癸儒，广东南海人，万历三十五年(1607年)任晋江知县；“观海潮”石刻位于中亭后东侧巨石上，北向，竖写楷书，字径0.24×0.24米，无题款。“八仙过海”位于中亭北侧巨石上，东北向，字径0.24×0.20米，无题款。

双髻山摩崖石刻 位于马甲镇潘内村与马甲村的仙公山省级风景名胜区内。仙公山景区的隘门、白水岩寺、丰山洞、出米石等处周围，保留历代骚人墨客的摩崖石刻24处、碑刻4通，字体有楷、隶、行和草。其中有明代南京湖广道御史陈玉辉和清代太常寺少卿陈大玠分别题写的七律诗、蔡希秋摹宋代王十朋书的“佛国”两字，明代乡人林如源撰写、大书法家张瑞图书丹的4通“禅鸡塜碑”。2009年12月，省政府公布列为第七批省级文物保护单位。

虹山瀑布摩崖石刻 “红日照天地，飞雪白纷纷。道者偶来此，雷霆殊不闻。”款“万历己未何乔远题”。位于虹山乡水尾村白虹山瀑布旁，楷书五行，字径0.10×0.10米，石面风化较多，字迹部分不清。2001年6月，泉州市政府公布为第五批市级文物保护单位。

第二节 牌坊 石碑

孝节坊 位于马甲镇蔡内村团结自然村的娘公山坡上。清道光十四年（1834年），贞义姑十二世孙御史杜中士奉旨，为旌表其祖姑杜晦（贞义姑）而建。“文化大革命”期间被毁。1985年，用部分原构件重建。孝节坊坐西北向东南，占地面积约5.2平方米，坊系花岗岩筑砌，坊顶有“圣旨”牌一方，两边抱柱雕双龙戏珠，坊上雕有金鱼、石狮等。2001年6月，泉州市政府公布为第五批市级文物保护单位。

蔡襄《万安桥记》碑 碑刻有2方，立于洛阳桥南岸蔡襄祠正殿内左右两侧，第一方为宋刻原碑，第二方原碑已毁，现存为1962年仿原碑重刻的。碑长2.92米，宽1.63米，厚0.26米，有座，座高0.75米，宽2.10米，厚0.60米；楷书，字径0.20×0.17米。

河市濠溪桥碑 位于河市镇濠溪桥头观音庙旁。长方形，白花岗岩石刻制，高2.24米，厚0.22米，座高0.44米，宽1.27米。碑文为明代抗倭名将都督俞大猷撰文并亲自书写。1961年6月列为市级文物保护单位。

水利碑 位于河市镇下堡村铁山宫墙上，花岗岩石刻制。碑身露出地面高1.00米，宽0.65米，楷书，字径0.06×0.06米。文字风化不清，年代不详。

朱公陂水利碑 位于河市镇下堡村铁山宫内墙上，花岗岩石刻制。高1.80米，宽0.52米，楷书，字径0.35×0.35米。文字已风化不清，年代不详。

禅鸡冢碑 位于马甲镇双髻山白水岩，明代碑刻。碑石4块，合成2方，砌在边壁上。每块碑石长1.78米，宽0.36米。楷书，字径0.09×0.08米，10行，行19字，全文187字。上款“五因山人林如源记”，下款“庚午腊月白毫庵居士张瑞图书”，碑文即暗林第十世，布衣文人林如源撰写，为明代大书法家张瑞图书丹。

水尾树碑 位于虹山乡虹山村山占丘自然村旁。清道光二十四年（1844年），乡人共立水尾树保护公约并立碑为记。碑坐西南向东北，碑高1.77米、宽0.45米、厚0.24米，碑首呈圭额，为花岗岩石质。2001年6月，泉州市政府公布为第五批市级文物保护单位。

白凤新书房碑　位于虹山乡白凤村新书房、小宗口自然村的田园里。1983年，第二次文物普查时发现，是明代碑刻，材质为花岗岩石，原为花园附属物。“爱草园”石刻位于村道桥涵下，正面刻“爱草园”，背面刻“化龙池”，在距离“爱草园”石刻100米处的另一小土坡上，另一通石碑刻着“小蓬莱”三字，石刻字体均为小篆，传为著名诗僧释大圭于明初所题。

七七抗战阵亡将士纪念碑　位于马甲镇杏川行政村东头自然村村道边。民国26年（1937年），日本发动“七七”卢沟桥事变，举国愤慨，共赴国难。民国28年7月7日，马甲籍杜氏宗人共集于此地，纪念“卢沟桥事变”抗战阵亡将士并立碑为记。碑材质为花岗岩，上刻楷书“七七抗战阵亡将士纪念碑”。2001年6月，泉州市政府公布为第五批市级文物保护单位。

第五章 管 理

第一节 机构

解放前，没有专门文物管理机构。1949—1978年，晋江县文物工作由县文化馆兼管。1950年，晋江专署建立文物管理机构，为全省最早建立文物机构的地市之一。1952年，正式成立晋江专区文物管理委员会，后改称福建省文管会晋江办事处。1959年，省决定将晋江办事处下放泉州市，更名为泉州市文物管理委员会。“文化大革命”中，文博业务一度中断，1973年恢复。1982年4月，泉州市文管会进行机构调整和充实。1986年，原泉州市文物管理委员会与晋江地区文物管理委员会合并，鲤城区不设文物管理专门机构。2002年8月，洛江区文物管理委员会办公室成立，编制2名。2004年3月，洛江区文物管理委员会成立。2005年，对原洛江区文物管理会成员进行调整。

第二节 文物考古

文物调查　2001年，组织编写申报第五批市级文物保护单位，同年7月17日，洛江区“七七抗战阵亡将士纪念碑”、暗林顺济宫、龟峰岩、贞义姑祠、“孝节坊”、刘氏家庙、青阳室、吴觐寨、谢氏曾氏土楼、玉泉康济宫、万正色墓、“水尾树碑”等11处被市政府公布为第五批市级文物保护单位。2005—2006年，组织全区涉台文物普查。洛江区有2处文物点涉台。2006年，组织编写申报第六批市级文物保护单位。2007年，组织第三次全国文物普查。

考古发掘　1978年，河市公社溪井村社员挖渠道，从山坡的巨石下发现石磷（残）11件。1988年，双阳华侨农场场员在詹公山农垦时发现石磷（残）2件、石戈1件，为新石器时代的石器。2001年12月，由省考古队进行考古发掘洛江塘西古木棺。

第二十九篇 风俗 宗教

洛江区民风淳朴，许多习俗带有闽南农耕文化的色彩。在改革开放形势下，以工业和城市文明标识的文化迅速发展，加上外来文化的影响，洛江民俗悄然发生变化，变得更加具有时代特色，更加符合现实。洛江区境域多种宗教长期并存，是民众宗教信仰发祥之地，庙、观、宫祀奉佛祖菩萨与道教神祇，经常结合传统民俗开展活动。至2007年，全区依法登记宗教活动场所7处，其中道教2处，基督教5处，宗教活动正常化。

第一章 生活习俗

第一节 服饰

一、衣服

在漫长的封建社会中，历史仕宦“品服荣身悉遵定制”，一般平民百姓“冠裳之饰而贵贱无淆”。清末，平民百姓以粗布汉装衣服及镶边大裾衫为主，仕宦缙绅以及殷富阶层长衫马褂。民国以后，中山装、学生装、长衫、旗袍、连衣裙渐进入社会生活。中华人民共和国成立初，则时兴灰、蓝色“列宁装”“干部服”，出现所谓清一色“蓝蚂蚁”时期。“文化大革命”期间，绿色军装甚为流行。改革开放以后，衣着呈现丰富多彩。

儿童服装　早时注重实用。初生婴儿穿掩裾“和尚衫”，围孩儿肚，下垫尿布，扎被裙，外罩披风。稍长，穿鸡罩衫、开裆裤或其他简便童装。五六岁穿连裆裤。婴、幼儿衣背领下绣字，以祈平安吉祥。20世纪90年代以后，童装设计新颖，款式繁多，色彩绚丽。21世纪以后，儿童服装更是五彩缤纷，印贴各种儿童喜爱卡通图饰，家长为子女选购衣着，讲究名牌、高档。

男青年服饰　以西装、夹克为主装。许多年轻人喜欢休闲装、毛衣、T恤、运动装，即简单又显气质。一些时尚人士更是讲究名牌。青年人讲究的名牌还是以国内品牌为主。学校则统一穿校服，大都以舒适、大方、简便的运动服为主。鞋子选择也以休闲皮鞋、旅游鞋为多。

女青年服饰　青年女装款式丰富多彩，有各式毛衣、裙装、大衣等，面料以棉麻、腈纶、纯毛等为主，色泽鲜艳，配上款式新颖的皮鞋、靴子、凉鞋等。其饰品包括手袋、戒指、项链、手链、耳环、胸花以及发卡、发带等。20世纪末流行“港式”服饰，21世纪以后流行“日式”“韩版”服饰。

男中老年服饰　冬天多以式样庄重、颜色较单一的西装和夹克为主，讲究宽松舒适，夏天除了衬衫外，T恤也逐渐为中老年人所青睐。21世纪以后，服装颜色趋向丰富鲜亮，给人以越活越年轻的感觉。

女中老年服饰　中老年女性服饰种类繁多，总体上偏向花色较单一、样式较稳重。其饰品较常见的有项链、戒指。

进入21世纪，除个别手工裁缝因适应少数人对衣着款式的需要或代为成衣适身尺寸修改缝纫而保留外，作坊式的衣服加工基本消失，成衣市场所售全为服装厂生产。

二、帽鞋

民国之前，平民百姓纳底布鞋、草鞋、木屐为主，仕宦缙绅以及殷富阶层则穿弓鞋、珠拖。民国之后，皮鞋、胶底鞋等逐渐盛行。中华人民共和国成立后，时兴“万里”鞋、球鞋等，干部、师生一度流行灰、蓝八角帽。20世纪60—70年代，盛行人字拖鞋、塑料拖鞋和凉鞋，松紧鞋、田径鞋、尼龙袜、锦纶袜为男女普遍采用，草鞋绝迹，木屐也被淘汰。出门或劳动常戴白塑晴雨帽（白涸笠），此外，夏天盛行各色草帽，以遮阳；农村流行斗笠篾。“文革大革命”期间，绿色军帽、军鞋和浅棕塑料凉鞋一度流行。20世纪90年代多戴白布凉帽、草帽，戴斗笠的渐少。21世纪以后，少量少女冬天时戴帽装饰，老人、儿童有些为了保温戴帽，男青少年及成年人鲜有戴帽者。

21世纪以后，人们对鞋袜需求由经济实用型转向高档精品型。各种质料的男、女鞋种类繁多，款式不断更新。皮鞋、运动鞋、旅游鞋、雪地鞋、轻便鞋和各式时装鞋在青年中广泛流行，中青年女子穿高跟鞋极风行。

三、发式

男发式　清代，男人蓄发辫，儿童留束发。民初鼎革，明令剪辫，男子留剪辫头或剃光头，继而理满堂发或平头。以后长期通行二八分发。抗日战争时期，男学生推行剃光头。20世纪40年代，分发流行航空体。幼童留护囟发。中华人民共和国成立后，分发仍最普遍，其次是平头。80年代后，青少年流行游泳头、长鬓发、短披发、烫发成为时髦。老人、男童多留短分发。21世纪以后，年轻人发式也有留长发、分头等多种发型，年轻小伙随时代潮流，追求个性染各种颜色头发，表示时髦。

女发式　清至民国，幼女留双短辫；少女梳单长辫，扎红头绳。成年妇女挽发髻，别簪子，小型“包髻”“螺旋髻”，套发网，为城镇妇女发型；大型“粗脚头”，套大排钗发架，流行于农村妇女。20世纪30—40年代，年轻女子剪短发，蓄刘海。摩登女郎长发披肩，新婚女子时兴烫发。女童多剪童发，中老年妇女仍多梳髻。中华人民共和国成立后，或剪短发或留辫子，梳髻除老妇外渐敛迹。20世纪80年代后，女子讲时髦，追新潮，烫发成风。游泳发、菜花头、蘑菇头、鸡冠头、波浪式、齐耳短发、披肩长发、扎羊尾巴，女发式样层出不穷，20世纪90年代后女性发型的变化更是频现异彩，或长发披肩，或巧挽云髻，或波浪式烫发，或直板离子烫，沙宣发，频频翻新，潮流紧跟港澳。21世纪以后，出现染发之风，各种颜色在年轻人头上大放异彩。一些专门设计高档发型的“美发屋“美发店”应运而生且生意兴隆，有专门经营新婚女子发型设计的，且价格不菲。

四、饰品

旧时妇女盘髻，头饰簪钗之类，民国后期女多剪发，只用发夹，或用各式金银玉钗。女童从小钻耳，栓红线头，十二三岁始戴耳拴、耳环，成人戴耳坠，劳动妇女戴耳钩。中华人民共和国成立后，不兴钻耳，耳饰一度敛迹。20世纪80年代，年轻女子重兴耳饰热，耳环、耳坠大型化，花色多。金项链原为妇女饰品，男戴金项链者不少。手足饰品除戒指男女通用外，妇女戴手圈（镯）、手链和足链很普遍。幼儿一般戴银饰品，如配长命锁、八卦的项链，以及手圈、足圈。进入21世纪佩戴首饰更是普遍，首饰质地与款式常换常新，从黄金、三色金、K金、玫瑰金到钻石、宝石不断演变，玉器首饰也深受居民喜爱。很多女性以衣服的颜色与格调来搭配首饰，首饰从项链、戒指、手镯、脚环、耳环，讲究系列。黄金不再作为日常佩戴首饰，仅结婚时佩戴，婚后便收藏起来作为家私。此外，“文化大革命”期间工作人员手戴“中山牌”或“支农牌”手表成为时尚。20世纪90年代，腰间别BP机、“大哥大”分别成为年轻人和“成功”人士的时尚，佩戴手表者迅速减少。21世纪以后，由于手机的普及，人人口袋装手机，少有人将通讯工具“显摆”于外。

第二节 饮食

一、主食

民国时期，境内居民一日三餐，以大米为主，搭食甘薯、薯干，贫寒之家常吃漉去淀粉的薯渣糊。中华人民共和国成立后，人民物质生活逐步提高，普通家庭平时俭朴，粗细搭配，以稀为主，干饭多为捞饭。改革开放后，随着人民生活提高，主食以细粮为主，注重口味化、多样化，三餐两稀一干或一稀两干。除白米饭，还常加鱼肉等配料，做成各种咸饭、咸粥作午、晚餐，甘薯、薯干反而充作调节口味的辅食。

二、副食

民国时期，平民生活清苦，一般以自制豆豉、酱瓜、咸菜、萝卜干和蔬菜佐食，逢年过节偶尔尝到鱼、肉、禽。中华人民共和国成立后，居民食物范围不断拓宽，有素有荤有肉，但各色腌瓜菜仍是主要佐食。进入20世纪90年代，居民生活消费日趋营养化、口味化，随着人们生活节奏加快，脆瓜、榨菜、烤鱼、牛肉脯、鱿鱼丝、脱骨扒鸡等流行于市。

三、风味食品

礼仪食品 婚丧喜庆、敬神祀祖、馈赠亲友的食品繁多，较典型的有百寿龟、白米龟、花包、蓼花、麻蓼、咸粽等。花包是发面皮、水晶糖料馅，大如海碗口的包子，上盖红双喜图案，专用作婚嫁纳彩，男方馈送女家的礼品。其间配有几个花包头，上用彩色面条塑成吉祥图案，增加礼品的珍贵。此外，境内风俗常以鸡蛋、线面馈赠亲友，煮甜鸡蛋或线面加韭菜待客。甜鸡蛋寓意“生活美满甜蜜”；线面象征“长”，韭菜谐音“久”，表示“天长地久，情谊长存”的美好祝愿。改革开放以后，西俗传入，生日蛋糕渐成祝贺亲友生日的礼品。

传统点心 传统点心，以糯米、粳米、面粉、薯粉为主要原料，以蒸、炸为主，兼有烙、煎、煮。主要有碗糕、松糕、菜粿、米糕、炸枣、珍粿、满煎糕、绿豆饼、橘红糕，各具不同风味。

地方小吃 洛江区各种小吃风味独特，较为典型的有菇栗肉粽、槟榔芋饼、炕牛肉块、焖猪蹄等，食用佐以蒜泥、辣酱、香醋、麻油、蒜白、芫荽、萝卜酸等调料，更是脍炙人口。其他如花生仁汤、元宵汤圆和线面糊也是富有地方特色的经济小吃。

民间肴馔 较古老而广泛流传的大众化菜肴有杂烩嫩饼、五香鸡卷、夹肉花包、馅心鱼丸、油炸糟鳗、香焖芋鸭、槟榔芋茸等。肴馔烹调可口，注意营养质料，原料由肉类为主转向海鲜为主，生猛活鲜进入餐桌，一些高级名菜，如通心乌鳗、红烧花鱼、珊瑚大虾、清蒸鲈鱼、一品白鲳、油香石鳞、清炖䱽鱼等，进入家庭便宴行列。

食疗佳肴 动物配合参、芪、归、地、姜、枣之类中药，达到祛病健身的功效。如：归枣绒鸡，滋阴补肾，辅疗虚痨、消渴；虫草番鸭，滋阴补肾，强壮身体；芪枣羊肉，温补强身，老人、产妇尤宜；莲子猪肚，补脾土，调理胃疾；干盐焗鸡，治胃病，振食欲；油焗红蟳，滋补强身，舒筋活络，治风湿；清炖全鳖，滋阴补血，作心脏病、高血压、肝肾不交、贫血、便秘的辅疗；清炖石鳞，幼儿学步强力滋补食物；清炖鲈鱼，清毒活血，去瘀生肌，用于伤口愈合，病后、手术后进补；醋炖酥鲫，开胃补脾，利水消肿，刺激食欲。

四、饮料

早在宋代，民间常以槟榔代茶待客，婚聘也以槟榔为礼，此俗一直沿至明代。

炎夏，民间普遍煎白茅根（含草菅）、一点红（叶下红）、爵床（麦穗红）、苇茎、藕节、竹新等甘凉草药为茶，或冲饮神曲、茶饼、六一散、蜂蜜等，借以防暑降温、解热清毒。

20世纪80年代以来，饮茶之风更盛。城乡家家户户都备有完整的茶具、茶叶，客来必泡茶；平时自家人都有泡茶的习惯。冲泡流程均采用工夫茶的泡法，茶泡好后一般先敬家中长辈，茶中见礼。

早先，饮酒以番薯酒、米酒为大宗，烈性的高粱酒较少有人问津。20世纪70年代，年轻人应酬时兴饮高度白酒，高粱酒、头曲、二锅头等风行一时。20世纪80年代前期，葡萄酒、白兰地等果酒一度流行。20世纪80年代中期以后，盛行啤酒或低度名优白酒；殷富人家宴饮“马爹利”等进口洋酒屡见不鲜。

20世纪90年代末，各类果品饮料进入平民家庭生活。随着电冰箱的普及，夏天盛行冷饮。果汁饮料逐渐取代果味饮料，冰淇淋、果冻等取代冰棒和石花糕。天然矿泉水、酸奶和保健饮料受到青睐。部分家庭自备榨汁机，自购水果制作饮品。21世纪以后，流行灌装凉茶用于解暑，家庭选购饮料更趋健康理性。

第三节 居住

一、房屋建筑

“宫殿式”大厝　传统民居布局以厅堂为中心，左右对称，呈多进纵深组合，堂构恢宏。大厝有石铺前庭。入屋大门立于大厝正中，前有塌台和石阶，门顶嵌辉绿石匾额，两侧立花岗石对联。进大门为下厅，开敞式，立屏风；下厅两侧为下房。进深有石铺天井，天井两旁为厢房（俗称“榉头”）。过天井是主屋，中为厅堂，分前、后厅；厅两侧为大房，分前、后房。厅房前设横廊，两端各辟边门通厝外。大房前横廊顶建对称小楼，楼前有小平台，可作梳妆楼。厅内侧两旁辟门通后院。后院筑围墙，种植花木，饲养禽畜，或置卫生器物。这种二进三开间大厝在泉州古民居中居多。也有无下厅下房的一进小三开间、多进深的大三开间，和由三开间拓展、每进厅堂两侧各有大房、边房的二进或多进的五开间大厝。多进深大厝外左右两旁常各建一列或双列3—7间护厝，中为小厅，余作居室。这类古式大厝，采用穿斗式杉木构架，红砖、花岗石砌外墙。主屋为悬山式筒瓦屋顶，有燕尾式翘脊，檐口装配瓦当和滴水，内室用杉木板或条砖间隔，地铺方砖。豪华宅院构件装饰山水、花鸟、人物、诗词等石、砖、木平雕、浮雕、透雕或彩绘，雕梁画栋，富丽堂皇。此类民居自明清以降，长期盛行不衰。及至民国时期，仍是农村民居主要形式。中华人民共和国成立后，才逐渐为其他形式住房建筑取代。

“四房看厅”农房　20世纪70年代在农村流行。中间为开敞式厅堂，两侧各有两房，门朝厅。厅前有门庭，屋后筑厨房；另一种“四房看厅”农房，前有天井和厢房，再前为一列平房。两者都是三开间大厝的变体。这类农房为节省木料，条石砌墙，石板盖顶，抗震性差。以后渐被淘汰。

洋楼式住宅　清末民初，居民中出现中西合璧的双层楼房，俗称“番仔楼”。这类楼房既有西洋建筑风格，又保留泉州典型民居特色。一般为三开间或五开间布局，有中留天井、四周有回廊，或不留天井、前有横廊两种形式。建筑构件出现科林多式廊柱、百叶窗等西式屋饰，但仍以砖石杉木结构为主，保留石刻题匾、门联等传统门饰；出现平板型屋顶、周边围筑釉彩陶瓷栏杆，但也有不少保持龙脊凤檐。这类楼房前后多有花圃，青藤、紫罗兰爬满墙壁屋顶，充满侨乡情调。20世纪30年代以后，华侨、富商建洋楼者渐多，开始出现钢筋水泥结构建筑。21世纪以后，城乡掀起建房热，住宅楼房化，高低不等、体式各异的“洋楼”如雨后春笋，客厅、卧室、餐厅、厨房、卫生间、储藏室配套，居民居住条件大为改善。

街坊店铺　古式街坊店铺，为长列“手巾寮”民房的变体。店面宽约3米—4米，临街有挑檐式街廊，第一间是店面，第二间是货栈或工场，往后是天井、厨房。有的店铺可再延伸数间，作为店东的住家。民国时期拓建街道，沿街商店改建为2层楼房，并吸收西方柱式建筑风格，形成侨乡特有的骑楼式街廊结构。临街人行道不露天，风雨交加或炎日当空，行人仍可通行无阻。21世纪以后，洛江区商贸大楼建筑造型优美，风格一新，商店、工厂注重门面修饰装潢，霓虹灯、美术广告遍布街头。

二、建房仪俗

旧时建房，先请风水师勘地择址，再请择日馆择日动土开工。动土开工时备酒菜敬奉土地神，凡属居丧、入产房或当日犯煞者均须回避，当晚宴请建筑工人。以后每逢农历初二、十六日，必在工地敬祀土地神并宴请工人，直至竣工。建房期间，极其注意工人施工安全，防止发生工伤事故；平日供足烟茶，办好膳食，对工人款待备至。整个建房过程中，“上梁”（架厅堂正梁）和“谢土”（落成典礼）礼仪最为隆重，须择黄道吉日举行家庭庆典，做龟扎粽，祀神请客，热闹非凡。“谢土”之日，同时举行乔迁新居仪式，家主的岳家应贺送大红灯一对、雏鸡一群、餐具炊具和大米若干，寓意“子孙兴旺”“丰衣足食”。旧时居民常挂“狴犴”（狮头口衔剑）于大门楣上，设“八卦”于屋脊、厅堂、门楣、照墙，立“石敢当”于岔道口，用以辟邪。

三、居住习惯

民居自古有“光厅暗房”的特点。厅堂是奉祀祖宗、神明和接待客人的场所，门户开敞，面向天井，空气、光线充足；卧房为私生活之处，窗小或不辟窗户，门悬篾（布）帘，光线昏暗，通风性差。民国时期，城区居室石木密棂窗户逐渐改钢筋玻璃装置。中华人民共和国成立后，按“通风、采光、日照”等要求改造旧房陋室，改善居住条件。20世纪80年代，住宅建筑一改“暗房”旧模式，门高窗大，或全墙安装铝合金茶色玻璃门窗，外加钢铁防护设施；或半壁开辟巨型透明玻璃窗，配以百叶窗帘，室内明亮通风。

居民自古重视厨房灶位的选择，择日建造，郑重其事。较大家庭筑“双连灶”，大小各一：大灶锅烧饭，小灶锅煮菜。灶膛有烟囱通屋顶外。小家庭各筑小灶或设风炉。燃料用木柴或草。20世纪90年代，居民炊事使用电炉、电饭煲和液化气灶者日渐普遍，厨房配有通风、抽油烟装置。

四、禁忌

住宅大门忌正冲豁口、溪流、道路、屋脊、电杆和树等；庭院里忌种桃树、玉兰花；房屋忌建畚斗形；筑灶方位忌朝东或朝北；建房时正梁忌沾人血或女人跨越；门槛忌刀砍物击。

第四节 出行

择吉出门　旧时出门远行，须择吉日；行前祷告祖先、神祇，祈求保佑一路平安。出洋谋生、外出经商、婴儿初次上外祖母家，尤应着重其事。

避免莽撞　家中有人要出远门，全家小心翼翼，避免失手打破杯碗，饮食呛着，发生口角或说不吉利的话。

结伴同行　旧时出远门，宦富人家常带家仆书童一路随行；平民百姓则喜结伴而行，路上互相照应。旅伴虽素不相识，也亲切友好相待。如泉谚所喻“同行不离同命”。

出语谦和　旅途中问路、投宿、待人出语谦恭，尊重对方，切忌轻慢无礼。

穷厝不穷路　在家节俭为本；出远门则带足路费，舍得花钱。旅途中注重“财不露眼，物不离身”，防止招惹灾祸。

洗尘　亲友远行归来，特别是华侨回国，其亲友携带公鸡、线面等礼物登门造访，或设宴款待，为其接风，俗称“脱草鞋”。受礼者是华侨，则以海外带回的针线、香皂、布料等洋货或金饰、钱钞答谢；若系国内亲朋，则多以外地土特产回赠。受礼者回访，主要用红枣甜鸡蛋汤招待。

饯行　华侨出国或亲友远行，启程之前，其亲友或设宴送行，或携带公鸡、鸡蛋和家乡土特产等礼品上门叙别，祝愿“一路平安”，俗称“送顺风”。受礼者到达旅居地即写信或汇款致谢。

第五节 娱乐

一、南音演唱

南音是中国现存最古老的乐种之一。曲调委婉悠扬，高雅别致。夏秋月夜，楼台庭院，人们或聚弦友演唱，或自弹（吹）自唱，悠然自得，处处都可听到南音声。每逢重大节日、庆典，南音社团或环坐演唱，或搭台献艺，纵情欢娱，群众游客驻足观赏。中华人民共和国成立后，某些现代歌词、剧本谱以南音演出，宣传革命与建设，为工农兵服务。“文化大革命”期间，南音被诬为“没落阶级靡靡之音”受到批判，一度销声匿迹。“文化大革命”以后，南音得到正名。21世纪以后，洛江区南音协会成立，每年元宵节在各个乡镇（街道）轮流举办南音大汇唱，弘扬传承南音文化，推动洛江区南音的发展，为广大南音爱好者提供一个交流学习的平台。

二、看戏

旧时，城乡每逢节日、庆典、普度、迎神赛会，或群众出钱或私人独资雇请戏班，在街头、宫口搭台演出。一个地方往往好戏连台。戏班演出时间有大午夜（下午和上半夜演出）和倒吊午（上午和下半夜演出）。有戏演出，人们事先搬椅在台下占位，常有全家倾巢而出看戏的。中华人民共和国成立后，市区戏班一般在戏院演出，观众购票入场；农村仍沿露天搭台演戏。

三、灯谜

每逢元宵、中秋、国庆、元旦等节日，或社团庆典、纪念活动，常举行猜灯谜游艺活动。灯谜会由举办单位主持，谜条以彩色纸条书写，贴在绳上悬于公共场所，任人猜射，猜中者发给奖品。在家庭里，大多长辈为启迪幼辈智力而出物谜、字谜供猜，夫妻、兄弟姐妹间有以猜谜娱乐的。

四、其他

民间宫庙设有“闲间”，人们闲暇时常聚集期间习练五音、十音，排演文艺节目，由能者传授，互教互学。下象棋也是境内民间娱乐，工余假日摆旗对弈者到处可见。中华人民共和国成立后，打扑克、看电影成为人们重要娱乐。20世纪80年代，听音响、摄影、看电视成为时尚；进卡拉OK厅、参加舞会、逛游乐场所、打康乐球、玩电子游戏。21世纪以后，村镇傍晚大量中老人跳广场舞以健身，村（社区）间有少量棋牌室供居民休闲娱乐。人们闲暇时或节假日自驾游或跟团游览风景名胜。

第二章 传统习俗

第一节 传统节日

一、春节

农历（夏历）正月初一为春节。正月初一日零时一到，城乡鞭炮声四起，家家户户烧香点烛，生火炉，以红米圆，柑桔、糖品等敬神祀祖，迎接农历新年来临，俗称“开正”。初一早餐，全家吃鸡蛋线面，祝愿“福寿绵长”；午、晚吃过年饭、嫩饼菜，或饮春酒，整天不吃稀饭。泉州民俗初一全天不扫地，不动刀，不汲井水，不劈柴，不打人骂人，不向人索债，不说不吉利的话。

初二是“女婿日”。女儿女婿带着孩子回娘家探亲，俗语云：“有父有母初二三，无父无母斗担担。”意思是说，父母健在的出嫁女，初二、初三定有娘家人前来接回去“做客”，父母谢世的出嫁女，此日继续在自家忙着帮亲友中回家做客的人抬担子。女婿上门给岳父母拜年，送上鸡、猪脚面线、猪肚、糕粿等，中午吃团圆饭。

初一至初三，亲友互访拜年，见面互道“恭喜”，俗称“贺正”；晚辈给长辈拜年，长辈给晚辈分发压岁钱。21世纪以后，时兴初一早亲友通过电话、电子邮件、社交软件等互祝春禧。春节期间城区和农村文体活动丰富多彩。夜间，民间常有化装踩街游乡活动。有的家庭利用春节期间外出旅游，有的家庭到酒店聚餐。春节欢乐气氛往往持续到元宵。

中华人民共和国成立后，人民政府规定春节放假3天（正月初一至初三），1999年后改为初一到初七7天长假（含3天法定假日及前后两个双休日），后调整为除夕到初六7天长假。

二、元宵节

俗称“上元节”。节前，家家户户舂粞，蒸糕粿，做元宵圆。节日早（午）煮元宵圆供奉祖先、神明。当日，备糕粿、菜肴祭祀祖先，礼仪如除夕。晚，合家吃团圆饭。女子新婚，娘家有元宵节送灯之俗，寓意“添丁”。其中有红、白莲花灯（红花喻女孩，白花喻男孩）1对、公鸡灯1只、“董永皇都市”或“天王送子”彩绘壁灯1盏，借祈早生贵子。元宵佳节，城区各主要建筑物遍饰彩灯，大街商店骑楼、住家门前、机关、学校、工厂、寺院、公共场所张灯结彩，布置一新，入夜，灯火辉煌。元宵节前后，开展舞龙、舞狮、踩高跷、猜灯谜、攻炮城、南音演唱、象棋比赛等文化娱乐活动，内容丰富多彩，热闹非凡。农村大多数民众备办供品，供奉圣神，举行庙会活动。

三、端午节

俗称“五月节”。家家户户煎追、包粽子，采艾株、桃枝插在门上。妇女头戴艾心；小孩佩香袋，系长命缕（神镯线），在额、鼻、耳部位涂雄黄酒。全家烧艾叶、草蒲汤洗澡。正午，以食盐、茶叶、薄荷、姜丝炒制“午时茶”，备作防治中暑、呕泻之用。当天，举行卫生大扫除，暴晒衣物，室内薰燃艾叶、菖蒲、蝉蜕、苍术、硫黄等中药，墙根屋角阴湿处遍洒雄黄酒，进行除虫灭菌的室内外消毒。洛江区有关部门在此节气有时也会在辖区仰恩湖举行龙舟竞渡活动。

四、七夕

俗称“七娘生”。当天中午，家家户户做糖果，备花粉、胭脂、果盒、龟果、三牲、油香饭和各色菜肴，纸轿纸亭，每种供品以“7”凑数，在厅檐口供奉七娘妈。小儿解下端午所系长命缕置于神前，礼毕扔上屋顶。

小孩有拜七娘妈为义母之俗。初生儿第一个七夕，举行缔契仪式，俗称“新契”。16 岁七夕，举行解契仪式，俗称“洗契”。这两次“七娘生”最为热闹。当日，孩子家各寿包、米龟、碱粽等礼品馈赠亲友邻居。中华人民共和国成立后，做七娘生、契七娘妈旧俗渐废，而七夕吃糖糇食俗延续至今。20 世纪 90 年代始，辖区青年特别是大学生视这天为中国“情人节”，到时开展交异性朋友、约会等活动。

五、中元节

俗称“七月半节”。农历七月十五日为道教“中元令节”、佛教“盂兰盆会”日。古时，寺观僧道诵经做法事，明代已发展到民间。当日家家祭祀祖先，“具斋供于门外或埔衢，祝祀伤亡野鬼”。又与对倭患、兵燹死难军民的祭祀相结合，形成广泛的民间超度鬼魂的风俗。清代中叶以后，这一民俗愈演愈烈，发展成为规模大、范围广、时达数月的“普度”陋俗。但中元祭祖先风俗至今仍存。

六、中秋节

节日中午，蒸甘薯、芋头，各月饼祭祖祀神。节日夜晚，除赏月品茶吃月饼外，还常一家人或一群朋友聚玩“状元饼”。备状元饼 1 套，内大小月饼 6 色 63 个，最大“状元”饼 1 个，大如面盆口；最小“秀才”饼 32 个，仅铜钱般。参加者轮流投骰卜取各色月饼。最后夺得状元饼者，被视为福运大，大放鞭炮，以示庆祝。迷信的村民在寺庙路边手拈香，静候人语以为求愿卜凶吉的神启，俗称“听香”。至 2007 年，罗溪、马甲此俗尚存。

七、重阳节

俗称“重九”。城乡居民沿袭古风，相约结伴登山。学校常在重阳前后组织师生秋游，举行爬山比赛。1988 年，福建省定重阳节为老人节。节日前后，区、乡镇（街道）、村（社区）开展尊老敬老助老活动，举行门球赛等各种有益老年人身心健康的活动。

八、除夕

俗称“做岁”。做岁之前，家庭外出人员一般都要赶回家过年。旧时家家户户蒸糕做果，20 世纪 90 年代后，社会物资丰富，多数人到购物商场备办年货，添置家具，全家动员卫生大扫除（也有雇佣专业保洁人员），门窗、橱柜、仓囤、缸灶、栅栏无不贴红春联，家庭内外布置一新。

除夕（年兜），祭祀祖先。在丰盛供品中，必有“过年饭”（象征丰衣足食，年年有余），连根芥菜（象征根深叶茂，家基永固），供桌前置火炉（象征兴旺发达，生活红火）。傍晚，焚金楮，放爆竹，完成祭祀，俗称“辞年”。辞年后，举行家宴，餐桌下置火炉，俗称“围炉”。

除夕夜，厅、房内点通宵大红烛，门内侧搁放连根带叶的甘蔗；水缸打满水，投入两枚铜钱；人人洗澡，家庭内外再进行一番清扫。家务收拾停当，一家人聚集于厅堂，观看央视“春节联欢晚会”的越来越多。电话、手机普及后，电话、短信的拜年、祝福声不绝于耳。子夜一到，人们走出户外燃放烟花爆竹除旧迎新。子孙们常深夜不寐，围炉守岁甚至通宵达旦，此俗意在祈求父母老辈益年寿延年，俗称“坐寿”。

第二节 时令节日

一、清明节

节日中午，家家备肴馔，煮嫩饼菜祭祀祖先。农村大多节前蒸制清明粿，作为敬祀祖先、祭扫祖墓的供品。

泉州民俗清明节前节后各10天内为扫墓期。一家人携带糕粿、果盒上祖坟祭扫，除荆棘杂草，培墓土，献纸钱，描墓碑，焚香点烛，寄托哀思。中华人民共和国成立后，政府提倡移风易俗，组织机关干部、学校师生、部队官兵等前往烈士陵墓敬献花圈，进行革命传统教育。2002年，洛江区推行殡葬改革，各地建设公益性骨灰堂，家属在此期间到安息堂祭拜。有部分人以献鲜花、果品或鞠躬等新方式进行扫墓祭祖。

泉州还有做“小清明”之俗。清明节前、节后各第十天，两次在家门口设饭菜祭孤魂散鬼（俗称“清明公”）。

三、立夏

立夏民间有食“夏面”之俗。是日中午，城乡居民烹煮鲜虾面条为膳，意在减少夏季疾病。20世纪70年代后，民间时兴“补夏”，以鸡、鸭、鳖、鳗等配合中药进补。

三、立冬

立冬进食补品，借以御寒强身。立冬日，家家杀鸡宰鸭，备办富含营养食物与中药“四物”合炖，全家饱食一餐。即使贫寒之家，也尽力买点猪肉，烧顿干饭用以补冬。补冬讲究进食时间，民间有“立冬时刻，喝口清水也增补”的说法。

四、冬至

俗称“冬节”。泉州地区人称冬至为“小年兜”，过节极为隆重。节前家家舂粞搓圆、蒸糕、做粿、包菜包。冬节糯米圆子，直径不上厘米，有红有白，早晨配以田薯、槟榔芋煮甜汤圆敬神祀祖，并充早膳。搓圆时往往顺便捏制些禽畜鱼虾、三牲五果、金锭谷囤等吉祥物，蒸熟祀祖后供小孩玩赏。

当日，举行家祭如除夕。虹山一带村民祭扫祖墓。供奉肴馔中必有嫩饼菜。一年中清明、冬至、除夕三节办嫩饼菜，寓意“包金包银”，以祈家庭兴旺发达。冬至，各宗族开祠堂祭祖，俗称“祭冬”。

第三节 其他

祭十班习俗 每年农历八月廿八，万安琯头为纪念抗倭卫乡十班英烈，万安和城东10个社区居民手捧鲜花、香烛、祭品，打着腰鼓、小鼓，纪念“十班公妈”，缅怀革命英烈。明嘉靖三十八年（1559年）农历八月廿八，万安琯头周边十个村庄，发生一起倭寇入侵事件，民众遭受残杀，当时汉族和回族乡民奋起反抗，殊死搏斗，血流成河，几乎全歼这批入侵之敌，令倭寇闻风丧胆，城东无复倭患。是日罹难民众上百，可辨者择地入殓，余葬于琯头古大井穴，并建十班公妈墓庙奉奠，定于每年八月廿八为祭祀日，起初由官祭后改为民祭，“十班公妈”成为当地人们心目中的神圣，祭祀活动也流传至今。2007年5月，该习俗被泉州市人民政府公布为第一批市级非物质文化遗产保护项目。

第三章 礼仪习俗

第一节 交际

一、社交用语

人际称谓　教师、医生、知识分子等尊称“先生”，其妻称“先生娘”；老板称“头家”，其妻称“头家娘”；称人父母为“恁序大人”，称人子为“公子”、女为“千金”；老汉互称“老阿兄”“老小弟”；老汉称老妇为“老兄嫂”“老小婶”；称老年人为“老大人”，称老大爷为“老阿伯”“老叔”，称老大娘为“老姆”；对邻里、朋友长辈称“×× 伯”“×× 叔”“×× 姆”“×× 婶”；小孩称少女少妇为“阿姨”，称老妇为“阿婆”，称男青年为“叔叔”，称老大爷为“老伯公”“老叔公”；幼儿互称“阿兄仔”“小弟仔”“阿姊仔”“小妹仔”。

礼貌用语　早晨见面招呼：“汝哗努早！”（您早！）“汝也努早。”（您也早。）路上相遇招呼：“汝卜去哪落？”（您去哪儿？）“我卜去街咧，有闲则来坐。”（我上街去，有空来坐。）上门访人见面招呼：“汝咧无闲哦！”（您忙！）“汝来，入来坐哦。”（您来，请进来坐坐。）辞别招呼：“汝请。”“慢行。”（慢走。）或“延汝哦，我卜来去咯。”（耽误您，我得走了。）“慢行，则佫来哦。”（慢走，请再来。）日常生活中，泉州人常用一些礼貌语言来表示理解、尊重别人，处理好人际关系。如：有事麻烦人家，说“劳汝”（劳驾）、“费神汝”（烦神）；有过失向人道歉，说“得罪”（对不起）；对人家过失表示原谅，说“殆要紧”（不要紧）、“无相干”（没关系）；受人赠物表示感谢，说“缴汝”（谢谢您）、“多谢”；求人办事，说“拜托汝”；向人问好，说“请安”（20 世纪 80 年代多说“汝好”）；向人贺新春、喜庆，都说“恭喜”。

二、社交礼仪

礼让　礼让次序一般是座位右为大；两人并行，右为尊；三人并行，中为尊；两二人前后行，前为尊，进出门、上下车、上下楼，尊者、妇女先行。

席位　民间凡婚丧喜庆多办酒席宴客。席设在厅堂上，多则分布在住宅四处。一厅四席，左上方为首席。右上方为次席，左下方为三席，右下方为末席。尊者坐首席，下依次类推。宴席有方桌、圆桌两种，每桌可坐 8—12 人，忌单数。座次论德望，序长幼。一般方桌 8 个座位，以左上位为上座，下右位为主位。圆桌设 12 个座位，以上中位为上座，下中位为主位。尊者坐上座；坐主位者为主人或主人的代表，司斟酒待客之事。

送礼　民间凡婚丧喜庆、岁时节日，亲友之间都有礼品往来。平时如探病、访友、走亲戚、回娘家，也随带水果、糕点、罐头或营养滋补品前去。小孩初来作客，要赠给糖饼、水果或红包。亲戚馈赠的喜庆食品，也必分赠邻居。一般送礼不离双，如 2、4、8、10……但绝对忌 6。受人送礼，回报必厚，俗称“压礼”。旧时女戚相互邀请，托人传达信息，有随送鲜花串的礼俗。20 世纪 90 年代后，在青年中，朋友结婚、恋人传情、探望病人、过生日、贺节日、送别、会友，赠送鲜花渐成社交礼仪的新时尚。

待客　客至，开门迎客于门外，至厅堂请坐，奉茶、递烟。叙谈，主人毕恭毕敬，待客至诚。初访、久别或尊贵客人，敬以甜鸡蛋汤，鸡蛋应成双，一般 2—4 只。远方来客，必煮点心（线面）招待；留客三餐饭菜必丰。客人告辞，主人送至门外。见面、临别，拱手作揖或握手行礼。会客、送客期间切忌抹桌扫地，否则被视为无礼行为。

第二节 婚嫁

一、旧式婚俗

泉州婚俗古有“纳采、问名、纳吉、纳徵、请期、亲迎”六礼，历久相承，屡有变异。清至民国时期，富豪人家礼俗更加奢华。

议婚 父母主张，媒妁说合，缔婚意向初定，男女双方互取庚帖，置于厅堂神案上卜吉，俗称“提生月”。3天内若平安无事，则互查家风人品。经双方认可，男家择定吉日，由女尊亲往女家相亲，实察女子体格、音容。一切合意即婚议告成，进而商定吉日，举行“订盟”。

订盟 订盟俗称“戴手指”。订盟之日，男家各金戒指两枚、巨额彩礼及红绸、金花、喜糖、礼饼、果品等礼品，由女尊长两人率随从到女家，为女子戴上订婚戒指。礼毕回归，女家各糖饼等各色礼品和鲜芋苗、生姜、双连巾等吉祥物回赠。

纳彩 订盟之后，男家择吉日具柬帖和手圈、彩仪、鲜花、坛酒、喜包、糖果等礼品送女家，俗称“戴圈”；婚期将届，复具柬帖和彩花、圆饼、绸缎、聘金送女家，俗称“送花”；婚前3天、5天或7天，具婚书、吉课（迎娶吉日和冠笄时刻）、凤冠、霞帔、裙袄、全猪、全羊，以及鱼、鸡、蛙、鲟、猪筋、猪蹄、猪肚、糖、茶叶、槟榔、礼香、红烛等12盘礼品送往女家，俗称“轿前盘”。行此3次礼仪，俗称“行大礼”，只有缙绅巨富之家效行。而一般平民，或把“送花”并入“轿前盘”，或3次合并为“轿前盘”一次举行，称为“花叠盘”。女家应备连冠履巾带、通枣、蛋糕、喜糖、芋苗、生姜、韭菜等回礼。

迎嫁妆 婚前一两天，女家以“红甲吹”喜乐前导，将嫁妆送往男家。男家在大门内置火炉，嫁妆逐一从炉火上抬过，女方执事呈上柬帖和嫁妆清单，送嫁娘将箱箧钥匙交与男家主妇。事毕，亲友邻居即入新房参观嫁妆。旧时新娘嫁妆有红肚裙，内置泥孩儿（男女成对）、五谷种子，寓意生男育女，繁衍后代。事前，女家要征询男家诸眷属鞋码，逐一准备新鞋，随嫁妆送达男家，以作新娘赠给夫家眷属的见面礼物。

婚娶 婚日早晨，新郎、新娘分别举行冠礼、笄礼，俗称“上头”，男家按择定时刻派花轿、乐队到女家迎新。新娘跪拜祖先、父母，与家人道别，头蒙乌巾哭泣上轿，丢下折扇，女家急忙拾起，紧闭大门。迎亲队伍以红彩旗、红甲吹前导，一路吹吹打打。花轿抵达男家，鼓乐、鞭炮齐鸣。新郎倒步踢轿门后，由男家福命大的女长辈牵新娘走出轿。送嫁娘手捧米筛为新娘遮面，在喜乐声中引新娘跨过火炉，进入洞房。新郎、新娘并坐床沿，交杯对饮糖茶后，便双双上厅堂拜天地、离堂。回房，由牵新人请出轿者作陪，送嫁娘斟酒，新婚夫妇合卺交杯，俗称“食房内桌”。婚日或翌日举办婚宴招待亲友。喜筵初开，放鞭炮，奏喜乐。酒方初巡，新婚夫妇临席敬酒致礼。散席后，部分宾客入新房看新娘，接受新娘敬茶。入夜，亲友三五成群前来闹洞房，深夜兴尽方散。

成亲后礼俗 一是庙见。成亲翌日黎明，由送嫁娘引带，新郎陪同新娘上厅堂叩拜祖先，再自上而下依次与公婆、夫家诸亲属相见。二是新娘下厨房。新婚第三天，新娘由新郎陪同，送嫁娘引带到厨房，做拉灶腔、摸箸笼、摸笊篱、淘米喂鸡、搅泔水呼猪等象征性操作，俗称“落灶骹”。三是上厅宴。新婚第三天中午，为新娘上厅堂特设喜宴，由男家女眷及女外戚作陪。上四道菜后，新娘依例离席回房，其席位由婆婆接坐，名曰“妇姑挡位”。四是换花。新婚第三天，女家遣新娘幼弟或侄辈两人具帖随带鲜花、礼品，合乘一轿到男家拜喜，拜见亲家公、亲家母及姐（姑）夫、姐（姑）母。回时姻翁母和新夫妇赠给衣彩红包，名曰“压花篮”。五是会亲。新婚第五天，新娘坐红呢大轿回娘家，以红彩旗、喜乐前导，备礼品随行。入门向娘家长辈行礼请安，娘家设午宴款待。六是请子婿。会亲同日傍晚，新婿乘蓝呢大轿，随带礼品，以彩旗、喜乐迎至岳家，上厅堂向岳家祖先上香、酹酒、叩拜。礼毕，开晚宴款待，陪客者尽请较有名望地位的人物。散席后，小夫妻随带引路鸡（雌雄一对）和长尾蔗（成双），双双乘轿回男家。

二、新式婚俗

中华人民共和国成立后，确立“婚姻自由，一夫一妻，男女平等”的民主婚姻制度，废除早婚、童养媳、近亲结婚、娶木主、嫁亡夫、冲喜、守节、纳妾等陋俗。20 世纪 50—60 年代，人们以移风易俗为荣，婚事新办，简朴成风，婚礼举行茶会，不设酒宴，不送礼；结婚不讲求聘礼，嫁妆很简约，“文化大革命”时期有以《毛泽东选集》作嫁妆的。20 世纪 70 年代后期，大多数城乡青年订婚习俗尚存，嫁妆一般有自行车、收音机、缝纫机等三大件。20 世纪 80 年代，婚事大操大办，“讲排场，比阔气”之风又起，婚宴多达 10 余席至数十席不等。20 世纪 90 年代，彩色电视机、电冰箱、洗衣机、电风扇、收录机、摄影机、音响、空调机、液气灶、摩托车、珠宝金饰、家具陈设等为必要嫁妆。迎娶新娘多用轿车，用车数量视男方家庭经济情况而定，少则 1—2 辆，多则 10 余辆。婚礼前大多数青年男女都有到摄影店拍婚纱合影照。新娘化妆过去都在家中进行，后多选择由专业美容师化妆定型。整个婚礼过程全程拍摄后制作光碟，保存以资纪念。婚宴在家中操办或设于高级酒家，酒菜选自精料高档。闹洞房之俗渐消失。

第三节 生养

一、孕期

妇女有孕，不轻易外出，不参加喜、丧事活动，不与孕妇并行对坐，不食生冷食物。多以鸡鸭鱼肉、猪腰、豆腐等补养身体，促使胎儿健壮，俗称“补胎”。怀孕期间，家中忌拆房子、炉灶，在房中钉钉子或搬动大型家具。

二、坐月

民国及其以前，孕妇习惯在家分娩。中华人民共和国成立后，临产住院。俗忌在娘家或他人家中分娩。

婴儿出生，派人向产妇娘家报喜，俗称“报生”。娘家闻讯备鸡蛋、瘦肉、面筋等营养菜肴送与产妇食用。产妇生育调养期为一个月，一般在房中卧床静养，分娩 14 日内食鸡蛋、猪肝、猪腰、有鳞鱼、猪瘦肉和面筋等高蛋白食物，以恢复体力；14 日后开始用麻油、干姜丝爆鸡或鸡蛋线面，煎桂圆干汤，以温补身体，俗称“做月里”。14 日娘家复送鸡、线面、鸡蛋、桂圆干、酒和麻油及其他滋补品。坐月期间，亲友也以鸡、蛋送礼。婴儿出生第三日开始哺乳，给洗浴并以麻油遍抹全身。三日，父母为婴儿取名，做油香糯米饭祀神、馈赠外婆家和亲友邻舍，富家还设宴请客。旧时，出生放鞭炮、三日送油香糯米饭，都限于生男；20 世纪 80 年代，重男轻女之风大减，生男生女都一样。

三、满月

婴儿出生一周月，做“满月”。外婆家送来衣服、首饰，亲友送贺礼。当日祀神宴客；婴儿涕胎发，俗称“剃满月头”；炸荆芥鸡蛋，置盆中任小孩摸食，并备“五牲”、荆芥蛋和寿面等送与外婆家。婴儿四周月，做“四月日”，在婴儿额、鼻、颊、颏上点红，俗称“点龟点桃”；祀神、宴客、送礼如满月。

四、度晬

婴儿周岁，俗称“度晬”。敬神，宴客，礼仪特别隆重。外婆家送来衣帽鞋袜、金银饰品，婴儿家回敬如满月。当日，为婴儿沐浴，穿戴新衣帽鞋袜，抱到厅堂八仙桌上。桌上摆满书、笔、算盘、秤、尺、糖果、玩具等，令其脚踏双龟任意抓取，以卜将来前途。

婴儿首次上外婆家，要抱到厨房磕灶头，并取锅炱点额；外婆备线面或米饭 1 碗、红鸡蛋 2 只、新筷子 1 双，装入草袋令其背回，俗称“做乞食仔”，以祈小孩来日健康成长。

第四节 寿庆

一、小寿

民间普遍自周岁开始，年年做生日。生日之晨，炸寿面、红蛋（鸡、鸭各半，成双），敬神祀祖，点红烛，放鞭炮。午餐全家吃寿面，每人外加鸡鸭蛋各一，俗谓“食鸡食鸭，活到一百（岁）”。生日祀祖，仅限于男子，而女性则须年到 50 岁，或娶了儿媳才能举行。

民俗重视做 16 岁生日。炊龟扎粽，备寿面、三牲往宫庙酬神，并设筵请客。外婆家例送公鸡、猪肉、寿面、布匹及成年衣帽鞋袜。20 世纪 90 年代后，送金项链、手表、自行车、摩托车等也是常事。儿童、青少年时兴举行生日庆祝活动，邀请同学、亲友聚会，吹彩烛，吃生日蛋糕，唱《生日快乐》歌曲，并备生日蛋糕馈赠老师同学和亲友。20 世纪 90 年代，在电视屏上点歌祝贺，或在《泉州晚报》礼仪寄语祝贺亲友生日成为时尚。

二、大寿

民俗中男女年到 50 岁，才称上“福”，可举行庆寿活动。以后每逢 10 岁，可举行一次寿庆，一般做“9”不做“10”，如 49 岁做五秩大寿，59 岁做六秩大寿……一般老父母健在，本人不举行寿庆。寿辰前夜，举行家宴，子孙团聚一堂，为老人添寿，俗称“暖寿”。寿庆日子，家中张灯结彩，贴红寿联。设寿堂，挂寿星图或金字红寿幛，摆寿面、寿蛋，点蟠龙大红烛。清晨，子孙点烛拈香，敬天地、祖先后，请寿星端坐堂上，依次行礼祝寿。午设寿宴招待亲友，菜中必有寿面、全蛋。富户还请乐队笼吹，雇戏班演戏。女婿、孙女、孙婿须备寿烛、礼炮、寿面、寿蛋、猪脚、酒和滋补品，以及寿星衣服鞋帽前来祝寿。亲友送寿礼，多为寿烛、礼炮、寿幛、寿联、寿屏、寿匾或贺金，甚至送交椅茶几、卧榻、屏风等。20 世纪 80 年代后，亲朋好友多数送红包。进入 21 世纪，有的逐渐开始送鲜花、花篮、戒指等。

旧时，村民有乘寿庆之际，购棺材进家，备老人百年之后启用之俗，俗称“竖板（寿）”。“迎板”礼数极为郑重，全棺披红彩，棺首插金花，红甲吹前导，沿途燃放鞭炮。抵家，棺首向上、底朝外立于厅右，中贴红“福”（男）或“寿”（女）大字，边配“福如东海，寿比南山”小联。寿木立定不得移动，直至老人去世。20 世纪 90 年代此俗废。

中华人民共和国成立后，寿庆之风一度敛迹。随着人民生活改善，长寿者增多，为老人庆寿活动复起，但礼仪简化，限于亲属，不搞大型寿庆活动，党政领导常登门看望，为高龄老祝寿。

第五节 丧葬

一、发丧

老人病笃，置卧榻于厅左。弥留之际，子孙为其洗身、梳头、更寿衣、烧库钱。寿终，举家围尸恸哭。瓦片置泥土炷香，点油灯 1 盏、白烛 1 支，露天烧邑饭 1 碗，炸鸭蛋 1 个，饭上插筷子 1 根，供于尸前。孝眷更换孝服，轮流守灵。派人向堂亲姻戚报丧，给在外亲人发丧电，子女后辈闻讯奔丧。

二、入殓

入殓前，孝男提汲水桶，带全家孝眷到附近公用井乞水，回时任桶绳曳地，至家取水一碗加温洗尸，余水倾倒阶前，俗称“上水”。然后，挟尸坐于厅中交椅上，供祭肴12碗，俗称“辞生”。入殓时刻一到，仵作抬尸入棺，尸体面蒙面布、身盖水被，盖棺时凡孕妇或生肖五行相克者回避。收殓后，孝眷将死者病中所用的碗筷、煎具、溺器、草席、垫草等物送到村郊旷地焚化，俗称“送草”。事毕，道士用桃枝蘸水遍洒室内外，撒盐米，以祓凶驱邪，俗称“收乌”。“收乌”前，外人不得进入厅堂。

三、开吊

旧时，出殡前，停柩3天、5天或7天，设灵堂，挂孝幔，点长明灯，棺前安放冥屋，棺旁铺稻草，子孙或坐或跪，日夜守灵。每日三餐时辰，女孝眷供点心、饭食哭灵，俗称“捧饭”。停柩期间，择日开吊，请僧道做法事超度亡魂，俗称“做功德”。亲友备奠仪前来吊唁。官绅门第择日公祭，由政府官员或社会名流主祭，俗称“公吊”。民国时期出现献花圈、开追悼会。“做功德”期间，富有人家常雇演傀儡戏或打城戏，剧目为《目莲救母》。最后一天下午，僧道表演“献罗钹”和“打桌头城”；晚由僧道讲故事，唱道情，劝亡魂西归，劝凡人事亲至孝，语言诙谐，俗称“解愿”。翌日凌晨焚化冥屋，俗称“化纸”。

四、殡葬

（一）土葬

出殡时亲友齐集。旧时，境内对丧者多用土葬，出殡时，抬棺出门，孝眷跪地举哀。出殡行列以蓝横彩（民国时期改为出殡仪式牌）前导，接着是族姓灯（前蓝后红各对），纸轿、彩亭、挽幛、挽联间插其中；队列中有木雕魂轿两乘，一置木主，一置死者遗像；最后为灵柩，上覆饰龙首凤尾的棺罩，孝男孝孙披麻戴孝手执孝杖，扶棺于两旁；子孙众多者，龙首下延伸白布两条，分左右牵挽而行，俗称“拔龙须”。所经路上，交情较深的亲友在自家门口设香案祭奠，孝男谢拜并赠以红布。

基督教信徒丧葬。人去世，教友纷纷前来慰问，灵堂上有牧师、教友读《圣经》、吟《圣诗》，为死者“劳息荣归”举行祈祷，宣扬基督教义。出殡时教友齐集送葬。

华侨热爱乡土，叶落归根。人死在侨居地，富者运柩回国安葬，一般则就地安葬后，引魂归故土。俗于先日放纸船在溪（海）中，并插竹竿将海外寄回的死者衣服植于水中；引魂时再将衣服拉回，行归虞仪式，俗称“引水魂”。进入20世纪90年代，有在寺院超度，用纸飞机“引空魂”的。

（二）火葬

火葬之俗盛于宋元时期，当时民间“贫窭之家，委之火化，积习岁久，视以为常”。后因明、清统治者对士民火葬屡有禁令，清代、民国时期除佛教僧尼施火葬外，民间都用土葬。20世纪80年代后期，治丧讲排场竞奢靡之风复盛。设道场，雇人哭丧，给活人做“生功德”，搞丧葬录像；出殡汽车连成长串，沿途燃放鞭炮，招摇过市，时有所见。2002年，洛江区推行殡葬改革。2003年，洛江区本着“宜大不宜小，宜集中不宜分散”的原则，把建设公益性骨灰堂纳入城乡规划。

五、服丧

服丧之俗，循行古礼。新丧之后，有四十九日祭、百日祭、对年（周年）祭、三年（两周年）祭等礼仪。百日内不理发（四十九日一天除外）；每逢初一、十五早，女眷备汤茶饭菜在灵前哭祭。服丧期间，新正第一年贴绿联，第二年贴水红联，联句为哀思语词，不贴红春联；岁时节日，提前一天单独祭祀，俗称“做节仔”。三年礼尽，除服纳吉。

第四章 行业习俗

第一节 农事

一、割稻饭

稻子成熟季节，为防天气乍变加速收割，亲邻间往往义务互帮。主人必备丰富饭菜款待帮工者。所备饭菜应先在田头敬祀“田头公”或土地神。

二、立乡约

村落聚族而居，民间常围绕生产事业公议订立乡规民约。一般众推村中有德望的耆老 1—3 人主持，召集全村户主开会共商。内容大抵是管理保护本村果树庄稼、山林草木、池塘堤岸、沟渠水利、修桥造路、公共卫生等事项。规约既订，即向全村公布，村民互相监督，共同遵守执行。清道光二十四年（1844 年），虹山乡护林乡约“盗砍松柏杂木及其茅草者，罚戏一台饼十斤”，是福建省目前发现的最古老的护林碑。20 世纪 80 年代，乡规民约主要涉及社会公德、土地管理、森林管理、社会治安、婚姻家庭、计划生育、义务教育、民事调解、敬老爱老、环境卫生、村风民俗、文化生活等方面，形式上也十分完善，包括总则、各规范条款、奖励与处罚、裁决与执行、附则等。这一类规约是以政府政策支持和引导为基础制定和实施的，各村（社区）还结合本地实际，进行调整和改动，内涵丰富。

第二节 商事

一、收徒拜师

旧时，商店吸收学徒，店东便是师傅。学徒初进店门，按例呈献猪脚、线面、向店东行礼，有的还要交纳保证金；店东面示要求，就算拜师。学徒到店，名为学做生意，实即充当杂役，任凭差使；至于商业知识和经营业务，全靠自身耳濡目染，融会贯通，店东从不传授。期满经店东认可出师，提为伙计（店员）并按月发给工资。学徒家长即备礼答谢店东栽培。

二、开张

新店开业，装饰门面，张灯结彩，择日开张。旧时，商人除供奉土地神外，还有文财神比干，武财神赵明公或关羽，五路财神何五路，民间又有供奉陶朱公（范蠡）的。开张之日，敬礼财神，鸣放鞭炮，设宴请客。

三、收账

旧时凡商店被人赊欠账款，一般在端午、中秋、冬至等节日前夕，派人上门催收。商店农历年终结账，对全年债务进行清理。十二月下旬，是民间索债还债紧张之时。泉州民俗催收债款一般截至除夕午夜，穷人无力还债者外出避债，直至新正初一凌晨方回。

四、牙祭

农历二月至十二月每月初二、十六日，商店厂家傍晚备酒菜祭祀土地神，职工晚餐加菜，俗称“做牙”。二月初二日俗称“头牙”，厂店开工开市，热闹一番。十二月十六日俗称“尾牙”，商家操办特别隆重，当晚店东设宴招待全体职工，并对其职工来年去留表态。酒席间凡鱼（鸡）头指向谁即暗示辞退谁，若原班不动，则指向店东自己；也有以席位筷子反向摆放或店东代其斟酒为信息的。散席后结算工资并分红利。

五、禁忌

店员忌在营业时间打呵欠、伸懒腰，或面朝内而坐；柜台、账桌忌坐卧或敲击；算盘、钱槽忌玩弄或覆置；忌人踩踏店屋门槛，或冲店门小便；洒扫店堂，由外及内，反之则忌。开门营业，忌第一个顾客买卖不成交；药铺、棺木店顾客临行，忌说“再来”之类应酬话。

第三节 其他

一、建筑禁忌习俗

建筑工使用的曲尺、墨斗、斧头、篙尺（准尺）等工具忌人跨过或摆弄；人借镘子等工具用后也忌洗净送还。

二、工作坊雇工习俗

旧时，每一行业作坊都由有技术专长的师傅操作生产，雇佣若干辅助工帮理，每月付给固定薪水或计件工资。有的师傅带学徒，出师前不发工资，仅供膳食或膳食自理。

三、流动叫卖习俗

旧时，城乡有流动小贩、工匠，肩挑背负走街串村，沿途做小生意，方便居民生活。这些小贩、工匠，叫卖大多拉腔提嗓，如喊如唱，各有特色。而有些行业以吹击器物代替叫卖，如卖小百货的摇货郎鼓，卖豆腐花、鱼丸汤的以汤匙碰击瓷碗，卖糖品蜜饯的吹唢呐，卖冰棒冷饮的摇铜铃，卖猪肉的吹竹管或螺号，修理铜铁器的磕铜（铁）板串（技术一般的用 5 个板子，技术较高、修理复杂机械的用 7 个板子），收废品的敲小锣或铁板，阉禽畜的吹短笛，各具一格。这些习俗 20 世纪 90 年代后逐渐消失。

四、戏班开台习俗

戏班奉田都元帅（相公爷）为戏神，在戏台内设置牌位。戏开演前，由戏班主或老艺人点香烧纸钱敬祀戏神，并割取公鸡血洒在戏台四角落，俗称“祭台”。据说行此仪式，可纳吉避邪，保佑演戏平安，此俗至 20 世纪 50 年代废。

第五章 信仰习俗

第一节 天地崇拜

一、崇拜“天公”（玉皇上帝）

民间认为天有“天公”，是主宰天地万物至高至尊的神祇。民家设“天公灯”悬于厅前。祈年拜天时，敬祀者除夕斋戒沐浴，搭天坛于厅前，供“五果”（五样果品）、“六斋”（六样干素菜）、“三牲”（雄鸡、大鱼、猪头或猪腿）、糠盒、米饭（上放红枣）、酒醴、糖品、蜜饯、鲜花瓶；子时正，焚香点烛，三跪九叩礼拜“天公”。正月初一再带供品往城区元妙观烧天金，祈求来年上苍降福纳祥。农村大多在正月初九“玉皇诞”敬祀天公，俗称“做天公生”。民间常借出生、结婚、寿辰等喜庆日子或华侨归里，举行拜天、谢天仪式。规模大的酬天盛典，还请道士做“天香清醮”。旧时，丰年谢天赐予风调雨顺、国泰民安；灾年祈天消灾解厄、确保平安，社会民众也以全铺境举办“天香清醮”。

二、崇拜土地神（福德正神）

人们认为土地公是管辖一方之土的财神和保护神，能保佑神民五谷丰登、六畜兴旺、家庭平安、财源广进，民间普遍信奉。旧时，各铺境都有土地庙，家家户户都设土地龛。自农历二月起每月初二、十六日，厂店、民家普遍敬祀土地公，以祈人安年丰财旺，而以二月初二日（头牙）和十二月十六日（尾牙）最为隆重。墓葬左侧立“后土”石碣。“后土”即土地神，年年扫墓都要供祀一番。

第二节 祖先崇拜

民间相信祖先幽灵能保佑子孙，福荫后代。家家都在厅堂正中设龛供奉祖先神位（木主）。木主是家传神物，不得随便挪动。除年节、忌辰祭祀外，每月初一、十五日也焚香致敬。家人出生、婚嫁、寿庆、中举、出仕、致富、荣旋、脱险、解厄，以及华侨出洋、返梓等，都要上祠堂、祖厅拜祖。长辈常以先祖德行遗训教导后代。受欺无助者拈香哭诉于祖先灵前，祈求庇护。冬至，聚族人于祠堂举行祭祖活动。墓地虽分散各处或年代久远，也逐一巡扫，无所遗漏。

第三节 先贤崇拜

南宋皇帝下诏有功于民者，听州县立庙祭祀，因而泉州民间造神运动愈演愈烈，形成庞杂的杂神信仰系统。明清时期，铺境及各村，均立庙奉祀一地保护神。洛江区民间杂神宫庙星罗棋布，崇拜的先贤国士除孔子、关羽、萧望之外，主要有春秋伍子胥（五大帝），唐代张巡（武安尊王）、许远（文安尊王），宋代岳飞（岳忠武王）、刘锜、文天祥，明代俞大猷等，都建宫庙奉祀。洛阳桥畔，建有蔡襄祠供奉他。崇拜关帝（关羽）尤为盛行。民间认为关羽忠义勇武，正气凛然，奉为保境卫民的神明。洛江区一些铺境、村庄也建有关帝庙。每年农历正月初四“接神”日，公推地方绅士抽公签，卜境内来年休咎得失。遇到特大瘟疫灾害，村民抬出神殿内的关帝塑像出巡全乡各隅，驱邪镇境。

第四节 其他崇拜

一、崇拜妈祖女神

妈祖，即林默娘，北宋清源军（泉州）莆田县湄洲屿人，相传常身在室中，神游方外，能乘席渡海，翻飞水上，扶危济险，救人于水厄海难，28岁未嫁升化。南宋高宗时敕封为灵惠昭应夫人，元、明、清代历封为天妃、天后、天上圣母等号。泉州民间，船只、码头视其为航海、河运保护神，商郊、会馆视其为商业神、行旅神，凡水滨城乡建宫供祀，“历代遣官赍香诣庙致祭”，番舶、民船启航、泊岸都进宫礼拜，祈求平安。航行于泉州台湾间的帆船，主桅上都贴有书写“天上圣母”红纸条，祈求航程平安，一帆风顺。

二、崇拜何氏九仙

何氏九仙，江西九江人，汉武帝时至入闽采药炼丹，济世利民，后在仙游九鲤湖升化。马甲仙公山丰山洞创于南朝齐代，祀何氏九仙。其祈神仪式有除夕守岁、做仙公生日（重阳节）、抽签问卜、乞求药签、圆梦、结仙缘，酬神答谢和谒祖取火等，为闽南仙公信仰者朝拜的圣地，历代烟火不断。

三、崇拜临水夫人

临水夫人即陈靖姑，俗称奇仕妈。相传陈靖姑数度显灵，救人难产，斩蛇除害，民间奉为生育神。宋代以后屡有封号，除临水夫人外，尚有慈济夫人、天仙圣母、碧霞元君、顺天圣母等。市区台魁巷建奇仕宫敬祀。旧时，境内新婚、不孕或难产妇女常到宫祈求保佑，赐生贵子。旧时香火极盛。

四、崇拜七娘夫人

境内民众奉为保育神，无宫庙之设。每年七夕，设神灯置供案祭品于厅前檐口，敬祀祈祷。

此外，万安琯头十班公（明代抗倭牺牲的10个村无名英雄）和城区南较场轱脚妈（清代林俊农民起义女领导人邱二娘），也是民间信奉的杂神。

第六章 少数民族习俗

第一节 回族习俗

至2007年，洛江区回族人口有2608人，主要有郭、丁等姓，分布在万安杏宅、琯头及河市溪井等社区（村）。回族信奉伊斯兰教，教徒称为穆斯林，保持其阿拉伯先人的宗教信仰和独特的民族习俗。有部分由于历史原因，受汉民族文化影响，放弃伊斯兰教信仰和回族风俗，改信其他宗教。

一、饮食

回族人肉食以牛、羊为主，牛、羊、鸡、鸭非经阿訇宰则忌食。“油香”是民族礼仪食品，凡是婚丧喜庆、岁时节日，待客送礼都炸油香。品种有面粉甜油香，象征安乐欢庆、团结友谊；糯米油香，象征吉祥幸福，两种油香均用于喜庆与节日；面粉咸油香，用于表达对亡人的怀念，归真（死亡）七日、四十日、百日、周年纪念、卒忌及二周年内的节日均炸面粉咸油香，以示哀悼；甘薯粉油香，以米饭、薯粉、萝卜、香菜、葱、蒜、虾皮、花生仁为原料炸制而成，专用于娩忌；甘薯油香，表示对亡人极度悲哀，主要用于丧事。炸油香时，忌外人观看。此外，油酥花茧、油酥脆花是境内回族独特食品。前者以面粉、白糖、花生仁、芝麻、冬瓜糖为原料油炸制成；后者以面粉、糖水、花生油为原料精制成型，美如花朵，用于喜庆佳节，送礼待客。

二、婚嫁

《古兰经》既规定男子“可以择娶二至四妻”，又规定“还是娶一妻为宜”。回族人遵循后一规定，严守一夫一妻制。婚事一般由长辈或委托亲友提亲，若男女互有爱情，父母不加干预。订婚仪式择于“主麻日”（星期五）举行。送聘金、彩礼、嫁妆之俗与汉族略同，筵席用牛羊肉，加各色油香；最贵重的嫁妆是《古兰经》。结婚前夕，男女全身沐浴，以示洁净无秽。

婚礼当天，男家在《古兰经》前焚香点烛，供红米圆，感谢真主恩赐良缘。新郎由亲友陪同往女家迎亲回来，由阿訇主持婚礼。大厅前朝西搭一小平台，请阿訇上坐诵《依札布纷（婚配经），新夫妇跪在洞房床席上聆听。诵经毕，问证词，夫妇俩同声回答“戒卑路土”（我愿意）。随后，阿訇把“金豆”撒向新夫妇身上，祈求“安拉”赐生贵子；另撒“金豆”在地上任人拾取，称“散天课”（施舍贫民）。后世不用“金豆”，而用红枣、桂圆干、花生果、栗子、白果或硬币代替。最后，新夫妇双手摸脸做“都哇”感谢真主，婚礼告成。其余礼俗与汉族大同小异。

三、丧葬

人临终移厅中三块床板上，脸朝西（伊斯兰圣地方向）。人亡，称“归真”，井水浴尸，全身裹以白布，放入“塔卜”（尸匣，上盖白布）。回族人认为死亡是真主赐往“天堂”“乐园”，丧葬全过程不悲哭。在浴尸、殡礼、下葬，阿訇诵祈祷时，绝对肃静，切忌向死者行鞠躬礼。回族丧事简朴肃穆，早亡午葬，夜死晨埋；一人归真，全族互助；尸前不陈供品，出殡不择日，不用鼓乐。坟墓用花岗石砌造，以石代棺，圹底铺樟脑、香料；置尸脸朝西，圹上盖石板 7 条；墓碑雕刻半月和云彩，上端有“真主至大”阿拉伯文，碑座有“清真”标记。

第二节 畲族习俗

洛江区畲族人口 865 人，主要分布河市厝斗、新告村、马甲潘内村，有兰、雷姓（原还有鼓姓），聚族而居，自成村落。以甘薯为主粮，视稻米为珍贵。

一、服饰

畲族姑娘出嫁时穿“凤凰装”，色调纯黑，上衣右开襟，衣领、襟边、袖口都镶绣五彩花鸟图案，大襟有“双凤朝牡丹”，腰束丝织绿色宽彩带；下穿长裤，裤脚镶数圈红绿相间的彩边，脚穿方头钩鼻的绣花黑鞋；头盘高髻，冠以尖形布帽；髻插簪环等银饰，有三把银凤头饰，其嘴、翼、爪各悬银链，缀以彩色料珠和小银片垂至眼前。这种凤凰装，妇女一生只穿两次。一次结婚，一次亡故。平时穿着另制凤凰装，衣制较为简朴。

二、婚嫁

男方看中某姑娘，就托媒捎面条0.5公斤往女家说亲。女方父母招待媒人饭菜后，如说“你以后不必来了”，退回面条，就表示不同意；如说“去后再来吧”，就是同意了，但面条须媒人三次登门才收下。迎娶前一两天，男家请“亲家伯”（新郎的兄辈）挑礼担同媒人上女家行大聘。“亲家伯”一进门，要随机应变，善于摆脱女家姑嫂们的种种捉弄；晚饭后应付对歌，和得好以礼相待，和不好则以灶臭抹脸，甚至驱赶出门。新娘出嫁，先拜辞祖先，在厅中给兄弟“留饭”。畲族有“哭嫁”习俗，新娘婚前三五天至出嫁都要哭，半夜醒来哭，梳髻穿衣哭，“留饭”哭，上轿则大哭。闹洞房唱歌，“姐夫头”（傧相）是主角，有对新郎唱的《入房歌》、“姐夫头”爬床边翻滚边唱的《翻床歌》等。

三、丧葬

畲族治丧有“做功德”之俗。由祭过祖的族人8人在死者灵前诵祷，或在其祖先牌位前歌舞，就算做了功德。不做功德，不得下葬，否则被认为不吉利。扫墓用猪头作供品。

四、盘歌

盘歌即对歌。畲族人酷爱唱歌，对歌形式有：一是“家里盘”，是谁家有来客，本村男女歌手就找上门与客对唱。盘歌内容因对象、场合有别。对象若是生客，必先请唱《高皇歌》（沸瓠歌）起歌，试探来者是否畲族，结束唱《送神》。此外，还有《黄蜂头》《送郎》《状元游街》（爱情歌）、《八仙令》（劝世歌）、《点心歌》《茶歌》《烟歌》（礼节歌）等盘唱歌目。一盘起歌常是通宵达旦，甚至连续数夜。二是“野外盘”，在山野间对唱，有聚群对盘、拦路盘、追赶盘等。盘唱以邀歌、逗歌、激歌为引子，形式较为自由活泼。

第七章 宗教

第一节 佛教

一、传播

西晋太康年间（280—289年），佛教已在泉州传播。唐代，由于朝廷推崇，佛教势力逐渐发展，泉州地区建造许多寺院，佛事活动、佛学研究十分活跃。五代，王审知治闽，推崇佛教。泉州刺史王审邽、王延彬、节度使留从效等人主政期间大力建造寺院。宋代，推崇儒学，严格管理佛教，实行度牒制度，限制寺院财产，泉州佛教失去发展势头。但是寺院由于积聚了巨大财富，加上社会经济繁荣的推动，僧人和信徒大规模地修寺、建塔、造桥，成为一代风气，先后建设万安桥（洛阳桥）、濠溪桥（观音亭桥）。宋代泉州的佛学宗风很盛，不少佛学宗师在与宋儒的论争中兼通儒术。元代，政府对各门宗教采取兼收并蓄的态度，泉州出现世界多门宗教共存的盛况。元末，泉州发生亦思巴奚兵乱，僧人被抓当兵、当民夫，寺院或遭焚毁或遭严重破坏，佛教受沉重打击。明代，泉州佛教逐步衰落。清代，泉州设僧纲司，重视佛、道、儒的教化作用，泉州佛教得以复苏。

民国初，随着新思想的传入，泉州出现一股破除迷信风潮，驱逐僧尼，没收寺产，兴办新学。这时，一些僧俗人士受北平、上海一带佛化运动影响，邀请北平、上海的高僧、居士来泉州弘扬佛法，发起佛学革新运动。抗日战争胜利后，泉州民间佛事活动发展很快，祈福酬愿盛极一时，大部分寺僧参与佛事活动。

中华人民共和国成立后，贯彻宗教信仰自由政策。“文化大革命”期间，佛教寺院被占用，僧人、菜姑多数被迫还俗。1978 年以后，陆续退还寺院，一些寺院得以重修，僧尼和菜姑相继返寺，并先后收度一些青年出家。1991 年后，洛江区许多寺庙重修重建，活动逐步趋于正常，寺庙成为旅游、休闲、朝圣的处所。

二、寺庙

广济寺 地处清源山北麓朋山隧道边，属洛江双阳街道辖区，因位于朋山古道之半山，俗称半岭宫。古刹始建于五代，至今已有 1000 多年历史。据《泉州府志》（宋）及《林次崖先生文集》（明）记载：广济寺初名玉泉广济院，因五代留从效与朱文进交兵于此，杀伤甚众，留从效遂即其地作数区葬之，名千人冢，复建寺以荐冥福，洛江区古属晋江县玉泉乡，河市属其地，遂名玉泉广济院。据《清源山志》载，古刹位于清源山之北，山势自双阳山逶迤而来，距市区北门约 6 千米，为泉州通往福州驿道必经之地。道光《晋江县志》称：“其南尤陡绝，势如隔限前后”，故曰“朋山岭隔”。古洛阳未桥时，避险者从此到虹山，左入仙游以通省会。

白水岩寺 位于仙公山丰山洞左侧，始建于五代，明、清几度重修。中华人民共和国成立后重修。1993 年 7 月，由海内外香客募集资金重修扩建，1993 年 8 月竣工。内奉祀释迦佛、药师佛和弥陀佛。

半山观音寺 始建于清崇祯十七年（1644 年），位于河市镇蛟南大帽山半腰，内奉祀观音妈。

第二节 道教

一、传播

秦汉之际，泉州已有隐者和方士巫术的活动。唐代，由于朝廷倡导，泉州道教兴盛。五代，著名道士学者谭峭著《化书》，出于黄老，又合儒家思想，闽王王延昶拜他为师，并赐号“金门羽客正一先生”，南唐主李弁召他到建康（南京），赐号“紫霄真人”。宋代，出现不少著名道士和道教学者，道士有精于医学和书法的吴夲，精于琴法的天庆观的苏绍成。明代，泉州著名的道士和学者有吴云靖、董伯华、李贽、陈用宾、李光缙。中后期，统治阶级把儒家思想奉为思想支柱，道教被视为异端，泉州道教在上层社会逐渐衰微，而民间仍然盛行。其间，许多泉州人到台湾开发，道教随之东传台湾。清代，统治阶级采取重佛抑道政策，但仍利用道教作为维护其封建统治的工具。民国期间，传统思想文化的统治地位逐渐动摇，宗教思想和宗教活动逐渐被削弱。20 世纪 60 年代“文化大革命”期间，泉州开展破除迷信运动，道教受打击最为严重，许多宫观、文物、法器遭毁，道士有的改行，多数散布民间，为人斋醮、度亡、做法事，很难找到道教理论修养较高的道士。

1980 年后，政府重申宗教信仰自由政策，道教活动逐步恢复。1992 年，罗溪双溪乌窗万寿坛崇贤处隆兴靖的黄祖贤（现代道教中尊）族系（已承袭五代）。2001 年 3 月，全区依法登记的道教活动场所 4 处，即仙公山、康济庙、玉虚观、龟峰岩。

二、宫观

丰山洞 位于甲镇双髻山，祀何氏九仙。古迹创于南朝齐代，明嘉靖年间（1522-1566 年）乡人林一麟重修，重塑九仙神像。清乾隆十一年（1746 年）、清光绪二十六年（1900 年）重修。丰山洞是境内信众的重要宗教活动场所，祈神答谢仪式有除夕守岁、做仙公生日（农历九月初九日）、抽签问卜、讨药签、圆梦、结仙缘、酬神答谢和谒祖取火。1991年4月，拓展庙址，全面修复，成为闽南仙公信仰者朝拜的圣地。右有朝天阁，供奉五文昌夫子及何氏九仙之母舅苍公，为旧时读书士子朝圣地。

玉泉康济庙　（参见第二十九篇文物第一章古遗址第三节古代战场遗址）

罗溪龟峰岩　（参见第二十九篇文物第三章古建筑第一节宫庙寺庵）

洛江境内若干宫观庙宇概况表

表29-7-1

宫观名	地址	奉祀主神	建筑时间
罗溪龟峰岩	罗溪镇龟峰山南麓	神关聖夫子	北宋代开宝年间（968—976年）
郭垅庙	罗溪镇建兴村	玉封代天巡视郭垅庙四王府	明嘉靖四十年（1561年）
万安桥院	万安塘西村院	张巡（文安尊王）及许远（武安尊主）	宋嘉熙年间（1237—1240年）

三、道教文化

道教戏曲、舞蹈　道士在做功德超度亡灵时，桌上扎一纸城，寓意亡灵囚于城内，救苦道士破城门而入，救出亡灵，叫打桌头城。后来发展为打地上城，有布景、道具和剧目，在广场表演。清道光年间（1821-1850年），进一步发展为舞台戏剧，称打城戏，为境内老百姓所喜闻乐见，且驰名台湾和东南亚各地。此外，在法事活动中也形成道教的音乐、舞蹈，如《龙宫献宝》《五梅花》《玉如意舞》《土地公土地婆》《钟馗戏鬼》等。

道教用品　道教的法事活动促进道教用品生产的发展，有些用品有较高的艺术性，如雕塑（木、泥）神像，纸扎亭台楼阁、牛马车轿，刺绣道袍，铸造神器，制造彩亭（轿的一种）等。

第三节 基督教

一、传播

唐初，景教（基督教前身）传入中国，不久传播到境内，宋代继续传播。元代，也里可温教（与景教同派）在泉州迅速传播，势力很大，许多人成为宗教职业者，不少官员也加入景教。中华人民共和国成立后，宗教信仰自由，基督教继续活动。“文化大革命”期间，基督教堂被占用，教会停止活动。1981年起，河市、琯头、新告、马甲等处教堂相继开放。2007年，全区依法登记的教堂4所，聚会点1处，信徒2000多人。传道中有上海华东神学院、福建神学院本科、专科、函授毕业生，有泉州神学、提高班毕业生。

二、教堂

琯头基督教堂　民国19年（1930年）年基督教信徒丁担（女，是丁牧师之妹），在城东发展陈允（女）、陈春（女）、林术（女）等人为信徒，他们多年如一日始终坚持从洛江步行到泉州泉南基督教堂做礼拜的虔诚行为，引起许子逸牧师与长老们的重视，深受其虔诚行为的感动，于民国22年设立西福村宣道所，并派潘秀华负责该所事务，此后信徒增加，1951年迁宣道所于琯头公路旁一座两间楼房升格为聚会点，至“文化大革命”停止聚会。

“文化大革命”期间，聚会所被公社食品厂动用，1981年，政府归还原琯头聚会所，于1982年重新改建，1983年元月复堂。2001年，因政府建设需要，搬迁重建于现址。长老1人，传道2人，受洗礼信徒100多人，没受洗礼信徒400多人。

河市基督教堂 清光绪二十三年（1897年）建，由长老管理堂务，当时传教30余人。现长老1人，传道2人，信徒100多人。

新告基督教堂 清光绪二十年（1894年）建，由长老管理堂务，先后经历2位长老，现长老1人，传道2人，受洗礼信徒50多人，没受洗礼信徒300多人。

锦凤基督教堂 民国34年（1945年）建，由长老管理堂务，先后经历2 位长老。现有长老1人，传道1人，受洗礼信徒100多人，没受洗礼信徒400多人。

桥南基督教聚会点 由琯头基督教堂堂委会管理。

至2007年洛江区基督教堂一览表

表29-7-2

场所名称	地址	负责人
琯头基督教堂	万安街道桥南村	王少钗
河市基督教堂	河市镇河市村	吴意诚
新告基督教堂	河市镇新告村	黄惠英
锦凤基督教堂	马甲镇马甲村	吴永定
桥南基督教聚会点	万安街道桥南村	王少钗

第四节 宗教事务

一、管理机构

1997年建区后，洛江区民族与宗教事务由区委统战部管理。2002年4月，洛江区党政机构改革，在政府序列中设立“区民族与宗教事务局”机构名称，在区委统战部加挂牌子。2006年6月，成立洛江区民族与宗教事务局（简称区民宗局），隶属区委统战部，副科级建制，编制2名。

二、登记管理

1998年5月，根据《民政部宗教活动场所登记办法》，开始办理宗教活动场所登记。 2007年，依法登记宗教活动场所9处，其中，道教4处，基督教堂4处，聚会点1处。

三、宗教政策

2005年3月起，贯彻国务院颁布的《宗教事务条例》，执行宗教政策，在全区宗教界人士中开展爱国守法教育。采取多种形式进行宣传，举办培训班，引导宗教与社会主义社会相适应。本着“自治、自养、自传”的原则，维护宗教和睦与社会和谐。

四、服务社会

1991--2007年，仙公山、河市教堂等宗教场所，累计捐款10多万元支持乡村公路建设、饮水工程、赈灾、扶贫、教育等公益事业。

第三十篇 方 言

洛江区域方言隶属于泉州音的闽南方言，其直接来源于北方汉语方言。闽南方言的形成和发展，与秦汉、晋唐中原地区的汉人因避乱或因“征蛮”大规模迁徙入闽分不开。定居在泉州的汉人，带来中原先进的生产工具、技术和文化，与本地居民共同开发泉州。元末明初，泉州城区及邻县族姓迁入洛江今域，泉州音的闽南方言通行于洛江，在语音、词汇、语法等方面保留不少上古汉语和中古汉语的特点，有古汉语的“活化石”之称。2007 年末，洛江区人口为 17.99 万人（户籍人口），其中汉人占 99% 以上。少数民族以回、畲族居多。全区通用闽南话。

洛江区域使用泉州音的闽南方言，古全浊声母字一部分变为送气清音，一部分变为不送气清音；古非组字常读为双唇音；古知组字常读为舌尖塞音；有 [-p][-t][-k][-P] 等 4 个塞音韵尾和 [-m][-n][-ʔ] 等 3 个鼻音韵尾。声调有 7 个，其演变和古汉语声母的清浊有密切关联。在基本词汇里，保留着许多古代汉语常用的单音成分。语法上有不少特殊之处。由于历史、地理、邻近方言影响等方面的原因，方言内部也存在着诸如地域和年龄的差别。方言的差别，主要是在“腔”上。各乡镇、街道地域“腔”的差别，主要是由声调差异造成的，其次才是声韵。在语音方面，双阳、河市、马甲、罗溪与城区语音有明显差异。罗溪的林田、石列、冬棋、虹山埔尾及马甲的梧峰、炉田因与仙游交界，或多或少受到莆仙话的影响。而所谓“年龄差别”指的是老派和新派说法有差别。

第一章 语 音

第一节 声韵调系统

一、声母

洛江方言共有 14 个声母，分别用 17 个符号表示：

p 边比备　　p' 普皮评　　b[m] 文米妹
t 地　都　重　　t' 他　托　贪　　l[n] 柳利日
ts 争　齐　之　　ts' 出　秋　春　　s 时　四　常
k 求公古　　k' 气　靠　琴　　g[ŋ] 语牛月
h 虎　非　显　　Ø 员　油　影

说　明：

1. 声母后的第一例字是泉州地方韵书《汇音妙悟》的代表字。

2. 加括号 [m][n][ŋ] 分别为 [b][l][g] 的音位变体。当 [b][l][g] 这 3 个声母与鼻化韵相拼，分别变为 [m][n][ŋ]，如微 [bi˩˥]—棉 [mĩ˩˥]、厘 [li˩˥]—年 [nĩ˩˥]、义 [gi˥˩]—硬 [ŋĩ˧]。由于 [b][l][g]

与 [m] [n] [ŋ] 这两组声母没有区别意义的作用，标音时不再区分，一律标为 [b] [l] [g]。

3. [h] 是一个喉清擦音，发音部位比正常位置稍前，不是舌根清擦音 [x]

4. [Ø] 表示零声母。用 [Ø] 代替惯用的 [o] 是为避免与韵母 [o] 相混淆。零声母的出现是固定不变的，凡是在韵母前头没有其他声母的地方，有一个零声母，在实际标音时都把它省略掉。

二、韵母

洛江方言共有韵母 87 个。其中单元音韵母 8 个，复合元音韵母 10 个，鼻音韵母 17 个，鼻化韵母 11 个，塞音韵母 30 个，鼻化塞音韵母 11 个：

	i 伊 基 气	u 有 夫 妇
a 阿家饱	ia 爹爷灶	ua 娃破瓜
ɔ 乌粗祖		
o 澳糕波	io 摇桥轿	
ə 祸过岁		
e 裔马家	ue 挨鸡杯	
ɯ 次去暑		
	iu 优周愁	ui 胃规随
ai 哀该使		uai 歪乖怪
au 凹漏斗	iau 妖妖超	
m 梅媒姆	im 音深沉	
am 庵三淡		
əm 森参欣		
	in 因亲仁	un 温军存
an 安汉单	ian 烟显然	uan 冤选传
ŋ 央糖床	iŋ 兴命令	
aŋ 翁江讲	iaŋ 凉漾亮	uaŋ 风
ɔŋ 公拢总	iɔŋ 容向阳	
	ĩ 婴更边	
ã 衫担篮	ĩa 京名城	ũa 安寒官
ɔ̃ 傲乌	可恶	
ẽ 妹奶		
	ĩu 鸯娘羊	ĩu 闲关店
ĩa 唉买卖		
	ĩau 猫鸟	
	ĩʔ 镊⿰目聂闪	ũiʔ 蜢
ãʔ 凹合	ĩaʔ 赢	
iam 盐检点		
ɔ̃ʔ 瘼		
ẽʔ 咩		
	ĩuʔ 忧	
ãiʔ 唉嗜		ũai 弯
ãuʔ 嗷		

auʔ	拗笃落	ĩauʔ	蛲		
		iʔ	铁滴	uʔ	煦嘞乸
aʔ	盒百甲	iaʔ	削壁食	uaʔ	割抹煞
ɔʔ	呕				
oʔ	粕薄膜	ioʔ	药着尺		
əʔ	呃缺月				
eʔ	秽麦			ueʔ	狭八划
ɯʔ	渍				
auʔ	拗笃落	iauʔ	悄		
mʔ	默吪				
ŋʔ	物嗯蹭				
		iuʔ	搐掬溜	uiʔ	挖刮血
		ip	揖吸入		
ap	鸽压插	iap	叶接涩		
		it	蜜值日	ut	佛骨出
at	察密实	iat	秩热谒	uat	越活发
ak	学角	iak	亿逼碧		
ɔk	屋国福	iɔk	欲约略		

说明：

1. [ə] 实际发音开口度较大；
2. [m][ŋ] 可以单独作单纯；
3. [ən][ik][ət] 三韵只在戏曲中保存，在一般的口语中几乎消失，故未列上；
4. 在拟声词中才有的韵母，如 [u]，不列上韵母表；
5. [ŋ] 韵和一切声母相拼时，中间有过渡音 [ɯ]，为简便，实际标音略去。

三、声调

洛江方言有 7 个声调（不包括轻声）。

洛江方言声调一览表

表 30-1-1

调 类	阴 平	阳 平	阴 上	阳 上	去 声	阴 入	阳 入
调号	˧	˨˦	˥	˨	˦˩	˥	˨˦
调值	33	24	55	22	41	5	24
例字	东	同	懂	动	洞	督	毒

除上面的七个声调外，还有一个轻声。轻声本身并不单独出现，它的调值常常随着前后的声调而变化。

第二节 语音主要特点

一、声母

中古的唇音分为重唇和轻唇。重唇是双唇音；轻唇是唇齿音。在方言中，只有双唇音，没有轻唇音。中古的帮、非、滂、敷、并、奉，在方言中，除极少的字读 h- 外，其余都分读双唇音（旧称“重唇”）p-、p'-。

中古的重唇音明母和轻唇音微母是对立的两个音位，而与之相当的方言 b- 和 m- 却是一个音位，都为双唇音（旧称“重唇”）。

中古的舌音分为舌头和舌上，在方言中不再区分。中古的端、知，透、彻，定、澄，在今洛江方言中，除少数字读 ts-、ts'- 外，其余都分读舌尖中音（旧称“舌头”）t-、t'-。

中舌的泥、娘，来是对立的音位，而与之相当的方言 l-、n- 却是一个音位。在洛江方言中，保留了“古无舌上音”（即上古音知组和端组不分，只有端组）。

中古的齿音分为齿头和正齿，在方言中不再区分。中古的精、庄、章、清、初、昌，心、生、书，从、崇、船、邪、禅，在今洛江方言中除了少数读 t-、k-、k'- 外，其余都分读 ts-、ts'-、s-。

中古的日母读舌面前音，在方言中读舌尖中音 l。

中古群母读为舌根浊音，在方言中读为舌根清音 k-、k'-。

中古知系章组读舌面前音，在方言中多数字读舌尖前音 ts-、ts'-、s-，少数字读舌根音 k-、k'，个别字读舌尖中音 t-。中古章组字今读 k-、k' 一的。

中古云、以两母的字读为半元音。在方言中云母读零声母 Ø、喉壁音 h-；以母分读零声母 Ø，舌尖前音 ts-、ts'-、s-，舌尖中音 t-、t'-、l-，舌根音 k-、g-。

中古匣母字读为舌根浊擦音，在方言中分读舌根清塞音 k-，k'，有一部分字读为喉壁音 h-，以及零声母 Ø。

中古疑母字分读 g-(ŋ-)、h-。

并、奉、定、澄、从、崇、船、群等中古浊塞音或浊塞擦音的字，在方言中不分平仄都分读相当地位的送气与不送气两种。

二、韵母

洛江方言韵母中与中古音韵母有较为复杂的差别。中古同一韵摄同一等的韵母在洛江方言分为多个韵母；反之，洛江方言的一个韵母，来源于中古的许多不同等摄的韵母。有的可以从声母看出其不同的条件，有的看不出来。文读与白读有掺杂其中。有的地方过于简略，有时音的对应只有一个例字。

中古的“鱼、虞”两韵在洛江方言中有别：鱼韵读开口呼 [ɯ]，虞韵读合口呼 [u]，保留上古鱼、虞两韵的语音特征。例如：猪 [tɯ˧]—蛛 [tu˧]、居 [kɯ˧]—拘 [ku˧]、煮 [tsɯ˥]—主 [tsu˥]。

完整保存着古代的三套鼻音韵尾 [-m]、[-n]、[-ŋ]，以及和它们相配套的三套塞音韵尾 [-p]、[-t]、[-k]、例如：盐 [iam˧˥]—叶 [iap˧˥]、因 [in˧]—乙 [it˥]、翁 [ɔŋ˧]—屋 [ɔk˥]。此外，还有个喉塞音韵尾 [-ʔ]。

中古合口细音（普通话读撮口呼韵母），历程方言一般读合口呼或开口呼，也有读齐齿呼的。例如：句 [ku˨˩˧]、居 [kɯ˧]、育 [iɔk˧˥]、缺 [k’uat˥/kə’ʔ˥/k’iʔ]。

鼻化韵丰富。在洛江方言中，鼻化育非鼻化具有别义作用。例如：电扇 [tian˨˩˧sĩ˨˩˧]—电视 [tian˨˩˧si˨˩˧]、五更 [gɔ˧kĩ˧]—五支 [gɔ˧ki˧]、圆仔 [ĩ˧˥a˥]（汤圆）—姨仔 [i˧˥a˥]（小姨子）。

三、声调

洛江方言有七个声调，中古有四个声调，其演变一般都以声母清浊为条件。在浊声母中，细分为全浊和次浊。全浊声母指浊塞音和浊塞擦音，次浊声母则大致相当于鼻音和边音声母。洛江方言完整保存古代的四声：平、上、去、入。其中，除去声外，其余三声又根据古代声母的清浊各分为阴、阳。去声的单字调虽没有阴、阳之分，但在连续变调时仍有区别。

第三节 音变

一、合音

由于联合发音而引起的某些章节的合并，叫作合音。这种音变，一般是两个音节合并成为一个音节，在音变过程中，引起音的增减。例如：

二十一：li˧tsa˨˦˨˦ it˥>liap˨˦ it˥

三十一：sã˧ tsap˨˦ it˥>sam˦˩ it˥

相同：sã˧ taŋ˨˦>saŋ˨˦

赶紧来（赶快来）：kuã˥ kin lai ˨˦>kuãn˥

来一下：lai˨˦ tsit˨˦ e˨˦˨˦ >lai˨˦ tse˧

二、同化

语音上两个不相同或不相似的音连在一起说，而变为相同或相似的音，叫同化。同化主要是为了读得顺口。在洛江方言中，这种音变现象，以前字 -n 韵尾受后字唇音声母影响变为 -m 韵尾韵母为多见。例如：

干贝：kam˨（<kan˨） pue˦˩

新妇（媳妇）：sim˨（<sin˨） pu˨

新闻：sim˨（<sin˨） bun ˨˦

三、变调

变调也是一种音变，是洛江方言里最常见的一种音变。

在洛江方言里，由两个或两个以上音节组成的词，除了轻音节、最末一个音节和表示语音停顿的音节外，其他音节的声调常要发生变调，其中最常见、最基本的变调是双音节组成的词的变调。

各个调类的连续变调规律如表 30-1-2 所示。

洛江方言调类连续变调规律一览表

表 30-1-2

调 类	阴 平	阳 平	阴 上	阳 上	去 声	阴 入	阳 入
原调	33	24	55	22	41	5	24
变调	-	22	24	-	55]22	-]24	22

说明：

1. 阴平、阳上两个调类连续时不变调。

2. 去声有两种变调：声母属于古代清音的，调值由 41（˦˩）变成 55（˥），如：栋梁 [tɔŋ˦˩ ˥ liɔŋ˨˦]；声母属古代浊音的，调值由 41（˦˩）变为 22（˨），如：洞口 [tɔŋ˦˩ ˨ k'au˥]。

3. 阴入的变调有两种情形：收喉塞韵尾 [-ʔ] 的，连续时不变调，如：甲级 [kaʔ˥k'ip˥]；收塞音韵尾 [-p]、

[-t]、[-k] 的，调值由 5（˥）变为 24（˩˦），如：甲第 [kap˥˩˦ te˨˩]、结头 [kat˥˩˦ t'au˨˦]、角铁 [kak˥˩˦ t'iʔ]。

4. 凡属阳调类，连续变调时一律读同阳上（22˨）。

5. 所有的连读变调都不会因前后音节声调的不同（轻声除外）而改变。

6. 两个音节以上的词或词组原则上按以上两字连读变调规律类推。

7. 在一个句子中，哪一个音节需变调，除上述的连读变调规律外，还要结合语法结构、语音停顿及讲话时的语气而定。

8. 洛江方言中单音节形容词三叠时，后两个音节的连读音变调与上述一样，第一个音节的变调较为特殊，其规律是：声母属于古代清音的去声字第一个音节由 41 变读 55（˥˩ ˥）；收喉塞韵尾 [ʔ] 的阴入字第一个音节读原调 5（˥）；其余各声调的字第一个音节一律读 24（˩˦）。

下面按声调顺序分别举例：

阴平 乌 ɔ˧ 乌乌乌 ɔ˧˩˦ ɔ˧ɔ˧

阳平 闲 uĩ˨˦ 闲闲闲 uĩ˨˦ uĩ˨˦˧ uĩ˨˦

阴上 苦 k'ɔ˥ 苦苦苦 k'ɔ˥˩˦ k'ɔ˥˩˦ k'ɔ˥

阳上 静 tsiŋ˨ 静静静 tsiŋ˨ tsiŋ˨ tsiŋ˨

去声 正 tsiã˥˩ 正正正 tsiã˥˩˥ tsiã˥˩˥ tsiã˥˩（古清音）

去声 大 tua˥˩ 大大大 tua˥˩˧ tua˥˩˧ tua˥˩（古浊音）

阴入 阔 k'uaʔ˥ 阔阔阔 k'uaʔ˥ k'uaʔ˥ k'uaʔ˥（[收 -ʔ] 尾）

阴入 骨 kut˥ 骨骨骨 kut˥˩˦ kut˥˩˦ kut˥（收 [-p、-t、-k] 尾）

阳入 热 luaʔ 热热热 luaʔ˨˦ luaʔ˨˦˧ luaʔ˨˦

四、轻声

洛江方言的大部分轻声字在另一种语法环境中读为原来的字调，如“年”[lĩ ˨˦]，在“前年”中读为轻声，在“年尾（年终）”中则原来的字调 [24]。

洛江方言中，有些音节在词或句子中不读原调，而变读又低又短又轻的调子，这就叫轻声（标作 [꜔] 或 [꜒]。轻声音节的前一个音节一律读原调）。

轻声现象与语法结构有密切关系，语法成分通常读轻声。常见的有下列几种类型（字下加点的为轻声音节）：

名词后缀 zx

陈先生 tan˨˦ sian˧꜔ sĩ˧꜔ （陈老师或陈大夫）

日时 lit˨˦ si˨˦꜔ （白天）

动词后缀“着”“人”

忆着 it˥tioʔ˨˦꜔ （顾念）

枵人 iau˧laŋ˨˦꜔ （饥饿）

作宾语的人称代词

叫我 kio˥˩ gua˥꜔

部分动词补语

拍死 p'aʔ˥si˥꜔ （打死）

走入来 tsau˥lip˨˦꜔ lai˨˦꜔ （跑进来）

语气助词

坐嘿 tsə˧lə˥˩꜔ （坐着）

疑问句末的否定词

食未 tsiaʔ⅄ bə˅˫　（吃过没有？）
有看无 u˨k'uã˅ bo⅄˫　（看了没有？）
上举第2至第5四种类型，轻声音节后若跟上其他成分，一般都不再读轻声，而要依照连变调规律变调。例如：
折破 t'iaʔ˥p'ua˅˫
折破衫 t'iaʔ˥p'ua˅˥ sã˧
轻声有时还具有别义作用。例如：
哭死 t'ɔ˥˅ si˥（生气）—苦死 k'ɔ˥si˥˫　（非常难过）
四日 si˅˥ lit⅄　（四天）—四日 si˅ lit⅄˫　（四号）

五、异化

指两个相同或相似的音因连在一起而变得不同或不相似。例如：
声母异化　枇杷 pi⅄˪ pe⅄ → k'i⅄˪ pe⅄
韵母异化　相像 ts'iũ˧ts'in˧ → ts'in˧ts'iũ˧（像，好像）
声调异化　橄榄 kã˥˩lã → kã˧lã˥
声母、韵母、声调异化　傀儡 k'ə˥˩ lə˥ → ka˧lə˥
此外，还有因连续而产生的增音或减音现象。例如：
增音　衣裳 i˧tsiũ⅄ → in˧tsiũ⅄
减音　孤单 kɔ˧tan˧ → kɔ˧an˧

第四节　文白异读

洛江方言的字音常有文白两读，人们习惯把文读称为读书音，把白读称为说话音（日常口语使用的音）。白读音是由上古音（即汉语在《诗经》时代或造成汉字形声字的时代）直接演变而成。文读音则是北方读书人所带来的语音渗入洛江方言以后演变出来的。文白异读有三个主要特点：

1. 成系统，有规律

文读音和白读音几乎各成一个系统，但两个系统之间有着较为明显、整齐的对应规律。例如：
中古的云母字，在方言中文读为零声母，白读可以为[h]。例如：
远[uan˥/hŋ˧]、园[uan˥/hŋ⅄]、雨[u˥/hɔ˧]
中古通摄合口一等东韵的字，文读和白读不同，例如：
东[uan˥/hŋ˧]、弄[lɔŋ˅/laŋ˅]、孔[k'ɔŋ˥/k'aŋ˥]
中古次浊上声的字，文读为阴上，白读可以为阳上。例如：
卵[luan˥/lŋ˧]、五[gɔ˥/gɔ˧]、两[liɔŋ˥/lŋ˧]

2. 混用于日常交际

文白两个读音系统常常混用，甚至可以混用于同一个词语中，例如：
公园[kɔŋ˧hŋ⅄]　火气[he˥˩ k'i˅]
在一个词语中，文读和白读是约定俗成的，不能随意变读。单=但也有少数词语有两可的现象。例如：
家庭[ka˧tiŋ⅄ ke˧tiŋ⅄]

3. 具有别义作用

文白读有时具有别义作用。例如：
加[ka˧]（与“减”相对）[ke˧]（与“少”相对）

数目［sɔ˥˩˥ bɔk˧˥］（数码）［siau˥˩˥ bak˧˥］（账目）

从数量看，文白对应有两种类型：

一个文读配一个白读。这是最常见的情形，数量最多。例如：小 siau˥～楷 /sio˥～学

一个文读配一个白读。这种现象是不同历史时期语音现象的积淀。例如：平 piŋ˧˥～安 /pĩ˧˥～平、p'ĩ˧˥～地（平整土地）、piã˧˥～仄 p'iã˧˥～本（赢回本钱）

从音节结构看，文白对应主要有两种类型：

韵母、声调相同，声母不同。例如：守 siu˥ 遵～ /tsiu˥～寡

声母、声调相同，韵母不同。例如：破 p'ɔ˥˩～坏 /p'ua˥˧～碗

声调相同，声母、韵母不同。例如：寒 han˧˥～冷 kuã˧˥ ～天

声母相同，韵母、声调不同。例如：两 liɔŋ˧˥～性 /iŋ˦～斤

声母、韵母相同，声调不同。例如：五 gɔ˥～香 /gɔ˦～角

声母、韵母、声调都不同。例如：雨 u˥ 暴～ /hɔ˦ 落～（下雨）

第五节　音节表

洛江方言音节一览表

表 30-1-3

声母 \ 韵调	a/aʔ	ɔ/ɔʔ	o/oʔ	ə/əʔ
	阴阳阴阳去阴阳 平平上上声入入	阴阳阴阳去阴阳 平平上上声入入	阴阳阴阳去阴阳 平平上上声入入	阴阳阴阳去阴阳 平平上上声入入
p	疤爸把罢霸百	菠捕补部布	玻婆保　报博薄	飞赔□倍背
p'	泡爬　　帕拍	铺菩普簿破	坡　　抱泡粕	坏皮　被配　垡
b	麻　　码脉觅	摸模亩　墓	无　　帽卜膜	微糜尾　妹卜袜
t	凋茶　奈搭踏	都图岛肚度	刀逃祷道倒桌着	馅　短　袋啄夺
t'	咤塔沓	滔涂土　吐	叨桃讨　妥　踱	推　　退　撂
l	拉捞□扰奈熘猎	奴橹卤路	啰罗脑　闩　落	螺僵
ts	查　早　炸扎闸	租曹左皂助	邹槽枣造奏作咋	灾　　坐晬蜇绝
ts'	差柴吵　　钞插	粗　楚　醋	臊　草　错□	炊箠髓　脆啜
s	沙傻洒　嗄　煤	苏所　诉	唆趖锁　燥索镯	垂　　税雪踅
k	佳枷假跤教甲揭	姑糊鼓　顾	糕殺稿□告阁	果　过郭
k'	骹骑巧倚较卡屐	呼糊哭　靠	栲□洘　课	科瘸□　缺□
g	牙　讶	吴伍五误	遨　　饿	□　　月
h	呵霞哈下厦哈合	乎狐虎雨护	呵何好　贺□鹤	灰回火　货豁
ø	鸦　仔也亚鸭盒	乌胡捣　　芋呕呕	欧蚝袄　澳恶学	锅　祸秽□呃

声母 \ 韵调	e/eʔ	ɯ/ɯʔ	i/iʔ	u/uʔ
	阴阳阴阳去阴阳 平平上上声入入	阴阳阴阳去阴阳 平平上上声入入	阴阳阴阳去阴阳 平平上上声入入	阴阳阴阳去阴阳 平平上上声入入
p	爬把爸耙柏白		啡脾比　避鳖	匏　妇富发哱
p'	帕		披皮鄙被鼻劈	浮殕呼　　扑浡
b	迷马　　麦		咪微米　味觇　篾	诬武　沅 雾□物
t	低茶底弟帝哲哲	猪除贮著箸	知迟抵治致滴碟	蛛厨拄　注乱揬
t'	梯提体　蛀彻宅	锄储	黐啼耻　涕铁	蹰　　托揬
l	璃礼□丽□裂	茹女吕虑	哩厘里　二戾裂	推瑜愈腴喻踱

续表 30-1-3

声母 ＼ 韵调	e/eʔ	ɯ/ɯʔ	i/iʔ	u/uʔ
	阴阳阴阳去阴阳 平平上上声入入	阴阳阴阳去阴阳 平平上上声入入	阴阳阴阳去阴阳 平平上上声入入	阴阳阴阳去阴阳 平平上上声入入
ts	渣齐济剂债仄	书磁煮　自渍	之芥止舐志接折	朱咮主聚驻跓
ts’	叉　扯尺切册鑔	蛆□鼠　处踋	嗤持齿市刺切蠘	趋雏取　趣触
s	纱垂洗　世屑	思徐史仕四	诗时死是四薛蚀	需殊署竖树嗍
k	加枷假下架隔桀	居渠举拒锯	基奇纪伎记　□	拘瞿久舅句　□
k’	溪　启下契客桀	去	欺枇齿柿气缺□	区跔　臼　跔泪
g	牙　　艺	鱼语齬御	宜拟　义	娱　　寓
h	瘕虾　下夏	虚鱼许	希　喜耳戏嬉	肤符府父负□
ø	兮哑解下　秽	于余与　预	依移椅　意　□	迂于宇有污煦

声母 ＼ 韵调	e/eʔ	ɯ/ɯʔ	i/iʔ	u/uʔ
	阴阳阴阳去阴阳 平平上上声入入	阴阳阴阳去阴阳 平平上上声入入	阴阳阴阳去阴阳 平平上上声入入	阴阳阴阳去阴阳 平平上上声入入
p	排摆　拜	包庖饱鲍豹暴爮	壁	镖　表
p’	否　派	抛袍跑抱泡炮	僻癖	飘瓢剖　票
b	屄埋寐　睐	茅卯　貌		谋母　庙
t	呆台滓怠代	兜投斗　豆罩沓	爹　嗲　　摘籴	兜投斗赵钓擢着
t’	胎治呔待太	偷头敨　透	拆	挑头　　粜
l	来　里利	楼佬老漏落落	惹尔　迹掠	瞜楼搂　尿瞭略
ts	栽财宰在再	糟巢走找灶	遮　者　蔗雀食	招　少　照借石
ts’	猜裁采　菜	抄嘈草　臭菩漕	车斜扯　　赤斜	猖　愁　笑尺席
s	狮　屎　赛	梢　　　扫	赊邪写社射削石	烧小　邵惜勺
k	该　解　介	交猴狗厚教窖毂	陭寄　屐	勾桥枸　构脚
k’	开　楷　概	敲　□　哭　洎	隙	□　扣揭
g	崖　　碍		鹅　　额	蛲偶藕饶　谑
h	奚颏海亥害	器侯吼后效	靴　　瓦　_额	靴侯否后侯歇箬
ø	哀　矮　爱	欧喉拗后沤拗	埃爷野也夜益页	腰摇舀　鹞溢药

声母 ＼ 韵调	iu/iuʔ	ua/uaʔ	ue/ueʔ	ui/uiʔ
	阴阳阴阳去阴阳 平平上上声入入	阴阳阴阳去阴阳 平平上上声入入	阴阳阴阳去阴阳 平平上上声入入	阴阳阴阳去阴阳 平平上上声入入
p	彪　　　　䫲滮	簸拨跋	杯陪　倍辈八拔	肥　　沸
p’	滮	破泼跋	批　顊　配	屁呸
b	缪　谬	磨　　抹沫	□　买鲙卖	微　靡
t	丢绸肘宙住搐	汰　舵大掇	题底苎地	追捶　　队
t’	抽　丑	拖　豸汰屉	箟　体　替贴揲	推锤腿　锐　□
l	溜硫柳　馏溜	惹赖捋辣	犁詈銶锐哷笠	镭雷蕊　类
ts	州　酒　就朔瞅	抓蛇纸　誓拙鬈	齐　罪最节截	锥摧水　醉
ts’	秋愁手　树触	蔡掣啐	初摧　栖切	崔箠璀　翠
s	收仇首受秀　口囚	沙　徙唰世煞	衰　洗　　帅揳	虽随水　穗
k	鸠求九舅救搁趜	歌荷寡　卦割	瓜睽改　绘夹狭	规逵鬼脆贵刮
k’	丘虬摸枭　□	夸　可　□阔	溪　　　契瞎狭	亏葵轨　气
g	牛扭	华我　外	倪　外夹挟	危　魏刮
h	休裘朽　嗅　□	花华　哗化喝伐	花徊恨蟹会旻	非盔匪　费血
ø	优由友　右	蛙何倚　倚　_活	挨鞋矮解卫　划	威围委　位挖划

续表 30–1–3

声母 \ 韵调	iao/iaoʔ	uai	m/mʔ	am/ap
	阴阳阴阳去阴阳 平平上上声入入	阴阳阴阳去阴阳 平平上上声入入	阴阳阴阳去阴阳 平平上上声入入	阴阳阴阳去阴阳 平平上上声入入
p	标 表鳔			
p'	飘嫖 漂			
b	苗秒 妙			
t	刁条 赵吊			耽谈胆谈氮答踏
t'	挑鲦窕柱跳			贪痰忐 探塌
l	辽了缭料□			褴南览 滥塌纳
ts	昭礁爪 照	□ 踱		针岑斩站蘸汁十
ts'	超瞧钞 俏悄嚼			参蚕惨 忏插
s	消韶小 少	摔 _率		杉 糁 □飒□
k	骄侨缴□叫搅	乖 拐拐怪		甘含感 监鸽洽
k'	跷 巧 窍□	□ 快		堪嵌砍喊勘恰磕
g	尧 挢 挠			岩
h	侥娆晓 娎	怀 坏	□默	蚶函喊颔撼龕合
ø	妖遥夭 要	歪 踒	梅姆 呣 呒	庵涵饮颔暗压盒

声母 \ 韵调	əm	im/ipʔ	iam/iap	an/at
	阴阳阴阳去阴阳 平平上上声入入	阴阳阴阳去阴阳 平平上上声入入	阴阳阴阳去阴阳 平平上上声入入	阴阳阴阳去阴阳 平平上上声入入
p				班瓶板 办八别
p'				攀 盼
b				蛮挽 晚 密
t		沉 朕鸩	砧沉点 店辄蝶	丹亭等 蛋怛达
t'		琛 揕	添恬忝 掭帖叠	瘫 袒 叹踢
l		啉琳凛 任□立	拈粘染 念聂粒	跲兰亻自 卵难叻力
ts	箴 怎	斟虫寻 婶 浸执集	尖潜 渐占接捷	曾残盏 赞札实
ts'	参	侵岑寝 沁辑	签橙 僭妾	餐塍铲 灿察贼
s	森	心寻沈甚渗湿习	挦蝉陕 渗涩涉	删 产 散刹
k		金 锦妗禁给及	兼咸减 剑劫	奸□简 干葛
k'		襟琴 吸及	谦缄歉朴欠怯	刊 侃 看渴
g		吟锦 岌	严俨 验夹业	颜眼 雁
h	欣	熊 □翕	莶嫌险 喊 胁	番韩罕限汉辖乏
ø		音淫饮 荫揖	阉盐掩 艳挹叶	安恒安 按扼遏

声母 \ 韵调	in/itʔ	un/utʔ	ian/iatʔ	uan/uatʔ
	阴阳阴阳去阴阳 平平上上声入入	阴阳阴阳去阴阳 平平上上声入入	阴阳阴阳去阴阳 平平上上声入入	阴阳阴阳去阴阳 平平上上声入入
p	宾贫凛 鬓必弼	分□盆 本笨粪不佛	边便贬辨便鳖别	搬 拌半拨拔
p'	乒蹁品 牝匹	潘盆叁 喷 □	偏蹁篇 骗撇□	潘盘 伴叛泼
b	民敏 面 蜜	文吻 闷勿物	棉免 面 灭	瞒满 抹末
t	津尘挺 镇得直	蹲唇盾钝顿咄突	颠填典 电哲秩	端传短断锻缀夺
t'	□腾 腾佚	吞尘蠢 填黜秃	天 展 撤	湍团 篆脱
l	奶任恁 认 日	伸轮忍 论黜律	嫣然脸 练 列	恋暖 乱劣
ts	真秦诊尽进质疾	尊船准扌夋 俊卒术	煎前剪践贱浙捷	专泉赚撰钻拙绝
ts'	亲 秤七	春存蠢倖寸出	迁延铲 茜切	川攒喘 窜撮
s	新神锌 信失实	孙巡笋 顺恤述	仙涎鲜僐膳设舌	宣旋选 算说蜇

续表 30-1-3

声母 \ 韵调	in/itʔ	un/utʔ	ian/iatʔ	uan/uatʔ
	阴阳阴阳去阴阳 平平上上声入入	阴阳阴阳去阴阳 平平上上声入入	阴阳阴阳去阴阳 平平上上声入入	阴阳阴阳去阴阳 平平上上声入入
k	仐 谨 组	斤群滚近棍骨滑	坚乾茧肱建吉杰	观权管 倦决
k'	轻 肯 乞㯫	昆勤捆 困屈□	牵虔遣 健揭桀	宽环款 劝缺□
g	凝	银阮 迄	言研 □啮孽	元阮 愿 月
h	眩 迄瀸	芬魂粉混奋忽核	掀弦显苋现血穴	翻还返犯焕法罚
ø	因寅引 印一	温匀稳缓运熨聿	胭缘演 宴阅曳	冤员远缓怨挖越

声母 \ 韵调	ŋ/ŋʔ	aŋ/ak	ɔŋ/ɔk	iŋ
	阴阳阴阳去阴阳 平平上上声入入	阴阳阴阳去阴阳 平平上上声入入	阴阳阴阳去阴阳 平平上上声入入	阴阳阴阳去阴阳 平平上上声入入
p	枫朋本 饭 嘭	帮房绑蚌放北缚	帮旁榜磅谤驳爆	冰平秉 并
p'	烹膨 嘭 搒	蜂篷纺 缝覆曝	乓蓬捧 碰扑噗	评 聘
b	毛门晚 问物物	濛忙蠓网梦罢目	摸蒙莽 妄沐木	萌猛 命
t	当堂等丈顿 □	东铜董重冻豰毒	东同党动档督毒	工延顶 定
t'	汤糖 杖烫 团	通虫桶 痛挏读	通 统□痛托读	汀婷艇 听
l	□郎软卵钻	砻脓拢笼弄落六	啷廊朗拢浪漉乐	玲冷垄另
ts	增全掌吮赠 旋	棕从总□粽则贼	宗藏总 壮作族	征情整静政
ts'	仓床敓 窜呛蹭	葱 偬 纵测凿	聪床 创龊戳	称 请 冲
s	甥床损 算□呛	松□搃 送索	丧庸爽 宋束□	升成省惠胜
k	光 管 钢 □	江 港 降觉□	攻狂广诓贡国洎	弓穷景 敬
k'	糠 肯 劝 □	空 孔 控壳	空穷孔□抗酷涸	卿琼顷□庆
g		岳	昂 赣 鳄	□凝 硬
h	荒园 远哼	烘降哄项港□学	丰皇仿奉凤福伏	兴形 杏行
ø	秧黄影 昏 嗯	翁红 翁沃	汪王往 旺屋	鹰荣永 用

声母 \ 韵调	iaŋ/iak	iɔŋ/iɔk	uaŋ	ã/ãʔ	ɔ̃/ɔ̃ʔ
	阴阳阴阳去阴阳 平平上上声入入	阴阳阴阳去阴阳 平平上上声入入	阴 平	阴阳阴阳去阴阳 平平上上声入入	阴阳阴阳去阴阳 平平上上声入入
p	砰 庞迸逼白				
p'	苹□ 迸碧擗			□ 怕	
b	默			哞妈马嘛骂	摸摹 冒瘼膜
t	竹敌	忠肠长仗仲筑逐		担重胆淡担	
t'	惕	衷虫宠丈畅蓄		他 坦	
l	凉 亮勒力	绒壤 谅 弱		娜篮榄乃那□	挪老懦
ts	烛瘠	终从种 将足嚼		斩□蘸	
ts'	抢肠跄 唱策□	冲蔷厂 纵鹊跃		□	
s	□ □色熟	商常赏像诵淑俗		三□ □	□
k	激极	恭强拱 共菊剧		柑含敢 酵	
k'	□ □刻咯	姜 巩 曲		坩衔	考
g	铔 鬏 逆	仰 □玉		岩雅	娥我 傲
h	响 黑或	凶雄享 向旭	风	焓 撖 喝含	乎 火嗬好
ø	益译	佣容勇 用约育	□	□涵罯 馅 □	捂□ 恶

续表 30-1-3

声母 \ 韵调	ẽ/ẽʔ	ĩ/ĩʔ	ãi/ãiʔ	iã/iãʔ	uã
	阴阳阴阳去阴阳 平平上上声入入	阴阳阴阳去阴阳 平平上上声入入	阴阳阴阳去阴阳 平平上上声入入	阴阳阴阳去阴阳 平平上上声入入	阴阳阴阳去阴阳 平平上上声入入
p		边平扁辫病		抨平丙　拼	搬盘坂拌半
p’		篇彭　片		髆 坪丙	潘盘　伴判
b	妹　　咩	搑 棉　面物	□　买　迈	名　　命	幔瞒满
t		珍缠　滇郑	哈　　　□	庭鼎锭定	单弹僤　弹段
t’		天　　组		听程　疼	摊　刣　　碳
l	奶	奶尼尔　辇镊捏	乃　耐	娘领　　慑	拦摊澜烂
ts		晶钱井静箭	怎	正成□　正	煎泉盏溅贱
ts’		星□醒　搢	□	清成且　倩	□□癣串□
s		生盐　姓闪		声城甚　圣	山　散　线
k		庚舷梗　见		京行　件镜	干寒赶□汗
k’		坑钳		轻　　庆	宽　款　看
g		硬		迎	
h	吟　　　□□	砚	哼　　　嗐	兄燃显　艾福	欢鼾罕　岸
ø	□	婴圆　院嘤	唉　　　□	缨营影扬映羸羸	鞍　碗旱换

声母 \ 韵调	iu/iũʔ	ãuʔ	ũi/ũiʔ	iau/iauʔ	uai/uaiʔ
	阴阳阴阳去阴阳 平平上上声入入	阴阳阴阳去阴阳 平平上上声入入	阴阳阴阳去阴阳 平平上上声入入	阴阳阴阳去阴阳 平平上上声入入	阴阳阴阳去阴阳 平平上上声入入
p		老	浙		
p’		口	佩		
b	谬		煤每　昧蜢蟆		
t	张场长丈涨		填店		
t’			□　体		
l	妞梁两　让	□	莲撚　　荔	猫　　鸟	
ts	浆裳蒋上酱		前指		
ts’	枪墙抢象唱		千蚕筅		
s	箱常赏想相	□□	先		□
k	姜强　强		间悬拣　县		
k’	腔　　□		□　快		
g		□□	龙研	蛲　　　　蛲	
h	乡　响　向　□	□	横　苋横	蛲	□
ø	鸯羊养　样	□	闲倚	猫	弯　　　搒

说明：

1. 本字表以韵母为序。为节省篇幅，依照传统习惯，收录喉塞音韵尾 [-ʔ] 的入声韵和相应的阴声韵排列在一起，收唇、舌塞音韵尾 [-p] [-t] [-k] 的入声韵则与相应的收 [-m] [-n] [-ŋ] 的鼻音韵排列在一起。顺序如下：

a–aʔ	ɔ–ɔɔʔ	o–oʔ	ə–əʔ
e–eʔ	ɯ–ɯɯʔ	i–iʔ	u–uʔ
ai	au–auʔ	ia–iaʔ	io–ioʔ
iu–iuʔ	ua–uaʔ	ue–ueʔ	ui–uiʔ
iua–iuaʔ	uai		
m–mʔ	am–ap	əəm	im–ip

iam–iap	an–at	in–it	un–ut
ian–iat	uan–uat	ŋiau–iauŋʔ	a–ak
ɔ–ɔk	iŋ	iaŋ–iak	iɔŋ–iɔk
uaŋ			
ã–ãʔ	ɔ̃–ɔ̃ʔ	ẽ–ẽʔ	ĩ–ĩʔ
ãĩ–ãĩʔ	ĩã–ĩãʔ	ũã	ĩũ–ĩũʔ
ãũʔ	ũĩ–ũĩʔ	ĩãũ–ĩãũʔ	ũãĩ–ũãĩʔ

2. 字下加“=”者为文读，加“-”者为白读（包括部分俗读），□表示有音无字。

第二章 词 汇

第一节 词汇特点

一、词源

从词源看，洛江方言和普通话一样，都是源于古代汉语，它的基本词汇有许多是和普通话相同的，只是语音上的差异，如“山”“水”“地”“笑”“骂”等。有些古汉语词在普通话里已经不用，而在洛江方言的口语中还保留着。例如：

糜［bə˨˦］：粥。《礼·问丧》：“故邻里为之糜粥，以饮食之。”

囥［k'ŋ˥˧］：藏。《集韵》去声宕韵口浪切：“囥，藏也。”

赢［ĩa˨˦］：背负。《荀子·议兵》：“赢三日之粮，日中而趋百里。”

肥［pui˨˦］：肥胖。《世说新语·言语》：“庚公造周伯仁，伯仁曰：‘君何所欣说而忽肥？’庚曰：‘君复何所忧惨而忽瘦？’”

过［kə˥˧］：量词，次。干宝《搜神记》卷20：“龟中流，左顾者数过。”郦道元《水经注》卷34：“今尝往返十许过，正可再见远峰耳。”

伊［i˧］：他。《世说新语·品藻》：“勿学汝兄，汝兄自不如伊。”

著［tɯ˧］：在。陶潜《搜神后记》：“乃挂着屋檐前，汗汁稍出，蛇渐焦小。”

众生［tsiŋ˧sĩ˧］：畜生。《水浒传》30回：“常言道：‘众生好度人难度。’原来你这厮外貌相人，倒有这等贼心贼肝！”

同门［taŋ˨˦bŋ˨˦］：连襟。《尔雅·释亲》：“两婿相谓为亚。”郭璞注：“今江东人呼同门为僚婿。”

眠床［bin˨˦ts'ŋ˨˦］：床。《杀狗记》八：“眠床没有两脚，席子只剩麻筋。”

洛江区海外归侨带回一些外来双词。其中包括印尼语、英语、加禄语、尼泊尔语等。例如：

源于印尼一马来语的有：镭［lui˧］（铜板，钱。<duit）、斟［lui˧］（吻。<cium）、雪文［sap˥bun˨˦］（肥皂。<sabun）、洞葛［tɔŋ˥˧kat˥］（西式拐杖。<tongket）等。

源于英语的有：禀［piŋ˥］（动词：别。<pin）、速［sak˥］（推。<shove）、懊赛［au˥sai˧］（坏，糟。<outside）、拾八仔［sip˨˦pat˥la˥］（扳手。<spanner）等。

源于菲律宾他加禄语的有：帕索［p'e˥˧so˧］（钱。>peso）、甘仔得［kam˧a˥tit˥］（西红柿。>kamati）等。

源于尼泊尔语的有：菠伦［pɔ˧lun˨˦］（菠菜。>palinga）

附：方言特有词

月娘［gəʔ˨˦liũ˨˦］（月亮）、电火［tian˥˧hə˥］（电灯）、番油［huan˧iu˨˦］（煤油）、歪哥罗槽［uai˧ko˧lo˨˦

tso⊿]（歪歪扭扭）等。

一小部分有音无字、语源不明的常用口语词。例如：[bãi˧]（稀饭）、[bəʔ˥]（要、俗写作“卜”）、[m↘]（不，俗写作“毋”）、[kã↘]（什么，为什么，干什么）等。

第二节 分类词表

一、天文地理

天顶 tĩ˧tiŋ˥ 天空
日头 lit⊿ t'au⊿ 太阳
月娘 gəʔ⊿ liũ⊿ 月亮
雾露 bu↘ lɔ↘ 雾
雷公 lui⊿kɔŋ˧
西北雨 sai˧pak˥hɔ˧ 雷阵雨
霜风 sŋ˧huaŋ˧ 寒风
好天 ho˥t'ĩ˧ 晴天
歹天 p'ai˥t'ĩ˧ 天气不好
南风 lam⊿huaŋ˧ 暖和
秋清 ts'iu˧ts'in↘ 凉快
苦旱 k'ɔ˥uã˧ 干旱
涂脚 t'ɔ⊿k'a˧ 地面，地上
街路 kue˧lɔ↘ 街道
沙母 sua˧bu˥ 粗沙
水窟 tsui˥k'ut˥ 水坑
古井 kɔ˥tsĩ 水井
大水 tua↘tsui˥ 洪水
草埔 ts'au˥pɔ˧ 草地

二、时间方位

旧年 ku↘lĩ⊿ 去年
新年 sin˧lĩ⊿ 明年
前年 tsun⊿ lĩ⊿˫ 前年
逊前年 sun↘ tsun⊿ lĩ˫ 大前年
昨日 tsa˧lit⊿ 昨天
tsoʔ⊿ lit⊿˫ 前天
逊昨日 sun↘tsoʔ⊿lit⊿˫ 大前天
今仔日 kin˧a˥lit⊿ 今天
名仔日 bin⊿a˥lit⊿ 明天
落后日 loʔ⊿au˧˫ lit⊿
早起 tsa˥k'i˥ 早上，上午
日昼 lit⊿tau↘ 中午
下晡 e˧pɔ˧ 下午
暗暝 am↘bĩ⊿ 夜晚
所在 sɔ˥tsai˧ 地方
顶头 tiŋ˥t'au⊿ 上面
下底 e˧tue˥ 下面
头前 t'au⊿tsũi⊿ 前面
边头 pĩ˧t'au⊿˫ 旁边
角头 kak˥t'au 角落
落尾 lɔ↘ bə˥ 后面，后来

三、指代数量

家己 kai↘ ki↘ 自己
安尔生 an˧lĩ˧sĩ˧ 这样
安咧 an˥le˥ 这样
甚乜 siam˥bĩʔ˥ 什么
某乜 bɔ˥bĩʔ˥ 某某
哪落 to˥loʔ⊿ 哪儿
障仔 tsiũ↘a˥ 怎样，怎么
种牙 tsiɔŋ˥ge⊿ 这种
响牙 hiɔŋ˥ge⊿ 那种
逐牙 tak⊿ge⊿ 每个；大家
一字久 tsit⊿li↘ku˥ 五分钟
两奇鞋 lŋ˧k'a˧ue⊿ 两只鞋
三丛树 sã˧tsaŋ⊿ts'iu↘ 三棵树
四块碗 si↘tə↘ũa˥ 四只碗
五蕊花 gɔ˧lui˥hue˧ 五朵花
六岫蜂 lak⊿siu↘p'aŋ˧ 六窝蜂
七箍银 ts'it˥k'ɔ˧gun⊿ 七块钱
八占钱 pueʔ˥tsiam˧tsĩ⊿ 八分钱
九卷册 kau˥kŋ˥ts'eʔ˥ 九本书
十把车 tsap⊿pe˥tsia˧ 十辆车
十所过 tsap⊿sɔ˥kə↘ 十来回
百外款 paʔ˥gua k'uan˥ 一百多样

规万牙 kui˧ts'ũi˧ge˨˦ 上千个
成万领 tsiã˨˦ban˨˩liã 上万件
三万出斤 sã˧ban˨˩ts'ut˥kun˧ 三万斤出头
两百空五 lŋ˧paʔ˥k'ɔŋ˨˩gɔ˧ 二百零五
十头八逝 tsap˨˦t'au˨˦pueʔ˥tsua˨˩ 十来趟
拢总 lɔŋ˥tsɔŋ˥ 全部
淡薄 tam˨˩ ˧poʔ˨˦ 些许
加减 ke˧kiam˥ 或多或少

四、动物植物

牛㹁 gu˨˦kaŋ˥ 公牛
猫娘 liãu˧liũ˨˦ 母猫
猫公 liãu˧kɔŋ˧ 雄猫
鸭卵 aʔ˥lŋ˧ 鸭蛋
老鹗 la˧hioʔ˨˦ 老鹰
日婆 lit˨˦po˨˦ 蝙蝠
火萤 hə˥liã˨˦ 萤火虫
猴蚓 kau˨˦un˥ 蚯蚓
胡蝇 hɔ˨˦sin˨˦ 苍蝇
虱母 sat˥bu˥ 虱子
木虱 bak˨˦sat 臭虫
蛇蚤 ka˧tsau˥ 跳蚤
草蜢 ts'au˥bũiʔ˥ 蚱蜢
草蜢公 ts'au˥bũiʔ˥kɔŋ˧ 蝗虫
尾蝶 bə˥liaʔ˨˦ 蝴蝶
水鸡 sui˥kue˧ 青蛙
恶鱼 oʔ˥hɯ˨˦ 带鱼
涂虱 t'ɔ˨˦sat˥ 鲇鱼
河溜 hɔ˨˦liu˧ 泥鳅
秫米 tsut˨˦bi˥ 糯米
红菜 aŋ˨˦ts'ai˨˩ 茄子
冬瓜 taŋ˧kue˧ 南瓜
大瓜 tua˨˩kue˧ 冬瓜
刺瓜 ts'i˨˩kue˧ 黄瓜
暑瓜 ts'ɯ˥kue˧ 丝瓜
菜头 ts'ai˨˩t'au 白萝卜
豆生 tau˨˩sĩ˧ 豆芽菜
弓蕉 k'iŋ˧tsio˧ 香蕉
篮仔佛 la˨˦a˥put˨˦ 番石榴
桑材树 sŋ˧tsai˨˦ts'iu˨˩ 桑树

五、房屋器具

厝宅 ts'u˨˩ t'e˨˦ 住宅
洋楼 iũ˨˦lau˨˦ 楼房
后尾 au˧bə˥ 后院
灶脚 tsau˨˩k'a˧ 厨房
洗身间 sue˥sin˧kũi˧ 浴室
深井 ts'im˧tsĩ 天井
屎礐 sai˥hak˨˦ 厕所
门扇 bŋ˨˦sĩ˨˩ 门板
眠床 bin˨˦ts'ŋ˨˦ 床
椅条 i˥liau˨˦ 板凳
椅头 i˥t'au˨˦ 方凳
枕头囊 tsim˥t'au˨˦lɔŋ˨˦ 枕套
篾席 biʔ˨˦ts'ioʔ˨˦ 凉席
面桶 bin˨˩t'aŋ˥ 粪桶
铰剪 ka˧tsian 剪刀
印仔 in˨˩a˥ 图章
电涂 tian˨˩t'ɔ˨˦ 干电池
物件 bŋʔ˨˦kiã˧ 东西
茶瓶 te˨˦kɔ˥ 茶壶
茶瓯 te˨˦au˧ 茶盅
电罐 tian˨˩kuan˨˩ 热水瓶
贴铫 t'iʔ˥tio˨˩ 小铁锅子
煎匙 tsian˧si˨˦ 锅铲
桌布巾 toʔ˥pɔ˨˩kun˧ 抹布
火箸 hə˥ts'ə˨˦ 拨火棍
坩仔 k'ã˧a˥ 沙锅
矸仔 kan˧a˥ 瓶子

六、人体部位

头壳 t'au˨˦k'ak 脑袋
头毛 t'au˨˦bŋ˨˦ 头发
目眉 bak˨˦bai˨˦ 眉毛
目睭 bak˨˦tsiu˧ 眼睛
鼻腔 p'i˨˩k'aŋ˧ 鼻孔
鼻鞍 p'i˨˩ua˧ 鼻梁
耳腔 p'i˨˩k'aŋ˧ 耳朵
下斗 hi˧k'an˧ 下巴
嘴齿 e˧tau˥ 牙齿
喉门管 au˨˦bŋ˨˦kŋ˥ 喉管

身躯 sin˧kuã˧t'au˨˦ 身体
心肝头 sim˧kuã˧t'au˨˦ 心口
腹肚 pak˥tsai˨˦ 肚脐
巴脊 pa˧tsiaʔ 脊椎
肩头 kuĩ˧t'au˨˦ 肩膀
手骨 ts'iu˥kut˥ 胳膊
正手 tsiã˨˩ts'iu˥ 右手
倒手 to˨˩ts'iu˥ 左手
掌头仔 tsŋ˥t'au˨˦a˥ 手指头
掌甲 tsŋ˥kaʔ˥ 指甲
拳头母 kun˨˦t'au˨˦bu 拳头
部头母 pɔ˧t'au˨˦bu 大拇指
指指 ki˥tsuĩ˥ 食指
佬仔指 lau˥a˥tsuĩ˥ 无名指
尾指仔 bə˥tsuĩ˥a˥ 小指
脚盘 k'a˧puã˨˦ 脚背
脚骨 k'a˧kut˥ 下肢
脚液 k'a˧sioʔ˨˦ 脚汗
尻川 k'a˧ts'ŋ˧ 屁股

七、人品称谓

乾埔 ta˧pɔ˧ 男，男人
查某 tsa˧bɔ˥ 女子
诸娘 tsɯ˧liũ˨˦ 女人
刀仔 to˧a˥ 儿子
查某仔 tsa˧bɔ˥a˥ 女儿
老岁仔 lau˧hə˨˩a˨˦ 老年人
少年家 siau˨˩lian˨˦ke˧ 小伙子
先生 sian˧sĩ˧ 医生，老师
先生娘 sian˧sĩ˧liũ˨˦ 师母
头家 t'au˨˦ke˧ 老板
乞食 k'it˥tsiaʔ˨˦ 乞丐
厝边 ts'u˨˩pĩ˧ 邻居
阿公 a˥kɔŋ˧ 祖父
阿妈 a˥bã˥ 祖母
老爸 lau˧pe˧ 父亲
老母 lau˧bu˥ 母亲
阿爸 a˧pa˨˩ 爸爸
阿母 a˧bu˥ 妈妈
阿伯 a˥peʔ˥ 伯父
阿叔 a˥tsiak˥ 叔父
阿姆 a˥m˥ 伯母
阿婶 a˥tsim˥ 叔母
乾官 ta˧kuã˧ 公公
乾家 ta˧ke˧ 婆婆
新妇 sin˧pu˧ 媳妇
囝婿 kã˥sai˨˩ 女婿
外家公 gua˨˩ke˧kɔŋ˧ 外祖父
外家妈 gua˨˩ke˧bã˧ 外祖母
阿舅 a˥ku˧ 舅父
阿妗 a˥kim˧ 舅母
囝儿 kã˥li˨˦ 儿女
阿兄 a˥hiã˧ 哥哥
阿姊 a˥tsi˥ 姐姐
小弟 sio˥ti˧ 弟弟
小妹 sio˥bə˨˩ 妹妹
隔腹兄弟 keʔ˥pak˥hiã˧ti˧ 堂兄弟
翁某 aŋ˧bɔ˥ 夫妻
亲情 ts'in˧tsiã˨˦ 亲戚
后头 au˧t'au˨˦ 娘家
大姑娘 tua˨˩liũ˨˦kɔ˧ 大姑子
姨仔 i˨˦a˥ 小姨子
舅仔 ku˧a˥ 小舅子
孙仔 sun˧a˥ 侄儿
契姊妹 k'ue˨˩tsi˥bə˨˩ 结拜姐妹
换帖 uã˨˩t'iap 结拜
亲家 ts'iŋ˧ke˧ 亲家公
亲姆 ts'ĩ˧m˥ 亲家母
阿奴 a˥lɔ˨˦ 对晚辈的爱称
狗仔 kau˥a˥ 对晚辈的爱称
阿婴 a˥ĩ˧ 对晚辈的爱称
人范 laŋ˨˦pan˨˦ 长相
缘投 ian˨˦tau˨˦ 标致
痃势 k'iap˥si˨˦ 丑陋
幼秀 iu˨˩siu˨˩ 秀气
粗粕 ts'ɔ˧p'oʔ˥ 粗壮

八、性质状态

清气 ts'iŋ˧k'i˨˩ 干净
畅桶 t'iɔŋ˨˩t'aŋ˥ 高兴，畅快
有剧 u˧kiɔk˨˦ 有趣
心适 sim˧siak˥ 有趣

悏使 k'iap˥sai˥ 吝啬
骨力 kut˥lat˩ 勤快
贫惰 pin˩tuã˧ 懒惰
懦夫 lɔ̃˧hu˧ 懒惰
斟酌 tsim˧tsiɔk˥ 小心，留神
细腻 sue˨li˨ 谨慎，小心
古意 kɔ˥li˨ 忠厚
超工 t'iau˧kaŋ˧ 故意，特地
风神 hɔŋ˧sin˩ 好出风头，神气
生份 sĩ˧huŋ˨ 陌生
熟事 siak˩sai˨ 熟悉
总无 tsɔŋ˥bo˩ 难道
普而略 p'ɔ˥li˩liɔk˩ 大致，差不多
小可 siɔ˥k'ua˥ 稍微
清采 ts'in˨ts'ai˥ 随便
拄好 tu˥ho˥ 正好

九、红白诸事

吵新人 ts'a˥sin˧laŋ˩ 闹洞房
带身 tua˨sin˧ 怀孕
病囝 pĩ˨kã 害喜
做月内 tsue˨gəʔ˩lai˧ 坐月子
请桌 ts'ĩa˥toʔ˥ 请客
世事 se˨sɯ˨ 礼俗
人事 lin˩sɯ˨ 求人做事所送之礼
过身 kə˨sin˧ 去世
做功德 tsue˨kɔŋ˧tiak˥ 做道场
金银钱 kim˧gun˩tsĩ˩ 冥仪
皇金 hɔŋ˩kim˧ 骸骨瓮
巡风水 sun˩hɔŋ˧sui˥ 扫墓
做忌 tsue˨ki˨ 忌日纪念
保庇 pɔ˥pi˨ 保佑
下愿 he˧guan˨ 许愿
灵圣 liŋ˩sĩa˨ （菩萨）灵
食菜 tsiaʔ˩ts'ai˨ 吃素
相命 siɔŋ˨bĩa˨ 相面
公妈 kɔŋ˧bã˥ 木主

十、饮食起居

早顿 tsa˥tŋ˨ 早饭
日昼顿 lit˩tau˨tŋ˨ 午饭
暗顿 am˨tŋ˨ 晚饭
饮糜 am˥bə˩ 稀饭
饮汤 am˥t'ŋ˧ 米汤
潘水 p'un˧tsui˥ 泔水
物配 bŋʔ˩p'ə˨ （下饭的）菜
草菜 ts'au˥ts'ai˨ 蔬菜
油炸鬼 iu˩tsaʔ˩kui˥ 油条
鸡卵糕 kue˧lŋ˧ko˧ 蛋糕
豆花 tau˨hue˧ 豆腐脑儿
冰条 piŋ˧tiau˩ 冰棒
豆油 tau˨iu˩ 酱油
食茶 tsiaʔ˩te˩ 喝茶
啉酒 lim˧tsiu˥ 喝酒
烧熏 sio˧hun˧ 抽烟
乌糖 ɔ˧t'ŋ˩ 红糖
糖霜 tŋ˩sŋ˧ 冰糖
味素粉 bi˨sɔ˨hun 味精
滚水 kun˥tsui˥ 开水
烧汤 sio˧t'ŋ˧ 热水
洗嘴 sue˥ts'ui˨ 刷牙
洗身 sue˥sin˧ 洗澡
剃头 t'iʔ˥t'au˩ 理发
衫连裙 sã˧liam˩kun˩ 连衣裙
外衫 gua˨sã˧ 外衣
纱仔衫 se˧a˥sã˧ 汗衫
羊毛裨 iũ˩bŋ˩kaʔ˥ 毛背心
睏衫 k'un˨sã˧ 睡衣
跑裤 p'au˥k'ɔ˨ 衬裤
棉裘 bĩ˩hiu˩ 棉袄
裤脚 k'ɔ˨k'a˧ 裤腿
裤头带 k'ɔ˨t'au˨ 腰带
手指 ts'iu˥tsi˥ 戒指
手圈 ts'iu˥k'uan˧ 手镯
手囊 ts'iu˥lɔŋ˩ 手套
手巾 ts'iu˥kun˧ 手帕
番巾 huan˧kun˧ 方形头巾
围身巾 ui˩sin˧kun˧ 围裙
嬴巾 ĩa˩kun˧ 背孩子用的布巾

十一、行为动作

乭头 tuʔ˥t'au˩˧ 点头
越头 uat˩˧t'au˩˧ 回头
应呃 in˥˩əʔ˩˧ 打嗝儿
学话 oʔ˩˧ue˥˩ 学舌
亵渎 siat˥tɔk˩˧ 讥讽，辱骂
纳凉 laʔ˩˧liaŋ˩˧ 讲风凉话
数念 siau˥˩liam˥˩ 想念
忆着 it˥tio˩˧˧ 顾念
知影 tsai˧iã˥ 知道
会晓 e˨hiau˥ 懂得
拍算 p'aʔ˥sŋ˥˩ 打算
按算 pi˥˩laŋ˥˩ 计划
变弄 pi˥˩laŋ˥˩ 摆弄；捉弄
创治 ts'ɔŋ˥˩ti˧ 捉弄；戏弄
相共 sa˧kaŋ˥˩ 帮助

十二、医疗卫生

破病 p'ua˥˩pĩ˥˩ 生病
呣好 m˥˩ho˥ 患病
激火 kiak˥hɔ̃˥ 上火
做痢 tsue˥˩li˥˩ 痢疾
漏屎 lau˥˩sai˥ 泄肚
闷虫 bun˥˩taŋ˩˧ 蛔虫
寒着 kuã˩˧tioʔ˩˧ 着凉
实鼻 tsat˩˧p'i˥˩ 鼻塞
流鼻 lau˩˧p'i˥˩ 流鼻涕
热着 luaʔ˩˧tioʔ˩˧˧ 中暑
拍阿呛 p'aʔ˥a˥ts'iũ˥˩ 打喷嚏
哑喉 e˥au˩˧ 嘶哑
粒仔 liap˩˧a˥ 疖子
含脓 kam˩˧laŋ˩˧ 化脓
生目针 sĩ˧bak˩˧tsam˧ 麦粒肿
臭头 ts'au˥˩t'au˩˧ 瘌痢头
狗癣 kau˥ts'uã˥ 体癣
香港脚 hiɔŋ˧kaŋ˥k'a˧ 一种脚癣
破相 p'ua˥˩siũ˥˩ 残废
漏吐症 lau˥˩tɔ˥˩tsiŋ˥˩ 霍乱
老鼠症 lɔ˥ts'ɯ˥tsiŋ˥˩ 鼠疫
冻指 taŋ˥˩tsi˥ 冻疮
听筒 t'iã˧taŋ˩˧ 听诊器
候脉 hau˥˩beʔ˩˧ 诊脉
试热 ts'i˥˩liat˩˧ 量体温
拍针 p'aʔ˥tsam˧ 打针
照光 tsio˥˩kŋ˧ 透视
药饼 ioʔ˩˧piã˥ 药片
吊膏 tiau˥˩ko˧ 一种祛除内伤、脓液的膏药
嗽水 sau˥˩tsui˥ 止咳药水

十三、文化娱乐

学堂 oʔ˩˧tŋ˩˧ 学校
幼稚园 iu˥˩ti˥˩hŋ˩˧ 幼儿园
放暇 paŋ˥˩he˧ 放学
读册 t'ak˩˧ts'e˥ 读书
铁笔 t'iʔ˥pit˥ 钢笔
乌牌 ɔ˧pai˩˧ 黑板
乌牌拭 ɔ˧pai˩˧ts'it˥ 黑板檫
落课 loʔ˩˧k'o˥˩ 下课
格尺 keʔ˥ts'ioʔ˥ 尺子
批纸 p'ue˧tsua˥ 信纸
批壳 p'ue˧k'ak˥ 信封
做艺 tsue˥˩gue˥˩ 消遣
跳索 t'iau˥˩soʔ˥ 跳绳
跳孔 t'iau˥˩k'aŋ˥ 一种儿童游戏
走掠 tsau˥liaʔ˩˧ 一种儿童游戏
揾呼鸡 ŋ̃˧k'ɔ˧kue˧ 捉迷藏
行棋 kiã˩˧ki˩˧ 下棋
搬戏 puã˧hi˥˩ 演戏
搬电影 puã˧tian˥˩iã 放映电影
弄龙 laŋ˥˩liŋ˩˧ 舞龙
刣狮 t'ai˩˧sai˧ 舞狮子

十四、工商农事

作木 tsoʔ˥bak˩˧ 做木匠活儿
作田 tsoʔ˥ts'an˩˧ 种田
作涂 tsoʔ˥t'ɔ˩˧ 干泥水活儿
拍铁 p'aʔ˥t'iʔ˥ 打铁
拍篾 p'aʔ˥biʔ˩˧ 编竹器
木师 bak˩˧sai˧ 木匠
机师 ki˧sɯ˧ 司机

拍石师 p'aʔ˥tsioʔsai˧ 师匠
头手师 t'au˩˧ts'iu˥sai˧ 大师傅
伙计 hə˥ki˩ 店员
贩仔 huan˩a˥ 小贩
讨趁 t'o˥t'an˩ 谋生
生理 sŋ˧li˥ 生意
趁钱 t'an˩tsĩ˩˧ 赚钱
蚀本 siʔ˩˧pŋ˥ 亏本
俗物 siɔk˩˧bŋ˩˧ 便宜货
挨磨 ue˧bo˩ 推磨
锲仔 kueʔ˥a˥ 镰刀
沃水 ak˥tsui˥ 烧水
讨海 t'o˥hai˥ 下海捕鱼

第三章 语 法

第一节 构词特点

一、多用单纯词

洛江方言多用单纯词表示普通话用合成词才能表示概念。例如：

方言	普通话
花	花儿
月	月儿
鸟	鸟儿
桌	桌儿
椅	椅儿
盘	盘子
计	计策
阔	宽阔
本	本钱
顾	照顾
畅	舒畅

二、内部屈折构词

通过改变语词的读音表示不同的意义。

（一）轻声

词语	重读及意义	轻读及意义
后日	au˧lit˩˧ 日后	au˧lit˧· 后天
落来	loʔ˩˧lai˩˧ 后来，接下来	loʔ˩˧lai˧· 下来

（二）增音

人称代词	单数、主格	复数、所有格
第一人称	我 gua˥	阮 gun˥
第二人称	汝 lɯ˥	恁 lin˧
第三人称	伊 i˧	𪜶 in˧

（三）换音

近指 ts- 远指 h-

即 ts（这） 迄 hit˥（那）

拙 ts（这么） 喝 huaʔ˥（那么）

种牙 tsiɔŋ˥ge˧˥（这种） 响牙 hiɔŋ˥ge˧˥（那种）

二、文白异读构词

利用词素相同，而文白读不同的方法构成新词。例如：

接接 tsiʔ˥tsiap˥（动词，迎接，接待）

石石 siaʔ˧˥tsioʔ˧˥（名词，一种质松的石头）

三、三音联合构词

由三个意义相近或相关的单音语素并列而成，一般有特定的含义，而并非各个语素意义的简单相加。例如：

被铺席 p'ə˧p'o˧ts'ioʔ˧˥（名词，行李铺盖）

差使教 ts'e˧sai˥kaʔ˥（动词，支使，使唤）

四、同素反序法构词

即词素相同而位置不同的一种构词方式。

方言	普通话
利便	便利
狗公	公狗
猪母	母猪
人客	客人
闹热	热闹
弃嫌	嫌弃
鸡母	母鸡

五、附加词缀构词

在语素的前后加上各种附加部分。

（一）前缀

阿 a˧：用于称谓、人名、排行或某些名词之前。如：阿母、阿兄、阿玉、阿三、阿奴等。

番 huan˧：表示从外国或外族传人。如：番油（煤油）、番姜（辣椒）、番巾（方行头巾）等。

（二）后缀

仔 a˥：名词的标志，有时带有小义或鄙视义。如：捋仔（梳子）、贩仔（小贩）、椅仔（小椅子）、番仔（洋人）等。

气 k'ui˨˩：形容词的标志。如：好气（境况好）、差气（差劲）、漏气（现丑）、外气（洋气、俊俏）、起气（起色、得意）、紧气（快速）、够气（足够）等。

仙 sian˧：贬称具有某种嗜好或特点的人。如：烧酒仙（酒鬼）、跋九仙（赌徒）、阿三仙（游手好闲之徒）、流鼻仙（常流鼻涕的小孩）、饭桶仙（笨蛋）等。

先 sian˧：称具有某种技能的人。如：拳头仙（拳师）、草药先（土医生）、讲古先（说书人）、风水先（阴阳先）等。

（三）中缀

通常加在两个语素中间，起强调作用。

仔 a˥：将仔就＝将就

不 put˥：姑不将＝姑将（只好）

六、重叠合成构词

通过语素的重叠来构成新词或产生新义。如：

头（首）→头头（开始，开头）

定（静止）→定定（纹丝不动；经常，总是）

第二节 词类特点

一、名词

洛江方言在计量、指定、逐指，洛江方言的名词所搭配量词往往和普通话不同。例如：

方言	**普通话**
一领被	一床被子
一尾鱼	一条鱼
一蕊花	一朵花
即领被	这床被子
即尾鱼	这条鱼
即蕊花	这朵花
一领一领兮被	一条条的被子
一尾一尾兮鱼	一条条的鱼
一塞一蕊兮花	一朵朵的花

洛江方言在表示“每一”时与普通话不同。前者是用“逐十名词”的组合方式表示，如“逐侬（每人）”“逐桌（每桌）”，而普通话则用“每（一）+名词”和重叠的方式表示，如“每人”“每家”，“每一人”“每一家”，“人人”“家家”。

二、动词

动词时态的表示与普通话不完全一样。例如：

方言	普通话
食咯	吃了
食了喽	吃了
洗了啦	洗了
捌当着	当过

捌去着	去过
捌食着	吃过

动词的重叠式及其所表示的语法意义与普通不尽相同。例如：

AA 式：

1. 汝想想咧则共我说（你好好地想一下才告诉我）。
2. 共侬赶赶出去（把人全都赶出去）。
3. 水漏漏落来（水不断地流下来）。

例 1 的“想想”有增强语气和强调的意味。例 2 的“赶赶”表示动作的对象是全范围的。例 3 的“漏漏”表示动作的对象是不断的。

AXA 式：

1. 即本册我看了看（这本书我常常看）。
2. 米粉我食也食（米粉我常常吃）。

这一重叠式嵌入了“了”[liau˥]、“也”[a˥] 表示动作的反复性。

三、形容词

单音形容词的重叠式，除“AA”式（如“红红”）外，还有“AAA”式，例如：

红红红

青青青

白白白

黄黄黄

“AA”式充当补语时（如“洗遘白白”）和“AAA”式一样，都表示对程度的强调，而后者所强调的程度要比前者更甚。

双音形容词的重叠式，除“AABB”式（如“清清楚楚”）外，还有“ABAB”式，例如：

清气清气（很干净）

老实老实（很老实）

哭气哭气（很费事）

无论是“AABB”式，还是“ABAB”式，都表示对程度的强调。

四、数量词

概数的表示法不同于普通话。例如：

方言	普通话
（1）十斤外重	十多斤（重）
（2）十斤几	十几斤（重）
（3）成十斤	将近十斤

例 (1)，表示概数用“外”，置于量词之后，而普通话表示概数用“多”，置于量词之前。例 (2)，表示概数与普通话一样，都用“几”，但前者置于量词之后，后者却置于量词之前。例 (3)，表示概数用“成”，而普通话表示概数用“将近”。称数法不同于普通话。例如：

方言	普通话
(1) 一百空五	一百零五
(2) 百一	一百一

角三　　　　　一毛三
斤一　　　　　一斤一

例 (1)，在整数与零数之间所用的连接词是“空”，而普通话是“零”。例 (2)，可省说整数“一”，而普通话则不行。

方言量词逐指义的表示不同于普通话。通常，方言是用“逐 + 量”组合和“数十量”的重叠式表示。例如：“逐个（每一个）”“逐张（每一张）”“一个一个”“一张一张”“一蔓一叟”。而普通话常用量词重叠式和“数 + 量”重叠式表示。例如：“个个”“张张”“条条”，“一个一个”“一张一张”“一条一条”。

五、代词

代词一般分为近指和远指，但在一定的语境中，远指可再分为较远指和更远指。近指是用“即”[tsit˥]表示，如“即位（这个位置）”。较远指是用“迄”[hit˥]表示，如“迄位（那个位置）”；更远指也是用“迄”[hit˥]表示，读重音，并辅以手势，如“迄 [hit˥] 位”。

六、副词

可以省略所修饰的谓语。例如；

问：汝恪挑工来一逃啊？（你还特意来一趟？）

答：我是顺路，呣是挑工啊。（我是顺道来的，不是特意来的）

修饰语“顺路”、“挑工”之后的谓语“来”被省略了。

有的可以单独回答问题。例如：

问：汝钱有够无？（你钱够吗）

答：拄好。（刚刚够）

问：汝捌读册吗？（你曾经读过书吗）

答：捌。（曾经读过）

副词“拄好”“捌”都单独回答问题。

七、助词

方言中较有特色的助词有如下几个：

得 [tit˥/lit˥]（用于词组末尾时读轻声）：1. 与“会”连用，以“会 + 动词 + 得”表示可能或可以。如：会食得（能吃）、会看得（可以看）。2. 动词或形容词 + 得 + 数量，表示可能或假设等。如：用得三日（可以用三天）、有得三张就够（只要有三张就足够）、各长得两寸就较好看（再长两寸就会比较好看。）

仔 [a˥]：1. 用于由形容词或动词充当的壮语之后，相当于普通话的结构助词“地”或时态助词“着”。如：慢慢仔食（慢慢地吃）、笑笑仔讲（笑着说）。2. 用于动词或形容词与补词之间，相当于普通话的结构助词“得”。如：走仔成紧（跑得很快）、薄仔亲像纸（薄得像纸一样）。3. 用于数量词组（数词通常为“一”或“两”）之后，表示数量少。如：一丝仔（一点点）、两牙仔（两三个，不多的几个）等。

嘿 [lə˨˩]：用于两个动词之间，表示前一个动作为后一个动作的方式，相当于普通话的时态助词“着”。如：“坐口累说（坐着说）、倒嘿看（躺着看）等”。

母 [bu˥/m˥]：用于形容词“大”之后，强调大的程度。如：大母声（声音很大）、大母汉（个子很高）。

第三节 语序特点

一、双宾语的位置

为突出物品，洛江方言可以把指物或人的远宾语提到动词前面，近宾语仍留在动词后面。例如：
册一本与伊。（给他一本书）
工人几个借我。（借我几个工人）

二、定语的位置

表示数量的定语可以后置。例如：
票一张与我。（给我一张票）
羊一只偌钱？（一只羊多少钱）
鸡一斤偌钱？（一斤鸡多少钱）
“一张”“一只”“一斤”分别置于中心同“票”“羊”“鸡”之后。这种用法，在疑问句中最常见。

三、状语的位置

状语有的可置于动词之后。例如：
汝走边。（你靠边走）
我走头前。（我前面走）
状语“边”“头前”置于动词“走”的后面。

四、补语的位置

补语有的可置于宾语之后。例如：
我拍伊无法。（我打不过他）
补语“无法”置于宾语“伊”的后面。

第四节 句子结构特点

一、能愿句

方言中“会”作为动词，表示理解、懂得、熟悉，通晓的意义（如“我会英文”）外，还可作为能愿动词，相当于普通话“能”的否定式“勿会”，即普通活的“不会”。能愿句的表示法与普通话不完全相同。例如：

	方言	普通话
(1)	我病好咯，会食糜咯。	我病好了，能吃饭了。
	骹肿咯，袂行路。	脚肿了，不能走路了
(2)	后日伊会来洛江袂？	后天他能不能来洛江？
	伊后日袂来。	他后天不能来。
(3)	伊一日会写三千字。	他一天能写三千字。

我一日𠶧写三千字。　　　　我一天不能写三千字。

从例中我们可以看到，方言用“会”“𠶧”表示的能愿句，普通话分别用“能”“不能”表示。

二、比较句

等比式比较句与普通话不同。它常常在形容词前面加“平平”二字作修饰语，相当于普通话的“一样”“同样”。例如：

我甲伊平平高。（我和他一样高）

迄两包糖平平重。（那两包糖一样重）

方言的差比式比较句有几种格式与普通话不同。例如：

方言	普通话
(1) 我比伊较肥。	我比他胖。
今仔比昨日较热。	今天比昨天热。
(2) 我大伊五岁。	我比他大五岁。

例 (1) 用“甲 + 比 + 乙 + 较 + 性状词”的格式表示差比式比较句，而普通话是用“甲十比十乙十性状词”表示，洛江方言多了一个“较”字，例 (2) 用“甲 + 性状词 + 乙”的格式表示差比式比较句，而普通话是用“甲 + 比 + 乙 + 性状词”的格式表示，二者除结构不同外，少一个“比”字。

三、被动句

被动句的表示法与普通话不完全相同。缺少相当于普通话“被”的专用介词，而是采用给类动词“与”[tɔ˧˩] 和既当动词又当介词的“乞”[k'it˥] 表示。例如：

伊昨日待山上与侬拍。（他昨天在山上被人打了）

伊兮册与侬偷去咯。（他的书被人偷走了）

伊乞狗咬一下。（他被狗咬了一下）

册乞雨沃着。（书被雨淋过）

四、处置句

洛江方言的处置句很有特色。首先，它缺少相当于普通话“把”字的专用介词，多用“将”字和“共”字。例如：

汝将册带来。（你把书拿来）

一些不同于普通话的表达形式，主要有下面几种：

1.“（主谓）+ 宾语 + 谓语”结构形式：

（汝）饮糜食口累则去。〔（你）把饭吃了才走〕

（汝）作业做完则睏。〔（你）把作业做完了才能睡〕

2. “宾语 + 共 + 代词 + 谓语”结构形式：

旧厝共伊拆拆束去。（把旧房子都拆掉）

迄碗鸡肉共伊食落去。（把那碗鸡肉吃下去）

3.“宾语 + 主语 + 共 + 代词 + 谓语”结构形式：

迄碗鸡肉我共伊食落去咯。（我把那碗鸡肉吃下去了）

迄本册我共伊烧束去咯。（我把那本书烧掉了）

（五）“来去”句

在表示离开说话人所在地去做或要去做某件事时，有时用“来去”表示，这类句子称为“来去”句。例如：

我来去看戏。（我去看戏）

来去食饭。（去吃饭）

“来去”句的主语只能是第一人称，而不能用第二人称和第三人称，如不能说“汝来去看戏”“伊卜来去看电影”，可以说“汝甲我做阵来去看戏（你和我一起去看戏）”“我甲伊做阵来去看电影（我和他一起去看电影）”。“来”在话中已虚化。

五、疑问句

是非式疑问句的表达方式比普通话简略，通常只要在陈述句末尾加上一个否定副词。例如：

昨日汝去上课无？（昨天你去没去上课）

汝食未？（你吃了吗）

六、“有”“无”句

“有”“无”可构成多种形式的句子，这类句子称为“有无”句。“有”“无”的用法有的和普通话相同，例如，二者带名词宾语（如：有人，无人），有一些用法与普通话不同，主要有下面几种：

1.“有”“无”可以用在动词、形容前，表示事实的存在或对事实的否定。例如：

伊最近有来一趟。（他最近来过一趟）

我最近无去。（我最近没去）

2.“有”“无”可直接作补语，对动词作肯定或否定的判断。例如：

我听有。（我听到了，或我们听明白了）

伊看无。（他看不见，或他看不明白）

3.“有”“无”可作状语，与动词组成偏正结构，说明事物的性状。例如；

迄种袜无颂。（那种袜子不耐穿）

4.“有”“无”可对举或连用，构成疑问句式“有……无”或“……有无”。例如：

迄蕊花有芳无？（那朵花香不香）

迄领衫买有无？（那件衣服买到了吗）

第四章 标音举例

第一节 俗语

添骹添手 tĩ˧ k’a˧ tĩ˧ ts’iu 添油加醋

生头发尾 sĩ˧ t’au ˩˥ huat˥ bə˥ 皮肤多病

起骹动手 ki’ k’a taŋ˧ ts˧iu 动手动脚

三尖六角 sã˧ tsiam˧ lak ˩˥ kak˥ 奇形怪状

粗枝大骨 ts'ɔ˧ ki˧ tua˨˩ kut˥ 身体强壮
刣鸡教猴 t'ai˩˧ kue˧ka˨˩˥ kau˩˧ 杀鸡吓猴
牛仔呣捌虎 gu˩˧˩ a˥m˨˩ pat˥˧ hɔ˥ 初生牛犊不怕虎
一样米饲百样人 tsit˩˧ lũ˩˧ bi˥ ts'i˥ paʔ iu˨˩ lan˩˧ 一样米，养百种人
“一”字呣写写“万”字 it˥li˨˩ m˨˩ sia˥ sia˥˧ ban˨˩ li˨˩ 自找麻烦
惊虱母起刀牌枪 liaʔ˩˧ sat˥˧ bu˥k'i˥˧ to˧pai˧ ts'iŋ˨˩ 小题大做
目睭看着煎饘担 bak˩˧ tsiu˧k'ũa˨˩˥ tɯ˧tsian˧tə˧tã˨˩ 心不在焉

第二节 谚语

清明谷雨，寒死虎母 tsuĩ˧ bĩa˩˧ kɔk˥ u˥ kũa˩˧ si˥ hɔ˥ bu˥ 清明下雨天气很冷，连老虎都被冷死。
急播不如急收 kip˥ po˨˩ put˥ lɯ˩˧ kip˥ siu˧ 赶快收成，免受灾害
扫厝扫厝角，洗面洗耳后 sau˨˩ tsk'u˨˩ sau˨˩ tsk'u˨˩ kak˥ sue˥ bin˨˩ sue˥ hi˧ au˧ 做事周到，不要马虎
好团不在多，否团不如无 ho˥ kã˥ put˥ stai˧ tə˧ p'ai˥ kã˥ put˥ lɯ˩˧ bo˩˧ 子女不在于多，在于素质好
瘦帐肥算盘 san˥˧ siau˨˩ pui˩˧˩ sŋ˨˩˥ pũa˩˧ 积少成多
允人教惨欠人 un˥laŋ k'a ts'am˥ k'iam laŋ 凡事须信守诺言
一圆无两圆勿会耳真 tsit˩˧˩ ĩ˩˧ bo˩˧˩ lŋ˧ĩ˩˧ bue˧tan˩˧ 一个巴掌打不响
食果子着拜树头 tsiaʔ˩˧˩ kə˥˧ tsi˥tioʔ˩˧˩ pai˩˧ ts'iu˨˩˩ t'au˩˧ 饮水要思源
七尺锤着留三尺防身 ts'it˥˧ ts'io˥t'ui˩˧ tioʔ˩˧˩ lau˩˧˩ sã˧ts'ioʔ˥hɔŋ˩˧˩ sin˧ 凡事要留有余地
鸡母飞上树，鸡仔趁伊样 kue˧bu˥pə˧tsĩu˧ts'iu˨˩ kue˧a˥t'an˨˩˥ i˧ĩu˨˩ 上行下效

第三节 歇后语

和尚摸头壳——无发 hə˩˧ siu˨˩ bo˧ t'au˩˧ k'ak˥——bo˩˧ huat˧
吊死鬼抹粉——死要面子 tiau˨˩ si˥ kui˥ buaʔ˥ hun˥——si˥ boʔ˥ bin˨˩ tsm˥
剃头关店——无理发 t'iʔ˥ t'au˨˩ tui˨˩ kuĩ˧ bŋ˩˧——bo˩˧ li˥ huat˥
十二月南风——现报 tsap˩˧ li˨˩ geʔ˩˧ lam˩˧ huaŋ˧——hian˨˩ po˨˩ 现报
十二月屎桶——尽拼 tsap˩˧ li˨˩ geʔ˩˧ sai˥ t'anŋ˥ tsin˧ pĩa˨˩
盐馆秤锤——咸挂涩 iam˩˧˩ huan˥˧ ts'in˨˩˥ t'ui˩˧——kaim˩˧ kua˨˩˥ siap˥
六月芥末——假有心 lak˩˧˩ gəʔ˩˧˩ kua˨˩˥ ts'ai˨˩——ke˥˧ u˧sim˧
裐裤放屁——加工 t'ŋ˨˩˥ k'ɔ˨˩ paŋ˨˩˥ p'ui˨˩——ke˧kaŋ˧
鸭母妆金——原扁嘴 aʔ˥bu˥tsŋ˧kim˧——guan˩˧˩ pĩ˥˧ ts'ui
上元圆包沙——勿会浮 siɔŋ˨˩˩ guan˩˧˩ ĩ˩˧ pau˧sua˧——bue˧p'u˩˧
李固见员外——无话通说 li˥˧ kɔ˨˩ kĩ˨˩˥ guan˩˧˩ gue˨˩——bo˩˧˩ ue˨˩ t'aŋ˧səʔ˥
棺材扛上山——无烧也要抬 kua˧ts'a˩˧ kŋ˧tsĩu˧sua˧——bo˩˧˩ sio˧a˧ tioʔ˩˧˩ tai˩˧
竹竿尾缚尿燥——大曳 tiak˥˧ kũa˧bə˥pak˩˧˩ lio˨˩˩ so˨˩——tai˨˩˩ iat˩˧

第四节 歌谣

ti˜˧ ɔ˧ ɔ˧
天 乌 乌

ti˜˧ ɔ˧ ɔ˧ bə˧˥ loʔ hɔ˧
天 乌 乌，卜 下 雨；
hai˥ liŋ˧˥ ɔŋ˧˥ bəʔ˥ ts'ua˥˩ bɔ˥
海 龙 王，卜 娶 某；
ku˧ ts'ə˧ siau˧ piʔ˥ p'aʔ˥ kɔ˥
龟 吹 箫，鳖 拍 鼓；
sui˥ kue˧ kŋ˧ kio˥˩ bak˧˥ t'ɔ˥ t'ɔ˥
水 鸡 扛 轿 目 吐 吐，
hə˥ ia˧˥ t˧ tiŋ˧ lai˧˥ ts'io˥˩ lɔ˥˩
火 萤 担 灯 来 照 路。
ts'an˧˥ i˜˧ kaʔ˧˥ ki˧˥ huaʔ˥ siŋ˧ k'ɔ˥
田 婴 擥 旗 喝 辛 苦，
he˧˥ kɔ˧ ta˜˧ pua˜˧˥ liak˥ pak˥ tɔ˥
虾 蝦 担 盘 勒 腹 肚。

kio˥˩˥ lɯ˥ bue˥ ts'ai˥˩ lɯ˥ bue˥˨ ts'aŋ˧
叫 汝 买 菜 汝 买 葱

ai˥˩˥ io˥ tiŋ˧ tiŋ˧ taŋ˧ taŋ˧ kio˥˩˥ lɯ˥ bue˥˨ ts'ai˥˩
哎 哟 叮 叮 当 当，叫 汝（你）买 菜
lɯ˥ bue˥˨ ts'aŋ˧ kio˥˩˥ lɯ˥ ts'ua bɔ˥ lɯ˥ ts'ua˥˧
汝 买 葱，叫 汝 悉（娶）某（妻子）汝 悉
aŋ˧ kio˥˩˥ lɯ˥ hia˜˧˥˧ hə˥ lɯ˥ lŋ˥˩˥ tsau˥˩˥
翁（丈夫）。叫 汝 燃 火 汝 钻 灶
k'aŋ˧ kio˥˩˥ lɯ˥ k'i˥˨ ts'u˥˩ lɯ˥ iaʔ˥ piaʔ˥ k'aŋ˧
腔，叫 汝 起 厝（房子）汝 挖 墙 空。

第五节 故事

loʔ˧˥ iu˜˧˥ kaŋ˧
洛 阳 桥

loʔ˧˥ lu˜˧˥ kio˧˥ si˧ tsua˧˥ tsiu˧ u˧ bia˜ e˧˥ tua˥˩ kio˧˥
洛 阳 桥 是 泉 州 有 名 兮 大 桥。
bə˥˩ siu˧ kio˧˥ e˧˥ si˧˥ tsueʔ˥ tioʔ˥ tsə˧ tsun˧˥ ke˥˩ kaŋ˧
未 修 桥 兮 时 节，着 坐 船 过 江。

bu˥˩ tioʔ˩˥ tua˥˩ huaŋ˧ sioŋ˩˥ sioŋ˩˥ huan˧ tsun˩˥

遇 着 大 风，常 常 翻 船，

m˥˩ tsai˧ si˥ a˥ lua˧ tsue˥˩ laŋ˩˥

呣 知 死 仔 偌 侪 侬。

u˧ tsit˩˥ li˩˥ tsit˩˥ tsiaʔ˥ tsun˩˥ a˥ tsai˥˩ buã˥ laŋ˩˥ k'eʔ˥

有 一 年 一 只 船 仔 载 满 侬 客，

tsioŋ˩˥ tsit˥ liaʔ˥ kin˧ ke˥˩ tsun˩˥ kiã˩˥ kau˥˩ kaŋ˧ sim˧

从 即 迹 经 过，船 行 到 江 心，

koŋ˩˥ huaŋ˧ tai˥˩ tsok˥ peʔ˩˥ lon˥˩ t'o˧ t'ian˧

狂 风 大 作，白 浪 滔 天。

tɯ˧ tsun˩˥ bəʔ˥ tim˩˥ e˩˥ si˩˥ tsueʔ˥

待 船 卜 沉 兮 时 节，

k'oŋ˧ tioŋ˧ tuan˩˥ lai˩˥ kio˥˩ siã˧ ts'ua˥˩

空 中 传 来 叫 声："蔡

hak˩˥ sɯ˧ tm˧ lai˧ bin˥˩ kuã˥ kin˥ kiu˥˩ i˧

学 士 待 里 面，赶 紧 救 伊！"

ue˥˩ im˧ kaŋ˧ loʔ˩˥ hoŋ˧ piŋ˩˥ loŋ˥˩ tsiŋ˧ kui˥

话 音 刚 落，风 平 浪 静，归

tsun˩˥ lan˩˥ tit˥ liau˥ kiu˥˩ siũ˧ ki˥ tu˥ tsiaʔ˥

船 侬 得 了 救。想 起 柱 则

k'oŋ˧ tioŋ˧ se˧˥ ue˥˩ e˥˩ lai˩˥ iu˩˥ tak˥ ge˩˥ tsiu˥˩

空 中 说 话 兮 来 由，逐 个 就

ts'e˥˩ sĩ˥˩ ts'ua˥˩ e˥˩ bŋ˥˩ lai˩˥ bŋ˥˩ k'ɯ˥˩ bo˩˥ lan˩˥

找 姓 蔡 兮，问 来 问 去，无 侬

si˥˩ ts'ua˥˩ tsi˥ u˧ tsit˥ ge˩˥ u˧ sin˧ in˥˩ e˩˥

姓 蔡，只 有 一 个 有 身 孕 兮

tsa˧ bo˩˥ in˩˥ aŋ˧ sĩ˥˩ ts'un˥˩ tsit˧ tsun˩˥ laŋ˩˥ ke˥˩

查 某 因 翁 姓 蔡，一 船 侬 计

kaŋ˥˩ i˧ to˥˩ sia˥˩ ho˥˩ hi˥ tsit˧ ge˩˥ tsa˧ bo˥

共 伊 道 谢 贺 喜。即 个 查 某

t'au˧ t'au˧ huã˧ hi˥ tui˥˩ t'ĩ˧ he˥˩ guan˥˩ lit˩˥

偷 偷 欢 喜，对 天 下 愿："日

au˧ lã˧ sĩ˧ ta˧ po˧ ue˧ tsue˧ hak˩˥ sɯ˧ it˥

后 生 是 乾 埔，会 做 学 士，一

tiŋ˥˩ bəʔ˩˥ tɯ˥˩ loʔ˩˥ iũ˩˥ kaŋ˧ p'o˧ lio˩˥ ui˧ tsin˥˩

定 要 待 洛 阳 桥 铺 桥，为 众

lan˩˥ siau˧ tsai˧ tso˧ hok˥

侬 消 灾 造 福。"

bo˩˥ lua˧ ku˥ tsit˥ ge˩˥ tsa˧ bo˥ tsiŋ˧ sĩ˧

无 偌 久，即 个 查 某 真 生

tsit˧ ge˩˥ ta˧ po˧ kã˥ ho˥˩ biã˩˥ ts'ua˥˩ siɔŋ˧

一 个 乾 埔 囝，号 名 蔡 襄。

ts'ua˨˩ siɔŋ˧ t'ak˨˦ ts'eʔ˥ au˧ tsiap˥ lian˨˦ tiŋ˧
蔡 襄 读 册 后，接 连 登
k'o˧ kip˨˦ te˨˩ sɔŋ lin˨˦ tsɔŋ˧ si˨˦ tsue˨˩ kau˥
科 及 第，宋 仁 宗 时，做 到
hak˨˦ sɯ˧ ui˧ liau˥ huan˨˦ in˧ bu˥ e˥ guan˨˩ i˧
学 士。为 了 还 因 母 兮 愿，伊
it˥ tsai˨˩ hiɔŋ˨˦ hon˨˦ te˨˩ ts'iŋ˥ kiu˨˦ gua˨˩ hoŋ˨˩
一 再 向 皇 帝 请 求 外 放
hok˥ kian˨˩ hon˨˦ te˨˩ bin˨˩ i˧ tsue˨˩ tsuan˨˦ tsiu˧ ti˧ hu˥
福 建，皇 帝 命 伊 做 泉 州 知 府。
ts'ua˨˩ siɔŋ˧ kau˨˩ lin˨˩ au˧ kuã˥ kin˥ p'o˧ kio˨˦
蔡 襄 到 任 后，赶 紧 铺 桥。
kiŋ˧ kə˧ ts'ui˧ siŋ˧ man˨˩ k'o˥ iŋ˨˩ ts'it˥
经 过 千 辛 万 苦，用 七
lĩ˨˦ e˨˦ si˨˦ kan˧ kaŋ˨˩ kio˨˦ p'o˧ k'i˥ lai˨˦ lo˧
年 兮 时 间，共 桥 铺 起 来 咯。

lu˨˦˫ tai˨˩˫ iu˨˩ lian˨˩˫ tã˥˩
俞 大 猷 练 胆

s'iŋ˧ guan˨˦˫ suã˧ tiɔŋ˧ hɔŋ˧ ts'iŋ˧ guan˨˦˫
清 源 山 中 锋 清 源
tɔŋ˨˩ hu˨˩˥ kun˧ k'a˨˩˫ tio˨˦˫ tsit˨˦˫ tə˨˩˥ tsit˨˦˫ tŋ˧
洞 附 近 竖 着 一 块 一 丈
gua˨˩˫ kuĩ˨˦ e˧ tua˨˩˫ tsioʔ˨˦˫ t'au˨˦˫ tak˨˦˫ ge˨˦˫ an˨˩˥
外(多) 高 的 大 石 头，逐 牙(大家) 按(把)
tsit˥˩ tə˨˩˥ tsioʔ˨˦˫ t'au˨˦˫ kio˨˩˥ tsue˨˩˥ lian˨˩˫ tã˥˩ tsioʔ˨˦
即(这) 块 石 头 叫 做 “练 胆 石”。
siɔŋ˧ tuan˨˦ biŋ˨˦˫ tai˨˩ tsuan˨˦˫ tsiu˧ laŋ˨˦ lu˨˦˫ tai˨˩˫ iu˨˩
相 传，明 代 泉 州 人 俞 大 猷，
tsŋ˨˦˫ sue˨˩ ai˨˩˥ t'ak˨˦˫ ts'eʔ˥ k'un˨˦˫ lian˨˩˫ kaŋ˧
从 细(小) 爱 读 册(书)，勤 练 功，
tak˫ lit˨˦˫ t'ĩ˧ bə˥ kŋ˧ tə˧ kai˨˩˫
逐 日(每天) 天 卜(要) 光(亮) 都 家
ki˨˩˫ tsit˨˦˫ ge˨˦ lai˨˦˫ tsit˥˩ taʔ˥ t'ak˨˦˫ ts'eʔ˥
己(自己) 一 牙(个) 来 即 搭(这里) 读 册。
hioʔ˥ k'un˨˩ e˧ si˨˦˫ tsueʔ˥ i˧ tsiu˨˩˫ peʔ˥
歇 睏(休息) 的 时 节(时候)，伊(他) 就 扒(爬)
k'i˥˩ kɯ˨˩˥ tsioʔ˨˦˫ t'au˨˦˫ tiŋ˥ tsiaʔ˥ t'iau˨˩ loʔ˨˦˧
起 去(上去) 石 头 顶(上) 则(才) 跳 落
lai˨˦˧ tuan˨˩˥ lian˨˩˫ kai˨˩˫ ki˨˩˫ e˧ tã˥˩ liɔŋ˨˩
来(下来)，锻 炼 自 己 的 胆 量。

tsiu˧˩˧˫ an˧ lĩ˧ lu˧˥˫ tai˧˩˧˫ iu˧˩˧ e·˧ tã˥⊬ liɔŋ˧˩˧ lu˧˥˫ lian˧˩˧˫
就 安 尔（这样），俞 大 猷 的 胆 量 愈（越） 练
lu˧˥˫ tai˧˩˧˫ kaŋ˧ hu˧ a˧ lu˧˥˫ lian˧˩˧˫ lu˧˥˫ ho˥ au˧
愈（越） 大， 功 夫 也 愈 练 愈 好。后
lai˧˥ kiŋ˧ kə˧˩˧˫ biŋ˧˥˫ sɯ˧ e·˧ tsi˥⊬ tiam˥ lu˧˥˫
来， 经 过 名 师 的 指 点， 俞
tai˧˩˧˫ iu˧˩˧ siŋ˧˥˫ ui˧˥˫ lam˧˥˫ siau˥⊬ lim˧˥˫ kun˧˥ e·˧
大 猷 成 为 南 少 林 拳 的
tsi˥ ts'iu˥ tm˧˩˧˥ biã˧˥ e·˧ k'ɔŋ˧˩˧˥ ɔ˧ biŋ˧˥˫ tsiɔŋ˧˩˧ tsit˥⊬ tə˧˩˧˥
高 手、 著 名 的 抗 倭 名 将。 即 块
lian˧˩˧˫ tã˥⊬ tsioʔ˧˥ a˧ tsiɔŋ˧˥˫ ts'ɯ˥ ts'ut˥⊬ liau˥⊬ biã˧˥
“练 胆 石” 也 从 此 出 了 名。

第三十一篇 乡镇、街道概况

中华人民共和国成立前，洛江今域属晋江县山顶乡、罗溪乡、锦丰乡、大猷乡、东北乡。中华人民共和国成立后，今域仍为晋江县管辖，基层政权经历区、乡、公社建制；1971年1月划归泉州市（县级）管辖后，又经历公社改为乡镇建制。长期以来，今域地处晋江县（后为泉州市、鲤城区）北部偏远山区，经济社会发展滞后，人民生活较为艰难，至20世纪80年代，仍有许多贫困村。

1997年洛江建区，下辖万安街道、河市镇、马甲镇、罗溪镇、虹山乡和双阳华侨农场，共77个村（居）委会、管区，全区有36807户，人口16万人。同年12月，增设双阳镇，以原双阳华侨农场区域为行政区域。2005年7月，双阳撤镇改为街道建制。至2007年，全区辖2个街道（万安、双阳）、3个镇（河市、马甲、罗溪）、1个乡（虹山），共有18个社区、67个村，全区有43572户，人口17.99万人。

建区后，洛江区经济社会各项事业进入快速发展阶段。区委、区政府统筹城乡发展，加快推进城区和小城镇建设，加大新农村建设。各乡镇（街道）根据实际情况，因地制宜，发展特色产业。万安加快城市化和工业化步伐，逐步成为商住中心区；双阳、河市建设新兴工业基地和城市副食品基地；马甲发展旅游业和高科技农业；罗溪、虹山大力发展特色农业，推进农业产业化，全区经济社会各项事业协调、稳步发展。至2007年，全区生产总值48.16亿元，年均增长17.7%；财政总收入4.68亿元，年均增长31.9%；城镇居民人均收入20876元，农村居民人均收入6316元，分别是1997年的2.78倍、2.1倍。

第一章 街道

第一节 万安街道

一、概况

（一）位置境域

位于洛阳江南畔，是洛江区的政治、经济、文化中心。324国道横贯全境，紧临沈海高速公路西福出入口，距泉州火车站5千米，距泉州晋江机场20千米，辖区安吉大道向南穿过大坪山隧道与泉州中心市区主要街道丰泽街连接，向北穿过324国道与洛江区域主干道万虹公路连接，是泉州中心市区的重要外环通道。街道辖区面积14.6平方千米，有江、海岸线5千米。辖区内有国家级重点文物保护单位——洛阳桥及蔡襄祠。

（二）建置沿革

宋代属晋江县晋江乡鸾歌里。元至清朝属晋江县三十八都，万安铺领桥南、杏宅、田尾、院前、塘西、村院、后陇、后埭、王东宅、嵩美（或作嵩尾）、洋埔、官园头、下窗、东园、红山、过坑、杏内、虎砂桥，共37乡。民国29年（1940年）属晋江县第一区东洛乡（区署设城关）。民国33年，撤销区建制，压缩整编乡镇，原东洛乡与西北乡合并为东北乡（乡公所驻仁凤街），今域塘西、院前、桥南、后埭隶属东北乡南院保，杏宅、过坑隶属东北乡杏屿保。中华人民共和国成立后，今域隶属晋江县第三区（区公所驻新前）；1952年7月，第三区改称第四区；1955年9月，改称中芸区。1958年9月，隶属新成立的泉州市东海乡。1961年10月，隶属新成立的城东公社。1970年6月，新生大队拆为杏宅、院前、琯头、塘西4个大队。1995年，城东镇拆分为城东镇和华大街道。1997年8月，洛江区成立，同年12月设立万安街道，城东镇的桥南、后埭、杏宅、琯头村和华大街道的塘西、院前村6个村划归万安街道管辖，同时设立万福、万盛2个居委会。2003年3月，万福、万盛2个居委会合并成立万福社区居委会；同年5月，桥南、杏宅等6个村委会建制撤销，设立居委会；同年11月，居委会改社区居委会。2007年，万安街道辖万福、桥南、琯头、杏宅、塘西、院前、后埭7个社区。

（三）人口

1997年末，万安街道人口7703人（公安口径，下同），其中非农人口3953人，辖琯头、杏宅、塘西、院前、后埭、桥南6个村委会和万福、万盛2个居委会。2007年末，万安街道辖7个社区，人口11529人，其中汉族和少数民族分别占总人口数的75.4%和24.6%；辖区流动人口约3万人。

二、城区建设

（一）基础设施建设

1996年6月，建成万安水厂，万安中心城区由万安水厂供水，日供水量3万吨。1997年，建设桥南海堤、塘西开发区排涝渠及相应的排污管网，派出所（址于琯头社区）至冠亚花园后门道路等市政设施；同年，万兴街、科技园内的路灯进行重新改造建成。2002年，中心城区建筑面积3.3平方千米，主要街道有安吉路、万荣街、万福街、吉源街、吉源东路、安达路、凤冠街等。2003年，建成中心区安吉大道II期700米及两条市政道路500米。2005年7月，辖区接入泉州市自来水网络，提高供水能力，城市供水普及率达到99%。2006年，征地近1.33平方千米，拆迁面积10万平方米，完成省重点建设项目城东—东星、城东—涂寨电力线路、福建LNG项目输气主干线路、万虹公路、沈海高速公路万安段拓宽等城市化基础设施改造项目工作。2007年，建成安顺路及万兴街等市政道路及滨江路一、二期等主次干道。

（二）城市化建设

1998—2006年，建设首富商城、万祥商厦、尚东国际商业楼、琯头小区、吉源小区、美尔奇花苑、万源花苑、冠亚东方花园、景明花园等居住小区。1998—2004年，在安吉、安顺等路段先后建设交通、国土资源、人口与计生、林业、劳动、工商、地税、国税、公安、法院、检察院等办公大楼。1999年，投建占地8666.7平方米的万安农贸市场，建筑面积13861平方米。2002—2005年建设过坑安置房4幢，建筑面积1万平方米。2006年，在万虹公路东宅段建成8000平方米的科技大厦。2007年，建设嘉琳广场，占地面积20公顷。

（三）城市化管理机制

1997—2007年，加强环卫及基础设施建设，开展多层次、全方位、大规模环境卫生整治，加大对万安农贸市场、夜市、店面和洛阳桥旅游风景区管理力度，投入35.6万元清理塘西排洪渠3千米积淤，投入125万元种植15.13公顷红树林。2007年，被泉州市委、市政府授予“泉州市创建国家园林城市先进集体”。

三、经济建设

1992年5月，万安工业开发区动工建设，规划园区、建设基础设施（五通一平等）、引进项目、促投促建、完善园区配套。1994—1996年，引进生产性项目68个，其中外商投资企业37家，14家企业投产。1997年起，万安街道工业经济主导作用不断增强，工业化进程加快，五金机电、树脂、箱包等成为街道工业的支柱。在原有万安开发工业区的基础上，开发建设万安科技工业园和塘西工业园一、二期，面积近0.7平方千米。推进华大科技创业园、标准厂房、宏益电子产业园的开发建设。2002—2004年，建成五金机电商城，占地面积6.66万平方米，首期建筑面积9.5万平方米。

1997年，街道工业总产值5.86亿元。2002—2007年，街道的企业总产值年均增长25.8%，工商税收年均增长39%，地方级收入年均增长38.3%。6家企业开展ISO 9000质量体系认证，8家企业开展ISO 14000环保体系认证。至2007年，万安街道工业总产值46.97亿元，是1998年的5.64倍；工商税收25360万元，占洛江区财政总收入的53.8%，其中地方级收入12751万元，占洛江区地方级收入的51.6%。规模以上企业78家，规模以上工业产值40.25亿元，占洛江区规模以上工业产值的52.3%，出口交货值21.87亿元。税收超100万元的企业达47家，其中超500万元有11家，超1000万元有3家。2007年，工商税收比2002年增加近2亿元。

四、社会事业

（一）教育

2004年8月，原杏村回民小学和塘西小学合并为洛江万安小学，址于杏宅新村。至2007年，辖区有第十一中学、万安小学、洛南小学和幼儿园3所，另有私立学校泉州南少林武术学校、华荣职业技术培训学校，在校生近4000人，教职员工380多人，适龄儿童入学率100%。

（二）卫生计生

1997年后，以清除生活垃圾、绿化美化村容村貌为重点，针对城乡接合部、建筑工地、小街小巷、门前屋后“脏、乱、差”等问题进行集中治理，清除垃圾卫生死角。另一方面开展以“灭蟑”为重点的除“四害”行动，发动社区专业队伍、小区物业管理人员对各社区公共场所、重点场所、农贸市场等区域进行大规模、大面积地药物消杀。利用宣传阵地开展夏秋季防病知识宣传，开展相应健康教育活动，倡导健康的生活方式，提高全民卫生意识，创造美好家园。

2007年，辖区有洛江区疾控中心、妇幼保健站和社区卫生所6个，从业人员65人。至2007年，新型农村合作医疗参合居民13987人、参合率达95.7%。2007年，万安街道初婚率6.7%，人口出生率38.5%，出生政策符合率99.62%。

（三）居民生活

收入水平 1998年，万安街道居民人均纯收入4263元，2004年为5645元，是1998年的1.32倍。2007年，居民人均纯收入8108元，是1998年的1.9倍。

居住条件 1998年后，农村新建房屋增多，农民居住面积逐年扩大，实现从平房到楼房，从砖混结构到钢筋混凝土结构转变。2006年12月31日，第二次全国农业普查数据显示，万安街道（常住户）拥有住宅面积45.88万平方米，出租面积7.21万平方米。人均拥有10平方米以下11户，10—25平方米152户，25—50平方米365户，50—100平方米607户，100平方米以上378户。

（四）社会保障

1997年建区后，开展“零距离”帮困模式，变群众求助为主动救助，完善社会保障体系，建设最低生活保障为主体、临时救济为补充、社会互助和优惠政策相配套的社会救助体系，扩大养老、失业、医疗、工伤、生育保险覆盖面。多途径关心扶持弱势群众，结合各种节日，给予贫困残疾人、低保对象、生活困难党员、环卫工人等人员慰问，开展计生病灾户困难生活补助、无障碍设施改造经费补助等工作。

第二节 双阳街道

一、概况

（一）位置境域

双阳街道地处国家级风景区清源山北麓，洛江区中东部，因境内有大阳山、小阳山而得名，故名为双阳。

距区政府驻地约9.2千米，东至洛阳江，东南与城东毗邻，西南与北峰、清源农场接壤，西北与南安市交界，北至河市。距324国道4千米、福厦高速公路西福入口处5千米，穿朋山岭隧道至中心市区仅7千米。省道307线和洛江区交通要道万虹公路横贯境内。

（二）建置沿革

宋代属晋江县晋江乡爱育里。元至清朝属晋江县四十一和四十二都。民国29年（1940年），今域属晋江县第四区双河乡（区署设在河市）。民国33年，撤销区建制，今域属晋江县大猷乡。中华人民共和国成立后，今域隶属晋江县第二区（区公所驻河市）。1952年7月，第二区改称第三区；1955年9月，改称河市区。1958年3月，晋江县撤区并乡，其中包括设立双阳乡，同年8月并入河市乡。1959年11月，为安置流离失所或不愿继续留居在印度尼西亚的华侨，国务院专门成立接待和安置归国华侨委员会，在晋江地区新增一个国营华侨农场——双阳华侨农场，自1960年2月至1962年期间，农场安置印尼归侨3213人。1974年，双阳华侨农场复称国营福建省泉州双阳华侨农场。

双阳华侨农场原来由福建政府华侨委员会（“文化大革命”后改名为福建人民政府侨务办公室）主管，1997年3月省侨办把双阳华侨农场下放归泉州市鲤城区管辖。同年8月，泉州市市区行政区划调整，归属洛江区管辖。1998年5月，农场领导体制改革并结合政权建设，设立乡镇一级行政建制，称为双阳镇，辖阳山、坪山、南山、阳江4个居委会和前洋等7个村委会。改制后，实行政、企分开，但仍保留华侨农场经济实体，隶属镇企业。2005年6月，撤销双阳镇，设立双阳街道。同年10月19日，撤销前洋、新峰、新岭、新南、前埭、朝阳、新阳7个行政村改设立社区居民委员会。新设立各社区居民委员会管辖范围、人口、办公场所与原行政村保持不变。

（三）人口

1997年，双阳华侨农场人口13386人，其中非农人口2166人，辖6个管区。2007年，双阳街道辖7个社区，人口15027人，外来人口2万多人，其中包括来自东南亚十几个国家的归侨、侨眷2026人。居民主要姓氏有纪、吴、许、董、张、何、关等。

（四）资源特产

双阳街道地处丘陵低山地带，属南亚热带海洋性季风气候，四季温润，气候宜人，平均气温21.9℃，年降雨量1434毫米。著名的新南水库位于辖内新南社区新田组的龙降山（地名），所在河流为洛阳江支流，集雨面积3.2平方千米（其中引水0.7平方千米），库容143万立方米。1997年农场耕地面积8925亩，林地9795亩。双阳街道物产丰富，以亚热带水果龙眼最多，辖区内果园1.3万亩，年产龙眼鲜果2000吨，龙眼干500吨。

（五）人文景观

双阳街道是洛江区东南亚归侨、侨眷的主要聚居地，有印度尼西亚小吃和亚热带风情舞蹈——印尼舞在泉州乃至福建都享有较高的知名度。民间艺术妆糕人保存完好；清源山北面的青阳室作为传承“陈三五娘”民间传说文化内涵的文物古迹，被列为第五批市级文物保护单位。

二、经济总情

（一）工业

双阳华侨农场建场前，境内工业几乎空白，1959年建场后逐步兴办企业，有农械厂、造纸厂、纸箱厂、塑料厂、石料厂、碾米厂。1995年，引进台商独资企业福建和诚鞋业有限公司，生产鞋类系列产品，总投资1200万美元，占地5.48万平方米。公司进口全套国外制鞋设备，9条加工流水线，员工7000人左右，产能25万双／月。1997年，双阳华侨农场工业总产值0.16亿元。2002年3月，洛江区启动建设双阳华侨经济开发区，至2007年开发区初具规模，征用工业用地2.5平方千米，建成1.5平方千米，形成吕埔、前洋、坪山、南山4个片区，园区道路及配套设施基本完善。同年，辖区工业总产值17.64亿元，比2006年增长40.41%，是1998年的76.7倍，规模以上工业总产值17.13亿元，出口交货值10.37亿元，辖区50多家企业年纳税超2500万元。主要产品以塑料、花卉、制鞋、金刚石刀具、机械、包装、树脂、陶瓷工艺品、针织、纸品彩印等为主。

（二）农业

双阳境内原是传统农区，1991年农场耕地9165亩，土壤肥沃，水利资源丰富，水利设施完善，主要种植水稻、龙眼，其中龙眼种植面积1万多亩，农牧渔总产值858万元。1995—2002年，市区林方生等人在阳江管区建立无公害蔬菜基地200亩，采用规模化规范化栽培技术，列为市、区“菜篮子”基地。2000年，南平市民企在阳江建立泉州一春畜牧有限公司，占地面积50亩，形成出栏万头生猪养殖基地，列为省、市“菜篮子”基地。1998年，阳光国际科技集团有限公司，在朝阳村（占地50公顷）总投资2500万美元，建成亚洲最大的植物组织培养和花卉繁育基地。2002年，被列入国家星火计划龙头企业技术创新中心、省级花卉生产示范基地，年产花卉6000万株，产值上亿元。2007年，双阳街道农林牧渔业总产值9172万元，其中农业产值4863万元，林业产值2万元，牧业产值4091万元。

三、城区建设

2000—2007年，建成日供水3000吨的双阳自来水厂、1万多平方米农贸市场和11万伏变电站。按城市道路Ⅱ标准建设3.1千米阳光路、1.3千米阳新街和朋虹街（朋山岭隧道延伸线）等市政主干道及路灯等配套设施，建成“四横”（朋虹街、侨福街、印尼街、阳新街）、“五纵”（万虹路、恒泰路、阳光路、阳山路、阳朋路）的城市道路网络。建成阳光楼、祥光楼、侨居花苑等商住楼2.22万平方米。同时建成侨居楼14幢460套4.2843万平方米，分布在坪山、阳山、南山3个社区。至2007年，辖区内房地产商品房面积15万多平方米。

四、社会事业

（一）科教文卫

2000年后，辖区内中学1所、中心小学1所、基层小学3所、公办幼儿园1所、民办幼儿园3所，达到“两基”标准，实行9年制义务教育，1998年双阳镇被市政府评为市“两基”工作先进单位。双阳中学中考综合评估连续十年居全区第一名，双阳中学图书馆被评为省级示范图书馆，双阳中心小学被市体委定为“泉州市少年足球后备人才训练基地”，双阳中心幼儿园是泉州市一级达标园。文化活动设施建设方面，投入30万元建设8个社区全民健身点建设和2个标准篮球场；投入3万元建设南山社区农家书屋。扶持组建社区腰鼓队。以街道卫生院为中心，各社区设立医疗卫生所，形成医疗卫生保健网络。推进“家园清洁行动”，建立社区卫生日保洁制度，规范化社区卫生服务室建设，建设社区卫生服务中心综合楼3500平方米。

2007年，新型农村合作医疗参合居民13987人、参合率达95.7%。同年，街道初婚率9.44%，人口出生率10.07%，出生政策符合率95.21%。

（二）居民生活

收入水平 1998年，双阳镇人均纯收入2880元。2005年，双阳街道居民人均纯收入4936元，是1998年的1.71倍。2007年，双阳街道居民人均纯收入7335元，是1998年的2.54倍。

居住条件 1997年始，大多数房子的结构经历从土木结构到石结构到砖混结构再到框架结构的变化，城镇化水平不断提高。第二次全国农业普查数据显示，双阳街道（常住户）拥有住宅面积64.31万平方米，出租面积3.21万平方米。无住房17户，人均拥有10平方米以下25户，拥有10—25平方米198户，拥有25—50平方米596户，拥有50—100平方米1000户，拥有100平方米以上505户。

（三）社会保障

2007年，纳入城乡最低生活保障157户335人，发放低保金额41.97万元，实现“应保尽保”；解决华侨农场原职工养老保险断保问题，补缴养老保险保费234人370.18万元；实施贫困残疾人“安居工程”，扶持住房困难户解决居住困难问题。

第二章 乡 镇

第一节 河市镇

一、概况

（一）位置境域

河市镇位于洛江区中部，洛阳江上游，距区政府驻地约15千米，东与惠安毗邻，西与南安相接，南连双阳，北接马甲。相传宋元时代，洛阳江涨潮，海水上溯至此可通舟楫，商贾云集，河滩上成为集市贸易场所，后建街市，遂以河市命名。2007年，全镇辖区总面积105平方千米。

（二）建置沿革

宋代，今域属晋江县玉泉乡爱育里和善政里。元至清朝属晋江县四十都至四十四都。民国29年（1940年），今域属晋江县第四区双河乡（区署设在河市）。民国33年，撤销区建制，今域属晋江县大猷乡。中华人民共和国成立后，今域隶属晋江县第二区，区公所设在河市街尾。1952年7月，因区域拆分，原第二区改称第三区，今域隶属之；1955年9月，改称河市区，辖13个乡。1958年3月，晋江县撤区并乡，其中包括新设立河市乡。同年10月，改称河市人民公社。1959年，河市公社下辖13个生产大队。1971年1月，划归泉州市管辖。1972年，乡政府迁至奎峰山腰。1984年7月，撤销公社实行乡建制，复称河市乡，大队改称为村民委员会，简称“村委会”。1991年10月，建制改乡为镇，称河市镇。1994年，镇政府从奎峰山腰迁驻东田。

（三）人口

1997年，河市镇辖21个行政村，205个村民小组，全镇人口32458人，其中非农人口1733人。2007年末，全镇人口33923人，其中城镇人口4397人，常住人口中以汉族为主，达31710人，占93.48%；畲族、回族等少数民族716人，占2.11%。2007年，人口出生率10.36%，死亡率6.8%，人口自然增长率3.85%。

（四）资源物产

河市镇属亚热带海洋性季风气候，全年湿润多雨，四季常青，夏长无酷热，冬短无严寒，无霜期348天，年平均气温21℃，常年降雨量1400毫米左右。森林资源丰富，森林覆盖率为63%，拥有林地面积8.08万亩。境内矿产资源主要为花岗岩矿，集中分布在新告村一带。

（五）历史人文

河市镇历史悠久，古名为玉泉、大猷、奎峰，距今已有1000多年。古时堪称商贸胜地，人物古迹较多。宋代埔边卢氏就出过7名进士、13名举人。全镇先后有16名在国内外有影响的专家学者，涌现出一批商业巨子，其中杰出人物代表有明代抗倭民族英雄俞大猷，有戏剧《陈三五娘》中的陈三的生活原型陈伯卿。镇内有俞大猷纪念馆、俞大猷出生地遗址、施琅将军陵园、濠溪桥、古冶铁遗址、陈氏宗祠、古墓、古井、古寨、妈祖宫等文物古迹。

二、镇村建设

中华人民共和国成立前，河市基础设施和公用事业仅有通马甲、洪濑、洛阳的土路，濠溪石桥1座，邮电代办所，8条长溪坝，总长9千米。街面狭窄，农贸市场有柴草、粮食市场和碾米厂。中华人民共和国成立后，政府重视基础设施建设和公益事业的发展。20世纪50年代，新建农贸市场，占地500平方米，建成河市邮政营业处。建成河市大桥1座，长50米，宽7米，钢筋水泥结构，投资10万元。20世纪50年代至80年代初，新建小（三）型水库20处，蓄水量58万立方米，灌溉农田面积133.33公顷；建成小（二）型水库2处，蓄水量45．5万立方米，灌溉农田53.33公顷。1972年在奎峰山腰修建公社办公楼1幢，建筑面积1060平方米。1983—1985年，建成供水站5座，占地250平方米，建筑面积200平方米，日供水量81.5万千克；濠溪桥改建成钢筋水泥桥，长73.2米，宽7.6米。全镇21个村建镇区公路网络，总长80千米；新建农贸市场2处和工商所。占地3500平方米。1988—1995年，全镇21个村全部通电照明，安装电话400部，改造琯马公路河市段以及乌峰山至大观园路段；建成大猷桥长97.2米，都督桥长64米、俞公桥长96米、泰源桥长64米，均为钢筋混凝土结构。1993年，在炉田建设河市邮电支局大楼1幢，占地1300平方米，建筑面积5780平方米。1995年，建成河市果蔬批发市场，占地3500平方米；1994—1996年建成玉泉商住街，1994—1999年在炉田村泰源建成商住楼5幢。2002年，完成禾格头至南塘段道路拓宽改造硬化5千米。2003年改造河市镇区段河床清障及500米溪堤，同年抗倭民族英雄俞大猷500周年诞辰，俞大猷公园建成，占地13.33公顷。至2007年，有500千伏和220千伏变电站各1个，二级公路通过该镇。全镇21个村，10个村拥有50平方米以上的综合商店，19个村主要道路有路灯。

三、经济建设

（一）工业

中华人民共和国成立初，境内工业几乎空白，20世纪60年代，公社、大队创办一些社队企业，以手工业为主如农械厂、木器厂、竹器社、砖瓦厂。1991年，河市镇引进台资在霞溪村创办荣祺食品有限公司，主要加工生姜、青梅等果蔬产品，全镇乡镇企业29家，工业总产值1813万元。1993年后，大华蓄电池、银艺工艺、长兴食品等一批企业入驻霞溪工业区，至1997年全镇工业总产值3.3亿元。建区后，河市镇加快工业发展，形成涂厝溪铺、禾洋、钟洋、霞溪4个工业园区，涉及五金机电、工艺品、轻纺鞋服、食品、建筑材料等行业，五金机电产业占全镇企业70%以上，其中大华蓄电池、德源轴承成为五金机电行业的龙头企业，大华蓄电池企业税收超1000万元，成为全区纳税大户；德源轴承研发航空轴承发动机、水润轴承发动机等高新技术。河市镇拥有大批生产各类配套产品的企业，形成一套完整的企业链。至2007年，全镇企业123家，工业总产值19.32亿元，其中规模以上工业产值16.95亿元，出口交货值5.31亿元。

（二）农业

河市镇是传统农区，除粮食作物外，甘蔗、龙眼、槟榔芋、生姜等经济作物栽培历史悠久。改革开放后，农业结构调整优化，向商品化规模化发展。20世纪80年代，甘蔗成为主要经济作物，种植面积达4000多亩。20世纪80年代末，河市乡开辟为市区二线蔬菜基地。1991年，全乡耕地面积14738亩，粮食播种面积29130亩，主要种植水稻、甘薯为主，全乡农牧渔总产值1667万元。1994年，河市镇被列为鲤城区蔬菜常年基地，上级拨款扶持基地水利等设施建设，加强新品种新技术推广，鲤城区农业局在蛟南村建立蔬菜生产示范基地，洛江建区后作为区农科所。20世纪90年代，倡导山地综合开发，大力发展龙眼为主果树，1996年龙眼种植面积达2.5万亩。1997年，华丰畜牧有限公司在霞溪（原河市五七农场）建设形成年出栏万头生猪基地，占地面积40亩，列为省市“菜篮子”调控基地。1998—2007年，实施农业综合开发项目，累计投入5000多万元，改造中低产农田3000亩。2007年，全镇耕地面积10300亩，山地面积90600亩，粮食作物以水稻、甘薯为主，主要经济作物有蔬菜、花生、甘蔗、龙眼、荔枝、香蕉等，有河市槟榔芋、余甘、香蕉、黄皮蔗等特色农产品；全镇蔬菜常年基地3000亩，季节性蔬菜基地3500亩，蔬菜基地主要分布南塘、蛟南、溪山、溪井、山边等村；全镇农林牧渔业产值17435万元，其中农业产值8223万元，畜牧业产值8662万元，林业产值153万元，水产产值272万元。

四、社会事业

（一）教育科技

2007 年，辖区内有 1 所达标中学、1 所职业学校、9 所小学，小学教师 149 人，中学教师 99 人，职业技术学校教师 10 人。小学学生人数 2533 人，中学学生 1274 人。农技推广服务机构 4 个。

（二）文化体育

2007 年，辖区内拥有文化站、广播电视站、公园。有 15 个标准篮球场、6 个健身路径、5 个老年人活动中心、8 个门球场等文化体育设施。

（三）卫生计生

至 2007 年，河市卫生院床位 35 张，卫技人员 12 个，村卫生所 22 个；新型农村合作医疗制度全面推行，参合居民约 31560 人，参合率达 95%；全镇初婚率 10.8%，人口出生率 11.7%，出生政策符合率 96.28%。

（四）居民生活

收入水平　1998 年，河市镇农村居民人均纯收入 3584 元，2004 年为 4905 元，是 1998 年的 1.37 倍。2007 年，农村居民人均纯收入 6671 元，是 1998 年的 1.86 倍。

居住条件　2006 年 12 月 31 日，第二次全国农业普查数据显示，河市镇（常住户）拥有住宅面积 136.76 万平方米，出租面积 4.19 万平方米。无住房 12 户，占 0.15%；人均拥有 10 平方米以下 104 户，10—25 平方米 1724 户，25—50 平方米 3021 户，50—100 平方米 2394 户，100 平方米以上 589 户。

（五）社会保障

2006 年 12 月 31 日，第二次全国农业普查数据显示，河市镇五保户 10 户，低保户 158 户，参加农村社会养老保险 162 户 228 人。至 2007 年，全镇纳入城乡最低生活保障户 691 人，发放低保金额 395460 元。

第二节 马甲镇

一、概况

（一）位置境域

马甲镇位于洛江区北郊，北纬 25° 07′、东经 18° 36′，处于洛阳江上游，著名风景名胜仙公山下，仰恩系列工程所在地。在洛江、惠安、南安、仙游四县（区）交界处。东连惠安、仙游，西接南安。南与河市、万安接壤，北与罗溪、虹山为邻。马甲镇是洛江区北部地区的交通枢纽，洛江大道贯穿南北，洪（濑）园（庄）公路横贯东西。马甲镇辖区总面积 114 平方千米。

（二）建置沿革

宋代，今域属晋江县玉泉乡善政里、仙溪里。元至清朝属晋江县四十二都至四十六都。民国 29 年（1940 年），属晋江县第四区锦凤乡、丰山乡（区署驻河市）。民国 33 年，撤销区建制，压缩整编乡镇，今域建制称锦丰乡。中华人民共和国成立后，今域属晋江县第二区（区公所驻河市）。1952 年 7 月，今域属新成立的第二区（区公所驻永安乡）；1955 年 9 月，改称马甲区，辖 14 个乡。1958 年 3 月，晋江县撤区并乡，今域为鹫南乡、马甲乡，同年 8 月合并称马甲乡。同年 10 月，改称马甲人民公社。1971 年 1 月，划归泉州市管辖。1984 年 7 月，撤销公社实行乡建制，复称马甲乡。1991 年 10 月建制改乡为镇，称马甲镇。

（三）人口

1997 年，马甲镇辖 24 个行政村，人口 53486 人，其中非农人口 2907 人。2007 年，全镇人口 64118 人，其中城镇人口 12796 人，畲族人口 250 人，海外华侨、港澳台同胞 12000 多人分布在 8 个国家和地区。村民主要姓氏有杜、林、吴、谢、王、曾等，以杜、林、吴姓氏为多。

（四）资源特产

矿产资源有火红土矿、高岭土矿、青草石、黑石矿。

二、经济建设

（一）工业

马甲镇历史上工业一片空白，20世纪60年代公社、大队创办一些社队企业，以手工业为主，如农械厂、木器厂、竹器社、砖瓦厂。改革开放后，乡镇企业逐步发展，主要有鞋业、针织、床上用品等。至1991年，全乡企业36家，工业总产值690万元。1993年起，马甲镇在大厅埔建设工业园区，入住企业以生产运动鞋为主，1997年全镇工业总产值1.43亿元。2001年后，工业迅速发展，主要有针织品、床上用品、服装鞋帽、日用塑料、轻工制品、建筑材料等行业，以运动鞋生产为主。2007年，全镇企业300多家，其中各类鞋业企业200多家，年产运动休闲鞋5000多万双，成为泉州市休闲运动鞋制造基地之一，产品畅销国内20多个省市自治区，有的销往东南亚和欧美。马甲镇针织服装企业生产的男女老少的针织衫、裤、裙、外套等系列针织品，销往北美等国家和地区。全镇工业总产值9.656亿元，其中规模以上工业产值5.54亿元，出口交货值2440万元。

（二）农业

马甲镇是洛江区重要粮食和经济作物产区、畜禽基地。1958年，马甲公社创办加锥油茶场（注：1962年由晋江县接办改称“国营加锥农场”）。1959年12月，在马甲彭殊村动工建设以灌溉为主结合防洪的大型水库—惠女水库。1964年后，贯彻执行农业“八字宪法”，引进推广优良品种和生产技术，兴修水利，建设马甲后坂、乌石、梧峰青蛇、潘内沈友、前村七林、新民蔡山水库等一批水利设施；公社、大队组织耕山队，开发山地办果林场、茶场、畜牧场，如创办厝仔农场、新民茶场。改革开放后，马甲乡农业结构调整，甘蔗、果树、花卉、畜牧生产较快发展。1984年后，推广杂交水稻栽培示范和中低产田改造，甘薯引进新品种并继续推广“五改”措施，永安村发展形成百亩花卉基地。1991年，全乡耕地面积16278亩，农作物播种面积42808亩，主要有水稻、龙眼、甘薯、花卉、蔬菜、中药材，畜禽有生猪、番鸭，全乡农牧渔总产值1093万元。1992年，马甲农业高科技开发区养殖场引进丹麦丽佳鸭，当年繁育40多万只父母代种鸭。1993年，马甲农业大观园经省、市正式批准后，项目建设全面推进，涉及名优特水果观赏园、植物品种观赏园、观赏鲤鱼溪等。此后，各级政府鼓励和扶持山地开发，龙眼种植迅速发展，1996年全镇龙眼种植面积达到1.2万亩。1997年建区后，全镇水果、花卉、蔬菜、禽畜、水产品等特色农业产业不断发展，新建彭殊无公害蔬菜基地，引进杏川兰花、义山仙人球、溪北香草等一些农业龙头企业，永安花卉、梅岭苗木、炉田及梧峰反季节蔬菜、祁山及梅岭畜牧业逐步走向规模化。完成12个村国家农业综合开发项目；新建库容104.6立方米的宫迹水库，除险加固小（三）型以上水库25座；营建速生丰产林3万亩，修建生物防火林带30千米。

2007年，马甲镇耕地面积1.55万亩，其中水田1万亩，农地3300亩，全镇农林牧渔业总产值17619万元，其中农业总产值5465万元，林业总产值121万元，牧业总产值11184万元，渔业总产值454万元。

（三）旅游业

1997—2007年，编制仙公山旅游景点总体规划，新增仙公山南北亭景区，南亭五路财神殿和六十甲子神像全部完工，北亭送子观音投入使用；建设北亭四方观音殿，建设仙公山门及850米进山道路，新建碑林、地藏王殿、钟鼓楼、舍利塔等新景点。开发动植物观赏园、仰恩湖和新康济宫、洋坑农民体育公园，拓展乡村人文生态旅游内涵，旅游配套设施逐步完善，扩建各景区停车场，新建各景区服务大楼。仙公山第二旅游通道路坯基本形成。通过报刊、电视、大型广告牌，采风摄影比赛、制作宣传光盘、参加旅游推介会，宣传仙公山三教合一特色，闽南宗教圣地的知名度和美誉度不断提高，仙公山被评为省级风景区、文物保护区泉州十八景之一。2007年，接待海内外游客30万多人次，比1997年增加15万人次，实现旅游年收入 1160 万元，比 1997 年增加 167%。

三、镇村建设

中华人民共和国成立前，马甲有石桥、拱桥、木头桥等 10 余座，古道（石土道路）2 条。中华人民共和国成立后，乡政府驻地街道逐步改造，主要街道两侧逐步兴建供销社、粮站店铺。1952 年新增马甲邮政代办所。1958 年，全线修通泉州至罗溪公路。1962 年开通马甲至南安梅山公路，建成马甲影剧院。70 年代马甲公社在南街新建邮电所、信用社、医院、广播站、兽医站、税务所、工商所等；70 年代末，工商部门在马甲镇区新建农贸市场。20 世纪 80 年代中后期，新建乡政府办公楼。1987 年 6 月，35 千伏马甲变电站投运，成立马甲供电所，用电统一纳入福建电网供应。1988—1990 年，开通马甲梧峰、炉田等公路，全乡境内实现村村通公路。1992 年，镇区商业建筑占地面积 24821 平方米，商业街两侧建有百货店、粮店、服装门市部、五金店、饮食店、化肥饲料门市部等。1993 年，马甲镇在南街新建农贸市场（二楼服装及小商品市场），新建马甲中街（80 米）。1993—1996 年，琯头至马甲公路分段进行拓宽改造，镇、村也筹集资金掀起乡村道路建设热潮，通往行政村道路 80% 以上实现砼路面硬化改造；同期，马甲供销社、粮站在马甲街两侧新建综合楼、商住楼；区粮食局在南街建综合大楼（5 层）。

1997 年后，马甲镇镇区新拓东街、西街和旧粮站路，新建商住楼 15 座 8.6 万平方米，建成仰恩美岭、新庵和洋坑后城、城头等旧村改造。美岭新村新建商住楼 11 座 4.4 万平方米，洋坑新村新建商住楼 20 座 12 万多平方米，新庵新村新建商住楼 15 座 3.5 万平方米，梧埔 6.3 公顷库区移民安置小区新建商住房 6 座 3 万平方米。建有 3.5 万伏变电站 1 座，自来水厂 1 座，年供水量 250 万吨；新建光缆程控电话模块局 1 座，自动电话交换机 3280 门，已开通程控电话 1000 多门。公共建筑有大学 1 所，中学 1 所；小学 24 所、幼儿园 15 所，电影院 1 座、文化站 1 处、中心医院和各村卫生所共 36 所。2007 年，镇区规模比 1997 年扩大 5 倍，城镇基础设施不断完善，自来水厂扩容至日供水量 1.5 万吨；铺设仰恩大学供水专线 12.8 千米，新增自来水用户 900 多户；新增道路硬化里程 85 千米，马虹公路马甲境内全面拓宽改造，行政村道路硬化率达 100%；农村电网改造全面完成，新建 2 万千伏变电站。支持扩建仰恩大学城工程，10 年期间累计征地 0.8 平方千米，拆迁房屋 4.63 万平方米，新建仰大教学楼、宿舍楼、办公楼、体育馆 22 座 25 万平方米，附中附小 15 万平方米，形成较为完善的教学硬件设施，仰大师生数由 10 年前的 5000 人增加到 2007 年的 1.4 万人。

四、社会事业

（一）科技

1998 年 8 月，成立 1 个镇级科技协会，依托镇农办，每年牵头或配合相关部门举办、协办定期培训 60 余次，不定期培训 70 余次，场均参加人数 70 人。建立科技工作制度，科技经费列入财政预算，做到专款专用。整合各类科技信息资源，形成科技信息资源库，构建横、纵向互通的科技服务网，集成科普信息资源，为基层提供方便、快捷的科技信息服务。建立新型科技服务体系，发挥市场配置资源的基础性作用，整合各类科技资源，协调各部门的科技力量，形成政府引导、多方参与、利益共享、各种形式并存的新型农村科技服务体系。全镇 60% 以上的农村劳动力掌握 1—2 门的实用技术，科技对农业经济发展的贡献率 50% 以上。

（二）教育

马甲在封建社会时期，教育事业相对滞后，清朝私学逐渐发展，民国期间，私塾发展迅速，马甲较大型的私塾有杏村私塾，彭殊私塾，梧峰私塾等。中华人民共和国成立后，教育网络逐步形成。1956 年 9 月，创办晋江县侨星中学，1957 年易名晋江县第四中学，是原晋北创办最早的一所中学，也是晋北唯一的完全中学。1994年，创办就南中学。

至2007年，马甲镇辖区有大学1所，中学3所，小学14所，幼儿园5所。适龄幼儿入学率99.8%，小学入学率100%，初中入学率98.3%。完成马甲中心小学、马甲中学部分校舍的维修改造，就南中学运动场人工草跑道竣工投入使用，完成第二中心小学建设的选址。

（三）文体

1998年后，广播电视站自办节目，开辟新闻、农技、卫生与健康、计划生育、天气预报、文体活动等栏目。组织文艺队参加区、市的农村会演。各村有老人活动中心或文化室，阅览室。农村电影队定期不定期到各村放映电影。有文化站1处、1000多座位影剧院1座。成立镇级南音协会1个，村级南音协会8个，组建腰鼓队4支，广场舞6支，大鼓吹42支，南音队伍7支，健身路径55个，标准灯光篮球场3个，手提木偶和布袋戏班3个。每年举行老人体育赛3次，中小学生运动会各1次，农民运动会1次。

（四）卫生计生

1958年，马甲卫生院建立，全院占地面积8334.4平方米，总建筑面积19682平方米，全院员工71人，其中在编人员53人，2007年已成为洛江区综合医院。此外，全镇各村均有卫生所，有卫生技术人员39人。医疗保健机构开展农村初级卫生保健，在儿童中进行各种预防接种防疫，开展妇科病和流动疫病的防治。1997年建区后，开展卫生城镇活动和群众性爱国卫生运动，改水改厕，修建垃圾中转站，综合治理环境卫生。1998年全镇初级卫生保健达标。1999年，马甲镇被省政府授予“卫生乡镇”称号。至2007年，新型农村合作医疗全面推行，参合居民约43261人，参合率达76.4%。全镇初婚率8.26%，人口出生率12.04%，出生政策符合率89.31%。

（五）居民生活

收入水平 1998年，马甲镇农民人均纯收入3502元，2004年为4937元，是1998年的1.4倍。2007年，农民人均纯收入6537元，是1998年1.87倍。

居住条件 2006年12月31日，第二次全国农业普查数据显示，马甲镇（常住户）拥有住宅面积215.45万平方米，出租面积6.38万平方米。无住房25户，人均拥有10平方米以下129户，10—25平方米2789户，25—50平方米5919户，50—100平方米3670户，100平方米以上993户。

（六）社会保障

2007年全镇纳入城乡最低生活保障户733人，发放低保金额100.27万元。1989年，在永安村建成马甲镇敬老院，占地面积1000平方米，为两层砖混建筑，建筑面积450平方米，房间12间，至2007年先后有100多个孤寡老人在敬老院安享晚年。

第三节 罗溪镇

一、概况

（一）位置境域

罗溪镇位于洛江区北部，北纬25° 07′、东经18° 36′，距泉州市区40多千米，东与仙游县相连，西与南安市毗邻，南与马甲交界，北与虹山乡接壤。全镇辖区面积126平方千米，四周山岭环绕，主要溪流发源于玉叶山，故宋代称玉泉山。除玉泉山外，环北有后溪、环西有前溪，由东往西有下宫溪及翁圳、石圳等小支流注入前、后溪，溪圳罗列于四面八方，这是始于元代称其为“大罗溪”之渊源。

（二）建置沿革

宋代属晋江县玉泉乡常建里，因东南环绕翁山溪、前溪，其溪水发源于玉叶山，故称“玉泉乡”。元至清朝属晋江县四十七都。民国29年（1940年），今域属第四区颖川乡、金溪乡、山顶乡（区署驻河市）。民国33年，撤销区建制，属晋江县罗溪乡、山顶乡。中华人民共和国成立后，今域属晋江县第一区（区公所设在柏山村尾园组，1953年搬迁至西头埔黄氏小宗）；1955年9月，改称大罗溪区，辖12个乡。1958年3月，晋江县撤区并乡，今域为罗溪乡、虹山乡、钟山乡。同年8月，3个乡合并为罗溪乡。同年10月，改称罗溪人民公社，下辖19个生产大队。1971年1月，划归泉州市管辖。1984年7月，罗溪公社改称罗溪乡。1987年10月，划出苏山、虹山、白凤、松角山4个村成立虹山乡。1991年10月，撤乡建镇，称罗溪镇。

（三）人口

1997年，罗溪镇下辖16个行政村，220个村民小组，人口41749人。2007年末，全镇下辖17个行政村，总人口43149万人，城镇人口4721人，村民主要姓氏有黄、赖、陈、林、廖等，以黄姓和赖姓为多。

（四）旅游景观

辖区主要的旅游景点有罗溪森林公园、廓垅庙、龟峰岩、圆觉寺、玉叶寺、西龙寺、道观岩寺、南宋古拱桥、名木珍稀古树、大寨山吴觐起义山寨遗址、清朝护林碑等。

（五）工艺特产、矿产

八峰山桔梗　产于八峰山东北悬崖绝壁，西南向呈45度坡，海拔200米以上山坡是黑沙土壤，时有云雾环绕，具有清凉解毒、益阳补气、润肺健身的效果的中药，每年端午节后采收。

花魁瓷器　宋元明时代盛产。1987年，泉州文物考古小组发掘宋代瓷窑，挖出宋江代碗、碟、瓷锅、瓷吊灯等多种青蓝彩绘书画瓷器产品。

罗溪铜锣（见第二十八篇）

岩茶　钟石山、建兴山、玉叶山盛产名茶，此三山海拔600米左右，经常“白云盖顶”、雾气腾腾，所产岩茶，其质冠于其他山茶，尤其是钟石山所产之茶更佳，素有民谣：“钟石茶叶，胜过中药。”

罗溪草席　八峰山下的良田是黑沙壤，适应草席的生长，其席草不粗不细，有韧性，所织草席经久耐用。民国时期永生村家家户户有织席机，历来有“马甲村，翻土豆；潘家乡，翻蔗头；山顶彭烟雾罩、大罗溪拿席扣”的民谣，产品畅销广州、福州、厦门等地。

八峰山金矿　经探察，其黄金含量颇丰。

后溪铁矿　后溪村桥下常年有血色水流出，经探察，整座大寨山藏有铁矿。

二、经济建设

（一）工业

中华人民共和国成立初，境内工业几乎空白。20世纪60年代，公社、大队创办一些社队企业，以手工业为主如农械厂、木器厂、竹器社、砖瓦厂、铜锣厂、铁木厂、粮食复制品厂等。1991年，乡镇企业18家，工业总产值802万元。1997年，全镇工业总产值4802万元。随着企业引进发展，2005年罗溪镇启动工业园建设，其位于镇区中心地段，园区基础设施建设逐步完善，至2007年有2家外资企业在罗溪投资办厂，当地企业好利来鞋业企业入园区新建厂房1.4万平方米，主要有服装、针织、鞋业、卫生用品等行业，全镇工业总产值2.028亿元，其中规模以上工业产值1.404亿元，出口交货值4474万元，财政收入1175万元。

（二）农业

罗溪镇是洛江区的粮食和经济作物的主产区。1964年后，推广农业技术和科学种田，引进推广矮秆抗倒伏水稻品种，甘薯推广新种花、“晋薯7号、8号”等优质高产品种。推广科学种田，开发山地办果林场、茶场，如公社、队办场有玉叶、钟山、建兴、碧山、垵内等茶场、前溪五尖山果林场。20世纪60年代新建前溪、回石、翁山、石纳等水库，20世纪70年代修建八峰、广桥水电站、前溪一级电灌站，兴建诗埔、车岸等水库，确保农田灌溉。改革开放后，调整农业结构，甘蔗、果树、畜牧生产较快发展，甘蔗成为重要经济作物，垵内、建兴村发展香蕉种植400多亩。1991年，全乡耕地11121亩，农作物播种面积33636亩，粮食作物以水稻、甘薯为主，主要经济作物有马铃薯、大豆、花生、甘蔗、龙眼、橄榄等，农牧渔总产值1241万元。1993年后，利用丘陵山地发展龙眼等果树种植。1997年，永成畜牧有限公司建成年出栏万头的生猪基地场。2000年后，罗溪镇建立水稻优良品种示范基地100亩、旱地作物和反季节蔬菜种植试验基地200亩、后溪马铃薯冬季种植示范基地150亩，东南医药有限公司新增种植中药材山麦冬示范基地150亩。2001—2006年，超大集团在罗溪后溪等村建立大棚蔬菜生产基地400亩；全镇现代农业示范、速生林、盆景花卉、中药材生产加工、生态旅游休闲、万头商品猪等六大基地初步形成。2007年，全镇耕地面积11124亩，其中水田1万亩，旱地1230亩，山地面积10万亩，森林覆盖率达80%以上；全镇农林渔牧业产值9377万元，其中农业产值4130万元，畜牧业产值4920万元，林业产值161万元。

（三）服务业

1997年后，推动服务业的发展，特别是利用资源优势，发展生态旅游项目。2006年，罗溪森林公园借鉴“农家乐”的经验，新增森林人家休闲健康游项目，获“福建省首届十佳森林人家”称号。

三、镇村建设

罗溪镇的前溪、后溪两条河流贯穿于境内。宋元时建有广桥、金溪桥；明清时有通仙游、南安、泉州、永春湖洋的道路，均为碎石土路，1米多宽。民国时期，民工修筑姑舅岭公路，长8千米；农田大多靠池塘、井提水灌溉；街面狭窄，仅有几家小店铺。中华人民共和国成立后，罗溪镇的基础设施和公用事业不断发展、完善。1958年修通泉州至罗溪公路，1966年建成罗溪至洪四道路，1968年建成梅山—罗溪—仙游公路；1987年，罗溪新建农贸市场（二楼服装及小商品市场），逐步建成农民街。1988年，罗溪影剧院建成。1996年，罗溪汽车站建成。2007年，全镇17个行政村均开通有线电视和程控电话，移动通信信号全面覆盖，实现村村通水泥路。随着万虹公路拓改、金光隧道贯通，罗溪东环路带动镇区改造及拓展，形成东扩至奕聪中学，北连后溪村的镇区新构架。罗溪新街、环镇路两侧建设初具规模，沿街建成商住楼1万平方米以及新农贸市场的投入使用，提升镇区的聚集功能。镇区Ⅱ期整治完成用地整体规划及亩数丈量、面积确认，与部分被征地户签订征地协议。双溪村草埔新村商住楼建设6000平方米。镇区公共建筑设施有邮电大楼、集贸市场、影剧院、卫生院、文化娱乐场所。

四、社会事业

（一）文化教育

至2007年，全镇辖区有中学1所、小学20所、幼儿园17所；南音社1个、老人学校1所、文化站1个，17个行政村均设立老人活动中心；罗溪中学实施“双高普九”，通过省级评估验收；旅居印尼侨胞黄奕聪独资7000多万元捐建奕聪学园，其中奕聪中学按普通高中一级达标的要求，高起点、高标准规划建设，设施齐全，设备先进。台胞黄和平投资340万元建设敬德中心小学1.2万平方米的配套建筑。

（二）卫生计生

罗溪卫生院位于镇区，前身系1956年7月的罗溪乡联合诊所。2007年，旅澳侨胞黄通成捐资200万元完善罗溪卫生院医疗卫生设施，院址占地面积约8733.34平方米，建筑面积4356.2平方米，全院在编42人，其中卫技人员35人。各村均有卫生所。至2007年，新型农村合作医疗全面推行，全镇居民36295人参保，参保率达84%。1997年起，落实各项计划生育奖励优惠政策，开展“安居、成才、致富、亲情、保障”工程。2007年，扶持9户二女安居工程建设，减免“二女户”女儿1086人次学费1.5万多元，为二女户学生征订《小学生周报》及免费体检，帮扶16户计生二女困难户贴息贷款16万元，慰问34人1.5万多元，发放低保金348人7.3万多元，奖励扶助独生对象、二女扎对象10.85万元。同年，全镇初婚率9%，人口出生率 9.018‰，出生政策符合率 97.12%。

（三）居民生活

收入水平　1998 年，罗溪镇农民人均纯收入 3502 元，2004 年，人均纯收入 4937 元，是 1998 年的 1.4 倍。2007 年，农民人均纯收入 6537 元，是 1998 年的 1.87 倍。

居住条件　1997 年后，农村新建房屋增多，农民居住面积逐年扩大，实现从平房到楼房，从砖混结构到钢筋混凝土结构转变。2006 年 12 月 31 日，第二次全国农业普查数据显示，罗溪镇（常住户）拥有住宅面积 95 万平方米，出租面积 0.94 万平方米。无住房 28 户；人均拥有 10 平方米以下 139 户，10—25 平方米 2185 户，25—50 平方米 2904 户，50—100 平方米 1041 户，100 平方米以上 243 户。

（四）社会保障

2000 年，乡村统一征地、规划，建设三村小岭灾后重建工程 18 宗房；扶持 30 多户残疾人贫困户建设安居工程；扶持 31 户“造福工程”、地灾点危房搬迁建设；扶持 3 户“五保户”建设安居房。2007 年，纳入城乡最低生活保障户 553 户 1289 人，发放低保金额 85 万元。

第四节 虹山乡

一、概况

（一）位置境域

虹山乡位于洛江区北端，北纬 25° 07′、东经 18° 35′，平均海拔 450 米。东、南两面与罗溪镇相交界，西与南安市为邻，北至仙游县。全乡辖区面积 24 平方千米。

（二）建置沿革

宋代属玉泉乡常建里。元至清朝属晋江县四十七都。民国 29 年（1940 年），今域属晋江县第四区山顶乡（区署驻河市）。民国 33 年，撤销区建制，仍属山顶乡。中华人民共和国成立后，今域属晋江县第一区（区公所驻罗溪）。1958 年 3 月，晋江县撤区并乡，设立虹山乡，同年 8 月并入罗溪乡。1971 年 1 月，罗溪公社从晋江县析出划归泉州市管辖。1987 年 10 月，罗溪乡析出虹山、苏山、白凤、松角山 4 个村组建虹山乡，乡政府驻虹山村。2000 年，苏山村拆分为苏山村、前坂村。2007 年，全乡辖前坂、虹山、松角山、苏山、白凤 5 个行政村。

（三）人口

1997 年，虹山乡辖 4 个行政村，53 个村民小组，人口 11230 人。2007 年末，虹山乡辖 5 个行政村，总人口 12164 人。虹山乡迁往台湾人口有千人以上，迁住日本的也有 114 人，侨居地主要分布在印度尼西亚、马来西亚、菲律宾和新加坡等地。村民姓氏有彭、陈、林、谢，其中彭氏占总人口 95% 以上。

（四）资源特产

1997—2007 年，虹山乡年均降雨量 1488 毫米，全年无霜期 340—350 天，森林覆盖率 70.1%，绿化率 98.1%，仅观瀑景区就有树木 180 多种。全乡林地 1.73 万亩，山地 2.73 万亩，虹山乡矿产资源有辉绿岩、高岭土等。

（五）旅游景观

观瀑景区位于虹山村水尾，瀑布落差 80 多米，景区面积 23.33 公顷，其中风光田园 16.67 公顷、竹园 13.33 公顷，景区内有原始树林及亚热带常绿阔叶林。虹山跑马寨位于虹山入口，海拔 470 米，面积 200 亩，有良好生态环境及高度旷野，是古代屯兵练兵驻地。彭棠古民居位于苏山村，有保存较久的彭棠古大厝。虹山吾坑后生态园位于苏山村境内，面积 20 公顷，其完整生态系及原始生态林贯穿其中。虹山观光园位于苏山茶场，面积 33.33 公顷，有古老与现代的制茶机械和成片的茶园。车房街是古代往省城（福州）驿道的中转站，有保存较完整的驿道遗迹。虹山独具特色的养生文化——彭祖养生文化。

二、经济建设

（一）农业

1963—1966年，虹山境域创办白凤茶场（200多亩）、苏山茶场（300多亩）、虹山茶场（100多亩），茶叶种植面积和产量逐年提高。1978年后，建设大小天马茶叶基地，茶场茶叶品种改良，种植和制茶改进。1986年后，茶叶种植面积逐年减少，甘蔗生产较大发展。1991年，全乡耕地面积4136亩，农作物播种面积8713亩，农牧业总产值215万元，主要作物水稻、甘薯、花生等。2000年起，虹山乡推进扶持“一村一品”特色基地建设，新种改造茶叶基地200亩、尾巨桉650亩、笋材两用毛竹基地250亩，扶持建立禽畜养殖场2个。2002年后，修复长尾坑水库，新建及修复引水渠6153米、水坝3个、管灌2000米、机耕路6400米，对红梅坑等3个山围塘进行除险加固，农田水利基础设施得到较大改善，推广种植红心甘薯1000亩和蔬菜150亩，茶园2500亩，特别是“红心甘薯”和“红心薯干”外包装统一设计、制作，打造形成虹山无公害绿色食品品牌。2007年，全乡耕地面积4740亩，农作物播种面积9750亩，农牧林产值2650万元，其中农业产值1359万元，畜牧业产值1200万元，林业产值58万元。

（二）工业

1992年，乡镇企业9家，乡镇企业总产值为250万元。2004年，新利来鞋厂成立，产品涉及运动鞋、编织鞋，年产值1000万以上，产品远销东南亚、日本、韩国等国家和地区。2007年，全乡工业总产值3957万元，其中规模以上企业2家，主要为鞋服生产，总产值2286万元。

三、乡村建设

1976年，开通罗溪后溪村至虹山乡公路，长6千米。1992年，乡境内有苏山车房街一条主要街道，4条乡村公路。1993年，建设罗溪林场至虹山公路（柏油路面），全长6千米，宽6米。1993年，建设虹山农民街。2001年，进行虹山入口路段拓宽硬化改造3千米。2002—2006年，完成苏山桥头至白凤村部道路2500米、白凤村大圪组道路800米、申北公路1200米、松角山村三元坑至广桥道路2500米以及虹山村小宗边至景区道路810米共5条乡村公路的改造硬化。2006—2007年，虹山入口路段拓宽改造硬化6.5千米。

1992年，程控电话30门，1997年后通信基础设施不断完善，至2007年固定电话有400多部，移动、联通、电信信号实现全覆盖，村民手机持有率达90%，有邮政代办点1家，电信服务点1家。

2003—2006年，建成白凤大磨山水库及镇区人饮工程、前坂村九重漈人饮工程和松角山村人饮工程，解决4000多名群众饮水问题。2007年，苏山、前坂村完成人饮工程建设，2个村1500多名群众生活用水问题将得到有效解决；至此，全乡陆续建设蓄水池15处，日供水1115吨。

1997年后，虹山乡区建设步伐加快。2002年，松角山村全境、镇区中心路段架设路灯共171盏；2002—2006年，全乡5个行政村架设770盏路灯，实现“村村放光明”。2000—2002年，松角山新村建设，建成松角山、虹山新村排水排污工程，拆旧建新48户，改水改厕138户。2003—2006年，开展“清洁家园”专项行动，新建一批环卫设施，建立完善镇区环境卫生保洁制度，建设乡垃圾填埋场。白凤村创建市级沼气池建设示范村。

四、社会事业

（一）科技教育

1997—2007年，虹山乡政府配备科技副乡长1名，成立虹山乡科学技术协会，各村成立科普协会，建立科普惠农工作站和虹山乡青少年科技活动中心，成立虹山乡果蔬行业协会。实施红心甘薯种苗提纯科技项目 1 个，建设“虹山红心甘薯”品种标准化栽培示范基地。每年通过科技下乡、邀请致富能手和专家开展技能培训、举办讲座等多种方式宣传科技，普及种植、养殖和加工方面实用知识。

1969 年，创建虹山附中（隶属罗溪中学）。20 世纪 70 年代至 90 年代初期，虹山旅居印度尼西亚侨胞，心系桑梓，两度捐资建校，学校规模不断扩大。1993 年，应形势发展之需，附中独立办学，正式命名为虹山中学。2003 年，虹山中学被确认为泉州市“初中达标校”。2007 年，全乡辖区内有 1 所初中校、2 所小学、1 所中心幼儿园。

（二）文化体育

虹山乡拥有彩虹飞瀑、古松林、圣妈祖聚峰宫、近百座闽南古大厝、彭氏家庙、彭棠古民居、清代水尾护林碑、明代史学家何乔远诗摩崖石刻等诸多自然景观和历史名胜古迹。2001 年，护林碑建筑群列入泉州市文物保护单位。2007 年，虹山乡文化站被列入省“百个乡镇综合文化站改造完善工程”之一，由一座旧的综合楼改建为综合文化站。

（三）卫生计生

1983 年，由印尼侨胞捐资建成虹山医院，建筑面积 1400 平方米。1997 年后，加强开展卫生城乡活动和群众性爱国卫生运动，改水改厕，综合治理环境卫生。开展农村初级卫生保健，在儿童中进行各种预防接种防疫，开展妇科病和流行疫病的防治，1998 年初级卫生保健达标。2007 年，全乡有村卫生所 4 家，医务人员 5 名；儿童疫苗接种率达 95% 以上，孕妇保健率达 94%，妇幼保健率达 87%。同年全面推行新型农村合作医疗，约 1.25 万人参保，参保率 99.8%，投入经费 625 万元。

2007 年，全乡初婚率 10.80%，人口出生率 10.19%，出生政策符合率 97.5%，出生人口性别比 100 ∶ 108，二女占二孩比例的 42.3%。

（四）居民生活

收入水平　1998 年，全乡农民人均纯收入 2478 元。2007 年，全乡农民人均纯收入由 1999 年的 2789 元，提高至 5127 元，是 1998 年的 2 倍。

居住条件　2006 年 12 月 31 日，第二次全国农业普查数据显示，虹山乡（常住户）拥有住宅面积 27.57 万平方米。无住房 36 户，人均拥有 10 平方米以下 55 户，10—25 平方米 797 户，25—50 平方米 836 户，50—100 平方米 312 户，100 平方米以上 73 户。

社会保障　1997 年，重点保障无生活来源、无劳动能力的“五保”对象及鳏、寡、孤、重病残和因灾造成生活特别困难的对象。2002 年，低保覆盖面扩大至 1.7% 以上。2003—2006 年，累计落实帮困资金 50 余万元，实施“造福工程”，扶持 20 户“二女”困难户和 5 户残疾人困难户解决住房问题，帮助 70 多户困难户发展生产，慰问 500 多户困难户。2007 年，扶持 1 户残疾人安居工程建设，为 172 户 340 人发放生活低保金 22.3 万元，发放救灾救济救助资金 10.6 万元。

第三十二篇 人物 先进集体

本篇人物传立传对象为对洛江区或区外各个历史时期有重大贡献和影响的洛江籍已故人物以及客寓洛江的非洛江籍已故人物。人物表中，有为保卫国家和人民生命财产献出生命的革命烈士，有为国家建设事业立下汗马功劳的高级技术专家，有军政要员、华侨与台胞知名人士以及各条战线杰出模范等，表格按职务、职称及一定级别的表彰分列。先进集体为获省部、市厅级表彰，按授予时间为序列表。

第一章 人物传

蔡 襄

蔡襄（1012—1067），字君谟，仙游县人。父名琇，世居仙游县枫亭驿，初务农，曾为泉州吏员。母亲卢氏，惠安县德音里（今泉港区后龙镇）圭峰村名士卢仁之女。蔡襄童年受到外祖父的严格教育。15 岁参加乡贡，18 岁游京师，入国子监深造。北宋天圣八年（1030 年），参加开封乡贡获第一名。天圣九年登进士第十名，次年授漳州军事判官，任职 4 年。

北宋庆历三年（1043 年），蔡襄主持谏院衙署，遇事从不回避，奏疏忠诚恳切，大都关系天下利弊、一时缓急。蔡襄认为国家安危取决于人事，国君要知人善任、辨别邪正。蔡襄直言敢谏，权贵心怀畏惧，多有收敛。

庆历四年，蔡襄调任福州知州，庆历六年秋改任福建路转运使。庆历八年，父亲去世而离职。皇祐三年（1051 年），蔡襄回朝修《起居注》，参加政事。皇祐四年，迁任起居舍人、知制诰兼判注内诠。

嘉祐元年（1056 年），蔡襄再知福州。在任上劝学兴善，传播医治蛊毒的药方，教育民众遵法为善，改变陋习，监督官吏深得民心。北宋嘉祐年间（1056—1063 年），蔡襄奏请减免漳、泉、兴三州身丁钱一半，减轻民众负担。

至和、嘉祐年间（1054—1063 年），蔡襄两次知泉州，第一次自至和三年二月至嘉祐元年六月，第二次自嘉祐二年七月至嘉祐五年秋。蔡襄在泉州任上，首先整顿吏治。当时晋江县令章某贪赃枉法，蔡襄奏疏弹劾，把章某革职为民。蔡襄又修建沿海州县城池，加强军事防备，教习舟船熟记水势，防备海寇。

泉州城东郊有洛阳江，下游出海口江面宽五里，有万安渡。“每风潮交作，数日不可渡”“沉舟被溺，死者无算”。北宋皇祐五年，王瑀首倡建造石桥，蔡襄主持这项工程，费时 6 年 8 个月，至嘉祐四年十二月完工，桥长 1105.92 米，宽广 4.6 米，酾水（排水孔）47 道，称万安桥，又称洛阳桥。于是“渡石支海，去舟而徒，易危为安，民莫不利”。洛阳桥建成后，蔡襄亲自撰写《万安渡石桥记》，刻碑立在左岸。此碑文章简约，书法遒劲，镌刻传神，被誉为“三绝”。

蔡襄知泉州时期，连年发生旱灾，他调动民力，加强水源管理，制定《龟湖塘规》，制止用水纠纷。蔡襄任转运使期间又在郡南小乌石山访得一泉，通知泉州地方官好好管理，供民众饮用和灌田。治平年间（1064—1067 年），晋江县令王克俊在摩崖刻“蔡公泉”三字以为纪念。

北宋嘉祐四年，蔡襄在泉州成《荔枝谱》一书，分 3 卷 7 篇，内容包括荔枝的产地、生态、功用、服食、加工、贮藏、运销，介绍荔枝品种 32 种。

北宋嘉祐五年，蔡襄奉诏还京，嘉祐六年拜翰林学士权理三司使。嘉祐八年，仁宗去世，英宗即位，正式任命蔡襄为三司使。这年蔡襄又撰《茶录》一书，分上下两篇，上篇论茶道，包括辨茶、煎茶、品茶等 10 个问题；下篇论茶器，包括制茶工具、饮茶器具等 9 件器物，生动详尽。

北宋治平二年（1065 年），蔡襄出知杭州，拜端明殿学士后才去上任。治平三年十月，母亲卢氏去世，蔡襄护丧南归。治平四年八月，蔡襄在家中逝世，享年 56 岁，赠吏部侍郎，葬在枫亭蔡岭，欧阳修撰《端明殿学士蔡公墓志铭》。南宋乾道年间（1165—1173 年），赠谥忠惠。南宋庆元年间（1195—1200 年），在洛阳桥南街尾建蔡襄祠。

蔡襄是宋代四大书法家之一，书法精妙，恪守法度，有晋唐风轨，前代意韵，变态无穷，真、行、草、隶四体都达到妙胜之境。欧阳修称“蔡君谟（书法）独步当世”，苏轼评“君谟行书第一，小楷第二，草书第三，就其所长求其所短，大字为少疏也”。现存《万安渡石桥记》是蔡襄的大字冠冕；小楷中，《集古录序》横逸飘发，《荔枝谱》严正方重，《茶录》劲实端严，书体虽有差异，却各得精髓。蔡襄著作编成《蔡忠惠公集》，乾道年间王十朋知泉州，通过知兴化军傅自得求得善本，刻印行世。

陈　麒

原名陈麒，生卒年不详，字伯卿，排行第三，出生于南宋末，河市镇梧宅村人。陈三平生风流倜傥，工诗善文，但无意仕进。因送嫂至广南途经潮州，爱慕黄五娘，未经双方家长主婚而出奔，返还故乡，隐居林泉。他与五娘的爱情故事被编成著名的梨园戏《陈三五娘》历代传唱，陈麒就是该剧作中的陈三原型。陈三热爱公益事业，曾独资建“陈三坝”（包括两岸堤堰）。元兵入泉，杀戮宋室臣僚，陈麒不愿受辱，与妻投井死。

林一麟

林一麟（1502—？），字国祯，号“西塘”，国学生，系暗林第九世，马甲镇潘内村人，自幼敏悟，胸怀大志，一生不息地搏在公益事业上。青壮年时期，林一麟花巨资买下仙公山（谱载以百金购之），又在倭寇聚居地的鼻子底下（据传曾被寇抓入穴里勒索资财，施刑罚先后被剥十指指甲），在海拔 758.5 米高的山巅上大兴土木建庙宇，为完成宏愿，数十年的风餐露宿，肩挑行走在山野丛林之中，与蛇蝎蚊虫为伍，时而与虎豹豺狼打交道，尝尽人间苦中苦，庙宇建好已进入晚年，又投入抢修暗林族谱（首编），办学堂，修宫庙，修祖墓等公益事业上。仙公山白水岩寺右侧的“西塘祠”（亦称檀越祠）就是为纪念林一麟对仙公山的开发贡献而建的。

俞大猷

俞大猷（1503—1580），字志辅，号虚江，河市镇濠格头村人。俞大猷少怀壮志，向蔡清弟子王宣学《易》，又向赵本学（号虚舟）学习用《易》推演兵家奇正虚实之法。嘉靖元年（1522 年），俞大猷承袭父亲俞爱松百户世职，又从李良钦学剑术。嘉靖十四年，登第五名武进士，升泉州卫正千户，守御福建金门所。

明嘉靖二十一年，尚书毛伯温荐俞大猷任福建汀漳守备。嘉靖二十六年，击溃海贼，俘获 300 余人，立下功劳，擢广东都指挥佥事。嘉靖二十八年，俞大猷平定剽掠钦、廉二州（今广西钦州市和合浦灵山等县）的安南大臣范子仪之乱，但太师严嵩压扣俞大猷战功不报，只奖银 50 两。同年，广东感恩（今东方黎族自治区）、昌化（今昌江黎族自治区）二县各峒黎民起事，俞大猷任崖州（属琼州）参将，单骑入峒寨，与黎民约法，招降3700余人，平定海南，并建议建城设市，用汉法治理。

明嘉靖三十一年，倭寇大举骚扰浙江沿海，朝廷诏命俞大猷任宁波、绍兴、温州、台州诸郡参将。俞大猷发兵攻击汪直海贼与倭寇，在宁波、绍兴、松阳等处交战，斩获4000余人，溺死者不可胜计，其余倭寇逃遁。此役大捷，俞大猷竟遭停俸处分，不久俞大猷在海上焚烧贼船50余艘，才恢复俸禄。嘉靖三十三年，倭寇占据普陀山（在今舟山市定海区），杀武举火斌等300人，朝廷又命俞大猷戴罪剿贼，直到俞大猷在吴淞所（今上海市吴淞镇）击败倭寇，朝廷才免除俞大猷前罪。不久俞大猷为苏州、松江副总兵，在平望出击倭寇大捷，斩首3000余级。嘉靖三十四年，倭寇2万人屯松江县柘林镇，俞大猷随张经在嘉兴县以北的王江泾、六金坝大破倭寇，但功劳被严嵩义子、工部尚书赵文华和浙江巡抚胡宗宪占为己有，俞大猷被诬金山失律，谪贬充事官。继而一批倭寇进犯苏州陆泾坝，打败南京都督周于德，侵扰常熟、江阴、无锡三县之境，出入于太湖。俞大猷与副使任环在陆泾坝大败贼寇，焚烧、击沉贼船37艘，接着在江苏吴江县莺应湖击败贼寇，乘胜追击到马迹山，捉住魁首。金泾、许浦、白茆港贼寇溃逃出海，俞大猷一鼓作气追击到茶山、柘林，焚烧、击沉贼船25艘，俘获贼船9艘，时恰逢飓风，敌人覆没者无数。败寇300余人登岸走据华亭县（今属上海市松江县）陶宅镇，屡败赵文华等大军。巡辅曹邦辅反弹劾俞大猷纵贼，世宗大怒，褫夺俞大猷世荫，责令立功赎罪。不多久，俞大猷与副使王崇古入海追贼，焚烧巨舰8艘，斩获无数。

明嘉靖三十五年三月，俞大猷任浙江总兵，在西庵、沈庄、清水洼、黄浦接连击败贼寇，朝廷下诏赐还世荫，加都督佥事。同年击败盘踞浙江舟山岛倭寇。

明嘉靖三十六年，俞大猷加署都督同知。时海盗汪直被诱捕下狱，其党羽毛海峰守据舟山顽抗，俞大猷四面环攻，将士多死伤，而新倭寇又攻入沈家门，朝廷免去俞大猷及参将戚继光官职。嘉靖三十八年，倭寇流劫闽广，俞大猷先后斩杀倭寇四五千人，胡宗宪暗中纵放倭寇，却把罪责推给俞大猷，俞大猷被逮捕下狱，再夺世荫。锦衣卫陆炳为之拇通关节，大学士徐阶亦出面担保，才命俞大猷到边塞戴罪立功。

明嘉靖三十九年初，俞大猷东出蓟门，西入云中，大同巡抚引为契友，晨夕与之讨论军政大事。大同巡抚根据俞大猷的建议，由俞大猷吸收前人的经验，创制新式战车百辆，训练骑兵3000人。秋，投入实战，于安银堡大破俺答骑兵，获得百十年来未有的大捷。紧接着俞又以战车、骑兵辅助李文进袭击板升，再获大胜，朝廷诏还俞大猷世荫。借鉴上述2个出名的战例，京师开始设置兵车营。

明嘉靖四十年，俞大猷奉命南征，途经河南嵩山少林寺，选僧宗擎、普从随军学艺，回传少林棍真诀。俞大猷回到南方，升湖南辰州（治所在今沅陵县）镇参将，接连削平云溪等三郡六县叛乱。七月，俞大猷移师南赣，会合闽、广兵镇压饶平县（今属汕头市）张琏暴动，斩首1200余级，升副总兵，控制江湖闽广四道兵马，协守南赣、汀、漳、惠、潮诸州郡。

明嘉靖四十一年，俞大猷升任福建总兵。冬，倭寇攻陷福建兴化府，俞大猷与戚继光共同发兵收复，斩寇首2200余级，救出被掳男女3000余人。明嘉靖四十二年，俞大猷改任广东潮州。时有倭寇2万与吴平部众及峒民蓝松三、伍端、叶丹楼等武装，每日掠夺潮、惠二州，福建有程绍禄在延平府（治所在今南平市）作乱，梁道辉侵扰汀州（今长汀县），俞大猷逐一平复。后来吴平叛逃，俞太猷又被定罪夺职。时李亚元在广东河源、翁源二县叛乱，俞大猷用反间计生擒李亚元，俘斩万余人，救出被掳男女8万余人，朝廷恢复俞大猷官职，授广西总兵官，挂平蛮将军印，进署都督同知。

明隆庆二年（1568年），海贼曾一本进犯广州和福建，俞大猷合苏松副总兵郭成、福建总兵官李锡共同发兵平灭，再进右都督，还镇广西。在广西任上，俞大猷捐俸重建家乡濠溪桥。隆庆五年，俞大猷擒杀广西古田僮（壮族）杀人越货的巨盗黄朝猛、韦银豹等人，朝廷又进俞大猷世袭指挥佥事。

明隆庆六年，俞大猷受诬，回原籍听候调遣。事实澄清之后，俞大猷起为南京右府佥书，未到任又以都督佥事为福建总兵官。明万历元年（1573年）秋，俞大猷已70高龄，因计议进攻澎湖倭寇失利，又被夺职。万历四年，俞大猷重新以署都督佥事起右府佥书，领兵车营训练。有人讥他老耆，俞说："吾祖、父世官，享国厚禄，未有以报。平生志在北边，老当益壮，死而后已。”翌年，俞大猷训练好的兵车战术因故未能在边关推行，怀着终生遗憾心情三次上疏乞归。

明万历八年，俞大猷逝世，赐祭葬，赠左都督，谥号武襄，墓在晋江县后厝街西南苏垵村（今属晋江市磁灶镇）。广东的崖州、饶平，福建的武平、金门，浙江的宁波等地都建祠祀奉他。俞大猷在安定边疆抵抗倭寇的斗争中建立丰功伟绩，威名远震，与戚继光并称“俞龙戚虎”，俞大猷的军队号称“俞家军”。俞大猷著有《兵法发微》《剑经》《洗海近事》《镇闽议稿》《广西选锋兵操法》等，并辑编他的老师赵本学《韬铃内外篇》为《续武经总要》。俞大猷的记室李杜为他编纂《正气堂集》16 卷并撰《征蛮将军都督虚江俞公行记》。

1993 年，俞大猷家乡为其雕立石像，始建俞大猷公园。

刘宏宝

刘宏宝，生卒年不详，万安桥南村人，明万历十四年（1586 年）进士、翰林院庶吉士、累官中宪大夫、赠太常侍少卿。刘宏宝是位“宁可丢官，不可丢民”的清官。在担任浙江参政时，施行仁政，百姓有罪，采取“重教轻刑”，且洁身自好，恪守廉节，民感其德，各守本分，社会安定，时人赞曰：“宽来示辱鞭犹在，宠去清风鹤自携。”刘宏宝政绩斐然，谏声驰誉遐迩、善治“理学”，被浙江省列入“名宦”，被福建泉州列入“乡贤”。刘宏宝去世之后，恩赠“少卿”谥“文清”，赐之“名谏清卿”石坊，予以褒奖。平生著作有《尚书说》《谏垣遗稿》《诗集》等书。

赖虹山

赖虹山（1522—1578 年），罗溪人，又名统，字宗吾，号虹山，生于明嘉靖元年（1522 年）正月廿二酉时，卒于明万历六年（1578 年）十二月二十申时，享年五十七岁。赖虹山以泉州府附生习《易经》，明嘉靖三十四年举人，任广西思明府同知州，著有《课农轩稿守边集四子集解》，兴学造梁，赊荒化猾理冤，政绩载《广西通志》。

杜跃苍

杜跃苍（1561—1621 年），马甲人，字腾甫，号跃苍。据凤栖旧谱《武林志》记载，杜跃苍年少聪颖，勤文好武，应试两科武举。

明成祖时期，正式赐予朝鲜为国称号。朝鲜王朝对明朝采取“事大”尊奉政策。明万历二十年（1592 年）开始，倭寇收买朝鲜部分军队，煽动民众，形成一股强大势力试图侵略朝鲜国土，战乱殃及百姓。朝廷多次谴派钦差前往朝鲜封王平息战火，但所派钦差无一返还，多被刺身亡，或收取寇军贿赂叛变。朝鲜到处兵荒马乱、硝烟四起，百姓不得安宁，皇帝愤批众臣无用……情急之下，在朝为官杜应楚举贤不避亲，主动圣请皇帝差使堂兄杜跃苍往朝鲜宣令。杜跃苍早闻前差之事，胸怀痛恨之心，暗骂前使卖国求荣、庸弱无能，当圣面立下生死状：“不成仁便成义，若未能完成圣命，愿自提人头来见”。杜跃苍抵达朝鲜国后，一直没有宣读圣旨，更不收受任何金银珠宝，不被收买，而是深入民间考察民情，选出得民心顺民意的朝鲜新王。等到要离开之日，坐上回朝廷的船，离岸一箭之地时，当众宣读圣旨，再将圣旨用箭射到朝鲜国土，得以全身而退，完成钦差大臣使命。之后朝廷两次派兵支援朝鲜军队，于万历二十六年歼灭寇军。从此百姓得以安居乐业，朝廷众臣纷纷赞杜跃苍文韬武略，皇帝龙颜大悦，即踢封杜跃苍为六品官禄。

明万年三十三年杜跃苍请得圣恩准许还乡，得赐粮食三百石，为表杜跃苍钦命出使，不辱使命，特赐圣旨牌一块，上面写着“皇旨宣令”，杜跃苍回到家乡后将赐赏粮食与族人，深受族人敬仰。杜跃苍晚年时，每天坚持教导族人传承拙隐公家风家训，遵道贵德。明天启元年（1621 年），杜跃苍无疾而终。

杜应楚

杜应楚（1575—1634），马甲人，字翘甫，明万历七年（1579 年）儒士应试副榜补晋邑庠生，年登二十九，万历十年补廪，万历十三年（1585 年）乡试第五十三名，万历二十三年会试中一百九十四名，殿试一百十五名，工部观政，授河南怀庆府孟县知县。万历二十七年调直隶镇江府丹阳县，万历二十九年升南京户部广西司主事，万历三十五年任江南监税，万历三十六年十一月任山西员外郎，同年十二月升贵州司郎中，又升江西南昌府知府。

林如源

林如源（1576—？），马甲人，字维清，号五因，系暗林（莆楼）第十世，著名布衣文士。明万历四年（1576 年）三月廿一日出生在一个贫困的农民家庭，自幼敏悟，启蒙后博览群书，过目成诵，通读《十三经》《二十一史》以及诸子百家等书，编修族谱十四卷、《五因闲抄纲目集要》《史评》《八闽名山志》《八闽掇名志》《何司徒佳话》等二十余部书籍，并精诗赋，著有杂咏八十余首收入《诗文集》。仙公山上的“禅鸡冢碑”，即为五因撰文、张瑞图书丹。《泉州府志》（乾隆版）第二十八册有载。

吴 觐

吴觐（?—1647），罗溪人。父亲是本乡地主的佃户，吴觐和弟弟吴二、吴尾成人后也被地主雇为长工。三兄弟身材魁梧，孔武有力，一人能挑 200 多斤，同拜乡中拳师黄学宫学拳术。

明朝末年，泉州城郭附近乡村农民相继组织“斗栳会”抗租抗税，吴觐被穷苦佃户推举为乡中斗栳会首领，聚集本乡和邻乡 500 余人，联合抗租抗税，公开向地主派饷。

清顺治四年（1647）四月，吴觐以斗栳会为基础，召集数千人，歃血为盟，正式起义，亲手杀死地主黄世斗的小老婆，将居宅砸个稀烂，把黄家财产、粮食分散给穷人。吴觐起义后，很快在罗溪乡和马甲乡一带建立半岭庵、香炉、玉叶 3 个大寨和 6 个小寨作为根据地，招兵买马，制造兵器，训练士兵。吴觐自封为大帅，据半岭庵大寨，吴二据玉叶寨，吴尾据香炉寨，鼎立为三，互相接应，声势浩大，经常四处活动，打开地方劣绅的仓库救济贫民，主动出击摧毁劣绅黄明台等地方武装。八月，郑成功叔父、定国公郑鸿逵攻打泉州府城，扎营桃花山。吴觐率领义军从罗溪出发，直抵泉州城北花园头支援郑军。但郑鸿逵已退兵，城中重兵把守，戒备森严。军师章怀引（一说谢应奎）力主强攻，吴觐认为敌强我弱，强行攻城可能导致全军覆没，于是下令撤军。为此两人意见不合，章怀引将所部带往南安县洪濑另立山头，后来受清军招安。十月，吴觐义军袭击马甲乡凤栖杜氏宗祠等地方武装据点，打击封建势力。至顺治五年，起义队伍发展至数万人。

清顺治五年十一月，清军副将马得功率士兵 300 人入泉州，由黄明台做向导“围剿”吴觐起义军。黄明台献计切断香炉寨的水源，吴尾带领起义军击退清军一次又一次进攻。后来，吴尾贸然下山交战，被敌人用绳索绊倒坐骑。吴尾被擒不屈，被活活钉死在大门板上。接着，清兵围攻半岭庵大寨，马得功用疑兵计，令士兵夜间挑灯行军，循环往复，彻夜不停。吴觐以为清兵大军已到，为了保存实力，下令部属分散躲避，自己只身逃往笋坑一个山洞中藏匿。半岭庵大寨不攻自破，吴觐也很快被抓获，惨遭杀害。清军最后围攻玉叶寨，吴二虽然勇猛善战，但求胜心切，中计被擒。马得功派章怀引劝降，吴二得知吴觐、吴尾被害身亡，不禁怒火填膺，奋力挣拆囚枷，当场击毙章怀引。不几日，吴二被押至洪濑六甲街处死。

黄仕藻

黄仕藻（1605—1661），罗溪人，字元素，号果斋，黄梦诏三子，明崇祯三年（1630 年）中举人，崇祯七年登进士，历任浙江平湖、南昌江建县令、南京户部、江西清史主事员外郎。受晋升一级奉敕督催直江粮饷、分守广西左江道布政司参议，按察司佥事参政。朝廷加封太子少保、太常侍卿。任广西道时，民慕其功绩，为其建宦祠，其父遗像亦恭奉于此。崇祯七年家庙兴建。清同治年间，奉旨建“九上九落皇宫大厝”及“土楼”。清顺治十八年（1661 年）寿终。

刘鳞长

刘鳞长（？—1661），万安桥南村人，字孟龙，号乾所，明万历四十六年（1618 年）中举，越年中进士，累官资政大夫、太子少保，升兵部尚书兼东阁大学士。刘鳞长为官清正、刚直不阿，在任工部水司主事时，参与皇极殿的建筑工程，廉洁奉公，得到工部尚书王佐的赏识，在疏通护城河的工程中，按时按质完工，为朝延节省一万余金。在街道厅上任时，不畏权贵，拆毁提督乾清宫太监王体乾的侵街房屋，清理追随被戚宛和高级内监侵占的五城官房。在修葺卢沟桥的工程中，内监滥报预算费用 40 万金，在其主持并认真核算下，估算不需内监预算的 1/4 的资金，得罪内监马诚，马诚与权奸魏忠贤勾结，在刘鳞长到卢沟桥主持修桥后不久，急降圣旨，无端被降三级调外。直到魏忠贤倒台，才官复原职。崇祯初，因台省侵权，政出多门，刘鳞长因擅行调拨国库案无端株连入狱。事情澄清后调任常州通判，代理昆山知县四个月，任内革除积弊，为昆山百姓做实事。昆山父老感激之，塑其像于候潮旧址。后转为南京户部主事，升郎中，奉旨考察两浙学政，人称“公明”。明崇祯十二年（1639 年），调任四川建昌参议，后升川东参政。时四川农民起义，社会动乱，其在任内恢复重庆等州县建制，稳定四川局势。在重庆被围时，亲自赴援，遂解重庆之围，不久告老返乡。清顺治二年（1645 年），唐王朱聿键入闽，在福州建小朝廷，刘鳞长被任为“太仆侍少卿”，“兵部左侍郎”，加“太子太保”“兵部尚书”兼“东阁大学士”。翌年，唐王兵败，刘鳞长在桥南的府第被毁。顺治四年，洛阳桥被毁数坎，刘鳞长集资重修。泉州文化界耆宿陈泗东先生撰文在《福建乡土》杂志刊登，赞誉：“温陵七相，鳞长居一”。

杜中士

杜中士（1801—1847），汉族，字亮询，号翘林，后号蕉林，榜名中士，后改彦士，郡北凤栖杜氏（今洛江区马甲镇）。杜中士出生书香门第、诗书世家。曾祖杜生华（字朴庵）是郡北布衣才子，曾到泉州小山丛竹书院向学者名士世拱显（锡兰王裔）求学；因才华出众，世拱显将女儿世来舍许配杜生华，从此郡北杜家文风兴盛。杜中士自幼“聪颖慧、多才情”，饱学诗书，艺冠一时。后考进清源书院，拜陈寿祺（福州人）为师，与王捷南、梁文、丁汝荣、陈金城等人同窗，其《小学集注》等科尤其精进，深为师生赏识。清嘉庆二十三年（1818 年）时值童子试，泉州知府岳山主持考务，杜中士获得头名。道光三年（1823 年）殿试中进士，二甲第十九名；钦点翰林院庶吉士，改授礼部主事、员外郎。清道光十七年因才华超众，任顺天同考官；道光二十一年会试同考官。

清道光十九年十二月，林则徐在广东开展禁烟运动，杜中士向道光皇帝奏报福建沿海鸦片走私泛滥实情：“漳泉沿海奸民，平时勾通夷船者，今多在船同事，习其教法，依其装饰”“夷船所以停泊无忌者，由于水师员弁收受陋规，每船得洋四百圆一六百圆不等。船上烟土，皆营弁包庇贩卖。夷船一到彼处，则盈千累万，交水师哨船代为交易。”道光帝调邓廷桢任闽浙总督，选派祁寯藻和黄爵滋会同查办福建禁烟。

清道光二十年七月，英国殖民者发动第一次鸦片战争。杜中士心系国事、积极上奏，“筹图防守事”，建议将福建巡抚、闽浙总督驻扎泉州，大吏亲往督办，以收实功。道光皇帝下旨：“令闽浙总督，每岁亲赴泉州暂驻数月”，以便“一切就近督办”，使“其汉奸夷匪，闻风悚动，皆知法在必行，断难售其鬼蜮”。闽浙总督邓廷桢亲赴泉州督办海防。

清道光二十七年，身任浙江督粮道的杜中士“告老还乡”，晚年以收藏鉴赏为乐，收集的珍本书籍、名家书画不计其数。龚显曾在《泉州藏书家》中称赞：“陈颂南师，杜蕉林（中士）观察，许潋甫师，家皆有万卷罗列。”

杜中士喜好文学、工于书法，与陈庆镛、苏廷玉、黄宗汉等泉籍文人雅士多有往来。杜中士书法作品《灵飞经洒金书法立轴》仍存世。杜中士文章曾编辑成集稿本，收录文章计有90篇；集稿本尚存，遴选入《泉州文库》丛书。

杜中士为官清廉、敢言直谏。与陈庆镛、黄宗汉齐称泉州三御史。

邱二娘

邱二娘（1833—1855），女，河市人，生于穷苦农民家庭。父亲邱柳，半农半渔，懂得一点历法、医术；哥哥邱猴，种田烧炭为业。邱二娘从小被卖到惠安县后龙乡峰尾村刘家为童养媳，婚前婚后，备受婆婆和丈夫的虐待。

清咸丰初年（1851年），邱二娘忍受不了婆家的虐待，逃到东坪村表哥林杯家中，靠自己刺绣和行医谋生（她从父亲和王掌处学会一些历法和医术）。林杯是个江湖汉子，参加过太平军，被派回福建活动，通过与林俊结拜兄弟的法石村人胡熊同林俊取得联系，准备在惠安发动武装起义。在林杯的启发教育下，邱二娘经常以行医为掩护，深入群众，很快团结一批志同道合的人，雇工张炉、医生王文岳（王掌之子）、小贩杨信、秀才陈秋浦等先后加入起义队伍，并成为义军的骨干。

清咸丰三年（1853年）四月，林俊在永春州起义，林杯、邱二娘也在惠西笔架山高明王宫树起义旗，开始领导贫苦农民抗捐抗税，袭击地主武装，惩办贪官污吏，得到晋（江）惠（安）仙（游）人民的热烈拥护，队伍由几百人迅速扩大到几千人。起义后不久，林杯牺牲，邱二娘高举“顺天命邱娘娘”的旗帜，继续战斗，成为义军的首领。她仿照天国军事组织，建立男营和女营，建立根据地石级小寨。清军前来“清剿”，她率义军在官溪、半岭、驿坂等地抗击，打败清兵，并在同年八月间率领义军同当时进入仙游、莆田的林俊队伍会合，声势更加壮大。清朝福建统治者曾一再惊呼“东起莆田，南至惠安，绵亘百余里.... 尽为贼踞”。邱二娘的义军给封建统治者以有力打击。

清咸丰四年四月，林俊在南安埔头、炉内等处被清总兵钟宝三部尾追甚急，为引开敌人，林俊命邱二娘率部进攻惠安县城。邱二娘立即与各乡义军约定：以玳瑁山上的烽火为号，一见山上火起，即到县城会合。四月二十四日上午，邱二娘与胡熊亲率义军千余人向县城挺进，可惜当天大雾迷漫，各乡义军看不到玳瑁山上的烽火，没有前来会合，加上军情走漏，城内清军早有防备，邱二娘孤军作战，虽对县城发动猛烈攻击，终因守城清军拼死抵抗，四乡地主武装迅速赶来夹击，县城未能攻克，军师张炉等20余人被捕牺牲，邱二娘拔队离开县城。这次战斗虽未攻克县城，但调动敌人、帮助林俊解围的目的已达到。此后邱二娘始终在惠北山区领导抗清。

清咸丰五年五六月间，由于起义队伍中的陈大、陈桥、陈潮家三人利欲熏心，暗中向清廷告密，邱二娘被捕获，押送泉州，受尽严刑拷打，始终坚贞不屈。同年六月十四目，在泉州南校场被凌迟处死，时年仅23岁。

邱二娘牺牲后，泉州南校场居民祀她为“庄脚妈”，后人编有《血染桐江》剧本颂扬其英雄事迹。

黄赞恩

黄赞恩（1859—1927），罗溪人，字梅礼，号雪亭，清光绪五年中举人，光绪九年中进士，与状元黄培松同授业其父黄纪堂门下，光绪年间，钦点“御前侍卫”，后授任江苏维安府两江参戎，任官廉洁，政绩斐然，民怀其德，立碑永志。辛亥革命后还乡后，兴建“英斋宗祠”，寿终69岁。

蓝飞鹤

蓝飞鹤（1901—1930），原名蓝福来，字羽中，畲族，清光绪二十七年（1901年）出生，祖籍马甲镇坑头。民国10年（1921年）春，就读于泉州师范学校，毕业后历任小学、中学教师。民国14年，出国到新加坡。不久因组织领导沙捞越贫苦华侨的“三罢”（罢工、罢市、罢课）示威请愿而被驱逐出境，民国16年冬，回到惠安。民国18年，经中共惠安县委书记陈平山介绍，加入中国共产党。民国19年初，蓝飞鹤以福建省委特派员的身份到厦门，领导省委直属厦门港区工作，配合陶铸所组织领导的厦门大劫狱斗争。劫狱胜利后，蓝飞鹤奉命担任泉州特委组织部长。同年2月，中共福建省委在厦门召开第二次党代表扩大会议后，蓝飞鹤被任命为闽南总指挥部第二团长和“闽南苏维埃政府筹委会”副主席。蓝飞鹤由于日夜辛劳，积劳成疾，但他仍以坚强的革命意志，坚持革命斗争，于民国19年9月16日领导“惠安暴动”率师一举攻下反动的山柄民团的碉堡，打响“惠安暴动”第一枪，当场击毙反动民团总陈鸣周，打倒号称五陈乡一霸的土皇帝陈奕昭，把有铁锤镰刀的红旗，高高插在山柄民团的碉堡上，并在碉堡前的广场上，召开群众大会，烧毁陈鸣周父子的债券、田契，宣布没收其财产分给贫苦群众，公布陈鸣周、陈奕昭的罪行，张贴“中国工农红军闽南总指挥”的公告，在群众欢呼声中正式成立“五陈乡苏维埃政府”。革命的枪声震动惠安大地，广大贫苦农民纷纷前来投奔红军，许多村庄派来代表要求成立苏维埃政权，蓝飞鹤不顾身体有病，仍沉着地指挥战斗。18日凌晨，蓝飞鹤率领红二团战士突袭前林村时，不幸被敌人包围，病发被捕牺牲，时年仅29岁。

王济弱

王济弱（1907—2001），原名王生，河市镇人。幼年随堂兄往马来亚投靠父亲。民国15年（1926年）中学毕业后，回国报考中央陆军军官学校。

济弱被录取后先编入“学生军大队”受训，民国16年（1927年）正式编入该校第七期步兵科训练。国民党叛变革命后，济弱弃军从教，于民国18年重新报考陶行知创办的晓庄师范。不久该校停办，返回晋江县安海等地任教。民国20年加入中国共产党，翌年当选为中共晋南特别支部组织委员。

民国25年重返马来亚，担任槟城《光华日报》记者，参加晋江会馆、同善校友会、钟灵中学校友会、北马文化俱乐部等社团活动；发起组织集美校友会，创办北马集美小学并任校董会董事兼义务校长。抗战爆发后，参加“华侨抗敌后援会”，任“南洋华侨筹赈祖国难民总会槟城分会”执委，带头捐献部分工资作为抗日活动经费。配合骆世生、庄明理、洪丝丝等创办《现代日报》和《现代月刊》等刊物，宣传抗日救国。民国35年，任“中国民主同盟槟城分部”组织部主任。

1952年回国，在民盟泉州市委工作。1954年，调任泉州市侨联副主席，并蝉联第四至七届侨联副主席。1957年10月，当选致公党泉州市委第一届委员会副主委，并蝉联致公党泉州市委第二至第四届主委职务。1984年离职休养。2001年1月逝世，享年94岁。

许金荣

许金荣（1916—1984），又名吴寅、徐克、清源（清元），双阳高厝村人，民国5年（1916年）农历三月在漳州出生。因父亲经营饼店亏损，许金荣只念完小学。民国19年，父母染鼠疫同日去世。饼店负债1000多元，债主上门把财物一扫而空，当时许金荣年仅14岁。

民国20年，许金荣到厦门集隆参行当学徒。民国21年，结识厦门水果捐稽查员李青石（中共地下工作者），受李青石引导，开始接受革命思想。

“九一八”事变后，许金荣参加厦门反帝大同盟运动和收复“九一八”失地同盟的抗日秘密组织。民国23年，加入中国共产主义青年团，常与李青石到店员和码头工人中开展宣传活动。是年底，厦门中共党团组织遭破坏，许金荣失去组织联系。

民国25年夏，许金荣往缅甸，先后在勃固县枳都镇和敏濑镇的华侨商店当店员。

民国26年“七七”卢沟桥事变，许金荣参加当地缅甸华侨救灾分会，抵制日货，募捐筹赈。同年底，许金荣决心奔赴抗日圣地——延安，许金荣和好友郑有礼、苏学新由仰光缅华文艺界救国后援会介绍回国。

民国27年4月，许金荣一行三人辗转至西安。历经一个半月艰险跋涉，终于进入陕甘宁边区旬邑县陕北公学分校，许金荣被编入三十队学习。同年8月10日，许金荣加入中国共产党。10月，许金荣毕业后，又进延安中央组织部举办的党训班学习。翌年春，调中央党校学习。民国29年，转马列学校。民国30年7月，许金荣奉派到关中边区负责经营光华商店，任副经理兼财经部门党支部书记，为冲破国民党的封锁，许金荣和同事们深入边境集市，采购大量边区急需货物。

太平洋战争爆发后，为组成广泛的国际统一战线，民国31年初，中共中央决定以朱德为书记，建立中共中央海外工作委员会（简称“海委”），抽调许金荣等30多名华侨干部在王家坪学习、训练。民国33年秋，训练班结束，许金荣被调到八路军总司令部办公厅工作，先后担任秘书股长和庶务股长。

民国34年，抗战胜利结束，内战又一触即发。毛泽东主席于8月28日率中共代表团飞抵重庆，进行国共和谈。许金荣同10多位华侨干部一道，奉派到重庆负责谈判的后勤工作。

民国35年4月，为发动侨胞支援解放事业，许金荣重返仰光胜发土产公司当会计。次年，缅华店员联合会成立，许金荣任副主席。此外，还参与工联、书记公会以及店联民盟小组的领导工作。

1954年初，许金荣奉调回北京，担任中共中央对外联络部研究员。1955年，中联部派许金荣和许立（晋江人、归侨干部）到重庆创办四川学院，许立任院长，许金荣任党总支书记兼校务委员。1960年，许金荣调任中共四川省委组织部副部长兼省委干部三处处长。1965年，调任中共云南省委联络组组长，兼省委组织部副部长、省人民委员会副秘书长。

1971年，任昆明工学院党委副书记兼副院长。1979年7月，许金荣调回泉州，任华侨大学党委副书记兼副校长。

许金荣历任全国归侨联合会第二、三届委员，全国华侨史学会理事，福建省华侨历史学会副理事长。

1984年4月26日，许金荣在厦门欢迎来华侨大学的港澳中学校长参观团时，被自行车撞倒，头部受重伤，于28日凌晨逝世，享年69岁。

杜 伦

杜伦（1917—2007），曾用名杜铁高，民国6年（1917年）4月15日出生于印度尼西亚苏岛火水山埠，其父祖籍马甲镇新生村围仔厝，20世纪初年南渡印度尼西亚谋生，杜伦幼年在印度尼西亚上华人学校念书，自幼聪颖，勤奋好学，从小学至中学，学习成绩优异。经华人教师向印度尼西亚的学生介绍祖籍地中国幅元辽阔，物产丰富，历史悠久，文化灿烂，深深地打动了海外莘莘学子对祖国的向往之心。民国24年，杜伦踏上了归国之路，回到故乡新生围仔，在其舅舅资助下，到上海一所大学就读预科班。抗日战争爆发后，杜伦参加抗日救亡宣传活动，并参加军官训练团学习。在战干团学习期间，加入中国共产党。之后，杜伦由长沙转至广西桂林，进入徐特立为主任的八路军驻桂林办事处工作，并在广西大学组织开展学生运动。民国29年5月，随同徐特立一起奔赴延安，进入中央马列学院海委研究班学习。民国33年回延安整风后，被派往外国语学校英语系学习。翌年，被组织派往辽宁开展工作，任辽宁本溪市军政干校政治处主任，三地委干部科和宣传科干部，县委宣传部部长。民国37年12月，任抚顺市文教局长。民国38年4月，杜伦奉调进京，8月随广东干部南下。1949—1965年，在广东16年，曾任潮阳军管会主任，潮阳党委副书记，广东省华建投资公司总经理，广东省工业厅副厅长，中共汕头市委副书记。

1965年12月，杜伦回到泉州，任中共晋江地委副书记，1974年调任龙溪地区革命委员会副主任、中共龙溪地委副书记。1980年起，杜伦历任福建省外贸办副主任，香港华闽、福建华侨投资公司总经理，中共福建省顾问委员会委员，1990年离休，享受副部级待遇。2007年9月1日病逝，享年91岁。

尤鸿源

尤鸿源（1920—1944），原籍罗溪镇，在菲律宾马尼拉市出生。父亲早逝，少时失学，做过报童和餐馆、西药店学徒，靠微薄的收入维持家人生活。

民国24年（1935年），尤鸿源参加中华民族武装自卫会菲律宾分会（简称“民武分会”）。民国25年，“西安事变”后，尤鸿源推动“民武分会”成员与工、商、学业余俱乐部店员组织各种形式的抗日团体。民国26年5月，菲律宾华侨总工会倡议组织华侨劳工团体联合会（简称“劳联会”），尤鸿源被推举为“劳联会”筹备委员会成员。民国27年4月，“劳联会”在马尼拉正式成立。“劳联会”所属的菲律宾店员救亡协会（简称“店救协会”）也相继成立，选举许敬诚（许立）、尤鸿源、张匡时等8人为第一届执行委员。在尤鸿源等人的领导下，“店救协会”开展抗日救亡活动，举办时事讲座，创办夜校和各种学习班，举办文娱体育活动，进行争取改善店员生活的合法斗争，积极发展组织，以物力、人力支援祖国抗日战争。

太平洋战争爆发后，马尼拉沦陷前夕，“劳联会”组织300多名华侨青壮年，从马尼拉转移到中吕宋阿拉脱山的树林里，尤鸿源是领导人之一，他的菲律宾语、英语讲得很流利，又熟悉菲律宾的民情风俗，使转移队伍顺利抵达目的地。菲律宾华侨抗日游击支队（简称“华支”）成立后，尤鸿源作为“华支”驻中吕宋的代表，担负“华支”与菲律宾抗日友军之间的联络工作。尤鸿源不畏艰险，在深山老林中奔波，传递信息。

民国33年12月初，日本侵略军出动大批兵力搜索蕊描弱夏省甲标社地区，尤鸿源刚好去那里的一支部队办事，不幸被日本侵略军抓住。日本侵略军对尤鸿源施行各种毒刑逼供，尤鸿源始终没有泄露机密。最后，日本侵略军惨无人道地把尤鸿源凌迟碎尸。尤鸿源牺牲时，年仅25岁。

刘超然

刘超然，生卒年不详，河市人，先祖从万安桥南村徙河市。曾在民军陈国辉部任闽南财政处处长。陈国辉败后，刘超然到日本早稻田大学深造。回国后经陈佩玉介绍认识福建省省长陈仪，被任命崇安县长。在任时，曾为崇安人民和抗日战争事业做出很大贡献。陈嘉庚先生在《南侨回忆录》一文中说：“刘超然，这位闽南籍抗日县长，努力负责，廉政有余，父老都称誉之。”

黄和平

黄和平（1920—2008），台北市著名社会活动家，爱国人士。民国9年（1920年）9月，黄和平出生于晋江县罗溪乡（今洛江区罗溪镇），九岁因避盗匪随家人迁居厦门，民国27（1938年）日本占据厦门后，举家回乡避难。22岁考取中央警官学校，抗战胜利后，到厦门警务局服务，民国38年秋，携眷辗转到台湾，初任公职业余学医，至55岁考取中医师，旋即辞去公职。黄和平旅居宝岛，历尽艰辛，公职退休后，一方面潜心研究医学，以高尚的医德医艺闻名遐迩，另一方面潜心研究儒学，致力社会风化教育，建树良多。

1987年台湾对大陆探亲解禁后，1989年黄和平携眷回乡，在省亲中，黄和平深切感受到家乡经济要发展，培养好人才是关键，于是将在台悬壶所得及省吃俭用的积蓄捐出建校兴学。此后，黄和平先后捐资200多万元，分别在罗溪镇双溪村新建“敬德学校”、马甲镇前垵村新建“文华学校”，在罗溪镇洪泗村扩建“洪德学校”。2001年，黄先生捐资100万元，以报答寸草春晖为义命名建设泉州第十一中“慈恩图书馆”。2002年，捐助160万元建设泉州敬德职业技术学校。洛江区人民政府于校园里为其塑像以彰义举善行。2003年10月，黄和平先生回乡参加敬德职校落成庆典，当得知在洛江最边远的虹山乡缺乏一个像样的幼儿园，当即捐出20万元资助建设虹山敬德幼儿园。2004年11月，捐资160万元建设的洛江区教师进修学校落成，省政府授予“乐育英才”金质奖章、荣誉奖牌和荣誉证书。2008年逝世。

杜金枝

杜金枝（1921—1997），马甲镇人。民国19年（1930年）南渡菲律宾。太平洋战争爆发后，杜金枝从事抗日反奸宣传工作，参加菲律宾华侨抗日游击队。曾任菲律宾华侨民主大民盟常委、党小组长。

民国37年5月，杜金枝回国参加解放战争，加入广东东江游击支队，任一支队五团独立分队小队长。同年11月调任闽粤赣边纵队八支队三连排长。1949年5月调任八支队四团十一连连长。

1949年10月，调到福建省侨委工作。翌年到中央人民广播电台工作。1950年7月调任晋江县人民武装部副部长。1952年到海军教导队受训，次年3月分配到海军东海舰队工程器材处工作，1955年在国防施工中荣立二等功。翌年3月升任海军东海舰队工程部第一建筑器材科科长。1958年参加炮击金门战斗，被评为“五好”干部，留任福建基地工程处器材科科长。1961年荣立三等功1次。1964年被授予海军少校军衔。1975年8月，调任海军福建基地后勤部工程营房处副处长。1977年10月退休，1982年改为离休（正团15级）。1988年9月获授中国人民解放军独立勋章，同年10月获菲律宾退伍军人总会授予荣誉勋章。

金枝离休后参加社会活动，担任菲律宾华侨退伍军人总会委员、泉州市侨乡协会理事等职务。

杨维辉

杨维辉（1925—2000），汉族，民国14年（1925年）12月10日出生，河市镇梧宅村人。民国34年初被国民党作为“壮丁”抓去当兵，中途逃脱。同年2月，参加革命加入新四军。民国38年9月，加入中国共产党，先后担任苏浙军区第三科电话员、华东军司令部电话连机话员，组长、班长等职。1950年10月，转业到地方工作。1950年2月至1977年1月，先后担任晋江县第八区委员会公安员，晋江县第二区区长、中共晋江县金井区区长、晋江县委员、常委、副书记、副县长。1960年6月至1968年10月，担任晋江县县长。1977年2月至1983年11月，担任中共泉州市（县级）委副书记。1981年2月至1985年12月，担任泉州市（县级）第八届、九届人大常委会主任等职务。1987年5月离休，享受地专级干部待遇。2000年6月27日病逝。

吴庆星

吴庆星（1935—2005），汉族，缅甸华侨。祖籍马甲镇霞井侨村山边自然村。民国24年（1935年）出生于缅甸一个普通的华侨家庭，父亲吴善仰，母亲杜恩。民国30年太平洋战争爆发，日本南侵缅甸后，吴庆星随父母回国。抗日战争胜利后，又随父母重返缅甸居仰光市郊的沃降埠。1955年，作为缅甸爱国华侨代表回国参加国庆观礼，受到毛泽东、周恩来等中央领导人接见。之后到北京体育学院进修，参加北京国际篮球教练员培训班。回缅后经商，1965年到香港经营粮食和饲料，创建和昌集团并任董事会主席。吴庆星先后四十余次参加“广交会”，每年成交额都在1亿美元以上。20世纪80年代，业务扩展到国内外多地，被誉为“东南亚饲料大王”。1986年5月，吴庆星为实现先父的未竟事业，回乡创办仰恩大学。

1987年，投资7500万元，开山劈岭，创办仰恩学院，吴庆星亲自规划，亲临指挥，把小山村建成一座大学城。1988—1994年，学校为捐资公办。1994年，经国家教委批准，作为中国教育改革试点，由仰恩基金会独立办学，成为全国第一所具有颁发国家本科学历证书和授予学士学位资格的私立大学。2001—2002年，投资开辟新校区，形成占地面积133多公顷、建筑面积40余万平方米、依山傍湖、草木葱茏的美丽校园。

吴庆星爱国爱乡行动，受到党和政府的关怀和支持，朱镕基、贾庆林等党和国家领导人，福建省及教育部领导人，曾到学校参观考察。2001年8月和2002年5月，中国侨联和福建省政府先后授予仰恩大学“爱国主义教育基地”称号。2004年，福建省政府向仰恩大学颁发“热心兴学育才，造福桑梓，为福建民办高等教育事业做出突出贡献”的荣誉证书。吴庆星被提名为全国民办教育十大杰出人物候选人。吴庆星在海内外赢得良好声誉，《人民日报》《瞭望》杂志、《华声报》以及香港《文汇报》，美国的《侨报》等均有报道。中央台四频道《直通香港》栏目拍摄专题片。2005年病逝。

杜成金

杜成金（1943—2003），汉族，民国32年（1943年）10月25日出生，祖籍马甲镇蔡内村。杜成金幼年时家境贫寒，但其一心向学，刻苦读书，后就读于北京大学。1968年12月，杜成金被分配到陕西国营4320厂工作，时值“文化大革命”期间，他当过搬运工、炊事员，后调入厂办公室当秘书，翌年被提拔为办公室主任。1978年10月，调入泉州国立华侨大学任助教，后继任讲师、物理系总支部委员。1983年10月起，先后任校长办公室秘书、副主任、党支部书记。1989年6月，升任校党委副书记，1994年改任副校长，为副厅级。杜成金从教从政之余，热爱文学，其诗作入选《二十世纪中华诗人代表作》《中华当代婚寿庆典诗词联集萃》。2003年9月病逝。

杜亚美

杜亚美（1949—1989），女，又名秀美，1949年12月出生，马甲镇人。1959年9月，因家庭经济困难辍学。同年10月，在公私合营泉州市草席厂当织席工，1960年工厂停办。1961年，在泉州市（县级）日杂经理部当学徒，1962年转为练习生，1963年10月正式职工。1971年，杜亚美调入人民商场为营业员、出纳员，被评为“五好”职工。1973年1月，泉州市土产公司成立，杜亚美调至公司日杂批发部当出纳员。1978年11月，任公司南门日杂门市部负责人，以优异工作成绩出席泉州市“群英会”。1979年，被评为泉州市“三八红旗手”。1980年5月，杜亚美任工农兵日杂门市部主任。杜亚美倾听群众意见，采纳合理化建议，建立企业规章制度，按“五定一奖惩”落实柜组责任和制定许多公约，实行义务送货制，代客免费包装、装运，深入了解市场，开拓经营，增设家具专柜，同年，门市部超额完成购销利指标。

1983 年，杜亚美被选为泉州市第九届人民代表，同年 2 月加入中国共产党。1987 年，被评为省劳动模范、优秀共产党员，获省“五一劳动奖章”，被选为泉州市妇女联合会第八届执行委员。同年 10 月，升任鲤城区土产日杂公司副经理兼南门日杂商场主任。至 1989 年，其负责的商场连续五年购销年增 17%，上缴税利年增 11%。同年，被评为商业部特级劳动模范，获全国“三八红旗手”称号。同年 10 月初，亚美患病，仍带病坚持工作。同月 17 日住进医院，28 日抢救无效去世。

第二章 人物表

第一节 现代职官名表

洛江籍新民主主义时期中共地方组织及其武装领导人名表

表 32-2-1

姓名	籍贯	组织名称	职务	任职时间
王济弱	河市	中共晋南县委	组织委员	1932 年 5 月至 1933 年 12 月
吴序阳	马甲	中共洪河区工委	书记	1947 年 12 月至 1948 年 5 月
		中共洪河区委		1948 年 5 月至 1949 年 5 月
		中共晋南永县工委		1949 年 5 月至 1949 年 9 月
		晋南永游击大队	教导员	1949 年 6 月至 1949 年 7 月

洛江籍晋江县、泉州市（县级）党政、人大、政协负责人名表

表 32-2-2

姓名	性别	出生年	籍贯	工作单位及职务	任职时间
杨维辉	男	1925 年	河市	晋江县人民政府县长	1960 年 6 月至 1968 年 10 月
				泉州市人民政府副市长	1977 年 2 月至 1981 年 2 月
				中共泉州市委副书记	1977 年 2 月至 1983 年 11 月
				泉州市人大常委会主任	1981 年 2 月至 1985 年 12 月
王济弱	男	1907 年	河市	政协泉州市副主席	1981 年 2 月至 1985 年 12 月

副处级以上职务干部名表

本表录入至 2007 年已知的洛江籍（含在区外工作）的曾任或现任行政副处级职务、军队副团级职务以上干部及企事业单位相当于副处级以上职务的部分人员，以出生时间先后顺序列表。

表 32-2-3

姓名	性别	出生年份	籍贯	工作单位及职务	附注
许金荣	男	1916 年	双阳新阳	泉州市华侨大学党委副书记兼副校长	副厅
杜　伦	男	1917 年	马甲新生	福建省华侨投资公司总经理	正厅
杜政权	男	1925 年	马甲蔡内	晋江地区农机局局长	副处
杜荣昌	男	1927 年	马甲新民	中国兵器工业总公司第五设计研究院	处级
杨平定	男	1929 年	河市梧宅	陕西省西安市建设局副局长	正处

续表 32-2-3

姓名	性别	出生年份	籍贯	工作单位及职务	附注
杜丕庆	男	1930 年	马甲杏川	双阳华侨农场场长	副处
彭章生	男	1930 年	虹山松角山	中共福建省纪律检查委员会副处长	正处
彭建认	男	1930 年	虹山前坂	厦门市核工业部第二工程处主任	正处
吴智勇	男	1932 年	马甲霞井	黑龙江省五常市人大常委会副主任	副处
黄振家	男	1933 年	河市新告	解放军工程兵司令部参谋	副团
潘用辉	男	1934 年	河市新告	青海省商业厅副处长	副处
赖罗艺	男	1934 年	罗溪三合	国营三〇〇七厂人事劳资处副经理	副处
邱渊源	男	1934 年	马甲梧峰	三明市司法局公证处主任	副处
潘用辉	男	1934 年	河市新告	青海省商业厅副处长	副处
吴继华	男	1935 年	马甲洋坑	安溪县人大常委会副主任	副处
彭端明	男	1936 年	虹山村	福建省安全厅三处处长	正处
黄志诚	男	1936 年	罗溪双溪	福建省供销社综合业务处副处级调研员	副处
潘志升	男	1937 年	河市新告	中国人民保险公司青海省分公司党组书记	正厅
尤有土	男	1937 年	罗溪三合	厦门市杏林区人民检察院检察长	正处
吴雨水	男	1938 年	马甲祈山	集美大学体育学院副院长	副厅
倪木兴	男	1938 年	河市霞溪	泉州师专副校长	副处
涂锡卿	男	1938 年	河市官洋	泉州市人大常委会财经工委主任	正处
彭嘉桂	男	1939 年	虹山村	福建省农科院土肥研究所所长	正处
林赐福	男	1939 年	河市新告	三明钢铁厂教育处党委书记	—
杜共和	男	1940 年	马甲杏川	广州星海学院副院长	副厅
庄锦元	男	1940 年	双阳阳山	双阳华侨农场党委书记	副处
潘志信	男	1940 年	河市新告	襄樊铁路局运输处处长	正处
刘贤儒	男	1940 年	万安桥南	政协福建省委员会秘书长	正厅
蔡振源	男	1941 年	河市蛟南	华侨大学化学系党委书记（教授）	正处
杜新生	男	1941 年	马甲村	中航工业贵州红林机械有限公司（143 厂）高级工程师	正处
林炳煌	男	1943 年	马甲梧峰	中国电子进出口总公司巡视员兼福建公司总经理、党委书记	正厅
杜成金	男	1943 年	马甲蔡内	华侨大学党委常委、副校长	副厅
柯炳添	男	1943 年	河市梧宅	南平地区审计局副局长	副处
庄金安	男	1943 年	万安琯头	泉州市公安局刑侦支队政委	副处
杜朝阳	男	1944 年	马甲潘内	三明市政协办公室副调研员	副处
林中央	男	1944 年	马甲潘内	中国工商银行三明市分行副行长	副处
刘明海	男	1944 年	万安桥南	泉州市国土局正处调研员	正处
胡锦章	男	1945 年	河市蛟南	湖南省委副秘书长兼省委党史研究室主任	正厅
赖强谋	男	1945 年	罗溪翁山	集美大学校长助理	副厅
林朝枝	男	1945 年	万安塘西	江苏省淮安市统计局局长	正处
潘志平	男	1945 年	河市新告	新疆维吾尔自治区社会科学院中亚所所长	正处
谢如俊	男	1945 年	万安院前	泉州市教育工委副书记	正处

续表 32-2-3

姓名	性别	出生年份	籍贯	工作单位及职务	附注
杜发成	男	1946 年	马甲杏川	泉州市委农办主任	正处级
刘桂庭	男	1947 年	万安桥南	泉州市规划设计院院长	正处
赖国专	男	1948 年	罗溪柏山	福建省审计厅	副厅
潘志安	男	1948 年	河市新告	南京港务局设备处副处级干部	副处
纪金满	男	1948 年	双阳朝阳	福建省五建党委书记	正处
吴鹏飞	男	1948 年	马甲祈山	泉州市电信公司副经理	副处
赖新民	男	1949 年	罗溪三合	泉州师院党委副书记、纪委书记	副厅
吴乌明	男	1949 年	马甲祈山	海军 91708 部队（高级工程师）	正师
程兆芳	男	1949 年	双阳阳山	第 27 集团军 2 处处长	正团
黄金伙	男	1949 年	罗溪洪四	泉州市光前医院党委书记	副处
郭　炳	男	1949 年	万安	泉州市安全局副调研员	副处
陈崇义	男	1950 年	河市浮桥	泉州市电业局工会主席	副处
倪英达	男	1951 年	河市霞溪	福建省人民检察院院长	副部
杜翠琼	女	1951 年	马甲新建	泉州市卫校校长	正处
黄文生	男	1952 年	罗溪前溪	泉州市政协法制委主任	正处
关裕平	男	1952 年	双阳坪山	洛江区政协副调研员	副处
庄志民	男	1952 年	万安琯头	泉州市政府副秘书长	正处
刘一聪	男	1952 年	万安桥南	泉州市教育局副局长	副处
杜建设	男	1953 年	马甲新民	南京军区空军司令部气象处处长	副师
万灿辉	男	1953 年	双阳新岭	泉州市政府副秘书长、支前办主任	正处
杜振华	男	1953 年	马甲村	厦门市红十字会赈济部部长	正处
尤民生	男	1954 年	罗溪垵内	福建农科院院长	正厅
彭新生	男	1954 年	虹山松角山	三明市交通局局长	正处
杨江云	男	1954 年	河市	黎明大学高等教育研究室主任	副处
张甘荔	男	1955 年	河市	泉州市委宣传部副部长、市宣传系统党委书记	正处
刘锦安	男	1955 年	万安桥南	福建省公安厅督察处处长	正处
杜举胜	男	1956 年	河市官洋	泉州市委副处级组织员	副处
方生才	男	1956 年	河市溪山	泉州市政协机关党委专职副书记	副处
林水湖	男	1956 年	双阳坪山	泉州市公安局副局长	正处
邱少煌	男	1957 年	马甲彭殊	泉州市乡镇企业局局长	正处
雷志江	男	1957 年	河市新告	新疆吐鲁番人民法院院长	正处
林双川	男	1957 年	双阳新岭	北京新华社《半月谈》编辑室主编	正处
郭介炮	男	1957 年	万安塘西	泉州市海洋与渔业局纪检组长	副处
刘育钢	男	1958 年	万安桥南	泉州经贸学院党委副书记	正处
谢茶平	男	1958 年	马甲二甲	广东省佛山市国家保密局副局长	副处
杜认真	男	1958 年	马甲新建	广东武警学校政委	正团
曾文曙	男	1958 年	马甲后坂	泉州市广电局副局长	副处

续表 32-2-3

姓名	性别	出生年份	籍贯	工作单位及职务	附注
刘红成	男	1959 年	万安桥南	广东省粤东高级技工学校副校长	副厅
李进金	男	1960 年	双阳前埭	闽南师范大学校长	正厅
杜心得	男	1960 年	马甲新建	莆田监狱监狱长	正处
林院生	男	1960 年	双阳坪山	福建中国旅行社	副处
彭　霈	男	1961 年	虹山村	泉州市华侨大学招生办主任	副处
黄万成	男	1962 年	罗溪三村	泉州市委办助理调研员	副处
黄全承	男	1962 年	马甲永安	泉州市林业局纪检组长	副处
杨维辉	男	1963 年	河市梧宅	泉州市鲤城人大常委会主任	正处
李转生	男	1963 年	马甲彭殊	中共福建省惠安县委书记	正处
兰振兴	男	1963 年	马甲潘内	洛江区人武部副部长	副团
邱志坚	男	1963 年	河市白洋	泉州晚报社	副处
梁全顺	男	1964 年	马甲潘内	福建省动物疫病预防控制中心主任	正处
杜丕谦	男	1964 年	马甲蔡内	福建省委组织部干部三处处长	正处
赖永填	男	1964 年	罗溪柏山	石狮海关缉私分局副局长	副处
赖畅水	男	1964 年	罗溪建兴	德化县委副书记、组织部部长	副处
何碰成	男	1965 年	双阳新南	泉州市华侨大学后勤处处长	正处
杜清森	男	1965 年	马甲杏川	福建省公安厅治安管理总队政委	正处
曾焕岩	男	1965 年	马甲后坂	厦门电业局翔安供电分局局长	副处
彭德宝	男	1965 年	虹山苏山	德化 91792 部队	正团
林进川	男	1966 年	双阳新岭	厦门文广新局局长	副厅
彭秋生	男	1966 年	虹山苏山	福建省海警二支队副支队长	副团
赖清正	男	1966 年	罗溪翁山	泉州市洛江区政府副区长	副处
谢立新	男	1966 年	马甲就南	泉州市委办副主任	副处
方良川	男	1966 年	河市	泉州市银监局副处级调研员	副处
刘少雄	男	1966 年	万安桥南	泉州市城建国投副总经理	副处
杜　岗	男	1967 年	马甲蔡内	国防大学	副师级
王进足	男	1967 年	河市炉田	泉州市洛江区政府副区长	副处
林建全	男	1967 年	河市溪井	泉州师院资产处副处长（高级会计师）	副处
杜心彬	男	1968 年	马甲新建	莆田监狱副监狱长	副处
杨国昕	男	1968 年	河市梧宅	泉州市委宣传部副部长、泉州晚报社社长	正处
杜朴生	男	1972 年	马甲义山	泉州市民政局副局长	副处
谢庆灿	男	1972 年	马甲梧峰	武警福建省边防总队司令部边境情报处处长	副团
杜朝运	男	1973 年	马甲潘内	厦门大学金融系主任（教授）	正处
纪荣玉	男	—	双阳朝阳	石家庄军械学校	正师
林正山	男	—	双阳新岭	厦门市造船厂厂长	副处
吴继华	男	—	马甲洋坑	安溪县人大常委会副主任	副处
林立新	男	—	马甲西头	广东省安全厅	正处
刘贤英	男	—	万安桥南	泉州市安全局副局长	副处

第二节 进士学位名表

本节录入已知的宋至清代洛江籍进士，以考取科年时间为序列表。

表 32-2-4

朝代	姓名	籍贯	科年	主要官职
宋代	谢　谌	洛江	北宋开平二年（908 年）戊辰科	
	谢　膳	洛江	北宋开宝五年（972 年）壬申科	
	刘易知	洛江	北宋端拱二年（989 年）己丑科	
	卢　承	河市埔边	北宋庆历六年（1046 年）丙戌科	
	卢　广	河市埔边	北宋熙宁九年（1076 年）丙辰科	
	卢　机	河市埔边	北宋元符三年（1100 年）庚辰科	
	卢直友	河市埔边	北宋宣和六年（1124 年）甲辰科	
	卢　宜	河市埔边	南宋乾道八年（1172 年）壬辰科	
	彭　缜	洛江虹山	南宋淳熙十一年（1184 年）甲辰科	
	卢　迪	河市埔边	南宋嘉泰二年（1202 年）壬戌科	
	卢德常	河市埔边	南宋绍定五年（1232 年）壬辰科	
	彭卿月	洛江虹山	南宋绍定五年（1232 年）壬辰科	
明代	刘叔智	洛江	明咸淳十年（1274 年）甲戌科	
	黄维清	洛江罗溪	明洪武十八年（1385 年）乙丑科	
	王彦英	洛江	明永乐十六年（1416 年）戊戌科	
	王　鏇	洛江	明弘治六年（1496 年）丙辰科	
	王宗源	洛江	明正德六年（1511 年）辛未科	
	邱养浩	洛江	明正德十六年（1521 年）辛巳科	
	俞大猷	洛江河市	明嘉靖十四年（1535 年）乙未科	
	王惟中	洛江	明嘉靖二十年（1541 年）辛丑科	
	张　冕	洛江	明嘉靖二十六年（1547 年）丁未科	
	尤　烈	洛江	明嘉靖二十九年（1550 年）庚戌科	
	王以通	洛江	明万历八年（1580 年）庚辰科	
	王同休	洛江	明万历十一年（1583 年）癸未科	
	刘宏宝	洛江桥南	明万历十四年（1586 年）丙戌科	
	杜应楚	洛江马甲	明万历二十三年（1595 年）乙未科	
	王　畿	洛江	明万历二十六年（1598 年）戊戌科	
	王寅揆	洛江	明万历三十八年（1610 年）庚戌科	
	刘鳞长	洛江桥南	明万历四十六年（1618 年）	
	刘光鼎	洛江桥南	明天启五年（1625 年）乙丑科	
	张维机	洛江	明天启五年（1625 年）乙丑科	
	黄仕藻	洛江罗溪	明崇祯七年（1634 年）甲戌科	
	王坦京	洛江	明崇祯十年（1637 年）丁丑科	
	何九云	洛江	明崇祯十六年（1643 年）癸未科	
	郭承汾	洛江杏宅	明崇祯十六年（1643 年）癸未科	
	何承都	洛江	明顺治六年（1649 年）己丑科	

续表 32-2-4

朝代	姓　名	籍　贯	科　　年	主要官职
清代	王承裘	洛江	清顺治九年（1652 年）壬辰科	
	倪堂	河市埔边	清初，时间不详	
	王庭龙	洛江	清顺治十八年（1661 年）辛丑科	
	刘琦龄	洛江	清康熙三十五年（1690 年）	
	王商霖	洛江	清乾隆二年（1737 年）古巳科	
	王世浚	洛江	清乾隆十九年（1754 年）甲戌科	
	杜中士	洛江马甲	清道光三年（1823 年）癸未科	
	黄赞恩	洛江罗溪	清光绪九年（1883 年）癸未科	

第三节　专业技术职务人员名表

本节录入至 2007 年已知的洛江籍（含在外工作）和外县籍在洛江区工作的任副高级以上专业技术职务人员，分洛江籍和外县籍（仰恩大学和泉州医高专单列），以出生时间为序列表。

洛江籍副高级以上专业技术职务人员名表

表 32-2-5

姓名	性别	出生年	籍贯	工作单位	技术职称
陈德新	男	1929 年	河市	黎明大学	副主任医师
黄水任	男	1929 年	罗溪前溪村	陕西省汉中市机床厂子弟中学	中学高级教师
郭鹏程	男	1929 年	杏宅	泉州市第一医院	主任医师
彭建认	男	1930 年	虹山苏山村	厦门建设咨询监理公司	高级工程师
许再旋	男	1931 年	双阳	双阳中学	中学高级教师
潘美兰	女	1931 年	河市	贵州省贵阳医学院	教授
黄银柱	男	1932 年	罗溪	上海华东师范大学国际金融研究院	教授
庄信博	男	1933 年	万安琯头	华侨大学	副教授
赖嘉种	男	1933 年	罗溪	罗溪中学	中学高级教师
黄水龙	男	1933 年	罗溪	马甲中学	中学高级教师
苏东青	男	1934 年	马甲	泉州供电公司	高级技师
杜丕典	男	1935 年	蔡内	马甲中学	中学高级教师
赖奕樵	男	1935 年	罗溪翁山村	黑龙江省佳木斯师范专科学校	教授
黄少泉	男	1936 年	罗溪新土楼	三明职业大学土木建筑工程系	高级讲师
杜子彬	男	1937 年	马甲蔡内村	甘肃省水利水电勘测设计院	高级工程师
邱鼎祥	男	1937 年	马甲梧峰	华侨大学外国语学院	教授
吴和顺	男	1937 年	马甲新庵村	温州冶金机械厂研究所	高级工程师
黄士诚	男	1938 年	罗溪双溪村	福建省亚热带植物研究所	副研究员
赖协成	男	1938 年	罗溪	上海市纺织科学研究院	高级工程师
黄联生	男	1938 年	河市	鲤城区教师进修学校	中学高级教师
潘翠兰	女	1938 年	水磨村	广西矿业建设公司	高级工程师

续表 32-2-5

姓名	性别	出生年	籍贯	工作单位	技术职称
赖奕珠	女	1938 年	罗溪柏山村	厦门华侨啤酒厂	高级工程师
彭嘉桂	男	1939 年	虹山虹山村	福建省农业科学院耕作研究所	研究员
赖取成	男	1939 年	罗溪柏山村	北京海淀区教育局	中学高级教师
赖河水	男	1939 年	罗溪过溪村	三明职业大学计算机系	高级工程师
黄劳生	男	1940 年	罗溪前溪村	工程兵工程学院五系	教授
赖理清	男	1940 年	罗溪	泉州市土肥站	高级农艺师
杜明月	男	1941 年	马甲前垵村	厦门市第九中学	中学高级教师
杜新生	男	1941 年	马甲马甲村	航空航天部贵州 143 厂	高级工程师
吴继才	男	1941 年	马甲洋坑村	福建省三明化工机械厂	高级工程师
潘用世	男	1941 年	新告村	地矿部北京计算中心	高级工程师
胡华兴	男	1941 年	河市蛟南	泉州市委党校	教授
赖琼燕	女	1941 年	罗溪三合村	三明市林业经济开发公司	高级工程师
杜金元	男	1942 年	马甲新生村	上海柴油机厂、上海柴油机研究所	高级工程师
刘惠民	女	1944 年	双阳	泉州第七中学	中学高级教师
杜成维	男	1944 年	马甲新生村	晋江市文联常务副主席	二级文学创作员
杨白奎	男	1944 年	双阳	丰泽卫生防保所	副主任医师
郭南国	女	1945 年	万安杏宅	华侨大学	副教授
赖宗柳	男	1946 年	罗溪柏山村	晋江县高甲戏剧团	副教授
杜翠琼	女	1951 年	马甲	泉州医学高等专科学校	副教授
刘德桓	男	1952 年	万安桥南	泉州市中医院	副主任医师
尤民生	男	1954 年	罗溪俺内村	福建农林大学	教授
杜心清	男	1956 年	马甲新建	福建医科大学附属第二医院心内科	主任医师、教授
赖开元	男	1958 年	罗溪	罗溪中心小学	中学高级教师
谢文明	男	1959 年	罗溪	马甲中学	中学高级教师
林世铨	男	1960 年	马甲义山	马甲中学	中学高级教师
黄华昌	男	1961 年	马甲	泉州十一中	中学高级教师
林旭初	男	1962 年	双阳	双阳中学	中学高级教师
黄顺安	男	1962 年	罗溪	奕聪中学	中学高级教师
黄伙水	男	1962 年	罗溪	奕聪中学	中学高级教师
谢瑞强	男	1962 年	河市	河市中学	中学高级教师
赖荣辉	男	1962 年	罗溪	双阳中心小学	中学高级教师
刘新法	男	1963 年	马甲	泉州十一中	中学高级教师
杜渊源	男	1963 年	马甲	马甲中学	中学高级教师
谢俭练	男	1963 年	马甲	马甲中学	中学高级教师
赖银川	男	1963 年	罗溪	区教育局	中学高级教师
尤仙水	男	1964 年	罗溪	泉州十一中	中学高级教师
罗春珍	女	1964 年	洛江	马甲中心卫生院	副主任医师

续表 32-2-5

姓名	性别	出生年	籍贯	工作单位	技术职称
黄晋龙	男	1964 年	罗溪双溪	航天部十三所研究员	教授
杨奎顺	男	1964 年	河市	河市中学	中学高级教师
黄向荣	男	1964 年	罗溪	奕聪中学	中学高级教师
赖瑞禹	男	1964 年	罗溪	区教师进修学校	中学高级教师
陈德文	男	1965 年	河市	河市中学	中学高级教师
林樟成	男	1965 年	马甲	马甲中学	中学高级教师
方志清	男	1966 年	河市	河市中学	中学高级教师
李国兴	男	1966 年	河市	河市中学	中学高级教师
杨文章	男	1966 年	河市	区教师进修学校	中学高级教师
吴荣真	男	1966 年	河市	河市中学	中学高级教师
黄东升	男	1966 年	罗溪	奕聪中学	中学高级教师
彭传成	男	1966 年	虹山	虹山中学	中学高级教师
黄美霞	女	1966 年	罗溪	双阳中学	中学高级教师
赖自然	男	1966 年	罗溪	奕聪中学	中学高级教师
杜成耀	男	1967 年	马甲	马甲中学	中学高级教师
吴联合	男	1967 年	双阳	双阳中学	中学高级教师
陈伯泉	男	1967 年	河市	河市中学	中学高级教师
林奎法	男	1967 年	河市	河市中学	中学高级教师
黄完成	男	1967 年	罗溪	奕聪中学	中学高级教师
杜志卿	男	1968 年	马甲永安	华侨大学外国语学院	副教授
彭维林	男	1968 年	虹山	市妇幼保健院儿童医院	副主任技师
赖文成	男	1968 年	罗溪	泉州十一中	中学高级教师
彭崇基	男	1968 年	虹山	区教育局	中学高级教师
赖新德	男	1968 年	罗溪	马甲中学	中学高级教师
赖水生	男	1968 年	罗溪	洛江区进修学校	中学高级教师
林永生	男	1969 年	河市	区教育局	中学高级教师
刘丽胜	男	1969 年	河市	河市中学	中学高级教师
刘清胜	男	1969 年	洛江	奕聪中学	中学高级教师
苏金花	女	1969 年	河市	河市中学	中学高级教师
赖锦成	男	1970 年	罗溪	奕聪中学	中学高级教师
赖福才	男	1970 年	罗溪	奕聪中学	中学高级教师
杜锦慧	男	1971 年	洛江	马甲中学	中学高级教师
林武成	男	1971 年	马甲	区教师进修学校	中学高级教师
赖世孟	男	1971 年	罗溪	双阳中学	中学高级教师
赖填生	男	1971 年	罗溪	双阳中学	中学高级教师
许炳枝	男	1972 年	双阳	虹山中学	中学高级教师
杨秀琴	女	—	河市	泉州第一中学	中学高级教师

续表 32-2-5

姓名	性别	出生年	籍贯	工作单位	技术职称
杨银福	男	—	马甲	河市中学	中学高级教师
吴炳川	男	—	双阳	双阳中学	中学高级教师
陈成灶	男	—	河市	泉州市教育学院	中学高级教师
林文听	男	—	马甲	泉州城东中学	中学高级教师
黄俊才	男	—	罗溪	罗溪中学	中学高级教师
赖进宝	男	—	罗溪	泉州师专	副教授

外县籍在洛江区任高级专业技术职务人员名表

表 32-2-6

姓名	性别	出生年	籍贯	工作单位	技术职称
李斯成	男	1945 年	德化	区畜牧兽医站	高级兽医师
陈笃恒	男	1957 年	金门	区疾控中心	副主任医师
俞　青	男	1957 年	江西	区妇幼所	副主任医师
郑重禄	男	1957 年	惠安	区经作站	高级农艺师
郑平忠	男	1958 年	惠安	区教育局	中学高级教师
蔡辉跃	男	1958 年	南安	区住建局	高级工程师
杨艺能	男	1959 年	华安	泉州十一中	中学高级教师
王渊川	男	1963 年	明溪	泉州十一中	中学高级教师
叶岩坤	男	1963 年	浦城	区防汛办	高级工程师
朱念湘	男	1963 年	湖南	区经作站	高级农艺师
林丽玲	女	1963 年	晋江	区疾控中心	副主任医师
曹　瑜	女	1963 年	湖南郴州	马甲中学	中学高级教师
黄华旺	男	1963 年	将乐	泉州十一中	中学高级教师
林红丽	女	1963 年	江西铜鼓	泉州十一中	中学高级教师
刘双俊	男	1964 年	江西	区教师进修学校	中学高级教师
陈金莲	女	1965 年	清流	泉州十一中	中学高级教师
王建成	男	1965 年	长泰	泉州十一中	中学高级教师
陈继荣	男	1965 年	宁化	泉州十一中	中学高级教师
杨秀瑛	女	1965 年	江苏	虹山中学	中学高级教师
肖　忠	男	1965 年	江西	马甲中学	中学高级教师
林鸿星	男	1965 年	大田	泉州十一中	中学高级教师
黄　旭	男	1965 年	湖南郴州	区教师进修学校	中学高级教师
刘　祺	女	1965 年	江西	区卫生监督所	副主任医师
黄素珠	女	1965 年	明溪	区计划生育服务站	副主任医师
陆祝玲	女	1966 年	光泽	泉州十一中	中学高级教师
吴广文	男	1966 年	清流	马甲中学	中学高级教师
陈旅毅	男	1966 年	石狮	区住建局	高级工程师

续表 32-2-6

姓名	性别	出生年	籍贯	工作单位	技术职称
林志钊	男	1966 年	南安	区住建局	高级工程师
黄振华	男	1966 年	华安	区教师进修学校	中学高级教师
林建安	男	1966 年	南安	区教育局	中学高级教师
李　滨	女	1967 年	鲤城	区住建局	高级工程师
向恭辉	男	1967 年	江西	马甲中学	中学高级教师
谭继军	男	1967 年	湖南衡阳	泉州十一中	中学高级教师
郑忠生	男	1968 年	惠安	泉州十一中	中学高级教师
骆友忠	男	1968 年	惠安	双阳中学	中学高级教师
王金耀	男	1968 年	仙游	泉州十一中	中学高级教师
黄启泉	男	1968 年	永春	区教育局	中学高级教师
谢怡芬	女	1968 年	南安	区教师进修学校	中学高级教师
杨笑如	男	1968 年	龙岩	区林业局	高级工程师
任　萍	女	1969 年	惠安	区妇幼所	副主任医师
陈建安	男	1969 年	永春	区住建局	高级工程师
李素玲	女	1969 年	鲤城	区疾控中心	副主任医师
黄咏梅	女	1970 年	莆田	区疾控中心	副主任医师
张霁云	男	1971 年	江苏	区教育局	中学高级教师
柯玉森	男	1971 年	永春	区环境监测站	高级工程师
黄云星	男	1971 年	江西乐安	泉州十一中	中学高级教师
曹　俞	女	1971 年	湖南郴州	泉州十一中	中学高级教师
罗春玲	女	—	清流	马甲中心卫生院	副主任医师

仰恩大学任副高级以上专业技术职务人员名表

表 32-2-7

姓名	性别	出生年月	籍贯	工作单位	技术职称
黄凤仪	女	1922 年 12 月	泉州	外国语学院	副教授
曹国臣	男	1930 年 3 月	上海	外国语学院	副教授
杨晓昇	女	1930 年 10 月	辽宁	管理学院	副教授
胡久清	男	1931 年 6 月	湖南	计算机学院	教授
严林生	男	1931 年 10 月	镇江	外国语学院	副教授
谢扬光	男	1932 年 3 月	镇江	数学系	副教授
吴书瑙	男	1932 年 9 月	永春	外国语学院	副教授
张润宇	男	1933 年 5 月	辽宁	计算机学院	副教授
李　颢	男	1934 年 4 月	唐山	数学系	教授
魏铭鉴	男	1934 年 5 月	河南	数学系	教授
郑凤钧	男	1934 年 7 月	广东	数学系	副教授
李修珍	男	1935 年 3 月	河南	社科部	教授
赖奕樵	男	1935 年 5 月	泉州	教务部	教授

续表 32-2-7

姓名	性别	出生年月	籍贯	工作单位	技术职称
梁光春	男	1935 年 7 月	四川	计算机学院	教授
胡泽民	男	1935 年 8 月	河南	数学系	教授
刘甲耀	男	1935 年 10 月	广西	计算机学院	教授
刘遵圣	男	1935 年 10 月	上海	外国语学院	副教授
邹春攸	男	1935 年 10 月	连城	社科部	副教授
赵文倩	女	1935 年 10 月	青岛	学生事务部	副教授
干俊錡	男	1935 年 12 月	江西	政法学院	教授
王宝诚	男	1935 年 12 月	云南	管理学院	教授
刘良观	男	1936 年 1 月	广西	计算机学院	教授
许景文	男	1936 年 1 月	河北	管理学院	副教授
李承忠	男	1936 年 3 月	山东	管理学院	副教授
毛伯耕	男	1936 年 8 月	湖南	经济学院	副教授
丁明道	男	1936 年 8 月	沈阳	经济学院	副教授
蔡建宏	男	1936 年 8 月	江西	数学系	教授
方永安	男	1936 年 11 月	湖北	外国语学院	教授
董又舒	男	1936 年 11 月	河南	体育教研部	教授
林锡芳	男	1936 年 11 月		数学系	副教授
明楚富	男	1936 年 12 月	武汉	管理学院	副教授
许嘉谟	男	1937 年 1 月	安徽	数学系	教授
朱求长	男	1937 年 2 月	湖南	数学系	教授
苏　益	男	1937 年 2 月	山东	经济学院	教授
李旺尧	男	1937 年 3 月	南京	计算机学院	研究员
陈芳贵	男	1937 年 4 月	湖北	学校办公室	高级工程师
严桂兰	女	1937 年 5 月	武汉	计算机学院	教授
张福朝	男	1937 年 6 月	河南	计算机学院	高级工程师
温耀华	男	1937 年 6 月	合肥	数学系	教授
曹玉坤	男	1937 年 6 月		外国语学院	副教授
战　勇	男	1937 年 6 月	山东	经济学院	教授
刘峙山	男	1937 年 7 月	北京	数学系	教授
郭家一	男	1937 年 7 月	山西	数学系	副教授
胡昌溥	男	1937 年 7 月	江西	数学系	副教授
陈发强	男	1937 年 8 月	龙岩	计算机学院	副教授
蔡文理	男	1937 年 8 月	石狮	计算机学院	副教授
方正生	男	1937 年 12 月	武汉	管理学院	教授
邱鼎祥	男	1937 年 12 月	福建	社科部	副教授
钱怀锦	男	1938 年 1 月	安徽	计算机学院	教授
田光全	男	1938 年 2 月	四川	数学系	副教授
杨文茂	男	1938 年 2 月	江西	数学系	教授
蔡联辉	男	1938 年 4 月	晋江	计算机学院	高级实验师
张　平	男	1938 年 4 月	福州	计算机学院	副教授

续表 32-2-7

姓名	性别	出生年月	籍贯	工作单位	技术职称
王顺泉	男	1938 年 4 月	湖北	管理学院	副教授
董海春	男	1938 年 4 月	江西	管理学院	教授
朱洪英	女	1938 年 5 月	江西	管理学院	副教授
孙忠恕	男	1938 年 5 月	北京	外国语学院	教授
郭中兴	男	1938 年 5 月	南昌	体育教研部	副教授
黄家兴	男	1938 年 5 月	湖南	计算机学院	教授
李明昌	男	1938 年 5 月	湖北	管理学院	副教授
刘明福	男	1938 年 7 月	湖北	数学系	副教授
陈大杰	男	1938 年 8 月	湖北	管理学院	教授
邱建梁	男	1938 年 10 月	福建	外国语学院	副教授
陈嵩强	男	1938 年 10 月	江西	数学系	教授
徐原久	男	1938 年 11 月	河北	管理学院	高级经济师
颜立平	男	1938 年 11 月	湖南	计算机学院	高级工程师
谢维辉	男	1938 年 11 月	广东	数学系	教授
张典华	男	1938 年 12 月	湖北	数学系	教授
陈位纲	男	1938 年 12 月	福州	管理学院	教授
高书俭	男	1939 年 1 月	河南	数学系	副教授
丘蔚勋	男	1939 年 1 月	福建	外国语学院	副教授
吴权俊	男	1939 年 2 月	广东	数学系	教授
刘惠田	男	1939 年 3 月	辽宁	经济学院	副教授
黄宗实	男	1939 年 3 月	南安	学校办公室	副研究员
单春荣	女	1939 年 4 月	辽宁	数学系	副教授
张一球	男	1939 年 4 月	湖南	数学系	教授
王世根	男	1939 年 5 月	苏州	计算机学院	教授
卓顺卿	女	1939 年 5 月	福建	外国语学院	副教授
游新中	男	1939 年 6 月	四川	数学系	副教授
赖河水	男	1939 年 6 月	泉州	计算机学院	高级工程师
魏泽明	男	1939 年 7 月	辽宁	数学系	教授
舒辅琪	男	1939 年 7 月	自贡	经济学院	副教授
杨聪凤	女	1939 年 8 月	连城	人文学院	副教授
欧阳隆	男	1939 年 8 月	漳州	数学系	副教授
邱宜动	男	1939 年 10 月	湖北	经济学院	教授
陈成杰	男	1939 年 10 月	古田	人文学院	副教授
曹普钦	男	1939 年 10 月	湖北	人文学院	副教授
郑东旭	男	1939 年 11 月	河北	社科部	教授
梁树培	男	1939 年 11 月	盐城	数学系	教授
薛淑珍	女	1939 年 11 月	泉州	教务部	副教授
李源穆	男	1939 年 12 月	黑龙江	数学系	副教授
葛经蔼	男	1939 年 12 月	济南	数学系	副教授
胡远敬	女	1939 年 12 月	湖北	管理学院	副教授

续表 32-2-7

姓名	性别	出生年月	籍贯	工作单位	技术职称
钱　瑜	男	1939 年 12 月	武汉	数学系	副教授
卢和松	男	1940 年 1 月	江西	数学系	副教授
谭克艰	男	1940 年 1 月	重庆	计算机学院	教授
墙芳躅	男	1940 年 1 月	四川	数学系	教授
盛德成	男	1940 年 1 月	上海	数学系	教授
于仁柏	男	1940 年 1 月	龙江	外国语学院	副教授
张春魁	男	1940 年 1 月	江西	管理学院	教授
王学智	男	1940 年 2 月	武汉	管理学院	教授
王顺吉	男	1940 年 3 月	四川	外国语学院	副教授
胡必锦	男	1940 年 5 月	湖北	数学系	教授
姚宗立	男	1940 年 5 月	武汉	外国语学院	教授
徐步芳	男	1940 年 7 月	湖北	外国语学院	副教授
马桂信	男	1940 年 8 月	广东	经济学院	教授
付德福	男	1940 年 9 月	湖北	外国语学院	副教授
刘可友	男	1940 年 9 月	重庆	外国语学院	教授
林嘉声	男	1940 年 10 月	福州	社科部	教授
孙清茂	男	1940 年 11 月	黑龙江	计算机学院	高级工程师
涂淦和	男	1940 年 11 月	福建	外国语学院	副教授
李声辉	男	1940 年 11 月	湖北	政法学院	副研究员
李安松	男	1940 年 12 月	湖北	人文学院	副教授
米清河	男	1941 年 1 月	河南	数学系	副教授
熊　焰	男	1941 年 1 月	江西	人文学院	教授
吴博厚	男	1941 年 1 月	泉州	体育教研部	副教授
周光明	男	1941 年 2 月	浏阳	数学系	教授
郑德恩	男	1941 年 2 月	长汀	管理学院	副教授
王其元	男	1941 年 3 月	山东	数学系	教授
丁尚文	男	1941 年 4 月	山东	数学系	教授
刘先凡	男	1941 年 4 月	武汉	社科部	研究员
高玲玉	女	1941 年 5 月	湖北	外国语学院	副教授
陈殿杰	男	1941 年 6 月	云南	数学系	教授
乐曼丽	女	1941 年 7 月	宁波	外国语学院	副教授
李　琪	男	1941 年 7 月	河北	计算机学院	副教授
程森林	男	1941 年 7 月	江西	外国语学院	副教授
袁家良	男	1941 年 7 月	凤阳	外国语学院	副译审
孙明燮	男	1941 年 8 月	江西	经济学院	副教授
黄德源	男	1941 年 8 月	江西	数学系	副教授
曾昭智	男	1941 年 8 月		外国语学院	教授
陈良珠	女	1941 年 8 月	仙游	管理学院	教授
王世媛	男	1941 年 9 月	天津	体育教研部	副教授
翟建仁	男	1941 年 9 月	龙江	数学系	教授

续表 32-2-7

姓名	性别	出生年月	籍贯	工作单位	技术职称
梁进淮	男	1941 年 9 月	广西	外国语学院	副教授
曾福生	男	1941 年 11 月	江西	人文学院	副教授
姚忠云	男	1942 年	武汉	管理学院	副教授
杨东华	男	1942 年 1 月	武汉	社科部	研究员
韩　韧	男	1942 年 1 月	西安	政法学院	教授
吴广夫	男	1942 年 1 月	辽宁	数学系	副教授
张锡龄	男	1942 年 1 月	吉林市	数学系	副教授
文化林	男	1942 年 2 月	江西	人文学院	教授
付尚洁	女	1942 年 2 月	河北	社科部	副教授
李光第	男	1942 年 3 月	四川	计算机学院	副教授
王怀晖	男	1942 年 4 月	泉州	外国语学院	副教授
赵兴烈	男	1942 年 4 月	山东	外国语学院	教授
曲范镇	男	1942 年 5 月	河南	外国语学院	副教授
陈忠义	男	1942 年 7 月	惠安	人文学院	副教授
杨子江	男	1942 年 8 月	漳州	经济学院	副教授
邱毓兰	女	1942 年 8 月	湖北	计算机学院	副教授
杜家远	男	1942 年 9 月	宜昌	社科部	教授
樊国光	男	1942 年 9 月	重庆	外国语学院	副教授
纪根培	男	1942 年 10 月		管理学院	副教授
李海运	男	1942 年 10 月		外国语学院	副教授
杨书郎	男	1942 年 11 月	漳州	经济学院	教授
林长泰	男	1942 年 11 月	福州	经济学院	副教授
梁嘉顺	男	1942 年 11 月	广东	数学系	副教授
门法魁	男	1942 年 11 月	山东	计算机学院	副教授
安书田	男	1942 年 11 月	辽宁	数学系	副教授
肖人秦	女	1942 年 11 月	河南	计算机学院	高级工程师
戴玉珍	女	1942 年 11 月	天津	学生事务部	副研究员
田维瑞	男	1942 年 11 月	山东	社科部	教授
胡传孝	男	1942 年 11 月	湖北	数学系	教授
刘熹祥	男	1942 年 12 月	陕西	计算机学院	高级工程师
王化鹏	男	1943 年 1 月	福州	人文学院	教授
陆志兴	男	1943 年 1 月		外国语学院	副教授
阎大桂	男	1943 年 1 月	湖北	数学系	教授
周传荣	男	1943 年 1 月	安徽	人文学院	副教授
乔祖诒	男	1943 年 3 月	江苏	数学系	副教授
李祥斌	男	1943 年 3 月	山东	社科部	教授
余镇邦	男	1943 年 5 月	江西	人文学院	教授
徐纪敏	男	1943 年 5 月		管理学院	教授
丁连科	男	1943 年 7 月	山东	管理学院	教授
彭玉娥	女	1943 年 7 月	湖北	外国语学院	副译审

续表 32-2-7

姓名	性别	出生年月	籍贯	工作单位	技术职称
郭祖仪	男	1943 年 7 月	陕西	管理学院	教授
彭正穗	男	1943 年 8 月		政法学院	教授
李国民	男	1943 年 8 月	湖北	数学系	副教授
陆志兴	男	1943 年 10 月		外国语学院	副教授
卢 燕	女	1943 年 11 月	河北	外国语学院	教授
张民锋	男	1943 年 11 月	山西	政法学院	副研究员
章正银	男	1943 年 12 月		数学系	教授
徐孝平	男	1944 年 1 月	江苏	数学系	教授
李正民	男	1944 年 2 月		外国语学院	副教授
张爱国	男	1944 年 3 月	佳木斯	计算机学院	副教授
王晓江	男	1944 年 4 月	新疆	人文学院	教授
程祖瑞	男	1944 年 4 月	四川	经济学院	副研究员
李春光	男	1944 年 4 月		社科部	教授
孙秀清	女	1944 年 5 月	安徽	外国语学院	副教授
奚筱散	男	1944 年 5 月		教务部	副教授
白玉琴	女	1944 年 6 月	辽宁	社科部	副教授
卢尚善	女	1944 年 6 月	永定	外国语学院	副教授
王晓凤	女	1944 年 6 月		外国语学院	副教授
荣维辛	女	1944 年 6 月	无锡	数学系	教授
张立民	男	1944 年 7 月	湖北	计算机学院	副教授
冉隆嘏	男	1944 年 7 月	重庆	外国语学院	副教授
王树基	男	1944 年 8 月	绥中	人文学院	副教授
吴正兴	男	1944 年 9 月		数学系	副教授
潘文尧	男	1944 年 11 月	湖南	计算机学院	副教授
李正吾	男	1944 年 12 月		数学系	教授
成协祥	男	1945 年 1 月		经济学院	副教授
贾 文	男	1945 年 1 月	陕西	学校办公室	高政
冯国晨	男	1945 年 2 月	黑龙江	人文学院	教授
夏侨生	女	1945 年 4 月	武汉	计算机学院	副教授
杨 今	男	1945 年 5 月	黑龙江	外国语学院	副教授
林元涛	男	1945 年 5 月	江西	外国语学院	副教授
吴建学	男	1945 年 6 月		人文学院	教授
孙长圣	男	1945 年 7 月	河北	计算机学院	副教授
彭洪尧	男	1945 年 7 月	湖北	教务部	副教授
张宜男	女	1945 年 7 月	南昌	外国语学院	高级教师
庄建灵	男	1945 年 10 月	泉州	外国语学院	副教授
黎 明	女	1945 年 10 月	江西	外国语学院	副教授
刘延立	女	1945 年 12 月	陕西	外国语学院	副教授
刘荣全	男	1945 年 12 月		社科部	副教授
吕 平	女	1946 年 1 月	大连	图书馆	研究馆员

续表 32-2-7

姓名	性别	出生年月	籍贯	工作单位	技术职称
钱育渝	男	1946 年 1 月	江苏	管理学院	教授
邵享林	男	1946 年 2 月	湖北	经济学院	副教授
彭宣仁	男	1946 年 2 月	湖北	管理学院	副教授
贾培培	男	1946 年 3 月	江苏	管理学院	副教授
徐荐云	男	1946 年 3 月	湖北	人文学院	教授
郭太军	男	1946 年 6 月	四川	管理学院	副教授
潘兆国	男	1946 年 6 月	山东	管理学院	副教授
王治宇	男	1946 年 7 月	五常	计算机学院	教授
宋致美	女	1946 年 9 月	河南	外国语学院	副教授
王贵庭	男	1946 年 9 月	湖北	管理学院	教授
李卓文	男	1946 年 9 月	湖北	人文学院	教授
贺　俐	女	1946 年 11 月	陕西	数学系	教授
魏郁曾	女	1946 年 11 月	湖北	计算机学院	高级工程师
林路云	女	1947 年 1 月	福建	计算机学院	副教授
郭从军	男	1947 年 2 月	重庆	管理学院	副教授
韦鹏飞	男	1947 年 8 月	北京	管理学院	教授
李祥坤	男	1947 年 8 月	湖北	计算机学院	副教授
王　烈	女	1947 年 10 月	哈尔滨	教务部	研究员
方国松	男	1948 年 3 月	湖北	经济学院	副教授
游华铭	男	1948 年 12 月	武汉	经济学院	副研究员
马宽厚	男	1949 年 3 月	陕西	人文学院	研究员
朱泽经	男	1949 年 6 月		计算机学院	副教授
唐亚兰	女	1949 年 12 月	四川	外国语学院	高级教师
刘秀光	男	1950 年 2 月	青州	经济学院	副教授
侯学文	女	1950 年 9 月		经济学院	副教授
杨缅昆	男	1950 年 11 月	厦门	经济学院	教授
黄启明	男	1951 年 1 月	武汉	管理学院	高级讲师
李葵宏	女	1951 年 3 月		经济学院	高级讲师
廖运怀	男	1951 年 8 月	淮南	文艺教研部	高级教师
叶振忠	男	1953 年 7 月	湖北	人文学院	教授
齐　旗	男	1955 年 1 月	河北	计算机学院	副教授
白大海	女	1955 年 4 月	河北	经济学院	副教授
丁志聪	男	1955 年 10 月	泉州	外国语学院	教授
曲晓林	男	1955 年 10 月	自贡	外国语学院	高级讲师
玛　娜	女	1955 年 12 月	内蒙古	经济学院	副教授
许文昌	男	1956 年 11 月		计算机学院	副教授
张思民	男	1956 年 11 月	江西	计算机学院	副教授
汤天纬	男	1957 年 12 月	无锡	文艺教研部	高级教师
梁晓娜	女	1958 年 5 月		计算机学院	副教授
吴建国	男	1958 年 7 月	四川	数学系	副教授

续表 32-2-7

姓名	性别	出生年月	籍贯	工作单位	技术职称
张新坡	男	1958 年 9 月	江苏	经济学院	高级讲师
黄小铭	男	1958 年 9 月	漳州	外国语学院	副教授
孟　群	女	1959 年 4 月	龙江	体育教研部	副教授
李学锋	男	1960 年 3 月	辽宁	数学系	副教授
徐仁立	男	1961 年 1 月	陕西	管理学院	副教授
王培河	男	1962 年 11 月	河南	管理学院	高级讲师
黄扬铭	男	1963 年 5 月	云宵	计算机学院	副教授
余定安	男	1963 年 7 月	湖南	管理学院	高级讲师
郑炳金	男	1963 年 10 月	江苏	管理学院	副教授
王艳丽	女	1963 年 12 月	山东	体育教研部	高级讲师
吴旺延	男	1964 年 7 月	陕西	经济学院	副教授
钟　扬	男	1964 年 10 月		管理学院	副教授
喻　吴	男	1965 年 5 月	武汉	管理学院	高级会计师
龚　力	男	1965 年 6 月	贵州	计算机学院	副教授
刘世江	男	1966 年 9 月	湖北	管理学院	高级讲师
刘县军	男	1969 年 3 月	江西	外国语学院	副教授
王治岳	男			管理学院	教授
曲晓林	男			外国语学院	高级讲师
刘伟俊	女		湖北	计算机学院	副教授
刘仲贤	男			计算机学院	教授
孙飞凤	女			外国语学院	副教授
李永珍	女			社科部	高级教师
李毅夫	男			数学系	教授
杨剑波	男			经济学院	副教授
吴宗庆	男			管理学院	副教授
何雨陶	男			社科部	副教授
张　凛	男			数学系	副教授
张继武	男			社科部	教授
陈文华	男			社科部	副教授
陈启源	男			外国语学院	教授
陈海蛟	男		泉州	外国语学院	副教授
陈德熙	男		西安	外国语学院	教授
宣　捷	女		安徽	管理学院	高级讲师
徐　岳	男		西安	人文学院	教授
郭望泰	男			人文学院	教授
黄丽萍	女		泉州	外国语学院	副教授
潘锡清	男			外国语学院	副教授
魏恩文	女		黑龙江	外国语学院	副教授

泉州医高专任副高级以上专业技术职务人员名表

表 32-2-8

姓名	性别	出生年月	籍贯	工作单位	技术职称
庄振裕	男	1948 年 1 月	福建泉州	泉州医学高等专科学校	高级讲师
曾棠埭	男	1948 年 7 月	福建晋江	泉州医学高等专科学校	高级讲师
郭盛蓬	男	1949 年 11 月	福建德化	泉州医学高等专科学校	高级讲师
江玉明	男	1950 年 7 月	福建泉州	泉州医学高等专科学校	高级讲师
周宗煊	男	1951 年 9 月	福建晋江	泉州医学高等专科学校	高级讲师
肖宗苗	男	1952 年 11 月	福建惠安	泉州医学高等专科学校	高级讲师
王维铭	男	1953 年 12 月	福建泉州	泉州医学高等专科学校	副教授
陈长明	男	1954 年 1 月	福建泉州	泉州医学高等专科学校	副教授
程君平	女	1954 年 2 月	福建泉州	泉州医学高等专科学校	高级讲师
王文赤	男	1954 年 2 月	福建晋江	泉州医学高等专科学校	副教授
陈丽华	女	1954 年 11 月	福建永春	泉州医学高等专科学校	副教授
王庆林	男	1955 年 1 月	辽宁宽甸	泉州医学高等专科学校	教授
李向平	男	1955 年 9 月	安徽天长	泉州医学高等专科学校	高级讲师
姜淑霞	女	1955 年 9 月	黑龙江綦沅	泉州医学高等专科学校	主任医师
颜一千	女	1955 年 11 月	福建永春	泉州医学高等专科学校	高级实验师
王云霞	女	1956 年 11 月	福建南安	泉州医学高等专科学校	副教授
郑　渊	女	1957 年 3 月	福建漳州	泉州医学高等专科学校	副教授
刘小玲	女	1958 年 7 月	安徽抚湖	泉州医学高等专科学校	副教授
戴君如	女	1959 年 7 月	福建南安	泉州医学高等专科学校	高级讲师
杜明明	女	1959 年 9 月	福建泉州	泉州医学高等专科学校	副教授
杨维群	男	1959 年 9 月	湖南常德	泉州医学高等专科学校	副教授
陈淑增	女	1960 年 10 月	福建泉州	泉州医学高等专科学校	副教授
黄秀珍	女	1962 年 4 月	福建南安	泉州医学高等专科学校	副教授
朱世泽	男	1962 年 12 月	福建晋江	泉州医学高等专科学校	教授
郑少俊	男	1963 年 1 月	福建泉州	泉州医学高等专科学校	高级讲师
黄伯成	男	1963 年 3 月	福建南安	泉州医学高等专科学校	副教授
蔡雅谷	男	1963 年 3 月	福建石狮	泉州医学高等专科学校	副教授
傅惠萍	女	1963 年 5 月	福建惠安	泉州医学高等专科学校	副教授
邓少雄	男	1963 年 5 月	福建惠安	泉州医学高等专科学校	副教授
余琼琼	女	1963 年 9 月	福建崇安	泉州医学高等专科学校	副教授
罗婉妹	女	1963 年 12 月	福建泉州	泉州医学高等专科学校	高级讲师
陈丽霞	女	1964 年 3 月	福建南安	泉州医学高等专科学校	副教授
苏成安	男	1964 年 4 月	福建晋江	泉州医学高等专科学校	副教授
石　伟	女	1964 年 7 月	山东济南	泉州医学高等专科学校	高级讲师
董学峰	男	1964 年 8 月	江苏建湖	泉州医学高等专科学校	副教授
李　辉	女	1965 年 1 月	福建福州	泉州医学高等专科学校	高级讲师

续表 32-2-8

姓名	性别	出生年月	籍贯	工作单位	技术职称
王翠玲	女	1966 年 9 月	山东招远	泉州医学高等专科学校	副教授
朱绍斌	女	1966 年 11 月	福建顺昌	泉州医学高等专科学校	副教授
苏莲娜	女	1966 年 11 月	福建泉州	泉州医学高等专科学校	副教授
刘晓云	女	1967 年 3 月	福建南安	泉州医学高等专科学校	副教授
邱丹缨	女	1968 年 1 月	福建惠安	泉州医学高等专科学校	高级讲师
郑书耘	女	1968 年 1 月	福建晋江	泉州医学高等专科学校	高级讲师
梁荣生	男	1968 年 2 月	福建惠安	泉州医学高等专科学校	副教授
邓朝阳	女	1968 年 6 月	福建泉州	泉州医学高等专科学校	高级讲师
李振喜	男	1968 年 6 月	福建南安	泉州医学高等专科学校	副教授
黄幼霞	女	1968 年 12 月	福建泉州	泉州医学高等专科学校	副教授
王少清	男	1969 年 1 月	福建泉州	泉州医学高等专科学校	高级讲师
林佩璜	女	1969 年 6 月	福建惠安	泉州医学高等专科学校	高级讲师
林迳苍	男	1969 年 12 月	福建泉州	泉州医学高等专科学校	高级讲师
蔡玉梅	女	1970 年 10 月	福建泉州	泉州医学高等专科学校	高级讲师
杨　洁	女	1970 年 11 月	山东大连	泉州医学高等专科学校	副主任医师
廖锦治	女	1971 年 4 月	福建安溪	泉州医学高等专科学校	高级讲师
郭冰云	女	1971 年 6 月	福建莆田	泉州医学高等专科学校	高级讲师
杨水莲	女	1971 年 9 月	福建南安	泉州医学高等专科学校	高级讲师

第四节 烈士名表

本节录入 2007 年洛江籍因公（战）殉职被批准为革命烈士，以出生时间为序列表。

洛江区籍革命烈士名表

表 32-2-9

姓名	性别	籍贯	出生年月	工作单位及职务	牺牲时间、地点及原因
王　财	男	马甲	1918 年 2 月	中国人民志愿军 44 军 130 师 389 团 1 营 1 连炊事班长	1953 年 7 月 27 日在朝鲜金城战斗中牺牲
谢　友	男	马甲	1918 年	梧峰大队什山坵村民兵	1949 年 8 月在马甲梧峰乡石蛇格剿匪战斗中牺牲
杜德蛏	男	马甲	1923 年 2 月	晋江县马甲高山寨（今属洛江区）游击队队员	1949 年 6 月 12 日在马甲永安乡高山寨剿匪战斗中牺牲
杜丕高	男	马甲	1926 年 3 月	解放军战士	1949 年 10 月在解放海南岛战斗中牺牲
刘振兴	男	河市	1927 年 4 月	中国人民志愿军第 42 军 126 师 378 团 2 营 7 连战士	1952 年 4 月在朝鲜战场受伤运回上海治疗无效而牺牲
杜成秀	男	马甲	1929 年 9 月	中国人民志愿军 423 团一连班长	1952 年 11 月 23 日在朝鲜战场上牺牲
彭维攀	男	虹山	1930 年 2 月	解放军第 28 军 82 师 245 团 2 营 5 连战士	1952 年 5 月 13 日在莆田县游泳训练中牺牲
杨坤元	男	河市	1931 年 8 月	中国人民解放军 0468 部队炮战士	1957 年 3 月 15 日在长乐国防施工中因坑道塌方而牺牲
谢汉水	男	马甲	1935 年 5 月	空军工程兵第七总队一大队二连战士	1973 年 9 月 29 日在青海省湟源县机场施工中牺牲

续表 32-2-9

姓名	性别	籍贯	出生年月	工作单位及职务	牺牲时间、地点及原因
黄　贼	男	罗溪	1935 年 3 月	解放军 9075 部队 3 分队 8 连副班长	1958 年 8 月 21 日在厦门炮击金门战斗中牺牲
倪天赐	男	河市	1936 年 7 月	公安部队 3776 部队第 4 连战士	1959 年 8 月在仙游县驻地进行夜间查哨时被新兵误枪支走火牺牲。
杜丕熊	男	马甲	1948 年 7 月	中国人民解放军 1682 部队 120 炮连副班长，共产党员	1971 年 3 月 5 日在山西省龙汾县因煤气中毒牺牲
黄加种	男	罗溪	1953 年 3 月	空军工程兵第 7 总队 1 大队连战士	1973 年 9 月 29 日在青海省湟源县国防施工中牺牲
谢文锦	男	马甲	1957 年 7 月	广州军区守备 10 团 2 营 4 连战士	1977 年 8 月 4 日在海南岛文昌县铺前公社国防施工中牺牲
何世义	男	河市	1958 年 6 月	广州军区空军 87067 部队司令部指挥连战士	1980 年 9 月 12 日在广东南海为抢救遇险战友而牺牲

第五节 先进人物名表

本节录入 1991—2007 年已知的洛江籍（含外区籍在洛江工作），获劳动模范、五一劳动奖章、优秀共产党员、优秀党务工作者、“三八红旗手”、先进工作者，按授予时间为序列表。

1991—2007 年获部、省、市劳动模范、五一劳动奖章名表

表 32-2-10

姓名	工作单位	荣誉称号	授予机关	授予时间
刘强发	河市镇白洋村	福建省劳动模范	省委、省政府	1991 年
吴锡兰	河市镇鸟关小学	福建省劳动模范	省委、省政府	1994 年
赖水南	洛江区教育局	福建省五一劳动奖章	福建省总工会	1998 年
吴敏达	泉州东艺雕刻有限公司	福建省五一劳动奖章	福建省总工会	1999 年
魏丽珍	原河市中学	福建省五一劳动奖章	福建省总工会	2001 年
吴敏达	泉州东艺雕刻有限公司	福建省劳动模范	省委、省政府	2000 年
王小阳	泉州建文艺品有限公司	福建省五一劳动奖章	福建省总工会	2002 年
苏文滨	恒泰鸿伟鞋业有限公司	福建省劳动模范	省委、省政府	2003 年
陈崇义	泉州电力公司	福建省五一劳动奖章	福建省总工会	2006 年
王诗榕	泉州信和涂料有限公司	福建省五一劳动奖章	福建省总工会	2007 年
吴其彬	马甲镇祈山村	泉州市劳动模范	市委、市政府	1991 年
彭金全	虹山学区	泉州市劳动模范	市委、市政府	1991 年
黄曲衣	罗溪镇双合村	泉州市劳动模范	市委、市政府	2000 年
陈　翔	南少林武术学校	泉州市劳动模范	市委、市政府	2000 年
陈秋平	双阳金刚石工具有限公司	泉州市劳动模范	市委、市政府	2000 年
魏丽珍	河市中学	泉州市劳动模范	市委、市政府	2000 年
黄考文	罗溪镇前溪村	泉州市劳动模范	市委、市政府	2003 年
杜清洁	洛江百福花卉技术研究所	泉州市劳动模范	市委、市政府	2003 年
曹彦慧	洛江区就南中学	泉州市劳动模范	市委、市政府	2003 年
陈华龙	华邦电子有限公司	泉州市劳动模范	市委、市政府	2003 年

续表 32-2-10

姓名	工作单位	荣誉称号	授予机关	授予时间
苏东青	泉州电力公司	泉州市劳动模范	市委、市政府	2006 年
林广闽	建峰包装用品有限公司	泉州市劳动模范	市委、市政府	2006 年
李　雪	泉美生物科技发展公司	泉州市劳动模范	市委、市政府	2006 年
施美云	泉州维龙轻工有限公司	泉州市劳动模范	市委、市政府	2006 年
尤土穞	原罗溪镇垵内村	泉州市劳动模范	市委、市政府	2006 年
骆政权	河市镇南塘村	泉州市劳动模范	市委、市政府	2006 年

1997—2007 年获省、市优秀共产党员、优秀党务工作者名表

表 32-2-11

姓名	工作单位	荣誉称号	授予机关	授予时间
王连安	河市镇河市村	优秀共产党员	福建省委	1999 年
蔡联辉	万安街道党委	优秀党务工作者	福建省委	1999 年
王志强	区委组织部	优秀党务工作者	福建省委	2001 年
朱清辉	洛江区委	优秀党务工作者	福建省委	2003 年
王进足	河市镇党委	优秀共产党员	福建省委	2003 年
谭毓雄	万安街道党工委	优秀共产党员	福建省委	2006 年
谢清平	双阳街道党工委	优秀党务工作者	福建省委	2006 年
黄向荣	虹山中学	优秀共产党员	泉州市委	1999 年
杨琦伟	罗溪镇党委	优秀共产党员	泉州市委	1999 年
林候生	马甲镇梧峰村	优秀共产党员	泉州市委	1999 年
林瑞英	双阳街道计生办	优秀共产党员	泉州市委	1999 年
江一波	区公安分局保卫科	优秀共产党员	泉州市委	1999 年
王泽淮	区委办	优秀共产党员	泉州市委	1999 年
谢清平	万安街道党委	优秀党务工作者	泉州市委	1999 年
王志强	区委组织部	优秀党务工作者	泉州市委	1999 年
杜正权	离休干部	优秀党务工作者	泉州市委	2001 年
蔡和平	河市镇党委	优秀党务工作者	泉州市委	2001 年
林坤聚	区党群系统党委	优秀党务工作者	泉州市委	2001 年
陈炎南	区政府口系统党委	优秀党务工作者	泉州市委	2001 年
潘元春	区政法口系统党委	优秀党务工作者	泉州市委	2001 年
郭清华	万安街道杏宅村	优秀共产党员	泉州市委	2001 年
苏清良	区审计局	优秀共产党员	泉州市委	2001 年
王春霖	区委办	优秀共产党员	泉州市委	2001 年
林子超	区委宣传部	优秀共产党员	泉州市委	2001 年
孙良金	区公安分局警务督查队	优秀共产党员	泉州市委	2001 年
孙良金	区公安分局警务督查队	优秀共产党员	泉州市委	2001 年
谢业成	马甲镇二甲村老人协会	优秀共产党员	泉州市委	2003 年

续表 32-2-11

姓名	工作单位	荣誉称号	授予机关	授予时间
林志专	马甲镇西头村	优秀共产党员	泉州市委	2003 年
潘元春	区政法系统党委	优秀共产党员	泉州市委	2003 年
蔡国雄	区文体局	优秀共产党员	泉州市委	2003 年
赖友土	区农水局动物检疫站	优秀共产党员	泉州市委	2003 年
赖彬华	虹山乡党委	优秀党务工作者	泉州市委	2003 年
吴欲曙	罗溪镇党委	优秀党务工作者	泉州市委	2003 年
王春霖	区直党工委	优秀党务工作者	泉州市委	2003 年
陈小红	区政府口系统党委	优秀党务工作者	泉州市委	2003 年
陈嘉财	区纪委	优秀党务工作者	泉州市委	2003 年
林切成	虹山乡党委	优秀共产党员	泉州市委	2006 年
黄瑜林	罗溪镇双溪村	优秀共产党员	泉州市委	2006 年
许敏河	区劳动与社会保障局	优秀共产党员	泉州市委	2006 年
林坤聚	区教育局	优秀共产党员	泉州市委	2006 年
彭耕耘	泉州晚报社	优秀共产党员	泉州市委	2006 年
王明元	区委组织部	优秀党务工作者	泉州市委	2006 年
王永泰	马甲镇党委	优秀党务工作者	泉州市委	2006 年
黄志强	区纪委	优秀党务工作者	泉州市委	2006 年
刘永水	区委办	优秀党务工作者	泉州市委	2006 年

1997—2007 年获省部、市厅级彰先进个人名表

表 32-2-12

姓名	工作单位	荣誉称号	授予机关	授予时间
陈崇义	泉州电力公司	全国优秀工会干部	全国总工会	1995 年
苏清良	区审计局	省第七届（1998—1999 年度）精神文明建设先进工作者	省委、省政府	2000 年
李白榕	邮政洛江分局	省第七届（1998—1999 年度）满意服务先进个人	省委、省政府	2000 年
施开国	区计生局	福建省计划生育先进工作者	省委、省政府	2001 年
林瑞英	双阳镇政府	福建省先进工作者	省委、省政府	2003 年
许美琼	区工商局	省第八届（2000—2002 年度）精神文明建设先进工作者	省委、省政府	2003 年
涂添丁	区财政局	省第八届（2000—2002 年度）精神文明建设先进工作者	省委、省政府	2003 年
关裕平	区侨办	全国归侨侨眷先进个人	国务院侨办、中国侨联	2004 年
陈家富	洛江区委	泉州市第九届（2002—2003 年度）精神文明建设先进工作者	市委、市政府	2004 年
黄其东	罗溪镇侨联	全国归侨侨眷先进个人	国务院侨办、中国侨联	2004 年
苏东青	泉州电力公司	全国技术能手	劳动和社会保障部	2006 年
俞金水	虹山中学	省级优秀教师	福建省政府	2007 年
张建平	河市镇政府	农业工作先进个人	省农办、省科协	1998 年

续表 32-2-12

姓名	工作单位	荣誉称号	授予机关	授予时间
陈忠文	区政协、区工商联	福建省“星星火炬”奖章	省委宣传部、团省委、省教委、省少工委	1999 年
陈德文	罗溪中学	农村中学教育工作先进个人	省教育委员会	1999 年
毛书煌	虹山中学	市级优秀教育工作者	泉州市政府	1999 年
林少槐	华丰果牧开发有限公司	福建省“青年星火带头人标兵”	团省委、省科技厅	2000 年
洪志华	洛江区公证处	优秀公证员	省司法厅	2000 年
黄章伟	万安派出所	1999 年度人民满意政法干警	省政法委、省人事厅	2000 年
蔡联辉	万安街道办事处党委	“党管武装好书记”	市委、市政府、军分区	2000 年
许美琼	区工商局	泉州市先进工作者	市委、市政府	2000 年
陈永泽	区经贸局	1999—2000 年“菜篮子”工程建设先进个人	市委、市政府	2001 年
张建平	河市镇政府	1999—2000 年“菜篮子”工程建设先进个人	市委、市政府	2001 年
张建平	河市镇政府	“科教兴市”先进个人	市委、市政府	2001 年
彭金连	虹山乡政府	1999—2001 年度泉州市人民调解工作先进个人	泉州市政府	2002 年
林瑞英	双阳镇政府	福建省“三八红旗手”	福建省妇联	2002 年
许泉生	区交通局	泉州市先进工作者	市委、市政府	2003 年
许容如	区政法委	2005 年度社会治安综合治理先进工作者	市委、市政府	2003 年
陈家富	洛江区委	泉州市第九届（2002—2003 年度）精神文明建设先进工作者	市委、市政府	2004 年
龚志阳	共青团洛江区委	泉州市第九届（2002—2003 年度）精神文明建设先进工作者	市委、市政府	2004 年
王德泉	区委文明办	泉州市第九届（2002—2003 年度）精神文明建设先进工作者	市委、市政府	2004 年
张朝霞	万安街道办事处	泉州市第九届（2002—2003 年度）精神文明建设先进工作者	市委、市政府	2004 年
陈全发	区地税局	泉州市第九届（2002—2003 年度）精神文明建设先进工作者	市委、市政府	2004 年
黄荔苹	区建设局	泉州市第九届（2002—2003 年度）精神文明建设先进工作者	市委、市政府	2004 年
陈志祥	区文体旅游局	泉州市第九届（2002—2003 年度）精神文明建设先进工作者	市委、市政府	2004 年
张峰林	市交警大队城东中队	泉州市第九届（2002—2003 年度）精神文明建设先进工作者	市委、市政府	2004 年
彭金连	虹山乡政府	全省优秀司法助理员	省司法厅	2005 年
余信梅	区卫生局	省（2003—2005 年度）卫生系统精神文明建设先进工作者	省卫生厅	2006 年
黄碧煌	洛江区委	福建省“三八红旗手”	福建省妇联	2006 年
彭金亮	区粮食局	2003—2005 年度全省粮食工作先进个人	省粮食局	2006 年
许敏和	区劳动局	泉州市先进工作者	市委、市政府	2006 年
彭耕耘	泉州晚报社	2001—2005 年全市法制宣传教育选进个人	市委、市政府	2006 年
吴向群	区外经贸局	2005—2007 年度福建省商务系统先进工作者	省人事厅、省外经厅、省经贸委	2007 年
尤晓明	万安中心小学	泉州市优秀教师	泉州市政府	2007 年

续表 32-2-12

姓名	工作单位	荣誉称号	授予机关	授予时间
程秋华	万安中心小学	泉州市优秀教师	泉州市政府	2007 年
程秋华	万安中心小学	2005—2006 年福建省“巾帼建功”标兵	福建省“巾帼建功”活动领导小组	2007 年
杨伟鹏	区侨联	泉州市侨联工作先进个人	市委、市政府	2007 年
刘秀清	区侨联	泉州市侨联工作先进个人	市委、市政府	2007 年
杜德贤	马甲镇侨联	泉州市侨联工作先进个人	市委、市政府	2007 年
郑渊清	双阳街道办事处	泉州市侨联工作先进个人	市委、市政府	2007 年
吴天成	河市镇侨联	泉州市归侨侨眷先进个人	市委、市政府	2007 年
朱国章	双阳街道南山社区	泉州市归侨侨眷先进个人	市委、市政府	2007 年

第六节 洛江籍华侨与台胞知名人士名表

本节录入 2007 年已知的祖籍洛江区的海外侨胞、台胞知名人士，分侨居国（地区），以姓氏笔画为序列表。

祖籍洛江的海外侨胞知名人士名表

表 32-2-13

姓名	籍贯	侨居地	职　务
王炳煌	河市炉田下大厝	美国	美国麻省理工学院博士后研究员，世界第五大医药公司“赛诺菲波士顿医药研发中心”高级主管
刘维彬	万安桥南社区	菲律宾	菲律宾华侨联谊会第一届理事，菲律宾东方体育会第一届理事，菲律宾马尼拉《新闽日报》记者、编辑主任，菲华妇女委员
刘健民	万安桥南社区	马来西亚	马来西亚晋江社团联合会会长、马来西亚峇株吧辖晋江馆会长
刘惟明	河市镇炉田村	马来西亚	光华日报董事经理、槟城晋江会馆主席
吴庆星	马甲镇山边村	缅甸	香港和昌集团总裁、香港泉州同乡会永远名誉会长
吴善到	马甲镇	印度尼西亚	印尼泗水吴氏延陵公会会长
吴国华	马甲镇祈山村	印度尼西亚	印尼锡江晋江同乡会主席、“吴氏锦霞堂”会长
杜南发	马甲镇蔡内村	新加坡	现代孔子思想基金会主席
杜德拨	马甲镇新生村	印度尼西亚	印尼苏岛晋江同乡会副主席
杜天平	马甲镇马甲村	菲律宾	菲律宾三宝颜市联合有限公司董事长，TTC 服装厂董事长
杨亚汉	河市梧宅	美国	美国科奥尔良化工学院、科研数学研究所数学化学双博士
杨添丁	河市镇炉田村	澳大利亚	深圳雄江投资公司董事长，公司从事建筑、房地产行业和跨国贸易，2001 年移居澳大利亚
陶　烃	河市镇中街	美国	美国国家核磁共振应用中心博士后，美国化学学会会员、核磁共振波普协会会员。
黄仲裕（1916-）	罗溪镇新东村	菲律宾	菲律宾务端市华商会理事长
黄奕聪（1923-）	罗溪镇后溪村	印度尼西亚	印尼金光集团董事长兼总裁、印尼国际银行集团董事主席
黄遂招（1928-）	罗溪镇柏山村	印度尼西亚	印尼恩德慈善基金会主席、晋江崇德慈善基金会主席、江夏堂黄氏慈善基金会主席
黄志源（1944-）	罗溪镇后溪村	印度尼西亚	黄奕聪长子，1991 年为金光集团接班人，任董事长

续表 32-2-13

姓名	籍贯	侨居地	职　务
黄超群（1946-）	罗溪镇柏山村	菲律宾	菲律宾超群集团公司董事长、菲律宾江夏堂宗亲会会长
黄振兴（1946-）	罗溪镇前溪村	印度尼西亚	经营海上旅游和休闲娱乐场所、针织厂、轮船航运公司，拥有印尼航空公司股份
黄昭荣（1948-）	罗溪镇柏山村	美国	美国芝加哥伊州福建同乡会会长
黄锦生（1952-）	罗溪镇洪四村	马来西亚	马来西亚工商联合会执行秘书
黄家泉（1954-）	罗溪镇洪四村	马来西亚	马来西亚国会下议院丹绒议员、马来西亚华人公会中央委员会委员、马来西亚房屋与地方政府部长
黄家定（1961-）	罗溪镇洪四村	马来西亚	1999年马来西亚全国大选任国会议员、马来西亚房屋与地方政府部长、马华公会总会会长
黄国和（1961-）	罗溪镇新东村	加拿大	加拿大里贾纳大学工程学院副院长、教授，2001年受聘国家教育部长江学者
黄永聪（1963-）	罗溪镇新东村	澳大利亚	澳大利亚闽南同乡会副会长、基金会主席
彭建闩	虹山乡虹山村	印度尼西亚	印尼虹山堂名誉主席
彭基成	虹山乡虹山村	印度尼西亚	印尼彭氏虹山堂首任主席
彭福明	虹山乡虹山村	印度尼西亚	印尼锡江晋江崇德慈善基金会副主席、虹山堂主席
彭松涛	虹山乡虹山村	新加坡	新加坡《南洋商报》主编
彭金戬	虹山乡虹山村	菲律宾	菲律宾马加智市菲华商会理事长
彭瑞和	虹山乡虹山村	印度尼西亚	虹山彭氏宗亲会委员
彭锦聪	虹山乡虹山村	马来西亚	世界彭氏宗亲联谊会永久秘书处主任；彭祖文化研究组组长
赖谋乾（1907-）	罗溪镇建兴村	菲律宾	菲律宾傅赖同宗总会执委
赖孙开（1909-）	罗溪镇柏山村	菲律宾	旅菲晋江罗溪同乡会会长
赖益三（1910-）	罗溪镇柏山村	印度尼西亚	印尼“晋江公会”理监事，印尼锡江华侨中学、华侨小学校董
赖谋芬（1929-）	罗溪镇翁山村	马来西亚	马来西亚南洋赖氏公会名誉主席
赖奕迁	罗溪镇建兴村	菲律宾	菲律宾各宗亲会联合会理事兼文教委员会副主任、菲律宾傅赖同宗总会会长
赖添福（1932-）	罗溪镇柏山村	新加坡	新加坡南洋赖氏公会荣誉会长
赖博谋（1935-）	罗溪镇柏山村	菲律宾	菲律宾傅赖同宗总会会长

祖籍洛江的台湾同胞知名人士名表

表 32-2-14

姓名	籍贯	职　务
刘仲舟	河市浮桥村	台湾内政事务主管部门警政总署主任秘书（少将）
陈志英	河市浮桥村	台北市晋江同乡会副理事长、台湾金山铝材公司董事长
纪乃宗	双阳顶塘村	少将军官
郭天乙	万安杏宅村	台湾地区民意代表
黄和平	罗溪柏山村	知名肝科中医师
赖景成	罗溪翁山村	合众玻璃股份有限公司总经理

第三章　先进集体名表

1997—2007 年，洛江区改革开放不断深入发展，各行各业的社会主义建设事业均取得较大成绩，涌现出一大批获市、厅，省、部级表彰的先进单位，按授予时间为序列表。

1997—2007 年获省部级表彰先进单位名表

表 32-3-1

单位	荣誉称号	授奖机关	授予时间
洛江区	全国科技进步先进区	中国科学技术部	2003 年
洛江区	2002 年度全国乡村青年文化活动先进区	共青团中央	2003 年
洛江区	全国科技进步先进区	中国科学技术部	2005 年
区科协	2006 年度全国示范科普画廊	中国科协技术普及部	2005 年
洛江区	全国科技进步先进区	中国科学技术部	2007 年
洛江区	全国武术之乡建设工作先进单位	国家体育总局武术管理中心、中华武术协会	2007 年
泉州市信和涂料有限公司成品检验班	全国学习型先进班组	全国创争活动领导小组	2007 年
马甲镇	卫生乡镇	省政府	1999 年
工行洛江支行	省第七届（1998—1999 年度）文明单位	省委、省政府	2000 年
马甲镇仰恩村	省第七届（1998—1999 年度）文明村	省委、省政府	2000 年
南少林武术学校	省第七届（1998—1999 年度）文明学校	省委、省政府	2000 年
区人民检察院	“五好检察院”	省人民检察院	2000 年
洛江区	1999—2000 年度计划生育工作二类先进区	省政府	2001 年
区人民检察院办公室	省检察机关计划财务装备工作先进集体	省人民检察院	2002 年
区人民检察院批捕科	“严打”先进集体	省人民检察院	2003 年
工行洛江支行	省第八届（2000—2002 年度）文明单位	省委、省政府	2003 年
建行洛江支行	省第八届（2000—2002 年度）文明单位	省委、省政府	2003 年
马甲中心小学	省第八届（2000—2002 年度）文明学校	省委、省政府	2003 年
马甲镇仰恩村	省第八届（2000—2002 年度）文明村镇	省委、省政府	2003 年
洛江区	省第八届（2000—2002 年度）创建文明城区工作先进城区	省委、省政府	2003 年
洛江区	福建省双拥模范区	省委、省政府、省军分区	2005 年
洛江区	省第九届（2003—2005 年度）创建文明城区工作先进城区	省委、省政府	2006 年
工行洛江支行	省第九届（2003—2005 年度）文明单位	省委、省政府	2006 年
区财政局	省第九届（2003—2005 年度）文明单位	省委、省政府	2006 年
区工商局	省第九届（2003—2005 年度）文明单位	省委、省政府	2006 年
马甲镇	省第九届（2003—2005 年度）文明乡镇	省委、省政府	2006 年
罗溪镇前溪村	省第九届（2003—2005 年度）文明村	省委、省政府	2006 年
泉州南少林武术学校	省第九届（2003—2005 年度）文明学校	省委、省政府	2006 年
区人武部	“军民共建‘三挂钩’先进单位”	省政府、省军区	2006 年

续表 32-3-1

单位	荣誉称号	授奖机关	授予时间
泉美生物科技有限公司——区人民武装部	省 2003—2005 年度（第四届）军民共建精神文明先进单位	省委、省政府、省军区	2006 年
区人民检察院控申举报接待室	全省检察机关 2004—2006 年度“文明接待室”	省人民检察院	2007 年
区人武部	军民共建精神文明先进单位	省委、省政府、省军区	2007 年

1997—2007 年获市厅级表彰先进单位名表

表 32-3-2

单位	荣誉称号	授奖机关	授予时间
罗溪镇财政所	全省农税工作先进单位	省人事厅、省财政厅	1998 年
区档案局	1998 年度地市档案工作目标管理考核农村建档工作先进单位	省档案局	1999 年
洛江区梧宅小学工会	福建省模范职工小家	省总工会	1999 年
马甲镇财政所	福建省财政系统先进集体	省人事厅、省财政厅	1999 年
区侨联	福建省侨联系统先进集体	省人事厅、省侨联	1999 年
区劳动局	“三优文明窗口”	省劳动厅	2000 年
洛江区	福建省实验教育普及县	省教育厅	2001 年
区人民检察院	2000 年度人民满意政法单位	省人事厅、省委政法委	2001 年
农函大洛江分校河市辅导站	全省农函大先进办学单位	省科协、省农村工作领导小组	2001 年
罗溪镇前溪村	福建省农村“跨世纪春节农民体育活动”先进村	省体育局	2001 年
区人民检察院团支部	省“五四”红旗团支部	共青团福建省委	2002 年
泉州双阳中学工会	福建省模范职工之家	省总工会	2002 年
泉州市马甲中学工会	福建省模范职工之家	省总工会	2002 年
洛江区工商局	福建省模范职工之家	省总工会	2002 年
福建和诚鞋业有限公司	福建省模范职工之家	省总工会	2003 年
泉州市洛南小学	福建省模范职工小家	省总工会	2003 年
区统计局	福建省第二次全国基本单位普查先进集体	省第二次全国基本单位普查领导小组	2003 年
泉州建文艺品有限公司	福建省模范职工之家	省总工会	2004 年
区地税局万安分局工会小组	福建省模范职工之家	省总工会	2004 年
河市镇	福建省首届科普先进乡镇	省科协	2004 年
万安街道万福社区	福建省科普示范社区	省科协	2004 年
罗溪镇前溪村	红旗团支部	共青团福建省委	2004 年
区计生服务站	省巾帼文明岗	省城镇妇女“巾帼建功”领导小组	2004 年
区妇幼保健所	省巾帼文明岗	省城镇妇女“巾帼建功”领导小组	2004 年
区劳动保障局	2001—2003 年度福建省劳动保障系统先进集体	省人事厅、省劳动保障厅	2004 年
区科技局	2003 年度全省科技系统先进单位	省科技厅	2004 年
双阳镇阳山社区	福建省科普示范社区	省科协	2005 年
双阳镇南山社区	福建省科普示范社区	省科协	2005 年

续表 32-3-2

单位	荣誉称号	授奖机关	授予时间
洛江区科协农函大洛江分校	2002—2004 年度全省农函大先进单位	省科协	2005 年
罗溪镇柏山村	全省计划生育协会先进单位	省计划生育协会	2005 年
罗溪镇柏山村	全省优秀调解委员会	省司法厅	2005 年
建行洛江支行	福建省模范职工小家	省总工会	2005 年
河市镇工会	全省示范乡镇工会	省总工会	2005 年
区教育局	全省未成年人保护工作先进集体	省未成年人保护委员会	2005 年
区审计局	省级先进档案室	省档案局	2005 年
区统计局	福建省第一次全国经济普查先进集体	省政府第一次全国经济普查领导小组	2005 年
区总工会	全省工会信访工作先进单位	省总工会	2006 年
洛江区	第二届福建省科普先进区	省科协	2006 年
马甲中心卫生院	省巾帼文明岗	省卫生厅、省妇女联合会	2006 年
区妇幼保健所	省女职工标兵岗	省总工会、省总工会女职工委员会	2006 年
罗溪镇	“福建省安全社区”称号	省政府安办	2006 年
区人民检察院档案室	省级先进档案室	省档案局	2006 年
区劳动保障局	优秀“青少年维权岗”	团省委、省综治办、省劳动保障厅	2006 年
区教育局	福建省“十五”期间实施中小学危房改造工程先进集体	省教育厅、省发改委、省财政厅	2007 年
农函大马甲辅导站	2005-2007 年度全省农函大工作先进集体	省科协	2007 年
万安街道	福建省第二批科普先进乡镇	省科协	2007 年
华丰果牧开发有限公司	福建省新农村科普示范基地	省科技厅、省财政厅、省科协	2007 年
洛江区农业科学研究所			
华丰果牧开发有限公司果牧生产示范基地	2007 年度科普惠农兴村先进单位	省科技厅、省财政厅、省科协	2007 年
区花卉协会	福建省百强农村专业技术协会	省科协、省财政厅	2007 年
区蔬菜同业公会			
区龙眼学会			
泉州市交通警察支队洛江大队	第七届福建省职业道德十佳单位	省总工会、省委宣传部、省委文明办、省政府纠风办	2007 年
区劳动局	1996—1997 年度社会治安综合治理先进单位	市委、市政府	1998 年
虹山乡政府	市第六届（1996—1997 年度）文明单位	市委、市政府	1998 年
马甲镇洋坑村	市第六届（1996—1997 年度）文明单位	市委、市政府	1998 年
河市镇白洋村	市第六届（1996—1997 年度）文明单位	市委、市政府	1998 年
罗溪镇前溪村	预防民间纠纷激化先进集体	市政府	1998 年
罗溪镇后溪村	“五个好”党支部	市委	1999 年
区人民检察院	泉州市 1998—1999 年度文明单位	市委、市政府	2000 年
万安街道	双拥模范乡镇	市委、市政府	2000 年
区教育局	“爱心献功臣行动”先进单位	市委、市政府、市军分区	2000 年
区委办公室	市第七届（1998—1999 年度）文明单位	市委、市政府	2000 年

续表 32-3-2

单位	荣誉称号	授奖机关	授予时间
区委宣传部	市第七届（1998—1999 年度）文明单位	市委、市政府	2000 年
区检察院	市第七届（1998—1999 年度）文明单位	市委、市政府	2000 年
区地税局	市第七届（1998—1999 年度）文明单位	市委、市政府	2000 年
区农水局	市第七届（1998—1999 年度）文明单位	市委、市政府	2000 年
建行洛江支行	市第七届（1998—1999 年度）文明单位	市委、市政府	2000 年
区财政局	市第七届（1998—1999 年度）文明单位	市委、市政府	2000 年
区科技局	泉州市“科教兴市年”动先进单位	市政府	2001 年
区人民检察院	全市“三五”普法先进单位	市委、市政府	2001 年
区教育局	泉州市“科教兴市年”活动先进单位	市政府	2001 年
区民政局	1996-2001 年勘界工作先进单位	市政府	2001 年
区计生局	1999—2001 年度计划生育工作先进集体	市委、市政府	2002 年
罗溪镇前溪村	“三个代表”重要思想学习教育活动先进集体	市委	2002 年
区委办公室	市第八届（2000—2001 年度）文明单位	市委、市政府	2002 年
区政府办公室	市第八届（2000—2001 年度）文明单位	市委、市政府	2002 年
区检察院	市第八届（2000—2001 年度）文明单位	市委、市政府	2002 年
区财政局	市第八届（2000—2001 年度）文明单位	市委、市政府	2002 年
区农水局	市第八届（2000—2001 年度）文明单位	市委、市政府	2002 年
区工商局	市第八届（2000—2001 年度）文明单位	市委、市政府	2002 年
区邮政分局	市第八届（2000—2001 年度）文明单位	市委、市政府	2002 年
建行洛江支行	市第八届（2000—2001 年度）文明单位	市委、市政府	2002 年
区人武部	市第八届（2000—2001 年度）文明单位	市委、市政府	2002 年
区劳动局	1999—2001 年度计划生育工作先进单位	市委、市政府	2002 年
区劳动保障局	老干部社会优待工作先进单位	市委、市政府	2003 年
区教育系统关工委	全市关心下一代工作先进集体	市委、市政府	2003 年
区卫生局	泉州是防治非典工作先进单位	市委、市政府	2003 年
罗溪镇柏山村	先进基层党组织	市委	2003 年
罗溪镇前溪村	宽裕型文明村	市政府	2004 年
区计生局	2002—2003 年度计划生育工作先进集体	市委、市政府	2004 年
区计生服务站	青年文明号	共青团泉州市委	2004 年
区委办公室	市第九届（2002—2003 年度）文明单位	市委、市政府	2004 年
区政府办公室	市第九届（2002—2003 年度）文明单位	市委、市政府	2004 年
区人民检察院	市第九届（2002—2003 年度）文明单位	市委、市政府	2004 年
区财政局	市第九届（2002—2003 年度）文明单位	市委、市政府	2004 年
区农业水务局	市第九届（2002—2003 年度）文明单位	市委、市政府	2004 年
区工商行政管理局	市第九届（2002—2003 年度）文明单位	市委、市政府	2004 年
邮政局洛江分局	市第九届（2002—2003 年度）文明单位	市委、市政府	2004 年
区人民武装部	市第九届（2002—2003 年度）文明单位	市委、市政府	2004 年

续表 32-3-2

单位	荣誉称号	授奖机关	授予时间
区国家税务局	市第九届（2002—2003 年度）文明单位	市委、市政府	2004 年
区人民法院	市第九届（2002—2003 年度）文明单位	市委、市政府	2004 年
区卫生局	泉州市第九届（2002—2003 年度）文明单位	市委、市政府	2004 年
罗溪镇前溪村	泉州市第九届（2002—2003 年度）文明村	市政府	2004 年
区委文明办	市创建全国文明城市工作先进单位	市委、市政府	2004 年
区卫生局	创建国家卫生城市先进单位	市委、市政府	2005 年
区环境保护局	两江流域工业污染源综合治理“零点计划”行动先进单位	市政府	2005 年
区劳动保障局	2002—2005 年度泉州人民调解工作先进集体	市政府	2005 年
罗溪镇柏山村	2004 年度社会治安综合治理先进单位	市委、市政府	2005 年
罗溪镇柏山村	宽裕型文明村	市委、市政府	2005 年
区人民检察院	2001—2005 年全市法制宣传教育先进单位	市委、市政府	2006 年
罗溪镇后溪村	宽裕型文明村	市委、市政府	2006 年
区科协	泉州市科技工作先进集体	市委、市政府	2006 年
区环境保护局	2001—2005 年度泉州市环境保护先进集体	市政府	2006 年
区环境保护局	泉州市创建国家环保模范城市先进单位	市政府	2006 年
区住建局	泉州市创建国家园林城市先进集体	市委、市政府	2007 年
罗溪镇后溪村	“五个好”先进村党组织	市委	2007 年
万安办事处	泉州市创建国家园林城市先进集体	市委、市政府	2007 年
泉州南少林武术学校——区人民武装部	市 2003—2005 年度（第四届）军民共建精神文明先进单位	市委、市政府、市军分区	2007 年
双阳街道——解放军第 180 医院	市 2003—2005 年度（第四届）军民共建精神文明先进单位	市委、市政府、市军分区	2007 年
罗溪镇侨联	泉州市侨联工作先进团体	市委、市政府	2007 年
马甲镇侨联	泉州市侨联工作先进团体	市委、市政府	2007 年
双阳街道侨联	泉州市侨联工作先进团体	市委、市政府	2007 年

附 录

一、重要文件选辑

国务院关于公布第三批全国重点文物保护单位的通知

（1988年1月13日）
国发〔1988〕5号

各省、自治区、直辖市人民政府，国务院各部委、各直属机构：

国务院同意文化部提出的第三批全国重点文物保护单位（共计二百五十八处），现予公布。望各地根据《中华人民共和国文物保护法》的规定，组织有关部门，对本地区内的全国重点文物保护单位划出保护范围，作出标志说明，并逐步建立科学记录档案。同时，要督促有关市、县人民政府，做好所辖境内的全国重点文物保护单位的保护管理工作。

第三批全国重点文物保护单位名单

（共258处）

（一）革命遗址及革命纪念建筑物（共41处）（略）

（二）石窟寺（共11处）（略）

（三）古建筑及历史纪念建筑物（共111处）

编号	分类号	名称	时代	地址
68	16	洛阳桥	宋至明	福建省泉州市
133	81	泉州天后宫	清	福建省泉州市

（余略）

（四）石刻及其他（共17处）

169	6	老君岩造像	宋	福建省泉州市

（余略）

（五）古遗址（共49处）（略）

（六）古墓葬（共29处）

250	21	伊斯兰教圣墓		福建省泉州市

（余略）

福建省人民政府关于开辟泉州马甲为引进优良畜牧品种试验区并实行若干优惠政策的通知

（1990年9月3日）
闽政〔1990〕综159号

泉州市人民政府、省直有关单位：

为引进优良畜牧品种，加快我省畜牧业的发展，决定开辟泉州马甲为引进优良畜牧品种试验区。试验区的范围定为乌潭水库库区沿岸及其突出部（涉及马甲乡的马甲、新奄、彭殊、祈山、梅岭、永安、洋坑、河市乡的溪井以及南安县洪濑镇的坝田等九个行政村）。外商在上述试验区范围内投资兴办优良品种的畜牧饲养、加工及其配套企业（以下简称试验区企业），可根据国务院颁布的有关对外开放政策，享受下列优惠待遇。

一、试验区企业从获利年度起五年内豁免一切税收；免税期满后，按沿海经济开放区的税率征收企业所得税，但对侨商或台商投资的企业，在免税五年后的第六年和第七年继续给予减半征收企业所得税的优惠待遇。免、减税期满后，经批准，还可以在以后的十年内继续减征所得税15%—30%。

二、试验区企业经有关部门确认为先进技术企业的，在上述规定免、减税期满后，可以延长三年减半缴纳企业所得税；被确定为产品出口企业的，在免减税期满后，凡当年企业出口产品产值达到当年企业产品产值70%以上的，可以按照现行税率减半缴纳企业所得税。

三、试验区企业地方所得税的减免，由泉州市按国家有关规定自行审批。

四、试验区企业外商作为投资而进口的用于本企业生产和管理的设备、建筑器材；为生产出口产品而进口的机械设备、生产用的车辆、原材料、燃料、散件、零部件、元器件、配套件、辅料、包装物料、种畜禽、饲料、畜禽保护药物以及必要的技术装备；企业进口自用的交通工具、办公用品（限合理数量）；投资的外商和国外技职人员进口安家物品和自用的交通工具（限合理数量），免征关税和工商统一税。

上述进口料、件，只限于试验区企业自用，如用于内销产品，应当按照有关规定补办进口手续，并照章补税。

五、为使试验区企业能够做到外汇自求平衡，对暂时不能平衡的企业，经省经贸委批准，可以在一定期限内，经营国家规定的一、二类商品和省统一经营的三类商品以外的商品出口，以解决企业的外汇收支平衡，数量仅限于弥补缺额。涉及配额许可证的商品按规定办理。

六、试验区企业用地按规定逐项报批，五年内免交土地使用费，五年后经批准可适当减收土地使用费。

七、试验区企业可享受国家今后颁布的有关种畜禽场的优惠待遇。

国务院关于同意福建省调整泉州市市辖区行政区划的批复

（1997年6月3日）

国函〔1997〕42号

福建省人民政府：

你省《关于泉州增设市辖区的请示》（闽政〔1996〕文363号）和有关补充报告收悉。现批复如下：

同意调整泉州市鲤城区的行政区划，增设泉州市丰泽区和洛江区。

鲤城区：辖临江、海滨、鲤中、开元4个街道和江南、浮桥2个镇。区人民政府驻打锡街。

丰泽区：辖泉秀、丰泽、东湖、华大4个街道和城东、东海、北峰3个镇。区人民政府驻丰泽街道。

洛江区：辖河市、马甲、罗溪3个镇和虹山乡。区人民政府驻河市镇。

泉州市市辖区的机构应按照“精简、效能”的原则设置，所需经费自行解决。

福建省人民政府关于同意泉州市调整市辖区行政区划的批复

闽政〔1997〕文159号

泉州市人民政府：

你市《关于调整鲤城区行政区划的请示》（泉政〔1996〕综353号）和有关补充报告悉。经国务院批准，现批复如下：

同意调整泉州市鲤城区的行政区划，增设泉州市丰泽区和洛江区。

鲤城区：辖临江、海滨、鲤中、开元4个街道和江南、浮桥2个镇。区人民政府驻打锡街。

丰泽区：辖泉秀、丰泽、东湖、华大4个街道和城东、东海、北峰3个镇。区人民政府驻丰泽街道。

洛江区：辖河市、马甲、罗溪3个镇和虹山乡。区人民政府驻河市镇。

上述三个区的行政区域界线，以省人民政府上报国务院审批的《泉州市区行政区域界线图》为准。

泉州市辖区的机构应按照“精简、效能”的原则设置，所需经费自行解决。

福建省人民政府

一九九七年六月十八日

中共泉州市委 泉州市人民政府
关于鲤城、丰泽、洛江三个市辖区政府工作机构设置的通知

泉委〔1997〕综113号

鲤城、丰泽、洛江区委、区人民政府：

根据《国务院关于同意福建省调整泉州市市辖区行政区划的批复》（国函〔1997〕42号）精神，依照《中华人民共和国地方各级人民政府组织法》和《中共福建省委办公厅、福建省人民政府办公厅关于批转省机构改革领导小组办公室、省机构编制委员会〈关于县（区、市）机构设置的若干意见〉的通知》（闽委办〔1996〕21号）的有关规定，经研究，现就鲤城、丰泽、洛江三个市辖区政府工作机构设置的有关问题通知如下：

一、鲤城、丰泽两个区政府工作机构各设22个，即：办公室、计划与统计局、教育局、监察局（与区纪委合署办公）、民政局、司法局、财政局（加挂国有资产管理局牌子）、地方税务局、人事局（与机构编制委员会办公室合署办公）、劳动局、建设局、交通局、农林水局（加挂区委农村工作领导小组办公室牌子，含农业、水利水电、林业、水产的行政职能）、对外经济贸易局、科技文体局、卫生局、计划生育局、审计局、城乡企业局、侨务办公室（加挂外事办公室牌子）、环境保护局、经贸局（加挂粮食局牌子）。

二、洛江区政府工作机构设23个，即：办公室、计划与统计局、教育局、监察局（与区纪委合署办公）、民政局、司法局、财政局（加挂国有资产管理局牌子）、地方税务局、人事局（与机构编制委员会办公室合署办公）、劳动局、建设局（含环境保护职能）、交通局、农业水利局（加挂区委农村工作领导小组办公室牌子，含农业、水利水电、水产的行政职能）、对外经济贸易局、科技文体局、卫生局、计划生育局、审计局、经贸局（加挂粮食局牌子）、城乡企业局、侨务办公室（加挂外事办公室牌子）、林业局、土地管理局。

三、三个区各另设由区政府工作部门归口管理机构3个，即：信访局由区政府办公室管理；物价局由计划与统计局管理；技术监督局由经贸局管理。

四、为尽快适应工作需要，三个区党政群机关行政编制在向中编办和省编委申报增加编制之前，每个区党政群机关工作人员先控制在350名以内（含街道办事处、地税、工商分局，不含政法专项及乡镇机关人员），调入的机关工作人员一律按照或参照国家公务员管理条例进行管理。

中国共产党泉州市委员会
泉州市人民政府
1997年10月8日

关于成立丰泽区、洛江区第一届人民代表大会筹备组的决定

（1997 年 8 月市十二届人大常委会第十次会议通过）

泉州市十二届人大常委会第十次会议，根据福建省八届人大常委会第三十三次会议《关于泉州市鲤城区、丰泽区、洛江区人民代表大会代表名额、常务委员会组成人员名额和代表选举时间的决定》的精神，决定成立丰泽区、洛江区第一届人民代表大会筹备组，主持区第一届人民代表大会代表的选举工作和召集召开区第一届人民代表大会第一次会议。

丰泽区、洛江区第一届人民代表大会筹备组下设代表资格审查委员会，审查丰泽区、洛江区第一届人民代表大会代表的选举是否符合法律规定，并报筹备组公布代表名单。

丰泽区人大筹备组组成人员：

组　　长：魏　坚

常务副组长：庄泉宝

副 组 长：戴文元　吴金炎　吴世贮

成　　员：陈丽煌　傅健全　倪子川　陈秀珍　谢金票　赖荣富
赖重阳　颜和平　刘金南　傅健龙　赵　萍　郑世英
陈继红　夏丽清　林玉假

办公室主任：陈秀珍

办公室副主任：赖荣富　杨智娜

洛江区人大筹备组组成人员：

组　　长：陈敬聪

常务副组长：卢希德

副 组 长：陈传仁

成　　员：林永军　林心政　张荣辉　杨天红　卢　刃　黄沧海
陈忠俊　杨琦伟　廖志芳　戴和生　张伟生　林坤聚

办公室主任：林心政

办公室副主任：吴永泉

泉州市人民政府
关于同意赋予洛江区若干优惠政策的批复

泉政〔1998〕文17号

洛江区人民政府：

你区《关于赋予洛江区若干优惠政策的请示》（泉洛政〔1997〕综22号）收悉。经研究，批复如下：

一、关于行政管理权限问题

同意赋予洛江区政府行使县一级人民政府的行政管理权限，实行县一级财政体制，行使县一级的人事调配权及项目审批权等经济管理权限。赋予洛江区政府县一级土地管理权限。同意设立泉州市城乡规划局洛江分局，作为泉州市城乡规划局派出机构，授权实施辖区内城乡规划管理。

洛江工商行政管理分局权限问题，可由市工商行政管理局授权解决。

二、关于财税政策问题

1. 实行“核定基数、超收全留、定额补助、暂定三年”的财政政策。以核定的1996年收支基数差额作为定额补助数，支出基数中安排500万元作为转移支付资金；以核定的1997年洛江区财政收入计划为基数，从1998年起，三年内财政收入超收市留成部分全部归属洛江区用于发展经济社会事业，同时在安排专项资金时，视具体经济项目优先考虑借给一定数额的财政周转金。

2. 在洛江区范围内开办的所有企业的税费，按财税体制划分，由洛江区财税部门征收管理。

3. 从1998年起三年内，洛江区区域内非农业建设用地出让收入中市里留成部分，金额返还给洛江区。区域内建设项目的基础设施配套费由洛江区政府收取，专项用于该区域内的基础设施建设。

4. 大力扶持洛江区进行山地综合开发和“菜篮子工程”副食品基地建设。市农业发展基金，按项目予以倾斜支持。市财政比照扶持贫困县标准每年安排一定数额的支农资金。

三、关于投融资政策问题

1. 在制定全市年度基础设施和重点建设项目计划时，将洛江区的建设项目纳入计划盘子，统筹考虑，重点照顾。

2. 各市级银行、非银行金融机构要在资金上积极扶持洛江区的发展。要逐步在洛江区设立分支机构；积极办好农村合作信用社，完善农村合作金融体系；要实行适度倾斜的信贷政策，以适应洛江区经济发展的合理资金需求。

3. 积极争取洛江区列入省定农业开发信贷重点区域，以便市农业发展银行根据区域政策予以信贷倾斜。

4. 积极帮助争取国际金融组织的优惠贷款，多渠道筹集洛江区基础设施建设和农业开发性项目所需资金。

四、关于鼓励投资开发和企业发展问题

1. 关于将省政府赋予马甲试验区的各项优惠政策适用范圈扩大到整个洛江区问题，待报省政府批准后另行批复。

2. 积极扶持洛江区发展第三产业和万安开发区的开发建设。市级各专业银行在信贷上给予倾斜；市财政根据项目情况，在周转金方面给予一定支持。

五、关于洛江区农副产品流通问题

1. 大力扶持洛江区加快农副产品市场建设。同意在鲤城区、丰泽区选点供洛江区建设农贸市场，有关税费按规定收取后，返还支持洛江区建设农贸市场。洛江区的农副产品进入鲤城、丰泽两区批发市场的，减免收取有关规费；进入农贸市场销售的，要保护经营者的合法权益。要在洛江区规划建设农副产品批发市场，疏通流通渠道。在安排使用市副食品调节基金时，对洛江区予以倾斜支持。

2. 同意新建仓容量500万公斤的粮食仓库，粮食储备任务随仓库的建设逐步调增。市农业发展银行要予以资金支持，市财政将仓库建设所需资金纳入预算，并相应地增加储备粮费用补贴。

六、关于人才引进和培养问题

1. 对到洛江区承包、承租、领办、创办乡镇企业的各类专业技术管理人员，根据本人要求，可以不转户粮关系，不改变干部身份，可继续使用原单位住房，保留原专业职称资格，保留原工资级别，其行政关系和人事档案由原人事主管部门及所属人才服务机构管理。

2. 对从外地调入或招聘的具有中、高级职称的各种专业人才，本人要求在洛江区落户的，公安、粮食部门应予以办理入户手续。其子女升学或寄读市区达标中学的，减免缴交寄读费。

3. 对洛江区内企业聘用的外地员工，具有高中以上文化程度且有专业技能的，本人要求在洛江区落户的，免收城市增容费。

4. 洛江区小学的优秀毕业生进入市区达标中学比例由原定的1.5%，增加至3%；洛江区初中毕业生升学考试成绩达到达标中学录取线的，可在市区达标中学就读；在万安街道和万安开发区未新建中学之前，小学毕业生可就近进入城东中学就学。跨区就读的中、小学生收费标准与该区学生一致。

5. 市属师范类学校在制定招生计划时，要根据洛江区教育事业发展规划确定相应招生指标，并将洛江区生源毕业生定向分配回洛江区任教。泉州师专每年应确定一定的指标招收洛江区定向生。

七、关于重点扶持洛江区边远山村加快发展问题

市直各部门和鲤城区、丰泽区要积极扶持和帮助洛江区边远山村加快发展，开展结对扶持，加快奔小康步伐。要鼓励和组织我市企业家到洛江区投资办厂，对到洛江区投资的企业，要在资金等方面予以支持。

泉州市人民政府

一九九八年三月十五日

福建省人民政府关于批准龙岩等8个开发区为省级开发区的批复

闽政〔1999〕文87号

宁德地区行政公署，福州、漳州、泉州、龙岩市人民政府：

《福州市人民政府关于批准连江县琯头投资区、敖江投资区为省级开发区的请示》（榕政综〔1998〕242号）、《关于筹建福州空港开发区工作情况汇报的请示》（榕政综〔1998〕248号）、《关于要求把镜洋等四个镇工业小区列为省级开发区的请示》（榕政综〔1999〕15号）、《漳州市人民政府关于申请设立龙文工业开发区的请示》（漳政〔1998〕33号）、《泉州市人民政府关于要求将泉州万安开发区确定为省级开发区的请示》（泉政〔1999〕文52号）、《龙岩市人民政府关于要求批准长汀县腾飞经济技术开发区为省级开发区的请示》（龙政〔1998〕综716号）、《关孑要求将龙岩市弪济技术开发区批准为省级开发区酌请示》（龙政〔1998〕综720号）、《关于要求确认闽东华侨经济开发区省级开发区约请示》（宁署〔1908〕综158号）文收悉：经研究，现批复如下：

一、同意批准龙岩经济开发区、长汀腾飞经济开发区、福州空港开发区、连江琯头投资区、福清龙田工业区、漳州龙文工业开发区、泉州万安开发区、闽东华侨经济开发区等8个开发区为省级开发区，享受《福建省进一步促进开发区发展的若干规定》（闽政〔1997〕46号文）的有关政策和我省有关开发区的各项优惠政策。

二、8个开发区的面积及范围为：

（一）龙岩经济开发区：西起黄邦山、东至规划中的龙腾南路东路、北以漳龙高速公路为界、南接福三线南部黄邦村，首期开发面积2平方公里。

（二）长汀腾飞经济开发区：东起龙陂河、西临长汀车队、南以环城北路为界、北靠飞机窝、萝卜山，开发面积2平方公里。

（三）福州空港开发区：位于子牛山、仙岐村一线以东，连接金峰的货运专用线以南，东面、西面临海，开发面积3.31平方公里。

（四）连江琯头投资区：东至琯头隧道口、西至青芝国道、北至青芝山风景区交界及同三高速公路，开发面积2.8平方公里。

（五）福清龙田工业区：东至龙光路、西至积库村、南库路，北至福庐山，开发面积3平方公里。

（六）漳州龙文工业开发区：位于省道郊柏线龙文段南侧，规划建设中的北环路以北、东临筹建中的漳龙高速公路，首期开发面积1.86平方公里。

（七）泉州万安开发区：东至洛阳江、西至福厦高速公路西福出入口处、南至丰泽区、北至双阳镇，首期开发面积2平方公里。

（八）闽东华侨经济开发区，东至东湖塘海堤、西至城东路、南至贵岐澳泰科技园区、北至兰田中学，首期开发面积9.6平方公里。

三、各开发区必须继续做好规划工作，并与当地城市总体规划相衔接，要按照“规划一片、开发一片、建成一片、滚动发展”的原则，抓紧基础设施建设河招商引资工作。

四、各开发区的开发建设、项目用地须按国家土地管理法规报批，合理有效地利用好每一寸土地。

五、开发区所在地市政府要加强领导，同时给予必要的政策倾斜和扶持。

福建省人民政府

一九九九年三月二十一日

关于加强洛江区城乡企业工作的若干意见

泉洛委〔1998〕综58号

各乡镇（街道）党委、政府（办事处）、区直各单位：

1998年是我区开好局、起好步的关键一年，为推进我区城乡企业的发展和提高，促进城乡企业再上新台阶，根据省市《关于继续推进乡镇企业发展和提高的决定》精神，结合我区实际情况，提出加强城乡企业工作的若干意见。

一、奋斗目标：

1998年全区城乡企业总产值18.5亿元，工业产值15.00亿元，出口交货值5.51亿元。新办企业30家，新增投资总额3000万元。扶持产值超1000万元骨干企业27家，其中超亿元企业2家，超5000万元6家，组建一家企业集团，上报技改项目9项，开发新产品3项，创省优以上产品1项。

2000年全区城乡企业总产值28.9亿元，年递增26%。工业产值22.6亿元，出口交货值7.5亿元，产值超1000万元企业40家，其中超亿元企业3家，超5000万元企业12家。

二、主要措施：

（一）切实加强对城乡企业工作的领导

1. 区政府成立城乡企业工作领导小组，各乡、镇、街道相应成立领导小组，加强对城乡企业工作的领导。

2. 制定各乡、镇、街道城乡企业工作考核指标和考核办法，对企业工作进行量化管理和考核。

3. 每年召开一至二次企业工作会，对全区企业工作进行总结表彰，奖优罚劣。对完成任务的乡、镇、街道给予奖励3万元，其中20%奖给主要领导和分管领导，同时对纳税大户的企业给予授匾表彰。

4. 各乡、镇、街道参照市、区招商引资的优惠政策，结合本地实际，制定相应的鼓励投资措施。

（二）抓紧理顺辖区内企业的隶属关系

1. 成立由财政、城乡企业、外经、工商、税务等部门组成的理顺关系领导小组，抓紧对辖区内企业挂靠情况进行认真全面调查。

2. 理顺关系工作领导小组与市工商局、市税务后有关部门协调，要求市有关部门应贯彻执行泉政〔1998〕17号《泉州市人民政府关于同意赋予洛江区若干优惠政策的批复》第二款第二条的规定，在洛江区范围内开办的所有企业均应到洛江区工商分局办理年检或初检，所有企业的税费由洛江区财税部门征收管理。

3. 企业局、外经局等职能部门要经常走访企业，了解企业经营情况，宣传优惠政策，与企业主建立感情，争取企业主主动把企业办在我区。

（三）扶持一批重点企业

1. 按照生产规模大、纳税多、科技含量高、社会经济效益好的原则确定一批重点企业。

2. 区政府每年安排500万元周转金，并协调有关金融部门对重点企业给予一定规模的贷款。

3. 对年纳税超200万元、100万元、50万元的重点企业所纳税金（区级留成部分）比上年增长部分，由区财政分别给予返还60%、50%、40%。重点企业取得技改贷款后，由区财政给予30%的贷款贴息，期限一年。

4. 各职能部门要为重点企业提供优质服务，需办的手续优先办理，尽量减少对重点企业的参观、检查、考核、评比活动，确实需要的，应经区城乡企业领导小组同意。

5. 召开重点企业座谈会，听取重点企业厂长、经理对我区城乡企业发展的意见以及经营中存在的问题和要求，促进各部门改进工作方法，提高办事效率。

（四）积极鼓励乡、镇、街道、区直机关引进企业

1. 实行“谁引进归谁”的原则，凡成功引进，其税收产值的隶属关系归引进单位。

2. 凡成功引进企业，按实际利用金额分别给予奖励：投资 50 万—50 万美元，奖 5000 元；150 万—300 万美元，奖励 10000 元；300 万—500 万美元，奖励 15000 元；500 万美元以上的奖励 20000 元。奖金在企业到资，经有关部门确认后兑现。

3. 区直有关部门下属的经济实体单位新引进企业应上缴的乡镇企业管理费区留成部分的 50%，归引进单位。

4. 鼓励企业到马甲、罗溪、虹山投资。凡在马甲、罗溪、虹山区域兴办固定资产投资在 300 万元以上的生产性企业，投产后二年内由区政府返还税收的区级留成部分，在虹山投资的企业第三年至第五年返还 50%。

（五）加强服务优化投资环境：

1. 城乡企业局、外经局等企业主管部门要充分发挥规划、管理、协调、服务的职能作用，主动协调有关部门，为企业解决实际问题，逐步建立城乡企业科技信息咨询、人才培训、企业管理、质量监督、法律咨询等服务体系。

2. 抓紧筹建洛江区工商业联合会，充分利用工商业联合会作为党和政府联系非公有制经济桥梁作用，为企业提供信息、管理、融资、咨询等服务，调解经济纠纷，帮助企业加强横向联系，拓展市场，对条件成熟的行业，按自愿参加的原则，组织同业公会服务企业。外经局抓紧报批洛江区外贸公司，积极争取自营进出口权，为我区企业产品的出口提供服务。

3. 积极帮助企业拓展市场。根据各种展销会的特点，引导组织企业参展，帮助企业建立营销网络。适时组织乡镇企业管理人员和企业家到经济发达地区参观取经。

4. 财政金融部门要充分发挥资金主渠道作用，按照“区别对待、择优扶持、效益优先”的原则，逐年增加信贷投入，积极扶持城乡企业的发展。土地建设部门要采取有效措施抓紧为城乡企业办理土地使用权证和房屋所有权证，盘活资产存量，解决企业贷款的资产抵押问题。

5. 司法部门要加强企业所在社区的社会治安综合管理，切实搞好外来人口管理。在办理外来人员暂住证、治安联防等方面，应与企业配合，凡进入企业进行治安检查、民事调查等，应当先与企业联系，不准随意进入企业检查，影响企业正常的生产秩序。

6. 公安、人事、教育等部门对从外地调入或招聘的具有中、高级职称的各种专业人才。在办理入户手续、家属子女的就业、就学等问题上，要优先给予解决，其子女升学或寄读市区达标中学的，减免缴交寄读费。

7. 税务部门对城乡企业进行税务稽查，要按照有关法律法规程序，注意文明执法。其他职能部门要结合本单位的工作，切实为企业提供优质服务，为城乡企业发展创造良好的环境。

8. 依法保护乡镇企业合法权益，切实减轻乡镇企业负担。严格执行上级有关规定，坚决取消不符合规定的行政事业性收费、罚款、集资和各种摊派。要制定收费卡，规范向企业收费。任何部门和单位不得以任何形式和名义向企业搞赞助、搞评比、乱摊派、增加企业负担，对违反规定、乱收费的单位和责任人员要严肃查处，对打击报复检举人或刁难企业的，要依法从重处理。

（六）实施科技兴企战略

1. 努力促进城乡企业依靠科技进步加快发展，提高企业技术装备水平和产品质量，加强与大专院校、科研机构的横向联合，鼓励企业加强新产品开发，加快技术改造步伐。各单位要及时对技改项目进行立项、论证、评审、报批，积极帮助企业争取技改资金。

2. 加强人才的培养和引进。通过“借、聘、兼、调”等办法鼓励各类人才向城乡企业流动，积极创造条件解决科研人才的后顾之忧。多渠道多层次开展城乡企业职工的继续教育，提高城乡企业从业人员素质。

3. 强化以质量管理为核心的企业管理，引导企业树立管理出效益的思想。建立、完善质量保证体系和质量监督体系，促进企业升级。

（七）促进规模经营，提高经济运行效益：

1. 以外引内联促进规模经营，积极争取我区企业与国外大财团、大公司、国内大企业合作，引进一批有市场、高科技、效益好的大项目。

2. 进一步加强工业小区建设和管理、引导乡镇企业走集中连片发展的路子，提高聚集效应。

3. 帮助规模大、效益好的企业改制成股份制企业，提高资本聚集和运作能力，增强企业上规模、上档次、上水平的活力。

4. 以优势产品为龙头，以骨干企业为核心，以资产为纽带，联接一批相关企业，组建企业集团。主动帮助做好企业集团申报的前期工作，今年争取完成一家企业集团的组建工作。

5. 以名牌效应带动规模经营，加速名牌产品的系列化开发和规模化生产，扩大市场覆盖面。

中共泉州市洛江区委员会

泉州市洛江区人民政府

一九九八年五月五日

中共洛江区委 洛江区人民政府
关于加快实施科教兴区战略的决定

（1999 年 9 月 26 日）

为认真贯彻落实党中央、国务院《关于加强技术创新、发展高科技，实现产业化的决定》《关于深化教育改革，全面推进素质教育的决定》，省委、省政府《关于加快实施科教兴省战略的决定》，市委、市政府《关于加快实施科教兴市战略的决定》，加快实施科教兴区战略，扎实推进新一轮创业，特作出如下决定。

一、指导思想、奋斗目标和主要任务

1. 指导思想：高举邓小平理论伟大旗帜，全面贯彻落实党的十五大精神，紧紧围绕发展生产力这个根本任务，坚定不移把科教兴区摆在现代化建设的关键战略位置。动员全社会力量，深化改革，扩大开放，建立多元化投入机制，推进素质教育和加强技术创新，发展高科技，实现产业化，促进科技、教育和经济的紧密结合，全面提高国民素质，促进社会全面进步，为推进我区新一轮创业提供强大后劲和有力支持。

2. 奋斗目标：在全面完成“九五”期间科教兴区各项任务的基础上，到 2005 年，科技创新能力和科技成果转化率有大的提高，科技进步对经济增长贡献率达到 55%，高新技术产值占工业总产值比重达 24% 以上；在全面提高义务教育质量的基础上，基本普及高中阶段教育，大力发展职业技术教育和成人教育，高等教育入学率达到 10%，教育发展主要指标达到全市中等水平。到 2010 年，科技水平和技术创新能力大幅度提高，科技体制更加完善，科技进步对经济增长的贡献率达到 60% 以上，高新技术产值占工业总产值比重达到 30% 以上，高新技术产品出口额占出口商品总值 30% 以上；素质教育水平显著提高，全面普及高中阶段教育，高等教育入学率达到 15% 以上，人口受教育年限进入全市中上水平；努力实现科技和教育强区的目标。

3. “十五”期间必须完成的主要任务

——推进技术创新。确立企业的技术创新主体地位，从体制、机制、政策等各方面，促进企业应用创新知识和新技术、新工艺，采用新的生产方式和管理模式，提高产品质量，开发生产新产品，提供新服务，占据市场并实现市场价值；广泛开展技术合作与交流，推动各方面科技力量进入市场创新创业。培育 30 家技术创新示范企业。企业 ISO 9000 质量认证达到 20 家以上。

——推进素质教育。全面贯彻落实党的教育方针，优先发展教育事业，为全面实施素质教育创造条件。加快发展高中阶段教育，支持高等教育。高中阶段在校生规模翻一番，办好一所示范性、高水平的普通高中。新办 1 所职业中学或职业中专。巩固提高“两基”水平，实现中小学校办学条件标准化。逐步普及计算机教育，基本形成远程教育网络。积极发展幼儿教育和老年教育。

——加强人才队伍建设。全面提高人才素质，积极探索和建立与我区现代化建设相适应的公开、平等、竞争、择优的育人、选人、用人机制，要把整体性人才资源的开发摆上经济社会发展的重要位置，逐步实现人才资源开发管理的社会化、产业化、市场化、法制化。要把“乡土人才”培养与外地人才引进有机结合起来，尤其是加快培养和引进高层次人才，培养造就一批优秀的科学技术人员、教育工作者、企业家和党政领导干部。人才队伍规模达到 8000 人。高层次人才占专业技术人员的比重从目前不足 1% 提高到 4% 以上。加大政策导向，吸引国内外优秀中青年学术和技术带头人来我区创业。

——深化科技、教育体制改革。加快改革步伐，切实把政府管理科技、教育职能转到宏观调控、社会管理和公共服务方面。充分发挥市场机制在配置科教资源、引导科教活动方面的基础性作用，调整优化科技、教育结构布局，推进科教产业发展。大力发展民营科技企业和民办、侨办教育，建立与社会主义市场经济体制相适应，符合科教自身发展规律的运行机制，为促进科技、教育与经济的紧密结合提供有效的体制保障。

——加快产业结构优化升级。立足技术创新，发展高新技术及其产业，运用高新技术改造传统产业，促进产业和经济结构的优化调整，培植新的经济增长点。围绕区支柱产业、基础产业和重点项目，利用沿海接受国外科技产业循环发展的前沿优势，研究、开发、推广一批在全国同行业领先的共性技术和关键技术。重点实施工业高新科技攻关项目5项，技改项目50项，开发新产品40项，主要工农业产品80%以上采用国际或国外先进标准，培植年销售额超亿元的高新技术企业或企业集团3家。

——推进新的农业科技革命。积极推进农科教结合，提高农业产业化的科技含量，做好农业关键性技术、重点品种的引进和推广。通过资源开发、改良品种、改进栽培或饲养技术等综合性的措施，实现农业产业结构、品种结构和品质结构的调整和优化。加强粮食、水果、畜禽、蔬菜、花卉、水产、食用菌等主导产业的良种培育和引进试验，以及配套种养技术的研究、开发和推广，大力发展农产品储藏、保鲜、加工技术；延长农业产业链，提高农产品附加值，加这农业科技成果的商品化、产业化。普及推广农业标准化，扶持建设10家科技含量高的农业产业化龙头企业；培育一批绿色名牌产品，建好2个省级科技示范乡镇，1个市级星火技术密集区；建成3个现代农业示范乡镇；完善区、镇、村三级农业科技推广体系和农民教育培训网络，培训1000名农民技术人员。

——推进人口、资源、环境可持续发展。依靠科技进步，加强资源的合理开发和生态环境的有效保护，推广清洁生产、节能降耗、绿色环保、废弃物利用等公共技术。加强严重危害人民健康的常见病、多发病、传染病防治技术的研究和推广运用，提高人民生活质量和健康水平。加强灾害监测、预报与防治等相关技术的开发和推广应用，加强五大防御体系关键技术的研究开发，增强防灾减灾抗灾能力。建设市、区级可持续综合实验区和康居示范住宅小区，实现经济、社会协调发展。

二、加强技术创新，发展高科技；提高经济竞争力

4. 建立以企业为主体的技术创新体系。继续抓好全区技术创新工作。着力强化乡镇企业的技术创新能力，建立健全企业技术创新机制，把提高技术创新能力和经营管理水平作为企业发展壮大，实现增长方式的转变的关键措施。企业要把新产品开发作为技术创新的重点，提高产品的技术含量和附加值，加快产品结构的升级优化，加大政策引导力度，使企业真正成为技术创新的决策主体、开发主体、投入主体、承担风险主体和利益分配主体。通过技术创新，加快淘汰落后工艺技术和生产设备，开发和应用先进制造，技术、新工艺、新装备。电子、机电一体化、蓄电池、石材磨具、陶瓷工艺和旅游等产业的技术创新，要走在全区乃至全市前列。区级重点企业要率先建设好行业科研所，开展技术攻关、科技成果转化，成为带动行业和中小企业技术创新的辐射源。一般企业、重点企业和高新技术企业研究开发经费应分别达到当年销售收入的1.5%、3%和5%以上，可计入成本。

5. 积极开展ISO9000质量认证工作，推动企业上档次、上水平。企业、科技管理部门和技术监督部门要密切配合，引导区重点企业及技术创新示范企业把实施技术创新工程与实施质量振兴计划及名牌战略结合起来，指导和帮助企业积极采用国际标准和国外先进标准。加强企业标准化、计量等技术基工作，建立健全质量管理和质量保证体系，提高技术、管理水平和产品质量，使全区重点企业和技术创新示范企业中的90%能有效实施GB/T19000—ISO9000族标准，并有一批企业通过质量体系认证或产品质量认证；要通过开展ISO9000质量认证来推动现代企业制度的建设和企业在职人员的继续教育工作，不断提高企业管理人员和员工的综合素质，促使企业立足市场需求，不断改进、创新，创造一批拥有自主知识产权的技术和产品，抢占制高点，成为国内外知名度较高的名牌产品。

6. 把科技进步摆在农业和农村经济发展的优先位置。实施现代良种科技、科教兴林和农村科教示范推广网络三大工程，大力推进农业现代化进程，加速良种和技术的引进、吸收和创新进程，加强信息技术与生物技术和传统农业的结合，在粮食、林业、水果、畜牧、蔬菜、水产、食用菌和花卉盆景等主导产业方面取得突破，发展反季节农业，提高资源利用率，拓展农业生产的发展时空，实现农产品的周年供应。特别要在优良品种培育、生物技术和节水农业三大领域集中力量尽快实现新的突破，促进传统农业向高产优质高效的现代农业转变。发展壮大林业和水产业，继续培植龙眼、花卉、蔬菜、禽畜等支柱产业，着力提高特色农业年“三大工程”项目的科技含量。要重点扶持对主导产业和重点产品、能起到辐射和带动农业产业化作用龙头企业的发展。大力发展农村技术市场，加快发展各种形式的农民专业技术协会和农村科技示范户，努力造就一支懂技术、懂管理和具有市场开拓能力的新型农民。建立农业科研机构、高等院校、各类技术服务机构和涉农企业紧密结合的农业科技推广服务网络。进一步健全基层农业科技推广机构管理体制，稳定农技推广队伍。

7. 发展高新技术产业，促进产业结构优化升级。结合区情特点，按照“有所为，有所不为”的原则，加强产业、产品应用性基础研究，自主开发与消化国内、引进国外相结合，形成拥有更多自主知识产权、领先同行业的高新技术和具有我区特色的高新技术产业。重点发展电子信息、高效节能、生物技术、新型材料、光电机一体化等高新技术产业，力争在若干重要领域实现技术跨越式发展。实施科技产业化工程，培育一些产值亿元以上，拥有自主知识产权的高新技术产品，形成一批产业化基地。加快以万安科技工业园区为龙头的高新技术产业园区及马甲高科技农业示范园区建设，使之成为高新技术成果的推广应用基地。高新技术园区外高新技术企业可以比照园区内高新技术企业享受相应的优惠政策。允许区国有资产投资经营公司以土地折价参股高新技术企业，充分发挥高等院校和科研院所作用，支持企业、地方政府与高校合作创办科技园区。执行政府采购政策，通过预算控制，招投标等形式，引导和鼓励政府部门企事业单位择优购买国内高新技术及其设备和产品。重视用高新技术成果嫁接和改造传统产业，促进产业和经济结构的优化调整，抓好生物技术、食品加工、陶瓷、电子等领域高新技术攻关和引进开发，提高产品技术含量，形成一批在国内外市场具有较强竞争力的名牌产品。企业要围绕支柱产业和重点产业，与高校和科研所合作组织重大项目攻关和技术创新，促进新产品、新技术、新工艺、新材料、新设备开发和应用；提高产品的科技含量和竞争力。

8. 加快发展信息产业。加快我区国民经济信息化建设步伐，大力开拓信息资源，发展信息产业，建立高效安全的信息网络管理系统，促进信息技术在我区各行业的应用，实现全区信息共享，为经济建设服务。到2000年；建成区级科技信息网控中心，同时与省、市科技信息网联网。“十五”期间，争取建立镇级科技信息网络，形成区镇计算机互联网服务体系。建立洛江区信息中心，以行业信息网络为龙头，建设联接专用信息网络和数据库。加快科技兴贸步伐，大力推进通讯技术和计算机技术等在现代商品流通领域的应用，利用高新技术实现贸易，经营管理手段现代化，与国际接轨。

三、全面推进素质教育，加快建设教育强区

9. 实施素质教育，培养德智体美全面发展的“四有”新人。将素质教育贯穿于幼儿教育、中小学教育、职业教育、成人教育等各级各类教育贯穿于学校教育、家庭教育和社会教育等各个方面。加强德育、智育、体育、美育和劳动教育，增强学生、的爱国主义、集体主义和社会主义思想，促进学生的全面发展和健康成长。提高教育质量和办学水平，培养学生创新能力。把法制教育纳入中小学教育的基本内容，增强青少年的法制观念和道德意识。要以优化教学过程，提高课堂教学质量为核心，以改革招生、考试测评办法为突破口，以建立教育质量监控和素质教育督导评估制度为保证，逐步建立起实施素质教育的良性运行机制、社会参与机制和评价激励机制。

10. 巩固提高“两基”水平，为实施素质教育打好基础。继续坚持“两基”重中之重地位不变，坚持政府行为不变，投入政策不变，完善教育督导评估制度。加强中小学薄弱校改造，完善农村小学的合理布局，加快扩建、新建农村寄宿制小学，撤并规模小的农村小学、教学点，提高办学效益。加强初中建设，推进农村初中分流教育，巩固初中学额。提高特殊教育水平。加强农函大、农广校和乡镇文技校建设，继续扫除青壮年文盲。至2003年，基本消除中小学薄弱学校。定期对各乡镇义务教育阶段中小学校“十配套”的建设情况进行检查。建立保障“两基”巩固提高的督导评估机制。

11. 加快发展高中阶段教育，拓宽初中毕业生成才道路。中等职业教育与普通高中教育保持协调发展；努力达到《中国教育改革和发展纲要》提出的目标。“十五”期间，要有步骤地普及高中阶段教育；把泉州第十一中学建设成为一所高水平示范性的完全中学；建立健全职业教育中心，建设一所职业中学，并根据区情，依托普通中学、与其他职业中专和企业联合办学。2005 年，全区基本普及高中阶段教育。实行普通高中学历证书和职业资格证书并重制度，拓宽毕业生成长道路。教育、成人教育要加强相互间衔接和沟通，为学习者提供多种层次受教育机会，逐步建立有利于终身教育的教育制度。

12. 建设高素质教师队伍，为实施素质教育提供保证。努力提高教师思想政治素质、业务素质和职业道德水平，把提高教师实施素质教育的能力和水平作为师资培养、培训的重点。建设好区、镇两级教师继续教育基地。注重培养和引进，高中阶段教育人才，改善普及高中阶段教育的师资条件。“十五”期间，小学专科学历、初中本科学历老师比例分别提高到 40%；高中阶段专任教师中获硕士学位者应达到一定比例。加强师德教育，建立和完善教师评价制度和奖励机制。努力培养一批能够带领广大教职员工积极实施素质教育的高素质学校领导以及管理干部队伍。

13. 实施现代远程教育工程，为终身学习创造条件。建成与全国远程教育网络联通、覆盖城乡各类学校的有线电视教育网络，使全区中小学都能收看教育电视节目，推进以计算机及网络技术为核心的现代教育技术在学校的运用。统筹规划、分类推进全区各类学校教育信息化进程。到 2000 年，全区建成各类现代教育技术实验校 1 所，力争 5 所中、小学能够开展信息化教育；2005 年再增加各类现代教育技术实验校 3 所，力争 15 所中、小学能够开展信息化教育活动。学校要进一步向社会开放，发挥学历教育、非学历教育、继续教育、职业拔术培训教育等多种功能。普通教育、职业教育、成人教育要加强相互间衔接和沟通，为学习者提供多种层次教育机会，逐步建立有利于终身教育的教育制度。

四、深化改革，加快科技教育事业发展

14. 改革科技、教育体制。切实把政府管理科技职能转变到宏观调控、社会管理和公共服务方面。科技管理要服务于科技进步，从主要依靠行政手段配置资源，转变为市场配置资源，从主要管理项目、安排经费转到加强对产业部门科技进步的指导和支持，努力提高全区科技综合实力。改革现行职称制度，推行岗位职务聘任制。积极探索建立适应市场经济迅速发展需要的科技推广新机制，大力推进“产、学、研”相结合，使科技因素能够进行强有力的渗透。充分利用高校和科研所的人才、技术、信息优势，开展产、学、研一体的技术创新、引进、开发和消化吸收。鼓励高校和科研机构以项目、产品为龙头，组织科研、生产、经营联合体，实现科工贸、科农贸一体化，形成科技成果转化的有效手段；鼓励有实力的企业与大专院校和科研机构自筹资金建设中试基地，面向社会开放，加速科技成果向现实生产力转化。政府各有关部门要为产学研结合积极提供有效的服务。

继续加强和完善地方负责、分级管理基础教育的体制，加大区级政府对教育经费、教师管理和校长任免等方面的统筹权。各级政府要加强对职业教育和成人教育的统筹，强化教育行政部门对各行业、各部门举办学历教育的管理。加快改革招生考试办法，建立符合素质教育要求构对学校、教师和学生的评价机制。通过优化调整教育结构，进一步合理配置和盘活教育资源。积极推进以综合高中和特色高中为重点的办学模式改革。农村初中要因地制宜地进行分流教育，对未继续升学初高中的毕业生普遍进行职业培训，并试行学历证书与职业资格证书的双证书制度。小学教育要在确保义务教育阶段适龄儿童都能入学的前提下，按照适度规模、达标规范、提高办学质量和效益的原则，调整布局，综合优化，完成小学合并 50 校（含教学点）任务。撤并后的农村小学，可用于举办学前教育和农民文化技术培训。提倡和鼓励各级各类学校实验室，图书馆、体育场所等设施共建、共享，并向社会开放。积极推进以人事制度、分配制度改革为重点的学校内部管理体制改革了合理配置教师资源。中小学和职业中学实行校长负责制、教师聘任制、工资总额包干制，建立起“办学自主、管理自主、用人自主”的办学机制。引入竞争机制，实行优胜劣汰竞争上岗，分流富余人员。逐步推行校长竞争上岗试点工作。建立和完善教师任职资格制度，鼓励非师范类高校毕业生经考核培训合格后到中小学任教。建立中小学青年教师的轮岗和交流制度，吸引和鼓励城镇教师到边远山区和农村缺编学校任教。在非义务教育阶段积极推行教育产业化。在不断提高义务教育水平的基础上，充分利用现有资源，拓宽教育消费新领域，大力发展幼儿教育、高中阶段教育、职业技术教育、成人继续教育等非义务教育，形成新的消费热点，满足居民不同层次的教育需求。

15. 大力发展民营科技企业和民办教育事业。民营科技企业是我区科技产业的新生力量。要继续采取扶持鼓励政策，多渠道、多形式地发展民营科技企业，着重扶持、培育和塑造一批实力强、拥有自主知识产权、与我区支柱产业发展相关的民营科技企业。引导和鼓励骨干企业创建或以产学研结合的形式联办技术开发机构。办好民营科技机构，到2010年，民营科技机构发展到50家。对经科技管理部门认定的民营科技企业，在政策待遇、项目审批、资金扶持、土地使用、信贷、科技项目竞标、产品出口与人才引进等方面，与国有企业一视同仁；民营科技企业的科技人员在省、市优秀专家选拔、职称评审、科技成果鉴定、科技奖励、出国等方面与国有企业科技人员享受同等待遇。区科技专项经费要对民营科技企业给予支持。

进一步解放思想、转变观念，鼓励和支持社会力量以多种形式办学，形成以政府办学为主体、社会各界共同参与、公办学校和民办学校共同发展的格局。凡符合国家有关法律法规的办学形式，都要大胆试验。鼓励开展多种形式的中外合资办学。鼓励社会团体、个人和热爱祖国、热爱家乡公共事业的港、澳、侨、台胞以多种形式兴办各类学校和捐（集）资助学。设立社会力量办学表彰奖励基金，对有突出贡献的集体和个人给予表彰奖励。鼓励社会力量兴办高中阶段教育和普通高等学校，积极扶持南少林武术学校建设，积极支持办好仰恩大学。在保证适龄儿童、少年均能免试就近进入公办小学和初中的前提下，允许举办民办公助和民办的小学、初中。积极发挥以社区为依托的公办和民办相结合的幼儿教育。各级政府要制定相应优惠政策，支持社会力量办学，优惠提供办学用地，免征配套费用。允许社会力量以股份制形式筹措办学资金。民办学校教师在继续教育、职务评聘、评优评先等方面享有与公办学校教师同等待遇。各级政府要加强对民办教育的管理引导和监督。

16. 大力推进人才队伍建设，加快培养引进急需人才。加快高层次人才的培养引进，尤其是基础产业、支柱产业、重点企业、高新技术产业。加快实施“211人才工程”，即：用十年时间培养200名优秀企业管理人才、100名优秀专业技术人才、100名优秀党政管理人才，把优秀人才特别是年轻人才集聚到高科技产业和优势企业。有计划、有步骤地选派一批中青年科技、教育、企业管理人员、党政干部赴各类院校或国外深造，学习和掌握先进科学技术和管理经验。鼓励支持企业与高校定向联合培养各类高素质人才。鼓励、支持机关、企事业单位管理骨干在职攻读博士、硕士学位，更新人才知识结构。制定具有吸引力的优惠政策，大力引进高层次人才，把招商引资、经贸洽谈与招贤引智结合起来，多渠道、多形式引进各类优秀人才。鼓励各类人才来我区承包、租赁、领办、创办各种经济实体和科研开发机构。在项目扶持、实验准备、土地使用、税收减免等方面提供优惠条件。人才引进应向产业界倾斜，凡涉及高新技术、支柱产业、新兴产业和符合产业调整方向的各类人才，全部放开引进。对引进紧缺、急需的高层次人才，不受单位编制、增人指标、工资总额的限制，在工资、福利、住房、职称及子女就学等方面享受省、市、区政府的优惠政策。积极做好对我区经济发展拉动较大的引智项目，要简化科技人员、专家学者、引进人才和从事高新技术国际合作与交流的中外人员出国（境）手续。鼓励具有本科以上学历、所学专业符合我区产业发展方向的外地重点大学毕业生来我区创业，增强人才队伍整体实力。为各类人才发挥作用营造良好环境。建立人才培养。引进、考核评价、管理使用和激励保障等机制。加快培育和发展人才市场，完善人才流动机制，发挥其在人才资源合理配置的基础性作用。对获得省、市级以上科学技术、教学成果奖及对科技成果推广转化做出贡献的单位和个人，要给予表彰和奖励。加大非国有制单位专业技术人员职称评审力度，推行专业技术职务评聘公开，对有突出贡献的专业技术人员，晋升专业技术职务不受学历、资历限制。较大幅度提高有突出贡献的专家待遇。鼓励科技人员以知识、信息、技术等要素参与分配，实行技术入股、专利入股等新的分配方式，实现贡献与报酬挂钩。在研究开发和成果转化中做出主要贡献的人员，所得奖励份额不低于奖励的50%。各部门、各单位要落实好有突出贡献的专家和引进高层次人才的有关待遇。

17. 充分利用对外开放有利条件，加强对外合作与交流。围绕产业结构优化升级，高起点引进国外和台港澳先进技术，注重引进技术的消化、吸收和创新，增强自主创新能力。要积极争取境外企业，特别是大企业、大财团来我区独资或合资合作兴办高新技术企业，鼓励海外技术专家以技术入股参与投资学术机构、科技企业和民间组织来我区兴办研究开发机构和科技企业。制定优惠政策，加强对台湾农业优良品种、技术、设备和资金的引进，建设好洛江泉台农业合作示范区，发展科技型创汇农业企业。要积极鼓励拥有自主知识产权的技术出口，引导有实力的民营科技企业和高新技术企业到境外设立分支机构，开展技术贸易，推动我区高新技术及其产品出口。积极开展对外人员交流，学术交流，简化出国出境手续，发挥社会团体和民间组织的桥梁和纽带作用，开拓科教事业对外开放新局面。

五、建立多元化投入机制，为科教兴区提供物质保障

18. 切实增加科技、教育投入

——逐步实现全区科学技术研究开发经费占国内生产总值 1.5%；财政性教育经费支出达到全市平均水平。

——加大财政对科技的投入力度。从今年起至 2005 年，区级财政安排的科技事业费和科技三项费用确保每年平均递增 10% 以上。2000 年区财政安排的科技支出（含科技三项费用、科技事业费和科技专项经费）应占本级财政支出（市级定额补助除外）的 3% 以上（其中科技三项费用。应达到 1.5%）；从 2001 年起，区财政安排的科技支出占区本级财政支出（市级定额补助除外）的比例每年递增 0.2%（其中科技三项费用每年递增 0.1%）。到 2005 年区财政安排的科技支出应占本级财政支出（市级定额补助除外）的 4% 以上，其中科技三项费用应高于 2%。乡镇、街道财政对科学技术投入也应相应增长，到 2005 年，科技支出应占本级财政支出（市级定额补助除外）的 3%，其中科技三项费用应高于 2%。区政府每年安排 10 万元建立科技专项经费，以鼓励和支持科技型中小企业技术创新活动。

——逐步提高区级财政支出中教育经费支出所占比例。从今年起至 2005 年，提高区本级财政支出中教育经费所占的比例，年平均提高不低于 1.6 个百分点，其中前 5 年按不低于 1、1.5、1.7、1.8、2 个百分点安排。“十五”期间，区级预算内教育发展专项经费应与区级财力的增长幅度相适应，并逐年递增。基本建设支出根据财力情况纳入社会事业计划。区、镇两级政府要依法保证教育经费的“三个增长”，各级财政每年超收部分和财政预算外收入，应按不低于年初确定的教育经费占财政支出的比例用于教育。从 2000 年起，在安排教育事业费时，按法定要求和增加 1 ~ 2 个百分点分别计算后，采取增量大的二种办法安排本级教育事业费，以提高教育经费占本级财政支出的比重。学校预算外收入应金额返还学校。要鼓励社会、个人和企业投资办学和捐（集）资助学。继续鼓励海外华人、华侨、台港澳同胞、国际友人捐资助学。依法加强城乡教育费附加的征收和管理，农村教育费附加实行乡征、区管、乡用，确保完全用于教育。

——各级财政应逐年增加科普经费，力争 2000 年起人均达到 0.5 元以上，到 2005 年争取达到人均 1.0 元的目标。

19. 运用金融、价格、税收政策，推动科教事业发展

——积极争取金融机构对科技成果转化、高新技术发展、运用高新技术改造传统产业等项目的资金需求给予支持；开办助学信贷业务，为教育事业做好储蓄、保险等金融服务工作。

——在非义务教育阶段，区别不同类型学校，增加学费在培养成本中的比例，逐步建立符合社会主义市场经济体制以及政府公共财政体制的财政教育拨款政策和成本分担机制。

——对技术转让、技术开发和与之相关的技术咨询、技术服务的收入，免征营业税。对国家级和省级新产品享受增值税地方分成部分税款返还的企业，协助报送省级税务部门审批，其返还的税款不再并入企业利润征收企业所得税。对高新技术产品的出口，实行增值税零税率政策。

——企业通过政府机关、非营利性社会团体用于改善办学条件和设立的助奖学金、科研基金，以及专项奖励科研、教育工作者的捐赠，经审核批准，允许在税前列支。

——科研机构从政府或科技主管部门取得的新产品试制费、中间试验费、重大科技项目研制费及科

技专项费用用于科技研究与开发的，暂不征收营业税和所得税。

20. 最大限度提高科技、教育投入使用效益。在增加科教资金投入的同时，按照建立政府公共财政体系的要求，大力调整支出结构，优化资源配置，充分发挥科技和教育资源的使用效益，防止重复投资和资源闲置浪费。对科技经费从普遍支持转为重点资助基础研究和社会公益研究，由养人改为办事。对教育经费主要投入基础教育、职业技术教育则应引入市场机制，逐步推向市场，并调整优化学校布局，结合减员增效改变教育经费中人员经费占大头的局面，集中资金用于教育基础设施建设，改善办学条件，实现资源共享，优势互补，提高投入产出效益。

六、切实加强领导，确保科教兴区战略落到实处

21. 建立健全领导责任制。各级科教领导小组要加强宏观指导、综合协调和检查督促工作，研究解决科技教育与经济发展工作中的重大问题。各级领导特别是党政一把手要对立科学的发展观，亲自抓科技第一生产力。优先发展教育。人大要依法加强对科教兴区战略实施的监督。充分发挥政协、民主党派、群众团体和社会各界在实施科教兴区中的作用。各级政府要把科技教育发展作为极其重要的任务，在制定“十五”计划和远景规划时，突出科技、教育优先发展的地位和具体目标任务，制定和采取强有力的政策措施，切实抓出成效。各级党委政府要制定科技进步考核制度，把科教兴区纳入各级领导干部任期目标责任制和政绩考核的重要内容，建立科学的考核指标体系。区委、区政府每年至少召开两次专门会议研究科技工作，组织一次科技工作专项检查考核。建立和完善五套班子领导干部联系学校和乡镇（街道）教育工作的制度以及检查奖惩制度。乡镇、行政村要配强、配齐科教副职。加强科技，教育系统党组织的思想、组织和作风建设，使之成为坚持社会主义方向、坚决贯彻党的科技、教育方针、具有领导科技、教育改革和发展能力的坚强战斗堡垒。加强科教主管部门队伍建设，充分发挥其在执行科教兴区战略的职能作用。

22. 加强科教法制建设，促进科教工作走上规范化、法制化轨道。按照依法治区要求，认真贯彻执行《教育法》《科学技术进步法》《农业技术推广法》《专利法》等法律法规，从我区实际出发，制定和健全技术市场管理、科技成果管理、科技投入、科技奖励、知识产权保护、鼓励创新、人才流动、社会力量办学等各项配套政策和规定。要加大执法力度，健全执法监督机制。深入开展科技教育法律的普及工作，进一步提高各级政府和科教部门依法行政的水平。

23. 加强科技宣传和科普教育。组织好科技宣传周和科技下乡活动，利用各种宣传媒体和科普设施，大力普及科学技术知识，引导广大干部和人民群众掌握科学思想，学习科学知识，应用科学方法，培养科学思维，提高全民科技文化素质。大力营造尊重知识、尊重人才的良好社会风尚。广大党员干部要做宣传科学、学习科学、了解科学和运用科学反对封建迷信的带头人，努力提高自身的科技素质。加强知识产权的普及教育宣传。引导民营企业增强科技进步意识，积极发挥技术创新的主体作用。各级党委和政府要把科普工作提到议事日程，通过政策引导，加强管理和增加投入等多种措施，切实加强和改善对科普工作的领导。科普工作要认真贯彻落实中央、省、市关于加强科学技术普及工作精神，搞好科普工作的总体规划，建设科普阵地，完善科普设施，有计划、有针对性地开展多层次、多形式的科普教育活动，最大限度地提高科普教育的社会效果。

24. 切实为科技、教育工作者办实事。各级党政领导要认真贯彻党的知识分子政策，重视从政治上关心科技、教育工作者，充分调动、发挥知识分子昀积极性和聪明才智，及时把德才兼备、具有管理才能的中青年骨干选拔到重要岗位，使做出突出贡献的知识分子在经济上有实惠、政治上有荣誉、社会上有地位。从2000年开始，每两年进行一次科技、教育拔尖人才的评选工作。对拔尖人才要在职称评聘、科研课题立项、出国学习交流和深造、成果评奖等方面给予更多的优惠和支持。各级政府要继续加强中小学教师和科技人员安居工程建设，努力实现城镇中小学教职工和科技人员家庭人均居住面积略高于城镇居民平均居住水平的目标。确保教师工资按时足额发放。切实做好高级知识分子医疗保健工作。

各乡镇（街道）和区直有关部门要根据《决定》要求制定相应的配套文件，确保区委、区政府科教兴区政策措施切实落到实处。

中共泉州市洛江区委 泉州市洛江区人民政府关于全面推行公开办事制度的决定

泉洛委〔2000〕综79号

各乡镇（街道）党委、政府（办事处），区直各单位：

为认真贯彻落实江泽民总书记“三个代表”的重要思想，坚持从严治党、从严治政方针，强化监督机制，改进工作作风，提高办事效率，密切党群干群关系，促进党风廉政建设，根据市委、市政府《关于全面推行公开办事制度的决定》精神，区委、区政府决定在全区推行公开办事制度。

一、统一思想，提高认识，明确推行公开办事制度的重要意义

近几年来，我区先后建立村务分开、政务公开、厂务公开、校务公开和院务公开等公开办事制度，取得了明显成效。实践证明，推行公开办事制度，有利于加强对权力运作的监督制约，促进党风廉政建设深入发展；有利于加强党的基层组织建设，密切党群干群关系；有利于改进工作作风，提高办事效率；有利于充分调动广大干部群众积极性，提高决策的民主性、科学性，加快经济和社会发展。各级各部门要从讲政治的高度，深刻领会“三个代表”的重要思想，进一步统一思想，提高认识，切实把推行公开办事制度作为贯彻落实“三个代表”的一项重要举措，摆上重要议事日程，积极主动抓好，切实抓出成效。

二、明确内容，规范运作，不断提高推行公开办事制度的工作水平

中纪委三次全会明确提出，凡直接涉及群众切身利益的事项，除属于国家规定保密的以外，都要向群众公开，接受群众监督。区人大、区政协、区纪委、区法院、区检察院、区委工作部门、区政府各部门、群团组织、乡镇（街道）机关、企事业单位和村（居）委会都要按照这一要求，确定公开办事项目，公开办事依据、程序、时限、纪律、投诉渠道和结果。当前要着重抓好以下几方面内容的公开：①行政管理和改革方面，要公开领导班子的任期目标、年度工作计划、重大决策和为民办实事项目；城建规划、土地审批、企业租赁。基建工程招投标及预算情况；干部任前公示，聘（录）用干部，招生、征兵、农转非，干部晋级、奖惩，职称评聘等。②涉及群众切身利益方面。要公开各种行政事业性收费、社会服务性规费和提留款的征、管、用，执罚项目标准，扶贫、赈灾物资、资金（包括政策许可范围内的捐、集资）分配使用情况，计划生育有关工作等。③党风廉政建设方面，要公开财务开支、接待费及车辆、通讯工具的配备和使用情况，落实党风廉政建设责任制情况等。在具体实施过程中，可根据公开内容的阶段性和经常性特点采取相应的形式公开，注重实效，不搞形式主义，做到及时、方便、准确、全面，让群众信服。

三、加强领导，强化监督，确保公开办事制度落到实处

推行公开办事制度要在党委的统一领导下，党政齐抓共管，部门具体承办，纪检监察督促检查，形成齐抓共管的领导机制和工作格局。要严格按照党中央、国务院关于实行党风廉政建设责任制的规定，明确各级各部门主要领导为推行公开办事制度的第一责任人，对这项工作切实负起领导责任。各级各部门要建立推行公开办事的领导机构，做到分工明确、责任到人，确保公开办事制度顺利实施。各级各部门在全面推行公开办事制度过程中要切实做到：一是抓要害部位。把具体管人、管钱、管物以及与群众切身利益密切相关的部门和单位作为重点。二是抓关键环节。把项目审批、办证审照、批钱批物、批指标、批额度、执法办案、监督查验以及收费等环节作为重点。三是抓突出问题。把群众关注的热点问题和以权谋私的多发点作为重点。推行公开办事制度，必须强化监督检查，充分发挥各种监督机制的作用。在党内监督方面，要把落实公开办事制度情况列入领导干部民主生活会的重要内容；在组织监督方面，要定期不定期地组织对各级各部门各单位推行公开办事制度情况进行督促检查；在群众监督方面，要建

立健全举报投诉网络，广泛听取群众意见，接受群众监督；在纪律监督方面，要加大纠正和查处力度，对推行公开办事制度不力的单位，审计部门要作为重点进行审计，发现违法违纪问题时，纪检监察机关要依照有关规定及时查处，切实维护公开办事的严肃性；在舆论监督方面，要经常组织新闻媒体对公开办事制度的落实情况进行跟踪报道，宣传好的典型，批评不良现象。

中国共产党泉州市洛江区委员会
泉州市洛江区人民政府
二〇〇〇年九月四日

泉州市洛江区人民政府关于印发洛江区基本农田保护各项制度的通知

泉洛政文〔2001〕110号

各镇（乡）人民政府，区直各有关部门：

为进一步加强我区基本农田保护管理工作，落实最严格的耕地保护制度，确保全区经济的可持续发展与社会稳定，现将《洛江区基本农田保护责任制》、《洛江区基本农田保护区用途管制制度》《洛江区占用基本农田审批与占补平衡制度》《洛江区基本农田质量保护制度》《洛江区基本农田保护监督检查制度》等项基本农田保护制度印发给你们，请认真贯彻执行。

泉州市洛江区人民政府
二〇〇一年十二月三十一日

洛江区基本农田保护责任制

一、区人民政府为全区基本农田保护区划定与管理工作第一责任人，具体工作由区土地、农业行政主管部门负责，必须按照上级部门要求确保全区基本农田数量不减少，质量不降低。

二、基本农田保护区一经划定，必须进行严格保护，并按照分级负责的原则，层层签订责任状。各镇（乡）人民政府必须与区人民政府签订基本农田保护责任书，确保本行政区域基本农田数量不减少，质量不降低。

三、各镇（乡）人民政府要把基本农田保护责任状延伸到村（居）集体经济组织或村（居）民委员会，与其签订基本农田保护责任书，村（居）集体经济组织或村（居）民委员会要把基本农田保护责任状进一步延伸到村（居）小组或农户，与其签订基本农田保护责任书。各责任单位要加强基本农田保护区的宣传、巡查和管理工作，确保本责任单位范围内基本农田不被破坏、非法占用。

四、基本农田保护情况纳入各镇（乡）人民政府和区土地农业行政主管部门领导干部政绩考核内容。

洛江区基本农田保护区用途管制制度

一、禁止任何单位和个人未经有权机关批准在基本农田保护区内进行非农业建设和破坏基本农田的活动。

二、在基本农田保护区内，一律不安排新建非农业建设项目，现有各类非农业建筑物、构筑物禁止进行改建或扩建，建筑物、构筑物废弃拆除的，其土地由区人民政府组织复垦为耕地。

三、禁止任何单位和个人占用基本农田发展林果业和挖塘养鱼。

四、区、镇（乡）两级政府要加强全区基本农田保护区的土地整理工作，土地整理项目原则上要安排于基本农田保护区内。

洛江区占用基本农田审批与占补平衡制度

一、认真执行《基本农田保护条例》规定，除国家能源、交通、水利、军事设施等重点建设项目选址确实无法避开基本农田保护区的外，任何单位和个人不得占用基本农田。

二、依法确需占用基本农田的，无论数量多少，一律报经国务院审批。

三、占用基本农田报批前，区土地、农业行政主管部门要对补划的基本农田的位置、面积、质量进行确认。

四、被占用的基本农田耕作层土壤，建设单位应按照区土地、农业行政主管部门的要求进行剥离，用于补划的基本农田或新开垦的耕地。

五、对因自然灾害等不可抗拒原因造成基本农田损毁，镇（乡）人民政府必须按照规定，及时进行复垦或补划，并做好地类变更登记。

洛江区基本农田质量保护制度

一、区农业行政主管部门要按照《全国耕地类型区、耕地地力等级划分》标准要求，会同区土地行政主管部门，制定基本农田分等定级办法，并组织实施，完成全区基本农田地力分等定级工作。

二、区农业行政主管部门负责全区基本农田地力与施肥效益长期定位监测网点建设，进一步完善全区基本农田地力和环境污染的监测体系。

三、建立基本农田地力和环境污染情况信息定期发布制度。区农业行政主管部门要定期向区人民政府和市农业行政主管部门提出基本农田地力变化状况及相应的地力保护措施、环境质量与发展趋势等书面报告，及时为农业生产者提供施肥指导服务。

四、区、镇（乡）两级政府要加大基本农田建设资金的投入，结合地力培肥、中低产田改造等，不断提高全区基本农田质量。

洛江区基本农田保护监督检查制度

一、区土地、农业行政主管部门负责全区基本农田保护情况的监督检查工作，应定期提出监督检查方案，开展基本农田保护情况检查工作，各镇（乡）人民政府应建立基本农田保护监督检查制度，定期组织人员开展辖区内基本农田保护情况检查工作。

二、畅通监督信息反馈渠道。各镇（乡）人民政府及区土地、农业行政主管部门应开通基本农田监督热线电话和公开举报地址、设置举报信箱等，方便社会各界和广大群众对基本农田保护信息的传递。

三、严肃查处违法案件。一经发现非法占用或破坏基本农田行为的，由区土地、农业行政主管部门依职权依法严肃查处，构成犯罪的，依法移送司法机关追究刑事责任。

泉州市洛江区人民政府关于印发扶持高新技术及其产业发展的若干规定的通知

泉洛政文〔2002〕142号

各镇（乡）人民政府、万安街道办事处，区直有关部门：

《洛江区人民政府关于扶持高新技术及其产业发展的若干规定》已经区政府研究同意，现印发给你们，请认真贯彻执行。

泉州市洛江区人民政府

二〇〇二年十二月二十八日

洛江区人民政府关于扶持高新技术及其产业发展的若干规定

一、为进一步贯彻执行中共中央、国务院《关于加强技术创新，发展高科技，实现产业化的决定》和中共福建省委、福建省人民政府《关于加快实施科教兴省战略的决定》，加快我区高新技术产业发展进程，根据《泉州市人民政府关于扶持高新技术及其产业发展的若干规定》，结合我区实际，特制定本规定。

二、本规定所指的高新技术企业、高新技术产品需经省级以上科技行政部门的确认。

三、高新技术企业减为按15%税率缴纳企业所得税。新办的新技术企业，从获利年度起，企业所得税头两年免征，第三至第五年按15%税率减半征收，老企业经省级以上科技行政部门确认为高新技术企业，从确认年度起，免征企业所得税2年。

四、生产性外商投资企业从事技术密集、知识密集型项目的，比照高新技术企业标准，由企业提出申请，经省科技行政部门确认为“两个密集型企业”，并经省级税务机关审查合格，报国家税务总局批准后，可以享受减按15%税率缴纳企业所得税。

五、对增值税一般税人销售其自行开发生产的软件产品，至2010年底前按17%的法定税率征收增值税，对实际税负超过3%的部分即征即退，由企业用于研制开发软件产品和扩大再生产，不作为企业所得税应税收入，免予征收企业所得税。

六、对增值税一般纳税人销售其自产的集成电路产品（含单晶硅片），至2010年底前按17%的法定税率征收增值税，对实际税负超过6%的部分即征即退，由企业用于研究开发新的集成电路和扩大再生产，不作为企业所得税应税收入，免予征收企业所得税。

七、高新技术企业用于研究开发新产品、新技术、新工艺所发生的各项费用，新产品的试制、技术研究有关的其他费以及委托其他单位进行科研试制的费用，计入管理费用，准予全额税前列支，当年列支有困难的，经主管税务机关批准，允许在今后3-5年内分摊列支。

八、高新技术企业技术转让以及与技术转让有关的技术开发收入免征营业税；其服务于各行业的技术转让，以及在技术转让过程中发生的与技术转让有关的技术咨询、技术服务、技术培训等技术性服务所得，年净收入在30万元以下者免征企业所得税；科研机构从政府或科技行政部门取得的新产品试制费中间试验费、科技项目研制费等科技三项费用（含科技专项费）用于科研与开发的，免征营业税和单位所得税。

九、用好科技三项费用（含科技专项费用），各类科技计划实行课题制，重大项目实行招标制，大力支持高新技术研究和产业化，优先扶持企业建立技术开发中心，重点支持研究开发具有自主知识产权的计算机软件、中医药、环保和生物工程技术产品。鼓励企业与科研院所、大专院校开展产学研结合的技术合作，对联合申请、联合实施的科研开发项目在同等条件下优先支持。

十、壮大洛江区中小企业技术创新发展资金规模，加大资金扶持力度，通过无偿资助、项目开发贷款贴息和少量的股权投入等方式，支持高新技术成果转化。

十一、鼓励社会资金投资高新技术产业。探索成立政府参股、多种经济成分并存、按市场规律运作的高新技术产业风险投资公司。逐步建立适合高新技术企业发展的产权交易机制，促进高新技术企业的产权流动。

十二、高新技术企业经批准可以采取发行企业债券方式筹集资金，鼓励具备条件的高新技术进行高起点、规范化的股份制改造，体制改革部门要密切配合，做好我区的高新技术企业上市工作。

十三、积极推进高新技术企业产权制度改革和结构性调整。根据社会主义市场经济的要求建立现代企业制度，企业内部可采取技术入股、职工参股等形式理顺产权关系、实行股份制和股份合作制改造，建立适应市场竞争的运行体制和机制。有条件的高新技术企业可建立股份有限公司并优先推荐上市。

十四、各级政府应当在年度用地计划指标内，优先安排高新技术企业、高新技术项目和高新技术产业开发区的建设用地。

十五、鼓励引进国内外高新技术项目，凡在我区落户的高新技术企业和高新技术项目用地，根据其规模大小、科技含量高低，企业建设项目上缴的城市基础设施配套费等地方政府收取的规费和土地出让金，经批准可用于企业所在园区内的基础设施建设。对引进规模大，能带动配套产业发展的高新技术项目，经区政府批准，在土地使用上给予特别优惠，从低收取土地出让金和地方政府收取的规费

十六、加快泉州高新技术产业开发区万安园建设步伐，要按照省科技厅《关于加速我省高新技术产业开发区发展的实施意见》（闽科新〔1999〕46 号文）的要求，落实各项扶持措施。

十七、扶持发展高新技术创业服务中心、大学科技园、高新技术企业孵化基地等高新技术创业服务机构．区政府将在人力、物力和财力上支持生产力促进中心大楼的建设工作，为服务高新技术创业、转化高新技术成果、培育高新技术企业和企业家提供基础条件。

十八、加快重点实验室、科研中试基地和各类工程技术研究中心建设，建设一批具有国内外先进水平的高新技术研究开发基地，所生产的中试新产品，可按照《福建省重点新产品计划管理办法》享受有关的优惠政策。

十九、实行政府采购导向政策，通过预算控制、招投标等形式，引导和鼓励政府部门、企事业单位择优购买高新技术产品及其设备。

二十、鼓励和扶持有条件的高新技术企业申报并取得自营进出口权。对高新技术产品的出口，在信贷和贴息方面给予扶持。鼓励和支持高新技术企业经对外经贸行政部门批准设立境外分支机构。

二十一、继续按省政府有关规定，简化办理高新技术企业人员多次出国（赴港澳）审批手续和多次往返港澳审批手续。

二十二、经法定机构评估，并报省级以上科技行政部门审查认定的高新技术成果，可作为企业的注册资本，其占注册资本的比例最高可达 35%，合作各方另有约定的除外。

二十三、简化来洛江区创业的科技人员各项相关手续，鼓励高新技术企业引进人才，凡高新技术企业引进的拥有发明专利、高新技术的科技人员或国外留学人员，经确认后，不受城市户口控制指标限制，优先办理有关落户手续。其中，具有硕士以上学位或副高以上职称并自带项目，或对企业发展有突出贡献者，其配偶、未成年子女及父母可随调随迁；具有博士学位或获正高级专业职务任职资格者，其直系亲属可随调随迁。对保留当地户口和人事关系来洛江区创业的高级人才，实行登记制度，在工资、福利。住户、养老保险、职称评定、家属就业和子女入学等方面，享受本区专业人员同等待遇用人单位引进科技人员所需生活安置费用可进入企业成本，教育行政管理部门对科技人中随迁子女的入托、就学等给予

优先安排对在高新技术企业工作的，为企业做出突出贡献的科技人员实行重奖，允许企业按其实际创造的效益（税后利润）提取 10—30% 作为奖励。对高新技术企业员工将分红所得留在企业扩大再生产，其分红所得按税法有关规定计算征收个人所得税。

二十四、科研机构、高等院校转化职务科技成果，应当依法对研究开发该项科技成果的职务科技成果完成人和为成果转化做出重要贡献的其他人员给予奖励。其中，以技术转化方式将职务科技成果提供给他人实施的，应当从技术转让所取得的收入中提取不低于 25% 的比例用于一次性奖励；自行实施转化或与他人合作实施转化的，科研机构或高等学校应当在项目成功投产后，连续在 3—5 年内，从实施该科技成果的年净收入中提取不低于 10% 的比例用于奖励，或者参照此比例，给予一次性奖励；采用股价形式的企业实施转化的，也可以用不低于科技成果入股时作价总额的 25% 的股份给予奖励，该持股人依据其所持股价分享收益。在研究和开发成果转化中做出主要贡献的人员，所得奖励应不低于奖励总额的 50%。获奖人在取得上述股权（即股份）时，经主管税务机关审核，暂不征收个人所得税；取得股份分红或转让股份时，按有关政策征收个人所得税；获奖人取得的奖励金收入，按工资薪金所得计算征收个人所得税。

二十五、企业、事业单位在实施高新技术成果转化过程中，可从该项目投产三年内最高一年的新增利润中一次性提取 5%—10% 作为主要决策者和有贡献的科技人员的奖励费用，高新技术成果完成单位可从技术转让的技术性净收入中提取 30%—50% 的奖励费用，对引进专利技术的有功人员可根据其实际效益给予奖励

二十六、本规定自发布之日起实施。今后，国家、省市政府部门发布的高新技术及其产业扶持政策有重大调整时，本规定亦将做相应调整。

泉州市洛江区人民政府关于全面开展集体土地所有权登记发证工作的通知

泉洛政文〔2003〕29 号

各镇（乡）人民政府、万安街道办事处，区直有关部门，各国有农（林）场：

2002 年，我区集体土地所有权登记发证工作在河市镇、罗溪镇、虹山乡开展了试点工作，取得了一定成效。为进一步贯彻落实《中华人民共和国土地管理法》和《福建省实施〈中华人民共和国土地管理法〉办法》，加强我区农村土地产权制度建设，依法保护集体土地权利人的合法权益，防止和减少土地权属争议，维护社会稳定，促进我区经济社会的发展，按照上级统一部署和要求，经研究，决定在今年内在全区范围全面开展集体土地所有权登记发证工作，并确保于 2004 年全面完成该项工作。现将有关事项通知如下：

一、要高度重视，提高认识

各乡镇、街道、区直各有关部门要提高对开展集体土地所有权登记发证工作重要性的认识，充分认识开展集体土地所有权登记发证工作是依法保护集体土地权利人合法权益、保护农民利益的一项重要措施，是解决农村土地管理问题的有效措施和基础性工作。特别是国土资源部已明确今后在办理农用地转用、征用集体土地和土地开发复垦整理项目立项时，应当提供《集体土地所有权证》作为项目审查、征地补偿的依据，应引起各级政府的高度重视。各镇（乡）人民政府、万安街道办事处要把开展集体土地所有权登记发证工作摆上今年工作重要议事日程，采取切实可行的措施，集中力量，克服困难，按时保质保量完成集体土地所有权登记发证工作任务。

二、要加强宣传，广泛动员

各镇（乡）人民政府、万安街道办事处要充分利用广播等各种形式，做好集体土地所有权登记发证宣传工作。要专门召开一次由村（居）委会书记、主任、土地管理员参加的集体土地所有权登记发证工作动员会，提高各村对开展这项工作重要性的认识，促使他们积极主动申报集体土地所有权登记，为开展集体土地所有权登记创造良好的舆论氛围。

三、要密切配合，加强协调

各镇（乡）人民政府、万安街道办事处要指派 2 至 3 人专职从事集体土地所有权调查工作，并克服困难拨出一定专项资金用于开展这项工作。区直各有关部门要加强协调，密切配合。区国土资源局要组织技术人员协助各乡镇、街道开展调查工作；区财政局要在经费上大力支持，从国土资源局收取的地籍管理费中按实从专户列支；区民政局要及时提供有关县、镇（乡）界勘界资料。林业部门、国土资源部门要加强沟通，把《林权证》和《集体土地所有权证》登记工作有机结合起来，相互应用有关成果，提高两证发放工作效率。区农业水务局、林业局要组织各国有农（林）场，以此为契机，明确国有土地与集体土地的界线，妥善解决国有农（林）场与农民集体所有土地存在的权属界线争议。各国有农（林）场负责人要按地籍调查通知时间要求出席指界，弄清本国有农（林）场的界线，为下阶段开展国有土地所有（使用）权登记奠定基础。

四、要提高效率，确保质量

集体土地所有权登记发证工作时间紧、涉及面广、困难多、任务重。各级各有关部门要做好工作人员的业务培训和思想工作，提高工作效率；要充分利用计算机、GPS 等先进技术，进行土地权属界线的调绘和宗地图件的绘制，并建立相应的数据库和图件库。区国土资源局要加强对各乡镇、街道集体土地外业调查和内业整理工作的指导，严把质量关，提高集体土地登记质量。

五、时间要求和工作任务

今年，全区拟在去年完成16个村集体土地所有权调查的基础上，再完成60个村集体土地所有权调查工作（区集体土地调查技术队伍协助调查时间详见附表），如时间安排提前由区国土资源局另行通知。各镇（乡）人民政府、万安街道办事处要认真部署，按照工作进度安排完成集体土地所有权调查工作。

附件：洛江区2003年集体土地所有权登记任务分解表

泉州市洛江区人民政府

二〇〇三年四月五日

附件：

洛江区2003年集体土地所有权登记任务分解表

乡、镇、街道办事处	需完成集体土地所有权登记行政村（个）	区集体土地调查技术队伍协助调查时间	备注
罗溪镇	14	4.21—6.1	
河市镇	11	6.2—7.30	
马甲镇	23	8.1—10.15	
双阳镇	7	10.16—11.15	
虹山乡	2	11.16—12.15	
万安街道办事处	3	11.16—12.15	
合 计	60		

泉州市洛江区人民政府关于开展集体林权制度改革工作的实施意见

泉洛政文〔2003〕87号

各镇（乡）人民政府、万安街道办事处，区直有关单位：

我区林地面积333216亩，占全区土地面积65.5%，发展林业经济对我区全面建设小康社会具有重要意义。改革开放以来，通过稳定山权林权、划定自留山、确定林业生产责任制，实施“三五七”造林绿化工程，林业建设取得了较大的成就，林业经济得到进一步的巩固和发展。但由于部分山林仍由集体统一经营，普遍存在林木产权不明晰、经营机制不灵活、利益分配不合理等突出问题，林农作为集体林经营主体的地位没有得到有效落实，影响了其发展林业的积极性，制约了林业生产力的进一步发展。为解决长期以来制约我区林业发展的体制性、政策性障碍，充分调动林农以及社会各方面造林育林护林的积极性，解放林业生产力，发展林业经济，增加林农收入，促进林业可持续发展，根据《福建省人民政府关于推进集体林权制度改革的意见》（闽政〔2003〕8号）和《泉州市人民政府关于开展集体林权制度改革工作的实施意见》（泉政文〔2003〕198号）精神，结合我区实际，现就集体林权制度改革工作提出如下实施意见：

一、集体林权制度改革的总体目标

从2003年开始，用3年时间基本完成全区集体林权制度改革任务。2003年要完成30%的行政村、2004年完成40%的行政村、2005年全面完成集体林权制度改革任务，实现“山有其主、主有其权、权有其责、责有其利”的目标，建立起经营主体多元化、权责利相统一的集体林经营管理新机制。

二、集体林权制度改革的主要任务

（一）明晰所有权，落实经营权。在保持林地集体所有的前提下，进一步明晰林木所有权和林地使用权，落实和完善以家庭承包经营为主体，多种经营形式并存的集体林经营管理体制。将林地使用权、林木所有权和经营权落实到户、到联户或其他经营实体。

（二）开展林权登记，发换林权证。林木所有权、林地使用权一经明晰，必须及时开展林权登记，发换全国统一式样的林权证，依法维护林业经营者的合法权益。

（三）建立规范有序的林木所有权、林地使用权流转机制。遵循林地所有权和使用权相分离的原则，在集体林地所有权性质和林地用途不变的前提下，根据林业生产发展的需要，按照“依法、自愿、有偿、规范”的原则，鼓励林木所有权、林地使用权有序流转，引导林业生产要素的合理流动和森林资源的优化配置，促进林业生产经营规模化、集约化。

三、集体林权制度改革的范围

集体林权制度改革的范围主要是林木所有权、林地使用权尚未明晰的集体商品林和区级人民政府规划的宜林地。

改革的重点是：产权不明晰、机制不灵活、分配不合理，仍归村委会集体管理的商品林和区级人民政府规划的宜林地。

本次改革工作着重完善林权合同、确权登记、换发全国统一式样林权证。对林业“三定”时已落实的自留山，面积、四至清楚的，应予稳定，并核发林权证；对按照“谁造谁有”政策营造的林木以及家庭承包经营的竹林、经济林和专业承包经营的林木，经营主体明确、经营状况良好的，也应予稳定，并核发林权证；对已经区级以上人民政府区划界定的生态公益林，暂不列入本次改革范围，但应予稳定，并发换林权证，落实在政府监管之下村集体统一管理、护林员专业管护的管护责任制；对没有划定自留山或在实施“三五七”造林绿化工程时自留山被集体收回造林，现群众有耕山要求的，可依法重新划给。

权属有争议的林地、林木，暂不列入此次改革的范围。在改革过程中能化解纠纷的林地、林木，可在明确权属后，予以确认。

四、集体林权制度改革的基本原则

（一）坚持有利于“增量、增收、增效”的原则。即坚持有利于森林资源总量增长和质量提高，有利于农民增加收入，有利于提高森林的经济效益、生态效益和社会效益的原则。

（二）坚持“耕者有其山”、权利平等的原则。集体山林属集体内部成员共同所有，每个村民均平等享有承包经营集体山林权利。凡有承包经营集体山林要求的村民，应在同等条件下优先予以保证，确保“耕者有其山”。同时，要积极引导发展适度规模经营，发挥规模效益。凡将集体山林通过招标、拍卖等方式进行转让经营的，需事先经村民大会或村民代表大会讨论通过，所得收入应大部分分配给村集体内部成员。

（三）坚持先易后难、循序渐进的原则。群众积极性高，村集体与群众意见基本一致的行政村可先行改革，做到成熟一个村、改革一个村、成功一个村，要避免急躁冒进、造成纠纷、留下隐患。

（四）坚持因地制宜、形式多样的原则。要根据本地实际，因地制宜，充分尊重大多数林农的意愿，允许经营形式多样化，不搞一刀切，不搞一种模式。提倡承包经营、联户经营、股份合作经营，创建股份制林场或企业原料林基地。

（五）坚持政策稳定性、连续性的原则。开展集体林权制度改革必须遵循国家法律和政策的有关规定，保持林业政策的稳定性和连续性。对已明确林木所有权、经营权和林地所有权，并为实践证明是行之有效的改革形式，且大多数群众满意的均应予维护，不得打乱重来或无偿平调，以安定人心，取信于民。

（六）坚持公开、公平、公正的原则。要按照《村民委员会组织法》有关规定，依法办事，保证村民的知情权和参与权，做到程序、方法、内容三公开。改革方案要广泛听取村民的意见，尊重大多数群众的意愿，实施阳光作业，严禁暗箱操作、以权谋私，做到公开、公平、公正。

五、集体林权制度改革的方法步骤

（一）成立机构。各乡镇、街道要高度重视集体林权制度改革工作，要把这项改革作为农村工作一项重要任务，摆上议事日程，及时成立相应领导机构，制定工作方案，并把工作任务分解落实到人，确保各项工作顺利推进。

（二）宣传发动。召开集体林权制度改革动员会议，统一思想，明确任务，扎实推进集体林权制度改革。要利用各种新闻媒体，采取各种形式，大力宣传集体林权制度改革的目的、意义、做法以及有关法律、法规和政策，消除林农疑虑，使广大群众了解改革、支持改革、参与改革。

（三）调查培训。各乡镇、街道要以村为单位调查本地林业经营状况和群众对集体林权制度改革的想法和意见，并收集有关资料。区林业局要积极培训业务骨干，深入镇、村指导改革过程中的各项工作。

（四）制定方案。各乡镇、街道要在开展试点工作的基础上，以村为单位具体制定实施方案。方案要经村民大会或村民代表大会讨论通过后方可付诸实施。

（五）组织实施。要组织有关人员严格按照法定程序对林改山场宗地区划进行调查和评估。林木所有权、经营权和林地使用权落实后，依法签订书面合同，明确权利和义务。林权权利人向区林业局提出登记申请，经公示无异议后，由区人民政府登记，核发林权证。

六、切实加强对集体林权制度改革的领导

集体林权制度改革是一项政策性强，涉及面广，情况复杂，工作艰巨的系统工程。各乡镇、街道要按照“县直接领导，乡（镇）组织，村具体操作，部门搞好服务”的工作机制，切实加强领导和组织协调，及时处理改革过程中出现的重大问题，保证改革的质量和进度。要抽掉业务较精的人员组成工作队，并安排一定资金，用于集体林权制度改革。区林业部门要认真履行职责，做好参谋，认真研究新情况，积极解决新问题，组织业务技术人员，深入基层，搞好技术指导，提供优质服务。区农业、国土资源、财政、司法、民政等有关部门要密切配合，形成合力，确保集体林权制度改革顺利进行。改革工作结束后，区政府将按要求组织检查验收。

泉州市洛江区人民政府

二〇〇三年八月五日

中共洛江区委 洛江区人民政府
关于全面开展农村税费改革试点工作的通知

泉洛委〔2003〕综122号

各乡镇（街道）党（工）委、政府（办事处），区直各单位：

根据《中共福建省委、福建省人民政府关于全面开展农村税费改革试点工作的通知》（闽委〔2003〕40号）、《福建省人民政府办公厅关于泉州市农村税费改革试点实施方案的复函》（闽政办函〔2003〕128号）等有关文件精神，经省、市同意，区委、区政府决定，从2003年起在全区范围内全面进行农村税费改革试点工作。现将《洛江区农村税费改革试点实施方案》印发给你们，各单位要按照中央、省、市的统一部署，根据实施方案的具体要求，结合本地实际，认真组织实施。

农村税费改革事关全局，意义重大。各单位要深刻领会中央、省、市和区农村税费改革的主要精神，准确地把握农村税费改革试点的指导思想、基本原则、基本目标、改革的主要内容及其政策，认真组织实施试点方案，切实加强对农村税费改革的组织领导，建立严格的领导责任制，主要领导要亲自抓、负总责，层层落实领导责任制；要加强宣传培训，正确把握舆论导向，充分利用广播、宣传车和宣传栏等媒体，开展送政策下乡活动，把中央、省、市和区的改革政策精神原原本本地交给农民，真正做到家喻户晓、深入人心。在省、市财政转移支付和部分支出由区级负担以及各地精简机构和人员、压缩开支、自我消化的基础上，加快区域经济发展，进一步调整支出结构，确保农民负担得到明显减轻、不反弹，确保乡镇机构和村级组织的正常运转，确保农村义务教育经费正常需要。立即停止征收乡统筹费、村提留费、教育集资等专门面向农民征收的行政事业性收费和政府性基金、集资。对今年以来已经向农民收取的2003年度乡统筹、村提留和教育集资，要依照国办发〔2003〕85号文件要求，必须于2003年12月31日前如数退还给农民。要立即暂停清收农村税费改革前的农民税费尾欠，对有困难的农民给予减免照顾，要严肃农村税费改革纪律，对领导不力、组织不严、工作不慎，或者违反有关规定乱收费，不但要追究领导责任，而且区财政将相应扣减该乡镇下一年度的财政转移支付资金；要加强对农村税费改革工作的督查和指导，把督查和调查研究、指导工作有机地结合起来，对改革中的问题早预见、早察觉，及时研究对策、减少失误、扩大成果，真正把这件事关全局的大事办好、好事办实，从根本上减轻农民负担，保护农民的利益和调动农民的生产积极性，促进农村经济发展和农民增收，保持农村社会的长期安定、稳定。

附件：洛江区农村税费改革试点实施方案

中共泉州市洛江区委员会
泉州市洛江区人民政府
2003年12月25日

洛江区农村税费改革试点实施方案

二〇〇三年十一月十八日

根据党中央、国务院和福建省委、省政府有关农村税费改革有关文件精神，结合我区实际情况，制定本实施方案。

一、农村税费改革的指导思想和基本原则

我区农村税费改革的指导思想是：全面贯彻党的十六大精神，按照社会主义市场经济发展和推进农村民主法制建设的要求，建立科学规范的农村分配制度，从根本上治理对农民的各种乱收费、乱集资和乱摊派，切实减轻农民负担并保持长期稳定。进一步加强农村基层组织建设，巩固农村基层政权，保护和调动农民的生产积极性，促进农村社会长期稳定和农村经济持续健康发展，推动农村全面小康建设。

按照上述指导思想，我区农村税费改革试点工作应遵循以下基本原则：

（一）从轻确立农民负担水平并保持长期稳定。根据农民的实际收入水平和承受能力，从轻重新确定农民负担。改革后的农民负担要比改革前有较大幅度的减轻，做到村村减负，户户受益。

（二）建立科学规范的农村分配制度。把国家、集体、农民的分配关系纳入规范化、法制化管理的轨道，按照便于农民接受、基层操作、群众监督的要求，采用简便易行的征收和筹集方式，规范农村税费征收行为。

（三）正确处理改革与稳定的关系。统筹兼顾各方面的承受能力，确保改革后农民负担明显减轻、不反弹，确保乡镇机构和村级组织正常运转，确保农村义务教育经费正常需要，实现农村社会稳定、农村经济和社会事业协调发展的目标。

（四）实施综合配套改革，整体推进。大力推进乡镇机构和农村教育体制改革，完善区、乡（镇）财政体制，推进村民自治管理，健全农民负担监督机制。

二、农村税费改革的主要内容

我区农村税费改革试点的主要内容是：“五个取消、一个稳定、一项改革”，即取消乡统筹费；取消农村教育集资等专门面向农民征收的行政事业性收费和政府性基金、集资；取消除烟叶及原木收购环节特产税外的其他特产税；取消屠宰税；取消统一规定的劳动积累工和义务工：稳定农业税政策；改革村提留征收使用办法。

（一）取消乡统筹费。取消乡统筹费后，乡村两级九年制义务教育、计划生育、优抚支出，通过财政预算予以安排。

（二）取消农村教育集资等专门面向农民征收的行政事业性收费和政府性基金、集资。取消在农村进行的教育集资，农村中小学危房改造资金，主要由财政预算安排。取消专门面向农民征收的行政事业性收费、政府性基金和涉及农民的集资项目。

（三）取消除烟叶及原木收购环节特产税外的其他特产税。从 2003 年 1 月 1 日起，取消除烟叶及原木收购环节的特产税之外的其他特产税，不再改征农业税。

（四）取消屠宰税。从 2003 年 1 月 1 日起，全区取消屠宰税。

（五）取消统一规定的劳动积累工和义务工。“两工”取消后，遇到特大防洪、抢险、森林防火、抗旱等紧急任务可临时动用农村劳动力，须经区级以上人民政府批准。除此之外，动用农村劳动力应当实行自愿或有偿。

（六）稳定农业税政策。改革后的农业税税负不再增加，按现有负担水平稳定不变。进一步完善农业税减免制度。对各项社会减免，实行先减免后征收。

（七）改革村提留征收使用办法。取消原规定的村提留，改革后村干部报酬、五保户供养以及村办公费，由集体经营收入开支，财政根据各村的人口和困难情况给予定额补助，五保户供养每人每年 1000 元。村内进行农田水利基本建设、农业综合开发、修建村级道路、植树造林等项集体生产、公益事业所需的资金和劳务，严格实行“一事一议”和上限控制，“一事一议”筹资投劳必须严格执行《福建省村级范围内一事一议筹资投劳管理办法》，每人每年筹资不得超过 20 元，筹集的资金不得跨村使用；不得用于发放村干部报酬及其他开支或村内公务活动；严禁用于封建迷信活动。每个劳动力每年投劳不得超过 5 个工日，并不得强行以资代劳，投劳对象为本村劳动力（男性 18—55 周岁，女性 18—50 周岁）。

三、农村税费改革的配套措施

根据闽委办〔2003〕70 号文，我区制定配套措施具体为：

（一）精简乡镇机构和人员，切实转变政府职能。区、镇两级要根据中央和省委、省政府的统一部署，巩固扩大乡镇机构改革成果，归并乡镇事业单位，大力压缩乡镇财政供养人员。乡镇事业单位（不含学校、医院）由财政核拨（含财政核拨补助）的事业编制要比现有精简20%以上，在确保社会稳定、有利于农村经济发展和小城镇建设的前提下，根据实际情况，加大乡镇村区划调整的力度，适当合并乡镇村。按照社会主义市场经济发展需要，切实转变政府职能，强化为农业、农村和农民服务的功能，发展和完善农业和农村社会化服务体系。

（二）精简和优化教师队伍，合理配置教育资源。要按照《福建省人民政府办公厅转发省委编办、省教育厅、省财政厅关于福建省中小学教职工编制标准的实施意见的通知》（闽政办〔2002〕121号）文件规定，严格核定中小学编制；全面实施教师资格制度，严把教师队伍入口关，提高教师队伍素质，进一步加强岗位管理，全面推行教职工聘用（聘任）制度。压缩非教学人员，清退临时工勤人员，对“停薪留职”的人员要限期与学校脱离关系，坚决辞退“在编不在岗”教师和不合格教师。合理调整农村中小学学校布局，扩大办学规模，提高教学质量和教育投资的效益，节约教育经费。在布局调整中，要采取措施，整合盘活教育资产，优化配置教育资源。布局调整后，中学稳定在8所，农村初中达到18—24个班，班额45人，校均800—1200人的规模；小学调整到40所。撤并6所小学。农村中小学校收取的杂费要全部用于学校正常的公用经费，不得用于发放工资和福利，不得用于平衡政府的财政预算，不得从中提取任何性质的调节基金，也不得以任何理由统筹、调剂或截留。切实保障农村义务教育经费投入，继续实行农村中小学教师工资由区财政统一发放的管理办法。农村中小学公用经费除收取的杂费外，不足部分由转移支付和区级财政预算安排；农村中小学危房改造资金除上级补助外，主要从上级税费改革专项转移支付、区级财政预算和按规定可继续征收的教育费附加中安排，并设立危房专项资金，建立新增危房预警和正常改造经费保障机制，确保师生安全。要发挥财政资金导向作用，广泛吸收社会资金用于危房改造，在2004年前消除现存的D级危房，保证新增危房的改造资金，确保师生安全。

（三）完善区、乡（镇）财政体制，合理制定转移支付办法。按照分税制财政体制的要求，结合农村税费改革，合理划分区镇事权和财权的基础上，重新核定收支基数，进一步完善区镇财政体制。乡统筹费取消后，乡村两级义务教育、计划生育、优抚支出由市、区政府通过财政预算安排解决。财政转移支付将按照统一规范、公开透明的原则，考虑各地的财力缺口，各乡镇精简机构和人员，压缩开支，自我消化的基础上，根据各乡镇的经济发展水平和财政收支状况，区别对待，重点向经济欠发达和财政困难乡镇倾斜，从预算中调整一部分资金补助乡镇的办公经费。区财政从预算中调整一部份资金，加上市对我区的村组织运转支出补助. 金额用于村主干定额补助和村级运转。切实保障农村义务教育经费投入，实行农村中小学教师工资由区级财政统一发放的管理办法，实现“保工资、保运转、保安全”的基本目标，在省、市财政转移支会补助的基础上，区级财政要进一步调整支出结构，确保省对我区的乡村两级办学补助全额用于教育投入，确保农民负担得到明显减轻、不反弹，确保乡镇机构和村级组织的正常运转，确保农村义务教育经费正常需要。

（四）大力压缩村级开支，规范村级财务管理。推进村党支部委员和村委会成员交叉任职，村民小组长一般由村干部兼任，减少村组干部的补贴人数。每个村享受定额补贴的村主干严格控制在3-5人。2000人以下的村，享受定额补助的村主干严格控制在3人，2001—3500人之间的村严格控制在4人，3500人以上的村严格控制在5人，区财政对每个村村支书和村主任的补助按每月400元，其他享受定额补贴的村主干按每月300元由区财政补助。严格控制书报费支出，最高不得超过2000元，重点保证党报、党刊的订阅。村级财务严格执行《福建省村集体财务管理暂行规定》，取消村级招待费支出。在压缩村级开支，规范村级财务管理的基础上，村办公经费由区财政按照每村每年定额补助4000元，对村财收入低、经济比较困难适当增力口补助。村级组织必须确保区列五保户的供养补助专款专用。合理使用村级资金，全面推行村级财务公开制度，进一步完善村级组织的财务核算和管理工作。

（五）认真研究探索有效办法，妥善处理乡村不良债务。

乡村债务产生的原因比较复杂，原则上应与农村税费改革分开处理。各乡镇对乡村债务要摸清底数，分清责任结合实际制订办法，逐步化解。要在防止发生新债的基础上通过加快发展农村经济、深化农村改革，积极探索通过债权债务抵冲、依法削减高利贷、盘活集体存量资产、加强内部控制、节约开支等有效办法化解乡村不良债务。严禁将乡村债务分摊转嫁或变相转嫁给农民个人承担。全区各乡镇暂停清收农村税费改革前的农民税费尾欠，对改革前农民的税费尾欠，要进行核实、登记、归类；对不符合有关政策规定的，要予以核销，不得再向农民追缴，对符合减免规定的，要给予减免；对农民历年形成的农业税收及符合政策规定的乡统筹和村提留费尾欠，采取先挂账的办法，待农村经济进一步发展、农民承受能力明显增强后再作处理。已经向农民预收的2003年度村提留和乡统筹费，要依照国办发〔2003〕85号文件要求，原则上必须于2003年12月31日前无条件地如数退还给农民。

（六）规范农村收费管理。坚决执行省公布取消的涉农收费项目，对现行涉及农民的收费项目进行全面清理整顿，取消不合理、不合法的收费项目，凡未经中央和省有权机关批准的行政事业性收费项目一律取消，并公布取消收费项目。对中央和省有权机关批准并确需保留的涉及农民行政事业性收费项目，要严格推行收费公示制度和规范管理。加强农村中介或经营服务性收费监管，禁止强行服务、强行收费或只收费不服务。继续抓好农村中小学生就学、计划生育指标审批、农民建房、农村结婚登记、农业生产性费用、农民外出务工的收费和农村用电用水价格以及报刊摊派和各种要农民出钱出物的达标升级活动等专项治理。坚决取消各种不利于控制和减轻农民负担的各种考核制度和考核指标。

（七）建立监督机制，严肃税改纪律。各有关部门要从大局出发，认真执行中央和省里的税改政策，服从改革需要，积极配合做好工作。纪检、监察、财政、审计、农水、物价等部门要认真履行监督检查职能，严格执行有关违反农村税费改革政策和减轻农民负担政策行为的处罚处分规定，对有令不行、有禁不止、弄虚作假、巧立名目、变相加重农民负担和挪用财政转移支付资金的单位和个人，要给予严肃处理。要建立农民负担监督管理责任制，认真落实涉及农民负担案（事）件责任追究制，严肃查处各种违法违纪行为。对在改革中不顾大局、违反纪律、以权谋私的单位和个人，要给予党纪政纪处分；触犯刑律的，移交司法机关依法处理。

四、农村税费改革工作的组织实施

（一）加强组织领导。各级党委、政府要切实加强对农村税费改革试点工作的统一领导，党政一把手亲自抓、负总责。区里根据工作需要，调整充实了区农村税费改革领导小组，由区委书记任组长，区长任第一副组长，区委、区政府分管领导任副组长，区有关部门负责人任成员。领导小组下设办公室，办公室设在区财政局，并从领导小组成员单位抽调得力干部充实办公室力量。各乡（镇）要按照区里的要求成立领导小组和工作班子。区委书记、区长是此项改革工作的第一责任人，乡（镇）党委书记和乡（镇）长是直接责任人。要将此项工作作为区、镇两级党委、政府的中心工作，切实抓紧、抓好。

（二）搞好部门配合。为确保各项改革措施落到实处，要求各级要把农村税费改革试点工作分解细化，实行部门分工负责。区领导小组各成员单位要按照改革的要求，及时调整有关政策和工作方法，抓紧制订有关配套改革措施，研究具体工作方案，提出明确的目标要求，分阶段组织实施。涉及各部门的配套改革，要按照职责分工，落实部门负责制和领导责任制，限期完成；涉及多个部门的、部门之间要加强配合，主动搞好协调，形成工作合力，确保农村税费改革顺利进行。

（三）有计划分阶段全面推进。

1. 动员部署和宣传发动阶段。此项工作10月底前完成。区在省、市动员部署农村税费改革试点工作后，出台《洛江区农村税费改革试点实施方案》，召开全区农村税费改革动员会议，全面部署农村税费改革试点工作，层层搞好动员部署，逐级进行人员培训。加强舆论宣传，正确把握舆论导向，开展大规模、多形式、系列化的宣传活动，把农村税费改革的方针、政策、方法、措施、目标传达到全区农村，做到家喻户晓，深入人心。必须做到每一个农户有一个改革政策“明白人”，有一张税费项目“监督卡”，有一本税费负担“明白账”。

2. 全面组织实施阶段。此项工作 11 月底前完成。各乡镇要根据方案及有关配套文件，结合当地实际，全面组织实施，确保税费改革顺利进行：同时要认真做好农村税费改革的各项基础工作，积极推进各项同配套改革，建立健全农业税征管体系，向农民发放纳税证书和农民负担监督卡。

3. 检查验收和总结阶段。此项工作 12 月底前完成。在开展农村税费改革的同时，省、市对区要派出检查组，区对乡镇要派出巡视组。乡镇对村要派出指导组。通过建立逐级督查网络，对农村税费改革试点工作及配套措施落实情况进行及时督导和检查验收。对执行政策中出现的偏差应及时纠正；对农民反映的问题，要认真对待，及时处理。各级政府都要建立健全税费改革群众信访查处反馈制度，向社会公开政策咨询和群众举报电话，定期通报有关情况，自觉接受社会监督。

泉州市洛江区人民政府
关于印发《泉州市洛江区公益性骨灰堂管理暂行规定》的通知

泉洛政文〔2003〕189

各镇（乡）人民政府、万安街道办事处，区直各部门：

为深化我区殡葬改革，进一步加强公益性骨灰堂管理，现将《泉州市洛江区公益性骨灰堂管理暂行规定》印发给你们，请认真贯彻执行。

泉州市洛江区人民政府
2003 年 12 月 19 日

泉州市洛江区公益性骨灰堂管理暂行规定

为深化我区殡葬改革，加强公益性骨灰堂管理，根据《福建省殡葬管理办法》《泉州市殡葬管理暂行规定》等有关规定，结合我区实际，制定本规定。

一、定义

公益性骨灰堂是为当地村（居）民提供骨灰寄存的场所。

二、管理部门

洛江区民政局是本区公益性骨灰堂管理的主管部门。其所属区殡葬管理站具体负责指导本区公益性骨灰堂的管理工作。

区国土资源、公安、工商、交通、规划、林业、建设、环保、民族宗教等有关职能部门应当按各自的职责，共同做好公益性骨灰堂管理工作。

三、建堂原则和总量控制

公益性骨灰堂建设应贯彻节约用地和移风易俗的原则，要根据城镇建设规划的要求，实行总量控制，坚持“宜大不宜小、宜集中不宜分散”的原则。

鼓励和提倡充分利用现有的闲置建筑物，进行改建、翻新。

四、建设资金

公益性骨灰堂建设资金以各乡镇（街道）、村（居）自筹为主，区政府适当给予补助。

五、申请与审批

1. 对建设公益性骨灰堂实行许可制度。任何单位和个人未经批准，不得擅自建设公益性骨灰堂（墙、亭、廊）。

2. 申请资格

区殡葬事业单位、各乡镇（街道）政府（办事处）及村（居）委会可以申请建设公益性骨灰堂（墙、亭、廊）。

3. 申请手续和审批程序

申请建设公益性骨灰堂的单位，经所在乡镇（街道）政府（办事处）同意后，应向区民政局提出申请，并提交区国土资源局有关用地审批意见及区规划分局或区建设局的审核意见，若涉及林业用地，还须提交区林业局审核意见。

区民政局应自接到申请之日起七日内作出审批决定。

六、公益性骨灰堂管理

1. 公益性骨灰堂应视各自的规模设置管理机构，并聘用专职管理人员负责骨灰堂的管理和维护。

2. 从事公益性骨灰堂的业务单位，可采取有偿服务，但不得以营利为目的经营活动，骨灰堂只能存放建设服务区域死亡人员的骨灰。

3. 公益性骨灰堂应建立台账制度，骨灰寄存证必须与向市殡仪馆出具的骨灰领取证相吻合。

4、公益性骨灰堂应当保持整洁、肃穆，禁止在骨灰堂内建家族、宗族、活人坟位和进行封建迷信活动。

5. 公益性骨灰堂的有偿服务项目收费标准，须由所在村（居）民代表大会研究同意后，明码标价。

6. 公益性骨灰堂应按各自服务区域内的实际，由村（居）民代表大会研究制定骨灰管理制度，并报区民政局备案。

7. 各公益性骨灰堂内部管理的日常检查工作由区民政部门与乡镇（街道）政府（办事处）共同负责。

七、罚则

1. 未经批准，擅自兴建公益性骨灰堂的，由区民政部门会同建设国土资源等部门予以取缔，责令恢复原状，没收违法所得，并处违法所得1倍以上3倍以下罚款。

2. 擅自改变公益性骨灰堂的性质的，由区民政局没收违法所得，并处违法所得1倍以上3倍以下罚款。

八、附则

本暂行规定自2004年3月1日起开始施行。

中共洛江区委 洛江区人民政府
关于加快普及高中阶段教育和发展职业技术教育的决定

泉洛委〔2004〕综 57 号

各乡镇（街道）党（工）委、政府（办事处）、区直各单位，各中学、中等取业学校、南少林武术学校：

加快普及高中阶段教育和大力发展职业技术教育，提高我区人均受教育水平和人口整体素质，是认真贯彻落实党的十六大精神，实现全面建设小康社会奋斗目标的关键性指标之一，是在全区基本实现宽裕型小康和基本实现现代化的战略要求。为动员全区力量、切实做好加快普及高中阶段教育和发展职业技术教育的各项工作，根据党的十六大、省委七届四次会议提出的全面建设小康社会中的教育发展任务以及《中共泉州市委、泉州市政府关于加快普及高中阶段教育和发展职业技术教育的决定》的精神，结合我区实际，就今后五年加快普及我区高中阶段教育和发展职业技术教育作如下决定：

一、集中力量，攻坚克难，确保实现 2008 年全区基本普及高中阶段教育和职业技术教育发展目标

1. 认清形势，增强加快普及高中阶段教育和发展职业技术教育的紧迫感和使命感

建区以来，我区把教育摆在优先发展的战略地位，高中阶段教育事业有了较快发展。目前，区域内有高中阶段各类学校 7 所（合民办完中 2 所，中等职业学校 2 所），在本区高中阶段各类学校就读的学生有 2661 人，高中阶段教育总体水平仍然较低，全区初中毕业生升学率仅达 50%，高中阶段毛入学率仅为 41%，均落后于全市平均水平。当前，我区高中阶段教育和职业技术教育的改革与发展进程中面临着一些新的情况，困难和问题：一是基本普及九年义务教育和高等学校扩招后，人民群众日益增长的接受优质高中教育的需求和我区高中教育质量不高的矛盾显得更为突出：二是普通高中和职业技术学校建设资金短缺、生源质量不高已成为制约高中阶段教育进一步发展的重要因素；三是随着高中阶段教育规模扩大，高中阶段教师队伍数量不足，整体素质有待提高，教师培养的任务相当繁重；四是就业准入制度没有得到有效执行、中等职业技术学校招生极其困难，严重影响高中阶段教育普及程度的提高；五是高中教育教学改革和结构的调整仍滞后于快速发展的经济、科技和社会形势，亟须加快改革步伐。不解决上述问题，就难以完成基本普及高中阶段教育和大力发展职业技术教育的各项任务，难以为现代化建设提供高素质的劳动者，难以实现全面建设小康社会的目标。因此，积极发展高中阶段教育和大力发展职业技术教育，是我区当前和今后一段时间内教育发展和改革的一项重大而迫切的任务。各级党委、政府要站在实践“三个代表”重要思想的战略高度，以对党和人民高度负责的态度，增强加快普及高中阶段教育和发展职业技术教育的紧迫感和使命感，加强领导，统一思想，坚定信心，动员全社会力量，确保实现全区 2004 年至 2008 年高中阶段教育和职业技术教育发展的目标和任务，为我区早日实现普及高中阶段教育奠定坚实的基础。

2. 明确方向，实现 2008 年我区基本普及高中阶段教育和发展职业技术教育各项目标任务

今后 5 年是我区教育改革和发展任务最艰巨的 5 年，是发展最关键的 5 年，也是机遇最难得的 5 年。必须紧紧围绕发展这一主题，着眼于为人民群众提供接受良好教育的机会，坚持改革创新和扩大开放，大力发展高中阶段教育和职业技术教育，力争到 2008 年，高中阶段毛入学率达到 60%，初中毕业生升学率达到 80% 以上。

为实现高中阶段教育发展目标，至 2005 年，全区普通高中年招生数要增加到 1460 人以上，在校生数逐步增加到 3900 人以上。至 2008 年以前新建 2 所达标高中，使全区的省三级以上达标完中校数增加到 3 所，中等职业技术学校年招生数增加到 600 人以上，在校生数逐步增加到 1650 人，争取 2008 年前建设好 1 所省级重点中等职业技术学校。坚持学历教育与职业培训并举，大力发展各类职业培训，加大

技术工人、技师的培养和培训力度，使未升学的初、高中毕业生和城乡新增劳动力、下岗再就业人员能够得到各种形式的职业技术培训，为构建全民终身学习体系创造条件。

二、与时俱进，不断创新，构建与我区经济社会发展相适应的高中阶段教育和职业技术教育管理体制和办学体制

3. 加大区政府统筹高中阶段教育和职业技术教育发展力度

加快普及高中阶段教育和发展职业技术教育是政府的一项重要职责。要认真贯彻落实《国务院关于基础教育改革与发展的决定》和《国务院关于大力推进职业教育改革与发展的决定》，按照“积极推进、实事求是分片规划、分类指导”的原则，强化区政府的统筹和协调职能，把加快发展高中阶段教育和职业技术教育作为全面建设小康社会的重要指标，纳入社会经济发展总体规划，纳入政府财政预算，促进高中阶段教育的协调发展。区政府要加大对高中阶段教育的统筹力度，引导初中毕业生合理分流，促进高中阶段各类教育协调发展，区里成立由教育、劳动保障、经贸发、财政、人事等有关部门参加的职业教育工作领导小组，制定职业教育发展规划，促进我区职业教育与其他各类教育协调发展建立多渠道筹措职业教育经费机制，组织动员行业企业、社会力量举办职业教育，加强管理，规范职业技术学校和培训机构的办学行为。

4. 大力推进高中阶段各类教育办学体制改革

在政府主导下，鼓励省级达标中学利用银行贷款或吸纳社会资金，建设新校区或扩建改造老校区，新建校区或扩建增容所招收的“择校生”实行缴费上学制度所收取费用除保证学校正常办学外，首先用于偿还银行的贷款或社会投入的资金。在实现办学“四独立”即独立法人、独立校园校舍、独立经费管理、独立教学管理前提下，鼓励发挥省级达标高中的品牌效应和办学优势，与社会力量合作举办民办高中校，带动民办普通高中的发展，鼓励公办职业技术学校引入民办机制，通过“民办公助”、“公办民助”、“公民合办”等多种形式，吸引社会力量参与合作办学，鼓励国外组织和个人依照我国法律和办学资格要求，同我区职业教育机构和其他社会组织，合作举办高水平的职业技术学校或职业培训机构。

5. 积极引导和扶持社会力量参与高中阶段教育的建设

认真贯彻《民办教育促进法》，坚持“积极鼓励、大力支持、正确引导、依法管理”的方针，落实有关鼓励和支持民办教育的各项规定，学校用地应纳入当地土地利用总体规划和城乡建设总体规划，按照城市教育用地规划布局和国家规定的公办学校用地标准，在各类民办高中学校用地上提供支持。办学规模在 1000 人以上的民办高中学校，区政府和教育局可给予一定的奖励。民办高中学校可以“股份制”等多种形式筹措办学经费。对新建规模在 10000 人以上的学校，要在师资的选派上予以重点扶持，允许公办学校教师到民办高中学校任教，由教育人才交流中心办理人事代理，按公办同类人员的调动办法办理有关手续，对举办民办高中教育有突出贡献的单位和个人予以表彰奖励，要加强对社会力量办学的扶持、管理和引导，努力形成公办学校和民办学校共同发展的新格局。

三、深化改革，提高质量，坚持走规模与质量并重的发展高中阶段教育之路

6. 突出重点，大力推进高中阶段课程改革，全面实施素质教育

普通高中以推进高中课程改革为重点，积极开展对学生、教师和学校的评价和考试制度改革工作，中等职业学校要突出加强“爱岗敬业、诚实守信、办事公道服务群众、奉献社会”的职业道德教育，注重培养受教育者的专业技能、钻研精神、务实精神、创新精神和创业能力，培养一大批生产、服务第一线的高素质劳动者和实用人才。

7. 加快高中学校建设，促进高中阶段教育均衡发展

加大政府对普通高中的扶持力度，从加强领导班子建设、充实教师队伍、增加经费投入、改善办学条件优化生源结构等方面着手，对一些基础相对薄弱的学校进行重点改造和建设，使之迅速提高教育质量和办学水平，成为受学生和家长欢迎的学校。至 2008 年，全区三级以上达标中学的招生数力争达到全区普高招生数的 70%，省二、三级达标高中年招生应分别不少于 10 班、8 班，要加大中等职业学校建设

步伐，通过多种渠道筹集资金完善办学设施，扩大办学规模，促进中等职业技术教育与普通高中协调发展。

8. 适应市场需求，强化职业教育特色，大力提高中等职业技术学校的办学能力和办学质量

职业学校要面向社会，面向市场，调整专业结构，加强实践教学，切实办出特色。要加强专业建设，注重培养专业技能、创业能力和创新精神，特别要把培养职业能力与培养职业道德紧密结合起来，扩大职业学校的办学自主权，增强学校自主发展能力。保障职业学校在专业设置、招生规模、学籍管理、教师聘用及经费使用等方面享有充分的自主权。

9. 实行灵活的办学模式和学习制度，增强职业教育为经济建设特别是农业、农村、农民服务的功能

中等职业学校要把职业培训工作作为学校办学的组成部分，面向社会开办各种门类、长短结合、灵活多样的职业技术培训班，设立专门管理机制，形成各具特色的培训体系。开展农村剩余劳动力转移培训，推动农村职业教育发展。积极配合科技兴农工作，为建设科技范乡镇，为广大农民提供科技信息、科技培训服务。

乡镇文化技术学校要充分发挥作用，开展农业新品种、新技术推广工作，开发和应用农产品保鲜、储运深加工等技术，推进农业产业化发展，积极开展校乡校村协作，推行“绿色证书”教育，培养一大批科技示范户和致富带头人。

10. 促进高中阶段教育、职业技术教育与其他各类教育协调健康发展

继续巩固“两基”成果，全面提高义务教育阶段教育质量，为高中阶段教育健康发展奠定坚实的基础。建立和完善义务教育管理体制和教育经费筹措机制，确保教职工工资按时足额发放，确保正常运转经费，确保农村中学建设和危房改造所需经费，要坚持建设与管理并重的原则，协调有关部门加强初中的硬件环境建设，同时采取措施，加强过程性评估和指导，强化学校内部管理。发挥省、市级达标中学的示范作用，带动其他学校加大管理的力度，不断改善办学条件，提高设施、设备的使用效率和办学质量。以创建达标学校为契机，提高我区初中办学的整体水平，为高中教育发展打下较为坚实的基础。力争在2005年前把我区所属5所初中学校均建成市级达标初中校，并建成1所省级示范初中校。

中等职业学校可试行分层次教学，使更多基础好有潜力、有升学愿望的学生升入高等职业技术学院学习。普通高中应设置与当地经济建设直接相关的通用技术类课程。继续推行“高二后分流”，创办高中阶段职业教育与普通教育相沟通的特色高中，以满足社会多层次、多样化的学习需要，构建人才成长“立交桥”。

11. 大力加强高中阶段教师队伍建设

随着高中阶段教育的普及和中等职业技术教育的迅速发展，我区高中阶段教育在校生规模将迅速增加，从现在到2005年合计将缺编普通高中教师70多人，而中等职业技术教育师资将更加紧缺，因此建设一支数量足够、师德高尚、质量合格、结构合理的新型高中师资队伍，是发展高中教育的重要保证，也是当前一项紧迫的任务，要切实做好以下四个方面的工作：

一是确保高中阶段合格的新教师得到及时补充，要拓宽高中教师来源渠道，向社会招聘有高中教师资格的非师院校本科毕业生、研究生和骨干教师到高中任教，积极向省内外高师院校引进优秀本科毕业生到普通高中、中等职业学校任教；吸收企业工程技术人员、管理人员和有特殊技能的人员到职业学校担任专兼职教师，提高具有相关专业技术职业资格教师的比例；鼓励职业学校专业教师和实习指导教师成为“双师型”教师，制定优惠政策引进研究生和骨干教师；扶持民办高中建设高水平的教师队伍。

二是建立和完善教师定期继续教育和培训提高的制度。要切实落实教师教育的专项经费，认真实施“教师队伍建设工程”和中等职业学校“重点专业建设带头人”培养计划，依托区教师进修学校，通过继续教育和培训，使高中阶段教师的专业化程度，包括师德修养教学能力、敬业精神等得到提升。

三是提高高中阶段教师学历合格率，鼓励在职教师通过函授、自学考试、网络教育、研究生课程班学习等途径提高学历层次和业务能力。

四是深化学校内部管理体制改革，加快实验和推广校本培训的方式，提倡学科带头人和骨干教师在

教育教学实践中带新教师，强化骨干教师的培养，实行教师职务聘任和岗位聘任的统一，逐步形成“奖勤罚懒、能上能下、能进能出”的教师任用激励新机制，调动广大教师的工作积极性，努力建设一支素质高、教育理念新的教师队伍。

四、更新观念、拓宽思路，积极探索、建立和完善多元化的教育投入新机制

12. 增加政府对发展高中阶段教育和职业技术教育的投入

区政府必须发挥主体作用，积极承担发展高中阶段教育的责任，不断增加教育投入。区财政要增加发展高中阶段教育专项经费，加大政府对农村高中的扶持力度。城市教育费附加用于职业教育的比例不低于20%，主要用于中等职业实验实习设备的更新和办学条件的改善。各级人民政府在安排使用农村科技开发经费、技术推广费用时，要安排一部分农村劳动力培训经费。

13. 各类企业要按《中华人民共和国职业教育法》的规定实施职业教育和职工培训，承担相应费用

一般企业按照职工工资总额的1.5%足额提取教育培训经费，从业人员技术素质要求高、培训任务重、经济效益好的企业可按2.5%提取，列入成本开支，要保证经费专项用于职工特别是一线职工的教育和培训，严禁作他用，企业技术改造和项目引进，都应按规定比例安排资金用于职业技术培训，对不按规定实施职工职业教育和培训，经责令改正而未改正的企业，同级人民政府可以收取其应当承担的职业教育经费，用于职业学校或职业培训机构代为培训其职工。

14. 加强高中阶段教育经费规范管理

严格执行省教育、财政，物价部门制定的普通高中中等职业学校收费标准，并向社会公布，普通高中和中等职业学校按规定收取的学费实行收支两条线管理，各级财政要确保全额返还学校，不得冲抵财政拨款，任何部门不能截留或挪作他用，严禁向学校乱收费，严格执行财务管理和审计制度，提高教育经费的使用效益。

15. 逐步建立和完善扶持家庭经济困难学生接受高中阶段教育的保障机制

各级政府要逐步建立和完善高中教育的助学金制度，区政府应支持企事业单位、社会团体、其他社会组织及公民个人设立普通高中和中等职业教育奖学金、助学金，奖励学习成绩优秀的学生，资助经济困难的学生。

金融机构要为家庭经济困难学生接受职业教育提供助学贷款，优先为符合贷款条件的农村中等职业学校毕业生开展生产经营提供小额贷款，区教育局要通过调整教育支出结构，建立区政府专项资金，以及接受社会捐助等方式筹措经费，对家庭经济困难的学生实行学费减免，确保家庭经济困难学生完成高中阶段学业。

五、加强领导，强化职能，为如期实现基本普及高中阶段教育目标提供坚强保障

16. 加强领导，实施普及高中阶段教育“一把手工程”

实现基本普及高中阶段教育的目标时间紧、任务艰巨，必须切实加强党和政府对教育工作的领导，要牢固树立教育是基础性、先导性、全局性产业的观念，真正把教育摆上优先发展的战略地位，确保本区基本普及高中阶段教育目标的实现，各级政府必须把发展高中阶段教育纳入社会经济发展总体规划，要强化各级政府统筹规划、统一政策、规范办学、整合资源等方面职能，协调解决发展高中阶段教育中的困难和问题．建立各级党政领导联系高中、中等职业技术学校制度。各级党政领导都要联系1-2所学校，经常深入学校调查研究，及时为学校排忧解难，要把发展高中阶段教育的工作业绩作为各级党政领导政绩考核的依据之一，并纳入宽裕型小康评估的指标体系。

17. 强化部门职能，全面实施就业准入制度

大力推进劳动预备制度，严格执行就业准入制度。用人单位招收、录用职工，属于国家规定实行就业准入控制的职业（工种），必须从取得相应学历证书或职业培训合格证书并获得相应职业资格证书的人员中录用；属于一般职业（工种），必须从取得相应的职业学校学历证书、职业培训合格证书的人员中优先录用。区劳动保障和各有关行业主管部门要密切合作，加强对就业准入制度执行情况的监督检查，

对违反规定、随意招收未经职业教育或培训人员就业的单位要责令其纠正并给予处罚，完善学历证书、培训证书和职业资格证书制度。在职业学校全面推行“双证书”制度，职业学校毕业生申请与所学专业相关的中级以下（含中级）职业技能鉴定时，只进行操作技能考核。劳动和社会保障、教育局要统筹规划，成立职业学校推行“双证书”制度工作协调小组，优先在具备条件的职业学校设立职业技能鉴定站（所）或职业资格考试机构。同时，要继续加强职业指导和就业服务，拓宽毕业生就业渠道。

18. 加强对高中阶段教育和职业技术教育的督导评估和执法检查

加强区人大、政协对普及高中阶段教育工作的指导和监督。区政府要主动向同级人大报告高中阶段教育发展情况，积极争取人大的支持，组织《职业教育法》劳动预备制度、就业准入制度的执法情况检查，区教育局要深入实际，调查研究，及时了解高中建设与发展的经验和问题，要特别关注普通高中教育与巩固提高义务教育水平、实现双高“普九”的协调发展问题，与中等职业教育的协调发展问题，高中阶段教育发展的规模速度与教育质量的统一问题。要对各地落实普及高中阶段教育发展规划的工作情况以及普通高中、中等职业技术学校办学水平进行督导评估，督促学校加强管理，提高质量，促进高中阶段教育持续、健康发展。

19. 建立健全社会参与机制，努力形成全社会共同关心、齐心协力抓好普及高中阶段教育和发展职业技术教育新局面

普及高中阶段教育和发展职业技术教育，是一项涉及面广、影响深远的系统工程，必须强化社会参与，实现齐抓共管。教育局要认真研究制定并实施普及高中阶段教育和大力发展职业技术教育的规划及政策措施，加强宏观管理和组织协调、优化整合教育资源，做好现有教育用地的流转整合。财政局要研究增加教育投入的办法，落实支持教育改革与发展的优惠政策。劳动和社会保障、教育局要密切配合，加强对各类劳动者的职业技术培训。建设、规划、土地部门要根据普及高中阶段教育和发展职业技术教育的整体计划，合理布局，做好教育用地规划。人事、编办、劳动保障部门要研究和指导学校推进人事、分配、职称和毕业生就业制度改革。宣传、新闻系统要通过正确的舆论导向，广泛动员社会各界关心支持教育改革和发展，全面贯彻党的教育方针，全面推进素质教育。

附件一：洛江区2004—2008年高中阶段教育规划预测整理表

附件二：洛江区普及高中阶段教育和发展职业教育有关指标分解表

中共泉州市洛江区委

泉州市洛江区人民政府

二OO四年九月二十一日

洛江区 2004—2008 年高中阶段教育规划预测整理表

时间 项目	16—18 周岁人口数（人）	初三学年初生数（人）	升入高中阶段一年级生数						高中阶段在校生数			
			普通高中（人）	升学率（%）	中等职校（人）	升学率（%）	合计生数（人）	合计升学率（%）	普通高中（人）	中等职校（人）	合计生数（人）	毛入学率（%）
2004 年	11952	3668	1300	35	550	15	1850	50	3520	1440	4960	41
2005 年	13159	3960	1462	36	600	15	2062	51	3900	1650	5700	43
2006 年	14030	3970	1570	40	700	17	2270	57	4300	1850	6150	44
2007 年	12927	3000	1450	48	700	23	2150	71	4450	2000	6450	50
2008 年	10571	2400	1350	56	650	27	2000	83	4350	2050	6400	61

说明：本表中的毛入学率包含往外县区高中阶段教育学校就读的生数

洛江区普及高中阶段教育和发展职业教育有关指标分解表

单位：人

时间 项目	普通高中招生数						职教招生数				合计
	小计	十一中学	马甲中学	罗溪中学	南少林武校	外县区就读	小计	敬德职校	华荣职校	外县区就读	
2004 年	1350	270	360	270	100	350	550	100	50	400	1850
2005 年	1450	315	370	315	100	350	600	150	50	400	2050
2006 年	1550	360	450	360	100	280	700	250	50	400	2250
2007 年	1450	360	450	360	100	180	700	250	50	400	2150
2008 年	1300	360	450	360	50	80	600	250	50	300	1900

中共泉州市洛江区委 泉州市洛江区人民政府
关于加快推进社会主义新农村建设的实施意见

泉洛委〔2006〕综39号

各乡镇（街道）党（工）委、政府（办事处），区直有关部门：

为贯彻落实党的十六大、十六届五中全会和《中共中央国务院关于推进社会主义新农村建设的若干意见》（中发〔2006〕1号）、《省委省政府关于认真做好2006年农业和农村工作扎实推进社会主义新农村建设的意见》（闽委发〔2006〕1号）、《市委市政府关于加快推进社会主义新农村建设的实施意见》（泉委〔2006〕33号）精神，结合我区实际，现就加快推进社会主义新农村建设，提出如下实施意见。

一、科学把握建设社会主义新农村的指导思想、基本原则和目标任务

1. 指导思想。认真贯彻“三个代表”重要思想和党的十六大、十六届五中全会精神，全面落实科学发展观，按照统筹城乡发展的要求，坚持工业反哺农业、城市支持农村和“多予少取放活”方针，以增加农民收入为主线，以提高农民素质为核心，以整治农村人居环境为切入点和突破口，以加强基层组织建设为保障，全面推进农村经济和社会事业发展，努力把广大农村建设成生产发展、生活宽裕、乡风文明、村容整洁、管理民主的社会主义新农村。

2. 基本原则。

一是立足当前，着眼长远。既要从群众最关心、最迫切需要解决的现实问题入手，又要扎扎实实地做好各项打基础、管长远的工作。

二是统筹规划，逐步推进。既要坚持规划先行，高起点搞好长远规划，统筹谋划好基础设施建设和生产生活等各项事业发展，又要从经济条件好、群众积极性高的乡村搞起，先易后难，分步实施，防止一哄而起、急于求成。

三是因地制宜，量力而行。从不同乡村的实际出发，确定新农村建设的目标、任务、措施以及需要重点解决的问题，不搞齐步走、一刀切。

四是依靠群众，惠及农民。充分考虑不同方面群众的切身利益和社会承受能力，尊重农民意愿，发挥农民的主体作用，维护好农民权益，使农民真正得实惠，不搞形式主义，坚决防止农民负担反弹。

五是讲究科学，突出特色。坚持按农村经济社会发展规律和自然规律办事，注重体现农村特点，实现人与自然和谐相处，不搞一个模式，防止千村一面、脱离农村实际。

3. 目标任务。通过“十一五”建设，至2010年我区社会主义新农村建设的主要目标是：

（1）生产发展：全区农业总产值达5.65亿元，年均增长20%。农村经济持续健康发展，基本形成具有地方特色和较强优势的农产品生产、加工、销售的区域分布格局，全区畜牧业占农业总产值的比例达到30%，水产品产量达2500吨。农业组织化、产业化、标准化和外向化水平显著提高，省级农业产业化龙头企业达3家以上。三次产业协调发展，第一产业劳动力比重≤35%，农村小城镇人口比重≥35%，全区城镇化水平达45%。乡镇、村集体经济稳步增长，乡村债务得到有效化解。

（2）生活宽裕：农民人均纯收入达7500元，年均增长7%左右；农村居民恩格尔系数≤40%，农民文化娱乐支出比重≥7%，农民生活信息化程度≥600%，农村居民基尼系数0.3~0.4，农村新型合作医疗覆盖率100%以上，农村人口平均预期寿命≥75岁。

（3）乡风文明：50%乡镇建成市级以上文明乡镇，30%村建成区级以上文明村，35%以上的农户为文明农户；农村年均人口出生率≤14.2%，年均自然增长率≤9%；实现免费、高水平、高质量普及九年义务教育，普及高中阶段教育，扫除青壮年剩余文盲，15周岁以上人口平均受教育年限达到10年；每个建制村至少有5名科技人员；全区80%以上的乡（镇）、村达到文化先进创建标准，100%村成立农民体协，群众文化体育活动丰富；社会治安状况良好，群众对社会治安满意率达90%以上。

（4）村容整洁：农村规划、建设科学合理，村容村貌整洁优美。生产生活条件明显改善。全区森林覆盖率保持在62%以上，环境质量指数达到85分，农民居住质量指数≥75%。无害化卫生户厕普及率不断提高，有垃圾箱、垃圾转运场、无害化公厕等环卫设施，卫生管理队伍健全。乡村排水排污系统畅通，垃圾清运率达70%以上。经过努力，把我区农村基本建成规划科学、布局合理、各具特色、交通方便、设施配套、卫生整洁、环境优美的社会主义现代化新农村。

（5）管理民主：领导班子团结务实，勇于开拓，善于带领群众勤劳致富，战斗堡垒作用显著。党员先锋模范作用突出，60%以上的乡、村党组织达到“五个好”目标要求。村级民主选举、民主管理、民主决策和民主监督制度健全，全面推行村务决策听证工作，农民对村务公开的满意度达90%以上。

二、发展农村经济

4. 加快推进农业产业化。按照“抓龙头、建基地，打品牌、拓市场”的要求，围绕市级“1333”农业产业化工程，进一步巩固和发展8个市区级、18个乡镇级精品基地。在资金、政策、用地、用工、用电等方面大力扶持和昌、阳光、荣兴、荣祺、华丰、玉丰等农业龙头企业，做大做强一批农产品生产、加工、流通龙头企业，支持阳光进境植物隔离检疫圃建设，扶持和昌集团扩大养殖基地，形成饲料、饲养、加工、出口一体化、现代化的产业化经营格局，完善公司与农户“五统一”（统一价格供苗、统一供应饲料、统一技术指导、统一防疫用药、统一保护价回收）的“订单农业”利益联结机制，力争全区农产品商品率达45%，产业化经营产值比重超40%。

5. 加快发展特色农业。以市场为导向，大力发展高产、优质、高效、生态、安全农业，尽快形成“一村一品、一乡一业”或“多村一品、多乡一业”的现代农业发展格局。虹山乡要加快茶叶品种改造步伐，提高制茶技术，打造茶叶品牌，使茶叶成为新兴产业，增加农民务农效益；罗溪镇要立足特色农业示范区的功能定位，加快中药材、花卉基地的促建投产步伐，进一步扩大种植规模，提升特色农业产值；马甲镇要以和昌集团和玉丰养殖场为龙头，大力发展畜牧业，进一步促进副食品基地发展；河市镇要做大做强农产品加工基地、无公害蔬菜、“槟榔芋”等品牌，以品牌的影响力和市场占有率带动特色产业发展，促进产品增值；双阳街道要以阳光国际集团花卉企业为龙头，带动相关产业发展，进一步延长产业链；万安街道要发挥自身优势，进一步完善花卉专业批发市场，提高影响力和辐射力。

6. 加强农田水利和生态环境建设。落实最严格的耕地保护制度，加大土地治理力度，大力实施沃土培肥、耕地修复工程，提高农业综合生产能力。加快“六千”水利工程建设步伐，至2010年，完成30个行政村通水工程建设，解决6266人农村饮水不安全问题。完成全区8座小（二）型水库、82座小山围塘除险加固整治工作及马甲镇小（一）型宫迹水库建设、前洋小（一）型水库二期改造工程建设等任务。开展河道疏浚52.55公里；加快水土流失治理步伐，规划封禁治理20000亩，水土流失治理2000亩，营造速丰林基地3万亩。实施国家立项农业综合开发项目后续工程，完成4.8万亩中低田改造和2000亩土地整理。

7. 加强农业安全保障建设。加强高致病性禽流感、牲畜五号病和有害生物防控工作，完善农产品检验检测、安全监测和质量认证体系。建立健全动植物防病、防疫减灾体系，控制农作物重大病虫害损失。开展瘦肉精、农残检测和生猪肉检疫，有效治理餐桌污染，让群众吃上“放心菜”。坚持防汛抗旱两手抓，尽早修复因台风、暴雨造成的水毁工程，确保汛期安全度汛。建立森林火灾预警应急体系，完善森林防火长效机制。深入开展“河畅水清、防洪安全”专项执法巡查活动，清除占用河道建筑物、临时违章搭盖、水库工程乱搭盖，制止违法采砂，保障农业生产安全。

8. 提高科技创新和转化能力。鼓励阳光、华丰等农业龙头企业实施科研课题，引导农业企业、中介组织、生产大户与科研单位及大专院校加强联系，提高科技研发创新能力，发展农产品生产、保鲜、深度加工等新技术，提高农业科技竞争力。大力发展循环农业：开发节约资源和保护环境的农业技术，提高农业资源的综合利用率。推进洛台农业交流与合作，拓宽新品种、新技术、新设备的合作开发和引入渠道，提高科技成果转化率，使农业科技贡献率达 30% 以上。大力推广农机化新技术、新机具，继续实行购置新型农机具补贴办法，鼓励和扶持农民购买新型农业机械，力争每年新引进一批大中型农业机械，使农业机械化水平达 35% 以上。

9. 构建农业科技信息服务平台。综合运用计算机技术、多媒体技术、网络技术等现代信息技术，构建包含农业病虫害数据管理系统、农业病虫害远程诊断专家系统、农资及农产品流通信息的平台，促进农产品市场供求信息实时发布，以便及时获取农业生产资料新信息，形成专家与农户交流的渠道，为重大和疑难病虫害的准确预报及诊治提供技术服务，同时培训一支掌握信息采集、信息处理、信息发布全过程的农村科技信息化服务队伍。

10. 深化农村各项改革。按照依法、自愿、有偿的原则，以转包、置换、股份、租赁等形式，推动土地经营权有序流转。全面推进以农村税费改革为主要内容的农村综合改革，巩固农村税费改革成果，健全农民负担监督管理机制，确保农民负担不反弹。大力推进乡镇机构改革，转变乡镇政府职能，继续缓解乡村财政困难，逐步加大对乡镇的转移支付和村级的补助。建立完善土地征用程序和补偿机制，及时落实补偿资金，健全被征地农民的社会保障。积极探索农村小型水利产权制度改革，推进小水库产权制度改革，提高农村水利发展活力。积极稳妥地推进国有、集体种植、养殖场的承包、租赁经营，发挥更好的经济、社会和生态效益。

三、提高生活质量

11. 加强农村劳动力培训和转移。继续落实《泉州市关于加快农村劳动力转移的若干意见》，全面实施“农民就业技能培训工程”，坚持“村发动、镇培训，区服务”的工作机制，面向市场，有计划、有重点、分层次对各类适龄农村劳动力进行职业技能培训，采取举办培训班、农民技术夜校、送科技下乡、开展电化教育等多种形式，努力培育具有较高科学文化素质和较强就业能力的新型农民，促进富余劳动力有序转移，确保每年完成培训农村劳动力 1500 人以上，转移 1000 人以上任务。建立健全城乡就业公共服务网，免费为外出农民工提供就业咨询与服务。切实改善农民工进城就业环境，维护农民工合法权益。

12. 构建保障体系。建立健全农村养老保险制度、社会优抚、社会救济制度，完善农村居民最低生活保障制度，适度提高保障标准，扩大低保覆盖面，做到“应保尽保”，并按时足额发放低保金。建立健全农村特困家庭医疗救助制度，不断提高农村“五保户”供养资金，将农村五保供养对象全部纳入救助范围。积极探索和建立失地农民就业保障体系，保障失地农民切身利益。

13. 加大扶贫开发力度。每年继续扶持一批不适应村、经济欠发达村和“老少边贫”村发展，落实“三级联动、六方帮扶”的扶贫工作机制，尤其是在资金、项目、信息、技术等方面给予倾斜，增强自身造血功能。采取产业扶贫、小额信贷等到村到户帮扶措施，促进低收入农户脱贫致富。开展各种行之有效的扶贫济困活动，组织实施“造福工程”切实改善贫困地区和地质灾害易发地段群众的生产生活条件。继续实施侨居造福工程、贫困残疾人和计生“二女户”安居工程。

14. 扶持发展村集体经济。结合推进农村工业化和城镇化，发展劳动密集型加工业，鼓励镇村兴建标准厂房出租；在中心镇区、工业园区周边预留经营性用地，推动发展第三产业；对山地、厂房、旧学校及水库等集体资产，采取租赁或承包经营形式进行盘活，增加村财收入。

15. 繁荣农村社会事业。加快发展农村教育事业，普及和巩固农村九年义务教育，实行义务教育阶段学生全部免收学杂费、贫困家庭学生提供免费课本和寄宿生活费补助制度；推进奕聪中学高中部、洛南小学及布局调整后寄宿学校学生楼等一批校舍建设，改善农村办学条件。加快实施“双高普九”规划，大力发展学前教育和普通高中教育。加大对农村文化发展的投入，加强乡镇综合文化站、村文化活动室和乡村农民体育娱乐场所建设，继续做好有线电视“村村通”扫尾工作，提高入户率，组织优秀电影展演、送电影下乡，进一步丰富农村业余文化生活。促进农村卫生事业发展，完善农村卫生服务网络。积极推进新型农村合作医疗制度健康发展，稳步实行农村医疗救助试点，逐步完善农村医疗救助制度；加强疾病预防控制和基层医疗救助体系建设，组织实施新一轮农村初级卫生保健工作，全面落实农村卫生所按规定配置及村医补助、培训工作。加强农村计划生育服务设施建设，健全计生责任奖惩机制，继续实施农村计划生育家庭奖励扶助制度，稳定农村低生育水平。

16. 构建服务体系。加快结构调整、技术改造和体制创新，重点发展资源加工型、劳动密集型、科技应用型工业企业和服务业等非农产业，多渠道增加农民非农收入。加快发展农村客运，提高建制村客运班车通达率，服务农村群众出行需要。加强农村现代流通体系建设，鼓励大中型超市、连锁店、供销社等商贸流通企业和其他各类投资主体通过新建、兼并、联合、加盟等方式，在农村发展现代流通业。发展“超市（农家店）+配送中心+批发市场+基地”的农产品经营模式，建立农产品商流、物流和信息流体系。扩大乡镇“三农”服务中心试点，逐步建立村级服务站，对村级农民技术员、社会治安综合治理协管员、计划生育管理员、国土资源和规划建设、环保协管员和村级文化协管员、乡村医生等农村“六大员”实行政府津贴，调动“五大员”服务三农的积极性。大力发展农民合作经济组织，推动农产品行业协会发展，引导农业生产者和农产品加工、出口企业加强行业自律，搞好信息服务，维护成员权益，争取建立5—6个农村用水协会。

四、改善人居环境

17. 推进村镇建设、整治。加强村镇建设规划，强化对农民建房的规划与管理。按照统一规划中心村、逐步缩减自然村和加快建设新农村的要求，做好建制村的总体布局规划，积极推进中心村的“六图一书”规划深化工作。积极稳妥推进自然村整合，进一步优化村庄布局。按照“规划科学、功能完善、生态环境优良、地方风格突出”的要求；以镇区改造为重点，结合工业园区、商贸区建设，加快提升河市、马甲、罗溪等中心城镇规模和品位。制定相应的优惠政策，吸引企业、个人及外商以多种方式参与小城镇基础设施的投资、建设和经营，吸引农民到城镇经商置业。加快农村垃圾清运处理、道路交通、供水排水、防洪排涝、电力通讯、广播电视等基础设施建设，以治理农村脏、乱、差为重点，实施以“三清六改”（清垃圾、清污泥、清路障、改路、改水、改厕、改沟、改圈、改厨）为主要内容的农村人居环境综合整治，继续开展农村“小康环保行动”、“家园清洁行动”，推行垃圾无害化处理。拆除农村废弃的危旧房屋，改造石结构住房，盘活土地资源。

18. 打造精品示范村。每年重点扶持一批“村美、户富、班子强”新农村建设精品村（居），以点带面推进整体建设。示范村村容村貌要有较大的改观，实现村中旱厕填埋，畜禽圈养，道路平坦，水沟畅通，环境整洁，饮水卫生，改水改厕受益率达90%，自来水普及率80%，达到“五化”（布局优化、道路硬化、村庄绿化、路灯亮化、环境美化）要求。

五、推行民主管理

19. 加强农村精神文明建设。制定出台《关于加强农村精神文明建设的意见》，增强精神文明建设实效。以树“文明新风，做新型农民”为主题，扎实推进文明村镇、文明农户等群众性精神文明创建活动；加强农村文化阵地建设，深入开展群众性移风易俗活动，逐步在农村形成科学文明、健康向上的生活方式和社会风尚；积极开展“以城带乡、城乡互动、整体推进”的文明创建活动，适应“农村变城市、农民变市民”的两个转变，扎实开展社会公德、职业道德、家庭美德建设；加强农村思想政治工作，大力弘扬爱国主义精神、见义勇为精神、助人为乐精神和以改革创新为核心的时代精神，积极引导和教育农民转变思想观念，树立市民意识，培养造就较高素质的新型农民。

20. 加强农村民主法制建设。深入开展民主管理示范活动，完善“一事一议”和村务公开等制度，总结推广村务决策听证工作，积极探索村务公开新路子。深入开展农村普法宣传教育，实施“依法治乡”方略，落实好村居“四民主、两公开”制度，深化“民主法治示范村”创建活动，推动农村依法治农、依法兴农。坚持以平安建设为载体，构筑农村社会治安防控体系，建立健全“镇里联防、村级群防、农户自防”的三级防范网络，开展“攻要案、打两抢、反盗窃”、“六合彩”、虚假短信息诈骗等专项行动，加大社会治安重点整治工作力度，完善矛盾纠纷排查调处机制，积极预防和妥善处置群体性事件，切实维护农村安定稳定。

21. 加强农村基层组织建设。以实施“新农村党建系列工程”为抓手，深入开展农村保持共产党员先进性教育活动，深化“三级联创”、“学美岭、创五好”活动，着眼于扩大覆盖面、增强凝聚力、保持先进性，扎实有效地推进党的基层组织建设和党员队伍建设，巩固党在农村的执政基础。全面推行村党组织领导班子村“两委”成员交叉任职等制度，开展直选党组织领导班子试点，配齐配强村级领导班子，特别是党组织“一把手”强化村级班子抓发展、促稳定功能，不断提高基层党组织服务人民群众、加快推进新农村建设的工作水平。大力实施“镇村干部培训工程”，全面提高基层干部理论素质、领导能力和工作水平，建立农村实用人才库，加大后备干部培养力度，有计划地选拔优秀大学毕业生担任村干部，努力解决村干部后继乏人、农村发展党员难等问题。提高村干部报酬，试行村干部绩效报酬制，将村干部报酬同工作实绩挂钩，重视引进和留住优秀人才，稳定村干部队伍。

六、切实加强对新农村建设的领导

22. 加强组织领导，健全工作机制。新农村建设是一项复杂的系统工程，必须健全完善组织领导体系，落实党委一把手第一责任人的工作机制，区级要成立专门负责新农村建设的组织机构，统一指导协调新农村建设工作。各职能部门要各司其职，形成合力。各乡镇也要建立健全相应的组织机构，制定具体的工作计划和实施细则，具体组织实施新农村建设，形成一级抓一级、层层抓落实的有效机制。

23. 做好规划部署，扎实稳步推进。坚持立足当前，着眼长远，从实现人与自然和谐发展、建设和谐村镇的角度出发，制定统一科学的总体规划来指导新农村建设工作规范有序开展。科学确立社会主义新农村建设的目标及指标体系，妥善处理好总体目标与具体目标、整体推进与重点突破、统一部署与分类指导的关系，做到既与总体经济社会发展规划相结合，又量力而行，从群众最愿意、最迫切需要而又能做成的事情抓起，以小促大，以点带面，扎实稳步推进社会主义新农村建设。

24. 营造浓厚氛围，形成强大合力。建设社会主义新农村，必须依靠各方面的积极支持和广大群众的参与创造，形成各方面齐抓共管、整体有序推进的工作格局。组织开展有声势有深度的宣传报道，广泛宣传新农村建设的重大意义、主要任务和具体要求，进一步提高广大干部群众对建设社会主义新农村重要性的认识，引导广大党员干部和农民群众更加积极地投入到新农村建设的伟大实践中，推动新农村建设工作不断取得新的成效。

25. 坚持典型引路，积极探索实践。在科学编制规划的基础上，重点建设一批具有较高标准和较强示范作用的示范点，认真总结试点经验，充分发挥典型示范带动作用，推动新农村建设稳步开展、有序推进。加强分类指导，尊重农村建设规律；坚持从实际出发，积极探索多种模式推进新农村建设的有效方法，及时总结新农村建设相关工作进展情况，随时解决新农村建设中出现的新问题，不断完善工作思路和措施，努力开创新农村建设工作的新局面。

26. 完善政策措施，提供有力支持。坚持“多予、少取、放活”的方针，按照存量适度调整、增量重点倾斜原则，在稳定现有各项农业投入的基础上，保证新增财政支出和固定资产投资向社会主义新农村建设倾斜，区财政在每年安排建设社会主义新农村专项资金的同时，适当统筹其他专项资金用于社会主义新农村建设；扩大公共财政覆盖农村的范围，建立健全财政支农资金稳定增长机制。财政支农资金增量和预算内资金用于农村建设的比重要逐年提高，其中直接用于改善农村生产生活条件的资金要高于上年，并逐步形成新农村建设稳定的资金来源。继续落实《关于加强农业和农村工作的意见》（泉洛委〔2005〕综34号）各项优惠政策，使农民得到更多实惠。鼓励引导社会资本参与社会主义新农村建设，调动全社会力量扶农助农兴农，逐步形成在政府带动下社会力量广泛参与的多元化投融资机制。

27. 落实目标责任，强化监督管理。把新农村建设纳入对各级领导班子和领导干部工作业绩考核的指标体系，作为检验各级领导班子和领导干部执政能力和领导水平的重要内容，作为对班子考核和干部奖惩使用的重要依据。加强对工作进展和履行工作职责情况的监督检查，建立奖优罚劣、行之有效的考评验收机制，对社会主义新农村建设工作进行定性和定量考核，层层建立严格的责任制，促进各项工作的落实，确保新农村建设顺利推进。

中共泉州市洛江区委员会
泉州市洛江区人民政府
2006年4月26日

泉州市洛江区人民政府关于印发洛江区城市基础设施配套费征收管理规定的通知

泉洛政文〔2007〕8号

各镇（乡）人民政府、街道办事处，区政府各部门：

《洛江区城市基础设施配套费征收管理规定》已经2007年1月16日区政府第一次常务会议研究同意，现印发给你们，请遵照执行。

泉州市洛江区人民政府

二〇〇七年二月一日

洛江区城市基础设施配套费征收管理规定

为促进我区城市基础设施建设，加强城市基础设施配套费（以下简称“配套费”）的征管工作，根据《泉州市人民政府关于印发泉州市城市基础设施配套费征收管理规定的通知》（泉政文〔2006〕396号）精神，结合我区实际，对我区城市基础设施配套费征收管理规定如下：

一、凡在城东——双阳组团洛江新城分区规划区及马甲、罗溪镇区规划区范围内进行各类工程建设（包括新建、扩建和改建）的单位和个人，均应按本规定缴交配套费。

二、配套费主要用于建设项目以外的市政公用配套设施，包括城市主次干道、给排水、供电、供气、路灯、公共交通、环境卫生和园林绿化等项目的建设和维护，是市政基础设施建设资金的补充，与各项城市建设资金统筹安排使用。城市基础设施配套费由区建设行政主管部门会同区财政部门编制年度资金使用计划，报区人民政府批准实施。

三、新建项目的配套费按建设工程规划许可证或村镇建设许可证核准的建筑面积征收，扩建、改建项目的配套费按新增建筑面积征收（违法建设除外）。对于容积率小于1的建设项目，配套费按容积率为1的建筑面积征收；容积率大于1.8的工业项目，配套费按容积率为1.8的建筑面积征收；容积率大于4的除工业外的其余建设项目，配套费按容积率为4的建筑面积征收。

四、配套费应一次性缴纳，由区建设行政主管部门负责收取，其中现阶段确定的城市规划区范围（万安、双阳街道）内委托泉州市城乡规划局洛江分局代收，由建设单位和个人到规划管理部门申请核发建设工程规划许可证或村镇建设许可证时一并缴交。

规划行政主管部门向未按规定缴纳配套费的建设单位和个人核发建设工程规划许可证或村镇建设许可证的，由上级行政主管部门或同级人民政府责令改正，并追究有关责任人的责任。

五、配套费免征、减征范围

（一）军事设施（含武警部队设施）、市政公用设施（含城市停车场建设项目）、单建式人防工程、经济适用住房、廉租住房、双阳侨居工程建设项目，以及经区级以上人民政府确认或批准的由社会各界捐建的学校、图书馆、孤儿院、养老院等社会公益事业建设项目免征。

（二）学校、医疗机构、科研等单位以及中央、省属单位和外地驻当地政府机构兴办的非经营性建设项目（不含住宅）、残疾人非经营性福利事业建设项目、经省科技行政主管部门认定的国家和省确定扶持的高新技术建设项目以及行政机关办公楼建设项目减半征收。

六、配套费免征、减征由区征收部门审核后，报区人民政府审批。除上述减免范围外，任何单位和个人均不得随意减免配套费。免征、减征配套费的建设工程需要改变使用性质的，应办理报批手续，并按规定补交配套费。

七、配套费征收范围及标准

1. 万安街道324国道以南区域（一类A）：配套费征收标准与市征收标准相衔接，按市定一类区标准，住宅、商业、工业分别为80元/平方米、110元/平方米、50元/平方米。

2. 324国道以北至泉州一环路以内的区域（一类B）：配套费征收标准按住宅、商业、工业征收标准分别为70元/平方米、95元/平方米、40元/平方米。

3. 泉州一环路以外至310县道以南的区域（二类区）：2007年住宅、商业、工业征收标准分别为50元/平方米、65元/平方米、25元/平方米，2008年起按市定二类区标准，住宅、商业、工业分别为60元/平方米、80元/平方米、30元/平方米。

4. 310县道以北的洛江新城分区规划区范围（三类区）：按市定三类区标准，住宅、商业、工业分别为40元/平方米、50元/平方米、20元/平方米。

5. 马甲、罗溪镇区规划区按三类区标准减半征收，住宅、商业、工业标准分别为20元/平方米、25元/平方米、10元/平方米。

八、收费单位必须到区价格部门领取《收费许可证》，实行亮证收费。收费时统一使用省财政部门统一印制的《福建省行政事业性收费统一票据》，所收资金按有关规定缴存同级财政专户，实行“收支两条线”管理，由区政府统筹安排，专项用于城市基础设施建设，不实行上交提留，并接受市建设、价格、财政等行政主管部门的监督。

价格、财政、审计部门应加强对配套费收支执行情况的监督检查，对擅自设立收费项目、提高收费标准、扩大收费范围以及违反专款专用规定的行为，要按照有关规定予以严肃查处。

九、征收范围的划定：一类A、一类B、二类区以附图道路红线为准，三类区为一、二类区以外的洛江新城分区规划区，马甲镇、罗溪镇区规划区以各镇区总体规划确定的范围为准。配套费类区划分根据城市建设发展情况，适时进行调整。

十、本规定由区建设局负责解释。

十一、本规定自2007年3月1日起执行，泉洛政专〔2003〕24号文有关城市基础设施配套费征收的规定同时废止。本规定执行前已在办理基建手续的，按照建设工程规划许可证或村镇建设许可证核发的时间，计征城市基础设施配套费。

附件：1. 洛江区城市基础设施配套费类区及征收标准；

2. 泉州市城东—双阳组团洛江新城分区规划道路工程规划图

附件 1：

洛江区城市基础设施配套费类区及征收标准

类区	类别	征收标准	类区范围
一类 A	住宅	80 元 / 平方米	一类 A：万安街道 324 国道以南区域
	商业（含写字楼）	110 元 / 平方米	
	工业	50 元 / 平方米	
一类 B	住宅	70 元 / 平方米	一类 B：324 国道—滨江路—经济开发区 1# 路—双阳西环路—朋山岭隧道—清源山规划控制线—324 国道所包含的范围
	商业（含写字楼）	95 元 / 平方米	
	工业	40 元 / 平方米	
二类区	住宅	60 元 / 平方米	经济开发区 1# 路以北至 310 县道以南所包含的范围
	商业（含写字楼）	80 元 / 平方米	
	工业	30 元 / 平方米	
三类区	住宅	40 元 / 平方米	310 县道以北的洛江新城规划区范围
	商业（含写字楼）	50 元 / 平方米	
	工业	20 元 / 平方米	

说明：1. 学校非经营性建设项目按住宅的征收标准减半征收；医疗、科研非经营性建设项目按商业的征收标准减半征收

2. 马甲、罗溪中心镇区按三类区标准减半征收

3. 表中类区范围标有下划线的为规划的路桥（暂定名），今后以正式名称为准

泉州市洛江区人民政府关于印发《泉州市洛江区新型农村合作医疗管理暂行规定》的通知

泉洛政文〔2007〕14号

各镇（乡）人民政府、街道办事处，区直有关单位：

《泉州市洛江区新型农村合作医疗管理暂行规定》已经2007年1月31日区政府第二次常务会议研究通过，现印发给你们，请认真贯彻执行。

泉州市洛江区人民政府
二〇〇七年二月六日

泉州市洛江区新型农村合作医疗管理暂行规定

一、基本原则

（一）根据国务院《关于进一步做好新型农村合作医疗试点工作指导意见的通知》（国办〔2004〕3号）、《福建省人民政府办公厅转发省卫生厅等部门关于福建省新型农村合作医疗试点工作指导方案的通知》（闽政办〔2006〕130号）等文件精神，结合我区实际，制定洛江区新型农村合作医疗管理暂行规定。

（二）新型农村合作医疗制度（以下简称合作医疗）是由政府组织、引导、支持，农民自愿参加，个人、集体和政府多方筹资，以大病统筹为主的农民医疗互助共济制度。

（三）合作医疗以区为单位进行筹资，筹集资金全部用于农民住院费用补偿，在建立风险基金的基础上，实现基金收支平衡，略有结余。

（四）根据年度合作医疗基金筹集使用情况，适时调整“起付线”、“封顶线”和补偿比例，以实现总量平衡。

二、组织经办机构

（五）组织机构设置：区级成立区新型农村合作医疗管理委员会（以下简称区合作医疗管委会），成员由区政府领导、区直有关部门负责人、各乡镇领导及群众代表等组成。其主要职责是：

1. 制定新型农村合作医疗工作管理政策和管理办法，编制合作医疗发展规划。

2. 负责全区新型农村合作医疗工作的组织实施和监督检查。

3. 研究决定区新型农村合作医疗工作重大事项。

区合作医疗管委会下设办公室，挂靠在区卫生局，人员由卫生部门内部调剂，工作经费由区财政负责。其职责是：

1. 贯彻落实区合作医疗管委会制定的有关政策，承办区合作医疗管委会议定的有关事项。

2. 行使对全区新型农村合作医疗工作的具体日常工作、业务指导和监督管理。

3. 负责制订相关配套管理细则，加强对“合作医疗”基金的管理。

4. 定期进行调查研究并向区合作医疗管委会汇报工作和提出工作建议。

各乡镇应相应成立新型农村合作医疗领导组，由政府主要领导任组长、分管领导任副组长，成员由财政、农业、民政、教育、卫生等部门负责人组成，主要职责是：

1. 做好本辖区新型农村合作医疗制度相关政策的宣传、落实工作。

2. 做好本辖区“合作医疗”资金的收缴、登记造册、录入工作。

3. 协助区合作医疗管委会办公室做好本办法实施过程中的协调工作。

（六）经办机构设置：设立洛江区新型农村合作医疗管理中心，依托在区医疗保险管理中心，负责全区新型农村合作医疗基金的补偿支付业务。其主要职责是：

1. 贯彻落实区合作医疗工作管理的各项规定。

2. 做好新型农村合作医疗的补偿、咨询、服务等具体业务工作。

3. 负责新型农村合作医疗的网络组建、维护等工作。

4. 定期进行财务统计分析，及时向区合作医疗管委会和管委会办公室汇报补偿情况。

5. 指导乡镇做好信息的考录、岗前培训和日常管理。

6、协助做好新型农村合作医疗的宣传和基金安全、资料保密工作。

各乡镇在卫生院设立合作医疗管理站，作为服务窗口，并配备1-2名的专（兼）职合作医疗专管员，以方便群众就医补偿。主要职责是：

1. 向参合人如实告知有关参合政策和补偿规定。

2. 核实患者参合情况，确认患者的补偿申请资格，并进行初审和录入。

3. 管理参合人的参合、补偿等有关资料。

4. 对参合人就医过程实行全程服务，并对住（转）院进行登记和管理。

5. 按本规定进行补偿支付。

6. 承办区合作医疗管委会办公室和合作医疗管理中心安排的其他工作。

新型农村合作医疗实行定点医疗机构诊疗制度。由区合作医疗管委会办公室选择有条件的医疗机构作为区新型农村合作医疗的定点服务机构，并加强监管。

本区合作医疗定点医疗机构为：泉州市第一医院、解放军一八〇医院（区外定点医院今后根据实际需要进行调整）、乡镇卫生院。定点医疗机构主要职责是：

1. 实行首诊(问)负责制和执行诊疗规范,提供优质、及时、有效的服务,严格掌握治疗原则,因病施治、合理检查、合理用药、合理治疗；执行合作医疗诊疗目录、药品目录和服务项目范围（与全省城镇职工基本医疗保险三个目录同），不分解收费，不弄虚作假和套取目录外药物。

2. 实行院务公开制度，公开就医流程、公开合作医疗有关医疗服务项目和报销范围，公开住院治疗、费用报销补偿比例和程序，保证参合人在就诊、治疗、住（转）院费用报销等环节的知情权；不断完善服务环境，提高服务质量。

3. 建立参合人员健康档案，开展农村初保工作。

4. 及时收集、保存、报送有关资料和完成上级交办的工作。

三、参合对象

（七）凡持有洛江区各乡镇户籍（2007年1月1日前公安户籍）的居民，均可参加我区新型农村合作医疗（参加城镇职工基本医疗保险的人员不再参加合作医疗）。参合人以整户为单位参加合作医疗，不得选择性参合，不得重复参合。

（八）参加新型农村合作医疗人员的权利和义务。

1. 参加新型农村合作医疗人员享有下列权利：

（1）享有规定的医疗费用补偿。

（2）享有规定的医疗服务。

（3）监督合作医疗基金的使用和管理。

（4）对农村合作医疗的管理规章制度提出意见和建议。

（5）合作医疗规定的其他权利。

2. 参加新型农村合作医疗人员应履行下列义务：

（1）遵守和维护农村合作医疗各项规章制度。

（2）按时并一次性交纳合作医疗基金。

（3）积极配合合作医疗管理机构开展有关工作。

（4）持证人应妥善保管合作医疗证件（如有遗失，应及时声明并申请补发）。

四、年基金筹集

（九）新型农村合作医疗实行个人缴纳、集体扶持和政府资助相结合的筹资机制，今后每年基金筹集标准根据省市扶持政策及集资要求相应调整。2007 年基金筹集标准为：

1. 个人缴费部分：农民以户为单位，缴费标准为每人每年 20 元，参合人必须于 2007 年 3 月 25 日前缴纳年度参合费用。

2. 政府补助部分：对参加新型农村合作医疗的农民，每人每年省级（含中央）财政补助 10 元、市财政补助 12 元、区级财政补助 18 元。

3. 低保对象（含五保户）、在乡革命“五老”人员、在乡重点优抚对象、社会福利机构收养的“三无”人员、二十世纪六十年代精简退职职工中享受 40% 救济的人员，个人参合费由区财政全额补助，具体对象以民政部门审核确认为准；残疾人个人参合费由财政全额补助，具体对象以残联审核确认为准；计生二女结扎户和放弃二胎生育权的一女户参合费由区财政全额补助，具体对象以计生部门审核确认为准。以上人员名单均须报区合作医疗管委会办公室备案。

五、基金收缴

（十）实行参合基金收缴入库日制度，凡不在规定的收缴入库日之前缴纳基金者，不享受该年度合作医疗待遇。

（十一）参合基金由乡镇政府负责集中收缴，在规定的收缴截止日前向区财政局上缴全部参合基金。2007 年各乡镇收缴截止日期为 2007 年 3 月 25 日，今后每年在第四季度末收取下年度基金。本周期参合人住院医疗费用补偿期限为：2007 年 1 月 1 日起至 2007 年 12 月 31 日止。

（十二）参合基金以村为单位收缴。

1. 各收缴单位应详细真实填写参合人员登记表并向参合人出具由省财政厅统一印制的财政票据。个人参合基金收缴后，区合作医疗管理中心凭参合人所持的缴纳参合基金发票向其发放“新型农村合作医疗证”，一户一证，证号即参合号。

2. 新型农村合作医疗证由区合作医疗管委会监制，其他单位或个人不得仿制。

六、合作医疗基金的管理

（十三）基金分“补偿基金”和“风险基金”两部分。按照收支平衡的原则，本年度新农合基金总额 97% 作为补偿基金，3% 作为风险基金。补偿基金主要用于补偿参合人员的住院费用；风险基金主要用于补偿基金不足时的补充，保证整个基金的正常运转。上一年度合作医疗基金的节余部分和所得利息，全部转入下一年度基金账户。风险基金的提取累计不超过年度筹资总额的 10%。

（十四）新型农村合作医疗基金实行专户储存、专款专用、收支分离、管用分开的管理原则。

1. 区财政局设立新型农村合作医疗基金社保专户，负责所有渠道的“合作医疗”基金的接收和管理，按月将补偿所需资金向区合作医疗管理中心支出户核拨基金。

2. 区合作医疗管理中心设立基金补偿专户（支出户），负责接收区财政局新型农村合作医疗基金社保专户拨入的基金，用于支付“参合人”的补偿款项。

（十五）区合作医疗管委会办公室和区合作医疗管理中心的日常业务管理费用列入区财政预算，不得挤占合作医疗基金。

七、补偿范围及标准

（十六）新型农村合作医疗参合人，在参合期间内因病住院的医疗费用，符合洛江区新型农村合作医疗用药药品目录、诊疗项目目录、医疗服务设施目录范围（与城镇职工基本医疗保险三个目录一致），按以下规定给予补偿。

医疗机构类别	补偿起付线	补偿比例	累计最高补偿金额
乡镇卫生院	200 元	55%	30000 元
区外定点医院	500 元	40%	

1. 参合人在当年度 1 次或多次累计获得住院医疗费用补偿，金额最高为人民币 30000 元。出院后 7 天内再到原经治医院住院的，按连续住院计算；出院后第 8 天起再住院的，按再次住院计算。

2. 合作医疗的住院医疗费用结算办法与城镇职工基本医疗保险的结算办法一致，即参合期限届满，参合人员住院治疗仍未结束的，其后所发生的费用，将从零开始计算，起付线不再扣减，并在下一个参合年度进行补偿。

3. 参合人在不属我区定点医疗机构住院治疗的费用补偿，按定点医疗机构类别补偿标准的 50% 核补。

4. 参合人住院期间的门诊药品及院外费用不属补偿范围。

5. 参合人计划内生育住院分娩的补偿：正常分娩补助 200 元、剖宫产补助 400 元。因生育引起疾病（如：宫外孕、妊高征、产后大出血、子宫破裂等）而住院的医疗费用按本规定给予补偿。

（十七）参合人住院期间所支出的费用属下列情形之一的，不予补偿：

1. 自购药品、出院带药、门诊医药费、观察室医疗费用、健康检查费用，预防免疫、母婴保健范围内医药费用。

2. 非基本医疗性服务费用（如特殊门诊、专家门诊、家庭病床、高级病房、美容美发美肤、健美按摩等）；就诊转诊交通费、急救车费；空调费、包房费；住院期间的杂费（如特护、陪护、护工、洗理、膳食、煎药等费用）；挂号费、点名手术费、会诊费、自请医生护士费等费用。

3. 假肢、义齿、义眼、眼镜、助听等康复性器具费。

4. 人工器官或组织移植器官的费用。

5. 镶牙、拔牙、牙齿清洗、牙齿矫正、口腔正畸、验光配镜、整容手术、视力矫正等费用。

6. 医疗咨询、营养疗法、音乐疗法、磁疗法、气功疗法等费用。

7. 计划外怀孕引起一切医疗费用、计划生育手术（放环、结扎、药埋、人流、引产等）所发生的医药费用以及后续康复性医疗费用。

8. 因第三者造成参合人的伤害（如他人伤害、婚丧喜庆造成食物中毒、交通事故、医疗事故等）所支付的医疗费用。

9. 因违法违纪或个人过错等行为责任而发生的医疗费用。

如：（1）打架斗殴、偷盗、自杀自伤自残、酗酒、吸食（注射）毒品（含管制药物）、染性病、戒烟（毒）而发生的医疗费用；（2）酒后驾驶、无证驾驶或驾驶无有效行驶证、准运证的交通工具造成伤害所发生的医疗费用；（3）违反安全生产操作而引起安全责任事故、非生产性农药中毒（包括服毒）、工伤而发生的医疗费用；（4）因违法违纪被拘留、逮捕、服刑期间（包括保外就医）、逃逸期间而发生的医疗费用。

10. 从事潜水、跳伞、攀岩运动、探险活动、武术比赛、摔跤比赛、特技表演、赛马、赛车等高风险运动造成伤害所支付的医疗费用。

11. 以挂床治疗、家庭病床等非正常形式住院的、冒名顶替住院等欺诈行为所发生的医疗费用。

12. 在营利性医疗机构住院或在国（境）外期间发生的医疗费用。

13. 发生严重自然灾害或疾病暴发流行等意外风险时所发生的医疗费用；核辐射、核爆炸或核污染、战争、暴乱或武装叛乱所致的医疗费用。

14. 确认治愈或可治疗终结不遵医嘱拒不出院，自通知出院的第二天起发生的费用。

15. 国家规定的需个人自费承担的医疗费用和不纳入现行城镇职工医疗保险规定的一切费用。

16. 区合作医疗管委会确定的其他不予补偿的费用。

八、就（转）诊管理

（十八）鼓励参合人员就地就近就医，实行参合者自主选择医院制度。住院时参合患者应主动出示本人身份证明（包括身份证、户口簿等）和合作医疗证，以便核对身份，保护参合人利益。

1. 参合人在本区定点医疗机构住院诊治经医生检查符合住院条件者，只需在诊治医院合作医疗管理窗口办理住院登记，接受资格核准，出院时即可在该诊治医院合作医疗管理窗口申请办理补偿。

2. 参合人在区外定点医疗机构住院诊治，应向参合人户口所在地乡镇卫生院合作医疗服务窗口报备登记，出院后再到该服务窗口申请补偿。

3. 因急诊在非定点医院就近治疗者，如能在 3 天（法定节假日顺延）内转入定点医院住院治疗，在非定点医疗机构的治疗费用按定点医院标准给予补偿。

九、补偿管理

（十九）参合人出院凭下列证明和材料到合作医疗管理站服务窗口申请医疗费用补偿：

1. 参合人的身份证（户口簿）、合作医疗证。

2. 诊断证明、住院费用收据、住院病历首页、出院小结、费用明细清单以及与确认补偿事故的性质、原因有关的其他证明和资料（所提供材料原件或复印件应加盖治疗单位公章）。

（二十）合作医疗管理中心根据协管员录入的材料信息进行审核分析，并依照合理住院、合理检查、合理用药、合理治疗、合理费用的原则进行补偿。

（二十一）参合人员在区内定点医疗机构住院的，其补偿部分的费用由该定点医疗机构先行垫付，然后由区合作医疗管理中心拨付给定点医疗机构。

参合人员到区外定点医疗机构住院的，先自行垫付有关费用，出院后再到户口所在地乡镇卫生院合作医疗管理窗口审核报销：

1. 补偿金额在 3000 元（含 3000 元）以下的，如无特殊情况，实行现场补偿。

2. 补偿金额在 3000 元以上或不能立即确定补偿金额的，合作医疗协管员应将材料收齐，经区合作医疗管理中心重新核定，在七个工作日内由区合作医疗管理中心给付补偿金（特殊情况可以适当延长时限）。

（二十二）参合人同时参加其他商业保险的，若不能提供证明材料原件的可以用复印件代替，由定点医疗机构或合作医疗经办机构证明盖章。

（二十三）对所有参合人员建立个人档案，参合人员持有效证件可查询年度已补偿金额。

（二十四）参合人申请住院医疗补偿的期限为参合期限届满后 30 日内，期限内未向合作医疗管理站或区合作医疗管理中心申请补偿给付的，视为自动放弃。（参合人在 2007 年 1 月 1 日至 3 月 31 日间发生的住院医疗费用补偿在 4 月 30 日前核补）

十、医疗服务管理

（二十五）实行基本医疗保险定点医疗机构资格认定准入退出制度和考核年检制度，由区合作医疗管委会办公室牵头，会同区财政、劳动和社会保障部门共同审定。

（二十六）区合作医疗管理中心应与定点医疗机构签定医疗服务协议，明确双方的责任、权利和义务。

（二十七）定点医疗机构应建立健全各项管理制度，严格执行本办法的有关规定，指定综合素质强、业务精、政策性熟悉的领导专门负责，并定期向区合作医疗管理中心提供医疗服务项目价格和药品价格，接受参合人、区合作医疗管理办公室和区合作医疗管理中心的监督。

区合作医疗管委会办公室要会同财政、劳动和社会保障、物价、药品监督、审计等有关部门加强对定点医疗机构执行本暂行规定，医疗服务质量、药品质量、服务协议执行等情况进行监督检查和年度考核，依据年度考评结果给予奖惩。

（二十八）定点医疗机构应严格掌握参合人出入院标准，及时抢救病人和转诊危重病人。

（二十九）定点医疗机构应严格掌握诊治标准，做到因病施治、合理检查、合理用药、合理收费，在不影响医疗效果的前提下，用比较低廉的价格提供优质的服务，严防过度检查、过度医疗，尽量减轻参合人的负担。

十一、监督管理

（三十）区成立新型农村合作医疗监督委员会，由区人大、政协、监察、审计等相关机构的负责人以及参合人员代表组成，其主要职责是：

1. 对本区新型农村合作医疗工作的运作情况进行监督；

2. 征集参合人员对新型农村合作医疗工作的意见和建议，并定期向区合作医疗管委会通报；

3. 协助处理新型农村合作医疗补偿过程中需要协调的相关事项；

4. 参与区合作医疗工作管理办法的修订与完善；

5. 负责制订新型农村合作医疗工作监督管理办法，对新型农村合作医疗运作过程进行监督检查。

（三十一）区新型农村合作医疗监督委员会要制订相关管理监督办法，加强对合作医疗基金、管理中心、管理站和专管员的监督，防止因工作失误或弄虚作假，导致补偿费用增加或新农合基金流失。

（三十二）区新型农村合作医疗监督委员会从监察、财政、审计、医疗卫生等单位抽调素质较高的人员作为新型农村合作医疗试点工作监督员，对定点医疗机构、合作医疗专管员等进行监管，发现问题，及时给予纠正和处理，并通报区合作医疗管委会。

（三十三）区新型农村合作医疗工作监督员和合作医疗专管员应对定点医疗机构的诊疗过程进行跟踪监管，同时提供合作医疗业务指导及咨询服务。

（三十四）对弄虚作假者的处理规定：

1. 定点医疗机构工作人员应认真、严格审核住院患者的参合资格及其身份证明，并予以书面确认，如疏于管理导致冒名住院者，予以通报批评，严重者将追究相关法律责任。提供凭证时有弄虚作假行为的，由区卫生行政部门视情节作出相应处理；情节特别严重且构成犯罪的，移交司法机关处理，所有提供的凭证不作为补偿依据。

2. 参合人有弄虚作假行为的，本病例不予补偿，对已补偿者将通过劝说或司法途径追回补偿金。

十二、档案及报表管理

（三十五）档案管理是对参合资料、补偿资料、财务档案和有关文件的管理。

1. 参合资料由区合作医疗管理中心建立数据库，实行集中管理。

2. 补偿资料由合作医疗专管员输入区合作医疗管理中心数据库。所有原始凭证由合作医疗专管员负责整理归档后，每月汇总上交区合作医疗管理中心审核后入库保管。

3. 财务档案（包括有关财务台账、报表、凭证等）由区合作医疗管理中心输入电脑保存管理，手工资料每月进行整理装订和归档。

4. 有关文件（包括区合作医疗管委会及其办公室等下发的有关合作医疗政策、制度及有关通知等）由区合作医疗管理中心整理归档。

（三十六）报表管理分为业务报表管理和财务报表管理两部分。

1. 业务报表管理：各种资料输入数据库后，电脑自动生成业务报表，各种业务报表均可在区合作医疗管委会办公室和区合作医疗管理中心调阅、打印。

2. 财务报表管理：合作医疗专管员每月将财务台账整理后以报表的形式上报区合作医疗管理中心，由区合作医疗管理中心有关人员负责分类、统计、制表，并上报区合作医疗管委会办公室。

十三、收支情况报告与公布制度

（三十七）为充分保障广大群众的切身利益，确保区合作医疗制度公开、公平、公正、透明，应建立收支情况报告与公示制度。区合作医疗管理中心要定期向区合作医疗管委会、管委会办公室和区合作医疗监督委员会汇报有关收支情况，接受监督。各定点医疗机构要定期公布补偿人员的名单及金额。区合作医疗管委会办公室要通过广播、电视、墙报、公告等形式定期向群众公开基金使用情况。

1. 合作医疗基金收缴情况：本参合年度各乡镇参合人员名单、资金缴纳数额和全区基金总额。

2. 医疗费用补偿情况：每月向区合作医疗管委会办公室上报补偿情况，包括获得补偿的人员资料、补偿金额等。

（三十八）本暂行规定由区合作医疗管委会办公室负责解释。

（三十九）本暂行规定执行期限为2007年1月1日至2008年12月31日，《洛江区城乡贫困家庭医疗救助暂行规定》同时废止。

1997—2007年洛江区委、区政府文件目录选登

附表

发文日期	发文单位	文件编号	文件名称
1997年11月11日	区政府	泉洛政文〔1997〕综32号	关于办理人大代表建议、政协委员提案工作暂行规定的通知
1997年12月17日	区委、区政府	泉洛委〔1997〕综81号	加快泉州市洛江区人才引进工作的暂行规定
1998年1月19日	区政府	泉洛政〔1998〕4号	洛江区人民政府关于优化投资环境加快招标引资步伐的若干规定
1998年2月24日	区政府	泉洛政文〔1998〕综16号	关于颁发《洛江区农村教育事业费附加征收暂行规定》的通知
1998年3月2日	区委、区政府	泉洛委〔1998〕综37号	关于1998年加强农业和农村工作的若干意见
1998年4月13日	区委	泉洛委〔1998〕综50号	关于加强新时期统一战线工作的意见
1998年4月20日	区委、区政府	泉洛委〔1998〕综59号	关于印发《洛江区现代农业发展纲要》的通知
1998年5月5日	区政府	泉洛政〔1998〕综11号	洛江区人民政府关于扶持重点企业发展的暂行规定
1998年7月28日	区委	泉洛委〔1998〕综3号	中共泉州市洛江区委关于依法治区的决定
1998年8月31日	区委、区政府	泉洛委〔1998〕综96号	关于印发《泉州市洛江区1998-2000年妇女发展实施意见》的通知
1998年9月17日	区委、区政府	泉洛委〔1998〕综101号	关于进一步做好培养选拔党外干部的意见
1998年9月18日	区委、区政府	泉洛委〔1998〕综104号	关于选拔管理拔尖人才的意见
1998年11月23日	区委、区政府	泉洛委〔1998〕5号	关于进一步加强农业和农村工作的决定
1999年1月20日	区政府	泉洛政〔1999〕综3号	关于印发《关于扶持专业批发市场建设的若干规定》的通知
1999年4月7日	区政府	泉洛政〔1999〕6号	关于依法行政的实施规划
1999年4月23日	区委	泉洛委〔1999〕综34号	关于实行党风廉政建设责任制的规定
1999年6月3日	区政府	泉洛政〔1999〕综86号	关于建立洛江区自然保护区、保护点的通知
1999年7月7日	区委、区政府	泉洛委〔1999〕综55号	中共洛江区委员会、洛江区人民政府印发《关于推行政务公开的意见》
2000年3月3日	区委、区政府	泉洛委〔2000〕综1号	关于进一步改进机关作风，提高工作效率的决定
2000年8月16日	区委	泉洛委〔2000〕综73号	关于加强农村基层干部队伍建设的意见
2000年9月4号	区委、区政府	泉洛委〔2000〕综79号	关于全面推行公开办事制度的决定
2001年1月4日	区政府	泉洛政〔2001〕文2号	关于依法开展集资办学工作的通知
2001年4月5日	区政府	泉洛政〔2001〕文25号	关于转发《福建省按比例安排残疾人就业规定》的通知
2001年4月9日	区政府	泉洛政〔2001〕文28号	关于开展乡（镇）级行政区域界线勘定工作的通知
2002年1月16日	区委、区政府	泉洛委〔2002〕综9号	关于洛江区党政机关机构改革方案的批复
2002年4月24日	区委	泉洛委〔2002〕综38号	关于加强作风建设的意见
2002年7月8日	区委、区政府	泉洛委〔2002〕综69号	关于印发《洛江区公开办事制度责任追究暂行办法》的通知
2004年1月2日	区政府	泉洛政文〔2004〕1号	关于加快洛江区幼儿教育改革与发展的意见
2004年7月9日	区委、区政府	泉洛委〔2004〕综45号	关于建设“平安洛江”的实施意见
2005年3月2日	区委、区政府	泉洛委〔2005〕综34号	关于加强农业和农村工作的意见

续上表

发文日期	发文单位	文件编号	文件名称
2005年5月18日	区政府	泉洛政文〔2005〕60号	关于鼓励引进优秀中学教师的意见
2005年5月30日	区委、区政府	泉洛委〔2005〕综52号	关于实行领导干部任职试用期制度的通知
2005年12月22日	区委、区政府	泉洛委〔2005〕综85号	关于泉州市洛江区人民政府机构改革的实施意见
2006年3月14日	区政府	泉洛政文〔2006〕26号	关于推行农村计划生育贡献奖励制度的实施意见
2006年4月6日	区政府	泉洛政文〔2006〕39号	关于印发洛江区民族民间文化保护工程工作方案的通知
2006年6月22日	区委、区政府	泉洛委〔2006〕综82号	关于加强廉政文化建设的实施意见
2006年10月23日	区委、区政府	泉洛委〔2006〕综135号	关于印发《洛江区强化社会治安综合治理一票否决权制的实施意见（试行）》的通知
2007年6月20日	区政府	泉洛政文〔2007〕132号	关于印发洛江区生态区建设规划2006—2020年的通知
2007年6月26日	区政府	泉洛政文〔2007〕133号	关于印发洛江区发展循环经济专项规划的通知

二、重要报告（讲话）选录

团结拼搏　艰苦创业
把洛江区改革开放和两个文明建设全面推向21世纪

——在中共泉州市洛江区第一次代表大会上的报告

陈敬聪

（1997年11月11日）

同志们：

中共泉州市洛江区第一次代表大会胜利召开了。大会的主要任务是认真学习贯彻党的十五大精神，研究制定今后五年的目标、任务，选举产生第一届中共泉州市洛江区委员会和纪律检查委员会，动员全区共产党员和人民群众高举邓小平理论伟大旗帜，解放思想、实事求是，团结拼搏、艰苦创业，为把洛江区改革开放和两个文明建设全面推向21世纪而努力奋斗。

现在，我代表区委常委会向大会作报告，请审议。

一、面临的形势和机遇

我国的改革开放和现代化建设正处在承前启后、继往开来的重要时期。在我们的面前，既有前所未有的历史机遇，又有非常严峻的时代挑战。从国际形势看，和平与发展已成为当今时代的主题，这为我们提供了有利的外部条件。从国内形势看，全国经济发展，政治稳定，民族团结社会进步，到处呈现出欣欣向荣的景象。去年，国家宏观经济调控成功地实现了软着陆，最近央行再次降低利率，这是为增加需求，扩大生产的需要，必将进一步启动新一轮经济的发展；党的十五大的胜利召开，促进了思想解放的大飞跃，必将带来社会生产力发展的大飞跃。党的十五大确立了邓小平理论这面伟大旗帜，为我们今后搞好工作提供强大的理论武器。明年即将召开的九届全国人大一次会议和九届省人大一次会议，必将为我们提供一个潜力巨大的发展机会。这些都是今天拥有而过去不曾或不完全具备的条件，是我们面临的大好历史机遇。

从我区的情况看，行政区划调整后，我区面临着经济发展相对滞后、基础设施比较薄弱，启动力量不足等实际困难；面临着科教文卫发展水平不高，思想解放程度不如发达地区的制约；面临着市场竞争加剧和周边地区加速发展带来的冲击和挑战。但是，我们必须看到洛江区也具有自己的优势。一是政策优势。市委、市政府将赋予洛江区县一级的行政和经济管理权限。马甲农业综合开发区和双阳华侨经济开发区享受省级的一系列优惠政策，这对洛江区的发展将起到积极的推动作用。二是人才优势。区划调整后分流到洛江区的干部素质高、年纪轻、富有朝气和活力，有开拓进取精神和一番事业的闯劲。在人才引进方面，市委、市政府对洛江区放宽政策，赋予独立的人事调配权，从而为洛江区的发展提供良好的组织保证。三是资源优势。洛江区地域广阔、山地资源丰富，一批优质的水果、花卉、蔬菜、禽畜、水产品基地已初具规模，农业综合开发的腹地广、潜力大。四是旅游优势。洛江区境内有洛阳桥、双髻山、仰恩湖、俞大猷公园、马甲高科技农业大观园等众多旅游景点，发展旅游前景广阔。五是区位优势。洛江区内交通便捷，洛江大道连接各乡镇，福厦高速公路、324国道和漳泉肖铁路横贯境内。仰恩系列工程起点高，万安开发区基础设施完善，投资环境优越。因此，我们要立足区情，把握机遇，发挥优势，扬长避短，用活政策，增强“发展是硬道理”的意识，增强自信意识，增强自强意识，增强中心城区意识，团结拼搏，艰苦创业，全面推进我区经济新一轮的飞跃。

二、今后的目标和任务

今后五年，是我区经济和社会发展的关键时期。今后五年工作总的要求是：高举邓小平理论伟大旗帜，全面贯彻落实十五大精神，以行政区划调整为契机，解放思想，实事求是，抢抓机遇，团结拼搏，艰苦创业，加快改革和建设步伐；立足打基础、增实力、抓转变、促提高，用活政策，三产联动；以万安开发区为龙头，加快建设新型城区，辐射和带动工业和第三产业发展；以仰恩系列工程为依托，加快建设高科技农业示范区和城市副食品基地；充分利用丰富的旅游资源大力发展独具特色的旅游业，促进旅游业成为我区的重要支柱产业。以此推进经济社会全面发展建设文明、繁荣、富庶的新型城区。初步确定我区跨世纪发展的战略目标为：从1998年起，经过五年的奋斗，力争全区工农业总产值和财政收入翻两番（按1990年不变价），分别达到24亿元和890万元，人民生活全面进入宽裕型小康阶段。

当前，最重要的是要在十五大精神指引下，围绕今后五年的目标和任务，努力推进新一轮创业。

（一）以邓小平理论为旗帜，把思想统一到十五大精神上来。高举邓小平理论伟大旗帜，把建设有中国特色社会主义事业全面推向21世纪，是十五大的主题。这是时代的要求，人民的愿望，是我党领导全国各族人民迈向新世纪的政治宣言和行动纲领。贯彻落实十五大精神是当前和今后一个时期各级党组织的首要任务。学习十五大精神，要重点学习江泽民同志的报告，逐段逐句地研读，原原本本地学习，认认真真地领会。要正确把握精神实质，进一步明确十五大主题，高举邓小平理论旗帜不动摇，在思想上和工作中牢固确立邓小平理论的指导地位，保持理论上的清醒和政治上的坚定。要坚持理论联系实际，把学习活动同系统地学习邓小平理论结合起来，同本部门本单位的实际密切联系起来，同推进改革开放和现代化建设的各项工作密切结合起来，多做艰苦扎实的工作，认真解决当前经济和社会生活中的突出矛盾和问题。领导干部要当好表率，带头学习、带头宣传、带头落实十五大精神，把学习活动不断引向深入。要采用各种形式向群众进行宣传，把十五大精神传达到所有基层干部和群众，做到家喻户晓、深入人心。通过学习宣传，把广大党员和干部群众的思想统一到十五大精神上来，切实做到“五个必须”：必须高举邓小平理论伟大旗帜，解放思想，实事求是，推动各项事业全面发展；必须坚持社会主义初级阶段理论，坚定不移地执行党的基本路线；必须坚持社会主义初级阶段基本经济制度；努力探索公有制经济多样化的实现形式；必须坚持“和平统一、一国两制”的基本方针，为祖国和平统一多做贡献；必须加强和改善党的领导，全面推进新的伟大工程。

（二）以解放思想，实事求是为主线，为新一轮创业提供思想保证。全面推进我区经济新一轮创业，必须以十五大精神为指导，解放思想、实事求是，不断开创改革开放和两个文明建设新局面。改革开放十几年来，我们每前进一步，无不依靠解放思想、实事求是这一思想路线。经过改革开放的洗礼，我区大干部群众的思想观念发生了深刻的变化。但也应当看到，还有一些干部群众相对沿海经济发达地区来说，思想仍较保守，视野和思路还不够开阔，拼搏精神与市场意识还不够强。我们要认真贯彻十五大精神，联系实际，针对上述思想问题，立“解放思想、实事求是”为本，在全区推动又一次思想解放，把解放思想、实事求是贯穿于改革、发展的全过程和经济工作各个方面。要进一步加深四种认识：一是加深对“发展才是硬道理”的认识，紧紧扭住经济建设这一中心，加快我区经济发展。二是加深对公有制经济含义的认识，坚持“三个有利于”标准，不断探索新的公有制实现形式，推进我区多种经济成分共同发展。三是加深对社会主义初级阶段的认识，进一步处理好改革、发展、稳定关系，促进经济繁荣、社会安定、政治稳定。四是加深对建立社会主义市场经济体制的认识，正确运用市场经济的观点和方法，解决发展中的问题，促使我区经济和社会更快更好地发展。

（三）以建设新型城区为目标，展开新的发展格局。我们要根据“大泉州”总体规划，结合洛江区情，坚持规划先行、分类指导的原则，合理调整发展格局。万安区域要以加快城市化和工业化为主攻方向，加快二、三产业发展，进一步完善基础设施，逐步建成全区的政治、经济、文化中心的新型城区。双阳、河市区域要以建设城市副食品基地和新兴工业基地为重点，大力发展城郊型高科技农业，加快发展乡镇企业，加速农村产业化进程，逐步形成新的经济增长点。马甲区域要以仰恩系列工程为依托，大力发展旅游业和高科技农业，形成集教育、科研、生产、旅游为一体、贸工农相结合的独具特色的高科技农业综合开发区；罗溪、虹山区域要以种、养、加、贸为基础，大力发展特色农业，努力建设成新的城市副食品基地。

要以规划为先导，为我区建设发展提供科学依据。要认真调查分析区域资源条件，制定《洛江区国民经济与社会发展“九五”计划和2010年远景目标》，为经济与社会发展实现新跨越提供依据。规划是搞好新区建设的关键。当前规划要先行一步，整体规划、城区规划都要抓紧进行，尽快完成。要确立中心城区的意识，以万安开发区为龙头，把建设项目尽可能往中心城区靠拢。要坚持“量力而行、尽力而为”的原则，既要积极主动，又要从实际出发，按照轻重缓急、分步实施、稳步推进，坚持高标准规划，高起点建设，争取用三至五年的时间逐步把洛江区中心城区建成“基础设施完善，功能配套齐全，环境优美整洁，经济繁荣发展，集工业化、商贸、金融、文体、居住为一体，融现代建筑风格和具有乡村气息、田园风光于一炉”独具特色的生态型花园式城区。经济要发展，交通要先行。要着手规划构筑“五横一纵一沿江”的公路交通网络，根据财力，逐步分期分批建设。“五横”即：324国道，清源山隧道—双阳—乌峰山，洪濑—河市—乌峰山—洛阳，洪濑、洪梅—马甲—枫亭，梅山、罗东—罗溪—三郊线；“一纵”即：万安—虹山的洛江大道；“一沿江”即：洛阳江南岸的阳江大道。

1998年是我区开好局、起好步的关键一年。全区的国民经济和社会发展事业要早做规划、早做准备，尽快建设一批启动工程和形象工程。区委、区府已经确定了琯头街改造、俞大猷民俗村、城乡居民最低生活保障等十项为民办实事项目。要多方筹措建设资金，争取一部分重点建设项目纳入省、市计划盘子。要以泉州市承办’98中国国内旅游交易会为契机，确定我区1998年为“旅游建设年”，采取相应措施，加快旅游业发展，尽快形成重要的支柱产业。每个区域也要因地制宜，注重特色，突出重点，抓好一批启动工程。

（四）以市场为导向，加快产业结构调整，增强经济实力。要坚持把农业放在经济工作首位。稳定党在农村的基本政策，深化农村改革，要继续以“学美岭、创五好、奔小康、建新村”活动统揽农村工作全局。切实推进农村经济体制和增长方式的转变，加快农村改革步伐，加强农田水利基本建设，推进农业五大防御体系建设，调整优化农村产业结构。农林牧副渔各业要在巩固的基础上，重点抓好高科技、工厂化、规模化、生产集约化经营道路。要围绕服务中心城市，大力发展城郊型农业抓好“菜篮子”工程，重点建设水果、蔬菜、禽畜、水产品四大副食品基地和花卉基地，实行“种、养、加、贸”一体化，提高农副产品的附加值。要逐步建立起高科技农业综合开发、乡镇企业发展和小城镇建设的“三位一体”的发展体系，推进农业产业化、商品化、专业化、现代化进程。要进一步做好减轻农民负担工作，切实保护农民的合法权益。要加快奔小康步伐，在巩固小康成果的基础上制定并组织实施全区“宽裕型”小康规划，加快现代化村镇规划建设步伐，以集镇改造和旧房改建为重点，通过建设现代化村镇，大力推进已实现小康的村镇向“宽裕型”小康迈进，逐步实现城乡一体化。

工业要以万安工业区为龙头，以建设工业基地和培植支柱产业为重点，走发展与提高并举的路子。要办好现有企业，抓好增资扩产工作。要抓好万安开发区内已签合约项目的跟踪落实，搞好服务，提高项目的履约率、到资率和开工率。要进一步巩固和发展万安街道和双阳、河市工业小区，多方位招商引资。要着力扶持一批骨干企业，争取发展几个能牵动全局和起带动作用的起点高、规模大的企业，大力推进我区工业化进程。

第三产业要配合新区建设，大力发展旅游业、房地产业和商贸业。旅游业是洛江区的重头戏，要突出旅游业这一重点，形成支柱产业。要结合旅游建设年活动，加强对旅游工作的领导，进一步树立发展旅游业意识，抓好旅游发展规划，超常规发展旅游业，做到重点突破、注重特色，丰富旅游资源内涵，强化旅游服务，完善旅游设施，深度开发旅游产品，大力发展一批旅游项目，想方设法把客人引进来，使客人留得住，促进我区旅游业较快发展。要加快建设商业网点，发展一批综合市场和专业批发市场，逐步建立多渠道、多层次、开放式的商流模式。要创造条件，争取尽快设立金融、保险、邮电等服务机构。

要加大招商引资力度，以开放促开发。要重视做好项目的前期准备和可行性研究，尽快推出一批富有吸引力的支柱产业、龙头骨干行业和对外招商项目。要充分重视农业利用外资工作，努力引进一批有特色、高起点、大规模的高科技农业项目。要用活政策，简化手续，搞好服务，增强对外招商的吸引力，努力营造利用外资的良好氛围。

（五）以“三个有利于”为标准，多轮齐驱，促进多种经济成分较快发展。目前，洛江区的经济发展水平尚不高，乡镇企业的发展不如发达地区，民营、股份制合作企业较少，面临的困难也较多。我们要以自力更生为立足点，靠自己的骨头长肉。要以用活政策为着力点，创造条件积极向上级要政策。要立足区情制定区级的优惠政策，用活、用好、用足这些政策，增强“造血”功能。要注意加强和上级沟通协作，争取他们更大的理解和支持，积极向上级争取项目和资金。要坚持多轮齐驱，走集约化经营路子，坚持“大中小项目一起上，侨港台外都欢迎”的方针，立足引导“满天星”、营造“小月亮”、扶持“大太阳”，不拘一格发展多种形式的股份制合作经济。要切实做到“三个坚持”：坚持高标准、高起点发展股份制合作企业，扶持技术含量高、资本雄厚、产品市场前景广阔的股份制合作企业；坚持分类指导，加强对现有股份制合作企业的引导和规范，使之逐步完善；坚持提倡和鼓励劳动者在劳动联合和资本联合的股份制合作经济。只要是符合“三个有利于”标准的，都要大力支持，积极扶持，以此来促进我区多种经济成分的较快发展。

（六）以提高人的素质为核心，加快有中国特色社会主义文化建设步伐。有中国特色社会主义的文化，同改革开放以来我们一贯倡导的社会主义精神文明建设是一致的，只有经济、政治、文化协调发展，只有两个文明都搞好，才是有中国特色社会主义。

精神文明建设要围绕全面提高人的思想道德素质和科学文化素质，培养一代有理想、有文化、有纪律的新人这个目标来进行。要着眼于加强思想道德建设、发展教育科技文化事业、开展群众性精神文明创建活动三个重点。要大力加强思想道德建设，坚持不懈地开展社会主义、爱国主义、集体主义和艰苦奋斗教育，切实加强社会公德、职业道德、家庭美德教育。要倡导吃苦耐劳精神和过紧日子的思想，特别是要弘扬“团结拼搏、艰苦创业”的洛江精神，为推进洛江各项事业提供精神动力。

要动员广大群众积极参与，深化精神文明创建活动，要以提高城区文明程度为目标，大力开展文明城区的创建活动，切实抓好文明安全片区建设。要以提高农民素质、“学美岭、创五好、奔小康、建新村”为目标，开展创建文明村镇活动。要以服务人民、奉献社会为宗旨，开展创建文明行业活动。要巩固军警民共建的成果，提高创建双拥模范城区的水平。要继续在广大城乡深入开展以“六提倡”、“六反对”为主要内容的移风易俗活动，树立社会主义文明新风尚，全面推进精神文明建设。

经济的振兴要靠科技的进步，要牢固确立科学技术在经济建设中的战略地位。按照科技兴区的要求，大力普及科学知识，促进科技、经济一体化。推进科技进步，要以推广各类先进适用技术为重点，积极发展高新技术产业加速科技成果的商品化和产业化。继续壮大科技队伍，鼓励更多的科技人员投身经济建设主战场。大力推进科技兴农，切实抓好科技示范镇和农村科技示范体系建设。广泛开展科技兴企活动，推动企业技术进步。发展高新技术产业，使其在经济发展中发挥重要作用。积极扶持民办科技事业，培育技术市场。

科技进步的基础在教育。必须落实教育优先发展的战略地位，按照建设教育强区的要求大力推动教育改革，促使当前仍占主导地位的应试教育逐步向以培养能力、发展个性为特征的素质教育转变，培养德智、体、美、劳各育相互促进、均衡发展的面向21世纪的新人。要量力而行，分期分批建设中心城区普通中学、职业中学、中心小学和幼儿园等一批基础设施，彻底改变因行政区划调整而形成的中心城区教育基础设施滞后的状况。要大力加强幼儿和中小学等基础教育，加快普及初中教育步伐，下大力气抓好职业技术教育、成人教育和扫盲工作，全面提高人口素质。进一步调动社会力量集资办学捐资办学的积极性，努力改善办学条件，逐步形成适应市场经济发展需要，政府办学为主与社会各界积极参与办学相结合的新机制。要努力建设一支具有良好政治业务素质、数量充足、结构合理、稳定敬业的教师队伍，为全面提高教育质量提供保证。

要积极创造条件，促进文化体育、广播电视和卫生等事业的繁荣，满足人民群众日益增长的文化需求。要创造条件，加快中心城区的文化基础设施建设，彻底改变地处“大泉州”中心城区与落后的文化基础设施不相适应的落后状况。广泛开展健康活泼的群众性文体活动，丰富群众的精神生活。要加紧医疗卫生建设步伐，加强初级保健工作，不断提高人民群众的健康水平。要坚持两种生产一起抓，高度重视计生工作，坚持“三不变”，落实“三为主”，推广“三结合”实现计划生育工作思路和工作方针的“两个转变”，有效地控制人口增长和提高人口素质。

围绕社会稳定，切实加强法制建设。“依法治区”是加快经济和社会发展的重要保证。要搞好规划，分步实施。要继续狠抓法制教育，不断增强全民法制意识和法纪观念，做到有法必依，执法必严，违法必究，人人守法。充分发挥政法机关职能作用，严厉打击严重刑事犯罪、经济犯罪活动。强化社会治安综合治理，并把严护和严防、严管、严治结合起来打防并举、标本兼治，进一步提高控制治安局势的整体水平，推动社会治安步入良性循环的轨道。坚持从严治警，切实加强政法队伍建设，提高执法水平。

三、实现今后五年目标任务的根本保证

实现今后五年的目标任务，关键在于切实加强和改善党的领导，把各级党组织建设成为坚强的领导核心。

1. 加强思想建设，用邓小平理论武装党员干部头脑

全区各级党组织要以学习十五大精神为契机，掀起一个学习马列主义、毛泽东思想特别是邓小平理论的新高潮。领导干部要带头学好作出榜样。要认真制定学习计划，坚持中心组学习制度。要深入开展以讲学习、讲政治、讲正气为主要内容的党性党风教育活动，努力在党内形成认真学习的风气、民主讨论的风气、积极探索的风气和求真务实的风气。要取得学习新成效，力求完整、准确地把握邓小平理论的科学体系，进一步提高党员干部的马克思主义理论水平，提高辨别是非和解决实际问题的能力，增强贯彻党的路线方针政策的自觉性和主动性，为党的事业奋不顾身地工作。

2. 加快实施跨世纪干部工程，加强各级领导班子建设

坚强的领导班子和德才兼备的干部队伍是加快改革开放和经济建设的决定因素。我们要从战略的高度，把各级领导班子和干部队伍建设好。要遵循干部“四化”方针和德才兼备的原则，大胆把年富力强、勇于开拓、政绩突出、作风正派、群众拥护的优秀干部选拔到各级领导岗位上来。要破除论资排辈、求全责备的陈旧观念，开阔视野，积极培养选拔年轻干部。对年轻干部，一要培养，二要使用，三要保护。要看主流、看本质、看潜力、看实绩、看公论，热情帮助，正确引导，使他们在实践中锻炼成长。要重视非中共党员干部、妇女干部和少数民族部的选拔培养。要积极推进干部、人事制度改革，健全和完善行之有效的干部轮训、考核、监督、审查、交流、使用等制度和干部离退休制度。要大力抓好人才引进工作，特别是科技、企业管理人才的引进，建立人才管理中心，对各类人才在户籍、档案、住房等方面给予规范与优惠，形成广招天下人才，扎根洛江、建设洛江的才引进机制。要适应形势的发展，加强领导班子思想作风建设，不断改进领导方法，提高领导艺术和决策水平，善于统揽全局，驾驭局势，联系群众，胜任地担负起领导改革开放和经济建设的任务。

3. 加强基层组织建设，增强战斗力和凝聚力

党的基层组织是党的全部工作和战斗力的基础。各级党委要继续坚持“抓基层、打基础，抓两头、带中间，抓重点、创特色”的工作格局，大力加强基层组织建设。对农村、企业、机关、学校、街道等基层党的工作，要突出重点，分类指导，整体推进，把全区基层组织建设提高到新水平。

要突出农村基层组织建设这个重点，深入开展“学美岭、创五好”创建党建工作先进区、农村基层组织先进乡镇、农村百佳党支部等活动。要以“五个好”为目标，以“奔小康、建新村”为工作立足点，

把农村村级基层组织建设成为带领群众共同致富的坚强领导核心。要加强对村建薄弱村的整治转化工作，不断扩大基层组织的先进面。要加强以“村务公开”为主要载体的村级组织建设，培植典型，扩大覆盖面使之制度化、规范化，做到有人管事、有钱办事、有章理事、有址议事。要按照“六个好”的目标，在乡镇广泛开展创“六好”活动，即：选出一个好班子、配好一个好书记、建设一支好队伍、选准一条好路子、建立一个好制度、坚持一个好作风、形成一个好格局。

要进一步加强新经济组织党建工作。新经济组织党建工作重点要继续放在提高党组织的覆盖面和开展党的活动上。进一步完善“建、联、挂、靠”组建党组织的做法，搞好企业工会、共青团的组建工作，努力实现“新经济组织发展到哪里，党的工作就延伸到那里”。

要全面推进机关、街道和企事业单位的党建工作。国有企业党建工作要加强领导，探索新路，狠抓落实。要加强机关党组织自身建设，促进机关作风转变，提高工作效率。

要进一步加强党员队伍建设，发挥党员的先锋模范作用。以增强党性、发挥作用为目标，加强教育严格管理，加快发展，不断提高党员队伍的思想、政治和业务素质。在保证质量的前提下加大发展党员力度，认真制定和实施发展党员五年规划，促使我区发展党员工作实现数量和质量同步提高。加强外出和外来党员的管理，使每个党员都能参加党的生活，接受组织的教育和管理。

4. 加强党风廉政建设，密切党同人民群众的血肉联系

全心全意为人民服务，是党的根本宗旨，也是加强党风廉政建设的基本要求。各级党组织和广大党员干部一定要从讲政治的高度正确对待同人民群众的关系，要经常深入基层，到群众中去，特别是艰苦、困难多的地方去，体察民情，了解民意，为群众排忧解难，多办实事。

要从严治党，保持党的先进性和纯洁性，增强党的凝聚力和战斗力。要把党风廉政建设和反腐败斗争同一切社会工作、经济工作和其他业务工作统一部署、统一落实、统一检查、统一考核。要坚持“关口前移、教育在先”的原则，增强广大党员干部深入学习领会《党章》《准则》《条例》以及邓小平关于加强党风廉政建设的有关论述和中央、省委、市委的有关规定，牢固树立思想道德防线。各级领导干部要自觉接受监督，带头讲政治、树正气，做到自重、自省、自警、自励。要进一步健全党委统一领导，党政齐抓共管，纪委组织协调，部门各负其责，依靠群众支持和参与的反腐倡廉工作机制。

5. 加强民主集中制，增强党内外团结

各级党组织一定要坚持党的民主集中制原则，坚持集体领导，搞好分工合作，增强合力。要发扬党内民主，活跃党内生活，开展积极的批评和自我批评。重大决策要坚持走群众路线，广开言路，集思广益。一成决议就要齐心协力贯彻落实。要把党内的团结，作为衡量领导班子战斗力的重要标志。党政主要负责同志要率先垂范，立党为公；胸怀宽广，从善如流；严于律己，宽以待人，努力成为执行民主集中制的模范，并使这一根本原则贯彻到社会政治生活的各个方面，以推进社会主义民主建设。

要进一步发扬社会主义民主，完善人民代表大会制度，发挥人大及其常委会的职能作用。完善共产党领导和多党合作与政治协商制度，发挥人民政协在政治协商和民主监督中的作用，进一步加强和改善党对工会、共青团、妇联、科协等群团组织的领导，更好地发挥其桥梁、纽带作用。要充分发挥党管武装的光荣传统，进一步加强民兵、预备役建设。要加强对老干部工作的领导，扎实抓好“两个待遇”的落实，为他们实现“五个老有”创造良好的条件。要加强对统战、对台、侨务工作的领导，巩固和发展爱国统一战线。

同志们，我们正处在一个十分关键的发展时期，我们正面临着一个十分有利的时机，让我们高举邓小平理论伟大旗帜，坚持社会主义初级阶段的基本路线和基本纲领，紧密团结在以江泽民同志为核心的党中央周围，进一步解放思想、实事求是，团结拼搏、艰苦创业，把洛江改革开放和两个文明建设全面推向21世纪。

解放思想 加快发展
努力建设繁荣富庶文明的现代化生态型新城区

——在中国共产党泉州市洛江区第二次代表大会上的报告

陈家富

（2002 年 11 月 26 日）

同志们：

中国共产党洛江区第二次代表大会，是在党的十六大胜利召开，我们党开始实施社会主义现代化建设第三步战略部署、全面建设小康社会、开创中国特色社会主义事业新局面的新形势下召开的重要会议。会议的指导思想和主要任务是：高举邓小平理论伟大旗帜，以党的十六大精神为指导，认真贯彻实践“三个代表”重要思想，全面总结区第一次党代会以来两个文明建设和党的建设的成就和经验，确定今后五年的奋斗目标和工作任务，选举产生新一届区委、区纪委领导班子，进一步弘扬“团结拼搏、艰苦创业”的洛江精神，动员全区广大党员和人民群众，解放思想，开拓创新，为把我区建设成为繁荣、富庶、文明的现代化生态型新城区而努力奋斗。

现在，我代表中共洛江区第一届委员会向大会作报告，请予审议。

区第一次党代会以来的工作回顾

区第一次党代会以来的五年中，在省、市委的正确领导下，区委高举邓小平理论伟大旗帜，认真贯彻党的十五大和“三个代表”重要思想，坚定不移地打基础、增实力，抓转变、促提高，大力推进工业化、城市化、农业产业化和社会事业发展，不断探索研究解决前进中的新情况新问题，依靠全区各级党组织和共产党员，团结带领人民群众，艰苦创业，加快发展，胜利完成了第一次党代会确定的各项奋斗目标。

国民经济实现跨越发展。至 2001 年，全区国内生产总值达到 17.12 亿元，年均增长 20.9%，比 1997 年建区初期增长 1.14 倍；财政总收入 1.07 亿元，年均增长 38.2%，提前实现五年翻两番的目标。产业结构得到优化，第二产业占国民经济比重比建区初期提高 14 个百分点，区域发展后劲增强。工业经济总量增大，效益、质量提高，涌现出一批骨干企业，初步形成树脂陶瓷工艺、五金机械、轻纺鞋帽、食品加工等产业；工业载体建设和新经济增长点培植成效显著，配套完善万安开发区Ⅰ期基础设施，开发建设万安开发区Ⅱ期、万安科技工业园、塘西工业园和双阳、河市、马甲工业小区，规划建设双阳华侨经济开发区万亩工业园，五年来新增工业区面积三千多亩。城郊型特色农业发展加快，实施国家农业综合开发项目取得成效，引进泉美、超大、常青园等一批现代农业项目并发挥较好辐射带动作用，水果、蔬菜、花卉、禽畜、水产品基地规模不断扩大，效益不断提高；农业产业化加快发展，社会化服务体系不断完善；加大农业基础设施建设力度，防灾抗灾能力进一步增强。特色旅游方兴未艾，房地产业迅速崛起，商贸、金融、邮电、运输等服务业加快发展。

城镇建设取得显著成效。五年来完成固定资产投资额 21 亿元，完成 46 项重点项目建设。中心城区市政设施和区域基础设施不断完善。城镇交通新体系初步建立，建成中心区市政标准路网以及万虹公路拓改工程、双阳朋山岭隧道及其接线工程等，投建改造河洪公路河市段、县道 310 洛江路段等，新增通车道路里程 64.3 公里，乡村道路硬化新增 248 公里，硬化率比建区初期提高 80 个百分点。建成马甲自来水厂，投建双阳供水工程，全面完成农村电网改造。城镇住宅建设和旧村改造、新村建设步伐加快，五年来建新16.5万平方米，拆旧13.6万平方米。城市格局不断拓展，城市功能逐步完善，综合管理水平逐步提高，区域政治、经济、文化中心基本形成。小城镇建设和宽裕型文明村建设稳步推进，城市化水平不断提高。

改革开放不断深入。国企改革基本完成，国有资产营运监管体系初步建立。住房改革全面完成，社会保障体系进一步完善，社会基本保险覆盖面不断扩大。党政机关机构改革扎实推进，政府职能和管理方式加快转变，行政审批制度改革不断深化。投资环境进一步改善，对外开放水平不断提高，五年来共新批和增资三资企业98家，合同利用外资3.3亿美元，实际利用外资1.3亿美元，全社会出口商品交货值年均增长8.8%。

精神文明建设和社会发展硕果累累。坚持“两手抓、两手都要硬”，树立和弘扬“团结拼搏、艰苦创业”的洛江精神，贯彻实施公民道德建设实施纲要，群众性精神文明创建活动取得实效，进入省级文明“二级达标区”，创建6个省市级文明村镇，涌现出30个省、市级精神文明建设先进集体，群众文明素质和城区文明程度不断提高。科教兴区战略深入推进，社会事业同步发展。大力开展争创全国科技进步先进区活动，建设泉州市高新技术产业开发区万安园，创建马甲、河市省级科技示范镇、马甲市级星火技术密集区及一批科技示范基地和技术创新企业，五年实施各级各类科技项目80个。教育资源得到有效整合，素质教育全面推进，教育“两基”成果得到巩固和发展，办学条件和教育质量得到明显改善和提高。文化事业全面发展，农村文化阵地得到不断完善，卫生、体育、广播电视、计划生育等社会事业取得明显成效，基本形成区、镇、村三级医疗卫生网络，实现以区为单位的初级卫生保健达标，被授予“全国武术之乡”称号，计生工作水平跨入二类先进区行列。积极争创省级“双拥模范区”，双拥工作水平明显提高。区人武部“部务公开”成功经验得到南京军区、省军区高度评价和推广。中心区社会事业迈上新台阶，相继建成泉州第十一中学、洛江实验幼儿园、区计生服务中心、防疫妇幼保健中心、社会福利中心等一批社会事业项目。

人民群众生活水平不断提高。城乡居民收入稳步增长，农民人均纯收入年均增长5.68%，2001年达到3750元，比1997年增加744元。人居环境逐步改善，村村基本实现“五通”，农民人均住房面积达32平方米，人民生活水平不断提高。为民办实事和扶贫帮困成效显著，五年投入2亿多元完成65项为民办实事项目、落实128个扶贫项目；社会保障机制逐步完善，建立常年社会捐助机制，困难群众最低生活保障得到落实。

民主法制建设稳步推进。坚持和完善人民代表大会制度和共产党领导的多党合作和政治协商制度，民主决策和民主监督的制度和程序进一步建立健全。统战、对台、侨务工作得到加强，工会、共青团、妇联等群众团体的桥梁纽带作用进一步发挥。依法治区、法制建设和基层民主建设稳步推进。“三五”普法任务全面完成，社会治安综合治理持续开展，“严打”斗争和市场经济秩序整顿取得明显成效，人民群众对社会治安的满意率不断提高。积极化解各种社会矛盾，安定稳定的政治、社会局面进一步巩固。

党的建设充满生机和活力。思想政治建设扎实推进，邓小平理论、“三讲”、“两思”、“三个代表”重要思想和“5·31”重要讲话精神学习教育活动深入开展，广大党员干部的思想政治素质不断提高，党组织的凝聚力和战斗力进一步增强。党的作风建设扎实推进，党群关系更加密切，党的作风明显好转。加强领导班子建设，贯彻民主集中制，充分发挥党委领导核心作用。深化干部人事制度改革，干部队伍素质进一步提高。落实党建工作目标责任制，实施党建“三级联创”，党的基层组织建设得到加强，党员队伍不断壮大，五年来发展新党员792名，其中35岁以下的占84.8%。党风廉政建设和反腐败斗争有力推进，纠正部门和行业不正之风不断深入。

区第一次党代会以来的五年，是洛江新区经济社会快速发展的五年，是人民群众生活明显改善的五年，是党的建设充满生机和活力的五年。五年来取得的成绩来之不易，是在省、市委领导下，全区各级党组织、广大党员和人民群众坚持以邓小平理论、“三个代表”重要思想为指导，奋力拼搏的结果，凝聚着广大干部群众的心血和汗水，也是同各民主党派、社会各界人士、在洛市直单位、驻洛部队、武警官兵和港澳台同胞、海外侨胞、洛江籍在外乡亲的关心支持和积极参与分不开的。在此，我代表中共洛江区委，向所有为洛江的改革开放和现代化事业做出贡献的同志们、朋友们，表示衷心的感谢和崇高的敬意！

在肯定成绩的同时，我们必须清醒地看到，在加快发展的过程中还存在着许多不足和问题：改革的力度和深度不够，经济社会发展中的体制性、机制性障碍比较突出；国民经济总量小，素质和效益不高，产业结构不合理，区域发展不平衡；城市化发展水平较低，社会事业发展滞后，综合配套能力和区域竞争力亟待增强；社会保障和保护弱势群体亟须加强；农村劳动力素质有待提高，就业渠道不畅，农民收入增长缓慢；维护社会稳定、依法治区任务依然艰巨；党的建设和精神文明建设仍需加强。我们要高度重视这些问题，认真加以解决。

在五年的改革、发展的实践中，我们深刻地认识到：必须始终坚持解放思想、实事求是的思想路线，弘扬“团结拼搏、艰苦创业”的洛江精神，与时俱进，开拓创新，才能在实际工作中不断探索加快发展的新路子，不断提升创新的境界和能力，不断开创各项工作的新局面；必须始终坚持发展第一要务，坚持以经济建设为中心，才能推进生产力的快速发展和经济实力不断增强，富民强区；必须始终坚持最广大人民的根本利益高于一切，执政为民，深怀爱民之心，恪守为民之责，善谋富民之策，多办利民之事，才能凝聚民心，集中民智，发动民力，把洛江的现代化建设不断推向前进；必须始终努力建设高度的精神文明，实现两个文明协调发展，才能坚持有中国特色社会主义的前进方向，为现代化建设提供强大的精神支柱和智力支持；必须始终坚持不断增强党的活力，保持党的纯洁性和先进性，才能发挥好总揽全局、协调各方的领导核心作用，为改革开放和现代化建设提供坚强的政治保证和组织保证。

今后五年的奋斗目标和主要任务

今后五年，是新区加快建设宽裕型小康社会，实现经济社会跨越发展的关键阶段，是我们必须紧紧抓住并且可以大有作为的重要战略机遇期。纵观国内外形势，我们机遇如潮：党的十六大的胜利召开，极大地激发了全党全国人民改革创新和新一轮创业的热情；加入世界贸易组织使我国在更大范围、更广领域和更高层次上参与国际经济竞争与合作，为我区改革开放提供了新的空间和领域，注入了新的活力；福建省构建三条战略通道将使我省沿海地区加快融入经济全球化大格局中，促进对内对外的开放合作，为我区在更高起点上的快速发展提供了新的平台；泉州市实施“三大战略”，着力提升五大竞争力，加快中心城市东进步伐以及产业结构调整转移等等，为洛江发展提供了重要机遇和巨大推动力，也提出了新的挑战和要求。我们必须按照十六大提出的奋斗目标和宏伟蓝图，围绕市委提出的泉州市要率先基本实现现代化的奋斗目标，紧紧把握发展第一要务，集中力量，奋发有为，精心运作，积极造势，紧抓机遇，迎接挑战，以新的思路谋求发展，以新的突破促进改革，以新的局面扩大开放，以新的举措推进各项工作上新台阶，努力实现洛江区经济社会发展的新一轮跨越。

今后五年工作的指导思想是：坚持以邓小平理论和党的十六大精神为指导，以“三个代表”重要思想统揽全局，认真贯彻执行党的基本路线和方针政策，进一步解放思想，实事求是，与时俱进，开拓创新，团结和凝聚全社会力量，紧紧把握加快发展富民强区第一要务，以经济结构战略性调整和建设新型城区为主线，主动承接和积极融入大泉州发展，不断加快工业化、城市化、农业产业化和社会事业发展步伐，努力提高人民群众生活水平，积极推进改革创新和对外开放，促进物质文明、政治文明和精神文明协调发展，加强和改进党对各项事业的领导，努力建设繁荣、富庶、文明的现代化生态型新城区。

今后五年的奋斗目标是：

——国民经济持续快速健康发展，经济整体素质和发展后劲进一步增强，国内生产总值实现五年翻一番；三次产业协调发展，三次产业结构调整为8:62:30；综合经济实力明显增强，财政总收入年均增长18%以上。

——生态型城区建设步伐加快，中心城区规模不断拓展，城镇化水平达到40%；城区建设和综合管理水平明显提高；以中心镇区为重点的城镇建设取得新突破。生态建设取得新成效，初步实现自然、社会和人居环境的有机结合和协调统一，可持续发展能力得到增强。

——社会主义更加完善，社会主义法制更加完备，依法治区深入推进，人民的政治、经济和文化权益得到切实尊重和保障，政治稳定、社会安定局面得到巩固。

——社会主义文化得到发展，社会主义精神文明建设取得实效，人民群众思想道德水平不断提高，科教文卫、社会保障福利事业跃上新水平，为人民服务质量进一步提高。

——党的建设活力进一步增强，“三个代表”的要求得到充分体现，各级党组织和党员队伍保持先进性和纯洁性，充满创造力、凝聚力和战斗力，更好地团结和带领全区人民夺取改革开放和现代化建设的新的胜利。

按照上述指导思想和奋斗目标，今后五年的主要工作是：

（一）调整优化产业结构，努力实现经济发展新跨越

保持经济快速发展势头，是新区实现跨越式发展的客观要求，关键在于适应国内外发展的新环境，融入省市发展的新格局，把握区域发展的新趋势，找准发展的基础点、着力点、承接点、突破点，加快培育结构合理、增长有力、互促互动的产业体系，提升区域经济整体发展素质、综合效益和竞争力。总的思路是坚持“在发展中调整”的方针，调整优化第一产业，发展壮大第二产业，加快发展第三产业，促进区域经济快速协调发展。

增加工业总量，扩充优化产业结构。实现工业化是新区跨越式发展的根本任务。要坚持走高科技、高效益、低消耗、少污染的新型工业化道路，努力打造工业发展新高地。以泉州高新技术产业开发区万安园为龙头，大力发展高新技术产业，培植通讯电子、医药化工、生物环保、光机电一体化等新行业，规划建设五金机电产业园，培育区域主导产业；积极运用高新技术、先进适用技术、管理技术改造树脂陶瓷工艺、五金机电、轻纺鞋服等传统优势产业，通过结构调优、层次调高、规模调大、产品调新，增强传统产业竞争力；按照现代企业制度要求推动重点企业的机制转换，培育形成一批具有较强市场竞争力和辐射带动示范作用的龙头企业、明星企业，打造洛江品牌的重点企业和名优产品。加快“信息洛江”建设，坚持以信息化带动工业化，优先发展信息产业，积极实施政府上网工程，建立信息服务平台，发展和广泛应用信息技术。要立足于构建加快发展新条件，夯实工业发展基础。以万安开发区和双阳华侨经济开发区两大省级开发区为重点，坚持高起点规划、高标准建设、高质量服务、高效率管理，创新机制，集中力量加快工业载体建设，促进形成新的工业走廊和发展空间；着力解决工业发展瓶颈，加快规划建设区域供水、排水和排污设施，改善工业发展基础条件；全面发展国有、集体、三资、个私企业，加大对各种所有制经济实体的政策扶持、技术支持，引导中小企业集中发展和加快技术改造步伐，不断提高企业发展素质和效益，增强竞争力，同时为农村富余劳动力向非农产业转移提供就业载体。

以市场化为核心，加快农业产业化步伐。要坚持以市场为导向，以农业企业为龙头，资金技术为纽带，加快调整优化农业产业结构，培育市场、企业、基地、农民紧密结合的产业带动、技术辐射、效益联动的产业化发展格局。要因地制宜，合理布局，调整结构，各具特色，立足各地的资源条件，依靠科技兴农，加快马甲省级高科技农业综合开发示范区建设，增强仰恩系列工程辐射带动作用，发展名特优农产品和绿色食品，培育农产品知名品牌，扩大水果、蔬菜、花卉、禽畜、水产品、林木等基地规模。要大力发展农业产业化。进一步探索和完善农业产业化发展模式，加快建立科学的土地使用权流转机制，发展壮大现代农业园区和农业龙头企业。积极培育发展农业产业化合作组织，健全合作机制，提高农民进入市场的组织化程度。要加强农业基础设施建设和水土保护，提高农业防灾抗灾能力，改善农业生产基础条件。

努力培植旅游支柱产业，促进第三产业加快发展。以仙公山省级风景名胜区为龙头，进一步完善区域旅游产业发展规划，加大旅游资源开发、整合和推介力度，完善洛阳桥、仙公山、动植物观赏园、俞大猷公园等重点旅游景区基础设施，丰富和弘扬以爱国主义教育、民俗风情等为内涵的旅游文化，打造洛江旅游品牌。加强旅游机构和队伍建设，提高景区建设、管理和服务水平。大力发展旅游配套服务，培育旅游商品市场，促进区域旅游业的发展壮大和效益的提升。

要大力培植适应工业化、城市化和农业产业化发展的服务产业体系，增强第三产业综合配套服务能力。加快发展房地产、金融、商贸、运输、物业、市政服务等行业，促进各种经济要素的有效聚集。大力拓展教育培训、文化体育、卫生保健等新的消费领域，培育新的消费观念和消费需求。加大商品流通载体建设，积极发展专业批发市场、农贸市场等有形市场和依托信息网络的无形市场。

（二）推进城市化步伐，加快构建城市发展新格局

城市化是工业化的必然结果，是实现现代化的必由之路。要以大泉州城市加快东进为契机，以构筑新的城区格局、完善中心城区功能布局和推进小城镇建设为重点，加大基础设施和生态环境建设力度，努力推动“农村变城市、村镇变社区、农民变市民”迈出新步伐。拓展中心城区规模。坚持高起点、高品位、适度超前原则，认真做好万安至河市区域整体城市化规划，重点加快万安北片区城市建设步伐，推进洛阳江西岸新城区规划建设，拓展城区规模。进一步完善市政公共设施，促进泉州医专等重点项目的建成。抓好环境整治改造，实施绿化美化亮化净化工程，不断改善城区环境。双阳镇是泉州城市规划区和洛江中心城区重要拓展带，要结合双阳华侨经济开发区和洛阳江西岸新城区的开发建设，认真做好城市化规划，调整完善区域功能布局，加大镇区改造力度，努力提高城市化程度。

推进小城镇建设。要体现以人为本、可持续发展为本原则，按照规划科学、功能完善、生态环境优良、地方风格突出要求，加快中心镇区建设拓展，提高小城镇建设品位。马甲镇要以仰恩大学城的扩建为带动，以仙公山、仰恩湖重要景点为依托，加快镇区规模拓展，加强综合环境建设，努力建成旅游经济繁荣、科教文卫发达、人文自然景观优美和谐的新型城镇。河市镇要立足于建设城市副食品基地和城市工贸腹地，改善镇区基础设施和居住环境，增强城镇发展潜力。要完善罗溪中心镇区规划布局，提高镇区建设和管理水平，树立新的形象。要从改善人居环境，提高群众生活水平出发，加快建设生态良好的虹山镇区。

优化区域环境。立足于建设生态型城区，努力创建洁净优美、绿色环保、自然和谐的城区环境，切实加强生态建设和环境保护，重点保护和治理洛阳江源头及其流域生态环境，巩固造林绿化成果，加大工业污染控制和综合治理力度，进一步改善区域生态环境，促进可持续发展。加强区域基础设施建设，积极配合市政府建设大坪山隧道及其接线工程，继续推进“三横两纵”交通网络建设，加快大坪山隧道安吉路接线洛江段建设，争取阳江路、国道 324 线华大至洛阳桥段拓改工程实施建设，推进乡村道路硬化建设，进一步改善区域交通条件。加大力度完善供水、排水、排污设施，改善区域生产生活条件。

提高城市经营管理水平。树立“经营城市”的新观念，按照“投资多元化、经营产业化、管理一体化、服务社会化”要求，鼓励社会力量参与城市基础、公共事业设施的建设、管理和经营。完善土地储备开发制度，建立市场化运作机制，发挥土地级差效应，形成城镇开发建设的良性循环。健全管理网络，逐步建立城市综合管理的长效机制，确保城市管理健康、有序、协调推进。加快万安街道和双阳镇村改居步伐，积极培育拓展新型社区，建立和完善社区管理、服务机制，促进社区健康发展。

（三）不断深化改革开放，增强区域发展新活力

积极应对我国加入世贸组织和经济全球化进程的新形势，以增强市场竞争力和综合实力为着力点，进一步深化改革、扩大开放，拓展新的发展空间，注入新的活力。

深化经济体制改革。完善国有资产管理、监管、运营机制，实现国有资产增值保值。大力促进非公有制经济快速发展。深化流通体制改革，促进资本、技术、劳动力等要素市场发展。继续整顿和规范市场经济秩序，创造各类市场主体平等使用生产要素的环境。大力推进社会诚信体系建设，促进社会中介组织和行业协会健康发展，加快建立健全信用评价体系。积极鼓励企业探索证券市场融资、收购兼并等新路子，拓宽企业融资渠道，努力做强做大优势企业。深化投融资体制改革，完善社会化、多元化投融资机制，推进社会事业体制改革，增强市场机制在社会事业资源配置中的作用。

推进行政管理体制改革。深化行政管理体制改革，进一步转变机关工作方式，强化效能建设，提高行政效率，推进廉洁从政，努力建立行为规范、运转协调、公正透明、廉洁高效的行政管理体制。深化行政审批制度改革，完善政府的经济调节、市场监督、社会管理和公共服务职能，提高驾驭市场经济的能力。加快建立公共财政体制框架，确保财政收入稳定和可持续增长。深化户籍制度改革，促进农业人口向中心城区、中心镇区集中。深化分配制度改革，规范分配秩序，保护一切合法的劳动收入和非劳动收入。建立健全同经济发展水平相适应的社会保障体系，逐步构建多层次的社会保险体系，健全社会救助网络，切实保障困难群体的基本生活。

加强对内对外交流合作。树立新的外向观念，积极推进多领域、多形式、多层次的对内对外开放，构建对内对外交流合作通道，促进形成全方位开放格局。加大招商引资力度，积极探索招商活动的专业化、市场化、中介化、信息化，不断拓宽利用外资新渠道、新领域，提高利用各种资金的水平和层次。发挥洛江籍在外乡亲、企业家、联谊会的桥梁、纽带作用，调动全社会的招商积极性，做好以侨引侨、以企引企、以台引台、以外引外工作。抓住周边地区产业结构调整转移的有利时机，积极开展就近就地招商活动。继续实施出口市场多元化战略，调整优化出口商品结构，增加树脂、机电等主导产品出口，巩固发展传统市场，开拓新兴市场，形成外贸出口新格局。

（四）推动科技进步创新，促进生产力发展新突破

牢固树立科技是第一生产力，人才是第一资源的观念，坚持依靠科技进步促进经济发展，加快实施人才战略，为经济发展提供强有力的技术保障和智力支持。

加快培育科技创新体系。要以争创全国科技进步先进区为载体，建立和完善以市场为导向、以企业为主体、以高等院校和科研院所为依托的科技创新体系。充分发挥企业在技术创新中的主体作用，鼓励和支持重点骨干企业建立研究开发机构，强化企业技术创新能力，积极抢占行业技术制高点，增强企业核心竞争力。要促进泉州市高新技术产业开发区万安园产业发展，推进双阳华侨经济开发区、马甲市级星火技术密集区和各类产业基地建设，形成洛江区高新技术产业发展龙头。

优化创新创业环境。加大科技创新支持力度，建立完善科技投入新机制，形成多渠道、全社会参与的多元化科技投入体系。建立完善以技术交易、技术评估、人才信息沟通为内容的中介服务网络，加快知识、技术的流动和转化。要尊重劳动、尊重知识、尊重人才、尊重创造，鼓励各类投资者的创业活动，完善创新创业政策环境，确立劳动、资本、技术和管理等生产要素按贡献参与分配的原则，形成有利于创新创业的社会氛围。积极发挥区域高等学院科研力量，规划设立高新技术创业园区，加强产学研合作，促进科技成果向现实生产力转化，增强我区研发、制造、服务综合能力，提高科技进步对经济发展的贡献率。

积极开发人力资源。要适应加入WTO和改革开放新形势需要，依托各类创业园区，加大力度培养、引进区域发展急需的各类专业人才，把培养和使用结合起来，造就一大批德才兼备的领导干部、现代经营管理者和各行各业的技术骨干，形成人才队伍，为增创产业发展新优势提供智力支持。要进一步完善人才竞争、激励、评价、分配机制，创造有利于发现、培养、引进、用好人才的体制环境、人文环境和生活环境。健全人才市场，不断提高人力资源的配置和使用效率。

（五）加强社会主义民主法制建设，努力开创依法治区新局面

发展社会主义民主政治，建设社会主义政治文明，是全面建设小康社会的重要目标，必须在坚持四项基本原则的前提下，把坚持党的领导、人民当家做主和依法治区有机统一起来，不断巩固和发展民主团结、生动活泼、安定和谐的政治局面。

加强社会主义民主政治建设。坚持和完善人民代表大会制度，保证和支持人大及其常委会依法履行职责。坚持和完善共产党领导的多党合作和政治协商制度，积极推进人民政协政治协商、民主监督、参政议政的规范化和制度化，拓展党团结联系各民主党派和社会各界的渠道。巩固和发展新时期的爱国统一战线，进一步落实党的民族政策、宗教政策、侨务政策、对台政策和知识分子政策，充分调动民主党派和工商联参政议政热情，充分发挥其在管理国家和社会事务中的民主参与和民主监督作用。加强对工会、共青团、妇联等群众团体的领导，支持他们更好地成为党联系广大人民群众的桥梁和纽带。加强城乡基层机关和群众性自治组织建设，扩大基层民主，全面推行政务、村务、院务、校务公开，完善农村村民自治、城市社区居民自治的民主管理制度，丰富民主形式，扩大公民有序的政治参与，保证人民享有广泛的权利和自由。

加强社会主义法制建设。认真实施“四五”普法规划，深入开展法制宣传教育，提高全体公民的法律素质，不断增强公职人员尤其是各级领导干部的法制观念和依法办事能力。推进政府工作法制化，依法行政，从严治政。推进司法改革，完善司法保障，强化司法监督，确保司法公正。拓展和规范法律服务，积极开展法律援助。加强社会治安综合治理，深入开展严打整治斗争。高度重视和正确处理新形势下的人民内部矛盾，进一步落实维护稳定工作领导责任制，切实维护社会安定稳定。

（六）全面推进文化建设，展现城乡文明新风貌

大力发展社会主义文化，建设社会主义精神文明，是全面建设小康社会的重要内容。必须牢牢把握先进文化的前进方向，大力推动思想道德建设、教科文卫等社会事业上新台阶，努力满足人民群众不断增长的物质精神文化需求。

切实加强思想道德建设。建立与社会主义市场经济相适应、与社会主义法律规范相协调、与中华民族传统美德相承接的社会主义思想道德体系，坚持以马克思主义、毛泽东思想、邓小平理论和“三个代表”重要思想教育干部群众，弘扬和培育民族精神，引导人们树立中国特色社会主义共同理想，树立正确的世界观、人生观和价值观。建设“诚信洛江”。认真贯彻公民道德建设实施纲要，弘扬爱国主义精神和“团结拼搏、艰苦创业”洛江精神，以为人民服务为核心、以集体主义为原则、以诚实守信为重点，加强社会公德、职业道德和家庭美德教育，努力在全社会形成共同理想和精神支柱，形成奋发向上的强大动力。深入开展群众性精神文明创建活动，积极创建文明城市、文明社区、文明村镇、文明行业和文明单位。深入开展文化、科技、卫生、法律“四下乡”活动和道德、科技、文化、法律、卫生“五进社区”活动。

努力推进社会事业全面发展。大力实施科教兴区战略。坚持教育优先发展的战略地位，深化教育体制改革，优化教育结构和资源配置，改善办学条件，扩大教育规模，形成以政府办学为主，公办学校和民办学校共同发展的格局；全面推进素质教育，努力巩固提高教育“两基”成果，千方百计提高教育质量，努力实现“双高普九”目标。加快科技体制改革，加强科学基础设施建设，普及科学知识，弘扬科学精神。深化文化体制改革，加大文化体育设施建设，加强文艺人才的培养，壮大文艺队伍，促进文化体育事业和文化产业的全面发展。进一步发展卫生医疗保健事业，积极推进医药体制改革，建立健全医疗服务网络，提高城乡医疗服务水平和保健水平。做好人口和计划生育工作，稳定低生育水平，提高人口整体素质。发展残疾人事业。继续大力推进扶贫开发，巩固扶贫成果。提高双拥工作水平，巩固军政军民团结。做好国防动员工作，加强民兵、预备役建设，广泛开展国防教育，增强全民国防意识。

全面加强和改进党的建设

中国共产党是中国工人阶级的先锋队，同时也是中国人民和中华民族的先锋队，是中国特色社会主义事业的领导核心，代表中国先进生产力的发展要求，代表中国先进文化的前进方向，代表中国最广大人民的根本利益。在新阶段新形势，凝聚全体人民的意志和力量，全面建设小康社会，实现洛江经济社会发展新跨越，必须毫不放松地加强和改善党的领导，按照十六大提出的“四个一定要”的要求，全面推进党的建设的伟大工程。

（一）深入学习贯彻党的十六大精神和“三个代表”重要思想，大力加强党的思想政治建设。深入学习宣传贯彻党的十六大精神，是全党当前和今后一个时期的首要政治任务。各级党组织和全体党员，要全面深入学习领会十六大精神，学习领会“三个代表”重要思想的科学内涵和精神实质，把全体党员干部和人民群众思想统一到十六大精神上，把力量凝聚到十六大确定的各项任务上，把智慧集中到开创中国特色社会主义事业新局面上。广大党员干部特别是党的各级领导干部，要带头学习好、掌握好、宣传好、贯彻好十六大精神，努力成为勤奋学习、善于思考的模范，解放思想、与时俱进的模范，勇于实践、锐意创新的模范。要充分发挥各级党校的主渠道作用，加大干部调训的力度，完善党委中心组学习制度，引导党员干部深刻理解历史和时代赋予我们党的庄严使命，深刻理解党领导人民建设中国特色社会主义必须坚持的基本经验，深刻理解全面建设小康社会的奋斗目标，深刻理解十六大作出的战略部署，增强发展的紧迫感和忧患意识，增强党的组织观念、纪律观念，全面贯彻执行党的各项方针政策。

（二）改革和完善党的领导方式和执政方式，提高党的领导水平和执政水平。各级党委是各项工作的领导核心。要按照总揽全局、协调各方的原则，进一步完善党的领导体制，规范党委与人大、政府、政协以及人民团体的关系，充分发挥党委在同级各种组织中的领导核心作用，充分发挥人大、政府、政协以及人民团体和其他各方的职能作用。党委要集中精力抓大事，支持各方独立负责、步调一致地开展工作，从政治上、思想上、组织上保证党的路线方针政策的贯彻落实。完善党的工作制度，健全议事决策、工作程序、督促检查等方面的制度。按照民主集中制的原则，完善党委工作格局，切实增强集体领导意识，实行集体领导和个人分工负责制，进一步发挥党的委员会全体会议的作用，形成各司其职、各尽其责、相互协调、相互支持、共同推进全局工作的整体合力。各级党委和领导干部，要按照新形势新任务的要求，在实践中掌握新知识，积累新经验，增长新本领，不断提高科学判断形势的能力，不断提高驾驭市场经济的能力，不断提高应对复杂局面的能力，不断提高依法执政的能力，不断提高总揽全局的能力。

（三）着眼于提高整体素质，全面加强干部队伍建设。要以提高素质、优化结构、改进作风和增强团结为重点，把各级领导班子建设成为坚持贯彻“三个代表”重要思想的坚强领导集体。要按照干部“四化”方针，认真贯彻领导干部选拔任用条例，注重在改革和建设的实践中考察和识别干部，把那些德才兼备、政绩突出、群众公认的优秀干部及时选拔到领导岗位上来，形成朝气蓬勃、奋发有为的领导层。大力培养选拔优秀年轻干部，做好培养选拔女干部、少数民族干部和党外干部工作，不断优化干部队伍的结构，增强干部队伍的生机活力。改进干部管理方法，推进干部人事工作科学化、民主化、制度化。积极推进干部交流，加强对干部选拔任用工作的监督，切实把好选人用人关。做好新形势下的老干部工作，充分发挥老同志在两个文明建设中的作用。

（四）切实搞好基层党建工作，增强党的阶级基础和扩大党的群众基础。要认真贯彻《福建省乡镇工作纲要》和《福建省社区建设纲要》，大力推动党建“三级联创”，努力提高党建工作水平。促进机关党建工作的规范化、制度化和科学化，推动机关党建工作“走前头”。高度重视社区党的建设，以服务群众为重点，构建城市社区党建工作新格局。切实加强学校、文化团体等事业单位党的建设。加大在非公有制企业、社会团体和社会中介组织中建立党组织的工作力度。要大力推进以各级党组织为核心的基层组织建设，增强基层组织的创造力、凝聚力和战斗力。要加强党员队伍建设，全面开展以实践“三个代表”重要思想为主要内容的保持共产党员先进性教育活动，发挥共产党员先锋模范作用。做好新形势下发展党员工作，壮大党的队伍最基本组成部分和骨干力量；积极做好在其他社会阶层中发展党员工作，增强党在全社会的影响力和凝聚力。

（五）深入推进党的作风建设，认真实践党的宗旨。要以立党为公、执政为民为根本目的，发扬党的优良传统和作风，按照“八个坚持、八个反对”的要求，集中解决党的思想作风、学风、工作作风、领导作风和干部生活作风方面的突出问题，努力培育具有时代特征的新作风。要坚定信心，旗帜鲜明、毫不动摇地深入进行反腐败斗争。进一步抓好领导干部廉洁自律、纠正部门和行业不正之风的工作。加强教育，发展民主，健全法制，强化监督，创新体制，把反腐败寓于各项重要政策措施之中，从源头上预防和解决腐败问题。认真落实党风廉政建设责任制，形成防止和惩治腐败的合力。各级领导干部，必须以身作则，正确行使手中的权力，始终做到清正廉洁，自觉地与各种腐败现象作坚决斗争。

同志们！回顾新区建区五年来的奋斗历程和成就，我们感到骄傲和自豪；展望新世纪新阶段全面建设小康社会，加快推进社会主义现代化的壮丽前景，我们充满了必胜的信心和力量。党的十六大指明了我们胜利前进的方向，开启了新的伟大进军的征程，历史再一次赋予我们党新的使命、新的挑战、新的责任。让我们更加紧密地团结在党中央周围，高举邓小平理论伟大旗帜，全面贯彻落实党的十六大精神和“三个代表”重要思想，满怀豪情，锐意进取，与时俱进，开拓创新，不断开创洛江区各项工作的新局面，为建设繁荣、富庶、文明的现代化生态型新城区而努力奋斗！

坚持科学发展 构建和谐社会
加快建设新兴工贸旅游生态城区

——在中国共产党泉州市洛江区第三次代表大会上的报告

陈家富

（2006 年 7 月 20 日）

同志们：

中国共产党泉州市洛江区第三次代表大会是在全区上下落实科学发展观，加快经济社会发展，努力构建和谐社会，全面实施“十一五”规划的新形势下召开的重要会议。主要任务是：全面总结区第二次党代会以来的工作，确定今后五年的奋斗目标和任务，选举产生新一届区委和区纪委领导班子，团结动员全区各级党组织和广大党员干部群众，进一步解放思想、抢抓机遇、开拓进取，加快建设新兴工贸旅游生态城区。

现在，我代表中共泉州市洛江区第二届委员会向大会作报告，请予审议。

区第二次党代会以来的工作回顾

区第二次党代会以来，在上级党委的正确领导下，区委认真贯彻落实党的十六大和十六届三中、四中、五中全会精神以及省、市委的重大决策部署，团结和带领全区各级党组织和广大党员干部群众，紧抓发展第一要务，坚持科学发展、跨越发展，努力构建和谐社会，切实加强党的执政能力和先进性建设，实现了政治稳定、社会进步和经济持续快速健康发展。

综合实力跃上新台阶。至 2005 年，GDP、财政总收入、区级财政收入分别为 34.31 亿元、3 亿元、1.48 亿元，四年年均增长分别为 17.8%、31.4%、30.7%。三次产业调整为 7.5 ∶ 64.9 ∶ 27.6，产业结构进一步优化，区域发展后劲增强。工业经济强势发展，工业载体建设和新经济增长点培植成效显著，推进经济开发区近 8000 亩土地开发，工业区配套设施进一步完善。工业经济总量增大，效益、质量提高，培育形成五金机电、鞋服箱包、陶瓷树脂工艺三个主要行业，企业规模不断壮大、素质不断提高。以全省华侨经济开发区第二届招商会、首届海峡两岸五金机电商品交易会等为平台，积极拓宽招商引资渠道，对外经贸合作和交流更加密切。农村经济稳步发展，大力发展基地生产、农业综合开发和农业产业化经营，花卉、蔬菜、水果、禽畜、林业基地规模不断扩大、效益不断提高；龙头企业发展强劲，和昌、阳光国际集团等辐射带动作用增强；农业基础设施建设力度加大，防灾抗灾能力进一步增强。第三产业加快发展，城乡市场逐步繁荣，生态旅游方兴未艾，商贸业、金融、邮电、运输等服务业和房地产业加快发展。

城乡建设展现新面貌。四年来累计完成全社会固定资产投资 27.9 亿元，组织实施一批区域发展重要工作、43 项重点项目建设。完成安吉大道Ⅱ、Ⅲ期、滨江大道首期、朋山岭隧道连接线等工程建设，配合市级建设大坪山隧道及连接工程，朋山岭隧道第二洞工程、万虹公路马甲至罗溪段拓改工程动工建设，实现市区供水并网，完成双阳自来水厂建设和马甲自来水厂扩建，区域排洪、排水、排涝、供电、供水、路灯、通讯网络等配套设施不断完善。城市格局不断拓展，城市功能逐步完善，城镇建设步伐加快，中心镇区集聚功能逐步增强。城区管理加快转型，完成双阳镇改街道，万安、双阳街道村改社居工作。创卫、创模工作扎实推进，城区环境明显改善。

社会事业谱写新篇章。实施科教兴区战略，科技服务体系进一步健全和完善，区域创新能力进一步增强，荣获全国科技进步先进区“二连冠”。素质教育全面推进，教育“两基”水平进一步提高；新建教师进修学校、敬德职校，启动奕聪中学高中部建设，基本完成中小学危房改造和小学“十配套”建设，办学条件明显改善。实施“先进文化示范工程”，农村文化阵地不断完善，区域特色文化进一步发展。公共卫生体系建设加快，突发性公共卫生事件医疗救助体系更加健全。实施“安居、致富、成才、保障、亲情”计生五项工程和奖惩机制，荣获市级计生优质服务先进区称号，省级计生二类先进区水平有新提高。

构建和谐取得新成效。精神文明建设协调发展。全面贯彻落实《公民道德建设实施纲要》加强社会主义荣辱观教育，广泛开展群众性精神文明创建和“七进社区”活动，群众文明素质和城区文明程度不断提高，荣获省级文明城区称号。改革开放取得新突破。国有企业改革、农村税费改革、集体林权制度改革、公共财政体制改革、行政管理体制改革等纵深推进，社会主义市场经济体制逐步完善，民营经济不断发展壮大。民主法制建设稳步推进。制定实施《关于进一步加强人大工作的实施意见》和《关于进一步加强新时期人民政协工作的实施意见》，人大、政协组织依法监督、民主监督、政治协商和参政议政作用充分发挥。支持工青妇等群团组织开展工作，充分发挥村委会、居委会、职代会等群众组织作用，切实保障人民群众的民主政治权利。加强统战、对台和侨务工作，广泛凝聚社会各界力量，形成推动发展强大合力。“四五”普法任务全面完成，依法行政水平明显提高，全社会法制意识明显增强。深入开展“平安洛江”创建活动，切实加强综治、信访、安全生产工作，全区刑事发案率持续下降、群众对社会治安满意率持续上升，连续两年被评为泉州市社会治安综合治理先进单位。双拥工作扎实开展，荣获省级双拥模范城区称号。

群众生活水平有了新提高。城乡居民收入稳步增长，农民人均纯收入年均增长 11.3%，2005 年达到 5352 元，实现宽裕型小康区目标。提前两年全面免征农业税及其附加和取消农业特产税及其附加，实行农村义务教育免收学杂费，农民负担进一步减轻。人居环境逐步改善，农民人均住房面积达 45 平方米；群众生活质量明显提高，农村居民恩格尔系数下降至 43.5%；社会就业充分，农村劳动力有序转移。累计投资近 2 亿元为民办实事和帮扶解困，实现村村通水泥路、通路灯、通电话和有线电视，农村综合环境得到改善。社会保障制度逐步完善，城乡最低生活保障实现“应保尽保”，养老、失业、工伤、生育和医疗保险覆盖面进一步扩大。党的建设得到新加强。按照关键是要取得实效、真正成为群众满意工程的要求，深入开展保持共产党员先进性教育活动，基本达到中央提出的“提高党员素质、加强基层组织、服务人民群众、促进各项工作”目标。加强领导班子建设，贯彻民主集中制原则，充分发挥党委领导核心作用。深化干部人事制度改革，建立健全回避、交流、轮岗、民主推荐、民主测评、考察预告、任前公示和试用期等制度，实行全委会票决乡镇党政主要领导拟任人选制度，推进干部选任工作的民主化、科学化、制度化。扎实推进岗位练兵、创业竞赛等七大活动，选派后备干部到不适应村和重点建设项目挂职锻炼，干部队伍素质进一步提高。实施人才强区战略，建立健全人才培养、引进、使用、流动、激励、保障机制，党政人才、企业经营管理人才、专业技术人才、高技能人才等四支队伍建设得到加强。深化“三级联创”，深入开展创建“五好”乡镇党委、村党组织，全面推行“两推一选”，基层组织建设得到明显加强。建立健全“三级联动、六方帮扶”工作机制，全力抓好不适应村、经济欠发达村整顿转化工作。加强非公有制企业党建工作，试行向非公有制企业选派党建工作指导员，组织开展“非公有制企业党建工作活动月”、结对联建创“十佳”、非公企业“党员五在前”等活动，提前实现“50100”目标。开展创建机关“五好”党支部、“党建工作先进单位”等活动，扎实推进社区、学校、社会团体以及新兴行业党建工作，党组织活力进一步增强。建立健全教育、制度、监督并重的惩治和预防腐败体系，认真落实党风廉政建设责任制，完善反腐倡廉“六个机制”，完善纪委负责人同下级党政主要负责人谈话、领导干部任前廉政谈话、诫勉谈话和警示谈话等四项廉政谈话制度，实行干部任前廉政知识考试制和领导干部任期经济责任审计制度，加强“廉政文化”建设，从责任、约束、监督、惩处等方面推进党风廉政建设和反腐败斗争。党的作风建设扎实推进，党群关系更加密切。

区第二次党代会以来的四年，是洛江经济发展最好、群众得到实惠最多的四年，是城乡面貌改观最大、社会事业发展最快的四年。这些成绩的取得，是上级党委正确领导的结果，是全区上下同心同德、埋头苦干的结果，与各民主党派、社会各界人士、驻洛省市直单位、驻洛部队、武警官兵和港澳台同胞、海外侨胞、洛江籍在外乡亲的关心支持和积极参与是分不开的。在此，我代表中共洛江区委，向所有关心、支持和参与洛江建设和发展的同志们、朋友们表示衷心的感谢和崇高的敬意！

在肯定成绩的同时，我们必须清醒地看到发展过程中仍存在着一些困难和问题，如经济综合实力不强，经济发展水平和运行质量不高；城市化发展水平较低，中心城区辐射力不强；社会事业和第三产业发展较为滞后；部分党员干部思想观念、工作作风与形势任务要求有一定差距，干部队伍素质有待提高；维护社会稳定任务依然繁重等。我们要高度重视这些问题，认真加以解决。

回顾和总结四年来的发展历程，加快洛江经济社会各项事业发展，必须做到“五个坚持”：

——必须坚持总揽全局、协调各方，充分调动和发挥方方面面的积极性。区委注重加强和改进党的思想、组织、作风建设和制度建设，在实践中努力提高科学判断形势、驾驭市场经济、应对复杂局面、依法执政、总揽全局等能力。注重改革和完善党的领导方式和执政方式，健全完善决策机制，推进决策的科学化、民主化。充分发挥总揽全局、协调各方的领导核心作用，善于谋大事、抓大事，积极协调好人大、政府、政协、纪委几套班子，支持各方独立负责、步调一致地开展工作；充分发挥人民团体和各民主党派、无党派人士作用，广泛团结全区上下、海内海外各界力量，营造氛围、凝聚合力，最大限度地调动一切积极因素，形成合心、合力、合拍的良好工作氛围。

——必须坚持科学发展、跨越发展，与时俱进谋划发展思路。区委坚持以科学发展观统揽全局，全面分析和正确判断经济社会发展面临的形势，深入研究重大发展战略问题，积极探索符合洛江实际的发展道路。按照跨越发展要求，深化完善“四加快一提高一加强”总体发展思路，在深入调研、集思广益的基础上，提出构建城乡一体的城市发展体系、可持续的产业发展体系、和谐稳定的社会发展体系、务实高效的执政保障体系的发展新思路，作出实施项目带动战略、加快中心城区建设、推进产业集聚升级、提升民营经济发展水平等一系列重大决策；针对洛江正进入一个新的发展阶段的实际情况，提出了建设新兴工贸旅游生态城区的新的城市定位和奋斗目标。这些发展思路和决策部署，产生了凝聚人心、鼓舞士气、推动工作、加快发展的效应。

——必须坚持开拓创新、攻坚克难，用发展的办法解决前进中的矛盾和问题。区委坚持以发展的眼光、发展的思路、发展的办法来解决前进中的问题，紧紧抓住“三农”工作、壮大中心城区、产业集聚、项目带动、改革开放等方面的突出问题，认真分析、潜心研究、细化落实各项工作举措，特别是在解决用工难、用地难和融资难等问题，采取一系列有效应对措施，集中精力，攻坚克难，保持经济较快增长。实践证明，勇于探索、创新思维、敢于碰硬、善于突破，坚持用发展的办法解决前进中的困难和问题，是加快发展的根本途径。

——必须坚持求真务实、狠抓落实，确保各项任务措施落到实处。区委按照“把握方向、谋划全局、提出战略、制定政策”要求，结合洛江实际，确定经济社会发展的重大决策和工作重点。坚持重实际、说实话、办实事、求实效，建立起相关的组织、考核、激励措施，形成制度保证和长效机制。强化领导责任，建立科学严格的领导责任制、目标管理责任制、监督约束机制和奖惩激励机制，健全区领导挂钩联系乡镇（街道）、企业、重点项目等制度，建立逐项分解、定期汇报、督促检查、公开通报等一整套制度，有效地推动了工作落实。

——必须坚持立党为公、执政为民，切实维护好人民群众的根本利益。区委正确处理好改革、发展、稳定关系，在社会稳定中推进改革发展，通过改革发展促进社会稳定。统筹协调好各种利益关系，着力促进社会公平正义，营造安定团结、和谐稳定的社会局面。坚持以人为本和亲民、为民、富民，坚持和完善领导干部联系群众、一揽子挂钩乡镇、村（居）等制度，深化区领导驻村活动和“党员六在先”主题实践活动，积极探索为民服务的新路子，每年确定并实施一批涉及群众切身利益的实事好事，使广大群众得到了实惠，进一步密切了党群干群关系。

今后五年的奋斗目标和主要任务

当前，洛江正进入加速发展的新阶段。今后五年，是我们在更高平台上实现新跃升的关键五年，既充满着希望和憧憬，也蕴藏着竞争和挑战，机遇与挑战并存，希望和压力同在。展望未来，我们面临良好的发展机遇。全球经济正处于新一轮恢复和增长期，我国经济增长方式加快转变，省、市加快建设海峡西岸经济区和现代化工贸港口城市，泉州中心城市加快东扩步伐以及产业结构调整转移，特别是大坪山隧道贯通、城东片区建设将极大改善区域交通条件和投资环境，我区在大泉州整体布局、产业分工、城区发展的作用进一步凸显，这些都为洛江今后发展提供了良好机遇。分析形势，我们面对严峻的发展挑战。国际环境复杂多变，贸易争端加剧，对外贸易存在不确定因素；国内结构性资源短缺和体制机制障碍，引发改革调整的不稳定因素增多，土地、资金、人才等发展要素趋紧。区域竞争日趋激烈，兄弟县区竞相发展、态势逼人，我们面临着“前有标兵、后有追兵”的发展压力。未来五年，洛江正处于经济加快转轨、社会加速转型的矛盾凸显期，经济结构和利益关系变动加剧，统筹城乡发展、构建和谐社会、保障社会稳定的任务更加繁重。审视区情，我们具备扎实的发展基础。经过几年来的艰苦创业，我区总体上迈入了工业化、城市化加速推进的新阶段，经济增长的连续性、稳定性和自主性增强；新的经济增长点不断出现，产业基础不断夯实、规模日益壮大，这些都将成为经济社会发展的强大支撑。广大党员干部群众大局意识更强、发展热情更高、创业干劲更足，全区上下形成了风正气顺、人和业兴的喜人局面，为今后五年更快更好发展提供了动力积蓄了后劲。

我们必须全面客观地分析当前形势，切实增强使命意识、机遇意识、责任意识，以科学发展观统揽全局，进一步谋发展之策、聚发展之力、求发展之效，努力实现经济社会快速协调可持续发展。一要跨越发展。客观地说，洛江发展速度较快，但经济总量小、城市化水平低。各级各部门要牢固树立跨越发展意识，决不能满足于按部就班的常规性思路，决不能满足于四平八稳的渐进式增长，而要树立赶超意识，充分发挥后发优势、比较优势、潜在优势，抢抓机遇、大干快上、锐意进取，努力实现经济社会发展质的飞跃。二要集约发展。产业发展要集约。加快产业集聚，培育产业集群，着力做大若干个区域特色鲜明、规模效应突出、产业链条配套的产业集群。资源利用要集约。加强资源合理利用，防止急功近利的低水平重复建设，追求以“最少的资源承载最大的投资”真正让有限的资源发挥出最大的效益。载体开发要集约。坚持科学规划、合理布局，引导和促进各类企业向工业园区集中，优化产业布局，提高投入产出效益。三要和谐发展。坚持推动城市发展与建设新农村相结合，以城带乡、以工哺农，推进城乡联动；坚持经济发展与社会进步相结合，以人为本、全面发展，推进经济社会发展联动；坚持经济社会发展与环境资源保护相结合，统筹协调、持续发展，建设环境友好型城区，推进生产生活生态联动。

今后五年工作的指导思想是：坚持以邓小平理论和“三个代表”重要想想为指导，深入贯彻落实党的十六大和十六届三中、四中、五中全会精神以及省、市委重大决策部署，紧紧围绕建设海峡西岸经济区和现代化工贸港口城市大局，坚持科学发展、跨越发展，优化经济结构，转变增长方式，强化自主创新，深化体制改革，全面推进社会主义新农村建设，努力构建和谐社会，切实加强和改进党的建设，全力打造新兴工贸旅游生态城区，提前实现全面建设小康社会目标。

今后五年的奋斗目标是：

——经济实力更加强劲。全区经济继续保持持续快速健康发展，综合经济实力显著增强，力争到2010年，GDP比2005年翻一番，年均增长15%，财政总收入年均增长18%以上；经济结构调整取得明显成效，三次产业比例进一步调整优化，经济增长质量和效益明显提高。

——城市特色更加鲜明。城区空间布局更加优化，交通网络构架基本形成，建设管理水平不断提高，环境卫生条件明显改善，城市功能较为完善，生态型城区总体形态基本形成，集聚、辐射、带动能力显著增强，规划区内人口达到10万人，全区城镇化水平达45%。

——人民生活更加殷实。社会主义新农村建设扎实稳步推进，城镇综合承载能力增强；城镇居民人均可支配收入稳步增长，农民人均纯收入年均增长％左右，农村居民恩格尔系数下降至40%以下；社会就业充分，城镇登记失业率控制在2%以内，社会保障体系日益健全，人民生活质量显著改善，人的综合素质明显提高。

——社会更加和谐有序巩固和发展民主团结、生动活泼、安定和谐的政治局面；文化强区、学习型城区深入推进，科技、教育、卫生等社会事业全面进步，市民道德素质、文化素养和民主法制意识不断提高，社会文明程度全面提升。

——党的建设更富活力。思想观念进一步解放，党组织和党员先进性充分发挥，创造力凝聚力和战斗力增强，广大党员干部服务群众、服务发展能力进一步提高，亲民爱民、勤政廉政、求真务实蔚然成风，党群干群关系更加密切。

按照上述指导思想和奋斗目标，今后五年的主要工作是：

（一）推进结构优化、城乡协调的经济建设

城乡联动，建设社会主义新农村。坚持工业反哺农业、城市支持农村和“多予、少取、放活”方针，形成以工促农、以城带乡、城乡一体的发展格局。一要加快城乡互动发展加快推进农村工业化、城镇化和农业产业化进程，努力构筑科学合理的农村城镇体系。增强城市经济对农村经济的辐射，加大城市资金、人才和智力资源对农村发展的支持，优化社会资源在城乡间的配置，推进城市基础设施、社会文化事业设施向农村延伸，加强农村基础和公共设施建设，促进城乡产业融合、资源共享、良性互动、协调发展。二要加快发展农村经济。推进现代农业建设，巩固提高花卉、蔬菜、水果、林业、禽畜、中药材、茶叶等基地建设规模，加快形成区域特色明显、比较优势突出的农产品产业带；培育壮大龙头企业，强化辐射带动功能，有效延伸农业产业链。扶持村集体经济发展，鼓励发展劳动密集型手工业，在工业园区适当安排用地，供村集体建设标准厂房出租，在中心镇区、工业园区周边预留经营性用地，供村集体发展三产、工业区配套服务等，促进村财收入稳定增加。三要加快村镇规划建设。抓紧编制并落实新的村镇建设规划，注意与城市发展总体规划相衔接，推进“住宅美化、道路硬化、路灯亮化、村庄绿化、环境洁化、河道净化”等为重点的整体建设，开展“四清四改”为主要内容的环境整治，改善农村人居环境。重视发展休闲农业，与乡村旅游发展相结合，为都市人提供休闲度假、享受田园风光、体验农家生活的场所。四要加快培育新型农民。大力实施“农村劳动力转移培训阳光工程”，加强对农民的实用技术、职业技能培训，提高农民科学文化素质和就业、创业能力。实施“文明新风进万家”工程，组织开展法律法规、文明礼仪、思想道德教育，造就有文化、懂技术会经营的新型农民。

工业拉动，壮大经济总量。工业是立区之本、强区之基，必须采取强有力措施，从量的扩张、质的提升上做文章，不断增强经济综合实力。一要抓工业载体，提高产业关联度。继续推进经济开发区、朝阳片区和华大一万安科技创业园等开发建设，规划建设马甲、罗溪镇手工业加工园。创新工业区开发建设机制，积极引导社会资金参与工业区建设，不断提升工业区的综合功能配套。积极引导产业向特定区域、企业向特定园区集聚，做好上下游产业的衔接，促进社会化分工和专业化协作。集约利用园区土地资源，严格执行建设项目用地投资强度和建筑容积率“双控”标准，大力推广应用多层厂房和标准化厂房。二要抓产业集聚，促进产业规模化。坚持以信息化带动工业化，积极推动产业转型升级，培育优势产业集群。积极推进五金机电产业园建设，引进和聚集一批五金机电企业，依托区生产力促进中心，高标准建设五金机电产业技术研发与公共服务平台，培育形成集研发、生产、销售于一体的五金机电产业集群。坚持“集聚、提升、拓展”，大力培育产业扩张型、以贸带工型、龙头拉动型集群，支持优势企业做大做强，增强规模经济的支撑。三要抓自主创新，增强产业竞争力。坚持以企业为主体，建立完善科技创新平台和科技公共服务平台，积极支持重点行业、重点企业建设技术创新中心等研发机构，努力提高企业自主创新能力；坚持以提高区域自主创新为关键，形成产学研相结合的有效机制，促进研发中心、创新资源的集聚集约发展；坚持以科技成果转化为目的，加快技术项目的消化、吸收和转化。

三产推动，激发经济增长活力。大力实施“三产活区”战略，研究制定扶持三产发展政策措施，提升三产发展水平。一要积极发展商贸物流业。科学规划和布局重要物流园区和区域性物流中心，构建物流设施、物流信息、物流配送平台，培育第三方物流区域。构筑商贸物流服务网络体系，建设完善农副产品批发市场，建立布局合理、安全快捷的农产品流通体系；大力发展连锁经营、电子商务、仓储式会员店、购物中心等现代流通方式和零售业态，建立集约便利的现代零售服务体系；引进大型超级休闲广场和星级酒店，努力构建辐射全区的中心城区商圈。二要积极发展现代居住业。突出生态优势，鼓励发展环保型、节能型的生态居住业，开发建设环境幽雅、样式新颖、功能齐全的住宅小区绿色生活小区，塑造舒适、优美的生态人居环境，提升居住业竞争力。强化政府引导，高起点、前瞻性抓好度假居住业发展规划，推进度假居住业成型和发展。三要积极发展生态旅游业。科学制定全区旅游业发展总体规划，进一步明确生态旅游业功能布局和发展战略。以仙公山风景区、罗溪森林公园为依托，整合区域生态旅游资源，实现资源共享优势互补，开发农业观光、森林探险、乡村旅游等项目，逐步形成生态旅游度假热点区域。创新旅游开发机制吸引更多的社会资金开发建设集休闲娱乐、康体娱乐、旅游观光为一体的旅游度假村，提升生态旅游效益。

（二）推进布局科学、功能完善的城市建设

高起点规划，提升城市品位。根据泉州城市总体规划，做好规划衔接和基础设施、公共服务设施对接，构筑生态型城区的发展框架、基本风格。按照万安商住中心区、双阳河市工贸综合经济区、马甲科教旅游度假区以及罗溪虹山特色农业和产业梯度推进区等四大功能区的区域布局，进一步完善城市总体规划，加快阳江生态新城、河市西片区和马甲区域等重点区域的规划建设，逐步形成区域划分合理、功能定位科学、整体优势互补的城市建设新格局。同时，抓好城市近期建设规划和重点地域、重点地段的控制性详细规划，抓紧编制能源交通、给水排水、电力电讯、防洪排涝、抗震消防等专项规划，形成一套完善的城市规划体系。

高标准建设，提升城市功能。一要实施扩容工程。大力推动中心城区沿两轴线扩张。沿万虹公路主轴线，加快推进河市、马甲“镇改街道、村改社居”工作；按照城市景观规划要求，结合工业区、商贸区、居住区和万安、双阳、河市、马甲新的行政服务中心建设，推进各片区的城市建设，适时整合，形成连片规模。沿洛阳江轴线，推进阳江生态新城开发建设，加快建设中心商贸区、高品位居住和生活服务区；突出山水环抱、沿江临海特色，努力建成集文化娱乐、休闲旅游为一体的沿洛阳江城市景观带和风光带。二要实施畅通工程。配合城市一环路、泉三高速公路南—惠支线建设，实施沿海大通道万安至后渚洛江段建设，争取实施324国道华大至洛阳桥路段拓改，推进洛江城区与泉州中心市区连片发展；重视城区内外交通衔接，实施310县道洛江段拓改工程，建设万虹公路马甲至罗溪段拓改工程、滨江大道、双阳西环路，完善区域路网，形成快速便捷的交通网络体系。三要实施配套工程。优先发展公共交通，鼓励发展大运量快速的城市公共汽车运营；加快供水供气、治污排污、防洪防灾、地下管网等基础性、功能性公益性项自建设，完善教育、文化、卫生、生活、服务等综合配套，不断提高城市承载能力。

高水平管理，提升城市形象。深化城市管理体制综合改革，建立健全区、街道社区相互衔接、合理分工和规范高效的城市管理体制。创新城市投融资机制，采用BOT、TOT、承包经营或资产收益抵押、股份合作等融资方式，鼓励引导社会投资主体特别是民营资本进入城建领域，参与市政设施开发经营，形成“政府主导推动、多元主体参与、社会公开运作”的城市经营格局。加大城市环境综合整治力度，突出交通秩序、市容环境、治安状况等重点，建设整洁、亮丽、安全、有序的新型城区。

（三）推进科教进步、文明繁荣的文化建设

发展先进文化，提升文化辐射力。一要大力发展区域特色文化。以创建省级文化先进区为目标，深度挖掘文化底蕴，加大对民俗文化、旅游文化、生态文化等研究开发力度，使文化竞争力转化为城市吸引力、产业扩张力。实施文化精品工程，加快建设一批社区和农村文化设施，重点建设区文体综合活动中心，壮大文艺队伍，繁荣文艺创作和文化市场，不断增强文化综合实力。大力发展社区文化、企业文化、校园文化、家庭文化，创造浓厚的城市文化氛围；以文化为媒，加大文化交流和合作，扩大城区影响力。加快推进文化体制改革，制定并落实好加快文化产业发展的优惠政策，推动文化产业快速发展。二要大力推进学习型城区建设。以学习型机关创建为重点，积极创建学习型乡村、学习型社区、学习型企业、学习型家庭等，扩大全区学习型组织的覆盖面。围绕提升城市学习力、创新力目标，加快构建全民学习、终身学习和终身教育体系，以学习对象的普遍化、学习行为的终身化和学习方式的科学化不断提升城市的文化力。

实施科教兴区，增强发展竞争力。深化科技体制改革，巩固全国科技进步先进区成果；依托华侨大学、仰恩大学技术优势，加快构建基础设施完善、资源配置合理、创新能力突出、成果转化高效的区域创新体系。强化技术创新扶持、激励，建立和完善以政府投入为引导、企业投入为主体、社会投入为支撑的全社会科技投入和创新体系。优先发展教育事业，基本建成教育强区；大力发展高等教育，支持仰恩大学、医高专办学，鼓励引进新的院校；积极发展职业教育，办好敬德职校，促进各类教育事业发展，形成广覆盖、多层次、多形式的终身教育网络。深化医疗卫生体制改革，全面推行新型农村合作医疗制度，健全覆盖城乡、功能完善的公共卫生和医疗服务体系，完善疾病预防控制、卫生监督和紧急救援网络体系，提高防范和应对突发性公共卫生安全事件的能力：坚持计生基本国策，争创省级计生优质服务先进区，努力提升计生工作水平，促进人口增长与社会生产力发展相适应，经济建设与资源、环境相协调。

深化文明创建，彰显文明亲和力。认真贯彻《公民道德建设实施纲要》，加强公民道德教育和未成年人思想道德建设，全面推进以“八荣八耻”为主要内容的社会主义荣辱观教育和道德实践活动，努力建立适应社会主义市场经济发展要求的思想道德体系。继续深化文明行业、文明单位、文明社区、文明村镇、文明家庭等各类创建活动，全面提升城市文明程度。以先进文化进农村为载体，深化科技文化卫生“三下乡”活动，扎实推进“七进社区”活动，努力建设自治型、管理型、服务型、安居型、学习型、数字型社区。

（四）推进保障有力、祥和有序的社会建设

以改革创新为重点，打造“活力迸发之区”。要以建设创新型城区为目标，全方位推进理念、体制、机制、环境创新，增创新优势、谋求新发展。一要创新理念。积极鼓励和支持各种创新和实践探索，营造鼓励、支持人们干事业、干大事业、干成事业的社会氛围，营造人心思进、共促发展的风气。二要创新体制。深化行政审批制度和投融资体制改革，加快构建公共财政体制；继续推进资产管理体制和企业改革，建立健全国有资产管理、营运、监督体系；全面深化事业单位改革，创新管理体制、用人制度和分配制度；继续深化教育、科技、文化、卫生、体育等社会事业改革，促进社会领域改革与经济领域改革相协调。三要创新机制。加快建立健全绩效优先、鼓励创新、竞争向上、协同发展、创新增值的评价机制和资源分配机制，重点创新分配、企业发展、竞争机制。创新分配机制，确立劳动、资本、技术和管理等生产要素按贡献参与分配的原则，着力提高低收入者收入水平，扩大中等者收入比重，有效调节过高收入，鼓励先进，提高效率，让一切劳动、知识、技术、管理和资本的活力竞相迸发；创新企业发展机制，制定企业导入、资金导入、项目导入机制，吸引更多生产性、经营性企业和项目落户、扎根洛江；创新竞争机制，营造公平竞争环境，引导市场主体在公开、公正、公平的条件下发展，使各种所有制经济在市场竞争中发挥各自优势，相互促进、共同发展。四要创新环境。加快政企分开、政资分开、政事分开，建设高效型、责任型、法治型政府。强化“尊商、引商、留商、安商、富商”，坚持简政放权，设立服务大厅，着力完善服务体系，加强企业建设、生产、经营、通关、进出口退税等方面的协调服务，营造良好投资环境。

以民主法制为根本，打造“和谐有序之区”：一要推进民主政治。坚持和完善人民代表大会制度，保证和支持人大及其常委会依法履行职责；坚持和完善共产党领导的多党合作和政治协商制度，推进人民政协履行职能的制度化、规范化和程序化。巩固和发展最广泛的爱国统一战线，全面落实党的民族、宗教、侨务和对台政策，充分发挥民主党派、工商联和无党派人士作用。积极支持工会、共青团、妇联、侨联等群团组织更好地发挥联系群众的桥梁纽带作用。认真贯彻实施行政许可法，提高依法行政能力。实施“五五普法”规划，深入开展法制宣传教育，努力实现依法治区中期目标。加强基层民主政治建设，继续深化政务、村务、厂务、校务和医务公开，完善村务公开和民主议事制度，全面推行村务决策听证，进一步完善村民自治，健全党组织领导下的充满活力的村民自治机制。二要高度关注民生。继续实施积极就业再就业政策，完善就业服务体系，拓宽就业渠道。完善社会保障体系，推进农村社会保险体制改革，探索建立农村合作医疗、养老保险制度，完善城乡居民最低生活保障制度，不断扩大城镇养老、医疗、失业、工伤、生育保险覆盖面。加快构建覆盖城乡的社会救助体系，积极开展社会救济、灾民救助、优抚安置等各项工作。大力发展社会福利、社会救助和慈善事业，重视残疾人、老龄事业，关心外来民工，依法保障妇女儿童的合法权益。三要维护安定稳定。加强社会治安综合治理，健全打防控管一体化的工作机制，严厉打击有组织犯罪、严重暴力犯罪和多发性侵财犯罪，始终保持“严打”高压态势。健全“大调解”机制和信访工作网络，完善矛盾纠纷排查调处机制，积极预防和妥善处置各类群体性事件。加快建设公共安全视频监控网络，完善公共突发事件预警和应急处理机制，提高对社会治安突发事件、自然灾害、公共卫生事件、重特大安全生产事故等社会公共问题的处置能力。深入开展平安乡镇（街道）、平安村（居）、平安社区、平安单位、平安校园、平安企业等各种形式的群防群治、自防自治创建活动，全力营造“平安洛江”大环境。认真落实安全生产责任制，严防重特大安全事故发生。加强民兵预备役、国防动员和双拥工作，巩固军政军民团结。

以生态建设为抓手，打造“环境友好之区”。大力发展循环经济，制定循环经济发展规划，大力推进经济社会生态循环、产业间循环、产业内循环、企业内部循环等循环经济体系建设。建立资源循环利用体系，推进清洁生产、资源综合利用和工业废弃物的回收利用，形成低投入、低消耗和高效率的节约型增长方式，推动经济增长从外延扩张向内涵提升转变。实施可持续发展战略，加强生态环境保护与建设，创造适宜人居、科学循环、山川秀美的生存与发展环境，构建资源节约型和环境友好型社会。全面推进“生态洛江”建设，培育和发展生态型经济，构筑生态农业、生态工业、生态旅游业和生态人居环境发展模式；大力开展生态示范乡镇、生态村居、生态示范区和生态家园建设，积极创建“绿色社区、绿色村庄、绿色单位、绿色学校、绿色家庭”，全面改善生态环境。

全面加强和改进党的建设

实现洛江科学发展、跨越发展，关键在党、关键在人。要以更加敏锐的政治头脑、更加宽广的战略眼光、更加紧迫的历史责任，全面推进党的执政能力和先进性建设，为科学发展、跨越发展提供坚实组织保障。

围绕保持党的先进性，进一步加强思想政治建设。坚持用科学发展观武装广大党员干部，真正把科学发展观转化为领导改革开放和现代化建设的工作能力。深入开展学习党章、遵守党章、贯彻党章、维护党章活动，坚定理想信念，坚持党的宗旨，增强党的观念，加强党性锻炼，做到勤于学习、勤于思考、勤于工作。巩固和运用先进性教育活动成果，建立健全党员长期受教育、群众长期得实惠的长效机制，做好保持共产党员先进性经常性工作，使各级党组织和广大党员成为解放思想、落实第一要务、求真务实、开拓创新的模范，在科学发展、跨越发展实践中体现党的先进性。

围绕增强党的团结和活力，进一步加强党内民主制度建设。按照总揽全局、协调各方原则，进一步完善党的领导体制，规范党委与人大、政府、政协以及人民团体的关系，充分发挥党委在同级各种组织中的领导核心作用，充分发挥人大、政府、政协以及人民团体和其他各方的职能作用。坚持科学执政、民主执政、依法执政，不断改革和完善党的领导方式和执政方式，不断提高党的执政水平和领导水平。坚持民主集中制，按照集体领导、民主集中、个别酝酿、会议决定的原则，进一步完善党委内部的议事规则和决策程序，建立健全区委常委会向全委会负责、报告工作和接受监督制度，完善由区委全委会投票表决做出重大决定的制度。拓宽党内民主渠道，建立社情民意反映制度和重大事项社会公示、听证制度，提高决策的科学化、民主化水平。建立健全科学的领导体制和工作机制，完善党内情况通报、重大决策征求意见制度，切实保障党员民主权利。坚持集体领导下的个人分工负责制，把充分民主和正确集中结合起来，形成各司其职、各尽其责、相互协调、相互支持、共同推进全局工作的整体合力。

围绕提升党的执政能力，进一步加强领导班子和干部队伍建设。贯彻落实《党政领导干部选拔任用工作条例》和《干部人事制度改革纲要》，坚持干部“四化”方针、“重德才、看实绩、听民意”原则，真正把那些政治坚定、能力突出、作风过硬、群众信任，善于领导科学发展、跨越发展的优秀干部提拔到领导岗位上来，把各级领导班子建设成为结构合理、优势互补、团结实干、开拓创新的坚强领导集体。健全完善实绩考察、考察预告、差额考察、公开选拔、回避制、任期制、聘任制和辞职制等制度，构建体现科学发展观和正确政绩观的干部实绩考核评价体系，逐步建立起能上能下、能进能出、有效激励、严格监督、竞争择优、充满活力的用人机制。深化岗位练兵、项目竞赛等七项活动，继续选派优秀年轻干部到基层或经济一线、重点建设项目进行培养锻炼，努力提高服务发展、服务群众能力。加强后备干部队伍建设，培养使用年轻干部、妇女干部、少数民族干部和党外干部。实施人才强区战略，加强党政领导人才、专业技术人才、经营管理人才和农村优秀科技人才等四支队伍建设，努力创造有利于优秀人才脱颖而出、施展抱负、发挥才智的环境和机制。

围绕巩固党的执政基础，进一步加强基层党组织建设。深化“三级联创”活动，大力实施新农村党建系列工程，全面提升农村基层组织建设水平。全面推行“两推一选”制度，开展直选村党组织领导班子试点工作，选好配强镇、村领导班子。抓好党建工作示范点的培育和不适应村、经济欠发达村的整顿转化工作，推动农村基层组织建设平衡发展。深入开展非公有制企业“党员五在前”、结对联建创“十佳”等活动，提高非公有制企业党建工作水平。推进社区、机关、学校、社团等各类组织的党建工作，不断扩宽党组织覆盖面。重视和加强新形势下发展党员和党员管理工作，不断壮大党员队伍，提高党员素质，发挥党员作用。

围绕树立党的执政形象，进一步加强党风廉政和作风建设。坚持“标本兼治、综合治理、惩防并举、注重预防”方针，健全教育、制度、监督并重的惩治和预防腐败体系。强化反腐倡廉教育和廉政文化建设，深入开展廉政文化进农村、社区、学校、企业、家庭“五进”活动，推进教育崇廉、制度保廉、监督促廉。严肃查处违法违纪案件，落实领导干部廉洁自律各项规定，认真执行领导干部廉政谈话、个人收入申报、重大事项报告、组织函询回复、述职述廉和任期经济责任审计等制度，不断规范领导干部从政行为，切实纠正损害群众、企业利益的不正之风。深化“阳光工程”，强化办事公开制度，推进事权、财权、人事权改革，加大从源头上治理腐败力度，营造清正廉洁创业氛围。加强党的作风建设，按照“八个坚持、八个反对”要求，着力解决思想作风、学风、工作作风、领导作风和干部生活作风等方面的突出问题，密切党同人民群众的血肉联系。各级领导班子和领导干部要牢固树立科学发展观、正确政绩观和以人为本群众观，把主要精力放到狠抓落实、促进发展上，说实话、摸实情、想实招、干实事，重实效，自觉做到权为民所用、情为民所系、利为民所谋，带动党风、政风和社会风气根本好转。

各位代表、同志们，未来五年洛江发展目标宏伟、任务艰巨、责任重大。让我们以新的思路、新的胆略、新的干劲，满怀豪情、锐意进取、开拓创新，为推动科学发展、跨越发展，加快建设经济繁荣、民生富庶、文明和谐的新兴工贸旅游生态城区而努力奋斗！

在庆祝洛江区建区十周年庆典大会上的讲话

吕竞

（2007 年 9 月 30 日）

尊敬的各位领导、各位来宾，同志们，朋友们：

金菊吐蕊、丹桂飘香。在举国上下喜迎中华人民共和国 58 周年华诞和党的十七大召开之际，我们欢聚一堂，庆祝洛江区建区十周年。在此，我谨代表洛江区委、区人大、区政府、区政协向莅临大会的各位领导、各位来宾和同志们表示热烈的欢迎！向一贯以来关心、支持洛江发展的各级各部门领导、各界朋友、老干部和海内外乡贤侨亲表示衷心的感谢！向辛勤工作在各条战线的工人、农民、知识分子、广大干部、武警官兵、公安干警表示亲切的慰问！

十年艰辛创业，十载春华秋实。建区十年来，区委、区政府在上级党委、政府的正确领导下，坚持以邓小平理论和“三个代表”重要思想为指导，认真贯彻落实科学发展观，树立和弘扬“团结拼搏、艰苦创业”的精神，大力推进工业化、城市化、农业结构调整和社会事业发展，努力构建和谐社会，经济社会发展取得令人瞩目的成绩。预计 2007 年实现地区生产总值 46 亿元、财政总收入 4.5 亿元，分别是建区时的 5.2 倍和 15.3 倍，年均增长 17.6% 和 31.3%。全区呈现经济快速增长、社会和谐发展、政治安定稳定、人民安居乐业的良好局面。

十年来，我们致力推进工业化，工业经济增势强劲。确立“工业立区”战略，大力推进载体建设、招商引资和企业发展，工业发展步入良性轨道，发展势头良好，实现了由农业型经济向工业型经济的转变。建设高品位工业园区，以洛江经济开发区为依托，新开发土地近 1.2 万亩，园区配套设施不断完善。加大招商引资力度，优选近千家企业入园发展，初步形成鞋服包袋、五金机电、陶瓷树脂工艺等主要行业，预计 2007 年实现工业总产值 94.5 亿元，年均增长 22.2%。积极扶持企业发展，全区现有规模以上工业企业 140 家，国家级、省级高新技术企业 15 家，通过 ISO 质量体系认证企业 52 家。

十年来，我们加快推进城市化，城镇建设成效显著。坚持规划先行，坚持按中心城市重要组成部分高起点规划，完成新城区 33 平方公里分区规划和市政控详规编制，绘就了生态城区发展蓝图。加大基础设施建设，投资近 5 亿元配合市建成大坪山隧道、朋山岭隧道及其接线工程，完成万虹公路拓改、安吉大道滨江大道首期等道路建设，扎实推进供水、排水、排污、电力、通讯等市政设施建设，基础设施日臻完善，城市功能明显增强。积极推进万安中心区建设，建成一批公建项目、上档次居住小区和五金机电商城、恒盛汽车城等商贸设施，引进世界 500 强豪生集团投资建设五星级酒店，中心城区不断繁荣。扎实推进小城镇建设，初步形成风格别具、生态良好、功能完善的城镇体系。

十年来，我们扎实推进农业结构调整，特色农业稳步发展。在稳定粮食生产的同时，大力推进基地建设和农业综合开发，花卉、蔬菜、水果、禽畜、林业、中药材等特色基地规模不断扩大，档次不断提升。积极扶持培育农业龙头企业，和昌集团、泉美园艺等企业发展势头良好。积极对接城市需求，大力开发集旅游、观光、度假相结合的都市休闲型农业，发展前景良好。加快农业防灾减灾、生态环境和水利设施等建设，农业生产能力持续增强。

十年来，我们协调发展社会事业，社会保持和谐稳定。实施“科教兴区”战略，荣获全国科技进步先进区“三连冠”、全省科普工作先进区。优先发展教育事业，新建、改建校舍 15.7 万平方米，完成中小学危房改造任务，通过“两基”达标验收，启动“双高普九”规划。繁荣文化体育事业，荣获“全国武术之乡”称号。加强三级卫生网络建设，建成区妇幼保健防疫大楼、120 急救中心等卫生设施，基本完成疾病预防控制、医疗救治和卫生监督体系建设。建立和完善人口计生工作机制，人口计生工作进入省级二类区行列。精神文明、双拥和平安创建成效突出，荣获“省级文明城区工作先进区”、“省级双拥模范区”和平安福建建设“平安区”称号。切实关注民生，基本建立城乡社会救助体系和社会保障体系，实现村村通水泥路、路灯、电话、有线电视，实现宽裕型小康区目标。

十年来，我们全面推进党的建设，执政能力持续加强。大力加强领导班子和干部队伍建设，深化干部人事制度改革，各级干部服务发展、服务群众的能力和水平不断提高。扎实推进党的基层组织建设，党的执政基础不断夯实。落实党风廉政建设责任制，完善反腐倡廉“六个机制”，群众对党风廉政建设的满意度不断提高。大力弘扬“八个方面良好风气”，深入开展“创三优”和机关作风集中整顿等活动，机关作风明显改变，服务效率明显提高。

十年拼搏写春秋，十年奋斗铸辉煌。回顾十年创业历程，倍感成绩来之不易！这十年是经济发展实现新跨越的十年，是社会面貌发生深刻变化的十年，是人民生活水平显著提高的十年，也是精神文明建设民主法制建设和党的建设持续加强的十年。这些成绩的取得，是在上级党委、政府关怀领导下，全区上下同心协力、团结拼搏的结果，是海内外各界关心支持的结果。借此机会，我代表洛江区委、区人大、区政府、区政协向所有为洛江的改革、发展和稳定做出贡献的人们表示衷心的感谢和崇高的敬意！

抚今追昔，意在登高望远；知往鉴今，重在开辟未来。今日洛江，迎来了前所未有的良好发展机遇期。在新的起点上，我们将坚持以邓小平理论和“三个代表”重要思想为指导，以科学发展观统领经济社会发展全局，按照“一二三四五五”发展思路，全力打造新兴工贸旅游生态城区。一要围绕又好又快发展主线。坚持“好”字当头，把“好”字贯穿于发展全过程，在坚持“好”的前提下，能快则快，继续保持较快的发展速度。二要强化中心城市和奋发有为两种意识。按照中心城市站位谋划推进发展，以此促进经济快速发展和质的根本提升，凸显地位和作用。增强信心和决心，奋发有为地做好工作，奋发有为地推进发展。三要发挥区位、生态和后发三大优势。随着泉州中心城市东扩步伐加快，连接中心市区的几条道路的畅通，洛江区位日显重要。洛江森林覆盖面达 64.4%，洛阳江贯穿全境，生态环境优美。因为后发展，相比较中心市区，发展较有空间，可开发的土地资源相对充裕。我们要充分发挥这些优势，奋发图强，加快发展。四要加快“四大功能区”规划建设。万安、阳江商住中心区要大力发展现代居住业、商贸服务业和其他配套产业；双阳、河市工贸经济区要加快发展工业和现代物流业：马甲科教旅游度假区要为主发展教科研、文化和旅游度假：罗溪、虹山特色农业区要加快发展特色农业、特色加工业和生态旅游业，形成各具特色、优势互补、联动发展的区域发展格局。五要谱写工业经济做强、城市建设做优、农业发展做特、社会事业做好、民生工程做实“五篇文章”。六要坚持提升执政能力，激发队伍活力，增强创业动力，扩展和谐张力，集聚发展合力“五力并举”，为又好又快发展提供有力保障。

同志们、朋友们！今日洛江，硕果累累，辉煌灿烂；明日洛江，前程似锦，活力无限。我们热切期望各级领导和各界人士一如既往地关心支持洛江建设，真诚欢迎各方朋友前来投资兴业，共同发展。我们坚信，在上级党委、政府的正确领导下，在海内外乡亲和社会各界的鼎力相助下，洛江人民一定能够在抢抓机遇中加快发展，在与时俱进中追求卓越，为海峡西岸经济区和现代化工贸港口城市建设谱写出更加绚丽多彩的时代乐章。

最后，祝伟大的祖国繁荣昌盛！

祝洛江的明天更加美好！

祝各位领导、各位来宾和同志们身体健康、工作顺利、合家幸福、万事如意！

三、碑记辑录

万安桥记

泉州万安渡石桥，始造于皇祐五年四月庚寅，以嘉祐四年十二月辛未讫功。累趾于渊，酾水为四十七道，梁空以行，其长三千六百尺，广丈有五尺，翼以扶栏，如其长之数而两之。靡金钱一千四百万，求诸施者。渡实支海，去舟而徒，易危而安，民莫不利。职其事卢锡、王实、许忠、浮图义波、宗善等十有五人。既成，太守莆阳蔡襄为之合乐燕饮而落之。明年秋，蒙召还京，道繇是出，因纪所作，勒于岸左。

说明：此碑刻立于万安桥（洛阳桥）南端，为知州蔡襄所撰并书，名噪海内，被称为文、书、镌“三绝”。

禅鸡冢碑

丰山峭雄为泉北镇。客有携白鸡来谒梦者，禅师宗鉴戒律精严，苦祈放生，客因施于岩。师受以三皈后，每闻讽经声，即对佛伏听。讽毕，乃出游。客或投遗腥，辄弃去，如是者数年。崇祯庚午中秋，端伏佛前不动，就视，则坐化矣。昔远公有听经鹅，永宁院有坐化鹊，东林寺登于碑碣，陈后山著之，谈丛谓其有佛性也。由今以观佛性更备，既瘗岩左，余表曰禅鸡冢，尝阅韦忠武鹦鹉舍利塔记，于今甚有合也，故仍勒其事于石。师尝畜北牡二犬，亦不茹血荤，十年无风合孽育，并一时异事云。

说明：碑石分四段，原嵌置仙公白水岩寺南、北两端，碑文作者明代文人林如源（马甲暗林人），著名书法家张瑞图书写。

《重修丰山寺叙》碑

儒贵和，释尚和。语云：匹夫化乡人。乡不知，吾儒职厥咎焉。夫胡为而不知哉？私与忌耳。私我相，忌彼相，曰：我，无非我，我田也，我里也，我江山也，甚至四大无有、五蕴俱空之皇皇佛祖，亦专人为我佛。曰：彼，无非彼，彼田也，彼里也，彼江山也，甚至四大无有、五蕴俱空之皇皇佛祖，也畛之为彼佛。彼我画，私忌滋，智侮愚，强厉弱，贵暴贱，干戈角斗，讼狱蜂起矣。呜呼！佛有彼我乎？江山田里，朝秦暮楚，有彼我乎？且亦曰我乡国矣，而忌之是忌我也；亦曰彼官骸矣，而私之是私彼也。夫忌我私彼，岂情也哉？物有蒙之也，吾乡有丰山寺。奕楷，其寺师。楷偕其徒定观爰儒，犹之我儒有好空门者。寺昉齐朝，吾宗檀樾伯西塘恢焉；重修者，五因伯也；继修者，寺师真诚也，于今百余年矣。虽枵然庙貌，而硝垣蠹柱，坠吃交响，每风潇雨晦，师未尝无伤压之悲。乾隆丙寅，师奋议重修，予喜而心难，以为未坏，费浅易从；既坏怆目，亦易从；有坏之实，无坏之形，费浩势缓，难从也。予就塾武荣，不见者两阅月，而庙貌一新，较旧又丽焉。诘其故，则族众趋事，里人赞成，师倾橐以就，其徒定观者，弗惮劳也。予既喜佛灯永耀，而私幸胜事共成，非和能旦夕就理若斯乎？夫师和我族里其嘻难矣，而族不我佛乐里人赞成，里不彼佛同族众趋事。族灭我相，里灭彼相，凡事尽然，宁复有智愚、强弱、贵贱、干戈、诉狱拢拢哉？兄汝其志其胜，师又索叙于余。予爰为之叙，且嘱曰：吾乡人来游于兹者，为我告曰，佛，西方且灭人氏，与尔数万里而遥也，犹且为谋爰居尔邻里，其生而风餐露寝、靡室靡家者，可勿主怜悯心，协比经营，俾有宁宇乎？佛且主大欢喜心矣。斯时也，钟于斯，鼓于斯师竖拂于斯，族里相与熙游于斯。江山之外，第见风和月朗，草木虫鱼欣欣有喜色，而况我乡人乎？

说明：此碑原嵌白水岩北墙，寺宇重修后改置东墙左侧，作者林维新，系里人林姓族人，为武荣（南安丰州）乡间塾师，本碑文是儒、释的合作产品。

河市濠溪石桥碑记

明隆庆三年（1569 年），俞大猷 67 岁，捐俸修建河市濠溪石桥。桥北端有一座观音宫，宫旁树一石碑，镌刻俞公自撰自书自记载造桥原因及其始末的短文。碑文如下：

予年九岁时，先大夫携往大濠叔祖家，经涉此水。予问桥何以记，先大夫曰："遭樵夫火焚而纪。"予曰："俟我长大来，当再造之，俾人不病涉。"曰："小予识之，他日宜实是言。"予应唯唯。今思先大夫之命几六十年，犹俨然在耳。乃捐俸资，令堂弟良猷督造，阅月竣工，庶先大夫地下之心慰也。

隆庆三年己巳冬十二月　　　　右都督俞大猷谨识

说明：此碑文短短的 129 字，极其精炼流畅，可见俞大猷精诗善文，堪称文武全才。

水尾护林碑

盖闻甘棠遗爱戒剪伐于南国山蓁流徽传美人于西方矧风水攸关尤宜郑重乎！吾乡涤水虹山素称胜概而涤　水尤乡里水口所归宿也介居东北地势稍倾前有乔木参天遮阴风水间有不肖之徒运斤迭至而山尽童嘻嘻痛哉我存素公裔孙念祖德之诒谋冀后嗣之克昌公议出银复兴陈姓明给产山栽培松柏杂木护卫风水东至寨内外仑脊西至东垄地北至宫后涤溪头南至宫口田凡在界中所培材木照顾成林永庇千秋则树深十年同泰岱之不老松高百尺比大夫之可封自兹以往姓无论同异房无分强弱不得私自砍伐致累风水如有砍伐复蹈前非立即率众共诛决不宽纵各宜禀遵毋违

一禁盗砍松柏杂木及茅草者罚戏一台饼十斤

一订松柏杂木或被风雨损坏公议出卖不得私自抢夺盗砍

大清道光甲辰年仲春之日存素公裔孙彭建立

说明：水尾树碑竖立于虹山乡水尾桥西北，清道光二十四年（1844 年）立，为保护磻溪旁树林的乡约。

广桥（即龙潭广桥）碑记

龙潭溪者晋仙交界地也，峡岸湍流，陡遇暴雨则怒涛奔激，行旅进退维谷。宋淳煦间，里人彭映僧自沂还方建是桥，名龙潭桥，今呼广桥也。康熙庚申年（1680 年）洪水冲圮，人又病之。幸逢广大元戎文起施公入隐仙邑莱溪山，途经濠市、马甲、忏堂、龙潭四处，溪乡耆各以桥废病涉为请，施公欣然，次第兴建焉桥于壬午年［（1702 年，工越癸未年（1703 年）］三月告成，公不喜谏谀辞，谨质言以记。

说明：此碑记位于洛江区与仙游县交界处，龙潭桥因桥建在龙潭边上而得名，始建于南宋淳煦八年（公元 1181 年），清康熙四十一年（公元 1702 年）移至现址重建。

青阳室石碑

青阳室开山记：慈云禅师，法从和尚始于洪武甲寅年于此兴，永乐癸卯年（永乐二十一年，1413 年）修造完成（即公元 1374—1423 年）……正统六年（1442 年）龙集辛酉年四月八日勒石。

说明：此碑记位于双阳小阳山半山腰青阳室大厅内。

四、诗联歌曲选辑

（一）诗 选

万安桥诗

跨海飞梁叠石成，晓风十里渡瑶琼。雄如建业虎城崎，势若常山蛇阵横。脚底波涛时汹涌，望中烟景晚分明。往来利涉歌遗爱，谁复题桥继长脚。

说明：刘子翚，宋崇安人，建炎里以世荫判兴化军。洛阳桥原名万安桥，在泉州洛阳江入海处，今为全国重点文物保护单位。

咏双阳山

横冈叠巇总萦蟠，忽有双尖削翠峦。并蒂秋开金菡萏，连枝露浣碧琅玕。官眉远借云间色，仙掌平方曙后寒。莫怪朝来频柱笏，雌雄剑气倚天看。

说明：苏茂相，明泉州人。万历壬辰联捷进士，崇祯时以刑部尚书乞归。双阳山即朋山。朋山岭自双阳逶迤数里，叠上而高耸。

仙公山摩崖诗刻（七）

生平浪说洞天奇，杖策登临今始知。崖削奔涛穿石出，岚虚仄径入云危。上方磬响声韵近，绝顶萝攀步却迟。道侣忻逢长啸者，携来谢朓惊人诗。螺阳适适斋陈玉辉题　元孙毓秀来 孙应升敬镌

说明：陈玉辉，字达卿，惠安人。万历二十九（1601 年）进士，官至南京湖广道御史。题刻在栖云亭附近。

两髻苍苍紫极连，奎垣聚会接峰巅。 云烟洞壑树千丈，万古仙灵赫耀天。

说明：题刻在仙公山出米岩北侧壁，因风化较严重，题刻年代及作者无征。

嵯峨咄问此山巅，绾就双鬟历几年。松柏翠深侵鬓绿，草花极严斗妆妍。高窥红日浮波底，乍指青云度月前。有路升梯君自住，我来蹑足欲登天。乾隆丙戌四月，古越季长余发留题。

说明：余发，乾隆丙戌年（乾隆三十一年，1766 年）题刻。题刻在仙公山丰山洞后摩崖上。

绝顶双峰出，朝朝绾翠鬟。欲观沧海日，故倚白云关。 径曲花偏丽，岩幽鸟自闲。置身天际外，俯视万重山。里人陈大玠题

说明：陈大玠，字元臣，号笋湄，惠安人。后徙居晋江笋浯（今鲤城区笋浯），雍正二年（1724 年）进士，历官太常寺少卿。诗刻在白水岩寺东岩石上。

齐朝谁住古岩阿，绝顶云霄手可摩。一掬白泉何处得，源流定自出天河。

说明：落款注明“乾隆丁亥（乾隆三十二年，1767 年）敬录朱文公句”。朱文公即朱熹，朱熹（1130—1200 年），宋婺源人，侨寓建州。绍兴进士，官终宝文阁特制。曾任泉州同安县主簿，数来泉州讲学，创建书院，为南宋哲学家、教育家。诗刻在仙公山小隘门栖云亭旁岩石上。

岩崖米石昔曾然，疑是灵山别一天，五代竞传从此出，于今空锁待何年？住持普宪手草

说明：嘉庆戊寅（嘉庆二十三年，1818 年）孟春题，诗题刻者白水岩住持山僧普宪。诗刻在仙公山出米岩上方岩壁，西向。

鬟髻朝天碧落从，煌煌斗柄耀奇峰。堂皇庙宇春秋建，炳烁奎垣日月封。足举青云星点额，心盟白水缩罗胸。苍苍翘首山河外，万丈烟霄万丈浓。

说明：光绪丙戌（光绪十二年，1886年）林千松摩崖诗刻，题刻在仙公山丰山洞左侧石蹬旁岩壁，西向。

虹山瀑布（二）

红日照天地，飞雪白纷纷。道者偶来此，雷霆殊不闻。岩石挂长虹，影入寒潭里。

说明：何乔远（1558—1631），泉州人，明代杰出的史学家，撰写《名山藏》《闽书》。诗刻在虹山瀑布摩崖。

奔腾南下气如霓，众脉分支东复西。形势直随清汉迴，翠光还与白虹齐。岩崖错落云相应，林木参差鸟欲迷。几度攀跻登绝顶，等闲拾级是天梯。

说明：清倪鸿范所作。

（二）联选

蔡襄祠联

四谏经邦，昔日芳型垂史册；万安济众，今朝古道肃观瞻。

说明：欧阳修（1007—1072），北宋吉州水人，天圣进士，官至翰林学士、枢密副使、参加政事；北宋古文运动领袖，“唐宋八大家”之一。蔡襄祠，址在泉州洛阳桥南。

仙公山山门楹联

九仙在上登门心脱俗，双髻悬空临境性通灵。

说明：香江杜振醉撰，泉州王乃钦书。杜振醉，洛江马甲人；王乃钦，惠安洛阳人，华侨大学艺术系副教授，书法家。

丰山寺楹联

舌同流水千年活，人不离山万古仙。

说明：八闽螺阳曾一白书。镌于殿中石柱上，隶书。撰者未详。

笙歌锦绣神仙岛，日月照耀金银台。

说明：镌于殿中石柱上，楷书。作者林翀鹤，字祐安，字一朴山人，泉州城内执节境人。清光绪三十年（1904年）与其弟林骚同榜进士，民国泉州中学校长。原联木刻，“文化大革命”中被毁。1991年庙宇重修时曾一白重书补刻。

八闽名胜无双境，九鲤分炉第一仙。

说明：分立仙公神座两侧，行书，木刻。曾一白书。

白水岩寺楹联

居幽占胜八闽一寺，近道榜儒三教同山。

说明：镌刻于岩寺门柱上，行书。香江杜振醉撰书。

白水如烟连南海，青峰似髻接西天。

说明：镌刻于殿中石柱上，行楷。丁明镜撰书。丁明镜，号玄晔，泉州市书法协会主席，泉州五中教师。

是真仙灵，为佛门作大护法。殊难境界，集僧众建新道场。

说明：弘一法师（1879—1942），近代高僧。俗姓李，名文涛，字叔同，法号弘一。原为岩寺柱联，木刻。

朝日腾云起造华氤氲隆气象，天风扑面来心源清净益精神。

说明：镌刻于朝天阁门外大石柱上，王乃钦书。

（三）歌曲选

洛江之歌

1=♭E $\frac{4}{4}$

领合唱

尤祖举 词
王鼎南 曲

中速稍快 亲切、自豪地

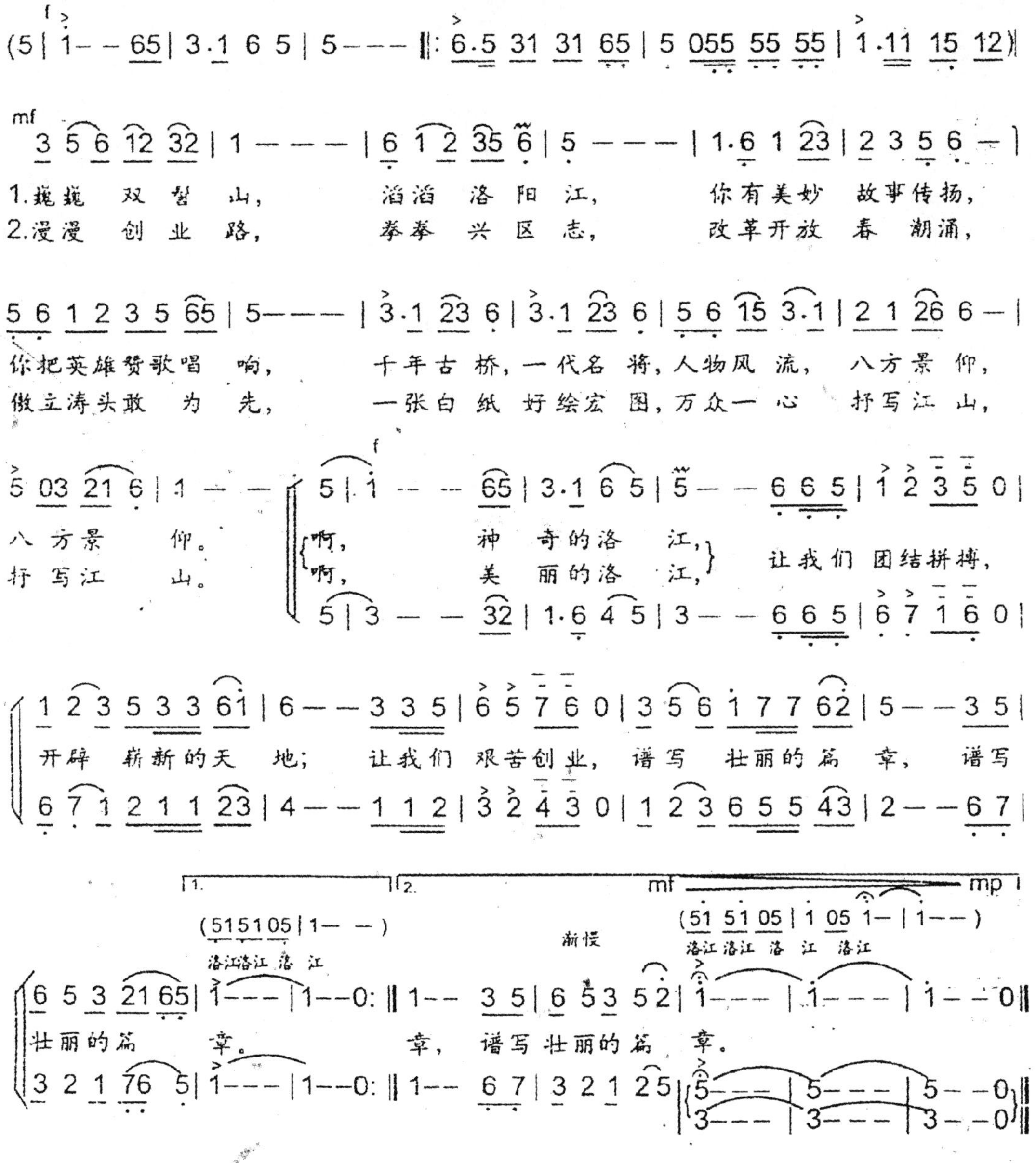

中共洛江区委宣传部 印

注：歌曲创作于2000年。作词尤祖举，洛江区委常委、区委宣传部部长；作曲王鼎南，祖籍南安，泉州市音乐家会会长。

索 引

子目索引

A

B

C

D

F

G

H

J

K

L

M

N

P

Q

R

W

X

Y

Z

表格索引

2019年1月，适逢机构改革，区方志办与区委党史研究室合并为区委党史和地方志研究室（简称“区委史志研究室”），调整为区委直属事业单位。同年4月，《洛江区志》送审稿编纂完成。同月，区委、区政府成立《洛江区志》审查验收组，区委史志研究室把送审稿呈送审查组成员和市委史志研究室。根据区审查组成员和市委史志研究室的审查意见和建议，区委史志研究室组织编纂人员再次对志稿调整、修改、补充、完善，至2020年3月完成《洛江区志》二审稿，分别呈送区四套班子领导、区审查组成员征求意见，并报送市委史志研究室审查。同年5月，《洛江区志》送审稿基本编修完成，呈送市委史志研究室审查验收。

众手成志，于今为盛。《洛江区志》的编纂出版，是洛江区委、区政府高度重视的结果，是全区各承编单位通力合作、共同努力的结果，也是全体修志人员辛勤耕耘、默默奉献的结果。区志编修过程中，分管领导区委常委廖晓凌、副区长杨青青、廖伏树、黄少山、陈国钦、陈倩十分关心修志工作，多次到区方志办（今为区委史志研究室）调研指导工作；全区90多个参编单位（部门）150余名热心修志人员不为名利、满腔热情，积极参与编修；此外，得到省、市史志部门，泉州晚报社、鲤城区档案馆、洛江区档案馆、区委报道组等单位（部门）和一些关心修志工作的社会人士支持，在此谨表由衷敬意，并致以深切谢忱！

《洛江区志》为首轮编修，全体修志人员深感使命光荣、责任重大，工作未敢懈怠，尽量做到广征博采、鸿纤毕举、去伪存真、增删求实，付出巨大心血。《洛江区志》历史跨度长，涉及面广，是一项浩大的地方文化建设工程，囿于编者经验不足，学识水平和资料掌握所限，虽几经修改、多次校勘，纰漏谬误仍在所难免，恳请各级领导、专家和读者不吝赐教，以便续修时纠讹补正。

编者

2020年7月